CHRONIQUE

DE

JEAN, ÉVÊQUE DE NIKIOU.

TEXTE ÉTHIOPIEN

PUBLIÉ ET TRADUIT

PAR

H. ZOTENBERG.

PARIS.

IMPRIMERIE NATIONALE.

—

M DCCC LXXXIII.

CHRONIQUE

DE

JEAN, ÉVÊQUE DE NIKIOU.

EXTRAIT DES NOTICES DES MANUSCRITS,

TOME XXIV, 1ʳᵉ PARTIE.

CHRONIQUE

DE

JEAN, ÉVÊQUE DE NIKIOU.

TEXTE ÉTHIOPIEN

PUBLIÉ ET TRADUIT

PAR

H. ZOTENBERG.

PARIS.

IMPRIMERIE NATIONALE.

—

M DCCC LXXXIII.

CHRONIQUE

DE

JEAN, ÉVÊQUE DE NIKIOU.

AVERTISSEMENT.

Jean, évêque de Nikiou, l'auteur de la chronique que nous publions aujourd'hui pour la première fois, était l'un des principaux dignitaires de l'église jacobite d'Égypte, dans la seconde moitié du VIIe siècle. Nous ne connaissons de sa vie qu'un petit nombre de dates, consignées dans l'histoire des patriarches d'Alexandrie. En sa qualité de *recteur* des évêques de la haute Égypte, il prit part, en l'an 402 des martyrs (686 de J.-C.), à l'élection du successeur du patriarche Jean de Semnoud, accompagna le patriarche élu à la cour du gouverneur d'Égypte, ʿAbd al-ʿAzîz, et ramena le patriarche imposé par l'émir musulman, de Miṣr à Alexandrie. Vers 694, sous le pontificat de Siméon, quarante-deuxième patriarche monophysite d'Égypte, il fut nommé administrateur général des monastères. Accusé d'un excès de pouvoir, il fut condamné par une assemblée d'évêques et dépouillé de la dignité épiscopale[1]. Il est permis de supposer qu'il était d'un âge déjà avancé quand il obtint les hautes fonctions dont il était revêtu dès avant l'an 686, et que sa vie ne se prolongea pas beaucoup au delà de la fin du VIIe siècle.

La chronique de Jean de Nikiou est un document précieux qui nous a conservé quelques traditions locales sur l'histoire ancienne de l'Égypte, des renseignements authentiques sur certaines époques de l'empire d'Orient, notamment sur la révolution qui amena la chute de Phocas et l'avènement d'Héraclius, et sur la situation de l'Égypte au VIIe siècle, ainsi qu'une relation presque contemporaine de la conquête de l'Égypte par les musulmans. Mais elle ne nous est parvenue que dans une version éthiopienne, exécutée sur une ancienne paraphrase arabe[2], en 1602 de notre ère, par un savant abyssinien, dont le nom nous est inconnu, et un moine et diacre égyptien, nommé Gabriel, son collaborateur. Le texte original était écrit en grec, sauf un certain nombre

[1] *Histoire des patriarches d'Alexandrie*, par Sévère Ibn al-Moqaffa', ms. arabe de la Bibliothèque nationale, ancien fonds, n° 139, fol. 111 et 116; comparez Renaudot, *Historia Patriarcharum Alexandr. Jacob.*, p. 176, 177 et 182. — Voy. l'*Extrait de la Vie du patriarche Isaac*, par Ménas, évêque de Pschati, d'après un manuscrit copte du Vatican, dans Zoëga, *Catal. cod. copt. manu scriptorum qui in Museo Borgiano adservantur*, p. 110. Dans ce document, Jean de Nikiou est désigné ainsi : ⲓⲱⲁⲛⲛⲏⲥ ⲛ̀ϧⲏⲧⲟⲩ ⲡⲓⲉⲡⲓⲥⲕⲟⲡⲟⲥ ⲛ̀ⲧⲉ ⲡϣⲁϯ, ⲫⲁⲓⲉⲧⲉⲛⲁϥⲟⲓ ⲛ̀ⲁⲡⲟⲧⲣⲓⲧⲏⲥ ⲉϯⲉⲡⲓⲥⲕⲟⲡⲏ ⲛ̀ⲧⲉ ϯⲁⲛⲟⲩⲭⲱⲣⲁ. Je considère le mot ⲁⲡⲟⲧⲣⲓⲧⲏⲥ que Zoëga, en traduisant ce passage, a rendu par ἀπὸ τρίτης, sans expliquer cette locution, comme une transcription altérée du grec ἐπιτηρητής qui, notamment en Égypte, avait un sens plus général que celui qu'indiquent les dictionnaires (comp. Ducange, *Gloss.* s. v. et *Appendix altera ad gloss.*, p. 205). C'est ce mot que traduit l'arabe مُدَبِّر.

[2] On est fondé à assigner à la traduction arabe une date assez rapprochée de la composition de l'original, si l'on considère que l'usage de la langue grecque a entièrement disparu de l'Égypte, en dehors d'Alexandrie, peu de temps après la conquête musulmane.

de chapitres, se rapportant à l'histoire spéciale de l'Égypte, que l'auteur avait rédigés en copte. L'emploi alternatif de deux langues différentes dans un même ouvrage, imité peut-être de certains livres de la Bible, s'explique par l'origine des récits de cette chronique, tirés, les uns de sources grecques, les autres de traditions indigènes. Dans la paraphrase que nous avons sous les yeux, on reconnaît l'un et l'autre des deux idiomes de la rédaction primitive, soit aux formes des noms propres plus ou moins altérés, soit à quelques mots non traduits ou à certains malentendus caractéristiques. On constate aussi que la plupart de ces malentendus et contresens proviennent de la version arabe que le traducteur éthiopien, selon toute apparence, a reproduite très littéralement. On trouvera de nombreux exemples de ces deux ordres de faits dans les notes que j'ai ajoutées à la traduction française. D'ailleurs, le caractère décousu de la narration et la mention, dans quelques-unes des rubriques de la table des chapitres[1], d'événements dont il n'est pas question dans le corps du texte, font supposer que la version intermédiaire ne rendait parfois le texte original que sous une forme abrégée[2].

La version éthiopienne qui a été rarement copiée en Abyssinie, depuis le commencement du XVIIe siècle, nous a été transmise telle qu'elle est sortie de la plume du traducteur, sans altération du contexte, et avec toutes les négligences de traduction, les fautes de transcription des noms propres et les irrégularités de grammaire qui sont déjà anciennes dans l'idiome éthiopien (comme la confusion des genres des substantifs et

---

[1] Voy. les rubriques des chapitres XXXI, XXXIV, LXXXIX, CXIX.

[2] J'ai traité tous ces points, avec plus de détail, dans mon *Mémoire sur la chronique byzantine de Jean, évêque de Nikiou*, inséré dans le *Journal asiatique*, 7e série, t. X (1877), p. 451 et suiv.; t. XII (1878), p. 245 et suiv.; t. XIII, (1879), p. 291 et suiv.

des pronoms) ou qui se sont introduites dans la langue littéraire des derniers siècles. Je n'ai eu garde d'en changer la physionomie, en corrigeant ces erreurs. Mes rectifications se bornent aux fausses leçons qui détruisent le sens du texte et à celles qui me paraissent provenir de la négligence des scribes. C'est dans la traduction française que j'ai rétabli, autant que possible, à l'aide d'autres documents historiques, les formes exactes des noms propres ou leurs équivalents français.

La présente édition a été établie d'après deux manuscrits, conservés, l'un à la Bibliothèque nationale (que je désigne par la lettre A), l'autre au Musée Britannique (que je désigne par B)[1]. Ces deux exemplaires, qui datent de la fin du XVIIe siècle ou du commencement du XVIIIe, ne diffèrent que par des variantes d'importance secondaire; la ressemblance est si complète que parfois un mot écrit, par erreur, deux fois, se trouve répété dans l'une et l'autre copie. Par conséquent, il y a lieu de croire que les deux manuscrits ont une source commune ou que l'un a été copié sur l'autre. En effet, dans le passage du chapitre xc, page 157, ligne 26, du texte imprimé ci-après, ወንጉሥኒ ፡ ወሀበ ፡ ብዙኃ ፡ ንዋያተ ፡, le ms. B, au lieu de ወንጉሥኒ ፡, leçon certaine, exigée par le contexte, porte ወንሥኒ ፡, les deux premières lettres finissant une ligne, les deux dernières commençant la ligne suivante. Cette leçon fautive s'explique facilement par une distraction du scribe qui, en commençant la seconde ligne, croyait avoir déjà écrit la lettre ጉ sur la ligne précédente. La leçon du ms. A, ወንሥእኒ ፡, est évidemment une tentative de correction de ወንሥኒ ፡. De ce fait on pour-

[1] Voyez, pour la description détaillée de ces manuscrits, le *Catalogue des mss. éthiopiens de la Bibliothèque nationale*, p. 222 et suiv. — W. Wright, *Catalogue of the ethiopic manuscripts in the British Museum acquired since the year 1847*, p. 297 et suiv. Pour la préface et la table des chapitres, j'ai collationné le texte imprimé dans ce catalogue.

rait conclure que le ms. B est le prototype du ms. A. Cependant chacune des deux copies présente un certain nombre de petites lacunes et de fautes qui lui sont particulières, de sorte que la leçon exacte se trouve tantôt dans l'une, tantôt dans l'autre[1]. J'ai relevé et j'indique au bas des pages toutes les variantes, à l'exception des variations d'orthographe des lettres aspirées et sifflantes. En rétablissant partout la forme régulière des mots renfermant des lettres aspirées ou gutturales, affectées de la voyelle *a* ou *â*, qui, dans les manuscrits modernes, ne sont plus distinguées, je n'ai indiqué la leçon des manuscrits que dans le cas où j'ai changé la voyelle brève en une voyelle longue.

En ce qui concerne la place que notre chronique occupe dans la chronographie byzantine et, en particulier, ses rapports de ressemblance avec les chroniques de Jean Malala et de Jean d'Antioche, ne pouvant traiter ici la question, avec tous les développements nécessaires, sans dépasser les limites de cet avertissement, je renvoie au mémoire inséré dans le *Journal asiatique*, où j'ai brièvement exposé les résultats de mes recherches[2]. Je crois cependant devoir insister davantage sur un fait que je n'avais pas suffisamment fait ressortir, à savoir que l'auteur égyptien, tout en suivant, dans la première partie de son ouvrage, la chronique de Jean Malala, s'en est souvent écarté et qu'il a mis à contribution d'autres sources. Ainsi l'on

---

[1] Le fragment traduit par M. A. d'Abbadie, d'après l'exemplaire qui fait partie de sa collection (*Catalogue raisonné de manuscrits éthiopiens appartenant à Antoine d'Abbadie*, p. 37 et suiv.), montre qu'il n'y a pas de différence notable entre ce ms. et les deux exemplaires que nous avons employés.

[2] Sur la chronographie byzantine, en général, voyez l'ouvrage récent de M. H. Gelzer, *Sextus Julius Africanus und die byzantinische Chronographie*, t. Ier, Leipzig, 1880. L'auteur de ce savant ouvrage, dont le second volume ne tardera pas, sans doute, à paraître, a élucidé plusieurs des questions les plus obscures de l'histoire littéraire des premiers siècles de notre ère.

constate des différences entre les deux auteurs dans l'histoire de Persée (chapitre XXI de notre texte), dans l'histoire de Melchisédec (chap. XXVII), dans l'histoire d'Endymion (ch. XXVIII), dans l'histoire du pharaon Pétissonios (chap. XXX), dans l'histoire de la fondation de Jérusalem (chap. XXXII), dans le récit relatif aux nymphes (chap. XXXV), dans l'histoire de Palamède (ch. XLVI), dans l'histoire des soixante-dix interprètes (ch. LX), dans l'histoire d'Hérode (chap. LXV), etc. A part les récits relatifs à l'histoire de l'Égypte dont nous avons déjà parlé, notre chronique contient encore d'autres récits qui manquent dans l'ouvrage de Jean Malala : l'histoire d'Héber (chap. XXVII), l'histoire de l'invention de la médecine (chap. XXXVII), l'histoire de la construction des bains et des académies par Salomon (ch. XXXVIII), l'histoire des clous de la Sainte Croix (ch. XLII), l'histoire de la destruction de Palmyre et de Tyr par Nabuchodonosor (chap. XLVIII et XLIX), le dépôt de l'arche sainte dans une caverne (chap. L), l'explication du nom d'*Alba* et du nom de *Carthage* (chap. LIV et LV), l'histoire de Numa (ch. LVII), etc. Du reste, il n'est pas probable que Jean de Nikiou ait eu sous les yeux la dernière rédaction de l'ouvrage de Jean Malala.

በስመ ፡ አብ ፡ ወወልድ ፡ ወመንፈስ ፡ ቅዱስ ፡

፩ ፡ አምላክ ።

መቅድመ ፡ መጽሐፍ ፡ ዛቲ ፡ በጕልቈ ፡ ክፍላቲሃ ፡ ዘውእቶን ፡ ፻፳ወ፪ ።
ለእልክቱ ፡ [1] አምሳላት ፡ አስተጋብአሙ ፡ ለቀዳማውያን ፡ ዘኀለፈ ፡ ወኅል
ቀ ፡ እመጻሕፍተ ፡ ትውልዳት ፡ ቀዳማውያን ። እምአዳም ፡ እስከ ፡ ቲው ፡
ዘነግሠት ፡ ላዕለ ፡ ዮናናውያን ፡ ወአፍራቅያ ። እምአመ ፡ [2] ሮማኖስ ፡ ወሮ
ምሎስ ፡ ዘነግሡ ፡ ላዕለ ፡ ሮም ፡ ለተዝካር ፡ ሠናይ ፡ እስከ ፡ ፍጻሜ ፡ መንግ
ሥቱ ፡ ለቅዱስ ፡ ቈስጠንጢኖስ ፡ መሲሓዊ ፡ ቀዳማዊ ፡ ንጉሠ ፡ ሮም ። እም
አመ ፡ [3] ሢመቶሙ ፡ ለደቂቀ ፡ ንጉሥ ፡ ዐቢይ ፡ መሲሓዊ ፡ ቈስጠንጢኖስ ፡
መምለኬ ፡ እግዚአብሔር ፡ እስከ ፡ ፍጻሜሁ ፡ ለዩያይኑስ ፡ [4] ንጉሥ ፡ መፍቀ
ሬ ፡ እግዚአብሔር ። ወእምአመ ፡ [5] ሢመቱ ፡ ለእንድያስ ፡ እስከ ፡ ፍጻሜሁ ፡
ለታውዶስዮስ ፡ [6] ንጉሥ ፡ ዐቢይ ፡ ወብፁዕ ። ወእምአመ ፡ [7] ዘመነ ፡ አርቃ
ዴዎስ ፡ ወአኖሬዎስ ፡ ደቂቀ ፡ ንጉሥ ፡ መፍቀሬ ፡ እግዚአብሔር ፡ ታኦዶ
ስዮስ ፡ [8] እስከ ፡ ፍጻሜሁ ፡ ለአንስጣትዮስ ፡ [9] ንጉሥ ፡ ብፁዓዊ ። ወእመ
ዋዕለ ፡ [10] ዮስጥያኖስ ፡ ንጉሥ ፡ እስከ ፡ መዋዕለ ፡ [11] መንግሥቱ ፡ ለሕርቃ
ል ፡ እስከ ፡ ፍጻሜሁ ። ወእምአመ ፡ [12] ቴዎድሮስ ፡ [13] ሊቀ ፡ ቀዳማዊ ፡ ዘ
ሀገረ ፡ ምስር ፡ እስከ ፡ ዮሐንስ ፡ [14] መነኮስ ፡ ዘደብረ ፡ ሲና ፡ ዘተአመነ ፡ [15] በ
ሃይማኖተ ፡ ኬልቄዶናውያን ። [16] ወዓዲ ፡ ለእልክቱ ፡ አምሳላት ፡ አስተጋ

1 B ለእልክት ፡
2 Mss. እመ ፡
3 Mss. እመ ፡
4 Mss. ወዩያይኑስ ፡
5 A እመእመ ፡
6 Mss. ወታውዶስዮስ ፡
7 Mss. ወእመ ፡
8 Mss. ወሰኢድዩስ ፡
9 Mss. ወአንስ" ፡
10 Mss. ወበመዋዕለ ፡
11 መዋዕለ ፡ manque dans B.
12 Mss. ወእመ ፡
13 A ቲዎድሮስ ፡
14 Mss. ወዮሐንስ ፡
15 B ዘተአምነ ፡
16 A ከልቄዶናውያን ፡

ብአሙ ፡[1] በፍጻሜ ፡ ዮሐንስ ፡ መደበር ፡ ወመስተጋድል ፡ ዘበትርጓሜሁ ፡ ሠራዊ ፡ ዘከነ ፡ ሊቀ ፡ ላዕለ ፡ ሀገረ ፡ ንቂዩስ ፡ ዘምስር ፡ እንተ ፡ ትሰመይ ፡ አብሳይ ፡ ዘአስተጋብአሙ ፡ እምነ ፡ ዜናት ፡[2] ንዊኃት ፤ ዘውእቶሙ ፡ ክፍላት ፡ ዘኍላቌሆሙ ፡ ፫፻ወ፪ ፡ ዘውእቶሙ ፡ ድሒሬ ፡ አዝማናት ፡ እምጥንተ ፡ ትውልድ ፡ ዘቀዳማውያን ።[3]

ክፍል ፡ ቀዳማዊ ፡ በእንተ ፡ አስማተ ፡ አዳም ፡ ወሔዋን ፡ ወደቂቆሙ ፡[4] ወኵሉ ፡ ፍጥረት ።

ክፍል ፡ ዳግማዊ ፡ በእንተ ፡ አስማተ ፡ ከዋክብት ፡ ወፀሐይ ፡[5] ወወርኅ ፡ ወዘተረክቡ ፡ እመጻሕፍተ ፡ ዕብራውያን ።

ክፍል ፡ ሣልስ ፡ በእንተ ፡ ግብረ ፡ አሕማር ፡ እለ ፡ ወጠኑ ፡ ቅድመ ፡ ወሐሩ ፡ ውስተ ፡ ባሕር ።

ክፍል ፡ ራብዕ ፡ በእንተ ፡ ዘጸሐፉ ፡ እስጡርላባት ፡ እምቀዳሚ ፡ እስከ ፡ ደኃሪ ።

ክፍል ፡ ኃምስ ፡ በእንተ ፡ ጥንተ ፡ ሕንጻታ ፡ ለባቢሎን ። ወዘሰገዱ ፡[6] ለሥዕለ ፡ ፈረስ ፡ ከመ ፡ አምላክ ። ወወጢኖ ፡ ንዒወ ፡[7] ወበሊዐ ፡ አራዊት ።

ክፍል ፡ ሳድስ ፡ በእንተ ፡ ዘወጠኑ ፡ በሊዐ ፡ ሥጋ ፡ ሰብእ ። ወዘቀተለ ፡ ውሉዳኒሁ ፡[8] ቅድመ ፤ ወዘቀተለ ፡ አቡሁ ፡ ዓዲ ።

ክፍል ፡ ሳብዕ ፡ በእንተ ፡ ዘነሥአ ፡ ለእኅቱ ፡ ወረሰያ ፡ ብእሲተ ፡ ቅድመ ።

ክፍል ፡ ፰ ፡ በእንተ ፡ ዘወጠነ ፡ ሐኒጻታ ፡ ለሀገረ ፡ ነነዌ ፡ ወዘነሥአ ፡[9] ለእሙ ፡ ወረሰያ ፡ ብእሲተ ፡ ቅድመ ።

ክፍል ፡ ፱ ፡ በእንተ ፡ ዘወጠነ ፡ ገቢረ ፡ ወርቅ ፡ ወአውፅአ ፡ እማዕድን ።[10]

ክፍል ፡ ፲ ፡[11] በእንተ ፡ ዘወጠነ ፡[12] ገቢረ ፡ ንዋየ ፡ ጸብእ ፡ ቅድመ ።

ክፍል ፡ ፲፩ ፡[13] በእንተ ፡ ዘወጠነ ፡ ገቢረ ፡ ምንሐብ ፡ ወዘአውሰበ ፡ ፪ አንስተ ።

[1] Mss. ዘአስተጋብአሙ ፡

[2] A ዜናዊት ፡

[3] Mss. ትውልድ ፡ አዝማውያን ፡

[4] Mss. ወደቂቁ ፡

[5] A አስማት ፡ ወከዋብተ ፡ (*sic*) ፀሐይ ፡, B አስማተ ፡ ከዋክብት ፡ ፀሐይ ፡

[6] Mss. ወሰገዱ ፡

[7] Mss. ንዒው ፡

[8] Mss. ወላድያኒሁ ፡

[9] Mss. ወበእንተ ፡ ዘነሥአ ፡

[10] Mss. ማዕድን ፡

[11] Cette rubrique manque dans B.

[12] Ms. ዘወጠኑ ፡

[13] Cette rubrique et les trois suiv. portent, dans le ms. B, les nos ፲, ፲፪, ፲፫, ፲፬; les deux suivantes de nouveau ፲፫, ፲፬, etc.

ክፍል ፡ ፲፪ ፡ በእንተ ፡ ዘሐንጸ ፡ ሀገረ ፡ እንተ ፡ ትሰመይ ፡ ሀገረ ፡ ፀሐይ ።

ክፍል ፡ ፲፫ ፡ በእንተ ፡ ዘሐንጸ ፡ ፪ኤ ፡ አህጕረ ፡ አቡሴይር ፤ ለአሐቲ ፡ በላዕላይ ፡ ግብጽ ፡ ወለካልእታ ፡ በደቡብ ፡ ግብጽ ።

ክፍል ፡ ፲፬ ፡ በእንተ ፡ ዘሐንጽዋ ፡ ለሀገረ ፡ ሰምኑድ ፡ ወለእልበራቢ ፡ እንተ ፡ ይእቲ ፡ ቤተ ፡ አማልክት ።

ክፍል ፡ ፲፭ ፡ በእንተ ፡ ሐንፋውያን ፡ እለ ፡ አቅደሙ ፡ ነጊረ ፡ ክብረ ፡ ሥሉስ ፡ በዕሪና ።

ክፍል ፡ ፲፮ ፡ በእንተ ፡ ዘአቅደሙ ፡ ቅድመ ፡ ግብረ ፡ ማሕረስ ፡ በአህጉረ ፡ ግብጽ ፤ ወበአይ ፡ ህላዌ ፡ ነበረት ፡ ቅድመ ፡ ምስር ።

ክፍል ፡ ፲፯ ፡ በእንተ ፡ ዘወጠነ ፡ ነሢአ ፡ ጸባሕት ፡ በሀገረ ፡ ግብጽ ፡ ወሰፈረ ፡ ምድር ፡ በኍለት ፡ ወረሰዮሙ ፡ የሀቡ ፡ ለንጉሥ ። ወመኑ ፡ ውእቱ ፡ ዘከረየ ፡ ምድረ ፡ ለአውኅዞ ፡ ማይ ፡ ወለፈለግ ፡ ዘይሰመይ ፡ ዲክ ።

ክፍል ፡ ፲፰ ፡ በእንተ ፡ ዘአጥፍአሙ ፡ ለማያት ፡ ወደምሰሶሙ ፡ ለአብሕርተ ፡ ግብጽ ፡ እስከ ፡ ሐነጹ ፡ ላዕሌሆን ፡ አህጉራተ ፡ ወአድያማተ ፡ ወተከሉ ፡ ውስቴቶን ፡ አትክልተ ።

ክፍል ፡ ፲፱ ፡ በእንተ ፡ ዘሐነጹ ፡ ሠላሰ ፡[1] ምስጋዳተ ፡ በሀገረ ፡ መኑፍ ።

ክፍል ፡ ፳ ፡ በእንተ ፡ ዘወጠነ ፡ ገቢረ ፡ ጥምዐታተ ፡ ሕብር ፡ ዘአልባስ ።

ክፍል ፡ ፳፩ ፡[2] በእንተ ፡ ዘገብረ ፡ ምስላተ ፡ ሠናያተ ፡ ወአምለክሙ ።[3] ወበእንተ ፡ ዘሐነጸን ፡ ለኢቆንዮን ፡ ወለጠርሱስ ።[4] ወመኑ ፡ ዘሰመያ ፡ ለሰርያ ፡ በፋርስ ። ወመኑ ፡ ዘተከለ ፡ አዕፃወ ፡ በምስር ። ወመኑ ፡ ዘአምለከ ፡ ፀሐየ ፡ ወወርኀ ፡ ወእሳተ ፡ ወማየ ፡ ቅድመ ።

ክፍል ፡ ፳፪ ፡ በእንተ ፡ ዘአምለከ ፡ ወርኀ ፡ ባሕቲቶ ፡ ወሐነጸ ፡ ላቲ ፡ ምሥዋዐ ፡ ከመ ፡ አምላክ ።

ክፍል ፡ ፳፫ ፡[5] በእንተ ፡ ዘሰመያ ፡ ለሉንያ ።[6] ወመኑ ፡ ዘሐነጻ ፡ ለሱር ። ወመኑ ፡ ዘሰመዮን ፡ ለከነአን ፡ ወለሻም ፡ ወቂልቅያ ።

ክፍል ፡ ፳፬ ፡ በእንተ ፡ ዘሰመዮን ፡ ለአህጉራተ ፡ አርያ ፡ ወዘሐነጻ ፡ ለሀገረ ፡ ቅርጣግና ።

ክፍል ፡ ፳፭ ፡ በእንተ ፡ ዘወጠነ ፡ ገቢረ ፡ ዕፅ ፡ በአእጋረ ፡ ሰብእ ፡ ቅድመ ።

[1] A ሠላሳ ፡

[2] B ፳፱ au lieu de ፲፱ ፡

[3] Mss. ወአምለክዎሙ ፡

[4] A ወለጡርሱስ ፡

[5] Le copiste du ms. B ayant passé les nos ፳፩ et ፳፪, les chiffres, à partir de cette rubrique, s'accordent dans les deux mss.

[6] Mss. ለዮናን ፡

ክፍል ፡ ፺፮ ፡ በእንተ ፡ ዘወጠነ ፡ ሐኒጸ ፡ ምሥዋዕ ፡ ለጣዖታት ፡ ወአምለ ከሙ ።

ክፍል ፡ ፺፯ ፡ በእንተ ፡ መልከ ፡ ጼዴቅ ፡ ካህን ፤ እምነ ፡ አይ ፡ ነገድ ፡ ው እቱ ፤ ወበእንተ ፡ ዘሐነጽዎን ፡ ለሳይዳ ፡ ወለጽዮን ፡ እንተ ፡ ትሰመይ ፡ ሳሌ ም ። ወተሰምዮተ ፡ አይሁድ ፡ ዘውእቶሙ ፡ ዕብራውያን ።

ክፍል ፡ ፺፰ ፡ በእንተ ፡ ዘረከቡ ፡ መጽሐፈ ፡ ሐነፋውያን ፡ ቅድመ ፡ ወ አእምሮተ ፡ ጽሒፈተ ፡ መጻሕፍቲሆሙ ።

ክፍል ፡ ፺፱ ፡ በእንተ ፡ ማየ ፡ አይኅ ፡ ዘከነ ፡ በምድረ ፡ ዲክ ፡ ወምክንያ ተ ፡ ጕንድዮቱ ፡ ላዕሌሃ ፡ ወከዊኖታ ፡ በድወ ።

ክፍል ፡ ፻ ፡ በእንተ ፡ ኩነተ ፡[1] ፈርዖን ፡ በቅድመ ፡ ሙሴ ፡ ወተኅጕሎ ቱ ፡ ምስለ ፡ ኢሊአሁ ፡ ውስተ ፡ ዕመቀ ፡ ባሕረ ፡ ኤርትራ ።

ክፍል ፡ ፻፩ ፡ በእንተ ፡ ዘወለጠ ፡ ስመ ፡ ሀገረ ፡ አብሳይ ፡ ወሰመያ ፡ ንቂ ዩስ ። ወምክንያት ፡[2] ዘፈለሰ ፡ ባቲ ፡ ፈለግ ፡ እምነ ፡ ምሥራቃ ፡ ወከነ ፡ ኀበ ፡ ምዕራቢሃ ፡ በትእዛዘ ፡ እግዚአብሔር ።

ክፍል ፡ ፻፪ ፡ በእንተ ፡ ሐኒጸ ፡ ኢየሩሳሌም ፡ ወፍልሰተ ፡ ስማ ፡ እንተ ፡ ይእቲ ፡ ናብሎስ ። ወበእንተ ፡ ዘተሐንጸ ፡ ውስቴታ ፡ ቤተ ፡ እግዚአብ ሔር ።

ክፍል ፡ ፻፫ ፡ ዘወጠነ ፡ ገቢረ ፡ ግብረ ፡ እድ ፡ እምነ ፡ ቀዳማውያን ።

ክፍል ፡ ፻፬ ፡ በእንተ ፡ መኑ ፡ ውእቱ ፡ ዘረከበ ፡ ጽሒፈተ ፡ ቀዳሚ ፡ ወ ወህባ ፡[3] ለሰብእ ። ወመኑ ፡[4] ዘረከበ ፡ ተመርሖ ፡ ወመኑ ፡ ዘፈከረ ፡ መሥ መራተ ፡ ዘጽሑፋት ፡ በሰሌዳ ፡[5] እብን ።

ክፍል ፡ ፻፭ ፡ በእንተ ፡ መኑ ፡ ውእቱ ፡ ዘአንበረ ፡ ሕገ ፡ አውስቦ ፡ ከመ ፡ ይንሥኡ ፡ ዕደው ፡ አንስትያ ፡ አዋልደ ፡ ደናግለ ፡ ብእሲተ ፡ ሎሙ ፡ ወይስምይዎሙ ፡ መርዓዊያተ ። ወመኑ ፡ ውእቱ ፡ ዘወጠነ ፡ ገቢረ ፡ ም ሳሕ ።

ክፍል ፡ ፻፮ ፡ በእንተ ፡ መኑ ፡ ውእቱ ፡ ዘአቅደመ ፡ አሚነ ፡ እምነ ፡ ሐነ ፋውያን ፡ በከመ ፡ ውእቱ ፡[6] ሥሉስ ፡ ቅዱስ ፡ እስመ ፡ ውእቱ ፡ ዕሩይ ፡ በ፩ ፡ መለኮት ።

ክፍል ፡ ፻፯ ፡ በእንተ ፡ እለ ፡ ወጠኑ ፡ ገቢረ ፡ ፈውስ ፡ በውስተ ፡ ዓለም ፡ ቅድመ ።

[1] A ሾነተ ፡
[2] Mss. ወምክንያተ ፡
[3] Mss. ወወሀበ ፡
[4] A ወመነ ፡
[5] Mss. ዘሰሌዳ ፡
[6] ውእቱ ፡ manque dans B.

ክፍል ፡ ፻፲፰ ፡ በእንተ ፡ መኑ ፡ ውእቱ ፡ ዘወጠነ ፡ ሐኒጸ ፡ ቤተ ፡ ብለኔ ፡ በውስተ ፡ ዓለም ፡ ቀድመ ።

ክፍል ፡ ፻፲፱ ፡ በእንተ ፡ መኑ ፡ ውእቱ ፡ ዘወጠነ ፡ ነፊሐ ፡ እንደር ፡[1] ወዘይመስሎ ፡ ከመ ፡ ቀርን ፡ ወጥብልቃና ።

ክፍል ፡ ፻፳ ፡ በእንተ ፡ ሐኒጸ ፡[2] ክሲክስ ።[3] ወምክንያት ፡[4] ተአመኑ ፡ በቱ ፡ መናፍስት ፡ በተዋሕዶተ ፡ ሥሉስ ፡ ቅዱስ ፤ ወዜነዉ ፡ ዓዲ ፡ ለኵሉ ፡[5] ሰብእ ፡ ከመ ፡ [ይትወለድ ፡ እም]ድንግል ፡ አምላክ ።[6]

ክፍል ፡ ፻፳፩ ፡ በእንተ ፡ መኑ ፡ ውእቱ ፡ ዘአጽንዐ ፡ ለመቅደሰ ፡ ስቴንስ ። ወሐኒጸ ፡ ቤተ ፡ ክርስቲያን ፡ በትእዛዘ ፡ ንጉሥ ፡ ቈስጠንጢኖስ ፡ መፍቀሬ ፡ እግዚአብሔር ።

ክፍል ፡ ፻፳፪ ፡ በእንተ ፡ ቅንዋት ፡ ዘእግዚእነ ፡ ኢየሱስ ፡ ክርስቶስ ፡ ወመዊእ ፡ ዘኮነ ፡ ለነገሥት ፡ በእንቲአሆሙ ።

ክፍል ፡ ፻፳፫ ፡ በእንተ ፡ መኑ ፡ ዘሰመዮሙ ፡ ለ፪ ፡ አህጉር ፡ ዘውእቶሙ ፡ አካይያ ፡ ወሉቃንያ ።

ክፍል ፡ ፻፳፬ ፡ በእንተ ፡ መኑ ፡ ውእቱ ፡ ዘሰመያ ፡ ለደሴተ ፡ ሉናንያ ፡ ወሐነጸ ፡ ውስቴታ ፡ ሀገረ ፡ ዘትሰመይ ፡ ሉባኒዩን ።

ክፍል ፡ ፻፳፭ ፡ በእንተ ፡ መኑ ፡ ውእቱ ፡ ዘሐነጸን ፡ ለፈርማ ፡ ወቡልኪኑን ።

ክፍል ፡ ፻፳፮ ፡ በእንተ ፡ መኑ ፡ ውእቱ ፡ መሀረ ፡ ተዛውዖ ፡ በንዋየ ፡ ተውኔት ፡ ቀድመ ።

ክፍል ፡ ፻፳፯ ፡ በእንተ ፡ ዘሰመያ ፡ ለደሴተ ፡ ኤፌሶን ፡ እንተ ፡ ይእቲ ፡ እስያ ፤ ቀድመሰ ፡ ትሰመይ ፡ ሰቃልበህ ፡ ወወለጡ ፡ ስማ ፡ ወሰመይዋ ፡ ኢቆንዮን ።

ክፍል ፡ ፻፳፰ ፡ በእንተ ፡ መኑ ፡ ውእቱ ፡ ዘሐነጻ ፡ ለሀገር ፡ ዘትሰመይ ፡ ቡልሚዝ ፡ እስመ ፡ በኀቤሃ ፡ ሞአ ፡[7] ዳዊት ፡ ንጉሥ ፡ ለፍልስጥኤማዊ ።

ክፍል ፡ ፻፳፱ ፡ በእንተ ፡ ምክንያተ ፡ መዊአቱ ፡ ለናቡከደነጾር ፡ ለሀገረ ፡ ጢሮስ ፡ እስመ ፡ ይእቲ ፡ ደሴት ።

ክፍል ፡ ፻፴ ፡ በእንተ ፡ ታቦተ ፡ እግዚአብሔር ፡ ወጽላታት ፡ ወበትረ ፡ አ

[1] B እንድር ፡

[2] A በእንተ ፡ መኑ ፡ ሐኒጸ ፡

[3] B ክሲክስ ፡

[4] Mss. ወምክንያተ ፡

[5] B በኵሉ ፡

[6] Mss. ወከመ ፡ ድንግል ፡ አምላክ ።

[7] B ሞአ ፡

ሮን ፡ ዘጸገየት ፡ ወመሥፈርቶ ፡[1] መና ፡ ወእብን ፡ ኲሎሙ ፡ ጽሙም ። ወመኑ ፡ ውእቱ ፡ ዘኀብአሙ ፡ እምሰብእ ።

ክፍል ፡ ፶፩ ፡ በእንተ ፡ መንግሥተ ፡ ኩርሽ ፡[2] ንጉሥ ፡ ወፈንዎቱ ፡ ፄዋ ፡ ለደቂቀ ፡ እስራኤል ። ወዘከመ ፡ ክልአሙ ፡ ከሚስ ፡ ከመ ፡ ኢይሕንጹ ፡ መቅደሰ ። ወዘመከሮሰ ፡ ለከሚስ ፡ የሲድ ፡ መልአከ ፡ ኀይሎሙ ፡ ለምስር ፡ ወቀተሎሙ ፡ ለመኳንንተ ፡ ምስር ፡ ወፄወወ ፡ ፄዋ ፡ ዘነሥአ ፡ ከሚስ ፡ እምነ ፡ ምስር ፡ እስከ ፡ ሀገሩ ፡ ወተመይጡ ፡ ምስራውያን ፡ ኀበ ፡ ሀገሮሙ ፡ ምዕረ ፡ ዳግመ ። ወእምድኅረ ፡ ፺ወ፩ ፡ ዓመት ፡ ነግሠ ፡ እስክንድር ፡ መቄዶናዊ ፡ ዘተብህለ ፡ እኃዜ ፡[3] ዓለም ።

ክፍል ፡ ፶፪ ፡ በእንተ ፡ ሕንጸተ ፡ ሀገር ፡ ዘትሰመይ ፡ ሉንያ ።

ክፍል ፡ ፶፫ ፡ በእንተ ፡ መኑ ፡ ውእቱ ፡ ዘሐነጸ ፡ ቤተ ፡ ቅድመ ፡ ወሰመየ ፡ ስሞ ፡ ማኅፈደ ።

ክፍል ፡ ፶፬ ፡ በእንተ ፡ መኑ ፡ ውእቱ ፡ ዘሐነጸ ፡ ሀገረ ፡ እንተ ፡ ትሰመይ ፡ ሀልዊን ።[4]

ክፍል ፡ ፶፭ ፡ በእንተ ፡ ዘሐነጻ ፡ ለቅርጣግና ፡ ሀገር ።

ክፍል ፡ ፶፮ ፡[5] በእንተ ፡ ዘሐነጻ ፡ ለሀገረ ፡ ሮሜ ፡ ወምክንያት ፡[6] ዘተሰምዩ ፡ ባቲ ፡ ሮማውያን ። ወጥንቱ ፡[7] ጽሒፈቱ ፡ መጻሕፍቲሆሙ ፡ በስኢል ፡ ወበትእዛዝ ፤ ወዑደቱ ፡ ሢመታት ፤ ወሑረቱ ፡ ሐራ ፡ በውስተ ፡ ጸብእ ፡ በተፅዕኖ ፡[8] አፍራስ ፤ ወአጽንዖ ፡ መካነ ፡ ጸብእ ፡ ዘአንበት ፤ ወትእዛዘ ፡ ሥርዐታተ ፡ ሐራ ፤ ወሀላዌ ፡ ልኡካን ፡ ወእለ ፡ ይትለአክዎሙ ። ወምክንያቱ ፡ አበዊነ ፡ መነከሳት ፡ ዘግብጻውያን ፡ ይቄድሱ ፡ በቀዳማዊ ፡ ዕለት ፡ እምነ ፡ አውራኅ ፡ ኵሉ ፡ በእንተ ፡ አይ ፡ ምክንያት ።

ክፍል ፡ ፶፯ ፡ በእንተ ፡ መኑ ፡ ውእቱ ፡ ዘአስተርአየ ፡ ገቢረ ፡ ፍሉስ ፡ በማኅተም ፤ ወኮነ ፡ ጥንት ፡ ለሤጥ ፡ ወተሣይጦ ። ወአቅሞተ ፡ መኳንንት ፡ ወመላእክት ፡ ወፈታሕት ።

ክፍል ፡ ፶፰ ፡ በእንተ ፡ መኑ ፡ ውእቱ ፡ ዘሐነጻ ፡ ለሀገረ ፡ ተሰሎንቄ ።

[1] B ወመሥርቶ ፡

[2] A ኵርዝ ፡

[3] A አኀዜ ፡

[4] B ሀልዋን ፡

[5] Dans le ms. B le chiffre ፶፮ est répété. Les rubriques suivantes portent les nos ፶፮, ፶፯, ፶፰, etc. Le no ፷፰ est également employé deux fois, de même que le no ፷፱; puis on compte ፸, ፸፩, et ainsi de suite régulièrement jusqu'à la dernière rubrique, qui porte le no ፻፲፱. A partir de la rubrique qui porte le no ፻፩, les deux mss. présentent les mêmes chiffres.

[6] Mss. ወምክንያቶ ፡

[7] A ወጥንቶ ፡

[8] B ወተፅዕኖ ፡

ክፍል ፡ ፶፱ ፡ በእንተ ፡ መኑ ፡ ውእቱ ፡ ዘሐነጸን ፡ ለሀገረ ፡ እስክንድርያ ፡ ወለእኽርሳ ፡ ሀገረ ፡ ብራንጥያ ፡[1] ዘውእቱ ፡ እስክንድር ። በምክንያት ፡ በእንተ ፡ ዘሞአ ፡ ለዳርዮስ ፡ ወዴወወ ፡ ወለቶ ። ወበምክንያተ ፡ ቅንዳቅስ ፡ ንግሥት ፡ ዘአኀዘቶ ፡ ለእስክንድር ፡ አመ ፡ በጽሐ ፡ ኀቤሃ ፡ ምስለ ፡ ሰብአ ፡ ዐይን ፡ ኀቡረ ፡ ዜናውያን ፡ ዘፈነዎሙ ፡ ኀቤሃ ፤ ወበምክንያት ፡ ዘረሰያ ፡ ሎቱ ፡ ብእሲተ ።

ክፍል ፡ ፷ ፡ በእንተ ፡ አይ ፡ ዘመን ፡ ተተርጐሙ ፡ መጻሕፍት ፡ እምእስትንፋሰ ፡ እግዚአብሔር ፡ ወእስፍንቱ ፡ ውእቶሙ ፡ መተርጕማን ።[2]

ክፍል ፡ ፷፩ ፡ በእንተ ፡ መኑ ፡ ውእቱ ፡ ዘሐነጸን ፡ ለእንዲዓ ፡ ወአንጾኪያ ፡ ወሎዶቅያ ፡ ወአያምያ ፡ አህጉር ፡ እሙራት ።

ክፍል ፡ ፷፪ ፡ በእንተ ፡ መኑ ፡ ውእቱ ፡ ዘጸሐፈ ፡ ዜና ፡ ቅድመ ፡ ወሰመዮሙ ።

ክፍል ፡ ፷፫ ፡ በእንተ ፡ መኑ ፡ ውእቱ ፡ ዘሣቀዮሙ ፡ ለቅዱሳን ፡ መቃብያን ።

ክፍል ፡ ፷፬ ፡ በእንተ ፡ ልደተ ፡ ቄሳር ፡ ዮልዩስ ፡ ንጉሠ ፡ ሮም ፡ ወመንግሥተ ፡ አከላኡባጥራ ፡[3] ወሕንጸተ ፡ ቤተ ፡ ክርስቲያን ፡ ዐባይ ፡ እንተ ፡ ትሰመይ ፡ ቄሣርያ ፡[4] በሀገረ ፡ እስክንድርያ ።

ክፍል ፡ ፷፭ ፡ በእንተ ፡ መኑ ፡ ውእቱ ፡ ዘሐነጻ ፡ ለቂሳርያ ፡[5] ዘፍልስጥኤም ።

ክፍል ፡ ፷፮ ፡ በእንተ ፡ መኑ ፡ ውእቱ ፡ ዘሐነጻ ፡ ለእልፋሩስ ፡ ዘእስክንድርያ ፡ ወከረየ ፡ ምድረ ፡ ለአውኀዞ ፡ ፈለግ ፡ ክርዩን ፡ ዘትርጓሜሁ ፡ ክርየት ፡[6] እስከ ፡ ቦአ ፡ ማይ ፡ እምነ ፡ ፈለግ ፡ ዐቢይ ፡ ግዮን ፡ ኀበ ፡ ሀገር ፡ ዐቢይ ፡ እስክንድርያ ፤ ወበዊአቱ ፡ ለማይ ፡ ኀበ ፡ ዕመቅ ፡ ዘተሐንጸ ፡ በጥበብ ። ወበአይ ፡ ዘመን ፡ ተወልደ ፡ እግዚእነ ፡ ኢየሱስ ፡ ክርስቶስ ፡ በሥጋ ። ወበእንተ ፡ ምንት ፡ ረሰዩ ፡ ሮማውያን ፡ ጥንተ ፡ አውራኂሆሙ ፡ በሳድስ ፡ ወርኀ ፡ እምነ ፡ ዓመት ።

ክፍል ፡ ፷፯ ፡ በእንተ ፡ መኑ ፡ ውእቱ ፡ ዘአንበረ ፡ ፲፪ ፡ እምርያት ፡[7] አመ ፡ ሰዱሱ ፡[8] ለጥር ። ወአውፅእዎ ፡ ለእስትድራቢ ፡ ብእሲ ፡ ንጹሕ ፡ በዐመፃ ።

[1] A በራንጥያ ፡
[2] B መተርጐማን ፡
[3] A አከላኡ ፡ ባጥራ ፡
[4] A ቄሣር ፡
[5] Mss. ዘቂሳርያ ፡
[6] A ክርየት ፡
[7] Mss. እምርታት ፡
[8] A ሱዱሱ ፡

ክፍል ፡ ፳፰ ፡ በእንተ ፡ በመዋዕለ ፡ መኑ ፡ እምነገሥት ፡ ተሰቅለ ፡ እግዚእነ ፡ ኢየሱስ ፡ ክርስቶስ ። ወመኑ ፡ ዘሐነጻ ፡ ለሀገረ ፡ ጢባርዮስ ።

ክፍል ፡ ፳፱ ፡ በእንተ ፡ ዘኮነ ፡ ለኔሮን ፡[1] ንጉሥ ፡ ወሞቱ ፡ መሪር ።

ክፍል ፡ ፴ ፡ በእንተ ፡ ዱማዴዮስ ፡ ንጉሥ ፡ ወዘከመ ፡ ሰደዶ ፡ ለቅዱስ ፡ ዮሐንስ ፡ ወንጌላዊ ፡ ክልኤ ፡ ጊዜ ፡ ወሞቱ ። ወዘከመ ፡ ሐነጸ ፡[2] ሀገረ ፡ ዶማድያኑ ፡[3] ወሞቱ ፡ ዕፁብ ፡ ለዶማድያኖስ ፡[4] በአፅርዖተ ፡[5] ጸብእ ፡ ወበጽፍዐተ ፡ ሰብእ ።

ክፍል ፡ ፴፩ ፡ በእንተ ፡ ሞተ ፡ አግናጤዎስ ፡ ለባሴ ፡ አምላክ ፡ ወአንስት ፡ ዘኮኑ ፡[6] ሰማዕተ ፡ ምስሌሁ ። ወሐኒጸ ፡ ማኅፈድ ፡ በባቢሎን ፡ ዘምስር ።[7] ወመኑ ፡ ውእቱ ፡ ዘሰመያ ፡ ባቢሎን ። ወመኑ ፡ ውእቱ ፡ ዘከረየ ፡ ለሙሐዘ ፡ ፈለግ ፡ ዘይሰመይ ፡ ድርያኑስ ፡ እንተ ፡ ተሐውር ፡ ውስተ ፡ ባሕረ ፡ ኤርትራ ፡ ወ[ዘሐነጸ ፡][8] ማኅፈደ ፡ ዘውስተ ፡ መኑፍ ።

ክፍል ፡ ፴፪ ፡ በእንተ ፡ መኑ ፡ ውእቱ ፡ ዘሐነጻ ፡ ለእንድና ፡ በሀገረ ፡ ሪፍ ።

ክፍል ፡ ፴፫ ፡ በእንተ ፡ መኑ ፡ ውእቱ ፡ ዘአንበረ ፡ ትእዛዘ ፡ ለአበው ፡ ይትካየዱ ፡ ውሉዶሙ ፤ ወሐኒጸ ፡ ክልኤ ፡ አናቅጸ ፡ በሀገረ ፡ እስክንድርያ ፡ በምዕራብ ፡ ወምሥራቃ ።

ክፍል ፡ ፴፬ ፡ በእንተ ፡ መኑ ፡ ዘአምጽአ ፡ አናብስተ ፡ ላዕለ ፡ ምስር ፡ ወፍልስጥኤም ።

ክፍል ፡ ፴፭ ፡ በእንተ ፡ መኑ ፡ ውእቱ ፡ ዘአንበረ ፡ ጥንተ ፡ መጽሐፈ ፡ ሐሳብ ፡ ወተሐብዮ ፡ ከመ ፡ ይኩን ፡ ጽንዐ ፡[9] ሰብእ ።

ክፍል ፡ ፴፮ ፡ በእንተ ፡ መንግሥተ ፡ ዲዮቅልጥያኖስ ፡ ግብጻዊ ፤ ወምክንያተ ፡ ተወልጦተ ፡ ልቡናሁ ፡ ወተሰዶቱ ፤ ወመኑ ፡ ውእቶሙ ፡ ደቂቁ ፡ እለ ፡ ገብሩ ፡ እኩየ ። ወሞተ ፡ ግብት ፡ ዘአምጽአ ፡ እግዚአብሔር ፡ ላዕለ ፡ መጣዓውያን ፡ እስከ ፡ ኀጥኡ ፡ ዘይቀብሮሙ ። ወመንግሥተ ፡ ቈስጠንጢኖስ ፡ መፍቀሬ ፡ እግዚአብሔር ፡ ወአቅሞተ ፡ ምግባር ፡ ዘገብሮሙ ፡ ወሠርጎተ ፡ [ቤተ ፡][10] ክርስቲያን ፡ በመዋዕሊሁ ። ወመኑ ፡ ውእቱ ፡ ዘገብረ ፡ ቀናጥረ ፡ ቅድመ ፡ ዘውእቱ ፡ ድልዲይ ። ወበእንተ ፡ ተረክቦተ ፡ መስቀል ። ወ

[1] B ለኔሮስ ፡
[2] Mss. ሐነጹ ፡
[3] B ዶማዱያኑ ፡
[4] A ለዶማዱያኖስ ፡
[5] Mss. ወአፅርዖተ ፡
[6] Mss. ወለአንስት ፡ ዘኮነ ፡
[7] Mss. በባቢሎን ፡ (B "ን ፡) ምስር ፡
[8] Manque dans les deux mss.
[9] A ጽኑዓ ፡
[10] Manque dans les deux mss.

በእንተ ፡ ሕንጻ ፡ ሀገረ ፡ ቍስጥንጥንያ ፡ ወተሰምዮታ ፡ በዝንቱ ፡ ስም ፡ ወስማሰ ፡ ዘቅድም ፡ በራንጥያ ። ወበእንተ ፡ ሃይማኖተ ፡ አክላስዮስ ፡ በእንተ ፡ ተአምር ፡[1] ዘርእያ ፡ እንተ ፡ ይእቲ ፡ ጥምቀት ፡ ቅድስት ፡ ወሞቱ ፡ መንክር ። ወበአይ ፡ ምክንያት ፡ አእመርዎ ፡ ሕንድ ፡ ለእግዚእን ፡ ኢየሱስ ፡ ክርስቶስ ፡ አምላክነ ፤ እስመ ፡ ቅዱስ ፡ አትናስዮስ ፡[2] ሐዋርያዊ ፡ ውእቱ ፡ ሤመ ፡ ሎሙ ፡ ቅድመ ፡ ጳጳስ ፡ ለሕንድ ፡ ወለየመን ። ወለቈስጠንጢኖስ ፡ ከነ ፡ ያስተርእዮ ፡ መልአከ ፡ እግዚአብሔር ፡ ኵሎ ፡ መዋዕለ ፡ ሕይወቱ ፡ ወያንቅሆ ፡ ለጸሎት ።

ክፍል ፡ ፳፯ ፡ በእንተ ፡ ሕንጸተ ፡ ቀንጠራ ፡[3] ዘውእቱ ፡ ዲልዲይ ፡ ላዕለ ፡ ፈለግ ፡ ዘይሰመይ ፡ በበራምስ ። ወድቀት ፡ [ዘከነት ፡] በኒቅያ ።[4] ወአስተርእዮተ ፡ መስቀል ፡ ቅዱስ ፡ በመንፈቀ ፡ መዓልት ፡ ላዕለ ፡ ጎልጎታ ፡ በመካን ፡[5] ዘተሰቅለ ፡ ቦቱ ፡ እግዚእን ። ወሕማም ፡[6] ዘተወከፈ ፡ ቅዱስ ፡ አትናስዮስ ፡ ሐዋርያዊ ፡ እምነ ፡ አርዮሳውያን ። ወሰደተ ፡ ሊዋርዮስ ፡ ወጳጳሳት ፡ ቅዱሳን ፡ እለ ፡ ምስሌሁ ፡ በምክንያተ ፡ ምክረ ፡ እከዮሙ ፡ ለአርዮሳውያን ። ወዓዲ ፡ በእንተ ፡ ዮልያኖስ ፡ ንጉሥ ፡ ከሓዲ ። ወምክንያተ ፡ ኀዲጎቱ ፡ መዓርገ ፡ ዘቤተ ፡ ክርስቲያን ፡ ወከዊኖቱ ፡ ሊቀ ፡ ሐራ ፡ እስከ ፡ ነሥአ ፡ መንግሥተ ፡[7] ሀየንተ ፡ አሉሉስ ፡ እኁሁ ፤ ወሰዲዶቱ ፡ ለቅዱስ ፡ አትናስዮስ ፡ ከመ ፡ ይቅትሎ ፡ በምክረ ፡ ሕንፋውያን ። ወበአይ ፡ ምክንያት ፡ ተደለወት ፡ እስክንድርያ ፡ ለተወክፎተ ፡ ሥጋሁ ፡ ለቅዱስ ፡ ዮሐንስ ፡ መጥምቅ ፡ እስከ ፡ የኀድር ፡ ውስቴታ ፡ ወየሐንጹ ፡[8] ሎቱ ፡ መካነ ፡ ሥርጉወ ፡ በትእዛዘ ፡ ሊቀ ፡ ጳጳሳት ፡ ቴዎፍሎስ ።[9]

ክፍል ፡ ፳፰ ፡ በእንተ ፡ መኑ ፡ ከመ ፡ ናእምር ፡ እስመ ፡ ቴዎፍሎስ ፡[10] ሊቀ ፡ ጳጳሳት ፡ ዘእለእስከንድርያ ፡ እምአይ ፡ ሀገር ፡ ውእቱ ፡ ወእምአይ ፡ ዘመድ ። ወቅዱስኒ ፡ ቄርሎስ ፡ ወልደ ፡ እኅቱ ፡ በአይ ፡[11] መካን ፡ ተወልደ ፡ ውእቱ ።

ክፍል ፡ ፳፱ ፡ በእንተ ፡ ፍጻሜ ፡ ሞቱ ፡ ለቅዱስ ፡ ዱማድዮስ ፡ ሰማዕት ። ወበቀል ፡[12] ዘአምጽአ ፡ እግዚአብሔር ፡ ላዕለ ፡ ዩልያኖስ ፡ ዐላዊ ፡ ወዘከመ ፡

[1] Mss. ተአምር ፡
[2] A አትስዮስ ፡
[3] Mss. ቀንጠራኒ ፡
[4] Mss. ወድቀታ ፡ በኒቅያ ፡
[5] Mss. ወመካን ፡
[6] Mss. ወሕማመ ፡
[7] B መንግሥቱ ፡
[8] Mss. ወይሐንጹ ፡
[9] A ቲዎፍሎስ ፡
[10] Mss. ቲዎፍሎስ ፡
[11] Mss. ወበአይ ፡
[12] Mss. ወበቀለ ፡

ቀሠሮ ፡ እግዚአብሔር ፡ በእደ ፡ ሰማዕት ፡[1] ቅዱስ ፡ መርቆሬዎስ ፡ ወሞተ ፡ በሞት ፡ እኩይ ።[2]

ክፍል ፡ ፹ ፡ በእንተ ፡ መንግሥተ ፡ ዮናኖስ ፤ ወዘከመ ፡ በርህት ፡ ቤተ ፡ ክርስቲያን ። ወምክንያተ ፡ ተመይጠቱ ፡ ለቅዱስ ፡ አትናስዮስ ፡ ኀበ ፡ መንበር ፡ በክብር ፡ ዐቢይ ። ወአስተርአዮተ ፡ ቤተ ፡ ክርስቲያን ፡ በሃይማኖት ፡ አርቶዶክሳዊት ፡ በኵለሄ ።

ክፍል ፡ ፹፩ ፡ በእንተ ፡ መንግሥተ ፡ ሳሙስትዩስ ፤ ወጸሊኦቱ ፡ ዐመፃ ፡ ወፍትሑ ፡ በጽድቅ ፡ ወበርትዕ ። ወሐኒጸቱ ፡ አናቅጸ ፡ አእባን ፡ [...][3] እንተ ፡ ይእቲ ፡ ለሐርቃልዩን ፡ ዘረሰዮሙ ፡ አናቅጸ ፡ ዘፈለግ ፡ ዐቢይ ፡ ዘምስር ፡ በግብር ፡ ዕፁብ ። ወምክንያተ ፡ አቅሞተ ፡ ፈለግ ፡ ውቅያኖስ ፡ ላዕለ ፡ እስክንድርያ ፡ ከመ ፡ ኢያስጥም ፡[4] ሀገረ ፡ ሰበ ፡ አክ ፡ ኢከልአ ፡[5] በጸሎቱ ፡ ቅዱስ ፡ አትናስዮስ ፡[6] ሊቀ ፡ ጳጳሳት ።

ክፍል ፡ ፹፪ ፡ በእንተ ፡ መንግሥተ ፡ ታኦዶስዮስ ፡ ዘየዐቢ ፡ መፍቀሬ ፡ እግዚአብሔር ። ወአምሳለ ፡ ዘአምጽአ ፡ በቅድሜሁ ፡ ፊልጎስ ፡ ጳጳስ ፡[7] ዘኢቆንዮን ፡ በእንተ ፡ ተዋሕዶቶሙ ፡ ለሥሉስ ፡ ቅዱስ ። ወበእንተ ፡ ዘአስተጋብአ ፡ ንጉሥ ፡ በሀገረ ፡ ቍስጥንጥንያ ፤ በእንተ ፡ ጽንዐ ፡ አብያተ ፡ ክርስቲያናት ፡ ወበእንተ ፡ ምክንያት ፡ ዘጢሞቴዎስ ፡ ሊቀ ፡ ጳጳሳት ፡ ዘእለእስክንድርያ ፡ ዘገሠጸ ፡ ቦቱ ፡ ለጎርጎርዮስ ፡[8] ጳጳስ ፡[9] ዘብርያሉስ ፡ ከመ ፡ ይኅድጋ ፡ ለሀገረ ፡ ንጉሥ ፡ ቍስጥንጥንያ ፡ ወይሑር ፡ ኀበ ፡ ሀገሩ ፤ ወሜሞ ፡ ለ፩ ፡ ብእሲ ፡ ዘስሙ ፡ መከሲሞስ ፡ ሊቀ ፡ ጳጳሳት ፡[10] ዘቍስጥንጥንያ ። ወዓዲ ፡ በእንተ ፡ ሕንጻተ ፡ ቤተ ፡ ክርስቲያን ፡ ዘታኦዶስያ ፡[11] በእለእስክንድርያ ፡ ወቤተ ፡ ክርስቲያን ፡ ዘቅዱሳን ፡ ሰማዕት ፡ ቆዝሞስ ፡ ወድምያኖስ ፡ ወዘአኀዊሆሙ ፡ ሰማዕታት ። ወበእንተ ፡ አውዕዮተ ፡ በእሳት ፡[12] ለሀገረ ፡ አንጾኪያ ፡ በትእዛዘ ፡ ንጉሥ ። ወተግሣጽ ፡ ዘፈነወ ፡ ኀቤሁ ፡ መነከስ ፡ ቅዱስ ፡ ዘእምገዳመ ፡ አስቄጥስ ፡ በእንተ ፡ ዝንቱ ፡ ግብር ። ወሕማመ ፡ ልብ ፡ ዘከነ ፡ ለንጉሥ ፡ በዝንቱ ፡ ምክንያት ። ወዓዲ ፡ በእንተ ፡ ምክንያተ ፡ ሠያጥያን ፡ ወይን ፡ ወመካነ ፡ ዘማውያን ፡ ዘተጸርዐ ፡[13] በመዋዕሊሁ ፤ ወበርህት ፡ መንግሥቱ ፡ በኵሉ ፡ መካን ።

[1] B ሰማዕቱ ፡

[2] A በእኩይ ፡ ሞት ፡

[3] Il manque ici un mot.

[4] B ኢያሥም ፡ A ኢያስምር ፡

[5] A ኢከልአ ፡

[6] B አትናትዮስ ፡

[7] ጳጳስ ፡ manque dans A.

[8] Mss. ወገሠጸ ፡ ቦቱ ፡ ጎርጎርዮስ ፡

[9] ጳጳስ ፡ manque dans A.

[10] Mss. ለ፩ ፡ ብእሲ ፡ ሊቀ ፡ ጳጳሳት ፡ ዘስሙ ፡ መከሲሞስ ፡

[11] Mss. ለታኦዶክስያ ፡

[12] Mss. እሳት ፡

[13] Mss. ተጸርዐ ፡

ክፍል ፡ ፹፫ ፡ በእንተ ፡ ሢመተ ፡ አርቃድዮስ ፡ ወአኖሬዎስ ፡[1] ነገሥት ፤ ወአርቃድዮስ ፡ ላዕለ ፡ ሀገረ ፡ ቍስጥንጥንያ ፡ ወአኖሬዎስ ፡ ላዕለ ፡ ሀገረ ፡ ሮሜ ። ወበእንተ ፡ ዘከመ ፡ አፍቀሮ ፡ አርቃዴዎስ ፡ ለእግዚአብሔር ፡ ወተጋድሎተ ፡ አኖሬዎስ ። ወበእንተ ፡ ዘአስተናሥአ ፡ ሁከተ ፡ አለሪሁስ ፡[2] ውስተ ፡ ሀገረ ፡ ሮሜ ፤ ወበምክንያት ፡ ዘተመሰጠት ፡[3] በቱ ፡ እኅተ ፡ ንጉሥ ፡ አኖሬዎስ ፤ ወበርብሮተ ፡ ኵሉ ፡ ንዋይ ፡ ዘከነ ፡ በማኅፈድ ። ወዓዲ ፡ በእንተ ፡ ዘኀደጋ ፡ አኖሬዎስ ፡[4] ለሮሜ ፡ ወመጽአ ፡ ኀበ ፡ ቍስጥንጥንያ ፡ ወከነ ፡ ሱታፌ ፡ ለንጉሥ ፡ ምስለ ፡ ታኦዶስዮስ ፡ ንጉሥ ፡ ዘይንእስ ፡ ወልደ ፡ እኍሁ ፡ አርቃድዮስ ፡ እስከ ፡ ዕለተ ፡ ሞቱ ። ወዓዲ ፡ እስመ ፡ አውዶክስያ ፡[5] ንግሥት ፡ ብእሲተ ፡ ታኦዶስዮስ ፡ ንጉሥ ፡ ዘይንእስ ፡ እምአይ ፡[6] ዘመድ ፡ ይእቲ ፡ ወእፎ ፡ ከነ ፡ ምክንያቱ ፡ ተሰናእዎቱ ፡ ለንጉሥ ፡ ምስሌሃ ፡ ወንሥአ ፡ ሎቱ ፡ ብእሲተ ። ወበአይ ፡ ዘመን ፡ ጸሐፉ ፡ ስመ ፡ ቅዱስ ፡ ዮሐንስ ፡ አፈ ፡ ወርቅ ፡ በውስተ ፡ ፍትሐት ፡ እምድኅረ ፡ ሑረቱ ፡ ኀበ ፡ እግዚእን ። ወበእንተ ፡ መርገሙ ፡ ለንስጥሮስ ፡ ወመዊአቱ ፡ ለቄርሎስ ። ወዓዲ ፡ በእንተ ፡ ብእሲት ፡ ሐነፋዊት ፡[7] ዘእለእስክንድርያ ፡ ወሁከት ፡[8] ዘአስተናሥአት ፡ ማእከለ ፡ አይሁድ ፡ ወክርስቲያን ፡ በእለእስክንድርያ ።[9] ወምክንያት ፡ ዘከመ ፡ ነሥአ ፡ ቅዱስ ፡ ቄርሎስ ፡ ለምኵራብ ፡ አይሁድ ፡ ወረሰያ ፡ ቤተ ፡ ክርስቲያን ፡ በተናግሮቱ ፡ ምስለ ፡ አይሁድ ። ወዘከመ ፡ ሰሐብዋ ፡ ለብእሲት ፡ ሐነፋዊት ፡ በውስተ ፡ መራሕብት ፡ እስከ ፡ ሞተት ፡ ወአውዐዩ ፡ ሥጋሃ ፡ በእሳት ፡ በትእዛዘ ፡ ሊቀ ፡ ጳጳሳት ፡ አባ ፡ ቄርሎስ ።

ክፍል ፡ ፹፬ ፡ በእንተ ፡ ቅትለት ፡ ዘገብሩ ፡ አይሁድ ፡ በውስተ ፡ ቊሚትራ ፡ በእንተ ፡ ዘገብሩ ፡ ስላቀ ፡ በመስቀለ ፡ እግዚእን ፡ ኢየሱስ ፡ ክርስቶስ ፡ አመ ፡ ሰቀሉ ፡ ሕፃነ ፡ ንኡሰ ፡[10] ወቀተልዎ ፡ በስላቅ ።

ክፍል ፡ ፹፭ ፡ በእንተ ፡ ፌንክስር ፡ አይሁዳዊ ፡ ዘአስተርአየ ፡ ለአይሁድ ፡ እንዘ ፡ ይብል ፤ አነ ፡ ውእቱ[11] ፡ ሙሴ ፡ ሊቀ ፡ ነቢያት ።

ክፍል ፡ ፹፮ ፡ በእንተ ፡ ትፋሕ ፡ ዘአምጽኡ ፡ ሎቱ ፡ ለንጉሥ ፡ ቴዎዶስዮስ ፡[12] አምኃ ። ወምክንያተ ፡ ሢመታ ፡ ለብርካልያ ፡ እኅቱ ።[13] ወጽል

[1] A ወአኖርዮስ ፡
[2] A ለአሪሁስ ፡ B ለአሪሁሰ ፡
[3] Mss. ዘተሰምየት ፡
[4] A ለአኖሬዎስ ፡
[5] B አውዶክያ ፡
[6] Mss. ወእምአይ ፡
[7] Mss. ሐነዊት ፡
[8] Mss. ወሁከተ ፡
[9] Mss. በል ፡ እስክንድርያ ፡
[10] Mss. ሰቀሎ ፡ ሕፃን ፡ ንኡስ ፡
[11] Mss. አነ ፡ ውእቱ ፡ አነ ፡ ውእቱ ፡
[12] B ትዮዶስዮስ ፡
[13] Mss. እኅት ፡

መት ፡ ዘኮነ ፡ ላዕለ ፡ ኵላ ፡ ምድር ፡ እምጽባሕ ፡ እስከ ፡ ምሴት ፡ በዕለት ፡ ሀንግሠ ፡ ባቲ ፡ መርቅያን ፡ መናፍቅ ።

ክፍል ፡ ፻፯ ፡ በእንተ ፡ ምክንያት ፡ ዘአዝነመ ፡ ሰማይ ፡ ጂረን ፡ ዘውእቱ ፡ በረቅ ፡ ላዕለ ፡ ሀገረ ፡ ቍስጥንጥንያ ፡ ወእሳትኒ ፡ ነደ ፡ እምባሕር ፡ እስከ ፡ ባሕር ። ወተመይጠተ ፡ እንሱካስዩስ ፡ ፈልሱፍ ፡ ኀነፋዊ ፡[1] ኀበ ፡ ሃይማኖት ፡ አርቶዶክሳዊት ። ወጢሞቴዎስ ፡[2] ሊቀ ፡ ጳጳሳት ፡ እምአይ ፡ መካን ፡ ውእቱ ። ወሞተ ፡ ሕማም ፡ ጽኑዕ ፡ ዘኮነ ፡ በሀገረ ፡ ቍስጥንጥንያ ። ወድቀተ ፡ ደብር ፡ ዘኮነ ፡ በሻም ። ወምክንያተ ፡ ጽንቱ ፡ ለዋስልስኪዩስ ፡[3] በአምሳለ ፡ ኬልቄዶናውያን ፡ በእንተ ፡ ንዋይ ፡ ሙሱን ። ወምክንያተ ፡ መንግሥቱ ፡ ለዘይኑን ፡ ንጉሥ ፡ ላዕለ ፡ ሀገረ ፡ መንግሥተ ፡ ቍስጥንጥንያ ፤ ወሰደተ ፡ ዋስልስክስ ፡ እስከ ፡ አመ ፡ ሞቱ ። ወሞት ፡ ዘኮነ ፡ በፈታሕት ፡[4] በእንተ ፡ ተሀይዮቶሙ ፡ በውስተ ፡ ፍትሕ ። ወበእንተ ፡ መንግሥተ ፡ ዘይኑን ፡ ወትእዛዙ ፡ ለመጽሐፈ ፡ ጠማር ፡ (ወ)ያንብቡ ፡ በውስተ ፡ ኵሉ ፡ መካን ። ወበእንተ ፡ በርንቄ ፡ ሐማቱ ፡ ወተጻብአታ ፡ ምስሌሁ ፡ እስከ ፡ ረከባ ፡ ሞት ፡ ምስለ ፡ እሊአሃ ።

ክፍል ፡ ፻፰ ፡ በእንተ ፡ መንግሥተ ፡ አንስጣስዩስ ፡ መፍቀሬ ፡ እግዚአብሔር ፡ በምክንያተ ፡ ትንቢቱ ፡ ለአባ ፡ ያርምያስ ፡[5] ባሕታዊ ፡ ዘደብረ ፡ መኑፍ ። ወሕንጸተ ፡ አናቅጺ ፡[6] አእባን ፡ ዘእልሙውረድ[7] ፡ ወክርዮት ፡[8] ለገቢረ ፡ ዲልዲይ ፡ ዐቢይ ፡ ዘጥንቱ ፡ እምባቢሎን ፡ ወብጽሐቱ ፡ እስከ ፡ ባሕር ። ወምክንያተ ፡ ሰምዮተ ፡ ቂላልትያስ ። ወመዊአተ ፡ ሊቀ ፡ ጳጳሳት ፡ ዐቢይ ፡ ሳዊሮስ ፡ ወሰደተ ፡ መቅዶንዮስ ፡ ወመንኖተ ፡ ጉባኤ ፡ ኬልቄዶናዊ ።

ክፍል ፡ ፻፱ ፡ በእንተ ፡ ምክንያተ ፡ ስደቱ ፡ ለቅዱስ ፡ ሳዊሮስ ፡ እምነ ፡ መንበሩ ፡ ዘአንጾኪያ ፡ በእንተ ፡ ሐራጥቃ ፤ ወበእንተ ፡ ስእለት ፡ ዘገብራ ፡ ኀበ ፡ እግዚአብሔር ፡ በእንተ ፡ ሰብአ ፡ ሀገረ ፡ ቍስጥንጥንያ ፡[9] ላዕለ ፡ እከይ ፡ ዘገብራ ፡ ዩስጥናስ ፡[10] ንጉሥ ፤ ወተግሣጽ ፡ ዘሰምዐ ፡ እምእግዚአብሔር ። ወበእንተ ፡ እሳት ፡ ዘነደት ፡ ውስተ ፡ ሀገረ ፡ አንጾኪያ ፡ ወአህጉራተ ፡ ምሥራቅ ፤ ወንህለተ ፡ ብዙኃን ፡ አብያተ ፡ ሰማዕታት ፡ ወኵሉ ፡ ተአምራ

[1] Mss. ኀለፋዊ ፡
[2] Mss. ወለጢሞቴዎስ ፡
[3] Mss. ለዋስኪዩስ ፡
[4] Mss. በፈታት ፡
[5] Mss. ያውምያስ ፡
[6] Mss. አናቅጽ ፡
[7] A ዘእልሙወረድ ፡
[8] Mss. ወከርዮት ፡
[9] A እስክንድርያ ፡ ወቍስጥንጥንያ ፡
[10] Mss. ለስጥናስ ፡

ት ፡[1] ዘከኑ ። ወጥምቀተ ፡ ሕዝበ ፡[2] አርዮሳውያን ፡ ወንገሥተ ፡ ሕንድ ፡ ወእልማሬጥስ ፡ ዘውእቶሙ ፡ ኖባ ፤ ወበአይ ፡ ሃይማኖት ፡ ከኑ ፡ ውእቶሙ ፡[3] ቅድመ ። ወበእንተ ፡ ድልቅልቅ ፡ ዘከነ ፡ በምስር ። ወንዱ ፡ እንተ ፡ ይእቲ ፡ በአፍአ ፡ ሀገር ። ወሕንድኺ ፡ ዘውእቶሙ ፡ እልማኩሬድስ ፡ ከኑ ፡ ቅድመ ፡ አይሁድ ።[4]

ክፍል ፡ ፲ ፡ በእንተ ፡ አስተርእዮተ ፡ ቅናት ፡ ወመንዲል ፡ ዘእግዚእን ፡ ኢየሱስ ፡ ክርስቶስ ፤ ተረክቡ ፡ በኀበ ፡ አይሁድ ፡ ዘይነብር ፡ በእለእስክንድርያ ።

ክፍል ፡ ፲፩ ፡ በእንተ ፡ ምክንያት ፡ ዘተሰመይነ ፡ ንሕነ ፡ ክርስቲያን ፡ በስመ ፡ ታአዶስዮስ ፡ ወአስተርእዮተ ፡ አቴናውያን ፡ ወሃይማኖቶሙ ። ወምክንያት ፡[5] ዘጸሐፉ ፡ ባቲ ፡ ሊቃውንት ፡ መልእክታተ ፡ ኀበ ፡ ምሥያጥ ፡ ከመ ፡ ይኩን ፡ ተዝካረ ፡ በኀቤሆሙ ፡ እስከ ፡ ይነሥኡ ፡ ኵሉ ፡ ዘይፈቅዱ ።

ክፍል ፡ ፲፪ ፡ በእንተ ፡ ሕንጸተ ፡ ሀገረ ፡ ሮሜ ፡ ቅድመ ።

ክፍል ፡ ፲፫ ፡ ሀከክ ፡ ዘከነ ፡ በሀገረ ፡ ቍስጥንጥንያ ፡ በእንተ ፡ ሥጋ ፡ ንጹሕ ፡ ዘእግዚእን ፡ ወመድኀኒን ፡ ኢየሱስ ፡ ክርስቶስ ።

ክፍል ፡ ፲፬ ፡ በእንተ ፡ አርስጥማኽስ ፡[6] ወልደ ፡ ታአዶስዮስ ፡ ዘእምሀገረ ፡ አብሳይ ፡ ወውዴት ፡[7] ዘገብሩ ፡ ቦቱ ፡ [ኀበ ፡][8] ንጉሥ ፡ እስከ ፡ አሰሮ ። ወምክንያት ፡[9] ዘአምነ ፡ ባቲ ፡ ከስራ ፡ ንጉሠ ፡ ፋርስ ፡ ወከነ ፡[10] ክርስቲያናዌ ።[11]

ክፍል ፡ ፲፭ ፡ በእንተ ፡ ከለንዱሀ ፡[12] ብእሲት ፡ በጥሬቃ ፡[13] ዘውእቱ ፡ ስመ ፡ ሚመት ፡ ወራእይ ፡[14] ዘርእየቶ ፡ ገሃደ ፡[15] በቤተ ፡ ማእሰር ፡ እመ ፡ ስደታ ።

ክፍል ፲፮ ፡ በእንተ ፡ እለ ፡ ሀለዉ ፡ ውስተ ፡ ማእዘንት ፡ ዘመንበረ ፡ ሀገረ ፡ መውሰል ።[16] ወበእንተ ፡ እንስሳ ፡ ዘአስተርአየ ፡ በአምሳለ ፡ አንስት ፡ በፈለገ ፡ ምስር ።

[1] Mss. ተአምራት ፡

[2] B ሕዝብ ፡

[3] Mss. ከኑ ፡ ውእቶሙ ፡ ከኑ ፡

[4] Mss. ወሕንድኺ ፡ ከኑ ፡ ቅድመ ፡ አይሁድ ፡ ዘውእቶሙ ፡ እልማኩሬድስ ፡

[5] Mss. ወምክንያተ ፡

[6] B አርስቶማኹስ ፡

[7] Mss. ወውዴተ ፡

[8] Manque dans les deux mss.

[9] Mss. ወምክንያተ ፡

[10] Mss. ዘከነ ፡

[11] B ክርስቲያናዊ ፡

[12] A ከለንዴሀ ፡

[13] B በጥራቃ ፡

[14] Mss. ወበራእይ ፡

[15] A ገሀደ ፡

[16] B መውሰል ፡

ክፍል ፡ ፺፯ ፡ በእንተ ፡ ዩልይንስ ፡ መሠርይ ፡ ዘይገብር ፡ መሥዋዕተ ፡ ለአጋንንት ፡ በጻሕለ ፡ ብሩር ።

ክፍል ፡ ፺፰ ፡ በእንተ ፡ መኑ ፡ ውእቱ ፡ ዘወጠነ ፡ ጽሒፈ ፡ በስመ ፡ እግዚእነ ፡ ኢየሱስ ፡ ክርስቶስ ።

ክፍል ፡ ፺፱ ፡ በእንተ ፡ ማይ ፡ ዘከደኖን ፡ ለሀገረ ፡ እንጼና ፡ ወለጠርሱስ ፡ ርእሰ ፡ ሀገረ ፡ ኪልቅያ ፡ በአሐቲ ፡ ሌሊት ።

ክፍል ፡ ፻ ፡[1] በእንተ ፡ ዕርበተ ፡ ፀሐይ ፡ በመንፈቀ ፡ መዓልት ፡ ወአስተርእዮተ ፡ ከዋክብት ፡ ወድልቅልቅ ፡ ዐቢይ ፡ ዘኮነ ።

ክፍል ፡ ፻፩ ፡ በእንተ ፡ ሱሬኩስ ፡ መኰንን ፡ ዘገብረ ፡ ተጋድሎ ፡ ወሞተ ፡ ዘረከቦ ። ወምክንያቶሙ ፡ ለሰብእ ፡ ቍስጥንጥንያ ፡ ዘሰደድዎ ፡ ለመርቅዩስ ፡[2] ንጉሥ ።

ክፍል ፡ ፻፪ ፡ በእንተ ፡ ምክንያተ ፡ ሐዳፍያን ፡ አሕማር ፡ ድልዋን ፡ ለግዕዛን ፡ ሰበ ፡ ተሠጥመ ፡ ንዋይ ፡ ዘሀለወ ፡ ቦቱ ። ወመንግሥተ ፡ ፉቃ ፡ ወቅትለት ፡[3] ዘገብረ ።

ክፍል ፡ ፻፫ ፡ በእንተ ፡ ምክንያት ፡ ዘኢክህሉ ፡ ይሚሙ ፡ ሊቀ ፡ ጳጳሳት ፡ ወኢአሐዱ ፡ እመዓርገ ፡ ቤተ ፡ ክርስቲያን ፡ ዘእንበለ ፡ ምክረ ፡ ፉቃ ። ወበእንተ ፡ ዘገብሩ ፡ ሰብአ ፡ ምሥራቅ ፡ በእንተ ፡ ዝንቱ ፡ ግብር ፡ ወበፍልስጥኤምሂ ፡[4] ከመ ፡ መልኡ ፡ ዐዘቅታተ ፡ መቃብር ፡ ዘቤተ ፡ ክርስቲያን ፡ ደመ ፡ አመ ፡ ጐዩ ፡ ሰብእ ፡ ኀበ ፡ ምጥማቃት ፡ ዘቤተ ፡ ክርስቲያን ።

ክፍል ፡ ፻፬ ፡ በእንተ ፡ ታኦፊሎስ ፡ ዘሀገረ ፡ መውረድ ። ወቀትል ፡ ዘገብረ ፡ ፉቃ ፡ በእንተ ፡ ሞቱ ፡ በውስተ ፡ አንጾኪያ ፡ ወፍልስጥኤም ።

ክፍል ፡ ፻፭ ፡ በእንተ ፡ ብእሲተ ፡ ሀርቃል ፡ ዘየዐቢ ፡ ወብእሲተ ፡ ሀርቃል ፡ ዘይንእስ ፡ ወወለቱ ፡ አውልያ ፡ ድንግል ፤ ወምክንያት ፡ ዘአድኅኖሙ ፡ አክርስዩስ ፡ መኰንን ፡ እምርኵሰ ፡ ፎቃ ።

ክፍል ፡ ፻፮ ፡ በእንተ ፡ ሀከክ ፡ ዘገብሩ ፡ ላዕለ ፡ ፎቃ ፡ በግብጽ ፡ ወመርዩጥ ፡ ወበሀገረ ፡ እስክንድርያ ፡ ወቀትል ፡ ዐቢይ ፡ ዘገብሩ ፡ በእንተ ፡ ዝንቱ ፡ ግብር ። ወምክንያት ፡ ዘአውረዱ ፡[5] ሥዕለ ፡ መልክኡ ፡ ኀበ ፡ መትሕት ።

[1] Dans le manuscrit A, cette rubrique et les trois suivantes ne portent pas de numéro, après le mot ክፍል ፡. Le manuscrit B donne les chiffres ፺፯, ፺፰, ፺፱, ፻. A partir de la rubrique ፻፩, les deux manuscrits contiennent les mêmes chiffres erronés : ፻፩, ፻፪, etc. Voy. ci-dessus, p. 16, note 5.

[2] A ለመርቅዩስ ፡ B ለሙርቂዩስ ፡

[3] Mss. ወቅትለተ ፡

[4] B ወበፍልጥኤምሂ ፡

[5] A ዘአወረዱ ፡

ክፍል ፡ ፻፯ ፡ በእንተ ፡ ቃኦፊሎስ ፡ ዘዐምድ ፡ ወትንቢቱ ፡ ለይፍትጣሕ ፤ አንተ ፡[1] ትመውኦ ፡ ወትጠፍእ ፡ ፍጡነ ፡ መንግሥቱ ፡ ለፎቃ ፡[2] ወበዘቲ ፡ ዘመን ፡ ይነግሥ ፡ ሕርቃል ።

ክፍል ፡ ፻፰ ፡ በእንተ ፡ ዘከነ ፡ ዲልዲይ ፡ በሀገረ ፡ ደፉሽር ፡ በጥቃ ፡ ቤት ፡ ክርስቲያን ፡ ቅዱስ ፡ ሚናስ ።

ክፍል ፡ ፻፱ ፡ በእንተ ፡ ሞቱ ፡ ለፎቃ ፡ ወተዘርዎተ ፡ ንዋይ ፡ ዘማኅፈድ ። ወምንዳቤ ፡ ዘአምጽአ ፡ ሕርቃል ፡ ላዕለ ፡ ፎቃ ፡ በእንተ ፡ ትዕይርት ፡ ዘአምጽአ ፡ ላዕለ ፡ ብእሲቱ ፡ ወወለቱ ።

ክፍል ፡ ፻፲ ፡ በእንተ ፡ አስተርአዮተ ፡ እስላም ፡ በወሰነ ፡ ፊዩም ፡ ወተመውኦቶሙ ፡[3] ለሮም ፡ እለ ፡ ይነብሩ ፡ ህየ ።

ክፍል ፡ ፻፲፩ ፡ በእንተ ፡ ዘተጻብኦ ፡[4] ቅድመ ፡ ዕመር ፡ ምስለ ፡ ሮም ፡ በሀገረ ፡ ዓውን ።

ክፍል ፡ ፻፲፪ ፡ በእንተ ፡ ምክንያተ ፡[5] አይሁድ ፡ ዘተጋብኡ ፡ ኵሎሙ ፡ ኀበ ፡ ሀገረ ፡ መኑፍ ፡ በእንተ ፡ ፍርሃቶሙ ፡ ለእስላም ፡ ወሥቃየ ፡ ዕመር ፡ ወንሢአ ፡ ንዋዮሙ ፡ እስከ ፡ ኀደግዋ ፡ ርኅወ ፡ አናቅጸ ፡ ምስር ፡ ወጐዩ ፡ ኀበ ፡ እስክንድርያ ። በእንተ ፡ ምክንያት ፡[6] ዘበዝኁ ፡ ዐማፅያን ፡ በጥንተ ፡ ዐመፃ ፡ ወከኑ ፡ ይትራድእዎ ፡ ለአሕጕሎተ ፡ ሰብአ ፡ ምስር ።

ክፍል ፡ ፻፲፫ ፡ በእንተ ፡ ምክንያተ[7] ፡ ሰብአ ፡ ሰምኑድ ፡ አስተሐቀርዎ ፡ ለዕመር ፡ ከመ ፡ ኢይሠጠውዎ ። ወተመይጦተ ፡ ከላጂ ፡ ዳዲ ፡ ኀበ ፡ ሮም ። ወበእንተ ፡ ምክንያት ፡[8] ዘአኀዙ ፡ በቱ ፡ እሞ ፡ ወብእሲቶ ፡[9] ወኀብእዎሙ ፡ ኀበ ፡ እስክንድርያ ፡ እስመ ፡ ተሰተፈ ፡[10] ለተራድኦተ ፡ እስላም ።

ክፍል ፡ ፻፲፬ ፡ በእንተ ፡ ዘነሥእዋ ፡ እስላም ፡ ለምስር ፡ በ፲ወ፬ ፡ ዓመት ፡ እምነ ፡ ዑደት ፤ ወበ፲ወ፭ ፡ ዓመት ፡ አርኀዉ ፡ ማኅፈደ ፡ ባቢሎን ።

ክፍል ፡ ፻፲፭ ፡ በእንተ ፡ ሞቱ ፡ ለሕርቃል ፡ ንጉሥ ፡ ወተመይጦቱ ፡ ለከይረስ ፡ ሊቀ ፡ ጳጳሳት ፡ እምስደት ፡ ወመጺአቱ ፡ ኀበ ፡ ምስር ፡ ከመ ፡ የሀብ ፡ ጸባሕተ ፡ ለእስላም ።

ክፍል ፡ ፻፲፮ ፡ በእንተ ፡ ዘከመ ፡ አግብአሙ ፡ እግዚአብሔር ፡ ለሮም ፡ ውስተ ፡ እደ ፡ እስላም ፡ ወገደፎሙ ፡ በእንተ ፡ ኑፋቄሆሙ ፡ ወተፈልጦቶሙ ፡ ወአምጽአሙ ፡ ስደተ ፡ ላዕለ ፡ ክርስቲያን ፡ ዘምስር ።

[1] Mss. እንተ ፡
[2] Mss. ፎቃ ፡
[3] B ወተመውኦቶሙ ፡
[4] A ዘተጻብኦ ፡
[5] B ምክንያት ፡
[6] Mss. በምክንያት ፡
[7] Mss. ምክንያት ፡
[8] A ምክንት ፡
[9] Mss. እሞ ፡ ወብእሲት ፡
[10] A ተሰተፈ ፡

Jean de Nikiou. 4

ክፍል ፡ ፻፲፯ ፡ በእንተ ፡ ምክንያት ፡ ዘቀነያ ፡ ዕመር ፡ ለአብሻዲ ፡ እን ት ፡ ይእቲ ፡ ንቂዩስ ፤ ወኮይዮት ፡ ዶማድያኖስ ፡[1] መኰንን ፡[2] ወሙተት ፡ ሐራሁ ፡ በውስተ ፡ ማያት ። ወቅትለት ፡ ዐቢይ ፡ ዘከነ ፡ በሀገረ ፡ አብሳዲይ ፡ ወበእለ ፡[3] ተርፉ ፡ አህጉር ፡ ኵሎሙ ፡ እስከ ፡ ሖረ ፡ ዕመር ፡ ሀገረ ፡ ሳውና ፡ ዘምልክና ፡ አብሳይ ፡ ወደሴታ ፡ አመ ፡ ፲ወ፫ ፡ ለወርኀ ፡ ግንቦት ፡ ወአመ ፡ ፲ወ፰ ፡ ዓመት ፡ እምነ ፡ ዑደት ።

ክፍል ፡ ፻፲፰ ፡ በእንተ ፡ ምክንያት ፡ ዘቀነይዋ ፡ እስላም ፡ ለቂሳርያ ፡ ዘፍልስጥኤም ፡ ወመከራ ፡ ዘረከባ ።

ክፍል ፡ ፻፲፱ ፡ በእንተ ፡ ድልቅልቅ ፡ ዐቢይ ፡ ወቀትል ፡ ዘከነ ፡ በቀርጤ ሳውያን ፡ ወበደሴቶሙ ፡ ወበኵሉ ፡ አህጉር ፡ ዘዐውዶሙ ።

ክፍል ፡ ፻፳ ፡ በእንተ ፡ ከይረስ ፡ ሊቀ ፡ ጳጳሳት ፡ ዘኬልቄዶናውያን ፤[4] ወውእቱ ፡ ዘሖረ ፡ ኀበ ፡ ባቢሎን ፡ ወኀበ ፡ ዕመር ፡ ርእሰ ፡ እስላም ፡ ወአ ምጽአ ፡ [ለጸባሕት ፡][5] ኀበ ፡ ሐመር ፡ ወአግብአ ፡[6] ውስተ ፡ እዴሁ ። ወዓ ዲ ፡ በእንተ ፡ ዘአክበደ ፡[7] ጸባሕተ ፡ ግብር ፡ ዕመር ፡ ላዕለ ፡ ግብጻውያን ። ወሞቱ ፡ ለኬይረስ ፡ ኬልቄዶናዊ ፡ እምድኅረ ፡ ንስሓ ፡[8] እስመ ፡ ውእቱ ፡ አግብኦ ፡ ለሀገረ ፡ እስክንድርያ ፡ ውስተ ፡ እደ ፡ እስላም ።

ክፍል ፡ ፻፳፩ ፡ በእንተ ፡ ተመይጠቱ ፡ ለአባ ፡ ብንያሚን ፡ ሊቀ ፡ ጳጳሳት ፡ ዘግብጽ ፡ እምነ ፡ ስደቱ ፡ እምሀገረ ፡ ሪፍ ፡ በ፲ወ፭ ፡ ዓመት ፤ ወእምኔሁ ፡ ፲ ፡ ዓመት ፡ በእንተ ፡ ዘሰደድዎ ፡ ነገሥት ፡ ሮም ፡ ወ፭ ፡ ዓመት ፡[9] በመንግ ሥት ፡ እስላም ። ወዘተርፈ ፡ እምዝ ፡ በፍጻሜ ፡ መጽሐፍ ።

ክፍል ፡ ፻፳፪ ፡ ወዘይትልዎ ፡ ለዝኩ ፡ ዜና ፡ ካልእ ፡ ዓዲ ።

[1] B ደማድያኖስ ፡
[2] A መኰን ፡
[3] A ወበእለ ፡
[4] B ዘኬልቄደናውያን ፡
[5] Manque dans les deux mss.
[6] B ወአግብአ ፡
[7] B ዘአክባደ ፡
[8] Mss. ንስሐ ፡
[9] Mss. ዓመት ፡

በስመ ፡ እግዚአብሔር ፡ መሐሪ ፡ ወመስተሣህል ።

ይቤ ፡ አብ ፡ ቅዱስ ፡ ዮሐንስ ፡ ጳጳስ ፡ ዘኒቅዩስ ፡ ዘአስተጋብኦ ፡ ለዛቲ ፡ መጽሐፍ ፤ አመፍቀሬ ፡ ድካም ፡ እስከ ፡ ቃጠርያ ፡ ለፍቅረ ፡ ጌሩት ፡ እስከ ፡ ፍቅረ ፡ ድካም ፡[1] ይእቲ ፡ ሕማም ፡ ወይእቲ ፡ ቃልሀቅ ፡ ኵሎ ፡ ሠናያተ ፡ እለ ፡ ይጸህቁ ፡ ኀቤሃ ፡ ኵሎሙ ፡ ቀናዕያን ፡ ወበእንተ ፡ ኵሎሙ ፡ ሠናያት ፡ እንተ ፡ ይእቲ ፡ ጥበብ ፡ ዘለዓለም ፡ እንተ ፡ አኃዜ ፡[2] ኵሉ ፡ ወእግዚእ ፡ ኵሉ ። እስመ ፡ አስተደኀርዋ ፡ ለእለ ፡ ይመጽኡ ፡ እምድኅሬሆሙ ፡ ከመ ፡ ይግበሩ ፡ ዘኀረዩ ። በእንተዝ ፡ ዓዲ ፡ ኀጡእ ፡ ቃል ፡ አነ ፡ ማእከለ ፡ ኵሎሙ ፡ ጸሐፍት ፡ ወድኩም ፡ በውስተ ፡ ንባብ ፤ እስመ ፡ ፈተንኩ ፡ በብዙኅ ፡ ፈተና ፡ መክፈልተ ፡ ኅሩያን ፤ ንወጥን ፡ ከመ ፡ ንግበር ፡ ዘንተ ፡ እምቀደምት ፡ መጻሕፍት ፡ ብዙኃት ፡ ዘለአዝማን ፡ ወዜና ፡ ዘርኢናሆሙ ፡[3] ዓዲ ፡ በጊዜያት ፡ እንተ ፡ በጻሕነ ፡ ኀቤሆሙ ። ወከንኩ ፡ በሰፉሕ ፡ ከመ ፡ እንግር ፡ ወእኅድግ ፡ ተዝካረ ፡ ሠናየ ፡ ለመፍቀርያነ ፡ ትሩፋት ፡ በዝንቱ ፡ ሕይወተ ፡ ዓለም ። ወንሕነ ፡ ኅደግነ ፡ ዘንተ ፡ ቃለ ፡ ዘጽሑፍ ፡[4] በሥርዐት ፡[5] ሠናይ ፡ ወበትርጓሜ ፡ ልዑል ፤ ወውእቱ ፡ ይትሌዐል ፡ እምኵሉ ፡ ዘከነ ፡ በፍካሬ ፡ መተርጕም ፡ ከመ ፡ ኢይኩኑ ፡ ዘእንበለ ፡ ረባሕ ፡ ዘከነ ፡ ወዘሀለወ ፡ ወዘእንበለ ፡[6] መክፈልት ፡ ወኢርስት ፡ እለ ፡ ይረከብዎ ።

ክፍል ፡ ቀዳማዊ ። ንወጥን ፡ እምቀዳማውያን ፡ እለ ፡ ተፈጥሩ ፡ እስመ ፡ ጽሑፍ ፡ በእንተ ፡ አዳም ፡ ወሔዋን ፡ እስመ ፡ እግዚአብሔር ፡ ውእቱ ፡ ዘሰመዮሙ ። ወለደቂቁሰ ፡ ወለኵሉ ፡ ፍጥረት ፡ አዳም ፡ ውእቱ ፡ ዘሰመዮሙ ፡ ለኵሎሙ ።

[1] A ሕማም ፡ B ድካም ፡ ሕማም ፡

[2] Mss. አኀዜ ፡

[3] B ዘርኤናሆሙ ፡

[4] A በጽሑፍ ፡

[5] A በሥርዓት ፡

[6] Mss. ዘእንበለ ፡

ክፍል ፡ ዳግማዊ ። ወሴትሰ ፡ ወልዱ ፡ ለአዳም ፡ ዘረከበ ፡ ጥበበ ፡ እምኀበ ፡ እ
ግዚአብሔር ፡ ሰመየ ፡ አስማተ ፡ ከዋክብት ፡ ፭ ፡ እለ ፡ የሐውሩ ፡ ፩ ፡ ዙሐል ፡
ወካልኡ ፡ መሽተሪ ፡[1] ወሣልሱ ፡ መሪኽ ፡ ወራብዑ ፡ ዝሀራ ፡ ወኃምሱ ፡ አ
ጣርድ ። ወበካልእ ፡ ገጽ ፡ ሰመዮሙ ፡ ለፀሐይ ፡ ወለወርኅ ፤ ወከኑ ፡ ኍል
ቆሙ ፡ ፯ ፡ እለ ፡ የሐውሩ ። ወዓዲ ፡ ዘወጠነ ፡ ወጸሐፈ ፡[2] መጽሐፈ ፡ በል
ሳነ ፡ ዕብራውያን ፡ ረኪቦ ፡ ጥበበ ፡ እምእግዚአብሔር ፡ ወተናገረ ፡ ቦቱ ፡
በአዝማነ ፡ ያርብሓውያን ። ወዓዲ ፡ ይቤ ፡ ከመ ፡ ጽሒፎሙ ፡[3] ለአውድዮ
ስ ፡[4] ጠቢብ ፡ ዘሐንፋውያን ፡ ወብሉደኽስ ፡ ጽውስ ፡ እምድኅረ ፡ አይኅ ።

ክፍል ፡ ሣልስ ። ደቂቀ ፡ ኖኅ ፡ ዐቢያን ፡ ወኀያላን ፡ ውእቶሙ ፡ ወጠ
ኑ ፡ ገቢረ ፡ ሐመር ፡ ወሐዊር ፡ ውስተ ፡ ባሕር ።

ክፍል ፡ ፬ ። ቱብህለ ፡ በእንተ ፡ ቃይቃን ፡ ወልደ ፡ አርፋክስድ ፡ ዘተወ
ልደ ፡ እምሴም ፡ ወልደ ፡ ኖኅ ፡ ከነ ፡ ብእሴ ፡ ጠቢበ ፡ ወኖላዌ ፤[5] ውእቱ ፡
ወጠነ ፡ ጽሒፈ ፡ እስጡርላባት ፡ እምድኅረ ፡ አይኅ ፤ ወእምድኅሬሁ ፡ ጸ
ሐፉ ፡ ሀንዳውያን ።

ክፍል ፡ ፭ ። ወሀሎ ፡ ፩ ፡ ብእሲ ፡ እምነ ፡ ሀንድ ፡ ዘስሙ ፡ ቀንጡርዩስ ፤
ከነ ፡ ሐበሺ ፡ እምነገደ ፡ ካም ፡ ዘስሙ ፡ ኩሽ ፤ ውእቱ ፡ ወለዶ ፡ ለአፍሩ
ድ ፡ ዘውእቱ ፡ ናምሩድ ፡ ያርብሓዊ ፤ ውእቱ ፡ ዘሐነጸ ፡ ለሀገረ ፡ ባቢሎን ፤
ዘተቀንዩ ፡ ሎቱ ፡ ሰብአ ፡ ፋርስ ፡ ወአምለክዎ ፡ ከመ ፡ አምላክ ፤ ወሰመይ
ዎ ፡ በስመ ፡ ከዋክብተ ፡ ሰማይ ፡ ወጸውዕዎ ፡ በስመ ፡ አርዮን ፡ ዘውእቱ ፡
ደበራህ ። ወውእቱ ፡ ወጠነ ፡ ንዒወ ፡ ወበሊዐ ፡ አራዊት ።

ክፍል ፡ ፮ ። አሮክስስ ፡ ዓዲ ፡ ከነ ፡ ያርብሓዊ ፡ እምነገደ ፡ ካም ፡ በኆሩ ፡ ለ
ኖኅ ፡ ዘሰመይዎ ፡ ከመዝ ፡ በስመ ፡ ቀዳማዊ ፡ ኮኪብ ፡ እምከዋክብት ፡ እለ ፡
የሐውሩ ፡ ዘውእቱ ፡ ዙሐል ። ወወልዱ ፡ ዘስሙ ፡ ድምዮስ ፡ ብእሲ ፡ መስተ
ጻብእ ፡ ወመፍርህ ፡ ወቀታሊ ፤ ውእቱ ፡ ዘወጠነ ፡ መንግሥተ ፡ በፋርስ ፡
ወሶርያ ። ወአውሰበ ፡ ብእሲተ ፡ እምሶርያ ፡ ዘስማ ፡ አራውን ፤ ወወለደት ፡
ሎቱ ፡ ፱ ፡ ደቂቀ ፤ በክዩስ ፡ ዘሰመይዎ ፡ ራእን ፡ ወኒንዩስ ፡ ዘሐነጸ ፡ ሀገረ ፡

[1] A መሽተራ ፡
[2] Mss. ዘጸሐፈ ፡ ወወጠነ ፡
[3] B ጸሐፎሙ ፡
[4] Mss. አውድዮስ ፡
[5] B ጠቢብ ፡ ወኖላዊ ፡

መንግሥት ፡ በሶርያ ፡ እንተ ፡ ይእቲ ፡ ነነዌ ። ወአክሮንስሰ ፡ ኀደገ ፡ ወልዶ ፡ በመንግሥቱ ፡ ወሖረ ፡ ኀበ ፡ ምዕራብ ፡ ወነግሠ ፡ ላዕሌሆሙ ፡ እስመ ፡ ሀለዉ ፡ እንበለ ፡ ንጉሥ ። ወበይኪስሰ ፡ [1] ወልዱ ፡ ዘተሰምየ ፡ ቢሩስ ፡ ተንሥአ ፡ ላዕለ ፡ አክሮንስ ፡ አቡሁ ፡ ወቀተሎ ፡ እስመ ፡ ውእቱ ፡ በልዐ ፡ ደቂቆ ፤ ወአዕነሰ ፡ ለወለተ ፡ ኒክስ ፡ ወላዲቱ ፡ እንተ ፡ ትሰመይ ፡ አራውን ።

ክፍል ፡ ፯ ። ወበኪስሰ ፡ [2] ዓዲ ፡ ዘውእቱ ፡ ኒሩስ ፡ ውእቱ ፡ ዘቀደመ ፡ ነሚአ ፡ እኅቱ ፡ ብእሲተ ፡ ሎቱ ፤ ወወለደ ፡ እምኔሃ ፡ ወልደ ፡ ዘስሙ ፡ ወይልልዩስ ፡ ውእቱ ፡ ይመስሎ ፡ ለአክሮንስ ፡ አበ ፡ አቡሁ ። ወነግሠ ፡ ዝንቱ ፡ ወይሉልዩስ ፡ በሶርያ ፡ እምድኅረ ፡ ራእየ ፡ [3] አቡሁ ፡ ወአክሮንስ ፡ እምሔው ። [4] ወእምድኅረ ፡ ሞተ ፡ ዝንቱ ፡ ዓዲ ፡ አምለክዎ ፡ ፋርስ ፡ ምስለ ፡ አማልክት ።

ክፍል ፡ ፰ ። ወእምድኅረ ፡ ሞተ ፡ ወልልዩስ ፡ ነግሠ ፡ በሶርያ ፡ ኒኑንስ ፡ እኅወ ፡ አቡሁ ። አውሰባ ፡ ለሳሚራ ፡ እሙ ፡ [5] ወረሰያ ፡ ብእሲቶ ፡ [6] ወአንበረ ፡ ሕገ ፡ ርኩሰ ፡ ወአስተደኀረ ፡ ሎሙ ፡ ለእለ ፡ ይትልውዎ ፡ ድኅረ ፤ ወተሰምዩ ፡ በዝንቱ ፡ ስም ፡ እኩይ ፡ እስከ ፡ ይእዜ ። ወኢኮነ ፡ [7] ዕቅፍት ፡ በፋርስ ፡ ዝንቱ ፡ ግብር ፡ ወይነሥኡ ፡ እማቲሆሙ ፡ ወአኃቲሆሙ ፡ ወአዋልዲሆሙ ፡ አንስቲያ ፡ [8] ሎሙ ።

ክፍል ፡ ፱ ። ወእምድኅረ ፡ ሞቱ ፡ ለቢኩስ ፡ ነግሠ ፡ በውስተ ፡ ምዕራብ ፡ ፋኑስ ፡ ዘተሰምየ ፡ ኅርምስ ፡ ፻ወ፳ ፡ ዓመት ፤ ወከነ ፡ ነሃቤ ፡ ብሩር ። ውእቱ ፡ ቀደመ ፡ ወጢነ ፡ ገቢረ ፡ ወርቅ ፡ በምዕራብ ፡ ወረሰዮ ፡ ከመ ፡ ውኂዝ ። ወሰበ ፡ አእመረ ፡ ከመ ፡ አኀዊሁ ፡ ቀንኡ ፡ ላዕሌሁ ፡ ወፈቀዱ ፡ ይቅትልዎ ፡ ፈርሀ ፡ ወጐየ ፡ ኀበ ፡ ምስር ፡ ወምስሌሁ ፡ ወርቅ ፡ ብዙኅ ። [9] ወኀደረ ፡ ውስተ ፡ ምስር ፡ ወከነ ፡ ይለብስ ፡ ልብሰ ፡ ወርቅ ፡ ሠናየ ። [10] ወዓዲ ፡ ከነ ፡ ማእምረ ፡ ዘየአምር ፡ ኵሎ ፡ እምቅድመ ፡ ይኩን ፡ ወይሁብ ፡ ንዋየ ፡ ብዙኀ ፡ ለሰብእ ፡ ወእምኃ ፡ ብዙኀ ፡ ይሁብ ፡ ለሰብእ ፡ ግብጽ ። ወበእንተ ፡

[1] Mss. ወበይኪስስ ፡
[2] A ወበኪስስ ፡
[3] A ረዓድ ፡, B ረአይ ፡
[4] Mss. እምሔይው ፡
[5] A ለሳሚራእሙ ፡
[6] Mss. ብእሲተ ፡
[7] Mss. ወኮነ ፡
[8] A ወአንስቲየ ፡
[9] A ወብዙኅ ፡
[10] A ሠናይ ፡

ዝንቱ ፡ ተወከፍዎ ፡ [1] በክብር ፡ ወሰመዩ ፡ ስሞ ፡ እግዚእ ፡ ወርቅ ። ወኮነ ፡
ክቡረ ፡ በኀቤሆሙ ፡ ከመ ፡ አምላክ ፤ ወሰገዱ ፡ ሎቱ ፡ ነዳያን ።

ክፍል ፡ ፲ ። ወኮነ ፡ ፩ ፡ ብእሲ ፡ ዘስሙ ፡ ቀስጠስ ፤ ንጉሠ ፡ በምስር ፡ ወረሰይ
ዎ ፡ አምላከ ። ወኮነ ፡ መስተጻብአ ፡ ወምሉአ ፡ እበድ ። ወይትሔዘቡ ፡ ሰብ
አ ፡ ከመ ፡ ውእቱ ፡ ኀሣሤ ፡ ምሥጢራት ፡ ወነሣኤ ፡ ንዋየ ፡ ጸብእ ፡ እምኀ
በ ፡ አልቦ ፤ ከመ ፡ ነሃቤ ፡ ሐዊን ፡ [ውእቱ ፡] ወውእቱ ፡ [2] ዘገብረ ፡ ቅድመ ፡ ን
ዋየ ፡ ጸብእ ፡ ለተጻብኦ ፡ በዘመነ ፡ ጸብእ ፡ ወእእባነ ፡ ዘይትቃተሉ ፡ በሙ ፡
ሰብእ ። እስመ ፡ ውእቱ ፡ ኮነ ፡ ሐንካሰ ፤ እመ ፡ ሖረ ፡ ውስተ ፡ ጸብእ ፡ ወ
ድቀ ፡ እምላዕለ ፡ ፈረስ ፡ ወተጐድአ ፡ ወኮነ ፡ ሐንካሰ ፡ በኵሉ ፡ መዋዕሊሁ ።

ክፍል ፡ ፲፩ ። ወማቱሳላ ፡ [3] ወለዶ ፡ ለላሜኅ ፤ ወላሜኅ ፡ [4] አውሰበ ፡ ክ
ልኤ ፡ አንስትያ ፤ ስማ ፡ አሐቲ ፡ ሐዳ ፡ ወስመ ፡ ካልእታ ፡ ሳላ ። ወወለደ
ት ፡ ሐዳ ፡ ቃቤልሃ ፤ ወእምድኅረ ፡ ኅዳጥ ፡ ወለደት ፡ ቶቤልሃ ፡ ዘኮነ ፡ [5] ይዘ
ብጥ ፡ በሰፌልያ ፡ ለገቢረ ፡ ብርት ፡ ወሐዊን ። ወቶቤልኒ ፡ ወልደ ፡ ላሜኅ ፡
ኮነ ፡ እምቅድመ ፡ አይኅ ፡ ነሃቤ ፡ ብርት ፡ ወሐዊን ፤ እስመ ፡ ውእቱ ፡ ነ
ሥአ ፡ ጥበበ ፡ እምእግዚአብሔር ፡ ሎቱ ፡ ስብሐት ።

ክፍል ፡ ፲፪ ። ወእምድኅረ ፡ አቃይስ ፡ ዘተሰምየ ፡ ፀሐይ ፡ ንጉሠ ፡ በምስ
ር ፡ ወልዱ ፡ ፀሐይ ፡ ዘተሰምየ ፡ ስሙ ፡ ስመ ፡ [6] አቡሁ ፤ ውእቱ ፡ ዘሐነጻ ፡
ለሀገረ ፡ ፀሐይ ፡ [ወሰመያ ፡] [7] በስሙ ፤ ወበውሰቴታ ፡ ሀለዉ ፡ አብያት ፡ አ
ማልክት ፡ ዐቢያን ፡ ወሥጋ ፡ ነገሥትኒ ፡ ሀለዉ ፡ ኀቤሃ ።

ክፍል ፡ ፲፫ ። ወሀሎ ፡ ፩ ፡ ብእሲ ፡ ዘስሙ ፡ ማጡናዊስ ፡ ዘመጽአ ፡ እም
ድኅረ ፡ አይቃስቤራ ፡ ዘትርጓሜ ፡ ስሙ ፡ ዱናስዮስ ፤ ሐነጸ ፡ ሀገረ ፡ በላዕላ
ይ ፡ ግብጽ ፡ ዘትሰመይ ፡ ቡጺር ፡ ወለካልእታ ፡ ቡጺር ፡ በደቡበ ፡ ግብጽ ።

ክፍል ፡ ፲፬ ። ሉርስ ፡ ዘትርጓሜ ፡ ስሙ ፡ አብሎን ፡ ዘተሰምየ ፡ በኀበ ፡

[1] A ተወከፍዎ ፡

[2] Mss. ከመ ፡ ነሀቤ ፡ ሐዊን ፡ ወውእቱ ፡

[3] A ወማቱሳለ ፡

[4] A ለላሜሀ ፡ ወላሜሀ ፡, et plus loin, ላሜሀ ፡

[5] Mss. ክኑ ፡

[6] A ስመ ፡ ስመ ፡, B ስመ ፡ (une seule fois).

[7] Manque dans les deux mss.

ሐንፋውያን ፡ ውእቱ ፡ ሐንጻ ፡ ለሀገረ ፡ ሰምኑድ ፡ ወቤተ ፡ አማልክት ፡ ዐበይት ፡ ውስቴታ ። ወዛቲ ፡ ይእቲ ፡ ሀገር ፡ ዘትሰመይ ፡ በብዔል ፡ ፌጎር ።

ክፍል ፡ ፲፭ ። ተብህለ ፡ በመጽሐፈ ፡ ግብጻውያን ፡ ጠቢባን ፡ አብራጡስ ፡ በዝኩ ፡ ዘመን ፡ [. . . .] ዘውእቱ ፡ ኅርምስ ፡ መፍርህ ፡ [ተአመነ ፡][1] በፍትሕ ፡ ዘዜነዉ ፡ በቱ ፡ በኀበ ፡ ሐንፋውያን ፡ እንዘ ፡ ይብሉ ፤ ፫ ፡ ኅይላት ፡ ዐበይት ፡ ፈጣሬ ፡ ኵሉ ፡ ፩ ፡ መለኮት ። ወውእቱ ፡ ኅርምስ ፡ በኀበ ፡ ሐንፋውያን ፡ ጠቢብ ፡ ዐቢይ ፡ ዜነወ ፡ እንዘ ፡ ይብል ፤ ክብረ ፡ ሥሉስ ፡ ቅዱስ ፡ ዕሩይ ፡ ወሃቤ ፡ ሕይወት ፡ ወንጉሥ ፡ ላዕለ ፡ ኵሉ ።

ክፍል ፡ ፲፮ ። ወአሐቲ ፡ ሀገር ፡ ቀደመት ፡ ወተምህረት ፡ ግብረ ፡ ማሕረስ ፡[2] ዘሪአ ፡ ሥርናይ ፡ ወኵሎ ፡ ዘመደ ፡ እክል ። ወይእቲ ፡ ኮነት ፡ ልዕልተ ፡ እምነ ፡ ኵሉ ፡ ምድረ ፡ ግብጽ ። እስመ ፡ ምድረ ፡ ግብጽሰ ፡ ኮነ ፡ ምሉአ ፡[3] ማያት ፡ ወአብሕርት ፡[4] እምብዝኅ ፡ ውሒዝ ፡ ዘፈለገ ፡ ግዮን ።

ክፍል ፡ ፲፯ ። ወሳስጥራዎስ ፡[5] ዘነግሠ ፡ ላዕለ ፡ ኵሉ ፡ ምድረ ፡ ግብጽ ፡ ወአድያሚሃ ፡ ውእቱ ፡ ወጠነ ፡ ነሢአ ፡ ጸባሕት ፡ ወሰፈረ ፡ ምድር ። ወሰበ ፡ አስተጋብአ ፡ ምህርካ ፡ ዐቢየ ፡ ወዔዋ ፡ ብዙኀ ፡ እምነ ፡ ኵሉ ፡ ምድር ፡ ወእምዝ ፡ አስተጋቢኦ ፡ አምጽኦሙ ፡ ኀበ ፡ ምድረ ፡ ግብጽ ፤ ወለኵሉ ፡ ንፍስ ፡ ዘተሠልጠነ ፡ ላዕሌሆሙ ፡ ለነሢአ ፡ ጸባሕት ፡ ረሰዮሙ ፡ ይክርዩ ፡ ምድረ ፡ ወይምልኡ ፡ መሬተ ፡ ላዕለ ፡ ኵሉ ፡ ማያተ ፡ ግብጽ ። ወበእንተ ፡ ዝንቱ ፡ ረከቡ ፡ ምክንያተ ፡ ሰብአ ፡ ግብጽ ፡ ለተኪለ ፡ አትክልት ፡ ወለሐሪሰ ፡ ገራህት ፡ ከመ ፡ ምድረ ፡ ስዒድ ፡ ዘቀደመት ፡ አእምሮ ፡ ግብረ ፡ ሐሪስ ። ወዓዲ ፡ አዘዘ ፡ ከመ ፡ የሀቡ ፡ ጸባሕተ ፡ ወእክለ ፡ ምድር ፡ ለንጉሥ ፡ በድልው ። ወከረየ ፡[6] ፈለገ ፡ ዘይሰመይ ፡ ዲክ ፡ እስከ ፡ ዮም ።

ክፍል ፡ ፲፰ ። ወእምድኅሬሁ ፡ ነግሠ ፡ ላዕለ ፡ ሀገረ ፡ ግብጽ ፡[7] ስዋኬን ፡ ንጉሠ ፡ ሀንድ ፡ ፺ ፡ ዓመተ ። ወኮነ ፡ መፍቀሬ ፡ ሰብእ ፡ ወኢይፈቅድ ፡ ክ

[1] Manque dans les deux mss.

[2] Mss. ቀደመት ፡ ግብረ ፡ . . . ወተምሀረት ፡

[3] Mss. ምሉእ ፡

[4] Mss. ወአብሕርተ ፡

[5] A ወሳሰጥራዎስ ፡

[6] Mss. ወከርየ ፡

[7] Mss. ላዕለ ፡ ሀገረ ፡ ሀገር ፡

ዲወ ፡ ደም ፡ በዐመፃ ። ወውእቱ ፡ አንበረ ፡ ሕገ ፡ በምስር ፡ ከመዝ ፤ ኵሉ ፡ ዘይኤብስ ፡[1] ኢይሙት ፡ ወኢይሣቅይዎሙ ፤[2] ባሕቱ ፡ ይሕየው ። ወኵሉ ፡ ዘይኤብስ ፡ ለለ፩ ፡ ፩ ፡ ከመ ፡ አበሳሁ ፡ አዘዘ ፡ ይኰስትሩ ፡ ምድረ ፡ ወያስተጋብኡ ፡ መሬተ ፡ ወይደድዩ ፡ ውስተ ፡ ባሕር ። ወሰበ ፡ ጐንደዩ ፡ በዝንቱ ፡ ምንዳቤ ፡ ወበዝ ፡ ዜዋዌ ፡ ርኅቁ ፡ ማያተ ፡ ፈለግ ፡ እምነ ፡ ምድር ። ወረሰዩ ፡ ሀገሮሙ ፡ መልዕልተ ፡ በእንተ ፡ ፍርሃተ ፡ ማያት ፡[3] ከመ ፡ ኢይሰጠሙ ። ወበመዋዕሊሁ ፡ ቅድመ ፡ ለሳስጠትሪም ፡ ከኑ ፡ ማያት ፡ ያስጥሙ ፡ እምቅድመ ፡ ይክርዩ ፡ ምድረ ፡ ለፈለግ ፡ ወዘገብሩሰ ፡ ውዲየ ፡ መሬት ፡ ላዕለ ፡ ማይ ፡ ኢተፈጸሙ ፡ ሎሙ ፡ ሥምረቶሙ ፡ በእንተ ፡ ብዝኅ ፡ ውሒዘ ፡ ፈለግ ። ወስዋኪንሰ ፡ ንጉሠ ፡ ህንድ ፡ ረሰየ ፡ ሎሙ ፡ ማኅደረ ፡ ኀበ ፡ መካን ፡ ልዑል ፡ በትግሀተ ፡[4] ልብ ።

ክፍል ፡ ፲፱ ።[5] ወከነ ፡ ፩ ፡ ብእሲ ፡ ዘስሙ ፡ ፈአውንጂዩስ ፡[6] ፈርአን ፡ ዘነግሠ ፡ በምስር ፤ ዐጸወ ፡ ቤተ ፡ አማልክት ፡ ወዘተርፉ ፡ ጣዖታት ፡ ዘያመልክዎሙ ፡ ሰብአ ፡ ግብጽ ፤ ወይሠውዑ ፡ ለአጋንንት ። ወሐነጸ ፡ ፫ ፡[7] ምስጋዳተ ፡ በሀገረ ፡ መኑፍ ፡ ወረሰዮሙ ፡ ለሰብአ ፡ ግብጽ ፡ ይስግዱ ፡[8] ለፀሐይ ። ወአስተዋፅአ ፡ ለመስተገብራን ፡ ሕንጻ ፡ ፲፪ወ፷፪ ፡ መዳልወ ፡ ብሩር ፡ ዘእንበለ ፡ ስጕርንድ ፡ ወአሕማላት ። እስመ ፡ ከመዝ ፡ ተረክበ ፡ ጽሑፈ ፡ ውስተ ፡ መጻሕፍቲሆሙ ፡ በልሳነ ፡ ግብጻውያን ፡ ዘተቀርጹ ፡[9] በእብነ ፡ አረፍት ፡ ወአርአዮሙ ፡ ለእለ ፡ ያነብቡ ። ወአስተዋፅአ ፡ ኵሎ ፡ ጸባሕተ ፡ ወአጥፍአ ፡ መዛግብተ ፡ መንግሥት ፡[10] በእንተ ፡ ብዝኀ ፡ ሐናጽያን ፡ በዘኢከነ ፡ ለግብር ፡ ሠናይ ። ወሰበ ፡ ወድቀ ፡ ውስተ ፡ ዐቢይ ፡ ንዴት ፡ ወተመስክዋ ፡ ውእቱ ፡ ምንዱብ ፡ ከነት ፡ ሎቱ ፡ አሐቲ ፡ ወለት ፡ ሠናይተ ፡ ራእይ ፡ ተሀውከት ፡ እምኀበ ፡ ምግባረ ፡ ሰይጣን ፡ ወስሕተቱ ፡ ርኵስት ፡ ወአንበራ ፡ ውስተ ፡ መካነ ፡ ዘማውያን ፤ ወነበረት ፡ ውስተ ፡ ጽልመት ፡ ወኀዘን ፡ ወከነት ፡ ዘማዊተ ፤ ወኵሉ ፡ ዘፈቀደ ፡ ይስክብ ፡ ምስሌሃ ፡ ይጸውር ፡ ፩ ፡ እብነ ፡ እምእእባን ፡ ዐቢያን ፡ ወይሬስዮ ፡ ላዕለ ፡ ሕንጻ ። ተብህለ ፡ ውእቱ ፡ እብን ፡ ዘይጸውሮ ፡ ኢየሐፅፅ ፡ እም፴ ፡ ሰኰና ፡ ዘውእቱ ፡ ፳ ፡

[1] A ዘኢይኤብስ ፡
[2] A ወኢይሣይቅይዎሙ ፡
[3] A ማያተ ፡
[4] A በትግሀተ ፡
[5] A ፳ ፡
[6] B ፈአውንጁዩስ ፡
[7] Mss. ፴ ፡
[8] A ይሰግዱ ፡
[9] Mss. ዘተቀርጸ ፡
[10] Mss. ወመዛግብተ ፡ ... አጥፍአ ፡

በእመት ፤ እስከ ፡ ሐነፁ ፡ አሐተ ፡ እምእለ ፡ ፫ ፡ ምስጋዳት ፡[1] በእንተ ፡ ፍትወተ ፡ ርኵሰ ፡ ለይእቲ ፡ ወለት ፡ ኅርትምት ።

ክፍል ፡ ፳ ።[2] ኅርቀሉስ ፡ ፍልሱፍ ፡ ዘሀገረ ፡ ጢሮስ ፡ ውእቱ ፡ ዘረከበ ፡ ዘይገብሩ ፡ ቦቱ ፡ ግብረ ፡ ሐሪር ፡ ወተከድኑ ። ወኰንስ ፡ ንጉሠ ፡ ጢሮስ ፡ ከነአናዊ ፡ ወኵሎሙ ፡ ነገሥት ፡ ውስተ ፡ ኵሉ ፡ መካን ፡ ወእለ ፡ መጽኡ ፡ እምድኅሬሁ ፡ ከመዝ ፡ ገብሩ ፤ ወከኑ ፡ ፍሉጣነ ፡ ወዕውቃነ ፡ እምነ ፡ አሽከር ። ወቀዳማውያንሰ ፡ ከነ ፡ ልብሶሙ ፡ ፩ ፡ እምነ ፡ ፀምር ። ወነገሥትኒ ፡ ወመኳንንትኒ ፡ ወለጡ ፡ ልብሶሙ ፡ ከመዝ ፡ ወለብሱ ፡ ልብሰ ፡ ሐሪር ።

ክፍል ፡ ፳፩ ።[3] ወሀሎ ፡ ፩ ፡ ብእሲ ፡ ዘስሙ ፡ ኒኑስ ፤ ፈተወ ፡ መንግሥተ ፡ ሶርያ ፡ ወቀንአ ፡ ላዕሌሁ ፡ ደቂቀ ፡ ኒንዩስ ፡ እኁወ ፡ አቡሁ ፡ ዘውእቱ ፡ ኒኑስ ። ወሶበ ፡ መጽአ ፡ መንገለ ፡ ቆሮንቶስ ፡ ተራከበቶ ፡ ወለት ፡ ድንግል ፡ እንዘ ፡ ተሐውር ፡ ባሕቲታ ፤ ወአኃዛ ፡ ሥዕርታ ፡ ወመተረ ፡ ርእሳ ፡ በሰይፍ ፤ ወረሰያ ፡ ውስተ ፡ ሰንተራ ፡ እንተ ፡ ሀለወት ፡ ምስሌሁ ፡ በከመ ፡ ዕበድ ፡ ዘመሀሮ ፡ አቡሁ ፡ ኒኑስ ፤ ወከነ ፡ ይጸውራ ፡ ምስሌሁ ፡ በውስተ ፡ ኵሉ ፡ ጸብእ ፡ ዘየሐውር ። ወሶበ ፡ ሖረ ፡ እንዘ ፡ የሐውር ፡ ወይወርድ ፡ አልባውና ፡ ተመይጠ ፡ ኀበ ፡ ሶርያ ፤ ወሶበ ፡ ተጻብእዎ ፡ ሊቂናውያን ፡ ወነሥአ ፡ ርእሳ ፡ ለኵርኵና ፡ ድንግል ፡ መሰግልት ፡ ወአርአዮሙ ፡[4] ወሞአሙ ። ወሐነጸ ፡ ሀገረ ፡ ኢቆንዮን ፤ ወከነት ፡ ይእቲ ፡ ንእስት ፡ ሀገር ፡ ዘትሰመይ ፡ መንዶር ፡ ቅድመ ፤ በእንተ ፡ ዘአንበረ ፡ ቅድመ ፡ ሥዕለ ፡ መልክአ ፡ ኀቤሃ ፡ ምስለ ፡ ርኵስት ፡ ኵርኵና ። ወሶበ ፡ ሖረ ፡ ሂሱርያ ፡ ሀገረ ፡ ወቂልቅያ ፡ ወዓዲ ፡ ተጻብእዎ ፡ ወሞአሙ ፡ በግብረ ፡ ሥራይ ፡ ዘሀሎ ፡ በርእሰ ፡ ኵርኵና ። ወሀገረ ፡ ቂልቅያ ፡ እንተ ፡ ትሰመይ ፡ አንጣርሳ ፡[5] ረሰያ ፡ ሀገረ ፡ ወሰመያ ፡[6] ጠርሱስ ። ወእምነ ፡ ቂልቅያ ፡ ሖረ ፡ ሀገረ ፡ ሻም ፡ ወበዝንቱ ፡ መካን ፡ ዓዲ ፡ ቀተሎ ፡ ለስርጣ ፡[7] ባብልሉን ፡ ዘውእቱ ፡ ስመ ፡ ሚመት ፤ ወውእቱ ፡ አበዮሙ ፡ ለአዝማዲሁ ፡ ወበርበረ ፡ መንግሥቶ ፡ ወወለጠ ፡ ስመ ፡ ሀገር ፡ ወሰመያ ፡ ሶርያ ፡ ዘውእቶሙ ፡ ፋርስ ፡ በከመ ፡ ስሙ ፡ ወመንግሥቶሙ ፡ በካልእ ፡[8] ስም ። ወሶበ ፡ መሠጠ ፡ ዘንተ ፡ ስመ ፡ ተከለ ፡ አዕፃወ ፡

[1] Mss. ምስጋዳተ ፡
[2] A ፳፩ ፡
[3] A ፳፪ ፡
[4] Mss. አርአዮሙ ፡
[5] A አንጣርላ ፡
[6] Mss. ሰመያ ፡
[7] Mss. መካን ፡ ካልእ ፡ ዓዲ ፡ ስርጣ ፡
[8] Mss. ለካልእ ፡

ሀየ ፡ ዘይሰመዩ ፡ ብርስያን ፡ ዘውእቱ ፡ ኰዠሕ ፤[1] ወዓዲ ፡ ተከሉ ፡ እሎንተ ፡ አትክልተ ፡ ተዝካረ ፡ ለስሙ ፡ እስከ ፡ ይእዜ ። ወፋርስሂ ፡ ውእቶሙ ፡ ሰርያ ፡ በዝኩ ፡ ዘመን ፤ ወነግሠ ፡ ላዕለ ፡ ኵሎሙ ፡ ፻ወ፲ ፡ ዓመተ ። ወሰበ ፡ ከነ ፡ ድልቅልቅ ፡ ወፋፃ ፡ ወበዝኀ ፡ ዝናም ፡ ወመልአ ፡ ፈለግ ፡ በሰርያ ፡ ዘይሰመይ ፡ በዩፊጥስ ፡ በፍጡን ፡ ወረደ ፡ እሳት ፡ ክቡብ ፡ እምሰማይ ፡ ከመ ፡ መብረቅ ፤ ወአርመሙ ፡ ሕዝብ ፡ ወኀደጉ ፡ ቀጥዓ ፡ ወቆመ ፡ ውኂዘ ፡ ባሕር ። ወሰበ ፡ አስተዓፀበ ፡[2] ኒሩስ ፡ በእንተ ፡ ዘከነ ፡ ይቤ ፡ ከመ ፡ እልፈናጥስ ፡ ዘይገብርዎ ፡ ሰብአ ፡ ምትሐት ፡ ጋኔናውያን ፤ ወበጊዜሃ ፡ ነደ ፡ እሳት ፡ ወከነ ፡ የዐቅቦ ፡[3] ለዝኩ ፡ እሳት ፡ ወበእንተ ፡ ዝንቱ ፡ ነሥአ ፡ ወወሰዶ ፡ ኅበ ፡ ፋርስ ፡ እመ ፡ ተመይጠቱ ፡ ወረሰዮ ፡ ውስተ ፡ መንግሥተ ፡ ሰርያ ። ወረሰይዎ ፡ ፋርስ ፡ አምላከ ፡ ወአክበርዎ ፡[4] ወሐነፁ ፡ ሎቱ ፡ ቤተ ፡ ወሰመይዎ ፡ እሳት ፡ ዘኢይጠፍእ ። ወለእሳትኒ ፡ ይቤሉ ፡ ወልደ ፡ ፀሐይ ፡ ዘግልቡብ ፡ በቢረሌ ፤ ወመልክአ ፡ ቢረሌኒ ፡ ይመስሎ ፡ ለጥጥ ፡[5] ዘሕብሩ ፡ ከመ ፡ ማይ ፤ በእንተ ፡ ዘተወልደ ፡ እማይ ፡ ወማእከሉ ፡ አምሳለ ፡ ማይ ።

ክፍል ፡ ፳፪ ።[6] አንያኹስ ፡ ዘእምነገደ ፡ ያፌት ፡ ወልደ ፡ ኖኅ ፡ ዘነግሠ ፡ መንገለ ፡ ምዕራብ ፡ በሀገረ ፡ አርጅዩን ፤ ውእቱ ፡ ቀዳማዊ ፡ ዘነግሠ ፡ ላዕለ ፡ ይእቲ ፡ ሀገር ፤ አክበራ ፡ ለወርኅ ፡ ወረሰያ ፡ አምላከ ። ወሐነፀ ፡ መዲና ፡ በሀገረ ፡ አርጅዩን ፡ በስመ ፡ ወርኅ ፡ ዘትሰመይ ፡ ናቡሊስ ፤ እስመ ፡ አርጅናውያን ፡ ሰመይዋ ፡ ለወርኅ ፡ በምሥጢር ፡ ኅቡአ ፡ ዩ ፡ እስከ ፡ ዮም ። ወሐነፀ ፡ ቤተ ፡ ወአቀመ ፡ ባቲ ፡ ምሥዋዐ ፡ ወገብረ ፡ ወርኀ ፡ ሥዕለ ፡ ብርት ፡ ወጸሐፈ ፡ ላዕሌሃ ፡ ዮ ፡ ምካራ ፡[7] ዘበትርጓሜሁ ፡ ብሂል ፡ ምሉእ ፡ ማኅቶት ።

ክፍል ፡ ፳፫ ።[8] ወሉንያስ ፡ እንተ ፡ ይእቲ ፡ ወለተ ፡ ቢክስ ፡ ምስለ ፡ እማቀሉንያ ፡ ወከነት ፡ ይእቲ ፡ ብእሲተ ፡ ቡሲጦን ፡ ዘነግሠ ፡ በሰሜን ፤ ወሰመያ ፡ ለሀገር ፡ ዘነግሠ ፡ ባቲ ፡ በስመ ፡ ሉንያ ፡ ብእሲቱ ። ወእምኔሃ ፡ ወለደ ፡ ቡሲጦንሃ ፡ ወሉቢህ ፡ ወአከባኑሩስ ፡[9] [ዘሐረ ፡][10] በከነአን ። ወዝንቱ ፡ ሰበ ፡ ነሥአ ፡ ሎቱ ፡ ብእሲተ ፡ ዘስማ ፡ ዲፉ ፡ ወሐነፀ ፡ ዓዲ ፡ ሀገረ ፡ ወሰመያ ፡ በስመ ፡ ብእሲቱ ፡ ደይሩስ ፡ እንተ ፡ ይእቲ ፡ ጢሮስ ። ወሰበ ፡ ነግሠ ፡ በሀየ ፡

1 B ኰዠሕ ፡
2 B አስተዓፅበ ፡
3 Mss. የዓቅብዎ ፡
4 A ወአከበርዎ ፡
5 Mss. ይመስል ፡ ጥጥ ፡
6 A ፳፫ ፡
7 Mss. ዮም ፡ ካራ ፡
8 A ፳፬ ፡
9 B ወአከባኑሩስ ፡
10 Manque dans les deux mss.

ወወለደ ፡ እምኔሃ ፡ ፫ ፡ ደቂቀ ፡ ስሙያነ ፡ ወሠራዕያነ ፡[1] ዘውእቶሙ ፡ አውሩን ፡ ወቂልቅያ ፡ ወቀብኒክስ ፡ ዘአቅደመ ፡[2] ለቢሰ ፡ ሐሪር ። ወእመ ፡ ይመውት ፡ ከፈሎሙ ፡ ለ፫ ፡ ደቂቁ ፡ ወረሰያ ፡ ለምድር ፡ ትትአዘዝ ፡ ሎሙ ። ወቀብኒክስሰ ፡ ንሥአ ፡[3] ለከንአን ፡ ወለኵሉ ፡ አድያሚሃ ፡[4] ወሰመያ ፡ ፉትኒኪ ፡ በስሙ ። ወዳግማዊ ፡ ንሥአ ፡ ለሻም ፡ ወሰመያ ፡ ስሞ ፡ ላዕሌሃ ። ወቂሊክስ ፡[5] ሣልሳይ ፡ አኀዘ ፡ አድያሚሁ ፡[6] ወሰመያ ፡ በስሙ ፡ ቂልቅያ ።

ክፍል ፡ ፳፬ ።[7] ወከነ ፡ ፩ ፡ ብእሲ ፡ ዘስሙ ፡ ጡሩስ ፡ ዘንግሠ ፡ በቄርጤስ ፡[8] ወሖረ ፡ ወበጽሐ ፡ ኀበ ፡ ጢሮስ ፡ ጊዜ ፡ ዕርበተ ፡ ፀሐይ ፡ ወጸብአ ፡ ወተኀየለ ፡ ላዕሌሃ ፡ ወነሥአ ፡ ብዕላ ፡ ወብዙኃተ ፡ አህጉረ ፡ ዜወወ ፤ ወበዝንቱ ፡ ምክንያት ፡ ነሥአ ፡ ለአውራቢ ፡ ወረሰያ ፡ ብእሲቶ ።[9] ወሰበ ፡ ወፅአ ፡ እምባሕር ፡ በሌሊት ፡ ወሖረ ፡ ኀበ ፡ ሀገሩ ፡ ጠርሱስ ፡ ወቄርጤስ ፡[10] ነሢአ ፡ ብእሲቶ ፡ አውራቢ ፡ ወሰመያ ፡ ለይእቲ ፡ ሀገር ፡ በስመ ፡ ብእሲቱ ። ወሐነፀ ፡ ሀገረ ፡ በህየ ፡ ወሰመያ ፡ ቅርጢና ፡ በስመ ፡ እሙ ። ወከነ ፡ ዝንቱ ፡ እምነ ፡ ዘመደ ፡ ቢኑስ ፡ ዘውእቱ ፡ ቢሩስ ።

ክፍል ፡ ፳፭ ።[11] ወሀሎ ፡ ፩ ፡ ብእሲ ፡ ዘስሙ ፡ ላዩን ፡ አቡ ፡ ወይክ ፤[12] ወሶበ ፡ ነጸረ ፡ ከመ ፡ ወልዱ ፡ ተደመረ ፡ ምስለ ፡ እሙ ፡ ወአዘዞሙ ፡ ለሐራሁ ፡ ከመ ፡ ይስቅልዎ ፡ ዲበ ፡ ዕፅ ፡ ወይምትሩ ፡ አዕፁቂሁ ፡[13] ከመ ፡ ይፅናዕ ፡ በቱ ፡ እገሪሁ ፡ ለዘተሰቅለ ።

ክፍል ፡ ፳፮ ።[14] ወሀሎ ፡ ፩ ፡ ብእሲ ፡ ዘስሙ ፡ ሰሮኽ ፡ እምነገደ ፡ ያፌት ፡ ወልደ ፡ ኖኅ ፤ አስተርአየ ፡ ውእቱ ፡ ቅድመ ፡ እምእለ ፡ ያመልኩ ፡ ጣዖተ ፡ በምግባረ ፡ ሰይጣን ፤ ወአቀመ ፡ መሥዋዕተ ፡ ለጣዖት ፡ ወተቀንዮሙ ።

ክፍል ፡ ፳፯ ።[15] ወአስተርእዮተ ፡ መልክ ፡ ጼዴቅ ፡ ኀጹሐ ፡ እስመ ፡ ው

[1] Mss. ሰሙያን ፡ ወሠራዕያን ፡
[2] A ዘአቅድመ ፡
[3] A ነሥአ ፡, B ነሥአ ፡
[4] Mss. አድያሚያ ፡
[5] Mss. ወቀብኒክስ ፡
[6] Mss. አድያሚሃ ፡
[7] A ፳፭ ፡
[8] Mss. በቀርጤስ ፡
[9] B ብእሲተ ፡, A ብእሲቱ ፡
[10] A ወቀርጤስ ፡
[11] A ፳፮ ፡
[12] Mss. አቡወይክ ፡
[13] Mss. አዕፁቂሆሙ ፡
[14] A ፳፯ ፡
[15] A ፳፰ ፡

እቱ ፡ ከነ ፡ እምነ ፡ አሕዛብ ፡ ወተቀንየ ፡ ለእግዚአብሔር ፡ ወድንግል ፡ ውእቱ ፡ ዘእንበለ ፡ እከይ ፣ ወሰመዮ ፡[1] መጽሐፍ ፡ ቅዱስ ፡ ዘአልቦ ፡ አብ ፡ ወእም ፡ በእንተ ፡ ዘኢኮነ ፡ እምነገደ ፡ አብርሃም ፣ ወጸልአ ፡ አማልክተ ፡ አቡሁ ፡ ወረሰየ ፡ ርእሰ ፡ ካህነ ፡ ለእግዚአብሔር ፡ ሕያው ። ወፅአ ፡[2] እምነገደ ፡ ሲዱ ፡ ወልደ ፡ ንጉሠ ፡ ምስር ፡ ወኖባ ፡ ዘይትበሀሉ ፡[3] በእንቲአሁ ፡ ምስራውያን ። እስመ ፡ መልከ ፡ ጼዴቅ ፡ ብሂል ፡ ንጉሠ ፡ ጽድቅ ። እስመ ፡ ውእቱ ፡ ሲዱ ፡ ዘነግሠ ፡[4] ላዕለ ፡ ከነአን ፡ ውእቱ ፡ እምዘመድ ፡ ጽኑዕ ፣ ወምስራውያን ፡ ይሰምይዎ ፡ ከመዝ ፡ በእንተ ፡ [ሀገረ ፡][5] ከነአናውያን ፡ እንተ ፡ ይእቲ ፡ ሀገረ ፡ ፍልስጥኤም ፡ እስከ ፡ ይእዜ ። ወሰበ ፡ ተዓብአሙ ፡ ተቀንዩ ፡ ሎቱ ፡ ወሰበ ፡ አሥመርዎ ፡ ኀደረ ፡ ውስቴታ ፡ ወሐነፀ ፡[6] ሀገረ ፡ ወሰመያ ፡ በስሙ ፡ ሳይዳ ፣ እስከ ፡ ይእዜ ፡ ትትኌለቍ ፡ በከነአን ። እስመ ፡ አቡሁ ፡ ለመልከ ፡ ጼዴቅ ፡ በእንተ ፡ ዘወፅአ ፡ እምሳይዳ ፡ አእመርነ ፡ ከመዝ ፡ ውእቱ ፡ ልደቱ ። ወከነ ፡ አቡሁ ፡ መምለኬ ፡ ጣዖት ፡ ወእሙኒ ።[7] ወዝንቱ ፡ ቅዱስ ፡ ከነ ፡ ይዛለፎሙ ፡ ለአቡሁ ፡ ወለእሙ ፡ በእንተ ፡ አምልኮ ፡ ጣዖት ። ወእምዝ ፡ ጐየ ፡ ወከነ ፡ ካህነ ፡ ለእግዚአብሔር ፡ ሕያው ፡ በከመ ፡ ተብህለ ። ወነግሠ ፡[8] ላዕለ ፡ ከነአን ፡ ወሐነፀ ፡ ሀገረ ፡ በጎልጎታ ፡ ዘትሰመይ ፡ ጽዮን ፡ እንተ ፡ ይእቲ ፡ ሳሌም ፡ ዘትርጓሜ ፡ ስማ ፡ በልሳነ ፡ ዕብራውያን ፡ ሀገረ ፡ ሰላም ። ወነግሠ ፡ በውስቴታ ፡ ፻፲ወ፫ ፡ ዓመተ ፡ ወሞተ ፡ በድንግልናሁ ፡ ወጽድቁ ፡ በከመ ፡ ጸሐፈ ፡ ዮሴፍ ፡ ጠቢብ ፡ ጸሓፌ ፡ ዜና ፡ በጥንተ ፡ መጽሐፉ ፡ እንተ ፡ ይእቲ ፡ ዜና ፡ አይሁድ ። እስመ ፡ ውእቱ ፡ ቀደመ ፡ [ያቀርብ ፡] መሥዋዕተ ፡ ለአምላከ ፡ ሰማይ ፡ ወቍርባናተ ፡ ዘእንበለ ፡ ደም ፡ እምነ ፡ ኅብስት ፡ ወወይን ፡ በአምሳለ ፡ ምሥጢራት ፡ ቅዱሳት ፡ እንተ ፡ ዘለእግዚእነ ፡ ኢየሱስ ፡ ክርስቶስ ፣ በከመ ፡ ዘመረ ፡ ዳዊት ፡ እንዘ ፡ ይብል ፣ አንተ ፡ ካህኑ ፡ ለዓለም ፡ በከመ ፡ ሢመቱ ፡ ለመልከ ፡ ጼዴቅ ። ወዓዲ ፡ ይቤ ፣ አስተርአየ ፡ እግዚአብሔር ፡ በጽዮን ፡ ወዐቢይ ፡ ስሙ ፡ በእስራኤል ፣ ወነበረ ፡ በሰላም ፡ ብሔሮ ፡ ወማኅደሩሂ ፡ ውስተ ፡ ጽዮን ። እስመ ፡ አይሁድ ፡ እምነ ፡ አብርሃም ፡ አእመሩ ፡ አእምሮተ ፡ እግዚአብሔር ። ወሳሌምሰ ፡ እንተ ፡ ይእቲ ፡ ኢየሩሳልም ፡ ትሰመይ ፡[9] በእንተ ፡ ዘኀደረ ፡

[1] Mss. ወሰመየ ፡

[2] Mss. ወሰበ ፡ ወፅአ ፡

[3] Mss. ዘንተ ፡ ዘይቤሉ ፡

[4] Mss. ካህን ፡ ነግሠ ፡ (A ንግሠ ፡).

[5] Manque dans les deux mss.

[6] Mss. ሐነፀ ፡

[7] A ወእሙኒ ፡

[8] Mss. ነግሠ ፡

[9] Mss. ትሰመይ ፡ (A ኢትሰመይ ፡) ኢየሩ" ፡

ሰላም ፡ በጽዮን ፡ ዘውእቱ ፡ መልከ ፡ ጼዴቅ ። ወተሰምዮቶ ፡ አይሁድ ፡ ዕ
ብራውያን ፡ በእንተ ፡ ኤቦር ፡ ዘወፅአ ፡ እምኔሁ ፡ አብርሃም ፡ ንዋይ ፡ ኅሩ
ይ ። ወበእንተ ፡ ዘሐነፁ ፡ ማኅፈደ ፡ ዐላውያን ፡[1] እግዚአብሔር ፡ ወጻመ
ዉ ፡ ከንቶ ፡ ሰበ ፡ ሐለዩ ፡ እኩየ ፡ ወኤቦርሰ ፡ ኢኀብረ ፡ ምስሌሆሙ ፤
ዳእሙ ፡ ዐቀበ ፡ ልቡናሁ ፡ ለእግዚአብሔር ፡ ዘአንበለ ፡ ጽንት ፤ ወእመ ፡
ተዘርዎተ ፡ ልሳናቲሆሙ ፡ ተርፈ ፡ ዔቦር ፡ ባሕቲቱ ፡ ዘአንበለ ፡ ተፈልጠ
ተ ፡ ቃሉ ፡ በዳኅና ፡ ወጥዒና ። ወሰብእሰ ፡ እለ ፡ መጽኡ ፡ እምድኅሬሁ ፡
አኀዙ ፡ ነገረ ፡ መላእክት ፡ ዘተናገረ ፡ ቦቱ ፡[2] አዳም ። ወበእንተዝ ፡ ተሰ
ምዩ ፡ ዕብራውያን ፡ ወነገሮሙ ፡ ዕብራኒ ።

ክፍል ፡ ፳፰ ።[3] ወሀሎ ፡ ፩ ፡ ብእሲ ፡ ዘስሙ ፡ አንስተርጣስ ፡ እምነገደ ፡ ያ
ፌት ፡ ወልደ ፡ ኖኅ ፤ ውእቱ ፡ ዘረከበ ፡ መጽሐፈ ፡ ሐንፋውያን ፡ ቅድመ ፡
ወመሀረ ፡ መጽሐፈ ፡ ውእቱ ። ተብህለ ፡ በዘመነ ፡ ነገሥተ ፡ ምድር ፡ ነበ
ረ ፡ ኅበ ፡ ሊድያ ፡ ፍልሱፍ ፡[4] እምደቂቀ ፡ ያርብሓዊያን ፡ እምነገደ ፡ ያ
ፌት ፡ ዘስሙ ፡ እንዲምያኖስ ። ተብህለ ፡ ጸለየ ፡ ውእቱ ፡ በኅቡእ ፡ ለወ
ርኅ ፡ ወይቤሉ ፡ እስመ ፡ ውእቱ ፡ ተምህረ ፡ እምኅበ ፡ ወርኅ ፡ ስመ ፡ እ
ግዚአብሔር ፡ በራእይ ። ወሰበ ፡ ሖረ ፡ ፩ ፡ ዕለተ ፡ ሰምዐ ፡ ስመ ፡ ቅዱሰ ፡[5]
ወበጊዜሃ ፡ ገደፈ ፡ ነፍሶ ፡ ወከነ ፡ ምውተ ፡ ወኢተንሥአ ፡ እስከ ፡ ዮም ።
ወሥጋሁ ፡ ሀሎ ፡ ዕቁብ ፡ በሀገረ ፡ ሊድያ ፡ ወይሬእይዎ ፡ ኵሉ ፡ ሰብእ ፡
በበዓመት ፡ ሰበ ፡ ፈትሑ ፡ አስከሬኖ ፡[6] ዘሀሎ ፡ ውስቴቱ ።

ክፍል ፡ ፳፱ ።[7] ተብህለ ፡ በዘመነ ፡ ኢያሱ ፡ ወልደ ፡ ነዌ ፡ ነግሠ ፡ ላዕለ ፡
ሀገረ ፡ እንዲክ ፡ ንጉሥ ፡ ዘስሙ ፡ አውዲክጡን ፤ ወከነ ፡[8] ማየ ፡ አይኅ ፡
ዐቢይ ፡ ውስተ ፡ ይእቲ ፡ ሀገር ፡[9] በባሕቲታ ። ወተኀጕለ ፡ ውእቱ ፡ ን
ጉሥ ፡ ወእለ ፡ የኀድሩ ፡ ውስቴታ ። ወከነት ፡ በድው ፡ ወኢየኀድር ፡ መ
ኑሂ ፡ ኀቤሃ ፡ መጠነ ፡ ፪፻ወ፷ ፡ ዓመት ፡ ዘከመ ፡[10] ጸሐፎ ፡ ፊርክያኑስ ፡ በመ
ጽሐፈ ፡ አዝማን ።

[1] Mss. ዓላውያን ፡
[2] Mss. ቦሙ ፡
[3] A ፳፱ ፡
[4] Mss. ተብህለ ፡ እስመ ፡ ውእቱ ፡ ከነ ፡ በዘመነ ፡ . . . ወነበረ ፡ . . . እስመ ፡ ውእቱ ፡ ከነ ፡ ፍልሱፍ ፡
[5] A ከመ ፡ ቅዱስ ፡
[6] Mss. አስከሬኑ ፡
[7] A ፴ ፡
[8] Mss. ከነ ፡
[9] A ሀገረ ፡
[10] B በከመ ፡

ክፍል ፡ ፴ ።[1] ወበመዋዕለ ፡ ሙሴ ፡ ሠራዒ ፡ ገብረ ፡ እግዚአብሔር ፡ ዘከ
ን ፡ መርሐ ፡ ለፀአተ ፡ ደቂቀ ፡ እስራኤል ፡ እምነ ፡ ምስር ፡ ከነ ፡[2] ባዲሰንዩ
ስ ፡[3] ዘውእቱ ፡ አሙስዩስ ፡ ፈርዖን ፡ ንጉሠ ፡ ምስር ። ወነግሠ ፡[4] በተራድ
እተ ፡ መጽሐፈ ፡ መሠርያን ፡ ኢያኔስ ፡ ወኢያንበሬስ ፡ ዘገብሩ ፡[5] ኅፍረተ ፡
በቅድመ ፡ ሙሴ ፡ ዐቢይ ፡ ዘተናገረ ፡ ምስለ ፡ እግዚአብሔር ፤ በእንተዝ ፡
ይቤሉ ፡[6] ኢፈቀዱ ፡ ፈንዎተ ፡ ደቂቀ ፡ እስራኤል ፡ እምድኅረ ፡ ተአምራ
ት ፡ ወመንክራት ፡ ዘከኑ ፡ እምበትር ፡ ዘከነት ፡ ምስሌሁ ። እስመ ፡ ውእ
ቱ ፡ ሐረ ፡ ፍኖተ ፡ ማእምራን ፡ እለ ፡ ሀለዉ ፡ በመኑፍ ፡ ወኅበ ፡ እሙር ፡[7]
ራእይ ፡ ወሥዐ ፡ መሥዋዕተ ። ወሰበ ፡ ተስእሎ ፡ ፩ ፡ እምዕብራውያን ፡ ለተ
ኒኑስ ፡ ማእምር ፡ [ይቤሎ ፤ ውእቱ ፡][8] ዘሀሎ ፡ ውስተ ፡ ሰማይ ፡ ዘኢይመ
ውት ፡ ቀዳማዊ ፤ እስመ ፡ ሰማያት ፡ ይርዕዳ ፡ እምኔሁ ፡ ወምድርኒ ፡ ዓዲ ፡
ወኵሎን ፡[9] አብሕርት ፡ ይፈርሃ ፡ ወሰይጣናት ፡ ይደነግፁ ፡ ወኅዳጣን ፡
መላእክት ፡ ይቀውሙ ፤ እስመ ፡ ውእቱ ፡ ገባሬ ፡ ክሂሎታት ፡ ወመዳል
ው ። ወባዲሰንዩስሰ ፡[10] ጸሐፉ ፡ ለዛቲ ፡ ራእይ ፡ በውስተ ፡ ሰሌዳ ፡ ወአን
በራ ፡ ውስተ ፡ ቤተ ፡ አማልክት ፡ በመካን ፡[11] መስፈርተ ፡ ማይ ፡ ዘየአምሩ ፡
ቦቱ ፡ ባሕረ ፡ ኒል ።[12] ይደሉ ፡ ከመ ፡ ናይድዕ ፡ በእንተ ፡ ጊዜያተ ፡ ንስተ
ተ ፡[13] ቤተ ፡ አማልክት ፡ ይከውን ፡[14] ወኢተሰብረ ፡ ሰሌዳ ፡ በውስተ ፡ ም
ስር ፡ በባሕቲታ ፡ ዳእሙ ፡ እስከ ፡ መትሐተ ፡ መሠረተ ፡ አብያተ ፡ ጣዖት ፡
ወኢከሀለ ፡ መኑሂ ፡ ያቅም ፡ ቤተ ፡ አማልክት ፡ ዘመኑፍ ። ዳእሙ ፡ በሥል
ጣነ ፡ እግዚእነ ፡ ኢየሱስ ፡ ክርስቶስ ፡ ተንሥቱ ፡ ኵሉ ፡ አብያተ ፡ አማል
ክት ። ወዝንቱ ፡ ባዲሰንዩስ ፡ ዕቡድ ፡ ዘውእቱ ፡ አሙስዩስ ፡ ፈርዖን ፡ ተ
ሠጥመ ፡ ውስተ ፡ ባሕረ ፡ ኤርትራ ፡ ምስለ ፡ አፍራሲሁ ፡ ወመስተፅዕናኑ ።
ወሰበ ፡ አእመረ ፡ እምድኅረ ፡ ፀአቶሙ ፡ ለደቂቀ ፡ እስራኤል ፡ እምስር ፡ ነ
ሢአ ፡[15] ንዋያቲሆሙ ፡ ለሰብእ ፡ ግብጽ ፤ ውእቱ ፡ ከነ ፡ በሥምረተ ፡ እግዚ
አብሔር ፡ ወበርትዑ ፡ እስመ ፡ ደቂቀ ፡ እስራኤልሰ ፡ ነሥኡ ፡[16] ንዋያተ ፡
ግብጽ ፡ ፍዳ ፡ ምግባራት ፡ ክቡዳት ፡ ዘአስተገበርዎሙ ፡ እንበለ ፡ ዕርዐት ፤

[1] A ፴፩ ፡
[2] Mss. በመዋዕለ ፡
[3] A ባዲላንዩስ ፡
[4] Mss. ዘነግሠ ፡
[5] Mss. ዘገብረ ፡
[6] A ይቤሎ ፡
[7] Mss. ሐረ ፡ ኅበ ፡ ፍኖተ ፡ … ወአመረ ፡
[8] Manquent dans les deux mss.
[9] A ወኵሎሙ ፡
[10] Mss. ወዲሰንዮስሰ ፡
[11] Mss. ወበመካን ፡
[12] Mss. ባሕረኒል ፡
[13] A ንስቲተ ፡
[14] Mss. እስከ ፡ ይከውን ፡
[15] Mss. ወነሢአ ፡
[16] Mss. ዘነሥኡ ፡

ወመልአ ፡ ለፈርዖን ፡ ቍጥዓ ፤ ውእተ ፡ ጊዜ ፡ ወዕአ ፡ ከመ ፡ ይዴግኖሙ ፡
ምስለ ፡ ሠራዊቱ ። ወተሠጥመ ፡[1] ውስተ ፡ ባሕር ፡ ምስለ ፡ ኢሊኦሁ ፡ ወ
ኢተርፈ ፡ ምንትኒ ። ወደቂቀ ፡ እስራኤልሰ ፡ ሖሩ ፡ ውስተ ፡ ባሕር ፡ ከመ ፡
የብስ ፡ ወበጽሑ ፡ ውስተ ፡ መካን ፡ ኀበ ፡ እግዚአብሔር ፡ ፈቀደ ፤ እስመ ፡
ውእቱ ፡ ከነ ፡ መዋኤ ፡ ለኵሉ ፡ ጠባይዐ ፡ ፍጥረት ፡[2] ሎቱ ፡ ስብሐት ። ወእ
ምድኅረ ፡ ተሀጕሉ ፡ ሰብአ ፡ ግብጽ ፡ ወእለ ፡ ተርፉ ፡ አምለክዎሙ ፡ ለአጋን
ንት ፡ ወኀደግዎ ፡ ለእግዚአብሔር ፤ እልከቱ ፡ ምንዱባን ፡ አህጐሉ ፡ ነፍሰ
ሙ ፡ ወተመሰልዎሙ ፡ ለመላእክት ፡ እለ ፡ ዐለውዎ ፡ ለእግዚአብሔር ፡ ወሰ
ገዱ ፡ ለግብረ ፡ እደዊሆሙ ። ቦዘይሰግድ ፡ ለብዕራይ ፤[3] ወቦ ፡ ለላህም ፤ ወቦ ፡
ለከልብ ፡ ወዓዲ ፡ ለበቅል ፤ ወቦ ፡ ለአድግ ፤ ወቦ ፡ ለአንበሳ ፤ ወቦ ፡ ለዓሣ ፤ ወ
ቦ ፡ ለሐርገጽ ፤ ወቦ ፡ ለሰጐርት ፡ ወካልኣን ፡ ብዙኃን ፡ እለ ፡ ይመስልዎሙ ።
ወሰመይዎሙ ፡ ለአህጉራተ ፡[4] ግብጽ ፡ በስመ ፡ አምላኪሙ ፤ ወሰገዱ ፡ ለሕንፃ ፡
ቡሲር ፡[5] ወመኑፍ ፡ ወሰምኑድ ፡ ወሳሕረይጅት ፡ ወእስና ፡[6] ወለዕፅ ፡ ወለሐር
ገጽ ፤ ወለሕንፃ ፡ አህጉራት ፡ ብዙኃት ፡ አምለክዎሙ ፡ ወለዐውሎሂ ፡ ኀቡረ ።

ክፍል ፡ ፴፩ ።[7] ወበይእቲ ፡ ዘመን ፡ ዘአቅደመ ፡ ነጊሠ ፡ በምስር ፡ እንዘ ፡
ይትቀነዩ ፡ ለጣዖት ፡ ወከመ ፡ እልከቱ ፡ ዘቀደመ ፡ ዝክሮሙ ፡ ወለሀገር ፡
እምርት ፡ አብሳይ ፡ እንተ ፡ ይእቲ ፡ ነቂዩስ ፡ ወለንጉሥሰ ፡ ይሰመይ ፡ አብ
ሩሱቢዳ ፡ ዘፍካሬ ፡ ስሙ ፡ መፍቀሬ ፡ አማልክት ፡ ዘውእቶሙ ፡ ሠላስ ፡ ገ
ጻት ። ወውእቱ ፡ ሀሎ ፡ በሐይቀ ፡ ባሕር ፡ ምዕራባዊ ፡ ወከነ ፡ ይፃባእ ፡ በ
ኵሉ ፡ ጊዜ ፡ ምስለ ፡ በርበር ፡ እለ ፡ ይመጽኡ ፡ እምጅ ፡ አህጉር ፡ እለ ፡ ይሰ
መዩ ፡ ሪጣናውያን ።[8] ወሰበ ፡ መጽኡ ፡ እልከቱ ፡ በቍጥዓ ፡ ወፀብእዎሙ ፡
ሰብአ ፡ ሀገር ፡ በኀይል ፡ ወቀተሉ ፡ እምኔሆሙ ፡ ብዙኀ ። ወበእንተ ፡ አ
ሠንዮቱ ፡ ለዝንቱ ፡[9] መዊእ ፡ ኢመጽኡ ፡ ዳግመ ፡ ኀበ ፡ ሀገር ፡ እምድኅረ ፡
ዘመን ፡ ብዙኅ ፡ በሥምረተ ፡ እግዚአብሔር ፡ ዘገብረ ፡ ኵሎ ፡ እምኀበ ፡
ኢሀልዎ ፡ ኀበ ፡ ሀልዎ ፡ በሥልጣኑ ፡ መለኮቱ ፡ ጽኑዕ ፡ በኵሉ ፡ ግብር ። ወ
ለፈለግ ፡ ዐቢይ ፡ ዘምስር ፡ ይሰምይዎ ፡ ሐነፋውያን ፡ አክሬሱሩ ፤ ወበመ
ጽሐፍ ፡ ዘውእቱ ፡ እስትንፋሰ ፡[10] እግዚአብሔር ፡ ይሰመይ ፡ ግዮን ። ወከ
ነ ፡ ዝንቱ ፡ ፈለግ ፡ በምሥራቀ ፡ ሀገር ፡ ወፈለሰ ፡ ኀበ ፡ ምዕራበ ፡ ሀገር ፡

[1] Mss. ተሠጥመ ፡
[2] A ፍጥረቱ ፡
[3] A ለዕብራይ ፡
[4] B ለአህጕራተ ፡
[5] Mss. ቢሱር ፡
[6] A እለና ፡
[7] A ፴፪ ፡
[8] A ረጣናውያን ፡
[9] Mss. ዝንቱ ፡
[10] A እስትፋንሰ ፡

እምነ ፡ ምሥራቅ ፡ ወከነት ፡ ይእቲ ፡ ሀገር ፡ ከመ ፡ ደሴት ፡ በማእከለ ፡ ባሕር ፡ ከመ ፡ ተክለ ፡[1] ዕፅ ፡ ዘይሰመይ ፡ አክርያስ ፡ ዘውእቱ ፡ እልአስ ።

ክፍል ፡ ፻፪ ።[2] ወለኢየሩሳሌምሰ ፡ ዘሐነፃ ፡ መልከጼዴቅ ፡ ንጉሠ ፡ ሳዕሌሃ ፤ ከነአናውያን ፡ እንተ ፡ ይእቲ ፡ ፍልስጥኤም ። ወቀነያ ፡ ኢየሱ ፡ ወልደ ፡ ነዌ ፡ ወሰመያ ፡ ሐያኑስ ፤ ወነበረ ፡ ውስተ ፡ ሰቂማ ፡ እስመ ፡ ውእቱ ፡ ቀነየ ፡ ኵሎ ፡ አድያሚሃ ፡ ወይእቲ ፡ ትሰመይ ፡ ናብሎስ ፡ እስከ ፡ ይእዜ ። ወበመዋዕለ ፡ ነገሥት ፡ እለ ፡ ከኑ ፡ ጠቢባን ፡ ዳዊት ፡ ወሰሎሞን ፡ በእንተ ፡ ሕንፃ ፡ ሐይከል ፡ ቅዱስ ፡ ዘእግዚአብሔር ፤ ዳዊት ፡ አስተዳለወ ፡ ኵሎ ፡ ምግባረ ፡ ሕንፃ ፡ ወሰሎሞን ፡ ሐነፆ ፡[3] በኢየሩሳሌም ፤ ወሰመያ ፡ ሀገረ ፡ ቅዱስ ፡ በእንተ ፡ ቅዳሴ ፡ ወመሥዋዕት ፡ ሕግ ፡ ወብዝኀ ፡ ጽድቅ ፡ ወበእንተ ፡[4] ዘሐመ ፡ እግዚእነ ፡ ወመድኅኒነ ፡ ኢየሱስ ፡ ክርስቶስ ፡ ውስቴታ ፡ ሎቱ ፡ ስብሐት ።

ክፍል ፡ ፻፫ ።[5] ወበመዋዕለ ፡ መሳፍንት ፡ ከነ ፡ ፩ ፡ መስፍን ፡ እምሐነፋውያን ፡ ዘስሙ ፡ ባይኑድስ ፡ ዘትሰመይ ፡[6] ኀቤ ፡ ፪ ፡ በሊሕ ፡ ንጻሬ ፡ ዘይኔጽር ፡ እምርኁቅ ፡ ወይሬኢ ፡ ፈድፋደ ፡ እምኵሉ ፡ ሰብእ ። ውእቱ ፡ ረከበ ፡ ቅድመ ፡ በሀገረ ፡ ምዕራብ ፡[7] ገቢረ ፡ ግብረ ፡ እድ ፡ ኵሎ ።

ክፍል ፡ ፻፬ ።[8] አብሩሚቱስ ፡ ወቢመቴዩስ ፡[9] ውእቶሙ ፡ ረከቡ ፡ ሰሌዳ ፡ እብን ፡ ቅሩጸ ፡ ዘተጽሕፈ ፡ ወተቀርጸ ፡ በመዋዕለ ፡ ቀደምት ። ወኤልያስ ፡ ነቢይ ፡ ተርጐሞሙ ፡ ለመሥመራት ። ወሐነፋውያን ፡ [ነገሩ ፡][10] ዘንተ ፡ እንዘ ፡ ይብሉ ፡ በእንተ ፡ ዝንቱ ፡ ዐርገ ፡ ሰማያተ ፡ ወዘከነ ፡ ውስተ ፡ ሰማይ ፡ ሀሎ ፡ ውስተ ፡ ልቡ ። ወድቃልዩን ፡ ዓዲ ፡ ጸሐፈ ፡ ክፍላተ ፡ ወዜና ፡ ዘከኑ ፡ አመ ፡ መዋዕለ ፡ አይኅ ፡ ወመንክራተኒ ።[11]

ክፍል ፡ ፻፭ ።[12] ወእምድኅረ ፡ ማየ ፡ አይኅ ፡ ዘከነ ፡ በሀገረ ፡ እንዲክ ፡ ፈለሰት ፡ መንግሥት ፡ ኀበ ፡ አቴናውያን ። ወንጉሥ ፡ ፩ ፡ ብእሲ ፡ ዘስሙ ፡

[1] Mss. ተክለ ፡
[2] A ፻፫ ፡
[3] Mss. ሐነፀ ፡
[4] Mss. በእንተ ፡
[5] A ፻፬ ፡
[6] Ce mot manque dans A.
[7] A ምዕራበ ፡
[8] A ፻፭ ፡
[9] A አብሬሚቱስ ፡ ወበመቴዩስ ፡
[10] Manque dans les deux mss.
[11] Mss. ወመንክራትኒ ፡
[12] A ፻፮ ፡

እልዋጥስ ፡ በሀየ ፡ ወገብረ ፡ ምሳሐ ፡ ከመ ፡ ሕግ ። ወዓዲ ፡ ወጠነ ፡ ወሠርዐ ፡ ለኵሉ ፡ ሰብእ ፡ ከመ ፡ ያውስቡ ፡ አዋልደ ፡ ደናግለ ፡ ከመ ፡[1] ይኩንዎሙ ፡ አንስትያ ፡ ወይስምይዎሙ ፡ መርዓታተ ፤ ወከመ ፡ ይክርዩ ፡ ለሙሐዘ ፡ አንቅዕት ፡ ውስተ ፡ መካን ፡ ኅቡእ ፡ ከመ ፡ ያውሕዝ ፡ ሐሊበ ፡ ብዙኀ ፡ ከመ ፡ ውሒዝ ፡ ዘያስተርኢ ። ወእምቅድመ ፡ መንግሥቱ ፡ አንስት ፡[2] ዘሀገረ ፡ እንዲክ ፡ ወአቴናውያን ፡ ከኑ ፡ ይገብሩ ፡ ርኵሰ ፡ ወይዴመሩ ፡ በበይናቲሆሙ ፡ ተባዕት ፡ ላዕለ ፡ ተባዕት ፤ ወከኑ ፡ ከመ ፡ አራዊት ፡ ከመ ፡ ፈቀደ ፡ ፩፩ ፡ እምኔሆሙ ፤ ወኢከነ ፡ ሎሙ ፡ ለ፩ ፡ እምኔሆሙ ፡ ብእሲተ ፡ ወከኑ ፡ ይትማሰጡ ፡ በኀይል ፡ እኩይ ፡ በከመ ፡ አቅደምነ ፡ ነጊረ ። ወኢያአምሩ ፡[3] ዘርአሙ ፡ ወውሉዶሙ ፡ ምንተኒ ፡ ኢተባዕተ ፡ ወኢአንስተ ። ወመኑ ፡ ያአምር ፡[4] እስመ ፡ ውእቶሙ ፡ ከኑ ፡ ኵሎሙ ፡ ዘእንበለ ፡ አብ ፡ ወኵሉ ፡[5] ዘይወልድዎሙ ፡ እምነ ፡ ኵሉ ፡ ሰብእ ፤ ኢያአምሩ ፡[6] እምብዝኀ ፡ ተደምሮቶሙ ፡ እመ ፡ ከኑ ፡ ተባዕተ ፡ አው ፡ አንስተ ። ወከኑ ፡ ኵሎሙ ፡ ፍሡሓነ ፡[7] በዝንቱ ፡ ምግባር ፡ ርኩስ ፤ በከመ ፡ ይቤ ፡ ከርኩንስ ፡[8] በዓለ ፡ መጽሐፍ ፡ ውስተ ፡[9] ሕጉ ፤[10] ዛቲ ፡ ሀገረ ፡ እንዲክ ፡ ትረክብ ፡ ጥፍአተ ፡ በማየ ፡ አይኅ ፡ እምእግዚአብሔር ። ወእምድኅረ ፡ ዝኩ ፡ ዘመን ፡ ከኑ ፡ በጥበብ ፡ ወሐሩ ፡ በሕገ ፡ ሰብሳብ ፡ ብእሲ ፡ ወአንስት ። ወከነ ፡ ኬርኬኑስ ፡ ክቡረ ፡ በኵሉ ፡ መዋዕሊሁ ፡ በድልወት ፡ ወክብር ፡[11] ወረሰዮሙ ፡ ለደቂቅ ፡[12] ያእምሩ ፡ አበዊሆሙ ፡ በከመ ፡ ይደሉ ።

ክፍል ፡ ፴፮ ።[13] ወበውእቱ ፡ መዋዕል ፡ ከነ ፡[14] አርፋስ ፡ ቤተ ፡ ረዛስ ፡ እንላሪኩስ ፡ በተርሴስ ፡ ዘይሰመይ ፡ በኅበ ፡ ሐነፋውያን ፡ ጠቢብ ፡ ዐቢይ ። አንበረ ፡ ሎሙ ፡ እንተ ፡ ትሰመይ ፡ አውጋንያ ፡ ዝኒ ፡ ፍካሬሁ ፡ በኀቤሆሙ ፡ መስተጋድል ፡ ለእግዚአብሔር ፡ [...] ዘዜነዎሙ ፡ ጢማታዎስ ፡ ጸሓፊ ፡[15] አዝማናት ። ይቤ ፤ እምቅድመ ፡ ኵሉ ፡ አዝማን ፡ ሀሎ ፡ ሥሉስ ፡ ቅዱስ ፡ ዐሩይ ፡ በ፩ ፡ መለኮት ፡ ፈጣሬ ፡ ኵሉ ።

[1] Mss. ወከመ ፡
[2] Mss. ከኑ ፡ አንስት ፡
[3] Mss. ወኢየአምሩ ፡
[4] Mss. የአምር ፡
[5] A ወኵሎ ፡
[6] Mss. ኢየአምሩ ፡
[7] Mss. ፍሡሓነ ፡
[8] A ኩርኩንስ ፡
[9] B በውስተ ፡
[10] A ሕገ ፡
[11] Mss. ወክብረ ፡
[12] A ለቂቅ ፡
[13] A ፴፯ ፡
[14] Mss. ከኑ ፡
[15] Mss. ጸሐፊ ፡

Jean de Nikiou. 6

ክፍል ፡ ፻፯ ። [1] ተብህለ ፡ ከመ ፡ ጠቢባን ፡ አቴናውያን ፡ ውእቶሙ ፡ ቀደሙ ፡ ገቢረ ፡ ፈውስ ፡ ለሰብእ ፤ እስመ ፡ ከኑ ፡ ቅድመ ፡ ፈላስፋ ፡ [2] ዘከሠቱ ፡ ግብረ ፡ ሠናየ ፡ ለገቢረ ፡ ፈውስ ፡ ዘይሰንአው ፡ ለከርሥ ። ወብዙኃን ፡ ሰብእ ፡ የሐውሩ ፡ ኀበ ፡ አቴና ፡ በእንተ ፡ ዝንቱ ፡ ግብር ፡ ዓዲ ፡ እስመ ፡ ሀሎ ፡ ህየ ፡ እስከ ፡ ዮም ።

ክፍል ፡ ፻፰ ። [3] ንጉሥ ፡ ሰሎሞን ፡ ወልደ ፡ ዳዊት ፡ ውእቱ ፡ ወጠነ ፡ ሐኒፀ ፡ ቤተ ፡ ብለኔ ፡ ወመካነ ፡ ምንባባት ፡ ወትምህርት ፡ ውስተ ፡ ኵሉ ፡ መካን ፡ ዘሀሎ ፡ ታሕተ ፡ ሥልጣኑ ፤ እስመ ፡ አጋንንት ፡ ከኑ ፡ ይትቀነዩ ፡ ሎቱ ። እስመ ፡ ከነ ፡ [4] ሎቱ ፡ ዝንቱ ፡ ግብር ፡ እምቅድመ ፡ ያምዕዖ ፡ ለእግዚአብሔር ፡ እግዚአ ፡ ኵሉ ፡ እመንገለ ፡ አንስት ፡ አሕዛባውያን ፡ [5] እለ ፡ ይነብራ ፡ ምስሌሁ ፤ ውእቶን ፡ አርኰስዋ ፡ ለኢየሩሳሌም ፡ በአማልክቲሆሙ ።

ክፍል ፡ ፻፱ ። [6] በመዋዕለ ፡ መሰፍንት ፡ ዓዲ ፡ ተንሥአ ፡ ፍልሱፍ ፡ በሀገረ ፡ አፍራቅያ ፡ ዘስሙ ፡ መርስያሲሱስ ። ውእቱ ፡ ወጠነ ፡ ነፊሐ ፡ እንድር ፡ ወቀርን ፡ ወጠብልቃና ። ወአጽመመ ፡ እዘኒሆሙ ፡ ለሰብእ ፡ ወረሰየ ፡ ርእሶ ፡ አምላከ ፡ እንዘ ፡ ይብል ፤ አንሰ ፡ ረከብኩ ፡ ሲሳየ ፡ ሰብእ ፡ እምአብል ፡ ንኡስ ። ወተምዐ ፡ እግዚአብሔር ፡ ወቀሠፎ ፡ ወተወለጠ ፡ ልቡናሁ ፡ ወገደፈ ፡ ርእሶ ፡ ውስተ ፡ ፈለግ ፡ ወተሀጕለ ።

ክፍል ፡ ፻፲ ። [7] ወበዝኩ ፡ መዋዕል ፡ ዓዲ ፡ ከነ ፡ ሀርቃል ፡ አይኑር ፡ ወሰብአ ፡ ሉንያ ፡ ተራድእዎሙ ፡ ለኖትያት ፡ እለ ፡ ሀለዉ ፡ ምስሌሁ ፡ ወሖሩ ፡ ኀበ ፡ ጰንጠን ። [8] ወከነ ፡ በኀቤሆሙ ፡ [9] ንጉሥ ፡ ዘስሙ ፡ ከሲኩስ ፡ [10] ወተፃብእዎ ፡ ወቀተልዎ ፡ [11] ለንጉሥ ፡ ኪስኩስ ፡ ዘእንበለ ፡ አእምሮቶሙ ። ወሰበ ፡ አእመሩ ፡ ኀዘኑ ፡ እስመ ፡ ከኑ ፡ [12] አዝማዲሁ ፡ ኵሎሙ ፤ [ከነ ፡] [13] እምነ ፡ ሀገሮሙ ። ወሰበ ፡ ሖሩ ፡ ለፀቢአ ፡ [14] ሰብአ ፡ ከሲኩስ ፡ ዘውእቱ ፡ ተሰምየ ፡

[1] A ፻፰ ፡
[2] B ፈለስፋ ፡
[3] A ፻፱ ፡
[4] B ከኑ ፡
[5] Mss. አሕዝባውያን ፡
[6] A ፻፲ ፡
[7] A ፻፲፩ ፡
[8] Mss. ጰንጠን ፡
[9] Mss. ምስሌሆሙ ፡
[10] B ከሲከስ ፡, et de même plus loin encore deux fois.
[11] A ወተቃተልዎ ፡
[12] Mss. ኀዘኑ ፡ ወከኑ ፡
[13] Manque dans les deux mss.
[14] Mss. ለፀብእ ፡

በዓለ ፡[1] ፯ ፡ መልክእ ፡ ወእምድኅረ ፡ መዊአቶሙ ፡ [ሐነፁ ፡ ቤተ ፡ አማልክት ፡ ወ][2] ሰመይዎ ፡ ስሞ ፡ ረአውስ ፡ ዘበትርጓሜሁ ፡ እመ ፡ አማልክት ። ተብህለ ፡ እሙንቱ ፡ ሐሩ ፡ ኀበ ፡ መካን ፡ ዜናውያን ፡ ወምንባረ ፡ ልሂቃን ፡ ወተሰእልዎ ፡ ለ፩ ፡ እምኔሆሙ ፡ እንዘ ፡ ይብሉ ፤ ተነበይ ፡ ለነ ፡ አንቢይ ፡ ላእኩ ፡ ለአጵሎን ፡ ምንተ ፡ ይከውን ፡ ወለመኑ ፡ ውእቱ ፡ ዝሕንፃ ። ወወሀብዎ ፡ አምኃ ፡ ለዘይነግሮሙ ፡ ወይቤሎሙ ፤ ሠላስ ፡ ውእቶሙ ፡ ወ፩ ፡ አምላክ ፡ ባሕቲቱ ። ወናሁ ፡ ወለተ ፡ ድንግል ፡ ትፀንስ ፡ በቃሉ ፡ ወዝንቱ ፡ ቤት ፡ ይከውን ፡ ሎቱ ፡ ወስሙ ፡ ይከውን ፡ ለአእላፍ ። ወለዛቲ ፡ ትንቢት ፡ ጸሐፍዋ ፡ ሰብአ ፡ አማልክት ፡ ውስተ ፡ እብን ፡ በረድ ፡ በቀለመ ፡ ብርት ፡ ወአንበርዎ ፡ ላዕለ ፡ ፩ ፡ እምኅይከላት ። ወእምድኅረ ፡ እሉ ፡ አዝማን ፡ በመዋዕሊሁ ፡ ለዘይኑን ፡ ንጉሥ ፡ መፍቀሬ ፡ እግዚአብሔር ፡ ረሰይዎ ፡[3] ለውእቱ ፡ ሐይከል ፡ ቤተ ፡ ክርስቲያን ፡ ለቅድስት ፡ ድንግል ፡ ማርያም ፡ ወላዲተ ፡ አምላክ ። ዘንተ ፡ ረሰየ ፡ ንጉሥ ፡ ዘይኑን ፡ ተሣይጦ ፡ በንዋዩ ። ወተፈጸመ ፡ ትንቢቶሙ ፡ ለአጋንንት ፡ ዘሰበኩ ፡ በእንተ ፡ ምጽአቱ ፡ ለእግዚእነ ፡ ኢየሱስ ፡ ክርስቶስ ።

ክፍል ፡ ፵፩ ።[4] ኖትያት ፡ ዘአርጅን ፡ ሐሩ ፡ እምነ ፡ ጰንጠን ፡[5] ኀበ ፡ ደሴት ፡ እንተ ፡ ትሰመይ ፡ ፋስከሪኪኑስ ። ወእምህየ ፡ ወፅኡ ፡ መንገለ ፡ ኬልቄዶንያ ፡ ወፈቀዱ ፡ ይኅልፉ ፡ ውስተ ፡ ባሕረ ፡ ጰንጦስ ።[6] ወተዓብእዎሙ ፡ አምጺአሙ ፡ ፩ ፡ ብእሴ ፡ ኀያለ ፤ ተኀየለ ፡ ወሞአሙ ። ወሰበ ፡ ፈርሁ ፡ እምነ ፡ መዓቱ ፡ ለውእቱ ፡ ብእሲ ፡ ጐዩ ፡ እስከ ፡ ጽንፈ ፡ ሐይቅ ፡ መፍርህ ፡ ጥቀ ። ወርእዩ ፡ ምትሐተ ፡ ኀይል ፡[7] እምሰማይ ፡ ዘይመስል ፡ ብእሴ ፡ ዘቦቱ ፡ ፮ ፡ አክናፍ ፡ ላዕለ ፡ መዛርዒሁ ፡ ዐቢያን ፡ በአምሳለ ፡ ንስር ፡ መፍርህ ፡ ጥቀ ። ወይቤሎሙ ፤ ሰበ ፡ ተዓባእክምዎ ፡ ለአሜክጥስ ፡[8] አንትሙ ፡ ትመውእዎ ። ወሰበ ፡ ሰምዑ ፡ ዘንተ ፡ ቃለ ፡ እምነ ፡ ራእይ ፡ ዘርእዩ ፡ ጸንዑ ፡ ወተዓብኡ ፡ ወሞእዎ ፡ ወቀተልዎ ። ወአእኰትዎ ፡ ለውእቱ ፡ መካን ፡ ዘርእዩ ፡ ቦቱ ፡ ሥዕለ ፡ ኀይል ፡ ወሐነፁ ፡ በህየ ፡ ቤተ ፡ ወአንበሩ ፡ ውስቴቱ ፡ ሥዕለ ፡ በአምሳል ፡ ዘርእዩ ። ወሰመይዎ ፡ ለውእቱ ፡ ቤት ፡ ሰስታኒስ ፤[9] እስመ ፡ ውእቶሙ ፡ ተፀወኑ ፡ በህየ ፡ ወድኅኑ ፤ ወሰመይዎ ፡ በዝንቱ ፡ ስም ፡ እስከ ፡

[1] Mss. በዐለ ፡

[2] Ces mots manquent dans les deux mss.

[3] Mss. ወረሰይዎ ፡

[4] A ፵፪ ፡

[5] B ጰንጠን ፡

[6] B ጰንጦስ ፡

[7] Mss. ኅይለ ፡

[8] B ለአሜክጥስ ፡

[9] A ሰሰታኒስ ፡

ዮም ። ወበመዋዕለ ፡ ቈስጠንጢኖስ ፡ ዐቢይ ፡ ወክቡር ፡ እምነገሥት ፡ መሲ
ሓውያን ፡ ገብሩ ፡ ለኢየሱስ ፡ ክርስቶስ ፡ ሰበ ፡ ነግሠ ፡[1] ቅድመ ፡ በሀገረ ፡
ብራንጥያ ፡ እንተ ፡ ይእቲ ፡ በሮም ፡ ቦአ ፡ ኀበ ፡ ሰስታኒስ ፡[2] ከመ ፡ ይዕጹ ፡
ቤተ ፡ አማልክት ፡ እለ ፡ ሀለዉ ፡ ውስቴታ ። ወሶበ ፡ ርእየ ፡ ሥዕለ ፡ ዘሀሎ ፡
ውስቴታ ፡ ወበጊዜሃ ፡ አእመረ ፡ ከመ ፡ ውእቱ ፡ ሥዕለ ፡ መልአክ ። ወሰ
በ ፡ ተሀውከ ፡ ኀሊናሁ ፡ በኑፋቄ ፡ ጸለየ ፡ ወሰአለ ፡ ኀበ ፡ እግዚእነ ፡ ኢየሱ
ስ ፡ ክርስቶስ ፡ ዘይትዌከል ፡ ቦቱ ፡ እንዘ ፡ ይብል ፤ አጠይቀኒ ፡ እግዚኦ ፡ ለ
ዝንቱ ፡ አምሳል ። ወእምዝ ፡ ሶበ ፡ ኖመ ፡ ሰምዐ ፡ በውስተ ፡ ራእይ ፡ ከመ ፡
ውእቱ ፡ ሥዕል ፡ ሥዕለ ፡ ቅዱስ ፡ ሚካኤል ፡ ሊቀ ፡ መላእክት ። ሶበ ፡ አእ
መረ ፡ ከመ ፡ ውእቱ ፡ ፈነዎሙ ፡ ለዕደው ፡ ከመ ፡ ይፅብእዎ ፡ ለአሜክጥስ ፡
ወእሠርገዎ ፡[3] ንጉሥ ፡ ለውእቱ ፡ ቤት ፡ ወአዘዘ ፡ ይሚጥዎ ፡[4] መንገለ ፡
ምሥራቅ ፡ ወአዘዘ ፡ ከመ ፡ ይቀድስዎ ፡ በስሙ ፡ ለሊቀ ፡ መላእክት ፡ ሚካ
ኤል ። ወኮነ ፡ በውስቴቱ ፡ ተአምር ፡[5] ብዙኀ ፡ በተፈውሶ ፡ ድውያን ። ወእ
ምዝ ፡ ወጠኑ ፡ ክርስቲያን ፡ ሐኒፀ ፡ ቤተ ፡ ክርስቲያናት ፡ በስመ ፡ ቅዱስ ፡
ሚካኤል ፡ ርእሰ ፡ መላእክት ፡ ወያዐርጉ ፡[6] ውስቴቶሙ ፡ ቍርባናተ ፡ ቅዱ
ሳተ ፡ ለእግዚአብሔር ።

ክፍል ፡ ፵፪ ።[7] ተብህለ ፡ በእንተ ፡ ቅንዋት ፡ ቅዱሳት ፡ እለ ፡ ተረክቡ ፡
ምስለ ፡ መስቀሉ ፡ ለመድኀኒነ ፡ ኢየሱስ ፡ ክርስቶስ ፡ ዘተቀነወ ፡ ቦንቱ ፡[8]
ሥጋሁ ፡ ቅዱስ ፡ ነሥአ ፡ ፩ ፡ እምኔሆን ፡ ቅዱስ ፡ ቈስጠንጢኖስ ፡ መፍቀ
ሬ ፡ እግዚአብሔር ፡ ወረሰዮ ፡ ኀበ ፡ ሰርጅ ፡ ዘፈረስ ፡[9] ዘውእቱ ፡ ክር ፤ ወለካ
ልኡ ፡ ረሰዮ ፡ ውስተ ፡ ልጓመ ፡ ፈረስ ፤ ወለሣልሱ ፡ ረሰዮ ፡ ውስተ ፡ መኰ
ነ ፡ ምኀላፍ ፡ ዘኬልቄዶንያ ፤ እስመ ፡ ውእቶሙ ፡ ኮኑ ፡ ውስተ ፡ ምንዳቤ ፡
ጽኑዕ ፡ እስከ ፡ ሀድአ ፡ ሎሙ ፡ ማዕበለ ፡ ባሕር ፡ በእንተ ፡ ዝንቱ ፡ ምሥማ
ር ፡ ቅዱስ ፡ ወኵሉ ፡ ማዕበለ ፡ ባሕረ ፡[10] ውቅያኖስ ፤ ወጸንዐት ፡ መንግሥ
ት ፡ በሀገረ ፡ ቍስጥንጥንያ ። ወበመዋዕለ ፡ ዘይኑን ፡ ኮነት ፡ መንግሥት ፡
በሮሜ ፡ ወረሰዩ ፡ መንግሥቶሙ ፡ ፩ ፡ በምክረ ፡ ሠራዊት ። ወዝንቱ ፡ ኮነ ፡
በእንተ ፡ ትንሣኤ ፡ በርበር ፡ በኵሉ ፡ ጊዜ ፤ ወዝንቱ ፡ ኮነ ፡ በምክረ ፡ መሳ
ፍንት ፡ ከመ ፡ ይኩን ፡ ሎሙ ፡ ሥዩመ ፡ ካልአ ፡ ውስተ ፡ ሀገረ ፡ እስያ ።

[1] Mss. ነግሡ ፡
[2] A ሰስታኒስ ፡
[3] A ወእሠርዎ ፡
[4] A ይሜጥዎ ፡
[5] Mss. ተአምር ፡
[6] Mss. ወየዓርጉ ፡
[7] A ፵፫ ፡
[8] Mss. ቦቱ ፡
[9] Mss. ፈረስ ፡
[10] Mss. ባሕር ፡

ክፍል ፡ ፻፫ ። [1] ወበመዋዕለ ፡ ሰምሶን ፡ ዘውእቱ ፡ ፍጻሜ ፡ መሳፍንት ፡ ነግሠ ፡ አውሊብጦስ ፡ በአድዋለ ፡ [2] አጂይስቱ ፤ ወኮኑ ፡ ሎቱ ፡ ፪ ፡ ደቂቅ ፡ ዘአስማቲሆሙ ፡ [3] አካውን ፡ ወኩቁና ። [4] ወከፈለ ፡ አህጕራተ ፡ [5] መንግሥቱ ፡ [6] ለክልኤ ፤ መንፈቆ ፡ ለርእሱ ፡ ወመንፈቆ ፡ ለደቂቁ ። ወእምድኅረ ፡ ሞተ ፡ ሰመይዋ ፡ ለይእቲ ፡ ሀገር ፡ አካይያ ፡ በስመ ፡ ወልዱ ፡ ዘይልህቅ ፡ ወስመ ፡ ካልእታኒ ፡ ሉቃንያ ፡ በስመ ፡ ወልዱ ፡ ዘይንእስ ፡ እስከ ፡ ዛቲ ፡ ዕለት ።

ክፍል ፡ ፻፬ ። [7] ወበውእቱ ፡ ዘመን ፡ ነግሠ ፡ ፩ ፡ ንጉሥ ፡ በሀገረ ፡ አይላልስ ፡ ዘስሙ ፡ ቢሉይስ ። ለዝንቱ ፡ ብእሲ ፡ ሰመይዎ ፡ ሐንፋውያን ፡ ንጉሠ ፡ ደሴት ፡ በስሙ ፡ እስከ ፡ ይእዜ ፡ ባሉባንያ ። ወሐነፀ ፡ ሀገረ ፡ ወሰመይዋ ፡ ባልባንዩን ፡ በስሙ ። ወስመ ፡ መንግሥቱ ፡ አይላልስ ፡ እስከ ፡ ይእዜ ።

ክፍል ፡ ፻፭ ። [8] ወኮነ ፡ ፩ ፡ ብእሲ ፡ ዘስሙ ፡ ቢላዎን ፡ ውእቱ ፡ ሐነፃ ፡ [9] ለሀገረ ፡ ፈርማ ፡ በስሙ ። ወአብርያመኑስ ፡ ሐነፃ ፡ ለሀገረ ፡ መልኪቢኑን ፡ [10] እንተ ፡ ይእቲ ፡ አፍራቅያ ፡ በውስተ ፡ አስበርጦቢሊስ ፡ [11] ዘሀገረ ፡ አይላልስ ፡ አመ ፡ መጽአ ፡ ሀየ ።

ክፍል ፡ ፻፮ ። [12] ወሀሎ ፡ ፩ ፡ ብእሲ ፡ ዘስሙ ፡ ቢላሚድስ ፡ ብእሲ ፡ ጠቢብ ፡ ወለባዊ ፤ ውእቱ ፡ መሀረ ፡ ምግባረ ፡ ተውኔት ፡ ዘከመ ፡ መሰንቆ ፡ ወበገና ፡ ወዕንዚራ ፡ ወኵሉ ፡ ንዋየ ፡ ተውኔት ፡ ቅድመ ።

ክፍል ፡ ፻፯ ። [13] ወዓዲ ፡ አትሩስ ፡ ዘነግሠ ፡ በሀገረ ፡ አፍራቅያ ፡ እምቅድመ ፡ ይቅትሎሙ ፡ ለአብርያመኑስ ፡ ወለቃቢን ፡ ወቀተለ ፡ ወራዙቶሙ ፡ ወነሰተ ፡ አብያተ ፡ ነገሥቶሙ ፡ ከመ ፡ ይኩን ፡ ተዝካረ ፡ ሎቱ ። ወይእቲ ፡ ሀገር ፡ ኮነት ፡ ታሕተ ፡ ሥልጣኑ ፡ ወሰመያ ፡ እንድርያን ፤ ወሊጣባርያ ፡ ዘ

1 A ፻፬ ፡
2 Mss. በመዋዕለ ፡
3 Mss. ዘስሙ ፡
4 A ወኩቱና ፡
5 B አጕራተ ፡
6 Mss. ወመንግሥቱ ፡
7 A ፻፭ ፡
8 A ፻፮ ፡
9 Ce mot manque dans A.
10 Dans le ms. B, la lettre ኪ a les deux voyelles î et *oû*.
11 Dans B, la lettre በ (la seconde) est écrite avec les deux voyelles î et *oû*.
12 A ፻፯ ፡
13 A ፻፰ ፡

ጽንጠን ፡ [1] ሰመያ ፡ እስያ ፡ ዘኤፌሶን ፡ ይእቲ ፡ ትሰመይ ፡ ዘይእዜ ፡ ሰቃልያ ፡
ወኮነት ፡ ደሴት ፡ ዐቢይ ፡ ወስማሰ ፡ ዘቀዳሚ ፡ ትሰመይ ፡ ቋባባ ።

ክፍል ፡ ፵፰ ። ወሰሎሞን ፡ ወልደ ፡ ዳዊት ፡ ንጉሠ ፡ እስራኤል ፡ ሐነፀ ፡ ሐ
ንፃ ፡ ዐቢየ ፡ ውስተ ፡ ቢሊሚክጡን ፡ [2] ማእከለ ፡ ሀገር ፡ ተዝካረ ፡ ሎቱ ፡ ከመ ፡
ኢይትረሳዕ ፡ ስሙ ፡ ወስመ ፡ አቡሁ ፤ ወወሀባ ፡ ለ፩ ፡ ብእሲ ፡ ዘስሙ ፡ አይ
ወኒ ፡ ዘበትርጓሜሁ ፡ ብርሃን ፡ በውስተ ፡ ከነአን ፡ ወሰመያ ፡ ለሕንፃ ፡ በል
ሚዘ ፡ እስመ ፡ በውእቱ ፡ [3] መካን ፡ ከነ ፡ ሎቱ ፡ መዊእ ፡ ለዳዊት ፡ አቡሁ ፡
ኀያል ፡ ወጽኑዕ ፡ አመ ፡ ቀተሎ ፡ ለጎልያድ ፡ ፍልስጥኤማዊ ፡ ወሞአ ፤ በእ
ንተ ፡ ዝንቱ ፡ ረሰየ ፡ ስማ ፡ [ለሀገር ፡] [4] ሜዛድ ፡ ከመ ፡ ይኅድሩ ፡ ባቲ ፡ አዝ
ማድ ፡ ነኪራን ፤ ወነበሩ ፡ ውስቴታ ፡ ብዙኃን ፡ ሐራ ፡ አይሁድ ። ወለይእ
ቲ ፡ ሀገር ፡ ናቡከደነጾር ፡ ንጉሠ ፡ ፋርስ ፡ ነሥአ ፡ በድካም ፡ ብዙኅ ፡ ወበተ
ጋድሎ ፡ ጽኑዕ ፡ እስከ ፡ ክህለ ፡ ነሚኦታ ፡ ወአውዐዮታ ፡ በእሳት ፡ ወደምሰሰ ፡
ዝክራ ፡ እስከ ፡ ይእዜ ።

ክፍል ፡ ፵፱ ። ወዓዲ ፡ ለሀገረ ፡ ጢሮስ ፡ እንተ ፡ ይእቲ ፡ ደሴት ፡ ዘከነ ፡
ማይ ፡ ሐጹራ ። ወተጋደለ ፡ ብዙኀ ፡ ተጋድሎ ፡ ለነሚአታ ፤ ወአዘዞሙ ፡ ለ
ሐራሁ ፡ መስተጽዕናን ፡ አፍራስ ፡ ወሰብአ ፡ እግር ፡ ወለኵሎሙ ፡ ሰብአ ፡
ፋርስ ፡ ከመ ፡ ይደዩ ፡ መሬተ ፡ በፍኖተ ፡ ባሕር ፡ ዘየዐውዳ ፤ ወመልኡ ፡ መ
ሬተ ፡ እስከ ፡ የብሰ ፡ [5] ማየ ፡ ባሕር ፡ ወኮነ ፡ ከመ ፡ ምድር ። ወበእንተ ፡ ዝ
ንቱ ፡ ክህለ ፡ ነሚአታ ፡ ለይእቲ ፡ ሀገር ፡ ናቡከደነጾር ፡ ንጉሠ ፡ ፋርስ ።

ክፍል ፡ ፶ ። ወበውእቱ ፡ ዘመን ፡ ኤርምያስ ፡ ነቢይ ፡ ዐቢይ ፡ በውስተ ፡
ነቢያት ፡ ወመፍቀሬ ፡ ሠናያት ፡ አመ ፡ ዴዋዌ ፡ ዘከነ ፡ በእደ ፡ ናቡከደነጾ
ር ፡ ተአዘዘ ፡ እምእግዚአብሔር ፡ ወተውህበ ፡ ኀይለ ፡ መላእክት ፤ እምቅ
ድመ ፡ ብጽሐቱ ፡ ለናቡከደነጾር ፡ ወእምቅድመ ፡ ያውዕያ ፡ በእሳት ፡ ለመ
ቅደሰ ፡ እግዚአብሔር ፤ ቦአ ፡ ኤርምያስ ፡ [6] ውስተ ፡ መንጠላዕት ፡ ዳግማዊ ፡
ዘይሰመይ ፡ መቅደሰ ፡ መቅደስ ፡ ወነሥአ ፡ ለታቦተ ፡ እግዚአብሔር ፡ ዘልቡ
ጥ ፡ በወርቅ ፡ አፍአሁ ፡ ወውስጡ ፡ ወንዋያት ፡ ክቡራት ፡ ዘሀሎ ፡ ውስቴ
ቱ ፡ ዘውእቶሙ ፡ ጽላት ፡ ዘሕግ ፡ ወመሰበ ፡ ወርቅ ፡ ዘመና ፡ ወበትረ ፡ አሮ

[1] B ዘጸንጠን ፡
[2] A በሊሚክውን ፡
[3] A ውእቱ ፡
[4] Manque dans les deux mss.
[5] B የብስ ፡
[6] A ኢየሩሳሌም ፡

ን ፡ ዘጸገየት ፡ ክርካዐ ፡ ወእብነ ፡ ኰኵሕ ፡ ዕሙም ፡ እንተ ፡ ከነ ፡ ሙሴ ፡ ኦ
ምኔሁ ፡ ያሰትዮሙ ፡ ለሕዝብ ፡ ሶበ ፡ ጸምኡ ፤ ወዓዲ ፡ ከነ ፡ ሙሴ ፡ ነቢይ ፡
ይጸውሮ ፡ ለውእቱ ፡ እብን ፡ እንዘ ፡ የሐውር ፡ ቅድመ ፡ ሕዝብ ፡ አመ ፡ ይ
ግዕዙ ፡ ውስተ ፡ ገዳም ፡ በትእዛዘ ፡ እግዚአብሔር ፡ ወለለጸምኡ ፡ ሕዝብ ፡
ይወግሮ ፡ ውስተ ፡ ምድር ፡ ወይዘብጦ ፡ በበትሩ ፡ ወይወፅእ ፡ ማይ ፡[1] ወይ
ሰትዩ ፡ ሕዝብ ፡ ወኵሉ ፡ እንስሳ ። ወለእልክቱ ፡ ንዋያት ፡ ነሥአሙ ፡ ኤር
ምያስ ፡ ወለእብንኒ ፡ ወሐረ ፡ በፍጡን ፡ ኀበ ፡ ኰኵሕ ፡ ወኀብአሙ ፡[2] ህየ ፡
እስከ ፡ ይእዜ ። ወአመ ፡ ምጽአቱ ፡ ዳግም ፡[3] ለእግዚእነ ፡ ወመድኀኒነ ፡ ኢ
የሱስ ፡ ክርስቶስ ፡ ዘትእምርተ ፡ መስቀል ፡ ቅድሜሁ ፡ ያስተርኢ ፡ ውእ
ቱ ፡ ታቦት ፡ እንዘ ፡ ይጸውርዎ ፡ መላእክት ፤ ወሙሴኒ ፡ ይመጽእ ፡ ዘገብ
ሮ ፡ ወኤርምያስኒ ፡ ዘኀብአ ፡ በኀበ ፡ ኰኵሕ ። አመ ፡ ጊዜ ፡ ይትነሥኡ ፡
ሙታን ፡ ያስተርኢ ፡ ትእምርተ ፡ መስቀል ፡ ወእምድኅሬሁ ፡ እግዚእነ ፡ ኢ
የሱስ ፡ ክርስቶስ ፡ ዘተሰቅለ ፡ ሎቱ ፡ ስብሐት ። ወለእሉ ፡ ቃላት ፡ ተረከቡ ፡
ውስተ ፡ ትምህርቱ ፡ ለቅዱስ ፡ ኤጲፋንዮስ ፡ አቡነ ፡ ብርሃናዊ ፡ ኤጲስ ፡
ቆጶስ ፡ ዘቆጵሮስ ፡ ወጸሐፈ ፡ ኵሎ ፡ ዜና ፡ ነቢያት ፡ በውስተ ፡ መጽሐፉ ፡
እምድኅረ ፡ ንስተተ ፡ ኢየሩሳሌም ፡ ወጥፍአተ ፡[4] መንግሥተ ፡ አይሁድ ።

ክፍል ፡ ፶፩ ። ኩርሽ ፡ ፋርሳዊ ፡ ሞአ ፡ ለአንስጥያስ ፡ ወከነ ፡ ኩርሽ ፡ ንጉ
ሠ ፡ [. . .] ዘውእቱ ፡ አክሚስ ። ወአክሬሱስሰ ፡[5] ከነ ፡ ግዙፈ ፡ ክሳድ ፡ ወዕቡየ ፡
ልብ ፤ ወመንግሥታትሰ ፡ ኵሎሙ ፡ ርኁቃን ፡ ወቅሩባን ፡ ገረሩ ፡ ሎቱ ፤ ወ
እለ ፡ ተአዘዙ ፡ ሎቱ ፡ ወሀብዎ ፡ ጸባሕተ ፡ ወነበሩ ፡ በሰላም ፤ ወለእለ ፡ ተ
ቃወምዎስ ፡ ማኅረኮሙ ፡ ወበርበረ ፡ ንዋዮሙ ፡ ወነሥአ ፡ መንግሥቶሙ ፤
እስመ ፡ ውእቱ ፡ ከነ ፡ ዐቢይ ፡ ወመፍርህ ፡ ጥቀ ፡ ወከነት ፡ ሎቱ ፡ መዊእ ።
ወኩርሽሰ ፡[6] ከነ ፡ ጸቢበ ፡ እንግድአ ። ወከነት ፡ ሎቱ ፡ ብእሲት ፡[7] ዘስማ ፡
ጥርጣና ፤ ወይእቲ ፡ ከነት ፡ ቅድመ ፡ ብእሲተ ፡ ዳርዮስ ፡ ዘንጉሠ ፡ ድኅረ ፡
ብልጣሶር ። ነገረቶ ፡ እንዘ ፡ ትብል ፤ ሀሎ ፡ ነቢይ ፡ በኀቤነ ፡ እምዕብራው
ያን ፡ ዘስሙ ፡ ዳንኤል ፡ ዘከነ ፡ በኀቤሁ ፡ ጥበበ ፡ እግዚአብሔር ፡ ወውእቱ ፡
እምዔዋ ፡ ደቂቀ ፡ እስራኤል ፤ ወከነ ፡ ዳርዮስ ፡ ኢይገብር ፡ ምንተኒ ፡ ዘእ
ንበለ ፡ ምክሩ ፡ ወኵሉ ፡ ዘነገሮ ፡ ይከውን ። ወሶበ ፡ ሰምዐ ፡ ዘንተ ፡ ኩርሽ ፡

[1] Mss. ማየ ፡
[2] Mss. ወፀብአሙ ፡
[3] Mss. ምጽአቱ ፡ ዳግም ፡ ምጽአቱ ፡
[4] Mss. ወፍትወተ ፡
[5] Mss. ወአክርስሰ ፡
[6] Mss. ወኩርስሰ ፡
[7] A ብእሲተ ፡

ፈነወ ፡ ኀበ ፡ ዳንኤል ፡ ነቢይ ፡ ወአምጽአ ፡ በክብር ፡ ወተስእሎ ፡ ወይቤሎ ፤
ቦኑ ፡ አነ ፡ እመውኡ ፡ ለአክሬሉስ ፡ አው ፡ አልቦ ። ወአርመመ ፡ ወኢተናገ
ረ ፡ መጠነ ፡ አሐቲ ፡ ሰዓት ፡ ወእምዝ ፡ ተናገሮ ፡ እንዘ ፡ ይብል ፤ መኑ ፡ ያ
አምር ፡[1] ጥበበ ፡ እግዚአብሔር ። ወእምዝ ፡ ጸለየ ፡ ዳንኤል ፡ ነቢይ ፡ ወሰአ
ለ ፡ እምእግዚአብሔር ፡ አምላኩ ፡ ከመ ፡ ይክሥት ፡ ሎቱ ፡ እመ ፡ ክን ፡ ይ
ክል ፡ ተቃውሞቶ ፡ ለዝኩ ፡ መሣጢ ፡ አክሬሉስ ፡[2] ዕቡየ ፡ ልብ ። ወይቤ
ሎ ፡ እግዚአብሔር ፤ ለእመ ፡ ፈነዎሙ ፡ ለዜዋ ፡ ደቂቀ ፡ እስራኤል ፡ መዊአ ፡
ይመውኡ ፡ ወይነሥኡ ፡ ሥልጣኖ ፡ ለአክሬሉስ ። ወዘንተ ፡ ሰሚዖ ፡ እምእ
ግዚአብሔር ፡ ነገሮ ፡ ለኩርሽ ፡ ከመ ፡ ይመውኡ ፡ ለአክሬሉስ ፡ ለእመ ፡ ፈነ
ዎሙ ፡ ለደቂቀ ፡ እስራኤል ። ወሰበ ፡ ሰምዐ ፡ ኩርሽ ፡ ዘንተ ፡ ነገረ ፡ ሰገደ ፡
ታሕተ ፡ እገሪሁ ፡ ለዳንኤል ፡ ወመሐለ ፡ እንዘ ፡ ይብል ፤ ሕያው ፡ ውእቱ ፡
እግዚአብሔር ፡ አምላክከ ፤[3] አነ ፡ እፌንዎሙ ፡ ለእስራኤል ፡ ኀበ ፡ ሀገሮ
ሙ ፡ ኢየሩሳሌም ፡ ወይትቀነዩ ፡ ለእግዚአብሔር ፡ አምላኮሙ ። ወኩርሽሰ ፡
ከመ ፡ ይደሉ ፡ በእንተ ፡ እግዚአብሔር ፡ ገብረ ፡ ሎሙ ፡ ሠናያተ ፡ ወፈነዎ
ሙ ፡ ለእስራኤል ። ወአክሬሉስሰ ፡[4] ወፅአ ፡ በኀይል ፡ ዐቢይ ፡ ከመ ፡ ይፅብ
ኦን ፡ ለአህጉራተ ፡ ኩርሽ ። ወሰበ ፡ ዐደወ ፡ ፈለገ ፡ ቀጰዶቅያ ፡ ከመ ፡ ይቅ
ትሎ ፡ ለኩርሽ ፡[5] ወይትዐየሮ ፡ ወኩርሽሰ ፡ [ሞአ ፡ ለአክሬሉስ ። ወአክሬ
ሉስ ፡][6] ኢክህለ ፡ ጐይየ ፡ በኀቡእ ፡ በእንተ ፡ ዘሀሎ ፡ ፈለግ ፡ በቅድሜሁ ።[7]
ባሕቱ ፡ ለዝኩ ፡ ፈለግ ፡ ሶበ ፡ ቦአ ፡ አክሬሉስ ፡ ተሰጥሙ ፡ እምኢሊአሁ ፡ ብ
ዙኃን ፡ ሕዝብ ፡ በፍጡን ፤ ወውእቱሰ ፡ ኢክህለ ፡ ዐዲወ ፡ እስመ ፡ እግዚ
አብሔር ፡ አግብአ ፡ ውስተ ፡ እዴሁ ፡ ለኩርሽ ፡[8] በዝንቱ ፡ ምክንያት ። ወ
ዴገንዎ ፡ ሠራዊተ ፡ ኩርሽ ፡ ወረከብዎ ፡ ሕያዎ ፡ ወአኀዝዎ ፡ ወአሰርዎ ፡
ወቀተሉ ፡ እምሠራዊቱ ፡ መጠነ ፡ ፹፼ ፡ ነፍስ ። ወኩርሽኒ ፡ ሰቀሎ ፡ ለጸ
ላኢሁ ፡[9] አክሬሉስ ፡ ዲበ ፡ ዕፅ ፤ ወለእለ ፡ ተርፉ ፡ ሠራዊቱ ፡ ረሰዮሙ ፡ ለ
ኀሳር ፡ ወለስላቅ ። ለአይሁድሰ ፡ ወንጉሦሙ ፡ ፈነዎሙ ፡ ይሑሩ ፡ ሀገሮ
ሙ ፡ በከመ ፡ አሰፈዎ ፡ ለዳንኤል ፡ ነቢይ ። ወሰበ ፡ ተመይጠ ፡ ኩርሽ ፡ ኀበ ፡
ፋርስ ፡ ወከፈለ ፡ (?)[10] ኵሎ ፡ ዘውስተ ፡ ሥልጣኑ ፡ ወአንገሦ ፡ ለወልዱ ፡ ከ
ሚስ ፡ ላዕለ ፡ ፋርስ ፡ ወባቢሎን ። ወከነ ፡ ብእሴ ፡ እኩየ ፡ ወገደፈ ፡ ጥበበ ፡

[1] Mss. የአምር ፡
[2] Mss. አክሬስስ ፡
[3] B አምላክከ ፡ አምላክከ ፡
[4] Mss. ወአክሬሉሰ ፡
[5] Mss. ለኰርሽ ፡
[6] Ces mots manquent dans les deux mss.
[7] Ce mot manque dans A.
[8] B ለኰርሽ ፡, et ainsi encore plus loin.
[9] Mss. ለጸላእቱ ፡
[10] Mss. ወቀተለ ፡

አቡሁ ፡ ወአምልኮተ ፡ እግዚአብሔር ፡ አምላክ ። ወዓዲ ፡ ክን ፡ አብርያ ፡
ንጉሥ ፡ ውስተ ፡ ምስር ፡ ወክን ፡ የኀድር ፡ ውስተ ፡ ሀገረ ፡ ጣንባስ ፡ ወመ
ኑፍ ፡ ወ፩ ፡ አህጉራት ፡ ዘውእቶን ፡ ሙሂብ ፡ ወሱፌሩ ። ወበውእቱ ፡ መ
ዋዕል ፡ ፈነወ ፡ ከሚስ ፡ ኀበ ፡ ኢየሩሳሌም ፡ ወአዘዘ ፡ ይክልእዎሙ ፡ ከመ ፡
ኢይሕንጹ ፡ መቅደሰ ፡ እግዚአብሔር ፡ ምዕረ ፡ ዳግመ ፡ በምክር ፡ እኩይ ፡
ዘአሕዛብ ፡ እለ ፡ ዐውዱ ። [1] ወእምዝ ፡ መጽአ ፡ ኀበ ፡ ምስር ፡ ምስለ ፡ ሠራዊት ፡
ብዙኅ ፡ ዘኢይትኄለቍ ፡ ፍቅዶሙ ፡ ወመስተጽዕናን ፡ አፍራስ ፡ ወሰብአ ፡
እግር ፡ እምን ፡ ደማድያ ። ወዓዲ ፡ ተደለዉ ፡ ለቀበላሁ ፡ [2] ሰብአ ፡ ሻም ፡ ወ
ሰብአ ፡ ፍልስጥኤም ፡ ወአማሰን ፡ ብዙኃተ ፡ [3] አህጉራተ ፡ አይሁድ ፤ ወአክ ፡
ኅዳጠ ፡ እስመ ፡ ውእቱ ፡ ክን ፡ አኃዜ ፡ ዓለም ፡ ኵላ ። ወወለጠ ፡ ስሞ ፡ በት
ዕቢተ ፡ ልብ ፡ ወተሰምየ ፡ ነቡከደነጾር ፤ ወክን ፡ ይመስል ፡ ጠባይዐ ፡ ጠበ
ይዐ ፡ በርበር ፡ ወይጸልእ ፡ ሰብአ ፡ በምክረ ፡ ፈቃዱ ፡ እኩይ ። ወኰርኰሰ ፡
አቡሁ ፡ ክን ፡ ዐቢየ ፡ ወክቡረ ፡ በኀበ ፡ እግዚአብሔር ፡ ሕያው ፤ ወአዘዘ ፡
ከመ ፡ ይሕንጹ ፡ ቤተ ፡ እግዚአብሔር ፡ ዘኢየሩሳሌም ፡ በትግህት ፡ [4] ወበተ
ጋድሎ ፡ አመ ፡ ፈነዎሙ ፡ ለኢዮሴዕ ፡ [5] ሊቀ ፡ ካህናት ፡ ወልደ ፡ ዮሴዴቅ ፡
ወዘሩባቤል ፡ ዘውእቱ ፡ ዕዝራ ፡ ወኵሉ ፡ ጼዋ ፡ አይሁድ ፡ ከመ ፡ ይግብኡ ፡ ኀ
በ ፡ ምድረ ፡ ዕብራውያን ፡ ወፍልስጥኤም ። [6] ወከሚስሰ ፡ [7] ዘውእቱ ፡ ናቡከ
ደነጾር ፡ ሐዲስ ፡ ወብልጣሶር ፡ አውዐይዋ ፡ ለሀገር ፡ ቅድስት ፡ ኢየሩሳሌ
ም ፡ ወለመቅደስ ፡ በከመ ፡ ትንቢቶሙ ፡ ለቅዱሳን ፡ ነቢያት ፡ ኤርምያስ ፡
ወዳንኤል ። ወእምድኅረ ፡ አውዐይዋ ፡ ለሀገር ፡ መጽአ ፡ ከሚስ ፡ ኀበ ፡ ጋዛ ፡
ወአስተጋብአ ፡ ኀቤሁ ፡ መስተፃብኣን ፡ ወኵሎ ፡ ንዋየ ፡ ፀብእ ፡ ወወረደ ፡
ምድረ ፡ ግብጽ ፡ ከመ ፡ ይፅብኣ ። [8] ወሶበ ፡ ተፃብአ ፡ [9] ረከበ ፡ መዊአ ፡ ወነ
ሥአን ፡ ለአህጉር ፡ ዘግብጽ ፡ ዘውእቶን ፡ ፈርማ ፡ ወሸንሁር ፡ ወሳን ፡ ወበ
ስጣህ ። ወረከበ ፡ ለአብራ ፡ ዘውእቱ ፡ ፈርዖን ፡ ሕያዎ ፡ ውስተ ፡ ሀገረ ፡ ጥን
ፋስ ፡ ወቀተሎ ፡ በእዴሁ ። ወክን ፡ ዓዲ ፡ ብእሲ ፡ መስተቃትል ፡ [10] ውስተ ፡
ምስር ፡ ዘስሙ ፡ ፋሲድ ፡ ዘይገብር ፡ ጽድቀ ፡ ወይጸልእ ፡ ዐመፃ ። አመ ፡ ክ
ነ ፡ ፀብእ ፡ ማእከለ ፡ ፋርስ ፡ ወምስራውያን ፡ ሖረ ፡ ወፀብአሙ ፡ ለሻም ፡ ወለ
ሶርያ ፡ ወነሥአሙ ፡ ፴ ፡ ደቂቀ ፡ ለከሚስ ፡ መአንስቲያሁ ፡ ወክን ፡ ጕልቆ

[1] Mss. በምክር ፡ እኩይ ፡ . . . ምዕረ ፡ ዳግመ ፡

[2] A ለቀበለሁ ፡

[3] B ብዙኀ ፡

[4] A በትግሀት ፡

[5] A ለኢየሴዕ ፡

[6] B ወፍልስኤም ፡

[7] A ወበኪሶስ ፡ B ወበኪስሰ ፡

[8] B ይፅብኦ ፡ A ይፅብኦ ፡

[9] B ተፃብኦ ፡ A ተፃብኦ ፡

[10] Mss. መስተቃትለ ፡

Jean de Nikiou. 7

ሙ ፡ ፵ ፡ ንፍስ ፤ ወአሰሮሙ ፡ ወአውዐዩ ፡ አብያቲሆሙ ፡ ወፄወወ ፡ ኵሎ ፡ ዘከነ ፡ ሎሙ ፡ ወአምጽአሙ ፡ ኀበ ፡ ሀገረ ፡ መኑፍ ፡ ወዐጸዎሙ ፡ ውስተ ፡ ቤተ ፡ ንጉሥ ። [1] ወሰበ ፡ ከነ ፡ ፀብአ ፡ ዳግመ ፡ [2] ማእከለ ፡ ሰርያ ፡ ወምስር ፡ ጸንዑ ፡ ሰርያ ፡ ወተኀየሉ ፡ ላዕለ ፡ ምስር ፡ ወነሥኡ ፡ [3] መንግሥተ ፡ እንተ ፡ ከነት ፡ በሀገረ ፡ ጥንፋስ ። ወሰርያሰ ፡ ኀያላን ፡ ይነድፉ ፡ በአሕጻ ፡ ወእንዘ ፡ ይነድፉ ፡ [4] ወድቀ ፡ ፩ ፡ ሐጽ ፡ ውስተ ፡ ቍጹ ፡ ዘየማን ፡ ለፋሲድ ፡ ኀያል ። ወኀያላነ ፡ ምስር ፡ [5] መሠጥዎ ፡ ለፋሲድ ፡ ኀያል ፡ እምነ ፡ ሰርያውያን ፡ እምቅድመ ፡ ትፃእ ፡ ነፍሱ ፤ ወሐይወ ፡ መጠነ ፡ አሐቲ ፡ ሰዓት ፡ ወእምዝ ፡ ሞተ ፡ ወኀደገ ፡ ተዝካረ ፡ ለእለ ፡ ይመጽኡ ፡ እምድኅሬሁ ። ወምስራውያንሰ ፡ ከኑ ፡ ዓዲ ፡ ውስተ ፡ ፍርሃት ፡ በእንተ ፡ ዘኀጥኡ ፡ ብእሴ ፡ ኀያለ ፡ ዘይመስሎ ፡ ለፋሲድ ። ወበእንተዝ ፡ ጐዩ ፡ ውስተ ፡ ሀገረ ፡ ፃ ፡ በእንተ ፡ ዘከነት ፡ ሀገር ፡ ጽንዕት ፡ ወማኅፈዳቲሃ ፡ [6] ጽኑዓት ፡ እምነ ፡ ካልኣኒሃ ። [7] ወፀብኣ ፡ [8] ከሚስ ፡ ለይእቲ ፡ ሀገር ፡ ዳግመ ፡ ወአጥፍኣ ፡ [9] ወአርኀዋ ። ወለኵሎሙ ፡ አህጉራት ፡ ዘታሕታይ ፡ ግብጽ ፡ ዘመንገለ ፡ ደቡብ ፡ እስከ ፡ በጽሐ ፡ ሐይቀ ፡ ባሕር ፡ ፄወወ ፡ [10] ወማኅረከ ፡ ኵሎ ፡ ንዋያቲሆሙ ፡ ወነሰተ ፡ አህጉራቲሆሙ ፡ ወአድያማቲሆሙ ፡ ወአውዐዩ ፡ በእሳት ፡ አብያቲሆሙ ፡ ወኢያትረፈ ፡ ምንተኒ ፡ እምሰብእ ፡ እስከ ፡ [11] እንስሳ ፤ ወለአዕፀውኒ ፡ [12] መተሮሙ ፡ ወአማሰነ ፡ አትክልቲሆሙ ፡ ወረሰያ ፡ ለሀገረ ፡ ምስር ፡ በድወ ። ወሰበ ፡ ተመይጠ ፡ መንገለ ፡ ሪፍ ፡ ፀብአ ፡ [13] ለሀገረ ፡ መኑፍ ፡ ወሞአ ፡ ለንጉሥ ፡ ዘሀሎ ፡ ውስቴታ ። ወዓዲ ፡ ለሀገረ ፡ ቡሲርኒ ፡ [14] እንተ ፡ ይእቲ ፡ መትሕተ ፡ መኑፍ ፡ አጥፍአ ፡ [15] ወአማሰና ፡ ወበርበረ ፡ ንዋያቲሃ ፡ ወአውዐያ ፡ በእሳት ፡ ወረሰያ ፡ በድወ ። ወጐዩ ፡ ደቂቀ ፡ ነገሥት ፡ እለ ፡ ተርፉ ፡ ኀበ ፡ ካልእ ፡ ሀገር ፡ ዘቅርብት ፡ እምኔሆሙ ፡ ውስተ ፡ ማኅፈድ ፡ ወዐፀዉ ፡ [16] አናቅጸ ፡ ቅጽር ። ወሱራዊያንኒ ፡ ዐገትዋ ፡ ለይእቲ ፡ ማኅፈድ ፡ ወአርኀውዋ ፡ በሌሊት ፡ ወአጥፍእዋ ፡ ለሀገረ ፡ መኑፍ ፡ ዐባይ ። ወከነ ፡ ፩ ፡ እምነገ

[1] B ንጉሥ ፡ ት ፡
[2] Mss. ዳግም ፡
[3] Mss. ወነሥአ ፡
[4] Les mots በአሕጻ ፡ ወእንዘ ፡ ይነድፉ ፡ manquent dans A.
[5] B ምስርሰ ፡
[6] A ወማኅፈዲሃ ፡
[7] A ከልአኒሃ ፡ B ካልአኒሃ ፡
[8] Mss. ወፀብአ ፡
[9] Mss. ወአጥፍአ ፡
[10] Mss. ባሕረ ፡ ፄወ ፡
[11] A ወእስከ ፡
[12] Mss. ወለአዕፃውኒ ፡
[13] Mss. ፀብአ ፡
[14] A ቡሲርኒ ፡
[15] Mss. አጥፍአ ፡
[16] A ወዓፀዉ ፡

ሥተ ፡ ምስር ፡ ዘስሙ ፡ ሙዝብ ፡[1] ፈነወ ፡ በኀቡእ ፡ ኀበ ፡ ወልዱ ፡ ዘስሙ ፡ እልካድ ፡ ከመ ፡ ያምጽእ ፡ ንዋየ ፡ ዘከነ ፡ ሎቱ ፡ ወለኵሉ ፡ መኳንንቲሁ ፡ ወለ፶ ፡ አንስት ፡ ዘከና ፡ አንስቲያ ፡ ከሚስ ፡ ዘውእቱ ፡ ናቡከደነጾር ፡ ለእሎን ፡[2] አንስት ፡ ዘአምጽአሙ ፡ ፋሲድ ፡ ኀያል ። ወአርኀዊ ፡ አናቅጸ ፡ ቅጽር ፡ በሌሊት ፡ ወነሥእዎሙ ፡ ወወሰድዎሙ ፡ ውስተ ፡ ገዳም ፡ በካልእ ፡ ፍኖት ፡ ዘኢያአምሮ ፡[3] ሰብእ ። ወለ፷ሰ ፡ ደቂቁ ፡ ለከሚስ ፡[4] ሜጥዎሙ ፡ ሰብአ ፡ ሀገረ ፡ መኑፍ ፡ ወአዕረግዎሙ ፡ መልዕልተ ፡ ቅጽር ፡ ወጠብሕዎሙ ፡ መለያልዩሆሙ ፡ ወገደፍዎሙ ፡ መትሕተ ፡ ቅጽር ፡ ኀበ ፡ ሀሎ ፡ ከሚስ ።[5] ወሰበ ፡ ርእዩ ፡ ሠራዊተ ፡ ከሚስ ፡ ዘንተ ፡ ግብረ ፡ እኩየ ፡ ዘገብርዋ ፡ ሰብአ ፡ መኑፍ ፡ ወመልኡ ፡ ቍጥዓ ፡ ወፀብእዋ ፡ ለሀገር ፡ ዘእንበለ ፡ ምሕረት ፤ ወአንበሩ ፡ ላዕሌሃ ፡ መንግኒቃተ ፡ ወነሠቱ ፡ አብያተ ፡ ነገሥት ፡ ወቀተልዎሙ ፡ ለደቂቀ ፡ ነገሥት ፡ ሙዝብ ፡ ወሱፊር ፡ ወለኵሎሙ ፡ አርእስተ ፡ ሐራ ፡ ዘተረክቡ ፡ በሀገር ፡ ዘእንበለ ፡ ምሕረት ። ወሰበ ፡ አእመረ ፡ [እልካድ ፡] ሞተ ፡ አቡሁ ፡ ጐየ ፡ ኀበ ፡ ሀገረ ፡ ኖባ ። ወከሚስኒ ፡ ዓዲ ፡ አጥፍአ ፡ ሀገረ ፡ አውን ፡ ወለላዕላይ ፡ ግብጽ ፡ እስከ ፡ ሀገረ ፡ እሽሙን ። ወሰበ ፡ አእመሩ ፡ ሰብአ ፡ ይእቲ ፡ ሀገር ፡ ፈርሁ ፡ ወጐዩ ፡ ውስተ ፡ ሀገረ ፡ እሽሙኒን ። ወፈነዉ ፡ ሀገረ ፡ ኖባ ፡ ኀበ ፡ እልካድ ፡ ወልደ ፡ ሙዝብ ፡ ከመ ፡ ይምጻእ ፡ ኀቤሆሙ ፡ ወይረስይዎ ፡ ንጉሠ ፡ ወያንብርዎ ፡ ኀበ ፡ መካነ ፡ አቡሁ ፤ እስመ ፡ ውእቱ ፡ ገብረ ፡ ፀብአ ፡ በአህጉራተ ፡ ሰርያ ፡ ቅድመ ። ወሰቤሃ ፡ አስተጋብአ ፡ እልካድ ፡ ሠራዊተ ፡ ብዙኀ ፡ እምነ ፡ ሐበሽ ፡ ወኖባ ፡ ወተፃብአሙ ፡ ለሠራዊተ ፡ ከሚስ ፡ በመንገለ ፡ ሠርቀ ፡ ለፈለገ ፡ ግዮን ። ወሰብአ ፡ ሐበሽሰ ፡ ኢክህሉ ፡ ዐዲወ ፡ ፈለግ ። ወፋርስኒ ፡ ምሉአነ ፡ ጕሕሉት ፡ ወሀብዎሙ ፡[6] ዘባናቲሆሙ ፡ ወሜጡ ፡ ገጾሙ ፡ ከመ ፡ ዘይጐይይ ፡ ወዐደዉ ፡ ፈለገ ፡ በጽንተ ፡ ሌሊት ፡ በትጋህ ፡ ወነሥእዋ ፡[7] ለሀገር ፡ ወአመዝበርዋ ፡ እንበለ ፡ ያእምሩ ፡ ሠራዊተ ፡ እልካድ ። ወሰበ ፡ ፈጸሙ ፡ ምዝባሬሃ ፡ ለሀገረ ፡ እሽሙኒን ፡ ሖሩ ፡ በላዕላይ ፡[8] ግብጽ ፡ ወነሠቱ ፡ ሀገረ ፡ እስዋን ፡ ወዐደዉ ፡ ኀበ ፡ ማዕዶተ ፡ ሀገረ ፡ አሒፍ ፡ ወአመዝበርዋ ፡ ለብላቅ ፡ በከመ ፡ ገብሩ ፡ በካልኣት ፡ አህጉራት ። ወተመይጡ ፡ ኀበ ፡ ዘተርፉ ፡ አህጉራት ፡ ወአድያማት ፡ ወበርበርዎሙ ፡ ወአውዐይዎሙ ፡ በእሳት ፡ እስከ ፡ ከንተ ፡ ኵላ ፡ ሀገረ ፡ ምስር ፡ በድ

[1] Mss. መዝብ ፡
[2] Mss. ወለእሎን ፡
[3] Mss. ዘኢየአምሮ ፡
[4] Mss. ለኩሚስ ፡
[5] A ኮሚስ ፡
[6] Mss. ወመሀብዎሙ ፡
[7] Mss. ነሥእዋ ፡
[8] Mss. ላዕላይ ፡

ወ ፡ ወኢተረክበ ፡ ዘየሐውር ፡ ውስቴታ ፡ ሰብእ ፡ እስከ ፡ አዕዋፈ ፡ ሰማይ ።
ወእልክድሂ ፡ ንጉሠ ፡ ምስር ፡ ገብረ ፡ ምክረ ፡ ካልአ ፡ ምስለ ፡ ዕደው ፡ እለ ፡
ተርፉ ፡ እምፋርስ ፤ ወሖሩ ፡ ወተራከብዎ ፡ ለከሚስ ፡ እምርኁቅ ፡ ወነ
ሥኡ ፡[1] ምስሌሆሙ ፡ አምኃ ፡ ምስለ ፡ መሰንቆ ፡ ወከበሮ ፡ ወጥብል ፡ ወሰ
ገዱ ፡ ሎቱ ፡ ወሰአልዎ ፡ ከመ ፡ ይርከቡ ፡ እምኔሁ ፡ ርኅራኄ ፡ ወፍቅረ ።[2]
ወከሚስኒ ፡ ተራኅርኀ ፡[3] ላዕለ ፡ እለ ፡ ተርፉ ፡ ምስራውያን ፡ ዘመጽኡ ፡ ኀቤ
ሁ ፡ ለተአዝዞ ፡ በገሪር ፡ ወመሐሮሙ ፡ ወወሰዶሙ ፡ ሀገረ ፡ ድማድያ ፡ ወባ
ቢሎን ፤ ወሤመ ፡ ሎሙ ፡ መኰንነ ፡ እምኔሆሙ ። ወለእልካድሂ ፡ ኢነሥ
አ ፡[4] አክሊለ ፡ መንግሥት ፡ አላ ፡ አንበሮ ፡ በመንበረ ፡ መንግሥት ፡ ወኢወ
ሰዶ ፡[5] ምስሌሁ ። ወኵልቆሙሰ ፡ ለምስራውያን ፡ እለ ፡ ወሰዶሙ ፡ ምስሌ
ሁ ፡ ከሚስ ፡ ፳ ፡ እልፍ ፡ ዘእንበለ ፡ አንስት ፡ ወደቅ ። ወነበሩ ፡ ፺ ፡ ዓመተ ፡
በፄዋዌ ፡ ውስተ ፡ ፋርስ ፡ ወኮነት ፡ ምስር ፡ በድወ ። ወከሚስሰ ፡ እምድኅ
ረ ፡ አጥፍአ ፡[6] ለምስር ፡ሞተ ፡ በሀገረ ፡ ደማስቆ ። ወአክራኪስስ ፡ ጠቢብ ፡
ዐቢይ ፡ ነግሠ ፡ ፳ ፡ ዓመተ ፡ ወኢያሕፀፀ ፡ ፍቅረ ፡ እግዚአብሔር ፡ ወፍቅረ ፡
ሰብእ ። ወአዘዘ ፡ ለ[ንኤም]ያስ ፡[7] ብእሲ ፡ ሰቃዩ ፡ ከመ ፡ ይሕንጽ ፡ ቅጽራ ፡
ለኢየሩሳሌም ፡ ወተወከፎሙ ፡ ለሕዝበ ፡ አይሁድ ፡ በእንተ ፡ ዘአክበርዎ ፡
ኰርሽ ፡[8] ወዳርዮስ ፡ ለአምላከ ፡ ሰማይ ፡ ወተቀንይዎ ፤ ወበእንተዝ ፡ አጽ
ንዐ ፡ ኵሎ ፡ ግብሮሙ ፡ ለአይሁድ ። ወለምስራውያን ፡ ተወከፎሙ ፡ ወአ
ሠነየ ፡ ሎሙ ፡ ወረሰዮሙ ፡ መኳንንተ ፡ ተማኪሮ ፡ ምስለ ፡ መሳፍንቲሁ ።
ወእምዝ ፡ ፈነዎሙ ፡ ለምስራውያን ፡ ኀበ ፡ ሀገሮሙ ፡ በ፺ወ፩ ፡ ዓመት ፡ እ
ምፄዋዌሆሙ ፡[9] ወምዝባሬ ፡ ሀገሮሙ ። ወእምድኅረ ፡ ቦኡ ፡ ወጠኑ ፡ ሐኒ
ጸ ፡ አብያት ፡ በበአህጉሪሆሙ ፡ አከ ፡ ከመ ፡ ቀዳሚ ፡ ዐቢያን ፡ አብያት ፡[10] ዳ
እሙ ፡ ንኡሳነ ፡ አብያተ ፡ ገብሩ ፡ ሎሙ ፡ ለመኃድሪሆሙ ፤ ወተከሉ ፡ አት
ክልተ ፡ ወአውያነ ፡ ብዙኀ ። ወሤሙ ፡ ላዕሌሆሙ ፡ ንጉሠ ፡ ዘስሙ ፡ ፊሞ
ቱሮሰ ፡ በትእዛዘ ፡ አክስራክሲስ ፡ መፍቀሬ ፡ ሰብእ ። ወኮነ ፡ ብእሲ ፡ ምስ
ራዊ ፡ ናዛዚ ፡ ተወካፌ ፡ ድካም ፡ ጠቢብ ፡ መፍቀሬ ፡ ሠናያት ፡ ዘስሙ ፡ ሽ
ኑፊ ፡ ዘበትርጓሜሁ ፡ ብስራት ። ወኮነ ፡ ዝንቱ ፡ ብእሲ ፡ ይተግህ ፡ ፈድፋ
ደ ፡ በሐኒጸ ፡ አህጉራት ፡ ወአድያማት ፡ ወለሐሪሰ ፡[11] ገራህት ፡ እስከ ፡ ሐነ

[1] A ወነሥአ ፡
[2] Mss. ወፍቅር ፡
[3] B ተራኅራኀ ፡
[4] B ኢነሥአ ፡
[5] Mss. ወወሰዶ ፡
[6] Mss. አጥፍአ ፡
[7] Mss. ለዮስ ፡
[8] A ኵርሽ ፡
[9] A እምፄዋዊሆሙ ፡
[10] B ዓብያት ፡
[11] B ወለሐፊሰ ፡

ጸ ፡ ኵሎ ፡ አድያማተ ፡ ምስር ፡ በኀዳጥ ፡ ዘመን ፤ ወሐደሰ ፡ ለምስር ፡ ወረሰ
ያ ፡ ከመ ፡ ቀዳሚ ። ወኮነ ፡ ጽጋብ ፡ ዐቢይ ፡ በመዋዕሊሁ ፡ ወበዝኅ ፡ ግብጻ
ውያን ፡ ጥቀ ፡ ወእንስሳሆሙኒ ፡ ዓዲ ፡ በዝኅ ። ወነግሠ ፡ ላዕሌሆሙ ፡ ፺ወ
፫ ፡ ዓመተ ፡ በፍሥሓ ፡ ወበሰላም ፡ በእንተ ፡ ተመይጦተ ፡ ጼዋ ፡ ምስራው
ያን ፡ ምዕረ ፡ ዳግመ ፤ ወአዕረፈ ፡ በክብር ። ወእምቅድመ ፡ ይሙት ፡ ኆለ
ቆሙ ፡[1] ለምስራውያን ፡ ወኮነ ፡ ኆልቆሙ ፡ ፺፱ ፡ ብእሲ ። ወእምድኅረ ፡
ሞተ ፡ ሽኑፊ ፡[2] ነበሩ ፡ ምስራውያን ፡ ዘእንበለ ፡ ንጉሥ ፡ ብዙኀ ፡ ዘመነ ፤
ባሕቱ ፡ ይሁቡ ፡ ጸባሕተ ፡ ለፋርስ ፡ ወለሶርያ ፡ ኅቡረ ። ወነበሩ ፡ በሰላም ፡
እስከ ፡ ሜሙ ፡ ሎሙ ፡ ካልአ ፡ ፈርዖን ፡ ንጉሠ ፡ ወወሀቡ ፡ ሎቱ ፡ ጸባሕተ ፤
ወፋርስሰ ፡[3] ኢሠምሩ ፡ በዝንቱ ፡ ከመ ፡ የሀቡ ፡ ጸባሕተ ፡ ምስራውያን ፡ ለ
ንጉሦሙ ። ወዓዲ ፡ ሰብአ ፡ ፋርስ ፡ ኮኑ ፡ እንበለ ፡ ንጉሥ ፡ እምድኅረ ፡ ሞ
ተ ፡ ዐቢይ ፡ እክስራክሲስ ፡ ዘመሐሮሙ ፡ ለምስራውያን ። ወዘነግሠ ፡ እም
ድኅሬሁ ፡ ለእክስራክሲስ ፡ ፀብአሙ ፡ ለአይሁድ ፡ ቅድመ ፤ ወአይሁድ ፡ ገረ
ሩ ፡ ሎቱ ። ወዓዲ ፡ ፀብአሙ ፡ ለምስራውያን ፡ ወሞአሙ ፡ ወበርበረ ፡ ንዋ
ያቲሆሙ ፤ እስመ ፡[4] ምድረ ፡ ግብጽ ፡ ሠናይት ፡ ይእቲ ፡ ጥቀ ፡ በረድኤተ ፡
እግዚአብሔር ። ወሰበ ፡ አእመረ ፡ ስክጣናፉስ ፡ ዘውእቱ ፡ ተፍጻሜተ ፡ ፈ
ርዖናት ፡ እምኀበ ፡ መሠርያን ፡ ዐቢያን ፤ እስመ ፡ ውእቱ ፡ ኮነ ፡ ዓዲ ፡ መሰ
ግለ ፡ ወይሴአሎሙ ፡ ለአጋንንት ፡ ርኩሳን ፡ እመ ፡ ይነግሥ ፡ ላዕለ ፡ ምስራ
ውያን ፡[5] አው ፡ አልቦ ፤ ወእምድኅረ ፡ አእመረ ፡ ወጠየቀ ፡ እምአጋንንት ፡
ከመ ፡ ኢይነግሥ ፡ ላዕለ ፡ ምስራውያን ፡ ላጸየ ፡ ርእሶ ፡ ወወለጠ ፡ መልክአ ፡
ወጐየ ፡ ወሖረ ፡ ኀበ ፡ ሀገረ ፡ ፈርማ ፡[6] ወዓዲ ፡ ሖረ ፡ መቄዶንያ ፡ ወነበረ ፡
ህየ ። ወነበሩ ፡ ግብጻውያን ፡ እንዘ ፡ ይትቀነዩ ፡ ለዩልያኖስ ፡ እስከ ፡ አመ ፡
መጽአ ፡ እስክንድር ፡ እልብንጣርዮስ ፡ ዘፍካሬ ፡ ስሙ ፡ አኃዜ ፡ ዓለም ። ወ
ቀተሎ ፡ ለሐስጣጥስ ፡[7] ንጉሠ ፡ ፋርስ ። ወእምድኅረ ፡ ኀዳጥ ፡ መዋዕል ፡
ነግሠ ፡ አኩሽ ፡ ላዕለ ፡ ፋርስ ፡ ፲ወ፪ ፡ ዓመተ ። ወእምድኅረ ፡ ዝንቱ ፡ ነግ
ሠ ፡ እክስራክሲስ ፡ ፳ወ፫ ፡ ዓመተ ። ወእምድኅሬሁ ፡ ነግሠ ፡ ዳርዮስ ፡ ዘይ
ሰመይ ፡ አክርዩስ ፡ ፮ ፡ ዓመተ ። ወእምዝ ፡ እስክንድር ፡ ተንሥአ ፡ ላዕሌሁ ፡
ወቀተሎ ፡ ወነሥአ ፡ መንግሥተ ፡ ባቢሎን ፡ እምኔሁ ፤ እስመ ፡[8] እስክን
ድር ፡ ወልደ ፡ ፊልጶስ ፡ መቄዶናዊ ፡ ኮነ ፡ አኃዜ ፡ ዓለም ።

[1] Mss. ኆልቆሙ ፡

[2] Mss. ሽኑፍ ፡

[3] A ወፋርስኒ ፡ B ወፋርስሰ ፡

[4] Mss. እስከ ፡

[5] Mss. ላዕለ ፡ ምስ" ፡ እመ ፡ ይነግሥ ፡

[6] B ፍርማ ፡

[7] B ለሐሰጣጥስ ፡

[8] B እስመ ፡ እስመ ፡

ክፍል ፡ ፺፪ ፡፡ ወሀሎ ፡ ፩ ፡ ብእሲ ፡ ዘስሙ ፡ አይናስ ፡ ወአውሰበ ፡ ወለተ ፡[1] ላዲኖስ ፡ ዘስማ ፡ ላዊና ፤ ወሐነፀ ፡ ሀገረ ፡ ዐቢየ ፡[2] ወሰመያ ፡ በስማ ፡ ላዊና ፡ ወአጽንዐ ፡ መንግሥቶ ፡ ውስቴታ ፡፡

ክፍል ፡ ፺፫ ፡፡ ወኮነ ፡ ፩ ፡ ብእሲ ፡ በሀገረ ፡ ኢጣልያ ፡ ዘስሙ ፡ የላልስ ፡ ምስለ ፡ ወልዱ ፤ ወኮነ ፡ ብእሴ ፡ ሠናየ ፡ ወመስተፃብአ ፤ ወፀብአ ፡ ብዙኃተ ፡ አህጉራተ ፡ እምነ ፡ አህጉራተ ፡ አይናስ ፡[3] በኀይል ፡፡ ወእመ ፡ ተቃተሎ ፡ ለዩስጥን ፡ ነሥአ ፡ ሀገሮ ፡ ወሐነፀ ፡ ውስቴታ ፡ ቤተ ፡ ዐቢየ ፡ ወአሠርገዎ ፡ ወአልበ ፡ ዘከማሁ ፡ ቤት ፡ ዘይመስሎ ፡ ውስተ ፡ ኵሉ ፡ አህጉር ፡፡ ወዓዲ ፡ ሐነፀ ፡ ማኅፈደ ፡ ወሰመዮ ፡ በይልላድዩን ፡ ዘበትርጓሜሁ ፡ ቅጽር ፡ በስሙ ፡[4] ይላልስ ፡፡

ክፍል ፡ ፺፬ ፡፡ ወሰበ ፡ ነግሠ ፡ አክሩሲስ ፡ ሐነፀ ፡ ሀገረ ፡ እንተ ፡ ትሰመይ ፡ ሀልዋን ፡፡ ወሰበ ፡ ፈለሰ ፡ እምእልባንያ ፡ ቦአ ፡ ውስተ ፡ እልዋንያ ፡ እንተ ፡ ይእቲ ፡ ሀልዋን ፡ ዘፍካሬሃ ፡ ብርሃን ፡ ብሂል ፡፡

ክፍል ፡ ፺፭ ፡፡ ወኮነት ፡ አሐቲ ፡ ብእሲት ፡ ከነናዊት ፡ ዘስማ ፡ ዲጡ ፡ ብእሲተ ፡ ለ፩ ፡ ብእሲ ፡ ዘስሙ ፡ ስንሐውስ ፡፡[5] ወይእቲ ፡ ኮነት ፡ እምሀገር ፡ ንእስት ፡ እንተ ፡ ትሰመይ ፡ ከርዲማስ ፡ እንተ ፡ ሀለወት ፡ ውስተ ፡ ሐይቀ ፡ ባሕር ፡ ማእከለ ፡ ጢሮስ ፡ ወሲዶና ፤ ወይእቲ ፡ ኮነት ፡ ባዕልት ፡ ጥቀ ፡፡ ወኮነ ፡ ላቲ ፡ እኅወ ፡ ዘስሙ ፡ ገማልዩን ፤ ወውእቱ ፡ ተንሥአ ፡ ላዕለ ፡ ምታ ፡ ወቀተሎ ፡ በቅንአት ፡ ከመ ፡ ይንሣእ ፡ ንዋያቲሃ ፡ ወመዛግብቲሃ ፡፡ ወተንሥአት ፡ ፍጡነ ፡ ይእቲ ፡ ብእሲት ፡ ወአስተጋብአት ፡ ኵሎ ፡ ንዋያቲሃ ፡ ወመዛግብቲሃ ፡ ቤታ ፡ ወቦአት ፡ ውስተ ፡ ሐመር ፡ ወጐየት ፡ ወሐረት ፡ ኀበ ፡ ሀገረ ፡ ቶና ፡ ዘአፍራቅያ ፡ እምነ ፡ ከነአን ፡ ወሐነፀት ፡ ሀገረ ፡ ዐባየ ፡ ውስቴቱ ፡ ውእቱ ፡ አድያማት ፡ ወሰመየታ ፡ ቅርጣግና ፤ ወይእቲ ፡ በልሳነ ፡ በርበር ፡ ትሰመይ ፡ ሀገር ፡ ሐዲስ ፡፡ ወነግሠት ፡ ህየ ፡ በጥበብ ፡ እስከ ፡ ሞተት ፡፡

ክፍል ፡ ፺፮ ፡፡ ወበመዋዕለ ፡[6] ሕዝቅያስ ፡ ንጉሠ ፡ ይሁዳ ፡ ኮኑ ፡ ፲፪ ፡ አኅ

[1] A ወለቱ ፡

[2] A ዐቢየ ፡ ዓቢየ ፡

[3] Mss. አህጉራት ፡ አንያስ ፡

[4] Mss. ወሰመዮ ፡ በስሙ ፡

[5] A ስንሐወስ ፡

[6] Mss. ወመዋዕለ ፡

ው፡ ዘስሞሙ፡ ሮምሎስ፡ ወሮማኖስ፤ ወእሙንቱ፡ ሐነፁ፡ ሀገረ፡ ዐቢየ፡
በጎበ፡ ወልድንያ፡[1] ሀገር፡ ንእስት፡[2] እንተ፡ ከነት፡ ቅድመ፡ ቤተ፡ ንገ
ሥት፡ ዘትሰመይ፡ ብላንጥስ፡[3] በኢጣልያ፡ ሀገሩ፡ ለላንዲኑስ፤ ወሐነፁ፡
ሐኒፆታ፡ ምዕረ፡ ዳግመ። ወዓዲ፡ ሐነፁ፡ ቤተ፡ ለአምላክሙ፡ ዘስሙ፡
ድዮስ፡ ወሰመይዎ፡ በልሳኖሙ፡ ቀባጹልዩን፡ ወለ፩ሰ፡ ሕንፃ፡ ቤተ፡ መ
ንግሥት፡ መንከር፡ ርእየቱ፡ ጥቀ። ወለእልቀባጹልዩንሂ፡ ሰመይዎ፡ ር
እሰ፡ ሀገር፡ በልሳነ፡ እልላዲኑስ። ወበውእቱ፡ መዋዕል፡ ሰመዩ፡ ስሞ
ሙ፡ ሮም፡ ወስመ፡ ሀገሮሙ፡ ሮሜ፤ ወነግሡ፡[4] ፪፡ አኀው፡ ኅቡረ፡ ው
ስቴታ። ወእምድኅረዝ፡ ከነ፡ ጽልእ፡ ማእከሌሆሙ፡ ወቀተሎ፡ ሮምሎ
ስ፡ ለሮማኖስ፡ እኁሁ፡ ወረሰየ፡ መንግሥተ፡ ለባሕቲቱ፤ ወበጊዜሃ፡ አ
ድለቅለቀት፡[5] ሀገር። ወአሕዛብኒ፡ ኵሎሙ፡ ደንገፁ፡ ኅቡረ፡ በእንተ፡
ዘከነ፡ ድልቅልቅ፡ ዐቢይ፡ በኀቤሆሙ። ወዓዲ፡ ሮምሎስ፡ ፈርሀ፡ ወከነ፡
ድኩመ፡ ልብ፡ ወእምብዝኀ፡ ፍርሃቱ፡ ተጠየቀ፡ እምኀበ፡ ማእምራን፡
ወመናፍስት፡ ርኩሳን፡ ከመ፡ ኢይጸንዕ፡ መንግሥቱ፡ በሮሜ፡ ዘእንበለ፡
ሮማኖስ፡ እኁሁ። ውእተ፡ ጊዜ፡ ተመከነየ፡ ብዙኀ፡ ለአንሥአተ፡ እኁ
ሁ፡ ወኢክህለ፤ ባሕቱ፡ ከነ፡ ድልቅልቅ፡ ዐቢይ፡ ወበማእከለ፡ ውእቱ፡
ድልቅልቅ፡ ርእየ፡ ፍጹመ፡ አርአያ፡ መልክአ፡ እኁሁ፡ እምነ፡ እንግድ
ዓሁ፡ እስከ፡ ርእሱ። ወገብረ፡ በአምሳለ፡ ርእየቱ፡ መልክአ፡ እኁሁ፡ ዘ
ርእየ፡ ቅድመ፡ ሥዕለ፡ ወርቅ፡ እምነ፡ እንግድዓሁ፡ እስከ፡ ርእሱ፡ በአ
ምሳለ፡ እኁሁ፡ ወአንበሮ፡ ኀበ፡ መንበሩ፡ ወአሠርገዎ፡ በኵሉ፡ ጸዋት
ወ፡ ሠርጕ።[6] ወከመዝ፡ ከነ፡ ይጽሕፍ፡ በውስተ፡ መልእክቱ፡ እንዘ፡
ይብል፤ መጽሐፈ፡ መልእክት፡ እምኀቤየ፡ ወእምኀበ፡ እኁየ፡ ከመዝ፡
ንብል፡ ወከመዝ፡ ንኤዝዝ፡ ከመዝ፡ ንገብር፡ ወዘይመስሎ፡[7] ለዝንቱ።
ወጸንዐ፡ ዝንቱ፡ ሥርዐት፡ እምኀበ፡ ሮማውያን፡ እስከ፡ ይእዜ፤ ነገሥ
ቶሙኒ፡ ወመኳንንቲሆሙ፡[8] ዐቀብዋ፡ ለዛቲ፡ ሕግ፡ በዐጸደ፡ ሢመታቲ
ሆሙ፡ ዘይሰመይ፡ አብሩጡርዮስ፡ ዘውእቶሙ፡ መካን፡ ፍትሕ፡ ብሂል።
ወሮምሎስሰ፡ ዓዲ፡ ወጠነ፡ ተጽዕኖ፡ አፍራስ፡ በሮሜ፡ ወተቃድሞ፡[9]
በውስተ፡ ረዊጽ፡ ወትግሀታተ፡ ለመዊእ። ወለእልክቱ፡ ምግባራት፡ ሰ

[1] B ውልድንያ፡
[2] A ንዕንስት፡
[3] A ብለንጥስ፡
[4] A ወነግሠ፡
[5] B አድልቅለቀት፡
[6] Mss. ሠርጐ፡
[7] B ወዘይመሰሎ፡
[8] A ወመኳንንቲሆሙኒ፡
[9] Mss. ወተቀዳድሞ፡

ይጣናውያን ፡ ወጥንተ ፡ እከያት ፡ ወስሕተታት ፡ ከሠቶን ፡[1] ከመ ፡ ይጽንዑ ፡ በቱ ፡ መስተጽዕናን ፡ አፍራስ ፡ ውስተ ፡ ኵሉ ፡ ዓለም ። ወዓዲ ፡ ሠርዐ ፡ መካነ ፡ ጸብእ ፡ ዘአንስት ፡ ዘይሰመይ ፡ እልመንጣጡን ፡ ከመ ፡ ይትጋብኡ ፡ ሐራ ፡ ከመ ፡ የሀልዉ ፡ ምስሌሆን ።[2] እስመ ፡ ውእቶሙ ፡ ከኑ ፡ ቅድመ ፡ ያረኵስዎን ፡[3] ለአንስት ፡ እለ ፡ ቦን ፡ ምት ፡ ወለደናግል ፡[4] ወለዕቤራት ፡ ኅቡረ ። ወዘንተሰ ፡ ዘገብረ ፡ ሮምሎስ ፡ መስተጽዕናን ፡ አፍራስ ፡ ዘአንስት ፡ በእንተ ፡ ፍርሃቱ ፡ ወድካመ ፡ ልቡ ። ወረሰዮን ፡ ፩ ፡ ትዕይንተ ፡ ለባሕቲቶን ፡ ዘእንበለ ፡ ዕደው ፤ ወእምኔሆን ፡ ዓዲ ፡ ከፈለ ፡ ለ፪ ፤ አንስተ ፡ ደናግለ ፡ ፩ ፡ ገጸ ፡ ወለአንስት ፡ ዘቦን ፡ ምት ፡ ፩ ፡ ገጸ ። ወአስተጋብኦ ፡ እምኵሎን ፡ አህጉራት ፡ ዘቅሩብ ፡ ወዘርኁቅ ፡ ጉባኤ ፡ ብዙኀ ፡ እምነ ፡ አንስት ፡ መስተጽዕናን ፡ አፍራስ ፡ ዘአልቦ ፡ ኍልቍ ። ወለአንስትሰ ፡ ነኪራት ፡ ዘኢኮና ፡ እምሮሜ ፡ ይኄልዉ ፡ ከመ ፡ ይፈጽሙ ፡[5] ፍትወተ ፡ በኀቤሆሙ ፤ ወኵሎን ፡ ዘረከቦን ፡ ይገሥሦን ፤[6] ወደናግልሰ ፡ ዘሀገረ ፡ ሳባ ፡ ዘቅርብት ፡ እምሮሜ ፡ ውእቶን ፡ አንስት ፡ ሠናያት ፤ ጸውዖሙ ፡ ወአስተጋብኦሙ ፡ ኀቤሁ ። ወእምድኅረ ፡ ፈጸመ ፡ ሮምሎስ ፡ አስተጋብኦቶን ፡ ለአንስት ፡ ወሀቦን ፡ ለሐራ ፡ እለ ፡ አልቦሙ ፡ አንስትያ ፤ ወሰመዮሙ ፡ ለእሉ ፡ ሐራ ፡ መንጣጥስ ፡ መስተጻብኣን ፡ ብሂል ። ወለእለ ፡ ተርፉ ፡ አዘዘ ፡ ይትማሠጥዎን ፡ ለለ፩፩ ፡ በአምጣነ ፡ ተክህሎ ። ወእምድኅረዝ ፡ ሥርዐት ፡ ነሥኡ ፡ አንስቲያ ፡[7] በጠባይዒሆሙ ፡ እንበለ ፡ መሚጥ ። ወዓዲ ፡ ወጠነ ፡ [ወሜመ ፡] ገነውተ ፡ ጣዖት ፡ ወሰመዮሙ ፡ ማርያ ፡ አጵሎን ። ወዓዲ ፡ አዘዘ ፡ ሮምሎስ ፡ ለክቡራን ፡ መኳንንት ፡ ወሐራ ፡ ከመ ፡ ይጸልዩ ፡ በዘመነ ፡ ክረምት ፡ እስከ ፡ አልፉ ፡ ወአ ፡ ወይስአል ፡ ፩፩ ፡ እምክቡራን ፡ ወሠራዊት ፡ ወመላህቅተ ፡ ሕዝብ ፡ ወኵሎሙ ፡ ሐራ ፡ እለ ፡ ያፈቅሮሙ ፤ ወዛቲ ፡ ሥርዐት ፡ ከነት ፡ በኀበ ፡ ሮም ። ወዓዲ ፡ አንበረ ፡ ሕገ ፡ በሮም ፡ ዘይሰመይ ፡ አብራስንጡስ ፡ ዘውእቱ ፡ መካነ ፡ ልኡካን ፡ ብሂል ፡ ዘየዐቅቡ ፡ በቱ ፡ ቅጽረ ፡ በኵሉ ፡ ጊዜ ። ወዓዲ ፡ ሐነፀ ፡ አረፋተ ፡ ሀገረ ፡ ሮሜ ፡ ወፈጸሞሙ ። ወዓዲ ፡ ሐነፀ ፡ ቤተ ፡ አማልክት ፡ በሀገረ ፡ አራው ፡[8] በወርኀ ፡ መርድዩስ ፡ ዘውእቱ ፡ መጋቢት ፤ ወብሂለ ፡ መርድዩስሰ ፡ ርእሰ ፡ አውራኅ ። ወለለሠርቀ ፡ ወርኀ ፡ ይገብሩ ፡ በዓለ ፡ ወሰመይዎ ፡ ለውእቱ ፡

[1] A ወከሠቶን ፡
[2] Mss. ምስሌሆሙ ፡
[3] Mss. ያረኵስዎሙ ፡
[4] Mss. ለደናግል ፡
[5] Mss. ይፌጽሙ ፡
[6] Mss. ይግሥሦን ፡
[7] B አንስትያ ፡
[8] B አራዉ ፡

በዓል ፡ እብሬምስ ። ወእምድኅረ ፡ ዝንቱ ፡ በዓል ፡ አዘዘሙ ፡ ለሐራ ፡ ይግበሩ ፡ ፀብአ ። ወሰመይዎ ፡ ለውእቱ ፡ ወርኅ ፡ መርድዩስ ፡ በምክንያተ ፡ ልማዶሙ ፡ ለሐንፋውያን ፡ ዘውእቶሙ ፡ ሰብአ ፡ አጋንንት ፡ በከመ ፡ አዘዙ ፡ ቀዳማውያን ፡ በእበድ ፡ ዘእንበለ ፡ አእምሮ ፤ ወዐቀብዋ ፡ ለዛቲ ፡ ሥርዐት ፡ ሰብአ ፡ ሮም ። ወበእንተዝ ፡ አበዊነ ፡ ቅዱሳን ፡ መነከሳት ፡ ዘግብጽ ፡ ለባስያነ ፡ አምላክ ፡ ለለኵሉ ፡ ሠርቀ ፡ ወርኅ ፡ ያዐርጉ ፡[1] መሥዋዕተ ፡ ዘእንበለ ፡ ደም ፡ ለሥሉስ ፡ ቅዱስ ፡ ዕሩያን ፡ በመለኮት ፡ ወይትሜጠዉ ፡[2] እምሥጢራት ፡ ቅዱሳት ፡ ዘይሁቡ ፡ ሕይወተ ፡ እንዘ ፡ ይሴብሑ ፡ ወይብሉ ፡ በመዝሙር ፡ ዘ፹ ፤ ንፍሑ ፡ ቀርነ ፡ በዕለተ ፡ ሠርቅ ፡ በእምርት ፡ ዕለት ፡ በዓልነ ።

ክፍል ፡ ፶፯ ። ወእምድኅረ ፡ ሮምሎስ ፡[3] ንግሠ ፡ ኑምምዮስ ። [ወውእቱ ፡] ኮነ ፡ ብእሴ ፡ ጠቢበ ፡ ወለባዌ ፡ ፈድፋደ ፤ ወረሰያ ፡ ለሀገረ ፡ ሮሜ ፡ ትሑር ፡ ሑረተ ፡ ሠናየ ፡ በተግሣጻት ፡ ክቡራት ። ወዝንቱ ፡ ብእሲ ፡ ትሩፍ ፡ ወጠነ ፡ ገቢረ ፡ ፍሉስ ፡ ለሜጥ ፡ ወለተሣይጠ ፡ ወለተውላጠ ፡[4] ብሩር ። በእንተ ፡ ዝንቱ ፡ ሰመይዎ ፡ ለናኅስ ፡ ዘበቱ ፡ ማኅተም ፡ ፍሉስ ፡ እስከ ፡ ዮም ። ወዓዲ ፡ ገብረ ፡ ፪ ፡ መካናተ ፤ አሐቲ ፡ ለመኳንንት ፡ ወአሐቲ ፡[5] ለፈታሕት ፡ ከመ ፡ የአዝዝዎሙ ፡ ለመኳንንት ፡ ወለኵሎሙ ፡ ሐራ ። ወዓዲ ፡ ረሰየ ፡ በአፍአ ፡ ከመ ፡ ይፍትሑ ፡ ለአሕዛብ ፡ ዘኮኑ ፡ ታሕተ ፡ ሥልጣኖሙ ፡ ወአኮ ፡ ባሕቲቶሙ ፡ ዘይፈትሑ ፡ አላ ፡ በምግባር ፡ ዘይቴሕት ፡ በበመዓርግ ፡ ወዘይመስሎ ፡ ለዝንቱ ። ወኮነ ፡ ዝንቱ ፡ ሕግ ፡ ንቡረ ፡ ወሥዩመ ፡ በኀበ ፡ ሮማውያን ፡ እስከ ፡ ዮም ።

ክፍል ፡ ፶፰ ። ወበመዋዕሊሁ ፡ ለሊቀ ፡[6] ካህናት ፡ ዘኢየሩሳሌም ፡ ዘስሙ ፡ ዮዳ ፡ ንግሠ ፡ ፊልጶስ ፡ ዘመቄዶንያ ። ወእምድኅረ ፡ ንግሠ ፡ ፀብአ ፡ ለሀገረ ፡ ናውሳልባት ፡[7] ወሞአ ። ወእምድኅረ ፡ ረከበ ፡ መዊአ ፡[8] ሐነፀ ፡ ሀገረ ፡ በመቄዶንያ ፡ ወሰመያ ፡ ተሰሎንቄ ።

ክፍል ፡ ፶፱ ። ወእስክንድር ፡ ወልደ ፡ ፊልጶስ ፡ መቄዶናዊ ፡ ሰበ ፡ ንግ

[1] Mss. የዓርጉ ፡
[2] Mss. "መጠዉ ፡
[3] Mss. ሎምሎስ ፡
[4] Mss. ወተውላጠ ፡
[5] A ወዓዲ ፡
[6] Mss. ለሊቃነ ፡
[7] A ናውስልባት ፡
[8] A መዊአ ፡

ሠ ፡ ሐነፃ ፡ ለሀገር ፡ ዐባይ ፡ እስክንድርያ ፡ በሀገረ ፡ ምስር ፡ ወሰመያ ፡ በስ
ሙ ፡ እስክንድርያ ፤ ወስማሰ ፡ ቅድመ ፡ ራኩዲ ፡ በልሳነ ፡ ምስራውያን ፡፡
ወእምድኅረዝ ፡ ፀብአ ፡[1] ለሀገረ ፡ ፋርስ ፡፡ [ወበጽሐ ፡][2] እስከ ፡ ወሰነ ፡ አው
ዚገዝ ፡ ወሐነፀ ፡ በህየ ፡ መካነ ፡ ኅበ ፡ ተጋብኡ ፡ ሐራሁ ፡ ወኵሎሙ ፡ ሠራ
ዊቱ ፤ ወበህየ ፡ ወሀበሙ ፡ ወርቀ ፡ ብዙኀ ፡ ለዐበይት ፡ ሐራሁ ፡ ወለኵ
ሎሙ ፡ መኳንንቲሁ ፡ ወለሠራዊቱ ፡ ብዙኃን ፤ ወሰመያ ፡ ለይእቲ ፡ መካ
ን ፡ አኪፊሳቡልስ ፤ ወከመዝ ፡[3] ይሰምይዋ ፡ ኵሎሙ ፡ ሰብአ ፡ ብርንጦያ ፡፡
ወሶበ ፡ ፀብአ ፡ ለፋርስ ፡ እስክንድር ፡ ቀተለ ፡ ብዙኃነ ፡ እምሠራዊተ ፡ ዳ
ርዮስ ፡ እስከ ፡ አኅለቆሙ ፤ ወነሥአ ፡ መንግሥተ ፡ ዳርዮስ ፡ ኵላ ፡ ወተ
ሠልጠ ፡ ላዕሌሃ ፡፡ ወዓዲ ፡ ነሥአ ፡ ለወለቱ ፡ ዘስማ ፡ ርኵሳኒ ፤ ወይእቲ ፡
ኮነት ፡ ድንግለ ፡ ወረሰያ ፡ ብእሲቶ ፡[4] ወኢገብረ ፡ ባቲ ፡ እኩየ ፡፡ ወለንግ
ሥተ ፡ ኅበሽሂ ፡ ዘስማ ፡ ቅንዳቅስ ፡ ኢያሕሰመ ፡[5] ላዕሌሃ ፡ በእንተ ፡ ዕበየ ፡
ልቡናሃ ፡፡ እስመ ፡ ይእቲ ፡ ሰምዐት ፡ ዜና ፡ ምግባራቲሁ ፡ ለእስክንድር ፡
ወልማዳቲሁ ፡ እስመ ፡ ውእቱ ፡ ኮነ ፡ ይዴመር ፡[6] ምስለ ፡ ሰብአ ፡ ዐይን ፡ ሶ
በ ፡ ይፈቅድ ፡ ፀቢአቶሙ ፡ ለነገሥተ ፡ ምድር ፡፡ ወንግሥትኒ ፡ ቅንዳቅስ ፡
አእመረቶ ፡ አመ ፡ ምጽአቱ ፡ ኀቤሃ ፡ ምስለ ፡ ሰብአ ፡ ዐይን ፡ ወአኀዘቶ ፡ ወ
ትቤሎ ፤ አንተ ፡ ውእቱ ፡ እስክንድር ፡ ንጉሥ ፡ ዘአኀዝከ ፡ ኵላ ፡ ዓለመ ፡
ወአንተ ፡ ዮም ፡ ተእኀዝከ ፡ በብእሲት ፡፡[7] ወይቤላ ፡ ውእቱ ፤ በእንተ ፡
አእምሮትኪ ፡ ወርቀተ ፡ ልቡናኪ ፡ ወጥበብኪ ፡ አኀዝክኒ ፤ አነ ፡ እምይ
እዜ ፡ አዐቅበኪ ፡ ዘእንበለ ፡ እከይ ፡ ለኪ ፡ ወለደቂቅኪ ፡ ወእሬስየኪ ፡ ሊ
ተ ፡ ብእሲተ ፡፡[8] ወሶበ ፡ ሰምዐት ፡ ዘንተ ፡ ሰገደት ፡ ሎቱ ፡ ታሕተ ፡ እገሪ
ሁ ፡ ወተሰነአወት ፡ ምስሌሁ ፡ ወረሰያ ፡ ሎቱ ፡ ብእሲተ ፤ ወእምድኅረ ፡
ዝንቱ ፡ ገረሩ ፡ ሎቱ ፡ ሐበሽ ፡፡ ወእስክንድርኒ ፡ አመ ፡ሞተ ፡ ከፈለ ፡ መን
ግሥቶ ፡ ለ፲፪ ፡ አዕርክቲሁ ፡ እለ ፡ ተራድእዎ ፡ በውስተ ፡ ፀብእ ፡፡ ወፊልጶ
ስኒ ፡ እኁሁ ፡ ሀየዐቢ ፡ ነሥአ ፡[9] ለሀገረ ፡ መቄዶንያ ፡ ወኮነ ፡ ንጉሠ ፡ ውስ
ቴታ ፡ ወለኵሉ ፡ አውርያ ፡፡ ወዓዲ ፡ አንገሠ ፡[10] ለሀገረ ፡ ምስር ፡ በጥሊሞ
ስሃ ፡ ዘተሰምየ ፡ በይላኅስ ፡፡

ክፍል ፡ ፳ ፡፡ ወበመዋዕሊሁ ፡ ለበጥሊሞስ ፡ ፊላደልፋስ ፡ ዘትርጓሜ ፡

[1] Mss. ዐብአ ፡
[2] Manque dans les deux manuscrits.
[3] Mss. ከመገ ፡
[4] Mss. ብእሲተ ፡
[5] A ኢየሐሰመ ፡
[6] Mss. ይደመር ፡
[7] A ብእሲት ፡
[8] B ብእሲተ ፡ ሊተ ፡
[9] A ነሥአ ፡
[10] Mss. አንገሠ ፡ ሎሙ ፡

ስሙ ፡ መፍቀሬ ፡ አኀው ፡ ከነ ፡ ብእሴ ፡ ብዙኀ ፡ ንባብ ፡ ወጠቢብ ፡ ወል
ደ ፡ አግላዎስ ፤ ውእቱ ፡ ተርጐመ ፡ መጻሕፍተ ፡ እግዚአብሔር ፡ ቅዱሰ
ተ ፡[1] እምልሳነ ፡ ዕብራኒ ፡ ኀበ ፡ ልሳን ፡ ዮናኒ ፡ ምስለ ፡ ሰብእ ፡ አእሩግ ፡
በትልቄ ፡ ፸ወ፪ ፡ መዋዕል ፤ በእንተ ፡ ዘከኑ ፡ ፸ወ፪ ፡ መተርጕማን ፡[2] ወ
፪ሰ ፡ ሞቱ ፡ እምቅድመ ፡ ይተርጐሙ ።

ክፍል ፡ ፶፩ ። ወነግሠ ፡ አንዲኀስ ፡ በሀገረ ፡ እስያ ፡ ወኪልቅያ ፡ ወለፈለ
ግ ፡[3] ዘይሰመይ ፡ ተኒን ፡ ዘውእቱ ፡ በሀገረ ፡ ብያውርንድስ ። ወበሻምኒ ፡ ወ
ባቢሎን ፡ ወፍልስጥኤም ፡ ከነ ፡ ንጉሠ ፡ ላዕሌሆሙ ፡ ዘስሙ ፡ ሹሉኪስቃ
ኑር ። ወዝንቱ ፡ ቀተሎ ፡ ለአንዲከስ ፡ ንጉሠ ፡ እስያ ፡ አመ ፡ ተፃብአ ፤[4]
እስመ ፡ ውእቱ ፡ ሐነፀ ፡ ሀገረ ፡ በጽንፈ ፡ ፈለገ ፡ ተኒን ፡ ወሰመያ ፡ እንዲ
ጋንያ ። ወነሥአ ፡ ኵሎ ፡ ንዋያቲሃ ፡ እማዕዶተ ፡ ዩቡሊስ ፡[5] ወእማኅፈድ ፡
ዘከነ ፡ በቅድመ ፡ ደብረ ፡ ልስልዩስ ፤ ወይእቲ ፡ ሀገር ፡ ትሰመይ ፡ ቅድመ ፡
ፋዱድያ ፤ ወሐነፃ ፡ በሀየ ፡ ለሀገር ፡ ዐባይ ፡ አንጾኪያ ፡ ወሰመያ ፡ በስመ ፡ ወ
ልዱ ፡ አንጥያኮስ ። ወዓዲ ፡ ሐነፀ ፡ ሀገረ ፡ ካልአ ፡[6] በስመ ፡ ወለቱ ፡ ወሰ
መያ ፡ ሎዶቅያ ፡ እስመ ፡ ውእቱ ፡ ከነ ፡ ስማ ፡ ለወለቱ ፡ ላውዲቂ ፤ ወዛቲ ፡
ሀገር ፡ ከንት ፡ [ቅድመ ፡][7] ትሰመይ ፡ ባርንጣን ። ወዓዲ ፡ ሐነፀ ፡ ሀገረ ፡ ወ
ሰመያ ፡ አባሚያስ ፡ ዘከንት ፡ ቅድመ ፡ ትሰመይ ፡ ፋሬከ ።

ክፍል ፡ ፶፪ ። ሱሊኪዩስ ፡ ዘውእቱ ፡ ቡሳንዩስ ፡ ውእቱ ፡ ቀደመ ፡ ጽሒ
ፈ ፡ ዜናተ ፡ ወአዝማናተ ፡ ወሰመዮሙ ።

ክፍል ፡ ፶፫ ። አንጥያኮስኒ ፡ ዘተሰምየ ፡ አፋፋንዮስ ፡ ውእቱ ፡ ኰነኖሙ ፡
ለመቃብያን ።

ክፍል ፡ ፶፬ ። ዜና ፡ መንግሥተ ፡ ሮማውያን ፡ ቀዳማውያን ። ዩልያስ ፡ ቄ
ሰር ፡ ዲከጣጣር ፡[8] ውእቱ ፡ ነሥአ ፡ ሥልጣነ ፡ ወሢመተ ፡ በኀበ ፡ ሮማውያ
ን ፡ እምቅድመ ፡ አስተርእዮተ ፡ ትሥጉቱ ፡ ለእግዚእነ ፡ ወመድኀኒነ ፡ ኢ
የሱስ ፡ ክርስቶስ ። ወልደቱሰ ፡ ለዩልዮስ ፡ ኢከነ ፡ ከመ ፡ ልደተ ፡ ሰብእ ፡

[1] B ቅዱሳት ፡
[2] A መተርጕማን ፡
[3] Mss. ወፈለግ ፡
[4] B ተፃብአ ፡
[5] A የቡሊስ ፡ B ዩቡሊከ ፡
[6] A ካልአ ፡ ሀገረ ፡
[7] Manque dans les deux mss.
[8] Mss. ወሰርዲከጣጣር ፡

ዘይወልዳ ፡ አንስት ፡ በታስዕ ፡ ወርኅ ። ወእንዘ ፡ ሀለወት ፡ እሙ ፡ በሰንሳ ፡
ሞተት ፤ ወእምድኅረ ፡ ሞተት ፡ ተሀውከ ፡ ሕፃን ፡ በከርሣ ። ወሶበ ፡ ርእ
ዩ ፡ ጠቢባን ፡ እንዘ ፡ ይትሀወክ ፡ ሕፃን ፡ ወሠጠጡ ፡ ከርሣ ፡ ለእሙ ፡ ወአ
ውፅእዎ ፡ ሕያዎ ፡ ወሐፀንዎ ፡ ወሰመይዎ ፡ ስሞ ፡ ቄሣር ፤ ወብሂለ ፡[1] ቄሣ
ር ፡ ምሉሕ ፡ ወምቱር ፡ ወፍሉጥ ፤ ወሶበ ፡ ልህቀ ፡ ሰመይዎ ፡ ዓዲ ፡ አድ
ርዩፋጡን ፡ ወተሠይመ ፡ በምክረ ፡ ሠራዊተ ፡ ሮም ፡ ወኮነ ፡ ንጉሠ ፤ ወ
ሶበ ፡ ጸንዐ ፡ መንግሥቱ ፡ ፈርሁ ፡ ሰብእ ፡ ፋርስ ፡ ወበርበር ። ወዝንቱሰ ፡
ቄሣር ፡ አንበረ ፡ ርእሰ ፡ ዓመት ፡ በወርኅ ፡[2] ዘንግሠ ፡ ባቲ ፤ ወሠርዐ ፡ ሕገጋ
ተ ፡[3] ለመኳንንት ፡ ወለሥዩማን ፡[4] ለለ፩፩ ፡ በከመ ፡ ሢመቱ ፡ ውስተ ፡ ኵ
ሉ ፡ ሀገረ ፡ መንግሥቱ ። ወእምዝ ፡ ተንሥአ ፡ እምሀገረ ፡ ምሥራቅ ፡ ወበ
ጽሐ ፡ ኀበ ፡ እስክንድርያ ፡ ሀገር ፡ ዐባይ ፡ ዘምስር ። ወረከባ ፡ ለአክላኡብጥ
ራ ፡ ንግሥት ፡ ወለተ ፡ በጥሊሞስ ፡ ዘተሰምየ ፡ ደናስዮስ ፡ ዘኮነ ፡ ንጉሠ ፡
በምስር ። ወይእቲ ፡ ወለት ፡ ድንግል ፡ ሠናይተ ፡ ላህይ ፡ ጥቀ ፤ አፍቀራ ፡
ወአውሰባ ፡ ወወለደት ፡ ሎቱ ፡ ወልደ ፡ ወወሀባ ፡ መንግሥተ ፡ ምስር ፤ ወ
ለውእቱኒ ፡ ወልድ ፡ ሰመዮ ፡ ዮልዮስ ፡ ቄሣር ፡ ወዓዲ ፡ ሰመይዎ ፡ ቄሣር ፡
ዮና ። ውእቱ ፡ ሐነፀ ፡ ቅጽረ ፡ ሠናየ ፤ ወዓዲ ፡ ሐነፀ ፡ ቤተ ፡ ሠናየ ፡ ወ
ሥርግወ ፡ ወመአድመ ፡ ሥን ፡ ወሰመያ ፡ በስሙ ፡ ወበስመ ፡ ወልዱ ። ወ
በመዋዕለ ፡ ዐቢይ ፡ ቈስጠንጢኖስ ፡ ንጉሠ ፡ ክርስቲያን ፡ ሶበ ፡ ነሥአ ፡ መ
ንግሥተ ፡ ሮም ፡ ረሰያ ፡ ቤተ ፡ ክርስቲያን ፡ ወሰመያ ፡ በስመ ፡ ቅዱስ ፡ ሚ
ካኤል ፤ ወእስከ ፡ ዮም ፡ ትሰመይ ፡ ቤተ ፡ ክርስቲያን ፡ ዘቂሳርዮን ፡ በእን
ተ ፡ ዘሐነፅዋ ፡ ዩልዮስ ፡ ቄሣር ፡ ዘይንእስ ፡ ወቄሳር ፡ ዘየዐቢ ።

ክፍል ፡ ፳፫ ። ተብህለ ፡ በእንተ ፡ አርሴላዎስ ፡ ርእሰ ፡ መኳንንት ፡ ዘቀ
ጳዶቅያ ፡ ወሄሮድስ ፡[5] ምሉእ ፡ እከይ ፡ ቀታሌ ፡ አቡሁ ፤ ውእቱ ፡ ወጠነ ፡
በሊዐ ፡ ሥጋ ፡ ጥራዮ ፡ ምስለ ፡ ደም ፡ ወኢኮነ ፡ ውእቱ ፡ እምሰብአ ፡ ሃይ
ማኖት ፤ ወሄሮድስ ፡ ነግሠ ፡[6] በይሁዳ ፤ ውእቶሙ ፡ ተቀንዩ ፡ ለቄሳር ፡
ዘየዐቢ ፡ ወረሰይዎ ፡ ንጉሠ ፡ ላዕለ ፡ አህጉሪሆሙ ፡ በኵሉ ፡ ሕይወቶሙ ።
ወአርሴላዎስሰ ፡ ሐነፀ ፡ ሀገረ ፡ በቀጳዶቅያ ፡ ወሰመያ ፡ ቄሳርያ ፡[7] ዘቀጳዶቅ
ያ ፡ ከመ ፡ ይኩኖ ፡[8] ተዝካረ ፤ ወይእቲ ፡ ከነት ፡ ትሰመይ ፡ ቅድመ ፡ ማራካ ።

[1] A ወብሂል ፡
[2] Mss. ርእሰ ፡ ወርኅ ፡ በዓመት ፡
[3] B ወሠርዐ ፡ ሐገታት ፡
[4] Mss. ለሥዩማን ፡
[5] Mss. ኄሮን ፡
[6] Mss. ዘነግሠ ፡
[7] B ቂሳርያ ፡
[8] A ይኵኖ ፡

ክፍል ፡ ፳፰ ። ወሄሮድስኒ ፡ ዓዲ ፡ ሐነፀ ፡ ሀገረ ፡ በውስተ ፡ ፍልስጥኤም ፡ ወሰመያ ፡ ቄሳርያ ፤[1] ወይእቲ ፡ ሀገር ፡ መአድምት ፡ ጥቀ ፡ ወስማሰ ፡ ትካት ፡ ትሰመይ ፡ አስጥራጡንሲርጎስ ፡[2] በእንተ ፡ ክብረ ፡ ንጉሥ ። ወዓዲ ፡ ሐነፀ ፡ ፍኖተ ፡ ዘትወስድ ፡ ሀገረ ፡ አንጾኪያ ፡ ወአርሐባ ፡[3] ለሀገር ፡ ወጸፍጸፉ ፡ በሰሌዳ ፡ እብን ፡ ፀዐዳ ፡ በአስተዋጽኦተ ፡ ንዋዩ ፡ ወረሰያ ፡ ምሕዋረ ፡ ድልወ ፡ ለነገሥት ፤ ይእቲ ፡ ክነት ፡ ቅድመ ፡ ዘኢየሐውርዋ ፡ ሰብእ ። ወዓዲ ፡ ፈነወ ፡ ሐራ ፡ እምአይሁድ ፡ ውስተ ፡ ምድረ ፡ ግብጽ ፡ ወሜመ ፡ ላዕለ ፡ ኵሉ ፡ አህጉራቲሃ ፡ ከመ ፡ ይትቀነዩ ፡ ለንጉሥ ። ወከማሁ ፡ ለሰብአ ፡ ምሥራቅሂ ፡ ረሰዮሙ ፡ የሀቡ ፡[4] ጸባሕተ ፡ ለቄሣር ።

ክፍል ፡ ፳፱ ። ወንግሥትሂ ፡ አክላኡበጥራ ፡ ወረደት ፡ እምፍልስጥኤም ፡ ሀገረ ፡ ምስር ፡ ከመ ፡ ትግበር ፡ መካነ ፡ መንግሥታ ፡ በህየ ። ወሰበ ፡ በጽሐት ፡ ሀገረ ፡ ፈርማ ፡ ተዓብአቶሙ ፡[5] ለምስራውያን ፡ ወሞአቶሙ ፤ ወእምዝ ፡ በጽሐት ፡ ኀበ ፡ እስክንድርያ ፡ ወኮነት ፡ ንጉሠ ፡ ውስቴታ ። ወይእቲ ፡ ክነት ፡ ዐባየ ፡ በርእሳ ፡ ወበምግባራቲሃ ፡ ትብዕ ፡[6] ወጽንዕ ፤[7] አልቦ ፡ ዘገብረ ፡ ፩ ፡ እምነገሥት ፡ ዘቅድሜሃ ፡ ዘከመ ፡ ገብረት ፡ ይእቲ ። ወሐነፀት ፡ ቅጽረ ፡ ዐቢየ ፡ በውስተ ፡ እለ ፡ እስክንድርያ ፡ መአድመ ፡ ሥን ፡ ወያስተዐፅቦ ፡[8] ኵሉ ፡[9] ዘርእዮ ፡ ወአልቦ ፡ ዘከማሁ ፡ በውስተ ፡ ኵሉ ፡ ዓለም ፤ ዘሐነፀቶ ፡ በደሴት ፡ መንገለ ፡ ደቡብ ፡ በምዕራበ ፡ ሀገረ ፡ እስክንድርያ ፡[10] አፍአ ፡ እምሀገር ፡ ወርኁቅ ፡ መጠነ ፡ ፬ ፡ ምዕራፍ ፡ ወሐተመቶ ፡ ለማየ ፡ ባሕር ፡ በአእባን ፡ ወመሬት ፡ ወረሰየቶ ፡ ለመካነ ፡ ማይ ፡ የብሰ ፡ ዘየሐውርዎ ፡ ቅድመ ፡ በሐመር ፡ ወይእቲ ፡ ገብረት ፡ ዘየሐውርዎ ፡ በእግር ። ወዘገብረት ፡ ዘንተ ፡ በምግባር ፡ ግሩም ፡ ወዕፁብ ፡ ዘንተ ፡ ገብረት ፡[11] በምክረ ፡ ፩ ፡ ብእሲ ፡ ጠቢብ ፡ ዘስሙ ፡ አክስያፊኖስ ፤ ወረሰያ ፡ ለባሕር ፡ የብሰ ፡ ከመ ፡ ትኩን ፡ ፍኖተ ፡ ለእለ ፡ የሐውሩ ፡ ውስቴታ ። ወዓዲ ፡ ከረየት ፡ ሙኀዘ ፡ ፈለግ ፡ እስከ ፡ ባሕር ፡ ወአምጽአት ፡ ማየ ፡ እምፈለገ ፡ ግዮን ፡ ወአብአቶ ፡ ውስተ ፡ ሀገር ፤ ወበውእቱ ፡ ረሰየት ፡ ከመ ፡ ይሑሩ ፡ አሕማር ፡ ወይባኡ ፡

[1] B ቂሳርያ ፡

[2] A አስጥራጡንሲር ፡ ጎስ ፡

[3] A ወአርኀበ ፡

[4] A ከመ ፡ የሀቡ ፡

[5] A ተዓብአቶሙ ፡

[6] A ቅብዕ ፡

[7] A ወፅንስ ፡ B ወጽንስ ፡

[8] Mss. ወያስዓፅበ ፡

[9] B ኵሎ ፡

[10] B እለእስክንድርያ ፡

[11] A ዘንተ ፡ ዘገብረት ፡ B ወዘንተ ፡ ዘገብረት ፡

ውስተ ፡ ሀገር ፡ ወበእንተዝ ፡ በዝኀ ፡ ጽጋብ ። ወሀገርሰ ፡ ከነት ፡ ቅድመ ፡ እንበለ ፡ ማይ ፤ ወይእቲሰ ፡ ረሰየታ ፡[1] ምልእተ ፡ ማይ ፡ ዘየሐውሩ ፡ አሕማር ፡ ባቲ ፤ ወበእንተ ፡[2] ዝንቱ ፡ በዝኀ ፡ ዓሣ ፡ በውስተ ፡ ሀገር ። ወገብረት ፡ ዘንተ ፡ ኵሎ ፡ በትግሀተ ፡[3] ልብ ፡ ለሕይወተ ፡ ሀገር ፤ ወብዙኀ ፡ ሠናያተ ፡ ገብረት ፡ ወሥርዓታተ ፡ ጽኑዓተ ፡ እምቅድመ ፡ ሞታ ። ወዛቲ ፡ ክብርት ፡ ወጠባብ ፡ እምነ ፡ አንስት ፡ ሞተት ፡ በ፲ወ፬ ፡ ዓመተ ፡ መንግሥቱ ፡ ለአውግስጦስ ፡ ቄሳር ። ወእምድኅረዝ ፡ ገረሩ ፡ ሰብአ ፡ እስክንድርያ ፡ ወምስር ፡ እስከ ፡ ላዕላይ ፡ ግብጽ ፡ ለንገሥተ ፡ ሮም ፤ ወሤሙ ፡ ላዕሌሆሙ ፡ መኳንንተ ፡ ወመሳፍንተ ። ወነግሠ ፡ አውግስጦስ ፡ መጠነ ፡ ፶ወ፮ ፡ ዓመት ፡ ወ፮ ፡ አውራኀ ። ወበ፵ወ፪ ፡[4] ዓመተ ፡ መንግሥቱ ፡ ተወልደ ፡ እግዚእነ ፡ ወመድኅኒነ ፡ ኢየሱስ ፡ ክርስቶስ ፡ በሥጋ ፡ በቤተ ፡ ልሔም ፡ ዘይሁዳ ፤ ወውእቱ ፡ እንዘ ፡ ሀሎ ፡ ውስተ ፡ ሰማይ ፡ ወዓዲ ፡ በምድር ፡ አምላክ ፡ ዘበአማን ፡ ሎቱ ፡ ስብሐት ፤ በመዋዕለ ፡ ዘወፅአ ፡ ትእዛዝ ፡ ከመ ፡ ይጸሐፍ ፡ ኵሉ ፡ ዓለም ፡ ወይትኌለቍ ፡ ኵሉ ፡ ዘነፍስ ፡ ለአውፅኦ ፡ ጸባሕት ፤ ወከነ ፡ ዝንቱ ፡ ግብር ፡ በምክሮሙ ፡ ለአውማኖስ ፡ ወአይሊሉስ ፡ ክቡራን ፡ ወዐቢያን ፡ ሮም ። ወዓዲ ፡ አውግስጦስ ፡ ረከበ ፡ ስመ ፡ ወርኅ ፡ ቂርዋርዩስ ፡[5] ጽሑፈ ፡ በመንፈቀ ፡ ዓመት ፤ እምነ ፡ አብሬሙስ ፡ ዘውእቱ ፡ መርድዩስ ፡ ርእሰ ፡ አውራኅ ፡[6] ዓመት ፡ ዘሮም ፡ ከነ ፡ በሳድስ ፡ ወርኅ ፡ እምነ ፡ አውራኅ ፡ ሮም ፡ ዝንቱ ፡ ወርኅ ፡ ቂራርዩስ ፤ ወአውግስጦስኒ ፡ አዘዘ ፡[7] ለዝንቱ ፡ ወርኅ ፡ ይረስይዎ ፡ ተፍጻሜተ ፡ አውራኅ ፡ ዘዓመት ። እስመ ፡ ከነ ፡ አውግስጦስ ፡ ሐመዮ ፡ ለሊቀ ፡ ሐራ ፡ በዝኩ ፡ መዋዕል ፡ እንዘ ፡ ሀሎ ፡ [ሎቱ ፡][8] በላዕሌሆሙ ፡ ሥልጣን ፡ ወእግዚእና ፤[9] ወለሐራሰ ፡ ዘሐመዮ ፡ ስሙ ፡ ማልያኖስ ፡ ዘቀጸዶቅያ ፤ እስመ ፡ ውእቱ ፡ ዘሠርዖሙ ፡ ለአውራኅ ፤ ወውእቱ ፡ ከነ ፡ ክቡደ ፡ ወጽኑዐ ፡ በኀበ ፡ ሮማውያን ። ወበመከነ ፡ ዝንቱ ፡ ወርኅ ፡ ቂርዋርዩስ ፡ ዘረሰዮ ፡ ተፍጻሜተ ፡ አውራኅ ፡ በእንተ ፡ ዘከነ ፡ ሕፁፀ ፡ እምኵሎን ፡ አውራኅ ፡ አብእዎ ፡ ህየንቴሁ ፡ ለወርኅ ፡ ፍጹም ፡ ዘስሙ ፡ አውግስጦስ ፡ በከመ ፡ ስሙ ፡ ወከነ ፡ ሳድሰ ፡ ወርኅ ።[10] ዘይቀድሞሰ ፡ ለዝንቱ ፡ ወርኅ ፡ ሳድሳይ ፡ ኃምሳይ ፡ ሰመዮ ፡ ስሞ ፡ ዩልዮስ ፡[11] ዘተሰ

1 A ረሰያታ ፡
2 Mss. በእንት ፡
3 A በተግሀተ ፡
4 Mss. ወበ፬ወ፪ ፡
5 A ቀርዋርዩስ ፡
6 A አውራኅ ፡
7 Mss. ዓዲ ፡ አዘዘ ፡
8 Manque dans les deux manuscrits.
9 Mss. እግዚእነ ፡
10 Mss. ሳድስ ፡ ወርኅ ፡
11 Mss. ኀምሳይ ፡ ዘሰሙ ፡ ዩልዮስ ፡

ምየ ፡ ቦቱ ፡ ንጉሥ ፡[1] እኁወ ፡ አቡሁ ፡ ለአውግስጦስ ። ወአኅዝዎ ፡ ወአ
ጽንዕዎ ፡ ሰብአ ፡ ሮም ፡ ለዝንቱ ፡ ሕግ ፡ እስከ ፡ ይእዜ ። ለሳድሳይኒ ፡ ወለ
ኃምሳይኒ ፡ ቀዳሚሆሙ ፡ መርድዩስ ።

ክፍል ፡ ፳፫ ። ወክርስቲያንሰ ፡ ፍጹማን ፡ ምእመናን ፡ ኢይመስጡ ፡ ካ
ልአ ፡ ሕገ ፡ ዘእንበለ ፡ ዘተሠርዐ ፡ ሎሙ ፡ በከመ ፡ ባህሉ ፡ ለዕዝራ ፡ ነቢይ ፡
መብርሄ ፡ ልቡና ፡ ሰበ ፡ በጽሑ ፡ አውራኀ ፡ ዘከመ ፡ ኢመ ፡ ፲ ፡ ለጡባ ፡ ዘ
ውእቱ ፡ ጥር ፡ ዘውእቱ ፡ ርእሰ ፡ አውራኂሆሙ ፡ ለአፍርንጅ ፤ ወውእቱ ፡[2]
ጥንተ ፡ ወርኅ ፡ ሰበ ፡ ትሰናአው ፡[3] በዕለተ ፡ እሑድ ፡ አው ፡ ምስለ ፡ ሰኑ
ይ ፡ አው ፡ ምስለ ፡ ሠሉስ ፡ እስከ ፡ ፍጻሜ ፡ ፯ ፡[4] ዕለታት ። ወዓዲ ፡ ይገብ
ሩ ፡ ጥንተ ፡ አውራኂሆሙ ፡ በአእምሮ ፡ ለእመ ፡ ይከውን ፡ ሠናየ ፡ አው ፡
እኩየ ። ወስቅራጥሂ ፡ ጠቢብ ፡ ወፍልሱፍ ፡ ፈለካዊ ፡ አጽንዓ ፡[5] ለዛቲ ፡ ም
ግባር ፡ በኀበ ፡ ሮም ። ወስቅራጥኒ ፡ ሠራዔ ፡ ወአንባሬ ፡ ሕግ ፡ ኮነ ፡[6] በኀ
በ ፡ ሐንፋውያን ፡ ወለጠ ፡ መጻሕፍተ ፡ ዕዝራ ፡ ነቢይ ፡ ወንጹሐ ፡ ስሕተ ፡
ወአስሐቶሙ ፡ ለእለ ፡ ያነብብዎ ፡ በምግባሩ ፡ እኩይ ።

ክፍል ፡ ፳፬ ። ወእምድኅረ ፡ ሞተ ፡ አውግስጦስ ፡ ንጉሥ ፡ ነግሠ ፡ ወል
ዱ ፡ ጢባርዮስ ።[7] ወረሰያ ፡ ለቀጳዶቅያ ፡[8] ትትአዘዝ ፡ ለሮም ፡ እምድኅረ ፡[9]
ሞተ ፡ አርከላዎስ ፡[10] ሊቀ ፡ መኳንንቲሃ ፡ ለቀጳዶቅያ ። ወሐነፀ ፡[11] ዓዲ ፡
ሀገረ ፡ በሀገረ ፡ አትራክያ ፡ ወሰመያ ፡ ጢባርያ ። ወበመዋዕሊሁ ፡ ለጢባር
ዮስ ፡ ቄሳር ፡ ተሰቅለ ፡ እግዚእነ ፡ ኢየሱስ ፡ ክርስቶስ ፡ በኢየሩሳሌም ።

ክፍል ፡ ፳፭ ። ወእምድኅረ ፡ ሞተ ፡ አቅሎንድዮስ ፡ ነግሠ ፡ በሮሜ ፡ ኔሮ
ን ፡ ርኩስ ፡ እስመ ፡ ውእቱ ፡ ኮነ ፡ ሐንፋዌ ፡ ወመጣዓዌ ። ወወሰከ ፡ ካልአ ፡
እከየ ፡ ላዕለ ፡ እከዩ ፡ ወገብረ ፡ ምግባረ ፡ ሰዶማውያን ፡[12] ወተወሰበ ፡ ከመ ፡
አንስት ። ወሰሚዖሙ ፡ ሮማውያን ፡ ዘንተ ፡ ምግባረ ፡ ጽሉአ ፡ ኢተዐገሥ
ዎ ፤ ወፈድፋደሰ ፡ ካህናት ፡ ጣዖት ፡ ጸዐልዎ ፡ ወመላህቅት ፡ ሕዝብኒ ፡
ተማከሩ ፡ ከመ ፡ ይቅትልዎ ። ወሶበ ፡ አእመረ ፡ ዝንቱ ፡ ርኩስ ፡ ምክረ ፡

[1] Mss. ንጉሠ ፡
[2] Mss. ውእቱ ፡
[3] A ተሰነአው ፡ B ተሰነኸዉ ፡
[4] Mss. ፯ ፡
[5] Mss. አጽንዐ ፡
[6] Mss. ኮኑ ፡
[7] Mss. ጠባርዮስ ፡
[8] A ዘቀጳዶቅያ ፡
[9] Mss. ወእምድኅረ ፡
[10] B አርከላኦስ ፡
[11] Mss. ሐነፀ ፡
[12] B ሰዶሞውያን ፡

መላህቅት ፡ ኅደገ ፡ መካኖ ፡ ወተኅብአ ፤ ወኢክህለ ፡ ከመ ፡ ይጕየይ ፡ እምእደ ፡ እግዚአብሔር ፡ ዐዚዝ ፡ ወጽኑዕ ። እስመ ፡ ውእቱ ፡ ሰበ ፡ ወድቀ ፡ ውስተ ፡ ዝንቱ ፡ ሕማመ ፡ ልብ ፡ እመንገለ ፡ ተወስበቱ ፡[1] ከመ ፡ አንስት ፤ ወበእንተዝ ፡ ተለዐለ ፡ ከርሡ ፡ ወከነ ፡ ከመ ፡ ብእሲት ፡ ዕንስት ፡ ወአውዕእዎ ፡ እመንግሥቱ ፡ ወተመንደበ ፡ ጥቀ ፡ እምብዝኀ ፡ ሕማሙ ፡ ርኩስ ። ወእምዝ ፡ አዘዘሙ ፡ ለጠቢባን ፡ ከመ ፡ የሐውዕዎ ፡ ኀበ ፡ መካን ፡ ዘሀሎ ፡ ውስቴቱ ፡ ወይግበሩ ፡ ሎቱ ፡ ፈውሰ ። ወእምዝ ፡ ቦኡ ፡ ጠቢባን ፡ ኀቤሁ ፡ ወሠጠጡ ፡ ከርሦ ፡ ወመሰሎሙ ፡ ሀሎ ፡ ሕፃን ፡ ውስቴቱ ፡ ከመ ፡ ያውዕእዎ ፤ ወሞተ ፡ በዝንቱ ፡ ሞት ፡ እኩይ ።

ክፍል ፡ ፸፩ ። ወእምድኅረ ፡ ሞተ ፡ ጢጦስ ፡ ነግሠ ፡ ዱማድዮስ ፡ እኁሁ ፡ ሀየንቴሁ ፤ ወከነ ፡ ፈልሱፍ ፡ ዐቢይ ፡ ላዕለ ፡ ሐንፋውያን ፤ ወአንሥአ ፡ ሀከከ ፡ ላዕለ ፡ ክርስቲያን ፡ ወአውረደ ፡ ላዕሌሆሙ ፡ ኵነኔያተ ፡ ብዙኃተ ፡ በእደ ፡ ዳክዮስ ፡ ወበእንተ ፡ ምክረ ፡ መኳንንቲሁ ። ወለዮሐንስኒ ፡ ፍቁር ፡ ወንጌላዊ ፡ አምጽአ ፡ ኀበ ፡ ሮሜ ፡ ወሰደዶ ፡ ምስለ ፡ ኵሎሙ ፡ ምእመናን ፡ ለእግዚአብሔር ፡[2] በእንተ ፡ ሃይማኖት ፡ ርትዕት ፡ ወጥይቅት ፤[3] ወእምዝ ፡ ሰበ ፡ አንከረ ፡ እምዕበየ ፡ ጥበቡ ፡ ፈነዎ ፡ በኅቡእ ፡ ወሠራዊቱኒ ፡ ወካህናተ ፡ ጣዖት ፡ ኢያእመሩ ፡ ወሜጠ ፡ ኀበ ፡ መካኑ ፡ ዘይነብር ፡ ሀየ ። ወዓዲ ፡ ለዮሐንስኒ ፡ ቴዎኅሎስ ፡[4] ሰደዶ ፡ ዳግመ ፡ ዱማድያኖስ ፡ ሰበ ፡ አሠነዩ ፡ ልበ ፡ ልኡካነ ፡ አጋንንት ፡ እኩያን ፡ ኀበ ፡ ደሴት ፡ ዘትሰመይ ፡ ፀሐይ ። ወዓዲ ፡ ሐነፀ ፡ ዱማድያኖስ ፡[5] ሀገረ ፡ በሀገረ ፡ ሂሩርያ ፡ ወሰመያ ፡ ዱማድያኖስ ፡ በስሙ ። ወሰበ ፡ ቀርበት ፡ ፍጻሜ ፡ ኃጢአቱ ፡ ሰደዶሙ ፡ ለሰማዕታት ፡ ቅዱሳን ፡ ወሐረ ፡ ቤተ ፡ አማልክተ ፡[6] ጢጦስ ፡ ወፈቀደ ፡ ይሡዕ ፡ መሥዋዕተ ፡ ለአጋንንት ፤ ወይሰምዮ ፡ ለዘኢይነብብ ፡ መድኅነ ፤ ወሰቤሃ ፡ ተማከሩ ፡ ሠራዊቱ ፡ ከመ ፡ ይቅትልዎ ፤ እስመ ፡ ውእቱ ፡ ከነ ፡ ያኀሥሮሙ ፡[7] በኵሉ ፡ ጊዜ ፡ በእንተ ፡ ጽንዐ ፡ ክሳዱ ፡ ወትዕቢተ ፡[8] ልቡ ፤ ወኢከነ ፡ ይገብር ፡ ምንተኒ ፡ እምነ ፡ ፍትሕ ፡ እንዘ ፡ ውእቱ ፡ ፍልሱፍ ፤ ወተንሥአ ፡[9] ላዕሌሁ ፡ ወቀተልዎ ፡ ጽሚተ ፤ ወሕዝብኒ ፡ ኢያእመሩ ፡ ከ

[1] A ተውሰቦቱ ፡
[2] Mss. እግዚአብሔር ፡
[3] B ጥይቅት ፡ ወርትዕት ፡
[4] A ቴዎኅሎስ ፡
[5] A ዱማድዮኖስ ፡
[6] A አማልክት ፡
[7] Mss. የኃሥሮሙ ፡
[8] B ወትዕቢቱ ፡
[9] Mss. ተንሥኡ ፡

መ ፡ ቀተልዎ ። ወነሥኡ ፡ አልባሲሁ ፡ ዘሐሪር ፡ ወሰቀሉ ፡ ላዕለ ፡ ሰናስለ ፡
ቀናዲል ፡ ዘሀሎ ፡ ውስተ ፡ ቤተ ፡ አማልክት ፡ ከመ ፡ ያስሕቱ ፡ ኵሎ ፡ ሰብ
አ ፡ በሐሰት ፡ እንዘ ፡ ይብሉ ፤ ተለዐለ ፡ መልዕልተ ፡ አየር ፡ በእደ ፡ ካህና
ተ ፡ አማልክት ፡ እመትሕተ ፡ ምድር ፡ እስመ ፡ ውእቱ ፡ ኮነ ፡ ፊልሱፍ ።
አስሐትዎሙ ፡ ለሰብእ ፡ ኅዳጠ ፡ ዘመን ፤ ወእምድኅረዝ ፡ አእመሩ ፡ ሞተ ፡
ዝኩ ፡ እኩይ ፡ ወኮነ ፡ ድልቅልቅ ፡ በእንተ ፡ ቅትለቱ ፡ ውስተ ፡ ቤተ ፡ መ
ቅደስ ፡ ወአርኰስዎ ፡ በእበዶሙ ፡ እንዘ ፡ ይብሉ ፤ ንጹሓን ፡ ንሕነ ፡ ወንጹ
ሕ ፡ መቅደስነ ። ወእምዝ ፡ ኮነ ፡ ድልቅልቅ ፡ ወሠምሩ ፡ ላዕለ ፡ አራዎስ ፡
ወረሰይዎ ፡ ንጉሠ ፤ ወውእቱ ፡ ኮነ ፡ ሊቀ ፡ ሠራዊት ፡ ወአረጋዌ ፡ ወኄረ ፡[1]
ጥቀ ፡ ወያፈቅር ፡ ሰብአ ፡ ወጠቢበ ። ወበጊዜሃ ፡ ፈነወ ፡ ኀበ ፡ ልሳነ ፡ መዐ
ዛ ፡ ቅዱስ ፡ ዮሐንስ ፡ ወሜጠ ፡ እምስደቱ ፡ ወአምጽአ ፡ ኀበ ፡ ሀገረ ፡ ኤፌ
ሶን ፡ ወሞተ ፡ በህየ ፡ በዕረፍት ፡ ሠናይ ። ወለሥጋሁኒ ፡ ቅዱስ ፡ ኢይት
አመር ፡ ኀበ ፡ ተቀብረ ፡ ዘእንበለ ፡ እግዚእነ ፡ ኢየሱስ ፡ ክርስቶስ ፡ ሎቱ ፡
ስብሐት ። ወዝንቱ ፡ ንጉሥ ፡ ኮነ ፡ ሠናየ ፡ ወአንበረ ፡ ሕገጋተ ፡ ሠናያተ ።
ወዓዲ ፡ አዕርዐ ፡ እምሰብእ ፡ ዘነበረ ፡ ጽፍዐት ፡ ህየንተ ፡ ጽፍዐት ፡ ወዝብ
ጠት ፡ ህየንተ ፡ ዝብጠት ። ወእንዘ ፡ ሀሎ ፡ በዝንቱ ፡ ሥርዐት ፡ ሞተ ፡ ን
ጉሥ ፡ እንዘ ፡ ዓመታቲሁ ፡ ኮነ ፡ ፴ወ፩ ፡ ዓመት ፡ ወመንግሥቱሂ ፡ ኮነት ፡
፲፫ ፡ ዓመት ።

ክፍል ፡ ፹፬ ። ወእምድኅረ ፡ ሞተ ፡ አርዋስ ፡ ንጉሥ ፡ ኄር ፡ ነግሠ ፡ እን
ድርያኖስ ፤ ወኮነ ፡ ዝንቱ ፡ መፍቀሬ ፡ አምልክ ፡ ጣዖት ። ውእቱ ፡ ሣልሰ
ሙ ፡ ኮነ ፡ እምእለ ፡ ሰደድዎሙ ፡ ለክርስቲያን ፤ ወኮኑ ፡ ብዙኃን ፡ ሰማዕ
ታት ፡ ውስተ ፡ ኵሉ ፡ መካን ፡ ወኰነንዎሙ ፡ ብዙኀ ። ወዓዲ ፡ ለቅዱሰ ፡
እግዚአብሔር ፡ አግናጥዮስ ፡ ሊቀ ፡ ጳጳሳት ፡ ዘአንጾኪያ ፡ ዘተሠይመ ፡ እ
ምድኅረ ፡ ጴጥሮስ ፡ ርእሰ ፡ ሐዋርያት ፡ ፈነዎ ፡ ሀገረ ፡ ሮሜ ፡ እሱረ ፡ ወመ
ጠዎ ፡ ለአንበሳ ። ወዓዲ ፡ አኀዘን ፡ [ለ፹ ፡ አንስት ፡ ክርስቲያናውያት ፡ ዘአንጾ
ኪያ ፡][2] ወተስእሎን ፡ ወይቤሎን ፤ መኑ ፡ ታመልካ ፡ ወበመኑ ፡ ትትዌከላ ፡
እስከ ፡ ትረውፃ ፡ ወታፈጥና ፡ ለሞት ። አውሥኣ ፡ ወይቤላ ፤ ንሕነ ፡ ን
መውት ፡ በእንተ ፡ ክርስቶስ ፡ ዘይሁበነ ፡ ሕይወተ ፡ ዘለዓለም ፡ ወያነሥአ
ነ ፡ እምዝንቱ ፡ ሥጋ ፡ ሙሱን ። ወመልአ ፡ መዓተ ፤ እስመ ፡ ውእቱ ፡ ኮነ ፡
ሐንፋዌ ፡ ወኢፈተወ ፡ ከሚተ ፡ ነገረ ፡ ትንሣኤ ፤ ወአዘዘ ፡ ይደዩ ፡ ሥጋሆ
ን ፡ ለቅዱሳት ፡ አንስት ፡ ውስተ ፡ እሳት ። ወመሬተኒ ፡ ዘወድቀ ፡ ዲቤሁ ፡

[1] Mss. ″ዌ ፡ ወኄር ፡ — [2] Ces mots manquent dans les deux mss.

ሥጋ ፡ ቅዱሳት ፡ አንስት ፡ እዘዘ ፡ ይሕፍሩ ፡ ወይደዩ ፡ ውስተ ፡ ብርት ፡ ዘአንዳዴ ፡ ቤተ ፡ ብለኔ ፡ ዘአሕዛብ ፡ ዘሐነፀ ፡ በስሙ ። ወእምድኅረዝ ፡ ከነ ፡ በይእቲ ፡ ቤተ ፡ ብለኔ ፡ ኵሉ ፡ ዘይትሐፀብ ፡ ኀቤሃ ፡ ከነ ፡ ይጠይስ ፡ ወእምዝ ፡ ይወድቅ ፡ ሰበ ፡ ይጼንዎ ፡ ውእቱ ፡ ጢስ ፡ ወያወፅእዎ ፡ ጸዊሮሙ ፤ ወያነክሮ ፡ ኵሉ ፡ ዘርእዮ ። ወዓዲ ፡ ከኑ ፡ ክርስቲያን ፡ ይሣለቅዎሙ ፡ ለሐነፋውያን ፡ ወይትሜክሑ ፡ በክርስቶስ ፡ ወይሴብሕዎ ፡ ምስለ ፡ ቅዱሳኒሁ ። ወሰበ ፡ አእመረ ፡ እንድርያኖስ ፡ ዘንተ ፡ ነገረ ፡ ወለጠ ፡ አንዳድያነ ፡ ቤተ ፡ ብለኔ ፡ ወአዕተተ ፡ እምህየ ፡ ንዋያተ ፡ ብርት ፡ ዘሀሎ ፡ ውስቴቱ ፡ ሐመደ ፡ ሥጋሆን ፡ ለቅዱሳት ፡ አንስት ፡ ወረሰየ ፡ ሐመደ ፡ ሥጋሆን ፡ ኅበ ፡ ፳ ፡ ሐውልተ ፡ [1] ብርት ፡ ወአቀሞሙ ፡ ውስተ ፡ ይእቲ ፡ ቤተ ፡ ብለኔ ። ወውእቱ ፡ ከነ ፡ ይተግህ ፡ ለአስተሐቅሮ ፡ ሰማዕታት ፡ እንዘ ፡ ይብል ፤ ኢከና ፡ ሊተ ፡ ወኢለአምላክን ፡ [2] ወሞታ ፡ ዘእንበለ ፡ አእምሮ ። ወበውእቱ ፡ ጊዜ ፡ ከና ፡ ሰማዕታተ ፡ አጥራሲስ ፡ ወለቱ ፡ ወዮና ፡ ወለተ ፡ ፊላሰንሩን ፡ በጥሪቅ ። ወዓዲ ፡ ከና ፡ ሰማዕታተ ፡ ካልኣት ፡ [3] ደናግል ፡ ብዙኃት ፡ በእደዊሁ ፡ ለዝንቱ ፡ ከሓዲ ፡ [4] በውዕየተ ፡ እሳት ። ወእንዘ ፡ ሀሎ ፡ እንድርያኖስ ፡ በሀገረ ፡ አንጾኪያ ፡ ሐመት ፡ ምድር ፡ ወአድለቅለቀት ፡ እመዓተ ፡ እግዚአብሔር ፡ በሌሊት ፡ በእንተ ፡ ዘረኵሰ ፡ ፫ ፡ ጊዜያተ ። ወአከ ፡ አንጾኪያ ፡ ባሕቲታ ፡ ዳዕሙ ፡ በሩጥስ ፡ [5] ደሴት ፡ ከመዝ ፡ ዓዲ ፡ ከነ ፡ ድልቅልቅ ፡ ድኅረ ፡ ንቅወተ ፡ ዶርሆ ። ወአይሁድሰ ፡ ዘሀለዉ ፡ በሀገረ ፡ እስክንድርያ ፡ ወበአድያመ ፡ ቂርዋንሂ ፡ ተጋብኡ ፡ [6] ወሤሙ ፡ ሎሙ ፡ መኰንነ ፡ ከመ ፡ ይኩኖሙ ፡ ንጉሠ ፡ [7] ዘስሙ ፡ ሉቅዋን ። ወሰበ ፡ ሰምዐ ፡ ወጠየቀ ፡ እንድርያኖስ ፡ ዘንተ ፡ ነገረ ፡ ፈነወ ፡ ኀቤሆሙ ፡ መስፍነ ፡ ምስለ ፡ ብዙኅ ፡ ኀይል ፡ ዘስሙ ፡ ማርቆስ ፡ ዱረራን ፡ ወብዙኅ ፡ ሠራዊት ፡ መስተፅዕናነ ፡ አፍራስ ፡ ወሰብአ ፡ እግር ፤ ወዓዲ ፡ ሰብአ ፡ ብዙኃነ ፡ በአሕማር ። ወእንድርያኖስሰ ፡ መጽአ ፡ ኀበ ፡ ምስር ፡ ወሐነፀ ፡ ቅጽረ ፡ ወማኅፈደ ፡ ጽኑዐ ፡ ዘኢያንቀለቅል ፤ ወማያተ ፡ ብዙኀ ፡ አብአ ፡ ውስቴታ ፡ ወሰመያ ፡ ባቢሎን ፡ ዘምስር ። [8] ቀድመኒ ፡ ናቡከደነጾር ፡ ንጉሠ ፡ ማሒ ፡ ወፋርስ ፡ ሐነፀ ፡ መሠረታቲሃ ፡ ወሰመያ ፡ ቅጽረ ፡ ባቢሎን ፤ አመ ፡ ከነ ፡ ብቲ ፡ ንጉሠ ፡ በትእዛዘ ፡ እግዚአ

[1] A ሐወልተ ፡

[2] Mss ኢከኑ ፡ ሊተ ፡ ወኢለአምላክሙ ፡

[3] Mss. ካልአት ፡

[4] A ከሐዲ ፡ B ከሀዲ ፡

[5] Mss. ወሩጥስ ፡

[6] Mss. ተጋብኡ ፡ ወአድያመ ፡ ቂርዋንሂ ፡

[7] Mss. ከመ ፡ ይኩኖሙ ፡ (A ይኮኖሙ ፡) ንጉሠ ፡ ላዕሌሆሙ ፡

[8] Mss. ባቢሎን ፡ ምስር ፡

ብሔር ፡ ወእመ ፡ ሰደዶሙ ፡[1] ለአይሁድ ፡ እምድኅረ ፡ ምዝባሬሆ ፡ ለኢየሩሳሌም ፤ ወዓዲ ፡ አመ ፡ ቀተሉ ፡ ነቢየ ፡ እግዚአብሔር ፡ በእእባን ፡ በሀገረ ፡ ጥንፉስ ፡ ዘምስር ፡ ወወሰኩ ፡[2] አይሁድ ፡ እከየ ፡ በዲበ ፡ እከዮሙ ፤ ወናቡከድነጾርሂ ፡ መጽአ ፡ መንገለ ፡ ምስር ፡ ምስለ ፡ ብዙኅ ፡ ሠራዊት ፡ ወነሥአ ፡[3] ለምስር ፡ በእንተ ፡ ዘተቃወምዎ ፡ አይሁድ ፡ ወሰመያ ፡ [ለቅጽር ፡] ባቢሎን ፡ በስመ ፡ ሀገሩ ። ወዓዲ ፡ እንድርያኖስ ፡ ወሰከ ፡ ሕንፃ ፡ ላዕለ ፡ ቅጽር ፡ ወላዕለ ፡ መካናት ፡ ካልአት ፡[4] ዘውስቴታ ። ወከረየ ፡ ዓዲ ፡ ለሙሐዘ ፡ ፈለግ ፡ ንእስተ ፡ እምጣን ፡ ከመ ፡ ያውሕዝ ፡ ማየ ፡ እምግዮን ፡ ኀበ ፡ ሀገረ ፡ ቍልዝም ፡ ወአብእ ፡ ለውእቱ ፡ ማይ ፡ ኀበ ፡ ባሕረ ፡ ኤርትራ ፡ ወሰመያ ፡ ለይእቲ ፡ ማይ ፡ እንድርያኖስ ፡ በስሙ ። ወዓዲ ፡ ሐነፀ ፡ ማኅፈደ ፡ በመኑፍ ። ወእምድኅረ ፡ ገብረ ፡ ዘንተ ፡ ኵሎ ፡ ደወየ ፡ ወሞተ ፡ በ፳ ፡ ዓመት ፡ እምዘ ፡ ነግሠ ።

ክፍል ፡ ፸፫ ።[5] ወነግሠ ፡ እምድኅሬሁ ፡ በሮሜ ፡ እንድርያኖስ ፡[6] ወልደ ፡ እኁወ ፡ አቡሁ ፡ ለእንድርያኖስ ፡ ቀዳማዊ ። ሐነፀ ፡ ሀገረ ፡ ሠናየ ፡ ወአዳም ፡ ጥቀ ፡ ራእያ ፡ በላዕላይ ፡ ግብጽ ፡ ወሰመያ ፡ እንዲና ፡ እንተ ፡ ይእቲ ፡ እንጺና ። ወእምድኅረዝ ፡ ረሰይዎ ፡ አምላከ ፡ ሰብእ ፡ ስሑታን ፡ ወከነ ፡ ባዕል ፡ ጥቀ ። ወሞተ ፡ ሞተ ፡ እኩየ ።

ክፍል ፡ ፸፬ ።[7] ወእምድኅሬሁ ፡ ነግሠ ፡ ኤልዮስ ፡ እንጠንዮስ ፡ ኄርስ ። ከነ ፡ መሓሬ ፡[8] ወየዋህ ፡ ወኄረ ፤ ሰመይዎ ፡[9] ሮም ፡ ቅድመ ፡ ቄሳር ፡ ቅኑየ ፡ እግዚአብሔር ፤ ከነ ፡ ብእሴ ፡ ጻድቀ ፡ በመዋዕለ ፡ መንግሥቱ ። ዜናዊ ፡ ቦቱ ፡ ዜናውያን ፡ ከመ ፡ ውእቱ ፡ ቀደመ ፡ ገቢረ ፡ ርትዕ ፡ ወአጽርዐ ፡ ዐመፃሆሙ ፡ ለሮማውያን ፡ እለ ፡ ከኑ ፡ ቅድሜሁ ። ቅድመሰ ፡ ከኑ ፡ ይገብሩ ፡ ዐመፃ ፡ ወይነሥኡ ፡ ንዋየ ፡ አብዕልት ፡ መንፈቀ ፡ ንዋዮሙ ፡ አመ ፡ ይመውቱ ፡ ወይሁቡ ፡ ለመንግሥት ፡ በምክንያተ ፡ ኪዳን ፡ ዘተከየዱ ፡ አበው ፡ ምስለ ፡ ውሉዶሙ ። ወኢክህሉ ፡ እለ ፡ እምቅድሜሁ ፡ ከመ ፡ ያብጥሉ ፡ ዘንተ ፡ ሥርዐተ ፤ ባሕቱ ፡ ውእቱ ፡ አዘዘ ፡ ወአጽርዐ ፡ ከመ ፡ ይኩ

[1] Mss. ይሰድዶሙ ፡
[2] Mss. ወሰኩ ፡
[3] Mss. ወነሥአ ፡
[4] Mss. ካልአት ፡
[5] A ፸፪ ፡
[6] Mss. እንድርያኖስ ፡ በሮሜ ፡
[7] A ፸፫ ፡
[8] Mss. መሐሬ ፡
[9] A ወሰመይዎ ፡

ን ፡ ሥሉጠ ፡ ኵሉ ፡ ላዕለ ፡ ንዋዩ ፡ ወየሀብ ፡ ለዘፈቀደ ። ወዓዲ ፡ አንበረ ፡ ትእዛዛተ ፡ ብዙኃተ ፡ በርትዕ ፡ ወሕገጋተ ፡ ዘይሰነአዉ ፡ ለጽድቅ ። ወእምድኅረዝ ፡ ወረደ ፡ ኀበ ፡ ምድረ ፡ ግብጽ ፡ ወእስክንድርያ ፡ ወገብረ ፡ በሀየ ፡ በቀለ ፡ ለዘገብረ ፡ እኩየ ፡ ወምሕረተ ፡ ለዘገብረ ፡ ሠናየ ፤ እስመ ፡ ከነ ፡ ትኩለ ፡ በኀቤሁ ፡ ርኅራኄ ፡ ወምሕረት ፡ ወእንዋተ ፡ መንፈስ ። ወሐነፀ ፡ በእለእስክንድርያ ፡ ክልኤ ፡ አናቅጸ ፡ በምዕራብ ፡ ወሠርቃ ፡ ወሰመዮ ፡ ለአንቀጽ ፡ ምሥራቃዊ ፡ አብልዩ ፡ ወለምዕራባዊ ፡ ሰላንያኪ ። ወሐነፀ ፡ መካነ ፡ ተውኔት ፡ በሰሌዳ ፡ እብን ፡ ፀዐዳ ፡ በሀገረ ፡ አንጾኪያ ፡ ወሰመያ ፡ አሙሉን ፤ ወለእእባንሂ ፡ ወሰዶሙ ፡ እምላዕላይ ፡ ግብጽ ። ወሐነፀ ፡ ውስተ ፡ ኩሉ ፡ አህጉራቲሁ ፡ ቤተ ፡ ብለኔ ፡ ወመካነ ፡ ምንባባት ።[1] ወእምዝ ፡ ተመይጠ ፡ ሀገረ ፡ ሮሜ ፡ ምስለ ፡ ብዙኅ ፡ ሠራዊት ፡ ወነበረ ፡ ውስቴታ ፡ ኅዳጠ ፡ መዋዕለ ፡ ወሞተ ፡ እንዘ ፡ ወልደ ፡ ፷ወ፯ ፡ ዓመት ፡ ወእምአመ ፡ ነግሠ ፡ በ፳ወ፫ ፡ ዓመት ፤ ወኀደገ ፡ ንዋዮ ፡ ለማርቆስ ፡ ወልዱ ። ወማርቆስኒ ፡ ወልዱ ፡ ተመሰሎ ፡ ለአቡሁ ፡ በምሕረት ፡ ወበትሩፋት ፡ ወፈጸመ ፡ ኵሎ ፡ ሕገ ፡ ወጽድቀ ፡ ወሞተ ፡ በአምልኮተ ፡ አቡሁ ።

ክፍል ፡ ፳፰ ።[2] ወእምድኅሬሁ ፡ ነግሠ ፡ ዳኪዮስ ፡ መናፍቅ ፡ ፀረ ፡ እግዚአብሔር ። ወአንሥአ ፡ ኵነኔ ፡ ወሕማመ ፡ ላዕለ ፡ ክርስቲያን ፡ ወአቀመ ፡ ሕገ ፡ ሐንፋውያን ፡ ርኩሳን ፡ ከመ ፡ ይኅሥሥሙ ፡ ለክርስቲያን ። ወበእንተ ፡[3] ዝንቱ ፡ ከዐወ ፡ ደመ ፡ ብዙኃን ፡ ቅዱሳን ፡ [ኀሢሦቶሙ ፡][4] ውስተ ፡ ኵሉ ፡ ፍኖት ፡ ለእለ ፡ ይሰግዱ ፡ ለአምላክ ፡ ዘበአማን ። ወውእቱሰ ፡ ዳክዮስ ፡ ርኩስ ፡ አምጽአ ፡ እምአፍራቅያ ፡ ብዙኀ ፡ አናብስተ ፡ ተባዕተ ፡ ወአንስተ ፤ ወዓዲ ፡ አምጽአ ፡ እምጥንፃ ፡ ብዙኀ ፡ አክይስተ ፡ ወአራዊተ ፡ ዘበሙ ፡ ኅምዝ ፡ ተባዕተ ፡ ወአንስተ ፡ ወረሰዮሙ ፡ መንገለ ፡ ምሥራቀ ፡ ሀገር ፡ ዘፊልሙንጢ ፡ ዘዐረብያ ፡ ወዘፍልስጥኤም ፡[5] እስከ ፡ ቅጽረ ፡ ኪርኪስዩስ ፡ ከመ ፡ ይግበሩ ፡ ኀይለ ፡ በኀበ ፡ በርበር ፡ ወከሓድያን ።[6]

ክፍል ፡ ፳፱ ።[7] ወእምድኅሬሁ ፡ ነግሠ ፡ ፩ ፡ ብእሲ ፡ ዘስሙ ፡ እውሩልዮስ ። ወበጊዜ ፡ ከነ ፡ ንጉሠ ፡ ሐነፃ ፡ ለቅጽረ ፡ ሮሜ ፡ ዘማሰነት ፡ ወፈጸማ ፡

[1] B ምንብባት ፡
[2] A ፳፱ ፡
[3] A በእንተ ፡
[4] Manque dans les deux mss.
[5] B ወፍልስጥኤም ፡
[6] Mss. ወከሀድያን ።
[7] A ፳፱ ፡

በኅዳጥ ፡ ዘመን ፤ ወአገበሮሙ ፡ ለኵሎሙ ፡ ሰብአ ፡ ሮሜ ፡ ለፍጻሜ ፡ ሐን
ፃ ፡ እንዘ ፡ ውእቱ ፡ ይቀውም ፡ በትግህት ፡[1] ዘእንበለ ፡ ትዕቢተ ፡ ልብ ።
ወውእቱ ፡ ዘመን ፡ አጽንዐ ፡ ሕገ ፡ ከመ ፡ ይጸሐፉ ፡ ኵሎሙ ፡ መስተገብራ
ን ፡ ወይስምዮሙ ፡ ወሰመዮሙ ፡ አርእስተ ፡ መንግሥት ፡ ለክብረ ፡ ንገሥ
ት ። ወዝኵሉ ፡ በእንተ ፡ ድካም ፡ ዘረከባ ፡ እስከ ፡ ሐነፃ ፡ ለአረፍተ ፡[2] ሀ
ገር ። ወዛቲ ፡ ልማድ ፡ ተሠልጠት ፡ ላዕለ ፡ ሮማውያን ፡ ከመ ፡ ይጸሐፉ ፡
ሐረሳውያን ፡ ወገባርያን ፡ ግብረ ፡ እድ ፡ ወሰብአ ፡ አሕማር ፡ እለ ፡[3] የሐ
ውሩ ፡ በባሕር ። ወለኵሎሙ ፡ መስተገብራን ፡ ሰመዮሙ ፡ ራእል ፡[4] በስ
መ ፡ ንጉሥ ፡ አውሩልዩስ ፡[5] ወጸሐፎሙ ፡ በመጽሐፈ ፡ ዲዋን ፡ ዘውእቱ ፡
ደብዳቤ ፡ ወሀሎ ፡ ዝንቱ ፡ ሥርዐት ፡ እስከ ፡ ይእዜ ።

ክፍል ፡ ፳፯ ።[6] ወሰበ ፡ ነግሠ ፡ ዲዮቅልጥያኖስ ፡[7] ግብጻዊ ፡ ተመይጠ ፡
ሐራ ፡ ለተራድእተ ፡ ዝንቱ ፡ መናፍቅ ፡ ወሰዳዴ ፡ ምእመናን ፡ ወዐማፂ ፡
ዘየዐቢ ፡ እምኵሎሙ ፡ ዐማፅያን ። ወሀገረ ፡ እስክንድርያሰ ፡ ወምስር ፡ አበ
ይዎ ፡ ወኢፈቀዱ ፡ ይትቀነዩ ፡ ሎቱ ፤ ወውእቱኒ ፡ ጸንዐ ፡ ለተጻብእቶሙ ፡
ምስለ ፡ ብዙኅ ፡ ሠራዊት ፡ ወሐራ ፡ ወምስለ ፡ ሠላስ ፡ ሉቱፋኒሁ ፡ በመን
ግሥት ፡ ዘውእቶሙ ፡ መክስምያኖስ ፡ እምዘርአ ፡ እኩይ ፡ ወፈርንስጣ ፡
ወመክስሚኑስ ፤[8] ወወረደ ፡ ምድረ ፡ ግብጽ ፡ ወረሰያ ፡ ትትአዘዝ ፡ ሎቱ ፡
ወለሀገረ ፡ እስክንድርያኒ ፡ አጥፍአ ።[9] ወሐነፀ ፡ ቅጽረ ፡ መንገለ ፡ ምሥራ
ቀ ፡ ሀገር ፡ ወነበረ ፡ ህየ ፡ ብዙኀ ፡ ዘመነ ፡ እስመ ፡ ውእቱ ፡ ኢክህለ ፡ ነሢ
አታ ፡ ለሀገር ፡ ወአግብአታ ፡ ውስተ ፡ እዴሁ ፡ በዝንቱ ፡ ምክንያት ። ወእ
ምድኅረ ፡ ብዙኅ ፡ ዘመን ፡ መጽአ ፡ ሰብአ ፡ ሀገር ፡ ወአርአይዎ ፡ ሙባአ ፡
ከመ ፡ ይባእ ፡ ውስቴታ ። ወበብዙኅ ፡ ፃማ ፡ ወድካም ፡ አርኀዋ ፡ ለሀገር ፡
ወሀለዉ ፡ ምስሌሁ ፡ ብዙኅ ፡ ሠራዊት ፡ ዘአልበሙ ፡ ኍልቍ ፤ ወበውስተ ፡
ሀገርኒ ፡ ሀለዉ ፡ ብዙኅ ፡ አእላፍ ፡ ሠራዊት ፡ ጉቡአን ፡[10] ውስቴታ ፡ በእን
ተ ፡ ዘኮነ ፡ ፀብእ ፡ በኀቤሆሙ ። ወዲዮቅልጥያኖስኒ ፡ ወደየ ፡ እሳተ ፡ ው
ስተ ፡ ሀገር ፡ ወአውዐያ ፡[11] ኵሎ ፡ ወተሠልጠ ፡ ላዕሌሃ ። ወኮነ ፡ ውእቱ ፡
መምለኬ ፡ ጣዖት ፡ ወሠዋዔ ፡ መሥዋዕት ፡ ለአጋንንት ፡ ርኩሳን ፡ ወገብ

[1] A በትግህት ፡
[2] Mss. ለአረፋተ ፡
[3] A እስከ ፡
[4] B ረእል ፡
[5] Mss. አውልዩስ ፡
[6] A ፳፰ ፡
[7] A ዲዮቅልያኖስ ፡
[8] B ወመክሲሚኑስ ፡
[9] Mss. አጥፍአ ፡
[10] Mss. ጉቡአን ፡
[11] Mss. ወአውዐየ ፡

ረ፡ ስደት፡ ለክርስቲያን፡ ወኮነ፡ ከመ፡ አራዊት፤ ወጸልአ፡ ኵሎ፡ ሠና
ያተ፡ ወተቃወሞ፡ ለእግዚአብሔር፡ እስመ፡ ሥልጣነ፡ ሮም፡ ኵሉ፡ ኮነ፡
ውስተ፡ እዴሁ። ወቀተለ፡ ኵሎ፡ ኖሎተ፡ ወካህናተ፡ ወመነኮሳተ፡ ዕ
ደ፡ ወአንስተ፡ ወሕፃናተ፡ ንኡሳነ፤ ወከዐወ፡ ደመ፡ ንጹሓን፡[1] ብዙኃን፡
ዘአልቦ፡ ኍልቍ፡ በእደ፡ ሥዩማን፡ በላዕያነ፡ ሥጋ፡ ሰብእ፡ ዘሤሞሙ፡
ውስተ፡ ኵሉ፡ መካን፡ ዘእንበለ፡ ተራኅርኆ፡ ወምሕረት። ወነሠተ፡ አ
ብያተ፡ ክርስቲያናት፡ ወለመጻሕፍትኒ፡ ዘውእቶን፡ እስትንፋሰ፡ እግዚ
አብሔር፡ አውዐዮን፡ በእሳት። ኮነ፡ ስደት፡ ለኵሉ፡ ክርስቲያን፡ መጠነ፡
፫ወ፻፡ ዓመት፡ እምአመ፡ ተኀየለ፡ ወረከበ፡ መዊአ፡ ውስተ፡ ምድረ፡
ግብጽ። ወበውእቱ፡ ዘመን፡ ፈነወ፡ ኀለ፡ እስክንድርያ፡ ከመ፡ ይምት
ሩ፡ ርእሰ፡ ለቅዱስ፡ አባ፡ ጴጥሮስ፡ ተፍጻሜተ፡[2] ሰማዕት፡ ሊቀ፡ ጳጳሳ
ት፤ ወለኵሎሙ፡ ኤጲስ፡ ቆጶሳት፡ ዘሀገረ፡ ምስር፡ ቀተሎሙ፡ ሰበ፡ ረ
ከበሙ፡ በሃይማኖት፡ አርቶዶክሳዊት፡ ወበገድል፡ ንጹሕ፤ እስከ፡ ተሐ
ዘብዎ፡ ኵሉ፡ ሰብእ፡ ከመ፡ ውእቱ፡ ፀሩ፡ ለክርስቶስ፡ ዘመጽአ፡ ለአኀ
ጕሎ፡ ኵሉ፡ ዓለም፤ እስመ፡ ውእቱ፡ ኮነ፡ ማኅደረ፡ ለእከይ፡ ወምኅባ
አ፡ ለዐመፃ። ወሱቱፉኒሁ፡ ኮኑ፡ ምስሌሁ፡ በምግባር፡ ወግዕዝ፤ ዘውእ
ቶሙ፡ መክስምያኖስ፡ ዘገብረ፡ ብዙኀ፡ እኪያተ፡ እስመ፡ መንግሥቱ፡ ከ
ነት፡ እምኔሁ፡ ወመክስምያኖስኒ፡[3] ዳግማዊ፡ ዘኮነት፡ መንግሥቱ፡ መን
ገለ፡ ምሥራቅ፤ ውእቱ፡ ኮነ፡ ከመ፡ አርዌ፡ ጠዋይ፡ ወፀረ፡ ለእግዚአብ
ሔር፡ ወገባሬ፡ ምግባራት፡ ምኑናት። ወፈርንስጣ፡[4] ዘኮነ፡ ሱቱፈ፡ ም
ስሌሁ፡ በመንግሥት፡ ውስተ፡ እስያ፡ ኢገብረ፡ እኩየ፡ ምንተኒ፤ ዳእ
ሙ፡ ኮነ፡ ያፈቅሮሙ፡ ለሰብእ፡ ወያነብሮሙ፡ በሠናይ። ወዓዲ፡ አንገረ፡
ሎሙ፡ ቃለ፡ ዐዋዲ፡ ውስተ፡ ኵሉ፡ መካን፡ ታሕተ፡ ሥልጣኑ፡ ለክርስ
ቲያን፡ ከመ፡ ይግበሩ፡ ፈቃዳተ፡ እግዚአብሔር፡ ፩፡ አምላክ፡ ዘበአማ
ን፤ ወዓዲ፡ አዘዘ፡ ከመ፡ ኢይግበሩ፡ ቦሙ፡ ሀከከ፡ ወኢያስተናሥኡ፡ ላ
ዕሌሆሙ፡ ስደተ፡ ወኢይበርብሩ፡ ንዋዮሙ፡ ወኢያሕምምዎሙ፡ ምንተ
ኒ። ወዓዲ፡ አዘዘ፡ ከመ፡ ኢይከልእዎሙ፡ ተቀንዮቶሙ፡ ውስተ፡ ቤተ፡
ክርስቲያን፡ ቅድስት፡ ከመ፡ ይጸልዩ፡ በእንቲአሁ፡ ወበእንተ፡ መንግሥ
ቱ። ወእንዘ፡ ሀሎ፡ በዘከመዝ፡ ግብር፡ ደወየ፡ ዲዮቅልጥያኖስ፡ ከሓዲ፡[5]
ወወድቀ፡ ውስተ፡ ሕማመ፡ ሥጋ፡ ጽኑዕ፡ በሣልስ፡ ዓመት፡ እመ፡ ፍ

[1] Manque dans B; A ንጹሐን፡
[2] B ተፍጻሜተ፡ ተፍጻሜቱ፡
[3] A ወምክስ'' ፡ B ወመክስምዮስኒ፡
[4] A ወፈርንጣስ፡ B ወፈርንጣሰ፡
[5] A ከሐዲ፡ B ከሀዲ፡

ጻሜሁ ፡ ለስደት ፡ ዘአምጽአ ፡ ውእቱ ፡ ላዕለ ፡ ክርስቲያን ፤ ወተወለጠ ፡ ሕሊናሁ ፡ ወልቡናሁ ። ወበእንተዝ ፡ አውፅኦ ፡ እመንግሥቱ ፡ ወሰደድዎ ፡ በምክረ ፡ ሠራዊተ ፡ ሮም ፡ ኀበ ፡ ደሴት ፡ ዘትሰመይ ፡ ዋሮስ ፤ ወበውስቴታ ፡ ሀለዉ ፡ ብዙኃን ፡ አዕፃው ፡ ወይእቲ ፡ ክነት ፡ መንገለ ፡ ምዕራብ ፤ ወነበረ ፡ ውስቴታ ፡ ባሕቲቱ ። ወሀለዉ ፡ ውስተ ፡ ይእቲ ፡ ደሴት ፡ ኅዳጣን ፡ ምእመናን ፡ እለ ፡ ተርፉ ፤ ከኑ ፡ ይሁብዎ ፡ ሲሳየ ፡ ዕለት ፡ ዘየአክሎ ፡ ለቈመተ ፡ ሥጋሁ ። ወእንዘ ፡ ሀሎ ፡ በዘከመዝ ፡ ግብር ፡ እንዘ ፡ ይነብር ፡ በባሕቲቱ ፡ መጽአ ፡[1] ሕሊና ፡ ወከነ ፡ ውስተ ፡ ፍትወተ ፡ መንግሥት ፡ ወሰአሎሙ ፡ ለሐራ ፡ ወለሠራዊት ፡ ከመ ፡ ይትቀበልዎ ፡ ኀቤሆሙ ፡ እምነ ፡ ቅጽር ፡ [ዘሀሎ ፡ ውስቴቱ ፡][2] ወይረስይዎ ፡ ንጉሠ ፡ ከመ ፡ ቀዳሚ ። ወባሕቱ ፡[3] ኢሠምሩ ፡ መኳንንት ፡ ወሐራ ፡ ወሠራዊት ፡ እንዘ ፡ ይብሉ ፤ ዝንቱ ፡ ዘተወለጠ ፡ ልቡናሁ ፡ ወጠፍአ ፡ ሕሊናሁ ፡ ዘአውፃእኖ ፡ እመንግሥት ፡ ኢንትዌከፎ ፡ ዳግመ ። ወበእንተ ፡ ዝንቱ ፡ ነገር ፡ ጸንዐ ፡ ቦቱ ፡ ሕማመ ፡ ልብ ፡ ወኢክህለ ፡ ይግበር ፡ ዘፈቀደ ፡ ውእቱ ፡ ፀረ ፡ እግዚአብሔር ፡ ወሰማዕታቲሁ ፡ ቅዱሳን ፤ ከነ ፡ ይበኪ ፡ ወአዕይንቲሁ ፡ ያውኅዛ ፡ አንብዐ ፡ ብዙኀ ፡ ሰበ ፡ ዐገትዎ ፡ እከያት ፡ እምኵለሄ ፤ ወተወለጠ ፡ ልቡናሁ ፡ ፈድፋደ ፡ ወዖራ ፡ አዕይንቲሁ ፡ ወጠፍአ ፡ ሕይወቱ ፡ ወሞተ ። ወመክስምያኖስሂ ፡[4] መዝለፌ ፡ እከያት ፡ ይገብር ፡[5] ብዙኀ ፡ ሥራያተ ፡ ለዲዮቅልጥያኖስ ፡ ወይፀመድ ፡ ለርኩሳት ፡ ወለጸውዖ ፡ ስመ ፡ አጋንንት ፤ ወከነ ፡ ይሠጥቅ ፡ ከርሠ ፡ አንስት ፡ ፅኑሳት ፡ ወይሠውዕ ፡ ሰብአ ፡ ወእንስሳ ፡ ለአጋንንት ፡ ርኩሳን ። ወእንዘ ፡ ሀሎ ፡ በዘከመዝ ፡ ግብር ፡ ተሐንቀ ፡ ወሞተ ፡ እምድኅረ ፡ ሞተ ፡ አቡሁ ፡ በ፪ ፡ ዓመት ፡ ወኢተቀትለ ፡ በእደ ፡ ሰብእ ፡ ዳእሙ ፡ ውእቱ ፡ በእዴሁ ። ወዓዲ ፡ መክስሚኖስ ፡ ከሓዲ ፡[6] ኢያሕፀፀ ፡ እከየ ፡ ዘይገብሮ ፡ ዲዮቅልጥያኖስ ፡ ወከነ ፡ ይገብር ፡ በሀገረ ፡ ምሥራቅ ፡ ወፈርንቄ ፡[7] ወሀገረ ፡ ዐባይ ፡ እስክንድርያ ፡ ወምስር ፡ ወ፳ ፡ እህጉራት ፡ ወይቀትሎሙ ፡ ለቅዱሳን ፡ ሰማዕታት ፡ ዘእንበለ ፡ ምሕረት ፤ በዘይወግሮሙ ፡ ውስተ ፡ ባሕር ፡ ወቦ ፡ ዘይሁቦሙ ፡ ለአራዊት ፡ ወቦ ፡ በአፈ ፡ ሰይፍ ፡ ወቦ ፡ ለእውዕዮ ፡ በእሳት ። ወከነ ፡ ያመዘብሮሙ ፡[8] ለአብያተ ፡ ክርስቲያናት ፡ ወያውዒ ፡ በእሳት ፡ መጻሕፍተ ፡ ቅዱሳተ ፡ ወያኔሥኦሙ ፡ ለአብያተ ፡ አማልክት ፡[9] እለ ፡

[1] A መጽአ ፡
[2] Ces mots manquent dans les deux mss.
[3] Mss. ወባሕቲ ፡
[4] A ወምክስ″ ፡
[5] Mss. ወይገብር ፡
[6] A ከሐዲ ፡ B ከሀዲ ፡
[7] B ወፈርኔቄ ፡
[8] A ያመዘብብሮሙ ፡

ንህሉ ፤ ወኢተራኅርኀ ፡ ላዕለ ፡ ዕኑሳት ፡ አንስት ፡ ወይሠጥቅ ፡ ከርሦን ፡
ወያወፅአሙ ፡ ለሕፃናት ፡ ወይሠውዖሙ ፡ ለአጋንንት ፡ ርኩሳን ፤ ወያጌብ
ሮሙ ፡ ለብዙኃን ፡ ከመ ፡ ያምልኩ ፡ ጣዖታተ ። ወዝንቱኒ ፡ ዓዲ ፡ ኢድኅ
ነ ፡ እመዓተ ፡ እግዚአብሔር ። እስመ ፡ ደዌ ፡ ሰዓል ፡[1] ኮነ ፡ ውስተ ፡ እንግድ
ዓሁ ፡ በትእዛዘ ፡ እግዚአብሔር ፡ ወኮነ ፡ ዘእንበለ ፡ ጥዒና ፡ ወቈስላ ፡[2] አባ
ላቲሁ ፡ ዘውስጥ ፡ ወፈልሁ ፡ ዕፀያት ፡ እኩያን ፡ ወኮነ ፡ ፄናሁ ፡ ፍጉገ ፡
ወኢይክል ፡ ሰብእ ፡ ይቅረብ ፡ ኀቤሁ ። ወወድቀ ፡ ውስተ ፡ ዝንቱ ፡ መቅሠ
ፍት ፡[3] ዐቢይ ፡ ወምንዳቤ ፡ ብዙኅ ፡ ወመተረ ፡ ተስፋ ፡ ሕይወት ፡ ወኢረ
ከበ ፡ ሎቱ ፡ ዕረፍተ ፡ እምብዝኀ ፡ ደዌ ። ወእምድኅረዝ ፡ አእምረ ፡ ወጠ
የቀ ፡ በእንተ ፡ ዘወድቀ ፡ ቦቱ ፡ ደዌ ፡ በእንተ ፡ ክርስቶስ ፡ አምላክ ፡ ዘበ
አማን ፡ በእንተ ፡ ዘአመንደቦሙ ፡ ለክርስቲያን ። ወሰበ ፡ አሠነየ ፡ አስተጋ
ብአተ ፡ ሐሊናሁ ፡ ዘውስጥ ፡ አዘዞሙ ፡ ለሥዩማን ፡ መኳንንቲሁ ፡ ከመ ፡
ያህድኡ ፡ ስደተ ፡ እምክርስቲያን ። ወሰበ ፡ ገብረ ፡ ዘንተ ፡ ፍቅረ ፡ ሰብእ ፡
ተአተተ ፡ እምኔሁ ፡ ደዌ ፡ ዘአምጽአ ፡ እግዚአብሔር ፡ ላዕሌሁ ፡ ወረከበ ፡
ጥዒና ። ወነበረ ፡ ፪ ፡ አውራኀ ፡ እምአመ ፡ ነስሐ ፡ እምኀጢአቱ ፡ ወኀለ
የ ፡[4] ዓዲ ፡ ከመ ፡ ያስተናሥእ ፡ ስደተ ፡ ላዕለ ፡ ክርስቲያን ፡ ወረስዖ ፡ ለዘፈ
ወሶ ፡ እምሕማም ፡ ዐቢይ ፡ ኢየሱስ ፡ ክርስቶስ ፡ እግዚእነ ፡ ወመድኅኒነ ፤
ወወጠነ ፡ ዓዲ ፡ ቅትለተ ፡ ክርስቲያን ፡ ወአቀመ ፡ አማልክተ ፡ ሐዲሳነ ፡
በሀገር ፡ ዐባይ ፡ አንጾኪያ ፡ ወተለወ ፡ ምግባረ ፡ አጋንንት ፡ ወሥራዩ ፡ ዘከ
ነ ፡ ይገብሮሙ ። ዳእሙ ፡ በጊዜሃ ፡ ተንሥአ ፡ ላዕሌሁ ፡ ፀብእ ፡ እምአርማ
ንያ ፡ ወዓዲ ፡ ኮነ ፡ ረኀብ ፡ ጽኑዕ ፡ በውስተ ፡ ኵሉ ፡ ሀገረ ፡ መንግሥቱ ፤
ወኢወፅአ ፡ ፍሬ ፡ ውስተ ፡ ገራውሂሆሙ ፡ ወኢተረከበ ፡ ምንተኒ ፡ ውስ
ተ ፡ መዛግብቲሆሙ ፡ ወኮኑ ፡ ውዱቃነ ፡ ወምውታነ ፡ በእንተ ፡ ኀጢአ ፡
መብልዕ ፤ ወአብዕልትኒ ፡ ኮኑ ፡ ነዳያነ ፡ እስመ ፡ ሰብእ ፡ አብራኪስ ፡ በርበ
ሮሙ ፡ ፍጡነ ። ወኮኑ ፡ ኵሉ ፡ ሰብእ ፡ ይበክዩ ፡ ወያስቆቅዉ ፡ መሪረ ፡
ወኀጥኡ ፡ ሕይወተ ፡ ወኢረከቡ ፡ ዘይቀብሮሙ ። ወሰብእ ፡ ጣዖትኒ ፡ እለ ፡
ይነብሩ ፡ ሀገረ ፡ ምዕራብ ፡[5] ኮኑ ፡ ምሉኣነ ፡ ብካይ ፡ ወኀዘን ፡ በእንተ ፡ ዘ
ኀጥእዎሙ ፡ ለዲዮቅልጥያኖስ ፡ ወለመክስምያኖስ ፡ ወልዱ ። ወፈነወ ፡
መክስንድዩስ ፡ ወልዶ ፡ ኀቤሆሙ ፤ ወአቀመ ፡ ዜናሁ ፡ ውስተ ፡ ውእቱ ፡

[1] Mss. ሰአል ፡
[2] A ወቈስለ ፡
[3] A መቅሠፈት ፡ B መቅሠት ፡
[4] Mss. ሀለየ ፡
[5] Mss. ምሥራቅ ፡

መከን ፤ እስመ ፡ ውእቱ ፡ ወልደ ፡ ከሓዲ ፡ ከነ ፡[1] ይትግህ ፡ ለአኅጉሎተ ፡
እልክቱ ፡ ወእምቀዳሚ ፡ ከነ ፡ ጕሕላዌ ፡ ይፈቅድ ፡ ያሥምር ፡ ለኵሎሙ ፡
ሰብአ ፡ ሮሜ ፤ ወአድለወ ፡[2] ለሃይማኖትነ ፡ ወአዘዘ ፡ ከመ ፡ ያቅልሉ ፡ ስደ
ተ ፡ እምክርስቲያን ፡ ወተመሰለ ፡ ውእቱ ፡ በአምሳለ ፡ እለ ፡ ያመልክዎ ፡
ለክርስቶስ ፤ ወወጠነ ፡[3] ከመ ፡ ይግበር ፡ ፍቅረ ፡ ለሰብእ ፡ ብዙኀ ፡ እምእ
ለ ፡ ቀደምዎ ፡ ዘከኑ ፡ ከማሁ ። ወእምድኅረ ፡ ኅዳጥ ፡ ዘመን ፡ ተጠየቀ ፡ ጕ
ሕሉቱ ፡ ወከነ ፡ ከመ ፡ አበዊሁ ፡ ከመ ፡ ተኵላ ፡ በውስተ ፡ ምኅባኡ ፤ ወፈ
ጸመ ፡ ጕሕሉተ ፡ አበዊሁ ፡ ወከሠተ ፡ እከያቲሁ ፡ ዘውስጥ ፡ ወከነ ፡ እቡ
ደ ፡ ወኢኀደገ ፡ ምንተኒ ፡ እምነ ፡ ኵሉ ፡ ርኵስ ፡ ወደንስ ። ወፈጸመ ፡ ኵ
ሎ ፡[4] ምግባረ ፡ ዘማውያን ፡ ወአኀጐሎሙ ፡ ለኵሉ ፡[5] ሰብእ ፡ ወለአንስት
ኒ ፡[6] እለ ፡ ቦን ፡ ምት ፡ ዘተወሰባ ፡ በሕግ ፡ ይሰክብ ፡ ምስሌሆን ፡ በገሃድ ፡
ወአከ ፡ በኅቡእ ፡ ዳእሙ ፡ በክሡት ፡ ወበጊዜሃ ፡ ይፌንዎን ፡ ኀበ ፡ አምታ
ቲሆን ። ወዓዲ ፡ ኢይፈቅድ ፡ ያዕርፎሙ ፡ እምነ ፡ ዐመፃ ፡ ዘከኑ ፡ ይገብሩ ፡
በሙ ፡ በትእዛዙ ። ወዓዲ ፡ ይነሥእ ፡ ንዋየ ፡ አብዕልት ፡ በብዙኀ ፡ ምክን
ያት ፡ ወለእለኒ ፡ አልቦሙ ፡ ምንተኒ ፡ ዘይሁቡ ፡ ይነሥእ ፡ ዘረከበ ፡ በኀቤሆ
ሙ ። ወለአእላፍ ፡ ብዙኃን ፡ ቀተሎሙ ፡ በእንተ ፡ ንዋዮሙ ፤ ወምግባራ
ትሰ ፡ ዘገብሮሙ ፡ ውእቱ ፡ ከሓዲ ፡[7] ኢይትፌጸም ፡ በነገር ። ወሰብአ ፡ ሀ
ገረ ፡ ሮሜሰ ፡ ኀጥኡ ፡ ዘገብሩ ፡ እስመ ፡ ገብረ ፡ በሙ ፡ ዘኢከነ ፡ እምልማ
ደ ፡ ሀገሮሙ ። ባሕቱ ፡ ፈርንስጣ ፡ ቅኑየ ፡ እግዚአብሔር ፡ ዘሠናይ ፡ ዜና
ሁ ፡ ዘፈጸመ ፡ ሑረቶ ፡ በጥበብ ፡ ወበለብዎ ፡[8] ፍቁር ፡ ወገባሬ ፡ ርትዕ ፡ ኵ
ሉ ፡ ሰብእ ፡ ይጼልዩ ፡ በእንቲአሁ ፡ ወይስእሉ ፡ ክቡራን ፡ ወኵሉ ፡ ሠራዊ
ት ፡ ወሐራ ። ውእቱ ፡ ዘሐነፃ ፡ ለሀገረ ፡ በራንጥያ ፡ ወሐረ ፡ ሑረተ ፡ ሠና
የ ፡ በርትዕ ፤ ወእምዝ ፡ አዕረፈ ፡ ወሐረ ፡ ኀበ ፡ እግዚአብሔር ፡ ወኀደገ ፡
ወልዶ ፡ ኅሩየ ፡ ዘውእቱ ፡ ቈስጠንጢኖስ ፡ ፍቁረ ፡[9] አምላክ ፡ ክቡር ፡ መ
ብርሂ ፡ በጽድቅ ፡ ወረሰዮ ፡ ንጉሠ ፡ እኃዜ ፡[10] ሀየንቴሁ ። ወዝንቱ ፡ ክቡር ፡
ሥሉሳዊ ፡ ብፁዓዊ ፡ ገብረ ፡ ሥምረተ ፡ እግዚአብሔር ፡ በኵሉ ፡ ጊዜ ፤ ወ
ከነ ፡ ያፈቅር ፡ ኵሎ ፡ ሰብአ ፡ ዘውስተ ፡ ወንግሥቱ ፡ ወይገብር ፡ ሠናያተ ፡
ለኵሉ ፡ ወፈጸመ ፡ ኵሎ ፡ መዋዕለ ፡ መንግሥቱ ፡ በሀድአት ፡ ወበፅንዕ ፡

[1] Mss. ውእቱ ፡ ከነ ፡ ወልደ ፡ ከሐዲ ፡ ከነ ፡

[2] Mss. ወአድላዌ ፡

[3] A ወጠነ ፡

[4] ኵሎ ፡ manque dans B.

[5] A ለኵሎሙ ፡

[6] A ወለአንንስትኒ ፡

[7] A ከሐዲ ፡ B ከሀዲ ፡

[8] A ወበለዎ ፡

[9] Mss. ወፍቁረ ፡

[10] Mss. እኀዜ ፡

Jean de Nikiou. 10

ወበንጽሕ ፤ ወከነ ፡ ዐቢየ ፡ በቅድመ ፡ እግዚአብሔር ፡ ሐያው ፡ እስከ ፡ ለዓለም ። ወሐራኒ ፡ ወኵሉ ፡ ሠራዊት ፡ የአኰትዎ ፡ እስመ ፡ ውእቱ ፡ ቀንአ ፡ ቅንአተ ፡ ሠናየ ፡ ለእግዚአብሔር ። ወተከሥተ ፡ በመዋዕሊሁ ፡ ብርሃን ፡ ወጥበብ ፡ መሲሓዊት ፡[1] ዕንዕት ፡ ወርትዕት ፡ ወፍቅረ ፡ ሰብእ ፡ ወትዕግሥት ። ወኢይትዌከፍ ፡ ኀቤሁ ፡ ነገረ ፡ ዐላውያን ፡ ግሙራ ፤ ባሕቱ ፡ ለኵሉ ፡ ዘከኑ ፡ ታሕተ ፡ ሥልጣኑ ፡ ረሰዮሙ ፡ ይትቀነዩ ፡ ለእግዚአብሔር ፡ ወኢገብረ ፡ ምንተኒ ፡ እምነ ፡ ዐመፃ ። ወዓዲ ፡ ኢተዐገሠ ፡ ከመ ፡ ይኅድጎን ፡ ለአብያተ ፡ ክርስቲያናት ፡ ዘተነሥታ ፡ ዘእንበለ ፡ ይሕንጾን ። ወዓዲ ፡ ኢኀደገ ፡ ምንተኒ ፡ ዘይትቃወማ ፡ ለአምልኮተ ፡ እግዚአብሔር ፡ ቅድስት ፡ መሲሓዊት ፡[2] ዘተቀብአ ፡ ቦቱ ፡ ከመ ፡ ይኩን ፡ ንጉሠ ፡ በሠናይ ፡ ወበህድአት ። ወረሰዮ ፡ ለሉኪዮስ ፡ ምተ ፡ እኅቱ ፡ ቍስጥንጥና ፡ ሱታፌ ፡ መንግሥት ፡ ዘሀገረ ፡[3] ሮሜ ። ወዘንቱኒ ፡ ኢከነ ፡ ኅጡአ ፡ ምንተኒ ፡ እምትሩፋተ ፡ ቈስጠንጢኖስ ፡ ንጉሥ ፡ ራትዕ ፤ እስመ ፡ ውእቱ ፡ አምሐሎ ፡ መሐላ ፡ ዐቢየ ፡ ወመፍርሀ ፡ ከመ ፡ ይግበር ፡ ርትዐ ፡ ወኢየአብስ ፡ ላዕለ ፡ እግዚእነ ፡ ኢየሱስ ፡ ክርስቶስ ፡ ወላዕለ ፡ እለ ፡ ይትቀነዩ ፡ ሎቱ ። ወበውእቱ ፡ ዘመን ፡ መጽአ ፡ መክስምያኖስ ፡ ከሓዲ ፡[4] እምሥራቅ ፡ ዘሀሎ ፡ ላዕሌሁ ፡ ሰይጣን ፡ ዘይትቃረኖ ፡ ለእግዚአብሔር ። እስመ ፡ ውእቱ ፡ ነሥአ ፡ መንግሥተ ፡ ምሥራቅ ፡ ለባሕቲቱ ፡ ወመከረ ፡ ከመ ፡ ይቅትሎ ፡ ለንጉሥ ፡ ራትዕ ፡ ቈስጠንጢኖስ ፡ ወኢፈቀደ ፡ ከመ ፡ ይግበር ፡ መጽሐፈ ፡ መልእክት ፡ ኀበ ፡ ቈስጠንጢኖስ ፡[5] በማኅተም ። እስመ ፡ ውእቱ ፡ ይገብር ፡ ፀብአ ፡ ውስተ ፡ ኵሉ ፡ አህጉር ፡ ወአድያም ፡ ዘታሕተ ፡ ሥልጣኑ ፡ [ለሊኪኖስ ፡ እስከ ፡][6] ሀገረ ፡ ቍስጥንጥንያ ፡ ወኢከነ ፡ ይክል ፡ ተኀይሎቶሙ ። ወቈስጠንጢኖስሰ ፡ መምለኬ ፡ እግዚአብሔር ፡ ወሊኪኖስ ፡ ምታ ፡ ለእኅቱ ፡ ተደለዉ ፡ ፪ሆሙ ፡ ለተፃብኦተ ፡ እልክቱ ፡ ዐላውያን ። ቈስጠንጢኖስኒ ፡ ሖረ ፡ ለተፃብኦተ ፡ መክሲጦስ ፡ ዘሀሎ ፡ ውስተ ፡ ሀገረ ፡ ሮሜ ፤ ወሊኪኖስ ፡ ሖረ ፡ ለተፃብኦተ ፡ መክስምያኖስ ፡ ከሓዲ ፡[7] ዘሀገረ ፡ ምሥራቅ ። ወሶበ ፡ አእመረ ፡ መክሲጦስ ፡ ምጽአተ ፡ ቈስጠንጢኖስ ፡ ቅኑየ ፡ እግዚአብሔር ፡ ሖረ ፡ በአሕማር ፡ ወቦአ ፡ ውስተ ፡ ፈለገ ፡ አጣልያ ፡ ዘየሐውር ፡ ኀበ ፡ ሀገረ ፡ ሮሜ ፡ ወገብረ ፡ ተንከተመ ፡ በግብር ፡ ጽኑዕ ፡ ከመ ፡ ይሑሩ ፡ ቦቱ ፡ መስተፃብኣን ፡ ወእለ ፡

[1] Mss. መሲሐዊት ፡
[2] Mss. መሲሐዊት ፡
[3] A ዘገረ ፡
[4] A ከሐዲ ፡ B ከሀዲ ፡
[5] A ቈስጠንጠንጢኖስ ፡
[6] Ces mots manquent dans les deux mss.
[7] Mss. ከሐዲ ፡

ይትልውዎ ፡ ወማእምራን ፡[1] እለ ፡ ይዜንውዎ ፡ ሰሚዖሙ ፡ እምሰይጣናት ፤
ውእቱሰ ፡ ኢያእምር ፡ ከመ ፡[2] ሀለወ ፡ ረድኤተ ፡ ክርስቶስ ፡ ላዕለ ፡ ቈስጠ
ንጢኖስ ፡ መምለኬ ፡ እግዚአብሔር ። ወሰበ ፡ ዐደወ ፡ መክሲጥስ ፡[3] ከሓ
ዲ ፡ ፈለገ ፡ አንጣልያ ፡ ወኵሎሙ ፡ እለ ፡ ምስሌሁ ፡ ወአፍራሲሁኒ ፡ ዘላ
ዕለ ፡ ድልዲይ ፡ ወዕኡ ፡ ቅድሜሁ ፡ እምቅድመ ፡ ምጽአቱ ፡ ለቈስጠንጢኖ
ስ ፡[4] መፍቀሬ ፡ እግዚአብሔር ። ወአመ ፡ መጽአ ፡ ቈስጠንጢኖስ ፡ ቆመ ፡
እምርኁቅ ፡ ወኢበአ ፡ ውስተ ፡ ፀብእ ፡ ባሕቱ ፡ ከነ ፡ ይጸንሕ ፡ እስከ ፡ ይሬ
ኢ ፡ ረድኤተ ፡ እግዚአብሔር ፤ ወአጽራርኒ ፡ ከኑ ፡ ይጸንሑ ፡ ወይትኀየሉ ።
ወእንዘ ፡ ሀሎ ፡ ቈስጠንጢኖስ ፡ በዘከመዝ ፡ ግብር ፡ ሰከበ ፡ ወኖመ ፡ እንዘ ፡
ኅዙን ፡ ውእቱ ፡ ወትኩዘ ፡ ልብ ፤ ወርእየ ፡ ራእየ ፡ በአምሳለ ፡ መስቀል ፡
ቅዱስ ፡ ውስተ ፡ ሰማይ ፡ ወጽሑፍ ፡ ላዕሌሁ ፡ መጽሐፍ ፡ ዘይብል ፤ እስ
መ ፡ በዝንቱ ፡ ትእምርተ ፡ መስቀል ፡ ትመውእ ። ወእምዝ ፡ ተንሥአ ፡ በ
ፍጡን ፡ ወጠነ ፡ ፀብአ ፡ ወተቃተለ ፡ ወሞአሙ ፡ ለእለ ፡ ይትቃወምዎ ፡
ወኢተርፈ ፡ ፩ ፡ እምኔሆሙ ፡ ወሠረዎሙ ፡ ለኵሎሙ ። ወእለ ፡ ሀለዉ ፡
ምስለ ፡[5] መክሲጥስ ፡ ርእሰ ፡ ሐራ ፡ ፈቀዱ ፡ ይጒየዩ ፡ ወይሑሩ ፡ ሀገረ ፡ ሮ
ሜ ፤ ተሰብረት ፡ በሙ ፡ ድልዲይ ፡ በትእዛዘ ፡ እግዚአብሔር ፡ ወተሰጥሙ ፡
ኵሎሙ ፡ ውስተ ፡ ዕመቀ ፡ ቀላይ ፤ ወከነ ፡ ትፍሥሕት ፡ ውስተ ፡ ሀገረ ፡
ሮሜ ፡ በእንተ ፡ ዘተሰጥሙ ፡ ከሓድያን ።[6] ወሠራዊተ ፡ መክስንጥስሰ ፡[7]
ወከቡራኒሁ ፡ ወሐራሁ ፡ ወኵሉ ፡ ትዕይንት ፡ ወሐራስያነ ፡ ገራህት ፡ ወሕ
ፃናት ፡ ኅቡረ ፡ ነሥኡ ፡ ማኅትወ ፡ ሠምዓት ፡[8] ወለብሱ ፡ አልባሰ ፡ ንጹሐ ፡
ወቅድወ ፡ ወወፅኡ ፡ ምስለ ፡ መዘምራን ፡ ለቀበላሁ ፡[9] ለገብረ ፡ እግዚአብ
ሔር ፡ ቈስጠንጢኖስ ፡ ንጉሥ ። ወአከ ፡ ባሕቲታ ፡ ዘተፈሥሐት ፡ ሀገረ ፡ ሮ
ሜ ፡ አላ ፡ ኵሎን ፡ አህጉራት ፡ ወአድያማት ፡ ወሀገረ ፡ ቍስጥንጥንያኒ ፡[10]
ምስሌሆን ፡ ኅቡረ ። ወቈስጠንጢኖስሰ ፡ ኢይትዐበይ ፡ በልቡ ፡ ወኢይት
ሜካሕ ፡[11] በእንተ ፡ ክብሩ ፡ ወመዊአቱ ፡ ከመ ፡ ካልኣን ፡[12] ነገሥት ፤ ዳእ
ሙ ፡ ከነ ፡ የዋሀ ፡ ወትሑተ ፡ ልብ ፡ ወየአኵቶ ፡ ለእግዚአብሔር ፡ ወይሴ
ብሖ ፡ ለእግዚኡ ፡ እግዚእ ፡[13] ኵሉ ፡ ኢየሱስ ፡ ክርስቶስ ፡ ንጉሠ ፡ ነገሥ

[1] Mss. ወለማእምራን ፡
[2] Mss. ኢየአምር ፡ ዘከመ ፡
[3] Mss. መክሰጢስ ፡
[4] A ለእስጢፋኖስ ፡ ለቈስጠንጢኖስ ፡
[5] A ምስሌሁ ፡
[6] Mss. ከሀድያን ፡
[7] Mss. ቈስጠንጢኖስስ ፡
[8] Mss. ሰማዓት ፡
[9] A ለቀበለሁ ፡
[10] B ቍስጥንጥያኒ ፡
[11] A ወኢይትመክሀ ፡
[12] Mss. ካልአን ፡
[13] A ወእግዚእ ፡

ት ፡ ወእግዚአ ፡ አጋእዝት ። ወእምዝ ፡ በአ ፡ ሀገረ ፡ ሮሜ ፡ በመዊእ ፡ ወሰገ
ዱ ፡[1] ሎቱ ፡ ኵሎሙ ፡ ሰብአ ፡ ሮም ፡ ወዕደው ፡ እለ ፡ ተርፉ ፡ እምቀትል ፡
ገረሩ ፡ ሎቱ ፡ ታሕተ ፡ ተአዝዞቱ ። ወእምዝ ፡ በአ ፡ ቈስጠንጢኖስ ፡ ው
ስተ ፡ ቅጽር ፡ እንዘ ፡ ይትቄጸል ፡ አክሊለ ፡ መዊእ ፡ ወተናገሮሙ ፡ ለኵ
ሎሙ ፡ ሰብእ ፡ በእንተ ፡ ኀይል ፡ ዘኮነ ፡ ሎቱ ፡ ወመዊአ ፡ ዘረከበ ፡ እምኀ
በ ፡ ራእይ ፡ ዘርእየ ፡ ውስተ ፡ ሰማይ ፡ በአምሳለ ፡[2] ርእየተ ፡ መስቀል ፡ ቅ
ዱስ ። ወሰሚዖሙ ፡ ሰብእ ፡ ኵሉ ፡ ብህሉ ፤ ዐቢይ ፡ ውእቱ ፡ አምላከ ፡[3] ክ
ርስቲያን ፡ ዘአድኅነ ፡ ኪያነ ፡ ወሀገረነ ፡ እምእደ ፡ ከሓድያን ።[4] ወበጊዜሃ ፡
አዘዘ ፡ ዐፂወ ፡ ቤተ ፡ አማልክት ፡ ወአርኅወ ፡ አናቅጸ ፡ ቤተ ፡ ክርስቲያና
ት ፡ አኮ ፡ በሮሜ ፡ ባሕቲታ ፡ አላ ፡ ውስተ ፡ ኵሉ ፡ አህጉር ። ወቅዱስኒ ፡
ሶልጴጥሮስ ፡[5] ሊቀ ፡ ጳጳሳት ፡ ዘሮሜ ፡ ኮነ ፡ ይጌሥጽ ፡ በተግሣጽ ፡ ሠና
ይ ፡ ወይሜህሮ ፡ ሃይማኖተ ፡ ንጽሕተ ። ወእምዝ ፡ ሖረ ፡ ለፀብእ ፡ አህጉ
ራተ ፡ ፋርስ ፡ ወሞአሙ ፤ ወሰበ ፡ ሞአሙ ፡ አንበሮሙ ፡ በሰላም ፡ ወአጽን
ዐ ፡ ላዕሌሆሙ ፡ አምኃ ፡ ምስለ ፡ ቀርን ፡ ዘይነፍሑ ፡ በቱ ፡ ለንጉሥ ። ወ
ተወከፎሙ ፡ ለኵሎሙ ፡ ክርስቲያን ፡ እለ ፡ ሀለዉ ፡ ህየ ፤ ወለመኳንንተ ፡
ሀገርሰ ፡ ወለኵሉ ፡ ሥዩማን ፡ ሠዐሮሙ ፡ ወሤመ ፡ ላዕሌሆሙ ፡ ዕደወ ፡
መሲሓውያነ ፡[6] ወሐነፀ ፡ አብያተ ፡ ክርስቲያናት ፡ ሠናያነ ፡[7] ውስተ ፡ ኵ
ሉ ፡ አህጉር ፡ ወአድያም ። ወዓዲ ፡ ፈነዎ ፡ ለእሙ ፡ እሌኒ ፡ ንግሥት ፡ መ
ፍቀሪተ ፡ እግዚአብሔር ፡ ከመ ፡ ትኅሥሥ ፡ ዕፀ ፡ መስቀል ፡ ክቡር ፡ ዘተሰ
ቅለ ፡ ቦቱ ፡ እግዚእነ ፡ ወመድኅኒነ ፡ ኢየሱስ ፡ ክርስቶስ ፡ ሎቱ ፡ ስብሐት ፡
በሀገረ ፡ ኢየሩሳሌም ፡ ቅድስት ፤ በመዋዕሊሁ ፡ ለብፁዕ ፡ አባ ፡ አይሊሙን ፡
ጳጳስ ፡ ዘኢየሩሳሌም ። ወሐነፀት ፡ ዓዲ ፡ መካነ ፡ ትንሣኤ ፡ ቅድስት ፡ በክ
ብር ፡ ወሐደሰት ፡ ሕንፃሃ ፡ ለኢየሩሳሌም ፡ ዘይኄይስ ፡ እምቀዳሚ ፡ ወሀ
ሎ ፡ እስከ ፡ ይእዜ ። ወቈስጠንጢኖስኒ ፡[8] ንጉሥ ፡ ዓዲ ፡ ሐነፀ ፡ ቤተ ፡ ክ
ርስቲያን ፡ በሀገረ ፡ ብራንጥያ ፡ መአድምተ ፡ ስን ፡ ወሠናይተ ፡ ራእይ ፤[9]
ወኢኮነት ፡ ይእቲ ፡ ንእስተ ፡ አምጣን ፡ አላ ፡ ልዕልተ ፡ ጥቀ ። ወእምድ
ኅረ ፡ ፈጸመ ፡ ሐኒጾታ ፡ [ለሀገረ ፡] ቍስጥንጥንያ ፡ ሰመያ ፡[10] በስሙ ፤ እስመ ፡
ይእቲ ፡ ኮነት ፡ ቅድመ ፡ ትሰመይ ፡ ብራንጥያ ። ወአፍቀረ ፡ ነቢረ ፡ ኀ

[1] Mss. ሰገዱ ፡
[2] A ወአምሳለ ፡
[3] A አምላክ ፡
[4] Mss. ከሐድያን ፡
[5] Mss. ሶል ፡ ጴጥሮስ ፡
[6] Mss. መሲሐውያነ ፡
[7] Mss. "ን ፡
[8] A "ኖስ ፡
[9] A ላህይ ፡ ወራእይ ፡
[10] Mss. ሐኒጾታ ፡ ሰመያ ፡ ቍስ" ፡

ቤሃ ፡[1] ወረሰያ ፡ ማኅደረ ፡ ለክርስቶስ ። ወዓዲ ፡ አስተጋብአ ፡ መጻሕፍተ ፡
ቅዱሳተ ፡ ወአንበሮን ፡ ውስተ ፡ አብያተ ፡ ክርስቲያናት ። ወእምዝ ፡ አስ
ተጋብአሙ ፡ ለቅዱሳን ፡ ፫፻፲ወ፰ ፡ በሀገረ ፡ ኒቅያ ፡ ወአቀመ ፡ ሃይማኖተ ፡
ኦርቶዶክሳዊተ ። አልቦ ፡ ዘይክል ፡ ይኅልቅዎ ፡[2] ሠናያተ ፡ ዘገብሮሙ ። ወ
ከነ ፡ ፩ ፡ ብእሲ ፡ መኰንን ፡ እመኳንንት ፡ ሠናያን ፡ ዘስሙ ፡ አብላዊዩስ ፡
ክርስቲያናዊ ፡ ገብረ ፡ በትግሀት ፡[3] ለአስተርእዮተ ፡ ዕፀ ፡ ክቡር ፡ ዘተሰቅ
ለ ፡ ቦቱ ፡ እግዚእነ ፡ ወመድኅኒነ ፡ ኢየሱስ ፡ ክርስቶስ ፡ ሎቱ ፡[4] ስብሐት ።
ወ፫፻ሰ ፡ ፲ወ፰ ፡ ዘተጋብኡ ፡ በኒቅያ ፡ አክበርዎ ፡ ለንጉሥ ፡ ቈስጠንጢኖ
ስ ፡ ቅኑየ ፡ እግዚአብሔር ፡ ወለእሙ ፡ ንግሥት ፡ እሌኒ ፡ መፍቀሪተ ፡ አ
ምላክ ፡ ወገብሩ ፡ ሎሙ ፡ ተዝካረ ፡ ዘይደልዎሙ ፡ ወጸሐፉ ፡ ክብሮሙ ፡
እምጥንት ፡ እስከ ፡ ፍጻሜ ። ወለኪኑስሰ ፡ ዘንሥአ ፡ መንግሥተ ፡ ምሥራ
ቅ ፡ ሰበ ፡ ሖረ ፡ ለተፃብአተ ፡ መክስምያኖስ ፡ ከሓዲ ፡[5] ወአእመረ ፡ ውእ
ቱ ፡ ዕልው ፡ ገባሬ ፡ እከይ ፡ ከመ ፡ መጽአ ፡ ኀቤሁ ፡ ወተፃብአ ፡ ወድቀታ
ተ ፡[6] መክስንጥስ ፡ ወተመውአቱ ፡ በእደ ፡ መምለኬ ፡ እግዚአብሔር ፡ ቈ
ስጠንጢኖስ ፡ ንጉሥ ፡ ወኀሠሠ ፡ ሰላመ ፡ እምለኪኑስ ። ወለኪኑስኒ ፡ ፈ
ነወ ፡ ኀበ ፡ ቈስጠንጢኖስ ፡ እንዘ ፡ ይብል ፤ ሳላመ ፡ ኀሠሠ ፡ መክስምያኖ
ስ ፡ ወተወከፈ ፡ ሃይማኖተ ፡ ክርስቲያን ፡ ክቡረ ፡ ወንጹሐ ፡[7] ወኀደገ ፡ ስ
ሕተቶ ፡ እንተ ፡ ከነት ፡ ምስሌሁ ፡ ወአቀመ ፡ ኪዳነ ፡ ምስሌየ ። ወቈስጠ
ንጢኖስኒ ፡ ፈነወ ፡ ከመ ፡ ይትወከፍዎ ። ወመክስሚኖስኒ ፡[8] ኀቢአ ፡ እከ
የ ፡ ወጕሕሉተ ፡[9] ውስተ ፡ ልቡ ፡ ለአከ ፡[10] መጽሐፈ ፡ መልእክት ፡ ኀበ ፡
ኵሎሙ ፡ ሥዩማን ፡ ታሕተ ፡ ሥልጣኑ ፡ ከመ ፡ ኢያሕምምዎሙ ፡ ለክርስ
ቲያን ። ወሰበ ፡ በጽሐ ፡ መልእክት ፡ ኀበ ፡ ሥዩማኒሁ ፡ አእመሩ ፡ ከመ ፡
ዝንቱ ፡ ግብር ፡ ኢኮነ ፡ በፈቃዱ ፡ ዳእሙ ፡ ከመ ፡ ሃይማኖቶሙ ፡ ለእለ ፡
ተሠልጡ ፡ ላዕሌሁ ፤ ወበእንተ ፡ ዝንቱ ፡ ኢኮነ ፡ ክቡረ ፡ በኀበ ፡ መኑሂ ፡
በእንተ ፡ ዘገብረ ፡ እኩየ ፡ ቅድመ ፡ ላዕለ ፡ ቅዱሳን ። ወንጉሥሰ ፡ ቈስጠን
ጢኖስ ፡ ኢከልአ ፡ መነሂ ፡ እምክርስቲያን ፡ ክቡራን ፡ ከመ ፡ ይግበሩ ፡ ጉባ
ኤያተ ፡ ወሐኒፀ ፡ አብያተ ፡ ክርስቲያናት ፤ ዳእሙ ፡ ከነ ፡ ዐቃቤ ፡ ሃይማኖ
ት ፡ መሲሓዊት ፡[11] ወጐየዩ ፡ እምአምልኮ ፡ ጣዖት ፤ ወከመዝ ፡ ይኤዝዝ ፡

[1] Mss. ሀየ ፡ ኀቤሃ ፡
[2] Mss. ይኖልቍ ፡
[3] A በትግሀት ፡
[4] A ዘሎቱ ፡
[5] Mss. ከሐዲ ፡
[6] A ውድቀታተ
[7] Mss. ክቡር ፡ ወንጹሕ ፡
[8] Mss. ወመክሰሚስኒ ፡
[9] B ወጕኅሉተ ፡
[10] Mss. ወለአከ ፡
[11] Mss. መሲሐዊት ፡

ለኵሉ ፡ ወይሜህር ፡ ከመ ፡ ይንበሩ ፡ አብያተ ፡ ክርስቲያናት ፡ በሰላም ፡ ወ
ይፃባእ ፡ በእንተ ፡ ሃይማኖት ፡ ርትዕት ። ክን ፡ ፩ ፡ ብእሲ ፡ ዘስሙ ፡ ገላስ
ዮስ ፡ እምሀገረ ፡ ማርሲማስ ፡ እንተ ፡ ይእቲ ፡ ቅርብት ፡ ለሀገረ ፡ ደማስቆ ፡
መጠነ ፡ አሐቲ ፡ ምዕራፍ ፡ ወምስሌሁ ፡ ብዙኃ ፡ ሰብእ ፡ እለ ፡ ያፈቅሩ ፡ አ
ምልከ ፡ ጣዖት ፡ እለ ፡ ይነብሩ ፡ ሀገረ ፡ እንጡኑልዮስ ፡[1] ዘሊባኖስ ። ወበ
ውእቱ ፡ ዘመን ፡ ተጋብኡ ፡ ውስተ ፡ መካነ ፡ ተውኔት ፡ ወነሥኡ ፡ ምስሌ
ሆሙ ፡ ሰብአ ፡ ምትሐት ፤ ውእቶሙ ፡ ወድዩ ፡ ማየ ፡ ቈሪረ ፡ ውስተ ፡ ፃሕ
ለ ፡ ብርት ፡ ዐቢይ ፡ ወአኃዙ ፡ ይሣለቁ ፡ ኵሎሙ ፡ እለ ፡ መጽኡ ፡ በጥም
ቀት ፡ ቅድስት ፡ ዘመሲሓውያን ።[2] ወወረደ ፡ ፩ ፡ ብእሲ ፡ እምእሉ ፡ ምትሐ
ታውያን ፡ ኀበ ፡ ውእቱ ፡ ማይ ፡ ወተጠምቀ ፤ ወሰበ ፡ ወፅአ ፡ እማይ ፡ አል
በስዎ ፡ ልብሰ ፡ ፀዐዳ ፤ እስመ ፡ ውእቱ ፡ ክነ ፡ ምትሐታዊ ፡ እምቅድመ ፡ ዝ
ንቱ ፡ ግብር ። ወእምድኅረ ፡ ወፅአ ፡ እማይ ፡ ኢፈቀደ ፡ ይግበር ፡ ግብረ ፡
ምትሐት ፡ ወተሣልቆ ፡ ዳግመ ። ዳእሙ ፡ ይቤ ፤ አነ ፡ እፈቅድ ፡ እሙት ፡
በክርስትናየ ፡ በእንተ ፡ ክርስቶስ ፤ ወይቤ ፡ አነ ፡ ርኢኩ ፡ ኃይለ ፡ ዐቢየ ፡
አመ ፡ ተሣለቁ ፡ በጥምቀት ፡ ቅድስት ፤ ወእምድኅረዝ ፡ ሖረ ፡ እመካነ ፡
ውእቱ ፡ ማይ ፡ ንስቲተ ፤[3] መልኡ ፡ መዓተ ፡ ወቍጥዓ ፡ ኵሎሙ ፡ እለ ፡ ሀ
ለዉ ፡ ህየ ፤ እስመ ፡ ውእቶሙ ፡ ክኑ ፡ መምለክያነ ፡ ጣዖት ፤ ወወረዱ ፡ እ
መካነ ፡ ተውኔት ፡ ወአኀዝዎ ፡ ለውእቱ ፡ ብእሲ ፡ ቅዱስ ፡ ወወገርዎ ፡ በ
አእባን ፤ ወነሥአ ፡ አክሊለ ፡ ስምዕ ፡ ዘኢይማስን ፡ ወተኈለቈ ፡ ምስለ ፡
ሰማዕታት ፡ ቅዱሳን ። ወመጽኡ ፡ አዝማዲሁ ፡ ምስለ ፡ ብዙኃ ፡ ክርስቲያ
ን ፡ ወነሥኡ ፡ ሥጋሁ ፡ ወቀበርዎ ፡ ውስተ ፡ ሀገር ፡ ወሐነፁ ፡ ላዕሌሁ ፡
ቤተ ፡ ክርስቲያን ፡ ኀበ ፡ ተቀብረ ፡ ሥጋሁ ። ወስሙ ፡ ለውእቱ ፡ ብእሲ ፡
ገላስዮስ ፤ እግዚአብሔር ፡ ይምሐረነ ፡ በጸሎቱ ። ወመክስምያኖስሰ ፡[4] ርኩ
ስ ፡ ኢኀደገ ፡ ስሕተታቲሁ ፡ እኩያት ፡ ወኢተእኀዘ ፡ በኀይለ ፡ ጽድቅ ፡ እ
ንተ ፡ አጥረይዋ ፡ እምእግዚአብሔር ፡ ነገሥት ፡ መፍቀርያነ ፡ አምላክ ፡
ወሖረቶሙ ፡ ሠናይ ፡ በትምህርቶሙ ፡ ወበለብዎቶሙ ። ወውእቱሰ ፡ ዕ
ልው ፡ ሀለየ ፡ ከመ ፡ ይግበር ፡ ፀብአ ፡ ምስለ ፡ ነገሥት ፡ መፍቀርያነ ፡ ክር
ስቶስ ፤ እስመ ፡ ሀሎ ፡ በላዕሌሁ ፡ ጋኔን ፡ ዘያስተአብዶ ፤ ወበእንተ ፡ ክብ
ር ፡ ዘኀጥአ ፡ ከመ ፡ ቀዳሚ ፡ ዘነበረት ፡ በኀቤሁ ፡ እንበለ ፡ መሥፈርት ፡ ኢ
ኅረየ ፡ ለርእሱ ፡ ዘይሰነአዎ ፡ ወይሜንዮ ፤ ወወጠነ ፡ በትዕቢተ ፡ ልብ ፡

[1] A እንጡልዮስ ፡
[2] Mss. ዘመሲሐውያን ፡
[3] Mss. ንስቲት ፡
[4] A ወምክስምያኖስሰ ፡

ወግዝፈተ ፡ ክሳድ ፡ ወወለጠ ፡ ኪዳነ ፡ ዘተካየደ ፡ ምስለ ፡ ለኪኑስ ፡ ወተግ
ሀ ፡ ከመ ፡ ይግበር ፡ ምግባረ ፡ ዘይከውን ፡ ለአሕጉሎቱ ፡ በፍርሃት ፡[1] ወ
ወለጠ ፡ ልበ ፡ ወአንሥአ ፡ ኵሎ ፡ ሰብአ ፡ ወሆከሙ ፡ ለኵሎሙ ፡ አህጉራ
ት ፡ ወለሥዩማን ፡ ዘታሕተ ፡ ሥልጣኑ ። ወአስተጋብአ ፡ አእላፈ ፡ ብዙኃ
ነ ፡ ከመ ፡ ይዕብአሙ ፡ ለነገሥት ፡ መፍቀርያነ ፡ አምላክ ፡ ወተወከለ ፡ ላዕ
ለ ፡ አጋንንት ፡ ዘተምህረ ፡ እምኔሆሙ ። ወእምአመ ፡ ወጠነ ፡ ፀብአ ፡ ርኅ
ቀ ፡ እምኔሁ ፡ ረድኤተ ፡ እግዚአብሔር ፡ ወለኪኖስኒ ፡ ሞአ ፡ ወቀተለ ፡
ኵሎ ፡ መስተፃብኣነ ፡ ዘከነ ፡ ይትዌከል ፡ ላዕሌሆሙ ፡ ወሐራሰ ፤ ወኵሉ ፡
ሠራዊት ፡ እለ ፡ ተርፉ ፡ ተጋብኡ ፡ ኀበ ፡ ለኪኖስ ፡ ወሰገዱ ፡ ታሕተ ፡ እገሪ
ሁ ። ወሶበ ፡ ርእየ ፡ መክስምያኖስ ፡ ዘንተ ፡ ጐየ ፡ በፍርሃት ፡ እስመ ፡ ው
እቱ ፡ ድኩመ ፡ ልብ ፤ ወወፅአ ፡ እማእከለ ፡ ፀብእ ፡ በኀፍረት ፡ ወበጽሐ ፡
ሀገሮ ። ወመልአ ፡ መዓተ ፡ ወቍጥዓ ፡ ላዕለ ፡ ካህናተ ፡ ጣዖት ፡ ወለነቢያ
ተ ፡ ሐሰት ፡ ወለማእምራን ፡ እስመ ፡ ውእቶሙ ፡ አምከርዎ ፡ ሠናየ ፡ ምክ
ረ ፤ ወበእንተዝ ፡ ቀተሎሙ ፡ ዘከነ ፡ ይትሜክህ ፡ በሙ ፡ ወይሬስዮሙ ፡[2] አ
ማልክተ ፤ ውእተ ፡ ጊዜ ፡ ጠየቀ ፡ ለሊሁ ፡ ከመ ፡ መስሕታን ፡ እሙንቱ ፡
ወኢይክሉ ፡ ተራድኦ ፡ በውስተ ፡ ፀብእ ፤ ወክሕዶሙ ፡ ለአጋንንት ፡ እለ ፡
ከኑ ፡ ይመርሕዎ ፡ በምክር ፡ ወቀተሎሙ ፡[3] ለመሠርያን ፡ እለ ፡ ይገብሩ ፡
እኩየ ። ወውእቱሰ ፡ ተሀከየ ፡ ለመድኀኒተ ፡ ነፍሱ ፤ ከነ ፡ ድኩመ ፡ ወኢ
ሰብሐ ፡ ለአምላከ ፡ ክርስቲያን ፡ ወኢተወክፈ ፡[4] ሕገ ፡ ወሠናያቲሁ ፡ ግሙ
ራ ። ወለኪኖስኒ ፡[5] አዘዘ ፡ ይፅብእዎሙ ፡ ለእለ ፡ ተርፉ ፡ በ፲ ፡[6] ዓመት ፡
እምስደቶሙ ፡ ለክርስቲያን ፡ ዘሰደዶሙ ፡ ዲዮቅልጥያኖስ ፡ አቡሁ ፡ ፀረ ፡
እግዚአብሔር ፤ በዝ ፡ ኵሉ ፡ ኑኀ ፡ መዋዕል ፡ ኢነስሐ ፡[7] ንስሓ ፡ ውክፍተ ፡
ወኢተሰፈወ ፡ ተስፉ ፡ መድኀኒት ። ወእምድኅረ ፡ ጐየ ፡ እምፀብእ ፡ ሐመ ፡
ሕማመ ፡ ልብ ፡ ወደከመ ፡ በብዙኅ ፡ ደዌ ፡ ዘመጽአ ፡ ኀቤሁ ፡ እምእግዚአ
ብሔር ፡ ወውዕየ ፡ ሥጋሁ ፡ በእሳተ ፡ ደዌ ፡ ወነደ ፡ ውእቱ ፡ እሳት ፡ ው
ስተ ፡ ከርሡ ፡ ወተወለጠ ፡ አርአያሁ ፡ ወማሰነ ፡ መለያልይሁ ፡[8] ወኀል
ቀ ፡ ኵሉ ፡ ዘከነ ፡ ውስተ ፡ ከርሡ ፡ ወአስተርአዩ ፡ አዕፅምቲሁ ፡ ወድኅረ ፡
ኵሉ ፡ ተመልሑ ፡ አዕይንቲሁ ። ወእንዘ ፡ ሀሎ ፡ በዘከመዝ ፡ ሥቃያት ፡
ወፅአት ፡ ነፍሱ ፡ እምሥጋሁ ። ወጠፍኡ ፡ እሉ ፡ ፫ ፡ አጽራረ ፡ እግዚአብ

[1] Mss. ወበፍርሃት ፡

[2] Mss. ወይረስዮሙ ፡

[3] Mss. ቀተሎሙ ፡

[4] Mss. መኢተወከፎ ፡

[5] B ወሎኪኖስኒ ፡

[6] Mss. ወበ፲ ፡

[7] Mss. ኢነስሑ ፡ ፡

[8] B መለያልዩሁ ፡

ሔር ፡ ዘውእቶሙ ፡ ዲዮቅልጥያኖስ ፡ ወ፪ ፡ ደቂቁ ። ወእምቅድመ ፡ ሞቱ ፡
አእመረ ፡ መክስምያኖስ ፡ ከሓዲ ፡[1] ዘበጽሐ ፡ ዝኩሉ ፡ በእንተ ፡ ዘዐለዎ ፡
ለክርስቶስ ፡ ወዘገብረ ፡ እኩየ ፡[2] ላዕለ ፡ ቅዱሳኒሁ ፡ መሲሓውያን ።[3] ወ
በውእቱ ፡ መዋዕል ፡ ነሥአ ፡ ለኪኖስ ፡ ለሀገረ ፡ ምሥራቅ ፡ ወኮነ ፡ ሥሉ
ጠ ፡ ላዕሌሃ ፡ ወላዕለ ፡ አድያሚሃ ፤ ወነበረት ፡ ቤተ ፡ ክርስቲያን ፡ በሀድአ
ት ፡ ወበሰላም ፤ ወሐደሰ ፡ ሕንፃሆን ፡ ምዕረ ፡ ዳግመ ፡ ወበርሀት ፡ ቤተ ፡
ክርስቲያን ፡ በብርሃኑ ፡ ክርስቶስ ። ወእምዝ ፡ ዓዲ ፡ ገባሬ ፡ እከይ ፡ ሰይጣ
ን ፡ ዘየኀሥሥ ፡[4] በኵሉ ፡ ጊዜ ፡ ከመ ፡ ይኄጥሙ ፡[5] ለኵሎሙ ፡ ምእመና
ን ፡ ከመ ፡ እንበሳ ፡ መሰጢ ፡ ዘይትሜየን ፡ በጥበብ ፡ ረቂቅ ፡ አስሐቶ ፡[6] ለ
ለኪኖስ ፡ ወረሰዮ ፡ ከመ ፡ ይርሣዕ ፡ ምግባረ ፡ ሠናያተ ፡ ዘቀዳሚ ፡ ወጸነ ፡
ከመ ፡ ይግበር ፡ ምግባረ ፡ እለ ፡ አዖሩ ፡ አዕይንቲሆሙ ፡ ወቀንአ ፡ ላዕለ ፡
ሑረቶሙ ፡ እኩይ ፡ ወኢኮነ ፡ ፍሡሐ ፡ ልብ ፡ ከመ ፡ ቀዳሚ ። ወውእቱ
ሰ ፡ ኢኮነ ፡ ነኪረ ፡ ቅድመ ፡ እምንጉሥ ፡ ቈስጠንጢኖስ ፡ ወድኅረ ፡ ረሥ
ዐ ፡ ለኪዳን ፡ ወለመሐላ ፡ ዘኮነ ፡ ማእከሌሆሙ ፡ ወገብረ ፡ ምክረ ፡ እኩየ ፡
ላዕለ ፡ ንጉሥ ፡ ዐቢይ ፡ ቈስጠንጢኖስ ፡ ከመ ፡ ይቅትሎ ። ዳእሙ ፡ ክርስ
ቶስ ፡ አምላኩ ፡ ዘበአማን ፡ ዘረወ ፡ ምክሮ ፡ ለለኪኖስ ፤[7] ቅድመሰ ፡ ኮነ ፡
ይሴብሖ ፡ ወየአኵቶ ፡ ለኢየሱስ ፡ ክርስቶስ ፤ አመሰ ፡ ክሕዶ ፡ መጠዎ ፡ ለ
ሞት ፡ መሪር ፡ ወኢያኅደጎ ፡ በእንተ ፡ ዘገብረ ፡ ኀፍረተ ። ወአኀዘ ፡ ለኪኖ
ስ ፡ ይስድዶሙ ፡ ለመሲሓውያን ፡[8] ወይፅብአ ፡ ለቈስጠንጢኖስ ፡ መፍቀሬ ፡
አምላክ ፡ በአምሳለ ፡ ከሓድያን ፡[9] እለ ፡ ቀደምዎ ፡ ዘደምሰሰ ፡[10] ዝክሮሙ ፡
እግዚአብሔር ። ወዓዲ ፡ ወጠነ ፡ ከመ ፡ ይንስቶሙ ፡ ለአብያተ ፡ ክርስቲያ
ናት ፡ ወይዕዐዎሙ ፡ ወይቅትሎሙ ፡ ለቅዱሳን ፡ ምእመናን ፤ ወለሐራኒ ፡
ጽኑዓን ፡ እመሲሓውያን ፡[11] አኅሠሮሙ ፡ ወለአብዕልትኒ ፡ ኰነኖሙ ። ወ
አንበረ ፡ ሥዩማነ ፡ ላዕለ ፡ ኵሉ ፡ አህጉር ፡ ወአድያም ፡ ከመ ፡ ያኅድግዎ
ሙ ፡ አምልኮተ ፡ እግዚአብሔር ፡ ቅድስት ፡ እንተ ፡ ይእቲ ፡ ዘክርስቲያን ፡
ከመ ፡ ኢይግበሩ ፡ ጸሎተ ፡ ለንጉሥ ፡ ራትዕ ፡ ቈስጠንጢኖስ ። ወሜጠሙ ፡
እምአምልኮተ ፡ እግዚአብሔር ፡ ኀበ ፡ አምልኮተ ፡ አጋንንት ፤ ወአብዝኀ ፡

[1] Mss. ክሒዲ ፡
[2] A ወበዘገብረ ፡ እኩ ፡
[3] Mss. መሲሒውያን ፡
[4] Mss. ወየኀሥሥ ፡
[5] Mss. የኀጥሙ ፡
[6] A አስሕቶ ፡
[7] Mss. ለሉኪኖስ ፡
[8] Mss. ለመሲሐ″ ፡
[9] Mss. ከሐድያን ፡
[10] Mss. ወደምሰሰ ፡
[11] Mss. እመሲሐ″ ፡

እከያተ ፡ ጥቀ ። ወቈስጠንጢኖስ ፡ ኢወለጠ ፡ ስብሐታተ ፡ ወስግደታተ ፡ ለ፩ ፡ እግዚአብሔር ፡ አምላክ ፡ ዘበአማን ፤ ወአስተጋብአ ፡ ብዙኀ ፡ ሠራዊተ ፡ ምስለ ፡ አክሬስስ ፡ ንጉሥ ፡ ዘሜም ፡ ውእቱ ፡ ዘከነ ፡ ጽኑዐ ፡ ወመፍቀሬ ፡ ሰብአ ፡ ወምእመነ ፡ እግዚአብሔር ። ወተንሥኡ ፡ ለፀቢአ ፡ አጽራሪሁ ፡ ለእግዚአብሔር ፡ ወከነ ፡ ይመርሖሙ ፡ እግዚእነ ፡ ወመድኀኒነ ፡ ኢየሱስ ፡ ክርስቶስ ፡ ምስለ ፡ ኀይል ፡ ዘኢያንቀለቅል ። ወቈስጠንጢኖስሰ ፡ ኢተራኀርኀ ፡ ላዕለ ፡ ለኪኖስ ፡ በእንተ ፡ ዘከነ ፡ ሐሙሁ ፤ ባሕቱ ፡ ጸንዐ ፡ በእንተ ፡ ሃይማኖት ፡ ቅድስት ፡ ዘኀደጋ ፡ ውእቱ ፡ ዐላዊ ፡ ወጸነ ፡ መንገለ ፡ ኢጋንንት ፤ ወበእንተዝ ፡ መጽአ ፡ ላዕሌሁ ፡ ፍጡነ ፡ በበቀል ፡ ወአውደቆ ፡ ውስተ ፡ ምድር ፡ ወለኵሎሙ ፡ ሐራሁ ፡ ሠረዎሙ ፡[1] በሞት ፡ እኩይ ፡ ወመሪር ። ወዝኵሉ ፡ ዘበጽሐ ፡ ረከቦ ፡ በእንተ ፡ ዘክሕዶ ፡ ለክርስቶስ ፡ ወበእንተ ፡ ዘዐመፀ ፡ መሐላ ፡ ወኪዳነ ፡ ዘከነ ፡ ማእከለ ፡ ቈስጠንጢኖስ ፡ ወማእከሌሁ ። ወእምዝ ፡ ነሥአ ፡ መንግሥተ ፡ ለኪኖስ ፡ ወረሰያ ፡ ፩ ፡ ምስለ ፡ መንግሥቱ ፤ ወዓዲ ፡ ነሥአ ፡ መንግሥተ ፡ ምሥራቅ ፡ ወምዕራብ ፡ ወመንግሥተ ፡ የማን ፡ ወፀጋም ። ወቦኡ ፡ ኵሉ ፡ ታሕተ ፡ ተእዛዘቱ ፡ ወገብረ ፡ ሰላመ ፡ ውስተ ፡ ኵሉ ፡ መካን ፡ ወተሰናአወ ፡ ምስለ ፡ ኵሉ ፡ ወተበፅዐ ፡ በኀበ ፡ ኵሉ ፡ ወአጽንዐ ፡ ኵሎ ፡ ወሰነ ፡ መንግሥቱ ፡ በርትዕ ፡ እስከ ፡ ገረሩ ፡ ሎቱ ፡ አጽራሪሁ ፡ ታሕተ ፡ ትእዛዙ ፡ በኀይሉ ፡ ለእግዚእነ ፡ ኢየሱስ ፡ ክርስቶስ ፡ ወልደ ፡ እግዚአብሔር ፡ አምላክ ፡ ዘበአማን ። ወለ፪ሂ ፡ ደቂቁ ፡ ረሰዮሙ ፡ ነገሥተ ፡ ዘውእቶሙ ፡ ቍስጥንጥንዩስ ፡ ወቀስጠስ ፡ በክብር ፡ ወበዕበይ ። ወእምዝ ፡ አዕረፈ ፡ እንበለ ፡ ኀዘነ ፡ ልብ ፡ ወሀከክ ፤ እስመ ፡ እግዚእነ ፡ ኢየሱስ ፡ ክርስቶስ ፡ አምላክ ፡ ዘበአማን ፡ ዐቀባ ፡ ለመንግሥቱ ፡ እስከ ፡ ሣልስ ፡ ትውልድ ። ወቀስጠስኒ ፡ ብፁዓዊ ፡ ከነ ፡ ከመ ፡ አቡሁ ፡ ወሐረ ፡[2] ሑረተ ፡ ሠናየ ፡ ወፈጸመ ፡ ኵሎ ፡ መዋዕሊሁ ፡ በትሩፋት ። ወእምድኅሬሁ ፡ ነሥኡ ፡ ሰብአ ፡ የመን ፡ አእምሮተ ፡ እግዚአብሔር ፡ ወበርሁ ፡ በብርሃነ ፡ ስብሐቲሁ ፡ ለእግዚእነ ፡ ኢየሱስ ፡ ክርስቶስ ፡ ሎቱ ፡ ስብሐት ፡ በምክንያተ ፡ አሐቲ ፡ ብእሲት ፡ ቅድስት ፡ ዘስማ ፡ ታአግንስጣ ። ወይእቲ ፡ ከነት ፡ ድንግልተ ፡ ወመንከሳይተ ፡ ዘዔወውዋ ፡[3] እምደብራ ፡ ዘሀለወት ፡ በወሰነ ፡ ሮሜ ፡ ወወሰድዋ ፡ ኀበ ፡ ንጉሠ ፡ የመን ፡ ወወሀብዋ ፡ ሎቱ ፡ አምኃ ። ወዛቲ ፡ ክርስቲያናዊት ፡ ከነት ፡[4] ባዕልት ፡ ጥቀ ፡ በጸጋ ፡ እግዚአብሔር ፡ ወትገብር ፡ ፈውሳተ ፡ ብዙኃተ ፤ ወለንጉ

[1] A ሠረውዎሙ ፡

[2] ወሐረ ፡ manque dans A.

[3] Mss. ዘዔወዋ ፡

[4] B ከነ ፡

ሠ ፡ ህንድሂ ፡ ሰሐበቶ ፡ ኀበ ፡ አሚን ፡ ወኮነ ፡ ክርስቲያናዌ ፡ ምስለ ፡ ኵሎሙ ፡ ሰብአ ፡ ህንድ ፡ በምክንያተ ፡ ዚአሃ ። ወእምዝ ፡ ሰአሎ ፡ ንጉሠ ፡ ህንድ ፡ ወእሊአሁ ፡ ለንጉሥ ፡ አኖሬዎስ ፡[1] መፍቀሬ ፡ አምላክ ፡ ከመ ፡ ይሚም ፡ ሎሙ ፡ ጳጳሰ ። ወበእንተዝ ፡ ተፈሥሐ ፡ ዐቢየ ፡ ፍሥሓ ፡[2] በእንተ ፡ በዊአቶሙ ፡ ኀበ ፡ ሃይማኖት ፡[3] ወተመይጠቶሙ ፡ ኀበ ፡ እግዚአብሔር ፤ ወሤመ ፡ ሎሙ ፡ ጳጳሰ ፡ ቅዱሰ ፡ ዘስሙ ፡ ታምንዮስ ፡ ዘይጌሥጾሙ ፡ ወይሜህሮሙ ፡ ወያጸንዖሙ ፡ ውስተ ፡ ሃይማኖተ ፡ ክርስቶስ ፡ አምላክነ ፡ እስከ ፡ ኮኑ ፡ ድልዋነ ፡ ለጥምቀት ፡ እንተ ፡ ይእቲ ፡ ልደት ፡ ዳግሚት ፡ በጸሎታ ፡ ለቅድስት ፡ ድንግል ፡ ታኦግንስጣ ፤ ወስብሐት ፡ ለእግዚእነ ፡ ኢየሱስ ፡ ክርስቶስ ፡ ገባሬ ፡ ተኣምራት ፡ ባሕቲቱ ፡ ወጸጋዌ ፡ ሀብታት ፡ ሠናያት ፡ ለእለ ፡ ይትዌከሉ ፡ ቦቱ ። ወከመዝ ፡ ኮነ ፡ ዓዲ ፡ በሀገረ ፡ እንድያ ፡[4] እንተ ፡ ይእቲ ፡ ህንድ ፡ ዐባይ ። እስመ ፡ ሰብአ ፡ ይእቲ ፡ ሀገር ፡ ኮኑ ፡ ቅድመ ፡ ተወክፍዎ ፡ ለ፩ ፡ ብእሲ ፡ ዘስሙ ፡[5] አፍሩዲጥ ፤ ውእቱ ፡ ኮነ ፡ ሐራዌ ፡ እምሀገረ ፡ ህንድ ፡ ወረሰይዎ ፡ ጳጳሰ ፡ ላዕሌሆሙ ፡ በመባሕተ ፡[6] አትናቴዎስ ፡ ሐዋርያዊ ፡ ሊቀ ፡ ጳጳሳት ፡ ዘእለእስክንድርያ ፡ ወበእንብሮ ፡ እድ ፤ ወውእቱ ፡ ነገሮ ፡ በእንተ ፡ ጸጋ ፡ ዘነሥእዋ ፡ እመንፈስ ፡ ቅዱስ ፡ ወዘከመ ፡ ረከቡ ፡ መድኀኒተ ፡ ነፍሰሙ ፡[7] በጸጋ ፡ ጥምቀት ፡ ቅድስት ፡ ወኮኑ ፡[8] ድልዋነ ፡ ለዛቲ ፡ ሀብት ። ወለቈስጠንጢኖስሰ ፡ ንጉሥ ፡ መፍቀሬ ፡ ክርስቶስ ፡ ኮነ ፡ ምስሌሁ ፡ መልአከ ፡ እግዚአብሔር ፡ ብርሃናዊ ፡ በኵሉ ፡ ጊዜ ፡ ወበኵሉ ፡ ሰዓት ፡ ይመርሖ ፡ ወይሜህሮ ፡ ትእዛዘ ፡ እግዚአብሔር ፡ እስከ ፡ ዕለተ ፡ ሞቱ ፡ ዝከርት ፤ ወዓዲ ፡ ያነቅሆ ፡ ለጸሎት ፡ እምነ ፡ ምስካቡ ፡ በኵሉ ፡ ዕለት ፤ ወኢኮነ ፡ ያስተርኢ ፡ ለመኑሂ ፡ እምነገሥት ፡ ዘእንበሌሁ ። ወእንዘ ፡ ሀሎ ፡ ይሬኢ ፡ ራእያተ ፡ ዘውስተ ፡ ሰማይ ፡ አዕረፈ ፡ በገድል ፡ ንጹሕ ፤ ኮነ ፡ ቍርባነ ፡ ለእግዚአብሔር ፡ ወሖረ ፡ ኀበ ፡ ዕረፍት ፡ ውስተ ፡ ሰማያት ።

ክፍል ፡ ፸፫ ።[9] ወዝንቱ ፡ ውእቱ ፡ አስማቲሆሙ ፡ ለደቂቀ ፡ ቈስጠንጢኖስ ፡ ንጉሥ ፡ ዐቢይ ፤ ቍስጥንጥዩስ ፡ ወቀስጠስ ፡ ወቍስጥንጥኑስ ። ወረ

[1] B አኖሬዎ ፡
[2] Mss. ፍሥሐ ፡
[3] A ሃይማኖቶሙ ፡
[4] A እስክንድርያ ፡
[5] A ዘስመ ፡
[6] Mss. በመጥባሕተ ፡
[7] Mss. ነፍሶሙ ፡
[8] Mss. ወኮነ ፡
[9] A ፸፱ ፡

ሰዩ ፡ መንግሥተ ፡ አቡሆሙ ፡ ፫ ፡ ክፍለ ፡ ወተዓፀዉ ። [1] ወወፅአ ፡ ፅፃሁ ፡
ለቍስጥንጥዩስ ፡ ሀገረ ፡ እስያ ፡ ወንግሠ ፡ ውስቴታ ፤ ወለቍስጥንጥኑስ ፡
ሀገረ ፡ ቍስጥንጥንያ ፡ ወነበረ ፡ በመንበረ ፡ አቡሁ ፤ ወቀስጠስ ፡ ነግሠ ፡
በሮሜ ፡ ሀገር ፡ ዐባይ ፡ ዘሮም ። ወኮነ ፡ ጽልእ ፡ ማእከለ ፡ ቀስጠስ ፡ [2] ወቍ
ስጥንጥኑስ ፡ በእንተ ፡ መንግሥት ፡ ወበእንተ ፡ አሕዛብ ፡ ዘኮኑ ፡ ታሕተ ፡
ሥልጣኖሙ ፤ ወአመ ፡ ተፃብኡ ፡ በበይናቲሆሙ ፡ ሞተ ፡ ቍስጥንጥኑስ ፡
በውስተ ፡ ፀብእ ። ወእምድኅረ ፡ ዝንቱ ፡ ነበረ ፡ ቀስጠስ ፡ በሮሜ ፡ ባሕቲ
ታ ፡ ወውእቱ ፡ ዘይኄኢስ ፡ እምክልኤሆሙ ፤ ወበሀገረ ፡ በራንጥያ ፡ እንተ ፡
ይእቲ ፡ ቍስጥንጥንያ ፡ ነግሠ ፡ ቍስጥንጥዩስ ። [3] ወበመዋዕሊሁ ፡ አስተር
አየ ፡ አርዮስ ፡ ወጸነ ፡ ውእቱ ፡ በሃይማኖቱ ፡ ወኮነ ፡ አርዮሳዌ ። ወበእን
ተ ፡ ዝንቱ ፡ ተንሥአ ፡ ሳዕለ ፡ ሮም ፡ ሰፍራርሰክዩስ ፡ ንጉሠ ፡ ፋርስ ፡ ወኮ
ነ ፡ ቀትል ፡ ብዙኅ ፡ ማእከሌሆሙ ፤ ወእምዝ ፡ ተዓረቁ ፡ ወኮነ ፡ ሰላም ፡
ወህድአት ፡ ወፍቅር ፡ ማእከለ ፡ ሮም ፡ ወፋርስ ። ወሰበ ፡ ተመይጠ ፡ ቍስ
ጥንጥንዩስ ፡ በሀገረ ፡ በራንጥያ ፡ ሐነፀ ፡ ተንከተመ ፡ በውስተ ፡ ፈለግ ፡ ዘ
ትሰመይ ፡ በይራምስ ፡ እንተ ፡ ይእቲ ፡ በኪልቅያ ፡ [4] በግብር ፡ ጽኑዕ ። ወ
በመዋዕሊሁ ፡ ዓዲ ፡ ወድቀት ፡ ሀገረ ፡ ኒቅያ ፡ ርእሰ ፡ አህጕራት ፡ ዘአበዊ
ነ ፡ ፫፻፲ወ፰ ፡ በድልቅልቅ ፡ ዐቢይ ፡ ዘኮነ ፡ በትእዛዘ ፡ እግዚአብሔር ፡ ከ
መ ፡ ኢይትጋብኡ ፡ አርዮሳውያን ፡ ውስቴታ ፡ ለአማስኖ ፡ ሃይማኖት ፡ ቅድ
ስት ፡ አርቶዶክሳዊት ፡ ዘአስተናበሩ ፡ አበዊነ ፡ ቅዱሳን ፡ ፫፻፲ወ፰ ፡ [5] ኤጲ
ስቆጶሳት ፡ ዘተጋብኡ ፡ ቅድመ ፡ በመዋዕለ ፡ ቈስጠንጢኖስ ፡ በዓለ ፡ [6] ዝከ
ር ፡ ሠናይ ፤ ወበእንተዝ ፡ ከልአሙ ፡ መዓተ ፡ እግዚአብሔር ። ወእምዝ ፡
አስተርአየ ፡ ትእምርት ፡ ውስተ ፡ ሰማይ ፡ ዘውእቱ ፡ መስቀል ፡ ቅዱስ ፡ ቀ
ዊሞ ፡ በመንፈቀ ፡ መዓልት ፡ መልዕልተ ፡ መካን ፡ ቅዱስ ፡ ኀበ ፡ ተሰቅለ ፡
ቦቱ ፡ መድኀኒነ ፡ ኢየሱስ ፡ ክርስቶስ ፡ እምቅድመ ፡ ምጽአቱ ፡ ለቄርሎስ ፡
ኤጲስ ፡ ቆጶስ ፡ ዘኢየሩሳሌም ፡ ወካልኣን ፡ [7] ጳጳሳት ፡ እለ ፡ ምስሌሁ ። ወ
እምዝ ፡ ጸሐፈ ፡ ቄርሎስ ፡ መጽሐፈ ፡ መልእክት ፡ ምስለ ፡ እሊአሁ ፡ ጳጳ
ሳት ፡ ወፈነዎ ፡ ኀበ ፡ ንጉሥ ፡ ቍስጥንጥንዩስ ፡ [8] በእንተ ፡ መንክር ፡ ዐቢ
ይ ፡ ወትእምርት ፡ ዐቢይ ፡ ዘአስተርአየ ። ወቀስጠስኒ ፡ ንጉሥ ፡ ቀንአ ፡ በ
እንተ ፡ ሃይማኖተ ፡ አቡሁ ፡ ወኢኮነ ፡ አድላዌ ፡ በሃይማኖተ ፡ እግዚአብ

[1] A ወተዓዕዉ ፡
[2] Mss. ቍስጥንጥንዩስ ፡
[3] B ቍስጥንጥንዩስ ፡
[4] A በኬልቅያ ፡
[5] A አበዊነ ፡ ቅዱሳን ፡ répétés.
[6] Mss. በዐለ ፡
[7] Mss. ወካልአን ፡
[8] Mss. ቈስጠንጢኖስ ፡

ሔር ፡ ወተመሰሎ ፡ ለእኁሁ ፡ ዘሞተ ፡ በውስተ ፡ ፀብእ ፤ ከነ ፡ ያነክሮ ፡
ወይጸልእ ፡ ለእኁሁ ፡ ዘነግሠ ፡ በእስያ ፡ በእንተ ፡ ዘኢዐቀበ ፡ ሃይማኖተ ፡
አቡሁ ፡ ቈስጠንጢኖስ ፡ መፍቀሬ ፡ አምላክ ፡ ወበእንተ ፡ ዘአስተናበረ ፡ ብ
ዙኀ ፡ ነገረ ፡ ለተቃውሞተ ፡ አትናቴዎስ ፡ ሐዋርያዊ ፡ ሊቀ ፡ ጳጳሳት ፡ ዘእ
ለእስክንድርያ ፡ ወበእንተ ፡ ዘሰደዶ ፡ እመንበሩ ፡ ለአሥምሮተ ፡ ሐራ ፡ ጥ
ቃ ፡ ዘውእቶሙ ፡ አርዮሳውያን ። ወኢከነ ፡ ቀሊለ ፡ ተጻልአቶሙ ፡[1] ወተ
ፈልጠቶሙ ፡ ለ፪ ፡ አኀው ፡ ነገሥት ፡ ቍስጥንጥንዩስ ፡ ወቀስጠስ ፤ አክ ፡ በ
እንተ ፡ ቀትለ ፡ እኁሆሙ ፡ ዘከነ ፡ ጽልእ ፡ ባሕቲቱ ፤ ዳእሙ ፡ በእንተ ፡
ቅዱስ ፡ አትናቴዎስ ፡ ሊቀ ፡ ጳጳሳት ፡ ዘእለእስክንድርያ ፡ ወበእንተ ፡ ዘኢ
ሖረ ፡ ሑረተ ፡ አቡሁ ፡ ወበእንተ ፡ ዘኢያሠምሮ ፡ ለእግዚእነ ፡ ኢየሱስ ፡
ክርስቶስ ፤ ወበእንተዝ ፡ አጽንዐ ፡ ላዕለ ፡ እኁሁ ፡ ጽልእ ። ወእንዘ ፡ ሀሎ ፡
በዘከመዝ ፡ ግብር ፡ አዕረፈ ፡ ቀስጠስ ፡ እንዘ ፡ ያሠምሮ ፡ ለእግዚአብሔር ፡
ወእንዘ ፡ ይረግሞ ፡ ለቍስጥንጥንዩስ ፡ እኁሁ ፡ በእንተ ፡ ምግባሩ ፡ እኩይ ።
ወእምድኅረ ፡ ሞተ ፡ ቀስጠስ ፡ ፈነወ ፡ ኀበ ፡ አትናቴዎስ ፡ ንጉሥ ፡ ቍስ
ጥንጥንዩስ ፡ መስፍነ ፡ ከመ ፡ ይቅትሎ ፡ ለአብ ፡ ክቡር ፡ ርእሰ ፡ ቤተ ፡ ክር
ስቲያን ። ቅድመሰ ፡ ከነ ፡ የዐቅቦ ፡ ቀስጠስ ፡ እምእከየ ፡ እኁሁ ፡ ወቍስጥ
ንጥንዩስ ፡ ከነ ፡ ይፈርሆ ፡ ለእኁሁ ፡ ወየኀብእ ፡ እከያተ ፡ ውስተ ፡ ልቡ ፤
ወእምድኅረ ፡ ሞተ ፡ እኁሁ ፡ ቀስጠስ ፡ አግሀደ ፡ ኵሎ ፡ ዘውስተ ፡ ልቡ ፡
ወፈቀደ ፡[2] ይቅትሎ ። ዳእሙ ፡ የማነ ፡ እግዚአብሔር ፡ ልዑል ፡ ሠወሮ ፡ ወ
ጎየ ፡ ወተኀብአ ፡ ወድኅነ ፡ እምኔሁ ። ወመስፍንሰ ፡ ዘተፈነወ ፡ ኀበ ፡ አ
ትናቴዎስ ፡ ሐዋርያዊ ፡ አንሥአ ፡ ሀከከ ፡ ላዕለ ፡ መሲሓውያን ፤[3] እስመ ፡
ውእቱ ፡ ከነ ፡ እምሕዝበ ፡ ማኒ ። ወበውእቱ ፡ መዋዕል ፡ ኢከኑ ፡ ባሕቲቶ
ሙ ፡ አርዮሳውያን ፡ ዘአንሥኡ ፡ ሀከከ ፡ ላዕለ ፡ ቤተ ፡ ክርስቲያን ፤ ወመነ
ናዊያንሂ ፡ ተንሥኡ ፡ በካልእ ፡ ገጽ ፡ ወአንሥኡ ፡ ስደተ ፡ ላዕለ ፡ ክርስቲ
ያን ፡ ወብዙኀ ፡ ሀከከ ፡ ወከዒወ ፡ ደም ። ወእምዝ ፡ ተንሥአ ፡ ፩ ፡ መስፍ
ን ፡ ጽኑዕ ፡ ላዕለ ፡ ሀገረ ፡ ሮሜ ፡ ዘስሙ ፡ መግንድዮስ ፡ ወነሥአ ፡ መንግ
ሥተ ፡ ጊዜ ፡ ዕርበተ ፡ ፀሐይ ፡ ዘእንበለ ፡ መባሕተ ፡ ቍስጥንጥንዩስ ፤ ወ
ሖረ ፡ ውስተ ፡ ሀገረ ፡ አውራቢ ፡ ወተቃተለ ፡[4] ምስለ ፡ ቍስጥንጥንዩስ ፡
ወሞቱ ፡ ብዙኃን ፡ ሰብእ ፡ እም፪ሆሙ ፡ ወድኅረ ፡ ሞተ ፡ መግንድዩስ ፡ ኀ
ያል ፡ ወሞአ ፡ ቍስጥንጥንዩስ ፡ ወተሠልጠ ፡ ላዕለ ፡ ኵሉ ፡ ዘከነ ፡ ለመግን

[1] B ተጻልአቶሙ ፡

[2] Mss. ፈቀደ ፡

[3] Mss. መሲሐ" ፡

[4] Mss. ወተቃተሉ ፡

ድዩስ ። ወሰበ ፡ ረከበ ፡ መዊአ ፡ ቍስጥንጥንዩስ ፡ ኢሰብሐ ፡ ለእግዚአብሔ
ር ፡ ከመ ፡ ነገሥት ፡ መሲሓውያን ፡[1] እለ ፡ እምቅድሜሁ ፤ ዳእሙ ፡ ይትል
ዎሙ ፡ ለአርዮሳውያን ፡ በኵሉ ፡ ግብሩ ። ወእምዝ ፡ አስተጋብአ ፡[2] ጉባኤ ፡
ኤጲስ ፡ ቆጶሳት ፡ ዘሐራ ፡ ጥቃ ፡ በሀገረ ፡ መንጠልያ ፡ እንተ ፡ ይእቲ ፡ አጣ
ልያ ፡ በምክረ ፡ እሉ ፡ ዐላውያን ፡ ዘመንኑ ፡ ሃይማኖተ ፡ አርቶዶክሳዊተ ፡[3]
ወከሕዱ ፡ አምልኮተ ፡ ሥሉስ ፡ ቅዱስ ፤ ወአገበሮሙ ፡ ከመ ፡ ይጽሐፉ ፡
መጽሐፈ ፡ ግዘት ፡ ላዕለ ፡ አትናቴዎስ ፡ ሐዋርያዊ ፡ ሊቀ ፡ ጳጳሳት ፡ ዘእለ
እስክንድርያ ፡ ምስለ ፡ እለ ፡ ይትልውዎ ፡ ኤጲስ ፡ ቆጶሳት ። ወዝውእቱ ፡
አስማቲሆሙ ፡ ለእለ ፡ ተሰዱ ፡ ምስለ ፡ አትናቴዎስ ፡ ሐዋርያዊ ፤ ሊዋርዮ
ስ ፡ ሊቀ ፡ ጳጳሳት ፡[4] ዘሮሜ ፡ ዘተሠይመ ፡ እምድኅረ ፡ ዩልዮስ ፡ ወዩልዩስ ፡
ምጥሮጶሊስ ፡ ዘገላትያ ፡ ወዱናስዮስ ፡ ምጥራን ፡ ዘአጣልያ ፡ ወአውኪናር ፡
ምጥራን ፡ ዘደሴተ ፡[5] ስድራንያ ፤ ወለአውሳንዮስ ፡ አርዮሳዊ ፡ ረሰይዎ ፡ ጳ
ጳሰ ፡[6] ለሀገረ ፡ አጣልያ ። ወ[ሰደደ ፡ ዓዲ ፡]ለአረጋዊ ፡ ክቡር ፡ ተአማኒ ፡ ኬ
ርጦስ ፡ ጳጳስ ፡ ዘምዕራብ ፤ ወዓዲ ፡ አምጽአሙ ፡ ለቅዱሳን ፡ ዘተጋብኡ ፡ በ
ኒቅያ ፡ ወሰደዶሙ ፡ እመናብርቲሆሙ ። ወእምዝ ፡ እንዘ ፡ ሀሎ ፡ በሮሜ ፡
ቍስጥንጥንዩስ ፡ ንጉሥ ፡ ተጋብኡ ፡ ኀቤሁ ፡ አንስት ፡ ክቡራት ፡ ወሰአልዎ ፡
በእንተ ፡ ሊዋርዩስ ፡ ሊቀ ፡ ጳጳሳት ፡ ከመ ፡ ይሚጦ ፡ እምስደቱ ፤ ወሜጦ ፡
ኀበ ፡ ሮሜ ። ወፈልክስሰ ፡ ረድአ ፡ ሊዋርዩስ ፡ ሊቀ ፡ ጳጳሳት ፡ ዘተሰናአወ ፡
ምስለ ፡ አርዮሳውያን ፤ ወረሰይዎ ፡ ሊቀ ፡ ጳጳሳት ፡ ድኅረ ፡ ስደተ ፡ እግዚ
እ ፡ ወሰበ ፡ ተመይጠ ፡ ሊዋርዩስ ፡ እግዚኡ ፡ ተዐበየ ፡ ላዕሌሁ ፡ ወጸልአ ፡
በእንተ ፡ ሢመቱ ፤ ወለውእቱኒ ፡ ሰደድዎ ፡ እምሮሜ ፡ ሀገረ ፡ ምዕራብ ፡
ከመ ፡ ይንበር ፡ በህየ ። ወበውእቱ ፡ መዋዕል ፡ ፈነዎ ፡ ቍስጥንጥንዩስ ፡ ለ
ጋልዮስ ፡ ወልደ ፡ እኁሁ ፡ እመንገለ ፡[7] ምሥራቅ ፡ በሌሊት ፤ እስመ ፡ ው
ቱ ፡ ተዓብአ ፡ ቅድመ ፡ ለመግንድዩስ ፡ ወቀተሎ ፡ ወከነ ፡ ክርስቲያናዌ ፡ በ
ኵሉ ፡ ሑረቱ ፤ ወእምድኅረ ፡ ቀተሎ ፡ ለኀያል ፡ ተመይጠ ፡ ኀበ ፡ ሀገረ ፡
ቍስጥንጥንያ ፡ ወቍስጥንጥንዩስ ፡ ሤሞ ፡ ንጉሠ ፡ ላዕለ ፡ ሀገረ ፡ ሮሜ ፡
ወፈነዎ ፡[8] ይንበር ፡ ኀቤሃ ። ወእምድኅረ ፡ በአ ፡ ገላልዮስ ፡ ኀበ ፡ ሮሜ ፡
መጽአ ፡ ዩልያኑስ ፡ እኁሁ ፡ በዓለ ፡ ስም ፡ እኩይ ፡ ሀገረ ፡ ቍስጥንጥንያ ፡

[1] Mss. መሲሐ″ ፡
[2] Mss. አስተጋብኡ ፡
[3] A ″ዊት ፡
[4] A ሊቀ ፡ ጳጳሳት ፡ ሊዋርዮስ ፡
[5] Mss. ዘደሴያተ ፡
[6] Mss. ወአውሳንድዮስ ፡ ወአርዮስ ፡ ረሰይዎሙ ፡ ጳጳሳተ ፡
[7] Mss. መንገለ ፡
[8] B ወፈነዎ ፡ ህየ ፡

እምሀገረ ፡ ቡጣ ፡ ኀበ ፡ ቍስጥንጥንዩስ ፡ ንጉሥ ፤ እስመ ፡ ውእቱ ፡ ቀተለ ፡
ብዙኃነ ፡ እምነ ፡ አዝማዲሁ ፡ ወፈርሀ ፡ ከመ ፡ ኢያስተዋድይዎ ፡ ኀበ ፡ ንጉ
ሥ ። እስመ ፡ ዝንቱ ፡ ዮልያኖስ ፡ ከነ ፡ ኀያለ ፡ ወጽኑዐ ፤ ነበረ ፡ ቅድመ ፡
አናጕንስጢስ ፡ በቤተ ፡ ክርስቲያን ፡ ኒቆምድያ ፤ ወከነ ፡ ተወላዋሌ ፡ በሃይ
ማኖተ ፡ ክርስቲያን ። ወጋሊኖስሰ ፡ ዘከነ ፡ ንጉሠ ፡ በሀገረ ፡ ሮሜ ፡ በትእ
ዛዘ ፡ ንጉሥ ፡ ቍስጥንጥንዩስ ፡ በእንተ ፡ ዘከነ ፡ ሐሙሁ ፡ ወበእንተ ፡ ዘሀ
ሎ ፡ ፍቅር ፡ ላዕሌሁ ፡ ነበረ ፡ ኀዳጠ ፡ መዋዕለ ፡ ወእምዝ ፡ ሞተ ። [1] ወዮል
ያኖስሰ ፡ ኀደገ ፡ አንብቦ ፡ መጻሕፍት ፡ ቅዱሳት ፡ ወተፀወነ ፡ ኀበ ፡ ሠራዊ
ት ፡ ወሊቃናተ ፡ ሮም ፡ ወአንገ ፡ ሥዕርተ ፡ ርእሱ ፡ ወከነ ፡ መስፍነ ፡ ዐቢ
የ ። ወእምዝ ፡ ተሠይመ ፡ ንጉሠ ፡ በሀገረ ፡ አውሩፓ ፡ ከመ ፡ ሕገ ፡ ክርስ
ቲያን ፡ በመባሕተ ፡ ቍስጥንጥንዩስ ፡ ንጉሥ ፤ ወኢተዐገሠ ፡ እስከ ፡ ያስተ
ቀጽልዎ ፡ አክሊለ ፡ መንግሥት ፡ በከመ ፡ ሕግ ፤ ዳእሙ ፡ ሖረ ፡ በስሕታተ ፡
ማእምራን ፡ ወባህለ ፡ መሠርያን ፡ ወከነ ፡ [2] ገብረ ፡ ለአጋንንት ፡ ወፈተወ ፡
ትዕቢተ ፡ ወአኀዘ ፡ ይግበር ፡ ፀብአ ፡ ምስለ ፡ ቍስጥንጥንዩስ ፡ ንጉሥ ።
ወሶበ ፡ አእመረ ፡ ዘንተ ፡ ቍስጥንጥንዩስ ፡ አስተጋብአ ፡ ብዙኀ ፡ ሠራዊተ ፡
እምነ ፡ አህጉራተ ፡ ሻም ፡ ወመጽአ ፡ ኀበ ፡ ሀገረ ፡ ቂልቅያ ፡ [3] ከመ ፡ ይፃባ
እ ፡ ምስለ ፡ ዩልያኖስ ፡ ወመሰሎ ፡ ከመ ፡ ይቀትሎ ። ወእንዘ ፡ ውእቱ ፡ ይ
ሔሊ ፡ ከመዝ ፡ ሐመ ፡ ወሞተ ፡ ቍስጥንጥንዩስ ፡ ወኢክህለ ፡ ከመ ፡ ይፈጽ
ም ፡ ሀልዮቶ ፡ በእንተ ፡ ዘአምጽአ ፡ ላዕሌሁ ፡ እግዚአብሔር ፡ እከያተ ፡ ከ
መ ፡ ይግባእ ፡ ውስተ ፡ መሬት ፡ እንተ ፡ እምኔሃ ፡ ወፅአ ። ወእምድኅረ ፡
አእመረ ፡ ዩልያኖስ ፡ በሞተ ፡ [4] ቍስጥንጥንዩስ ፡ ነሥአ ፡ መንግሥቶ ፤ ጸንዐ ፡
ወተኀየለ ፡ ፈድፋደ ፡ ወሜጠሙ ፡ ለጳጳሳት ፡ እለ ፡ ተሰዱ ፡ ኀበ ፡ መናብር
ቲሆሙ ። ወአትናቴዎስኒ ፡ ሐዋርያዊ ፡ አምጽአ ፡ እምስደት ፡ ወፈነዎ ፡ ኀ
በ ፡ ሀገሩ ፡ እስክንድርያ ፤ ወለማልድዮስ ፡ ኀበ ፡ አንጾኪያ ፤ ወለቄርሎስ ፡ ዘ
ጸሐፈ ፡ ተግሣጻተ ፡ ኀበ ፡ ኢየሩሳሌም ፤ ወለአሳንዮስ ፡ ወሉኪፉር ፡ ወለአ
ብልያኖስ ፡ ሜጠሙ ፡ ኀበ ፡ ምዕራብ ፤ ወለእለ ፡ ይመስልዎሙ ፡ ኀበ ፡ ቤተ ፡
ክርስቲያኖሙ ። ወእምድኅረ ፡ ኅዳጥ ፡ መዋዕል ፡ አግሀደ ፡ ኑፋቄያቲሁ ፡
ወዕልወታቲሁ ፡ በምክንያተ ፡ ፈለስፋ ፤ ለ፩ ፡ ስሙ ፡ ሊዋንዩስ ፡ ዘሀገረ ፡
አንጾኪያ ፡ ወለካልኡ ፡ ስሙ ፡ መክሲምዩስ ፡ እምሰብአ ፡ ሥራይ ፤ ሶበ ፡ ተ
ራድእዎ ፡ ወአጽንዕዎ ፡ ለዩልያኖስ ፡ ወዐፀወ ፡ [5] አብያተ ፡ ክርስቲያናት ፡

[1] A ሙቱ ፡
[2] Mss. ክነ ፡
[3] B ቂልቅልቅያ ፡
[4] Mss. በሞቱ ፡
[5] B እፀወ ፡

ወአርኀወ ፡ ቤተ ፡ አማልክት ፡ ወበርበረ ፡ ንዋያተ ፡ ክቡራተ ፡ ዘቤተ ፡ እግዚአብሔር ፡ ወወሀቦሙ ፡ ገሃደ ፡ ለመስሕታን ። ወእምዝ ፡ ተቃወሞሙ ፡ ለመምለክያነ ፡[1] ኢየሱስ ፡ ክርስቶስ ፡ ወሰመየ ፡ ርእሰ ፡ አሠርጋዌ ፡ ቤተ ፡ አማልክት ፡ ወገብረ ፡ መሥዋዕተ ፡ ምንንተ ፡ ለጣዖት ፡ ወአንደደ ፡ እሳተ ፡ ቅድመ ፡ ምሥዋዕ ፡ ዘአጋንንት ፡ ወአርኰሳ ፡ ለምድር ፡ በደመ ፡ መሥዋዕት ፡ ርኩስት ፡ ወአርኰሶ ፡ ለነፋስ ፡ በጢሰ ፡ ስብሒ ። ወፈነወ ፡ ኀበ ፡ ዐቢይ ፡ አትናቴዎስ ፡ ሐዋርያዊ ፡ በምክረ ፡ ሐነፋውያን ፡ ከመ ፡ ይቅትሎ ፤ ወውእቱኒ ፡ ኀደገ ፡ መንበሮ ፡ ወጐየ ፡ ወተኀብአ ፡ እምኔሁ ። ወተመሰሎ ፡ ለአቡሁ ፡ ሰይጣን ፡ ውእቱ ፡ ንጉሥ ፡ ዐላዊ ፡ ዘአጥፍአ ፡ መካናተ ፡ ቅዱሳተ ፡ ዘሐነፆን ፡ ንጉሥ ፡ ቈስጠንጢኖስ ፡ መፍቀሬ ፡ እግዚአብሔር ፡ ወረሰዮሙ ፡ ለኵሎሙ ፡ መካናት ፡ ቅዱሳት ፡ ማኅደረ ፡ ለአጋንንት ፡ ወቤተ ፡ ለጣዖታት ። ወተሠለጡ ፡ ላዕለ ፡ የዋሃን ፡ ክርስቲያን ፡ ወአኀዙ ፡ ይሳለቅዎሙ ፡ ወይትማሰጥዎሙ ፡ ወይቅትልዎሙ ፡ ወይገብሩ ፡ እኩየ ፡ ላዕሌሆሙ ፡ እስ ፡ ኀዳጠ ፡ መዋዕለ ፡ እላ ፡ ብዙኃት ፡[2] አዝማናተ ፤ ወከኑ ፡ ይጸርኍ ፡ ላዕሌሆሙ ፡ ከመ ፡ አራዊት ፡ እኩያን ፡ ወያደነግፅዎሙ ። በውእቱ ፡ ዘመን ፡ ምሉእን ፡[3] እከይ ፡ ወሰብአ ፡ ጣዖትሰ ፡ አንደዱ ፡ እሳተ ፡ ከመ ፡ ያውዕዩ ፡ ሥጋ ፡ ቅዱስ ፡ ዮሐንስ ፡ መጥምቅ ፤ ባሕቱ ፡ ኀይለ ፡ እግዚእነ ፡ ኢየሱስ ፡ ክርስቶስ ፡ ዘረወ ፡ ምክሮሙ ፡ ወርእዩ ፡ ራእየ ፡ ግሩመ ፡ እስከ ፡ ጐዩ ፡ ዐላውያን ፡ ኵሎሙ ። ወሀሎ ፡ ህየ ፡ ሰብአ ፡ እስክንድርያ ፡ ወነሥኡ ፡ ሥጋ ፡ ቅዱስ ፡ ዮሐንስ ፡ ወወሰድዎ ፡ ኀበ ፡ ሀገረ ፡ እስክንድርያ ፡ ወወሀብዎ ፡ በኀቡእ ፡ ለቅዱስ ፡ አትናቴዎስ ፡ ሊቀ ፡ ጳጳሳት ፡ እምቅድመ ፡ ጐይዮቱ ፤ ወውእቱ ፡ ወሰዶ ፡ ወአንበሮ ፡ ውስተ ፡ ፩ ፡ ቤተ ፡ መኰንን ፡ እምዐበይተ ፡ ሀገር ፡ በኀቡእ ፤ ወአእመሩ ፡ ኅዳጣን ፡ ካህናት ፡ ለዝንቱ ፡ ምስጢር ፡ ወታኦፊሎስ ፡ ሊቀ ፡ ጳጳሳት ፡ ሣልዕ ፤ ወበውእቱ ፡ ዘመን ፡ ከነ ፡ አናጕንስጢስ ፡[4] ወመዘምረ ፡ አመ ፡ እምጽእዎ ፡ ለሥጋ ፡ ቅዱስ ፡ ዮሐንስ ። ወእምድኅረ ፡ አትናቴዎስ ፡ ከነ ፡ ሊቀ ፡ ጳጳሳት ፡ ጴጥሮስ ፡ ወእምድኅረ ፡ ጴጥሮስ ፡ ጢሞቴዎስ ፡ እኁሁ ፡ አክሪሙን ፡ ዘትርጓሜ ፡ ስሙ ፡ ዘእልበ ፡ ጥሪት ፤ ወእምድኅረ ፡ ጢሞቴዎስ ፡ ታኦፊሎስ ፡ ዘነሠተ ፡ ቤተ ፡ አማልክት ፡ ዘስማ ፡ አራሙ ፡ ወረሰያ ፡ ቤተ ፡ ክርስቲያን ። ወዕንዕት ፡ ይእቲ ፡ ወነዊኅ ፡ ቆማ ፡ ወሥርግውት ፡ ጥቀ ፤ ወረሰያ ፡ ማኅደረ ፡ ለሥጋ ፡ ቅዱስ ፡ ዮሐንስ ፡ መጥምቅ ፡ በክብር ። ወተብህለ ፡ ዓዲ ፤ ወእምድኅረ ፡ ብዙኅ ፡ መዋዕል ፡

[1] A "ኪያነ ፡

[2] Mss. ብዙኃት ፡

[3] Mss. ምሉአነ ፡

[4] B አናጕስጢስ ፡

ንሥአ ፡ ታኦፊሎስ ፡ ለሥጋ ፡ ቅዱስ ፡ ዮሐንስ ፡ ምስለ ፡ ርእሱ ፡ ወአንበራ ፡ ውስተ ፡ መቃብር ፡ ዘተሐንፀት ፡ በውሣጤ ፡ ቤተ ፡ ክርስቲያን ፤ ወገብረ ፡ ትፍሥሕተ ፡ ብዙኀ ፡ ወበዓለ ፡[1] ስቡሐ ፤ ወሰብአ ፡ ሀገርኒ ፡ ተመክሑ ፡ በቱ ፡ ወአክበርዎ ፡ በውዳሴ ።

ክፍል ፡ ፳፱ ።[2] ወተብህለ ፡ በእንተ ፡ ቅዱስ ፡ ታኦፊሎስ ፡ ሊቀ ፡ ጳጳሳት ፡ ዘእለእስክንድርያ ፡ እስመ ፡ ውእቱ ፡ ኮነ ፡ እምሰብአ ፡ ሀገረ ፡ መኑፍ ፡ እንተ ፡ ይእቲ ፡ ሀገረ ፡ ፈርዖን ፤ ቅድመሰ ፡ ትሰመይ ፡ አርጋድያ ፤ ወውእቱ ፡ እምዘመደ ፡ ክርስቲያን ። ወሀለወት ፡ ሎቱ ፡ እኅት ፡ ንእስት ፡ ወአሐቲ ፡ አመት ፡ ኢትዮጵያዊት ፡ ዘኮነት ፡ ለአበዊሁ ፤ ወኮኑ ፡ ድኩቱማነ ፡ ወውእቱ ፡ ኮነ ፡ ንኡሰ ፡ በዓመታቲሁ ፡[3] ወበአካላቲሁ ።[4] ወበአሐቲ ፡ ሌሊት ፡ እምለያልይ ፡ ጊዜ ፡ ጎሕ ፡ አኀዘት ፡ እዴሆሙ ፡ ይእቲ ፡ አመት ፡ ለሕፃናት ፡ ወአብአቶሙ ፡ ውስተ ፡ ቤተ ፡ አማልክት ፡ ርኩሳን ፡ ዘአርዴምስ ፡ ወአጵሎን ፡ ለገቢረ ፡ ጸሎት ፡ በከመ ፡ ስሕተቶሙ ። ወሶበ ፡ ቦኡ ፡ እሙንቱ ፡ ሕፃናት ፡ ወድቁ ፡ አማልክት ፡ ውስተ ፡ ምድር ፡ ወተቀጥቀጡ ፤ ወበእንተ ፡ ዝንቱ ፡ ፈርሀት ፡ ይእቲ ፡ አመት ፡ ወነሥአቶሙ ፡ ለሕፃናት ፡ ወሖረት ፡ ወጐየት ፡ ሀገረ ፡ ኒቅዩስ ፡ እስመ ፡ ፈርሀቶሙ ፡ ለካህናተ ፡ ጣዖት ፡ ርኩሳን ። ወፈርሀት ፡ ዓዲ ፡ እምሰብአ ፡ ኒቂዩስ ፡ ከመ ፡ ኢያግብእዋ ፡ ኀበ ፡ ካህናተ ፡ ጣዖት ፡ ወአጕየየቶሙ ፡ ለሕፃናት ፡ ወበጽሐት ፡ ሀገረ ፡ እስክንድርያ ። ወሶበ ፡ ሆከታ ፡ ሕሊና ፡ አምላካዊት ፡ ወኀደረ ፡ ላዕሌሃ ፡ ጸጋ ፡ እግዚአብሔር ፡ ወነሥአቶሙ ፡ ለሕፃናት ፡ ወአብአቶሙ ፡ ኀበ ፡ ቤተ ፡ ክርስቲያን ፡ ከመ ፡ ታእምር ፡ ወትጠይቅ ፡[5] ግብረ ፡ ምስጢሮሙ ፡ ለክርስቲያን ። ወበጊዜሃ ፡ ከሠተ ፡ ሎቱ ፡ እግዚአብሔር ፡ ለአብ ፡ አትናቴዎስ ፡ ሊቀ ፡ ጳጳሳት ፡ ዘእለእስክንድርያ ፡[6] ግብሮሙ ፡ ለሕፃናት ፡ አመ ፡ በአቶሙ ፡ ውስተ ፡ ቤተ ፡ ክርስቲያን ፡ ወምቅዋሞሙ ፡ ኀበ ፡ መካነ ፡ ተግሣጽ ። ወአዘዘ ፡ ከመ ፡ ይዕቀብዎሙ ፡ ለሠለስቲሆሙ ፡ እስከ ፡ ይፌጽሙ ፡[7] ቅዳሴ ። ወእምድኅረ ዝ ፡ አምጽእዎሙ ፡ ኀበ ፡ ቅዱስ ፡ አትናቴዎስ ፡ ለሕፃናት ፡ ወለአመት ፤ ወተስእላ ፡ ለአመት ፡ ወይቤላ ፤ ምንትኑ ፡ ዘገበርኪ ፡ ወለምንት ፡ ኢተራድእኪ ፡ አማልክት ፡ እለ ፡ አልበሙ ፡ ንባብ ፤ ባሕቱ ፡ ሶበ ፡ ርእይዎሙ ፡ ለ

[1] Mss. ወበዐለ ፡

[2] A ፹ ፡

[3] Mss. በዐመ″ ፡

[4] B ወአካላቲሁ ፡

[5] Mss. ወትጤይቅ ፡

[6] A ዘለእስ″ ፡

[7] B ይፈጽሙ ፡

ሕፃናት ፡ መንፈሳውያን ፡ ወድቁ ፡ ውስተ ፡ ምድር ፡ ወተቀጥቀጡ ፤ ወእ
ምይእዜ ፡ ይከውኑኒ ፡ ሊተ ፡ እሉ ፡ ሕፃናት ። ወሰበ ፡ ሰምዐት ፡ ይእቲ ፡ አ
መት ፡ ዘንተ ፡ አንከረት ፡ እምቃሉ ፡ ለቅዱስ ፡ በእንተ ፡ ዘአእመረ ፡ ኅቡእ
ተ ፡[1] ዘከነ ፡ ውስተ ፡ ቤተ ፡ አማልክት ፤ ውእተ ፡ ጊዜ ፡ ኢተክህላ ፡ ትክ
ሐድ ፡ ኵሎ ፡ ዘገብረት ፤ ባሕቱ ፡ ሰገደት ፡ ታሕተ ፡ እገሪሁ ፡ ወሰአለቶ ፡ ጥ
ምቀተ ፡ ክርስትና ፡ ቅድስት ። ወአጥመቆሙ ፡ ወረሰዮሙ ፡ ክርስቲያነ ፡
ወነሥኡ ፡ ብርሃነ ፡ ጸጋ ፡ ወከኑ ፡ ሐዲሳነ ። ወለወለትሰ ፡ ንእስት ፡ [ፈነ
ዋ ፡][2] ኀበ ፡ ደብረ ፡ ደናግል ፡ ከመ ፡ ትንበር ፡ ህየ ፡ እስከ ፡ ዘመነ ፡ ተዋስበ ፤
ወእምዝ ፡ አስተዋሰብዋ ፡ ለ፩ ፡ ብእሲ ፡ ዘእምሀገረ ፡ መሐሌ ፡ እንተ ፡ ይእ
ቲ ፡ በደቡበ ፡ ምስር ፡ ዘትሰመይ ፡ ቅድመ ፡ ዲዱስያ ፤ ወበህየ ፡ ተወልደ ፡
ቅዱስ ፡ ቄርሎስ ፡ ኮከብ ፡ ዐቢይ ፡ ዘአብርሀ ፡ ውስተ ፡ ኵሉ ፡ መካን ፡ በትም
ህርታቲሁ ፡ ለባሴ ፡ መንፈስ ፡ ቅዱስ ፡ ዘከነ ፡ ሊቀ ፡ ጳጳሳት ፡ እምድኅረ ፡
ቅዱስ ፡ ቲዮፍሎስ ፡[3] እኁወ ፡ እሙ ። ወለሕፃንሰ ፡ ቅዱስ ፡ ትዮፍሎስ ፡
እምድኅረ ፡ አጥመቅዎ ፡ ላጸዩ ፡ ርእሶ ፡ ወኆለቍዎ ፡[4] ምስለ ፡ አንባብያን ፡[5]
ወሤምዎ ፡ አናጕንስጢሰ ፤[6] ወሐፀንዎ ፡ በሠናይ ፡ በከመ ፡ ይደሉ ፡ ለቅዱ
ሳን ፡ ወልሀቀ ፡ ወከነ ፡ ወሬዛ ፡ እንዘ ፡ ያሠምሮ ፡ ለእግዚአብሔር ፡ ወተም
ሀረ ፡ ኵሎ ፡ መጻሕፍተ ፡ ቤተ ፡ ክርስቲያን ፡ ዘውእቶሙ ፡ እስትንፋሰ ፡ እ
ግዚአብሔር ፡ ወዐቀበ ፡ ሕገጋቲሆን ፤[7] ወእምዝ ፡ ሤምዎ ፡ ዲያቆነ ፡ ወ
ከነ ፡ ቀናኤ ፡ ጥቀ ፡ ለሃይማኖተ ፡ እግዚእነ ፡ ኢየሱስ ፡ ክርስቶስ ፡ በንጽሕ ፡
ወበቅድስና ።[8] ወእምድኅረዝ ፡ ለብሰ ፡ ልብሰ ፡ ክህነት ፡ ወከነ ፡ ርእሰ ፡ ወ
ነበረ ፡ ላዕለ ፡ መንበረ ፡ ማርቆስ ፡ ወንጌላዊ ፡ ሀገረ ፡ እስክንድርያ ። ወእ
ምድኅረ ፡ ከነ ፡ ሊቀ ፡ ጳጳሳት ፡ አብርሀ ፡ ኵሎ ፡ ሀገረ ፡ በብርሃነ ፡ ሃይማኖ
ቱ ፡ ቅድስት ፡ ወለኵሉ ፡ አህጕራተ ፡ ምስር ፡ ረሰዮሙ ፡ ርቱዓነ ፡ እምአም
ልከ ፡ ጣዖት ፡ ወአጥፍአ ፡ ኵሎ ፡ ዘይትጌበር ፡ ምስላተ ፡ በከመ ፡ ተነበየ ፡
በእንቲአሁ ፡ ቅዱስ ፡ አትናቴዎስ ፡ ሐዋርያዊ ።

ክፍል ፡ ፹ ።[9] ወምንዱብሰ ፡ ዮልያኖስ ፡ እንዘ ፡ ይሕንጽ ፡ መቅደሰ ፡ አ
ይሁድ ፡ ዘኢየሩሳሌም ፡ ዘነሠትዋ ፡ ሮም ፡ ወገብረ ፡ በህየ ፡ መሥዋዕተ ፡ እ

[1] Mss. ኅቡእተ ፡

[2] Manque dans les deux mss.

[3] A ቲዎ" ፡

[4] B ወኆለቍዎ ፡

[5] Mss. አንበብያን ፡

[6] B አናጕስጢስ ፡

[7] Mss. ሕጋቲሆን ፡ (mais dans A, il y avait primitivement ሕገጋቲሆን ፡).

[8] A ወቅድስና ፡

[9] A ፸ ፡

ሸመ፡ ውእቱ፡ ከነ፡ መፍቀሬ፡ ክዲወ፡ ደም። ወእግዚእነ፡ ኢየሱስ፡ ክ
ርስቶስ፡ ሎቱ፡ ሰብሐት፡ አብጠለ፡ ምግባራቲሁ፡ ወሥርዐታቲሁ። ወሰፋ
ርዋኪስ፡ ንጉሠ፡ ፋርስ፡ ዘከነ፡ ሰላማዌ፡ ወዘይሁብ፡ ግብረ፡ ለንጉሠ፡
ቍስጠንጢኖስ፡ መፍቀሬ፡ እግዚአብሔር፡ ተንሥአ፡ ከመ፡ ይግበር፡ ፀብ
አ፡ ምስለ፡ ሮማውያን። በውእቱ፡ ዘመን፡ ከነ፡ ቅዱስ፡ ሰማዕት፡ ዱማ
ድዮስ፡ ወፈጸመ፡ ገድሎ። ወእንዘ፡ ሀሎ፡ ንጉሥ፡ ዮልያኖስ፡ ፀረ፡ እ
ግዚአብሔር፡ ይገብር፡[1] መሥዋዕተ፡ ለአጋንንት። በሀገር፡ እንተ፡ ትሰ
መይ፡ ከስዩ፡ በአድያመ፡ አንጾኪያ፤ ወይእቲ፡ ርኅቅት፡ እምኔሃ፡ መጠነ፡
፳፡ ምዕራፍ፡ ወበውስቴታ፡ ሀሎ፡ አጽሎን፡ ጣዖት፤ ወእምዝ፡ ተንሥ
አ፡ ወሖረ፡ ለተዋብኦቱ፡ ፋርስ፡ ውእቱ፡ ወሠራዊተ፡ ሮም፡ ወምስሌሁ፡[2]
ኵሎሙ፡ ጋዜናውያን፡ ወማእምራን፡ መስሕታን፤ ወእንዘ፡ የኀልፍ፡ በ
ጽሐ፡ ኀበ፡ መካን፡ ስውር፡ ወርእየ፡ በህየ፡ ብዙኃን፡ ሰብአ፡ ዕደ፡ ወአን
ስተ፡ ወሕፃናተ፤ ወብዙኃን፡ ድውያን፡ ይትፌወሱ፡[3] በጸሎተ፡ ቅዱስ፡
ዱማድያኖስ፡[4] ገብረ፡ እምላክ፤ ወተስእለ፡ እንዘ፡ ይብል፤ ምንት፡ ውእ
ቱ፡ ጉባኤ፡ ዘእሬኢ። ወይቤልዎ፤ መነኮስ፡ ይገብር፡ መንክራተ፡[5] ወይፌ
ውስ፡ ድውያነ፤ ወለእልክቱ፡ ጉባኤ፡ ዘትሬእዮሙ፡ ክርስቲያን፡ እሙን
ቱ፡ ይንሥኡ፡ በረከተ፡ እምኔሁ፡ ወይትፌወሱ፡ በኀቤሁ። ወተምዐ፡ ዮ
ልያኖስ፡ ወፈነወ፡ ኀቤሁ፡ ፩፡ ሐራ፡ እንዘ፡ ይትሜየኖ፡[6] በቃል፡ ጽኑዕ፡
ወይቤሎ፤ ለእመ፡ ከነ፡ ኅድረትከ፡ ውስተ፡ ዛቲ፡ በአት፡ ከመ፡ ታሥምሮ፡
ለእምላክከ፡ በምንት፡ ፈቀድከ፡ ከመ፡ ታሥምሮሙ፡ ለሰብእ፡ ወለምንት፡
ኢተጋባእከ። ወአውሥአ፡ ቅዱስ፡ ዱማድያኖስ፡ ወይቤ፤ አንስ፡ ገደፍ
ኩ፡ ነፍስየ፡ ወሥጋየ፡ ውስተ፡ እዴሁ፡ ለእምላክ፡ ሰማይ፡ እምላክ፡ ዘበ
አማን፡ ኢየሱስ፡ ክርስቶስ፤ ወናሁ፡ ይእዜ፡ ከነኒ፡ ብዙኅ፡ ዓመታተ፡ እ
ምአመ፡ ዐፀውክዎ፡ ላዕሌየ፡ ለዛቲ፡ በአት፤ ወለእሉሂ፡ ጉባኤ፡ እለ፡
መጽኡ፡ ኀቤየ፡ በሃይማኖት፡ ኢይክል፡ አሰድዶሙ። ወሰሚዖ፡ ንጉሥ፡
አዘዘሙ፡ ለሐራሁ፡ ይዕፅዉ፡ አፈ፡ በአት፡ ላዕሌሁ፡ እስከ፡ ይመውት፡
አረጋዊ፡ ጻድቅ። ወከመዝ፡ ፈጸመ፡ ገድሎ፡ እመ፡ ፳ወ፫፡[7] ለሐምሌ፡ ወ
ነሥአ፡ አክሊለ፡ ስምዕ፡ ዘኢይማስን። ወበውእቱ፡ ከሐዲ፡[8] ዮልያኖስ፡

[1] Mss. እንዘ፡ ይገብር።

[2] Mss. ወምስሌሁ፡

[3] Mss. ይትፌወሱ፡

[4] A ዱማድዮስ፡

[5] Mss. መንክራት፡

[6] Mss. ይትመየኖ፡

[7] B ፳ወ፭፡ (mais la leçon primitive était aussi ፳ወ፫፡).

[8] Mss. ከሐዲ፡

ኢጐንደየ ፡ ላዕሌሁ ፡ በቀለ ፡ እግዚአብሔር ፤ ወሖረ ፡ ኀበ ፡ መጣዕወኞያን ፡
አለ ፡ ከማሁ ፡ ዘውእቶሙ ፡ ፋርስ ፡ ወሖረ ፡ ፍጡነ ፡ ወኢተመይጠ ፡ ደይ
አያ ፡ ለሮም ፡ ግሙራ ፤ ወኢከነ ፡ ሎቱ ፡ ከመ ፡ ነገርዎ ፡ ሐሳውያን ፡ እኍዘ፡
ይብሉ ፤ ተጋብእነ ፡ ንሕነ ፡ አማልክት ፡ አመ ፡ በአትከ ፡ ውስተ ፡ ፈለግ ፡ ለ
ተራድኦትከ ። ወውእቱሰ ፡ ምንዱብ ፡ ስሑተ ፡ በነገሮሙ ፡ ወኢክህለ ፡ ይ
ክሥት ፡ አፉሁ ፡ እምብዝኀ ፡ ንባቦሙ ፤ ወሰመይዎ ፡ ለውእቱ ፡ ፈለግ ፡ ፈ
ለገ ፡ እሳት ፡ በእንተ ፡ ዘሀለዉ ፡ ቦቱ ፡ አራዊት ፤ ወበእንተ ፡ ዝንቱ ፡ ቀሰ
ምየ ፡ በዝስም ። ወዮልያኖስሰ ፡ ጽንዐ ፡ ወቆመ ፡ በስሕተት ፡ ወሰመየ ፡ ርእ
ሶ ፡ መስተሣልቀ ፡ ለቃለ ፡ እግዚአብሔር ፤ እስመ ፡ ኮነ ፡ ይትዌከል ፡ በጣ
ዖታት ፡ ወይስእል ፡ እምአጋንንት ፡ አለ ፡ ኢይክሉ ፡ አድኅኖቶ ፡ ባሕቱ ፡
ከኑ ፡ [1] ያስሕትዎ ፡ በምግባራቲሆሙ ፡ ጽሩዓት ፤ እስመ ፡ ውእቶሙ ፡ ዘረ
ዉ ፡ [2] ልቡናሁ ፡ ወኮነ ፡ ፀረ ፡ ለእግዚአብሔር ፡ ፈጣሪ ፡ ስቡሕ ፡ ወለመድ
ኀኒነ ፡ ኢየሱስ ፡ ክርስቶስ ፡ ዘከዐወ ፡ ደሞ ፡ ህየንተ ፡ ብዙኃን ፡ ወኮነ ፡ መ
ሠረተ ፡ አማናዌ ፡ ለምእመናን ፡ ዘይትቤቀል ፡ ሎሙ ፡ በቀለ ፡ ለአግብርቲ
ሁ ፡ መሲሓውያን ። [3] እስመ ፡ ዮልያኖስ ፡ ከዐወ ፡ ደመ ፡ ብዙኃን ፡ ክርስቲ
ያን ፡ ወተቀትሉ ፡ በመዋዕሊሁ ፡ ብዙኃን ፡ ምእመናን ፡ ወገብረ ፡ ስደተ ፡
ጽኑዐ ፡ ላዕለ ፡ ዘይጼውዕ ፡ ስሞ ፡ ለክርስቶስ ። ወእንዘ ፡ ይሔሊ ፡ ውእቱ ፡
ከሓዲ ፡ [4] ከመ ፡ ይፃባእ ፡ ምስለ ፡ ፋርስ ፡ ወረደት ፡ በላዕሌሁ ፡ በቀል ፡ [5] እም
እግዚእነ ፡ [6] ኢየሱስ ፡ ክርስቶስ ፡ ወተቀትለ ፡ በእደ ፡ ገብሩ ፡ መርቆሬዎስ ፡
ሰማዕት ። ወበይእቲ ፡ ሌሊት ፡ እንተ ፡ ባቲ ፡ ተቀትለ ፡ ዝንቱ ፡ ርኩስ ፡
ዐላዊ ፡ ርእየ ፡ ራእያተ ፡ ቅዱስ ፡ ባስልዮስ ፡ ለባሴ ፡ አምላክ ፡ ኤጲስ ፡ ቆጶ
ስ ፡ ዘቂሳርያ ፡ ዘቀጳዶቅያ ። ወርእየ ፡ ሰማያተ ፡ ርኍዋተ ፡ ወእግዚእነ ፡ ኢ
የሱስ ፡ ክርስቶስ ፡ እንዘ ፡ ይነብር ፡ በመንበረ ፡ ስብሐቲሁ ፤ ይጸርኅ ፡ እንዘ ፡
ይብል ፤ አመርቆሬዎስ ፡ ሑር ፡ ወቅትሎ ፡ ለዮልያኖስ ፡ ፀረ ፡ መሲሓንየ ። [7]
ወኮነ ፡ ቅዱስ ፡ መርቆሬዎስ ፡ ይቀውም ፡ ቅድሜሁ ፡ እንዘ ፡ ይለብስ ፡ ድር
ዐ ፡ ሐዲሰ ፡ ወጽጉዕየ ፤ ወሰበ ፡ ሰምዐ ፡ ትእዛዘ ፡ እግዚእነ ፡ [8] ኢየሱስ ፡ ክር
ስቶስ ፡ ሖረ ፡ እንዘ ፡ ኢይትረአይ ፡ ንስቲተ ፡ ወዓዲ ፡ ተርእየ ፡ ንስቲተ ፡
[ወኢተርእየ ፡] [9] ወበሣልስ ፡ ተርእየ ፡ እንዘ ፡ ይጸርኅ ፡ ወይብል ፤ እነ ፡ ቀተ

[1] A ኮነ ፡
[2] A ዘረወ ፡
[3] Mss. መሲሐ″ ፡
[4] Mss. ከሐዲ ፡
[5] Mss. በቀለ ፡
[6] A እምእግዚአብሔር ፡ ወእግ″ ፡
[7] Mss. መሲሐንየ ፡
[8] Mss. ለእግዚእነ ፡
[9] Manque dans les deux mss.

ልክሞ ፡ ለዮልያኖስ ፡ ንጉሥ ፡ በትእዛዝከ ፡ ወሞተ ፡ አእግዚአ ። ነቅሀ ፡[1]
ሴጺስ ፡ ቆጵስ ፡ በድንጋጼ ፡ እንዘ ፡ ያነክር ። ወዮልያኖስ ፡ ኮነ ፡ ያከብሮ ፡
ጥቀ ፡ ለቅዱስ ፡ ባስልዮስ ፡ እስመ ፡ ሀለዎሙ ፡ ፍቅር ፡ እምንእሰሙ ፤ እስ
መ ፡ ይትሜሀሩ ፡ መጻሕፍተ ፡ [ኅቡረ ፡] ፤[2] ወባስልዮስኒ ፡ ፈነወ ፡ መጽሐ
ፈ ፡ መልእክት ፡ ብዙኀ ፡ ጊዜያተ ፡ ኀቤሁ ፡ ከመ ፡ ይትመየጥ ፡ እምስሕተ
ቱ ፡ ወኢተወከፎ ። ወእምድኅረ ፡ ነቅሀ ፡ ርእሰ ፡ ካህናት ፡ ባስልዮስ ፡ እም
ንዋሙ ፡ ጸውዖሙ ፡ ለካህናት ፡ ክቡራን ፡ ወለሕዝብ ፡ ምእመናን ፡ ከመ ፡
ይግበሩ ፡ ጸሎተ ፡ ሌሊት ፡ ውስተ ፡ ቤተ ፡ ክርስቲያን ። ወእምድኅረ ፡ ፍ
ጻሜ ፡ ጸሎት ፡ ነገሮሙ ፡ ዘንተ ፡ ራእየ ፡ ዘርእየ ፡ እንዘ ፡ ይብል ፤ በኑ ፡ ይ
መውት ፡ ዮልያኖስ ። ወሰሚዖሙ ፡ ዘንተ ፡ ፈርሁ ፡ ካህናት ፡ ወሕዝብ ፤
ወእምዝ ፡ ሰአልዎ ፡ ከመ ፡ ያርምም ፡ እስከ ፡ ይጤየቅ ፡ ነገር ፤ ወብእሴ ፡
እግዚአብሔርሰ ፡ ኢይፈቅድ ፡ ከመ ፡ ያርምም ፤ ዳእሙ ፡ ተናገረ ፡ ወኢፈር
ሀ ፡ እስመ ፡ ተወከለ ፡ በእግዚአብሔር ፡ ወበእግዚእነ ፡ ኢየሱስ ፡ ክርስቶስ ።
ወበጊዜሃ ፡ ኮነ ፡ በከመ ፡ ርእየ ፡ ቅዱስ ፡ ባስልዮስ ፡ ወተሰምዐ ፡ ውስተ ፡
ኵሉ ፡ አህጉር ፡ ሞቱ ፡ ለከሓዲ ፡[3] ዮልያኖስ ፡ ወጥፍአቱ ፡ ዘኮነ ፡ እምኀበ ፡
እግዚአብሔር ፡ በእደ ፡ ሰማዕቱ ፡ ቅዱስ ፡ መርቆሬዎስ ። ወኮነ ፡ ዝንቱ ፡
ከሓዲ ፡[4] ይገብር ፡ ሙስና ፡ ወእከያተ ፡ ላዕለ ፡ ሐራ ። ወለ፪ኒ ፡ ዕደወ ፡ ፋር
ስ ፡ መተረ ፣ አዕናፊሆሙ ፡ አመ ፡ መርሕዎ ፡ ወወሰድዎ ፡ ኀበ ፡ ደብረ ፡ በ
ድው ፡ ኀበ ፡ አልቦ ፡ ማይ ፡ ወኢፍኖት ፡ ለምሕላፍ ፡ አመ ፡ ጊዜ ፡ ፈቀደ ፡
ተጻብአቶሙ ፡ ለሰብአ ፡ ፋርስ ፤ ወኀልቁ ፡ ሰብአ ፡ ሮም ፡ በረኀብ ፡ ወጽም
እ ፡ ወበብዙኀ ፡ ምንዳቤ ፡ በውእቱ ፡ መካን ፤ እስመ ፡ ተጠበብዎሙ ፡ እሉ ፡
ዕደው ፡ ፋርስ ፡ ለሮማውያን ፡ ወአኅለቅዎሙ ፤ ወዝንቱሰ ፡ ከሓዲ ፡ ዮልያ
ኖስ ፡ ኢያእመረ ፡[5] ፍትሐ ፡ እግዚአብሔር ፡ ጥይቀተ ።[6] ወኵነኔያቲሁ ፡ አ
ምጣነ ፡ ኵሉ ፡ መዋዕለ ፡ ሕይወቱ ፡ ዘኍላቋሁ ፡ ፹ወ፩ ፡ ዓመት ። ወእም
ድኅረ ፡ ሞተ ፡ ዮልያኖስ ፡ ተጋብኡ ፡ ሠራዊተ ፡ ሮም ፡ ከመ ፡ ያንግሡ ፡
ሎሙ ፡ ንጉሠ ፡ ወተሰናአዉ ፡ ኵሎሙ ፡ በረድኤተ ፡ እግዚአብሔር ፡ እን
ዘ ፡ ሀለዉ ፡ በፋርስ ፡ ወኀረይዎ ፡ ለዩያኖስ ፡[7] ከመ ፡ ይኩን ፡ ንጉሠ ፡ ላዕሌ
ሆሙ ፤ እስመ ፡ ውእቱ ፡ ኮነ ፡ ክርስቲያናዌ ፡ አርቶዶክሳዌ ፡[8] ምእመነ ፡ እ

[1] Mss. ወሰበ ፡ ነቅሀ ፡
[2] Manque dans les deux mss.
[3] Mss. ለከሐዲ ፡
[4] Mss. ከሐዲ ፡
[5] A ኢያእምረ ፡
[6] Mss. "ት ፡
[7] A ለዩልያኖስ ፡
[8] Mss. አርቶዶክሳዊ ፡

ግዚአብሔር ። ወኢፈቀደ ፡ ከመ ፡ ይኩን ፡ ንጉሠ ፡ ባሕቲቱ ፡ በአግብሮ ፡ ከ
ነ ፡ ንጉሠ ፤ ወእምቅድመ ፡ ዝኒ ፡ ነበረ ፡ ርእሰ ፡ መኳንንት ፡ ወበእንተ ፡
ዝንቱ ፡ ነሥአ ፡ አክሊለ ፡ መንግሥት ። ወእምድኅረ ፡ ረሰይዎ ፡ ንጉሠ ፡
ዐርገ ፡ ውስተ ፡ መካን ፡ ልዑል ፡ ወጸርኀ ፡ በቃል ፡ ዐቢይ ፡ እንዘ ፡ ይብል ፡
ቅድመ ፡ ኵሉ ፡ ሕዝብ ፡ ወሠራዊት ፤ እመሰ ፡ ፈቀድክሙ ፡ እኩን ፡ ንጉ
ሠ ፡ ላዕሌክሙ ፡ ኩኑ ፡ መሲሓውያነ ፡[1] ከማየ ፡ ወእመኑ ፡ በክርስቶስ ፡ ወ
ኩኑ ፡ አዕራረ ፡ ለጣዖታት ። ወበጊዜሃ ፡ ጸርኁ ፡ ኵሎሙ ፡ ሕዝብ ፡ ወሠራ
ዊት ፡ በ፩ ፡ ቃል ፡ እንዘ ፡ ይብሉ ፤ ንሕነ ፡ መሲሓውያን ፤[2] እምይእዜሰ ፡ ን
ጉሥነ ፡ ክርስቶስ ፡ ወመስቀሉ ፡ ክቡር ። ወበእንተ ፡ ዝንቱ ፡ አክበርዎ ፡
ለንጉሥ ፡ ወወደስዎ ፡ ውዳሴ ፡ ዐቢየ ። ወሰበ ፡ አእመሩ ፡ ሰብአ ፡ ፋርስ ፡
ሞተ ፡ ዮልያኖስ ፡ ፈነዉ ፡ ተናብልተ ፡ ኀበ ፡ ዩያኖስ ፡ ንጉሥ ፡ መፍቀሬ ፡
እግዚአብሔር ፡ በእንተ ፡ ሰላም ፡ ወዕርቅ ። ወንጉሥኒ ፡ ዩያኖስ ፡ ተወክፎሙ ፡ ኀ
ቤሁ ፡ በፍሥሓ ፡[3] ወኮነ ፡ ሰላመ ፡ ወዕርቀ ፡[4] ማእከለ ፡ ሮም ፡ ወፋርስ ። ወፋ
ርስኒ ፡ ተሰናአዉ ፡ ከመ ፡ የሀብዎ ፡ ግብረ ፡ ወውእቱኒ ፡ መሐሮሙ ፡ ግብረ ፡
አሐቲ ፡ ዓመት ፡ በእንተ ፡ ዘአጥፍአ ፡ ቅድመ ፡ ለሀገረ ፡ እንድርዋን ፡ ወረ
ሰያ ፡ በድወ ፡ ዮልያኖስ ፡ ከሓዲ ።[5] ወባሕቱ ፡ አዘዘሙ ፡ ከመ ፡ ይሕንፁ ፡
አሐተ ፡ ሀገረ ፡ አፍአ ፡ እምሀገረ ፡ መንግሥቶሙ ፡ ከመ ፡ ትኩን ፡ ሎሙ ፡
ወሰመያ ፡ ለይእቲ ፡ ሀገር ፡ አሚድስ ፤ ወአዕንዐ ፡[6] ውእቱ ፡ አረፋቲሃ ፡ ወቅ
ጽራ ፡ ወመልአ ፡ ውስቴታ ፡ ብዙኀ ፡ ሰብአ ፡ ወረሰያ ፡ ከመ ፡ ቀዳሚት ፡ ሀ
ገር ፡ ዘአመዝበራ ፡ ዮልያኖስ ፡ ከሓዲ ።[7] ወዘተሠይመ ፡ በይእቲ ፡ ሀገር ፡
ሰአሎ ፡ ብዙኀ ፡ ለንጉሥ ፡ ዩያኖስ ፡ ከመ ፡ ይስምያ ፡ በስመ ፡ ሮም ፤ ወውእ
ቱኒ ፡ ኢፈቀደ ፡ በእንተ ፡ ሰላም ፡ ወዕርቅ ፡ ዘኮነ ፡ ማእከለ ፡ ሮም ፡ ወፋ
ርስ ።

ክፍል ፡ ፲፩ ።[8] ወእምድኅረ ፡ ተፀርዐ ፡ ፀብእ ፡ ወፅአ ፡ ንጉሥ ፡ ዩያኖስ ፡
ክርስቲያናዊ ፡ እምሀገረ ፡ ፋርስ ፡ ወአድኀኖሙ ፡ ለእለ ፡ ተርፉ ፡ ሠራዊት ።
ወለእለኒ ፡ ረከበሙ ፡ በምክሩ ፡ እኩይ ፡ ለዩልያኖስ ፡ ከሓዲ ፡[9] አጥፍአሙ ፡
ወሠረዎሙ ። ወበጊዜሃ ፡ አርኀወ ፡ አብያተ ፡ ክርስቲያናት ፡ ዘሀገረ ፡ ቍስ

[1] Mss. መሲሐ" ፡
[2] Mss. መሲሐ" ፡
[3] Mss. በፍሥሐ ፡
[4] B ሰላም ፡ ወዕርቅ ፡
[5] Mss. ከሐዲ ፡
[6] Mss. ወዕኑዕ ፡
[7] Mss. ከሐዲ ፡
[8] A ፲፭ ፡
[9] Mss. ከሐዲ ፡

ጥንጥንያ ፡ ወዐፀወ ፡ ቤተ ፡ አማልክት ። ወለአህጉረ ፡ ክርስቲያንሂ ፡ ዘንሥአሙ ፡ ዩልያኖስ ፡ ክሓዲ ፡[1] ሜጠ ፡ ሎሙ ፡ ለክርስቲያን ፡ ወሜመ ፡ በውስተ ፡ ኵሉ ፡ አህጉራቲሁ ፡ መሲሓውያነ ፡[2] ወነሠተ ፡ ኵሎ ፡ አብያተ ፡ አማልክት ፡ እስከ ፡ መሠረታቲሆን ፡ ወውኅዱ ፡ መምለክያነ ፡ ጣዖት ። ወዓዲ ፡ አጽርዐ ፡ ሃይማኖተ ፡ አርዮሳውያን ። ዘይትቃወሞ ፡ ለክርስቶስ ፡ እስመ ፡ ውእቱ ፡ አርቶዶክሳዊ ፡ ዘእንበለ ፡ ጽንት ፡ ወከነ ፡ ሰጋዴ ፡ በጽድቅ ፡ ለሥሉስ ፡ ቅዱስ ፡ ዘይሁቡ ፡ ሕይወተ ፡ ለኵሉ ። ወከነ ፡ ብሩሀ ፡ በኵሉ ፡ ምግባሩ ፡ ከመ ፡ ብርሃነ ፡ ፀሐይ ፡ ወበሃይማኖቱ ፡ ርትዕት ፡ ወጥይቅት ፤ ወመልአ ፡ ትሩፋተ ፡ ወገብረ ፡ ሠናያተ ፡ ለኵሉ ፡ ሰብእ ፡ ዘሀለዉ ፡ በዘመኑ ። ወዓዲ ፡ ጸሐፈ ፡ ሕገ ፡ ለኵሎሙ ፡ አህጉራተ ፡ ሮም ፡ እንዘ ፡ ይብል ፡ ከመዝ ፤ ዩያኖስ ፡ መፍቀሬ ፡ አምላክ ፡ ርእሰ ፡ መኳንንት ፡ ወንጉሥ ፡ በጽድቅ ፡ አኃዜ ፡[3] ዓለም ፡ አጽሕፍ ፡ ኀበ ፡ ኵሎሙ ፡ መሲሓውያን ፡[4] ዘታሕተ ፡ ሥልጣንየ ። አነ ፡ አጽሕቅ ፡ ለክሙ ፡ በእግዚአብሔር ፡ ወእትነሠይ ፡ ብክሙ ፡ በእንተ ፡ ቤተ ፡ ክርስቲያን ፡ ቅድስት ። ዘሀለወት ፡ ማእከለ ፡ ሀገር ፡ ከመ ፡ ሕንብርት ፡ ዘከነት ፡ ማእከለ ፡ ከርሥ ። ወከነት ፡ ተወከፊተ ፡ መዊእ ፡ ፈድፋደ ፡ እምኵሎሙ ፡ እለ ፡ ይትቃረንዋ ። ወባቲ ፡ ከነ ፡ መዓተ ፡ ንጉሥ ፡ ዮልያኖስ ፡ ወዐፀዋ ። ወአነ ፡ አኤዝዝ ፡ አርኅዎታ ፡ ወትትመየጥ ፡ ኀበ ፡ ዕረፍታ ፡ ከመ ፡ ይትወሀብ ፡ ውስቴታ ፡ ክህነት ፡ ንጹሕ ፡ ወቅዱስ ፡ ወከመ ፡ ያዕርጉ ፡ ኀቤሃ ፡ ጸሎታተ ፡ ኀበ ፡ መልዕልት ፡ ከመ ፡ ይትወከፎሙ ፡[5] እግዚአብሔር ፡ በየውሃት ። ወንትጋህ ፡ ለከዊኖታ ፡ ወንግበር ፡ ምግባራቲሃ ፡ ወናሠኒ ፡ ልኡካኒሃ ፡ ከመ ፡ ይትጋብኡ ፡[6] ኵሎሙ ፡ ሕዝብ ፡ ወሠራዊተ ፡ ሮም ፡ ውስቴታ ፤ እስመ ፡ ይእቲ ፡ ተውህበት ፡ ሎሙ ፡ እምእግዚአብሔር ፡ መሓሪ ፡[7] ወመስተሣህል ፡ ከመ ፡ ያውትሩ ፡ ውስቴታ ፡ ጸሎታተ ፡ ወስእለታተ ፡ በትግሀት ፡ ዘይደሉ ። ወዓዲ ፡ ጸሐፈ ፡ መጽሐፈ ፡ መልእክት ፡ ኀበ ፡ ቅዱስ ፡ አትናቴዎስ ፡ ሐዋርያዊ ፡ ሊቀ ፡ ጳጳሳት ፡ ዘእለ ፡ እስክንድርያ ፡ ከመ ፡ ይትመየጥ ፡ ኀበ ፡ ሀገሩ ፡ በክብር ፡ ዐቢይ ፡ እንዘ ፡ ይብል ፡ ከመዝ ፤ እምኀበ ፡ ዮያኖስ ፡ ንጉሥ ፡ ኀበ ፡ ቅዱስ ፡ አትናቴዎስ ፡ መፍቀሬ ፡ እግዚአብሔር ፤ እስመ ፡ ንሕነ ፡ ናንክር ፡ በእንቲአከ ፡ ወበእንተ ፡ ሑረትከ ፡ በጥበብ ፡ ወቀፊቦትከ ፡[8] ኀበ ፡ ነገሥት ፡ ወትሩፋቲከ ፡ አማናዊያ

[1] Mss. ከሐዲ ፡
[2] Mss. መሲሐ″ ፡
[3] Mss. አኀዜ ፡
[4] Mss. መሲሐ″ ፡
[5] Mss. ይትወከፎ ፡
[6] A ይትትጋብኡ ፡
[7] Mss. መሐሪ ፡
[8] Mss. ወቀፊበትከ ፡

ተ ፡ ወትግሀታቲከ ፡ ሠናያት ፡ ሉገቢረ ፡ ግብሩ ። ለእግዚእነ ፡ ኢየሱስ ፡ ክርስቶስ ፡ ሎቱ ፡ ስብሐት ። ንፈቅድ ፡ እምኔከ ፡ አሠራዊ ፡ ክቡር ፡ እስመ ፡ ተወከፍከ ፡ ኵሎ ፡ ድካማተ ፡ ወኢፈራህከ ፡ እምኵሉ ፡ ይሰድዱከ ፡ ወእምንዳቤያት ፡ ዘረከበከ ፡ ወለመዓት ፡ ወለቀኍጥዓ ፡ ረሰይከሙ ፡ ከመ ፡ ወኢምንት ፡ ወኈለቆሙ ፡[1] ከመ ፡ ሣዕር ፡ ምኩን ፡ ወሐርከ ፡ በእግረ ፡ ሃይማኖት ፡ ኦርቶዶክሳዊት ፡ ወበጻሕከ ፡ እስከ ፡ ፍጻሜ ፡ ወአስተደኀርከ ፡ ተጋድሎተከ ፡[2] ለእሉ ፡ ይመጽኡ ፡ እምድኅሬከ ፡[3] ወአሰርከሙ ፡ በአሚን ፡ ፍጽምት ፡ ወበምግባር ፡ ትርፍት ፤ ተመየጥ ፡ ይእዜ ፡ ኀበ ፡ መንግሥትነ ፡ ወግባእ ፡ ውስተ ፡ ትምህርትከ ፡ ዘምሉእ ፡ መድኀኒተ ፡ ወዕቀባ ፡ ለቤተ ፡ ክርስቲያን ፡ ወረሀዮሙ ፡ ለሕዝበ ፡ ክርስቶስ ፡ ወፈኑ ፡ ጸሎታቲከ ፡ ኀበ ፡ እግዚአብሔር ፡ በትግሀት ፡[4] በእንቲአነ ፡ ወበእንተ ፡ መንግሥትነ ፡ ከመ ፡ ንድኅን ፡ በጸሎትከ ። እስመ ፡ ንኄሊ ፡ ንሕነ ፡ ከመ ፡ ንረክብ ፡ ረድኤተ ፡ እምእግዚአብሔር ፡ ልዑል ፡ በስእለተ ፡ ልሳንከ ፡ ንጹሕ ፡ ወቅዱስ ፡ እስመ ፡ ውእቱ ፡ ነባቢ ፡ በመንፈስ ፡ ቅዱስ ። ወዘንተ ፡ ዘጸሐፍነ ፡ ለከ ፡ ከመ ፡ ታብርሆሙ ፡ ለሕዝብ ፡ በብርሃነ ፡ ክርስቶስ ፡ ወታዕርዎ ፡ ጣዖታተ ፡ አፅራረ ፡ እግዚአብሔር ፡ ወዓዲ ፡ ኑፋቄ ፡[5] አርዮሳውያን ፡ ዘሰደድናሆሙ ፡[6] ከመ ፡ ንድኅን ፡ በጸሎትከ ። ወቅዱስሰ ፡ አትናቴዎስ ፡ ሐዋርያዊ ፡ ብርሃነ ፡ ዓለም ፡ ሰበ ፡ አንበባ ፡ ለመጽሐፈ ፡ መልእክት ፡ አስተጋብአሙ ፡ ለኵሎሙ ፡ ጳጳሳት ፡ ቅዱሳን ፡ ወለመምህራን ፡ ክቡራን ፡ ወጸሐፈ ፡[7] ፪ ፡ ድርሳናተ ፤ ፩ ፡ በእንተ ፡ ቃለ ፡ እግዚአብሔር ፡ ዘውእቱ ፡ ፩ ፡ እምሥሉስ ፡[8] ቅዱስ ፤ ወካልእታኒ ፡ በእንተ ፡ ሥርዓታተ ፡ ክርስቶስ ። ወዓዲ ፡ ጸሐፈ ፡ መልእክተ ፡ ኀበ ፡ ቅዱስ ፡ ባስልዮስ ፡ ዘይኄሊ ፡ ወትረ ፡ ወያስተሐምም ፡[9] በእንተ ፡ ምግባራተ ፡ እግዚአብሔር ፡ እንዘ ፡ ይብል ፤ እስመ ፡ ዮያኖስ ፡ ንጉሥ ፡ መፍቀሬ ፡ አምላክ ፡ ተወከፈ ፡ በኵሉ ፡ ወበፍሥሓ ፡[10] ሃይማኖተ ፡ ርትዕተ ፡ ዘጉባኤ ፡ ኒቅያ ። ወአንተኒ ፡ ተፈሣሕ ፡ በእንተ ፡ ዘከነ ፡ አርቶዶክሳዌ ፡ ወአቀሙ ፡ ሃይማኖተ ፡ ንጽሕተ ፡ ዘሥሉስ ፡ ቅዱስ ። ወዩያኖስሰ ፡ ንጉሥ ፡ ፈጸመ ፡ ሐረታቲሁ ፡ በህድአት ፡ ወበየውሃት ፡ እንዘ ፡ ያሠምሮ ፡ ለእግዚአብሔር ። ወእንዘ ፡ ሀሎ ፡ በዘከመዝ ፡ ግብር ፡ ተንሥኤ ፡ ልሒዊር ፡ ውስተ ፡

[1] Mss. ወኈለቈሙ ፡
[2] Mss. ተጋድሎትከ ፡
[3] B ድኅሬክ ፡
[4] A በትግሀት ፡
[5] Mss. እምኑፋቄ ፡
[6] Mss. ዘሰደድናሙ ፡
[7] Mss. ጸሐፈ ፡
[8] Mss. ዘእምሥሉስ ፡
[9] Mss. ወያስተሐምም ፡
[10] Mss. በፍሥሐ ፡

ሀገረ ፡ በራንጥያ ፡ ወወድቀ ፡[1] ላዕሌሁ ፡ ደዌ ፡ ወኀለፈ ፡ እንተ ፡ ቂልቅያ ፡[2] ወገላትያ ፡ ወበጽሐ ፡ ኀበ ፡ ሀገር ፡ ዘትሰመይ ፡ ዲዳአውጣና ፡ ወአዕረፈ ፡ ውስቴታ ። እስመ ፡ ለዓለም ፡ ኢኮነት ፡ ድልወ ፡ ለተወክፎተ ፡ ንጉሥ ፡ ዘ ይመስሎ ፡ ከማሁ ፤ እስመ ፡ ውእቱ ፡ ኮነ ፡ ኄረ ፡ ወየዋሀ ፡ ወመሓሬ ፡[3] ወ ትሑተ ፡ መሲሓዌ ፡[4] ወአርቶዶክሳዌ ።

ክፍል ፡ ፹፪ ።[5] ወእምድኅረ ፡ ሞተ ፡ ዩያኖስ ፡ መፍቀሬ ፡ እግዚአብሔር ፡ መጽአ ፡ ዋልንድያኖስ ። እንዘ ፡ ሀሎ ፡ [ሐዘን ፡][6] ዐቢይ ፡ በውስተ ፡ ትዕይን ት ፡ በእንተ ፡ ሞተ ፡ ዩያኖስ ፡ ንጉሥ ፡ ውእቱኒ ፡ [በጽሐ ፡][7] ከመ ፡ ይብኪ ፡ ምስሌሆሙ ፤ ወእንዘ ፡ ሀለዉ ፡ በገዝ ፡ ብካይ ፡ ወያስተሓምሙ ፡[8] ከመ ፡ ይሚ ሙ ፡ ላዕሌሆሙ ፡ ንጉሠ ፡ በውእቱ ፡ መዋዕል ፡ መጽአ ፡ ሳሉስድዮስ ፡ መስፍ ን ፡ ዘኮነ ፡ ሊቀ ፡ ሠራዊት ፡ ወክቡር ፡ ጥቀ ፡ በኀበ ፡ ትዕይንት ፡ ውእቱ ፡ አምከሮሙ ፡ ወይቤሎሙ ፤ ዋልንድያኖስ ፡ ይሚኒ ፡ ለነ ፡ ከመ ፡ ይኩን ፡ ንጉ ሠ ፤ ቅድመኒ ፡ ነበረ ፡ መኰንነ ፡ ወሰደዶ ፡ ዮልያኖስ ፡ ከሓዲ ፡[9] በእንተ ፡ ሃይማኖቱ ፡ አርቶዶክሳዊት ። ወእምዝ ፡ ሰሚዖሙ ፡ ምክረ ፡ ሳሉስድዩስ ፡ ሠራዊት ፡ ወትዕይንት ፡ ሤምዎ ፡ ንጉሠ ፡ ላዕሌሆሙ ፡ ወአንገሩ ፡[10] ሎቱ ፡ ቃለ ፡ ዐዋዲ ፡ ውስተ ፡ ኵሉ ፡ አህጉር ፡ እንዘ ፡ ይብሉ ፤ ነግሠ ፡ ዋልንድያ ኖስ ፡ ብእሲ ፡ ጻድቅ ፡ ክርስቲያናዊ ፡ ዘይትናገር ፡ በጽድቅ ፡ ወይነብብ ፡ በ ርትዕ ። ወእምድኅረ ፡ ኮነ ፡ ንጉሠ ፡ ሤሞ ፡ ለሳሉስድዩስ ፡ ወዚረ ፡ ላዕለ ፡ ኵሎሙ ፡ ሠራዊት ፡ እስመ ፡ ውእቱ ፡ ኮነ ፡ ዘኢያደሉ ፡ ለገጽ ። ወሰበ ፡ ኮነ ፡ ወዚረ ፡ ሳሉስድዩስ ፡ ወነሥአ ፡ ሥልጣነ ፡ አጽንዐ ፡ ፍትሐ ፡ ወርትዐ ፡ ውስተ ፡ ኵሉ ፡ አህጉር ፡ ወኮነ ፡ ማእምረ ፡ ወኢይነሥእ ፡ ሕልያነ ፡ ወኢአ ምኃ ፡[11] በኮንቱ ፤ ወንጉሥኒ ፡ ተፈሥሐ ፡ ቦቱ ፡ በእንተ ፡ ሀኮነ ፡ ገባሬ ፡ ር ትዕ ። ወዓዲ ፡ ረሰዮ ፡ ንጉሠ ፡ ዋልንድያኖስ ፡ ለአይላልስ ፡ እኁሁ ፡ ኀበ ፡ ሀገረ ፡ ቍስጥንጥንያ ፡ ወሐረ ፡[12] ውእቱ ፡ ሀገረ ፡ ሮሜ ፡ ወተሠልጠነ ፡ ላዕለ ፡ ኵሉ ፡ ሀገረ ፡ ምዕራብ ። ወኰነኖሙ ፡ ለብዙኃን ፡ መኳንንት ፡ እለ ፡ ኮኑ ፡ ይገብሩ ፡ ዐመፃ ፡ ወይነሥኡ ፡ ሕልያነ ።[13] ወሀሎ ፡ ፩ ፡ ብእሲ ፡ መኰንነ ፡ ቅ

[1] Mss. በራንያ ፡ ወድቀ ፡

[2] A ቂልቂያ ፡

[3] Mss. ወመሐሬ ፡

[4] Mss. መሲሐዊ ፡

[5] A ፺፪ ፡

[6] Manque dans les deux mss.

[7] Manque dans les deux mss.

[8] Mss. "ሐምሙ ፡

[9] Mss. ከሐዲ ፡

[10] A ወአንገርገሩ ፡

[11] Mss. ወኢአምኃ ፡

[12] ወሐረ ፡ manque dans A.

[13] A ሀልዋነ ፡ B ሕልዋነ ፡

ጽር ፡ ዘስሙ ፡ ሩጣንስ ፡ ወዐመፃ ፡ ለእሒቲ ፡ ብእሲት ፡ መበለት ፡ ወነሥአ ፡ ንዋያ ። ወይእቲኒ ፡ ሖረት ፡ ወነገረቶ ፡ ለንጉሥ ፡ ወንጉሥኒ ፡ አዘዘ ፡ ከመ ፡ ይሚጥ ፡ ኵሎ ፡ ንዋያ ። ወእምይእቲ ፡ ዕለት ፡ ነሥአ ፡ ክብረ ፡ በኀበ ፡ ትዕይንት ፡ ወሠራዊት ፡ ወበኀበ ፡[1] ኵሎሙ ፡ አሕዛብ ። እስመ ፡ ውእቱ ፡ ንጉሥ ፡ ጻድቅ ፡ ወራትዕ ፡ ይጸልእ ፡ ዐመፃ ፡ ወይፈትሕ ፡ በቃለ ፡ ጽድቅ ፡ ወየዐቅብ ፡ ርትዐ ። ውእቱ ፡ ንጉሥ ፡ ዐቢይ ፡ ኢተራኀርኀ ፡ ላዕለ ፡ ብእሲቱ ፡ ማርያና ፡ ንግሥት ፤ እስመ ፡ ይእቲ ፡ ተሣየጠት ፡ አሐተ ፡ ገነተ ፡ እምእሒቲ ፡ ብእሲት ፡ ተከሊተ ፡ አትክልት ፡ ወኢወሀበታ ፡ ንዋየ ፡ ሤጥ ፡ በርትዕ ፡ ዘይደሉ ፡ በእንተ ፡ ሰብእ ፡ እለ ፡ ሐሰቡ ፡ በነሚኢ ፡ ገጽ ፡ ዘንግሥት ፡ ወጸኑ ፡ በአድልዎ ፡ ሐሳብያን ። ወሰበ ፡ አእመረ ፡ ዋልንድያኖስ ፡ ንጹሕ ፡ ዘገብረት ፡ ብእሲቱ ፡ ፈነወ ፡ ዕደወ ፡ ፈራህያነ ፡ እግዚአብሔር ፡ ከመ ፡ የሐስቡ ፡ ውእተ ፡ ገነተ ፡ ወአምሐሎሙ ፡ መሐላ ፡ ጽኑዐ ፡ ከመ ፡ የሐስቡ ፡ በጽድቅ ፡ ወበርትዕ ። ወሰበ ፡ በጽሑ ፡ ኀበ ፡ ውእቱ ፡ ገነት ፡ ሐሳብያን ፡[2] ረከቡ ፡ ከመ ፡ ተዓመፀት ፡ ብዙኀ ፡ ወወሀበታ ፡ ኅዳጠ ፡ ንዋየ ፡ ሤጣ ። ወሰበ ፡ ሰምዐ ፡ ንጉሥ ፡ ተምዓ ፡ ለንግሥት ፤ አርኀቃ ፡ እምገጹ ፡ ወአውፅአ ፡[3] እምቅጽር ፡ ወነሥአ ፡ ብእሲተ ፡ ዘስማ ፡ ዮስቲና ፡[4] ወኮነ ፡ ምስሌሃ ፡ በኵሉ ፡ መዋዕለ ፡ ሕይወቱ ፤ ወለብእሲቱሰ ፡ ቀዳማዊት ፡ አውፅአ ፡[5] ወሰደዳ ፡ እምሀገር ፡ ወለገነትሰ ፡ ሜጣ ፡ ኀበ ፡ ዘሜጠታ ። ወውእቱሰ ፡ ንጉሥ ፡ ዋልንድያኖስ ፡ ረሰዮ ፡ ንጉሠ ፡ ለወልዱ ፡ አግራድያኖስ ፡ ዘወለዶ ፡ እምብእሲቱ ፡ ዘሰደዳ ። ወእምድኅረ ፡ ገብረ ፡ ብዙኀ ፡ ሠናያተ ፡ ዋልንድያኖስ ፡ ንጉሥ ፡ ወድቀ ፡ ውስተ ፡ ሕማም ፡ ወሞተ ፡ ኀበ ፡ ማኅፈድ ፡ ዘትሰመይ ፡ ዋታን ፡ እንዘ ፡ የዐቅብ ፡ ሃይማኖተ ፡ ሥሉስ ፡ ቅዱስ ። ወእምድኅረ ፡ ሞተ ፡ መጽአ ፡ እኁሁ ፡ ወይላልስ ፡ ዘኮነ ፡ ቅድመ ፡ ክርስቲያናዌ ፡ ወእምዝ ፡ ሖረ ፡ በፍኖተ ፡ አርዮሳውያን ፡[6] ወጸንዐ ፡ በሃይማኖቶሙ ፡ ርኩስ ፤ ወኮነ ፡ ይሰድዶሙ ፡ ለኦርቶዶክሳውያን ፡ ወይሁቡ ፡ አብያተ ፡ ክርስቲያናቲሆሙ ፡ ለሐራ ፡ ጥቃ ፡ መናፍቃን ፡ ገሃደ ፤[7] ወበርበረ ፡ ንዋያቲሆሙ ፡ በዐመፃ ፡ ለኵሎሙ ፡ ሰብአ ፡ በራንጥያ ፡ ወለካልኣትኒ ፡[8] አህጉራት ። ወበመዋዕሊሁ ፡ ለዝንቱ ፡ ርኩስ ፡ ኮነ ፡ ድልቅልቅ ፡ በሀገረ ፡ ኒቅያ ፡ ዘኮነት ፡ ባቲ ፡ ጉባኤ ፡ ቅዱስ ፤ እስመ ፡ ባሕር ፡ ዐርገ ፡ ላዕሌሃ ፡ ወከደና ።

[1] Mss. እምኀበ ፡ (sans ወ).
[2] A ሐሳባውያን ፡
[3] Mss. ወአውፅአ ፡
[4] A ዮስቴና ፡
[5] Mss. አውፅአ ፡
[6] Mss. አርሳውያን ፡
[7] A ገሀደ ፡
[8] Mss. "ኣትኒ ፡

Jean de Nikiou. 13

ወዓዲ ፡ በውእቱ ፡ መዋዕል ፡ ኮነ ፡ ሥዩመ ፡ በሀገረ ፡ እስክንድርያ ፡ ዘስሙ ፡
ዋዳድያኖስ ፡ እንተ ፡ ይእቲ ፡ ርእሰ ፡ አህጉረ ፡ ምስር ፤ ወውእቱ ፡ ዘሐንጾ
ን ፡ ለክልኤ ፡ አናቅጸ ፡ እብን ፡ በግብር ፡ ዕፁብ ፡ ውስተ ፡ መካን ፡ ዘይሰመ
ይ ፡ አብራክዩን ፡ ወረሰዮሙ ፡ አናቅጸ ፡ ለሙባእ ፡ ፈለግ ፡ ዐቢይ ፡ ወአጽን
ዓ ፡ ለሀገረ ፡ ምስር ። ወበውእቱ ፡ መዋዕል ፡ አስተርአየ ፡ ተአምር ፡ ላዕለ ፡
እደዊሁ ፡ ለቅዱስ ፡ አትናቴዎስ ፡ ሐዋርያዊ ፡ አበ ፡ ሃይማኖት ፡ ሊቀ ፡ ጳጳ
ሳት ፡ ዘእለእስክንድርያ ፤ እመ ፡ ተለዐለ ፡ ማየ ፡ ባሕር ፡ ላዕለ ፡ ሀገረ ፡ እስ
ክንድርያ ፡ ፈቀደ ፡ ያስጥማ ፡ ወበጽሐ ፡ ኀበ ፡ መካን ፡ ዘስማ ፡ እንጣንስጣ
ድዩን ። ወወፅአ ፡ አብ ፡ ክቡር ፡ ኀበ ፡ ባሕር ፡ ምስለ ፡ ኵሎሙ ፡ ካህናት ፡
እንዘ ፡ ይእኅዝ ፡ በእዴሁ ፡ መጽሐፈ ፡ ኦሪት ፡ ቅድስት ፡ ወአልዐለ ፡ እዴ
ሁ ፡ ውስተ ፡ ሰማይ ፡ ወይቤ ፤ እግዚኦ ፡ አንተ ፡ አምላክ ፡ ዘኢትሔሱ ፡ አ
ንተ ፡ ዘአሰፈውኮ ፡ ለኖኅ ፡ እምድኅረ ፡ አይኅ ፡ ወትቤሎ ፡ እንሰ ፡ ኢያምጽ
እ ፡ ማየ ፡ አይኅ ፡ ዳግመ ፡ ላዕለ ፡ ምድር ። ወበዝንቱ ፡ ባህሉ ፡[1] ለቅዱስ ፡
ተመይጠ ፡ ባሕር ፡ ኀበ ፡ መካኑ ፡ ወሀድአ ፡ መዓተ ፡ እግዚአብሔር ፤ ወድ
ኅነት ፡ ሀገር ፡ በጸሎተ ፡ ቅዱስ ፡ አትናቴዎስ ፡ ሐዋርያዊ ፡ ኮከብ ፡ ዐቢይ ።

ክፍል ፡ ፺፫ ።[2] ወእሉ ፡ እሙንቱ ፡ አግራድያኖስ ፡ ወታአዶስዮስ ፡[3] ነገ
ሥት ፡ እሙራን ፡ ቅኑያን ፡ እግዚአብሔር ፡ ዘገብሩ ፡ ሠናያተ ፡[4] በትግሀት ።
፩ ፡ ፈትሐሙ ፡ ለቅዱሳን ፡ ምእመናን ፡ እማእሰር ፡ ዘአሰሮሙ ፡ ወይላል
ዩስ ፡[5] ንጉሥ ፡ ወአጽርዐ ፡ ስደተ ፡ ክርስቲያን ። ወለካልኡኒ ፡ አፍቀሮ ፡ ለ
እግዚአብሔር ፡ ፈድፋደ ፡ ወሜጠ ፡ አብያተ ፡ ክርስቲያኖሙ ፡ ለምእመና
ን ፡ ወአሰሰለ ፡ ስሕተተ ፡ ጣዖታት ፤ ወዓዲ ፡ አጽርዐ ፡ ትምህርተ ፡ አርዮ
ሳውያን ፡ እኩያን ፡ ወአቀመ ፡ ሃይማኖተ ፡ ንጽሕተ ፡ እንበለ ፡ ነውር ። ወ
ጎርጎርዮስኒ ፡ ነባቤ ፡ መለኮት ፡ አስተርአየ ፡ በሀገረ ፡ ቍስጥንጥንያ ፡ ወአ
ጽንዖን ፡ ለአብያተ ፡ ክርስቲያናት ፤ እስመ ፡ ውእቱ ፡ ኮነ ፡ ቅድመ ፡ ይትኀ
ባእ ፡ እምቤት ፡ እስከ ፡ ቤት ፡ ወእመካን ፡[6] ውስተ ፡ መካን ። ወሐነፀ ፡ ዓዲ ፡
አሐተ ፡[7] ቤተ ፡ ክርስቲያን ፡ ቅድስተ ፡ ተዝካረ ፡ ሠናየ ፤ ወሰደዶ ፡ እምህ
ገር ፡ ለአውድክዩስ ፡ ዐላዊ ፡ ጸራፌ ፡ መንፈስ ፡ ቅዱስ ፤ ወለዝንቱ ፡ እኩ
ይ ፡ እምድኅረ ፡ ሰደዶ ፡ እምሀገር ፡ ፈነወ ፡ ኀበ ፡ ባስልዮስ ፡ ኤጲስ ፡ ቆጶ

[1] A በህሉ ፡
[2] A ፺፮ ፡
[3] Mss. ወታኦማስዮስ ፡
[4] Mss. ሠናያተ ፡ ዘገብሩ ፡
[5] Mss. ወአሰርኮሙ ፡ መይለልዩስ ፡
[6] Mss. ወመካን ፡
[7] Mss. አሐቲ ፡ . . . ቅድስት ፡

ስ ፡ ዘቂሳርያ ፡ ዘቀጸዶቅያ ፡ ወጎርጎርዮስ ፡ ዘኑሲስ ፡ ወፊልጎስ ፡[1] ዘኢቆንዮ
ን ፡ ጠቢባነ ፡ እግዚአብሔር ፡ ወአዘዘሙ ፡ ከመ ፡ ይግበሩ ፡ ቤተ ፡ ክርስቲ
ያናት ፡ በንጽሕ ፡ ወበመንፈስ ፡ ቅዱስ ። ወከኑ ፡ ይትዋሥእዎሙ ፡ ለሐራ ፡
ጥቃ ፡ ወይመውእዎሙ ፡ ወያስተኀፍርዎሙ ፡ ወያግህዱ ፡ ሃይማኖተ ፡ ር
ትዕተ ፡ አርቶዶክሳውያን ፡ ውስተ ፡ ኵሉ ፡ መካን ። ወዓዲ ፡ በእንተ ፡ ዜ
ና ፡ ታአዶስዮስ ፡ ንጉሥ ፡ መፍቀሬ ፡ እግዚአብሔር ፡ እንዘ ፡ የሐውር ፡ ሀ
ገረ ፡ ብራንጥያ ፡ ኀበ ፡ ብፁዕ ፡ አግራድያኖስ ፡[2] ንጉሥ ፡ ወርእየ ፡ ራእየ ፡
በንዋሙ ፡ ከመ ፡ ማሊጥዩስ ፡ ሊቀ ፡ ጳጳሳት ፡ ዘአንጾኪያ ፡ ረሰየ ፡ አክሊለ ፡
መንግሥት ፡ ላዕሌሁ ፡ በምክረ ፡ መኳንንት ። ወከነ ፡ ፩ ፡ እምአርዮሳውያ
ን ፡ ዘይነብር ፡ አፍአ ፡ ሀገር ። ወሰበ ፡ መጽአ ፡ ፊልጎስ ፡ ኀበ ፡ ዐውደ ፡ መ
ንግሥት ፡ ወረከበ ፡ ለታአዶስዮስ ፡ ንጉሥ ፡ ምስለ ፡ ፪ ፡ ደቂቁ ፡ ዘውእቶ
ሙ ፡ አርቃድዮስ ፡ ወእኖሬዎስ ፡ ይነብሩ ፡ ላዕለ ፡ መናብርት ፤ እስመ ፡ ውእ
ቶሙ ፡ ሜሞሙ ፡ ነገሥተ ፡ አመ ፡ ሕያው ፡ ውእቱ ፤ ወኤጲስ ፡ ቆጶስሰ ፡
ሰበ ፡ ረከበሙ ፡ ለታአዶስዮስ ፡ ወለደቂቁ ፡ ሰገደ ፡ ለታአዶስዮስ ፡[3] ወኢሰገ
ደ ፡ ለደቂቁ ፤ ወታአዶስዮስኒ ፡ ተምዐ ፡ በእንተ ፡ ዘኢሰገደ ፡ ለደቂቁ ። ወ
ሰበ ፡ ርእየ ፡ ኤጲስ ፡ ቆጶስ ፡ ከመ ፡ ተምዐ ፡ ላዕሌሁ ፡ ንጉሥ ፡ ወይቤሎ ፤
ኦንጉሥ ፡ ሐሊ ፡ እስመ ፡ ከመዝ ፡ ሀለዉ ፡ ዘኢይሰግዱ ፡ ለወልድ ፡ ወለመ
ንፈስ ፡ ቅዱስ ፡ ዘዕሩያን ፡ ምስለ ፡ አብ ፡ ዘውእቶሙ ፡ ሐራ ፡ ጥቃ ፡ ፀራፍ
ያን ፤ አንተ ፡ ኢሰደድከሙ ፡ እመንግሥትከ ። ወሰበ ፡ ሰምዐ ፡ ንጉሥ ፡ ዘ
ንተ ፡ እምቃለ ፡ ኤጲስ ፡ ቆጶስ ፡ አእመረ ፡ ንጉሥ ፡ ከመ ፡ ውእቱ ፡ ኤጲ
ስ ፡ ቆጶስ ፡ እምኄሩያን ፡ ምእመናን ፡ ወእምዝ ፡ አርመመ ፤ ወበጊዜሃ ፡ ቀ
ንአ ፡ ላዕለ ፡ ሃይማኖት ፡ አርቶዶክሳዊት ፡ ወአቀመ ፡ ሕገ ፡ በመዋዕሊሁ ፡
ከመ ፡ ኢይኅድጉ ፡ መነሂ ፡ እምሐራ ፡ ጥቃ ፡ ውስተ ፡ ኵሉ ፡ አህጉራተ ፡
ሮም ፡ ወኢውስተ ፡ ገነታት ፡ ወኢውስተ ፡ ገዳማት ፡ ወኢውስተ ፡ አዕፃዳት ።
ወእንዘ ፡ ሀሎ ፡ ንጉሥ ፡ ታአዶስዮስ ፡ በእስያ ፡ ተንሥአ ፡ ፩ ፡ ኀያል ፡ ዘስ
ሙ ፡ መክሲሞስ ፡ ዘእምሀገረ ፡ አብርጣንያ ፡ ወቀተሎ ፡ ለብፁዕ ፡ አግራድያ
ኖስ ፡ ንጉሥ ፡ በጕሕሉት ፤[4] ወመሠጠ ፡ መንግሥቶ ፡ በኀይል ፡ ወነበረ ፡ ሀ
ገረ ፡ ሮሜ ። ወጕየ ፡ አወልድያኖስ ፡ እኁሁ ፡ ዘይንእስ ፡ ሀገረ ፡ ተሰሎን
ቄ ። ወለመክሲሞስሰ ፡ ዐላዊ ፡ ተሀየዮ ፡ ለእግዚአብሔር ፡ እስመ ፡ ውእቱ ፡
ከነ ፡ አርዮሳዌ ። ወዓዲ ፡ ተንሥአ ፡ ፩ ፡ ብእሲ ፡ ዘስሙ ፡ አውግሊኖስ ፡ እ
ስመ ፡ ውእቱ ፡ ከነ ፡ መምህረ ፡ ሐነፋውያን ፡ ቅድመ ፡ ወይሰድዶሙ ፡ ለመ

[1] B ወፌልጎስ ፡

[2] A አግራንድዮስ ፡

[3] Mss. ታአድስዮስ ፡

[4] B በጕሕሉት ፡

ምለከያን ፡ ክርስቶስ ፡ ወያፈቅር ፡ ገቢረ ፡ ሥራይ ፡ ወከነ ፡ ይገብሮሙ ፤ ወ
በምክረ ፡ ሠራዊት ፡ እለ ፡ ተሰናአዉ ፡ ምስሌሁ ፡ መሠጠ ፡ መንግሥተ ፡ አ
ውልንድያኖስ ፡ ወቀተሎ ፡ በጕሕሉት ። [1] ወሶበ ፡ ሰምዐ ፡ ታኦዶስዮስ ፡ ን
ጉሥ ፡ ተንሥአ ፡ ወአስተጋብአ ፡ ብዙኀ ፡ ሠራዊተ ፡ ወሖረ ፡ ኀቤሆሙ ፡
ወቀተሎሙ ፡ ለ፪ሆሙ ፡ ለመክሲሞስ ፡ ወለአውግልያኖስ ፡ በኀይለ ፡ እግዚ
እነ ፡ ኢየሱስ ፡ ክርስቶስ ፡ ዘይትቀነይ ፡ ሎቱ ፤ ወገብረ ፡ በቀለ ፡ ለክልኤሆ
ሙ ፡ ነገሥት ፡ አግራድያኖስ ፡ ወአውልንድያኖስ ፡ [2] ወአግብአ ፡ [3] ለመንግሥ
ተ ፡ ሮም ፡ ኵላ ፡ ውስተ ፡ እዴሁ ፡ ወተሠልጠ ፡ ላዕሌሃ ። ወወሀቦሙ ፡ ለ
ምእመናን ፡ አርቶዶክሳውያን ፡ ኵሎን ፡ አብያተ ፡ ክርስቲያናት ፡ ዘታሕተ ፡
ሥልጣኑ ፡ ወሰደዶሙ ፡ ለአርዮሳውያን ፡ ጸራፍያን ። ወዓዲ ፡ አስተጋብአ ፡
ጉባኤ ፡ ኤጲስ ፡ ቆጶሳት ፡ በሀገረ ፡ ቍስጥንጥንያ ፡ ዘኍልቆሙ ፡ ፻ወ፶ ፡ አ
በው ፡ ቅዱሳን ። ወአውፅአሙ ፡ ለከሐድታት ፡ ወለኑፋቄያት ፡ እምኵሉ ፡
ሀገረ ፡ መንግሥቱ ፡ ወአብአ ፡ [4] ለተቀንዮተ ፡ ፩ ፡ ዘይሜልስ ፡ በአካላት ፡ ወ
አጽንዓ ፡ [5] ለሃይመኖት ፡ ርትዕት ። ወመልአ ፡ መንፈስ ፡ ቅዱስ ፡ ላዕለ ፡ ካህ
ናት ፡ ወኮኑ ፡ ንጹሓን ፡ በእደዊሆሙ ፡ ወበልሳናቲሆሙ ፡ ወበኵሉ ፡ ሕሊ
ናሆሙ ፤ ወኮነ ፡ ሰላም ፡ ውስተ ፡ አብያተ ፡ ክርስቲያናት ፡ በእንተ ፡ ተጋ
ብአቶሙ ፡ ለጳጳሳት ፡ በተሰናእዎ ፡ ወተዋሕዶ ። ወእምዝ ፡ ሶበ ፡ ርእየ ፡ ሰ
ይጣን ፡ ቀንአ ፡ ወወጠነ ፡ ከመ ፡ ይክፍላ ፡ ወይዝርዋ ፡ ለአሐቲ ፡ አባል ፡
ጥዒት ፡ እንተ ፡ ይእቲ ፡ ቤተ ፡ ክርስቲያን ፡ ቅድስት ። እስመ ፡ ጎርጎርዮስ ፡
ንባቤ ፡ መለኮት ፡ ናዚዛ ፡ ወአሠርገዋ ፡ ለሀገረ ፡ ቍስጥንጥንያ ፡ በትምህር
ቱ ፡ አመ ፡ መጽአ ፡ ኀበ ፡ ጉባኤ ፡ አርእስተ ፡ ካህናት ፡ ዘቤተ ፡ ክርስቲያን ።
ወጢሞቴዎስኒ ፡ ሊቀ ፡ ጳጳሳት ፡ ዘእለእስክንድርያ ፡ [6] ተናገሮ ፡ ከመ ፡ መልአ
ክ ፡ ወገሠጾ ፡ ለጎርጎርዮስ ፡ ከመ ፡ ይኅድጋ ፡ ለሀገረ ፡ መንግሥት ፡ ቍስጥ
ንጥንያ ፡ ወይሖር ፡ ኀበ ፡ ሀገረ ፡ ሢመቱ ፡ ወቤተ ፡ ክርስቲያኑ ፡ ዘቀዳሚ
ት ፡ እንተ ፡ ይእቲ ፡ አትራስዩስ ፡ ዘኑሲዩስ ፡ ከመ ፡ ይርዐያ ፡ ወይዕቀባ ፤ አ
ከ ፡ መፍትው ፡ ከመ ፡ ይኅድጋ ፡ ለምስኪንት ፡ [7] ወይንሥአ ፡ [8] ለባዕልት ፡ [9]
እስመ ፡ ዝንቱ ፡ ግብር ፡ ግብረ ፡ ዝሙት ፡ ረቂቅ ፡ ወውፁእ ፡ እምቀኖና ፡
አበው ። ወሶበ ፡ ሰምዑ ፡ ዘንተ ፡ ኤጲስ ፡ ቆጶሳት ፡ ዘሀገረ ፡ ምሥራቅ ፡ ወ

[1] B በጕሕሉት ፡
[2] Mss. ወለንድያኖስ ፡
[3] Mss. ወአግብአ ፡
[4] Mss. ወአብአ ፡
[5] Mss. ወአጽንዐ ፡
[6] Mss. ዘለእስክንድርያ ፡
[7] Mss. ለምስክንት ፡
[8] Mss. ወይንሥአ ፡
[9] A ለባልዕት ፡

እለ ፡ ሀለዉ ፡ ካልአን ፡[1] ኤጲስ ፡ ቆጶሳት ፡ ኢተሰናአዉ ፡[2] ምስሌሁ ፡ በዝንቱ ፡ ነገር ። ወዓዲ ፡ ኮነ ፡ ሀከክ ፡ ማእከሌሆሙ ፡ በእንተ ፡ ዝንቱ ፡ ነገር ፤ እስመ ፡ ጢሞቴዎስ ፡ ሊቀ ፡ ጳጳሳት ፡ ተኀበለ ፡ ወሜመ ፡ መክሲሞስሃ ፡ ሊቀ ፡ ጳጳሳት ፡ በሀገረ ፡ ቍስጥንጥንያ ፤ እስመ ፡ ውእቱ ፡ ኮነ ፡ ብእሴ ፡[3] ሠናየ ፡ ወተወክፈ ፡ ብዙኀ ፡ ፃማ ፡ እምነ ፡ አርዮሳውያን ። ወኮነ ፡ ድልእ ፡ ማእከለ ፡ ሰብእ ፡ ምሥራቅ ፡ ወሰብእ ፡ ግብጽ ፤ ወቅዱስ ፡ ጎርጎርዮስኒ ፡[4] ኮነ ፡ ዐራቂ ፡ ወገብረ ፡ ሰላመ ፡ ማእከሌሆሙ ። ወመክሲሞስሂ ፡ ዘተሠይመ ፡ ዘእንበለ ፡ ምክረ ፡ ጳጳሳት ፡ በሀገረ ፡ ቍስጥንጥንያ ፡ ነበረ ፡ ውስቴታ ። ወለጎርጎርዮስ ፡ ሰደድዎ ፡ እምሀገረ ፡ መንግሥት ፡ በምክረ ፡ ኵሎሙ ፡ ጳጳሳት ፡ ወሖረ ፡ ኀበ ፡ ቤተ ፡ ክርስቲያኑ ፡ ዘቀዳሚት ፤ ወኮነ ፡ ልቡ ፡ ለጎርጎርዮስ ፡ ጽኑዐ ፡ ከመ ፡ እብን ፡ ወኢይቴክዝ ፡ ምንተኒ ፡ እምትካዘ ፡ ዝንቱ ፡ ዓለም ፤ ወኮኑ ፡ ኵሉ ፡ ሰብእ ፡ ይበክዩ ፡ በእንቲአሁ ፡ በእንተ ፡ ዘአድኀና ፡ ለሀገረ ፡ መንግሥት ፡ ቍስጥንጥንያ ፡ እማኅዘ ፡[5] አርዮሳውያን ። ወለመክሲሞስኒ ፡ ዓዲ ፡ ሰደድዎ ፡ እምቍስጥንጥንያ ፡ ኀበ ፡ ደብር ፡ ዘተሠይመ ፡ ቦቱ ፡ ቀዳሚ ፡ ምስለ ፡ ኵሎሙ ፡ ጳጳሳት ፡ ዘተሠይሙ ፡ በእዴሁ ። ወእምዝ ፡ ሜሙ ፡ ፩ ፡ ብእሴ ፡ ዘስሙ ፡ ንቅጣርዮስ ፡ በምክረ ፡ ፻ወ፶ ፡ ኤጲስ ፡ ቆጶሳት ፤ እስመ ፡ ውእቱ ፡ ኮነ ፡ እምዘመደ ፡ ክቡራን ፡ ዘሀገረ ፡ ቍስጥንጥንያ ፤ ወኮነ ፡ ጠቢበ ፡ ወለባዌ ፡ ወየሐውር ፡ ሑረተ ፡ ሠናየ ፡ በንጽሕ ፡ እስከ ፡ ያንክሩ ፡ ኵሉ ፡ ሰብእ ፡ እምግብሩ ፤ ወአገበርዎ ፡ ወሜምዎ ፡ ሊቀ ፡ ጳጳሳተ ፤ ወኮነ ፡ ተጋባኤ ፡ ለሃይማኖተ ፡ አርዮሳውያን ፡ ወቀናኤ ፡[6] ላዕለ ፡ ሃይማኖት ፡ አርቶዶክሳዊት ። ወኮነ ፡ ሰላም ፡ ማእከለ ፡ ጉባኤ ፡ ወእምዝ ፡ ሖሩ ፡ ኵሎሙ ፡ ሀገሮሙ ፡ በትፍሥሕት ። ሰይጣንኒ ፡ ጸላኤ ፡[7] ዘመድን ፡ ኢኀደጎ ፡ ለንቅጣርዮስ ፡ ሊቀ ፡ ጳጳሳት ፡ ዘእንበለ ፡ ሀከክ ። እስመ ፡ ንጉሥ ፡ መፍቀሬ ፡ እግዚአብሔር ፡ ታአዶስዮስ ፡ ሰበ ፡ ሖረ ፡ ለተቃትሎተ ፡ መክሲሞስ ፡ ኀያል ፡ አርዮሳዊ ፡ ምስለ ፡ ብዙኀ ፡ ሠራዊት ፡ ወሰበ ፡ በጽሐ ፡ ኀበ ፡ መካን ፡ ዘይሰመይ ፡ ማሉድያኖስ ፡ ዘሀለወ ፡ ውስቴቱ ፡ ውእቱ ፡ አርዮሳዊ ፡ ኀያል ፡ ወተራከበ ፡ ምስሌሁ ፡ ወእምቅድመ ፡ ይኩን ፡ ፀብእ ፡ ማእከሌሆሙ ፡ መጽኡ ፡ ሰብእ ፡ እምአርዮሳውያን ፡ ወዜነዉ ፡ ዜና ፡ ሐሰት ፡ ውስተ ፡ ኵሉ ፡ ሀገረ ፡ ብራንጥያ ፡[8] እንዘ ፡ ይብሉ ፤ ንጉሥ ፡ ታአዶስዮስ ፡

1 Mss. ካልአን ፡
2 Mss. ኢትሰነአዉ ፡
3 Mss. ብእሲ ፡
4 B ጎርጎርርጎርዮስኒ ፡
5 A እምኀዘ ፡ B እምኅዘ ፡
6 Mss. ወቀናኢ ፡
7 B ጸላኢ ፡
8 Mss. ብራንጥንያ ፡

ተመውአ ፡ በውስተ ፡ ፀብእ ፡ ወተኀጕሉ ፡ ኵሉ ፡ ሠራዊቱ ። ወበእንተዝ ፡
ኮነ ፡ ፍርሃት ፡ ወድንጋፄ ፡ ላዕለ ፡ ኵሎሙ ፡ መሲሓውያን ፡[1] ወጸኑ ፡ አር
ቶዶክሳውያን ፡ መንገለ ፡ አርዮሳውያን ፡ በእንተ ፡ ፍርሃት ። ወተንሥኡ ፡
አርዮሳውያን ፡ በመዓት ፡ ወአውዐዩ ፡ ማኅደሮ ፡ ለንቅጣርዮስ ፡ ሊቀ ፡ ጳጳ
ሳት ። ወእምድኅረ ፡ ገብሩ ፡ ዘንተ ፡ እከያተ ፡ ተሰምዐ ፡ ግብሮሙ ፡ ኀበ ፡
መፍቀሬ ፡ እግዚአብሔር ፡ ንጉሥ ፡ ቴዎዶስዮስ ፤ ወበጊዜሃ ፡ ተንሥአ ፡
ወፀብኦ ፡ ለመክሲሞስ ፡ ኀያል ፡ ወቀተሎ ። ወበውእቱ ፡ መዋዕል ፡ ሐነፀ ፡
ቤተ ፡ ክርስቲያን ፡ ቅዱስ ፡ ቴዎፍሎስ ፡ ሊቀ ፡ ጳጳሳት ፡ በሀገረ ፡ እስክንድ
ርያ ፡ ወሰመያ ፡ በሽመ ፡ ቴዎዶስዮስ ፡ ንጉሥ ፡ በመንክር ፡ ግብር ። ወሐነ
ፀ ፡ ዓዲ ፡ ካልእተ ፡ ቤተ ፡ ክርስቲያን ፡ በስመ ፡ ወልዱ ፡ ወሰመያ ፡ አርቃ
ድያ ። ወሀለወት ፡ ቤተ ፡ አማልክት ፡ በሀገረ ፡ አስራቢስ ፡ ወረሰያ ፡ ቤተ ፡
ክርስቲያን ፡ ወሰመያ ፡ በስመ ፡ ወልዱ ፡ ዘይንእስ ፡ አኖሬዎስ ፤ ወዓዲ ፡ ተ
ሰምየት ፡ ይእቲ ፡ ቤተ ፡ ክርስቲያን ፡ በስመ ፡ ቆዝሞስ ፡ ወድምያኖስ ፡ ሰማ
ዕታት ፡ በአንጻረ ፡ ቤተ ፡ ክርስቲያኑ ፡ ለቅዱስ ፡ ጴጥሮስ ፡ ሊቀ ፡ ጳጳሳት ፡
ወፍጻሜ ፡ ሰማዕት ። ወነበሩ ፡ ክርስቲያን ፡ በመዋዕሊሁ ፡ ለቴዎዶስዮስ ፡
ንጉሥ ፡ በሀድአት ፡ ወበሰላም ። ወዓዲ ፡ ሐነፀ ፡ ቴዎዶስዮስ ፡ ብዙኀ ፡ ሕን
ፃ ፡ አፍአ ፡ ሀገረ ፡ አንጾኪያ ፤ ወገብረ ፡ ቅጽረ ፡ ሐዲሰ ፡ እምነ ፡ ደብር ፡ እ
ስከ ፡ ማኅፈደ ፡ ጢባርዮስ ፡ ንጉሥ ፡ ቀዳማዊ ፤ ወዓዲ ፡ ሐነፀ ፡ ቅጽራተ ፡
ለአድያም ፡ ወለአዕፃዳት ፡ እለ ፡ አልቦሙ ፡ ቅጽር ። ወእምድኅረዝ ፡ ኮነ ፡
ዕልወታት ፡ ወኑፋቄያት ፡ ብዙኃት ፡ በሀገረ ፡ ተሰሎንቄ ፡ በምክንያተ ፡ አ
ርዮሳውያን ። ወኮነ ፡ ሀከክ ፡ ማእከሌሆሙ ፡ ወማእከለ ፡ ሐራ ፡ ወአኀዙ ፡
ይውግርዎሙ ፡ በእእባን ፡ አርዮሳውያን ፡ ለሐራ ፡ ይጸርፍዎ ፡[2] ለንጉሥ ።
ሰበ ፡ አእመረ ፡ ንጉሥ ፡ ዘገብሩ ፡ አርዮሳውያን ፡ ወሐረ ፡ ተሰሎንቄ ፡ እን
ዘ ፡ ይመስል ፡ ዘየሐውር ፡ ሀገረ ፡ ሮሜ ፡ ምስለ ፡ ኵሉ ፡ ሐራሁ ፡ ወሠራዊ
ቱ ፤ ወፈነወ ፡ መስተጻብኣነ ፡ ኀበ ፡ አሕዛብ ፡ በጕሕሉት ፡ ለእለ ፡ ሀለዉ ፡
ውስተ ፡ ሀገር ፡ ወአኅለቅዎሙ ፡ ለአርዮሳውያን ፤ ወኮኑ ፡ ኍልቆሙ ፡ ለእ
ለ ፡ ተቀትሉ ፡ እልፍ ፡ ወ፺፻ ። ወሰበ ፡ መልአ ፡ ንጉሥ ፡ መዓተ ፡ ወቍጥ
ዓ ፡ በእንተ ፡ ዘገሠጸ ፡ ሚሊጥዩስ ፡ ሊቀ ፡ ጳጳሳት ፡ በእንተ ፡[3] ዘአብዝኀ ፡
ቀትሎሙ ፡ ለአርዮሳውያን ፤[4] እስመ ፡ ውእቱ ፡ ኮነ ፡ የሐዝን ፡ በእንተ ፡ ክ
ርስቲያን ፤ ወንጉሥኒ ፡ ነስሐ ፡ በእንተ ፡ ዘተምዖ ፡ ለሊቀ ፡ ጳጳሳት ፡ ወኮ

[1] Mss. መሲሐውያን ፡
[2] A ይጸፍርዎ ፡
[3] B ወበእንተ ፡
[4] A ወለአርዮሳውያን ፡ ወበእንተ ፡ ዘአብዝኀ ፡ ቀትሎሙ ፡ ለአርዮሳውያን ፡

ን ፡ በንስሓ ፡ ወበጾም ፡ ወበምጽዋት ፡ ወበአንብዕ ፡ ብዙኅ ፡ እንዘ ፡ ይስአ
ል ፡ ምሕረተ ፡ ወስርየተ ፡ አበሳ ። ወበውእቱ ፡ መዋዕል ፡ ከነ ፡ ጽልእ ፡ በ
ሀገረ ፡ አንጾኪያ ፡ ወምንዳቤ ፡ ብዙኅ ፡ ወኀጕል ። ወዓዲ ፡ ንጉሥኒ ፡ ተ
መንደበ ፡ በፀብእ ፡ ዘከነ ፡ በሀገር ፡ ወውስተ ፡ ኵሉ ፡ መካን ፡ ወሰበ ፡ ጸን
ዐ ፡ ላዕሌሁ ፡ ዝንቱ ፡ ምንዳቤ ፡ አዘዘ ፡ ለአውፅአተ ፡ ጸባሕት ፡ ውስተ ፡
ኵሉ ፡ ሀገረ ፡ መንግሥቱ ፡ ዘእንበለ ፡ ልማዶሙ ፤ ወከኑ ፡ ይእኅዝዎሙ ፡ ወያ
ሐምምዎሙ ፡[1] ለሰብእ ። ወሶበ ፡ ርእዮሙ ፡[2] ትዕይንት ፡ ወሠራዊት ፡ እለ ፡
ሀለዉ ፡ ውስተ ፡ ሀገረ ፡ አንጾኪያ ፡ ለአኀዊሆሙ ፡ እንዘ ፡ ይሰቅልዎሙ ፡ እ
ንበለ ፡ ርኅራኄ ፡ ወምሕረት ፡ [አንጐርጐሩ ፤][3] ወሰብአ ፡ ሀገርኒ ፡ አውረዱ ፡
እመልዕልተ ፡[4] ማኅፈድ ፡ አስከሬን ፡ ብርት ፡ ዘሀሎ ፡ ውስቴታ ፡ ሥጋሃ ፡ ለ
ብፅዕት ፡ አይላክላ ፡ ብእሲተ ፡ ታአዶስዮስ ፡ ንጉሥ ፡ ወሰሐብዋ ፡[5] ውስተ ፡
ፍኖተ ፡ ሀገር ። ወሶበ ፡ አእመረ ፡ ንጉሥ ፡ ዘንተ ፡ ተምዐ ፡ ጥቀ ፡ ወሠዐ
ሮሙ ፡ ለሥዩማነ ፡ ሀገር ፡ ወሰደዶሙ ፡ ሀገረ ፡ ሎዶቅያ ፤ ወለመኳንንተ ፡
አንጾኪያሂ ፡ ዘገብሩ ፡ ጽልአ ፡ ዐቢየ ፡ ለንጉሥ ፡ አዘዘ ፡ በእንቲአሆሙ ፡[6]
ከመ ፡ ያውዕይዋ ፡ ለሀገረ ፡ አንጾኪያ ፡ ምስለ ፡[7] ኵሉ ፡ ዘውስቴታ ። ወእለሰ ፡
ዘተአዘዙ ፡ ለአውዕዮተ ፡[8] ሀገር ፡ ቄማር ፡ መኰንን ፡ ወለቢንኪ ፡ መስፍን ።
ወእምድኅረ ፡ ዝንቱ ፡ መጽአ ፡ ፩ ፡ መነከስ ፡ እምገዳም ፡ ቅዱሰ ፡[9] እግዚአ
ብሔር ፡ ኀበ ፡ መኳንንት ፡ እለ ፡ ተአዘዙ ፡ ለአውዕዮተ ፡ ሀገር ፡ ወተናገረ ፡
ምስሌሆሙ ፡ እንዘ ፡ ይብል ፤ ጸሐፉ ፡ ኀበ ፡ ንጉሥ ፡ ታአዶስዮስ ፡ ወንግር
ዎ ፡ በእንቲአየ ፡ ወበልዎ ፡ ከመዝ ፤ እስመ ፡ አንተ ፡ ኢኮንከ ፡ ንጉሠ ፡ ባ
ሕቲቱ ፤ ዳእሙ ፡ አንተ ፡ ሰብእ ፡ ከማነ ፡ ወኮንከ ፡ ርእሰ ፤ ወትትዌከፍ ፡
ሕማማተ ፡ ከመ ፡ ኵሉ ፡ ፍጥረት ፡ እንተ ፡ ይእቲ ፡ አርአያ ፡ መልክኡ ፡ ለ
እግዚአብሔር ፤ ሶበሰ ፡ ኮንከ ፡ ለአርአያ ፡ እግዚአብሔር ፡ አምዓዕከ ፡[10]
ለእግዚአብሔር ፡ ዘፈጠሮ ፡ ለሰብእ ፡ በአርአያሁ ። እስመ ፡ አንተ ፡ ኮንከ ፡
ትትመዓዕ ፡ በእንተ ፡ መልክአ ፡ አስከሬን ፡ ብርት ፡ ዘአልቦ ፡ ውስቴቱ ፡ ን
ባብ ፤[11] እፎ ፡ እንከ ፡ ፈድፋደ ፡ ይትመዓዕ ፡ እግዚአብሔር ፡ ላዕሌከ ፡ ወላ
ዕለ ፡ መንግሥትከ ፡ በእንተ ፡ አርአያሁ ፡ ነባቢት ፡ ዘከነት ፡ ውስቴታ ፡ ን

[1] Mss. ወየሐ" ፡

[2] Mss. ርእዩ ፡ ዘንተ ፡

[3] Manque dans les deux mss.

[4] Mss. መልዕልተ ፡

[5] Mss. ወሰሐቡ ፡

[6] Mss. በእንተ ፡ ንጉሥ ፡ አዘዘሙ ፡

[7] Mss. ወምስለ ፡

[8] B ለአዕዮተ ፡

[9] Mss. ቅዱስ ፡

[10] B አማዓዕከ ፡

[11] A ንበብ ፡

ፍስ ። እስመ ፡ ውእቱ ፡ ወሀበከ ፡ ሥልጣነ ፡ ውእቱ ፡ ባሕቲቱ ፡ እግዚእ ፡ ወንጉሥ ፡ ላዕለ ፡ ኵሉ ። ወዘተማዕከሰ ፡ በእንተ ፡ እስከሬነ ፡ ብርት ፡ ዘማሰነ ፡ ንሕነ ፡ ንክል ፡ ገቢሮቶ ፡ በአምሳለ ፡ ዝኩ ፤ ወአንተሰ ፡ ኢትክል ፡ ገቢረ ፡ አሐቲ ፡ ሥዕርተ ፡ ርእስ ፡ እም፩ ፡ ነፍስ ፡ ዘፈቀድከ ፡ ቀቲሎቶሙ ። ወበውእቱ ፡ መዋዕል ፡ ሀሎ ፡ ፩ ፡ ካህን ፡ ዘይሜህር ፡ በጽድቅ ፡ ዘስሙ ፡ ዮሐንስ ፡ ዘተሰምየ ፡ ልሳነ ፡ ወርቅ ፡ እምቅድመ ፡ ይሢምዎ ፡[1] ሊቀ ፡ ጳጳሳተ ፤ ወበውእቱ ፡ ጊዜ ፡ ከነ ፡ ይሜህር ፡ ወይጌሥጽ ፡ በውስተ ፡ ኵሉ ፡ አህጉር ። ወውእቱኒ ፡ ጐየ ፡ ወሖረ ፡ ፈሪሆ ፡ እምቅትለተ ፡ አርዮሳውያን ፡ ወኅደጋ ፡ ለሀገር ፡ ብጹት ፡[2] እምትምህርቱ ፡ ማሕየዊት ። ወእምድኅረ ፡ አእመረ ፡ ንጉሥ ፡ ቴዎዶስዮስ ፡ ዘንተ ፡ ነስሐ ፡ ወአቍረረ ፡[3] መዓቶ ፤ ወሜጠሙ ፡ ለሥዩማን ፡ ሀገር ፡ እለ ፡ ሰደዶሙ ፡ ቅድመ ፡ ኀበ ፡ ሢመታቲሆሙ ፡ ዘአንጾኪያ ፡ ወእለሂ ፡ ከኑ ፡ እሱራነ ፡ ፈትሖሙ ። ወጸሐፈ ፡ ንጉሥ ፡ ተሠጥዎተ ፡ መልእክተ ፡ ወፈነወ ፡ ኀበ ፡ ሥዩማኒሁ ፡ ከመዝ ፡ እንዘ ፡ ይብል ፤ አንሰ ፡ ተምዓዕኩ ፡[4] በእንተ ፡ ብእሲትየ ፡ መፍቀሪተ ፡ እግዚአብሔር ፡ አይላክላ ፡ ዘአዕረፈት ፡ ወአኅሠርዋ ፡ ዘእንበለ ፡ ዘተአብስ ፡ ላዕሌሆሙ ። ወአነ ፡ ፈቀድኩ ፡ ከመ ፡ እፍድዮሙ ፤ ባሕቱ ፡ በእንተ ፡ እግዚአብሔር ፡ ወአፍቅሮቱ ፡ ሰብእ ፡ ከመ ፡ ይትወከፈኒ ፡ ወይትራድአኒ ፡ ወየሀበኒ ፡ መዊአ ፡ ላዕለ ፡ መናፍቃን ፡ ወበርበር ፡ ወላዕለ ፡ ኵሎሙ ፡ እለ ፡ ይትቃወሙኒ ፡ አንሰ ፡ ይእዜ ፡ ተሣሀልክዎሙ ፤[5] ይኩን ፡ ሰላመ ፡ ላዕለ ፡ ሀገረ ፡ አንጾኪያ ፡ ወይንበሩ ፡ በሀድአት ፡ ዘእንበለ ፡ ሀከክ ። ወእምድኅረ ፡ ሞአሙ ፡ ንጉሥ ፡ ቴዎዶስዮስ ፡ ለኀያላን ፡ ነበረ ፡ በሀገረ ፡ ሮሜ ፡ ወቀተሎሙ ፡ ለመናፍቃን ፡ ብዙኃን ። ወበውእቱ ፡ መዋዕል ፡ ገብሩ ፡ ኀባዝያን ፡ ግበበ ፡ ወመካናተ ፡ ኅቡአተ ፡[6] ውስተ ፡ ምድር ፡ ወዓዲ ፡ ሐነፁ ፡ መካናተ ፡ በዘያብኅኡ ፡ ቦቱ ፡ ሐሪጸ ፡ ወከኑ ፡ ይገብሩ ፡ በውስቴቱ ፡ ብዙኀ ፡ ርኩሰ ፡ በሰብእ ፡ ወፈድፋደሰ ፡ በነኪራን ፡ ወአናግድ ፡ ወብዙኃን ፡ ሰብእ ፡ እለ ፡ ይመጽኡ ፡ ኀቤሆሙ ፡ በእንተ ፡ ኀሢሠ ፡ መብልዕ ፡ ወመስቴ ፡ ወከልኣን ፡[7] በእንተ ፡ ፍትወተ ፡ ዝሙት ። ወእለሂ ፡ ይመጽኡ ፡ ኀበ ፡ ሠያጥያን ፡ ወይን ፡ ያመጽእዎሙ ፡ በኅቡእ ፡ ኀበ ፡ ኀባዝያን ፡ ወይእኅዝዎሙ ፡ በግብር ፡ ጽኑዕ ፤ ወኢይክሉ ፡ ያምስጡ ፡ እምኔሆሙ ፡ ወእመ ፡ ጸርኁ ፡ አ

1 A ይሜምዎ ፡
2 Mss. ለሀገረ ፡ ብጹት ፡
3 A ወአቈረረ ፡
4 B ተመዓዕኩ ፡
5 Mss. ተሠሃልክዎሙ ፡
6 Mss. ኅቡአት ፡
7 Mss. ወካልአን ፡

ልበ ፡ ዘይሰምዖሙ ። በእምኔሆሙ ፡ ዘይሬስይዎሙ ፡ ይሕርፁ ፡ ውስተ ፡ ማኅረፅ ፡ ኵሉ ፡ መዋዕለ ፡ ሕይወቶሙ ፤ ወበእምኔሆሙ ፡ ዘአንበርዎሙ ፡ ውስተ ፡ ቤተ ፡ ዝሙት ፡ እስከ ፡ አመ ፡ ርሥኣን ፡ ወየዐቅብዎሙ ፡ ከመ ፡ ኢይፃኡ ። ወሀሎ ፡ ፩ ሐራ ፡ ንጉሥ ፡ ዘአብእዎ ፡ በኂጣን ፡ ውስተ ፡ ውእቱ ፡ ቤተ ፡ ማኅረፅ ፡ ወኮነንዎ ፡ በህየ ፡ ብዙኀ ፡ ዘመነ ፤ ወሰበ ፡ ደከመ ፡ ገብረ ፡ ኀይለ ፡ መልሐ ፡ ሰይፎ ፡ ወቀተለ ፡ ሰብአ ፡ ብዙኃነ ፡ እለ ፡ ከልእዎ ፡ ወፂአ ፡ ወእለ ፡ ተርፉኒ ፡ ፈርህዎ ፡ ወኀደግዎ ፡ ወውእቱኒ ፡ ሖረ ፡ ወነገሮ ፡[1] ለንጉሥ ። ወንጉሥኒ ፡ አዘዘ ፡ ከመ ፡ ያምጽእዎሙ ፡ ለኀባዝያን ፡ ወኮነኖሙ ፡ ብዙኀ ፡ ኵነኔ ፡ ወለሕንፀታት ፡ ኀቡኣት ፡[2] ነሠቶሙ ፤ ወለአንስት ፡ ዘማውያት ፡ ረሰዮን ፡ ያንሰስዋ ፡ ገሃደ ፡[3] በመሰናቅው ፡ ውስተ ፡ ሀገረ ፡ ሮሜ ፡ ከመ ፡ ይትዐወቅ ፡ ኀጢአቶሙ ፡ ለኵሉ ፡ ሰብእ ፤ ወለኀባዝያንሂ ፡ [አዘዘ ፡]ከመ ፡ ይትረአዩ ፡ ገሃደ ፤[4] ወአጽርዖ ፡ ለዝንቱ ፡ ግብር ፡ ኵሎ ፡ ወአጥፍአ ። ወፈጸመ ፡ ሑረቶ ፡ በሠናይ ፡ ወኀደገ ፡ ዝክረ ፡ ለእለ ፡ ይመጽኡ ፡ እምድኅሬሁ ፡ ወአዕረፈ ፡ በሰላም ፤ ፈጸመ ፡ ገድሎ ፡ በንጽሕ ፡ ዘእንበለ ፡ ኀጢአት ፡ ወፈለሰ ፡ ውስተ ፡ ሕይወት ፡ ዘለዓለም ፡ እምዝንቱ ፡ ዓለም ፡ ኀላፊ ።

ክፍል ፡ ፹፰ ።[5] ወእምድኅረ ፡ አዕረፈ ፡ ቴአዶስዮስ ፡[6] ንጉሥ ፡ መፍቀሬ ፡ እግዚአብሔር ፡ ነሥኡ ፡ መንግሥቶ ፡ ፪ ፡ ደቂቁ ፡ አርቃድዮስ ፡ ወአኖሬዎስ ፡ ዘተወልዱ ፡ ሎቱ ፡ እምአይላክላሉስ ፡ ብእሲቱ ፡ ብፅዕት ፤ እስመ ፡ ሤሞሙ ፡ አመ ፡ ሕያው ፡ ውእቱ ፤ ለአርቃድዮስ ፡[7] ረሰዮ ፡ ከመ ፡ ይኩን ፡ ንጉሠ ፡ ላዕለ ፡ ሀገረ ፡ ቍስጥንጥንያ ፡ ወለአኖሬዎስኒ ፡ ረሰዮ ፡ ንጉሠ ፡ ላዕለ ፡ ሀገረ ፡ ሮሜ ። ወለሥጋሁኒ ፡ ለንጉሥ ፡ ቴአዶስዮስ ፡ አንበርዎ ፡ ውስተ ፡ ቤተ ፡ ክርስቲያን ፡ ዘቅዱሳን ፡ ሐዋርያት ፡ በሀገረ ፡ ቍስጥንጥንያ ። አርቃድዮስሰ ፡ ወአኖሬዎስ ፡ ኮኑ ፡ ፍጹማነ ፡ ጥቀ ፡ በሃይማኖት ፡ መሲሓዊት ።[8] ወአኖሬዎስኒ ፡ መፍቀሬ ፡ አምላክ ፡ ደወየ ፡ ወሰበ ፡ አእመረ ፡ እኁሁ ፡ አርቃድዮስ ፡ ሖረ ፡ ለሐውጾቱ ፡ ሀገረ ፡ ሮሜ ። ወአኖሬዎስሰ ፡ ኮነ ፡ ተጋዳሌ ፡ በንጽሕ ፡ ወበተደንግሎ ፡ ወይገብር ፡ ግብረ ፡ ገዳማውያን ፡ እንዘ ፡ ሀሎ ፡ ውስተ ፡ ቅጽረ ፡ መንግሥት ፤ ወከነ ፡ የሐውር ፡ በሑረት ፡ ሠ

[1] Mss. ወነገርዎ ፡
[2] Mss. ኅቡአት ፡
[3] Mss. ገሀደ ፡
[4] Mss. ከመ ፡ ይርአዩ ፡ ገሀደ ፡
[5] A ፹፫ ፡ B ፹፰ ፡
[6] Mss. ታኑይስዮስ ፡
[7] Mss. አርቃድዮስ ፡
[8] Mss. መሲሐዊት ፡

ናይ ፡ ወበገድል ፡ ጽኑዕ ፡ ወድካም ፡ ብዙኅ ፤ ወከነ ፡ ይለብስ ፡ ሠቀ ፡ ጸጕር ፡
እምውሣጤ ፡ ልብሰ ፡ ሐሪር ፡[1] ዘውእቱ ፡ አልባሰ ፡ መንግሥት ፡ ወይሰከ
ብ ፡ ዲበ ፡ ምድር ፡ ወይጸውም ፡ ኵሉ ፡ መዋዕሊሁ ፡ ወይጼሊ ፡[2] ወይዜምር ፡
ወይዌስክ ፡[3] ትሩፋተ ፡ ዲበ ፡ ገድላቲሁ ፡ ወትረ ፡ ወፈድፋደሰ ፡ ከነ ፡ ይሜ
ንና ፡ ለመንግሥት ፡ ምድራዊት ፡ ወይሴፈዋ ፡ ለመንግሥት ፡ ሰማያዊት ፤
ወከነ ፡ ድልወ ፡ ለአሥምሮተ ፡ እግዚአብሔር ። ወፈጸመ ፡ ኵሎ ፡ ሠናያ
ተ ፡ ዘተርፋ ፡[4] እምአቡሁ ፡ ወአጽርዐ ፡ ኵሎ ፡ እከያተ ፡ ዘኢያሠምርዎ ፡ ለ
እግዚአብሔር ። ወከነ ፡ ልማዶሙ ፡ ለሰብአ ፡ ዘመኑ ፡ ፲ ፡ ዕደው ፡ ይፃብኡ ፡
በውስተ ፡ መራኅብት ፡ ወለዘሞአ ፡ ይቀትሎ ፡ ወአልቦ ፡ ላዕሌሁ ፡ ዕዳ ፡ ለ
ቀታሊ ። ወበውእቱ ፡ መዋዕል ፡ መጽአ ፡ ፩ ፡ መነኮስ ፡ እምሀገረ ፡ ምሥራ
ቅ ፡ ዘስሙ ፡ አድልማኪስ ፡[5] ኀበ ፡ ሀገረ ፡ ሮሜ ፡ ዘከነ ፡ ሑረቱ ፡ ከመ ፡ ሑረተ ፡
መላእክት ፡ ሰማያውያን ፡ ወረከቦሙ ፡ ይገብሩ ፡ ዘከመዝ ፡ ግብር ፡ ርኩስ ፡
ዘምሉእ ፡ ቀትለ ፤[6] ወመነኮስኒ ፡ አምሐሎሙ ፡ ወአውገዘሙ ፡ በስሙ ፡ ለ
ኢየሱስ ፡ ክርስቶስ ፡ ከመ ፡ ይግበሩ ፡ ሰላመ ፡ ወይኅድጉ ፡ ምግባረ ፡ ሰይጣ
ናዌ ፡ ቀታሌ ፡ እትሁ ። ወሶበ ፡ ሰምዑ ፡ ዘንተ ፡ ኀደጉ ፡ ንዋየ ፡ ፀብአሙ ፡
ወወገርዎ ፡ በአእባን ፡ ወከዐዉ ፡ ደሞ ፡ ለብእሴ ፡ እግዚአብሔር ፡ ድልማ
ክስ ፡ መነኮስ ፡ ጽሙድ ። ወሶበ ፡ አእመረ ፡ ቅዱስ ፡ አኖሬዎስ ፡ ንጉሥ ፡ ዘ
ንተ ፡ አጽርዐ ፡ ዘንተ ፡ ሥርዓተ ፡ እምሀገረ ፡ ሮሜ ፡ ወአብጠላ ፤ ወከነ ፡
ውስተ ፡ ሀገር ፡ ሰላመ ፡ እግዚአብሔር ፡ ክቡር ፡ ወልዑል ። ወዓዲ ፡ ነሠ
ተ ፡ አብያተ ፡ አማልክት ፡ ርኩሳን ፡ ወረሰዮሙ ፡ መካናተ ፡ ለሰማዕታት ፡
ንጹሓን ።[7] ወእንዘ ፡ ሀሎ ፡ አርቃድዮስ ፡ ንጉሥ ፡ ሀገረ ፡ ሮሜ ፡ ተንሥአ ፡
፩ ፡ እምሠራዊት ፡ ዘስሙ ፡ ጋንያስ ፡ ወከነ ፡ እምዘመደ ፡ አጅም ፡ ወተኀየ
ለ ፡ ወተዓልአ ፡ ምስለ ፡ ንጉሥ ፡ ወነሥአ ፡ ምስሌሁ ፡ ብዙኅ ፡[8] በርበር ፡ ወ
ገብረ ፡ ሀከከ ፡ ብዙኀ ። ወንጉሥሰ ፡ አርቃድዮስ ፡ ተንሥአ ፡ በፍጡን ፡ እ
ምሮሜ ፡ በጽሐ ፡ ኀበ ፡ በራንጥያ ፡ እንዘ ፡ ይቀንእ ፡ በሃይማኖተ ፡ አቡሁ ፡
አርቶዶክሳዊ ፡ ወቀተሎ ፡ ለውእቱ ፡ ኀያል ፡ ዘውፁእ ፡ እምሕግ ፡ ጋንያስ ፡
ዘእምሕዝበ ፡ አርዮሳውያን ፡ ርኩሳን ፤ ወነበረ ፡ በሰላም ። ወእምድኅረዝ ፡
ሐመ ፡ ንጉሥ ፡ መፍቀሬ ፡ እግዚአብሔር ፡ አርቃድዮስ ፡ ወሞተ ፡ በመዋ
ዕለ ፡ ሊቀ ፡ ጵጵስናሁ ፡ ለቅዱስ ፡ ዮሐንስ ፡ አፈ ፡ ወርቅ ። ወተሠይመ ፡ ወ

[1] B ሐሬር ፡
[2] Mss. ወይጸሊ ፡
[3] Mss. ወይወስክ ፡
[4] Mss. ዘተርፈ ፡
[5] Mss. አድላክስ ፡
[6] Mss. ቀትል ፡
[7] Mss. ንጹሐን ፡
[8] Mss. ብዙኃ ፡

ልዱ ፡ ታአዶስዮስ ፡ ዘይንእስ ፡ ንጉሠ ፡ እምቅድመ ፡ ሞተ ፡ አቡሁ ። ወሰበ ፡ ነግሠ ፡ ታአዶስዮስ ፡ ንኡስ ፡ ኮነ ፡ ሀከከ ፡[1] ዐቢየ ፡ በውስተ ፡ ሀገረ ፡ ሮሜ ። እስመ ፡ ንጉሥ ፡ አኖሬዎስ ፡ ኀደገ ፡ መንግሥቶ ፡ ወሖረ ፡ ሀገረ ፡ ዋዋንኒ ፡ በቍጥዓ ፤ እስመ ፡ ብዙኃን ፡ እምሠራዊት ፡ ጸልእዎ ፡ ለንጉሥ ፡ አኖሬዎስ ፡ ቅዱስ ፡ እግዚአብሔር ፡ በእንተ ፡ ምግባሩ ፡ ሠናይ ፤ እስመ ፡ ውእቱ ፡ ኮነ ፡ ፈራሄ ፡ እግዚአብሔር ፡ ወገባሬ ፡ ኵሉ ፡ ፈቃዳቲሁ ። ወበጊዜሃ ፡ ተንሥአ ፡ ፩ ፡ መኰንን ፡ እምሀገረ ፡ ገላትያ ፡ ዘስሙ ፡ አትሕላሪከስ ፡ ወብዙኃን ፡ ምስሌሁ ፡ ከመ ፡ ይንሥኦ ፡[2] ለሀገረ ፡ ሮሜ ። ወሰበ ፡ ወፅአ ፡ ተሰናአወ ፡[3] ምስለ ፡ አፅራረ ፡ ንጉሥ ፡ ወወሀብዎ ፡ ጸባሕተ ፡ እምሀገር ፡ ወአበየ ፡ ነሢአ ፡ ዳእሙ ፡ ሖረ ፡ ውስተ ፡ ቅጽር ፡ ወነሥአ ፡ ኵሎ ፡ ንዋያተ ፡ መንግሥት ፤ ወነሥአ ፡[4] ለእኅተ ፡ ንጉሥ ፡ አኖሬዎስ ፡ ዘስማ ፡ አይላኪድያ ፡ ወኮነት ፡ ይእቲ ፡ ድንግለ ፡ ወተመይጠ ፡ ውእቱ ፡ ኀያል ፡[5] ውስተ ፡ ሀገረ ፡ ገላትያ ። ወኮነ ፡ ምስሌሁ ፡ ፩ ፡ ሥዩም ፡ ዘስሙ ፡ ቍስጥንጢን ፡ ወውእቱኒ ፡ ወሰዳ ፡ ለወለት ፡ ኀበ ፡ እኁሃ ፡[6] ንጉሥ ፡ አኖሬዎስ ፡ እንዘ ፡ ኢያእምር ፡[7] ውእቱ ፡ ኀያል ። ወንጉሥኒ ፡ አከበሮ ፡ ወረሰዮ ፡ ወዚረ ፤ ወእምድኅረዝ ፡ አንገሦ ፡ ወወሀበ ፡ ለእኅቱ ፡ ድንግልት ፡ ትኩኖ ፡ ብእሲተ ። ወእምዝ ፡ ተንሥኡ ፡ ክልኤሆሙ ፡ እምሀገረ ፡ ራዋቢ ፡ ዘውእቶሙ ፡ ንጉሥ ፡ አኖሬዎስ ፡ ወቍስጥንጢን ፡ ወነሥእዋ ፡ ለሀገረ ፡ ሮሜ ፡ ወቀተልዎሙ ፡ ለዕደው ፡ ወጣንያን ፡ እከይ ፡ ላዕለ ፡ እግዚአሙ ፡ ንጉሥ ፡ አኖሬዎስ ፡ ወኮነ ፡ ኍልቆሙ ፡ ፺ ፡[8] ነፍስ ፤ ወወሀበ ፡ ንዋዮሙ ፡ ለቤተ ፡ መንግሥት ፡ ወእድከመ ፡ ኀይሎ ፡ ለውእቱ ፡ መናፍቅ ። ወወሀበ ፡ መንግሥቶ ፡ ለቍስጠንጢን ፡ ምታ ፡ ለእኅቱ ፡ ወመጽአ ፡ ንጉሥ ፡ መፍቀሬ ፡ እግዚአብሔር ፡ አኖሬዎስ ፡[9] ሀገረ ፡ ቍስጥንጥንያ ፡ ወኮነ ፡ ሱታፌ ፡ መንግሥት ፡ ምስለ ፡ ወልደ ፡ እኁሁ ፡ ታአዶስዮስ ፡ ዘይንእስ ። ወእምድኅረ ፡ ኅዳጥ ፡ መዋዕል ፡ ተመይጠ ፡ ኀበ ፡ ሀገረ ፡ ሮሜ ፡ ሰበ ፡ ወድቀ ፡ ውስተ ፡ ጽኑዕ ፡ ሕማም ፡ እምብዝኀ ፡ ተጽምዶ ፡ ወተጋድሎ ፡ በጾም ፡ ወበጸሎት ፤ ወኀብጠ ፡ መለያልይሁ ፡[10] ወሞተ ፡ ወፈለሰ ፡ እምዝንቱ ፡ ዓለም ፡ ኀላፊ ፡ እንዘ ፡ ድንግል ፡ ውእቱ ፡ ወአልበ ፡ ውሉድ ። ወቍስጠንጢኖስ ፡ ንጉሠ ፡ ሮሜ ፡ ተወልደ ፡

[1] A ሀከክ ፡
[2] Mss. ይንሥእ ፡
[3] Mss. ተሰነአወ ፡
[4] Mss. ወነሥአ ፡
[5] Mss. ኀይል ፡
[6] A እኁሀ ፡
[7] Mss. ኢየአምር ፡
[8] Mss. ወ፺ ፡
[9] A ንጉሥ ፡ አኖ"
[10] B መለያልዩሁ ፡

ሎቱ ፡ ወልድ ፡ እምነ ፡ አይላኪድያ ፡ እኅቱ ፡ ለንጉሥ ፡ አኖሬዎስ ፡ ወሰመ
የ ፡ ስሞ ፡ ዋልንድያኖስ ፤ ወተንሥአ ፡ ፩ ፡ ኀያል ፡ ዘስሙ ፡ ዮሐንስ ፡ ወነ
ሥአ ፡ መንግሥቶ ፡ በኀይል ። ወታአዶስዮስ ፡ ንኡስ ፡ ነግሠ ፡ ባሕቲቱ ፡ በሀ
ገረ ፡ ቍስጥንጥንያ ፡ እምድኅረ ፡ ሞተ ፡ አኖሬዎስ ፡ እኅወ ፡ አቡሁ ፤ ወሰበ ፡
ልህቀ ፡ ወጸንዐ ፡ ክነ ፡ ይጸዕቅ ፡ እምነ ፡ አኃቲሁ ፡[1] አንስት ፡ ዘውእቶን ፡ አ
ርጋድያ ፡ ወማሪና ፡ ወብርካርያ ፡ እስመ ፡ ውእቱ ፡ ኮነ ፡ ድንግለ ፡ ከመ ፡ ያ
ውስብ ፡ ብእሲተ ፡ ወይለድ ፡ ውሉደ ። ወውእቱሰ ፡ ይቤሎን ፤ አንሰ ፡ ኢያ
ወስብ ፡ ለእመ ፡ ኢኮነት ፡ ድንግልተ ፡ ወኅሪተ ፡ ወሠናይተ ፡ ላህይ ፡ ወመ
ፍቀሪተ ፡ እግዚአብሔር ፡ ወጠባበ ።[2] ወሰበ ፡ ይቤሎሙ ፡ ኀሠሡ ፡ ሎቱ ፡
በውስተ ፡ ኵሉ ፡ ሀገረ ፡ መንግሥት ፡ ወኢእምአዋልደ ፡ ነገሥት ፡ ወኢእ
ምክቡራን ፡ አዝማድ ፡ ወክኑ ፡ የዐውዱ ፡ ውስተ ፡ ኵሉ ፡ መካን ። ወረከቡ ፡
አሐተ ፡ ብእሲተ ፡ እንዘ ፡ ትመጽእ ፡ ኀበ ፡ ሀገረ ፡ ቍስጥንጥንያ ፡ ወይእቲ ፡
ሠናይተ ፡ ላህይ ፡[3] ጥቀ ፡ ዘትኄይስ ፡ እምኵሎን ፡ አንስተ ፡ ዘመን ። እስ
መ ፡ ኮነ ፡ ባቲ ፡ ጽልእ ፡ ምስለ ፡ አኀዊሃ ፡ በእንተ ፡ ርስተ ፡ አቡሃ ፡ ወመጽ
አት ፡ ከመ ፡ ትንግሮ ፡ ለንጉሥ ፡ በእንተ ፡ ግፍዓ ። ወስማ ፡ ለይእቲ ፡ ወለ
ት ፡ አኒናንጣ ፡ ዘበትርጓሜሁ ፡ አውጣኪያ ፤ ወለአቡሃሰ ፡ ዘክነ ፡[4] ስሙ ፡ አ
ብርለክልስ ፡ ኮኑ ፡ ፪ ፡ ደቂቅ ፡ ፩ ፡ ስሙ ፡ አውላንድያኖስ ፡ ወለካልኡ ፡ ካ
ናስዩስ ፡ ወይእቲ ፡ ወለት ፡ ዘዘከርናሃ ። አመ ፡ ሞተ ፡ አቡሆሙ ፡ አዘዘ ፡
የሀብዋ ፡ ለወለቱ ፡ ምእተ ፡ ምትቃለ ፡ ወርቀ ፡ ከመ ፡ ይኩን ፡ ለመክፈል
ታ ፤ ወይእቲሰ ፡ አበየት ፡ ሰበ ፡ ኢሠምረ ፡ ልባ ፡ ባሕቱ ፡ ትቤ ፤ ኢይደልወ
ኒኑ ፡ ከመ ፡ ዕሩየ ፡ ምስለ ፡ አኀውየ ፡ በውስተ ፡ ርስት ። ወውእቶሙሰ ፡
አበዩ ፡ ወሰደድዋ ፡ እምቤተ ፡ አቡሃ ፤ ወነሥአታ ፡ እኅተ ፡ እማ ፡ ወወሰደ
ታ ፡ እምሀገረ ፡ ኢላልስ ፡ ወአብጽሐታ ፡ ኀበ ፡ ሀገረ ፡ አውጣሞን ፡ ወአብ
አታ ፡ ኀበ ፡ እኅወ ፡ አቡሃ ። ወሀለወት ፡ በህየ ፡ እኅት ፡ ለ፩ ፡ ብእሲ ፡ ዘስ
ሙ ፡ ላፍርልስ ፡ ፍልሱፍ ፡ ዘተኀድር ፡ ውስተ ፡ ሀገረ ፡ ብራንጥያ ፤ ወይእ
ቲሰ ፡ ገብረት ፡ ኄጣነ ፡ ወወሰደታ ፡[5] ለወለት ፡ ኀበ ፡ አኃቲሁ ፡ ለንጉሥ ።
ወሰበ ፡ አእመሩ ፡ ከመ ፡ ይእቲ ፡ ወለት ፡ ድንግል ፡ አብእዋ ፡ ኀቤሆሙ ፡
በውስተ ፡ ቅጽር ፡ ወአይድዕዎ ፡ ለንጉሥ ፡ በእንቲአሃ ፤ ወመጽአ ፡ ኀቤሃ ፡
ወነጸራ ፡ ገጻደ ፡ ወአደመቶ ። ወረሰያ ፡ ክርስቲያናዊተ ፡ ወሰመይዋ ፡ ስማ ፡
አውጣኪያ ፤ እስመ ፡ ይእቲ ፡ ኮነት ፡ ሐንፋዊተ ፡ ቅድመ ፡ እምደቂቀ ፡ ፈ

[1] Mss. አሐቲሁ ፡

[2] Mss. ወጠባብ ፡

[3] ላህይ ፡ manque dans B.

[4] Mss. ኮነ ፡

[5] Mss. ወወለደታ ፡

ላስፉ ፤ አውሰበ ፡ በሕገ ፡ ክርስቲያን ፡ ወገብረ ፡ ላቲ ፡ ከብካበ ፡ ወዓዲ ፡ ረሰያ ፡ ንግሥተ ። ወሰበ ፡ ሰምዑ ፡ አኅዊሃ ፡[1] በእንቲአሃ ፡ ከመ ፡ ይእቲ ፡ ኮነት ፡ ብእሲተ ፡ ንጉሥ ፡ ታአዶስዮስ ፡ ወተሰምየት ፡ ንግሥተ ፡ ፈርሁ ፡ ወጐዩ ፡ ውስተ ፡ አድባረ ፡ ፈላልስ ፤ ለአከት ፡ ኀቤሆሙ ፡ መጽሐፈ ፡ መልእክተ ፡ ወአምጽአቶሙ ፡ ኀበ ፡ ሀገረ ፡ ቍስጥንጥንያ ፡ እምሀገረ ፡ አትናስ ፡ ወረሰየቶሙ ፡ ክቡራነ ፡ በኀበ ፡ ንጉሥ ፡ ወሜመቶ ፡ ለካናስዩስ ፡[2] በሀገረ ፡ እልዋሪቆን ፤ ወለአውላንድያኖስኒ ፡[3] ሜመቶ ፡ ላዕለ ፡ ሐራ ። ወእምዝ ፡ ትቤሎሙ ፤ ሰበሰ ፡ ኢገበርክሙኒ ፡ እኩየ ፡ እምኢመጻእኩ ፡ ኀበ ፡ ሀገረ ፡ መንግሥት ፡ ወእምኢኮንኩ ፡ ንግሥተ ፡ ወበፈቃደ ፡ እግዚአብሔር ፡ መጻእኩ ፡ ዝየ ፤ አንሰ ፡ ኢይገብር ፡ ብክሙ ፡ በከመ ፡ ገበርክሙ ፡ ብየ ። ወበጊዜሃ ፡ ደነኑ ፡ መትሕተ ፡ ምድር ፡ ወሰገዱ ፡ ላቲ ። ወእምዝ ፡ ወለደት ፡ ወለተ ፡ ወሰመየታ ፡ በስመ ፡ እሙ ፡ ለታአዶስዮስ ፡ አውዶክስያ ። ወበመዋዕሊሁ ፡[4] ለዝንቱ ፡ ንጉሥ ፡ ታአዶስዮስ ፡ ኮነ ፡ ጋእዝ ፡ ውስተ ፡ ቤተ ፡ ክርስቲያን ፡ ዘሀገረ ፡ ቍስጥንጥንያ ፡ በእንተ ፡ ስደቱ ፡ ለብፁዕ ፡ ዮሐንስ ፡ አፈ ፡ ወርቅ ፡ ሊቀ ፡ ጳጳሳት ፡ ዘሰደድዎ ፡ በመዋዕሊሁ ፡ ለአርቃድዮስ ፡ አቡሁ ፡ በእንተ ፡ መዓተ ፡ አውዶክስያ ፡ ንግሥት ፡ በምክንያተ ፡ ዐፀደ ፡ ወይን ፡ ዘመበለት ። ወዓዲ ፡ ኮነ ፡ ድልቅልቅ ፡ ዐቢይ ፡ ውስተ ፡ ሀገረ ፡ መንግሥት ፤ ወንጉሥኒ ፡ ኮነ ፡ ይቴክዝ ፡ ፈድፋደ ፡ ውእቱኒ ፡ ወኵሎሙ ፡ ሠራዊት ፡ ወካህናት ፡ ወሕዝብ ፡ ኅቡረ ፡ ወነበሩ ፡ ብዙኀ ፡ መዋዕለ ፡ እንዘ ፡ የሐውሩ ፡ እንበለ ፡ አሚን ። ወሰብአ ፡ ኂውርያሂ ፡ ንሥእዋ ፡ ለሀገረ ፡ ተሰሎቄ ፡[5] እንተ ፡ ይእቲ ፡ እምነ ፡ ሻም ፡ በሰሬቅ ፡ እንበለ ፡ ያእምሩ ፡ ወለሀገረ ፡ ጢባርያሂ ፡ ዓዲ ፤ ማህረኩ ፡ ኵሎ ፡ ንዋያቲሃ ፡ ወሐሩ ፡ በፍኖተ ፡ ደብር ፡ ዘይሰመይ ፡ ዲሳማኑ ፡ ወተመይጡ ፡ ኂውርያ ፡ ሀገሮሙ ። ወአሕዛብኒ ፡ ኵሎሙ ፡ ኢያእመሩ ፡ በእንተ ፡ ምንት ፡ ሰደድዎ ፡ ለቅዱስ ፡ ዮሐንስ ፡ አፈ ፡ ወርቅ ፡ ዘንተ ፡ ኵሎ ፡ ኑኀ ፡ መዋዕል ፡ እስከ ፡ ሞተት ፡ ንግሥት ፡ አውዶክስያ ። ወበውእቱ ፡ ዘመን ፡ ኮነ ፡ ሊቀ ፡ ጳጳሳት ፡ በሀገረ ፡ ቍስጥንጥንያ ፡ ዘስሙ ፡ ዓጢኩስ ፡ ዘየሐውር ፡ በጥበብ ፡ ወበምክር ፡ ሠናይ ፡ እስከ ፡ አሠነየ ፡ ልበ ፡ ንጉሥ ፡ ታአዶስዮስ ፡ ከመ ፡ ይጽሐፍ ፡ ኀበ ፡ ቅዱስ ፡ ወጠቢብ ፡ ቄርሎስ ፡ ሊቀ ፡ ጳጳሳት ፡ ዘእለእስክንድርያ ፡ ዘተሠይመ ፡ እምድኅረ ፡ ቴዎፍሎስ ፡ ከመ ፡ ይጽሐፉ ፡[6] ስሞ ፡ ለቅዱስ ፡ ዮሐንስ ፡ አፈ ፡ ወርቅ ፡ በው

[1] Mss. አኃዊሁ ፡
[2] Mss. ወሚመቶ ፡ ለካስዩስ ፡
[3] Mss. ወለንድያኖስኒ ፡
[4] Mss. ወመዋዕሊሁ ፡
[5] A ተሰሎንቄ ፡
[6] Mss. ይጸሐፉ ፡

ስተ ፡ ፍትሓት ፡[1] ዘቤተ ፡ ክርስቲያን ፡ ምስለ ፡ ኵሎሙ ፡ ሊቃን ፡ ጳጳሳት ፡ እለ ፡ ቀደምዎ ፡ ነዊመ ። ተወከፈ ፡ ቅዱስ ፡ ቄርሎስ ፡ ዘንተ ፡ ቃለ ፡ ኀቤሁ ፡ በፍሥሓ ፡ ዐቢይ ፤ እስመ ፡ ውእቱ ፡ ያፈቅሮ ፡ ለመፍቀሬ ፡ እግዚአብሔር ፡ ቅዱስ ፡ ዮሐንስ ፡ አፈ ፡ ወርቅ ፡ ኦርቶዶክሳዊ ፡ ወያከብሮ ፡ በከመ ፡ መምህ ር ፡ ዐቢይ ። ወበዝንቱ ፡ ነገር ፡ ኮነ ፡ ፍሥሓ ፡ ዐቢየ ፡ ውስተ ፡ አብያተ ፡ ክርስቲያናት ፤ ወንጉሥሰ ፡ ቴዎዶስዮስ ፡ ወሀበ ፡ ንዋየ ፡ ብዙኀ ፡ ለአብያተ ፡ ክርስቲያናት ፡ ወሐነፆሙ ፡ ለእለ ፡ ተነሥቱ ፡ በከመ ፡ ይደሉ ። ወበውእቱ ፡ መዋዕል ፡ መልኡ ፡ ቅንአተ ፡ ሰብአ ፡ እስክንድርያ ፡ ኦርቶዶክሳውያን ፡ ወ አስተጋብኡ ፡ ዕፀወ ፡ ብዙኀ ፡ ወአውዐዩ ፡ መካነ ፡ ሐንፋውያን ፡ ፈላስፋ ። ወንጉሥ ፡ ቴዎዶስዮስኒ ፡ ኢረስዓ ፡ ወኢኀደጋ ፡ ለሀገረ ፡ ሮሜ ፤ ዳእሙ ፡ ፈነወ ፡ ኀቤሃ ፡ ፩ ፡ መኰንን ፡ ዘስሙ ፡ አስቢራ ፡ ምስለ ፡ ብዙኃ ፡ ሠራዊት ፡ ከመ ፡ ይፃብእ ፡ ምስለ ፡ ዮሐንስ ፡ ኀያል ፤ ወፀብኦ ፡ ወሞአ ፡ ለዮሐንስ ፡ ዐ ላዊ ፡ ወአድኀኖ ፡ ለዋልንድያኖስ ፡ ወልደ ፡ እኅተ ፡ አቡሁ ፡ እብላኪድያ ፡ ዘወለደቶ ፡ ለቍስጥንጥዮስ ፡[2] ወአንበሮ ፡ በኀቤሁ ፡ ወአስተዋሰቦ ፡ ለወለ ቱ ፡ እንተ ፡ ወለደት ፡ ሎቱ ፡ አውጣክያ ፡ ንግሥት ፤ ወወለደ ፡ እምኔሃ ፡ ፪ ፡ አዋልደ ፡ ወሰመያ ፡ ለአሐቲ ፡ አውጣክያ ፡ ወለካልእታ ፡ አብላኪድያ ።[3] ወነሥአ ፡ ለ፩ ፡ እምፈላስፋ ፡ ዘስሙ ፡ ኪሮስ ፡ ወረሰዮ ፡ መስፍነ ። ወኮነ ፡ ውእቱ ፡ ብእሲ ፡ ጠቢብ ፡ ዘይትጋደል ፡ በጽድቅ ፡ ወኢያፈቅር ፡ ንሢአ ፡ ህልያነ ፡ ወየሐውር ፡ በጽድቅ ፡ ወበርትዕ ፤ ወዓዲ ፡ ኮነ ፡ ያፈቅር ፡ ሐድ ሰ ፡ ሐኒፀ ፤ ማኅፈዳት ፡ እለ ፡ በልዩ ፡ ብዙኀ ፡ አዝማነ ፡ ሐነፆን ፡ በኀዳጥ ፡ ዘመን ፤ ወየሐውር ፡ እንበለ ፡ ትዕቢተ ፡ ልብ ፡ ወያፈቅርዎ ፡ ኵሎሙ ፡ ሰብአ ፡ ቍስጥንጥንያ ፡ ብዙኀ ። ወሰበ ፡ ኮነ ፡ ረኅብ ፡ ርእዮሙ ፡ ቴዎዶስ ዮስ ፡ ንጉሥ ፡ ለኵሎሙ ፡ አሕዛብ ፡ እንዘ ፡ ይጸርኁ ፡ ወያከብርዎ ፡ ለኪሮ ስ ፡ መኰንን ። ቀንአ ፡ ላዕሌሁ ፡ ወአስተዋደይዎ ፡ ኀበ ፡ ንጉሥ ፡ ቴዎዶስ ዮስ ፡ ወይቤሉ ፡ በእንቲአሁ ፡ ከመ ፡ ውእቱ ፡ ይፈቅድ ፡ ይኩን ፡ ኀያለ ፡ ወይትኔየል ፡ ላዕሌከ ። ወንጉሥኒ ፡ ተወከፈ ፡ ምክሮሙ ፡ እኪተ ፡ ወአ ኀዘ ፡ ለውእቱ ፡ ብእሲ ፡ ወአሕመሞ ፡ ብዙኀ ፡ ወነሥአ ፡ ኵሎ ፡ ንዋያቲ ሁ ፡ ወወሰዶ ፡ ውስተ ፡ ቤተ ፡ መንግሥት ። አኮ ፡ በእንተ ፡ ዝንቱ ፡ ነገር ፡ ባሕቲቱ ፤ ዳእሙ ፡ በእንተ ፡ ዘ[ጸርኁ ፤][4] ኮነ ፡ ዳግማዌ ፡ ንጉሠ ፡ በአምሳለ ፡ ቈስጠንጢኖስ ፡ ዘየዐቢ ፤ ወበእንተዝ ፡ ተምዕዐ ፡ ንጉሥ ፡ ላዕሌሁ ፡ ፈቀደ ፡

[1] Mss. ፍትሐት ፡

[2] Mss. እብለኪድያኖስ ፡ ዘተወለደ ፡ በ ቍስጥንጥንያ ፡

[3] A እብለ″ ፡

[4] Manque dans les deux mss.

ቀቲሎቶ ። ወውእቱኒ ፡ ሶበ ፡ ሰምዐ ፡ ዘንተ ፡ ጐየ ፡ ውስተ ፡ አሐቲ ፡ ቤ
ት ፡ ክርስቲያን ፡ ወበህየ ፡ ሜምዎ ፡ ምጥሮጶሊስ ፡ ለሀገረ ፡ ሳምርና ፡ እንተ ፡
ይእቲ ፡ እምእድያመ ፡ እስያ ፤ እስመ ፡ ውእቶሙ ፡ ቀተሉ ፡ ጳጳሰሙ ፡ ቅ
ድመ ። ወዝንቱሰ ፡ ሶበ ፡ ተሠይመ ፡ ምጥሮጶሊስ ፡ ለሀገረ ፡ ሳምርና ፡ ገብ
ረ ፡ ጸሎተ ፡ ዐቢየ ፡ ወነዊኀ ፡[1] ለአምላክ ፡ ሰማይ ፡ በእንተ ፡ ዘአድኀኖ ፡ እሞ
ቱ ፡ ውዴት ። ወእንዘ ፡ ሀሎ ፡ ከመዝ ፡ በጽሐ ፡ ዕለተ ፡ በዓለ ፡[2] ልደቱ ፡
ለእግዚእነ ፡ ኢየሱስ ፡ ክርስቶስ ፤ አንበርዎ ፡ ሕዝብ ፡ ወካህናት ፡ ላዕለ ፡
መንበር ፡ በከመ ፡ ልማደ ፡ ጳጳሳት ፡ ወሰአልዎ ፡ እንዘ ፡ ይብሉ ፤ ንግረነ ፡
በእንተ ፡ ዕበዩ ፡ ወክብሩ ፡ ወስብሐቲሁ ፡ ለእኅዜ ፡ ኵሉ ፡ ወበእንተ ፡ ል
ደቱ ፡ ቅድስት ። ወውእቱሰ ፡ ነገሮሙ ፡ ቅድመ ፡ በእንተ ፡ ድኅነቱ ፡ እም
ቀትል ፡ ወደገመ ፡ ዳግመ ፡ ነገሮሙ ፡ እንዘ ፡ ይብል ፡ ከመዝ ፤ አእምሩ ፡ አ
እኀውየ ፡ ዮምሰ ፡ ዕለተ ፡ ልደቱ ፡ ለእግዚእነ ፡ ወመድኀኒነ ፡ ኢየሱስ ፡ ክር
ስቶስ ፤ ናከብሮ ፡ በከመ ፡ ይደሉ ፡ እስመ ፡ ውእቱ ፡ በፈቃዱ ፡ ባሕቲቱ ፡
ተፀንሰ ፡ በከርሠ ፡ ድንግል ፡ ቅድስት ፡ ማርያም ፤ እስመ ፡ ውእቱ ፡ ቃል ፡
ቀዳማዊ ፡ ፈጣሬ ፡ ሎቱ ፡ ስብሐት ፡ ምስለ ፡ አቡሁ ፡ ኄር ፡[3] ወመንፈሱ ፡
ቅዱስ ፡ ማሕየዊ ፡ ሥሉስ ፡ ዕሩይ ፡ እስከ ፡ ለዓለም ። ወሰብአ ፡ ሀገርሰ ፡ ኵ
ሎሙ ፡ አክበርዎ ፡ ወነበረ ፡ እንዘ ፡ ይገብር ፡ ተልእኮታተ ፡[4] ወተቀንዮታ
ት ፡ ዘወትር ፤ ፈጸመ ፡ ክህነቶ ፡ እስከ ፡ አመ ፡ አዕረፈ ፡ በክብር ። ወዓዲ ፡
በመዋዕለ ፡ ንጉሥ ፡ ታኦዶስዮስ ፡ አዕረፉ ፡[5] ሊቃነ ፡ ጳጳሳት ፡ ዘሀገረ ፡ ቍ
ስጥንጥንያ ፡ አንዳዲክስ ፡ ወሲስዩስ ፤ ወእምዝ ፡ አምጽእዎ ፡ ለንስጡር ፡
እምሀገረ ፡ አንጾኪያ ፡ ኀበ ፡ ሀገረ ፡ ቍስጥንጥንያ ፡ ከመ ፡ ይምሀር ፡[6] በው
ስቴታ ፡ በእንተ ፡ ዘተመሰለ ፡ ከመ ፡ ዕሙዳን ፡ ወማእምራነ ፡[7] መጻሕፍት ፡
ወሜምዎ ፡ በህየ ፡ ሊቀ ፡ ጳጳሳተ ፡[8] ወኮነ ፡ ኀጐለ ፡ በክርስቲያን ፡ በኵሉ ፡
አህጉር ። ወበጊዜ ፡[9] መሀረ ፡ ወነበበ ፡ ጽርፈተ ፡ ላዕለ ፡ አምላክ ፡ ወኢአ
ምነ ፡ ከመ ፡ ቅድስት ፡ ድንግል ፡ ማርያም ፡ ወለደቶ ፡ ለአምላክ ፤ ባሕቱ ፡
ሰመያ ፡ ወላዲተ ፡ ክርስቶስ ፡ እንዘ ፡ ይብል ፡ እስመ ፡ ክርስቶስ ፡ ኮነ ፡ ክል
ኤ ፡ ጠባይዐ ። ወኮነ ፡ ተፈልጠ ፡ ብዙኀ ፡ ወሀከክ ፡ ዐቢይ ፡ በሀገረ ፡ ቍስ
ጥንጥንያ ፡ በእንተ ፡ ዝንቱ ፡ ነገር ። አገበርዎ ፡ ለንጉሥ ፡ ታኦዶስዮስ ፡

[1] A ወነዋኀ ፡
[2] B በዐለ ፡
[3] A ኄር ፡ አቡሁ ፡
[4] Mss. ተልእኮታት ፡
[5] Mss. አዕረፈ ፡
[6] B ይምህር ፡
[7] Mss. ወማእምራን ፡
[8] B ጳጳሳት ፡
[9] A ወበጊዘ ፡

ከመ ፡ ያስተጋብእ ፡ ጉባኤ ፡ ቅዱሳት ፡ በኤፌሶን ፡ እሜቱሉ ፡ ዓለም ፤ ወኮነ ፡ ጉልቆሙ ፡ ለእለ ፡ ተጋብኡ ፡ ፪፻ ፤ ወአውገዝም ፡ ወመተርፓ ፡ ለንስጡር ፡ ወለእለ ፡ ተለውዎ ። ወእምዝ ፡ ተመይጡ ፡ ኃበ ፡ ሃይማኖትነ ፡ ቅድስት ፤ ወዮሐንስ ፡ ሊቀ ፡ ቅዳሳት ፡ በሀገረ ፡ እንጸኪያ ኮነ ፡ ምስሌሆሙ ፡ ኃቡረ ፤ ተሰናእዉ ፡ ምስለ ፡ ፪፻ ፤[1] ቅዳሳት ፡ ወምስለ ፡ እቡነ ፡ ቅዱስ ፡ ቄርሎስ ፡ ሊቀ ፡ ቅዳሳት ፡ ዘእለእስክንድርያ ፡ ወአጽንዑ ፡ ዘንተ ፡ ሃይማኖተ ፡ ወጸልእዎ ፡ ለንስጡር ፡ በእንተ ፡ ዘተናገረ ፡ ከመ ፡ ይልብናድኒስ ፡ ዘተናገረ ፡ በሐሰት ። ዘተርፉ ፡ ውዕዱ ፡ እምእለ ፡ ገብሩ ፡ ሀከከ ፡ ወተለውዎ ፡ ለንስጦሮስ ፡ ወምእመናሰ ፡ እርቶዶክሳውያን ፡ ወብዩ ፡ ወበዝኑ ፡ ፈድፋደ ፡ በመዋዕሊሁ ፡ ለንጉሥ ፡ ታእዶስዮስ ፡ እስከ ፡ ኃብረ ፡ ምስሌሆሙ ፡ እርኬላእ ፡ ሥዩም ፡ ዘሀገረ ፡ ምሥራቅ ፡ ወኮነ ፡ ፭ ፡ ምስሌን ፡ በሃይማኖት ፡ ርትዕት ፤ ወኢተርፉ ፡ ዘእንበለ ፡ ኃዳጣን ፡ እለ ፡ ሀለዉ ፡ በስሕተተ ፡ ንስጥሮስ ። ወነብሩ ፡ እብያት ፡ ክርስቲያናት ፡ በህድእት ፡ ወበሰላም ፡ በኵሉ ፡ መዋዕሊሁ ፡ ለንጉሥ ፡ ታእዶስዮስ ፡ መፍቀሬ ፡ እምላክ ። እሉ ፡ እሙንቱ ፡ ሊቃን ፡ ቅዳሳት ፡ እለ ፡ ነብሩ ፡ በሀገረ ፡ ቁስጥንጥንያ ፡ በመዋዕሊሁ ፤ መክሲሞስ ፡ ወአብሩክሊስ ፡ ሊቃን ፡[2] ቅዳሳት ፡ ጠቢባን ። አብሩክሊስ ፡ ጠቢብ ፡ ተምህረ ፡ አመ ፡ ንእሱ ፡ በትግህት ፤[3] ወሰብ ፡ ልህቀ ፡ ኮነ ፡ ድልወ ፡ ለነቢር ፡ በውስተ ፡ ሀገር ፡ እንዘ ፡ ይጸመዱ ፡ ለእግዚእብሔር ፤ ወኮነ ፡ ይትመያየጥ ፡ ወትረ ፡ ኃበ ፡ ሊቀ ፡ ቅዳሳት ፡ እልዲኩስ ፡ ወይጽሕፍ ፡ ወይትመሀር ፡ ኵሉ ፡ ትምህርታተ ፡ እግዚእብሔር ። ወእምዝ ፡ ሤምዎ ፡ ዲያቆነ ፡ ወሰብ ፡ ልህቀ ፡ ረሰይዎ ፡ ቀሲሰ ። ወሲስቱከ ፡ ሊቀ ፡ ቅዳሳት ፡ ዘተወይነ ፡ እምድኅረ ፡ አዲደንክስ ፤[4] ሤሞ ፡ ቅዱሰ ፡ ላዕለ ፡ መንበረ ፡ ከስክስ ፡ ወወሀቦሙ ፡ ዘንተ ፡ ሀብተ ፡ ዐቢየ ፤[5] በሕቱ ፡ ኢተወክፍዎ ፡ ሰብአ ፡ ይእቲ ፡ ሀገር ፡ እስመ ፡ ኢኮኑ ፡ ድልዋነ ፡ ለተወክሮ ፡ ዝንቱ ፡ ንዋይ ፡ ዓራይ ፡ ዘእግዚእብሔር ። ወነብረ ፡ በብሕታዌ ፡ በሀገረ ፡ ብራንጥያ ፡ እንዘ ፡ ሀሎ ፡ ንስጥሮስ ፡ የሀውኮሙ ፡ ለእብያተ ፡ ክርስቲያናት ፡ እንዘ ፡ ኮነ ፡[6] ሊቀ ፡ ቅዳሳት ፡ በእንተ ፡ ዘገብረ ፡ ጽልአ ፡ ላዕለ ፡ እግዝእትነ ፡ ቅድስት ፡ ድንግል ፡ ማርያም ፡ ወላዲተ ፡ እምላክ ። ወቅዱስ ፡ እብርክሊስ ፡ ደረሰ ፡ ድርሳነ ፡ በእንተ ፡ እግዝእትነ ፡ ቅድስት ፡ ድንግል ፡ ማርያም ፡ ወላዲተ ፡ እምላክ ፤[7] ወእን

---

[1] Mss. ፪ወ፻ ።
[2] Mss. በመዋዕሊሁ ፡ ለመክሲሞስ ፡ ወአብኩክሊስ ፡ ሊቀ ።
[3] Mss. በትግህት ።
[4] Mss. ˝ክስ ።
[5] Mss. ዐቢይ ።
[6] Mss. ኢኮነ ።
[7] እምላክ ፡ manque dans B.

በበ ፡ ውስተ ፡ ቤተ ፡ ክርስቲያን ፡ ዘቍስጥንጥንያ ፡ እንዘ ፡ ሀለዉ ፡ ሕዝብ ፡
ጉቡኣን ፡ ውስተ ፡ ቤተ ፡ ክርስቲያን ፤ ወለንስጥሮስስ ፡[1] ብዙኅ ፡ ዘለፎ ፡
በድርሳኑ ፡ በእንተ ፡ ዘኮነ ፡ ልቡ ፡ ለኀጕል ። ወኮነ ፡ ጽሑፍ ፡ በጥንተ ፡
ድርሳኑ ፡ ዘይብል ፤ ኖብዕል ፡ በዓለ ፡[2] ድንግልናዌ ፡ ወንጸርኅ ፡ በልሳንነ ፡
እንዘ ፡ ንብል ፤ ዮም ፡ ንወድሳ ፡ ለማርያም ፡ ወላዲተ ፡ አምላክ ። ወሰበ ፡
ሰምዑ ፡ ዘንተ ፡ ኵሎሙ ፡ ሕዝብ ፡ ሰብሕዋ ፡ ለእግዝእትነ ፡ ወአእኰትዋ ፡
ወአንከሩ ፡ ጥቀ ። ወለአብርከሊስኒ ፡ አሠነየ ፡ ልበ ፡ ንጉሥ ፡[3] ታኦዶስ
ዮስ ፡ ወለኵሎሙ ፡ ሕዝብ ፡ ወፈቀዱ ፡ ከመ ፡ ያገብርዎ ፡ ዲበ ፡ መንበር ፡
ዘሀገረ ፡ ቍስጥንጥንያ ፡ እምድኅረ ፡ ስደቱ ፡ ለንስጥሮስ ፡ ወምትረቱ ። ወ
ተንሥኡ ፡ ሰብአ ፡ እምዐበይተ ፡ ሀገር ፡ ወይቤሉ ፡ በቅንአት ፤ ዝንቱ ፡ ኮነ ፡
ጳጳሰ ፡ ለሀገር ፡ ንእስት ፤ እፎኑ ፡ ይከውን ፡ ኖላዌ ፡[4] ለዝንቱ ፡ ሀገር ፡ ዐባ
ይ ። ወበእንተ ፡ ዝንቱ ፡ ነገር ፡ ሤምዎ ፡ ለመክሲሞስ ፡ ሊቀ ፡ ጳጳሳት ፡
ለሀገረ ፡ ቍስጥንጥንያ ። ወዝንቱኒ ፡ ኮነ ፡ ቀሲሰ ፡ ፈራሄ ፡ እግዚአብሔር ፤
ባሕቱ ፡ ኢይትማሰሎ ፡ ለአብሮከልስ ፡[5] በጥበብ ፡ ወበትምህርት ። ወነበረ ፡
፪ ፡ ዓመተ ፡ ወ፮ ፡ አውራኀ ፡ በመንበረ ፡ ሊቀ ፡ ጵጵስና ፡ በብሕታዌ ፡ ወበተፀ
ምዶ ፡ ወአዕረፈ ፡ በሰላም ። ወንጉሥ ፡ ታኦዶስዮስኒ ፡ አምጽአ ፡ ለአብሮከ
ሊስ ፡ እምቅድመ ፡ ይቅብሩ ፡ ሥጋሁ ፡ ለመክሲሞስ ፡ ወአዘዘ ፡ ከመ ፡ ያን
ብርዎ ፡ ላዕለ ፡ መንበር ፡ ዘሀገረ ፡ ቍስጥንጥንያ ። ወበእንተዝ ፡ ነገር ፡ ጸ
ሐፈ ፡ ክልሲንዩስ ፡ ሊቀ ፡ ጳጳሳት ፡ ዘሮሜ ፡ ወፈነወ ፡ ኀበ ፡ ሊቀ ፡ ጳጳሳት ፡
ዘእለ ፡ እስክንድርያ ፡ ወኀበ ፡ ካልአን ፡[6] ኤጲስ ፡ ቆጶሳት ፡ በእንተ ፡ ነገሩ ፡
ለአብሩከሊስ ። ወሜጡ ፡ ሎቱ ፡ ተሠጥዎተ ፡ ቃል ፡ እንዘ ፡ ይብሉ ፤ እስ
መ ፡ ቀኖና ፡ ቤተ ፡ ክርስቲያን ፡ ኢትከልእ ፡ እምዝንቱ ፡ ወይንበር ፡ አብ
ሩከሊስ ፡[7] በሀገረ ፡ በራንጥያ ፡ ላዕላ ፡ መንበረ ፡ ሊቀ ፡ ጳጳሳት ፤ እስመ ፡
ዝንቱ ፡ ኮነ ፡ በትእዛዘ ፡ እግዚአብሔር ። ወአብርከሊስሂ ፡ ነበረ ፡ በክብር ፡
ወበዕበይ ፡ እንዘ ፡ ያስተራትዕ ፡ ግብረ ፡ መርዔቱ ፡ በጥበብ ፡ በሀገረ ፡ መ
ንግሥት ፡ ወኮነ ፡ ይትቃወሞሙ ፡ ለእለ ፡ ተለዉ ፡ ስሕተተ ፡ ንስጡር ።
ወጸሐፈ ፡ መጽሐፈ ፡ መልእክት ፡ ወፈነወ ፡ ኀበ ፡ አርማንዮስ ፡ ክቡር ፡ ወ
ይትቃወሞሙ ፡[8] ለታድርስ ፡ ስብስጥያዊ ፡[9] ወለንስጡር ፡ መናፍቅ ፡ ወያወግዝ

[1] A "ከ ፡
[2] Mss. በዐለ ፡
[3] Mss. ንጉሥ ፡ ለንጉሥ ፡
[4] Mss. ኖላዊ ፡
[5] Mss. በ" ፡
[6] Mss. ካልእን ፡
[7] A አብከሩሊስ ፡ B አብካሩካሊስ ፡
[8] Mss. ዘይትቃወሞሙ ፡
[9] A ሰ" ፡

ሙ ፡ ወይመትሮሙ ፡[1] በመልእክቱ ። ወበመዋዕሊሁ ፡ ለብፁዕ ፡ መክስምያ
ኖስ ፡ ዘአዕረፈ ፡ ንጽሐት ፡ ሀገረ ፡ ምሥራቅ ፡ እምርኵሰ ፡[2] ንስጡር ፡ መናፍቅ ፡
ወጸንዐ ፡ ሰላም ፡ ውስተ ፡ ቤተ ፡ ክርስቲያን ። ወአብርክልስ ፡ ዓዲ ፡ ሜጠ ፡
ሥጋሁ ፡ ለቅዱስ ፡ ዮሐንስ ፡ አፈ ፡ ወርቅ ፡ ኀበ ፡ ሀገረ ፡ ቍስጥንጥንያ ፡ እም
ድኅረ ፡ ፴ወ፰ ፡ ዓመት ፡ እምአመ ፡ ተሰደ ፡ ውስተ ፡ ደሴት ፡ ዘትሰመይ ፡
አትራኪ ፡ በመዋዕሊሁ ፡ ለንጉሥ ፡ ታኦዶስዮስ ፡ ዘየዐቢ ፡ መፍቀሬ ፡ ክርስ
ቶስ ፤ ወአንበሮ ፡ ውስተ ፡ ቤተ ፡ ክርስቲያን ፡ ዘቅዱሳን ፡ ሐዋርያት ፡ ኀበ ፡
ሀለወት ፡ ሥጋ ፡ አበዊነ ፡ ቅዱሳን ፡ ሊቃነ ፡ ጳጳሳት ፡ እለ ፡ ፈጸሙ ፡ ሑረ
ቶሙ ፡ በሠናይ ፡ ወበሃይማኖት ፡ ርትዕት ፡ በሀገረ ፡ ቍስጥንጥንያ ፤ ወለካል
ኣን ፡ ጳጳሳት ፡ እለ ፡ ተሰዱ ፡ ምስሌሁ ፡ በዐመፃ ፡ ዘኢክህሉ ፡[3] አምጽአቶ
ሙ ፡ በመዋዕሊሁ ፡ ለብፁዕ ፡ አዲድክስ ። ወጠፍአ ፡ ሀከክ ፡ እምአብያተ ፡
ክርስቲያናት ፡ ወአስተላጸቁ ፡ አባላት ፡[4] እለ ፡ ተፈልጣ ፡ ወረሰዮሙ ፡ ፮ ።
ወጸሐፈ ፡ መጽሐፈ ፡ ድርሳን ፡ ዘከመ ፡ ይደልዎ ፡ ለቅዱስ ፡ ዮሐንስ ፡ አፈ ፡
ወርቅ ፡ ወውእቱ ፡ እንዘ ፡ ይስእሎ ፡ ለእግዚአብሔር ፡ በድርሳኑ ፡ ከመ ፡
ይስረይ ፡ ኀጢአቶሙ ፡ ለወላድያነ ፡ ንጉሥ ፡ ታኦዶስዮስ ፡ ዘይንእስ ፡ በእ
ንተ ፡ ኀጢአት ፡ ዘገብሩ ፡ ላዕለ ፡ ቅዱስ ፡ ዮሐንስ ፡ አፈ ፡ ወርቅ ። በመዋ
ዕለ ፡ ዝንቱ ፡ ንጉሥ ፡ ዓዲ ፡ ተጋብኡ ፡ በርበር ፡ እለ ፡ ተርፉ ፡ እምቅትለተ ፡
ዮሐንስ ፡ ኀያል ፡ ወመጽኡ ፡ ከመ ፡ ይፅብኡ ፡ አድያመ ፡ ሮሜ ። ወሰበ ፡ አ
እመረ ፡ ንጉሥ ፡ መፍቀሬ ፡ እግዚአብሔር ፡ ከነ ፡ ይኄሊ ፡ ከመ ፡ ልማዱ ፡
ወገደፈ ፡ ኀሊናሁ ፡ ኀበ ፡ እግዚእነ ፡ ወአምላክነ ፡ ወመድኅኒነ ፡ ኢየሱስ ፡
ክርስቶስ ፡ ሎቱ ፡ ስብሐት ፡ በጾም ፡ ወበጸሎት ፤ ተማህለ ፡[5] ላዕለ ፡ ነዳያን ፡
ወተራኅርኀ ፡[6] ላዕለ ፡ ምስኪናን ፡ ወተጸምደ ፡ ላዕለ ፡ ምግባራት ፡ ዘያሠም
ሮ ፡ ለእግዚአብሔር ፡ በየውሃት ፡ ወዘይፈደፍድ ፡[7] እምዝንቱ ፡ ግብር ፤
አዘዘ ፡[8] ለአብርክልስ ፡ ወለኵሎሙ ፡ ካህናት ፡ ወመነኮሳት ፡ ከመ ፡ ይግበ
ሩ ፡ ጸሎተ ፡ በእንቲአሁ ፡ ኀበ ፡ እግዚአብሔር ፡ ከመ ፡ የሀቦ ፡ መዊአ ፡ ላ
ዕለ ፡ አፅራሪሁ ፡ ወኢይኩን ፡ ፃማሁ ፡ ጽኑዐ ። ወሰምዐ ፡ እግዚአብሔር ፡
ስእለቶ ፡ ወሞተ ፡ ሊቀ ፡ ሐራ ፡ በርበር ፡ ዘስሙ ፡ ሩአላስ ፤[9] እስመ ፡ እግዚ
አብሔር ፡ አውረደ ፡ ቦቱ ፡ መብረቀ ፡ በፍጡን ፡ ተሀጕለ ፡ ወብዙኃን ፡ እ

[1] Mss. ዘያወግዝዎሙ ፡ ወዘይመትሮሙ ፡
[2] A እምርኵስ ፡
[3] Mss. ዘኢክህለ ፡.
[4] A ዓባላት ፡ B አበላት ፡
[5] A ተማሃሎ ፡ B ተሠሃሎ ፡
[6] Mss. ተራኅርኀ ፡
[7] A ወዘይፈፍድ ፡
[8] A አዘዘ ፡
[9] Mss. ሩአባስ ፡

ምኔሆሙ ፡ ሞቱ ፡ በዝንቱ ፡ ሞት ፡ ዘኮነ ፡ እምኀበ ፡ እግዚአብሔር ፤ ወዓዲ ፡ ወረደ ፡ እሳት ፡ እምሰማይ ፡ ወአኅጐለ ፡ እምኔሆሙ ፡ እለ ፡ ተርፉ ። ወአእመሩ ፡ በዝንቱ ፡ ምግባር ፡[1] ኵሎሙ ፡ አሕዛበ ፡ ምድር ፡ ከመ ፡ ዐቢይ ፡ ውእቱ ፡ አምላከ ፡ ክርስቲያን ፤ ወተዐውቀ ፡ ጽድቁ ፡ ወሃይማኖቱ ፡ ለታአዶስዮስ ፡ ንጉሥ ፡ መፍቀሬ ፡ አምላክ ። ወበውእቱ ፡ መዋዕል ፡ አስተርአየት ፡ አሐቲ ፡ ብእሲት ፡ ሐነፋዊት ፡ ፍልስፍት ፡ በሀገረ ፡ እስክንድርያ ፡ ዘስማ ፡ አንባድያ ፤ ወይእቲሰ ፡ ተፀምደት ፡ ለምግባረ ፡ ሥራይ ፡ ወለአስጡርላባት ፡ ወለንዋየ ፡ ተውኔት ፡ በኵሉ ፡ ጊዜ ፡ ወአስሐተት ፡ ብዙኃነ ፡ ሰብአ ፡ በስሕታተ ፡ ሰይጣን ። ወሥዩመ ፡ ሀገርሂ ፡ ኮነ ፡ ያከብራ ፡ ፈድፋደ ፤ እስመ ፡ አስሐተቶ ፡ ይእቲ ፡ በሥራያ ፤ ወኢኮነ ፡ ያወትር ፡ ሐዊረ ፡ ቤተ ፡ ክርስቲያን ፡ በከመ ፡ ልማዱ ፤ ዳእሙ ፡ ኮነ ፡ በዕፁብ ፡ ግብር ፡ ይበጽሕ ፡ ምዕረ ። ወአከ ፡ ዘይገብር ፡ ዘንተ ፡ ባሕቲቱ ፡ ዳእሙ ፡ ሰሐቦሙ ፡ ለብዙኃን ፡ ምእመናን ፡ ኀቤሃ ፡ ወተወከፎሙ ፡ ለዘኢኮኑ ፡ ምእመናን ፡ ኀቤሁ ። ወበአሐቲ ፡ ዕለት ፡ እንዘ ፡ ይገብሩ ፡ ትፍሥሕተ ፡ በምግባረ ፡ ተውኔት ፡ በእንተ ፡ አርስጡስ ፡[2] ሥዩመ ፡ ሀገር ፤ ወውእቱ ፡ ገብረ ፡ በከመ ፡ ምግባረ ፡ አሕዛብ ፡ ዘሀለዉ ፡ በሀገረ ፡ እስክንድርያ ፤ ወተጋብኡ ፡ በህየ ፡ ኵሎሙ ፡ ሰብአ ፡ ሀገር ፤ ወኮነ ፡ ቄርሎስ ፡ ሊቀ ፡ ጳጳሳት ፡ ወተሠይመ ፡ ድኅረ ፡ ትዮፍሎስ ፤ ኮነ ፡ የኀሥሥ ፡ ጥያቄ ፡ ዝንቱ ፡ ነገር ። ወኮነ ፡ ፩ ፡ ብእሲ ፡ እምነ ፡ ክርስቲያን ፡ ዘስሙ ፡ በራክስ ፡ ማእምር ፡ ወለባዊ ፡ ወይሰለቆሙ ፡ ለሐነፋውያን ፡ ወኮነ ፡ ይትኤዘዝ ፡ ለአብ ፡ ክቡር ፡ ሊቀ ፡ ጳጳሳት ፡ ወይሰምዕ ፡ እምኔሁ ፡ ወውእቱ ፡ ኮነ ፡ ማእምረ ፡ በሃይማኖተ ፡ ክርስቲያን ። ወዝንቱ ፡ ብራክስ ፡ ሶበ ፡ ነጸርዎ ፡ አይሁድ ፡ ኀበ ፡ መካነ ፡ ተውኔት ፡ ጸርኁ ፡ እንዘ ፡ ይብሉ ፤ ዝንቱ ፡ ብእሲ ፡ ኢመጽአ ፡ ለሠናይ ፡ ዳእሙ ፡ ከመ ፡ ይግበር ፡ ሁከከ ። ወአርስጦስ ፡ ሥዩም ፡ ተምዕዐ ፡ ላዕለ ፡ ደቂቀ ፡ ቤተ ፡ ክርስቲያን ፡ ቅድስት ፡ ወመሠጠ ፡ ለበራክስ ፡ ወመጠዎ ፡ ለኵነኔ ፡ ገሃደ ፡ ውስተ ፡ መካነ ፡ ተውኔት ፡ ዘእንበለ ፡ ኀጢአት ። ወበእንተዝ ፡ ተምዕዖ ፡ ቄርሎስ ፡ ለሥዩመ ፡ ሀገር ፤ ወዓዲ ፡ በእንተ ፡ ዘቀተሎ ፡ ለ፩ ፡ መነኮስ ፡ ክቡር ፡ እምደብረ ፡ በርኖጅ ፡ ዘስሙ ፡ ሞንዮስ ፡ ወካልአን ፡[3] መነኮሳት ። ወሶበ ፡ ሰምዐ ፡ መኰንነ ፡ ሀገር ፡ ዘንተ ፡ ፈነወ ፡ ኀበ ፡ አይሁድ ፡ እንዘ ፡ ይብል ፤ ኅድጉአ ፡ ኢትትቃወምዋ ፡ ለቤተ ፡ ክርስቲያን ። ውእቶሙሰ ፡

[1] Mss. ዘንተ ፡ ምግባረ ፡

[2] Mss. አርጡስ ፡

[3] Mss. ወካልአን ፡

ሶበ ፡ ሰምዑ ፡ ዘንተ ፡ አበዩ ፣ እስመ ፡ ኮኑ ፡ ይትሜከሁ ፡ በውእቱ ፡ መኰንን ፡ ዘኀብረ ፡ ምስሌሆሙ ፣ ወወሰኩ ፡ እኩየ ፡ ዲበ ፡ እከዮሙ ፡ ወመከሩ ፡ ከመ ፡ ይግበሩ ፡ ቀትለ ፡ በኀጣን ። ወአንበሩ ፡ ሰብአ ፡ ምስሌሆሙ ፡ በሌሊት ፡ ውስተ ፡ ኵሉ ፡ ምኅላፋተ ፡ ሀገር ፡ ወካልኣን ፡[1] እምኔሆሙ ፡ ይጸርኁ ፡ ወይብሉ ፣ ቤተ ፡ ክርስቲያኑ ፡ ለአትናቴዎስ ፡ ሐዋርያዊ ፡ ውዕየት ፡ በእሳት ፣ ንዑ ፡ ርድኡኒ ፡ ኵልክሙ ፡ ክርስቲያን ። ወሶበ ፡ ሰምዑ ፡ ክርስቲያን ፡ ቃለ ፡ ጽራኆሙ ፡ ወፅኡ ፡ እንዘ ፡ ኢያአምሩ ፡[2] ጕሕሉቶሙ ፡ ለአይሁድ ። ወሶበ ፡ ወፅኡ ፡ ክርስቲያን ፡ ተንሥኡ ፡ አይሁድ ፡ ወቀተልዎሙ ፡ ለክርስቲያን ፡[3] በእከይ ፡ ወከዐዉ ፡ ደመ ፡ ብዙኀ ፡ ዘእንበለ ፡ ኀጢአት ። ወሶበ ፡ ጸብሐ ፡ አእመሩ ፡ እለ ፡ ተርፉ ፡ ክርስቲያን ፡ እከየ ፡ ዘገብሩ ፡ አይሁድ ፡ ወመጽኡ ፡ ኀበ ፡ ሊቀ ፡ ጳጳሳት ፣ ወተጋብኡ ፡ ኵሎሙ ፡ መሲሓውያን ፡[4] ወወፅኡ ፡ በመዓት ፡ ወበጽሑ ፡ ኀበ ፡ ምኵራባተ ፡ አይሁድ ፡ ወነሥእዎሙ ፡ ወቀደስዎሙ ፡ ወረሰይዎሙ ፡ ለአብያተ ፡ ክርስቲያናት ፣ ወለአሐቲ ፡ እምኔሆን ፡ ሰመይዋ ፡ በስመ ፡ ቅዱስ ፡ ጊዮርጊስ ። ወለአይሁድ ፡ ቀታልያን ፡ ሰደድዎሙ ፡ ወአውፅእዎሙ ፡ እምሀገር ፡ ወበርበሩ ፡ ኵሎሙ ፡ ንዋያቲሆሙ ፡ ወፈነውዎሙ ፡ ዕራቃኒሆሙ ፡ ወአርስጠስሂ ፡ ሥዩም ፡ ኢክህለ ፡ ተራድአቶሙ ። ወእምዝ ፡ ተንሥኡ ፡ ሕዝብ ፡ ምእመናን ፡ እግዚአብሔር ፡ ምስለ ፡ ጴጥሮስ ፡ መኰንን ፣ ወዝንቱኒ ፡ ጴጥሮስ ፡ ከነ ፡ ምእመን ፡ ፍጹመ ፡ በኵሉ ፡ በኢየሱስ ፡ ክርስቶስ ፣ ወሐሩ ፡ ለኀሢሦታ ፡ ለይእቲ ፡ ብእሲት ፡ ሐንፋዊት ፡ ዘኮነት ፡ ታስሕቶሙ ፡ ለሰብአ ፡ ሀገር ፡ ወለሥዩም ፡ በሥራያቲሃ ። ወሶበ ፡ አእመሩ ፡ መካነ ፡ ዘሀለወት ፡ ውስቴቱ ፡ ሐሩ ፡ ኀቤሃ ፡ ወረከብዋ ፡ እንዘ ፡ ትነብር ፡ ላዕለ ፡ መንበር ፣ አውረድዋ ፡ እመንበር ፡ ወሰሐብዋ ፡ እስከ ፡[5] አብጽሕዋ ፡ ኀበ ፡ ቤተ ፡ ክርስቲያን ፡ ዐባይ ፡ ዘትሰመይ ፡ ቂሳርያ ፣ ወውእቱ ፡ ከነ ፡ በመዋዕለ ፡ ጾም ፣ ወነሥኡ ፡ አልባሲሃ ፡ ወሰሐብዋ ፡ እስከ ፡ አብጽሕዋ ፡ ውስተ ፡ ምኅላፋቲሃ ፡ ለሀገር ፡[6] እስከ ፡ ሞተት ፣ ወወሰድዋ ፡ ኀበ ፡ መካን ፡ ዘይሰመይ ፡ ኪኒንያሮን ፡ ወአውዐዩ ፡ ሥጋሃ ፡ በእሳት ። ወከኑ ፡ ሕዝብ ፡ ኵሎሙ ፡ የዐውድዎ ፡ ለሊቀ ፡ ጳጳሳት ፡ ቄርሎስ ፡ ወይሰምይዎ ፡ ቴዎፍሎስ ፡[7] ሐዲስ ፡ እስመ ፡ ውእቱ ፡ አጥፍአ ፡ ተረፈ ፡ ጣዖታት ፡ እምሀገር ።

[1] Mss. ካልአን ፡

[2] Mss. ኢየአምሩ ፡

[3] Mss. ወቀተልዎ ፡ በክርስቲያን ፡

[4] Mss. መሲሐውያን ፡

[5] A ወእስከ ፡

[6] Mss. ሀገር

[7] A ቴዎ" ፡

ክፍል ፡ ፹፰ ።[1] ወእምድኅረ ፡ ኅዳት ፡ መዋዕል ፡ ከኑ ፡ አይሁድ ፡ ውስተ ፡ ፩ ፡ መካን ፡ ዘይሰመይ ፡ ከምትርያ ፡ ማእከለ ፡ ኬልቄዶንያ ፡ ወእንጾኪያ ፡ ዘሻም ፤ ወከኑ ፡ ከመ ፡ ልማዶሙ ፡ ይትዋነዩ ፡ ወይሰክሩ ፡ ወይዘምዉ ፡ ወገብሩ ፡[2] ግብረ ፡ ምትሐት ፡ ወአምጽኡ ፡ ፩ ፡ እምኔሆሙ ፡ ወሰመይዎ ፡ ክርስቶስ ፡ ወሰገዱ ፡ ሎቱ ፡ እንዘ ፡ ይሳለቁ ፤ ወከኑ ፡ ይጸርፉ ፡ ላዕለ ፡ መስቀል ፡ ወለእለ ፡ ይትዌከሉ ፡ ላዕለ ፡ ስቁል ። ወሶበ ፡ ገብሩ ፡ ዘንተ ፡ ዕልወተ ፡ በድፍረት ፡ ነሥኡ ፡ ሕፃነ ፡ ወአሰርዎ ፡ ላዕለ ፡ መስቀል ፡ ወተሳለቁ ፡ ቦቱ ፡ ወከነ ፡ ልበሙ ፡ ጽኑነ ፡[3] ወቀተልዎ ፡ ለሕፃን ፡ ዘተቀትለ ፡ ዘእንበለ ፡ ፍርሃት ። ወሶበ ፡ ሰምዑ ፡ ሕዝበ ፡ ክርስቲያን ፡ በዘገብሩ ፡ አይሁድ ፡ እምእከያት ፡ ተምዕዑ ፡ ጥቀ ፡ ወመጽኡ ፡ ወተፃብእዎሙ ፡ ወሞቱ ፡ ብዙኃን ፡ እምክልኤሆሙ ። ወሶበ ፡ ነገርዎ ፡ ለንጉሥ ፡ ቴዎዶስዮስ ፡ ዘንተ ፡ እከያተ ፡ ዘገብሩ ፡ አይሁድ ፡ አዘዞሙ ፡ ለሥዩማነ ፡ ሀገር ፡ ከመ ፡ ይኰንንዎሙ ፡ ለገባርያነ ፡ እከይ ። ወኰነንዎሙ ፡ ለአይሁድ ፡ እለ ፡ ሀለዉ ፡ በምሥራቅ ፡ ወተበቀልዎሙ ፡[4] ለኵሎሙ ፡ መስተሣልቃን ፡ እለ ፡ ተሣለቅዎ ፡[5] ለክርስቶስ ፡ ወለምእመናኒሁ ።[6] ወበውእቱ ፡[7] መዋዕል ፡ አምኑ ፡ ብዙኃን ፡ እምአይሁድ ፡ እለ ፡[8] ሀለዉ ፡ እምሀገረ ፡ ቀርጤስ ፡ ወኮኑ ፡ ክርስቲያነ ፡ እምብዝኀ ፡ ሕማም ፡ ዘረከቦሙ ።

ክፍል ፡ ፹፱ ።[9] ወከነ ፡ ፩ ፡ አይሁዳዊ ፡ ዘስሙ ፡ ፊስኪስ ፡ ዘገብረ ፡ ሐሰተ ፡ በርእሱ ፡ እንዘ ፡ ይብል ፤ አነ ፡ ውእቱ ፡ ሙሴ ፡ ርእሰ ፡ ነቢያት ፡ እስመ ፡ ተፈነውኩ ፡ እምኀበ ፡ እግዚአብሔር ፡ እምሰማይ ፤ መጻእኩ ፡ ለአውፅኦተ ፡ አይሁድ ፡ እለ ፡ የኀድሩ ፡ ውስተ ፡ ዛቲ ፡ ደሴት ፡ እምነ ፡ ባሕር ፡ ወአኀብረክሙ ፡[10] ውስተ ፡ ምድረ ፡ ተስፋ ። ወእምዝ ፡ አስሐቶሙ ፡ ወይቤሎሙ ፤ አነ ፡ ውእቱ ፡ ዘአውፃእክዎሙ ፡ ለአበዊክሙ ፡ እምእደ ፡ ፈርዖን ፡ እንዘ ፡ ይትቀነዩ ፡ ለግብጻውያን ። ወነበረ ፡ ዓመተ ፡ ምሉአ ፡ የዐውድ ፡ ውስተ ፡ ቅርጤስ ፡ ወይሰብከሙ ፡[11] በዝንቱ ፡ ነገር ፡ ወያስሕቶሙ ፡ በኵሎሙ ፡ አህጉር ፡ ወአድያም ፤ ወአሠነየ ፡ ልበሙ ፡ ከመ ፡ ይኅድጉ ፡ ግብረ ፡

[1] A ፺፬ ፡
[2] Mss. ወግብሩ ፡
[3] Mss. ጽኑን ፡
[4] Mss. ወተቀበልዎሙ ፡
[5] Mss. ተሣለቆ ፡
[6] A ወለምእመናን ፡
[7] Mss. ወለውእቱ ፡
[8] Mss. ለእሉ ፡
[9] A ፺፭ ፡
[10] Mss. ወአኅብረክሙ ፡
[11] Mss. ውስተ ፡ ቅርጥስ ፡ ወይሰብከሙ ፡

እደዊሆሙ ፡[1] ወይመንኑ ፡ ንዋያተ ፡ ወጥሪታተ ፤ ወበእንተዝ ፡ ዘረዉ ፡ ኵሎ ፡ ንዋያቲሆሙ ። ወሶበ ፡ ቀርበ ፡ ዕለት ፡ ዘወሰነ ፡ ሎሙ ፡ ለእውፅአቶሙ ፡ ወአዘዘሙ ፡ ከመ ፡ ያምጽኡ ፡ አንስቲያሆሙ ፡ ወደቂቆሙ ፡ ወይትልውዎ ፡[2] ኀበ ፡ ሐይቀ ፡ ባሕር ፡ ወአዘዘሙ ፡ ከመ ፡ ይጽድፉ ፡ ውስተ ፡ ባሕር ። ወሞቱ ፡ ብዙኃን ፡ በእምኔሆሙ ፡ ዘሞተ ፡ በጸድፍ ፡ ወቦ ፡ ዘሞተ ፡ ውስተ ፡ ቀላየ ፡ ባሕር ፡ ወተሰጥሙ ። ባሕቱ ፡ እግዚአብሔር ፡ መፍቀሬ ፡[3] ሰብእ ፡ ተራኀርኆ ፡[4] ላዕለ ፡ ፍጥረቱ ፡ ወአድኀኖሙ ፡ ከመ ፡ ኢይሙቱ ፡ ኵሎሙ ፡ በግብር ፡ ዕፁብ ። ወሀለዉ ፡ ህየ ፡ ብዙኃን ፡ መሲሓውያን ፡[5] እለ ፡ ሀለዉ ፡ ውእተ ፡ ጊዜ ፡ ይርአዩ ፤[6] አድኀንዎሙ ፡ ለብዙኃን ፡ እምስጥመተ ፡ ባሕር ፤ ወእለሂ ፡ ተርፉ ፡ ወኢተወርዉ ፡ ውስተ ፡ ባሕር ፡ ድኅኑ ፡ በዝንቱ ፡ ምክንያት ። ወሶበ ፡ ርእይዎ ፡ ለዝንቱ ፡ መስሐቲ ፡ ዘተሰጥመ ፡ ውስተ ፡ ባሕር ፡ ወሞተ ፡ ወበጊዜሃ ፡ አእመሩ ፡ ከመ ፡ ሐሳዊ ፡ ውእቱ ፤ ወበጊዜሃ ፡ ተግኅሡ ፡ እምሃይማኖቶሙ ፡ ጠዋይ ። በዝንቱ ፡ ምክንያት ፡ ተመይጡ ፡ ብዙኃን ፡ አይሁድ ፡ ኀበ ፡ እግዚእነ ፡ ኢየሱስ ፡ ክርስቶስ ፡ ወተወክፉ ፡ ብርሃነ ፡ ጥምቀት ፡ ቅድስት ፡ ማሕየዊት ፡ ወአምኑ ፡ በእግዚእነ ፡ ኢየሱስ ፡ ክርስቶስ ፤ አመ ፡ መዋዕሊሁ ፡ ለታአዶስዮስ ፡ ንጉሥ ፡ ዘይንእስ ፡ መፍቀሬ ፡ እግዚአብሔር ፡ ወአመ ፡ መዋዕሊሁ ፡ ለአዲክስ ፡[7] ሊቀ ፡ ጳጳሳት ፡ ዘሀገረ ፡ ዐባይ ፡ ቍስጥንጥንያ ።

ክፍል ፡ ፲፯ ።[8] ወአመ ፡ ንእሱ ፡ ለንጉሥ ፡ ታአዶስዮስ ፡ እንዘ ፡ ሀሎ ፡ ይትመሀር ፡ መጻሕፍተ ፡ ቅዱሳተ ፡ ዘውእቶን ፡ እስትንፋሰ ፡ እግዚአብሔር ፡ ወከነ ፡ ምስሌሁ ፡ ፩ ፡[9] ሕፃን ፡ ዘስሙ ፡ ዩሊኑስ ፡[10] ወልደ ፡ ወዚር ፡ ወከነ ፡ ይትመሀር ፡[11] ምስሌሁ ፡ ወልህቁ ፡ ኅቡረ ። ወከነ ፡ ንጉሥ ፡ ታአዶስዮስ ፡ ያፈቅሮ ፡ ወሤሞ ፡ ንጉሠ ፡ ሣልሳዌ ፡ ዘይሰመይ ፡ በደምሬኩስ ፤ ወከነ ፡ ይረፍቅ ፡ ምስለ ፡ ንጉሥ ፡ ወንግሥት ፡ ውስተ ፡[12] ማእድ ፡ ብዙኀ ፡ ጊዜያተ ፤ እስመ ፡ ከነ ፡ ማእከሌሆሙ ፡ ፍቅር ፡ ጽኑዕ ። ወእምድኅረ ፡ ዘመን ፡ ደወየ ፡ ዩሊኑስ ፡ ወእንዘ ፡ ሀሎ ፡ በደዌ ፡ አምጽኡ ፡ ሎቱ ፡

[1] A እደዌሆሙ ፡
[2] Mss. ወይትልውዎ ፡
[3] A መፍቀሬ ፡ እግዚአብሔር ፡ መፍቀሬ ፡
[4] A ተራኅራኆ ፡ B ተራኅርርኆ ፡
[5] Mss. መሲሐ″ ፡
[6] B ወይርአዩ ፡
[7] B ለአዲድክስ ፡
[8] A ፲፮ ፡ B ፲፰ ፡
[9] A ፩ ፡ ምስሌሁ ፡
[10] Mss. ደሊኑስ ፡
[11] A ይትምሀር ፡
[12] A ምስለ ፡

[ለንጉሥ ፡][1] ትፋሕ ፡ ዘእንበለ ፡ ጊዜሁ ፡ [እምኀበ ፡][2] ፩ ፡ መኰንን ፡ ዘኮነ ፡ ክቡረ ፡ በኀቤሁ ፤ ኮነ ፡ ሠናይ ፡ ርእየቱ ፡ ለትፋሕ ፡ በቅድመ ፡ ንጉሥ ፡ ወሠራዊት ፡ እለ ፡ ርእይዎ ፤ ወሀበ ፡ ንጉሥ ፡ ለዘአምጽአ ፡ ትፋሐ ፡ ፲ ፡ ዲናረ ፡ ወርቅ ፤ ፈነወ ፡ ላቲ ፡ ለብእሲቱ ፡ ውእተ ፡ ትፋሐ ፤ ወይእቲሰ ፡ ፈነወቶ ፡ ለዩሊኖስ ፡ በእንተ ፡ ሕማሙ ፡ ወበእንተ ፡ ፍቅር ፡ ዘሀለወ ፡ ላዕሌሃ ፤ ወዩሊኖስኒ ፡[3] ኢያእመረ ፡ ከመ ፡ ወሀባ ፡ ንጉሥ ፡[4] ለንግሥት ። ወበጊዜሃ ፡ መጽአ ፡ ንጉሥ ፡ ኀበ ፡ ዩሊኖስ ፡ ከመ ፡ የሐውጾ ፡ ወርእየ ፡ በኀቤሁ ፡ ውእተ ፡ ትፋሐ ። ወበጊዜሃ ፡ ሖረ ፡ ውስተ ፡ ቅጽር ፡ ወጸውዓ ፡ ለንግሥት ፡ ወይቤላ ፤ አይቴ ፡ ውእቱ ፡ ዘወሀብኩኪ ፡ ትፋሐ ። ወይእቲኒ ፡ ፈርሀት ፡ ከሙ ፡ ኢይትዐቀፍ ፡ ባቲ ፡ ንጉሥ ፡ ወከሐደት ፡ ወትቤ ፤ አነ ፡ በላዕከዎ ፡ ዘእንበለ ፡ ኣእምር ፡[5] ዘትሰአለኒ ፡ በእንቲአሁ ። ወይቤላ ፡ ንጉሥ ፤ ኢፈነውኪዮኑ ፡[6] ለመኑ ፡ እምሰብእ ። ወከሐደት ፡ ዳግመ ። ውእተ ፡ ጊዜ ፡ አዘዘ ፡ ንጉሥ ፡ ከመ ፡ ያምጽኡ ፡ ውእተ ፡ ትፋሐ ፡ ወኀፈረት ፡ ንግሥት ፡ አውጣኪያ ፡ ብዙኀ ። ወኮነ ፡ ሕማም ፡ ወዕቅፍት ፡ ማእከሌሆሙ ፡ ብዙኀ ፡ መዋዕለ ፤ ወእምዝ ፡ ነገረቶ ፡ ንግሥት ፡ ለንጉሥ ፡ ኵሎ ፡ ዘኮነ ፡ ወመሐለት ፡ ሎቱ ፡ መሐላ ፡ ግሩመ ፡ ወአሠነየት ፡ ልበ ፡ ንጉሥ ፡ ከመ ፡ ይእቲ ፡ ፈርሀት ፡ ቅድመ ፡ ወኢነገረቶ ፡ ነገረ ፡ ጽድቅ ፡ በእንተ ፡ ዕቅፍት ፡ ወፍርሃት ፡ እንተ ፡ ኮነት ፡ ትፈርህ ፡ እምኔሁ ።[7] ወዩሊኖስሰ ፡ ፈርሀ ፡ ጥቀ ፡ ወይቤ ፡ በርእሱ ፤ ይኄይስ ፡ ለሕሙም ፡ ይንበር ፡ በሕማሙ ። ወሰበ ፡ ተንሥአ ፡ እምሕማሙ ፡ ኀለየ ፡ እኩየ ፡ ውስተ ፡ ልቡ ፤ እስመ ፡ ውእቱ ፡ ገብረ ፡ እከየ ፡ በማር ፡ ዋሲልዩስ ፡ ዘእምሰብእ ፡ ገዳም ፡ ዘመንንዎ ፡[8] ሐራ ፡ ጥቃ ። እምድኅረ ፡ ኅዳጥ ፡ መዋዕል ፡ ነገርዎ ፡ ለንጉሥ ፡ ከመ ፡ ዩሊኖስ ፡ ይኄሊ ፡ ለገቢረ ፡ ዕልወት ፡ ወይትኀየል ፡ ላዕለ ፡ ንጉሥ ፡ ወይገብር ፡ ሀከከ ። ወበእንተ ፡ ዝንቱ ፡ ነገር ፡ መተረ ፡ ርእሶ ፡ በከመ ፡ ፈቀደ ፡ ይግበር ፡[9] በንጉሥ ፡ መፍቀሬ ፡ እግዚአብሔር ። ወኮነት ፡ ንግሥት ፡ አውጣኪያ ፡ ወንጉሥ ፡ ቴኦዶስዮስ ፡ ያፈቅርዎ ፡ ጥቀ ፡ ወያከብርዎ ፡[10] ፈድፋደ ። ወዜነዉ ፡ ዜናውያን ፡ ሐሰተ ፡ ዘውእቶሙ ፡ ሐራ ፡ ጥቃ ፡ ዘኢይቀውሙ ፡ በጽድቅ ፡ እንዘ ፡ ይብሉ ፤ ዩሊኖስ ፡ ተቀትለ ፡ በእንተ ፡ አ

[1] Manque dans les deux mss.
[2] Manque dans les deux mss.
[3] A ወዩሉኒስኒ ፡
[4] A ለንጉሥ ፡
[5] Mss. አእምር ፡
[6] Mss. አፈኒ" ፡
[7] Mss. ትፈርሀ ፡ እምኔሁ ፡ ረከበ ፡
[8] Mss. ዘመነኖ ፡
[9] Mss. ይገብር ፡
[10] A ወያከበርዎ ፡

ውጣኪያ ፡ ንግሥት ፤ ወንግሥትሰ ፡ አውጣኪያ ፡ ኮነት ፡ ጠባበ ፡ ወንጽሕት ፡ እንበለ ፡ ነውር ፡ ወፍጽምት ፡ በኵሉ ፡ ምግባራ ። ወንጉሥ ፡ ታኦዶስዮስ ፡ ፈነወ ፡ መጽሐፈ ፡ መልእክት ፡ ኀበ ፡ ገዳመ ፡ ሲሐት ፡ ዘምስር ፡ ከመ ፡[1] ይስአሎሙ ፡ ለቅዱሳን ፡ በእንተ ፡[2] ዘአልቦቱ ፡ ወልድ ፡ ተባዕት ፡ ከመ ፡ ይንሣእ ፡ መንግሥቶ ፡ እምድኅሬሁ ። ወነገርዎ ፡ ቅዱሳን ፡ እንዘ ፡ ይብሉ ፤ እምአመ ፡ ፈለስከ ፡ እምዝንቱ ፡ ዓለም ፡ ይትዌለጥ ፡ ሃይማኖት ፡ አበዊከ ፤ እስመ ፡ እግዚአብሔር ፡ ያፈቅረከ ፡ ወኢወሀበከ ፡ ወልደ ፡ ተባዕተ ፡ ከመ ፡ ኢይኩን ፡ ውስተ ፡ እከይ ። ወበእንተ ፡ ዝንቱ ፡ ግብር ፡ [ኮነ ፡][3] ንጉሥ ፡ ታኦዶስዮስ ፡ ኅዙን ፡ ልብ ፡ ምስለ ፡ ብእሲቱ ፡[4] ኀቡረ ፤ ወኀደጉ ፡ ተደምሮ ፡ ሰኪበ ፡ ኅቡረ ፡ ወሐይዉ ፡ በተሰናእዎ ፡ በንጽሕ ፡ ዘይደሉ ። ወእምድኅረ ፡ አስተዋሰብዋ ፡ ለወለቶሙ ፡ ክብርት ፡ አውዶክስያ ፡ ለዋልንድያኖስ ፡[5] ንጉሠ ፡ ምዕራብ ፡ በከመ ፡ ነገርነ ፡ ቅድመ ፡ ወእምድኅረ ፡ ፈጸሙ ፡[6] ገቢረ ፡ ከብካብ ፡ በሀገረ ፡ ቍስጥንጥንያ ፡ ሖረ ፡ መርዓዊ ፡ ምስለ ፡ ብእሲቱ ፡ ሀገረ ፡ ሮሜ ፤ ወእምዝ ፡ ሰአለቶ ፡ ንግሥት ፡ አውጣኪያ ፡ ለንጉሥ ፡ ታኦዶስዮስ ፡ መፍቀሬ ፡ አምላክ ፡ ከመ ፡ ትሑር ፡ ኀበ ፡ መካናት ፡ ቅዱሳት ፡ ዘኢየሩሳሌም ፡ ወትስግድ ፡[7] ውስቴቶን ፡ በጽድቅ ። እስመ ፡ በዕዐት ፡ ብፅዐተ ፡ እንዘ ፡ ትብል ፤ እምከመ ፡ ፈጸምኩ ፡ ከብካበ ፡ ወለትየ ፡ አሐውር ፡ ኀበ ፡ መካናት ፡ ቅዱሳት ፡[8] ወአወፊ ፡[9] ብፅዐትየ ፡ ለእግዚአብሔር ፡ በዐፀደ ፡ ቤተ ፡ እግዚአብሔር ፡ በቅድመ ፡ ኵሉ ፡ ሕዝብ ፡ በማእከለ ፡ ኢየሩሳሌም ፡ ወእስእሎ ፡ ለእግዚአብሔር ፡ ከመ ፡ ይዕቀብ ፡ መንግሥተከ ፡ አዝማነ ፡ ብዙኀ ፡ በሰላም ። ሰበ ፡ ተሰናአወት ፡[10] ምስለ ፡ ንጉሥ ፡ ላዕለ ፡ ዝንቱ ፡ ነገር ፡ ጸሐፈ ፡ ኀበ ፡ መኳንንት ፡[11] ኵሉ ፡ ብሔር ፡ ከመ ፡ ያስተዳልዉ ፡ ቅድመ ፡ ንግሥት ፡ በከመ ፡ ይደሉ ፤ ወለቄርሎስኒ ፡ ሊቀ ፡ ጳጳሳት ፡ ዘእለ ፡ እስክንድርያ ፡ ረሰየ ፡ ላቲ ፡ ከመ ፡ ይሑር ፡ ምስሌሃ ፡ ሀገረ ፡ ኢየሩሳሌም ፡ ወይባርካ ፡ ወይድምሀራ ፡ ገቢረ ፡ ሠናያት ። ወተፈጸመት ፡ ላቲ ፡ ኵሎ ፡ ዘሰአለቶ ፡ ለእግዚአብሔር ፤ ወበጽሐት ፡ ሀገረ ፡ ኢየሩሳሌም ፡ ወሐደሰቶን ፡ ለአብያተ ፡ ክርስቲያናት ፡ ወለአዕፃዳት ፡ ወ[ሐንፀት ፡] ማኅደረ ፡[12] ደናግል ፡ ዕሙዳን ፡ ወ

[1] A ዘከመ ፡
[2] Mss. በእንቲ ፡
[3] Manque dans les deux mss.
[4] Mss. ምስለ ፡ ብእሲቱ ፡ ንጉሥ ፡
[5] Mss. ላዋልጋ″ ፡
[6] A ፈጸመ ፡
[7] Mss. ወትሰግድ ፡
[8] B ቅዱሳን ፡
[9] Mss. ወአወፊ ፡
[10] B ተሰነ″ ፡
[11] B መኰንንት ፡
[12] Mss. ወማኅበረ ፡

ማኅደረ ፡[1] አናግድ ፡ ወወሀበት ፡ ሎሙ ፡ ብዙኀ ፡ ንዋያተ ፤ ወዓዲ ፡ ሐነፀት ፡ አረፋቲሃ ፡ ለኢየሩሳሌም ፡ እለ ፡ ንህሉ ፡ እምቀዳሚ ፡ ዘመን ፤ ወኵሎ ፡ ግብረ ፡ ዘገብረት ፡ ገብረት ፡ በጽንዕ ። ወእምዝ ፡ ተባሕተወት ፡ ንግሥት ፡ ወተግኅሠት ፡ ባሕቲታ ። ወንጉሥኒ ፡ ኮነ ፡ ዐሙደ ፡ በጾም ፡ ወበጸሎት ፡ ወዝማሬያት ፡ ወሰባሔያት ፡[2] ወሐረ ፡[3] በሑረት ፡ ሠናይ ። ወአኃቲሁኒ ፡ ደናግል ፡ እለ ፡ ይልህቃ ፡ እምኔሁ ፡ ዘውእቶን ፡ አርጋድያ ፡ ወመሪና ፡ ብፁዓት ፡ ሞታ ፡ ወሖራ ፡ ኀበ ፡ ክርስቶስ ፡ ዘአፍቀራሁ ፡ እምቅድመ ፡ ትፃእ ፡ ንግሥት ፡ እምቅጽር ። ወእንዘ ፡ ሀለወት ፡ ንግሥት ፡ በኢየሩሳሌም ፡ አዕረፈ ፡ ቅዱስ ፡ ቄርሎስ ፡ ሊቀ ፡ ጳጳሳት ፡ ዘእለ ፡ እስክንድርያ ፡ ወዮሐንስ ፡ ሊቀ ፡ ጳጳሳት ፡ ዘአንጾኪያ ፤ ወእምዝ ፡ አስተርአዩ ፡ ሐራ ፡ ጥቃ ፡ ንስጥሮሳውያን ፡ ኤጲስ ፡ ቆጶሳት ፡ ፲ወ፪ ፡ ዘሀገረ ፡ ምሥራቅ ፡ ዘተኀብኡ ፡ እምቅድመ ፡ ገጹ ፡ ለቅዱስ ፡ ቄርሎስ ፡ ሊቀ ፡ ጳጳሳት ፡ እለ ፡ ይክሕዱ ፡ በሥሉስ ፡[4] ቅዱስ ፡ ወይከፍልዎ ፡ ለክርስቶስ ፡ ኀበ ፡ ፪ ፡ ጠባይዕ ። ወዓዲ ፡ ኤጲስ ፡ ቆጶሳት ፡ ሐራ ፡ ጥቃ ፡ ዘሀገረ ፡ ቍስጥንጥንያ ፡ ወዘካልእትሂ ፡ አህጉራት ፡[5] ተጋብኡ ፡ በባሕቲቶሙ ፡[6] እንበለ ፡ ያእምሮሙ ፡ ሰብእ ፡ ወይቤሉ ፤ ንጉሥሰ ፡ ወንግሥት ፡ ኢኮነ ፡ ተፈልጠቶሙ ፡ በእግዚአብሔር ፡ ዳእሙ ፡ በምክንያት ፡[7] ዩሊኖስ ፡ ተፈልጡ ፡ በጽልእ ። ወበእንተዝ ፡ ተቄጥዖ ፡ ንጉሥ ፡ ለአብላውያኖስ ፡ ሊቀ ፡ ጳጳሳት ፡ ወእለ ፡ ኮኑ ፡ ምስሌሁ ፡ ወይቤሎሙ ፤ እሳተ ፡ ንስጥሮሳውያን ፡ ዘጠፍአት ፡ አንደድክምዋ ፡ ምዕረ ፡ ዳግመ ፤ እስመ ፡ ውእቶሙ ፡ አስተናሥኡ ፡ ሀከከ ፡ ውስተ ፡ አብያተ ፡ ክርስቲያናት ፡ ብዙኀ ። ወብልካርያሰ ፡[8] እኅተ ፡ ንጉሥ ፡ ታኦዶስዮስ ፡ ኮነት ፡ ትትራድኦ ፡ ለአውላውያኖስ ፡[9] ሊቀ ፡ ጳጳሳት ፤ ዳእሙ ፡ ኢክህለት ፡ ትትራድኦ ፡ ገሃደ ፡[10] በእንተ ፡ ፍርሃተ ፡ ጽንዐ ፡ መንግሥቱ ፡ ለንጉሥ ፡ ታኦዶስዮስ ፤ እስመ ፡ ውእቱ ፡ ኮነ ፡ ይትመዓዕ ፡ ላዕለ ፡ ዘይብሉ ፡[11] ክልኤ ፡ ጣባይዐ ፡ ክርስቶስ ፡ እምድኅረ ፡ ፩ ፡ ከዊን ፤ ወእለሰ ፡ ኀለዩ ፡[12] ዘንተ ፡ ኅሊና ፡ እኩየ ፡ ጸመዉ ፡ ከንቶ ። ወብልካርያሰ ፡[13] እኅተ ፡ ንጉሥ ፡ ሰአለቶ ፡ ከመ ፡ የሀባ ፡ ገነተ ፡ እስመ ፡ ይእቲ ፡ ተሐውር ፡ በእኪይ ፤ ወንጉሥኒ ፡ ፈጸመ ፡ ስእለታ ፡

[1] Mss. ወማኅበረ ፡
[2] B ወሰባሕያት ፡
[3] A ወሐረት ፡
[4] Mss. ሥሉስ ፡
[5] A ወካልእትሂ ፡ አህጉራተ ፡ B ወካልእትሂ ፡ አህጉራተ ፡
[6] Mss. ለባሕ" ፡
[7] Mss. በምክንያት ፡
[8] Mss. "ያስ ፡
[9] Mss. ለአውያኖስ ፡
[10] A ገሀደ ፡
[11] Mss. ይብሉ ፡
[12] Mss. ሀለዉ ፡
[13] Mss. "ያስ ፡

ዘፈቀደት ። ወጸሐፈት ፡ መጽሐፈ ፡ በጕሕሉት ፡ እንዘ ፡ ትብል ፤ ኵሉ ፡
ማኅደራ ፡ ለንግሥት ፡ ወአዕፃዳቲሃ ፡ ወአትክልቲሃ ፡ ተውህበ ፡ ሊተ ፡ እ
ምኅበ ፡ ንጉሥ ፡ ወወሀበቶ ፡ ለንጉሥ ፡ ከመ ፡ ይጽሐፍ ፡ ላቲ ፡ በእዴሁ ።
ወሶበ ፡ አንበብዎ ፡ ለመጽሐፍ ፡ በቅድመ ፡ ኵሎሙ ፡ ሠራዊት ፡ ተንሥአ
ት ፡ ብልካርያ ፡ ወቆመት ፡ ማእከለ ፡ ሰብእ ፡ እንበለ ፡ ኀፍረት ፡ ወገሠጾቶ ፡
ለንጉሥ ፡ በድፍረት ፡[1] ወትቤሎ ፤ እስመ ፡ አንተ ፡ ትገብር ፡ ምግባራተ ፡
መንግሥት ፡ በሀኬት ። ወሶበ ፡ አኀዘ ፡[2] ወፈቀደ ፡ ያንብባ ፡ ለመጽሐፍ ፡
ወይጽሐፍ ፡ ላቲ ፡ በእዴሁ ፡ ወርእየ ፡ በውስቴቱ ፡ ጽሑፍ ፡ ዘይብል ፤ ን
ግሥትሰ ፡ አውጣኪያ ፡ ከነቶኒ ፡ አመተ ። ወሶበ ፡ ርእየ ፡ ንጉሥ ፡ ዘንተ ፡
ተምዕዓ ፡ ፈድፋደ ፡ በእንተ ፡[3] ድፍረት ፡ ወኀጢአ ፡ ኀፍረት ፡ ዘከነ ፡ ላዕ
ሌሃ ፤ ወአኀዛ ፡ ወሰሐባ ፡ ውስተ ፡ ፩ ፡ መካን ፡ ወአዘዘ ፡ ለሊቀ ፡ ጳጳሳት ፡
ከመ ፡ ያንብር ፡ እዴሁ ፡ ላዕሌሃ ፡ ወይረስያ ፡ ዲያቆናዊተ ። ወበእንተ ፡ ዝ
ንቱ ፡ ከነት ፡ ጋእዘ ፡[4] ወጸልአ ፡ ዐቢየ ፡ ማእከለ ፡ ንግሥት ፡ አውጣኪያ ፡
ወአብልካርያ ፤[5] ወንጉሥ ፡ ተፈልጠ ፡ እምእኅቱ ፡ ብልካርያ ። ወእምዝ ፡ አ
ዘዘ ፡ ንጉሥ ፡ ከመ ፡ [ያስተጋብኡ ፡][6] ጉባኤ ፡ ዳግመ ፡ ውስተ ፡ ሀገረ ፡ ኤፌ
ሶን ፤ ወዓዲ ፡ አዘዘ ፡ ከመ ፡ ያምጽእዎ ፡ ለዲዮስቆሮስ ፡ ሊቀ ፡ ጳጳሳት ፡ ዘ
እለ ፡ እስክንድርያ ፡ ዘተሠይመ ፡ እምድኅረ ፡ ቄርሎስ ። ወመተርዎ ፡ ለአ
ብልያኖስ ፡ ሊቀ ፡ ጳጳሳት ፡ ዘቍስጥንጥንያ ፡ ወለሳብዩስ ፡ ጳጳስ ፡[7] ዘድርኬ ፤
ወለደሙስ ፡ ሊቀ ፡ ጳጳሳት ፡ ዘአንጾኪያ ፡ ወለዮአስ ፡ ወለዮሐንስ ፡ ወታው
ዱሬጥስ ፡ ወማድዩስ ፡ ጳጳሳት ፡ ዘምሥራቅ ። ወእምድኅረ ፡ ዝንቱ ፡ ደወየ ፡
ንጉሥ ፡ ታኦዶስዮስ ፡ ኄር ፡ ወሞተ ፡ ወወፅአ ፡ እምዝንቱ ፡ ሕይወት ፡ ወ
ሖረ ፡ ኀበ ፡ እግዚአብሔር ። ወኮነት ፡ አውጣኪያ ፡ ንግሥት ፡ ባሕታዊተ ፡
በመካናት ፡ ቅዱሳት ፡ ዘኢየሩሳሌም ፤ ወብርካልያሰ ፡[8] አውፅአት ፡ ሕገ ፡
መንግሥት ፡ ዘእንበለ ፡ ምክረ ፡ ዋልንድያኖስ ፡ ንጉሠ ፡ ሮሜ ፡ ወዘእንበለ ፡
ምክረ ፡ መኳንንት ፡ ወሠራዊት ፡ በድፍረት ፡ ወተወስበት ፡ ለመርቅያን ፡
ሊቀ ፡ ሠራዊት ፡ ወአንበረት ፡ ላዕሌሁ ፡ አክሊለ ፡ መንግሥት ፡ ወረሰየቶ ፡
ንጉሠ ፤ ወይእቲኒ ፡ ከነቶ ፡ ብእሲተ ፡ ወአማሰነት ፡ ድንግልናሃ ። እምቅ
ድመ ፡ ይሙት ፡ ንጉሥ ፡ ከነ ፡ የዐቅባ ፡ ዘእንበለ ፡ ፈቃዳ ፡ ከመ ፡ ኢይባእ ፡
ነኪር ፡ ኀቤሃ ፡ ወኢይባእ ፡ ወኢይንሣእ ፡ መንግሥቶ ። ወበውእቱ ፡ ዕለ

[1] A በደፍረት ፡
[2] Mss. አኀዘ ፡
[3] Mss. ወበእንተ ፡
[4] Mss. ጋዕዝ ፡
[5] A ″ኪርያ ፡
[6] Manque dans les deux mss.
[7] Mss. ጳጳሳት ፡
[8] Mss. ″ያስ ፡

ት ፡ ዘነግሠ ፡ መርቅያኖስ ፡ ኮነ ፡ ጽልመት ፡ ውስተ ፡ ኵሉ ፡ ምድር ፡ እም
ቀዳሚ ፡ ሰዓተ ፡ መዓልት ፡ እስከ ፡ ምሴት ። ወኮነት ፡ ይእቲ ፡ ጽልመት ፡
በአምሳለ ፡ ዘኮነ ፡ ውስተ ፡ ምድረ ፡ ግብጽ ፡ አመ ፡ መዋዕለ ፡ ሙሴ ፡ ሊቀ ፡
ነቢያት ። ወኮነ ፡ ፍርሃት ፡ ዐቢይ ፡ ወድንጋፄ ፡ ላዕለ ፡ ኵሎሙ ፡ ሰብአ ፡
ሀገረ ፡ ቍስጥንጥንያ ፤ ኮኑ ፡ ይበክዩ ፡ ወየዐወይዉ ፡ ወያስቆቅዉ ፡ ወይጸ
ርኁ ፡ ጥቀ ፡ ወመሰሎሙ ፡ ከመ ፡ ቀርበ ፡ ፍጻሜ ፡ ዓለም ። ወተሀውኩ ፡
ሠራዊት ፡ ወመኳንንት ፡ ወሐራ ፡ ወኵሎሙ ፡[1] አሰካር ፡ ንኡስ ፡ ወዐቢይ ፡
ዘሀለዉ ፡ ውስተ ፡ ሀገር ፡ ወይጸርኁ ፡ እንዘ ፡ ይብሉ ፤ ኢሰማዕነ ፡ ወኢር
ኢነ ፡ በውስተ ፡ ኵሉ ፡ መንግሥታተ ፡[2] ሮም ፡ እለ ፡ ተሠይሙ ፡ ቅድመ ፡ ዘ
ይመስሎ ፡ ለዝነገር ። ወኮኑ ፡ ያንጐረጕሩ ፡ ፈድፋደ ፡ ወኢኮኑ ፡ ይትናገ
ሩ ፡ በክሡት ። ወበሳኒታ ፡ ተሣሀሎሙ ፡[3] ፍቅረ ፡ እግዚአብሔር ፡ ለሰብእ ፡
ወሠረቀት ፡ ፀሓይ ፡ ወአስተርአየ ፡ ብርሃነ ፡ መዓልት ። ወንጉሥሰ ፡ መር
ቅያኖስ ፡ አስተጋብአ ፡ ጉባኤ ፡ ጳጳሳት ፡ በሀገረ ፡ ኬልቄዶንያ ፡ ወኮነ ፡ ኍ
ልቆሙ ፡ ፮፻ወ፴ወ፮ ፡[4] ጳጳሳት ። ወመተርዎ ፡ ለዲዮስቆሮስ ፡ ሊቀ ፡ ጳጳሳ
ት ፡ ዘእለ ፡ እስክንድርያ ፤ ወለአብላንዮስሰ ፡ ዘተመትረ ፡ ቅድመ ፡ ረሰዩ ፡
ይዝክሩ ፡ በውስተ ፡ ፍትሓት ፡[5] እምድኅረ ፡ ሞቱ ፤ እስመ ፡ ውእቱ ፡ ሞተ ፡
በስደት ፡ አመ ፡ መዋዕሊሁ ፡ ለታኦዶስዮስ ፡ ንጉሥ ፡ ብፁዓዊ ፤ ወጸሐፉ ፡
ስሞ ፡ በውስተ ፡ ፍትሓት ፡[6] ዘቤተ ፡ ክርስቲያን ፡ ከመ ፡ ሊቀ ፡ ጳጳሳት ፡
ኦርቶዶክሳዊ ። ወሰበ ፡ ኮነ ፡ ሀከክ ፡ ውስተ ፡ ሀገረ ፡ ቍስጥንጥንያ ፡ ወው
ስተ ፡ ኵሉ ፡ አሕዛብ ፡ ደወየ ፡ መርቅያኖስ ፡ ደዌ ፡[7] ጽኑዐ ፤ ወነበረ ፡ በደ
ዌሁ ፡ ፳ ፡ አውራኀ ፡ ወዐፀዩ ፡ እገሪሁ ፡ ወሞተ ፤[8] ወኮነ ፡ ኍኍ ፡ መንግሥ
ቱ ፡ ፯ ፡ ዓመተ ። ወሞተት ፡ ዓዲ ፡ ብልክርያ ፡[9] እምቅድመ ፡ ሞቱ ፡ ለመር
ቅያኖስ ። ወበውእቱ ፡ መዋዕል ፡ አዕረፈት ፡ ንግሥት ፡ አውጣኪያ ፡[10] በሀ
ገረ ፡ ኢየሩሳሌም ፡ ቅድስት ፡ እንዘ ፡ ምልእት ፡ ይእቲ ፡ ምግባረ ፡ ሠናየ ፡
ወሃይማኖተ ፡ ንጹሐ ።[11] ወኢተሳተፈቶ ፡ ለዩኒያልዩስ ፡ ኤጲስ ፡ ቆጶስ ፡ ዘ
ኢየሩሳሌም ፡ ወለዕደው ፡ ዘተተጋብኡ ፡ በኬልቄዶንያ ፤ እስመ ፡ አእመረ
ት ፡ ከመ ፡ ወለጡ ፡ ሃይማኖተ ፡ ርትዕተ ፡ ዘአበዊነ ፡ ቅዱሳን ፡ ወንገሥት ፡

[1] Mss. ኵሎሙ ፡

[2] A መንግሥተ ፡ B መንግሥት ፡

[3] Mss. ተሣሃሎሙ ፡

[4] Mss. ፮፻ወ፵ወ፮ ፡

[5] Mss. ፍትሐት ።

[6] Mss. ፍትሐት ፡

[7] Mss. ደወየ ፡ መርቅያኖስ ፡ ደወየ ፡ ደዌ ፡

[8] Mss. ሞተ ፡

[9] A ብርክልያ ፡ B ብልባርያ ፡

[10] Mss. አውኪያ ፡

[11] Mss. ሠናይ ፡ ወሃይማኖት ፡ ንጹሐ ፡

አርቶዶክሳውያን ።[1] ባሕቱ ፡ ትትባረክ ፡ እምቀሳውስት ፡ መነኮሳት ፡ በተዋሕዶ ፡ ወተሰናእዎ ፡[2] ምስለ ፡ ታእዶስዮስ ፡ ሊቀ ፡ ጳጳሳት ፡ ዘለእስክንድርያ ። ወሶበ ፡ ፈጸመት ፡ ዘንተ ፡ ከመዝ ፡ አዕረፈት ፡ ወአንበሩ ፡ ሥጋሃ ፡ ውስተ ፡ መቃብር ፡ ዘሐንፀት ፡ በሕይወታ ፡ በክብር ፡ ወበውዳሴ ፡ ወሖረት ፡ ኀበ ፡ እግዚአብሔር ፡ ክቡር ፡ ወልዑል ።

ክፍል ፡ ፹፰ ።[3] ወእምድኅረ ፡ ሞተ ፡ መርቅያኖስ ፡ [ንግሠ ፡] ንጉሥ ፡[4] ልዮን ፡ ዘየዐቢ ። ወበመዋዕለ ፡ መንግሥቱ ፡ ረኵሰት ፡ ሀገረ ፡ አንጾኪያ ፡ በእንተ ፡ ዘኮነ ፡ ባቲ ፡ ድልቅልቅ ። ወዘንመ ፡ እምሰማይ ፡ በረቅ ፡ በሀገረ ፡ ቍስጥንጥንያ ፡ ሀየንተ ፡ ማየ ፡ ዝናማት ፡ ወተለዐለ ፡ ላዕለ ፡ አንሕስት ። ወደንገፁ ፡ ኵሎሙ ፡ ሰብእ ፡ ወአቅረቡ ፡ ስእለተ ፡ ወአስተብቍዖተ ፡ ኀበ ፡ እግዚአብሔር ፤ እስመ ፡ ውእቱ ፡ በረቅ ፡ ኮነ ፡ እሳተ ፡ ዘይነድድ ፤ ባሕቱ ፡ በእንተ ፡ አፍቅሮቱ ፡ ለእግዚአብሔር ፡[5] ሰብአ ፡ አጥፍአ ፡ ለእሳት ፡ ወረሰዮ ፡ በረቀ ። ወዓዲ ፡ ኮነ ፡ ዳግመ ፡ እሳት ፡ እምሰማይ ፡ እምድኅረ ፡ ውእቱ ፡ በረቅ ፡ ውስተ ፡ ሀገረ ፡ ቍስጥንጥንያ ፡ ዘኢኮነ ፡ ከማሁ ፡ ግሙራ ፤ ወኮነ ፡ እምባሕር ፡ እስከ ፡ ባሕር ። ወወፅአ ፡ ንጉሥ ፡ እምቅጽር ፡ ፈሪሆ ፡ ከመ ፡ ኢየዐይ ፡ ወነበረ ፡ ውስተ ፡ አሐቲ ፡ ቤተ ፡ ክርስቲያን ፡ ዘቅዱስ ፡ ማማስ ፡ መጠነ ፡ ፮ ፡ አውራኅ ፡ እንዘ ፡ ይገብር ፡ ጸሎተ ፡ ወአስተብቍዖተ ፡ በከመ ፡ ገብሩ ፡ በመዋዕለ ፡ መርቅያን ። ወልዮንስ ፡ ንጉሥ ፡ አጽርዐ ፡ ኵሎ ፡ ምግባረ ፡ ተውኔት ፡ ወዘእለ ፡ ይሰነቅዉ ፡[6] ወየዐንዝሩ ፡ በዕለተ ፡ እኁድ ፡ ቅድስት ፡ በእንተ ፡ ክብረ ፡ ሰንበት ። ወዓዲ ፡ ሰደዶሙ ፡ ለአርዮሳውያን ፡ እምኵሉ ፡ ሀገረ ፡ መንግሥቱ ፡ ወአዘዘሙ ፡ ለኵሎሙ ፡ ሰብአ ፡ መንግሥቱ ፡ ከመ ፡ ኢያብእዎሙ ፡ ውስተ ፡ አብያተ ፡ ክርስቲያናት ። ወዓዲ ፡ በመዋዕሊሁ ፡ ለዝንቱ ፡ ንጉሥ ፡ አስተዋደይዎ ፡ ለ፩ ፡ ብእሲ ፡ ፈልሱፍ ፡[7] ዘስሙ ፡ እንጡዳስዩስ ፡ ወልደ ፡ ኪስጡር ። ኮነ ፡ ውእቱ ፡ ብእሲ ፡ ነባቢ ፡[8] በጥበብ ፡ ወፈታሒ ፡ በጽድቅ ፤ እስመ ፡ ውእቱ ፡ ኮነ ፡ ሐነፋዌ ፡ ወኮነ ፡[9] ይትራድአሙ ፡ ለሰብአ ፡ ቂልቅያ ፡ እንዘ ፡ ሀሎ ፡ ውእቱ ፡ መተርጕም ፡ በአንጾኪያ ። ወንጉሥሰ ፡ መጠዎ ፡ ለዩስጦስ ፡ መኰንን ፡ ሊቀ ፡ ሠራዊት ፡

[1] A አርቶክሳዊያን ፡

[2] Mss. ወተሰነ″ ፡

[3] A ፺፯ ፡ B ፹፱ ፡

[4] A መርቅያኖስ ፡ ንጉሥ ፡ B ″ያን ፡ ንጉሠ ፡

[5] Mss. እግዚ″ ፡

[6] Mss. ወእለ ፡ ይሰነቀዉ ፡

[7] A ፈልሱፍ ፡

[8] A ወነባቢ ፡

[9] Mss. ዘኮነ ፡

ከመ ፡ ይስድዶ ። ወመሠጥዎ ፡ እምእዴሁ ፡ ለመኰንን ፡ እንዘ ፡ እሱሩ ፡ ድ
ኅሬተ ፡ ወዕራቂ ፡ ወአብጽሕዎ ፡ ኀበ ፡ አንቀጽ ፡ ዘይሰመይ ፡ እራራክሲስ ፡
ኀበ ፡ ሀሎ ፡ ጉቡአን ፡[1] አሕዛብ ። ወመኰንንኒ ፡ ቆመ ፡ ላዕለ ፡ አትሮንስ ፡
ወይቤሎ ፡ ከመዝ ፤ ትክልኑ ፡ ትርአይ ፡ ዘአንተ ፡ ሀሎከ ፡ ቦቱ ፡ በውስተ ፡
ዝንቱ ፡ ጉባኤ ፡ በዘከመዝ ፡ አርአያ ። አውሥአ ፡ ወይቤሎ ፤ አንሰ ፡ እሬ
ኢ ፡ ወኢያንክር ፤ እስመ ፡ ሰብእ ፡ አነ ፡ ወከንኩ ፡ ውስተ ፡ ሕማመ ፡ ሥጋ ፤
በከመ ፡ አነ ፡ ከንኩ ፡[2] እፈትሕ ፡ ለሰብእ ፡ ይእዜ ፡ እፈትሕ ፡ ላዕለ ፡ ርእስ
የ ። ወሰበ ፡ ሰምዑ ፡ ሕዝብ ፡ እለ ፡ ይቀውሙ ፡ ዘንተ ፡ ተሰጥዎ ፡ ዕጹብ ፡
መሠጥዎ ፡ እመኰንን ፡ ወአምጽእዎ ፡ ኀበ ፡ ቤተ ፡ ክርስቲያን ፡ ወአምነ ፡
በክርስቶስ ፡ ዘእንበለ ፡ ይኰንንዎ ፡ ወይቤ ፤ አበውየሰ ፡ ኮኑ ፡ መምለክያነ ፡
ጣዖት ፡ ወአንሰ ፡ ይእዜ ፡ ከንኩ ፡ መሲሓዌ ።[3] ወገሠጽዎ ፡ በሃይማኖት ፡
መሲሓዊት ፡ ወአጥመቅዎ ፡ ወከነ ፡ ክርስቲያናዌ ፤ ወፈትሕዎ ፡ ወነሥ
አ ፡[4] ሢመቶ ፡ ወሖረ ፡ ኀበ ፡ ሀገሩ ፡ እንዘ ፡ ይትፌቀር ፡ ምስለ ፡ ንጉሥ ።
ወሰበ ፡ ሰምዐ ፡ ልዮን ፡ ንጉሥ ፡ በዘከነ ፡ ቅድመ ፡ ሀከከ ፡ በሀገረ ፡ እስከን
ድርያ ፡ እመ ፡ መዋዕሊሁ ፡ ለመርቅያን ፡ ወቀትል ፡ ዘከነ ፡ በእንተ ፡ ጉባ
ኤ ፡ ኬልቄዶንያ ፡ ወከመ ፡ ውእቶሙ ፡ አስተራትዑ ፡ ሃይማኖተ ፡ በ፩ ፡ ጠ
ባይዐ ፡ ክርስቶስ ፡ ወዘከመ ፡ ቀተልዎ ፡ ለአብሩታሪ ፡ ኤጲስ ፡ ቆጶስ ፡ ዘኬ
ልቄዶናውያን ፡ በምክንያተ ፡ ዚአሁ ፤ እስመ ፡ ዝንቱ ፡ ኤጲስ ፡ ቆጶስ ፡
ከነ ፡[5] ቅድመ ፡ ቆሞስ ፡ በሀገረ ፡ እስከንድርያ ፤ ወሰበ ፡ ወሀበ ፡[6] ጽሕፈተ ፡
እዴሁ ፡ ውስተ ፡ መጽሐፈ ፡ ንጉሥ ፡ ረሰይዎ ፡ ኬልቄዶናውያን ፡ ኤጲስ ፡
ቆጶስ ፡ ወሕዝብሰ ፡ አርቶዶክሳውያን ፡ ተንሥኡ ፡ ላዕሌሁ ፡ ወቀተልዎ ፡
ወአውዐዩ ፡ ሥጋሁ ፡ በእሳት ፤ ወልዮንኒ ፡ ንጉሥ ፡ ሤመ ፡ ሎሙ ፡ ጢሞ
ቴዎስሃ ፡ ረድአ ፡ ለዲዮስቆሮስ ፡ ሊቀ ፡ ጳጳሳት ። ወከነ ፡ ቅድመ ፡ ውእቱ ፡
መነከስ ፡ ዕሙድ ፡ እምደብረ ፡ ቀልሞን ፡ ወከነ ፡ ቀሲሰ ፤ ወተሠይመ ፡
እምድኅረ ፡ ሞቱ ፡ ለዲዮስቆሮስ ፡ ዘተመትረ ፡ እምንጉሥ ፡ መርቅያን ፡
ወእምጉባኤሁ ፡ በዐመፃ ። ወጢሞቴዎስሰ ፡ ኢገብረ ፡ ምስለ ፡ ጉባኤ ፡ ኬ
ልቄዶናውያን ፡ እስመ ፡ ዝንቱ ፡ ጉባኤ ፡ ሆከ ፡ ለኵሉ ፡ ዓለም ። ወንጉሥ
ሰ ፡ ልዮን ፡ ጸሐፈ ፡ ዓዲ ፡ ኀበ ፡ ኵሎሙ ፡ ጳጳሳት ፡ እንዘ ፡ ያምሕሎሙ ፡
ከመ ፡ ያይድዕዎ ፡ ጥዩቀ ፡ በዘከነ ፡ ውስተ ፡ ጉባኤ ፡ ኬልቄዶንያ ። ወሰበ ፡
ፈርሁ ፡ እምንጉሥ ፡ ኀብኡ ፡ እምኔሁ ፡ ወኢነገርዎ ፡ ምንተኒ ፡ እምዘ ፡

[1] Mss. ጉቡአን ፡

[2] ከንኩ ፡ manque dans A.

[3] A መሲሐዌ ፡ B መሲሐዊ ፡

[4] Mss. ወነሥኡ ፡

[5] A ከነ ፡ ኤ″ ፡ ቆ″ ፡

[6] A ወሀበ ፡

ኮነ ፡ በጉባኤ ። ባሕቱ ፡ ነገርዎ ፡ ፪ ፡ ኤጲስ ፡ ቆጶሳት ፤ ፩ ፡[1] እምኔሆሙ ፡ ዘስሙ ፡ አስጣትዮስ ፡ ዘዋጥስ ፡[2] ብእሲ ፡ ማእምር ፡ ወለባዊ ፡[3] ወማእምረ ፡ መጻሕፍት ፡[4] ቅዱሳት ፡ ወነገሮ ፡ ለንጉሥ ፡ በእንተ ፡ መርቅያን ፡ ሰበ ፡ ፈርሀዎ ፡ ወለጡ ፡ ሃይማኖተ ፡ እስከ ፡ ተሀውከ ፡ ኵሉ ፡ ዓለም ፡ ወአብያተ ፡ ክርስቲያናት ፡ ኵላ ። ወካልኡ ፡ ኤጲስ ፡ ቆጶስ ፡[5] ዘስሙ ፡ ፊልጎስ ፡ ዘሀገረ ፡ መፍልዩስ ። ወካልኣን ፡[6] ኤጲስ ፡ ቆጶሳት ፡ እለ ፡ ታሕተ ፡ ሥልጣኑ ፡ ኢያይድዕዎ ፡[7] ለንጉሥ ፡ ገሃደ ፡[8] በእንተ ፡ ዐመፃሁ ፡ ለንጉሥ ፡ መርቅያን ፤ ገብሩ ፡ ዘንተ ፡ ዘኮነ ፡ በኬልቄዶንያ ፡ በእንተ ፡ ፍርሃተ ፡ መንግሥት ፡ ወሥልጣን ። ወበውእቱ ፡ መዋዕል ፡ አስተርአየ ፡ አውጣኪ ፡ ንስጡራዊ ፡ ዘይትገሀ ፡ ለጎትል ፤ ውእቱ ፡ ኮነ ፡ ዘኢያእምር ፡[9] መጻሕፍተ ፡ ቅዱሳተ ፡[10] በእንተ ፡ ዘኮነ ፡ ኢይትገሀ ፡ ለአእምሮቶን ። ወጢሞቴዎስኒ ፡ ሊቀ ፡ ጳጳሳት ፡ እመ ፡ ብጽሐቱ ፡ ሀገረ ፡ እስክንድርያ ፡ መሠጥዎ ፡ ወወሰድዎ ፡ ኀበ ፡ መካን ፡ ዘይሰመይ ፡ ጊርጊስማንስ ፡ ወአንበርዎ ፡ በሀየ ። ወኮነ ፡ ድንጋጼ ፡ ወጸብእ ፡ በሀገረ ፡ እስክንድርያ ። ወሥዩመ ፡ ሀገርሰ ፡ ዘገብረ ፡ ዐመፃ ፡ ላዕለ ፡ ቅዱስ ፡ ጢሞቴዎስ ፡ ሊቀ ፡ ጳጳሳት ፡ ዐፀየ ፡ ወሞተ ፤ ወሰብአ ፡ ሀገርኒ ፡ ተባሀሉ ፡ በበይናቲሆሙ ፤ ዝኵሉ ፡ ዘረከበ ፡ እከዩ ፡ ኮነ ፡ በፍትሐ ፡ እግዚአብሔር ፡ ክቡር ፡ ወልዑል ፡ በእንተ ፡ ዘገብሩ ፡ ላዕለ ፡ ገብረ ፡ እግዚአብሔር ፡ ጢሞቴዎስ ፡ ሊቀ ፡ ጳጳሳት ፡ ከመ ፡ ያእምር ፡ ኵሉ ፡ ሰብእ ፡ ከመ ፡ የኀድር ፡ እግዚአብሔር ፡ በላዕለ ፡ ኅሩያኒሁ ፡ ወይገብር ፡ ፍትሐ ፡ ለግፉዓን ። ወእምድኅረ ፡ ልዮን ፡ ንጉሥ ፡ ወካልኣን ፡[11] ነገሥት ፡ እለ ፡ መጽኡ ፡ እምድኅረ ፡ ነግሠ ፡ እምድኅሬሆሙ ፡ ዋሲልያኮስ ፤ ወውእቱኒ ፡ አንገሦ ፡ ለወልዱ ፡ ማርቆስ ፡ ወረሰዮ ፡ ሉታሬ ፡ ምስሌሁ ፡ ኅዳጠ ፡ ዘመነ ። ወሰበ ፡ ተሰናአወት ፡ ምስሌሁ ፡ እኅቱ ፡ ዋሪና ፡ ሰአለቶ ፡ ለተአውግስጦ ፡[12] ርእሰ ፡ መሰፍንት ፡[13] ንጉሥ ፡ ወንሥአት ፡ [ሎቱ ፡] ሢመተ ፡ ዘይሰመይ ፡ በጥሪቅ ።[14] ወንጉሥኒ ፡ ፈነወ ፡ ከመ ፡ ያምጽእዎ ፡ ኀቤሁ ፡ ለቅዱስ ፡ ጢሞቴዎስ ፡ ሊቀ ፡ ጳጳሳት ፡ እምስደቱ ፡ ዘሰደዶ ፡ ልዮን ፡ ዘየዐቢ ። ወሰበ ፡ አብጽሕዎ ፡ ኀበ ፡ ሀገረ ፡ ቍስጥንጥንያ ፡ በክብር ፡ ወሢመት ፡ ክህነት ፡

1 Mss. ፤ ፡
2 Mss. ዋጥስ ፡
3 A ማእምረ ፡ ወለባዌ ፡
4 A መጻሕፍተ ፡
5 ቆጶስ ፡ manque dans B.
6 Mss. ወካልአን ፡
7 Mss. አይድዕዎ ፡
8 A ገሀደ ፡
9 Mss. ዘኢየአምር ፡
10 Mss. ቅድሳተ ፡
11 Mss. ወካልአን ፡
12 Mss. ለታአውግስጠስ ፡
13 Mss. መሳፍንት ፡
14 Mss. በጥሪት ፡

ወተወከፍዎ ፡ ኵሎሙ ፡ ሠራዊት ፡ ወአሕዛብ ። ወጸሐፉ ፡ መጽሐፈ ፡
መልእክት ፡ ውስተ ፡ ኵሉ ፡ ምድር ፡ ወኀበ ፡ ኵሎሙ ፡ ጳጳሳት ፡ ከመ ፡
ይስድድዎሙ ፡ ለኵሎሙ ፡ እለ ፡ የአምኑ ፡ ሃይማኖተ ፡ ኬልቄዶናውያን ፤
ያውግዝዎሙ ፡ ወይመንንዎሙ ። ቅዱስ ፡ ጢሞቴዎስኒ ፡ ወእለ ፡ ምስሌ
ሁ ፡ ዕሙዳን ፡ ተነበዩ ፡ ላዕለ ፡ ዋሲልስክስ ፡[1] ንጉሥ ፡ ወይቤልዎ ፤ እምዮ
ም ፡ ሰበ ፡ ክሕድከ ፡ ሃይማኖተ ፡ ውስተ ፡ ዝንቱ ፡ መጽሐፍ ፡ ኢትቀውም ፡
መንግሥትከ ፡ ወተሐፅፅ ፡[2] መዋዕሊከ ፡ ፍጡነ ። ወውእቱሰ ፡ ይቤ ፤ አ
ንሰ ፡ ኢይክሕዳ ፡ ለዛቲ ፡ ሃይማኖት ፡ ለዓለም ፤ ዳእሙ ፡ አስተጋብእ ፡[3] ጉ
ባኤ ፡ በሀገረ ፡ ኢየሩሳሌም ፡[4] ከመ ፡ ትኩን ፡ ሃይማኖት ፡ አርቶዶክሳዊት ፡[5]
ቀዋሚተ ፡ ወነባሪተ ። ወሰበ ፡ ሰምዐ ፡ ዘንተ ፡ ቃለ ፡ ቅዱስ ፡ ጢሞቴዎስ ፡
ሊቀ ፡ ጳጳሳት ፡ ሖረ ፡ ኀበ ፡ ሀገረ ፡ እለእስክንድርያ ፡ ወነበረ ፡ ዲበ ፡ መን
በሩ ፡ ወምስሌሁ ፡ መጽሐፈ ፡ ሃይማኖት ፡ ዘተጽሕፈ ፡ በኀበ ፡ ንጉሥ ።
ወዋሲልስክስሰ ፡[6] ንጉሥ ፡ ነሥአ ፡ ንዋየ ፡ በህልያን ፡ ወወለጠ ፡ ነገሮ ፡
ወነሠተ ፡ ዘሐነፀ ፡ ቀዳሚ ፡ ወኢያስተጋብአ ፡[7] ጉባኤ ፡ በሀገረ ፡ ኢየሩሳሌ
ም ፡ ዘከመ ፡ አሰፈዎ ፡ ለጢሞቴዎስ ፡ ሊቀ ፡ ጳጳሳት ፤ ባሕቱ ፡ ጸሐፈ ፡ መ
ጽሐፈ ፡ ካልአ ፡ ዘይብል ፤ ኅድግዎሙ ፡ ለኬልቄዶናውያን ፡ ይንበሩ ፡ በሃ
ይማኖቶሙ ፡ ወአክብርዎሙ ።[8] ወበእንተዝ ፡ ተፈጸመ ፡ ትንቢቱ ፡ ለአብ ፡
ክቡር ፡ ጢሞቴዎስ ፡ ወለዕሙዳን ፡ እለ ፡ ምስሌሁ ፤ ወኮነ ፡ ሞተ ፡ ግብ
ት ፡ ወሕማም ፡ ውስተ ፡ ሀገረ ፡ ቍስጥንጥንያ ፡ ወዌአ ፡ አብድንተ ፡ ሙ
ታን ፡ ወኀጥኡ ፡ ዘይቀብሮሙ ፤ ወንህለ ፡ ዓዲ ፡ ሀገረ ፡ ገብላ ፡ ዘሻም ፡ በ
እንተ ፡ ድልቅልቅ ፡ ዘኮነ ። ወእምዝ ፡ መጽአ ፡ ዘይኑን ፡ ንጉሠ ፡ ሮም ፡
ወአስተናሥአ ፡ ለሀገረ ፡[9] ሂሱርያ ፡ ወአስተጋብአ ፡ ብዙኀ ፡ ሰብአ ፡ ም
ስሌሁ ፡ ወመጽአ ፡ ኀበ ፡ ሀገረ ፡ ቍስጥንጥንያ ። ወሰበ ፡ በጽሐ ፡ ኀበ ፡
ሀገረ ፡ አንጣክያ ፡[10] አኀዘ ፡ ለጴጥሮስ ፡ ሊቀ ፡ ጳጳሳት ፡ ከመ ፡ ያይድዖ ፡
ኵሎ ፡ ምክሮ ፡ ለዋሲልስኪስ ፡ ንጉሥ ፡ ዘተማከረ ፡ ላዕሌሁ ። ወሰበ ፡ አእ
መረ ፡ ዋስልስኪስ ፡ ምጽአቶ ፡ ለዘይኑን ፡[11] ወፈነወ ፡ ኀቤሁ ፡ አርማጦስ ፡ ወ
ስርባጦስ ፡ መሳፍንተ ፡[12] ምስለ ፡ ብዙኃ ፡ ሠራዊት ፡ እለ ፡ ሀለዉ ፡ ምስሌሁ ፡

[1] Mss. ዋሲልክስ ፡
[2] Mss. ኢተሐፅፅ ፡
[3] Mss. አስተጋብእ ፡
[4] ጉባኤ ፡ répété dans A.
[5] Mss. ሃይማኖተ ፡ አርቶዶክሳዊተ ፡
[6] A ″ክስ ፡
[7] Mss. ″ጋብእ ፡
[8] Mss. ወያክብርዎሙ ፡
[9] Mss. ″ናሥአ ፡ ወለሀገረ ፡
[10] Mss. አናክያ ፡
[11] Mss: ዘዘይኑን ፡
[12] Mss. መሳፍንት ፡

በቅጽር ፡ በሀገረ ፡ በራንጥያ ፡ ከመ ፡ ይፃብኡ ፡ ምስለ ፡ ዘይኑን ። ወሰበ ፡ በ
ጽሑ ፡ ኀቤሁ ፡ እሉ ፡ መኳንንት ፡ እምሐሎሙ ፡ በጥምቀት ፡ ቅድስት ፡ ከመ ፡
ኢያግብእዎ ፡ ወኢያኅስሙ ፡ ላዕሌሁ ።[1] ወእሉሰ ፡ መኳንንት ፡ ኀደጉ ፡
ተፃብኦ ፡ ምስለ ፡ ዘይኑን ፡ ንጉሥ ፡ ወፈነዉ ፡[2] ኀቤሁ ፡ በኅቡእ ፡ እንዘ ፡
ይብሉ ፤ ንሕነሰ ፡ ንትገኀሥ ፡ ኀበ ፡ ፩ ፡ መካን ፡ ወአንተሰ ፡ ረሲ ፡ ሥልጣ
ነከ ፡ ላዕለ ፡ ኵሉ ፡ ሀገር ። ወእሉ ፡ መኳንንት ፡ ዓዲ ፡ መከርዎ ፡ ለዋሲልስ
ክስ ፡[3] በጕሕሉት ፡ እንዘ ፡ ይብሉ ፤ ሑር ፡ በካልእ ፡ ፍኖት ፡ ወተራከቦ ፡ ለ
ዘይኑን ፡ ኀበ ፡ አንቀጸ ፡ ሀገረ ፡ ቍስጥንጥንያ ። ወበጊዜ ፡ ቀርበ ፡ ዘይኑን ፡
ኀበ ፡ ቅጽር ፡[4] ተቀበልዎ ፡ ኵሎሙ ፡ ሠራዊት ፡ ወተፈሥሐ ፡ ዐቢየ ፡ ፍ
ሥሓ ፡[5] በዝንቱ ፡ ተወከፎቶሙ ። ወሐማቱ ፡ ለዘይኑን ፡ ዘትሰመይ ፡ ዋ
ርኒ ፡ አኅዘቶ ፡ ለዋስልስክስ ፡[6] እኁሃ ፡ ወገደፈቶ ፡ ውስተ ፡ ግብ ፤ ወሰበ ፡
ተመንደበ ፡ ዋስልስክስ ፡ ወሲዋንስስ ፡ ብእሲቱ ፡ ወደቂቁ ፡ ጐዩ ፡ ኀበ ፡ ም
ጥማቃት ፡ ዘቤተ ፡ ክርስቲያን ። ወኵሎሙ ፡ ሠራዊት ፡ አክበርዎ ፡ ለንጉ
ሥ ፡ ዘይኑን ፡ ወረሰይዎ ፡ ንጉሠ ፡ ላዕሌሆሙ ። ወውእቱሰ ፡ ፈነወ ፡ ኀበ ፡
ቤተ ፡ ክርስቲያን ፡ ወነሥአ ፡ ኵሎ ፡ ንዋየ ፡ መንግሥት ፡ ዘላዕሌሁ ፡[7] ወአም
ጽአ ፡ በጕሕሉት ፡ ውእቱኒ ፡ ወደቂቁ ፤ ወእምዝ ፡ አውፅአሙ ፡ ለምንዱ
ባን ፡ እምቅጽር ፡ ወሰደዶሙ ፡ ውስተ ፡ ሀገረ ፡ ቀጳዶቅያ ፡ ውስተ ፡ ቅጽር ፡
ዘይሰመይ ፡ ልምናስ ። ወሰበ ፡ አብጽሕዎሙ ፡[8] ኀበ ፡ ሥዩመ ፡ ሀገር ፡ አንበ
ሮሙ ፡ ውስተ ፡ ፩ ፡ ማኅፈድ ፡ ወዐፀወ ፡ ላዕሌሆሙ ፡ በትእዛዘ ፡ ንጉሥ ፡
ወኀደጎሙ ፡ እንበለ ፡ መብልዕ ፡ ወመስቴ ፡ እስከ ፡ ሞቱ ፡ ወቀበርዎሙ ፡ ው
ስተ ፡ ውእቱ ፡ መካን ፡ እንበለ ፡ ምሕረት ። ወለጴጥሮስኒ ፡ ሊቀ ፡ ጳጳሳት ፡ አሰ
ርዎ ፡ ወሰደድዎ ፡ ሀገረ ፡ አካይያ ፡ ዘጳንጦስ ፤ እስመ ፡ ውእቱ ፡ ኮነ ፡ ፍቁሩ ፡
ለዋስልስክስ ፡[9] ንጉሥ ፡ ወኮነ ፡ ይትራድአ ፡ ወውእቱኒ ፡ ዘአንበረ ፡ አክሊ
ለ ፡ መንግሥት ፡ ላዕሌሁ ፤ ወበእንተዝ ፡ ሜሞ ፡ ሊቀ ፡ ጳጳሳት ። [ወእም
ዝ ፡ ሜምዎ ፡ ለእስጢፋኖስ ፡ ሊቀ ፡ ጳጳሳት ፡ ዘሀገረ ፡ አንጾኪያ ፡][10] ወውእ
ቱኒ ፡ ኮነ ፡ ይሰድዶሙ ፡ ለሕዝበ ፡ ንስጡር ። ወበእንተዝ ፡ ኮኑ ፡ ይጸልእ
ዎ ፡ ኵሎሙ ፡ ሰብአ ፡ ሀገር ፡ ወቀተልዎ ፡ በሞት ፡ ዕፁብ ፡ ሕዝበ ፡ አንጾ

[1] Mss. እምሐልዎ ፡ ...ከመ ፡ ኢያግብ
ኦሙ ፡ ወኢያኅስም ፡ ላዕሌሆሙ ፡

[2] A ወፈነወ ፡

[3] A "ክስስ ፡

[4] Mss. ቀርበ ፡ ኀበ ፡ ቅጽረ ፡ ዘይኑን ፡

[5] Mss. ፍሥሐ ፡

[6] Mss. ለዋስልክስ ፡

[7] Mss. ላዕሌሁ ፡

[8] A አብጽሕዎ ፡

[9] A ለዋስልክስ ፡

[10] Ces mots manquent dans les deux mss.

ኪያ ፡ ወኵሎሙ ፡ ካህናት ፡ ውስተ ፡ መካን ፡ ዘይሰመይ ፡ በርጠላልስ ፡ በዕለተ ፡ ተዝካሮሙ ፡ ለ፵ ፡ ሰማዕታት ፡ ቅዱሳን ፤ ወእምድኅረ ፡ ቀተልዎ ፡ ገደፉ ፡ ሥጋሁ ፡ ውስተ ፡ ፈለግ ፡ ዘይሰመይ ፡ በዩሬጢስ ። ወንጉሥሰ ፡ ዘይኑን ፡ ሤመ ፡ ሊቀ ፡ ጳጳሳት ፡ ካልአ ፡ ህየንቴሁ ፡ ዘስሙ ፡ ቀልንድዩን ፡[1] ወወሀበ ፡ ብዙኀ ፡ ክብረ ። ወሰበ ፡ ተመይጠ ፡ ንጉሥ ፡ ውስተ ፡ ሀገሩ ፡ ወሀበ ፡ ብዙኀ ፡ ምጽዋተ ፡ ለነዳያን ፡ ወአንበሮ ፡ ለአርማጥስ ፡ ህየንቴሁ ፡ ውስተ ፡ ውእቱ ፡ መካን ፡ መስፍነ ፡ ውእቱኒ ፡ ወለወልዱ ፡[2] ቄሳር ፡ በከመ ፡ አሰፈዎሙ ፡ ቅድመ ። ወሰበ ፡ ሠለጠ ፡ ላዕለ ፡ መንግሥት ፡ ተኀየለ ፡ ወጸንዐ ፡ ወኢክህለ ፡ መኑሂ ፡ ተቃውሞቶ ፡ ወኀለየ ፡ እከየ ፡ ውስተ ፡ ልቡ ፡ ውእቱ ፡ አርማጥስ ። ወሰበ ፡ አእመረ ፡ ንጉሥ ፡ እከያቲሁ ፡ ፈነወ ፡ ወቀተሎ ፡ በምኅላፈ ፡ ቅጽር ። ወሰበ ፡ ፈቀደ ፡ ንጉሥ ፡ ይሑር ፡ ሀገረ ፡ ፉርስ ፡ ወርእየ ፡ ኀበ ፡ ቄሳር ፡ ዋስልስትኩስ ፡[3] ወልዱ ፡ ለአርማጥስ ፡ እንዘ ፡ ወሬዛ ፡ ውእቱ ፡ ወነሥአ ፡ አክሊለ ፡ ሢመት ፡ እምኔሁ ፡ ወአዘዘ ፡ ይረስይዎ ፡ መጥሮጶሊስ ፡ ዘሀገረ ፡ ከስኮስ ፡ ወዘረወ ፡ ንዋያቲሁ ፡ ለኵሉ ፡ ሰብእ ። ወሰበ ፡ ርእየ ፡ ዘንተ ፡ ኑሬካውስ ፡ ዘውእቱ ፡ እመሳፍንት ፡ ፍቁሩ ፡ ለአብራብስንጦስ ፡ መስፍን ፡ ፈርሀ ፡ ከመ ፡ ኢይርከቦ ፡ ሕማም ፡ እምዘይኑን ፡ ንጉሥ ፡ በከመ ፡ ረከቦ ፡ ለአርማጥስ ፤ ወነሥአሙ ፡ ለመስተፃብአን ፡ እለ ፡ ሀለዉ ፡ ምስሌሁ ፤ ወኮኑ ፡ እሙንቱ ፡ ሰብአ ፡ አጅም ፡ ወኮኑ ፡ እምሀገረ ፡ ሚራና ፤ ወተሐፅነ ፡ ውስተ ፡ ሀገር ፡ ዐቢይ ፡ ወኮነ ፡ ያአምር ፡ ጥበበ ፡ አፍአዊ ፤[4] ወሖረ ፡ ውስተ ፡ ሀገረ ፡ ዳልመርባአ ፡ ወረሰዮሙ ፡ ይትአዘዙ ፡ ሎቱ ፡ ወነሥአ ፡ ኵሎ ፡ ሀገረ ፡ አትራኪ ። ወእምዝ ፡ መጽአ ፡ በኀይል ፡ ወጽንዕ ፡ እምሀገረ ፡ ሲኩን ፡ ወነበረ ፡ ብዙኀ ፡ መዋዕለ ፡ እንዘ ፡ ኢይክል ፡ ይግበር ፡ እኩየ ፡ በሀገረ ፡ በራንጥያ ፡[5] ወኢበዘይኑን ፡ ንጉሥ ። ወሖረ ፡ ኀበ ፡ ሀገረ ፡ ሮሜ ፡ ወአምጽአ ፡ ለሊቀ ፡ በርበር ፡ ኀቤሁ ፡ ዘስሙ ፡ ረግስ ፡ ዘተሰምየ ፡ አውጥዋኅስ ፡ በምክረ ፡ ሠራዊት ፡ ወጸብአ ፡ ለሀገረ ፡ ሮሜ ፡ ወነሥአ ፡[6] ወቀተሎሙ ፡ ለኵሎሙ ፡ በርበር ፡ ወነበረ ፡ ውስቴታ ፡ ፵ወ፯ ፡ ዓመተ ፡ እንዘ ፡ ንጉሥ ፡ ውእቱ ፤ ወኢተወከፈ ፡ ኀቤሁ ፡ ካልአ ፡ ንጉሠ ፡ ወረሰያ ፡[7] ለሀገር ፡ ለዘይኑን ፡ ንጉሥ ፡ ወኢኮነ ፡ ይገብር ፡ ምንተኒ ፡[8] ዘእንበለ ፡ ምክረ ፡ ንጉሥ ፤ ወኮነ ፡ ክቡረ ፡ በኀበ ፡ መኳንንት ፡ ወሠራዊት ። ወመጽአ

[1] Mss. ዋለንድዩን ፡
[2] Mss. ወአቡሁ ፡
[3] B ወዋስልስትቡስ ፡ A ወዋስልትኩስ ፡
[4] Mss. የአምር ፡ . . . አፍአዌ ፡
[5] B በራጥያ ፡
[6] Mss. ወነሥአ ፡
[7] Mss. ወረሰየ ፡
[8] B ምንተሂ ፡

ት ፡ ብእሲቱ ፡ ቀዳሚት ፡ ለማኑደለሬክስ ፡ ወይእቲ ፡ ኮነት ፡ እምክቡራነ ፡ ሮሜ ፡ ዘስማ ፡ ዩናናልያ ፡ ወነገረቶ ፡ ወትቤሎ ፤ ናሁ ፡ ኮንኒ ፡ ፫ ፡ ዓመተ ፡ እምአመ ፡ ተገፋዕኩ ፡ ወብየ ፡ ነገር ፡ ምስለ ፡ አብሬምስ ፡ በጥሬቅ ፡ ወኢገብሩ ፡ ሊተ ፡ ፍትሐ ። ወጸውዖሙ ፡ ለፈታሕት ፡ ወይቤሎሙ ፤ ናሁ ፡ እኤዝዘክሙ ፡ ወእቤለክሙ ፡ እስከ ፡ ፪ ፡ ዕለት ፡ እመ ፡ ኢወዳእክሙ ፡ ለዛቲ ፡ ብእሲት ፡ ነገራ ፡ ምስለ ፡ ዕድዋኒሃ ፡ ወትፈትሑ ፡[1] ሎሙ ፡ በጽድቅ ፡ ለ፪ሆሙ ፡ በከመ ፡ ሕግ ፡ አነ ፡ እመትር ፡ ርእሰክሙ ፡ በሰይፍ ። ወሰቤሃ ፡ ወፅኡ ፡ ወነበሩ ፡ ፪ ፡ ዕለተ ፡ ወፈጸሙ ፡ ነገራ ፡ ለይእቲ ፡ ብእሲት ፡ በጽድቅ ። ወይእቲሰ ፡ ብእሲት ፡ አኅተወት ፡[2] ማኅተወ ፡ ሰምዕ ፡ ወቦአት ፡ ኀቤሁ ፡ እንተ ፡ ታአኵቶ ፡[3] ወትቤሎ ፤ እምድኅረ ፡ ብዙኅ ፡ ዘመን ፡ ተወድአ ፡ ፍትሕየ ፡ ይእዜ ፡ በትእዛዝከ ። ወእምዝ ፡ ጸውዖሙ ፡ ለፈታሕት ፡ ኀቤሁ ፡ ወይቤሎሙ ፤ አሰብእ ፡ እኩያን ፡ ዘወዳእክምዎ ፡ በ፪ ፡ ዕለት ፡ ለምንት ፡ ኢክህልክሙ ፡ ወድአቶ ፡ በ፫ ፡ ዓመት ።[4] ወእምዝ ፡ አዘዘ ፡ ይምትሩ ፡ ርእሶሙ ፡ በሰይፍ ። ወኮነ ፡ ዐቢይ ፡ ፍርሃት ፡ ውስተ ፡ ውእቱ ፡ ሀገር ፡ ወአድርዐ ፡ ኵሎ ፡ ዐመፃ ፡ እምሥዩማነ ፡ ሮሜ ። ወበውእቱ ፡ መዋዕል ፡ እምድኅረ ፡ ሞተ ፡ ኑዳሬክስ ፡ መጽአ ፡ እድጣላሬክስ ፡ ወኮነ ፡ ውእቱ ፡ እምሰብአ ፡ አርዮሳውያን ። ወእምዝ ፡ ፈነወ ፡ ንጉሥ ፡ ዘይኑን ፡ ፩ ፡ መኰንን ፡ ዘስሙ ፡ ከስጡር ፡ ኀበ ፡ ሀገረ ፡ እስክንድርያ ፡ ከመ ፡ ያምጽአ ፡ ለሊቀ ፡ ጳጳሳት ፡ ጢሞቴዎስ ፡ ኀቤሁ ፡ ብእሴ ፡ እግዚአብሔር ። ወሶበ ፡ በጽሐ ፡ ኬስጦር ፡ ኀበ ፡[5] ሊቀ ፡ ጳጳሳት ፡ ጢሞቴዎስ ፡ ወይቤሎ ፤ ይጼውዐከ ፡ ንጉሥ ፡ ወተሰጥዎ ፡ ሊቀ ፡ ጳጳሳት ፡ ወይቤሎ ፤ ኢይሬኢ ፡ ገጽየ ፡ ንጉሥ ። ወበጊዜሃ ፡ ሐመ ፡ ወሞተ ፡ በከመ ፡ ይቤ ። ወተንሥኡ ፡ ሕዝብ ፡ አርቶዶክሳውያን ፡ ወሤምዎ ፡ ለጴጥሮስ ፡ ሊቀ ፡ ዲያቆናት ፡ ሊቀ ፡ ጳጳሳት ፡ ዘተሰምየ ፡[6] ቢመርጎስ ። ወፈቀዱ ፡ መኳንንት ፡ ሀገር ፡ ይእኀዝዎ ፡ ወአምሠጠ ፡ እምእደ ፡ ሐራ ፡ ወጐየ ፡ ውስተ ፡ ቤተ ፡ ምእመናን ፡ ወኮነ ፡ ድንጋጼ ፡ ውስተ ፡ ሀገር ። ወሰብአ ፡ አብሮታሬስ ፡ ኬልቄዶናዊ ፡[7] ሤሙ ፡[8] ሎሙ ፡ ሊቀ ፡ ጳጳሳት ፡ ዘስሙ ፡ አይስ ፡ ወውእቱኒ ፡ ሞተ ፡ እንበለ ፡ ይጐንዲ ፤ ወምእመናንሂ ፡[9] ዘይሰመይ ፡ ዮሐንስ ፡ እምዲዩናሲሳውያን ። ወዝንቱኒ ፡ ዓዲ ፡ መ

[1] A ወተፈትሑ ፡
[2] Mss. አኅትወት ፡
[3] Mss. ተአኵቶ ፡
[4] Mss. እመት ፡
[5] A በጽሐ ፡ ኀቤሁ ፡ ኬሰጤር ፡ ኀበ ፡
[6] Mss. ዘተሠይመ ፡
[7] B ኬልቄናዊ ፡
[8] A ሤመ ፡
[9] Mss. ወምእመናንሂ ፡

ሠጠ ፡ መንበሮ ፡ ለአይስ ፡ በውሂበ ፡ ሕልያን ፡ ለመኳንንት ፤ ወይቤ ፡ መሐ
ልኩ ፡ መሐላ ፡ ከመ ፡ ኢይትማከሮ ፡ ለንጉሥ ፡ ዘይኑን ፡ በእንተ ፡ ሢመ
ተ ፡ ቤተ ፡ ክርስቲያን ። ወሰበ ፡ ሰምዐ ፡ ንጉሥ ፡ ዘይኑን ፡ ዘንተ ፡ ተምዕዐ ፡
ጥቀ ፡ ወአዘዘ ፡ ከመ ፡ ይስድድዎ ። ወሰበ ፡ ሰምዐ ፡ ውእቱ ፡ ዮሐንስ ፡ ከመ ፡
ንጉሥ ፡ አዘዘ ፡ በስደቱ ፡ ጐየ ፡ ውሕረ ፡ ሀገረ ፡ ሮሜ ። ወበውእቱ ፡ ዘመን ፡
ኮነ ፡ ፍቁሩ ፡ ለንጉሥ ፡ ዘይኑን ፡ አካክዮስ ፡ ሊቀ ፡ ጳጳሳት ፡ ዘቍስጥንጥ
ንያ ፤ ወአሠነየ ፡ ልበ ፡ ንጉሥ ፡ ከመ ፡ ይጽሐፉ ፡ ባቡኒቆን ፡ ዘበትርጓሜ
ሁ ፡ መጽሐፈ ፡ ሃይማኖት ፡ ፫ ፡ ጉባኤያት ፡ ዘውእቶን ፡ በኒቅያ ፡ ወቍስጥ
ንጥንያ ፡ ወኤፌሶን ፡ ወይመንንዎን ፡ ለካልአት ፡[1] ጉባኤያት ። ወበእንተ ፡
ዝንቱ ፡ [አምጽአ ፡][2] ለጴጥሮስ ፡ ሊቀ ፡ ጳጳሳት ፡ ዘጐየ ፡ ቅድመ ፡ ኀበ ፡ ሀ
ገረ ፡ አንጾኪያ ፡ እምሀገረ ፡ ዲናሩርያ ። ወቀለንድዩን ፡ ሊቀ ፡ ጳጳሳት ፡ ዘ
አንጾኪያ ፡ ጐየ ፡ ፈሪሆ ፡ እምቀትል ፡ እስመ ፡ ውእቱ ፡ ኬልቄዶናዊ ፤ እ
ስመ ፡ ቅድመ ፡ ቀተልዎ ፡ ለእስጢፋኖስ ፡ ሊቀ ፡ ጳጳሳት ፡ ዘኮነ ፡[3] ቅድሜ
ሁ ። ወኮኑ ፡ ኵሉ ፡ ካህናት ፡ ወሕዝብ ፡ ይጼልዩ ፡ በእንተ ፡ ዘይኑን ፡ ን
ጉሥ ፤ ወጴጥሮስኒ ፡ ሊቀ ፡ ጳጳሳት ፡ ተወከፈ ፡ ኀቤሁ ፡ ባቡኒቆን ፡ ዘን
ጉሥ ። ወበመዋዕሊሁ ፡ ኮነ ፡ ሀከክ ፡ ውስተ ፡ ሀገር ፡ በእንተ ፡ ሃይማኖት ፡
ዘጸሐፉ ፡ ንጉሥ ፡ ዘንረግሞ ፡ ለጉባኤ ፡[4] ኬልቄዶንያ ፡ ወሃይማኖቶሙ ፡ ርኩ
ስት ፡ ዘይብል ፡ ፪ ፡ ጠባይዒሁ ፡ ለክርስቶስ ፤ ወመጽሐፈ ፡ ዘይኑንሰ ፡ ይቤ ፡
፩ ፡ ውእቱ ፡ ጠባይዒሁ ፡ ለቃለ ፡ እግዚአብሔር ፡ ዘተሠገወ ፡ ወይዝክርዎ
ሙ ፡ ለጳጳሳት ፡ እለ ፡ ተሰዱ ። ወንጉሥሰ ፡ ዘይኑን ፡ አመ ፡ ተወክፎ ፡ ለ
አርማጦስ ፡ አቡሁ ፡ ለቄሳር ፡[5] ተሰናአወ ፡ ምስለ ፡ አይልሉስ ፡[6] ወኮነ ፡ ፩ ፡
ምስሌሁ ። ወእምዝ ፡ ሐራሁ ፡ ለአይልሉስ ፡[7] ጸብእዎ ፡ ለዘይኑን ፡ ንጉሥ ።
ወሰበ ፡ ፈርሀ ፡ አይልሉስ ፡[8] ጐየ ፡ ኀበ ፡ ሀገረ ፡ ኢሱርያ ፡ በእንተ ፡ ቅትለተ ፡
አርማጦስ ፡ እስመ ፡ ውእቱ ፡ ኮነ ፡ ያፈቅሮ ፡ ለዘይኑን ፡ ንጉሥ ። ወአይልሉ
ስሰ ፡[9] ኮነ ፡ ይልእክ ፡ ኀበ ፡ ንግሥት ፡ ዋሪና ፡ ሐማቱ ፡ እንዘ ፡ ይብላ ፤ ታ
ሠኒ ፡ ልበ ፡ ንጉሥ ፡ በእንቲአሁ ፤ ወይእቲሰ ፡ ኢክህለት ፡ አሠንዮቶ ፡
ልቡ ፡ ለንጉሥ ። ወንጉሥሰ ፡ ዘይኑን ፡ ኀብአ ፡ እከየ ፡ ዘውስተ ፡ ልቡ ፡
[በእንቲአሃ ፡][10] ለእኅቱሁ ፡ ለንጊኖስ ፡ ከመ ፡ ኢይኩን ፡ ዕቅፍተ ፡ ወምክን

[1] Mss. ለካልእት ፡
[2] Manque dans les deux mss.
[3] Mss. እለ ፡ ኮኑ ፡
[4] Mss. ጉባኤ ፡
[5] Mss. ወቄሳር ፡ አቡሁ ፡
[6] Mss. አይልቡስ ፡
[7] A ለአልብዩስ ፡, B ለአይልቡስ ፡
[8] Mss. አይሉልስ ፡
[9] A ወአልሉሰ ፡, B ወአልሉስሰ ፡
[10] Manque dans les deux mss.

ያተ ፡ ሀከከ ፡ በውስተ ፡ በራንጥያ ፤ እስመ ፡ ይእቲ ፡ ከነት ፡ ቅድመ ፡ ንግ
ሥተ ፤ ወበዝንቱ ፡ ምክረ ፡ ጊጣን ፡ ተናገረ ፡ ዘይኑን ፡ ንጉሥ ፡ ምስለ ፡
አይልሉስ ፡[1] ከመ ፡ ይስድዳ ፡[2] ወይፈንዋ ፡ ኀበ ፡ ሀገረ ፡ ጊሉርያ ፡ ወይቅት
ላ ፡[3] በህየ ። ወሰበ ፡ ሖረት ፡ ህየ ፡ ተንሥአ ፡ አይልሉስ ፡[4] ወዐጸወ ፡ ላዕሌሁ ፡
ቅጽረ ፡[5] ወሜመ ፡ ብዙኀ ፡ ሐራ ፡ ለዐቂበታ ፡ ወነሥአ ፡ ምስሌሁ ፡ ለለንጊኖ
ስ ፡[6] እኁሁ ፡ ለንጉሥ ። ወሰበ ፡ አእመረት ፡ ዘንተ ፡ ለአከት ፡ ኀበ ፡ ወለታ ፡
ብእሲተ ፡ ንጉሥ ፤ ወለታኒ ፡ ሰአለቶ ፡ ለንጉሥ ፡ ከመ ፡ ይኅድጋ ፡ ትንበ
ር ፡[7] ውስተ ፡ ቅጽር ፡ ዘጊሉርያ ። ወይቤላ ፡ ንጉሥ ፤ አንሰ ፡ ኢይክል ፡ አ
ምዕዖቶ ፡ ለአይልሉስ ፡[8] በጥሪቅ ፤ ዳእሙ ፡ አንቲ ፡ ሰአልዮ ፡ ወለእመ ፡ ሠም
ረ ፡ ውእቱ ፡ አነ ፡ አኅድጋ ። ወንግሥትሰ ፡ ለአከት ፡ ኀቤሁ ፡ ወሰአለቶ ፡
ምስለ ፡ አንብዕ ፡ ከመ ፡ ይኅድግ ፡ ላቲ ፡ ለእማ ፡ ወይስረይ ፡ አበሳሃ ፡ ወያ
ንብራ ፡ በህየ ። ወውእቱሰ ፡ ኢፈቀደ ፡ ከመ ፡ ይምሐራ ፡ ወይቤላ ፤ አንቲ
ሰ ፡ ትፈቅዲ ፡ ከመ ፡ እሢም ፡ ካልአ ፡ ንጉሠ ፡ ላዕለ ፡ ምትኪ ። ወይእቲ
ሰ ፡ ተምዕዐት ፡ ላዕሌሁ ፡ መዓተ ፡ ዐቢየ ፡ ወሖረት ፡ ኀበ ፡ ንጉሥ ፡ ወትቤ
ሎ ፤ አኅኑ ፡ ወአይልሉስ ፡[9] ንኅድር ፡ ውስተ ፡ ቅጽር ። ወይቤላ ፡ ንጉሥ ፡
ግበሪ ፡ ዘትፈቅዲ ፡ እስመ ፡ አነ ፡ አፈቅረኪ ፡[10] ፈድፋደ ፡ እምአይልሉስ ፡[11]
ወእምብዙኃ ፡ ሰብእ ። ወሰበ ፡ ሰምዐት ፡ ንግሥት ፡ ዘንተ ፡ ቃለ ፡ እምንጉ
ሥ ፡ ጸንዐት ፡ በልባ ፡ ወአዘዘቶ ፡ ለአድርያኖስ ፡ ከመ ፡ ይቅትሎ ። ወአድር
ያኖስኒ ፡ ከነ ፡ ሊቀ ፡ ሐፅዋን ፡ ወፈነወ ፡ ፩ ፡ ብእሴ ፡ ዘስሙ ፡ አስቍራልዮ
ስ ፤[12] እስመ ፡ ውእቱ ፡ ከነ ፡ ሊቀ ፡ ሠራዊት ፡ ይፈቅድ ፡ ይባእ ፡ ኀበ ፡ ማኅ
ደረ ፡ ንጉሥ ፡ ምስለ ፡ ሰብእ ፡ ዘምስሌሁ ፤ ወበአ ፡ ወመልሐ ፡[13] ሰይፎ ፡ ከመ ፡
ይዝብጦ ፡ ወይምትር ፡ ርእሶ ፡ በምኅላፈ ፡ ቅጽር ። ወሰበ ፡ ርእየ ፡ ፩ ፡ እ
መኳንንት ፡[14] ሮጸ ፡ ፍጡነ ፡ ወነሥአ ፡ ሰይፎ ፡[15] እምኔሁ ፡ እምድኅረ ፡ መ
ተረ ፡ እዝኖ ፡ ዘየማን ፡ ህየንተ ፡ ርእሱ ። ወቀተልዎ ፡ ለአስቍራልዩስ ፡ ሐ
ፅው ፡ ዘዘበጦ ፡ በሰይፍ ፡ ለአይልሉስ ፤ ወሰብአ ፡[16] አይልሉስኒ ፡ ጸርዎ ፡ ወ

[1] A ምስለ ፡ ዘይኑን ፡ አጣሉስ ፡ ንጉሥ ፡,
B ዘይኑን ፡ ምስለ ፡ አጣሉስ ፡ ንጉሥ ፡

[2] Mss. ይሰዳ ፡

[3] Mss. ወይቅላ ፡

[4] Mss. አጣሉስ ፡

[5] Mss. ቅጽር ፡

[6] Mss. ወነሥአ ፡ . . . ለንጊኖስ ፡

[7] A ትንብር ፡

[8] Mss. ለአጥሎስ ፡

[9] A አነ ፡ ወአይሉልስ ፡

[10] Mss. አፈቅረኪ ፡

[11] A እምአይሉልስ ፡

[12] A አስቀ″ ፡

[13] A ወምልሐ ፡

[14] B እምነ ፡ መ″ ፡

[15] B ሰይፈ ፡

[16] ለአይልሉስ ፤ ወሰብአ ፡ manquent dans A.

አብእዎ ፡ ውስተ ፡ ማኅደሩ ። ወሰበ ፡ ሰምዐ ፡ ዘይኑን ፡ ንጉሥ ፡ ዘንተ ፡ ነገረ ፡ መሐለ ፡ እንዘ ፡ ይብል ፤ አንሰ ፡ ኢያአምሮ ፡[1] ለዝንቱ ፡ ነገር ፡ ዘገብረ ፡ ሐፅው ፡ በአይልሉስ ። ወሰበ ፡ ጥዕየ ፡ አይልሉስ ፡ እምነ ፡ ሕማሙ ፡ ሰአሎ ፡ ለንጉሥ ፡ ዘይኑን ፡ ከመ ፡ ይኅድጎ ፡ ወይሑር ፡ መንገለ ፡ ምሥራቅ ፡ በእንተ ፡ ተዋልጠ ፡[2] ንፉሳት ፡[3] ከመ ፡ ኢይትመየጥ ፡ በቱ ፡ ደዌ ። ወውእቱሰ ፡ በምክረ ፡ ጕሕሉት ፡ ወበትምይንት ፡ ተናገሮ ፡ በትሕትና ፡ ከመ ፡ ይፈንዎ ፤[4] ወውእቱኒ ፡ ፈነዎ ፡ እንበለ ፡ ያእምር ፡ ጕሕሉቶ ።[5] ወሜመ ፡ ሀየንቴሁ ፡ ካልአ ፡ ብእሴ ፡ ዘስሙ ፡ ዮያልያ ፡ ወወሀበ ፡ ሥልጣነ ። ወአይልሉስሰ ፡ ከነ ፡ ይፈቅድ ፡ ይንሥአሙ ፡ ከመ ፡ ይሑሩ ፡ ምስሌሁ ፡ ለለአንድዮስ ፡ ወለናሚራንዮስ ፡[6] በኂጣን ፡ እንዘ ፡ ይመስሎ ፡ ዘይገብሩ ፡ ሰላመ ፡ ምስለ ፡ ዋሪና ፡ እመ ፡ ንግሥት ፡[7] ምስለ ፡ ንጉሥ ፡ ዘይኑን ፡ ወከመ ፡ ትትመየጥ ፡ ኀቤሁ ፡ በክብር ። ወንጉሥሰ ፡ ሠምረ ፡ በዝንቱ ፡ ምክር ፡ ወፈነዎሙ ፡ ለ፫ቲሆሙ ፡ ወለካልአን ፡[8] ሰብአ ፡ ክቡራን ፡ ዘስሞሙ ፡ ማርቆስ ፡ ወዋልያኖስ ፡ መኳንንተ ፡ ኂሱርያ ፡ ወብዙኃን ፡ ሥዩማን ፡ ወሐራ ። ወሰበ ፡ በጽሑ ፡ ሀገረ ፡ አንጾኪያ ፡ ዐባይ ፡ ወአይልሉስሰ ፡[9] ነበረ ፡ [ህየ ፡][10] አሐተ ፡ ዓመተ ፡ ወሰብአ ፡ ውእቱ ፡ ሀገር ፡ ያከብርዎ ፡ ፈድፋደ ። ወሰበ ፡ መጽአ ፡ ሀገረ ፡ ኂሱርያ ፡ አውረዳ ፡ ለዋሪና ፡ እምነ ፡ ማኅፈድ ፡ ወተማሐሉ ፡ በበይናቲሆሙ ። ወአሥመረ ፡[11] ልበሙ ፡ ለመኳንንት ፡ ከመ ፡ ይረስይዎ ፡ ንጉሠ ፡ ለለአንድዩስ ፡[12] በተሰናእዎቱ ፡ ለአሚራንዮስ ፡ ብእሲ ፡ ዘየሐውር ፡ በሥራይ ፡ ወበስሕተተ ፡ አጋንንት ፤ ወረሰይዎ ፡[13] ንጉሠ ፡ በኀበ ፡ መካን ፡ ዘቅዱስ ፡ ጴጥሮስ ፡ አፍአ ፡ ሀገረ ፡ ጠርሱስ ፡ ርእሰ ፡ ሀገረ ፡ ኪልቅያ ።[14] እስመ ፡ ይእቲ ፡ ጸሐፈት ፡ መጽሐፈ ፡ መልእክት ፡ ወፈነወት ፡ ኀበ ፡ ኵሎሙ ፡ አህጉራት ፡ ወሥዩማን ፡ ወሐራ ፡ ዘምሥራቅ ፡ ወአህጉራተ ፡ ምስር ፡ ከመ ፡ ይሥመሩ ፡ በመንግሥተ ፡ ላውንድዮስ ፡[15] ዘእንበለ ፡ ተቃውሞ ።[16] ወዓዲ ፡ ጸሐፈት ፡ ዋሪና ፡ ንግሥት ፡[17] አውግሥጣ ፡ እንዘ ፡ ትብል ፤ አነ ፡ አየድዐክሙ ፡[18] በ

[1] Mss. ኢየአምሮ ፡

[2] A ተዋልጠተ ፡

[3] Mss. ንፍሳት ፡

[4] A ይፈትንዎ ፡

[5] A ጕሕለቶ ፡

[6] Mss. ለንድዮስ ፡ ወናሚራንዮስ ፡

[7] Mss. ንጉሥ ፡

[8] Mss. ወለካልአን ፡

[9] A ወአልሉስሰ ፡

[10] Manque dans les deux mss.

[11] Mss. ወሠምረ ፡

[12] Mss. ለአንድርዩስ ፡

[13] Mss. ወይረስይዎ ፡

[14] A ኪልቂያ ፡

[15] Mss. በላውንድዮስ ፡

[16] Mss. ተቃወሞ ፡

[17] Mss. ኀበ ፡ ንግሥት ፡

[18] Mss. አየድዓክሙ ፡

እንተ ፡ መንግሥትነ ፡ እምድኅረ ፡ አዕረፈ ፡ ልዮን ፡ ንጉሥ ፡ በዓለ ፡ ዝከር ፡ ሠናይ ፡ ሜምናሁ ፡[1] ለአጥራስከላዎስ ፡ ዘውእቱ ፡ ዘይኑን ፡ ንጉሠ ፡ ከመ ፡ ይኩን ፡ ኅሩየ ፡ ለትእዛዝነ ፡ ወይሥራዕ ፡ ትዕይንተ ። ርኢናሁ ፡ ይእዜ ፡ ከመ ፡ ኅደጋ ፡ ለየውሃት ፡ ወዘእንበለ ፡ ይጽግብ ፡[2] አእመርናሁ ፤[3] ወንሕነሰ ፡ ኀለቍናሁ ፡ ከመ ፡ ዐላዊ ፡ ወጽኑዐ ፡[4] ወኀያለ ። ወናሁ ፡ ይእዜ ፡ ሜምነ ፡ ከልአ ፡ ንጉሠ ፡ መሲሓዌ ፡[5] መፍቀሬ ፡ እግዚአብሔር ፡ ሥርግወ ፡[6] በጽድቅ ፡ ወበርትዕ ፡ ከመ ፡ ያድኅና ፡ ለሀገር ፡ በምግባሩ ፡ ሠናይት ፡ ወያሀድእ ፡ ፀብአ ፡ ወይዕቀቦሙ ፡ ዘከኑ ፡ ታሕተ ፡ ሥልጣኑ ፡ በከመ ፡ ሕግ ፡ ወሥርዐት ።[7] ወከለልናሁ ፡[8] በአክሊለ ፡ መንግሥት ፡ ለሎንድዮስ ፡ ከመ ፡ ይኩን ፡ ንጉሠ ፡ ላዕለ ፡ ሀገረ ፡ ሮምያ ፡ ዘይኄሊ ፡[9] ለኵሉ ፡ ሠናያት ። ወሰበ ፡ አንበብዎ ፡ ለመጽሐፍ ፡ ውስተ ፡ ሀገረ ፡ አንጾኪያ ፡ ጸርኁ ፡ ኵሎሙ ፡ አሕዛብ ፡ እንዘ ፡ ይብሉ ፤ አንተ ፡ እግዚኦ ፡ ግበር ፡ ሠናያተ ፡ ምስሌነ ፡ ዘይሜኒ ፡ ለነ ። ወዓዲ ፡ ፈነውዎ ፡[10] ለመጽሐፈ ፡ መልእክት ፡ ሀገረ ፡ እስክንድርያ ። ወእምዝ ፡ መጽአ ፡ ለውንድዮስ ፡ ኀበ ፡ ሀገረ ፡ አንጾኪያ ፡ ወነበረ ፡ ውስተ ፡ ቅጽር ፡ ወሜሞ ፡ ለአርያኖስ ፡ መኰንነ ፡ ወፈታሔ ። ወእምድኅረ ፡ ፲ወ፫ ፡ ዕለት ፡ ሖረ ፡ ኀበ ፡ ሀገረ ፡ ሕልቀስ ፡ እንተ ፡ ይእቲ ፡ እምአህጉራተ ፡ ኢሱርያ ፡ ከመ ፡ ይግበር ፡ ፀብአ ፡ ምስለ ፡ ሰብአ ፡ ውእቱ ፡ ሀገር ፤ እስመ ፡ ውእቶሙ ፡ ኢተአዘዙ ፡ ሎቱ ፡ ዳእሙ ፡ ሰመይዎ ፡ መስተጋእዘ ፡[11] ምስለ ፡ ንጉሥ ። ወሰበ ፡ ከነ ፡ ፩ ፡ ወርኀ ፡ ወመንፈቀ ፡ ወርኅ ፡ እንዘ ፡ ይፃብእ ፡ ምስለ ፡ ሰብአ ፡ ሀገር ፡ ወኢክህለ ፡ ይንሥእ ፡[12] ለሀገር ፤ ወሰበ ፡ አእመረ ፡ ንጉሥ ፡ ዘይኑን ፡ ዘከነ ፡ ፈነወ ፡ ኀበ ፡ እልክቱ ፡ ኀባእያነ ፡ ነገር ፡ ፩ ፡ መኰንነ ፡ እምአጅም ፡[13] ዘስሙ ፡ ዮሐንስ ፡ ብእሴ ፡ ኀያለ ፡ ወመስተፃብእ ፡ ምስለ ፡ ብዙኀ ፡[14] ዕደው ፡ ኀይል ፡ ከመ ፡ ይፅብአሙ ፡ ለእልክቱ ። ወሰበ ፡ አእመረ ፡ አይልሉስ ፡[15] ዘሀለወ ፡ በኪልቅያ ፡ ከመ ፡ ውእቱ ፡ ኢይክል ፡ ተቃውሞቶ ፡ ለዮሐንስ ፡ መከፍን ፡ መጽአ ፡ ኀበ ፡ ላውንድዮስ ፡[16] ወዋሪና ፡ ወተማከሩ ፡ ከመ ፡ ይጕየዩ ፡ ኀቡረ ፡ ወይጸወኑ ፡ ኀበ ፡ ፩ ፡ ማኅፈድ ፡ ዘኢሱር

[1] Mss. ሜምና ፡

[2] B ይጽግብ ፡

[3] Mss. አእምሮ ፡

[4] A ዓላዊ ፡ ጽኑዓ ፡

[5] Mss. መሲሐዌ ፡

[6] Mss. ሥርግው ፡

[7] Mss. ከመ ፡ ሕግ ፡ ሥሩዓት ፡

[8] Mss. ወከለልና ፡

[9] Mss. ወዘይሔሊ ፡

[10] Mss. ፈነዎ ፡

[11] Mss. ወመስተጋዕዘ ፡

[12] Mss. "እ ፡

[13] B እምአጅም ፡ (*sic*)

[14] A ብዙኃ ፡

[15] A አይልሉዩስ ፡, B አይሉልዩስ ፡

[16] Mss. ላንድ" ፡

ያ ፡ ዘይሰመይ ፡ ቃያርያ ። ወወፅአ ፡ ለውንድዮስ ፡[1] እምሀገረ ፡ ምሥራቅ ፡ እንዘ ፡ ይጐይይ ፡ በፍጡን ፡ ወሐሩ ፡ ፫ቲሆሙ ፡ ምስለ ፡ ዋሪና ፡ ወበኡ ፡ ውስተ ፡ ማኅፈድ ፡ ዘውእቶሙ ፡ ለውንድዮስ ፡ ወአይልሉስ ፡[2] ወበሚራንዮስ ፤ ወሰበ ፡ በጽሑ ፡ ሠራዊተ ፡ ዘይኑን ፡ ንጉሥ ፡ ዐገትዋ ፡ ለይእቲ ፡ ማኅፈድ ፡ ዘሀለዉ ፡ ውስቴታ ። ወዋሪናሰ ፡ ሞተት ፡ በውሣጤ ፡ ማኅፈድ ። ወሰበ ፡ አእመሩ ፡ ሰብአ ፡ ማኅፈድ ፡ ከመ ፡ አሚራንዮስ ፡ ይፈቅድ ፡ ይትቃተል ፡ ምስለ ፡ ሰብአ ፡ ማኅፈድ ፡ ወቀተልዎ ፡ ወወገርዎ ፡ እመልዕልተ ፡ ቅጽር ። ወበብዙኅ ፡ ጻማ ፡ ወድካም ፡ ነሥእዎ ፡ ለማኅፈድ ፡ ወአውፅእዎሙ ፡ ለእልክቱ ፡ ኀያላን ፡ ዘውእቶሙ ፡ ለውንድዮስ ፡ ዘከነ ፡ ኀጕለ ፡ ለርእሱ ፡ ወአይልሎስ ፡ ዘከነ ፡ ምክንያተ ፡ ለኵሉ ፡ እከይ ፤ ወአቀምዎሙ ፡ ውስተ ፡ መካነ ፡ ፍትሕ ፡ ማእከለ ፡ ጉባኤ ፡ ወፈትሑ ፡ ላዕሌሆሙ ፡ ፍትሐ ፡ ሞት ፡ ወመተሩ ፡ ርእሶሙ ፡ በሰይፍ ፡ ወአምጽእዎሙ ፡ ኀበ ፡ ዘይኑን ፡ ንጉሥ ፡ ውስተ ፡ ሀገረ ፡ ቍስጥንጥንያ ። ወተብህለ ፡ ዓዲ ፡ በእንተ ፡ ዘይኑን ፡ ንጉሥ ፡ እስመ ፡ ውእቱ ፡ ከነ ፡ [ይትናገር ፡][3] ምስለ ፡ መርቱንግሥ ፡ መሰግል ፡ ዘከነ ፡[4] ይዜንዎ ፡ ዘዘከነ ፤ እስመ ፡ ፍቅር ፡ ከነ ፡ ማእከሌሆሙ ፤ ወሰአሎ ፡ ወይቤሎ ፤ መኑ ፡ ውእቱ ፡ ዘይነሥእ ፡ መንግሥትየ ፡ እምድኅሬየ ። ወይቤሎ ፤ ሳልንድያርዩስ ፡ ውእቱ ፡ ዘይነሥእ ፡ መንግሥተከ ፡ ወብእሲተከኒ ፡ ዓዲ ። ወበእንተ ፡ ዝንቱ ፡ ይመስሎ ፡[5] ብእሴ ፡ ክቡረ ፡ ዘስሙ ፡ ንብላልስ ፡ ዘከነ ፡ በጥሪቀ ፡ ቀዳሚ ፡ ወአውፅእዎ ፡ በዐመፃ ። እስመ ፡ ንጉሥ ፡ አዕቀበ ፡ ለሳልንድያርዩስ ፡[6] ለ፳ ፡ ዕደው ፡ ምእመናን ፡ ወአዘዘሙ ፡ ከመ ፡ ይሕንቅዎ ፡ በሌሊት ፡[7] እንዘ ፡ አልቦ ፡ ኀጢአት ። እምድኅረ ፡ ሐንቅዎ ፡ ገደፉ ፡ሥጋሁ ፡ ውስተ ፡ ባሕር ። ወሰበ ፡ ተዐውቀ ፡ ዝንቱ ፡ ቀትል ፡ እኩይ ፡ ኢክህሉ ፡ ያርምሙ ፡ በእንተ ፡ ዝንቱ ፡ ግብር ፡ ወፈድፋደሰ ፡ አርቃድዮስ ፡ መኰንን ፡ ክቡር ፡ ወዐቃቤ ፡ ጽድቅ ፤ ወከነ ፡ እምፈታሕያን ፡ በርትዕ ፡ ወይጸልእ ፡ ዐመፃ ፤ ወከነ ፡ ይጸርፎ ፡ ለንጉሥ ፡ በእንተ ፡ አበሳ ፡ ዘአበሰ ፡ በጽንዐ ፡ ልብ ፡ በእንተ ፡ ዘቀተሎ ፡ ለሳልንድያርዩስ ፡[8] በጥሪቅ ። ወሰበ ፡ ሰምዐ ፡ ዘይኑን ፡ ንጉሥ ፡ ተምዕዖ ፡ ለአርቃድዮስ ፡ ወአዘዘ ፡ ከመ ፡ ይቅትልዎ ፡ አመ ፡ በአቱ ፡ ውስተ ፡ ቅጽር ፤ ወውእቶሙ ፡ ገብሩ ፡ በከመ ፡

[1] Mss. ለወንድ" ፡

[2] Mss. ወአሉሎስ ፡

[3] Manque dans les deux mss.

[4] Mss. ወከነ ፡

[5] Mss. ይመስል ፡

[6] A ለሳንድ" ፡, B ለሳንድ" ፡

[7] Mss. ወበሌሊት ፡ አዘዘሙ ፡ ከመ ፡ ይሕንቅዎ ፡

[8] Mss. ለሳንድያርዩስ ፡

አዘዘ ፡ ንጉሥ ፡ ወአምሰጠ ፡[1] አርቃድዮስ ፡ እምእዴሆሙ ። ወንጉሥሰ ፡ ዘይኑን ፡ እንዘ ፡ የሐውር ፡ ውስተ ፡ ቤተ ፡ ክርስቲያን ፡ ከመ ፡ ይጸሊ ፡ ወ ይስአል ፡ ኀበ ፡ እግዚአብሔር ፡ ደወየ ፡ ወወፅአ ፡ እማዑቱ ፡ ወሞተ ።

ክፍል ፡ ፻፶ ።[2] ወእምድኅረ ፡ ሞተ ፡ ዘይኑን ፡ ንጉሥ ፡ መፍቀሬ ፡ አ ምላክ ፡ መጽአ ፡ ድኅሬሁ ፡ አንስጣስዮስ ፡[3] ንጉሥ ፡ መሲሓዊ ፡[4] ወፈራሄ ፡ እግዚአብሔር ፡ ዘኮነ ፡ እምደቀ ፡ ጽርሑ ፡ ለንጉሥ ፤ ወበጸጋ ፡ እግዚአብ ሔር ፡ ወበጸሎተ ፡ አበዊነ ፡ ግብጻውያን ፡ ኮነ ፡ ንጉሠ ። ወዘይኑንኒ ፡ ን ጉሥ ፡ ሰደዶ ፡ ኀበ ፡ ደሴተ ፡ ቅዱስ ፡ ኢራዩይ ፡ ዘማእከለ ፡ ፈለገ ፡ መኑፍ ፤ ወሰብአ ፡ ሀገረ ፡ መኑፍሰ ፡ ገብሩ ፡ ላዕሌሁ ፡ ፍቅረ ፡ እኁለ ፡ እመሐያዌ ፤ ወአሞንዮስ ፡[5] ዘሀገረ ፡ ሐዜና ፡[6] እንተ ፡ ይእቲ ፡ እምአድያመ ፡[7] እለእስክን ድርያ ፡[8] ወ[ሰብአ ፡ ይእቲ ፡ ሀገር ፡][9] ተባየጽዎ ፡ ወአክበርዎ ፡ ወገብሩ ፡ ሎቱ ፡ ፍቅረ ፡ ዐቢየ ። ወበ፩ ፡ እመዋዕል ፡ ተሰናአዉ ፡ ሰብአ ፡[10] መኑፍ ፡ ወሰብአ ፡ ሐዜና ፡[11] በበይናቲሆሙ ፡ ላዕለ ፡ አንስጣስዮስ ፡ ዘተሞዐዖ ፡ ንጉሥ ፡ ዘይ ኑን ፡ ከመ ፡ ይሑሩ ፡ መልዕልተ ፡ ደብር ፡ ኀበ ፡ ደብረ ፡ ቅዱስ ፡ አባ ፡ ያ ራምያስ ፡ ለባሴ ፡ አምላክ ፡ ዘለእስክንድርያ ።[12] ወኮነ ፡ በውስተ ፡ ፍኖቶሙ ፡ ፩ ፡ ብእሲ ፡ ዘተውህበ ፡ አእምሮተ ፡ ኵሉ ፡ ግብር ፡ እምእግዚአብሔር ፤[13] ወውእቶሙ ፡ ተናገሩ ፡ በእንተ ፡ ገድሉ ፡ ቅዱስ ፡ ለብእሴ ፡ እግዚአብሔ ር ፡ ወፈቀዱ ፡ ይትባረኩ ፡ እምኔሁ ፡ ወይጸሊ ፡ በእንቲአሆሙ ፡ ኀበ ፡ ክር ስቶስ ፡ ዘይትቀነይ ፡ ሎቱ ። ወውእቶሙሰ ፡ ሖሩ ፡ ወበኡ ፡ ውስጠ ፡ ኀበ ፡ ሀሎ ፡ ብእሴ ፡ እግዚአብሔር ፡ አባ ፡ ኤርምያስ ፡ ወባረኮሙ ፡ ለኵሎሙ ፡ ወለአንስጣስዮስሰ ፡[14] ኢነበበ ፡ ምንተኒ ፡ ቃለ ። ወሰበ ፡ ወፅኡ ፡ ኮነ ፡ አንስጣ ስዮስ ፡[15] ኅዙነ ፡ ልብ ፡ ጥቀ ፡ ወይበኪ ፡ ብዙኀ ፡ እንዘ ፡ ይብል ፡ በነፍሱ ፤ ወበእንተ ፡ ብዝኀ ፡ ኀጢአትየ ፡ ብእሴ ፡ እግዚአብሔር ፡ እንዘ ፡ ይባርኮሙ ፡ ለኵሎሙ ፡ ኢባረከኒ ፡ ሊተ ። ወሰብአ ፡ መኑፍሰ ፡ ወአሞንዮስኒ ፡ ዘሀገረ ፡ ሐዜና ፡[16] በኡ ፡ ኀበ ፡ ቅዱስ ፡ ብእሴ ፡ እግዚአብሔር ፡ ወነገርዎ ፡ በእንተ ፡

[1] Mss. ወአምሰጡ ፡
[2] A ፻፷ ፡, B ፻፸ ፡
[3] A አንስጣዮስ ፡
[4] Mss. መሲሐዊ ፡
[5] B "ዮስኒ ፡
[6] B ሐዚና ፡
[7] A እምአድያሙ ፡
[8] Mss. እለእስክርያ ፡
[9] Ces mots manquent dans les deux mss.
[10] Mss. ተሰነአዉ ፡ ሰብእ ፡
[11] B ሐዚና ፡
[12] Mss. እለእስክንድሮስ ፡
[13] A እግዚ" ፡
[14] Mss. ወአንስጣ" ፡
[15] B አንሰጣትዮስ ፡
[16] B ሐዚና ፡

ሐማመ ፡ ኀዘን ፡ ዘኮነ ፡ በአንስጣስዮስ ።[1] ወውእቱኒ ፡ ጸውዖ ፡ በባሕቲቱ ፡
ወለእለ ፡ ያፈቅሮሙ ፡ ምእመናን ፡ ወለአሞንዮስኒ ፡ ወይቤሎ ፤ ኢትኩን ፡
ኅዙን ፡ ልብ ፡ በከመ ፡ ትኄሊ ፡ አንተ ፡ ወትብል ፡ በእንተ ፡ ኀጢአትየ ፡
ኢባረከኒ ፡ ዝንቱ ፡ አረጋዊ ፤ አኮ ፡ ዝንቱ ፡ ከመዝ ፡ ነገር ፡ ዳእሙ ፡ አነ ፡
ርኢኩ ፡ እደ ፡ እግዚአብሔር ፡ ኮነት ፡ ላዕሌከ ፤ በእንተ ፡ ዝንቱ ፡ ነገር ፡
ተከላእኩ ፡ አነ ፡ እምባርኮትከ ። እፎ ፡ ይደልወኒ ፡ አነ ፡ ገባሬ ፡ ብዙኅ ፡
ኀጢአት ፡ ከመ ፡ እባርክ ፡ ለዘባረከ ፡ እግዚአብሔር ፡ ወአከበሮ ። ወኀረየከ ፡
ከመ ፡ ትኩን ፡ መሲሐ ፡ ሎቱ ፡ እምአእላፍ ፡ ብዙኃን ፤ እስመ ፡ ጽሑፍ ፡
እደ ፡ እግዚአብሔር ፡ እግዚእ ፡ ላዕለ ፡ ርእሰ ፡ ነገሥት ፤[2] ወተአመነከ ፡
ከመ ፡ ትኩን ፡ ሀየንቴሁ ፡ ዲበ ፡ ምድር ፡ ከመ ፡ ታጽንዕ ፡ ሕዝበ ። ዳእሙ ፡
ሰበ ፡ ተዘከርከ ፡ ነገርየ ፡ ወፈጸምከ ፡ ምግባረ ፡ በገቢር ፡ ዕቀብ ፡ ዘንተ ፡
ምግባረ ፡ ዘእሁበከ ፡ ይእዜ ፡ ከመ ፡ እግዚአብሔር ፡ ያድኅንከ ፡ እምነ ፡ ዕ
ድዋኒከ ፡ ወኢትግበር ፡ ምንተኒ ፡ እምኀጢአት ፡ ወኢተአብስ ፡ ላዕለ ፡ ሃይ
ማኖት ፡ መሲሓዊት ፡[3] እንተ ፡ ዘክርስቶስ ፡ ወኢትትወከፍ ፡ ሃይማኖተ ፡
ኬልቄዶንያ ፡ ዘአምዕዖ ፡ ለእግዚአብሔር ። ወዛቲ ፡ ትእዛዝ ፡ ዘወሀባ ፡ አባ ፡
ኤርምያስ ፡ ለአንስጣስዮስ ፡[4] እስመ ፡ ውእቱ ፡ ተወከፉ ፡ በጽላተ ፡ ልብ ፡
ከመ ፡ ሙሴ ፡ ነቢይ ፡ ተወከፈ ፡ ጽላተ ፡ ኪዳን ፡ እምእግዚአብሔር ፡ ዘጽ
ሑፍ ፡ ውስቴቱ ፡ ትእዛዘ ፡ ሕግ ። ወእምድኅረ ፡ ኅዳጥ ፡ መዋዕል ፡ ሜጥ
ዎ ፡ ለአንስጣስዮስ ፡ እምስደት ፡ ዘሰደዶ ፡ ንጉሠ ፡ ዓለም ፡ በኀይሉ ፤ ወእ
ምዝ ፡ ሜምዎ ፡ ንጉሠ ፡ ለአንስጣስዮስ ።[5] ወበጊዜ ፡ ኮነ ፡ ፈነወ ፡ ኀበ ፡
አርዳእ ፡ ቅዱስ ፡ አባ ፡ ኤርምያስ ፡ [ወአምጽአሙ ፡] ወኮነ ፡ ምስሌሆሙ ፡[6] አባ ፡
ዋርያኖስ ፡ ዘኮነ ፡ እምነ ፡ ዘመዱ ፡ ለአባ ፡ ኤርምያስ ። እስመ ፡ ንጉሥኒ ፡
ሰአሎሙ ፡ ብዙኀ ፡ ስእለታተ ፡ ከመ ፡ ይንሥኡ ፡ እምኔሁ ፡ ንዋያተ ፡ ለሲሳዮ
ሙ ፡ ለፍኖት ፡ ወለደብር ፤ ባሕቱ ፡ [አበዩ ፡] በእንተ ፡ ዘወሀቦሙ ፡ ትእምር
ተ ፡ አበሆሙ ፡ ቅዱስ ፡ ኤርምያስ ፡ ከመ ፡ ኢይንሥኡ ፡ ምንተሂ ፡ እምንዋ
ያት ፡ ዘእንበለ ፡ ዕጣን ፡ ባሕቲቱ ፡ ለቀድሶ ፡ ቅዳሴ ፡ ወለአዕርጎ ፡ ምሥዋዕ ፡
ወኅዳጥ ፡ እምንዋየ ፡ ቅድሳት ። ወዓዲ ፡ ፈነወ ፡ ኀበ ፡ ደሴት ፡ እንተ ፡ ተ
ሰደ ፡ ውስቴታ ፡ ቅድመ ፡ ወረሰዮሙ ፡ ይሕንፁ ፡ ቤተ ፡ ክርስቲያን ፡ ዐቢ
የ ፡ በግብር ፡ ዕፁብ ፡ በስሙ ፡[7] ለቅዱስ ፡ ኢራኢ ፤ እስመ ፡ ይእቲ ፡ ኮነት ፡

[1] Mss. በአንስጣትዮስ ፡
[2] A ነገሥት ፡
[3] Mss. መሲሐዊት ፡
[4] Mss. "ትዮስ ፡
[5] B "ትዮስ ፡
[6] A ኤርምያስ ፡ ወምስሌሆሙ ፡, B ኤር ምያስ ፡ ወኮነ ፡ ምስሌሆሙ ፡.
[7] A በስመ ፡.

ንእስት ፡ ቅድመ ፥ ወፈነወ ፡ ኀቤሆ ፡ ብዙኀ ፡ ንዋየ ፡ ወርቅ ፡ ወብሩር ፡[1] ወአልባሰ ፡ ክቡራነ ። ወፈነወ ፡ ዓዲ ፡ ብዙኀ ፡ ወርቀ ፡ ወብሩረ ፡ ለፍቁራኒሁ ፡ ዘሀገረ ፡ መኑፍ ፡ ወሕዜና ፡[2] ወረሰዮሙ ፡ መኳንንተ ፡ ወበ ፡ እምኔሆሙ ፡ ዘረሰዮሙ ፡[3] ካህናተ ። ወዝንቱ ፡ ውእቱ ፡ መፍቀሬ ፡ እምላክ ፡ አንስጣስዮስ ፡[4] ፈነወ ፡ ኀበ ፡ ሀገረ ፡ አንጾኪያ ፡ ወኀበ ፡ ኵሎሙ ፡ አህጉር ፡ ወአጽርዐ ፡ ፀብአ ፡ እምአሕዛብ ፡ ዘከኑ ፡ ይፃብኡ ፡ በበይናቲሆሙ ፡ ወረሰዮሙ ፡ ይትቀነዩ ፡ በከመ ፡ ይደሉ ፡ ለመሲሓውያን ።[5] ወጸሐፈ ፡ ኀበ ፡ ኵሎሙ ፡ መኳንንት ፡ ዘታሕተ ፡ ሥልጣኑ ፡ ከመ ፡ ይግበሩ ፡ ዘንተ ፡ ሕገ ፡ ወይትቀነዩ ፡ በከመ ፡ ይደሉ ፡ ለመሲሓውያን ።[6] ወእምዝ ፡ ኮነ ፡ ሀከክ ፡ በመንግሥቱ ፡ በተቃርኖተ ፡ ሰይጣን ፤ ወጸርኑ ፡ ሕዝብ ፡ ወሰአሉ ፡ ከመ ፡ ኢይደይይዎሙ ፡[7] ውስተ ፡ ቤተ ፡ ሞቅሕ ፡ ለእልክቱ ፡ አብዳን ፡ ወመስሕታን ፤ ወመጠዎሙ ፡ መኰንን ፡ ለብዙኃን ፡ ሰብእ ፡ እምኔሆሙ ፡ ከመ ፡ ይውግርዎሙ ፡ በአእባን ፤ ወንጉሥኒ ፡ ኢፈቀደ ፡ ፈንዎቶሙ ፡ ወተምዕዐ ፡ ወአዘዘ ፡ ከመ ፡ ይግበሩ ፡ ፀብአ ፡ በአፍራስ ። ወሶበ ፡ ወረዱ ፡ ለተፃብኦ ፡ ተንሥአ ፡ ፳ ፡ ገብር ፡ በተኀብሎ ፡ ወቀርበ ፡ ኀበ ፡ መንበረ ፡ ንጉሥ ፡ ወወገረ ፡ እብነ ፡ ከመ ፡ ይቅትሎ ፡ ለንጉሥ ፤ ወቆመ ፡ ውስተ ፡ መካኑ ፡ እንዘ ፡ ይብል ፡ በልቡ ፡ አልቦ ፡ ዘያአምረኒ ።[8] ወረድኤተ ፡ እግዚአብሔር ፡ ሰወሮ ፡ ለንጉሥ ፡ ወወድቀ ፡ ውእቱ ፡ እብን ፡ ውስተ ፡ ሐጅር ፡ ዘውእቱ ፡ ምጽንጋዐ ፡ መንበር ፡ ወሰበሮ ። ወሶበ ፡ ርእይዎ ፡ ለውእቱ ፡ ገብር ፡ ዘወገረ ፡ እብነ ፡ ላዕለ ፡ ንጉሥ ፡ ወአስተሐየጽዎ ፡ ርጹ ፡ ወአኀዝዎ ፡ ወመተርዎ ፡ በበመለያልዩሁ ። ወጸንዐ ፡ ሀከክ ፡ ወአውዐዩ ፡ ዐውደ ፡ ብርት ፡ ዘይነብሩ ፡ ቦቱ ፡ ሠራዊት ፡ ወመስተፅዕናነ ፡ አፍራስ ፡ ወኵሉ ፡ ተዓይን ፡ እስከ ፡ በጽሐ ፡ ኀበ ፡ መንበረ ፡ ንጉሥ ፡ ወኀበ ፡ አንቀጸ ፡ ራውክዩስ ፡ ዘሀሎ ፡ በጥቃ ፡ መንበር ፡ ዘገብሮ ፡ ቅዱስ ፡ ቈስጠንጢኖስ ። ወእምድኅረ ፡ ብዙኅ ፡ ፃማ ፡ ወድካም ፡ ተሠለጡ ፡[9] ላዕሌሆሙ ፡ በኀይል ፡ ወኰነንዎሙ ፡ ለብዙኃን ፡ እምኔሆሙ ፡ እስከ ፡ ኮነ ፡ ህድአት ፡ ወዛኅን ፡ ውስተ ፡ ኵሉ ፡ አህጉር ። ወሰብአ ፡ አንጾኪያ ፡ ዓዲ ፡ ገብሩ ፡ በከመ ፡ ገብሩ ፡ ሰብአ ፡ ቍስጥንጥንያ ፤ ወአውዐዩ ፡ ምኵራበ ፡ አይሁድ ፡ ዘሀሎ ፡ ውስተ ፡ ጠበቃ ፡ ወአቀሙ ፡ ው

[1] Mss. ወብሩረ ፡
[2] B ወሕዚና ፡
[3] B ዘሰረሰዮሙ ፡
[4] Mss. "ትዮስ ፡
[5] Mss. "ሐውያን ፡
[6] Mss. "ሐውያን ፡
[7] Mss. ዘከመ ፡ ይደይዎሙ ፡
[8] Mss. ዘየአምረኒ ፡
[9] A ወተሠለጡ ፡

ስቴታ ፡ መስቀሎ ፡ ክቡረ ፡ ለእግዚእነ ፡ ኢየሱስ ፡ ክርስቶስ ፡ ወረሰይዋ ፡ ቤተ ፡ ክርስቲያን ፡ ለቅዱስ ፡ ልንድያኖስ ፡ ወቀተሉ ፡ ብዙኃነ ፡ እምኔሆሙ ። ወሰበ ፡ አእመረ ፡ ንጉሥ ፡ ዘንተ ፡ ፈነወ ፡ ኀቤሆሙ ፡ አብሮኩርንዩስ ፡ መስፍነ ፡[1] ሀገረ ፡ ምሥራቅ ፡ ከመ ፡ ይፅብአሙ ፡ ለአሕዛብ ፡ ገባርያነ ፡ ሀከክ ። ወሶበ ፡ በጽሐ ፡ ኀበ ፡ ሀገረ ፡ አንጾኪያ ፡ (ወአድያመ ፡ በራንጥያ ፡) ጐዩ ፡[2] መላህቅተ ፡ አሕዛብ ፡ እምሀገር ፡ ወቦኡ ፡ ውስተ ፡ ማኅደር ፡ ንጹሕ ፡ ዘቅዱስ ፡ ዮሐንስ ። ወወፅአ ፡ ኀቤሆሙ ፡ በሌሊት ፡ ሚናስ ፡ መኰንን ፡ ምስለ ፡ ብዙኃን ፡ ሠራዊት ፤ ወከነ ፡ ሀከክ ፡ ዐቢይ ፡ ወቀተለ ፡ እምኔሆሙ ፡ ፩ ፡ ብእሴ ፡[3] ዘስሙ ፡ ለውታርዮስ ፡ ወአምጽኡ ፡ ርእሶ ፡ ኀበ ፡ አብሮኩርንዩስ ፡ መስፍን ፤ ወሞእዎሙ ፡ ለአሕዛብ ፡ ወአውዐዩ ፡ መካነ ፡ ጉባኤሆሙ ፡ በእሳት ፡ መካነ ፡ ፍትሕ ። ወእምዝ ፡ ከነ ፡ ፀብእ ፡ ዐቢይ ፡ ወቀተልዎ ፡ ለሚናስ ፡ መኰንን ፡ ወአውዐዩ ፡ ሥጋሁ ፡ በእሳት ። ወበጊዜሃ ፡ ጐየ ፡ አብሮኩርንዩስ ፡ ወሖረ ፡ እስከ ፡ ጽንፈ ፡ ሀገረ ፡ ቍስጥንጥንያ ። ወሰበ ፡ አእመረ ፡ ጐይዮቶ ፡[4] ለአብሮኩርንዩስ ፡ መስፍን ፡ ሤመ ፡ ካልአ ፡ ሀየንቴሁ ፡ ፩ ፡ ብእሴ ፡[5] ዘስሙ ፡ ያኑርዩስ ፡[6] ወአዘዘ ፡ ከመ ፡ ይሑር ፡ ኀበ ፡ ሀገረ ፡ አንጾኪያ ። ወሰበ ፡ በጽሐ ፡ ኀቤሆሙ ፡ ኰነኖሙ ፡ ለብዙኃን ፡ እምኔሆሙ ፡ ወገብረ ፡ በሙ ፡ ፍርሃተ ፡ ወግርማ ፡ ዐቢየ ፡[7] እስከ ፡ ኀደጉ ፡ ኵሎሙ ፡ አሕዛብ ፡ ፀብአ ፡ ዘከኑ ፡ ይፃብኡ ፡ በበይናቲሆሙ ፤ ወገብረ ፡ ሰላመ ፡ ለኵሎሙ ፡ ሰብአ ፡ አንጾኪያ ። ወንጉሥኒ ፡ ሐነፆነ ፡ ለመካናት ፡ እለ ፡ ውዕያ ፡ ወሐነፀ ፡ ብዙኃ ፡ ፍናዋተ ፡ ሠናያተ ። ወከነ ፡ ያፈቅር ፡ ሐኒፀ ፡ መካናት ፡ በምሕረት ፡ ወበተሣህሎ ፤ ሐነፀ ፡[8] ብዙኃ ፡ መካናተ ፡ ውስተ ፡ ሀገረ ፡ ምስር ፤ ወዓዲ ፡ ሐነፀ ፡ ማኅፈደ ፡ በጽንፈ ፡ ባሕረ ፡ ኤርትራ ። ወከነ ፡ ይትጌሀ ፡ ለፈጽሞ ፡ ኵሉ ፡ ሠናያት ፡ ከመ ፡ ይንበር ፡ በሀድአት ፡ ወበሰላም ። ወለሰብአ ፡ መውረዳዊ ፡ ሐነፀ ፡ሎሙ ፡ ቅጽረ ፡ ወረሰየ ፡ በውስተ ፡ ቅጽር ፡ አናቅጸ ፡ በአምሳለ ፡ ድልድይ ፡ ከመ ፡ ኢይኅልፍ ፡ ማየ ፡ ፈለግ ፡ ውስተ ፡ ገራውሂሆሙ ። ወበመንግሥቱ ፡ ዓዲ ፡ ለዝንቱ ፡ መፍቀሬ ፡ እምላክ ፡ ተንሥኡ ፡ በርበር ፡ ከሓድያን ፡[9] እለ ፡ ይበልዑ ፡ ሥጋ ፡ ወይሰትዩ ፡ ደመ ፤ ወተንሥኡ ፡ እመንገለ ፡ አራብያ ፡ ወበጽሑ ፡ ኀበ ፡ ሐይ

[1] Mss. አብሮኩርንዩስ ፡ መስፍን ፡ ኀቤሆሙ ፡

[2] Mss. ጐየ ፡

[3] A ብእሲ ፡

[4] Mss. ጐይዮቱ ፡

[5] A ብእሲ ፡

[6] B ያኑርይስ ፡

[7] Mss. ፍርሃተ ፡ ወግርማ ፡ ዐቢይ ፡

[8] B ወሐነፀ ፡

[9] Mss. ከሐድያን ፡

ቀ ፡ ባሕረ ፡ ኤርትራ ፡ ወአኅዝዎሙ ፡ ለመነኮሳት ፡ እለ ፡ ውስተ ፡ አራይ
ቱ ፡[1] ወቀተልዎሙ ፡ ወዔወውዎሙ ፡ ወማህረኩ ፡ ንዋዮሙ ፤ እስመ ፡
ኮኑ ፡ ይጸልእዎሙ ፡ ለቅዱሳን ፡ ወይትሜሰልዎሙ ፡ ለመምለኪያነ ፡ ጣዖት ፡
ወለሐነፋውያን ፡ በምክሮሙ ፤ ወእምድኅረ ፡ ንሥኡ ፡ ብዙኀ ፡ ምህርካ ፡
ሖሩ ፡ ኀበ ፡ ሀገሮሙ ። ወሰበ ፡ ሰምዐ ፡ ንጉሥ ፡ ዘንተ ፡ ሐነፀ ፡ ማኅፈዳ
ተ ፡ ጽኑዓተ ፡ ለውእቱ ፡ መካናተ ፡ መነኮሳት ፤ ወገብረ ፡ ሎሙ ፡ ብዙኃ
ተ ፡ ሠናያተ ፡ ወለኵሎሙ ፡ መነኮሳት ፡ እለ ፡ ሀለዉ ፡ ውስተ ፡ ምድረ ፡
ሮም ። ወተንሥኡ ፡ ሰብእ ፡ እምሀገረ ፡ እስክንድርያ ፡ ወገብሩ ፡ ሁከከ ፡
እንበለ ፡ ኀፍረት ፡ ወቀተልዎ ፡ ለሥዩመ ፡ ሀገር ፡ ዘስሙ ፡ ታውዶስዮስ ፡
ዘተሐፅነ ፡ ውስተ ፡ ቤተ ፡ ሊቀ ፡[2] ጳጳሳት ፡ ዘሀገረ ፡ አንጾኪያ ። ወሰበ ፡
ሰምዐ ፡ ንጉሥ ፡ ዘንተ ፡ ተምዕዐ ፡ ወኰነኖሙ ፡ ለብዙኃን ፡ እምሰብአ ፡ ይ
እቲ ፡ ሀገር ። ወሠናያትሰ ፡ ዘገብሮሙ ፡ ንጉሥ ፡ ኢይትኌለቁ ፡ እስመ ፡
ውእቱ ፡ ኮነ ፡ ምእመነ ፡ አርቶዶክሳዌ ፡ ወይትአመኖ ፡ ለእግዚእነ ፡ ወመ
ድኅኒነ ፡ ኢየሱስ ፡ ክርስቶስ ፡ ወአጽርዐ ፡ ሃይማኖተ ፡ ኬልቄዶናውያን ፡[3]
በእንተ ፡ ዘአዘዘ ፡ ቅዱስ ፡ ኤርምያስ ፡ ገብረ ፡ እግዚአብሔር ። ወሰብአ ፡
እልዋሪቆንኒ ፡ ኢተወከፉ ፡ መጽሐፈ ፡ ልዮን ፡ ዘፈነዎ ፡ እምሮም ፤ ዳእ
ሙ ፡ ሰበ ፡[4] ጸንዐ ፡ ዐመፃሁ ፡ ለመርቅያን ፡ ወለመኳንንቲሁ ፡ ፈርሁ ፡ ከመ ፡
ኢይርከቦሙ ፡ ኀሣር ፡ ዘረከበ ፡ ለዲዮስቆሮስ ፡ ሊቀ ፡ ጳጳሳት ፡ ዘእለእስክ
ንድርያ ። ወአንስጣስዮስሰ ፡[5] ንጉሥ ፡ ገብረ ፡ እግዚአብሔር ፡ ተሰናአወ ፡[6]
ምስለ ፡ መጽሐፈ ፡ ዘይኑን ፡ ንጉሥ ፤ ወእምዝ ፡ አዘዘ ፡ ከመ ፡ ያጽንዑ ፡
ሃይማኖተ ፡ ዘሠለስቱ ፡ ጉባኤ ፡ ዘኮኑ ፡[7] በኒቅያ ፡ ወቍስጥንጥንያ ፡ ወኤ
ፌሶን ፡ ቀዳሚ ። ባሕቱ ፡ አውፍምዮስ ፡ ሊቀ ፡ ጳጳሳት ፡ ዘሀገረ ፡ ቍስጥ
ንጥንያ ፡ በውእቱ ፡ ዘመን ፡ ኮነ ፡ ኬልቄዶናዌ ፡ ዘይሬስዮ ፡ ለ፩ ፡ ጠባይዐ ፡[8]
ክርስቶስ ፡ ኀበ ፡ ፪ ፡ ጠባይዕ ፡ ፍሉጣን ፡ በምግባር ፡ እንዘ ፡ ይብል ፡ እስ
መ ፡ ቃለ ፡ አምላክ ፡ ውእቱ ፡ ዘይገብር ፡ ተአምራተ ፡[9] ወትሰብእትሰ ፡ ት
ሕት ፡[10] ትትዌከፍ ፡ ሕማመ ። ወዓዲ ፡ ወለጠሙ ፡[11] ለ፫ ፡ ቅዳሴያት ፡ ዘንብ
ሎሙ ፡ ንሕነ ፤ ቅዱስ ፡ እግዚአብሔር ፡ ቅዱስ ፡ ኃያል ፡ ቅዱስ ፡ ሕያው ፡

[1] B አራይቱ ፡
[2] A ለሊቀ ፡
[3] B ኬልቄናውያን ፡
[4] A ወሰበ ፡
[5] Mss. "ትዮስሰ ፡
[6] Mss. ተሰነአወ ፡
[7] Mss. ዘሣልስ ፡ ጉባኤ ፡ ዘኮነ ፡
[8] Mss. ጠባይዕ ፡
[9] Mss. ተአም" ፡
[10] A ትሑት ፡
[11] Mss. ወለጠ ፡

ዘኢይመውት ፡ ዘተሰቅለ ፡ በእንቲአነ ፡ ተሣሀለነ ። ወውእቱሰ ፡ ኢይብል ፡[1] ከማነ ፡ ዳእሙ ፡ ይብል ፡ ከመዝ ፤ ቅዱስ ፡ እግዚአብሔር ፡ ቅዱስ ፡ ኀያል ፡ ቅዱስ ፡ ሕያው ፡ ዘኢይመውት ፡ ተሣሀለነ ።[2] እስመ ፡ ውእቱ ፡ ይቤ ፤ አንሰ ፡ ኢይብል ፡ ከማከሙ ፡ ከመ ፡ ኢይምጻእ ፡ ላዕለ ፡ ሥሉስ ፡ ቅዱስ ፡ ዘሀሎ ፡ በ፫ ፡ አካል ፡ ዘተሰቅለ ፡ ንሰግድ ፡ ሎቱ ፡ ምስለ ፡ አብ ፡ ወምስለ ፡ መንፈስ ፡ ቅዱስ ፤ እስመ ፡ ውእቱ ፡ ኢየሐምም ፡ አብ ፡ ወወልድ ፡ ወመንፈስ ፡ ቅዱስ ፡ ዘተሠገወ ፡ ዘእንበለ ፡ ተፈልጦ ፤ ወሐመ ፡ ውእቱ ፡ ዕሩይ ፡ ምስለ ፡ አብ ፡ ወመንፈስ ፡ ቅዱስ ፡ ወኢሐመ ፡[3] በመለኮቱ ፤ ወአልቦ ፡ ካልእ ፡ ዘእንበሌሁ ፡ ሐሰ ፡ ለእግዚአብሔር ። ወውእቱ ፡ ዘየሐምም ፡ ፩ ፡ እምሥሉስ ፡[4] ቅዱስ ፡ በሥጋ ፡ ዘዕሩይ ፡ ምስሌሁ ፡ ወቦቱ ፡ ነፍስ ፡ ለባዊት ፡ ተዋሐደ ፡ በአካል ፡ ወከነ ፡ ዘኢየሐምም ፡ በመለኮቱ ፡ ዘዕሩይ ፡ ምስለ ፡ አብ ፡ ወመንፈስ ፡ ቅዱስ ፡ በከመ ፡ መሀሩነ ፡ አበዊነ ፡ ቅዱሳን ። አብርክልስሰ ፡ ጠቢብ ፡ ውእቱ ፡ ኀብረ ፡ ምስለ ፡ ንስጡራውያን ፡ እንዘ ፡ ይብል ፤ ለእመ ፡ ከነ ፡ ክርስቶስ ፡ ዘእንበለ ፡ ሕማም ፡ እምነ ፡ ኵሉ ፡ ገጻት ፡ ድኅረ ፡ ተሠግዎቱ ፡ ኢሐመ ፡ በሥጋ ፡ በከመ ፡ ኢሐመ ፡ መለኮቱ ፡ ለወልድ ። እመሰ ፡ ይቤ ፡ ውእቱ ፡ ከመዝ ፡ ሐሳዊ ፡[5] ውእቱ ፡ ወአኮ ፡ ውእቱ ፡ ወልደ ፡ እግዚአብሔር ፡ በአማን ፡[6] ዘሐመ ። ዝንቱሰ ፡ ነገር ፡ ኅሉም ፡ ለእለ ፡ ይብሉ ፡ ፬ ፡ አካል ፡ ህየንተ ፡ ፫ ፤ በከመ ፡ ሰበኩ ፡ እልክቱ ፡ መስሕታን ፡ እለ ፡ ይብሉ ፡ በእንተ ፡ ወልድ ፡ ካልእ ፡ ዘተሰቅለ ፤ እስመ ፡ ለዛቲ ፡ ኅሊና ፡ እኪት ፡ አምጽእዋ ፡ ዐላውያን ። ወንጉሥሰ ፡ አንስጣስዮስ ፡ መተሮ ፡ እመዓርገ ፡ ሢመት ፡ ወሰደዶ ፡ ለአውፍምዮስ ፡[7] እምሀገረ ፡ ቍስጥንጥንያ ፡ ኅበ ፡ አካይያ ፡ ዘጳንጦስ ። ወሤሞ ፡ ህየንቴሁ ፡ ለመቅዶንዮስ ፡ ወነሥአ ፡ እምኔሁ ፡ መጽሐፈ ፡ ዘይኑን ፡ ንጉሥ ፡ ወኢከነ ፡ ይሰናአው ፡[8] ምስለ ፡ ጉባኤ ፡ ኬልቄዶንያ ፤[9] ወአስተፍሥሐ ፡[10] ልቦ ፡ ለአንስጣስዮስ ፡[11] ንጉሥ ፡ እንዘ ፡ የኀብእ ፡ ምክረ ፡ ጕሕሉት ፡[12] ውስተ ፡ ልቡ ፡ በእንተ ፡ ሃይማኖት ፤ ወአገበሮ ፡ ከመ ፡ ይብል ፡ ውስተ ፡ ፫ ፡ ቅዳሴያት ፡ ከመዝ ፤ አዘተሰቅለ ፡ በእንቲአነ ፡ ተሣሀለነ ፤ ወከመዝ ፡ ሠርዐ ፡ ዘንተ ፡ ሥ

[1] Mss. ዘይብል ፡

[2] Mss. በእንቲአነ ፡ ተሣሃለነ ፡

[3] Mss. ዘኢሐመ ፡

[4] Mss. ዘእምሥሉስ ፡

[5] A ሐሳዌ ፡

[6] Mss. ዘበአማን ፡

[7] Mss. ለአውምፍዮስ ፡

[8] Mss. ይሰነአው ፡

[9] B ኬልዶንያ ፡

[10] B ወአስተሥሐ ፡

[11] Mss. "ትዮስ ፡

[12] A ጕሕሉት ፡

ርዐቶ ። ወመንከሳተ ፡[1] ፍልስጥኤምስ ፡ ዘርቶዶክሳውያን ፡ ኀደጉ ፡ እምኔ
ሆሙ ፡ ኀሚሠ ፡ መጻሕፍት ፡ ወከነ ፡ ተፈልጠ ፡ ማእከሌሆሙ ፤ እስመ ፡
ይቤሉ ፡ መጽሐፈ ፡ ንጉሥ ፡ ኢንትዌከፉ ። ወበእንተዝ ፡ አምጽኡ ፡ ላዕ
ሌሆሙ ፡ ስደተ ፡ በምክንያተ ፡ ፩ ፡ ብእሲ ፡ ዘስሙ ፡[2] ኒቃልዮስ ፡ መንከስ ፡
ገባሬ ፡ ሀከክ ፤ ፈነዉ ፡ መንከሳተ ፡ ገዳም ፡ አእሩግ ፡[3] ዕሙዳነ ፡ ሀገረ ፡ ቍ
ስጥንጥንያ ፡ ወከነ ፡ ሳዊሮስ ፡ ምስሌሆሙ ፡ ሊቀ ፡ አበው ፤ ወውእቱ ፡ ብ
እሲ ፡ ጠቢብ ፡ ወማእምረ ፡ መጻሕፍት ፡ ወቀሲስ ፡ ትሩፍ ፤ ከመ ፡ ይስአ
ልዎ ፡ ለንጉሥ ፡ አንስጣስዮስ ፡[4] ከመ ፡ የአዝዝ ፡ ሎሙ ፡ ለመንከሳት ፡ ይ
ንበሩ ፡ በህድአት ፡ ውስተ ፡ ማኅደሪሆሙ ፡ ወአዕፃዳቲሆሙ ፡ ወከመ ፡ ይ
ጸልዩ ፡[5] በእንቲአሁ ። ወሰበ ፡ ሖሩ ፡ ከመ ፡ ይንግርዎ ፡ ለንጉሥ ፡ እእመ
ርዎሙ ፡ መኳንንት ፡ ወወሰድዎሙ ፡ ኀበ ፡ ሊቀ ፡ ጳጳሳት ፡ መቅዶንዮስ ፤
ወተናገርዎ ፡ ነገረ ፡ ሃይማኖት ። ወበጊዜሃ ፡ አምነ ፡ ወአግሀደ ፡ ዘከነ ፡
ኅቡአ ፡ ውስተ ፡ ልቡ ፡ በእንተ ፡ ሃይማኖቱ ፡ ጠዋይ ፡ ዘከነ ፡ የሐውር ፡
ባቲ ፤ ወኢክህለ ፡ ኀቢአታ ፡ ለዝሉፉ ፡ ዘእንበለ ፡ ያእምሮ ፡ መኑሂ ። ወ
ሀሎ ፡ ፩ ፡ ብእሲ ፡ ዘስሙ ፡ ዱራታዎስ ፡ እምሰብአ ፡ እስክንድርያ ፡ ወከነ ፡
ኀቤሁ ፡ መጽሐፈ ፡ ሃይማኖት ፡ ዘቅዱስ ፡ ቄርሎስ ፤ ወተናገረ ፡ ምስለ ፡
ሳዊሮስ ፡ ወረከበ ፡ በሀብተ ፡ ትምህርቱ ፡ ለቅዱስ ፡ ቄርሎስ ፤ ገሠጽዎ ፡
ክልኤሆሙ ፡ ለመቅዶንዮስ ፡ ወለሰብአ ፡ ኬልቄዶንያ ፡ እለ ፡ ይዜክሩ ፡ ክ
ልኤ ፡ ጠባይዐ ፡ ላዕለ ፡ ፩ ፡ ኢየሱስ ፡ ክርስቶስ ፡ ወልደ ፡ እግዚአብሔር ፤
ወከነ ፡ መንከረ ፡ ቅድመ ፡ አዕይንቲሆሙ ፡ ወሰመይዎ ፡ ለዝንቱ ፡ መጽሐ
ፍ ፡ ፈላሊታስ ። ወመቅዶንዮስኒ ፡ ተምዕዐ ፡ ወእለ ፡ ምስሌሁ ፡ ወዘየኀብ
ሩ ፡ ምስለ ፡ ንስጡራውያን ፡ ወይቤሉ ፤ ለ፫ ፡ ቅዳሴያት ፡ ይብልዎሙ ፡ መ
ላእክት ፡ በቅዳሴሆሙ ። ወይቤሎሙ ፡ ሳዊሮስ ፤ እስመ ፡ መላእክት ፡ ይ
ብሉ ፡ ከመዝ ፤ ቅዱስ ፡ እግዚአብሔር ፡ ቅዱስ ፡ ኀያል ፡ ቅዱስ ፡ ሕያው ፡
ዘኢይመውት ፡ ተሣሀለነ ፤ እስመ ፡ አልቦ ፡ ላዕሌሆሙ ፡ ለመላእክት ፡
ከመ ፡ ይበሉ ፡ በግብር ፡ ዘተሰቅለ ፡ በእንቲአነ ፤ እስመ ፡ ስቅለቱ ፡ ለአም
ላክነ ፡ ኢኮነ ፡ በእንተ ፡ መላእክት ፡[6] ዳእሙ ፡ በእንቲአነ ፡ ለሰብእ ፡ ተ
ሰቅለ ፡ ኢየሱስ ፡[7] ክርስቶስ ፡ እግዚእነ ፡ ወመድኅኒነ ፤ ወበእንተ ፡ መድ
ኅኒትነ ፡ ወረደ ፡ እምሰማያት ፡ ወተሠገወ ፡ ወተሰብአ ፤ ወተሰቅለ ፡ በእ

[1] Mss. ወመንከሳት ፡
[2] A ዘስመ ፡
[3] Mss. አዕሩግ ፡
[4] A አንጣትዮስ ፡, B አንስጣትዮስ ፡
[5] Mss. ያጸልዩ ፡
[6] Mss. መለከት ፡
[7] Mss. አብ ፡ ኢየሱስ ፡ ክር" ፡

ንቲአን ፡ በመዋዕለ ፡ ጲላጦስ ፡ ጰንጤናዊ ፡[1] ወተንሥአ ፡ እሙታን ፡[2] እ
መ ፡ ሣልስት ፡ ዕለት ፤ በከመ ፡ ጽሑፍ ፡ ውስተ ፡ ቅዱሳት ፡ መጻሕፍት ፡
ዘሠርዑ ፡ አበዊነ ፡ ቅዱሳን ፡ ዘኒቅያ ፡ ወቍስጥንጥንያ ፡ ወኤፌሶን ፡ ወአ
ንበሩ ፡ ለነ ፡ በከመ ፡ ይደሉ ፡ ለእግዚአብሔር ፡ ለአምላክነ ፡ ለአምላክናሁ ። በእንተ ፡ ዝንቱ ፡ ንብል ፡
ንሕነ ፡ ክርስቲያን ፡ በግብር ፡ አዘተሰቀልከ ፡[3] በእንቲአነ ፡ ተሣሀለነ ፤ ወ
ዓዲ ፡ ነአምን ፡ ከመ ፡ ውእቱ ፡ አምላክ ፡ ቅዱስ ፡ ወኀያል ፡ ዘኢይመውት ፡
ተሰቅለ ፡ በእንቲአነ ። ወከመዝ ፡ ዓዲ ፡ ንትአመን ፡ በአማን ፡ ከመ ፡ ቅድ
ስት ፡ ድንግል ፡ ማርያም ፡ ወለደቶ ፡ ለአምላክ ፡ ዘበአማን ፤ ወአኮ ፡ ካልእ ፡[4]
ዘወለደቶ ፡ ድንግል ፡ ወአኮ ፡ ካልእ ፡ ዘሰቀልዎ ፡ አይሁድ ፤ አላ ፡ ፩ ፡ ው
እቱ ፡ በልደት ፡ ወበስቅለት ፡ ወበትንሣኤ ፡ ኅቡረ ። ወካልኣን ፡[5] ብዙኃ
ን ፡ ዘይመስልዎሙ ፡ ለእሉ ፡ ተጽሕፉ ፡ በኀበ ፡ ንጉሥ ፡[6] ወመኳንንት ፡
ወነሠትዎሙ ፡ እስከ ፡ መሠረት ፡ ለኀሊናተ ፡ ንስጡራውያን ፡ መናፍቃ
ን ። ወሰበ ፡ ፈጸሙ ፡ አፈ ፡ መቅዶንዮስ ፡ በባህሎሙ ፡ አርቶዶክሳዊት ፡
ወጠፍአ ፡[7] ኅሊናሁ ፡ በእንተ ፡ ነገረ ፡ ጽድቅ ፡ ከነ ፡ ይኄሊ ፡ በምክረ ፡
ጕሕሉት ፡[8] ወይትናገር ፡ በኀበ ፡ ንጉሥ ፡ ወመኳንንት ፡ ወይቤሎሙ ፤
አነ ፡ እትአመን ፡ ዓዲ ፡ ከመ ፡ ሰብአ ፡ ምሥራቅ ፡ ወእብል ፡ ውስተ ፡ ቤተ ፡
ክርስቲያን ፤ አዘተሰቅለ ፡ በእንቲአነ ፡ ተሣሀለነ ። ወበኀቡእ ፡ ያስተናሥ
ሕሙ ፡ ለሐራ ፡ ጥቃ ፡ ላዕለ ፡ ንጉሥ ፡ ወይቤሎሙ ፡ እስመ ፡ አምጽኡ ፡
ነገረ ፡ ነኪረ ፡ ላዕለ ፡ ሃይማኖተ ፡ አበዊነ ፡ መሲሓውያን ።[9] ወእሙንቱሰ ፡
ሐራ ፡ ጥቃ ፡ ተጋብኡ ፡ ወመጽኡ ፡ ኀበ ፡ ዐውደ ፡ ንጉሥ ፡ ከመ ፡ ያስተና
ሥኡ ፡ ሀከከ ፡ እስከ ፡ ሰደድዎ ፡ ለአፍላጦን ፡ ዘከነ ፡ ይሜግብ ፡ ኵሎ ፡ ግ
ብረ ፡ መንግሥቱ ፤ ፈድፋደሰ ፡ ከነ ፡ ክቡረ ፡ በኀበ ፡ ኵሉ ። ወሰበ ፡ ፈር
ሀ ፡ ውእቱ ፡ ጕየ ፡ ወተኀብአ ። ወእሙንቱሰ ፡ ሐራ ፡ ጥቃ ፡ ወሐራ ፡ እለ ፡
ምስሌሆሙ ፡ ከኑ ፡ ይጸርኁ ፡ ወያዜክሩ ፡ ስመ ፡ ንጉሥ ፡ ካልእ ፡[10] ዘሮማ
ውያን ። ወሐሩ ፡ በፍጡን ፡ ኀበ ፡ ቤተ ፡ ማሪኖስ ፡ ሰርያዊ ፤ ውእቱ ፡ ከነ ፡
እምክቡራን ፤ ወአውዐዩ ፡ ቤቶ ፡ ወንዋዮ ፡ በእሳት ፤ ወኢረከብዎ ፡ ከመ ፡
ይቅትልዎ ፡ እስመ ፡ ውእቱ ፡ ጐየ ፡ ወድኅነ ፡ በኀይለ ፡ እግዚእነ ፡ ኢየሱ
ስ ፡ ክርስቶስ ። ወዝንቱ ፡ ብእሲ ፡ መፍቀሬ ፡ አምላክ ፡ አስተዋደዮ ፡ መቅ

[1] B ጴን" ፡
[2] A እሙታ ፡
[3] Mss. አዘተሰቀልከ ፡
[4] ካልእ ፡ manque dans A.
[5] Mss. ወካልአን ፡
[6] Mss. ወቱጽሕፉ ፡ በኀበ ፡ ንገሥት ፡
[7] A ወጠጠፍአ ፡
[8] A ጕሕሉት ፡
[9] Mss. መሲሐ" ፡
[10] Mss. መንግሥት ፡ ካልእት ፡

ዶንዮስ ፡ ሊቀ ፡ ጳጳሳት ፡ ሐሳዊ ፡ በኀበ ፡ አሕዛብ ፡ ወይቤሎሙ ፤ ማሬዎስ ፡
ውእቱ ፡ ዘይመይጥ ፡ ልበ ፡ ንጉሥ ፡ እምነ ፡ ሃይማኖት ፤ ወበቅንአት ፡ እ
ኪት ፡ ኮኑ ፡ የኀሥሥዎ ፡ ከመ ፡ ይቅትልዎ ፡ ዘእንበለ ፡ ያእምር ። ወሶበ ፡
በርበሩ ፡ ቤቶ ፡ ለውእቱ ፡ ክቡር ፡ ወአውፅኡ ፡ ንዋያተ ፡ ብሩር ፡ ዘኮነ ፡
ሎቱ ፡ ወተከፈሉ ፡ አሕዛብ ፡ በበይናቲሆሙ ፤ ወበጊዜ ፡ በአቶሙ ፡ ለአሕ
ዛብ ፡ ውስተ ፡ ቤተ ፡ መኰንን ፡ ረከብዎ ፡[1] ለ፩ ፡ መነኮስ ፡ ዘእምሀገረ ፡ ም
ሥራቅ ፤ አውፅእዎ ፡ ወቀተልዎ ፡ እንዘ ፡ ይኄልዩ ፡ ከመ ፡ ውእቱ ፡ ሳዊሮስ ፡
መፍቀሬ ፡ እግዚአብሔር ፤ ወአኀዙ ፡ ርእሶ ፡ ወአዖድዎ ፡ ውስተ ፡ ኵሉ ፡
ሀገር ፡ እንዘ ፡ ይጸርኁ ፡ ወይብሉ ፤ ዝንቱ ፡ ፀረ ፡ ሥሉስ ፡ ቅዱስ ። ወመጽ
ኡ ፡ ዓዲ ፡ ኀበ ፡ ቤተ ፡ ዮልያና ፡ ዘኮን[ት] ፡ እምአዝማደ ፡ ንጉሥ ፡ ልዮን ፡
[ከመ ፡ ያንግሥዎ ፡ ለምታ ፡][2] ዘተሰምየ ፡ አውኒጡስ ። ወሶበ ፡ አእመረ ፡ ም
ጽአቶሙ ፡ ጐየ ። ወአሕዛብሰ ፡ ነበሩ ፡ እንዘ ፡ ያዘልፉ ፡ ዘንተ ፡ ግብረ ፡ ዘ
እንበለ ፡ ኀፍረት ። ወአንስጣስዮስኒ ፡ ንጉሥ ፡ መፍቀሬ ፡ እግዚአብሔር ፡
ኮነ ፡ ይትመራሕ ፡ በሃይማኖት ፡ ርትዕት ፡ እንተ ፡ ዘክርስቶስ ፤ ተንሥአ ፡
ወአምጽኦሙ ፡ ለኵሎሙ ፡ ሠራዊት ፡ ወመጽአ ፡ ኀበ ፡ መንበረ ፡ መንግሥ
ት ፡ እንዘ ፡ ይለብስ ፡ አልባሰ ፡ መንግሥት ። ወሶበ ፡ ርእይዎ ፡ ኵሎሙ ፡
አሕዛብ ፡ ተከዙ ፡ ወኮኑ ፡ ውስተ ፡ ኀዘን ፡ ወንስሓ ፡ ወፈርህዎ ፡ ለንጉሥ ፡
ወሰአልዎ ፡ ከመ ፡ ይስረይ ፡[3] ሎሙ ፡ አበሳሆሙ ፡ ኢንዘ ፡ ይትአመኑ ፡ ኀጢ
አቶሙ ። ወጸርኀ ፡ ንጉሥ ፡ ወይቤሎሙ ፤ ኢትፍርሁ ፡ ናሁ ፡ ሰረይኩ ፡
ለክሙ ። ወሶቤሃ ፡ ተዘርዉ ፡ ኵሎሙ ፡ አሕዛብ ፡ ኵሉ ፡ ለለ፩ ፡ ውስተ ፡
መካኑ ፡ ወኮነ ፡ ህድአት ። ወእምድኅረ ፡ ኅዳጥ ፡ መዋዕል ፡ አንሥኡ ፡ ሀ
ከከ ፡ ዓዲ ፡ እልኩ ፡ አሕዛብ ፤ ወንጉሥሰ ፡ አንስጣስዮስ ፡ አስተጋብአ ፡ ብ
ዙኀ ፡ ሐራ ፡ መስተፃብኣነ ፡[4] ወአዘዘ ፡ ከመ ፡ የአኀዝዎሙ ፡ ለእልክቱ ፡
አብዳን ። ወሶበ ፡ አኀዝዎሙ ፡ ወአምጽእዎሙ ፡ ኀበ ፡ ንጉሥ ፡ ቦእምኔሆ
ሙ ፡ ዘሰበርዎሙ ፡ በበመለያልዩሆሙ ፡ ወቦ ፡ ዘቀተልዎሙ ፡ በሰይፍ ፡
ወቦ ፡ ዘሰደድዎሙ ። ወበእንተ ፡[5] ዝንቱ ፡ ኮነ ፡ ህድአት ፡ ወቦአ ፡ ፍርሃት ፡
ንጉሥ ፡ ውስተ ፡ ልቦሙ ፡ ለሰብአ ፡ ሀገር ። ወበውእቱ ፡ ጊዜ ፡ ሰደድዎ ፡
ለመቅዶንዮስ ፡ ዘኮነ ፡ ምክንያተ ፡ ሀጕል ፡ ለብዙኃን ፡ ሕዝብ ፡ ወመተር
ዎ ፡ እምጵጵስናሁ ፡ ወኰለቍዎ ፡ ከመ ፡ ቀታሊ ፡ ወአውፅእዎ ፡ እምጕባ
ኤ ። ወጳጳሳተ ፡ ምሥራቅኒ ፡ መጽኡ ፡ ኀበ ፡ በራንጥያ ፡ ወነገርዎ ፡ ለንጉ

[1] Mss. ረከበ ፡

[2] Ces mots manquent dans les deux mss.

[3] A ይረስይ ፡

[4] Mss. መስተፃብእን ፡

[5] A ወቦ ፡ በእንተ ፡

ሥ ፡ እንስጣስዮስ ፡ በእንተ ፡ አብላውያኖስ ፡ ሊቀ ፡ ጳጳሳት ፡ ዘሀገረ ፡ አንጾኪያ ፡ ከመ ፡ ውእቱ ፡ ንስጡራዊ ፡ እምድኅረ ፡ ተወከፈ ፡ ባብኒቁን ፡ ዘዘይኑን ፡ ንጉሥ ፤ ወዓዲ ፡ ተመይጠ ፡ ወኀብረ ፡ ምስለ ፡ ኬልቄዶናውያን ፡ ወተወከፈ ፡ ጦማረ ፡ ርኩሰ ፡ ዘልዮን ፡ ዘይዜክር ፡ በቱ ፡ ክልኤ ፡ ጠባይዐ ፡ ወክልኤ ፡ ምግባራተ ፡ ለ፩ ፡ ባሕቲቱ ፡ ዘኢይትከፈል ፡ ውእቱ ፡ ኢየሱስ ፡ ክርስቶስ ፡ አምላክ ፡ ዘበአማን ። ወንጉሥሰ ፡ እንስጣስዮስ ፡ መፍቀሬ ፡ አምላክ ፡ ሰደዶ ፡ ዓዲ ፡ ኀበ ፡ ደብረ ፡ ኰዙሕ ፡ ዘፍልስጥኤም ፤ እስመ ፡ ውእቱ ፡ ከነ ፡ ይጸርፍ ፡ ላዕለ ፡ አርቶዶክሳውያን ፡ ወኀብረ ፡[1] በሃይማኖተ ፡ ሐራ ፡ ጥቃ ፡ እኩያን ። ወይጣሉስሰ ፡ ዓዲ ፡ ዘከነ ፡ ሊቀ ፡ ሐራ ፡ ዘሀገረ ፡ አብራኪ ፡ ጽኑዐ ፡ ልብ ፡ ከነ ፡ ይጸልእ ፡ ለሳዊሮስ ፡ ቅዱሰ ፡ እግዚአብሔር ፤ ወእንስጣስዮስኒ ፡ ንጉሥ ፡ ሤሞ ፡ ለሳዊሮስ ፡ ሊቀ ፡ ጳጳሳት ፡ ዘሀገረ ፡ አንጾኪያ ፡ ሰበ ፡[2] ከኑ ፡ ሎቱ ፡ ስምዐ ፡ ጳጳሳት ፡ አርቶዶክሳውያን ፡ ዘሀገረ ፡ ምሥራቅ ፡ ሀየንተ ፡ አብላውያኖስ ፡ ዐላዊ ፡ ዘሰደዶ ።[3] ወኢጣልዮስሰ ፡ ዘአቅደምነ ፡ ዘከሮቶ ፡ አንሥአ ፡ ሀከከ ፡ ላዕለ ፡ ንጉሥ ፡ እንስጣስዮስ ፡ ወአኀዛ ፡ ለሀገረ ፡ እብራኪ ፡ ወለእክራድ ፡ ወመሲባ ፡ ወአስተጋብአ ፡ ብዙኀ ፡ ሠራዊተ ። ወፈነወ ፡ ኀቤሁ ፡ ንጉሥ ፡ ፩ ፡ መኰንነ ፡ ዘስሙ ፡ አብያድዮስ ፤ ወሰበ ፡ ተፃብኡ ፡ በበይናቲሆሙ ፡ ሞአ ፡ ዊጣልዮስ ፡ ወአኀዘ ፡[4] ሕያዎ ። ወወሀብዎ ፡[5] ብዙኀ ፡ ንዋየ ፡ ቤዛ ፡ ነፍሱ ፡ ወሰደዶ ።[6] ወመጽአ ፡ ኀበ ፡ ንጉሥ ፡ እንስጣስዮስ ፡ ወበጊዜ ፡ ብጽሐቱ ፡ ሰዐሮ ፡ እምሢመቱ ፡ ወሤመ ፡ ሀየንቴሁ ፡ ካልአ ፡ ዘስሙ ፡ ቂርሎስ ፡ ዘእምሀገረ ፡ ዋሪቆን ። ወዝንቱ ፡ ዓዲ ፡ ገብረ ፡ ፀብአ ፡ ምስለ ፡ ዊጣልዩስ ፡ እስከ ፡ ከነ ፡ ቀትለ ፡ ብዙኀ ፡ ማእከሌሆሙ ። ቂርሎስሰ ፡ መኰንን ፡ ሖረ ፡ ኀበ ፡ ሀገር ፡ ዘትሰመይ ፡ አውዲሱን ፡ ወነበረ ፡ ሀየ ፤ ወበይጣሉስሰ ፡ ሖረ ፡ ኀበ ፡ ሀገረ ፡ ውልጋርያ ። ወወሀበሙ ፡ ብዙኀ ፡ ንዋየ ፡ ለዕደው ፡ ዘከኑ ፡ የዐቅቡ ፡ አናቅጸ ፡ አውዲሱን ፡ ወሖረ ፡[7] በሌሊት ፡ ወቀተሎ ፡ ለቂርሎስ ፡ መኰንን ፡ ወነሥአ ፡ ለይእቲ ፡ ሀገር ። ወዓዲ ፡ ፀብአ ፡[8] ለሀገረ ፡ አትራኪ ፡ ወበርበረ ፡ ኵሎ ፡ ንዋያቲሃ ፡ ወለአህጉረ ፡ አውርያ ፡ ወሰኩን ፡ ወማዕዶተ ፡ ቍስጥንጥንያ ፡ ወ

[1] A ወኀበረ ፡
[2] Mss. ወሰበ ፡
[3] Mss. ዘሰደድዎ ፡
[4] Mss. ሞእዎ ፡ ለዊጣልዮስ ፡ ወአኀዝዎ ፡
[5] A ወወሀብዎሙ ፡, B ወወሀበሙ ፡
[6] Mss. ወሰደድዎ ፡
[7] Mss. ወወሀበሙ ፡ ብዙኀ ፡ ንዋየ ፡ ለሰብአ ፡ ሀገር ። ወከኑ ፡ ዕደው ፡ የዓቅቡ ፡ አናቅጸ ፡ አውዲሱን ፡ ወነበረ ፡ ሀየ ። ወይጣሉስሰ ፡ ሖረ ፡ . . .
[8] Mss. ፀብአ ፡

ስስታኒስ ፡ ወነበረ ፡ ውስተ ፡ ቤተ ፡ ክርስቲያን ፡ ዘቅዱስ ፡ ሚካኤል ፡ ሊቀ ፡ መላእክት ፡ እንዘ ፡ ይጼሊ ፡ በእይ ፡ ምክንያት ፡ ይነሥእ ፡ ለመንግሥተ ፡ በራንጥያ ። ወንጉሠሰ ፡ እንስጣስዮስ ፡[1] ፈነወ ፡ ኀበ ፡ አብሮክሊስ ፡ ጠቢብ ፡ ከመ ፡ ያስተናሥእ ፡ ለማሬኖስ ። ወንጉሥኒ ፡ አይድዖ ፡ በእንተ ፡ ዊጣልዮስ ፡ ኀያል ፡ ወበእንተ ፡ ድፍረት ፡ ዘገብረ ። ወውእቱሰ ፡ ማሬኖስ ፡ አጽንዐ ፡ ልበ ፡ ለንጉሥ ፡ ወይቤሎ ፤ አነ ፡ እመውእ ፡ በኀይለ ፡ እግዚአብሔር ፡ ለዝንቱ ፡ ኀያል ፤ ባሕቱ ፡ አዝዝ ፡ ሊተ ፡ መስተፃብኣን ፡[2] ወአብሮክሊስኒ ፡ ጠቢብ ፡ ይኩን ፡ ምስሌየ ፤ ወክብሪተኒ ፡ ዘኢተጸርየ ፡ ዘይመስል ፡ ሰበረ ፡ ኮሕል ፡ አምጽእ ፡ ሊተ ። ወወሀበ ፡ ንጉሥ ፡ ክብሪተ ፤ ወውእቱኒ ፡ ማሬኖስ ፡ ጠሐኖ ፡ ጥኀንተ ፡ ጽኑዐ ፡ ወይቤሎ ፡ ገሃደ ፤ ለእመ ፡ ትወዲ ፡ ውስተ ፡ ቤት ፡ አው ፡ ውስተ ፡ ሐመር ፡ ሶበ ፡ ይሠርቅ ፡ ፀሓይ ፡ ይውዒ ፡ ወይመስዎ ፡ እሳት ፡ ከመ ፡ ሠምዕ ። ወማሬኖስኒ ፡ ነሥአ ፡ ምስሌሁ ፡ ብዙኀ ፡ አሕማረ ፡ ወአስተጋብአሙ ፡ ለኵሎሙ ፡ እስከር ፡ ዘረከበሙ ፡ ውስተ ፡ ሀገረ ፡ ቍስጥንጥንያ ፡ ወሖረ ፡ ለተፃብኦተ ፡ ኢጣልዮስ ፡ በከመ ፡ አዘዞ ፡ ንጉሥ ። ወሶበ ፡ ርእዮ ፡ ውእቱ ፡ ኀያል ፡ ለማሬኖስ ፡ ነሥአሙ ፡ ለኵሎሙ ፡ አሕማር ፡ ዘረከበሙ ፡ ወመልአ ፡ ውስቴቶሙ ፡ ነዳፍያነ ፡ እምሰብአ ፡ አከራድ ፡ ወአጅም ፡[3] ብዙኀ ፤ ወመጽአ ፡ ኀበ ፡ አብራንጥያ ፡ እስመ ፡ ውእቱ ፡ መሰሎ ፡ ዘይመውእሙ ። ወማሬኖስሰ ፡ ወእለ ፡ ምስሌሁ ፡ ሞእዎ ፡ በኀይለ ፡ እግዚአብሔር ፡ ለውእቱ ፡ መስተቃርን ፡ ወኢተፈጸመ ፡ ኀልዮቱ ፡ ለውእቱ ፡ ኀያል ፡ ዘእንበለ ፡ ኀፍረት ፡ ወእምዝ ፡ ጐየ ፡ ኢይጣሉስ ፡ ገባሬ ፡ ሀኬክ ። ወማሬኖስሰ ፡ ወሀበ ፡ ክብሪተ ፡ ዘኢተጸርየ ፡ ለኖትያት ፡ ወአዘዞሙ ፡ ከመ ፡ ይደዩ ፡ ላዕለ ፡ አሕማረ ፡ ኀያል ፡ መስተቃርን ፡ ከመ ፡ የዐዩ ። ወሶበ ፡ ተራከቡ ፡ አሕማረ ፡ ማሬኖስ ፡ ወአሕማረ ፡ ውእቱ ፡ ኀያል ፡ ወወገሩ ፡ ውእተ ፡ ክብሪተ ፡ ውስተ ፡ አሕማረ ፡ ዊጣልዩስ ፡ በጊዜ ፡ ፫ ፡ ሰዓተ ፡ መዓልት ፡ ወጊዜሃ ፡ ነዱ ፡ አሕማር ፡ በእሳት ፡ ወተሰጥሙ ፡ ውስተ ፡ ቀላይ ። ወሶበ ፡ ርእየ ፡ እንከረ ፡ ዊጣልዩስ ፤ ወሐራኒ ፡ እለ ፡ ምስሌሁ ፡ ዘቶርፉ ፡ ተመይጡ ፡ ድኅሬሆሙ ፡ ወጐዩ ። ወማሬኖስኒ ፡ መኰንን ፡ ቀተለ ፡ ኵሎ ፡ ዐላውያነ ፡ ዘረከበሙ ፡ ወሰደዶሙ ፡ እስከ ፡ በጽሑ ፡ ኀበ ፡ ቤተ ፡ ክርስቲያን ፡ ቅዱስ ፡ ማማስ ፤ ወሶበ ፡ ኮነ ፡ ምሴተ ፡ ነበረ ፡ ማሬኖስ ፡ እንዘ ፡ የዐቅብ ፡ ፍኖተ ፡ ውእቱ ፡ መካን ። ወዊጣልዮስሰ ፡ እምድኅረ ፡ ተመውአ ፡[4] ሖረ ፡ በሌሊት ፡ ወጐየ ፡ ምክለ ፡ እሊአሁ ፡ ውስተ ፡ መካን ፡ ዘይሰመ

[1] Mss. እንስታስዮ ፡

[2] Mss. ″አነ ፡

[3] B ወኤጅም ፡ (sic)

[4] Mss. ተሞአ ፡

ይ ፡ አንከልያኖስ ፡ በፍርሃት ፡ ወበረዓድ ። ወሐረቱሰ ፡ ከነ ፡ በይእቲ ፡ ሌሊት ፡ መጠነ ፡ ፳ ፡ ምዕራፍ ፡ ፈሪሆ ፡ ከመ ፡ ኢይዴግኖ ፡ ማሪኖስ ፡ ወኢያእኅዞ ፤ ወበሳኒታ ፡ ኢተርፉ ፡ ሎቱ ፡ ምንትኒ ፡ ወኀደግዎ ፡ ባሕቲቶ ። ወንጉሥኒ ፡ አንስጣስዮስ ፡ ገብረ ፡ ምጽዋተ ፡ ብዙኀ ፡ ለነዳያን ፡ ወለምስኪናን ፡ በሀገረ ፡ ሱስታኒስ ፤ ወወፅአ ፡ እምሀገረ ፡ መንግሥት ፡ ወኀደረ ፡ ውስተ ፡ ቤተ ፡ ክርስቲያን ፡[1] ቅዱስ ፡ ሚካኤል ፤ ወከነ ፡ ይጼሊ ፡ ወያአኵቶ ፡ ለእግዚአብሔር ፡ በእንተ ፡ ኵሉ ፡ ሠናያት ፡ ዘገብረ ፡ ሎቱ ፡ ወበእንተ ፡ ዘወሀበ ፡ መዊአ ፡ ላዕለ ፡ አጽራሪሁ ፤ ወከነ ፡ ይከሥት ፡ ሃይማኖተ ፡ ርትዕተ ፡ እንበለ ፡ ነውር ። ወእምዝ ፡ አዘዘ ፡ አንስጣስዮስ ፡ ንጉሥ ፡ ከመ ፡ የሀብዎ ፡[2] ብዙኀ ፡ ወርቀ ፡ ለአብርክልዩስ ፡ ጠቢብ ፤ ወውእቱሰ ፡ ኢፈቀደ ፡ ነሚአ ፡[3] ንዋይ ፡ ወሰገደ ፡ ለንጉሥ ፡ ወሰአሎ ፡ እንዘ ፡ ይብል ፤ እስመ ፡ ዘያፈቅር ፡ ንዋየ ፡ ኢይደሉ ፡ ለተፈልስፎ ፡ ወዓዲ ፡ ከብር ፡ ውእቱ ፡ መንኖ ፡ ንዋይ ፡ ለእለ ፡ የኀሥሥዋ ፡ ፍልስፍና ። ወንጉሥኒ ፡ ኀደጎ ፡ ወአንበሮ ፡ በክብር ፡ ዐቢይ ። ወለኵሎሙ ፡ ምእመናን ፡ አርቶዶክሳውያን ፡ ዘተወከፉ ፡ ባቡኔቶን ፡ ዘይኑን ፡ ንጉሥ ፡ ጻድቅ ፡ አክበሮሙ ፡[4] ንጉሥ ፡ ብዙኀ ። ወበውእቱ ፡ ዘመን ፡ አስተርአየ ፡ ዮሐንስ ፡ ቀሲስ ፡ ወመነከስ ፡ እምሀገረ ፡ ኒቅዩስ ፤[5] እስመ ፡ ሊቀ ፡ ጳጳሳት ፡ ኢተወከፎ ፤ ወዝንቱሰ ፡ ቀሲስ ፡ ዮሐንስ ፡ ከነ ፡ ጠቢበ ፡ ወመፍቀሬ ፡[6] አምላክ ፡ ወማእምረ ፡ መጻሕፍት ፤ ወከነ ፡ ይነብር ፡ በደብረ ፡ ፋር ። ወሰብአ ፡ ሀገረ ፡ ፱ ፡ ወሰብአ ፡ ሀገረ ፡ አቄላ ፡ ተጋእዙ ፡[7] በበይናቲሆሙ ፤ ወበጊዜሃ ፡ ተንሥኡ ፡ ጳጳሳት ፡ ዘክልኤ ፡ አህጉር ፡ ወሖሩ ፡ ኀበ ፡ ንጉሥ ፡ አንስጣስዮስ ፡ ወሰአልዎ ፡ ከመ ፡ ይግበር ፡ ሎሙ ፡ ቀኖናተ ፡[8] ዘይደሉ ፡ ወይግበር ፡ ጉባኤ ፡ ወይስድዶሙ ፡ ለኬልቄዶናውያን ፡ ወይደምስስ ፡ ዝክሮሙ ፡ እምቤተ ፡ ክርስቲያን ፡ ወለኵሎሙ ፡ ጳጳሳት ፡ እለ ፡ ተሰናአዉ ፡ ምስለ ፡[9] ልዮን ፡ ርኩስ ፡ ዘይዜከር ፡[10] ፲ ፡ ጠባይዐ ። ወንጉሥሰ ፡ ኢያገበሮሙ ፡ ዘእንበለ ፡ ፈቃዶሙ ፡ በእንተ ፡ ኄርውናሁ ፤[11] ወባሕቱ ፡ ኵሉ ፡ ሖረ ፡ በፈቃዱ ። ወንጉሥሰ ፡ አንስጣስዮስ ፡[12] ወሀቦሙ ፡ ዐቢየ ፡ ክብረ ፡ ለእለ ፡ ተሰናአዉ ፡[13] ምስሌሁ ፡ በሃይማኖት ፡ አርቶዶክሳዊት ፤

[1] B ክርስትያ ፡, A ״ን ፡

[2] Mss. የሀብዋ ፡

[3] Mss. ነሚአ ፡

[4] Mss. ወአክበሮሙ ፡

[5] B ነቅዩስ ፡

[6] A መፍቀሬ ፡

[7] Mss. ተገዓዙ ፡

[8] B ቀኖናተ ፡

[9] Mss. እለ ፡ ተሰነአዉ ፡ ምስለ ፡ ጳጳሳት ፡ ምስለ ፡

[10] B ዘይዜከር ፡

[11] A ኄርውናሁ ፡

[12] Mss. ወንጉሥሰ ፡ አን״ ፡ ንጉሥ ፡

[13] Mss. ተሰነአዉ ፡

ወገብረ ፡ ምጽዋታት ፡ ብዙኀ ፡ ወፈጸመ ፡ ምግባሮ ፡ በሠናይ ፡፡ ወእምዝ ፡ ደወየ ፡ ንጉሥ ፡ ወልህቀ ፡ ወኮነ ፡ አረጋዌ ፡ ወበ፺ ፡ ዓመት ፡ አዕረፈ ፡ በክብር ፡ ዐቢይ ፡ በከመ ፡ ይቤ ፡ መጽሐፍ ፤ ኵሉ ፡ ክብሩ ፡ ለሰብእ ፡ ከመ ፡ ሣዕር ፤ እምከመ ፡ ሠረቀ ፡ ፀሓይ ፡ ይየብስ ፡ ሣዕር ፡ ወይትነገፍ ፡ ፍሬሁ ፡ ወይማስን ፡ ሥኑ ፡ ራእዩ ፤ ወቃለ ፡ እግዚአብሔር ፡ ይነብር ፡ ለዓለም ፡፡

ክፍል ፡ ፺ ፡፡[1] ወእምድኅረ ፡ አዕረፈ ፡ ብፁዕ ፡ አንስጣስዮስ ፡ ንጉሥ ፡ መፍቀሬ ፡ እግዚአብሔር ፡ አርቶዶክሳዊ ፡ ነግሠ ፡ ዩስቲያኖስ ፡ መደንግፅ ፡ ዘኮነ ፡ ምታ ፡ ለአውፎምያ ፡ ንግሥት ፡ ወከለልዎ ፡ በአክሊለ ፡ መንግሥት ፡ በምክረ ፡ መማክርት ፡ ዘንጉሥ ፡ ምእመናን ፡፡ ወቦ ፡ ዘይቤሉ ፡ በእንቲአሁ ፡ ከመ ፡ ውእቱ ፡ ኮነ ፡ ሥዩመ ፡ ላዕለ ፡ ጉባኤ ፡ ሰብዕ ፡ ዘበራንጥያ ፡፡ ወኵሎሙ ፡ ተዓይን ፡ ኢ.ሠምሩ ፡ ቦቱ ፤ እስመ ፡ ኢ.ኮነ ፡ ውእቱ ፡ ማእምረ ፡ መጻሕፍት ፡ ዳእሙ ፡ ኮነ ፡ መስተፃብእ ፡ ወኀያለ ፡፡ ወኮነ ፡ ፩ ፡ ብእሲ ፡ ዘስሙ ፡ አማንድዮስ ፤ ኮኑ ፡ ይሠምሩ ፡ ትዕይንት ፡ ከመ ፡ ይንግሥ ፡ ላዕሌሆሙ ፡ እምድኅረ ፡ ንጉሥ ፡ አንስጣስዮስ ፤[2] ወመማክርትኒ ፡[3] ወሀብዎ ፡ ብዙኀ ፡ ንዋየ ፡ ለዮስትያኖስ ፡ ከመ ፡ ይዝርዎሙ ፡ ላዕለ ፡ አሕዛብ ፡ ወሠራዊት ፡ ወይስምዩ ፡ ስሞ ፡ ወከመ ፡ ያውፅኡ ፡ ሎቱ ፡ ዜና ፡ ከመ ፡ ውእቱ ፡ ተሰምየ ፡ እምኀበ ፡ እግዚአብሔር ፤ ዳእሙ ፡ ኢ.ሠምረ ፡ ልቦሙ ፡ ከመ ፡ ይግበሩ ፡ ዘንተ ፤ ወእምዝ ፡ ተኀየሉ ፡ መማክርት ፡ ወአንገሥዎ ፡፡ ወእምድኅረ ፡ ነግሠ ፡ ቀተሎሙ ፡[4] ለኵሎሙ ፡ ኅጽዋን ፡[5] ዘእንበለ ፡ ኀጢአት ፡ በእንተ ፡ ዘኢ.ሠምሩ ፡[6] መንግሥቶ ፡ እንዘ ፡ ይኄሊ ፡ ከመ ፡ ውእቶሙ ፡ ይመክሩ ፡ እኩየ ፡ በላዕሌሁ ፡፡[7] ወኮነ ፡ በጥንተ ፡ መንግሥቱ ፡ ለዩስትያኖስ ፡ ተንሥአ ፡ ፩ ፡ መኰንን ፡ በሀገረ ፡ ምሥራቅ ፡ መፍርህ ፡ ወግሩም ፤ ወበእንተ ፡ ዝንቱ ፡ ፈነወ ፡ ንጉሥ ፡ ዩስትያኖስ ፡ ወአምጽአ ፡ ለበይጣሉስ ፡ ዘኮነ ፡ ፀሩ ፡ ለንጉሥ ፡ አንስጣስዮስ ፡ ወረሰዮ ፡ መስፍነ ፡፡ ወወለጠ ፡ ሃይማኖተ ፡ አርቶዶክሳዊተ ፡ ዘንጉሥ ፡ አንስጣስዮስ ፤ ወመነንዎ ፡ ለባቡቂን ፡ ዘይኑን ፡ ንጉሥ ፡ ወኀብሩ ፡ ምስለ ፡ ኬልቄዶናውያን ፡ ወተወክፍዋ ፡ ለጠማረ ፡ ልዮን ፡ ወጸሐፍዋ ፡ ውስተ ፡ መጻሕፍተ ፡ ቤተ ፡ ክርስቲያን ፡ ዘ

[1] A ፺፱ ፡, B ፺፰ ፡
[2] A አስጣ″ ፡
[3] A ወመማክርቲሁኒ ፡
[4] A ቀትሎሙ ፡
[5] Mss. ሕያዋን ፡
[6] Mss. ዘኢ.ሠምረ ፡
[7] Mss. በላዕሌሆሙ ፡

ሀገረ ፡ ምሥራቅ ። ወበቀዳሚት ፡ ዓመተ ፡ መንግሥቱ ፡ አስተርአየ ፡ ዐቢይ ፡ ሳዊሮስ ፡ ሊቀ ፡ ጳጳሳት ፡ ዘሀገር ፡ ዐባይ ፡ አንጾኪያ ። ወሰበ ፡ አእመረ ፡ ተወልጠተ ፡ ሃይማኖት ፡ ወተመይጠቱ ፡ ለዊጣልዮስ ፡ ወበዊአቱ ፡ ኀበ ፡ ንጉሥ ፡ ዩስትያኖስ ፡[1] ፈርሀ ፡ ወጐየ ፡ ውስተ ፡ ምድረ ፡ ግብጽ ፡ ወኀደገ ፡ መንበሮ ። ወወይጣልዮስሰ ፡ ከነ ፡ ይጸልአ ፡ ወይፈቅድ ፡ ከመ ፡ ይምትር ፡ ልሳኖ ፡ በእንተ ፡ ዘጸሐፈ ፡ ድርሳናተ ፡ በውስተ ፡ ቤተ ፡ ክርስቲያናት ፡ ንዊኃን ፡ ወኀፂራን ፡ ዘምሉእ ፡ ውስቴቶን ፡ ነገረ ፡ ጥበብ ፡ እንዘ ፡ ይጼዕሎ ፡ ለንጉሥ ፡ ልዮን ፡ በእንተ ፡ ሃይማኖቱ ፡ ሙሉን ። ወሜሙ ፡ ጳውሎስሃ ፡ ሊቀ ፡ ጳጳሳት ፡ ህየንተ ፡ ሳዊሮስ ፡ በሀገረ ፡ አንጾኪያ ። ወዝንቱ ፡ ጳውሎስ ፡ ኀብረ ፡[2] ምስለ ፡ ኬልቄዶናውያን ፤ ወዓዲ ፡ ከነ ፡ ጋእዘ ፡ በውእቱ ፡ ዘመን ፡ ወአልቦ ፡ ዘተሳተፈ ፡ ምስሌሁ ፡ ዘእንበለ ፡ ሊቃናት ፡ ዘንጉሥ ፡ ባሕቲቶሙ ፤ ወሕዝብሰ ፡ ከኑ ፡ ይትገኀሡ ፡ እምኔሁ ፡ በእንተ ፡ ዘከነ ፡ ንስጡራዊ ፡ ወባሕቱ ፡ ከኑ ፡ ይትባረኩ ፡ እምነ ፡ ካህናት ፡ ዘሜሞሙ ፡ ዐቢይ ፡ ሳዊሮስ ፡ በምሥጢር ፡ ኀቡእ ፡ ወይጠመቁ ፡ እምኔሆሙ ። ወዘከነሰ ፡ ይፈቅድ ፡ መቲረ ፡ ልሳኖ ፡ ለዐቢይ ፡ ሳዊሮስ ፡ ሞተ ፡ ፍጡነ ፡ በሞት ፡ እኩይ ። ወምክንያተ ፡ ሞቱሰ ፡ ለወይጣልዮስ ፡[3] ሰበ ፡ ሜሞ ፡ ንጉሥ ፡ ዩስትያኖስ ፡ ኀለየ ፡ ከመ ፡ ይግበር ፡ ሀከከ ፡ በከመ ፡ ገብረ ፡ በንጉሥ ፡ ዘቅድሜሁ ፤[4] ወእምዝ ፡ አዘዘ ፡ ይምትሩ ፡ ርእሶ ፤ እስመ ፡ እግዚአብሔር ፡ ተበቀሎ ፡ ፍጡነ ፤ እስመ ፡ ከመዝ ፡ ተነበየ ፡ ሳዊሮስ ፡ በእንቲአሁ ፡ ከመ ፡ ይመውት ፡ ሞተ ፡ እኩየ ። ወሊቀ ፡ ጳጳሳትሰ ፡ ሳዊሮስ ፡ [ጸሐፈ ፡][5] መጽሐፈ ፡ ዘምሉእ ፡ ጥበበ ፡ ወፈሪሀ ፡ እግዚአብሔር ፡ ወፈነዋ ፡ ኀበ ፡ በጥሪቃ ፡ ቃሳርያ ፡[6] መፍቀሪተ ፡ አምላክ ፤ እስመ ፡ ይእቲ ፡ ከነት ፡ ንዋይ ፡[7] ኅሩይ ፡ እምዘመደ ፡ መንግሥተ ፡ ሮም ፤ ወከነት ፡ ጽንዕተ ፡ በሃይማኖት ፡ ርትዕት ፡ ዘተምህረቶ ፡ እምቅዱስ ፡ ሳዊሮስ ፡ ሊቀ ፡ ጳጳሳት ። ወዝንቱ ፡ ትምህርት ፡ ሀሎ ፡ እስከ ፡ ይእዜ ፡ በኀበ ፡ መነከሳት ፡ ግብጻውያን ። ወእምድኅረዝ ፡ ሞተ ፡ ጳውሎስ ፡ ኬልቄዶናዊ ፡ ዘሀገረ ፡ አንጾኪያ ፡ ዘተሠይመ ፡[8] ድኅረ ፡ ሳዊሮስ ፡ ወሜሙ ፡ ህየንቴሁ ፡[9] ካልአ ፡ ዘስሙ ፡ አውፍርስዩስ ፡ ዘእምሀገረ ፡ ኢየሩሳሌም ። ውእቱ ፡ ብእሲ ፡ ከነ ፡ ይጸልአሙ ፡ ለመሲሓውያን ፡[10] ዘከኑ ፡ በ

1 Mss. ንጉሥ ፡ ዩይስታንዮስ ፡ ንጉሥ ፡
2 Mss. ዘኀብረ ፡
3 Mss. ለወይሉስ ፡
4 A ዘቅድሚሁ ፡
5 Manque dans les deux mss.
6 Mss. ዘቃሳርያ ፡
7 Mss. እዋይ ፡
8 Mss. ዘተሰምየ ፡
9 A ህየንቴሁ ፡
10 Mss. ለመሲሐ″ ፡

ትምህርቱ ፡ ለሳዊሮስ ፤ ወተቀትሉ ፡ ብዙኃን ፡ ሰብእ ፡ አርቶዶክሳውያን ፡
በእንተ ፡ ሃይማኖቱ ። ወረሰዮሙ ፡ ለአሕዛብ ፡ ይትቃተሉ ፡ በበይናቲሆ
ሙ ፡ ውስተ ፡ ኵሉ ፡ ሀገረ ፡ ሮም ፡ ወከዐዉ ፡ ደመ ፡ ብዙኀ ፤ ወኮነ ፡ ሁከክ ፡
ዐቢይ ፡ በሀገረ ፡ አንጾኪያ ፡ ፳ ፡ ዓመተ ፤ ወኢክህለ ፡ መኑሂ ፡ ይትናገር ፡
በእንተ ፡ ፍርሃተ ፡ ንጉሥ ። ወተንሥኡ ፡ ብዙኃን ፡ ሰብእ ፡ እምነ ፡ ትዕ
ይንት ፡ እንዘ ፡ ይጸርኁ ፡ ውስተ ፡ ሀገረ ፡ ቍስጥንጥንያ ፡ እንዘ ፡ ያስተዋ
ድይዎ ፡ ለዩስንያኖስ ፡ በጥርቅ ፡ (ወአህጉረ ፡ አይይላጥስ ፡) ወልደ ፡ እኁሁ ፤
ወኮነ ፡ ይትራዳእ ፡[1] ዩስንያኖስ ፡[2] ምስለ ፡ መንፈቀ ፡ ሉቃጥስ ፡ ከመ ፡ ይግበ
ሩ ፡ ቀትለ ፡ ወበርብር ፡ ንዋይ ፡ በውስቶ ፡ አሕዛብ ። ወሜመ ፡ ሎሙ ፡ መ
ስፍነ ፡ ዘስሙ ፡ ቃውጥርጥስ ፡ እምሀገረ ፡[3] ምሥራቅ ፡ ከመ ፡ ይኩንኖሙ ፡
ለኵሎሙ ፡ እለ ፡ ይገብሩ ፡ እከየ ፡ ወእምሐሎ ፡ ከመ ፡ ኢያድሉ ፡[4] ሎሙ ።
ወሰበ ፡ ወጠነ ፡ በሀገረ ፡ ቍስጥንጥንያ ፡ ኰነኖሙ ፡ ለብዙኃን ፡ ሰብእ ፡ እለ ፡
ይገብሩ ፡ እከየ ፡ ወእምዝ ፡ አኀዞ ፡ ለታውዶስዮስ ፡ ወቀተሎ ፤ ውእቱ ፡
ከነ ፡ ባዕለ ፡ ጥቀ ፤ ወእምዝ ፡ ዓዲ ፡ አኀዞ ፡ ለዩስቲያኖስ ፡[5] በጥሪቅ ፡ ወፈ
ቀደ ፡ ቀቲሎቶ ፤ ወባሕቱ ፡ ሰበ ፡ ሐመ ፡ ኀደጎ ። ወሰበ ፡ ሰምዐ ፡ ንጉሥ ፡
ዘንተ ፡ ተምዕዐ ፡ ላዕለ ፡ መስፍን ፡ ወነሥአ ፡ ሢመቶ ፡ ወሰደዶ ፡ እምሀገረ ፡
ቍስጥንጥንያ ፡ ከመ ፡ ይሖር ፡ ሀገረ ፡ ምሥራቅ ። ውእቱሰ ፡ ፈርሀ ፡ ከመ ፡
ኢይቅትልዎ ፡ በህየ ፡ ወሖረ ፡ ኀበ ፡ መካናት ፡ ቅዱሳት ፡ ዘኢየሩሳሌም ፡
ወነበረ ፡ በብሕታዌ ።[6] ወእምዝ ፡ ተጋብኡ ፡ ኵሎሙ ፡ ሠራዊት ፡ ወትዕ
ይንት ፡ ዘሀገረ ፡ በራንጥያ ፡ ወአበይዎ ፡ ለንጉሥ ፤ ወሰአልዎ ፡ ለእግዚአ
ብሔር ፡ እንዘ ፡ ይብሉ ፤ እመሰ ፡ ትሁበነ ፡ ኄረ ፡ ንጉሠ ፡ ከመ ፡ አንስጣስ
ዮስ ፡ አው ፡ ንሥአ ፡ ለዝንቱ ፡ ንጉሥ ፡ ዩስትያኖስ ፡[7] ዘወሀብከነ ። ወተን
ሥአ ፡ ፩ ፡ ብእሲ ፡ ገሃደ ፡ እምኔሆሙ ፡ ዘስሙ ፡ ቃሞስ ፡ ወይቤሎሙ ፤ ከ
መዝ ፡ ይቤ ፡ እግዚአብሔር ፤ ርእዩ ፡ እነ ፡ አፈቅረክሙ ፤[8] በአይ ፡ ምክንያ
ት ፡ ሰአልክሙኒ ። ናሁ ፡ ዘወሀብኩክሙ ፡[9] ወአኮ ፡ ካልእ ፡ ዘእንበሌሁ ፡
ዘእሁበክሙ ፤[10] እስመ ፡ ለእመ ፡ ከነ ፡ ይገብር ፡ በከመ ፡ ጽሑፍ ፡ ይኩን ፡ ስ
እለት ፡ ኀበ ፡ ጸላእያን ፡ ንጉሥ ። እስመ ፡ በኀጢአተ ፡ ዛቲ ፡ ሀገር ፡ ሜም
ክዎ ፡ ለዝንቱ ፡ ንጉሥ ፡ ጸላኤ ፡ ሠናያት ። ከመዝ ፡ ይቤ ፡ እግዚአብሔር ፤

[1] Mss. ይትራድኦ ፡
[2] Mss. ዩስያኖስ ፡
[3] Mss. ለሀገረ ፡
[4] A ኢያደሉ ፡
[5] A ለዩስቃ" ፡
[6] A በበሕታዌ ፡
[7] Mss. ዩስንያኖስ ፡
[8] Mss. አፈቅ" ፡
[9] Mss. ወሀብኩክሙ ፡
[10] Mss. ዘእሀበክሙ ፡

አንሰ ፡ እሁበክሙ ፡ ሥዩማነ ፡ በከመ ፡ ልብክሙ ። ወንጉሥሰ ፡ ከነ ፡ ትኩዘ ፡ ልብ ፡ ሰበ ፡ ሰምዐ ፡ ዘንተ ፡ ቃላተ ፤ ዳእሙ ፡ ከነ ፡ የኀሥሥ ፡ ተፋቅሮቶሙ ፡ ለሰብእ ፡ ፈሪሆ ፡ እምጠቢባን ፡ ከመ ፡ ኢይዝልፍዎ ፡[1] እንተ ፡ ሥርዐተ ፡ ዝንቱ ፡ ዓለም ። ወበምክረ ፡ ልቡ ፡ ኀረየ ፡ ወሤመ ፡ ሥዩማነ ፡ ውስተ ፡ ሀገረ ፡ መንግሥቱ ፡ ሀየንተ ፡ ታውጠጥስ ፡ ወቴዎድሮስ ፤ ወእለ ፡ ተሠይሙሰ ፡ ስሞሙ ፡ በይጣናርዮስ ፡ ወባብራምያም ፡ ሀገራዊ ።[2] ወእሉ ፡ እሙንቱ ፡ በብዙኀ ፡ ፃማ ፡ ወስደት ፡ አብጠሉ ፡ ፀብአ ፡ አሕዛብ ፡ ዘከኑ ፡ ይፃብኡ ፡ በበይናቲሆሙ ፡ ወአጥፍኡ ፡ ጽልአ ፡[3] ወአጽንዑ ፡ ሰላመ ። ወበዝንቱ ፡ ምክንያት ፡ ዓዲ ፡ ኢተከልአ ፡ መዓተ ፡ እግዚአብሔር ፡[4] እምነ ፡ ምድር ፡ በእንተ ፡ ጽንቱ ፤[5] ለንጉሥ ። እስመ ፡ ድልቅልቅ ፡ ከነ ፡ እምእግዚአብሔር ፡ ወወረደ ፡ እሳት ፡ እምሰማይ ፡ ውስተ ፡ ሀገረ ፡ አንጾኪያ ፡ እምቤተ ፡ ክርስቲያን ፡ ቅዱስ ፡ እስጢፋኖስ ፡ እስከ ፡ ቤተ ፡ ርእሰ ፡[6] ሐራ ፡ በግድማ ፡ ወኑኃ ፡ ወእስከ ፡ ቤተ ፡ ብለኔ ፡ ዘትሰመይ ፡ ጣይናዶንኑስ ፡ ወእስከ ፡ ቤተ ፡ ብለኔ ፡ አሕዛብ ፡ ዘሰራውያን ። ወበውእቱ ፡ መዋዕል ፡ ዓዲ ፡ ከነት ፡ ነደት ፡ እሳት ፡ በአድያመ ፡ ምሥራቅ ፡ ወውስተ ፡ ኵሉ ፡ ፍናዋት ፡ መጠነ ፡ ፳ ፡ አውራኀ ፡ ወኢክህለ ፡ መኑሂ ፡ ኀሊፈ ፡ ኢለፌ ፡ ወኢለፌ ። ወከነ ፡ ውዕየት ፡ ውስተ ፡ ሀገር ፡ ወንፍሳት ፡ ብዙኃን ፡ ተሀጕሉ ፡ በውዕየተ ፡ እሳት ፤ ወከነ ፡ እሳት ፡ ይወርድ ፡ እመልዕልተ ፡ ቤቱ ፡ ወይደመስስ ፡[7] እስከ ፡ መሠረቱ ። ወበመዋዕሊሁ ፡ ዓዲ ፡ ለዝንቱ ፡ ንጉሥ ፡ ሐመት ፡ ሀገረ ፡ አንጾኪያ ፡ ዐባይ ፡ ዘሻም ፡ ወንህለት ፡ ፮ ፡ ጊዜ ። ወተመስዉ ፡ እለ ፡ ተርፉ ፡ ሰብእ ፡ ውስተ ፡ አብያት ፡ ወከኑ ፡ ከመ ፡ አብድንት ፡ እለ ፡ አልበሙ ፡[8] ነፍስ ። ወከነ ፡ ፍሕመ ፡ እሳት ፡ ይወርድ ፡ እምአየር ፡ በአምሳለ ፡ መብረቅ ፡ ወያውዒ ፡ ኵሎ ፡ ዘረከበ ፤ ወሀገርኒ ፡ ወድቀት ፡ እስከ ፡ መሠረታቲሃ ፤ ወእለ ፡ ይፈቅዱ ፡ ይጕየዩ ፡ ከነ ፡ እሳት ፡ ይትልዎሙ ፡ ወእለሂ ፡ ሀለዉ ፡ ውስተ ፡ አብያት ፡ ውዕዩ ፡ በእሳት ፤ ወማሰነ ፡ ሥና ፡ ለሀገረ ፡ አንጾኪያ ፤ ወኢክህለ ፡ መኑሂ ፡ ያምሥጥ ፡ እምእሳት ፤ ወአብያትሂ ፡ እለ ፡ ሀለዉ ፡ ውስተ ፡ አድባር ፡ ዓዲ ፡ ኢድኅኑ ፡ እምዝንቱ ፡ መዓት ። ወመካነ ፡ ሰማዕታትሂ ፡ ብዙኃን ፡ ንህሉ ፤ ወበ ፡ እምኔሆሙ ፡ ዘተሠጥቀ ፡ ለክልኤ ፡ ክፍል ፡ እምነ ፡ መልዕልት ፡ እስከ ፡ መትሕት ፤ ወ

[1] Mss. ኢይዝልፍዎሙ ፡
[2] B ሀገራዌ ፡
[3] B ጸልአ ፡
[4] A ግዚአብሔር ፡
[5] A ጸንቱ ፡
[6] A ርእሰ ፡
[7] B ወይደመሰሰ ፡
[8] A አልበ ፡

ቤተ ፡ ክርስቲያን ፡ ዐባይ ፡ ዘተሐንፀት ፡ በመዋዕሊሁ ፡ ለቈስጠንጢኖስ ፡ ንጉሥ ፡ ማሰነት ። ወበዝን ፡ ብካይ ፡ ወሰቆቃው ፡ ውስተ ፡ ሀገር ፡ ወከነ ፡ ኵልቆሙ ፡ እለ ፡ ሞቱ ፡ ለዕድ ፡ ወለአንስት ፡ ለደቂቅ ፡ ወለሕፃናት ፡ ፳ወ፰፻ ፡ ንፍስ ።[1] ወሶበ ፡ ከነ ፡ በዓለ ፡ ዕርገቱ ፡ ለእግዚእነ ፡ ወመድኀኒነ ፡ ኢየሱስ ፡ ክርስቶስ ፡ ተጋብኡ ፡ ብዙኀ ፡ ሕዝብ ፡ ውስተ ፡ ቤተ ፡ ክርስቲያን ፡ ዘትሰመይ ፡[2] ካራዳውን ፡ ከመ ፡ ይግበሩ ፡ ቅዳሴ ፡ በእንተ ፡ ዝንቱ ፡ ነገር ፡ መፍርህ ። ወብዙኃን ፡ ሰብእ ፡ እለ ፡ ተርፉ ፡ እመቅሠፍት ፡ ወዕኡ ፡ ከመ ፡ ይቅብሩ ፡ ሙታኒሆሙ ፡ ወካልአንሂ ፡ እምአንስት ፡[3] አውፅኡ ፡ ደቂቆሙ ፡ እለ ፡ ድኅኑ ። ወምንዱብሰ ፡[4] አፍራስዩን ፡ ዘኢከነ ፡ ድልወ ፡ ለሊቀ ፡ ጵጵስና ፡ ውእቱኒ ፡ ውዕየ ፡ በእሳት ፤ ወሜጡ ፡ ሀየንቴሁ ፡ በዕፃ ፡ ለ፭ ፡ ብእሲ ፡ ዘስሙ ፡ [ኤፍሬም ፡][5] አማዲኑስ ፡ ዘከነ ፡ [እምሀገረ ፡ አምድ ፡ ዘከነ ፡][6] ማእከለ ፡ ክልኤ ፡ አፍላግ ። ወዝንቱ ፡[7] ዓዲ ፡ ከነ ፡ ኬልቄዶናዌ ፡ ዘይሰድዶሙ ፡ ለአርቶዶክሳውያን ፡ በከመ ፡ ከኑ ፡ ይሰድዱ ፡ እለ ፡ ቅድሜሁ ። ወሀገረ ፡ ሰሉቅያ ፡ ወሀልቅያ ፡ [ንህሉ ፡][8] ወኵሎሙ ፡ አህጉራት ፡ እስከ ፡ ፳ ፡ ምዕራፍ ፡ በኑኆን ፡ ወግድሞን ። ወኵሉ ፡[9] ዘርእየ ፡ እምሰብእ ፡ ይቤ ፤ ዝኵሉ ፡ ዘከነ ፡ እከያት ፡ በእንተ ፡ ኀዲግ ፡ ሃይማኖት ፡ አርቶዶክሳዊት ፡ ወዓዲ ፡ በእንተ ፡ ስደቱ ፡[10] ለሊቀ ፡ ጳጳሳት ፡ ሳዊሮስ ፡ በዐመፃ ፡ ወበእንተ ፡ እከይ ፡ ዘገብረ ፡ ዩስትያኖስ ፡ ንጉሥ ፡ ወበእንተ ፡ ኀዲጎቱ ፡ ሃይማኖተ ፡ ነገሥት ፡ መፍቀርያነ ፡ አምላክ ፡ እለ ፡ ቅድሜሁ ፤ በእንተዝ ፡ ከነ ፡ ዝንቱ ፡ ሕማም ፡ ወዝንቱ ፡ ምንዳቤ ፡ ኀቡረ ። ወሶበ ፡ ሰምዐ ፡ ዩስትያኖስ ፡ ንጉሥ ፡ ዘንተ ፡ [አእተተ ፡][11] አክሊለ ፡ መንግሥት ፡ ምስለ ፡ ልብስ ፡ ኀቡረ ፡ ወበከየ ፡ ወአስቆቀወ ፡ ወኀደገ ፡[12] ወቢአ ፡ ውስተ ፡ መካነ ፡ ተውኔት ። ወበግብር ፡ ጽኑዕ ፡ መጽአ ፡ ውስተ ፡ ቤተ ፡ ክርስቲያን ፡ እምዐውደ ፡ መንግሥቱ ፡ በዕለተ ፡ ኀሙስ ፡ ዘፍሥሕ ፡ ወውእቱ ፡ እንዘ ፡ የሐውር ፡ ዲበ ፡ ምድር ፡ እንበለ ፡ አሣእን ፤ ወኵሎሙ ፡ ሕዝብ ፡ ወሠራዊት ፡ ይበክዩ ፡ ወያስቆቅዉ ፡[13] በብዙኀ ፡ አንብዕ ፤ ወወሀበ ፡ ብዙኀ ፡ ወርቀ ፡ ከመ ፡ ይሕንፁ ፡

[1] A ነፍሳት ፡

[2] A ዘተሰመይ ፡

[3] Mss. ወብዙኃን ፡ እምአንስት ፡ ወዕኡ ፡ ከመ ፡ ይቅብሩ ፡ ሙታኒሆሙ ፡ እለ ፡ ተርፉ ፡ እመቅሠፍት ፡ ወካልአንሂ ፡ ሰብእ ፡

[4] A ወምንዳብሰ ፡

[5] Manque dans les deux mss.

[6] Ces mots manquent dans les deux mss.

[7] B ወዝንቱኒ ፡

[8] Manque dans les deux mss.

[9] Mss. ወኵሎ ፡

[10] A ሰደቱ ፡

[11] Manque dans les deux mss.

[12] Mss. ወኀዲገ ፡

[13] Mss. ያስቆቁ ፡

በሙ ፡ አብያተ ፡ ክርስቲያናት ፡ ወአህጉራት ፡ እለ ፡ ንህሉ ፡ ከመ ፡ ከማሁ ፡
አልቦ ፡ ዘወህቦ ፡ እምነገሥት ፡ ዘቅድሜሁ ። ወበመዋዕለ ፡ መንግሥቱ ፡ ዓ
ዲ ፡ መጽኡ ፡ ኀቤሁ ፡ ሕዝበ ፡ ላዘውን ፡ ወከኑ ፡ መሲሓውያነ ፡[1] እንዘ ፡ ሀ
ለዉ ፡ ታሕተ ፡ ሥልጣነ ፡ ፋርስ ፡ ወተወከፉ ፡ ሕገ ፡ ምሰሊሆሙ ፤[2] ወሶበ ፡ ሞ
ተ ፡ ንጉሠ ፡ ፋርስ ፡ ነሥኡ ፡ ጸጋ ፡ እምሰማይ ፡ እንተ ፡ ይእቲ ፡ ሃይማኖት ፡
በወልደ ፡ እግዚአብሔር ፡ እግዚእነ ፡ ኢየሱስ ፡ ክርስቶስ ። ወሶበ ፡ መጽኡ ፡
ኀበ ፡ ሀገረ ፡ ቍስጥንጥንያ ፡ ኀበ ፡ ንጉሥ ፡ ዩስትያኖስ ፡ እንዘ ፡ ይብሉ ፤ ን
ሕነ ፡ ንፈቅድ ፡ ከመ ፡ ትረስየነ ፡ መሲሓውያነ ፡[3] ከማከ ፡ ወንከውን ፡ ታሕ
ተ ፡ መንግሥተ ፡ ሮም ፤ ወውእቱሰ ፡ ተወከፎሙ ፡ በፍሥሓ ፡[4] ወአጥመ
ቆሙ ፡ በስመ ፡ አብ ፡ ወወልድ ፡ ወመንፈስ ፡ ቅዱስ ፡ ሥሉስ ፡ ዕሩይ ። ወለ
ሊቆሙሂ ፡ አክበሮ ፡ ፈድፋደ ፡ ወአልበሶ ፡ ልብሰ ፡ ክቡረ ፡ ድኅረ ፡ ተጠም
ቀ ፤ ወአክበሮ ፡ በከመ ፡ ይደሉ ፡ ለነገሥት ፡ ወወህቦ ፡ ሎቱ ፡ ወለተ ፡ ፩ ፡
እመኳንንት ፡ ትኩኖ ፡ ብእሲተ ፤ ወስሙ ፡ ለውእቱ ፡ መኰንን ፡[5] ዮንዮስ ፤
ወፈነዎ ፡ በክብር ፡ ዐቢይ ፡ ኀበ ፡ ሀገሩ ። ወሶበ ፡ አእመረ ፡ ቀዋድስ ፡ ንጉ
ሠ ፡ ፋርስ ፡ ዘንተ ፡ ሐመ ፡ ልቡ ፡ ፈድፋደ ፡ ወፈነወ ፡ መተንብላነ ፡ እምኀ
ቤሁ ፡ ኀበ ፡ ንጉሥ ፡ ዩስትያኖስ ፡ እንዘ ፡ ይብል ፡ ከመዝ ፤ ቅድመሰ ፡ ከነ ፡
ማእከሌነ ፡ ፍቅረ ፡ ወሰላመ ፡ ወናሁ ፡ ይእዜ ፡ ገበርከ ፡ ጽልአ ፡ ወነሣእከ ፡
ለንጉሠ ፡ ላዘውን ፡ ዘከነ ፡ ታሕተ ፡ ሥልጣንነ ፡ ወአከ ፡ ታሕተ ፡ ሥልጣ
ነ ፡ ሮም ፡ እምቀዳሚ ፡ ዘመን ። ወንጉሥ ፡ ዩስትያኖስ ፡ ሰሚዖ ፡ ዘንተ ፡ ጸ
ሐፈ ፡ ሎቱ ፡ ተሠጥዎተ ፡ ነገር ፡ ከመዝ ፡ እንዘ ፡ ይብል ፤ ንሕነሰ ፡ ኢነሣ
እነ ፡ እምኔከ ፡ ዘእምታሕተ ፡ ሥልጣንከ ፤ ዳእሙ ፡ ሶበ ፡ መጽአ ፡ ኀቤነ ፡
፩ ፡ ብእሲ ፡ ዘስሙ ፡ ራንዩስ ፡ እንዘ ፡ ይስእለነ ፡ ወይሰግድ ፡ ለነ ፡ ከመ ፡ ና
ሰስል ፡ እምኔሁ ፡ ስሕተቶ ፡ ዘከነ ፡ የሐውር ፡ ባቲ ፡ በስሕተተ ፡ አጋንንት ፡
ወ[ሕገ ፡][6] ሐነፋውያን ፡ ወመሥዋዕት ፡ ርኵስት ፡[7] ወሰአለ ፡ ከመ ፡ ይኩ
ን ፡ መሲሓዌ ፡[8] እፎ ፡ እከል ፡ አነ ፡ ከመ ፡ እክልኦ ፡ አነ ፡ ለዘይፈቅድ ፡ ተ
መይጠ ፡ ኀበ ፡ እግዚአብሔር ፡ ዘበአማን ፡ ፈጣሬ ፡ ኵሉ ፤ ወሶበ ፡ ከነ ፡ መ
ሲሓዌ ፡[9] ወተደለወ ፡ ለነሢአ ፡ ምሥጢር ፡ ቅዱስ ፡ ኀደግናሁ ፡[10] ይሑር ፡
ሀገሮ ። ወበዝንቱ ፡ ምክንያት ፡ ከነ ፡ ጽልአ ፡ ማእከለ ፡ ሮም ፡ ወፋርስ ።

1 Mss. መሲሐ" ፡
2 Mss. ምስሌሆሙ ፡
3 Mss. መሲሐ" ፡
4 Mss. በፍሥሐ ፡
5 A መኰን ፡
6 Manque dans les deux mss.
7 Mss. ወመሥዋዕተ ፡ ርኵሰተ ፡
8 Mss. መሲሐዌ ፡
9 Mss. መሲሐዌ ፡
10 A ኀድግናሁ ፡

ወንጉሦሰ ፡ ዩስትያኖስ ፡ [ሰአሎ ፡][1] ለዝቃ ፡ ንጉሠ ፡ ቱንስ ፡ ከመ ፡ ይኩኖ ፡ ረድኤተ ፡ በውስተ ፡ ፀብኢ ፡ ወወሀበ ፡ ብዙኀ ፡ ሀብታተ ፡ ወአምሐሎ ፡ በመሐላ ፡ ጽኑዕ ፡ ከመ ፡ ይሑር ፡ ምስሌሁ ፡ በጽድቅ ፡ ወበርትዕ ፤ ወኢዐቀባ ፡ ለመሐሉ ፡ ባሕቱ ፡ ሖረ ፡ ዜቃ ፡ ኀበ ፡ ቀዋድስ ፡ ንጉሠ ፡ ፋርስ ፡ ወምስሌሁ ፡ ፲፱ ፡ መስተፃብኣን ፡ ወተሰናአዎ ፡[2] ወከነ ፡ ፩ ፡ ምስሌሁ ። ዳእሙ ፡ ረድኤተ ፡ እግዚአብሔር ፡ ሀለወት ፡ ምስለ ፡ መሲሓውያን ፡[3] ወይፀብኦሙ ፡ ለጸላእቶሙ ፡ ኵሎ ፡ ጊዜ ። ወሰበ ፡ ተንሥኡ ፡ ፋርስ ፡ ለፀብእ ፡ ፈነወ ፡ ንጉሥ ፡ ዩስትያኖስ ፡ ኀበ ፡ ንጉሠ ፡ ፋርስ ፡ ከመዝ ፡ እንዘ ፡ ይብል ፤ ናሁ ፡ ከነ ፡ ይደልወነ ፡ ከመ ፡ ንኩን ፡ አኀወ ፡ በፍቅር ፡ ወኢይሥሐቁ ፡ ብነ ፡ ዕድዋኒነ ፤ ወናሁ ፡ ንፈቅድ ፡ አይድዖተከ ፡[4] እስመ ፡ ሲልይስ ፡ ቱገሳዊ ፡ ነሥአ ፡ እምኔነ ፡ ብዙኀ ፡ ንዋያተ ፡ ከመ ፡ ይኩን ፡ ረድኤተ ፡ ለነ ፡ በጊዜ ፡ ፀብእ ፡ ወነዋ ፡ ይእዜ ፡ መጽአ ፡ ኀቤከ ፡ በምክረ ፡ ጕሕሉት ፡ ወበጊዜ ፡ ፀብእ ፡ ይመጽእ ፡ ኀቤነ ፡ ወይቀትሎሙ ፡ ለፋርስ ። ወይእዜ ፡ በከመ ፡ ትቤ ፡ አንተ ፤ ኢይኩን ፡ ጽልአ ፡ ማእከሌነ ፡ ዳእሙ ፡ ሰላመ ። ወሰበ ፡ ሰምዐ ፡ ቀዋድስ ፡ ንጉሠ ፡ ፋርስ ፡ ተስእሎ ፡ ለሲልቢስ ፡ ወይቤሎ ፤ አማንኑ ፡ ነሣእከ ፡ አንተ ፡ ንዋያተ ፡ እምነ ፡ ሮም ፡ ከመ ፡ ትትራድኦሙ ፡ ላዕለ ፡ ሰብአ ፡ ፋርስ ። ወይቤ ፡ እወ ። ወተምዕዐ ፡ ቀዋድስ ፡ ወአዘዘ ፡ በጊዜሃ ፡[5] ከመ ፡ ይምትሩ ፡ ርእሶ ፤ እስመ ፡ መሰሎ ፡ ዘገብረ ፡ ዘንተ ፡ በጕሕሉት ፤ ወፈነወ ፡ መስተፃብኣን ፡[6] ከመ ፡ ይፃብእዎሙ ፡[7] ለ፲፱ ፡ እለ ፡ መጽኡ ፡ ምስሌሁ ፡ ወቀተልዎሙ ፡ ወኢተርፉ ፡ ዘእንበለ ፡ ኅዳጣን ፡ ወተመይጡ ፡ ኀበ ፡ ሀገሮሙ ፡ በኀፍረት ፡ ዐቢይ ። ወእምውእቱ ፡ ዕለት ፡ ከነ ፡ ዕርቅ ፡ ማእከለ ፡ ቀዋድስ ፡ ንጉሠ ፡ ፋርስ ፡ ወማእከለ ፡ ዩስትያኖስ ፡ ንጉሠ ፡ ሮም ። ባሕቱ ፡[8] መንግሥተ ፡ ዩስትያኖስ ፡ ኢጐንደየት ፡ እምድኅረ ፡ ዝንቱ ፡ ዕርቅ ፤ ወበታስዕ ፡ ዓመተ ፡ መንግሥቱ ፡ ወድቀ ፡ ውስተ ፡ ሕማም ፡ ዐቢይ ፤ እስመ ፡ ሀለወ ፡ ውስተ ፡ ርእሱ ፡ ቍስል ፡ ዘተነድፈ ፡ በሐፅ ፡ እንዘ ፡ ሀሎ ፡ ውእቱ ፡ በፀብእ ፤ ተሐደሰ ፡ ቦቱ ፡ ቍስል ፡ ወነበረ ፡ ቦቱ ፡ ብዙኀ ፡ መዋዕለ ፡ ዘእንበለ ፡ ፈውስ ። ወእንዘ ፡ ሀሎ ፡ ውእቱ ፡ በሕማም ፡ አንገሦ ፡ ለወልደ ፡ እኁሁ ፡ ወአንበረ ፡ ላዕሌሁ ፡ አክሊለ ፡ መንግሥት ፡ ወረሰየ ፡ ኵሎ ፡ ግብረ ፡ መንግሥት ፡ በእዴሁ ፤ ወእምዝ ፡ ሞተ ። ወዩስታንስሰ ፡ ድኅረ ፡ አኀዘ ፡

[1] Manque dans les deux mss.

[2] Mss. "አን ፡ ወተሰነአወ ፡

[3] Mss. መሲሐ" ፡

[4] A አይደዖተከ ፡

[5] Mss. በጊዜ ፡

[6] Mss. "አኒ ፡

[7] A ይፀብ" ፡

[8] A ወባሕቱ ፡

መንግሥት ፡ በእዴሁ ፡ ነበረ ፡ ቍስጥንጥንያ ፡ ምስለ ፡ ቃእድራ ፡ ብእሲቱ ፤ ወገብረ ፡ ኵሎ ፡ ትሩፋተ ፡ ወተኀብኡ ፡ እምኔሁ ፡ ኵሎሙ ፡ አሕዛብ ፡ ዘ እንበለ ፡ ኀፍረት ። ወሐነፀ ፡[1] አብያተ ፡ ክርስቲያናት ፡ ውስተ ፡ ኵሉ ፡ መ ካን ፡ ወመካናተ ፡ ለተወክፎ ፡ ነግድ ፡ ወማኅደረ ፡ ለመፍቅደ ፡ አእሩግ ፡ ወ መካነ ፡ ለሕሙማን ፡ ወአብያተ ፡ ለእጓለ ፡ ማውታ ፡ ወብዙኃን ፡ ካልአን ፡[2] ዘይመስልዎሙ ፡ ለዝንቱ ፤ ወሐደሰን ፡ ለብዙኃት ፡[3] አህጉራት ፡ እለ ፡ ተ ነሥታ ፡ ወወሀበ ፡ ብዙኃተ ፡ ንዋያተ ፡ ለሰብእ ፤ ወኢገብረ ፡ መኑሂ ፡[4] ከማ ሁ ፡ እምነገሥት ፡ እለ ፡ ቀደምዎ ። ወቀዋድስስ ፡ ንጉሠ ፡ ፋርስ ፡ ፈቀደ ፡ ይግበር ፡ ፀብአ ፡ ምስለ ፡ [ንጉሠ ፡][5] ለዛውን ፡ በእንተ ፡ ዘተራድእሙ ፡ ለሮ ም ፡ ወከነ ፡ መሲሓዌ ፡[6] ወበአ ፡ ውስተ ፡ ሃይማኖቶሙ ። ወጸሐፈ ፡ ኀበ ፡ እስጢናስ ፡ ንጉሥ ፡ ከመ ፡ ይትራድአ ፡ በእንተ ፡ አሚኖቱ ፡ በክርስቶስ ። ወበጊዜሃ ፡ ፈነወ ፡ ኀቤሁ ፡ ብዙኀ ፡ ተዓይነ ፡ ምስለ ፡ ፫ ፡ መኳንንት ፡ ዘው እቶሙ ፡ አስማቲሆሙ ፡ ዋሊሳርዮስ ፡ ወካሪኩን ፡ ወዋሪኑስ ፡ ከመ ፡ ይርድ እዎ ። ወሰበ ፡ ተፃብኡ ፡ [ተቀትሉ ፡][7] ብዙኃን ፡ እምሮም ፤ እስመ ፡ ተጋእ ዙ ፡[8] በበይናቲሆሙ ። ወሰበ ፡ ሰምዐ ፡ ንጉሥ ፡ ተምዕዐ ፡ ጥቀ ፡ ወፈነወ ፡ ጴጥሮስሃ ፡ መኰንነ ፡ ምስለ ፡ ብዙኃን ፡ ነዳፍያን ። ወቆመ ፡ ዝንቱ ፡ ጴጥ ሮስ ፡ ቅድመ ፡ መኳንንተ ፡ ሮም ፡ ወኀብረ ፡ ምስለ ፡ ላዛውን ፡ ወተፃብእዎ ሙ ፡ ለፋርስ ፡ ወቀተሉ ፡ እምኔሆሙ ፡ ብዙኃነ ፡ ሰብአ ፡ በውእቱ ፡ ጊዜ ፡ እምሰብአ ፡[9] ፋርስ ። ወዩስትያኖስኒ ፡ ንጉሥ ፡ ከነ ፡ መፍቀሬ ፡ እግዚአብ ሔር ፡[10] በኵሉ ፡ ልቡ ፡ ወኀሊናሁ ። ወከነ ፡ ብእሲ ፡[11] መሠርይ ፡ ዘስሙ ፡ ማሲዲስ ፡[12] ዘይነብር ፡ በሀገረ ፡ በራንጥያ ፡ ወጉባኤ ፡ አጋንንት ፡ ሀለዉ ፡ ምስሌሁ ፡ ወይትለአክዎ ፤ ወኵሎሙ ፡ ምእመናን ፡ ይትገኃሡ ፡ እምኔሁ ፡ ወኢይሰተፍዎ ፡ በምንትኒ ። ወአዘዘሙ ፡ ውእቱ ፡ መሠርይ ፡ ለአጋንንት ፡ ከመ ፡ የሀቡ ፡ ዝብጠታተ ፡ እኩያተ ፡ ለሰብእ ። ወእለሰ ፡ ከኑ ፡ የሐይዉ ፡ ዘእንበለ ፡ ፈውሰ ፡ ነፍስ ፡ ወከኑ ፡[13] ድሩዓነ ፡ ለተውኔት ፡ ወለመርዶ ፡ ወፈ ድፋደ ፡ ክቡራነ ፡ ሀገር ፡ ዘውእቶሙ ፡ አትናምስ ፡ ወአርናረውረዉስ ፡[14] በጣርቃት ፡ ከኑ ፡ ያከብርዎ ፡ ለውእቱ ፡ ብእሲ ፡ ፀረ ፡ እግዚአብሔር ። ወ

[1] A ወሐነፁ ፡
[2] Mss. ካልአን ፡
[3] A ለብዙኃት ፡ ካልአን ፡
[4] A መነሂ ፡
[5] Manque dans les deux mss.
[6] Mss. መሲሐዌ ፡
[7] Manque dans les deux mss.
[8] Mss. ተገዓዙ ፡
[9] A እምሰብእ ፡
[10] A መፍቀሬ ፡ እግዚአብሔር ፡ ከነ ፡
[11] A ብእሴ ፡
[12] A መሴዲስ ፡
[13] Mss. ከኑ ፡
[14] A "ሪዉስ ፡

እሉ ፡ እሙንቱ ፡ በጣርቃት ፡ ተባህሉ ፡[1] ወነገርዎ ፡ ለንጉሥ ፡ በእንተ ፡ ዝኩ ፡ መሠርይ ፡ ወይቤልዎ ፤ ዝንቱ ፡ ውእቱ ፡ ዘኮነ ፡ ምክንያተ ፡ ሐጕሎሙ ፡ ለፋርስ ፡ ወዘይሁበሙ ፡[2] መዊአ ፡ ለሮም ፡ ወይረብሓ ፡[3] በምግባሩ ፡ ለሀገረ ፡ ሮም ፡ ወይሠርዖሙ ፡ ለአሕዛብ ፡ ወያስተጋብእ ፡ ጸባሕተ ፡ በሠናይ ፡ ወይፌኑ ፡ አጋንንተ ፡ ኀበ ፡ ፋርስ ፡ ወይሬሲ ፡ ጽኑዐ ፡ ፀብአሙ ፡ ጽቡሰ ፡ በብዙኅ ፡ ዝብጠታት ፡ ሊሉያት ፡ ወፍሉጣት ፡ ወያመውእሙ ፡ ዘእንበለ ፡ ተፃብኦ ። ዳእሙ ፡ ኮነ ፡ ጽኑዐ ፡ ልብ ፡ ይዔለቅ ፡ በነገረ ፡ እልክቱ ፡ አግብርተ ፡ አጋንንት ፡ ወፈቀደ ፡ ከመ ፡ ያእምር ፡ ምክሮሙ ፡ ርኩሰ ፤ ወኮነ ፡ ማሲድስ ፡ ይገብር ፡ ግብራተ ፡ እኩያተ ፡ በከመ ፡ ይቤልዎ ፡ እሉ ፡ በጣርቃት ። ወሶበ ፡ አእመረ ፡ ንጉሥ ፡ ሰሐቀ ፡ ላዕሌሆሙ ፡ ወይቤሎሙ ፤ እንሰ ፡ ኢይፈቅድ ፡ ሥራየ ፡ ወመቃስመ ፡[4] ዘአንተ ፡ ትገብር ፡ እስመ ፡ አንተ ፡ ትኄሊ ፡ ከመ ፡ ታሜንያ ፡[5] ለሀገር ። አንሰ ፡[6] ዩስትያኖስ ፡ ንጉሥ ፡ ክርስቲያናዊ ፡ እማእ ፡ በረድኤተ ፡ አጋንንት ፤ ባሕቱ ፡ ረድኤትየ ፡[7] እምኀበ ፡ እግዚአብሔር ፡ ወእግዚእየ ፡ ኢየሱስ ፡ ክርስቶስ ፡ ፈጣሬ ፡ ሰማያት ፡ ወምድር ። ወበእንተዝ ፡ ሰደዶ ፡ ለውእቱ ፡ መሠርይ ፡ ወለረዳእያኒሁ ፤ እስመ ፡ ኮነ ፡ ተሰፋሁ ፡ በእግዚአብሔር ፡ በኵሉ ፡ ጊዜ ። ወእምድኅረ ፡ ኅዳጥ ፡ ዘመን ፡ ረከበ ፡ መዊአ ፡ ንጉሥ ፡ እምእግዚአብሔር ፡ ወአዘዘ ፡ ከመ ፡ ያውዕይዎ ፡ በእሳት ፡ ለውእቱ ፡ መሠርይ ። ወኮኑ ፡ ፋርስ ፡ መስተፃርራነ ፡ ምስለ ፡ ሮም ፡ ወሰአልዎሙ ፡ ለሰብአ ፡ ቱንስ ፡ ከመ ፡ ይፈንዉ ፡[8] ክልኤ ፡ ፼ ፡ መስተቃትላነ ፡ ከመ ፡ ይግበሩ ፡ ፀብአ ፡ ምስለ ፡ ሮም ። ወሀለወት ፡ በሀየ ፡ አሐቲ ፡ ብእሲት ፡ ጽንዕት ፡ በሀገረ ፡ ቱንስ ፡ አፍአዊት ፡[9] ዘስማ ፡ ዋራክስ ፡ በልሳን ፡ በርበር ። ወኮነት ፡ ይእቲ ፡ ብእሲት ፡ መበለት ፡ ጠባበ ፤ ወኮኑ ፡ ላቲ ፡ ክልኤ ፡ ውሉድ ፡ ንኡሳን ፤ ወአእላፍ ፡ ሠራዊት ፡ እምሰብአ ፡ ቱንስ ፡ ሀለዉ ፡ ታሕተ ፡ ሥልጣና ፤ ወኮነት ፡ ጽንዕተ ፡ በኀይል ፡ እምድኅረ ፡ ሞተ ፡ ምታ ፡ ዘስሙ ፡ ባልቅ ። ተንሥአት ፡ ይእቲ ፡ ብእሲት ፡ ወመጽአት ፡ ኀበ ፡ ንጉሥ ፡ ዩስትያኖስ ፡ መሲሓዊ ፡[10] ወአብአት ፡ ሎቱ ፡ ወርቀ ፡ ብዙኀ ፡ ወብሩረ ፡ ወአእባነ ፡ ክቡራተ ። ወንጉሥሰ ፡ አዘዛ ፡[11] ከመ ፡ ትትራከብ ፡ ምስለ ፡ ፪ ፡ መኳንንት ፡ እለ ፡ ይፈቅ

1 Mss. ተበሀሉ ፡
2 A ወዘይሀበሙ ፡
3 Mss. ወይረብሐ ፡
4 Mss. ወመስተቃስመ ፡
5 B ተሜንያ ፡
6 Mss. አነሰ ፡
7 A በረድኤትየ ፡
8 Mss. ይፌንዉ ፡
9 Mss. አፍአዊት ፡
10 Mss. መሲሐዊ ፡
11 Mss. አዘዘ ፡

ዱ ፡ ተሰናእዎ ፡ ምስለ ፡ ፋርስ ፡ ወይፅብእዎሙ ፡[1] ለሮም ፤ ወዝውእቱ ፡ አስማቲሆሙ ፡ እስቴራ ፡ ወአግላኖስ ። ወይእቲሰ ፡ ብእሲት ፡ ሰበ ፡ ረከበቶሙ ፡ ለእሙንቱ ፡ መኳንንት ፡ የኀብሩ ፡ ምስለ ፡ ፋርስ ፡ ፀብአቶሙ ፡ ወሞአቶሙ ፡ ወቀተለቶ ፡ ለአግላኖስ ፡ በመከነ ፡ ፀብእ ፡ ወለእለ ፡ ምስሌሁ ፤ ወለአስቴራሂ ፡ ረከበቶ ፡ ሕያዎ ፡ ወአኀዘቶ ፡ ወአሰረቶ ፡ ወፈነወቶ ፡ ውስተ ፡ ሀገረ ፡ ቍስጥንጥንያ ፤ ወሰቀልዎ ፡[2] ዲበ ፡ ዕፅ ፡ ወቀነውዎ ። ወእምድኅረዝ ፡ መጽአ ፡ ፩ ፡ ብእሲ ፡ ዘስሙ ፡ ያርከስ ፡ እምነ ፡ ቶንስ ፡ ኀበ ፡ ንጉሥ ፡ ዩስትያኖስ ፡ ወተጠምቀ ፡ ወኮነ ፡ መሲሓዌ ።[3] ወተሐበዮ ፡[4] ንጉሥ ፡ ዮስትያኖስ ፡ በጥምቀት ፡ ወወሀበ ፡ ብዙኀ ፡ ክብረ ፡ ወፈነዎ ፡ ይሑር ፡ ሀገሮ ፤ ወውእቱ ፡ ኮነ ፡ ተቀናዬ ፡ ለመንግሥተ ፡ ሮም ። ወሰበ ፡ በጽሐ ፡ ኀበ ፡ ሀገሩ ፡ አይድዖ ፡ ለእኅሁ ፡ በእንተ ፡ ሀብት ፡ ዘወሀቦ ፡ ንጉሥ ፤ ወውእቱ ፡ ዓዲ ፡ ኮነ ፡ መሲሓዌ ።[5] ውእቱሰ ፡ ያርከስ ፡ ነሥአ ፡ ኵሎ ፡ ጣዖታተ ፡ ዘኮኑ ፡ ያመልክዎሙ ፡ ሰብአ ፡ ቱንስ ፡ ወሰበሮሙ ፡ ወቀጥቀጦሙ ፡ ወነሥአ ፡ ብሩረ ፡ ዘተለብጠ ፡[6] ላዕሌሆሙ ፡ ወአውዐዮሙ ፡ በእሳት ። ወተምዕዑ ፡ ኵሎሙ ፡ ሰብአ ፡ ሀገረ ፡ ቱንስ ፡ እስመ ፡ ውእቶሙ ፡ ኮኑ ፡ በርበር ፡ ወተንሥኡ ፡ ላዕሌሁ ፡ ወቀተልዎ ። ወሰበ ፡ ሰምዐ ፡ ንጉሥ ፡ ዩስትያኖስ ፡ ዘንተ ፡ ተንሥአ ፡ ወሖረ ፡ ለተዓብአቶሙ ፡ ወፈነወ ፡ አሕማረ ፡ ብዙኃተ ፡ እምፍኖተ ፡ ባሕረ ፡[7] ባንጦስ ፡ ወብዙኃን ፡ መስተቃትላን ፡[8] እምአክራድ ፡ ወአጅም ፤[9] ወመኰንን ፡ መስተቃትል ፡ ሤሞ ፡ ላዕለ ፡ አሕማር ፡ ዘስሙ ፡ ጡሊለን ፤ ወለሰብአ ፡ አፍራስሂ ፡ ፈነዎሙ ፡ በየብስ ፡ ወብዙኀ ፡ ሠራዊተ ፡ ምስለ ፡ ዋጡርያሪስ ፡ መኰንን ። ወሰበ ፡ ሰምዑ ፡ ሰብአ ፡ ሀገረ ፡ ቱንስ ፡ ጐዩ ፡ ወተኀብኡ ፤ ወንጉሥኒ ፡ አኀዘ ፡ ሀገሮሙ ፡ ወገብረ ፡ ሰላመ ፡ ምስሌሆሙ ፡ ምዕረ ፡ ዳግመ ። ወበውእቱ ፡ መዋዕል ፡ ነግሠ ፡ በሀገረ ፡ ቱንስ ፡ ፩ ፡ ብእሲ ፡ ዘስሙ ፡ አከረይድስ ፤ ወመጽአ ፡ ኀበ ፡ ንጉሥ ፡ ዩስትያኖስ ፡ ወኮነ ፡ መሲሓዌ ፡[10] ውእቱ ፡ ወኵሎሙ ፡ አዝማዲሁ ፡ ወመኳንንቲሁ ። ወንጉሥኒ ፡[11] ወሀበ ፡ ብዙኀ ፡ ንዋያተ ፡ ወፈነዎ ፡ ይሑር ፡ ሀገሮ ፡ በክብር ፡ እንዘ ፡ ይትቀነይ ፡ ለመንግሥተ ፡ ሮም ። ወበመዋዕሊሁ ፡ ለዩስትያኖስ ፡ ንጉሥ ፡ ተዓብኡ ፡ ሕንድ ፡ ምስለ ፡ ሰብአ ፡ ጸሊማን ። ወኮነ ፡ ስመ ፡[12]

1 A ወይፀ″ ፡
2 Mss. ወሰቀለቶ ፡
3 Mss. መሲሐዌ ፡
4 A ወተሐብዮ ፡
5 Mss. መሲሐዌ ፡
6 Mss. ዘተጠለብጠ ፡
7 Mss. ሀገረ ፡
8 Mss. መስተቀትላን ፡
9 B ወአጅዎም ፡ (*sic*).
10 Mss. መሲሐዌ ፡
11 B ወንሥኒ ፡, A ወንሥአኒ ፡
12 A እስመ ፡

ንጉሦሙ ፡ ለሕንዳውያን ፡ እንዳስ ፤ ወከነ ፡ ያመልክ ፡ ለኮከብ ፡ ዘስሙ ፡
ዙኀል ። ወይእቲሰ ፡ ሀገረ ፡ ጸሊማን ፡ ኢኮነት ፡ ርኅቅተ ፡ እምሀገረ ፡ ም
ስር ፤ እስመ ፡ ሀለዉ ፡ ውስተ ፡ ሀገረ ፡ ጸሊማን ፡ ፫ ፡ መንግሥታት ፡ ዘሕን
ዳውያን ፡ ወ፯ ፡ መንግሥታት ፡ ዘሐበሽ ፤ ወሀለዉ ፡ በሐይቀ ፡ ባሕረ ፡ ጼ
ው ፡ መንገለ ፡ ምሥራቅ ። ወከነ ፡ መከራ ፡ ጽኑዐ ፡ ላዕለ ፡ ነጋድያን ፡ መሲ
ሒውያን ፡[1] እለ ፡ የኀልፉ ፡ ላዕለ ፡ ሀገረ ፡ መምለክያን ፡ ከዋክብት ፡ ወላ
ዕለ ፡ አሕዛብ ፡ እለ ፡ ዘከርናሆሙ ፡ ወአቅደምነ ፡ ነጊሮቶሙ ፤[2] ወጠም
ኑስሰ ፡ ንጉሠ ፡ አሕዛብ ፡ ሶበ ፡ ከኑ ፡ የኀልፉ ፡ ላዕሌሁ ፡ ነጋድያን ፡ መ
ሲሓውያን ፡[3] ከነ ፡ ይቀትሎሙ ፡ ወይነሥእ ፡ ንዋያቲሆሙ ፡ ብሂሎ ፡ እስ
መ ፡ ሮማውያን ፡ ያጻምውዎሙ ፡ ለአይሁድ ፡ ወይቀትልዎሙ ፡ ወአንሰ ፡
ዓዲ ፡ በእንተዝ ፡ እቀትል ፡ ኵሎ ፡ ክርስቲያነ ፡ ዘረከብኩ ። ወበዝ ፡ ምክ
ንያት ፡ ተጸርዐ ፡ ወበጠለ ፡ ንግድ ፡ እምሀገረ ፡ ህንድ ፡ ውሣጣይ ።[4] ወሶበ ፡
ሰምዐ ፡ ንጉሠ ፡ ኖባ ፡ ዘንተ ፡ ፈነወ ፡ ኀበ ፡ ንጉሠ ፡ አሕዛብ ፡ እንዘ ፡ ይብ
ል ፤ እኩየ ፡ ግብረ ፡ ገበርከ ፡ በእንተ ፡ ዘቀተልከሙ ፡ ለነጋድያን ፡ መሲሓ
ውያን ፡[5] ወአኅሠምከ ፡ ላዕለ ፡ መንግሥትየ ፡ ወላዕለ ፡ መንግሥተ ፡ ካል
አን ፡[6] እለ ፡ ርኁቃን ፡ ወቅሩባን ፡ እምኔየ ። ወሶበ ፡ ሰምዐ ፡ ዘንተ ፡ ነገረ ፡
ተንሥአ ፡ ለተፃብኦቱ ። ወሶበ ፡ ተራከቡ ፡ በበይናቲሆሙ ፡ ከሠተ ፡ አፉ
ሁ ፡ ወይቤ ፡ ንጉሠ ፡ ኖባ ፤ ለእመ ፡ ወሀበኒ ፡ እግዚአብሔር ፡ መዊአ ፡ ላዕ
ለ ፡ ዝንቱ ፡ ጠምኑስ ፡ አይሁዳዊ ፡[7] አነ ፡ እከውን ፡ ክርስቲያናዌ ። ወሶበ ፡
ተፃብአ ፡ ምስለ ፡ ዝንቱ ፡ አይሁዳዊ ፡ ሞአ ፡ ወቀተሎ ፡ ወተሠለጠ ፡ ላዕለ ፡
መንግሥቱ ፡ ወአህጉራቲሁ ። ወበውእቱ ፡ ዘመን ፡ ፈነወ ፡ ልኡካነ ፡ ኀበ ፡
ሀገረ ፡ እስክንድርያ ፡ ኀበ ፡ አይሁድ ፡ ወሐነፋውያን ፡ ወዓዲ ፡ እንዘ ፡ ይስ
እሎሙ ፡ ለመኳንንተ ፡ ሮም ፡ ከመ ፡ ይፈንዉ ፡ ሎቱ ፡ ኤጲስ ፡ ቆጶስ ፡ እ
ምሀገረ ፡ መንግሥተ ፡ ሮም ፡ ከመ ፡ ያጥምቆሙ ፡ ወይምህሮሙ ፡ ምሥጢ
ራተ ፡ ቅዱሳተ ፡ መሲሓዊተ ፡[8] ለኵሎሙ ፡ ሰብአ ፡ ኖባ ፡ ወአሕዛብ ፡ እለ ፡
ተርፉ ፡ እምአይሁድ ። ወሶበ ፡ ሰምዐ ፡ ዩስትያኖስ ፡ ንጉሥ ፡ ዘንተ ፡ አዘዘ ፡
ከሙ ፡ ይፈጽሙ ፡ ሎቱ ፡ ኵሎ ፡ ዘሰአለ ፡ ወከመ ፡ ይፈንዉ ፡ ሎቱ ፡ ካህና
ተ ፡ ወኤጲስ ፡ ቆጶስ ፡ እምላእካነ ፡[9] ቅዱስ ፡ ዮሐንስ ፡ ሊቀ ፡ ጳጳሳት ፤ ወ

[1] Mss. መሲሐ″ ፡
[2] Mss. ዘከርኖሙ ፡ ወአቅድምነ ፡ ነገሮሙ ፡
[3] Mss. መሲሐ″ ፡
[4] A ወሣጣይ ፡
[5] Mss. መሲሐ″ ፡
[6] Mss. ካልአን ፡
[7] Mss. አይሁዳዌ ፡
[8] Mss. መሲሐ″ ፡
[9] Mss. እምልኡካነ ፡

ውእቱ ፡ ብእሲ ፡ ድንግል ፡ ወንጹሕ ። ወዝንቱ ፡ ውእቱ ፡[1] ጥንተ ፡ ሃይማ
ኖቶሙ ፡ ለጸሊማን ፡ በመዋዕሊሁ ፡ ለዝንቱ ፡ ንጉሥ ፡ ዩስትያኖስ ። ወበ
መዋዕሊሁ ፡ ዓዲ ፡ ተንሥአ ፡ ንጉሠ ፡ ሐጃዝ ፡ ዘስሙ ፡ አሙጣሮስ ፡ ወመ
ጽአ ፡ ኀበ ፡ ሀገረ ፡ ፋርስ ፡ ወሸም ፡ ወማህረከ ፡ ብዙኀ ፡ ምህርካ ፡ እስከ ፡ በ
ጽሐ ፡ ኀበ ፡ ሀገረ ፡ አንጾኪያ ፡ ወቀተለ ፡ ብዙኃነ ፡ ወአውዐያ ፡ ለሀገር ፡ ዘ
ስማ ፡ ክልኪስ ፡ ወለካልአት ፡[2] አህጉራት ፡ እለ ፡ ሀለዉ ፡ ዘሀገረ ፡ ስርምዩስ ፡[3]
ወዘሀገረ ፡[4] ኪንክያ ። ወበጊዜሃ ፡ ወፅኡ ፡ ሠራዊተ ፡ ምሥራቅ ፡ ለተራክበ
ቶሙ ፡ ወኢቆሙ ፡[5] በቅድመ ፡ ገጸሙ ፡ ዳእሙ ፡ ነሥኡ ፡ ብዙኀ ፡ ምህርካ ፡
ወሖሩ ፡ ኀበ ፡ ሀገሮሙ ። ወበመዋዕሊሁ ፡ ዓዲ ፡ ለዩስትያኖስ ፡ ንጉሥ ፡
ኮነ ፡ ድልቅልቅ ፡ ዐቢይ ፡ ውስተ ፡ ሀገረ ፡ ምስር ፤ ወአህጉር ፡ ብዙኅ ፡ ወአ
ድያም ፡ ተሠጥሙ ፡ ውስተ ፡ ማዕምቅ ። ወእለሂ ፡ ሀለዉ ፡ በሐቅል ፡ ገብሩ ፡
ጸሎተ ፡ ወስእለተ ፡ ብዙኀ ፡ በብካይ ፡ እንዘ ፡ የኀዝኑ ፡ በእንተ ፡ ሐጕል ፡
ዘኮነ ። ወእምድኅረ ፡ ዓመት ፡ ኀድአ ፡ መዓት ፡[6] ወቆመ ፡ ድልቅልቅ ፡ ዘኮ
ነ ፡ ውስተ ፡ ኵሉ ፡ መካን ። ወኮኑ ፡ ምስራውያን ፡ ይገብሩ ፡ ተዝካረ ፡ ዝንቱ ፡
ዕለት ፡ ለለኵሉ ፡ ዓመት ፡ አመ ፡ ፲ወ፯ ፡ ለጥቅምት ። ወለዝንቱ ፡ ሐማም ፡
ዘከሩን ፡ አበዊን ፡ መነከሳት ፡ ግብጻውያን ፡[7] ለባስያኒ ፡ አምላክ ፤ እስመ ፡
ምክንያተ ፡ ዝንቱ ፡ ድልቅልቅ ፡ ኮነ ፡ በእንተ ፡ ወልጦተ ፡ ሃይማኖት ፡ አር
ቶዶክሳዊት ፡ እንተ ፡ ኮነት ፡ በምክንያተ ፡ ንጉሥ ፡ ዮስትያኖስ ፤ እስመ ፡
ውእቱ ፡ ወሰከ ፡ ጽንዐተ ፡ ልብ ፡ እምነ ፡ እኁወ ፡ አቡሁ ፡ ዘኮነ ፡ እምቅድ
ሜሁ ። ወዝንቱሰ ፡ ዮስትያኖስ ፡ አዘዘሙ ፡ ለሰብአ ፡ ምሥራቅ ፡ ከመ ፡ ይጽሐ
ፉ ፡ አስማቲሆሙ ፡ ለጉባኤ ፡ ኬልቄዶናውያን ፡ በውስተ ፡ ፍትሓት ፡ ዘቤተ ፡
ክርስቲያናት ፡ አመ ፡ ሰደድዎ ፡ ለሳዊሮስ ፡ ሊቀ ፡ ጳጳሳት ፤ ዘኢኮነ ፡[8] ልማደ ፡
ወኢዘከርዎ ፡ በቀኖና ፡ ሐዋርያት ፡ ወኢውስተ ፡ ጉባኤ ፡ አበው ፡ እለ ፡ መጽ
ኡ ፡ እምድኅሬሆሙ ፡ ኢይዝክሩ ፡ መነሂ ፡ እምጉባኤያት ፡ ውስተ ፡ ቅዳሴ ፤
ወዝንቱ ፡ ዮስትያኖስ ፡ ንጉሥ ፡ ገብረ ፡ ዘንተ ፡ ባሕቲቱ ፡ ውስተ ፡ ኵሉ ፡
ሀገረ ፡ መንግሥቱ ፡ ወረሰዮሙ ፡ ይጽሐፉ ፡ አስማተ ፡ ጉባኤ ፡ ኬልቄዶናው
ያን ። ወመተርዎ ፡ ለእናናምዩስ ፡ ሊቀ ፡ ጳጳሳት ፡ ዘቍስጥንጥንያ ፡ ወለአክ
ላዩስ ፡ ባበ ፡ ዘኮነ ፡ በመዋዕለ ፡ ዘይኑን ፡ ንጉሥ ፡ ወጴጥሮስ ፡ ሊቀ ፡ ጳጳሳት ፡
ዘለእስክንድርያ ፤ ወአሰሰለ ፡[9] ስሞሙ ፡ እምነ ፡ ፍትሓት ፡ ወአውፅአ ፡ ለባብ

[1] B ወዝውእቱ ፡
[2] Mss. ወለካልአት ፡
[3] A ሰርምዩስ ፡
[4] Mss. ወሀገረ ፡
[5] A ወኢቆመ ፡
[6] A ዓመት ፡
[7] Mss. ግብጻውያኒ ፡
[8] A ዘኮነ ፡
[9] A ወአሰሰለ ፡, B ወአሰሰለለ ፡

ቊን ፡ ዘይኑን ፡ ንጉሥ ፡ ወደምሰሰ ፡ ስሞ ፡ ለአባ ፡ ሳዊሮስ ፡ ሊቀ ፡ ጳጳሳት ፡ እምኵሉ ፡ ምድረ ፡ አንጾኪያ ፡ ወእምኵሉ ፡ አድያሚሃ ፡ ከመ ፡ ኢይዝክር ዎ ፡ በውስተ ፡ ፍትሓት ፡ ዘቤተ ፡ ክርስቲያን ፡ እንዘ ፡ ይጽርፉ ፡ ላዕሌሁ ፤ ወረሰዮሙ ፡ ለሰብአ ፡ ሀገረ ፡ እስክንድርያ ፡ ይጽምኡ ፡ እማየ ፡ ትምህርቱ ፡ ለዲዮስቆሮስ ። ወእምድኅሬሁ ፡ ተሠይመ ፡ ጢሞቴዎስ ፡ ባባ ፤ ወንጉሥሰ ፡ ዮስትያኖስ ፡ ወሀበ ፡ መንበረ ፡ ጵጵስና ፡ ለኬልቄዶናውያን ፤ ዳእሙ ፡ ንግሥት ፡ ታኦድራ ፡ ብእሲቱ ፡ ኮነት ፡ ትስእሎ ፡ በእንተ ፡ ጢሞቴዎስ ፡ ባባ ፡ እለእስክንድርያ ፡ ወኅደጎ ፡ በእንቲአሃ ፤ ወኮነት ፡ ትሰምዮ ፡ አበ ፡ መንፈሳዌ ። ወበመዋዕሊሁ ፡ ለዝንቱ ፡ አባ ፡ ፈነወ ፡ ዮስትያኖስ ፡ ንጉሥ ፡ ኀበ ፡ ሀገረ ፡ እስክንድርያ ፡ ሐራ ፡ ብዙኀ ፤ ወዐገትዋ ፡ ለሀገር ፡ ወፈቀዱ ፡ ይክዐዉ ፡ ደመ ፡ ብዙኀ ፤ ወጢሞቴዎስኒ ፡ ሊቀ ፡ ጳጳሳት ፡ ፈነወ ፡ ኀበ ፡ ንጉሥ ፡ ብዙኃን ፡ ባሕታውያን ፡ ወጽሙዳን ፡ ከመ ፡ ይስአልዎ ፡ ለንጉሥ ፡ በእንተ ፡ ቤተ ፡ ክርስቲያን ፡ ወከመ ፡ ኢይኩን ፡ ቀትለ ፡ ውስተ ፡ ሀገር ፡ ወኢይትከዐው ፡ ደም ፡ ዘእንበለ ፡ ኀጢአት ፡ ዳእሙ ፡ ይንበር ፡ በሃይማኖተ ፡ አበዊሁ ። ወንጉሥሰ ፡ ሶበ ፡ ሰምዐ ፡ ዘንተ ፡ ነገረ ፡ ተወከፈ ፡ በትንብልናሆሙ ፡ ለንግሥት ፡ ታኦድራ ፡ ዘቅርብት ፡ በኀቤሁ ፡ ወፈነወ ፡ ኀበ ፡ ሐራ ፡ ከመ ፡ ይትመየጡ ፡ ኀበ ፡ ሀገረ ፡ አፍራቅያ ፤ ወጢሞቴዎስሰ ፡ ሊቀ ፡ ጳጳሳት ፡ ኮነ ፡ ይነብር ፡[1] ውስተ ፡ ማኅደሩ ፡ በሃይማኖቱ ፡ አርቶዶክሳዊት ። ወእምዝ ፡ ዓዲ ፡ ፈነወ ፡ ንጉሥ ፡ ፩ ፡ መስፍነ ፡ ኀፅው ፡ [ዘስሙ ፡][2] ከለረደንግስ ፡ ኀበ ፡ ሀገረ ፡ እስክንድርያ ። በይእቲ ፡ ዓመት ፡ ኮነ ፡ ለመንግሥተ ፡ ሮም ፡ [፲፻ወ]፪፻፹ወ፯ ፡[3] ዓመት ። ወነበረት ፡ ሀገር ፡ በሀድአት ፡ ንስቲት ። ወአዕረፈ ፡ አብ ፡ ክቡር ፡ ጢሞቴዎስ ፡ በክብር ።[4]

ክፍል ፡ ፺፩ ።[5] ወበመዋዕሊሁ ፡ ለዝንቱ ፡ ሊቀ ፡ ጳጳሳት ፡ ጢሞቴዎስ ፡ ዓዲ ፡ አስተርአየ ፡ ግብር ፡ ዐቢይ ፡ ወመፍርህ ፡[6] ጥቀ ፡ ወመንክር ፡ ፈድፋደ ፡ በሀገረ ፡ እስክንድርያ ። ወአስተርአየ ፡ ፩ ፡ ቤት ፡ በምሥራቀ ፡ ሀገር ፡ ውስተ ፡ መካን ፡ ዘይሰመይ ፡ አሩቲዩ ፡ እመንገለ ፡ የማን ፡ በኀበ ፡ ቤተ ፡ ክርስቲያን ፡ ዘቅዱስ ፡ አትናቴዎስ ፤ ወውስተ ፡ ውእቱ ፡ ቤት ፡ ኮነ ፡ የኀድር ፡ ብእሲ ፡ አይሁዳዊ ፡ ዘስሙ ፡ አውብሩንስ ፡ ወሀሎ ፡ ኀቤሁ ፡ እስከሬን ፡ ዘኮነ ፡ ውስቴቱ ፡ መንዲል ፡ ወቅናት ፡ ዘእግዚእነ ፡ ኢየሱስ ፡ ክርስቶስ ፡

[1] Mss. ይገብር ፡

[2] Manque dans les deux mss.

[3] Mss. ፪፻፹ወ፯ ፡

[4] A ክቡር ፡, B ክብር ፡

[5] A ፶ ፡, B ፺፱ ፡

[6] Mss. መፍር ፡

ዘቀነተ ፡ አመ ፡ የኀፅብ ፡ እግረ ፡ አርዳኢሁ ፤ ወለዝንቱ ፡ ወሀብዎ ፡ አዝማዲሁ ፡ አይሁድ ። ውእቱሰ ፡ ኢያርኅዎ ፡[1] እስመ ፡ ፈቀደ ፡ ብዙኀ ፡ ጊዜያተ ፡ ከመ ፡ ያርኅዎ ፡ ወኢተክህሎ ፤ ዳእሙ ፡ ሰበ ፡ ከነ ፡ ይገሥሥ ፡ ከነ ፡ ይወርድ ፡ [እሳት ፡][2] ከመ ፡ ያውዕዮ ፡ ለዘይፈቅድ ፡ አርኅዎቶ ፡ ወከነ ፡ ይሰምዕ ፡ ቃለ ፡ መላእክት ፡ እንዘ ፡ ይዜምሩ ፡ ለዘተሰቅለ ፡ ዲበ ፡ መስቀል ፡ እስመ ፡ እግዚአብሔር ፡ ንጉሠ ፡ ስብሐት ። ወሰበ ፡ ፈርሀ ፡ ልቡ ፡ ለውእቱ ፡ አይሁዳዊ ፡ ውእቱ ፡ ወእሙ ፡ ወብእሲቱ ፡ ወደቂቁ ፡ መጽኡ ፡ ኀበ ፡ ሊቀ ፡ ጳጳሳት ፡ ጢሞቴዎስ ፡[3] ወነገርዎ ። ወበጊዜሃ ፡ መጽአ ፡ ጸዊሮሙ ፡ መሰቅላተ ፡ ወወንጌላተ ፡ ወማዕጠንታተ ፡ ወመኃትወ ፡[4] ሰምዕ ፡ እንዘ ፡ የኀትዉ ፡[5] ወበጽሐ ፡ ኀበ ፡ መካን ፡ ዘሀሎ ፡ ውስቴቱ ፡ ውእቱ ፡ አስከሬን ፤ ወበጊዜሃ ፡ ተርኅወ ፡ አፈ ፡ ሣፁን ፡ ወነሥአን ፡ ለመንዲል ፡ ወለቅናት ፡ ክቡራት ፡ በክብር ፡ ዐቢይ ፡ ወአምጽአሙ ፡ ኀበ ፡ ማኅደረ ፡ ጽጽስናሁ ፡ ወአንበሮሙ ፡ ውስተ ፡ ቤተ ፡ ክርስቲያኖሙ ፡ ለዱናሳውያን ፡ ውስተ ፡ መካን ፡ ክቡር ። ወአፈ ፡ ሣፁን ፡ ብርትሰ ፡ ዘሀሎ ፡ በቱ ፡ መንዲል ፡ ወቅናት ፡ ወረደ ፡ መልአክ ፡ እምሰማይ ፡ ወዐፀዎ ፡ እስከ ፡ ዮም ። ወተጋአዙ ፡[6] ኵሎሙ ፡ ሰብአ ፡ ሀገረ ፡ እስክንድርያ ፡ ወመጽኡ ፡ ኀበ ፡ ፋርስ ፡ ወሰአልዎሙ ፡ ከመ ፡ ያርኅውዎ ፡ ለውእቱ ፡ አፈ ፡ ሣፁን ፡ ወኢክህሉ ፡ ዘንተ ። ውእቱሰ ፡ አይሁዳዊ ፡ ወኵሎሙ ፡ ሰብአ ፡ ቤቱ ፡ ከኑ ፡ ክርስቲያነ ፡ በውእቱ ፡ ዘመን ፡ በከመ ፡ ይደሉ ።

ክፍል ፡ ፹፰ ።[7] ወእምድኅረ ፡ አዕረፈ ፡ አብ ፡ ክቡር ፡ ጢሞቴዎስ ፡ ሤምዎ ፡ ህየንቴሁ ፡ ለታአዶስዮስ ፡ ዲያቆን ፤ እስመ ፡ ውእቱ ፡ ከነ ፡ ጸሓፌ ፡[8] ነገራት ። ወእንዘ ፡ የሐውር ፡ ኀበ ፡ መንበረ ፡ ክህነት ፡[9] ሢመቱ ፡ ወፈቀደ ፡ ፩ ፡ ኢትዮጵያዊ ፡ ከመ ፡ ይቅትሎ ፤ ጕየ ፡ ወሖረ ፡ ኀበ ፡ ሀገረ ፡ ክኑስ ፡ ወተባሕተወ ፡ በህየ ። ወአብዳንሰ ፡ ሕዝብ ፡ መሠጥዎ ፡ ለጋያኖስ ፡ ወረሰይዎ ፡ ሊቀ ፡ ጳጳሳት ፡ ህየንተ ፡ ታአዶስዮስ ፡ ወኀለፉ ፡ እምቀኖና ፡ ቅዱስ ። ወከነ ፡ ጋእዝ ፡ ውስተ ፡ ሀገር ፤ ወበ ፡ ዘይቤሉ ፡ እምኔሆሙ ፡ ንሕነ ፡ ታውዶሳውያን ፡ ወበ ፡ ዘይቤሉ ፡ ንሕነ ፡ ጋይኖሳውያን ፡ እስከ ፡ ዮም ። ወሰበ ፡ ሰ

[1] Mss. ኢያርኅወ ፡

[2] Manque dans les deux mss.

[3] A ጢሞቴዎ ፡

[4] Mss. ወማኅትወ ፡

[5] A እንየሐትዉ ፡

[6] Mss. ወተገዓዙ ፡

[7] A ፹፭ ፡, B ፹ ፡

[8] Mss. ጸሐፌ ፡

[9] B ክህነቱ ፡

ምዐ ፡ ንጉሥ ፡ ዘንተ ፡ ነገረ ፤ ወኮነ ፡ ፩ ፡ መስፍን ፡ ውስተ ፡ ሀገር ፡ ዘስሙ ፡
ዲዮስቆሮስ ፡ ወአርስጥማኪስ ፡ ዓዲ ፡ ኮነ ፡ መስፍነ ፡ ላዕለ ፡ ትዕይንት ፡ ወ
ሐራ ፤ ወአዘዘ ፡ ንጉሥ ፡ ዩስትያኖስ ፡ ርእሰ ፡ ትዕይንት ፡ ከመ ፡ ይሑር ፡
ሀገረ ፡ እለእስክንድርያ ፡ ወያምጽአ ፡ ለአብ ፡ ታአዶስዮስ ፡ ወያውፅአ ፡ እ
ምስደቱ ፤ ወአንበሮ ፡ ላዕለ ፡ መንበሩ ፡ ወለጋያኖስኒ ፡ ሰደዶ ። ወሰበ ፡ ን
ሥኣ ፡ ለቤተ ፡ ክርስቲያን ፡ ወሀባ ፡ ለጳውሎስ ፡ ኬልቄዶናዊ ፤ ወዝንቱኒ ፡
ኮነ ፡ መነከሰ ፡ እምዱናሳውያን ፤[1] ወረሰዮ ፡ ሊቀ ፡ ጳጳሳት ፤ ወወሀበ ፡ ጽ
ሕፈተ ፡ እዴሁ ፡ እንዘ ፡ የኀብር ፡ በሃይማኖተ ፡ ኬልቄዶናውያን ፡[2] ወፈ
ነወ ፡ ኀበ ፡ ኵሎሙ ፡ አብያተ ፡ ክርስቲያናት ። ወበጊዜሃ ፡ ኮነ ፡ ሁከክ ፡
በሰብአ ፡ ሀገረ ፡ እስክንድርያ ፡ ወኮኑ ፡ ይትቃተሉ ፡ በበይናቲሆሙ ፤ እስ
መ ፡ አልቦ ፡ መኑሂ ፡ ዘተሳተፈ ፡ ምስለ ፡ ጳውሎስ ፡ እስመ ፡ ውእቱ ፡ ኮነ ፡
ዐላዊ ፡ ወንስጡራዊ ፤ ወአከ ፡ ሀገረ ፡ እስክንድርያ ፡ ባሕቲታ ፡ ዳእሙ ፡ ኵ
ሎሙ ፡ ሀገር ፡ ኢሠምርዎ ፡ እስመ ፡ ውእቱ ፡ ኮነ ፡ ሰዳዴ ፡ ወመፍቀሬ ፡ ክ
ዒወ ፡ ደም ። ወለዝንቱ ፡ ጳውሎስ ፡ ሠዐሮ ፡ ዩስትያኖስ ፡ ንጉሥ ፡ እምሢ
መቱ ፡ ሰበ ፡ ረከብዎ ፡[3] በቤተ ፡ ብለኔ ፡ ምስለ ፡ ፩ ፡ ዲያቆን ፡ እንዘ ፡ ይኤ
ብስ ፡ ግብረ ፡ ዘኢይደሉ ፡ ከመ ፡ ሰዶማውያን ፡ ወሤመ ፡ ሀየንቴሁ ፡ ለ፩ ፡
መነከስ ፡ ዘስሙ ፡ ወይሉስ ፡ እምሀገረ ፡ አክስንያ ። ወለዝንቱኒ ፡ ዓዲ ፡ ኢ
ተወከፍዎ ፡ ሰብአ ፡ ሀገር ፤ ወሰበ ፡ ርእየ ፡ ወይሉስ ፡ ከመ ፡ ይጸልእዎ ፡ ሰ
ብአ ፡ ሀገር ፡ ፈነወ ፡ መጽሐፈ ፡ መልእክት ፡ ኀበ ፡ ዩስትያኖስ ፡ ንጉሥ ፡
እንዘ ፡ ይትገኀሥ ፡ እማዕርገ ፡ ክህነቱ ። ወንጉሥሰ ፡ ሤሞ ፡ ለ፩ ፡ አናጕን
ስጢስ ፡[4] እምደብረ ፡ ሰላማ ፡ እምሀገረ ፡ እስክንድርያ ፡ ዘስሙ ፡ ዩሊናርዮ
ስ ፡ ወውእቱ ፡ ዘኮነ ፡ መሓሬ ፡[5] ወጽሙደ ፡ እምሰብአ ፡ ታውዶሳውያን ።[6]
ወአሠነዩ ፡ ልበ ፡ ከመ ፡ ይኩን ፡ ሊቀ ፡ ጳጳሳት ፡ ሀየንተ ፡ ወይሉስ ፡ ወአሰ
ፈውዎ ፡ ብዙኀ ፡ ሀብታተ ፡ ከመ ፡ ያቅም ፡ ሃይማኖተ ፡ ቤተ ፡ ክርስቲያን ።
ወአጋይያኖስሰ ፡ ሞተ ፡ በስደት ፡ እምቅድመ ፡ ታአዶስዮስ ። ወንጉሥኒ ፡
ዩስትያኖስ ፡ አስተጋብአ ፡ ብዙኃነ ፡ ጳጳሳተ ፡ እምኵሉ ፡ አህጉር ፡ ወለኪ
ልዩስ ፡[7] ሊቀ ፡ ጳጳሳት ፡ ዘሮሜ ። ወእምድኅረ ፡ ፃማ ፡ ወድካም ፡ ተወከፉ ፡
ብዙኃን ፡ ሰብአ ፡ ሃይማኖተ ፡ ርትዕተ ፡ ወካልኣን ፡[8] ሰብእ ፡ ተለዉ ፡ ሃይ
ማኖተ ፡ እኪተ ፡ ንስጡራዊተ ፡ ወኬልቄዶናዊተ ። ወቴዎድሮስ ፡ ኤጲስ ፡

[1] Mss. እምታአዶሳውያን ፡
[2] B ኬልዶናውያን ፡
[3] Mss. ረከበ ፡
[4] A አናጕንስጢስ ፡, B አናጕስጢስ ፡
[5] Mss. መሐሬ ፡
[6] A እምታው″ ፡
[7] A ወለኬልዩስ ፡
[8] Mss. ወካልአን ፡

ቆጳስ ፡ ዘሀገረ ፡ ስብስጥያ ፡ ኮነ ፡[1] ያወግዝ ፡ ለንስጡር ፡ ጸራፊ ፡ ዘይዜክር ፡ ክልኤ ፡ ጠባይዓተ ። ወኮነ ፡ ታኡዱሬጥስ ፡[2] ይትቃረኖ ፡ ለቃል ፡ ወለትምህርት ፡ ለአቡነ ፡ ቅዱስ ፡ ቄርሎስ ። ወሰበ ፡ ኀየሉ ፡ ንስጡራውያን ፡ በተራድኦቱ ፡ ለመርቅያን ፡ ሐዲስ ፡ ዘውእቱ ፡ ዩስትያኖስ ፡ ወኮነ ፡ ዮሐንስ ፡ ዘእምሀገረ ፡ አካውስ ፡ ይትራድኦ ፡[3] ለአቡነ ፡ ቅዱስ ፡ ቄርሎስ ። ወንጉሥሰ ፡ ዩስትያኖስ ፡ ኮነ ፡ የአምን ፡ ሃይማኖተ ፡ ኬልቄዶናውያን ፡ ዘይብል ፡[4] ፪ ፡ ጠባይዐ ፡ ክርስቶስ ፡ ሀሎ ፡ በ፩ ፡ አካል ፡ ግሉስ ፡ እንዘ ፡ ይሰብኩ ፡ ቦቱ ፡ በከመ ፡ ባህሉ ፡ ለታእድርጥስ ፡ ንስጡራዊ ፡ ዘተጋእዘ ፡[5] ለዮሐንስ ፡ ዘሀገረ ፡ አካውስ ፡ በማኅበረ ፡[6] ኬልቄዶንያ ። ወአስቱራልዩስሰ ፡ መስፍን ፡ ጸሐፈ ፡ መጽሐፈ ፡ መልእክት ፡ እንዘ ፡ ያጸንዕ ፡ ባቲ ፡ ፩ ፡ ጠባይዐ ፡ ክርስቶስ ፡ ቃል ፡ ዘተሠገወ ፡ በእንተ ፡ ተዋሕዶቱ ፡ በሥጋ ፡ ወተወከፈ ፡ ሕማመ ፡ ወገብረ ፡ መንክራተ ፡ አመናዊተ ፤ ወከመ ፡ ማርያም ፡ ቅድስት ፡ ድንግል ፡ ወለደቶ ፡ ለአምላክ ፡ ውእቱ ፡ ዘተሰቅለ ፡ ፩ ፡ እምቅድስት ፡ ሥላሴ ፡ ውእቱ ፡ እግዚአ ፡ ስብሐት ፤ ወዝውእቱ ፡ ሃይማኖት ፡ ንጹሕ ፡ ወትምህርት ፡ ቅዱስ ፡ አርቶዶክሳዊት ፤ ወበዐመፃ ፡ ቀተልዎ ፡ ለቅዱስ ፡ ዲዮስቆሮስ ፡ ሊቀ ፡ ጳጳሳት ፡ ዘሀገረ ፡ እስክንድርያ ። ወዩስትያኖስሰ ፡ ኮነ ፡ የአምን ፡ ሃይማኖተ ፡ ኬልቄዶናውያን ፡ ወተወከፈ ፡ መጽሐፈ ፡ ልዮን ፡ ዘይብል ፤ ክልኤ ፡[7] ጠባይዐ ፡ ክርስቶስ ፡ ፍሉጣት ፡ በኵሉ ፡ ግብሩ ፡ በከመ ፡ መሀርዎ ፡ ክልኤ ፡ ጳጳሳት ፡ ዘውእቶሙ ፡ ታእዱሬጥስ ፡[8] ኤጲስ ፡ ቆጳስ ፡ ዘቆጵሮስ ፡ ወቴዎድሮስ ፡ ኤጲስ ፡ ቆጳስ ፡ ዘሀገረ ፡ ስብስትያ ፡ ንስጡራውያን ። ወዩስትያኖስኒ ፡ እምድኅረ ፡ መዓት ፡ ዘአውረደ ፡ እግዚአብሔር ፡ ላዕለ ፡ ሀገር ፡ ገብረ ፡ ሰላመ ፡ ምስለ ፡ ፋርስ ፡ ወሞእሙ ፡[9] ለአውንጣሉስ ። ወለዝንቱ ፡ መዊእ ፡ ዐቢይ ፡ ጸሐፎሙ ፡ በትግሀት ፡ አጋብያስ ፡ ዘውእቱ ፡ ፩ ፡ እመተርጉማን ፡[10] እሙራን ፡ ዘሀገረ ፡ ቍስጥንጥንያ ፡ ወምስሌሁ ፡ ፩ ፡ ብእሲ ፡ ጠቢብ ፡ ዘስሙ ፡ አብሮክኒዮስ ፡ በጥሪቅ ፤ ወውእቱ ፡ ብእሲ ፡ ለባዊ ፡ ወመስፍን ፡ ዘተዐውቀ ፡ ግብሩ ፡ በሠናይ ። ወውእቱ ፡ ዘነሥአ ፡ ኵሎ ፡ መጽሐፈ ፡ ነገሥት ፡ እለ ፡ ኮኑ ፡ እምቅድሜሁ ፡ ወሠርዖሙ ፡ በከመ ፡ ይደሉ ፡ ወሐደሶሙ ፡ ወአንበሮሙ ፡ ውስተ ፡ መካን ፡ ፍትሕ ፡ ዘኪኑ ፡ እምቀዳሚው

[1] Mss. ሊቀ ፡ ጳጳሳት ፡ . . . ወኮነ ፡
[2] Mss. ታኡሱሬጥስ ፡
[3] Mss. ወኮነ ፡ ይትራድኦ ፡
[4] Mss. ወይብል ፡
[5] Mss. ዘተገዓዘ ፡
[6] Mss. ዘማኅበረ ፡
[7] A ክልኡ ፡
[8] B ታኡ" ፡
[9] Mss. ወሞአ ፡
[10] A እመተርጕማን ፡

ያን ፡[1] ሮም ፡ ወኅደግዋ ፡ ተዝካረ ፡ ሎሙ ፡ ለእለ ፡ ይመጽኡ ፡ እምድኅሬሆሙ ።

ክፍል ፡ ፺፫ ።[2] ወኮነ ፡ ፩ ፡ ብእሲ ፡ ዘስሙ ፡ ሮምሎስ ፡ ውእቱ ፡ ዘሐነፃ ፡ ለሀገረ ፡[3] ሮሜ ፡ ዐባይ ፤ ወካልእ ፡ ዓዲ ፡ ዘመጽአ ፡ እምድኅሬሁ ፡ ዘስሙ ፡ ኖንምዩስ ፤ ወውእቱኒ ፡ ዘአሠርገዋ ፡ ለሀገረ ፡ ሮሜ ፡ በሥርዐት ፡ ወበሕገጋት ፡ ወእምዝ ፡ ሠርዐ ፡ ፫ ፡ ሢመታተ ፡ ዘመንግሥት ፤ ወእምዝ ፡ ዓዲ ፡ ገብረ ፡ ቄሳር ፡ ዘየዐቢ ፡ ወአውግስጦስኒ ፡ ዓዲ ፡ እምድኅሬሁ ። ወበዝንቱ ፡ ተዐውቀት ፡ ትሩፋተ ፡ ሮም ፡ ወጽንዐ ፡[4] ዝንቱ ፡ ሥርዐት ፡ በኀቤሆሙ ፡ እስከ ፡ ዮም ። ወእምዝ ፡ መጽአት ፡ ንግሥት ፡ ቃአድራ ፡ ብእሲተ ፡ ንጉሥ ፡ ዩስትያኖስ ፡ አብጠለት ፡ ምግባረ ፡ ዘማውያት ፡ አንስት ፡ ወአዘዘት ፡ ከመ ፡ ይስድድዎን ፡ እምኵሉ ፡ መካን ። ወኮነ ፡ ፩ ፡ ብእሲ ፡ እምሰማርያን ፡ ሊቀ ፡ ፈያት ፡ አስተጋብአ ፡ ኀቤሁ ፡ ኵሎ ፡ ሳምራውያነ ፡ ወገብረ ፡ ፀብአ ፡ ዐቢየ ፡ ወተከለለ ፡ አክሊለ ፡ መንግሥት ፡ በሀገረ ፡ ናብሉስ ፡ ወይቤ ፤ አነ ፡ ውእቱ ፡ ንጉሥ ። ወአስሐተ ፡ ብዙኃነ ፡ እምሕዝቡ ፡ በነገረ ፡ ሐሰት ፡ እንዘ ፡ ይብል ፤ እግዚአብሔር ፡ ፈነወኒ ፡ ከመ ፡ አቅም ፡[5] መንግሥተ ፡ ለሳምራውያን ፤ በእምሰለ ፡ ሮብዓም ፡ ወልደ ፡ ናባጥ ፡ ዘአስሐቶሙ ፡ ለሕዝበ ፡ እስራኤል ፡ ወረሰዮሙ ፡ ይትቀነዩ ፡ ለጣዖት ፡ ውእቱ ፡ ዘነግሠ ፡ ድኅረ ፡ ሰሎሞን ፡ ጠቢብ ፡ ወልደ ፡ ደዊት ። ወሰበ ፡ ሀለወ ፡ ውእቱ ፡ ውስተ ፡ ሀገረ ፡ ናብሊስ ፡ ክኑ ፡ ፫ ፡ ሰብአ ፡ አፍራስ ፡ ዘይትቃደሙ ፡[6] በረዊጽ ፡ ፩ ፡ ክርስቲያናዊ ፡ ፩ ፡ አይሁዳዊ ፡ ፩ ፡ ሳምራዊ ፤ ወሞአሙ ፡ ክርስቲያናዊ ፡ በረዊጽ ፡ ወወረደ ፡ ሶቤሃ ፡ እምፈረሱ ፡ ወደነነ ፡ በርእሱ ፡ ከመ ፡ ይንሣእ ፡ ምዝጋና ። ወተስእለ ፡ ወይቤ ፤ ምንት ፡ ውእቱ ፡ ዘቀደመ ፡ በረዊጽ ። ወይቤልዎ ፡ ክርስቲያናዊ ። ወሶቤሃ ፡ መተሩ ፡ ርእሶ ፡ በሰይፍ ። ወበእንተ ፡ ዝንቱ ፡ ሰመዩ ፡[7] ትዕይንቶሙ ፡ ትዕይንተ ፡ ፍልስጥኤም ። ወተጋብኡ ፡ ትዕይንተ ፡ ፊንቄ ፡ ወከነአን ፡ ወአረብያ ፡ ወብዙኃን ፡ ካልኣን ፡ መሲሓውያን ፡[8] ወፀብእዎ ፡ ለውእቱ ፡ ኀሡር ፡ ሳምራዊ ፡ ወቀተልዎ ፡ ምስለ ፡ እሊአሁ ፡ ወመኳንንቲሁ ፤[9] ወመተሩ ፡ ርእሶ ፡ ወፈነው

[1] Mss. ቀዳማውያን ፡
[2] A ፺፫ ፡, B ፺፩ ፡
[3] A ለገረ ፡
[4] A ወአጽንዓ ፡
[5] Mss. አቅም ፡
[6] Mss. ዘይትቀዳደሙ ፡
[7] A ሰመዩ ፡
[8] Mss. ካልአን ፡ መሲሐ" ፡
[9] A ወመኳንንቲሁ ፡

ዋ ፡ ውስተ ፡ ሀገረ ፡ ቍስጥንጥንያ ፡ ኀበ ፡ ንጉሥ ፡ ዩስትያኖስ ፡ ለአስተዳንዮ ፡ መንግሥቱ ። ወበጊዜሃ ፡ ገብረ ፡ ምጽዋተ ፡ ለንዳያን ፡ ወለምስኪናን ።

ክፍል ፡ ፺፬ ።[1] ወኮነ ፡ ተስእሎ ፡ በእንተ ፡ ሥጋሁ ፡ ለእግዚእነ ፡ ኢየሱስ ፡ ክርስቶስ ፤ ወብዙኃን ፡ ጋእዝ ፡[2] ኮኑ ፡ በሀገረ ፡ ቍስጥንጥንያ ፡ እመ ፡ ኮኑ ፡ ማሰኔ ፡ አው ፡ ዘኢይማስን ። ወኮኑ ፡ የዐውዱ ፡ በሀገረ ፡ እስክንድርያ ፡ በእንተ ፡ ዝንቱ ፡ ጋእዝ ፡ ዘኮነ ፡ ቅውመ ፡ ማእከለ ፡ ክልኤ ፡ አሕዛብ ፡ ዘውእቶሙ ፡ ታአዶሳውያን ፡ ወአግናሰውያን ። ወንጉሥሰ ፡ ዩስትያኖስ ፡ ፈነወ ፡ ኀበ ፡ አውትንግስ ፡ ሊቀ ፡ ጳጳሳት ፡ ዘሀገረ ፡ ቍስጥንጥንያ ፡ በውእቱ ፡ ዘመን ፡ ወተስእሎ ፡ በእንተ ፡ ዝንቱ ፡ ነገር ፤ ውእቱ ፡ ኮነ ፡ የኀብር ፡ ሃይማኖተ ፡ ምስለ ፡ ሳዊሮስ ፡ ወታዎዶስዮስ ። ከመዝ ፡ ተሰጥዎ ፡ ወይቤሎ ፤ እስመ ፡ ውእቱ ፡ ሕያው ፡ ዘኢይጠፍእ ፡ ወኢይማስን ፡ ወኢይትዌለጥ ፡ ሥጋሁ ፡ ለእግዚእነ ፡ ዘተወከፈ ፡ ሕማመ ፡ በእንተ ፡ መድኀኒትነ ፤ ነአምን ፡ ከመ ፡ ውእቱ ፡ ተወከፈ ፡ ሕማመ ፡ በፈቃዱ ፡ ወእምድኅረ ፡ ትንሣኤ ፡ ኢማሰነ ፡ ወኢተወለጠ ፡ በኵሉ ፡ ገጽ ፡ ወበኵሉ ፡ ጸታ ። ወንጉሥሰ ፡ ኢተወከፈ ፡ ዘንተ ፡ ነገረ ፤ ወኮነ ፡ ጥያቄ ፡[3] ዝንቱ ፡ ባህላት ፡ ውስተ ፡ መልእክቱ ፡ ዘፈነዋ ፡ ቅዱስ ፡ ቄርሎስ ፡ ኀበ ፡ ሱንክሱስ ፤ ወንጉሥሰ ፡ ኮነ ፡ ይጸንን ፡[4] ለዩልያኖስ ፡ ኤጲስ ፡ ቆጶስ ፡ ዘአግናሰውያን ፡[5] ዘኀብሩ ፡ ምስሌሁ ፡ በሃይማኖት ፤ እስመ ፡ ውእቶሙ ፡ ይቤሉ ፤ ኮነ ፡ ከማነ ፡ ሰብእ ፡ ወመጻሕፍትሰ ፡ ቅዱሳት ፡ ይቤሉ ፡ እስመ ፡ ክርስቶስ ፡ ሐመ ፡ በእንቲአነ ፡ በሥጋ ። ወንጉሥሰ ፡ ዮስትያኖስ ፡ ተምዕዐ ፡ ላዕለ ፡ አውትንጊስ ፡ ሊቀ ፡ ጳጳሳት ፡ በእንተ ፡ ዘኢተሰጥዎ ፡ በከመ ፡ ፈቃደ ፡ ልቡ ፡ ዳእሙ ፡ ነገሮ ፡ ከመ ፡ ሳዊሮስ ፡ ወብቲሙስ ፤ [ወይቤ ፡][6] እስመ ፡ እሙንቱ ፡ አስሐቱ ፡ ሀገረ ፡ ቍስጥንጥንያ ፡ ወዝንቱኒ ፡ ዓዲ ፡ አስሐቶሙ ። ወእምዝ ፡ ፈነወ ፡ መጽሐፈ ፡ መልእክት ፡[7] ኀበ ፡ አጋቶን ፡ ሥዩም ፡ ላዕለ ፡ ሀገረ ፡ እስክንድርያ ፡ ከመ ፡ ይረስይዎ ፡ ለዩሊናርዮስ ፡ ቆሞስ ፡ ዘደብረ ፡ ባንጦን ፡ ሊቀ ፡ ጳጳሳተ ፡ ዘኬልቄዶናውያን ፡[8] በሀገረ ፡ እስክንድርያ ፡ ወበካልአት ፡[9] አህጉራተ ፡ ምስር ።

[1] A ፺፫ ፡, B ፺፪ ፡
[2] Mss. ጋዕዘ ፡
[3] Mss. ጠያቄ ፡
[4] Mss. ይጸንሕ ፡
[5] Mss. ዘአግናታውያን ፡
[6] Manque dans les deux mss.
[7] A መላእክት ፡
[8] Mss. ዘኬልቄዶናዊ ፡
[9] A ወበካልእት ፡

ወሰብእ ፡ ይእቲ ፡ ሀገር ፡ ጸንዑ ፡[1] በሃይማኖት ፡ እንተ ፡ ኢትማስን ፡ ወሐ
ሩ ፡ በትምህርተ ፡ አበዊነ ፡ ዘጽሑፍ ፡ ውስተ ፡ መጻሕፍት ፡ ዘይብል ፤ ሥ
ጋሁ ፡ ቅዱስ ፡ ለእግዚእነ ፡[2] ኢማሰነ ፡ እምቅድመ ፡ ትንሣኤ ፡ ወተወክፈ ፡
ሕማመ ፡ በፈቃዱ ፡ እስከ ፡ ለሞት ፡ ወእምድኅረ ፡ ትንሣኤ ፡ ኮነ ፡ ኢመዋ
ቴ ፡ ወኢሐማሜ ፡ በከመ ፡ ባህሉ ፡ ለንባቤ ፡ መለኮት ፡ ጎርጎርዮስ ፤ ወበእን
ተዝ ፡ ይደሉ ፡ ለነ ፡ በእንተ ፡ ባህል ፡ ዘኢኮነ ፡ ሙሉነ ፡ ከመ ፡ ናርኅቆ ፡ ለ
ሕማም ፡ ማሕየዊት ፡ ዘተወክፎሙ ፡ በሥጋ ፡ በፈቃዱ ፡ ወሥልጣኑ ፡ ወረ
ሰያ ፡ በእንተ ፡ መድኅኒትነ ። ወንጉሥሰ ፡ ዩስትያኖስ ፡ አውፅአ ፡ ለአውት
ንግስ ፡ ሊቀ ፡ ጳጳሳት ፡ ዘሀገረ ፡ ቍስጥንጥንያ ፡ ወሰደዶ ፡ ወሤሞ ፡ ለዮሐ
ንስ ፡ ሀየንቴሁ ፡ ዘእምሀገረ ፡ ዩደንስ ፤ ወአሰፈዎ ፡ ለንጉሥ ፡ ከመ ፡ የሀበ ፡
ጽሕፈተ ፡ እዴሁ ፡ ዘየኀብር ፡ ሃይማኖተ ፡ ምስሌሁ ፡ ወይጽሐፍ ፡[3] መጽ
ሐፈ ፡ ሲኖዲቃተ ፤ ወሰበ ፡ ተወክፈ ፡ ሢመተ ፡ መነነ ፡ ትእዛዘ ፡ ንጉሥ ፡
ወኢጸሐፈ ፡ በከመ ፡ ይቤሎ ። እስመ ፡ ውእቱ ፡ ኮነ ፡ ቅድመ ፡ ሕዝባዌ ፡
ወኢያአምር ፡[4] መጻሕፍተ ፡ ወኢጠየቀ ፡ ሃይማኖተ ፡ ቅድስተ ፤ ወሰበ ፡ ኮነ ፡
ካህነ ፡ ተጸንዐ ፡ (?)[5] ለአንብቦ ፡ መጻሕፍት ፡ ቅዱሳት ፡ ወአእመረ ፡ ፃማ ፡
ወድካመ ፡ ዘተወከፉ ፡ አበዊነ ፡ ቅዱሳን ፡ በእንተ ፡ ክርስቶስ ፡ ወተምህረ ፡
ሃይማኖተ ፡ አርቶዶክሳዊተ ፡ ወኀደገ ፡ ሃይማኖተ ፡ ንጉሥ ፡ ጠዋየ ።[6] ወዝ
ንቱ ፡ ዮሐንስ ፡ ሊቀ ፡ ጳጳሳት ፡ ጸሐፈ ፡ እልመስጠአግያ ፡ ዘያየድዕ ፡ በእ
ንተ ፡ ጠባይዐ ፡ ክርስቶስ ፡ አሐቲ ፡ ቃለ ፡ እግዚአብሔር ፡ ዘተሠገወ ፤ ወስ
ምዐ ፡ ኮነ ፡ በከመ ፡ ስምዑ ፡ ለአትናቴዎስ ፡ ሐዋርያዊ ፡ ዘይብል ፡ ፩ ፡ አካ
ል ፡ ዘመለኮት ፡ ወትስብእት ። ወኮነ ፡ ፩ ፡ ብእሲ ፡ ዘስሙ ፡ ሚናስ ፡ ዘኮነ ፡
ቅድመ ፡ ሊቀ ፡ ጳጳሳተ ፡ በሀገረ ፡ ቍስጥንጥንያ ፡ ጸሐፈ ፡ ኀበ ፡ ወኪልዮ
ን ፡ ሊቀ ፡ ጳጳሳት ፡[7] ዘሀገረ ፡ ሮሜ ፡ ዘይብል ፡ ከመዝ ፤ ፩ ፡ ሥምረት ፡
ወ፩ ፡ ፈቃድ ፡ ዘእግዚእነ ፡ ወመድኅኒነ ፡ ኢየሱስ ፡ ክርስቶስ ፤ ወንትአመ
ን ፡ በእግዚአብሔር ፡ በኵሉ ፡ ፍርሃተ ፡ ልብ ፡ እንዘ ፡ ንትመሀር ፡ ትምህ
ርተ ፡ አበዊነ ። ወዝንቱ ፡ ኵሉ ፡ ነገር ፡ ሀሎ ፡ ኀበ ፡ ዮሐንስ ፡ ሊቀ ፡ ጳጳሳ
ት ፡ ዘሀገረ ፡ ቍስጥንጥንያ ። ወንጉሥሰ ፡ ኮነ ፡ ይፈቅድ ፡ ይምትሮ ፡ ለዮ
ሐንስ ፤ ወእንዘ ፡ ያስተሓምም ፡[8] በዝንቱ ፡ ግብር ፡ በእንተ ፡ አውትንግስ ፡

[1] A ጽንዑ ፡
[2] Mss. ዘእግ" ፡
[3] Mss. ወይጽሕፍ ፡
[4] Mss. ወኢየአምር ፡
[5] Mss. ተጸርዓ ፡
[6] Mss. ጠዋይ ፡
[7] Mss. ኀበ ፡ ሊቀ ፡ ጳ" ፡
[8] Mss. "ሐምም ፡

ዘኢውዕአ ፡ እንበለ ፡ ፍትሐ ፡ ቀኖና ፤ ውእቱኒ ፡ ፈርሀ ፡ ከመ ፡ ኢይኩን ፡
ሀከክ ፤ ወእንዘ ፡ ሀሎ ፡ በዘከመዝ ፡ ግብር ፡ ሞተ ፡ ዩስትያኖስ ፡ ንጉሥ ፡ በ
ርሥእን ፡ በ፴ወ፱ ፡ ዓመት ፡ እምዘ ፡ ነግሠ ። ወብእሲቱኒ ፡ ንግሥት ፡[1] ታእ
ድራ ፡ ሞተት ፡ እምቅድሜሁ ። ወሰብአ ፡ ሮምኒ ፡ መተርዎሙ ፡ ለኵሎሙ ፡
ጳጳሳት ፨ ወእምድኅረዝ ፡ ኀደጉ ፡[2] ሰብአ ፡ ሮም ፡ ዘከነ ፡ ሥርዐተ ፡ በኀቤ
ሆሙ ፡ በምክንያተ ፡[3] አረማውያን ፡ እለ ፡ የኀድሩ ፡ ምስሌሆሙ ፤ ወአረ
ማውያንሰ ፡ ተሰናአዉ ፡[4] በበይናቲሆሙ ፡ ወቀተልዎሙ ፡ ለሮም ፡ በመንፈ
ቀ ፡ መዓልት ፡ ወነሥኡ ፡ አህጉራተ ፡ ወዔዋዌ ፡ ብዙኀ ። ወሰምራውያንሰ ፡[5]
ዘሀለዉ ፡ በፍልስጥኤም ፡[6] ገብሩ ፡ ዕልወተ ፡ በተኀይሎ ፤ ወዩስትያኖስ ፡
ንጉሥ ፡ ፈነወ ፡ ኀቤሆሙ ፡ እምቅድመ ፡ ይሙት ፡ ፩ ፡ መነከስ ፡ እምክቡ
ራን ፡ ዘስሙ ፡ ፎድዮን ፡ ወምስሌሁ ፡ ሐራ ፡ ብዙኀ ፤ ወጸብአሙ ፡ ወሞአ
ሙ ፡ ወሣቀየ ፡ ብዙኀ ፡ እምኔሆሙ ፡ ወበ ፡ እምኔሆሙ ፡ ዘአውፅአሙ ፡
ወሰደዶሙ ፡ ወአንበረ ፡ ዐቢየ ፡ ፍርሃተ ፡ ላዕሌሆሙ ። ወበውእቱ ፡ መዋ
ዕል ፡ ከነ ፡ ሞተ ፡ ግብት ፡ ውስተ ፡ ኵሉ ፡ መካን ፡ ወረኃብ ፡ ዐቢይ ። ወ
ሶበ ፡ ርእየ ፡ ንጉሥ ፡ ለኵሎሙ ፡ አሕዛብ ፡ እንዘ ፡ ይትሀወኩ ፡ አመ ፡ ፈ
ነወ ፡ ሥርዐተ ፡ ሃይማኖቱ ፡ ውስተ ፡ ኵሉ ፡ ምድረ ፡ እስክንድርያ ፡ ወአስ
ተናሥአ ፡ ስደተ ፡ ዐቢየ ፡ ውስተ ፡ ሀገረ ፡ ምስር ፤ ወእምብዝኀ ፡ ሐዘኑ ፡
ተወለጠ ፡ ልቡናሁ ፡ ወከነ ፡ የዐውድ ፡ ውስተ ፡ አብያት ፡ ዘቅጽር ፡[7] በስ
ሕተተ ፡[8] ልብ ፤ ወከነ ፡ ይፈቱ ፡ ሞተ ፡ ወኢይረክብ ፡ እስመ ፡ ተምዕዖ ፡
እግዚአብሔር ። ወሶበ ፡ አብደ ፡ ንጉሥ ፡ በቅድመ ፡ ኵሉ ፡ ሕዝብ ፡ ነሥ
ኡ ፡ አክሊለ ፡ መንግሥት ፡ እምኔሁ ፡ ወአንበርዎ ፡ ላዕለ ፡ ጢባርዮስ ፡ ወ
ረሰይዎ ፡ ንጉሠ ፡ ህየንቴሁ ፤ ወእግዚእነ ፡ ኢየሱስ ፡ ክርስቶስ ፡ ወሀቦ ፡
ኀይለ ፡ ወሥልጣነ ። ወዝንቱሰ ፡ ጢባርዮስ ፡ ከነ ፡ ወሬዛ ፡ ወሠናየ ፡ ላህ
ይ ፡ ጥቀ ፡ ወመፍቀሬ ፡ ሠናይት ፡ ወወሃቤ ፡[9] ሀብታት ፡ ወጽኑዐ ፡ ልብ ፤
ወሶበ ፡ ነግሠ ፡ አጽርዐ ፡ ስደተ ፡ ወወሀበ ፡ ክብረ ፡ ለካህናት ፡ ወለመነክስ
ት ። ወከኑ ፡ የሐምይዎ ፡ ከመ ፡ ውእቱ ፡ ንስጡራዊ ፡ ወኢኮነ ፡ እሙነ ፡
ነገሮሙ ፤ ዳእሙ ፡ ከነ ፡ ሠናየ ፡ ጥቀ ፡ ወኢየኀድግ ፡ ገቢረ ፡ ሠናያት ፡
ለርቱዓነ ፡ ሃይማኖት ፡[10] ወለእለ ፡ የአምኑ ፡ በ፩ ፡ ጠባይዐ ፡ ክርስቶስ ፡ ዘፍ

[1] A ንግሠቅ ፡
[2] A ኀደገ ፡
[3] Mss. ወምክንያተ ፡
[4] Mss. ተሰነአዉ ፡
[5] Mss. ወሳምራውያሰ ፡
[6] B በፍልጥኤም ፡
[7] Mss. ቅጽር ፡ ዘአብያት ፡
[8] A በስሐተተ ፡
[9] Mss. ወወሀቤ ፡
[10] A ሃይማት ፡

ጹም ፡ በመለኮት ፡ ወትስብእት ፡ በ፩ ፡ ህላዌ ፡ ቃል ፡ ዘተሰገወ ፤ ንስግድ ፡ ሎቱ ፡ ወንሰብሖ ፡ ዘይሁብ ፡ ረድኤተ ፡ ወኀይለ ፡ ለነገሥት ። ወዝንቱ ፡ ንጉሥ ፡ ኢኀደገ ፡ መነሂ ፡ ይግበር ፡ ስደተ ፡ በመዋዕሊሁ ፤ ወወሀበ ፡ ብዙኀ ፡ ሀብታተ ፡ ለኵሎሙ ፡ እለ ፡ ሀለዉ ፡ ታሕተ ፡ ሥልጣኑ ፡ ወሐነጸ ፡ ብዙኀ ፡ አብያተ ፡ ለሰማዕታት ፡ ወመካናተ ፡ ለተፀምዶ ፡ መነኮሳት ፡ ወመካነ ፡ ምንባባት ፡ ወማኅደረ ፡ ለደናግል ፤ ወወሀበ ፡ ምጽዋተ ፡ ብዙኀ ፡ ለነዳያን ፡ ወለምስኪናን ። ወረሰየ ፡ እግዚአብሔር ፡ ሰላመ ፡ በመዋዕሊሁ ፡ በእንተ ፡ ምግባሩ ፡ ሠናይ ፡ ዘከነ ፡ ይገብሮሙ ፡ ወአድኀና ፡ ለሀገረ ፡ መንግሥት ፡ በሀብተ ፡ ምሕረቱ ። ወዮሐንስኒ ፡ ሊቀ ፡ ጳጳሳት ፡ ዘሀገረ ፡ ቍስጥንጥንያ ፡ አዕረፈ ፡ በመዋዕሊሁ ፡ ድኅረ ፡ ረከበ ፡ ብዙኀ ፡ ሠናያተ ፤ ወንጉሥኒ ፡ ሜጠ ፡ ለአውትንግሥ ፡ እምስደት ፡ ወአንበሮ ፡ ላዕለ ፡ መንበሩ ፡ ህየንተ ፡ ዮሐንስ ፡ ዘሞተ ። ወቡሊናርዮስ ፡ ጳጳስ ፡ ዘኬልቄዶናውያን ፡ ሞተ ፡ በሀገረ ፡ እስክንድርያ ፡ ወሜሙ ፡ ህየንቴሁ ፡ ለ፩ ፡ ብእሲ ፡ ዘስሙ ፡ ዮሐንስ ፡ እምሐራ ። ውእቱ ፡ ከነ ፡ ሠናየ ፡ ራእይ ፡ ወኢያገበረ ፡ መነሂ ፡ ኀዲገ ፡ ሃይማኖት ፤ ዳእሙ ፡ ከነ ፡ ይሴብሖ ፡ ለእግዚአብሔር ፡ በቤተ ፡ ክርስቲያኑ ፡ ምስለ ፡ ኵሎሙ ፡ ሕዝብ ፡ እለ ፡ ተጋብኡ ፡ ኀቤሁ ፡ ወያእኵትዎ ፡[1] ለንጉሥ ፡ በእንተ ፡ ሠናይ ፡ ምግባሩ ፡ ዘከነ ፡ ይገብር ። ወክርስቶስኒ ፡ ሀለወ ፡ ምስሌሁ ፡ ወሞአሙ ፡ ለፋርስ ፡ ወለአሕዛብ ፡ በኀይል ፡ ወገብረ ፡ ሰላመ ፡ ምስለ ፡ ኵሎሙ ፡ አሕዛብ ፡ ዘከኑ ፡ ታሕተ ፡ ሥልጣኑ ። ወበሣልስ ፡ ዓመተ ፡ መንግሥቱ ፡ አዕረፈ ፡ በሰላም ፤ በእንተ ፡ ኀጢአተ ፡ ሰብእ ፡ ከነ ፡ ሕጹረ ፡ መዋዕሊሁ ፡ ወኢኮኑ ፡ ድልዋነ ፡ ለዘከመዝ ፡ ንጉሥ ፡ መፍቀሬ ፡ አምላክ ፡ ወንጥእዎ ፡ ለዝንቱ ፡ የዋህ ፡ ወኄር ። እምቅድመ ፡ ይሙት ፡ አዘዘ ፡ ከመ ፡[2] ያንግሥዎ ፡ ለሐሙሁ ፡ ዘስሙ ፡ ወርምድያኖስ ፤ እስመ ፡ ውእቱ ፡ ከነ ፡ ቀዲሙ ፡ በጥሪቀ ። ውእቱሰ ፡ አበየ ፡[3] በየውሀተ ፡ ልብ ፡ ነጊሠ ፤ ወእምዝ ፡ አንገሥዎ ፡ ለሙርኒቅዩስ ፡ ዘእምሀገረ ፡ ቀጳዶቅያ ።

ክፍል ፡ ፺፰ ።[4] ወሙርኒቅዩስሰ ፡ ዘነግሠ ፡ ድኅረ ፡ ጢባርዮስ ፡ መፍቀሬ ፡ አምላክ ፡ ከነ ፡[5] መፍቀሬ ፡ ብሩር ፡ ጥቀ ። ውእቱ ፡ ከነ ፡ ቅድመ ፡ ሥዩመ ፡ በሀገረ ፡ ምሥራቅ ፡ ወእምዝ ፡ አውሰባ ፡ ለወለተ ፡ ዱምድያልዩስ ፡ ወረሰያ ፡

[1] Mss. ወየእ" ፡
[2] Mss. ከመ ፡ ከመ ፡
[3] A ዓቢየ ፡
[4] A ፺፱ ፡, B ፺፪ ፡
[5] Mss. ወከነ ፡

ሎቱ ፡ ብእሲተ ፡ ዘስማ ፡ ቍስጥንጥንያ ፡፡ [1] ወበጊዜሃ ፡ አዘዘ ፡ ውስተ ፡ ሀገረ ፡ ቍስጥንጥንያ ፡ ከመ ፡ ይትጋብኡ ፡ ኀቤሁ ፡ ኵሎሙ ፡ መስተፅዕናነ ፡ አፍራስ ፡ ወይሑሩ ፡ ምስለ ፡ ዱምንድያልዩስ ፡ ኀበ ፡ ሀገረ ፡ አልዋንጥስ ፡፡ ወፈነወ ፡ ዓዲ ፡ ኀበ ፡ አርስጠማኪስ ፡ ዘሀገረ ፡ ምስር ፤ ወውእቱ ፡ እምሰብአ ፡ ሀገረ ፡ ንቅዩስ ፡ ወልደ ፡ ቃአዶስዮስ ፡ መኰንን ፡፡ ወውእቱ ፡ ኮነ ፡ ተመካሒ ፡ ወጽኑዐ ፡ ኀይል ፤ ወአቡሁሰ ፡ ገሠጸ ፡ [2] እምቅድመ ፡ ይሙት ፡ ወይቤሎ ፤ ንበር ፡ በዘለከ ፡ ወኢትፍቱ ፡ ግብረ ፡ ነኪረ ፡ ካልአ ፡ ዳእሙ ፡ ንበር ፡ በዘ ይደልወከ ፡ ከመ ፡ ታዕርፍ ፡ [3] ንፍስከ ፤ እስመ ፡ ሀለወከ ፡ ንዋየ ፡ ብዙኀ ፡ ዘየአክለከ ፡፡ ወሰበ ፡ ልህቀ ፡ ሐፃን ፡ ኀሠሠ ፡ ምግባረ ፡ ዝንቱ ፡ ዓለም ፡ ወሠርዐ ፡ ብዙኀ ፡ ሠራዊተ ፡ ምስለ ፡ ንዋየ ፡ ሐቅል ፡ ዘየሐውሩ ፡ ምስሌ ሁ ፡ ወረስዐ ፡ ቃለ ፡ አቡሁ ፤ ወዓዲ ፡ ገብረ ፡ አሕማረ ፡ ከመ ፡ ይዑድ ፡ በሙ ፡ ውስተ ፡ ኵሉ ፡ አህጉራተ ፡ ምስር ፡ በተድላ ፡ ወበትፍግዕት ፤ ወ ኮነ ፡ ዕቡየ ፡ ልብ ፡ በኀይል ፡ ወረሰዮሙ ፡ ለኵሎሙ ፡ መኳንንት ፡ ይትቀ ነዩ ፡ ለንጉሥ ፤ እስመ ፡ ውእቱ ፡ ነሥአ ፡ ሢመተ ፡ በመዋዕለ ፡ ጢባርዮስ ፡ ንጉሥ ፡፡ በምክንያተ ፡ ሢመት ፡ ወሰከ ፡ ምክሐ ፡ ዲበ ፡ ምክሑ ፡ ወረሰዮ ሙ ፡ ለኵሎሙ ፡ ሐራ ፡ ይትአዘዙ ፡ ሎቱ ፡ ወኮነ ፡ ይነብር ፡ እንበለ ፡ ፍር ሃት ፤ ወአንበረ ፡ መስተፅዕናነ ፡ አፍራስ ፡ ውስተ ፡ ሀገረ ፡ ንቅዩስ ፡ ዘእን በለ ፡ ትእዛዘ ፡ ንጉሥ ፡፡ ወነድዩ ፡ ኵሎሙ ፡ ሐራ ፡ ዘኮኑ ፡ ታሕተ ፡ ሥል ጣኑ ፡ ወውእቱ ፡ ነሥአ ፡ ኵሎ ፡ ማኅደሮሙ ፡ ለዘኮኑ ፡ [4] ይብዕሉ ፡ እምኔሁ ፡ ወይኄልቆሙ ፡ ከመ ፡ ወኢምንትኒ ፤ [5] ወለእመ ፡ መጽኡ ፡ ኀቤሁ ፡ ሰብአ ፡ እምክቡራን ፡ ወኅሡራን ፡ እምኀበ ፡ ንጉሥ ፡ ኮነ ፡ የኀድጎሙ ፡ ዲበ ፡ አ ናቅጽ ፡ ወኢያበውአሙ ፡ ኀቤሁ ፡ ዘእንበለ ፡ ብዙኀ ፡ ዘመን ፡፡ ወሰበ ፡ ነገ ርዎ ፡ ለንጉሥ ፡ ጢባርዮስ ፡ እምቅድመ ፡ ይሙት ፡ በእንተ ፡ ግብር ፡ ዘይ ገብር ፡ አርስጠማኪስ ፡ ፈነወ ፡ ኀበ ፡ ሀገረ ፡ እስክንድርያ ፡ ፮ ፡ መኰንነ ፡ ዘ ስሙ ፡ እንድርያስ ፡ ከመ ፡ የአኀዞ ፡ በጥበብ ፡ ዘእንበለ ፡ ክዒወ ፡ ደም ፡ ወ ያምጽኦ ፡ ኀቤሁ ፡ ሕያዎ ፡፡ ወዓዲ ፡ ፈነወ ፡ ጢባርዮስ ፡ ንጉሥ ፡ ኀበ ፡ ኵሎሙ ፡ ኀያላነ ፡ ምስር ፡ ከመ ፡ ይትራድእዎ ፡ ላዕለ ፡ ፀብአ ፡ በርበር ፡፡ ወሰበ ፡ መጽአ ፡ መልእክተ ፡ ንጉሥ ፡ ኀበ ፡ አርስጠማኪስ ፡ [6] ውእቱኒ ፡ መ ጽአ ፡ ኀበ ፡ ሀገረ ፡ እስክንድርያ ፡ እንዘ ፡ [7] የሐውር ፡ ባሕቲቱ ፡ ምስለ ፡ ኅ

[1] B ″ጥያ ፡

[2] A ገሠጸ ፡

[3] Mss. ትዕርፍ ፡

[4] Mss. ዘኮኑ ፡

[5] B ወኢምንት ፡

[6] Mss. አርስጥማኪስ ፡

[7] Mss. ወእንዘ ፡

ዳጣን ፡ እለ ፡ ይትለአከዎ ፡ እንዘ ፡ ኢያአምር ፡[1] ምክረ ፡ ጕሕሉት ፡[2] ዘመከሩ ፡ ላዕሌሁ ። ወሰበ ፡ ርእይዎ ፡ ባባ ፡ ወእንድርያስ ፡ ተፈሥሑ ፡ ወአስተዳለዉ ፡ ሐመረ ፡ ቀሊለ ፡ ውስተ ፡ ባሕር ፡ በኀበ ፡ ቤተ ፡ ክርስቲያን ፡ ቅዱስ ፡ ማርቆስ ፡ ወንጌላዊ ። ወበጊዜሃ ፡ ገብሩ ፡ ቅዳሴ ፡ አመ ፡ ፴ ፡ ለሚያዝያ ፤ ወበውእቱ ፡ ዕለት ፡ ከነ ፡ በዓሉ ፡ ለቅዱስ ፡ ማርቆስ ፡ ወንጌላዊ ፤ ወእምድኅረ ፡ ፈጸሞ ፡ ቅዳሴ ፡ ወፅአ ፡ እንድርያስ ፡ እንዘ ፡ ያንሶሱ ፡ ኀበ ፡ ሐይቀ ፡ ባሕር ፡ ወአርስጦማክስ ፡ ምስሌሁ ። ወእምዝ ፡ ቀጸበሙ ፡ እንድርያስ ፡ ለልኡካን ፡ ወለሐራ ፡ ከመ ፡ የአኀዝዎ ፡ ለአርስጦማክስ ፡[3] ወይደይዎ ፡[4] ውስተ ፡ ሐመር ፤ ወሰቤሃ ፡ አኀዝዎ ፡ ወያርዎ ፡ ዲበ ፡ መታክፍቲሆሙ ፡ ወወረውዎ ፡ ውስተ ፡ ሐመር ፡ ዘእንበለ ፡ ያእምር ፡[5] ወፈትሕዎ ፡ ለሐመር ፡ ወሖሩ ፡ ኀበ ፡ ንጉሥ ። ወሰበ ፡ ርእዮ ፡ ውእቱ ፡ ንጉሥ ፡ መሓሪ ፡[6] ይቤ ፤ ዝንቱ ፡ ገጽ ፡ ኢከነ ፡ ገጸ ፡ ዐላዊ ፤ ኢንግበር ፡ ቦቱ ፡ እኩየ ፡ ወኢምንተኒ ። ወአዘዘ ፡ ከመ ፡ ያንብርዎ ፡ በሀገረ ፡ በራንጥያ ፡ እስከ ፡ የሐትት ፡ ግብሮ ። ወእምድኅረ ፡ ኅዳጥ ፡ መዋዕል ፡ ሰበ ፡ ኢረከበ ፡ ላዕሌሁ ፡ አበሳ ፡ ሜሞ ፡ ወፈነዎ ፡ ኀበ ፡ ሀገረ ፡ እስክንድርያ ፤ ወከነ ፡ ፍቁረ ፡ በኀበ ፡ ኵሉ ፡ ሰብእ ። ወውእቱ ፡ ሞአሙ ፡ ለበርበር ፡ ዘሀገረ ፡ ኖባ ፡ ወአፍራቅያ ፡ ዘይሰመዩ ፡ ሙርጣንስ ፡ ወለካልአንሂ ፡[7] ዘይሰመዩ ፡ ማሪከስ ፤ አኅለቆሙ ፡ ወአጥፍአ ፡ ሀገሮሙ ፡ ወበርበረ ፡ ንዋያቲሆሙ ፡ ወአምጽአሙ ፡ እሱራኒሆሙ ፡ ለኵሎሙ ፡ ኀበ ፡ ሀገረ ፡ ምስር ፡ በፈለገ ፡ ግዮን ፤ እስመ ፡ ከነ ፡ ተዓብአቱ ፡ ምስሌሆሙ ፡ በኀበ ፡ ሐይቀ ፡ ባሕር ፤ ወነገሩ ፡ ዜናውያን ፡ በእንተ ፡ ዘገብረ ፡ መዊአ ። ወሰበ ፡ ኀለየ ፡ በልቡ ፡ እንዘ ፡ ይብል ፤ እመበ ፡ እምቀናእያን ፡ ዘየሐውር ፡ ኀበ ፡ ንጉሥ ፡ ወያስተዋድዮኒ ፡ ወአነ ፡ ኣቀድም ፡[8] ፈንዎ ፡ መልእክተ ፡ ኀበ ፡ ንጉሥ ፡ ወሰቤሃ ፡ ፈነወ ፡ እንዘ ፡ ይብል ፤ እምዳእኑ ፡ እትራከብ ፡ ምስሌከ ። ወይቤሎ ፡ ንጉሥ ፡ ሞሪቅዩስ ፡ ነዓ ። ወበጊዜሃ ፡ ተንሥአ ፡ በፍጡን ፡ ወሖረ ፡ ኀበ ፡ ንጉሥ ፡ ወአብአ ፡ ሎቱ ፡ ብዙኀ ፡ አምኃ ፤ ውእቱኒ ፡ ተወከፈ ፡ እምኔሁ ፡ ኵሎ ፡ ዘወሀበ ፡ ወበጊዜሃ ፡ ረሰዮ ፡ መስፍነ ፡ ላዕለ ፡ ሀገረ ፡ ንጉሥ ። ወንግሥትሰ ፡ ቍስጥንጥንያ ፡ ረሰየቶ ፡ ምእመነ ፡ ላዕለ ፡ ኵሉ ፡ ቤታ ፡ ወወሰከቶ ፡ ክብረ ፡ በዲበ ፡ ክብሩ ፡ እስከ ፡ ከነ ፡ ውስተ ፡ ዳግማይ ፡ ማዕርግ ፡ ዘንጉሥ ፡ ወዐብየ ፡ ጥቀ ፡ ውስተ ፡ ሀገረ ፡ በ

[1] Mss. ኢየአምር ፡
[2] A ጕሕሉት ፡
[3] B ለአርጦማክስ ፡
[4] Mss. ወደይዎ ፡
[5] A ያእምርዎ ፡
[6] Mss. መሐሪ ፡
[7] Mss. ወለካልአንዢ ፡
[8] Mss. አቀድሞ ፡

ራንጥያ ። ወሐነጸ ፡ መካናተ ፡ ለሙሐዘ ፡ ማያት ፡ ውስተ ፡ ኵሉ ፡ ሀገር ፤ ወኮኑ ፡ ሰብአ ፡ ሀገር ፡ ይግዕሩ ፡ ጥቀ ፡ በኀጢአ ፡ ማይ ፤ ወገብረ ፡ ሎሙ ፡ ምእቃለ ፡ ማያት ፡ እምነ ፡ ብርት ፡ በግብረ ፡ ኬንያ ፡ ጠቢብ ፡ ዘኢተገብረ ፡ ከማሁ ፡ እምቅድሜሁ ፡ ወኮነ ፡ ማይ ፡ ይውሕዝ ፡ ወይበውእ ፡ ውስተ ፡ ምእቃለ ፡ ብርት ፡ ዘተሠርዐ ፤ ወአዕረፈት ፡ ሀገር ፡ በጸጊበ ፡ ማይ ፡ ወአመ ፡ ይትነሣእ ፡ እሳት ፡ ውስተ ፡ ሀገር ፡ ኮኑ ፡ የሐውሩ ፡ ውስተ ፡ ምእቃለ ፡ ማይ ፡ ወያጠፍእዎ ፡ ለእሳት ። ወኮኑ ፡ ኵሎሙ ፡ አሕዛብ ፡ ያፈቅርዎ ፡ ወያከብርዎ ፤ ወውእቱ ፡ ኮነ ፡ መፍቀሬ ፡ ሕንጻታት ፡ ወገባሬ ፡ ትሩፋት ። ወበጊዜሃ ፡ ትንሥኡ ፡ ላዕሌሁ ፡ ቀናእያን ፡ እለ ፡ አልበሙ ፡ ልብ ፡ ወኀለዩ ፡ ከመ ፡ ይመጥውዎ ፡ ለሞት ፡ በገቢረ ፡ ምክንያት ። ወእንዘ ፡ ይኄልዩ ፡ በዘከመዝ ፡ ኀሊና ፡ አስተርአየ ፡ ፩ ፡ መስፍን ፡ ዘያአምር ፡[1] ግብረ ፡ እስቱርኑምያ ፡ ወካልኡ ፡ ዘስሙ ፡ ልዮን ፡ ሠራዊ ፡ ወነጸሩ ፡ ኀበ ፡ ኮከብ ፡ ዘአስተርአየ ፡ በገጸ ፡ ሰማይ ፡ ወይቤሉ ፡ እስመ ፡ ዝንቱ ፡ ኮከብ ፡ ዘአስተርአየ ፡ ያኤምር ፡ ኀበ ፡ ቅትለተ ፡ ንጉሥ ። ወሐሩ ፡ ወነገርዎ ፡ ለንግሥት ፡ ቍስጥንጥንያ ፡ ወይቤልዋ ፤[2] አእምሪ ፡ አንቲ ፡ ዘትገብሪ ፡ ወምክሪ ፡ ከመ ፡ ትድኀኒ ፡ አንቲ ፡ ወውሉድኪ ፤ እስመ ፡ ዝንቱ ፡ ኮከብ ፡ ዘአስተርአየ ፡ ትእምርት ፡ ፀብእ ፡ ውእቱ ፡ ዘይትነሣእ ፡ ላዕለ ፡ ንጉሥ ። ወብዙኀ ፡ ነገረ ፡ ውዴት ፡[3] ነገርዋ ፡ ላዕለ ፡ አርስጠማክስ ፡ ወአምሐልዋ ፡ ከመ ፡ ኢትንግሮ ፡ ለንጉሥ ። ወሰቤሃ ፡ ሖረት ፡ ወነገረቶ ፡ ለንጉሥ ፤ ወመሰሎ ፡ ከመ ፡ አርስጠማክስ ፡ ይቀትሎ ፡ ወይነሥእ ፡ ብእሲቶ ። ወእምዝ ፡ ተጻልአ ፡ ንጉሥ ፡ ለአርስጠማክስ ፡[4] ወረሰዮ ፡ ቅቡጸ ፡ ተስፋ ፡ ወአኅሠሮ ፡ ብዙኀ ፡ ወሰደዶ ፡ ውስተ ፡ ደሴት ፡ ዘገላትያ ፡ እስከ ፡ ይመውት ፡ በሀየ ። ወንጉሥሰ ፡ ሙሪኒቅዮስ ፡ ተወከፈ ፡ ብዙኃነ ፡ ሰብአ ፡ ገባርያነ ፡ ሀከክ ፡ ሐሳውያን ፡ በእንተ ፡ ፍቅረ ፡ ንዋይ ። ወሜጠ ፡ ኵሎ ፡ እክለ ፡[5] ግብጽ ፡ ወረሰዮ ፡ ለወርቅ ፤ ወዓዲ ፡ ለእክለ ፡ በራንጥያ ፡ ሜጠ ፡ ለወርቅ ። ወኮኑ ፡ ኵሎሙ ፡ ሰብእ ፡ ይጸልእዎ ፡ ወይብሉ ፤[6] አፎ ፡ ከመዝ ፡ ተወከፈት ፡ ሀገረ ፡ ቍስጥንጥንያ ፡ ዘከመዝ ፡ ንጉሠ ፡ ዐማፄ ፤ ወእፎኑ ፡ ተወልዱ ፡ ሎቱ ፡ ፳ ፡ ውሉድ ፡ ወ፪ ፡ አዋልድ ፡[7] እንዘ ፡ ይገብር ፡ ዘከመዝ ፡ ዐመፃ ፡ እስከ ፡ ተፍጻሜተ ፡ መንግሥቱ ። ወሑርሚስታርስሰ ፡[8] ንጉሠ ፡ ፋርስ ፡ በውእቱ ፡ ዘመን ፡ ዘተሰምየ ፡ ክስሪ ፡[9]

[1] Mss. ዘየአምር ፡

[2] A ወይብልዋ ፡

[3] A ወዴት ፡

[4] Mss. አርስጣባክስ ፡

[5] A እክለ ፡

[6] A ይጸልዎ ፡ ወይቤሉ ፡

[7] Mss. ውሉደ ፡ ወ፪ ፡ አዋልደ ፡

[8] Mss. ወጡር" ፡

[9] B ክስራ ፡

ወልዱ ፡ ለዐቢይ ፡ ዲዎርስ ፤[1] ተብህለ ፡ ከመ ፡ አቡሁ ፡ ኮነ ፡ መሲሓዌ ፡[2] ወየአምኖ ፡ ለክርስቶስ ፡ አምላክነ ፡ ዘበአማን ፡ ወባሕቱ ፡ ኮነ ፡ የኀብእ ፡ ሃይማኖቶ ፡ በእንተ ፡ ፍርሃተ ፡ ፋርስ ። ወበደኃሪ ፡ መዋዕሊሁ ፡ በአ ፡ ውስተ ፡ ቤተ ፡ ብለኔ ፡ ምስለ ፡ ሐራሁ ፡ ምእመናን ፡ ወገሠጸ ፡ ፩ ፡ ኤጲስ ፡ ቆጶስ ፡ መሲሓዊ ፡[3] ወዘለፎ ፡ በእንተ ፡ ሃይማኖቱ ፡ ዘይትአመን ፡ በኅቡእ ፡ ወከሐዶ ፡ ለሰይጣን ፡ ዘኮነ ፡ ያመልክ ፡ ወአጥመቆ ፡ ውስተ ፡ ፩ ፡ ምጥማቅ ፡ እምቤተ ፡ ብለኔ ፡ በስመ ፡ ሥሉስ ፡ ቅዱስ ፤ ወእምድኅረ ፡ ተጠምቀ ፡ አዘዘ ፡ ከመ ፡ ይንሥትዋ ፡ ለይእቲ ፡ ምጥማቅ ፡ ዘተጠምቀ ፡ ባቲ ። ወእምዝ ፡ እኅዘ ፡ ለወልዱ ፡ አርስንጣስ ፡ ወረሰዮ ፡ ንጉሠ ፡ ህየንቴሁ ። ወዝንቱ ፡ ምንዱብ ፡ ኮነ ፡ ይትቀነይ ፡ ለአጋንንት ፡ ወያጌብሮሙ ፡ ለመሲሓውያን ፡[4] ከመ ፡ ይስግዱ ፡[5] ለእሳት ፡ ወለፀሓይ ፤ ወለአፍራስሂ ፡ ዓዲ ፡ እለ ፡ ይትረዐዩ ፡ ሣዕረ ፡ ኮነ ፡ ይሰግድ ፡ ሎሙ ።

ክፍል ፡ ፺፯ ።[6] ወሀለወት ፡ አሐቲ ፡ ብእሲት ፡ ዘኮነት ፡ ንስጡራዊት ፡ ቅድመ ፡ በጥሬቃ ፡ ወኮነት ፡ ትሰመይ ፡ በልሳነ ፡ ፋርስ ፡ ኩሊደርከ ፤ ወእንዘ ፡ ተሐውር ፡ ውስተ ፡ ባሕር ፡ አኀዝዋ ፡ ሰብአ ፡ ፋርስ ፡ ወወደይዋ ፡ ውስተ ፡ ቤተ ፡ ሞቅሕ ፤ ወወደዩ ፡ ዘንጅረ ፡ ውስተ ፡ ክሳዳ ፡ በከመ ፡ ልማደ ፡ ሰርያውያን ፤ ወለእመ ፡ ሞተት ፡ ያርእይዎ ፡ ለንጉሥ ፡ ለውእቱ ፡ ዘንጅር ፡[7] እንበለ ፡ ይትፈታሕ ፡ እምክሳዳ ። ወእንዘ ፡ ሀለወት ፡ በዘከመዝ ፡ ግብር ፡ አስተርአያ ፡ መልአክ ፡ እንዘ ፡ ይትናገር ፡ ምስሌሃ ፡ ወአኀዘ ፡ ለዘንጅር ፡[8] ዘሀሎ ፡ በክሳዳ ፡ ወአውፅአ ፡ እንበለ ፡ ይትፈታሕ ፡ ወአንበሮ ፡ በኀበ ፡ ዐቀብት ፡ ከመ ፡ ኢይግበሩ ፡ ላዕሌሆሙ ፡ እኩየ ፡ አጋእዝቲሆሙ ። ወይእቲ ፡ ሰምዐት ፡ ቃለ ፡ ኀይል ፡ ዘይቤላ ፤ በእንተ ፡ ሃይማኖቱ ፡ ርትዕት ፡ ዘእግዚእነ ፡ ኢየሱስ ፡ ክርስቶስ ፡ ድኅንኪ ። ወይእቲሰ ፡ ተንሥአት ፡ ወጐየት ፡ ወበጽሐት ፡ ኀበ ፡ ሀገረ ፡ ሮም ፡ ወነበረት ፡ ውስተ ፡ ሀገረ ፡ ያፋኑሊስ ፡ ኀበ ፡ ፈለገ ፡ ኤፍራጦስ ፡ ወኮነት ፡ ተሐውር ፡ ወትትናገር ፡ ኵሎ ፡ ዘረከባ ፡ ኀበ ፡ ዱምንድያኖስ ፡ መጥሮጶሊስ ። ወውእቱ ፡ ኮነ ፡ ወልደ ፡ [እኅወ ፡ አቡሁ ፡] ለንጉሥ ፡[9] ሙርኒቅዩስ ፡[10] ወሖረ ፡ ወነገሮ ፡ ለን

[1] B ዲራዋርስ ፡
[2] Mss. መሲሐዌ ፡
[3] Mss. መሲሐዌ ፡
[4] Mss. ለመሲሐ" ፡
[5] Mss. ይሰግዱ ፡
[6] Mss. ፺፱ ፡
[7] A ዛንጅር ፡
[8] A ለዛ" ፡
[9] Mss. ወልዱ ፡ ለንጉሥ ፡
[10] A መር" ፡

ጉሥ ፡ በእንተ ፡ ዛቲ ፡ ብእሲት ፡ ዘአቅደምነ ፡ ዘከሮታ ፤ ወአዘዘ ፡ ከመ ፡ ያምጽእዋ ፡ ኀቤሁ ፡ ወአሠነየ ፡ ልባ ፡ ከመ ፡ ትኅድግ ፡ ሃይማኖተ ፡ ንስጡራውያን ፡ ወትትአመን ፡ በሃይማኖት ፡ ርትዕት ፡ ዘቤተ ፡ ክርስቲያን ፤ ወተአመነት ፡ ይእቲ ፡ በከመ ፡ ይቤላ ። ወእግዚእነ ፡ ኢየሱስ ፡ ክርስቶስ ፡ ነዊኅ ፡ መንፈስ ፡ ወገባሬ ፡ ሠናያት ፡ ኢተኀየየ ፡[1] ለዝሉፉ ፡ ወኢያርመመ ፡ በእንተ ፡ ስደት ፡ ዘከነ ፡ ይገብር ፡ አርሚስጦስ ፡ ንጉሠ ፡ ፋርስ ፡ በቅዱሳኒሁ ፤ ወተምዕዖ ፡ እግዚአብሔር ፡ ወተሠጥቀ ፡ ቤቱ ፡ ለንጉሥ ፡ ክስሪ ፡ ሐዲስ ፡ እመልዕልት ፡ እስከ ፡ መትሕት ፡ ወተንሥአ ፡ ወልዱ ፡ ወቀተሎ ፤ ወከነ ፡ ተፈልጠ ፡ ዐቢይ ፡ ውስተ ፡ ትዕይንት ፡ በጊዜ ፡ ሞቱ ፡ ለንጉሥ ፡ ወከኑ ፡ ኀበ ፡ ክልኤ ፡ ክፍል ። ወሰበ ፡ ርእየ ፡ ክስሪ ፡ ዘየዐቢ ፡ ዘከነ ፡ ጐየ ፡ ወመጽአ ፡ ሀገረ ፡ ሮም ፤ ወሰበ ፡ አስተርአየ ፡ ለመኳንንተ ፡ ሮም ፡ ፈነወ ፡ መተንብላነ ፡ ኀበ ፡ ሙርቅዩስ ፡[2] ንጉሥ ፡ እንዘ ፡ ይስእሎ ፡ ከመ ፡ ይንበር ፡ ታሕተ ፡ ሥልጣነ ፡ ሮም ፡ ወይጽብአሙ ፡ ለፋርስ ፡ ወይንሣእ ፡ መንግሥቶሙ ፡ ወይረስያ ፡[3] ለሮም ። ወንጉሥሰ ፡ ሙርቅዩሰ ፡[4] መጽአ ፡ ኀበ ፡ ዮሐንስ ፡ ሊቀ ፡ ጳጳሳት ፡ ዘሀገረ ፡ ቍስጥንጥንያ ፡ ከመ ፡ ይትማከር ፡ ምስሌሁ ። ወዝንቱ ፡ ዮሐንስ ፡ ከነ ፡ ጽሙደ ፡ ወኢይበልዕ ፡ እክለ ፡ ምንተኒ ፡ ወኢይሰቲ ፡ ወይነ ፤ ዳእሙ ፡ ከነ ፡ ይሴሰይ ፡ እምፍሬያተ ፡ ገዳም ፡ ወእምበቍላት ፡ ሐመልሚላት ፡ በበሕቅ ። ወተጋብኡ ፡ ኀቤሁ ፡ ኵሎሙ ፡ መኳንንት ፡ ወትዕይንት ፡ ከመ ፡ ይትማከሩ ፡ ምስሌሁ ፡ በእንተ ፡ ነገረ ፡ ኵርስ ፡ ንጉሠ ፡ ፋርስ ፡ ዘመጽአ ፡ ኀቤሆሙ ። ወጸርኀ ፡ ውእቱ ፡ ዮሐንስ ፡ ለኵሎሙ ፡ ወይቤሎሙ ፤ ዝንቱ ፡ ዘቀተለ ፡ አቡሁ ፡ ኢይሜኒ ፡ ለመንግሥት ፤ ዳእሙ፡ ክርስቶስ ፡ አምላክነ ፡ ዘበአማን ፡ ይፃብእ ፡ በእንቲአነ ፡ በኵሉ ፡ ጊዜ ፡ በቅድመ ፡ ኵሎሙ ፡ አሕዛብ ፡ እለ ፡ ይትቃተሉ ፡ ምስሌነ ፤ ወዝንቱኒ ፡ ዘኢተአምነ ፡ በአቡሁ ፡ እፎ ፡ ይትአመን ፡ በመንግሥተ ፡ ሮም ። ወንጉሥሰ ፡ ሙሪቅዩስ ፡ ኢተወክፈ ፡ ምክረ ፡ ዘመከሮ ፡ ሊቀ ፡ ጳጳሳት ፡ ወትዕይንት ፡ ኀቡረ ፡ ወበጊዜሃ ፡ ጸሐፈ ፡ ኀበ ፡ ድምንድያ ፡ ዘከነ ፡ [ወልደ ፡][5] እኅወ ፡ አቡሁ ፡ ዘከነ ፡ ኤጲስ ፡ ቆጶስ ፡ በሀገረ ፡ መላንድያ ፡ ወኀበ ፡ አርሲስ ፡ ዘከነ ፡ ሊቀ ፡ ሐራ ፡ ዘምሥራቅ ፡ ወአዘዘ ፡ ከመ ፡ ይንሥአሙ ፡ ለኵሎሙ ፡ ሠራዊተ ፡ ሮም ፡ ወይሑሩ ፡ ወይሚሞ ፡[6] ለክስሪ ፡[7] ን

[1] A ኢትኀየየ ፡
[2] Mss. መር″ ፡
[3] A ወይረሰያ ፡
[4] Mss. መር″ ፡
[5] Manque dans les deux mss.
[6] Mss. ወሜሞ ፡
[7] B ለከስሬ ፡

ኈሠ ፡ በፋርስ ፡ ወያጥፍአሙ ፡ ለኵሎሙ ፡ እለ ፡ ይትቃረንዎ ። ወወሀበ ፡ ሥርዐታተ ፡ መንግሥት ፡ ወአልባሰ ፡ ሠርጓት ፡ በዘይደሉ ። ወዝንቱሰ ፡ ክስሪ ፡[1] ኮነ ፡ ይትመያየጥ ፡ ኀበ ፡ ክልንዱክ ፡[2] ከመ ፡ ይስአል ፡ እምኔሃ ፡ እመ ፡ ኮነ ፡ ይነግሥ ፡ በፋርስ ፡ አው ፡ አልቦ ። ወትቤሎ ፡ ይእቲ ፤ ወአንተ ፡ ትመውእ ፡ ወትነግሥ ፡ ላዕለ ፡ ፋርስ ፡ ወማሒ ፡ ለዝሉፉ ፡ ወመንግሥተ ፡ ሮምኒ ፡ ተውህበት ፡ ለሞሪቁን ፡ ንጉሥ ። ወአርሲስሰ ፡ ገብረ ፡ በከመ ፡ አዘዘ ፡ ወወሰዶ ፡ ለክስሪ ፡[3] ርጉም ፡ ኀበ ፡ ፋርስ ፡ ወጸብአሙ ፡ ወሞአሙ ፡ ወወሀበ ፡ መንግሥተ ፡ ማሒ ፡ ለውእቱ ፡ ምንዱብ ። ወሶበ ፡ ንግሠ ፡ ኢያእኰቶሙ ፡ ለሮም ፡ ዘአሠነዩ ፡ሎቱ ፡ ወኀለየ ፡ እኩየ ፡ ላዕለ ፡ ሮም ፤ ወበሌሊት ፡ ተጋብኡ ፡ ኀቤሁ ፡ ሰብአ ፡ ሰገል ፡ ከመ ፡ ይግበሩ ፡ ሥራየ ፡ ወይደዩ ፡ ውስተ ፡ መብልዐ ፡ ሐራ ፡ ሮም ፡ ወመብልዐ ፡[4] አፍራሲሆሙ ፡ ከመ ፡ ይደምስሱ ፡ ኵሎሙ ፡ ኀቡረ ፡ ምስለ ፡ አርሲስ ፡[5] ሊቀ ፡ ሐራሆሙ ። ዳእሙ ፡ እግዚእነ ፡ ኢየሱስ ፡ ክርስቶስ ፡ ረሰየ ፡ ርኅራኄ ፡ ውስተ ፡ ልበ ፡ ሰብአ ፡ ቅጽር ፡ ወሖሩ ፡ ወነገርዎ ፡ ለአርሲስ ፡ ሊቀ ፡ ሐራ ፡ ሮም ። ወሶበ ፡ ሰምዐ ፡ ዘንተ ፡ አዘዘሙ ፡ ለኵሎሙ ፡ ሐራ ፡ ወይቤሎሙ ፤ ሶበ ፡ ያቀርቡ ፡ ለክሙ ፡ መብልዐ ፡ ኢትብልዑ ፡ ዳእሙ ፡ ሀብዎሙ ፡ ለከለባት ፡ ወለሣዕር ፡ ለባዕዳን ፡ እንስሳ ። ወሶበ ፡ በልዑ ፡ አክልብት ፡ ተሠጥቀ ፡ ማእከሎሙ ፡[6] ወእንስሳሂ ፡ ሞቱ ። ወሶበ ፡ ርእየ ፡ አርሲስ ፡ ዘንተ ፡ ተምዕዐ ፡ ጥቀ ፡ ላዕለ ፡ ክስሪ ፤[7] ወበጊዜሃ ፡ ተንሥአ ፡ ወሖረ ፡ ወአብጽሖሙ ፡ ለሐራ ፡ ሮም ፡ ኀበ ፡ አጋእዝቲሆሙ ። ወኮኑ ፡ ኵሎሙ ፡ ሰብአ ፡ ሮም ፡ ይጸልእዎ ፡ ለንጉሥ ፡ ሙሪቅዩስ ፡ በእንተ ፡ እከይ ፡ ዘኮነ ፡ በመዋዕሊሁ ።

ክፍል ፡ ፺፯ ።[8] ወኮኑ ፡ ፫ ፡ አኀው ፡ ውስተ ፡ አሐቲ ፡ ሀገር ፡ እመንገለ ፡ ደቡብ ፡ ግብጽ ፡ ዘትሰመይ ፡ በይከላህ ፡ እንተ ፡ ይእቲ ፡ ዛውያ ። ወዝውእቱ ፡ አስማቲሆሙ ፡ ለ፫ ፡ አኀው ፡ አበስኪሮን ፡ ሚናስ ፡ ወያዕቆብ ፤ ወዝንቱ ፡ አበስኪሮን ፡ ልሂቅ ፡ እምኔሆሙ ፡ ወኮነ ፡ ነሳሒ ፤ ወሀሎ ፡ ሎቱ ፡ ወልድ ፡ ዘስሙ ፡ አይሳክዩስ ። ወዮሐንስሰ ፡ መኰንነ ፡ ሀገረ ፡ እስክንድርያ ፡ ሜሞሙ ፡[9] ላዕለ ፡ አህጉራት ፡ ብዙኃት ፡ ዘምስር ፤ ወኮነት ፡ ሀገሮ

[1] B ክስሬ ፡
[2] A ክልንዱክ ፡
[3] B ለክስሬ ፡
[4] Mss. ″ዐ ፡
[5] Mss. አፍራሲስ ፡
[6] Mss. እማእከሎሙ ፡
[7] B ክስሬ ፡
[8] Mss. ፶፰ ፡
[9] Mss. ወሜሞሙ ፡

ሙ ፡ ወይከላ ፡ ቅርብተ ፡ እምሀገረ ፡ እስክንድርያ ። ወሰበ ፡ ኮኑ ፡ እልክ
ቱ ፡ ፲፱ ፡ ዕደው ፡ ውስተ ፡ ብዕል ፡ ዐቢይ ፡ ኢተከሀሎሙ ፡ ፀዊረ ፡ ዳእሙ ፡
ተጋብእዎሙ ፡ ለሰብአ ፡ እልዋኑጥስ ፡ ወማህረክዎሙ ፡ ለክልኤ ፡ አህጉ
ራት ፡ ዘውእቶሙ ፡ ብና ፡ ወቡሲር ፡ ዘእንበለ ፡ ምክረ ፡ ሥዩመ ፡ ሀገር ፤
ወውእቱሰ ፡ ኮነ ፡ ኄረ ፡ ወሠናየ ፡ ወድንግለ ። ወእሉ ፡ ፲፱ ፡ ዕደው ፡ እለ ፡
ዘከርናሆሙ[1] ፡ ቅድመ ፡ ከዐዉ ፡ ደመ ፡ ብዙኀ ፡ ወአውዐይዋ ፡ ለሀገረ ፡[2] ቡ
ጺር ፡ ወለቤተ ፡ ብለኔ ፡ ዘአሕዛብ ። ወሥዩመ ፡ ሀገረ ፡ ቡጺርሰ ፡ ጐየ ፡ በ
ሌሊት ፤[3] ወፈቀዱ ፡ ሰብአ ፡ ሀገረ ፡ አይከላ ፡[4] ይቅትልዎ ፤[5] ወጐየ ፡ ወድ
ኅነ ፡ እምኔሆሙ ፡ ወሖረ ፡ ኀበ ፡ ሀገረ ፡ በራንጥያ ፡ ኀበ ፡ ንጉሥ ፡ ሙሪቅ
ዩስ ፡ እንዘ ፡ ይበኪ ፡ በብዙኅ ፡ አንብዕ ፡ ወአይድዖ ፡ ዘገብሩ ፡ ላዕሌሁ ፡
ቀትለ ፡ ፲፱ ፡ ዕደው ። ወመጽአት ፡ ካልእት ፡ መልእክት ፡ ኀበ ፡ ንጉሥ ፡
እምሥዩመ ፡ ሀገረ ፡ እስክንድርያ ፡ ያይድዖ ፡ በእንተ ፡ ዝንቱ ። ወሰበ ፡ ሰ
ምዐ ፡ ሙሩቅዩስ ፡ ንጉሥ ፡ ተምዕዐ ፡ ጥቀ ፡ ወአዘዘ ፡ ለዮሐንስ ፡ ሥዩመ ፡
ሀገረ ፡ እስክንድርያ ፡ ከመ ፡ ይሥዐሮሙ ፡ እምሢመት ። ወእሙንቱሰ ፡ ዕ
ደው ፡ አስተጋብኡ ፡ ብዙኃነ ፡ አብዳነ ፡ ሰብአ ፡ በአፍራስ ፡[6] ወበአስይፍት ፡
ወበንዋየ ፡ ፀብእ ፤ ወነሥኡ ፡ አሕማረ ፡ ብዙኀ ፡ ዘኮኑ ፡ ያመጽኡ ፡ ቦቱ ፡
እክለ ፡ ኀበ ፡ ሀገረ ፡ እስክንድርያ ፡ ወኮነ ፡ ረኀብ ፡ ዐቢይ ፡ በውስተ ፡ ሀገር ፤
ወተመንደቡ ፡ ጥቀ ፡ ወፈቀዱ ፡ ከመ ፡ ይቅትልዎ ፡ ለዮሐንስ ፡ መኰንን ፤
ዳእሙ ፡ ምእመናን ፡ ዘያፈቅርዎ ፡ ለክርስቶስ ፡ ተጋብኡ ፡ ሎቱ ፡ በእንተ ፡
ምግባሩ ፡ ሠናይ ። ወሰብአ ፡ ሀገርሰ ፡ ጸሐፉ ፡ መጽሐፈ ፡ መልእክት ፡ ወ
ፈነዉ ፡ ኀበ ፡ ንጉሥ ፡ አይድዕዎ ፡ በእንተ ፡ ምንዳቤ ፡ ዘኮነ ፡ በሀገር ፤ ወ
ንጉሥሰ ፡ ሠዐሮ ፡ ለዮሐንስ ፡ ሥዩም ፡ ወሤመ ፡ ሀየንቴሁ ፡ ጳውሎስሃ ፡
ዘሀገረ ፡ እስክንድርያ ። ወሰብአ ፡ ሀገርሰ ፡ አስተፋነውዎ ፡ ለዮሐንስ ፡ በክ
ብር ፡ ዐቢይ ፤ ወሖረ ፡ ወተራከበ ፡ ምስለ ፡ ንጉሥ ፡ ወአይድዖ ፡ በእንተ ፡
ኀይል ፡ ዘገብሩ ፡ ሰብአ ፡ ሀገር ፡ አይከላህ ፡ ወነበረ ፡ በኀበ ፡ ንጉሥ ፡ ኅ
ዳጠ ፡ መዋዕለ ፤ ወዓዲ ፡ ሤሞ ፡ ወወሀበ ፡ ሥልጣነ ፡ ላዕለ ፡ ሀገረ ፡ አይከ
ላህ ። ወሰበ ፡ ሰምዑ ፡ ሰብአ ፡ ሀገረ ፡ አይከላህ ፡ ዘኮነ ፡ ወብጽሐቱ ፡[7] ለዮ
ሐንስ ፡ ኀበ ፡ ሀገረ ፡ እስክንድርያ ፡ ገብሩ ፡ ሀከከ ፡ ወጋእዘ ፡ ውስተ ፡ ኵሉ ፡
ሀገረ ፡ ምስር ፡ በባሕር ፡ ወበየብስ ። ወፈነዉ ፡ ፭ ፡ እምኔሆሙ ፡ ዘውእቱ ፡

[1] Mss. ዘከርናሙ ፡

[2] A ለሀገር ፡

[3] A ሌሊተ ፡

[4] A ኢይከላ ፡

[5] Mss. ወፈቀዱ ፡ ሰብአ ፡ . . . ወፈቀዱ ፡ ይቅ" ፡

[6] A አፍራስ ፡

[7] A ወብጺሖቱ ፡

አይስክዩስ ፡ አብድ ፡ ምስለ ፡ ውእቱ ፡ ፊያት ፡ ወወረዱ ፡ ኀበ ፡ ባሕር ፡ ወነሥኡ ፡ ብዙኀ ፡ አሕማረ ፡ እለ ፡ የሐውሩ ፡ ውስተ ፡ ባሕር ፡ ወሰበርዎሙ ፤ ወሐሩ ፡ መንገለ ፡ ቆጽሮስ ፡ ወማህረኩ ፡ ብዙኀ ፡ ምህርካ ። ወተጋብኡ ፡[1] ብዙኃን ፡ ሰብእ ፡ ዘውእቶሙ ፡ ተናኒኩን ፡ ወለአኩሪን ፡ ወእልመጥሪዲን ፡ እልመስር ፡ ወእልዋኑጢስ ፡ ወመስተገብራን ፡[2] ወፀረ ፡ እግዚአብሔር ፡ ቡሊራዊ ፤ እሉ ፡ ኵሎሙ ፡ ተጋብኡ ፡ ውስተ ፡ ሀገረ ፡ አይክላህ ፡ ወገብሩ ፡ ምክረ ፡ ምስለ ፡ አውሎግዮስ ፡ ሊቀ ፡ ጳጳሳት ፡ ኬልቄዶናዊ ፡ በሀገረ ፡ እስክንድርያ ፡ ወምስለ ፡ አይለስ ፡ ዲያቆን ፡ ወሚናስ ፡ ረድእ ፡ ወእብጠልማውስ ፡ መስፍን ፡ ዘበርበር ፤ ወኢያእመሩ ፡ ዘንተ ፡ ሰብአ ፡ ሀገረ ፡ አይክላህ ፡[3] ወፈቀዱ ፡ ከመ ፡ ይሚሙ ፡ ህየንተ ፡ ዮሐንስ ፡ መኰንን ፤[4] ወይቤሉ ፡ እስመ ፡ ውእቱ ፡ ዮሐንስ ፡ ኢየኀፍር ፡ ገጸ ፡ ወይጸልእ ፡ ዐመፃ ፡ ወይገብር ፡ ለነ ፡ በከመ ፡ ፈቀድነ ። ወወሰኩ ፡ ሰብአ ፡ አይክላህ ፡ ዕልወተ ፡ በዲበ ፡ ዕልወቶሙ ፡ ወነሥኡ ፡ አሕማረ ፡ እለ ፡ ቦሙ ፡ እክለ ፡[5] ወነሥኡ ፡ ጸባሕተ ፡ ንጉሥ ፡ ወረሰይዎ ፡ ለመኰንን ፡ ሀገር ፡ ያምጽእ ፡ ሎሙ ፡ ጸባሕተ ። ወወፅአ ፡ ዮሐንስ ፡ በክብር ፡ እምኀበ ፡ ንጉሥ ፡ ወበጽሐ ፡ ኀበ ፡ ሀገረ ፡ እስክንድርያ ፡ ወሰምዐ ፡ ውእቱ ፡ ያርብሓዊ ፡[6] ዘሀገረ ፡ አይክላህ ፡[7] ምጽአቶ ፡[8] ለዮሐንስ ፤ ወዮሐንስኒ ፡ አስተጋብአ ፡ ሠራዊተ ፡ እስክንድርያ ፡ ወምስር ፡ ወኖባ ፡ ከመ ፡ ይፅብእዎሙ ፡ ለሰብአ ፡ ሀገረ ፡ አይክላህ ። ወሶቤሃ ፡ መጽአ ፡ ፮ ፡ መስፍን ፡ ዘስሙ ፡ ቴዎድሮስ ፡ ዘኮነ ፡ ምስለ ፡ አርስጠማኮስ ፤[9] ወውእቱ ፡ ቴዎድሮስ ፡ ኮነ ፡ ወልደ ፡ ዘካርያስ ፡ መስፍን ፤ ወፈነወ ፡ መጽሐፈ ፡ መልእክት ፡ በኀቡእ ፡[10] ኀበ ፡ ዮሐንስ ፡ ከመ ፡ ይፈኑ ፡ ሎቱ ፡ ሐፈ ፡ ድልዋን ፡ እለ ፡ ይነድፉ ፡ በሐፅ ፡ ወከመ ፡ ይፍትሐሙ ፡ ለክልኤ ፡ ዕደው ፡ እምነ ፡ ሞቅሕ ፡ ዘውእቶሙ ፡ ቅስማ ፡ ወልደ ፡ ሳሙኤል ፡ ወካልኡ ፡ ባኖን ፡ ወልደ ፡ አሞን ፤ ወለቀስማ ፡ አዘዘ ፡ ከመ ፡ ይሑር ፡ በየብስ ፡ ወለባኖን ፡ በባሕር ። ወዘካርያስሰ ፡ ዘኮነ ፡ ኖይበ ፡ እምዮሐንስ ፡ በሀገረ ፡ ቡጺር ፡ ዘኮነ ፡ እምክቡራን ። ወረከበ ፡ [ለዮሐንስ ፡] ብዙኀ ፡ ጥፍአተ ፡ በሀገረ ፡ እስክንድርያ ፤ ወአኀዘ ፡ ብዙኃን ፡ አብዳነ ፡ ወኰነኖሙ ፡ ወመሠጠ ፡ ብዙኀ ፡ አሕማረ ፡ ወረሰየ ፡ ውስቴቶሙ ፡ ፍርሃተ ፡ ዐቢየ ፡ እመ ፡ መጽአ ፡ ሀገረ ፡

[1] Mss. ወተኀብኡ ፡

[2] Mss. ወመስተብራን ፡

[3] B አይክላህ ፡

[4] Mss. መኰንን ፡

[5] A እክል ፡

[6] Mss. ያርብሐዊ ፡

[7] B አይክላህ ፡

[8] Mss. ወጽአቶ ፡

[9] Mss. አርስ″ ፡

[10] A በኀበእ ፡

እስክንድርያ ። ወኢተመይጠ ፡ ሀገረ ፡ በራንጥያ ፡ እስከ ፡ አመ ፡ ሞተ ፤ ወ
እምድኅረዝ ፡ ሐነጸ ፡ ብዙኀ ፡ ሐንጻታተ ፡ ውስተ ፡ ባሕር ፡ በግብር ፡ ጽኑ
ዕ ። ወሰበ ፡ መጽአ ፡ ቴዎድሮስ ፡ መኰንን ፡ ወሐራ ፡ እለ ፡ ምስሌሁ ፡ ወአ
ውዐዩ ፡ መካነ ፡ መናፍቃን ፡ ወወፅኡ ፡ ኵሎሙ ፡ እስከ ፡ ሀገረ ፡ እስክን
ድርያ ፡ ዕደው ፡ ወወራዙት ፡[1] እለ ፡ ይነድፉ ፡ በሐፅ ፡ ወበ ፡ እምኔሆሙ ፡
ዘይወግር ፡ በአእባን ፤ ወአምጽአሙ ፡ ምስሌሁ ፡ ለኀምስቱ ፡ ዕደው ፡ እለ ፡
ፈትሐሙ ፡ እሙቃሔ ፡ ዘውእቶሙ ፡ ቅስማ ፡ ወልደ ፡ ሰሙኤል ፡ ወባኖን ፡
ወልደ ፡ አሞን ፡ ወካልኣኒሆሙ ፡[2] ከመ ፡ ያርእዮሙ ፡ ለግብጻውያን ፡ እለ ፡
ፈትሐሙ ፡ እማእሰር ። ወሰበ ፡ መጽኡ ፡ ኀበ ፡ ማዕዶተ ፡ ባሕር ፡ አስተዳለ
ዉ ፡ ኀያላነ ፡ መስተቃትላነ ፡ በውስተ ፡ አሕማር ፡[3] ወለመስተፅዕናነ ፡ አፍ
ራስ ፡ በየብስ ። ወመስፍንሰ ፡ ሐረ ፡ መንገለ ፡ ምሥራቀ ፡[4] ፈለግ ፡ ምስለ ፡
ኵሎሙ ፡ ሐራ ፡ መስተቃትላን ፤ ወቀስማሰ ፡ ወባኖን ፡ ነበሩ ፡ በምዕራበ ፡
ፈለግ ፡ ምስለ ፡ ብዙኀ ፡ ኀይል ፡ ወጸርኁ ፡ ኀበ ፡ እልክቱ ፡ ኅባእያን ፡[5] ን
ገር ፡ እንዘ ፡ ሀለዉ ፡ በምሥራቀ ፡ ፈለግ ፡ ወይቤልዎሙ ፤ ርእዩ ፡ አንትሙ ፡
ኵልክሙ ፡ አሕዛብ ፡ እለ ፡ ተጋባእክሙ ፡ ምስለ ፡ እልክቱ ፡ ዐላውያን ፡
ኢትፃብእዎ ፡ ለመስፍን ፤ እስመ ፡ መንግሥተ ፡ ሮምሰ ፡ ኢከነት ፡ ድክም
ተ ፡ ወኢተመዋኢተ ፤ ዳእሙ ፡ በእንተ ፡ ተራኅርኆትን ፡ ላዕሌክሙ ፡ ተ
ዐገሥናክሙ ፡ እስከ ፡ ይእዜ ። ወበጊዜሃ ፡ ተፈልጡ ፡ አሕዛብ ፡ እለ ፡ ከ
ኑ ፡ ጉቡኣን ፡[6] ምስለ ፡ እልክቱ ፡ ዐላውያን ፡ ወዐደውዋ ፡ ለፈለግ ፡ ወተ
ደመሩ ፡ ምስለ ፡ ሐራ ፡ ሮም ። ወአኀዙ ፡ ይፅብእዎሙ ፡ ለሰብአ ፡ አይከላህ ፡[7]
ወሞእዎሙ ፤ ወጕየ ፡ በሌሊት ፡ ወሖሩ ፡ ኀበ ፡ ሀገር ፡ ንእስት ፡ ዘትሰመይ ፡
አቡሳን ፡ ወኢክህሉ ፡ ነቢረ ፡ በህየ ፡ ዳእሙ ፡ ፈለሱ ፡ ኀበ ፡ ሀገር ፡ ዐባይ ፤
ወዴገንዎሙ ፡ በህየ ፡ ሠራዊተ ፡ ሮም ፡ ወአኀዝዎሙ ፡ ለአርባዕቲሆሙ ፡
ዘውእቶሙ ፡ አበስኪሮን ፡ ወሚናስ ፡ ወያዕቆብ ፡ ወአይሳክዩስ ፡[8] ወአጽዐ
ንዎሙ ፡ በ፩ ፡ ገመል ፡ ለአርባዕቲሆሙ ፡ ወአዖድዎሙ ፡ ውስተ ፡ ኵሉ ፡
ሀገረ ፡ እስክንድርያ ፡ እንዘ ፡ ይሬእዮሙ ፡ ኵሉ ፡ ሰብእ ፤ ወእምዝ ፡ ወደ
ይዎሙ ፡ ውስተ ፡ ቤተ ፡ ሞቅሕ ፡ እንዘ ፡ እሱራን ፡ እደዊሆሙ ፡ ወእገሪሆ

[1] Mss. ወራዙት ፡

[2] Mss. ወካልአ" ፡

[3] Mss. አስተዳለዉ ፡ ኀያላነ ፡ መስተቃ
ትላነ ፡ በውስተ ፡ ባሕር ፡ አስተዳለዉ ፡ ኀ
ያላነ ፡ መስተቃትላነ ፡ በውስተ ፡ አሕማር ፡
. . . ከመ ፡ ያርእዮሙ ፡ ለግብጻውያን ፡, etc.

[4] Mss. ምሥራቅ ፡

[5] Mss. ኅብኃእያን ፡

[6] Mss. ጉቡአን ፡

[7] B አይከላህ ፡

[8] A ወአይሰ" ፡

ሙ ፡ በሐፂን ። ወእምድኅረ ፡ ብዙኅ ፡ መዋዕል ፡ መጽአ ፡ ቈስጠንጢኖስ ፡ በጥሪቅ ፡ ዘተሠይመ ፡ እምኀበ ፡ ንጉሥ ፡ ላዕለ ፡ ሀገረ ፡ እስክንድርያ ፡ ወሐተተ ፡ በእንተ ፡ ግብሮሙ ፡ ለእሉ ፡ እሱራን ፤ ወሰበ ፡ አእመረ ፡ ግብሮሙ ፡ መተረ ፡ ክሳውዲሆሙ ፡ ለእሙንቱ ፡ ፲ ፡ አኀው ፤ ወለአይሳክዩስሰ ፡[1] አሰሮ ፡ ወወሰዶ ፡ ውስተ ፡ ደሴተ ፡ አትርኮ ፡ በኵሉ ፡ መዋዕለ ፡[2] ሕይወቱ ። ወለአሕዛብኒ ፡ ዘተራድእዎሙ ፡ በዘኮነንዎሙ ፡ ወበዘማህረኮ ፡ ንዋዮሙ ፤ ወለሀገረ ፡ አይክላህዚ ፡[3] ወአቡሳን ፡ አውዐይዎሙ ፡ በእሳት ።[4] ወኮነ ፡ ፍርሃት ፡ ዐቢይ ፡ ውስተ ፡ ኵሉ ፡ ሀገረ ፡ ምስር ፡ ወነበሩ ፡ በህድአት ፡ ወበሰላም ። ወበውእቱ ፡ ዘመን ፡ ዓዲ ፡ ተንሥአ ፡ ፩ ፡ ኃያል ፡ ዘስሙ ፡ አዛርያስ ፡ በሀገረ ፡ አክሚም ፡ ወአስተጋብአ ፡ ኀቤሁ ፡ ብዙኀ ፡ አግብርተ ፡ ጸሊማን ፡ ወፈያተ ፡ ወነሥአ ፡ ጸባሕተ ፡ ዘንጉሥ ፡ ዘእንበለ ፡ ያእምሩ ፡ ሥዩማን ፡ ሀገር ። ወሰበ ፡ ርእዩ ፡ ጸብአሙ ፡ ለእሙንቱ ፡ አግብርት ፡ ወበርበር ፡ ኮኑ ፡ ይፈርሁ ፡ እምኔሆሙ ፡ ሰብአ ፡ ሀገር ፡ ወፈነዉ ፡ መልእክተ ፡ ወነገርዎ ፡ ለንጉሥ ። ወንጉሥኒ ፡ ፈነወ ፡ ሊቀ ፡ ሐራ ፡ ክቡረ ፡ ምስለ ፡ ብዙኅ ፡ ሠራዊተ ፡ ምስር ፡ ወኖባ ፡ ከመ ፡ ይፅብእዎ ፡ ለአዛርያስ ። ወእምቅድመ ፡ ይፅብእዎ ፡ ፈርሀ ፡ ወጐየ ፡ ወወፅአ ፡ መልዕልተ ፡ ደብር ፡ ምውቅ ፡ እምሳለ ፡ ማኅፈድ ። ወዐገትዋ ፡ ለይእቲ ፡ ደብር ፡ እሙንቱ ፡ ሐራ ፡ ብዙኀ ፡ ዘመነ ፡ እስከ ፡ ሐልቀ ፡ ማይ ፡ ወእክል ፡ ዘሀሎ ፡ በኀቤሆሙ ፤ ወሰቤሃ ፡ ሞተ ፡ አዛርያስ ፡ ዐላዊ ፡ ወእለ ፡ ምስሌሁ ፡ በረኀብ ፡ ወበጽምእ ፡ ወኀደጉ ፡ አፍራሲሆሙ ። ወበመዋዕሊሁ ፡ ዓዲ ፡ ለዝንቱ ፡ ንጉሥ ፡ ኮነ ፡ ፩ ፡ ሥዩም ፡ ወመኰንን ፡[5] በኀበ ፡ ሀገረ ፡ እስክንድርያ ፡ ዘስሙ ፡ ሚናስ ፡ ወልደ ፡ መዒን ፤ አስተርአዩ ፡ ፍጥረት ፡ በአምሳለ ፡ መልክአ ፡ ሰብእ ፡ በዘይመስል ፡ ተባዕተ ፡ ወበ ፡ ዘይመስል ፡ አንስተ ። ወኮኑ ፡ ኵሎሙ ፡ እለ ፡ የሐውሩ ፡ ውስተ ፡ ባሕር ፡ ሰበ[6] ፡ ይቀውሙ ፡ ውስተ ፡ ሐይቅ ፡ ይሬእይዎሙ ፡ ገሃደ ፡ ወያነክሩ ፡ ጥቀ ፡ እምርእየቶሙ ። ወሚናስኒ ፡ ኮነ ፡ ይሬኢ ፡ ምስለ ፡ ኵሎሙ ፡ ሥዩማን ፡ ወክቡራን ፡ ሀገር ፤ ወኵሉ ፡[7] ዘይሬእዮሙ ፡ ይትናገሮሙ ፡ ወይቤሎሙ ፤ አምሐልናክሙ ፡ በስመ ፡ እግዚአብሔር ፡ ዘፈጠረክሙ ፡ አስተርእዩነ ፡[8] ምዕረ ፡ ዳግመ ። ወእሙንቱሰ ፡ ሰበ ፡ ይሰምዑ ፡[9] መሐላ ፡ ኮኑ ፡

[1] Mss. ወለይሳ″ ፡
[2] A መዕለ ፡
[3] B አይክላህዚ
[4] A በእሳተ ፡
[5] A ሥዩመ ፡ ወመኰንነ ፡
[6] Mss. ወሰበ ፡
[7] Mss. ወኵሎሙ ፡
[8] A አስተርአዩነ ፡
[9] A ይሰምዑ ፡

ያስተርእዩ ፡ ገጸሙ ፡ ወእደዊሆሙ ፡ ወእንግድአቲሆሙ ። ወኵሉ ፡ ዘይሬእዮሙ ፡ ይቤሉ ፤ ዝንቱ ፡ ግብረ ፡ አጋንንት ፡ እለ ፡ ይነብሩ ፡ ውስተ ፡ ማያት ። ወካልኣን ፡[1] ይቤሉ ፤ ዝንቱ ፡[2] ፈለግ ፡ ሀሎ ፡ ክልኤ ፡ ጠባይዐ ፡ እስመ ፡ አስተርአዩ ፡ ቦቱ ፡ እንስሳ ፡ ዘኢተርእየ ፡ ከማሆሙ ፡ ቅድመ ። ወካልኣን ፡[3] ይቤሉ ፡ እስመ ፡ ዛቲ ፡ እኪት ፡ አስተርአየት ፡ በምድርነ ፤ ወካልኣን ፡[4] ይቤሉ ፡ እስመ ፡ ዛቲ ፡ ትእምርት ፡ ሠናይት ፡ ዘአስተርአዩ ፡ ቦቱ ፡ እልክቱ ፡ እንስሳ ። ወእሉ ፡ ኵሎሙ ፡ ሐሳውያን ፡ ወአልቦ ፡ ጥያቄ ፡ ለነገሮሙ ።

ክፍል ፡ ፺፫ ።[5] ወበመዋዕሊሁ ፡ ዓዲ ፡ ለዝንቱ ፡ ንጉሥ ፡ ሙሬቅዩስ ፡ ኮነ ፡ ፩ ፡ ብእሲ ፡ ዘስሙ ፡ ዩሊዮስ ፡ በሀገረ ፡ በራንጥያ ፡ ዘያመልክሙ ፡ ለአጋንንት ፡ ርኩሳን ፡ ወይብል ፡ በጕሕሉት ፤ ንጉሥሰ ፡ ሙሬቅዩስ ፡ ኮነ ፡ ይትሄየዮ ፡ ለዝንቱ ፡[6] ግብር ፤ ወእግዚአብሔር ፡ ቀሠፎ ፡ ለውእቱ ፡ መሠርይ ፡ ወተወለጠ ፡ ልቡናሁ ። ወሀሎ ፡ በኀቤሁ ፡ ፩ ፡ ጻሕለ ፡ ብሩር ፡ ዘያነብር ፡[7] ቦቱ ፡ ደመ ፡ መሥዋዕት ፡ ርኩሰ ፡ ዘአጋንንት ፤ ወወሰዶ ፡ ለውእቱ ፡ ጻሕል ፡ ወሜጦ ፡ ለ፩ ፡ ነሃቤ ፡[8] ብሩር ። ወሶበ ፡ ተሣየጦ ፡ ለውእቱ ፡ ጻሕል ፡ ብእሲ ፡ ነሃቢ ፡[9] ርእዮ ፡ አባ ፡ ምኔት ፡ ዘ፩ ፡ ደብር ፡ ወአደሞ ፡ ጥቀ ፡ ወተሣየጦ ፡ ለውእቱ ፡ ጻሕል ፡ ወወሰዶ ፡ ኀበ ፡ ደብሩ ፤ ወአንበሮ ፡ አፍአ ፡ እምነ ፡ ምሥዋዕ ፡ እንዘ ፡ ይመልኣ ፡ ማየ ፡ ወአዘዞሙ ፡ ለአኀው ፡ ወይቤሎሙ ፤ ጊዜ ፡ ነሣእክሙ ፡ እምሥጢራት ፡ ቅዱሳት ፡ ስትዩ ፡ እማይ ፡ ዘሀሎ ፡ በጻሕል ፡ ለአቍርሮ ፡ ቍርባን ፡ ዘለሥጋሁ ፡ ወደሙ ፡ ለክርስቶስ ፡ አምላክነ ። ዳእሙ ፡ ንጉሠ ፡ ስብሐት ፡ ዐቢይ ፡ እግዚእነ ፡ ኢየሱስ ፡ ክርስቶስ ፡ ኢሠምረ ፡ በዝንቱ ፡ ከመ ፡ ይደመር ፡ ንዋየ ፡ አጋንንት ፡ ምስለ ፡ ንዋየ ፡ ምሥዋዕ ፡ ንጹሕ ፡ ዘአምላክነ ፡ እለ ፡ እንበለ ፡ ደም ፡ በከመ ፡ ይቤሉ ፡ ሐዋርያ ፤ ወበጊዜሃ ፡ ኮነ ፡ ውእቱ ፡ ማይ ፡ ደመ ። ወአኀውሰ ፡ ሶበ ፡ ነሥኡ ፡ እምሥጢር ፡ ቅዱስ ፡ ወፅኡ ፡ እምነ ፡ መቅደስ ፡ ከመ ፡ ይንሥኡ ፡ እምውእቱ ፡ ማይ ፡ ለመቍረር ፡ በከመ ፡ ልማድ ፡ ወሶበ ፡ ርእዩ ፡ ዘንተ ፡ ተአምረ ፡[10] ዘኮነ ፡ በውስተ ፡ ጻሕለ ፡ ብሩር ፡ ውእቶሙ ፡ ወቆሞሰሙ ፡ ኀ

[1] Mss. ወካልአን ፡

[2] Mss. በዝንቱ ፡

[3] Mss. ወካልአን ፡

[4] Mss. ወካልአን ፡

[5] A ፺፯ ፡, B ፺፰ ፡

[6] Mss. በዝንቱ ፡

[7] Mss. ዘይነብር ፡

[8] Mss. ነሀቤ ፡ (ነኀቤ ፡)

[9] Mss. ነሀቢ ፡

[10] Mss. ተአምረ ፡

ቡረ ፡ ፈርሁ ፡ ወበከዩ ፤ ወሐተቱ ፡ ርእሶሙ ፡ ወኢረከቡ ፡ በኀቤሆሙ ፡ ምንተኒ ፡ እምእከያት ፡[1] ዘገብሩ ። ወበጊዜሃ ፡ ተንሥኡ ፡ ወንሥእዎ ፡ ለጳሐለ ፡ ብሩር ፡ ወአብጽሕዎ ፡ ኀበ ፡ ሊቀ ፡ ጳጳሳት ፡ ዮሐንስ ፡ ዘሀገረ ፡ ቍስጥንጥንያ ፡ እንዘ ፡ ምሉእ ፡ ደመ ፡ ወአይድዕዎ ፡ በኵሉ ፡ ዘኮነ ። ወውእቱስ ፡ ዮሐንስ ፡ ፈነወ ፡ ኀበ ፡ ብእሲ ፡ ዘሜጣ ፡ ወይቤሎ ፤ እምአይቴ ፡ አምጻእከ ፡[2] ለዛቲ ፡ ጳሕል ፡ ወእምአይቴ ፡ ተሣየጥካ ።[3] ወይቤሎ ፡ ውእቱ ፡ ብእሲ ፤ እንሰ ፡ ተሣየጥክዎ ፡ እምዩሊኖስ ። ወበጊዜሃ ፡ አእመሩ ፡ ሊቀ ፡ ጳጳሳት ፡ ወካህናት ፡ ወምእመናን ፡ ዘቤተ ፡ ክርስቲያን ፡ ከመ ፡ ዝንቱ ፡ ግብር ፡ ኮነ ፡ እምኀበ ፡ እግዚአብሔር ። ወፈቀደ ፡ ከመ ፡ ይክሥት ፡ ክሕደቶ ፡ ለዩሊኖስ ፡ መሠርይ ፡ ወኀሳር ፤ ወበጊዜሃ ፡[4] ተንሥኡ ፡ በቅንአተ ፡ እግዚአብሔር ፡ ወአብጽሕዎ ፡ ለዩሊኖስ ፡ ኀበ ፡ ታዕካ ፡[5] ንጉሥ ፡ ሙሪቅዩስ ። ወተስእሎ ፡ ሊቀ ፡ ሐራ ፡ በቅድመ ፡ ኵሎሙ ፡ መኳንንት ፡ ወሠራዊት ፡ በእንተ ፡ ዝንቱ ፡ ነገር ፡ ወአምነ ፡ በቅድመ ፡ ኵሉ ፡ ወይቤ ፤ ከንኩ ፡ እነብር ፡[6] ውስተ ፡ ዝንቱ ፡ ጳሕል ፡ ደመ ፡ መሥዋዕተ ፡ አጋንንት ፡ ዘከንኩ ፡ እገብር ። ወፈትሑ ፡ ላዕሌሁ ፡ ኵሎሙ ፡ ከመ ፡ ያውዕይዎ ፡ ሕያዎ ፤ ወጸርኁ ፡ ላዕሌሁ ፡ በቃለ ፡ ዐዋዲ ፡ እንዘ ፡ ይብሉ ፡ ፫ ፡ ጊዜ ፤ ቀዳሜ ፡ ቃል ፡ እንዘ ፡ ይብሉ ፤ ለምንት ፡ ይድኅን ፡ ዮሊኖስ ፡ ፀረ ፡ እግዚአብሔር ፡ ዘከነ ፡ ይጼሊ ፡[7] ለአጽሎን ፡ ለሀጕለ ፡ ርእሱ ። ወዳግማይ ፡ ቃል ፡ ይቤ ፤ እስመ ፡ አንተ ፡ ፈተውከ ፡ ኀጢአተ ፡ ነኪርተ ፡[8] ወጻመወ ፡ ብዙኀ ፡ በዘኢይረብኆ ፡ ለነፍሱ ። ወሣልስ ፡ ቃል ፡ ዘይብል ፤ ዩሊኖስ ፡ ኅሠሠ ፡ ሀጕለ ፡ ርእሱ ፡ በርእሱ ፡ ወከነ ፡ ፀረ ፡ ለሥሉስ ፡ ቅዱስ ፡ ወኢነበረ ፡ ውስተ ፡ ሃይማኖት ፡ ርትዕት ፡ አርቶዶክሳዊት ። ወአለሰ ፡ ይትልውዎ ፡ በበምግባሩ ፡ እኪት ፡ ኮኑ ፡ የኀሥሡ ፡ አድኅኖቶ ። ወሰበ ፡ አእመረ ፡ ሊቀ ፡ ጳጳሳት ፡ ዮሐንስ ፡ ዘንተ ፡ ሖረ ፡ ውስተ ፡ ቅጽር ፡ ወአሰሰለ ፡ ልብሰ ፡ ክህነት ፡ ዘላዕሌሁ ፤ ወኮኑ ፡ ኵሉ ፡ ሕዝብ ፡ ይጸርኁ ፡ ወይብሉ ፤ ወትብዛኅ ፡ ወትርታዕ ፡ ሃይማኖት ፡ አርቶዶክሳዊት ፤[9] ወሊቀ ፡ ጳጳሳትኒ ፡ ይቤ ፤ ለእመ ፡ ኢያውዐይዎ ፡ ለዮሊኖስ ፡ መሠርይ ፡ በዛቲ ፡ ሰዓት ፡ አነ ፡ አኀድግ ፡ መንበርየ ፡ ወአዕፅምን ፡ ለኵሎን ፡ አብያተ ፡ ክርስቲያን ፡ ወኢያኀድግ ፡ መን

[1] A ምንትኒ ፡ እምከንያት ፡
[2] A አምጻእከ ፡
[3] A ተሣየጥከ ፡
[4] B ወበጊዜ ፡
[5] B ታእከ ፡
[6] Mss. አነብር ፡
[7] A ይጺሊ ፡
[8] B ነኪራተ ፡
[9] A ሃይማኖተ ፡ አርቶዶክሳዊተ ፡

ሂ ፡ ይንሣእ ፡ እምሥጢራት ፡ ቅድሳት ፡[1] እስከ ፡ ይትቤቀሎሙ ፡ ክርስቶስ ፡ ለእለ ፡ ይጸርፉ ፡ ስሞ ። ወንጉሥሰ ፡ ፈርሀ ፡ ከመ ፡ ኢይኩን ፡ ሀከከ ፡ በዝንቱ ፡ ምክንያት ፤ ወሊቀ ፡ ጳጳሳትኒ ፡ ኢተመይጠ ፡ ውስተ ፡ መካኑ ፡ እስከ ፡ አውዐዮ ፡ ለዮሊዮስ ፡ ሕያዎ ። ወንጉሥሰ ፡ ከነ ፡ ይገብር ፡ ግብረ ፡ ሐንፋውያን ። ወሰበ ፡ ሰምዐ ፡ ንጉሥ ፡ ከመ ፡ የሐምይዎ ፡ ከነ ፡ ትኩዘ ፡ ልብ ፡ ጥቀ ።

ክፍል ፡ ፺፱ ።[2] ወበቀዳሚሁ ፡ መዋዕሊሁ ፡ ሠርዐ ፡ ሕገ ፡ ከመ ፡ ይጽሐፉ ፡ በርእሰ ፡ መጻሕፍቲሆሙ ፡[3] እንዘ ፡ ይብሉ ፤ በስመ ፡ እግዚእነ ፡ ኢየሱስ ፡ ክርስቶስ ፡ አምላክነ ፡ ወመድኅኒነ ፤ ይፈቅድ ፡ ይትአመን ፡ በኢየሱስ ፡ ክርስቶስ ፡ መድኅነ ፡ ኵሉ ፡ ዓለም ።[4] ወእምዝ ፡ አዘዘ ፡ ዱምንድያኖስ ፡ ወልደ ፡ እኁወ ፡ አቡሁ ፡ ከመ ፡ ያገብርዎሙ ፡[5] ለአይሁድ ፡ ወለሳምራውያን ፡ እንበለ ፡ ፈቃዶሙ ፡ ከመ ፡ ይጠመቁ ፡ ወይኩኑ ፡ ክርስቲያነ ። ወእሙንቱሰ ፡ ከኑ ፡ ሐሳውያነ ፡ መሲሕ ። ወዓዲ ፡ አገበሮሙ ፡ ለዐላውያን ፡ ከመ ፡ ይትኄለቁ ፡ ውስተ ፡ መዓርገ ፡ ቤተ ፡ ክርስቲያን ፤ እስመ ፡ ውእቱ ፡ ከነ ፡ ኬልቄዶናዌ ፡ ጥዩቀ ።

ክፍል ፡ ፻ ።[6] ወበመዋዕለ ፡ ሙሪቅ ፡ ንጉሥ ፡ ዓዲ ፡ ወፅአ ፡ ማይ ፡ እመንገለ ፡ ምሥራቀ ፡ ሀገረ ፡ እስና ፡ እንተ ፡ ይእቲ ፡ ርእሰ ፡ አህጉረ ፡ ሪፍ ፡ በሌሊት ፡ እንዘ ፡ ውእቶሙ ፡ ንውማን ፡ ወአመዝበረ ፡ ብዙኃ ፡ አብያተ ፡ ወእለ ፡ የኀድሩ ፡ ውስቴቶሙ ፡ ወወሰዶሙ ፡ ወአስጠሞሙ ፡ ውስተ ፡ ፈለግ ፤ ወከነ ፡ ሀጕል ፡ ዐቢይ ፡ ውስተ ፡ ሀገር ፡ ወላዕለ ፡ ሕዝብ ። ወከነ ፡ ዓዲ ፡ ውስተ ፡ ሀገረ ፡ ጠርሶስ ፡ ዘኪልቅያ ፡[7] እስመ ፡ ከነ ፡ ፈለግ ፡ ዘውስተ ፡ ሀገር ፡ ዘስሙ ፡ ኤፍራጦስ ፡ በመንፈቀ ፡ ሌሊት ፡ ተለዐለ ፡ ወአስጠመ ፡ ፩ ፡ ክፍለ ፡ ሀገር ፡ ዘስማ ፡ እንጽና ፡ ወደምሰሰ ፡ ብዙኃ ፡ አብያተ ። ወረከቡ ፡ ውስተ ፡ ውእቱ ፡ ፈለግ ፡ ሰሌዳ ፡ እብን ፡ ዘጽሑፍ ፤ እስመ ፡ ዝንቱ ፡ ፈለግ ፡ ያመዘብር ፡ ብዙኃ ፡ አብያተ ፡ እምይእቲ ፡ ሀገር ።

ክፍል ፡ ፻፩ ።[8] ወዓዲ ፡ በመዋዕሊሁ ፡ ለዝንቱ ፡ ሞሪቅ ፡ ሐመት ፡ ሀገረ ፡

[1] A ቅድስት ፡
[2] A ፻፰ ፡, B ፺፰ ፡
[3] A መጻሕፍቲሆ ፡
[4] ዓለም ፡ manque dans B.
[5] Mss. ያገብሮሙ ፡
[6] A ፻፱ ፡, B ፻፰ ፡
[7] A ዘኬልቅያ ፡
[8] A ፻፲ ፡, B ፻፱ ፡

ኡንጾኪያ ፡ በድልቅልቅ ፡ ዐቢይ ፡ ወወድቀት ፤ ወዝከነ ፡ ስብዐ ፡[1] ጊዜያተ ፡ ለወዲቆታ ። ወንሕሉ ፡ ብዙኀ ፡ ፍናዋት ፡[2] ዘምሥራቅ ፡ ወደሰያት ፡ ወሞቱ ፡ ብዙኃን ፡ ሰብእ ፡ ዘኢይትኈለቍ ፡[3] እምነ ፡ ድልቅልቅ ። ወዓዲ ፡ በውእቱ ፡ ዘመን ፡ ጸልመት ፡ ፀሓይ ፡ በ፳ ፡ ሰዓት ፡ መዓልት ፡ ወአስተርአየ ፡ ብርሃነ ፡ ከዋክብት ። ወከነ ፡ ሐከከ ፡ ዐቢየ ፡ ወኀለዩ ፡ ከመ ፡ ቀርበት ፡ ኀልፈተ ፡ ምድር ። ወከኑ ፡ ኵሎሙ ፡ ሰብእ ፡[4] ይበክዩ ፡ ወየኀሥሡ ፡ ወይስእሉ ፡[5] ኀበ ፡ ክርስቶስ ፡ አምላክነ ፡ ከመ ፡ ይምሐሮሙ ፡ ወይሣህሎሙ ። ወእምዝ ፡ አስተርአየ ፡ ብርሃን ፡ ወሠረቀ ፡ ፀሓይ ፡ እምነ ፡ ጽልመት ። ወከኑ ፡ እለ ፡ ተጋብኡ ፡ ይቤሉ ፤[6] ዝንቱ ፡ ዘከነ ፡ በፍጻሜ ፡ ቀመር ፡ ዘውእቱ ፡ ፳፻ወ፴፪ ፡ ዓመት ፡ ከነ ፡ ዝንቱ ፡ ግብር ፤ ወነበሩ ፡ ወኈለቍ ፡ ወረከቡ ፡ በከመ ፡ ይቤሉ ፡ ከመ ፡ ውእቱ ፡ ፍጻሜ ፡ ቀመር ፡ ፲ወ፪ ። ወቅዱሳንሰ ፡[7] ወጻድቃን ፡ ይቤሉ ፤ ዝንቱ ፡ መዓት ፡ ዘከነ ፡ ላዕለ ፡ ምድር ፡ በእንቱ ፡ ዕልወቱ ፡[8] ለንጉሥ ፡ ሞሬቅ ።

ክፍል ፡ ፻፪ ።[9] ወከነ ፡ ግብር ፡ ፩ ፡ በእንተ ፡ ፩ ፡ መኰንን ፡ እመኳንንት ፡ ዘስሙ ፡ አውብክዩስ ፡ ዘከነ ፡ ይትለአክ ፡ በኀበ ፡ በርበር ። ወከነ ፡ ሎቱ ፡ ፩ ፡ ልብሰ ፡ ሐሪር ፡ ዘተሰፍየ ፡ ቀሚስ ፡ ወአዘዘ ፡[10] ለዐቃቤ ፡ መዛግብት ፡ ከመ ፡ ያምጽእ ፡ ሎቱ ፤ ወሶበ ፡ አምጽአ ፡ ኀቤሁ ፡ ረከቦሙ ፡ ለሐናጹት ፡[11] በልዕሎ ፡ ወአጥፍእዎ ። ወውእቱሰ ፡ ተምዕዐ ፡ በዐቃቤ ፡ ቤተ ፡ መዛግብት ፡ ወደየኒ ፡ ውስተ ፡ ግብ ፡ ዘምሉእ ፡ ሐናጹት ፡ ወዐፀወ ፡ አፈ ፡ ግብ ፡ ላዕሌሁ ፡ ብዙኀ ፡ መዋዕለ ፡ ወበልዕዎ ፡ ወሞተ ። ወእምድኅረ ፡ ብዙኅ ፡ መዋዕል ፡ ኀሠሦ ፡ ወረከቦ ፡ ከዊኖ ፡ ምውተ ፡ ወጽዩአ ። ወውእቱሰ ፡ ነስሐ ፡ በእንተ ፡ ቅትለቱ ፡ ብእሴ ፡ በ፩ ፡ ልብስ ፤ ገብረ ፡ ምጽዋታተ ፡ ወወሀበ ፡ ንዋየ ፡ ብዙኀ ፡ ለጽኑሳን ፡ በብካይ ፡ ብዙኅ ፡ እንዘ ፡ ይስእል ፡ ኀበ ፡ እግዝእትነ ፡ ቅድስት ፡ ድንግል ፡ ማርያም ። ወዓዲ ፡ ሖረ ፡ ኀበ ፡ መካናት ፡ ቅዱሳት ፡ ወሐወጾሙ ፡ ለቅዱሳን ፡ እለ ፡ ይነብሩ ፡ ህየ ፡ እንዘ ፡ ይትአመን ፡[12] ሎሙ ፡ ኀጢአቶ ፡[13] ከመ ፡[14] ይስማዕ ፡ ቃለ ፡ ኑዛዜ ፤ ወከኑ ፡ ይቤልዎ ፡

[1] Mss. ስብዓ ፡
[2] Mss. ፍኖቀቶ ፡
[3] Mss. ″ቍ ፡
[4] A ሰብአ ፡
[5] A ወይስአሉ ፡
[6] Mss. ወይቤሉ ፡
[7] A ወቅዱ″ ፡
[8] A ዕልውቱ ፡
[9] A ፻፲፩ ፡, B ፻፲ ፡
[10] A ወአዘዘ ፡
[11] Mss. ለሐናጹ ፡
[12] Mss. እትአመን ፡
[13] A ኀጢአቶሙ ፡
[14] Mss. ወከመ ፡

በተቃርኖ ፡ ከመ ፡ ያርኅቅዎ ፡ እመድኀኒተ ፡ ነፍሱ ። ወእምዝ ፡ ሖረ ፡ ኀበ ፡ ደብረ ፡ ሲና ፡ ወይቤልዎ ፤ አልብከ ፡ ስርየት ፡ ወስሕቱ ፡ በዝንቱ ፡ አልበ ፡ ስርየት ፡ እምድኅረ ፡ ጥምቀት ፡ ወመተሩ ፡ ተስፋሁ ። ወኢተዘከሩ ፡ ቃለ ፡ ዘጽሑፍ ፡ በእንተ ፡ ዳዊት ፤ ወሰበ ፡ ቀተሎ ፡ ለኦርዮ ፡ ወእምዝ ፡ ተወከፈ ፡ ንስሓሁ ፡ ወሜጠ ፡ ኀበ ፡ ኂመቱ ፡ ምዕረ ፡ ዳግመ ። ወተመይጠቱ ፡ ለምናሴ ፡ ከነ ፡ በንስሓ ፡ እምድኅረ ፡ ሦዐ ፡ ለአጋንንት ፡ ወቀተሎ ፡ ለኢሳይያስ ፡ ነቢይ ፡ ወገብረ ፡ አእላፈ ፡ እከያተ ፡ ወሰበ ፡ ነስሐ ፡ ተወከፎ ፡ እግዚአብሔር ። ወዝንቱ ፡ ምስኪን ፡ ሶበ ፡ መተረ ፡ ተስፋሁ ፡ ዐርገ ፡ ውስተ ፡ ናሕስ ፡ ልዑል ፡ ገደፈ ፡ ርእሶ ፡ መትሕቶ ፡ ወሞተ ፡ ሞተ ፡ እኩየ ። ወእምድኅረ ፡ ኅዳጥ ፡ መዋዕል ፡ ገብሩ ፡ ሰብአ ፡ አትራኪ ፡ ዕልወተ ፡[1] ወተቃወምዎ ፡ ለሞሬቅ ፡ ንጉሥ ፡ ወተንሥኡ ፡ ላዕሌሁ ፡ ፱ ፡ መኳንንት ። ወሰበ ፡ አእመረ ፡ ሞሬቅ ፡ ዘንተ ፡ እኁዘ ፡ ከመ ፡ የሀብ ፡ ንዋያተ ፡ ለሰብአ ፡ ቍስጥንጥንያ ፤ ወኮኑ ፡ ይሰምይዎ ፡ ለሞሬቅ ፡ ሐነፋዌ ፡ ወመሠርየ ፡ ወዘኢይደልዎ ፡[2] ለመንግሥት ። ወሰበ ፡ ሰምዑ ፡ ሐራ ፡ ዘንተ ፡ ነገረ ፡ መከሩ ፡ ከመ ፡ ይትፋትሑ ፡ ምስሌሁ ፡ በእንተ ፡ ዝምከየቶሙ ፡ ወሲሰዮሙ ፡ ዘውእቱ ፡ ምርካብ ፡ ዘመኳንንት ፡ ወከቡራን ፤ ወእምዝ ፡ ወለጡ ፡ ምክሮሙ ፡ ወገብሩ ፡ ዕፃ ፡ ወወፅአ ፡ ዕፃ ፡ ላዕለ ፡ ፎቃ ፡ ከመ ፡ ይኩን ፡ ንጉሠ ፤ ወውእቱ ፡ ፩ ፡ እም፱ ፡ መኳንንት ፡ ዘሀገረ ፡ አትራኪ ። ወሰብአ ፡ ሀገረ ፡ ቍስጥንጥንያ ፡ ኀብሩ ፡ በ፩ ፡ ልብ ፡ ወጸርኁ ፡ ወይቤሉ ፤ ይኩን ፡ ለነ ፡ ንጉሠ ፡ መሲሓዌ ፡[3] በዛቲ ፡ ሀገር ። ወሰበ ፡ አእመረ ፡ ሞሬቅ ፡[4] ከመ ፡ ሰብአ ፡ ሀገር ፡ ፈቀዱ ፡ እኂዞቶ ፡ ወበአ ፡ ኀበ ፡ ቅጽር ፡ ወአውፅአ ፡ ኵሎ ፡ ንዋያተ ፡ ወወደዮ ፡ ውስተ ፡ ሐመር ፡ [ወጐየ ፡ ውእቱ ፡] [5] ወደቂቁ ፡ ወብእሲቱ ፡ ወሖሩ ፡[6] ውስተ ፡ ሀገረ ፡ ቢታንያ ።

ክፍል ፡ ፻፫ ።[7] ወሞሬቅሰ ፡ ገብረ ፡ ፩ ፡ ግብረ ፡ ሠናየ ፡ በመዋዕለ ፡ መንግሥቱ ፡ ወአሰሰለ ፡ ኅጣውአ ፡ ነገሥት ፡ እለ ፡ ኮኑ ፡ ቅድሜሁ ። እስመ ፡ ከነ ፡ ፩ ፡ ኀዳፌ ፡ ሐመር ፡ ዘወፅአ ፡ እምሀገረ ፡ እስክንድርያ ፡ እንዘ ፡ ይወዲ ፡ ውስተ ፡ ሐመሩ ፡ እክለ ፡ ብዙኀ ፡ ዘንጉሥ ፡ ወተሰብረ ፡ ውእቱ ፡ ሐመር ፡ ወተሀጕለ ፡ እክሉ ፡ ውስተ ፡ ባሕር ። ወሥዩመ ፡ ሀገርሰ ፡ እኁዘ ፡

[1] A ዕልውተ ፡

[2] Mss. ሐነፋዊ ፡ ወመሠርይ ፡ ወኢይደልዎ ፡

[3] A መሲሐዊ ፡, B መሲሐዌ ፡

[4] B ሙሬቅ ፡

[5] Ces mots manquent dans les deux mss.

[6] Mss. ሖሩ ፡

[7] A ፻፲ወ፪ ፡, B ፻፲ወ፩ ፡

ወዘበጠ ፡ ብዙኀ ፡ ወኢረከቡ ፡ ላዕሌሁ ፡ ምንተሂ ፡ ንዋየ ። ወንጉሥሰ ፡ ሞሪቅ ፡ አዘዘ ፡ ከመ ፡ ይፍትሕዎ ፡ ለሊቀ ፡ ሐመር ፤ ወአቀመ ፡ ትእዛዘ ፡ በውእቱ ፡ ጊዜ ፡ ከመ ፡ ኢይኩንንዎ ፡ ወኢይትፈደይዎ ፡ ለሊቀ ፡ ሐመር ፡ አመ ፡ ተሰብረ ፡ ሐመሩ ፡[1] ዳእሙ ፡ ይትኈለቍ ፡ በንጉሥ ። ወሰበ ፡ ጐየ ፡ ንጉሥ ፡ ሞሪቅ ፡ ተጋብኡ ፡ ኵሎሙ ፡ አሕዛብ ፡ ኀበ ፡ ሊቀ ፡ ጳጳሳት ፡ ወተሰናአዉ ፡[2] ወገብሩ ፡ አክሊለ ፡ መንግሥት ፡ ላዕለ ፡ ፎቃ ፡ በቤተ ፡ ክርስቲያን ፡ ለቅዱስ ፡ ዮሐንስ ፡ መጥምቅ ። ወሖረ ፡ ኀበ ፡ ቅጽር ፡ ወአስተዳለወ ፡ ሊቃውንተ ፡ ወመኳንንተ ፡ ወሰረገላተ ፡ ወፈነዎሙ ፡ ለኀሢሦተ ፡ ሞሪቅ ። ወሞሪቅሰ ፡ እንዘ ፡ የሐውር ፡ በሐመር ፡ ተንሥአ ፡ ላዕሌሁ ፡ ነፋስ ፡ ኀያል ፡ ወገፍትኦ ፡ ለሐመሩ ፡ ወውእቱሰ ፡ ወፅአ ፡ ባሕቲቱ ፡ ምስለ ፡ ደቂቁ ፡ ወቦአ ፡ ውስተ ፡ ደሴት ፡ ንእስት ፡ ዘኮነት ፡ ቅርብተ ፡ እምኬልቄዶንያ ። ወሰበ ፡ አእመሩ ፡ ሐራ ፡ ኀበ ፡ ሀለወ ፡ ሐሩ ፡ ኀቤሁ ፡ በከመ ፡ አዘዞሙ ፡ ፎቃ ፡ ወቀተልዎ ፡ ምስለ ፡ ፳ ፡ ደቂቁ ፡ አመ ፡ ፳ወ፪ ፡ ዓመት ፡ እምዘ ፡ ነግሠ ። ወለንግሥትሰ ፡ ቍስጥንጥንያ ፡ ምስለ ፡ ፪ ፡ አዋልዲሃ ፡ ወለብእሲተ ፡ ታኦዶስዮስ ፡ ወልዳ ፡ አዕረቆን ፡[3] እምልብሰ ፡[4] መንግሥት ፡ ወአልበሶን ፡ ልብሰ ፡ አእማት ፡ ወአንበሮን ፡[5] ውስተ ፡ ደብረ ፡ ደናግል ። መሰበ ፡ ጸንዐ ፡ ሎቱ ፡ ለፎቃ ፡ መንግሥቱ ፡ ፈነወ ፡ መተንብላነ ፡ ኀበ ፡ ክስሪ ፡[6] ንጉሠ ፡ ፋርስ ፤ ወኢተወክፎሙ ፡ ኀቤሁ ፡ ክስሪ ፡[7] ለመተንብላን ፡ ዳእሙ ፡ ተምዕዐ ፡ በእንተ ፡ ሞተ ፡ ሞሪቅ ። ወቦ ፡ እምሰብእ ፡ ዘአስተዋደይዎ ፡ ለእለ ፡ እስክንድሮስ ፡ ዘኮነ ፡ እምአጋእዝት ፤ ወውእቱ ፡ ጠቢብ ፡ ወፍቁር ፡ በኀበ ፡ ኵሉ ፡ ሰብአ ፡ ቍስጥንጥንያ ፤ ወይቤልዎ ፡ ለፎቃ ፤ እስመ ፡ ዝንቱ ፡ እለ ፡ እስክንድሮስ ፡ ይፈቅድ ፡ ቀቲሎተከ ፡ ወይንግሥ ፡[8] ህየንቴከ ። እስመ ፡ ውእቱ ፡ እለ ፡ እስክንድሮስ ፡ ኮነ ፡ አውሰበ ፡[9] ወለተ ፡ ሞሪቅ ። ወበጊዜሃ ፡ አሰሮሙ ፡ ፎቃ ፡ ለእለ ፡ እስክንድሮስ ፡ ወለኩዲስ ፡ ወለኀፅዋን ፡ ካልኣን ፡[10] ወፈነዎሙ ፡ ሀገረ ፡ እለ ፡ እስክንድርያ ፡ ከመ ፡ ይሞቅሕዎሙ ፡ ህየ ። እምድኅረ ፡ ኅዳጥ ፡ መዋዕል ፡ ፈነወ ፡ ፎቃ ፡ ኀበ ፡ ዩስቲናስ ፡ መኰንን ፡ ዘሀገረ ፡ እለ ፡ እስክንድርያ ፡ ከመ ፡ ይምትር ፡[11] [ርእሰ ፡][12] ለእለ ፡ እስክንድሮስ ፡ ወለእለ ፡ ምስሌሁ ።

[1] Mss. ሐመሮ ፡

[2] Mss. ተሰነ″ ፡

[3] Mss. ″ቆሙ ፡

[4] A እምብልሰ ፡

[5] Mss. ″ሮሙ ፡

[6] B ክስሬ ፡

[7] Mss. ክስሬ ፡

[8] Mss. ወይነግሥ ፡

[9] Mss. ወአውሰበ ፡

[10] Mss. ካልአን ፡

[11] Mss. ይምትሮ ፡

[12] Manque dans les deux mss.

ክፍል ፡ ፻፲፱ ። [1] ወበአንተ ፡ ብዝኀ ፡ [2] ደም ፡ ዘከዐወ ፡ ፎቃ ፡ ከነ ፡ ፍርሃት ፡ ዐቢይ ፡ በኀበ ፡ ኵሎሙ ፡ ሥዩማን ፡ ዘሀገረ ፡ እልዋጥስ ። ወበውእቱ ፡ ዘመን ፡ ኢክህሉ ፡ ሰብአ ፡ ኵላ ፡ ሀገር ፡ ይሚሙ ፡ ሊቀ ፡ ጳጳሳተ ፡ ወኢ፩ ፡ እመዓርገ ፡ [3] ቤተ ፡ ክርስቲያን ፡ ዘእንበለ ፡ ትእዛዙ ። ወሰብአ ፡ ምሥራቅሰ ፡ ተጋብኡ ፡ ውስተ ፡ ሀገር ፡ ዐባይ ፡ አንጾኪያ ። ሶበ ፡ ሰምዑ ፡ ዘንተ ፡ ነገረ ፡ ወተምዕዑ ፡ ኵሉ ፡ ሐራ ፡ ወመጽኡ ፡ ምስለ ፡ አፍራሲሆሙ ፡ ወተደለዉ ፡ ለፀብእ ፡ ወቀተሉ ፡ ብዙኃነ ፡ አሕዛበ ፡ በውስተ ፡ ቤተ ፡ ክርስቲያን ፡ እስከ ፡ መልእዎን ፡ ለኵሎን ፡ መካናት ፡ ደመ ። ወበጽሐ ፡ ዝንቱ ፡ ቀትል ፡ እኩይ ፡ ውስተ ፡ ፍልስጥኤም ፡ ወምስር ።

ክፍል ፡ ፻፳ ። [4] ወከነ ፡ ፩ ፡ ብእሲ ፡ ዘስሙ ፡ ታኦፊሎስ ፡ ዘሀገረ ፡ ምረዳ ፡ ዘግብጽ ፡ ወሀለወ ፡ ሥዩም ፡ ላዕለ ፡ ፳ ፡ አህጉራት ፡ በመዋዕለ ፡ ፎቃ ። ወተንሥኡ ፡ ላዕሌሁ ፡ ሥዩማነ ፡ ሀገር ፡ ምስለ ፡ ብዙኅ ፡ ሰብእ ፤ ተፃብእዎ ፡ ለታኦፊሎስ ፡ ወቀተልዎ ፡ ምስለ ፡ እሊአሁ ፡ ወነሥእዎሙ ፡ ለ፳ ፡ አህጉራት ፡ በኀይል ፡ ዘውእቶሙ ፡ ክርትባ ፡ ወሳን ፡ [5] ወበስጣ ፡ ወበልቃ ፡ ወሰንሁር ። ወነገርዎ ፡ ለፎቃ ፡ ዳዊት ፡ ወአቡናኪ ፡ ዘተፈነዉ ፡ እምኀበ ፡ ሊቀ ፡ ጳጳሳት ፤ ወሶበ ፡ ሰምዐ ፡ ፎቃ ፡ ተምዕዐ ፡ ጥቀ ፡ ወፈነወ ፡ ፩ ፡ ሥዩመ ፡ ዘምሉእ ፡ እከይ ፡ [6] ዘስሙ ፡ ዋባዙን ፡ ዘእምሀገረ ፡ እልዋኑጥስ ፤ ወውእቱ ፡ ከነ ፡ በአምሳለ ፡ ዝእብ ፡ እኩይ ፤ ወወሀበ ፡ ሥልጣነ ፡ ላዕለ ፡ ሥዩማን ፡ ከመ ፡ ይግበር ፡ ቦሙ ፡ በከመ ፡ ገብሩ ፡ እልክቱ ። ወሶበ ፡ በጽሐ ፡ ኀበ ፡ ሀገረ ፡ ኪልቅያ ፡ [7] አስተጋብአ ፡ ብዙኀ ፡ ሰብአ ፡ ወመጽአ ፡ ኀበ ፡ ሥዩማን ፡ ዘሀገረ ፡ አንጾኪያ ፡ ወተሠለጠ ፡ ላዕሌሆሙ ፡ ወእምብዝኀ ፡ ፍርሃቶሙ ፡ ኪያሁ ፡ ከኑ ፡ ከመ ፡ አንስት ፡ በቅድሜሁ ። ወኰነኖሙ ፡ እንበለ ፡ ምሕረት ፤ ቦእምኔሆሙ ፡ ዘኀነቆሙ ፡ ወቦ ፡ እምኔሆሙ ፡ ዘአውዐዮሙ ፡ በእሳት ፡ ወቦ ፡ እምኔሆሙ ፡ ዘአስጠሞሙ ፡ ውስተ ፡ ማይ ፡ ወቦ ፡ ዘወሀቦሙ ፡ ለአራዊት ፤ ወእለ ፡ ከኑ ፡ እምአሕዛብ ፡ ወሀቦሙ ፡ ለሰይፍ ፤ ወእለ ፡ ከነ ፡ ይፈቅድ ፡ ተሣህሎቶሙ ፡ ከነ ፡ ይሰድዶሙ ፡ በኵሉ ፡ መዋዕለ ፡ ሕይወቶሙ ። በመንከሳትኒ ፡ ወበደብረ ፡ ደናግል ፡ ገብረ ፡ ቦሙ ፡ እኩየ ።

[1] A ፻፲ወ፫, B ፻፲፪ ፡
[2] A ብዙኅ ፡
[3] A መዓርገ ፡, B እ″ (de seconde main).
[4] A ፻፲ወ፱ ፡, B ፻፲፫ ፡
[5] A ወሰን ፡
[6] A ዘምለዕ ፡ እኩይ ፡
[7] A ኬልቅያ ፡

Jean de Nikiou. 24

ክፍል ፡ ፻፮ ።[1] ወዝንቱ ፡ ምግባራት ፡ ዘገብሮሙ ፡ ፎቃ ፡ አብድ ፡ ከመ ዝ ፤ ፈነወ ፡ ኀበ ፡ ሀገረ ፡ ቀጰዶቅያ ፡ ከመ ፡ ያምጽእዎን ፡ ኀቤሁ ፡ ለብእሲተ ፡ ሕርቃል ፡[2] ዘየዐቢ ፡ እሙ ፡ ለቴዎድሮስ ፡ መስፍን ፡ ወለብእሲተ ፡ ሕርቃል ፡ ዘይንእስ ፡ ምስለ ፡ ወለታ ፡ ዋውያ ፡ ድንግል ፤ ወአንበሮን ፡[3] ውስተ ፡ ቤተ ፡ ቴዎድሮስ ፡ በክብር ። ወቴዎድሮስሰ ፡ ውእቱ ፡ ከነ ፡ እም አዝማዲሁ ፡ ለዩስትያኖስ ፡ ንጉሥ ፤ በምክረ ፡ አክራሲስ ፡ ወፊባሞን ፡ ተርጓምያን ፡ አሕላም ፡ ተብህሎ ። ወፎቃ ፡ ኀሠሠ ፡ ከመ ፡ ያጥፍእ ፡ ድንግልናሃ ፡ ለዋውያ ፤ ወይእቲሰ ፡ ረከበት ፡ ምክንያተ ፡[4] በከመ ፡ አንስት ፡ ወትብል ፤ አንሰ ፡ ሀለውኩ ፡ በትክት ፡ ወአርአየቶ ፡ ጸርቀ ፡ ዘልውስ ፡ በደም ፡ ወበእንተዝ ፡ ኀደጋ ። ወሰበ ፡ አእመረ ፡ ሕርቃል ፡ ዘየዐቢ ፡ ዘንተ ፡ አእኰቶ ፡ ለአክራሲስ ፡ ወኀደጎ ፡ ለቴዎድሮስ ፡ ወኢያኀሠመ ፡ ላዕሌሁ ፡ ወለእለ ፡ ምስሌሁ ።

ክፍል ፡ ፻፯ ።[5] ወመጽኡ ፡ ኀበ ፡ ሀገረ ፡ ቍስጥንጥንያ ፡ ወነገርዎ ፡ ለፎቃ ፡ ኵሎ ፡ ዘከነ ። በውእቱ ፡ ዘመን ፡ መጽአ ፡ ሕርቃል ፡ ወወሀበ ፡ ብዙኀ ፡ ንዋየ ፡ ለበርበር ፡ ዘሀገረ ፡ እርጣብሉስ ፡ ወ፰ ፡ አህጉራት ፡ ወአሠነየ ፡ ልበሙ ፡ ከመ ፡ ይትራድእዎ ፡ በውስተ ፡ ፀብእ ። ወእምዝ ፡ ጸውዖ ፡ ለመልአከ ፡ ኀይሉ ፡ ዘስሙ ፡ ክናኪስ ፡ ወ፴፻ ፡ ሐራ ፡ እለ ፡ ምስሌሁ ፡ ወለብዙኃን ፡ በርበር ፡ ወፈነዎሙ ፡ ኀበ ፡ ፭ ፡ አህጉራት ፡ ከመ ፡ ይጽንሕዎ ፡ ህየ ፤ ወፈነወ ፡ ዓዲ ፡ ለንፊጣ ፡ ወልደ ፡ ጎርጎርዮስ ፡ ምስለ ፡ ብዙኅ ፡ ንዋይ ፡ ኀበ ፡ ሎንድዮስ ፡ መስፍን ፡ ዘተሠይመ ፡ እምኀበ ፡ ፎቃ ፡ በሀገረ ፡ መርዩጥ ፡ ከመ ፡ የአምኖ ፡ ለፎቃ ፡ ወይጽሐፍ ፡ ሎቱ ፡ እንዘ ፡ ይብል ፡ አእግዚእየ ። እስመ ፡ ትንክራ ፡ ወቴዎድሮስሰ ፡ ወልደ ፡ ሚናስ ፡ ዘከነ ፡ መኰንነ ፡ ላዕለ ፡ እስክንድርያ ፡ በመዋዕለ ፡ ሞሪቅ ፡ ተካየዱ ፡ ምስለ ፡ ሕርቃል ፡ በኅቡእ ፡ ወአሰፈውዎ ፡ ከመ ፡ የሀብዎ ፡ መንግሥተ ፡ ቍስጥንጥንያ ፡ ወይቀትልዎ ፡[6] ለፎቃ ፡ ወለአእላፍ ፡ ዘሀለዉ ፡ ቍስጥንጥንያ ፡ ይረስይዎሙ ፡[7] ይትቀነዩ ፡ ሎቱ ። ወዝንቱ ፡ ከነ ፡ ዘእንበለ ፡ ያእምር ፡ ቴዎድሮስ ፡ ሊቀ ፡ ጳጳሳት ፡ ዘኬልቄዶናውያን ፡ ዘሀገረ ፡ እለ ፡ እስክንድርያ ፡ ዘተፈነወ ፡ እምኀበ ፡ ፎቃ ፤ ወዮሐንስሰ ፡ መኰንን ፡ ሀገር ፡ አእመረ ፡ ዘንተ ፡ ምክረ ፡ እስመ ፡ ው

[1] A ፻፲ወ፰ ፡, B ፻፲፱ ፡
[2] Mss. ሕርቃን ፡
[3] Mss. ወአንበርሙ ፡
[4] A ምክንተ ፡
[5] A ፻፲፱ ፡, B ፻፳
[6] A ወይቀትልዎ ፡
[7] Mss. ይሬስዮሙ ፡

እቱ ፡ ከነ ፡ ሥዩመ ፡ ቅጽር ፡ ወሠራዊ ፡ ሠራዊት ፡[1] በእስክንዮርያ ፤ ወቴ
ዎድሮስ ፡ ዘተሠይመ ፡ ላዕለ ፡ እክል ። እሉ ፡ ሠለስቲሆሙ ፡ ጸሐፉ ፡ መጽ
ሐፈ ፡ መልእክት ፡ ኀበ ፡ ፎቃ ፡ ወያይድዕዎ ፡ ኵሎ ፡ ዘከነ ። ወፎቃሰ ፡
ከነ ፡ ይሰለቆ ፡ ለሐርቃል ። ወፈነወ ፡ ውእቱ ፡ ብዙኀ ፡ ንዋየ ፡ ለአጽሎን ፡
ዘሀገረ ፡ መኑፍ ፡ በእደ ፡ ሥዩመ ፡ ሀገረ ፡ ቍስጥንጥንያ ፡ ወፈነዎ ፡ ኀበ ፡
ምስር ፡ ምስለ ፡ ብዙኃ ፡ ሠራዊት ፡ ድኅረ ፡ እምሐሎ ፡ በብዙኀ ፡ መሐላ ፡
ከመ ፡ ይዕቀብ ፡ መንግሥቶ ፡ በሃይማኖት ፡ ወይፃብእ ፡ ምስለ ፡ ሐርቃል ፡
በምስር ፡[2] ወለአብጡልማውስ ፡[3] አጽሎን ፡ ዘሀገረ ፡ አትሪብ ፡ ዘከነ ፡ ሥዩመ ፡
በውእቱ ፡ ሀገር ። ወእምድኅረዝ ፡ ፈነወ ፡ ኀበ ፡ ቈሱን ፡ ከመ ፡ ይኀድጋ ፡
ለሀገረ ፡ አንጾኪያ ፡ ወይምጻእ ፡[4] ኀበ ፡ እስክንድርያ ። ወአቅደመ ፡ ፈንዎ
ቶ ፡ ለቆንስ ፡ በባሕር ፡ ምስለ ፡ አናብስት ፡ ወግስላ ፡ ወከልኣን ፡[5] አራዊት ፡
ከመ ፡ ይሰድዎሙ ፡ ሀገረ ፡ እስክንድርያ ። ወአቅደሙሰ ፡ ነገሥት ፡ አጥፍእ
ዎሙ ፡ ቅድመ ፡ ወውእቱሰ ፡ ሐደሰ ፡ ዘንተ ፡ ሕገ ። ወዓዲ ፡ ፈነወ ፡ ንዋ
ያተ ፡ ኵነኔያት ፡ በብዙኅ ፡ ጾታ ፡ ሰናስለ ፡ ወመዋቅሕተ ፡ ወንዋየ ፡ ብዙ
ኀ ፡ ወአልባሰ ፡ ክቡረ ። ወቦናኪስኒ ፡[6] [መልእከ ፡ ኀይሉ ፡] ለሐርቃል ፡ ዘየዐ
ቢ ፡ ይሬእዮ ፡[7] ለነፌጣ ፡ ውስተ ፡ ፳ ፡ አህጉር ፡ በከመ ፡ አዘዘ ፡ ሐርቃል ።[8]
ወውእቱሰ ፡ ነሥአ ፡ ኀይለ ፡ እምኀበ ፡ ለንድዮስ ፡ ዘተፈነወ ፡ ኀበ ፡ ሀገረ ፡
መርዩጥ ፡ ወመጽአ ፡ ኀበ ፡ ኖባ ፡ ዘአፍራቅያ ፤ ወለንድዮስ ፡ መስፍን ፡ ኀብ
ረ ፡ ምስሌሆሙ ። ወሰበ ፡ በጽሑ ፡[9] ኀበ ፡ ዐቀብት ፡ ዘሀገረ ፡ ከብሴን ፡ ቦኡ ፡
ወኢገብሩ ፡ እኩየ ፡ በዐቀብት ፤ ወለኵሎሙ ፡ ሰብእ ፡ እሱራን ፡ ፈትሕዎ
ሙ ፡ ከመ ፡ ይኀበሩ ፡ ምስሌሆሙ ፡ በፀብእ ። ወእምቅድመ ፡ ይባኡ ፡ አሥ
መርዎሙ ፡ ለሰብአ ፡ ሀገር ፡ ከመ ፡ ይሑሩ ፡ በቅድሜሆሙ ፡ ይግበሩ ፡ ሀከ
ከ ፡ በውስተ ፡ ፈለግ ፡ ዘይሰመይ ፡ ቢድራከን ፡ ዘውእቱ ፡ ተመን ፡ ብሂል ፡
ወውእቱ ፡ ቅሩብ ፡ መንገለ ፡ ምዕራብ ፡ ዘሀገር ፡ ዐባይ ፡ እለ ፡ እስክንድርያ ።
ወሰበ ፡ ቦኡ ፡ ረከብዎ ፡ ለበለሉን ፡ ሥዩመ ፡ እስክንድርያ ፡ ምስለ ፡ ብዙኀ ፡
ሰብእ ፡ ምስር ፡ ዘኮኑ ፡ ድልዋነ ፡ በንዋየ ፡ ፀብእ ። ወይቤልዎ ፤ ስማዕ ፡ እ
ምኔነ ፡ ወጕየይ ፡ እምኔነ ፡ ወዕቀብ ፡ ክብረከ ፡[10] ወኩን ፡ ማእከለ ፡ እስከ ፡
ትሬኢ ፡ ዘይመውእ ፡ ወኢይርከብከ ፡ እኩይ ፡[11] ወድኅረዝ ፡ ትከውን ፡ ሠ

[1] A ሠራዊት ፡
[2] Mss. ዘምስር ፡
[3] Mss. ወአብጡ" ፡
[4] A ወይምጽእ ፡
[5] Mss. ወከልአን ፡
[6] Mss. ወዮሐንስኒ ፡
[7] Mss. ዓቢይ ፡ ዘሐርቃል ፡ ወይሬእዮ ፡
[8] A ሐርቃል ፡ አዘዘ ፡
[9] Mss. በጽሐ ፡
[10] B ክብርከ ፡
[11] Mss. እኩየ ፡

ራዔ ፡ ላዕለ ፡ ምስር ፤ እስመ ፡ ናሁ ፡ ተፈጸመት ፡ መዋዕሊሁ ፡ ለፎቃ ።
ወውእቱሰ ፡ ኢተወከፈ ፡ ዘንተ ፡ ነገረ ፡ ዳእሙ ፡ ይቤ ፤ ንሕነ ፡ ንፃባእ ፡ በ
እንተ ፡ ንጉሥ ፡ እስከ ፡[1] ለሞት ። ወሶበ ፡ ተፃብኡ ፡ በበይናቲሆሙ ፡ ቀተ
ልዎ ፡ ለውእቱ ፡ ስሑት ፡ ወመተርዎ ፡ ርእሶ ፡ ወሰቀልዎ ፡ ላዕለ ፡ ረምኅ ፡
ወአብእዎ ፡ ውስተ ፡ ሀገር ። ወኢክህለ ፡ መኑሂ ፡ ይትቃተል ፡ ምስሌሆሙ ፤
ባሕቱ ፡ ብዙኃን ፡ ኅብሩ ፡ ምስሌሆሙ ። ወሥዩመ ፡ ቅጽርሰ ፡ ወቴዎድሮ
ስ ፡ መጋቤ ፡ እክል ፡ ሐሩ ፡ ውስተ ፡ ቤተ ፡ ክርስቲያን ፡ ዘቅዱስ ፡ ቴዎድ
ሮስ ፡ በምሥራቀ ፡ ሀገር ፤ ወቴዎድሮስኒ ፡ ሊቀ ፡ ጳጳሳት ፡ ኬልቄዶናዊ ፡
ሖረ ፡ ውስተ ፡ ቤተ ፡ ክርስቲያን ፡ ዘቅዱስ ፡ አትናቴዎስ ፡[2] ዘበሐይቀ ፡[3]
ባሕር ፤ አከ ፡ በእንተ ፡ ፍርሃተ ፡ ፀብእ ፡ ባሕቲቱ ፡ ዳእሙ ፡ በእንተ ፡ ፍ
ርሃተ ፡ ሰብአ ፡ ሀገር ፤ እስመ ፡ ውእቶሙ ፡ ከኑ ፡ የዐቅብዎ ፡ ለሚናስ ፡ ረ
ድእ ፡ ወልደ ፡ ቴዎድሮስ ፡ ናይብ ፡ ዘውእቱ ፡ አደግሽኝ ፡ ለእመ ፡ መጽአ ፡
ፋኑስ ፡ ያግብእዎ ፡ ኀቤሁ ። ወሶበ ፡ ተጋብኡ ፡ ሥዩማን ፡ ወሕዝባውያን ፡
ዘሀገር ፡ ከኑ ፡ በ፩ ፡ ልብ ፡ በእንተ ፡ ጸሊአቱ ፡ ለፎንስ ፡ ዘአቅደመ ፡ ፈነዎ
ቶሙ ፡ ለአራዊት ፡ ወለመባዕላተ ፡ ኵነኔ ፤ ወለጸባሕተ ፡ ንጉሥ ፡ መሠጥ
ዎ ፡ እምእደ ፡ እለ ፡ የዐቅብዎ ፡ ወከኑ ፡ ይትቃወምዎ ፡ ለፎቃ ፡ ገሃደ ፡ ወ
ተወከፍዎ ፡ ለሕርቃል ፡ በክብር ፡ ዐቢይ ፡ ወነሥኡ ፡ ዕፀደ ፡ ሒመት ፡ ወነ
በሩ ፡ ውስቴቱ ፤ ወለርእሰ ፡ በለሉንሰ ፡ ሰቀልዎ ፡ በአናቅጽ ፡ ከመ ፡ ይርአ
ዮ ፡ ዘይበውእ ፡ ወይወጽእ ፤ ወነሥኡ ፡ ኵሎ ፡ ንዋያተ ፡ ዘፈነወ ፡ ኀበ ፡
በለሉን ፡ እምነ ፡ ወርቅ ፡ ወብሩር ፡ ወአልባስ ፡ ክቡራት ። ወፈነወ ፡ ዓዲ ፡
ወአምጽአሙ ፡ ለኀያላን ፡ ወመስተቃትላን ፡ እለ ፡ ምስሌሁ ፤ ወፈነወ ፡ ዓ
ዲ ፡ ኀበ ፡ ፋሮስ ፡ ወአኀዞሙ ፡ ለመስተፃብኣን ፡ ዘሀለዉ ፡ በአሕማር ፡ ወ
ከኑ ፡ የዐቅበሙ ፡ በጽኑዕ ። ወእምድኅረዝ ፡ አእመረ ፡ ፎኑስ ፡ እንዘ ፡ ሀለ
ወ ፡ በሀገረ ፡ ቂሳርያ ፡ ዘፍልስጥኤም ፡ ከመ ፡ ውእቶሙ ፡ ነሥእዋ ፡ ለሀገረ ፡
እስክንድርያ ፡ ወቀተልዎ ፡ ለበለሉን ፡ ወከመ ፡ ሰብአ ፡ ይእቲ ፡ ሀገር ፡ ይ
ጸልእዎ ፡ ወያፈቅርዎ ፡ ለሕርቃል ። ወእምቅድመ ፡ ብጽሐቱ ፡ ለፎንስ ፡
ኀበ ፡ ምስር ፡ ወዩታኪስሰ ፡ ኢተመይጠ ፡ ዳእሙ ፡ ተሠለጠ ፡ ላዕለ ፡ ኵሎ
ሙ ፡ ሥዩማነ ፡ ምስር ። ወእለውናጥስኒ ፡ ነሥኡ ፡[4] ኵሎ ፡ ንዋያተ ፡ ዘአ
ርስጠማኩስ ፡ ምእመነ ፡ ንጉሥ ፡ ወንዋየ ፡ ኵሎሙ ፡ ክቡራን ፡ ዘሀገረ ፡
መኑፍ ፡ ወአንደይዎሙ ፡[5] ከመ ፡ ኢየሀቡ ፡ ጸባሕተ ። ወተፈሥሐ ፡ ኵሉ ፡

[1] Mss. እስመ ፡
[2] A አትናቴዎ ፡
[3] Mss. ዘሐይቀ ፡
[4] Mss. ወእልጡናጥስኒ ፡ ነሥአ ፡
[5] Mss. ወአንደዮሙ ፡

ሰብአ ፡ በእንተ ፡ ሀከከ ፡ ዘከነ ፡ ላዕለ ፡ ፎቃ ። ወኀብሩ ፡ ኵሎሙ ፡ ሰብአ ፡ ንቅዩስ ፡ ወቴዎድሮስ ፡ እስኩፍ ፡ ወኵሎሙ ፡ አህጉራተ ፡ ምስር ፤ ዳእሙ ፡ ጳውሎስ ፡ ሥዩመ ፡ ሀገረ ፡ ሰምኑድ ፡ ባሕቲቱ ፡ ኢኀብረ ፡ ምስሌሆሙ ፤ እስመ ፡ ውእቱ ፡ ከነ ፡ እምሥዩማነ ፡ ፎቃ ፡ ወከኑ ፡ ኵሎሙ ፡ ሰብአ ፡ ሀገር ፡ ያፈቅርዎ ፤ ወለሊውናኪስሰ ፡ ሥዩመ ፡ ሐራ ፡ ሰመይዎ ፡ በዝንቱ ፡ ስም ፡ ከመ ፡ ውእቱ ፡ ዐላዊ ፡ ወአብድ ፡ ወርእሰ ፡ ከልብ ።[1] ወእምዝ ፡ ዓዲ ፡ ቅስመ ፡ ወልደ ፡ ሳሙኤል ፡ ዐርኩ ፡ ለጳውሎስ ፡ ዘከነ ፡ ፩ ፡ እምኔሆሙ ፤ ወውእቱ ፡ ድኩመ ፡ ኀይል ፡ ወይጸውርዎ ፡ ፪ ፡ ዕደው ፤ ወለውእቱ ፡ ብእሲ ፡ ዓዲ ፡ ዘፈትሕዎ ፡ እምነ ፡ ሞቅሕ ፡ ወእለ ፡ ምስሌሁ ፤ ከነ ፡ ዐቢየ ፡ ንፍስ ፡[2] ወሆከሙ ፡[3] ለኵሎሙ ፡ መኳንንት ፡ ወረሰዮሙ ፡ ይትቀንዩ ፡ ሎቱ ። ወከነ ፡ ጳውሎስ ፡ ቀዳማዊ ፡ ዘተኀየለ ፡ ወኢኀብረ ፡[4] ምስለ ፡ ሰብአ ፡ ሕርቃል ፡ ወከነ ፡ ይትወላወል ፡ በምክሩ ። ወኵላ ፡ ሀገረ ፡ ምስር ፡ ተፈልጡ ፡ በእንተ ፡ ቅትለቶሙ ፡ ለአይሳይሊሉን ። ወምርቅያኖስ ፡ ሥዩመ ፡ ሀገረ ፡ አትሪብ ፡ [ዓዲ ፡ ኢኀብረ ፡][5] እስመ ፡ ፍቅር ፡ ከነ ፡ ማእከሌሆሙ ። ወቆንስሰ ፡ መጽአ ፡ እምኀበ ፡ ቤተ ፡ አብጥልማ ፡ ወለአሕማሩሂ ፡ ፈነዎሙ ፡ ኀበ ፡ ሀገረ ፡ አትሪብ ። ወክርስቶዶራሰ ፡ እኅቱ ፡ ለአይሳልሉን ፡[6] ሐወጸት ፡ ወርእየቶሙ ፡ ለእለ ፡ ይሰልቡ ፡ መንግሥተ ፡ ፎቃ ፡ ወኢተወከፈቶ ፡ ለስምዐ ፡[7] ሕርቃል ፡ ኀቤሃ ። ወኵሎሙ ፡ ሰብአ ፡ ምስር ፡ ወእልናጥስ ፡ ከኑ ፡ ይጸንሑ ፡ ረድኤተ ፡ እምሰብእ ፡ እለ ፡ ይመጽኡ ፡ በየብስ ፡ ወበሐመር ፡[8] በባሕር ፤ ወከኑ ፡ ይመጽኡ ፡ በአሕማር ፡ እምከልኤ ፡ አብሕርት ፡ ወይፃኡ ፡ በከመ ፡ አቅደምነ ፡ ነጊረ ፤ ወለእሉ ፡ ይመጽኡ ፡ በአፍራስ ፡ እምነ ፡ ምሥራቅ ፡ ከኑ ፡ ይጸንሕዎሙ ፡ አብላጠን ፡ ወቴዎድሮስ ፡ እስመ ፡ ውእቶሙ ፡ ይትጋወርዋ ፡ ለሀገረ ፡ አትሪብ ፡ ወውእቶሙ ፡ ይፈርሁ ፡ ምጽአቶሙ ። ወእምቅድመ ፡ ከነ ፡ ጳውሎስ ፡ ወቀስማ ፡ ወልደ ፡ ሳሙኤል ፡ ወቴዎድሮስ ፡ እስቆፍ ፡ ወሚናስ ፡ ጸሓፊ ፡[9] ዘሀገረ ፡ ንቅዩስ ፡ ፈነዉ ፡[10] በስምዕ ፡ ኀበ ፡ መርቅያኖስ ፡ ሥዩም ፡ ወኀበ ፡ እግዝእት ፡ ክርስቶዶራ ፡ እኅቱ ፡ ለአይሳይልሉን ፡[11] ከመ ፡ ያውርድዎሙ ፡[12] ለዐላማተ ፡[13] ፎቃ ፡ መትሕተ ፡ ወይ

[1] A ከልብ ፡

[2] Mss. ከነ ፡ ዐቢየ ፡ ንፍስ ፡ ወእለ ፡ ምስሌሁ ፡

[3] B ወሐከሙ ፡

[4] Mss. ኅብረ ፡

[5] Ces mots manquent dans les deux mss.

[6] A ለአይሳልላን ፡

[7] Mss. ወተወከፈቶ ፡ ለስመ ፡

[8] B ወበሕማር ፡

[9] Mss. ጸሐፊ ፡

[10] Mss. ፈነውዎሙ ፡

[11] A "ላን ፡

[12] Mss. ያወ" ፡

[13] A ለዓለማተ ፡

ግርሩ ፡[1] ለሐርቃል ፤ ወእሙንቱሰ ፡ ኢተወከፉ ፡ ስምዖሙ ፡ ውእቶሙ ፡ ሰምዑ ፡ ዜናሁ ፡ ለፎንስ ፡ ወዘከመ ፡ በጽሐ ፡ ሀገረ ፡ ቢኩራን ። ወሰበ ፡ ሰምዑ ፡ ዘንተ ፡ ሰብአ ፡ አፍላጦን ፡ ፈነዉ ፡ መጽሐፈ ፡ መልእክት ፡ ኀበ ፡ እለ ፡ እስክንድርያ ፡ ኀበ ፡ ቡቲያኪስ ፡ እንዘ ፡ ይብሉ ፤ አፍጥን ፡ ንዓ ፡ ምስለ ፡ መስተዓብኣኒከ ፡ እስመ ፡ ፎንስ ፡ በጽሐ ፡ ኀበ ፡ ሀገረ ፡ ፍርማ ። ወሰበ ፡ በጽሐ ፡ ዮታኪስ ፡ ኀበ ፡ ነቅዩስ ፡ በጽሐ ፡ ዓዲ ፡ ቱንስ ፡ ኀበ ፡ ሀገረ ፡ አትሪብ ፡ ወረከቦሙ ፡ ለመስተቃትላን ፡ መርቅያኖስ ፡ ድልዋን ፡ ወክርስታዶራ ፡ እኅቱ ፡ ለአይልሉስ ፡ ወሰብአ ፡[2] ቅስማ ፡ ወልደ ፡ ሳሙኤል ፡ እንዘ ፡ ሀለዉ ፡ በየብስ ። ወወፅአ ፡ ውእቱ ፡ ኀበ ፡ ፈለግ ፡ ንኡስ ፡ ዘይወፅእ ፡ እምፈለግ ፡ ዐቢይ ፡ ወተራከበ ፡ ለጳውሎስ ፡ መስፍን ፡ ምስለ ፡ መስተዓብኣኒሁ ። ወእምዝ ፡ መጽአ ፡ ዩታኪስ ፡ ከመ ፡ ይፅብኦ ፡ ለፉንስ ፡ ወተራከቡ ፡ በምሥራቀ ፡ ሀገረ ፡ መኑፍ ። ወሰበ ፡ ተራከቡ ፡ በበይናቲሆሙ ፡ ኀየሉ ፡[3] ሰብአ ፡ ቅስማ ፡[4] ወልደ ፡ ሳሙኤል ፡ ወአጽደፍዎሙ ፡ ለሰብአ ፡ ዩታኪስ ፡ ውስተ ፡ ባሕር ፡ ወአኀዝዎ ፡ ለዩታኪስ ፡ ወጠብሕዎ ፤ ወለሎንድዮስሂ ፡ መስፍን ፡ ወለኩዲስ ፡ ቀተልዎሙ ፡ ወአእተትዎሙ ፡[5] ዓዲ ፡ ለብዙኃን ፡ ሐራ ፡ ወአኀዝዎሙ ፡ ሕያዋኒሆሙ ፡ ወአሰርዎሙ ። ወሰበ ፡ ርእዩ ፡ አብላጢ ፡ ወቴዎድሮስ ፡ ቀትሎ ፡ ለዩታኪስ ፡ ወእሊአሁ ፡ ጐዩ ፡ ውስተ ፡ ደብር ፡ ወተኀብኡ ። ወቴዎድሮስ ፡ እስቴፍ ፡ ዘነቅዩስ ፡[6] ወሚናስ ፡ ጸሓፊ ፡[7] አኀዙ ፡ ወንጌላተ ፡ ወመጽኡ ፡ ለቀበላ ፡ ፉንስ ፡ ኀልዮሙ ፡ ከመ ፡ ይትራኀራኀ ፡[8] ላዕሌሆሙ ። ወሰበ ፡ ርእዮሙ ፡ ፎንስ ፡ ለቴዎድሮስ ፡ እስቴፍ ፡ ወወሰዶ ፡ ምስሌሁ ፡ ኀበ ፡ ሀገረ ፡ ነቅዩስ ፤ ወለሚናስኒ ፡ ወደዮ ፡ ውስተ ፡ ቤተ ፡ ሞቅሕ ። ወክርስቶዶራስ ፡ ወመርቅያኖስ ፡ ሥዩመ ፡ አትሪብ ፡ ነገርዎ ፡ ከመ ፡ ውእቱ ፡ እስቴፍ ፡ ዘአውረደ ፡ ዐላማታተ ፡ ፎቃ ፡ እምአናቅጸ ፡ ሀገር ፤ ወሰበ ፡ ርእየ ፡ ፎንስ ፡ ዐላማታተ ፡ ፎቃ ፡ ውዱቃን ፡ አዘዘ ፡ ከመ ፡ ይምትሩ ፡ ርእሶ ፡ ለእስቴፍ ። ወለሚናስሰ ፡ ዘበጠ ፡ ብዙኀ ፡ ወነሥአ ፡ እምኔሁ ፡ ፭፻ ፡ ዲናረ ፡ ወርቅ ፡ ወእምዝ ፡ ፈትሖ ፤ ወእምብዝኀ ፡ ዝብጠት ፡ እንዘ ፡ ሕማመ ፡ ፈንጸንት ፡ ወበኀዳጥ ፡ ዘመን ፡ ሞተ ፤ በምክረ ፡ ቀስማ ፡ ወልደ ፡ ሳሙኤል ። ወ፫ ፡ መላህቅተ ፡ መኑፍ ፡ ዘውእቶሙ ፡ ኤስድሮስ ፡ ወዮሐንስ ፡ ወዮልያኖስ ፡ ወእለሰ ፡ ተኀብኡ ፡ ውስተ ፡ ደብረ ፡ አትሪስ ፡ ዘውእቶ

1 Mss. ወያግርሩ ፡
2 A ሰብኡ ፡
3 Mss. ሐለዩ ፡
4 B ቀሰማ ፡
5 A ወዓተዎሙ ፡, B ወዓትዎሙ ፡
6 Mss. ነቅዩሰ ፡
7 Mss. ጸሐፊ ፡
8 Mss. ይትረኀራኅ ፡

ሙ ፡ አብላጦን ፡ ምእመን ፡ ንጉሥ ፡ ወቴዎድሮስ ፡ ኖይብ ፡ አግብእዎሙ ፡ መንከሳት ፡ ኀበ ፡ ፎንስ ፤ ወውእቱኒ ፡ አኀዞሙ ፡ ወአሰሮሙ ፡ ወአምጽአሙ ፡ ኀበ ፡ ሀገረ ፡ ንቅዩስ ፡ ወአኀዘ ፡ ይዝብጦሙ ፡ ወእምድኅረዝ ፡ መተረ ፡ ርእሰሙ ፡ በኀበ ፡ መካን ፡ ዘተቀትለ ፡ ቦቱ ፡ እስቄፍ ። ወዓዲ ፡ ሰአለ ፡ በእንተ ፡ ሐራ ፡ ዘኮኑ ፡ ይጻብኡ ፡[1] ምስለ ፡ ዮላታኪስ ፤ ወእለሰ ፡ ኮኑ ፡ እምሰብአ ፡ ሞሪቅ ፡ ኮነ ፡ ይሰድዶሙ ፡[2] ወዘኮኑሰ ፡ እምሰብአ ፡ ፎቃ ፡ ወቀሰሙ ፡ ወቀተሎሙ ። ወሰበ ፡ ርእዩ ፡ ዘተርፉ ፡ ሰብእ ፡ ዘንተ ፡ ጐዩ ፡ ወሖሩ ፡ ኀበ ፡ ሀገረ ፡ እለ ፡ እስክንድርያ ። ወኵሎሙ ፡ ክቡራን ፡ ምስር ፡ ተጋብኡ ፡ ኀበ ፡ ኒቂጣ ፡ መኰንን ፡ ሐርቃል ፡ ወተራድእዎ ፡ ከመ ፡ ኮኑ ፡ ይጸልእዎ ፡ ለፎንስ ፡ ወነገርዎ ፡ ለኒቂጣ ፡ ኵሎ ፡ ዘገብረ ። ወኒቂጣሰ ፡ አስተጋብአ ፡ ብዙኀ ፡ ሠራዊተ ፡ መስተቃትላነ ፡ ወበርበር ፡ ወእስክንድራውያን ፡ ወሐራ ፡ መስተገብራን ፡[3] ወኖትያት ፡ ወነዳፍያን ፡ ሐፅ ፡ ወብዙኀ ፡ ግብረ ፡ ፀብእ ፤ ወአስተዳለዉ ፡ ውስተ ፡ ቅጽረ ፡ ሀገር ፡ ከመ ፡ ይፅብእዎ ፡ ለፎንስ ። ወፎንስሰ ፡ ኮነ ፡ ይኄሊ ፡ ወይብል ፤ በአይኑ ፡ ምክንያት ፡ እክል ፡ እንሥአ ፡[4] ለሀገር ፡ ወእግበር ፡[5] በኒቂጣ ፡ በከመ ፡ ገበርኩ ፡ በዮታኪስ ። ወፈነወ ፡[6] ጳውሎስሃ ፡ ዘእምሀገረ ፡ ሰምኑድ ፡ በአሕማር ፡ በውስተ ፡ ፈለገ ፡ እስክንድርያ ፡[7] ከመ ፡ ይትራድእዎ ። ወውእቱሰ ፡ ፎንስ ፡ ኢክህለ ፡ ቀሪቦታ ፡ ለቅጽረ ፡ ሀገር ፤ እስመ ፡ ኮኑ ፡ ይወግርዎ ፡ በአእባን ፡ ወአሕማርኒ ፡ ጐዩ ። ወበአ ፡[8] ፎንስኒ ፡ ዓዲ ፡ ምስለ ፡ ኀይሉ ፡ ወነበረ ፡ በሚፋሞኒስ ፡ እንተ ፡ ይእቲ ፡ ሽብራ ፡ ሐዲስ ። ወሖረ ፡ ዓዲ ፡ ውስተ ፡ ሀገረ ፡ ድምቃሩኒ ፡ ምስለ ፡ ኵሎሙ ፡ ሐራሁ ፤ ወኮነ ፡ ይኄሊ ፡ ከመ ፡ ይፍትሓ ፡[9] ለሀገር ፡ በዕለተ ፡ እሑድ ። ወዛቲ ፡ ይእቲ ፡ ሳብዓይ ፡ ዓመቱ ፡ ለፎቃ ፡ እምአመ ፡ ነግሠ ።

ክፍል ፡ ፻፳ ።[10] ወኮነ ፡ አረጋዊ ፡[11] ቅዱስ ፡ ዘይነብር ፡ መልዕልተ ፡ ዐምድ ፡ ዘስሙ ፡ ቴዎፍሎስ ፡ ምእመን ፡ ወውእቱ ፡ ሀሎ ፡ በጥቃ ፡ ፈለግ ፡ ወውእቱ ፡ ብእሲ ፡ ለባሴ ፡ መንፈስ ፡ ትንቢት ፤ ውእቱ ፡ አረጋዊ ፡ ነበረ ፡ መልዕልተ ፡ ዐምድ ፡ ፵ ፡ ዓመተ ። ወኮነ ፡ ኒቂጣ ፡ ይትመያየጥ ፡ ኀቤሁ ፡

1 A ይጸብኡ ፡
2 A ይሰድዶሙ ፡
3 Mss. "ን ፡
4 Mss. አንሥአ ፡
5 Mss. ወእገብር ፡
6 A ወፈነ ፡
7 A ፈለግ ፡ ዘእስክንድርያ ፡
8 A ወበኡ ፡
9 Mss. ይፍትሐ ፡
10 A ፻፲፰ ፡, B ፻፲፱ ፡
11 A አርጋዌ ፡

ብዙኅ፡ ጊዜ፤ ወቴዎድሮስ፡ መስፍን፡ ወሚናስ፡ ረድእ፡ ወታኦዶስዮስ፡ እሉ፡ ፻ሆሙ፡ ኮኑ፡ ይትራድእዎ፡ ለንቂጣ፡[1] ወያየድዕዎ፡ ትሩፋተ፡ ዝንቱ፡ ቅዱስ። ወሖረ፡ ንቂጣ፡ ኀቤሁ፡ ወሰአሎ፡ ወይቤሎ፤ መኑአ፡ ዘይመውእ፡ በውስተ፡ ፀብእ፤ እስመ፡ ውእቱ፡ ኮነ፡ ይፈርህ፡ ከመ፡ ኢይርከቦ፡ በከመ፡ ረከቦ፡ ለዮታኪስ። ወቅዱስሰ፡ ይቤሎ፡ ለንቂጣ፤ አንተ፡ ትመውእ፡ ለፎንስ፡ ወትጠፍእ፡ መንግሥተ፡ ፎቃ፡ ወይነግሥ፡ ሕርቃል፡ በዛቲ፡ ዓመት። ወተመርሐ፡ ንቂጣ፡[2] በትንቢቱ፡ ለአረጋዊ፡ ብእሴ፡ እግዚአብሔር፤ ወይቤሎሙ፡ ለሰብአ፡ ሀገረ፡ እስክንድርያ፤ እምይእዜ፡ ኢተፃብኡ፡ በመልዕልተ፡ አረፍት፡ አላ፡ ዳእሙ፡ አርኅዉ፡ አንቀጸ፡ አውን፡ ወተቀበልዎ፡ ለፎኑስ። ወውእቶሙ፡ ሰምዑ፡ እምቃለ፡ ንቂጣ፡ ወአቀምዎሙ፡ ለትዕይንት፡ ወአንበሩ፡ መንገኒቃተ፡ ወመዋጽፍተ፡ አእባን፡ በኀበ፡ አንቀጽ። ወሶበ፡ መጽአ፡ ቅድመ፡ መልአከ፡ ኀይሉ፡ ለፎንስ፡ ወእምቅድመ፡ ይቅረብ፡ ኀበ፡ አንቀጽ፡ ወገሮ፡ ፩፡ ብእሲ፡[3] በእብን፡ ዐቢይ፡ ወሰበረ፡ መንሰኮ፡ ወወድቀ፡ እመልዕልተ፡ ፈረስ፡ ወሞተ፡ በጊዜሃ። ወካልኡሂ፡ ተሰብረ፤ ወአኀዙ፡ ይጕየዩ፡ ሶበ፡ ጸንዐ፡ ላዕሌሆሙ፡ ፀብእ። ወንቂጣሰ፡[4] አርኅዎ፡ ለአንቀጽ፡ ዳግማዊ፡ ዘሀሎ፡ በቤተ፡ ክርስቲያኑ፡ ለቅዱስ፡ ማርቆስ፡ ወንጌላዊ፡ ወወፅአ፡ ውእቱ፡ ምስለ፡ ሐራ፡ ወበርበር፡ እለ፡ ምስሌሁ፡ ወሖሩ፡ ወዴገንዎሙ፡ ለመስተፃብኣን፡ እለ፡ ጐዩ፡[5] ወኮኑ፡ ይቀትሉ፡ እምኔሆሙ፤ ወሰብአ፡ ሀገረ፡ እስክንድርያሂ፡ ኮኑ፡ ይወግርዎሙ፡ በአእባን፡ ወይሰድድዎሙ፡ ወይነድፍዎሙ፡ በሐፅ፡ ወአቍሰልዎሙ፡ ቍስለ፡ ዐቢየ፤ ወቦ፡ እምኔሆሙ፡ ዘወድቁ፡ ውስተ፡ ፈለግ፡ እምጽንዐ፡ ፀብእ፡ ፈቂዶሙ፡ ከመ፡ ይትኀብኡ፡ ወሞቱ፡ በህየ። ወሀሎ፡ መንገለ፡ ደቡብ፡ ሀገር፡ ቀሰብፋርስ፡ ዘውእቱ፡ ሸምበቆ፡ ትኩል፡ ወጸቈንኒ፡ ዘሦክ፡ ዘአዖድዎ፡ በእንተ፡ አትክልት፤ ወአኀዘሙ፡ ለእለ፡ ጐዩ፤ ወበሰሚን፡ ሀገርኒ፡ እለ፡ ጐዩ፡ ከልአሙ፡ ውሒዘ፡ ማይ፤ ወእለሰ፡ ኮኑ፡ ይሰድድዎሙ፡ ተቃተሉ፡ በበይናቲሆሙ፡ ዘእንበለ፡ ያእምሩ፡ አብያጺሆሙ፡ በዕፁብ፡ ግብር። እምሠጠ፡ ፎኑስ፡[6] ምስለ፡ ኀዳጥ፡ ሰብእ፡ ወጐየ፡ ኀበ፡ ሀገረ፡ ከርዩን። ወሞቱ፡ መርቅያን፡ መስፍን፡ አትሪብ፡ ወሎንዶስ፡ መኰንን፡ ወወይሉስ፡ ወብዙኃን፡ ሰብእ፡ ዘእሙር፡ አስማቲሆሙ፡ ተቀትሉ፡ በፀብእ። ወሶበ፡ ርእየ፡ ኔቄጣ፡ ከመ፡ ከ

[1] A ኒቂጣ ፡
[2] B ኔቄጣ ፡
[3] Mss. ብእሴ ፡
[4] B ወኔቄጣሰ ፡
[5] A ጐየ ፡
[6] Mss. ፎኒስ ፡

ን ፡ ሎቱ ፡ ዝንቱ ፡ መዊእ ፡ በጸሎቶሙ ፡ ለቅዱሳን ፡ ወሰብአ ፡ ፎንስስ ፡
ደክሙ ፡ ወውኅዱ ፡[1] ፈነወ ፡ አብጥልማዎስ ፡ ወአስብዩስ ፡ ወካልእን ፡[2]
ክቡራን ፡ እምሰብእ ፡ ሐርቃል ፡ ኀበ ፡ ባሕር ፡ ከመ ፡ ያምጽኡ ፡ ሎቱ ፡ ኵ
ሎ ፡ ንዋያተ ፡ ዘረከቡ ፡ ወያስተጋብኡ ፡ ኀቤሁ ፡ ብዙኃን ፡ ሰብአ ፡ እምኵ
ሉ ፡ አህጉራተ ፡ ምስር ። ወእለ ፡ ኮኑ ፡ እምሰብእ ፡ እልዋኑጥስ ፡ ዐቢያን ፡
ወንኡሳን ፡ ወመኳንንት ፡ ኮኑ ፡ የዐቅብዎ ፡ ወይትራድእዎ ፡ ለንቂጣ ፡ በሀ
ገረ ፡ እስክንድርያ ። ወሰበ ፡ አእመረ ፡ ጳውሎስ ፡ ወእለ ፡ ምስሌሁ ፡ ነበሩ ፡
ውስተ ፡ አሕማር ፡ በኀቡእ ፡ ወኀለዩ ፡ ከመ ፡ ይኅድግዎ ፡ ለፉኑስ ፡ ወይ
ሑሩ ፡ ኀበ ፡ ንቂጣ ።[3] ወሐፀ ፡ መክፈልተ ፡ ፎኖስ ፡ ወመክፈልተ ፡ ንቂጣ
ሰ ፡[4] ኮነ ፡ ይፈደፍድ ፡ ኵሎ ፡ ዕለተ ፡ በኀይል ።

ክፍል ፡ ፻፱ ።[5] ወሰበ ፡ አምሠጠ ፡ ፎንስ ፡ ነበረ ፡ ኀዳጠ ፡ መዋዕለ ፡ በንቅ
ዩስ ፡ ወእለ ፡ ተርፋሂ ፡ ሐራ ፡ እለ ፡ ምስሌሁ ፤ ወወሀበሙ ፡ አሕማረ ፡ ወአ
ህጕሉ ፡ ብዙኃ ፡ እምሰብእ ፡ ሀገረ ፡ እስክንድርያ ። ወሖሩ ፡ መንገለ ፡ መ
ርዩጥ ፡ ወቦኡ ፡ ውስተ ፡ ፈለግ ፡ ብድራክን ፡ ዘመንገለ ፡ ምዕራብ ፡ ሀገር ፡
ወኀለዩ ፡ ከመ ፡ ይሁክዎሙ ፡ ለእስክንድራውያን ። ወኢያእመረ ፡[6] ውእ
ቱ ፡ ምንዱብ ፡ ከመ ፡ ውእቱ ፡ እግዚአብሔር ፡ ዘይኄይል ፡ በውስተ ፡ ፀብ
እ ። ወሰበ ፡ አእመረ ፡ ንቂጣ ፡ ዘንተ ፡ መተረ ፡ ቀንጠራ ፡ ዘውእቱ ፡ ድል
ድይ ፡ ዘሀገረ ፡ ደፉሽር ፤ ወይእቲ ፡ ኮነት ፡ ቅርብተ ፡ እምቤተ ፡ ክርስቲ
ያኑ ፡ ለቅዱስ ፡ ሚናስ ፡ ዘሀገረ ፡ መርዩጥ ። ወሰበ ፡ ሰምዐ ፡ ፎኑስ ፡ ተከዘ ፡
ፈድፋደ ፡ ወኀለየ ፡ ከመ ፡ ይቅትሎ ፡ ለንቂጣ ፡ በምክረ ፡ ጕሕሉት ፡ እን
ዘ ፡ ይብል ፤ ለእመ ፡ ሞተ ፡ ንቄጣ ፡ ይዘረዉ ፡ ሠራዊት ። ወአምጽአ ፡[7] ለ፩ ፡
ሐራዊ ፡ ወአሠነየ ፡ ልበ ፡ ከመ ፡ ይሑር ፡ ኀበ ፡ ንቄጣ ፡ ከዊኖ ፡ ጥቡዐ ፡ ለ
ሞት ፡ ወይቤሎ ፤ ንሣእ ፡ ለከ ፡ ሰይፈ ፡ ንኡሰ ፡ ወረስዮ ፡ እንተ ፡ ውስጥከ ፡
ተመሲለከ ፡ ከመ ፡ ዘፈነውኩከ ፡[8] ኀቤሁ ፡ ወከመ ፡ ትስአሎ ፡ በእንቲአየ ፤
ወሰበ ፡ ትቀርብ ፡ ኀቤሁ ፡ ርግዞ ፡ በውእቱ ፡ ሰይፍ ፡ ውስተ ፡ ልቡ ፡ ከመ ፡
ይሙት ። ወለእመ ፡ ክህልከ ፡ ታምሥጥ ፡ ሠናይ ፡ ውእቱ ፤ ወለእመሂ ፡
ሞትከ ፡ በእንተዝ ፡ ሕዝብ ፡ አነ ፡ እነሥአሙ ፡ ለደቂቅከ ፡ ወእወስዶሙ ፡
ውስተ ፡ ቅጽረ ፡ ንጉሥ ፡ ወእሁቦሙ ፡ ንዋየ ፡ ዘየአክል ፡ ለመዋዕለ ፡ ሐይ

[1] A ወወሀዱ ፡
[2] Mss. ወካልአን ፡
[3] Mss. ንቅዩስ ፡
[4] Mss. "ስ ፡
[5] A ፻፲፰ ፡, B ፻፲፯ ፡
[6] A ወኢያመረ ፡
[7] A ወአምጽአ ፡
[8] A ዘፈነወኩከ ፡

ወቶሙ ። ወሰበ ፡ ሰምዐ ፡ ፳ ፡ እምእለ ፡ ምስሌሁ ፡ ዘስሙ ፡ ዮሐንስ ፡ ወፈነ
ወ ፡ ወነገሮ ፡ ለንቄጣ ፡ ለዝንቱ ፡ ምክር ፡ እኩይ ። ወእምዝ ፡ ተንሥአ ፡
ውእቱ ፡ ብእሲ ፡ ወነሥአ ፡ ፳ ፡ ሰይፈ ፡ ንጉሥ ፡ ወወደዮ ፡ እንተ ፡ ውስ
ጡ ፡ ወሖረ ፡ ኀበ ፡ ንቄጣ ። ወሰበ ፡ ርእዮ ፡ አዘዘሙ ፡ ለሐራ ፡ ከመ ፡ ይዕግ
ትዎ ፡ ወሰበ ፡ በርበርዎ ፡ ረከቡ ፡ ሰይፈ ፡ እንተ ፡ ውስጡ ፤ ወበጊዜሃ ፡ መ
ተሩ ፡ ርእሶ ፡ በሰይፍ ። ወፎንስሰ ፡[1] መጽአ ፡ ኀበ ፡ ሀገረ ፡ ደፋሲር ፡ ወቀ
ተለ ፡ ብዙኃን ፡ ሰብአ ። ወሰበ ፡ ሰምዐ ፡ ንቂጣ ፡ አፍጠነ ፡ ወሮጸ ፡ ድኅሬሁ ፤
ወሰበ ፡ በጽሐ ፡ ኀቤሁ ፡ ዐደዎ ፡ ለፈለግ ፡ ወሖረ ፡ ኀበ ፡ ሀገረ ፡ ንቅዩስ ፡ ው
እቱ ፡ ፎንስ ። ወንቄጣሰ ፡ ኀደጎ ፡ ሰበ ፡ ዐደዎ ፡ ለፈለግ ፡ ወሖረ ፡ ኀበ ፡ ሀ
ገረ ፡ መርዩጥ ፡ ወኀደገ ፡ ብዙኃነ ፡ ሐራ ፡ እለ ፡ የዐቅቡ ፡ ፍኖተ ፤ ወሖረ ፡
ዓዲ ፡ ኀበ ፡ ሀገረ ፡ መኑፍ ፡ ኀበ ፡ ሀገረ ፡ ዓውላ ። ወሰበ ፡ አቅረበ ፡ እምሀ
ገር ፡ ጐዩ ፡ ሰብአ ፡ ፎንስ ፡ እለ ፡ ሀለዉ ፡ በህየ ፡ ወነሥአ ፡ ለሀገር ፤ ወአ
ኀዝዎ ፡ ለአብራይስ ፡ ወለእሊአሁ ፡[2] ወአውዐዩ ፡ አብያቲሆሙ ፡ ወአውዐ
ዩ ፡ ዓዲ ፡ ፍኖተ ፡ ሀገር ። ወንቂጣሰ ፡[3] አስተጋብአ ፡ ፀብአ ፡ ዐቢየ ፡ ላዕለ ፡
ሀገረ ፡ መኑፍ ፡ ወአርኀዋ ፤ ወተቀንዩ ፡ ሎቱ ፡ ኵሎሙ ፡ አህጉራተ ፡ ምስ
ር ፤ ወእምዝ ፡ ዐደወ ፡ ፈለገ ፡ ለዴግኖተ ፡ ፎንስ ፡ በሀገረ ፡ ንቅዩስ ። ወሰበ ፡
አእመረ ፡ ፎንስ ፡ ተንሥአ ፡ በሌሊት ፡ ወኀደጋ ፡ ለሀገረ ፡ ምስር ፡ ወሖረ ፡
መንገለ ፡ ፍልስጥኤም ። ወዓዲ ፡ ሰደድዎ ፡ እምውእቱ ፡ መካን ፡ በእንተ ፡
ቀትል ፡[4] እኩይ ፡ ዘገብረ ፡ በሙ ፡ ቅድመ ፤ ወሖረ ፡ እምህየ ፡ ሀገረ ፡ በራን
ጥያ ፡ ወተራከበ ፡ ምስለ ፡ ፎቃ ፡ ዐርኩ ፡ ቀታሊ ። ወኮነት ፡ ኵላ ፡ ሀገረ ፡
ምስር ፡ ውስተ ፡ እዴሁ ፡ ለንቂጣ ፡ እምሀገረ ፡ ዐባይ ፡ እስክንድርያ ፡ እስከ ፡
ሀገሩ ፡ ለቴዎፍሎስ ፡ ዘዐምድ ፡[5] ዘተነበየ ፡ በእንተ ፡ መንግሥተ ፡ ሕርቃ
ል ። ወንቂጣ ፡ ዓዲ ፡ አኀዘሙ ፡ ለጳውሎስ ፡ ዘሀገረ ፡ ሰምኑድ ፡ ወለቀስማ ፡
ወልደ ፡ ሳሙኤል ፤ ውእቱሰ ፡ ተራኃርኀ ፡ ላዕሌሆሙ ፡ ወኢያሕመሞሙ ፡
ወፈነዎሙ ፡ ኀበ ፡ ሀገረ ፡ እለ ፡ እስክንድርያ ፡ ከመ ፡ ይዕቀብዎሙ ፡ በህየ ፡
እስከ ፡ አመ ፡ ይመውት ፡ ፎንስ ። ወበምክንያተ ፡ ፀብኡ ፡ ለፎንስ ፡ ምስለ ፡
ንቄጣ ፡ ተንሥኡ ፡ መስተገብራን ፡ ምስር ፡ ገብሩ ፡ እኩየ ፡ ምስለ ፡ እልዋ
ኑጥስ ፡ ወኮኑ ፡ ይበረብሩ ፡ ወይቀትሉ ፡ ዘእንበለ ፡ ኀፍረት ። ወሰበ ፡ ሰ
ምዐ ፡ ንቂጣ ፡[6] ዘንተ ፡ አኀዘሙ ፡ ወገሠጸሙ ፡ ወይቤሎሙ ፤[7] እምይእዜ ፡ ኢ

[1] Mss. ወፎንስፈ ፡
[2] A ወለእለዓሁ ፡
[3] B ወንቄጣሰ ፡
[4] A ቀተል ፡
[5] Mss. ዘአምደ ፡
[6] A ንቄጣ ፡
[7] A ወይበሎሙ ፡

ትግበሩ ፡ እኩየ ፡ ላዕለ ፡ መኑሂ ፤ ወገብረ ፡ ሰላመ ፡ ማእከሌሆሙ ። ወሜመ ፡ በበሀገሩ ፡ ወአጥፍአ ፡ ለሀይድ ፡ ወለዐመፃ ፡ ወአቅለለ ፡ ሎሙ ፡ ጸባሕት ፡ እስከ ፡ ፲ ፡ ዓመት ፤ ወአፍቀርዎ ፡ ምስራውያን ፡ ጥቀ ። ወይቤሉ ፡ በሮም ፡ እስመ ፡ ነገሥት ፡ ዘመን ፡ አጥፍእዎሙ ፡ ለአህጉረ ፡ መሲሓውያን ፡[1] ወረሰይዎሙ ፡ ዔውዋነ ፡ በእደ ፡ በርበር ፡ ወአሕዛብ ፡ ወበሰብአ ፡ እልዋሪቆን ፤ ወእልበ ፡ ዘድኅነ ፡ ዘእንበለ ፡ ተሰሎንቄ ፡[2] ባሕቲታ ፡ እስመ ፡ አረፋቲሃ ፡ ከኑ ፡ ጽኑዓተ ፡[3] ወበረድኤተ ፡ እግዚአብሔር ፡ ኢክህሉ ፡ አሕዛብ ፡ ነሢአታ ፤ ወጠፍአት ፡ ኵላ ፡ ሀገር ፡ በስደት ። ወእምዝ ፡ ተንሥኡ ፡ ሠራዊት ፡[4] ምዕራብ ፡ ላዕለ ፡ ሮም ፡ ወአኀዝዎሙ ፡ ለምስራውያን ፡ እለ ፡ ሀለዉ ፡ ህየ ፡ ወእለ ፡ ጐዩ ፡ እምስር ፡ በእንተ ፡ ፍርሃተ ፡ ፎንስ ፡ ዘውእቶሙ ፡ ሰርጊዮስ ፡ ዕልው ፡ ወቀስማ ፡ ዘአግብአ ፡[5] ለሀገሩ ፤ ወክሕዱ ፡ ሃይማኖተ ፡ መሲሓውያን ፡[6] ወኀደግዋ ፡ ለጥምቀት ፡ ቅድስት ፡ ወሖሩ ፡ በፍኖተ ፡ ሐነፋውያን ፡ ወመጥዐውያን ። ወተሠለጡ ፡ [ሰብአ ፡ ፋርስ ፡][7] ላዕለ ፡ ፈለገ ፡ አፍራጦስ ፡ ወላዕለ ፡ ኵሎሙ ፡ አህጉራተ ፡ አንጾኪያ ፡ ወበርበርዎሙ ፡ ወኢያትረፉ ፡ መነሂ ፡ መስተፃብኣነ ፡ በውእቱ ፡ ዘመን ። ወዓዲ ፡ ሰብአ ፡ ሀገረ ፡ እጥራብሉስ ፡ ዘአፍራቅያ ፡ አምጽእዎሙ ፡[8] ለበርበር ፡ በላዕያነ ፡ ደም ፡ በእንተ ፡ ፍቅረ ፡ ሕርቃል ፤ ወከኑ ፡ ይጸልእዎ ፡ ለፎቃ ፡ ወተፃብእዎ ፡ ለመርድዮስ ፡ መኰንን ፡ ወፈቀዱ ፡ ይቅትልዎ ፡ ወለ፪ ፡ መኳንንት ፡ ካልኣን ፡[9] ዘስሞሙ ፡ እክላስርዩን ፡ ወአሲዳርዩን ። ወሶበ ፡ ወፅኡ ፡ እሙንቱ ፡ በርበር ፡ ተቃተልዋ ፡ ለሀገረ ፡ አፍራቅያ ፡ ወበጽሑ ፡ ኀበ ፡ ሕርቃል ፡ ዘየዐቢ ። ወመስፍን ፡ ዐቢይ ፡ ዘሀገረ ፡ እጥራብሉስ ፡ ዘስሙ ፡ ኪሲል ፡ መጽአ ፡ ኀበ ፡ ነቂጣ ፡ ከመ ፡ ይርድአ ፡ ላዕለ ፡ ፎቃስ ፡ ወምስሌሁ ፡ ብዙኃ ፡ ንዋይ ። ወሕርቃልሰ ፡ ዘየዐቢ ፡ ፈነዎ ፡ ወልዶ ፡ ሕርቃል ፡[10] ዘይንእስ ፡ ኀበ ፡ ሀገረ ፡ በራንጥያ ፡ በአሕማር ፡ ወበርበር ፡ ብዙኃ ፡ ከመ ፡ ይፅብእዎ ፡ ለፎቃ ። ወሶበ ፡ በጽሐ ፡ ኀበ ፡ ደሰያት ፡ ወመካናት ፡ ዘሀሎ ፡ ኀበ ፡ ሐይቀ ፡ ባሕር ፡ ወከኑ ፡ ብዙኃን ፡ ሰብአ ፡ ወመስተገብራን ፡ የሐውሩ ፡ ምስሌሁ ፡ በአሕማር ። ወቴዎድሮስ ፡ ክቡር ፡ ወፅአ ፡ እምኀበ ፡ ፎቃ ፡ ምስለ ፡ ብዙኃን ፡ ሠራዊት ፡ ጠቢባነ ፡ አልባብ ፡ ገረረ ፡ ለሕርቃል ፤ ወሶበ ፡ ርእዩ ፡ ዕደው ፡ ወሐራ ፡

[1] Mss. መሲሐውያን ፡

[2] Mss. በተሰሎንቄ ፡

[3] A ጽኑዓት ፡

[4] Mss. ሠራዊት ፡

[5] B ዘአግብአ ፡, A ዘአግብኦ ፡

[6] Mss. ሃይማኖቶ ፡ መሲሐ″ ፡

[7] Ces mots manquent dans les deux mss.

[8] Mss. ወአምጽእዎሙ ፡

[9] Mss. ካልአን ፡

[10] Mss. ሕርቃልሰ ፡

እለ ፡ ምስሌሁ ፡ ገብሩ ፡ ከማሁ ፡ ወገረሩ ፡ ለሕርቃል ፡ ቀጳዶቅያዊ ። ወኵሎሙ ፡ ሕዝብ ፡ ከኑ ፡ ይጸርፍዎ ፡[1] ለፎቃ ፡ በመዓት ፡ ወአልቦ ፡ ዘይክልአሙ ፤ ወዝኵሉ ፡ ከነ ፡ በሀገረ ፡ ቍስጥንጥንያ ። ወሶበ ፡ ሰምዐ ፡ ፎቃ ፡ ዘንተ ፡ ነገረ ፡ ወአእመረ ፡ ከመ ፡ ኵሉ ፡ ሰብእ ፡[2] ገረረ ፡ ለሕርቃል ፡ ፈነወ ፡ ሰረገላተ ፡ መንግሥት ፡ ኀበ ፡ ፎንስ ፡ ከመ ፡ ይትቀበልዎ ። ወመሳፍንት ፡ ካልኣን ፡[3] ዘንጉሥ ፡ አስተዳለዉ ፡[4] አሕማረ ፡ ዘእስክንድራውያን ፡ እለ ፡ አምጽኡ ፡ በሙ ፡ እክል ፡ እምድረ ፡ ግብጽ ፡ ኀበ ፡ ቍስጥንጥንያ ፤ እስመ ፡ ፎቃ ፡ ከነ ፡ አኀዘሙ ፡ በኀቤሁ ፡ በእንተ ፡ እስክንድራውያን ፡ ዘአበይዎ ።

ክፍል ፡ ፻ወ፯ ።[5] ወሶበ ፡ ተወከፍዎ ፡ ለሕርቃል ፡ ከመ ፡ ይኩን ፡ ንጉሠ ፡ ላዕሌሆሙ ፡ በምክንያተ ፡ ነቂጣ ፡ በጥሬቅ ፡ ወሰብአ ፡ አፍራቅያ ፡ ከኑ ፡ ይዌድስዎ ፡ ለሕርቃል ፡ እንዘ ፡ ይብሉ ፤ ወንጉሥሰ ፡ ሕርቃል ፡ ከነ ፡ ከመ ፡ አውግስጦስ ፤ ወዓዲ ፡ ኵሎሙ ፡ ሰብአ ፡ እስክንድርያ ፡ በቅጽር ፡[6] ይቤሉ ፡ ከማሆሙ ። ወእምዝ ፡ ገብሩ ፡ ፀብአ ፡ በኀበ ፡ ሐይቀ ፡ ባሕር ፡ ወቀተልዎ ፡ ለፎንስ ፡ ሰብአ ፡ ሰረገላት ። ወከኑ ፡ ይዌድስዎ ፡ ለሕርቃል ፡ ንኡስ ፡ ወልደ ፡ ሕርቃል ፡ ዘየዐቢ ፡ ወይጸርኑ ፡ ኵሎሙ ፡ በ፩ ፡ ቃል ፡ በልሳነ ፡ ሮም ፡ ወይጸርፍዎ ፡ ለፎቃ ፡ ወለፎንስ ። ወሶበ ፡ ሰምዑ ፡ መስተገብራን ፡ ወሕዝብ ፡ ዘሀገረ ፡ በራንጥያ ፡ እለ ፡ ሀለዉ ፡ ውስተ ፡ ባሕር ፡ አስተጋብኡ ፡ አሕማሪሆሙ ፡ ወሰደድዎሙ ፡ ለሰብአ ፡ እልዋንጥስ ፤ ወእሙንቱሰ ፡ ከኑ ፡ ይትሀወኩ ፡ በእንተ ፡ ውዴት ፡ ዘከነ ፡ ውስቴቶሙ ፡ ወእምዝ ፡ ጐዩ ፡ ውስተ ፡ ቤተ ፡ ክርስቲያን ፡ አግያ ፡ ሶፍያ ። ወከኑ ፡ ኵሎሙ ፡ ሥዩማን ፡ ወሠራዊት ፡ ይቀውሙ ፡ በኀበ ፡ ቅጽር ፡ ወይጸንሕዎ ፡ ለፎቃ ። ወሶበ ፡ አእመረ ፡ ፎቃ ፡ ወሎንድዮስ ፡ ኅጽው ፡ ከመ ፡ ይፈቅዱ ፡ ቀቲሎቶሙ ፡ በእኩይ ፡ በከመ ፡ ቀተልዎ ፡ ለፎንስ ፡ ዕልው ፡ ተንሥኡ ፡ ክልኤሆሙ ፡ ወነሥኡ ፡ ኵሎ ፡ ንዋያተ ፡ ዘሀሎ ፡ ውስተ ፡ መዛግብተ ፡ ንጉሥ ፡ ዘአስተጋብአሙ ፡ ሞሪቅ ፡ ወውእቱኒ ፡ ዓዲ ፡ ዘአስተጋብአ ፡ እምኀበ ፡ ሮም ፡ ክቡራን ፡ ዘቀተሎሙ ፡ ወነሥአ ፡ ንዋዮሙ ፡ ወዓዲ ፡ ንዋየ ፡ ፎንስ ፡ ወገደፍዎሙ ፡[7] ውስተ ፡ ውሒዘ ፡ ባሕር ፡ ወረሰይዋ ፡ ለመንግሥተ ፡ ሮም ፡ ነዳይተ ፡ ወምስኪንተ ።[8] ወበጊዜሃ ፡ ቦኡ ፡ ሠራዊት ፡ ወመኳንንት ፡ ወሐራ ፡ ወአኀዝዎ ፡

[1] A ይጸርፉዎ ፡

[2] Mss. ከመ ፡ ኵሉ ፡ ሰብእ ፡ ከመ ፡

[3] Mss. ካልአን ፡

[4] Mss. ወአስተዳለዉ ፡

[5] A ፻፲ወ፱ ፡, B ፻፲ወ፰ ፡

[6] Mss. ወቅጽር ፡

[7] Mss. ወገደፎሙ ፡

[8] B ወምስክንተ ፡

ለፎቃ ፡ ወነሥኡ ፡ አክሊለ ፡ መንግሥት ፡ እምዲበ ፡ ርእሱ ፡ ወለሎንድዮስኒ ፡[1] ጎጽው ፡ ምስሌሁ ፡ ወአውፅእዎሙ ፡ እሡራኒሆሙ ፡ ኀበ ፡ ሕርቃል ፡ በኀበ ፡ ቤተ ፡ ክርስቲያኑ ፡ ለቅዱስ ፡ ቶማስ ፡ ሐዋርያ ፡[2] ወቀተልዎሙ ፡ ለ፪ሆሙ ፡ በቅድሜሁ ። ወመተሩ ፡ እስኪቶ ፡ ለፎቃ ፡ ወዘሐቁ ፡[3] አንዳሁ ፡ እስከ ፡ አቍያጺሁ ፡ በእንተ ፡ ትዕይርት ፡[4] ወኀሣር ፡ ዘገብረ ፡ በብእሲቱ ፡ [ለፎቲዮስ ፤][5] እስመ ፡ ይእቲ ፡ ከነት ፡ ተቀናዪተ ፡ ለእግዚአብሔር ፡ ወአኀዛ ፡ በግብር ፡ ዘእንበለ ፡ ፈቃዳ ፡ እስመ ፡ ክብርተ ፡ ዘመድ ፡ ይእቲ ። ወእምዝ ፡ ነሥኡ ፡ ሥጋሆሙ ፡ ለፎቃ ፡ ወለሎንድዮስ ፡ ወለፎንስ ፡ ወአምጽእዎሙ ፡ ኀበ ፡ ሀገረ ፡ ቍስጥንጥንያ ፡ ወአውዐይዎሙ ፡ በእሳት ፡ ወዘረዉ ፡ ሐመደ ፡ ሥጋሆሙ ፡ በነፋስ ፤ እስመ ፡ ከኑ ፡ ይጸልእዎሙ ፡ ኵሉ ፡ ሰብእ ። ወተፈጸመ ፡ ራእይ ፡ ዘርእየ ፡ እምኀበ ፡ እግዚአብሔር ፡ ፋንያሙን ፡ ዘሀገረ ፡ እንጽና ፤ ወሰብአ ፡ ሀገረ ፡ በራንጥያስ ፡[6] ኢተሀየዩ ፡ ወኢምንተኒ ፤ ዳእሙ ፡ አምጽእዎ ፡ ለሕርቃል ፡ ኀበ ፡ ቤተ ፡ ክርስቲያኑ ፡ ለቅዱስ ፡ ቶማስ ፡ ሐዋርያ ፡ ዘእንበለ ፡ ፈቃዱ ፡ ወአንበሩ ፡ አክሊለ ፡ መንግሥት ፡ ላዕለ ፡ ርእሱ ። እምድኅረ ፡ ፈጸመ ፡ ጸሎቶ ፡ ሖረ ፡ ወቦአ ፡ ውስተ ፡ ቅጽር ፡ ወኵሎሙ ፡ ጠቢባን ፡ እለ ፡ ሀለዉ ፡ በህየ ፡ አእኰትዎ ። ወሕርቃልሰ ፡ ሶበ ፡ ነግሠ ፡ ጸሐፈ ፡ መጽሐፈ ፡ መልእክት ፡ ኀበ ፡ ሕርቃል ፡ አቡሁ ፡ ያየድዖ ፡ በእንተ ፡ ኵሉ ፡ ዘከነ ፡ ወዘከመ ፡ አንገሥዎ ። ወሕርቃልሰ ፡ አቡሁ ፡ ነሥአ ፡[7] ለሀገረ ፡ ቅርጣግና ፡ እንተ ፡ ይእቲ ፡ ርእሰ ፡ መንግሥት ፡ ዘአፍራቅያ ፡ ወከነ ፡ ትኩዘ ፡ ልብ ፡ በእንተ ፡ ወልዱ ፡ ዘሖረ ፡ ኀበ ፡ በራንጥያ ፤ ወሶበ ፡ አእመረ ፡ ዘንተ ፡ ተፈሥሐ ። ወከነ ፡ ኑፋቄ ፡ ብዙኀ ፡ ውስተ ፡ አብያተ ፡ ክርስቲያናት ፡ በእንተ ፡ ብዝኀ ፡ ፀብእ ፡ ዘከነ ፡ ወፈርሀ ፡ ኵሉ ፡ ሰብእ ፡ በእንተ ፡ መዊእ ፡ ዘከነ ፡ በሙቃኪስ ፡ ወኀዘነ ፡ ልብ ፡ ዘከነ ፡ በደቂቁ ። ወእምድኅረዝ ፡ ሐመ ፡ ሕርቃል ፡ ወኀለፈ ፡ እምዝንቱ ፡ ዓለም ፡ እንዘ ፡ ሀሎ ፡ ውስተ ፡ ውእቱ ፡ መካን ፡ በመንግሥቱ ። ወእግዚአብሔር ፡ ባሕቲቱ ፡ ዘያአምር ፡[8] ለዘይሠይሞ ፤ ወስብሐት ፡ ለእግዚአብሔር ፡ ለዓለም ።

ክፍል ፡ ፻፲ወ፩ ።[9] ወቴዎድሮስሰ ፡ ርእሰ ፡ መኳንንት ፡ ቀዳማውያን ፡ ዘ

[1] A ወሎንድዮስኒ ፡, B ወሎሎንድዮስኒ ፡

[2] Mss. ሐዋርያዊ ፡

[3] A ወዝሐቁ ፡

[4] Mss. ትዕይንት ፡

[5] Manque dans les deux mss.

[6] A "ጥያስ ፡

[7] Mss. ነሥአ ፡

[8] Mss. ዘየአምር ፡

[9] A ፻ወ፰ ፡, B ፻፲፱ ፡

ምስር ፤ ወሰበ ፡ ነገርዎ ፡ ልኡካነ ፡ ቃአዶስዮስ ፡ ሥዩመ ፡ አርካድያ ፡ በእን
ተ ፡ ሞቱ ፡ ለዮሐንስ ፡ ርእሰ ፡ አሕዛብ ፡ ወእምዝ ፡ ተመይጠ ፡ ምስለ ፡ ኵ
ሎሙ ፡ ሰብአ ፡ ምስር ፡ ወሐራ ፡ እለ ፡ ከኑ ፡ ይትራድእዎ ፡ ወሖረ ፡ ኀበ ፡
ሎቅዮን ፡ እንተ ፡ ይእቲ ፡ ደሴት ፤ ወፈርሀ ፡ እምህከከሙ ፡ ለሰብአ ፡ ይእ
ቲ ፡ ሀገር ፡ ከመ ፡ ኢይምጽኡ ፡ እስላም ፡ ወየአኀዝዎ ፡ ለሐይቀ ፡ ባሕር ፡
ዘሉክዩን ፡ ወያውፅእዎሙ ፡[1] ለማኅበረ ፡ አግብርተ ፡ እግዚአብሔር ፡ እለ ፡
ይትኤዘዙ ፡ ለመንግሥተ ፡ ሮም ። ወከነ ፡ ያስቆቁ ፡ ዘይበዝኅ ፡ እምሰቆቃ
ወ ፡ ዳዊት ፡ ላዕለ ፡ ሳኦል ፡ እንዘ ፡ ይብል ፤ እፎ ፡ ወድቁ ፡ ኃያላን ፡ ወተ
ሐጕለ ፡[2] ንዋየ ፡ ፀብእ ። እስመ ፡ ዮሐንስ ፡ ርእሰ ፡ አሕዛብ ፡ ኢሞተ ፡ ባሕ
ቲቱ ፤ ዳእሙ ፡ ዮሐንስ ፡ ዓዲ ፡ መኰንን ፡ ዘእምሀገረ ፡ ማሮስ ፡ ተቀትለ ፡
በውስተ ፡ ፀብእ ፡ ወ፳ ፡ ሐራ ፡ እለ ፡ ምስሌሁ ፡ እንዘ ፡ ይጼዕኑ ፡ አፍራሰ ።
አንሰ ፡ ኢየድዕከሙ ፡[3] በአሕጽሮ ፡ በእንተ ፡ ዘከኖሙ ፡ ለቀዳማውያን ፡ ሰ
ብአ ፡ ፍዩም ። እስመ ፡ ዮሐንስ ፡ ወሐራ ፡ እለ ፡ ምስሌሁ ፡ ኃያላን ፡ እለ ፡
አቅደምነ ፡ ዘከሮቶሙ ፡ ረሰይዎሙ ፡ ሮም ፡ ለዐቂበ ፡ ሀገር ፤ ወውእቶሙ
ሰ ፡ አንበሩ ፡ ካልአ ፡ ዐቀብተ ፡ በኀበ ፡ እብን ፡ ዘሀገረ ፡ ላሁን ፡ ከመ ፡ ይዕ
ቀቡ ፡ ኵሎ ፡ ጊዜ ፡ ወያይድዕዎ ፡ ለሊቀ ፡ አሕዛብ ፡ ተሐውሶተ ፡ አጽራሪ
ሆሙ ፤[4] ወእምዝ ፡ አስተዳለዉ ፡ አፍራሰ ፡ ኀዳጣነ ፡ ወጕባኤ ፡ ሐራ ፡ ወነ
ዳፍያነ ፡ ሐፅ ፡ ወሐሩ ፡ ለተፃብኦተ ፡ መስልም ፡ እንዘ ፡ ይኄልዩ ፡ ከመ ፡
ይክልእዎሙ ፡[5] ለመስልማን ። ወእምዝ ፡ ሖሩ ፡ ምስልማን ፡[6] ኀበ ፡ ገዳም ፡
ወነሥኡ ፡ ብዙኀ ፡ አባግዐ ፡ ወአጣሌ ፡ እምደብር ፡ ወሰብአ ፡ ምስርሰ ፡ ኢ
ያእመሩ ፡ ዘንተ ። ወሶበ ፡ በጽሑ ፡ ኀበ ፡ ሀገረ ፡ ብህንሳ ፡[7] መጽኡ ፡ ኵሎ
ሙ ፡ ሐራ ፡ እለ ፡ ሀለዉ ፡ ኀበ ፡ ሐይቀ ፡ ባሕር ፡ ምስለ ፡ ዮሐንስ ፤ ወኢክ
ሀሉ ፡ መጺአ ፡ በውእቱ ፡ ጊዜ ፡ ኀበ ፡ ሀገረ ፡ ፈዩም ። ወቃአዶስዮስሰ ፡ መ
ኰንን ፡ ሰምዐ ፡ ምጽአቶሙ ፡ ለእስማኤላውያን ፤ ከነ ፡ የሐውር ፡ እመካ
ን ፡ ውስተ ፡ መካን ፡ ከመ ፡ ይርአይ ፡ ዘይከውን ፡ እምእልክቱ ፡ አጽራር ። ወ
እሙንቱሰ ፡ እስማኤላውያን ፡ መጽኡ ፡ ወቀተልዎ ፡ ለሊቀ ፡ ሐራ ፡ ወለኵ
ሎሙ ፡ እለ ፡ ምስሌሁ ፡ ዘእንበለ ፡ ምሕረት ፤ ወበጊዜሃ ፡ አርኀውዋ ፡ ለሀ
ገር ፡ ወኵሉ ፡ ዘወፅአ ፡ ኀቤሆሙ ፡ ይቀትልዎ ፡ ወኢመሀኩ ፡ መነሂ ፡ ኢ
አረጋዌ ፡ ወኢሕፃነ ፡ ወኢአንስተ ። ወመጽኡ ፡ ኀበ ፡ ዮሐንስ ፡ መኰንን ፤

[1] Mss. ወያወፅ″ ፡
[2] A ወተሐጕለ ፡
[3] Mss. እየድዓከሙ ፡
[4] Mss. ወአጽራፊሆሙ ፡
[5] Mss. ይክልእዎሙ ፡
[6] B ምሳልሚን ፡
[7] B ብህንሰ ፡

ወነሥኡ ፡[1] ኵሎ ፡ አፍራሰ ፡ ወተኀብኡ ፡ ውስተ ፡ አዕፃዳት ፡ ወአትክልት ፡ ከመ ፡ ኢያእምርዎሙ ፡ ጸላእቶሙ ፤ ወተንሥኡ ፡ በሌሊት ፡ ወመጽኡ ፡ ኀበ ፡ ፈለግ ፡ ዐቢይ ፡ ዘምስር ፡ በኀበ ፡ አቡይጥ ፡ ከመ ፡ ይድኀኑ ። እስመ ፡ ዝንቱ ፡ ኮነ ፡ እምእግዚአብሔር ። ወርእሰ ፡ ፈያትሰ ፡ ዘኮነ ፡ ምስለ ፡ ኤርምያስ ፡ ነገርዎሙ ፡ ለሐራ ፡ እስላም ፡ በእንተ ፡ ሰብእ ፡ ሮም ፡ ዘተኀብኡ ፤ ወእሙንቱሰ ፡ አኀዝዎሙ ፡ ወቀተልዎሙ ። ወተሰምዐ ፡ ዝንቱ ፡ ነገር ፡ በኀበ ፡ ታአዶስዮስ ፡ መስፍን ፡ ወአንስጣስዮስ ፤ ወእሙንቱሰ ፡ ኮኑ ፡ ርኁቃነ ፡ እምሀገረ ፡ ነቅዩስ ፡ መጠነ ፡ ፲ወ፪ ፡ ምዕራፍ ፤ ወበጊዜሃ ፡ ሖሩ ፡ ኀበ ፡ ቅጽረ ፡ ባቢሎን ፡ ወነበሩ ፡ በህየ ፡ ፈነውዎ ፡ ለሎንድዮስ ፡ መስፍን ፡ ኀበ ፡ ሀገረ ፡ አቡይጥ ። ወኮነ ፡ ውእቱ ፡ ገዚፈ ፡ ሥጋ ፡ ወአልቦቱ ፡ ኀይል ፡ ወኢያአምር ፡[2] ግብረ ፡ ፀብእ ፤ ወሰበ ፡ በጽሐ ፡ ረከበሙ ፡ ለሐራ ፡ ምስር ፡ ወቴዎድሮስ ፡ ይትቃተልዎሙ ፡ ለእስላም ፡ ወኵሎ ፡ ዕለተ ፡ ይመጽኡ ፡ እምሀገረ ፡ ፈዩም ፡ ከመ ፡ ይንሥእዋ ፡ ለሀገር ፤ ወነሥአ ፡ መንፈቀ ፡ ሐራ ፡ ወሖረ ፡ ኀበ ፡ ባቢሎን ፡ ከመ ፡ ይንግሮሙ ፡ ለአጋእዝት ፡ ወመንፈቀ ፡ ሐራ ፡ ሀለዉ ፡ ምስለ ፡ ቴዎድሮስ ። ወቴዎድሮስሰ ፡ ኀሠሠ ፡ በትጋህ ፡ ዐቢይ ፡ ሥጋሁ ፡ ለዮሐንስ ፡ ዘተሰጥመ ፡ በባሕር ፤ ወበብዙኀ ፡ ገዓር ፡ አውፅአ ፡ በመርበብት ፡ ወወደዮ ፡ ውስተ ፡ አስከሬን ፡ ወፈነዎ ፡[3] ኀበ ፡ አጋእዝት ፤ ወአጋእዝትኒ ፡ ፈነውዎ ፡ ኀበ ፡ ሕርቃል ። ወእለ ፡ ሀለዉ ፡ ውስተ ፡ ምስር ፡ ኮኑ ፡[4] የኀሥሡ ፡ ይጸወኑ ፡ ኀበ ፡ ቅጽረ ፡ ባቢሎን ፤ ወዓዲ ፡ ኮኑ ፡ ይጸንሕዎ ፡ ለቴዎድሮስ ፡ መኰንን ፡ ከመ ፡ ይኀበሩ ፡ ለተቃትሎተ ፡ እስማኤላውያን ፡ እምቅድመ ፡ ይዕርግ ፡ ማየ ፡ ፈለግ ፡ ወይከውን ፡ ዘመነ ፡ ዘርእ ፡ ወኢይክሉ ፡ ተፃብኦ ፡ ከመ ፡[5] ኢይትሀጎል ፡ ዘርአሙ ፡ ከመ ፡ ኢይሙቱ ፡ በረኃብ ፡[6] ምስለ ፡ ደቂቆሙ ፡ ወእንስሳሆሙ ።[7]

ክፍል ፡ ፻፳ወ፩ ።[8] ወዓዲ ፡ በእንተ ፡ ውዴተ ፡ ንጉሥ ፡ ኮነ ፡ ነጐርጓር ፡ ዐቢይ ፡ ማእከለ ፡ ቴዎድሮስ ፡ ሊቅ ፡ ወአጋእዝት ። ወቴዎዶስዮስ ፡ ወአንስጣትዮስ ፡ ወፅኡ ፡ ኵሎሙ ፡ ኀበ ፡ ሀገረ ፡ አውን ፡ እንዘ ፡ ይዌዕኑ ፡ አፍራሰ ፡ ምስለ ፡ ብዙኀ ፡ አጋር ፡[9] ከመ ፡ ይፃብእዎ ፡ ለአመር ፡ ወልደ ፡ እልዓ

[1] Mss. ወነሥአ ፡
[2] Mss. ወኢየምር ፡
[3] Mss. ወፈነውዎ ፡
[4] Mss. ኮነ ፡
[5] Mss. ወከመ ፡
[6] B በረብ ፡
[7] A ወእንሳሳሆሙ ፡, B ወአንስሳሆሙ ፡
[8] A ፻፳፩ ፡, B ፻፳ ፡
[9] Mss. እግር ፡

ዕ ። [1] ወእስላምሰ ፡ ኢከኑ ፡ ያአምርዋ ፡ [2] ለሀገረ ፡ ምስር ፡ ቅድመ ። ወኀደ ግዎን ፡ ለአህጉራት ፡ ጽኑዓት ፡ ወመጽኡ ፡ ኀበ ፡ መካን ፡ ዘይሰመይ ፡ ጥን ዱንያስ ፡ ወሖሩ ፡ በአሕማር ፡ ውስተ ፡ ፈለግ ። ወከነ ፡ እመር ፡ በትግሀት ፡ ዐቢይ ፡ ወበኀልዮ ፡ ጽኑዕ ፡ ይነሥአ ፡ [3] ለሀገረ ፡ ምስር ። ወከነ ፡ ትኩዘ ፡ ልብ ፡ በእንተ ፡ ተፈልጠቱ ፡ እምሐራ ፡ እስላም ፡ ወከኑ ፡ ክፉላን ፡ ኀበ ፡ ክልኤ ፡ ክፍል ፡ በምሥራቀ ፡ ፈለግ ፡ ወሖሩ ፡ ኀበ ፡ ሀገር ፡ ዘትሰመይ ፡ አይንሼምስ ፡ እንተ ፡ ይእቲ ፡ አውን ፡ ዘከነት ፡ መልዕልተ ፡ ደብር ። ወእ መርሰ ፡ ወልደ ፡ እልዓጽ ፡ ፈነወ ፡ መጽሐፈ ፡ መልእክት ፡ ኀበ ፡ እመር ፡ ወልደ ፡ እልኸጣብ ፡ [4] በሀገረ ፡ ፍልስጥኤም ፡ እንዘ ፡ ይብል ፤ እመ ፡ ኢፈነ ውከ ፡ ረድኤተ ፡ እምእስላም ፡ ኢይክል ፡ ነሢኦታ ፡ ለምስር ። ወውእቱ ፡ ፈነወ ፡ ሎቱ ፡ ፵፻ ፡ ፀባኢተ ፡ እስላም ፤ ወመኰንኖሙ ፡ ስሙ ፡ ወልዋርያ ፡ ውእቱ ፡ ከነ ፡ እምዘመደ ፡ በርበር ። ወከፈሎሙ ፡ ለመስተፃብኣን ፡ እለ ፡ ምስሌሁ ፡ ኀበ ፡ ፫ ፡ ክፍል ፤ ፩ ፡ [5] ክፍል ፡ እምኔሆሙ ፡ ረሰዮ ፡ ኀበ ፡ ጥን ዱንያስ ፤ ወክፍል ፡ ካልእ ፡ ረሰዮ ፡ ኀበ ፡ ደቡባ ፡ ለባቢሎን ፡ ዘምስር ፤ [6] ወ ውእቱኒ ፡ አስተዳለወ ፡ ምስለ ፡ ፩ ፡ [7] ክፍል ፡ ኀበ ፡ ሀገረ ፡ አውን ፤ ወአዘዞ ሙ ፡ ከመ ፡ ወይቤሎሙ ፤ ርእዩ ፡ ለእመ ፡ ወፅአ ፡ ፀብአ ፡ ሮም ፡ ለተቃ ትሎትነ ፡ ተንሥኡ ፡ አንትሙ ፡ ድኅሬሆሙ ፡ ወንሕነ ፡ ዓዲ ፡ ንከውን ፡ እምቅድሜሆሙ ፡ ወናበውኦሙ ፡ ማእከሌነ ፡ ወንቀትሎሙ ። ወሶበ ፡ ወ ፅኡ ፡ ሐራ ፡ ሮም ፡ እምቅጽር ፡ ዘእንበለ ፡ ያእምሩ ፡ ከመ ፡ ይፅብእዎሙ ፡ ለእስላም ፡ ወእምዝ ፡ መጽኡ ፡ እሉ ፡ እስላም ፡ እምድኅሬሆሙ ፡ በከመ ፡ ተማከሩ ፡ ወከነ ፡ ቀትል ፡ ዐቢይ ፡ ማእከሌሆሙ ፤ ወሶበ ፡ ተባዝኀ ፡ [8] እስ ላም ፡ ላዕሌሆሙ ፡ ጐዩ ፡ ሐራ ፡ ሮም ፡ ወሖሩ ፡ በአሕማር ። ወፀባኢተ ፡ እስላምሰ ፡ አኀዝዎ ፡ ለሀገረ ፡ ጥንዱንያስ ፤ እስመ ፡ ኀልቁ ፡ ሐራ ፡ እለ ፡ ውስቴታ ፡ ወኢተርፉ ፡ ዘእንበለ ፡ ፫፻ ፡ ሐራ ፤ ወእሉኒ ፡ ጐዩ ፡ ወቦኡ ፡ ውስተ ፡ ቅጽር ፡ ወዐፀዉ ፡ አናቅጸ ፡ ላዕሌሆሙ ፤ ወሶበ ፡ ርእይዎ ፡ ለዝ ንቱ ፡ ቀትል ፡ ዐቢይ ፡ ዘከነ ፡ ፈርሁ ፡ ወጐዩ ፡ ውስተ ፡ አሕማር ፡ ኀበ ፡ ነ ቅዩስ ፡ በብዙኅ ፡ ኀዘን ፡ ወትካዝ ። ወሶበ ፡ ሰምዐ ፡ ልምንድዮስ ፡ ዘሀገረ ፡ [9] ፈዩም ፡ ዘንተ ፡ ተንሥአ ፡ በሌሊት ፡ ዘእንበለ ፡ ይንግሮሙ ፡ ለሰብአ ፡ ቦይ

[1] Mss. እልዓዐድ ፡
[2] Mss. የአምርዋ ፡
[3] Mss. ይነሥአ ፡
[4] Mss. እኸጣብ ፡
[5] Mss. ፪ ፡
[6] Mss. ለባቢሎን ፡ ምስር ፡
[7] Mss. ፪ ፡
[8] A ተበዝኀ ፡
[9] Mss. ሀገረ ፡

ጥ ፡ ከመ ፡ ውእቱ ፡ ይጐይይ ፡ እምእስላም ፤ ወሖሩ ፡ በሐመር ፡ ኀበ ፡ ንቅዩስ ። ወሰበ ፡ አእመሩ ፡ እስላም ፡ ከመ ፡ ጐየ ፡[1] ደምንድያኖስ ፡ ሖሩ ፡ በፍሥሓ ፡[2] ወአኀዝዋ ፡ ለሀገረ ፡ ፈዩም ፡ ወበይጥ ፡[3] ወከዐዉ ፡ ደመ ፡ ብዙኀ ፡ በህየ ።

ክፍል ፡ ፻፲ወ፫ ።[4] ወእስላምሰ ፡ ሶበ ፡ አኀዝዋ ፡ ለፈዩም ፡ ምስለ ፡ ኵሉ ፡ አድያሚሃ ፡ ፈነወ ፡ እመር ፡ ኀበ ፡ አባኪሪ ፡ ዘሀገረ ፡ ድላስ ፡ ከመ ፡ ያምጽአሙ ፡ ለአሕማረ ፡ ሪፍ ፡ ከመ ፡ ያዕድዎሙ ፡ ለእስማኤላውያን ፡ እለ ፡ ሀለዉ ፡ በምዕራብ ፡ ፈለግ ፡ ኀበ ፡ ምሥራቅ ፤ ወአስተጋብአሙ ፡ ለኵሎሙ ፡ ሐራ ፡ ኀቤሁ ፡ ከመ ፡ ይግበር ፡ ፀብአ ፡ ብዙኀ ። ወፈነወ ፡ ኀበ ፡ ጊዮርጊስ ፡ ሥዩም ፡ ከመ ፡ ይግበር ፡ ሎቱ ፡ ቀንጠራ ፡ በኀበ ፡ ፈለግ ፡ ዘሀገረ ፡ ቀልዩብ ፡ ከመ ፡ ይንሣእ ፡ ኵሎ ፡ አህጉራተ ፡ ምስር ፡ ወሀገረ ፡ አትሪብኒ ፡ ዓዲ ፡ ወኵርዲስ ። ወአኀዙ ፡ ከመ ፡ ይትራድእዎሙ ፡ ለእስላም ። ወአኀዝዎን ፡ ለሀገረ ፡ አትሪብ ፡ ወለምኑፍ ፡ ወለኵሉ ፡ አድያሚሆን ። ወዓዲ ፡ ገብረ ፡ ድልድይ ፡ ዐቢየ ፡[5] ውስተ ፡ ፈለግ ፡ በኀበ ፡ ባቢሎን ፡ ዘምስር ፡ ከመ ፡ ኢይኅልፉ ፡ አሕማር ፡ ኀበ ፡ ንቅዩስ ፡ ወእስክንድርያ ፡ ወላዕላይ ፡ ግብጽ ፡ ወከመ ፡ ይዕድዉ ፡ አፍራስ ፡ እንበለ ፡ ድካም ፡ እምዕራብ ፡ ፈለግ ፡ ኀበ ፡ ምሥራቅ ። ወቀነይዋ ፡ ለኵላ ፡ ሀገረ ፡ ምስር ። ወእመርሰ ፡[6] ኢአከሎ ፡ ዘገብረ ፡ ዳእሙ ፡ አኀዘሙ ፡ ለመኳንንተ ፡ ሮም ፡ ወአሰረ ፡ እደዊሆሙ ፡ ወእገሪሆሙ ፡ በመዋቅሕተ ፡[7] ሐፂን ፡ ወዕፅ ፤ ወበርበረ ፡ ብዙኀ ፡ ንዋየ ፡ በኀይል ፡ ወአመክዐበ ፡ ግብረ ፡ ጻባሕት ፡ በመስተገብራን ፡ ወከነ ፡ የዐብጦሙ ፡ ከመ ፡ ይጹሩ ፡ እክለ ፡ አፍራሲሆሙ ፤ ወገብረ ፡ እኩያተ ፡ ብዙኃተ ፡ ዘኢይትኄለቍ ።[8] ወእለሰ ፡ ሀለዉ ፡ በሀገረ ፡ ንቅዩስ ፡ እምአጋእዝት ፡ ጐዩ ፡ ወሖሩ ፡ ኀበ ፡ ሀገረ ፡ እስክንድርያ ፡ ወኀደግዎ ፡ ለድምንድዮስ ፡ ምስለ ፡ ንስቲት ፡ ሐራ ፡ ከመ ፡ ይዕቀባ ፡ ለሀገር ፤ ወፈነዉ ፡ ዓዲ ፡ ኀበ ፡ ዳርስ ፡ ርእሰ ፡ መኳንንት ፡ ዘሀገረ ፡ ሰምኑድ ፡ ከመ ፡ ይዕቀቦሙ ፡ ለ፪ ፡ አፍላጋት ። ወእምድኅረዝ ፡ ከነ ፡ ፍርሃት ፡ ውስተ ፡ ኵላ ፡ አህጉራተ ፡ ምስር ፡ ወከኑ ፡ ኵሉ ፡ ሰብአ ፡ ሀገር ፡ ይጐይዩ ፡ ወይበውኡ ፡ ኀበ ፡ ሀገረ ፡ እስክንድርያ ፡ ወመነኑ ፡ ኵሎ ፡ ንዋያቲሆሙ ፡ ወመዛግብቲሆሙ ፡ ወእንስሳሆሙ ።

[1] B ጐዩ ፡
[2] Mss. በፍሥሐ ፡
[3] B ወበይዋ ፡
[4] Mss. ፻፲፩ ፡
[5] Mss. ዓቢይ ፡
[6] A ወእመርስ ፡
[7] A በመዋቅሕት ፡
[8] A "ቍ ፡

ክፍል ፡ ፻፲ወ፱ ። [1] ወሰበ ፡ መጽኡ ፡ እልክቱ ፡ ምስልማን ፡ ምስራውያን ፡ እለ ፡ ክሕዱ ፡ ሃይማኖተ ፡ ክርስትና ፡ ወኀብሩ ፡ በሃይማኖቱ ፡ ለውእቱ ፡ አርዌ ፡ ወምስልምሰ ፡ ጌወዉ ፡ [2] ኵሎ ፡ ንዋያቲሆሙ ፡ ለእለ ፡ ጐዩ ፡ ክርስቲያን ፡ ወኮኑ ፡ ይሰምይዎሙ ፡ ለአግብርተ ፡ ክርስቶስ ፡ አጽራረ ፡ እግዚአብሔር ። ወእመርሂ ፡ ኀደገ ፡ ብዙኀ ፡ እምእሊአሁ ፡ ውስተ ፡ ቅጽረ ፡ ባቢሎን ፡ ዘምስር ፡ ወሖረ ፡ ውእቱኒ ፡ ውስተ ፡ ምሥራቅ ፡ ኀበ ፡ ቴዎድሮስ ፡ መኰንን ፡ መንገለ ፡ ክልኤ ፡ አፍላግ ። ወፈነዎሙ ፡ ለይቅበሬ ፡ ወለሰትፉሬ ፡ ከመ ፡ የአኀዝዋ ፡ ለሀገረ ፡ ሰምኑድ ፡ ከመ ፡ ይትቃተሉ ፡ ምስለ ፡ እስላም ። ወሰበ ፡ በጽሑ ፡ ኀበ ፡ ጉባኤ ፡ አሕዛብ ፡ አበዩ ፡ ኵሎሙ ፡ አሕዛብ ፡ ተፃብአተ ፡ እስላም ። ወእሙንቱሰ ፡ ገብሩ ፡ ፀብአ ፡ ወቀተሉ ፡ ብዙኀ ፡ እምእስላም ፡ እለ ፡ ኮኑ ፡ ምስሌሆሙ ። ወእስላምሰ ፡ ኢክህሉ ፡ ገቢረ ፡ እከይ ፡ ለአህጉራት ፡ እለ ፡ ሀለዉ ፡ በክልኤ ፡ አፍላግ ፡ እስመ ፡ ከኖሙ ፡ ማይ ፡ አረፍተ ፡ ወኢክህሉ ፡ አፍራስ ፡ ይባኡ ፡ ውስቴታ ፡ በእንተ ፡ ብዝኀ ፡ ማያት ፡ ዘየዐውድዎሙ ፤ ወኀደግዎሙ ፡ ወሖሩ ፡ ኀበ ፡ ሀገረ ፡ ሪፍ ፡ ወመጽኡ ፡ ኀበ ፡ ሀገረ ፡ ቡዊር ። ወአጽንዕዋ ፡ ለሀገር ፡ ወለፍኖዋት ፡ እለ ፡ አኀዝዎሙ ፡ ቅድመ ። ወበውእቱ ፡ መዋዕል ፡ መጽአ ፡ ቴዎድሮስ ፡ መኰንን ፡ ኀበ ፡ ከላጂ ፡ ወሰአሎ ፡ ወይቤሎ ፤ ተመየጥ ፡ አንተኒ ፡ ኀቤነ ፡ ወተመየጥ ፡ ኀበ ፡ ሮም ። ወከላጂኒ ፡ ወሀበ ፡ ለቴዎድሮስ ፡ ብዙኀ ፡ ንዋየ ፡ ፈሪሆ ፡ ከመ ፡ ኢይቅትልዎሙ ፡ ለእሙ ፡ ወለብእሲቱ ፤ ሀለዉ ፡ ተኃቢኦሙ ፡ በእለ ፡ እስክንድርያ ። ወቴዎድሮስ ፡ መኰንን ፡ አሠነየ ፡ ልበ ፡ ለከላጂ ፤ ወውእቱኒ ፡ ተንሥአ ፡ በሌሊት ፡ እንዘ ፡ ንዉማን ፡ እስላም ፡ አንዘ ፡ የሐውር ፡ በእግሩ ፡ ምስለ ፡ እሊአሁ ፡ ወበጽሐ ፡ ኀበ ፡ ቴዎድሮስ ፡ መኰንን ፡ ወእምህየ ፡ ሖረ ፡ ሀገረ ፡ ንቅዩስ ፡ ወኀብረ ፡ ምስለ ፡ ድምንድያኖስ ፡ ለተፃብአተ ፡ እስላም ። ወእምድኅረዝ ፡ ኀለየ ፡ ኀሊና ፡ ሠናየ ፡ ሰብንዲስ ፡ [3] ወጐየ ፡ እምእደ ፡ እስላም ፡ በሌሊት ፤ ወሖረ ፡ ኀበ ፡ ሀገረ ፡ ድምያጥ ፡ ኀበ ፡ ዮሐንስ ፡ መስፍን ፤ ወውእቱኒ ፡ ፈነዎ ፡ ኀበ ፡ ሀገረ ፡ እስክንድርያ ፡ ምስለ ፡ መጽሐፈ ፡ መልእክት ። [ወመጽአ ፡][4] እንዘ ፡ ይትአመን ፡ ኀጢአቶ ፡ በኀበ ፡ አጋእዝት ፡ ምስለ ፡ ብዙኅ ፡ አንብዕ ፡ እንዘ ፡ ይብል ፡ ከመዝ ፤ ዝንቱ ፡ ግብር ፡ ዘገበርኩ ፡ በእንተ ፡ ጽፍዐት ፡ ወኀሣር ፡ ዘረከበኒ ፡ እምዮሐንስ ፡ ዘእንበለ ፡ ኀፍረት ፡ እምድኅረ ፡ ርሥአን ፤ በእንተዝ ፡ ኀበርኩ ፡ ምስለ ፡ እስላም ፤ ቅድመሰ ፡ ፃመውኩ ፡ ብዙኀ ፡ ምስለ ፡ ሮም ።

[1] Mss. ፻፳ወ፱ ፡

[2] Mss. ጌወወ ፡

[3] B ሰበንዲስ ፡

[4] Manque dans les deux mss.

ክፍል ፡ ፻፲ወ፰ ።[1] ወእመርሰ ፡ ሊቀ ፡ እስላም ፡ ነበረ ፡ ፲ወ፱ ፡ ዓመተ ፡ እንዘ ፡ ይጸብእሙ ፡ ለመሲሓውያን ፡[2] ዘሀለዉ ፡ በደቡበ ፡ ምስር ፡ ወኢክህለ ፡ አርኅዎተ ፡ ሀገሮሙ ። ወበ፲ወ፰ ፡ ዓመት ፡ እምነ ፡ ቀመር ፡ አመ ፡ ኮነ ፡ ሐጋየ ፡ ሖረ ፡ ኀበ ፡ ሀገረ ፡ ሰካ ፡ ወኑኑ ፡ ዱምጸይ ፡ እንዘ ፡ ይትመዓዕ ፡ ለቀቲሎቶሙ ፡ ለምስራውያን ፡ እምቅድመ ፡ ይምላእ ፡ ማየ ፡ ፈለግ ፤ ወኢክህለ ፡ ይግበር ፡ ቦሙ ፡ እኩየ ። ወበሀገረ ፡ ድምያጥ ፡ ዓዲ ፡ ኢተወክፍዎ ፡[3] ወፈቀደ ፡ ከመ ፡ ያውዒ ፡ አዝርእቲሆሙ ፡ በእሳት ። ወአኀዘ ፡ ይሑር ፡ ኀበ ፡ ሐራሁ ፡ ዘሀለዉ ፡ በቅጽረ ፡ ባቢሎን ፡ ዘምስር ፤ ወወሀቦሙ ፡ ኵሎ ፡ ምህርካ ፡ ዘነሥአ ፡ እምሀገረ ፡ እስክንድርያ ። ወነሠተ ፡ አብያቲሆሙ ፡ ለእስክንድራውያን ፡ እለ ፡ ጐዩ ፡ ወነሥአ ፡ አዕፃዊቲሆሙ ፡ ወሐፂኖሙ ፡ ወአዘዘ ፡ ከመ ፡ ይሕንጹ ፡ ፍኖተ ፡ እምቅጽረ ፡ ባቢሎን ፡ እስከ ፡ ያበጽሕዎ ፡ ኀበ ፡ ይእቲ ፡ ሀገር ፡ ዘክልኤ ፡ አፍላግ ፡ ከመ ፡ ያውዕይዋ ፡ ለይእቲ ፡ ሀገር ፡ በእሳት ። ወሰበ ፡ ሰምዑ ፡ ሰብእ ፡ ይእቲ ፡ ሀገር ፡ ነሥኡ ፡ ንዋያቲሆሙ ፡ ወጐዩ ፡ ወኀደጉ ፡ ሀገሮሙ ፡ በድው ። ወእስላምሰ ፡ አውዐይዋ ፡[4] ለይእቲ ፡ ሀገር ፡ በእሳት ፤ ወሰብእ ፡ ይእቲ ፡ ሀገር ፡ ይመጽኡ ፡ በሌሊት ፡ ወያጠፍእዋ ፡ ለእሳት ። ወእስላምሰ ፡ ሖሩ ፡ ኀበ ፡ ካልኣት ፡[5] አህጉራት ፡ ከመ ፡ ይጽብእዎሙ ፡ ወማህረኩ ፡ ንዋዮሙ ፡ ለግብጻውያን ፡ ወገብሩ ፡ እኩየ ፡ ላዕሌሆሙ ። ወቴዎድሮስሰ ፡ መኰንን ፡ ወሉምንድዩስ ፡ ኢክህሉ ፡ ከመ ፡ ይግበሩ ፡ እኩየ ፡ በሰብእ ፡ ሀገር ፡ በእንተ ፡ እስላም ፡ ዘኮነ ፡ በማእከሎሙ ። ወእመርሰ ፡ ኀደጋ ፡ ለሀገረ ፡ ባሕርይ ፡ ዘምስር ፡ ወሖረ ፡ ኀበ ፡ ሪፍ ፡ ከመ ፡ ይፅብእሙ ፡ ፈነወ ፡ ኅዳጣነ ፡ እስላመ ፡ ኀበ ፡ ሀገረ ፡ እንጽና ። ወሰበ ፡ ርእዩ ፡ እስላም ፡ ድካሞሙ ፡ ለሮም ፡ ወጽልእሙ ፡ ምስለ ፡ ንጉሥ ፡ ሕርቃል ፡ በእንተ ፡ ስደት ፡ ዘገብረ ፡ ውስተ ፡ ኵላ ፡ ሀገረ ፡ ምስር ፡ በእንተ ፡ ሃይማኖት ፡ ርትዕት ፡ በምክንያተ ፡ ኪርስ ፡ ባባ ፡ ኬልቄዶናዊ ፡ ተኀየሉ ፡ ወጸንዑ ፡ በፀብእ ። ወሰብእ ፡ ሀገርሰ ፡ ተማከሩ ፡ ምስለ ፡ ዮሐንስ ፡ ሥዩሞሙ ፡ ከመ ፡ ይፅብእዎሙ ፡ ለእስላም ፤ ወውእቱሰ ፡ አበየ ፡[6] ወተንሥአ ፡ በፍጡን ፡ ምስለ ፡ ሐራሁ ፡ ወአስተጋብአ ፡ ኵሎ ፡ ንዋየ ፡ ጸባሕት ፡[7] እምሀገር ፡ ወሖረ ፡ ኀበ ፡ ሀገረ ፡ እስክንድርያ ፤ እስመ ፡ አእመረ ፡ ከመ ፡ ኢይክል ፡ ተቃውሞቶሙ ፡[8] ለእስላም ፡ ወከመ ፡ ኢይርከበ ፡ በከመ ፡ ረከቦሙ ፡ ለሰብእ ፡

[1] Mss. ፻፳፫ ፡
[2] Mss. ለመሲሐ" ፡
[3] Mss. ኢተወክፈቶ ፡
[4] A ዓውአይዋ ፡, B ዓውዓይዋ ፡
[5] Mss. ካልእት ፡
[6] Mss. ዓቢየ ፡
[7] A ጸባሕተ ፡
[8] A ተቃወሞቶሙ ፡

ፈዩም ፤ እስመ ፡ ኵሎሙ ፡ ሰብአ ፡ ሀገር ፡ ገረሩ ፡ ለእስላም ፡ ወወሀብዎ ፡ ጸባሕተ ፤ ወኵሎ ፡ ዘረከብዎሙ ፡[1] እምሐራ ፡ ሮም ፡ ከኑ ፡ ይቀትልዎሙ ። ወሀለዉ ፡ ሐራ ፡ ሮም ፡ በ፩ ፡ ቅጽር ፤ ወዐገትዎሙ ፡ እስላም ፡ ወነሥኡ ፡ መንገኒቃቲሆሙ ፡ ወአንኀሉ ፡ ማኅፈዳቲሆሙ ፡ ወአውፅእዎሙ ፡ እምቅጽር ። ወአጽንዕዎ ፡ ለቅጽረ ፡ ባቢሎን ፡ ወነሥእዋ ፡ ለሀገረ ፡ ኒቅዩስ ፡ ወጸንዑ ፡ ውስቴታ ።

ክፍል ፡ ፻፲ወ፰ ።[2] ወሕርቃልሰ ፡ ከነ ፡ ሕዙነ ፡ ልብ ፡ በእንተ ፡ ሞቱ ፡ ለዮሐንስ ፡ ርእሰ ፡ አሕዛብ ፡ ወዮሐንስ ፡ መስፍን ፡ ዘቀተልዎሙ ፡ እስላም ፤ ወበእንተ ፡ ተመውአቶሙ ፡ ለሮም ፡ እለ ፡ ሀለዉ ፡ ውስተ ፡ ሀገረ ፡ ምስር ። ወበትእዛዘ ፡ እግዚአብሔር ፡ ዘይነሥእ ፡ መሳፍንቲሆሙ ፡[3] ወመኳንንቲሆሙ ፡[4] ወኀያል ፡ በኀበ ፡ ነገሥት ፡ ሐመ ፡ ሕርቃል ፡ በሕማመ ፡ ፈጸንት ፡ ወሞተ ፡ በ፴ወ፩ ፡ ዓመተ ፡ መንግሥቱ ፡ በወርኀ ፡ የካቲት ፡ ዘግብጻውያን ፡ ወበአውራኀ ፡ ሮም ፡ ፍርዋሪዩስ ፡ በ፲ወ፬ ፡ ዑደተ ፡ ቀመር ፡ በ፫፻፶ወ፯ ፡ እምዓመተ ፡ ዱቅልጥያኖስ ። ወከኑ ፡ ሰብእ ፡ ይብሉ ፤[5] ሞቱሰ ፡ ለሕርቃል ፡ ከነ ፡ በምክንያተ ፡ ሐቲመ ፡ ወርቅ ፡ በዲናር ፡ መልክአ ፡ ፫ ፡ ነገሥት ፡ ዘውእቱ ፡ ፩ ፡ መልክኡ ፡ ወ፪ ፡ መልክአ ፡ ደቂቁ ፡ ፩ ፡ በየማኑ ፡ ወ፩ ፡ በጸጋሙ ፡ ወኢረከቡ ፡ መካነ ፡ ኀበ ፡ ይጽሐፉ ፡ ስመ ፡ መንግሥተ ፡ ሮም ፤ ወእምድኅረ ፡ ሞቱ ፡ ለሕርቃል ፡ ደምሰስዎሙ ፡ ለእሉ ፡ ፫ ፡ መልክአት ። ወሶበ ፡ ሞተ ፡ ሕርቃል ፡ ዘየዐቢ ፡ ኀደገ ፡ ኪርስ ፡ ሊቀ ፡ ጳጳሳት ፡ ሀቍስጥንጥንያ ፡ [ወለተ ፡][6] እኅቱ ፡ መርቲና ፡[7] ወደቂቃ ፡ ወሰመዮ ፡ ለቈስጠንጢን ፡ ዘተወልደ ፡ እምአውጣኪያ ፡ ንግሥት ፡ ወረሰዮ ፡ ርእሰ ፡ መንግሥት ፡ ድኅረ ፡ አቡሁ ። ወለክልኤቱ ፡ ነገሥት ፡ አንበርዎሙ ፡ በዕበይ ፡ ወበክብር ። ወዳዊትሰ ፡ ወመርዲኖስ ፡ አኀዝዎ ፡ ለኪርስ ፡ ባባ ፡ ሮሜ ፡ ኬልቄዶናዊ ፡ ወሰደድዎ ፡ ኀበ ፡ አሐቲ ፡ ደሴት ፡ ዘምዕራበ ፡ ሀገረ ፡ አፍራቅያ ፡ እንዘ ፡ ኢያአምር ፡[8] መኑ ፡ ዘተሰልጠ ፤ እስመ ፡ አልቦ ፡ ዘይወድቅ ፡ እምቃለ ፡ ቅዱሳን ፤ ወከነ ፡ በከመ ፡ ጸሐፈ ፡ ሳዊሮስ ፡ ዐቢይ ፡ ሊቀ ፡ ጳጳሳት ፡ ዘአንጾኪያ ፡ ኀበ ፡ በጥሪቃ ፡ ቂሳርያ ፡[9] እንዘ ፡ ይብል ፤ አልቦ ፡ እምውሉደ ፡[10]

[1] Mss. ዘረከበሙ ፡
[2] Mss. ፻፳ወ፱ ፡
[3] A *sec. man.*, B መናፍስቲሆሙ ፡
[4] Mss. ለመኳ" ፡
[5] A ይቤሉ ፡
[6] Manque dans les deux mss.
[7] Mss. መርቂና ፡
[8] Mss. ኢየአምር ፡
[9] Mss. ዘቂሳርያ ፡
[10] A እምውሉድ ፡, B እምሉድ ፡

ነገሥተ ፡ ሮም ፡ ዘይነብር ፡ ዲበ ፡ መንበረ ፡ አቡሁ ፡ በአምጣነ ፡ ሀሎ ፡ ሥ
ሉጠ ፡ ማኅበረ ፡ ኬልቄዶናውያን ፡ ውስተ ፡ ዓለም ። ወቈስጠንጢኖስሰ ፡[1]
ወልደ ፡ ሕርቃል ፡ ድኅረ ፡ ነግሠ ፡ አስተጋብአ ፡ ብዙኃ ፡ አሕማረ ፡ ወወሀ
በሙ ፡ ለኪርዩስ ፡ ወሰላክርዩስ ፡ ወፈነዎሙ ፡ ለኪርስ ፡ ባባ ፡ ከመ ፡ ያምጽ
እዎ ፡ ኀቤሁ ፡ ወይትማከር ፡ ምስሌሁ ። [...] ወየሀብ ፡ ጸባሕተ ፡ ለእስላም ፤
ወለእመ ፡ ከነ ፡ ይክል ፡ ተፃብአቶቱ ፡ ወሚመ ፡ ኢይክል ፡ ወይኩን ፡ ተራክበ
ቱ ፡ በሀገረ ፡[2] መንግሥት ፡ በበዓለ ፡ ትንሣኤ ፡ ቅድስት ፡ ወይኅበሩ ፡ ኵሎ
ሙ ፡ ሰብአ ፡ ቍስጥንጥንያ ፡ ወይግበሩ ፡ ዘንተ ፡ ግብረ ። ወእምዝ ፡ ፈነወ ፡
ኀበ ፡ አንስጣትዮስ ፡ ከመ ፡ ይምጻእ ፡ ኀቤሁ ፡ ወይኅድጎ ፡ ለቴዎድሮስ ፡
ለዐቂበ ፡[3] ሀገረ ፡ እስክንድርያ ፡ ወለአህጉራት ፡ እለ ፡ ሀለዉ ፡ ኀበ ፡ ሐይቀ ፡
ባሕር ፤ ወአስፈዎ ፡ ለቴዎድሮስ ፡ ከመ ፡ ይፈኑ ፡ሎቱ ፡ ብዙኃ ፡ ሠራዊተ ፡
በዘመነ ፡ ሐጋይ ፡ ከመ ፡ ይጽብእዎሙ ፡ ለእስላም ። ወሶበ ፡ አስተዳለዉ ፡
አሕማረ ፡ በትእዛዘ ፡ ንጉሥ ፡ ለሐዊር ፡ ወንጉሥሰ ፡ ቈስጠንጥዩስ ፡ ወድቀ ፡
በጊዜሃ ፡ ወረከበ ፡ ሕማም ፡ ጽኑዕ ፡ ወቄዐ ፡ ደመ ፡ እምአፉሁ ፡ ወሶበ ፡ ኀ
ልቀ ፡ ውእቱ ፡ ደም ፡ ሞተ ፡ በጊዜሃ ። ወነበረ ፡ ፯ ፡ ዕለተ ፡ በዝንቱ ፡ ሕ
ማም ፡ ወዝውእቱ ፡ መዋዕለ ፡ መንግሥቱ ፡ ዘነግሠ ፡ ድኅረ ፡ አቡሁ ፡ ሕር
ቃል ። ወከኑ ፡ ይሰለቅዎ ፡ ለሕርቃል ፡ ንጉሥ ፡ ወለወልዱ ፡ ቍስጥንጥን
ዩስ ። ወሰብአ ፡ ገናንያኒ ፡ ተጋብኡ ፡ ውስተ ፡ ቤተ ፡ ክርስቲያኖሙ ፡ ዘሀለ
ወት ፡ በሀገረ ፡ ደፋሽር ፡ በኀበ ፡ ቀንጠራ ፡ ዘቅዱስ ፡ ጴጥሮስ ፡ ሐዋርያ ፤
ወከነ ፡ ኪሮስ ፡ ባባ ፡ ማህረከ ፡[4] ብዙኃ ፡ ንዋየ ፡ ቤተ ፡ ክርስቲያናት ፡ በዘ
መነ ፡ ስደት ፡[5] ዘእንበለ ፡ ትእዛዘ ፡ መኳንንት ። ወሶበ ፡ ፈቀዱ ፡ ሰብአ ፡
ገናንያ ፡ ከመ ፡ ያልዕሉ ፡ እደዊሆሙ ፡ ኀበ ፡ ኪርስ ፡ ባባ ፡ ወበጊዜሃ ፡ አእ
መረ ፡ አውዶክያኖስ ፡ እኁሁ ፡ ለዱምንድያኖስ ፡[6] ሥዩም ፡ ፈነወ ፡ ኀቤሆ
ሙ ፡ ሐራ ፡ ከመ ፡ ይንድፍዎሙ ፡ በሐፅ ፡ ወይክልእዎሙ ፡ ገቢረ ፡ ፈቃዶ
ሙ ፤ ወበ ፡ እምኔሆሙ ፡ ዘዘበጥዎሙ ፡ እስከ ፡ ለሞት ፡ ወለክልኤሰ ፡ መተ
ሩ ፡ እደዊሆሙ ፡ ዘእንበለ ፡ ፍትሕ ፤ ወከነ ፡ ይጸርኅ ፡ ቃለ ፡ ዐዋዲ ፡ ውስ
ተ ፡ ሀገር ፡ ወይብል ፤ ኵሉ ፡ ሰብእ ፡ እምኔከሙ ፡ ይሑር ፡ ውስተ ፡ ቤተ ፡
ክርስቲያኑ ፡ ወኢይግበር ፡ መኑሂ ፡ ላዕለ ፡ ካልኡ ፡ ዘእንበለ ፡ ሕግ ፡ እኩየ ።
ዳእሙ ፡ እግዚአብሔር ፡ ዘየዐቅባ ፡ ለጽድቅ ፡ ኢተሀየዮ ፡[7] ለዓለም ፡ ወገብ

[1] A ″ኖስ ፡
[2] A በሀረ ፡
[3] A ለቴዎሮስ ፡ ከመ ፡ ለዓቂበ ፡
[4] Mss. ወማኅረከ ፡
[5] A ስድት ፡
[6] A ለዱምንድንዮስ ፡
[7] Mss. ኢተሐየየ ፡

ረ ፡ ፍትሐ ፡ ለግፉዓን ፡ ወኢተሣሀሎሙ ፡[1] በእንተ ፡ ዘተሐበሉ ፡ ላዕሌሁ ፡ ወአግብአሙ ፡ ውስተ ፡ እደ ፡ እስማኤላውያን ፨ ወእምዝ ፡ ትንሥኡ ፡ እስላም ፡ ወፄወውዋ ፡[2] ለኵላ ፡ ሀገረ ፡ ምስር ። ወእምድኅረ ፡ ሞተ ፡ ሕርቃል ፡ ወበተመይጦቱ ፡ ለኪርስ ፡ ባባ ፡ ኢንደገ ፡ መዓተ ፡ ወሰደተ ፡ ላዕለ ፡ ሕዝበ ፡ እግዚአብሔር ፡ ወዳእሙ ፡ ኮነ ፡ ይዌስክ ፡ እከየ ፡ በዲበ ፡ እከይ ።

ክፍል ፡ ፻፲ወ፯ ።[3] ወእመርሰ ፡ ርእሰ ፡ ሐራ ፡ እስላም ፡ ነበረ ፡ አፍአ ፡ ቅጽረ ፡ ባቢሎን ፡ ወዐገቶሙ ፡ ለሐራ ፡ እለ ፡ ሀለዉ ፡ ውስቴቱ ። ወውእቶሙሰ ፡ ነሥኡ ፡ ቃለ ፡ እምኀቤሁ ፡ ከመ ፡ ኢይቅትሎሙ ፡ ወእሙንቱኒ ፡ ከመ ፡ ይኅድጉ ፡ ሎቱ ፡ ኵሎ ፡ ንዋየ ፡ ፀብእ ፡ እስመ ፡ ብዙኅ ፨ ወእምዝ ፡ አዘዞሙ ፡ ከመ ፡ ይፃኡ ፡ እምቅጽር ፨ ወእሙንቱሰ ፡ ነሥኡ ፡ ኅዳጠ ፡ ወርቀ ፡ ወሐሩ ። ወበዝንቱ ፡ አምሳል ፡ ነሥእዋ ፡ ለቅጽረ ፡ ባቢሎን ፡ ዘምስር ፡ በዳግማይ ፡ ዕለተ ፡ እምትንሣኤ ። ወፈደዮሙ ፡ እግዚአብሔር ፡ በእንተ ፡ ዘኢያከበርዋ ፡ ለሕማሙ ፡ ማሕየዊት ፡ ለእግዚእነ ፡ ወመድኀኒነ ፡ ኢየሱስ ፡ ክርስቶስ ፡ ዘይሁብ ፡ ሕይወተ ፡ ለእለ ፡ የአምኑ ፡ ቦቱ ፨ ወበእንተዝ ፡ አግብአሙ ፡ እግዚአብሔር ፡ ድኅሬሆሙ ። ወበውእቱ ፡ ዕለት ፡ ዘበዓለ ፡ ትንሣኤ ፡ ቅድስት ፡ ፈትሕዎሙ ፡ ለሙቁሓን ፡[4] አርቶዶክሳውያን ፨ ወእሙንቱሰ ፡ አጽራሪሁ ፡ ለክርስቶስ ፡ ኢኀደግዎሙ ፡ ዘእንበለ ፡ እከይ ፡ ዳእሙ ፡ ቀሠፍዎሙ ፡ ወመተሩ ፡ እደዊሆሙ ፨ ወከኑ ፡ እሙንቱ ፡ ይበክዩ ፡ ወአንብዖሙ ፡ ይውሕዝ ፡ በመላትሒሆሙ ፡ በውእቱ ፡ ዕለት ፡ ወመነንዎሙ ፨ በከመ ፡ ጽሑፍ ፡ በእንተ ፡ እሙንቱ ፡ ርኩሳን ፨ እስመ ፡ እሙንቱ ፡ አርኰስዋ ፡ ለቤተ ፡ ክርስቲያን ፡ በሃይማኖት ፡ ርኩስ ፡ ወገብሩ ፡ ዕልወተ ፡ ወጋእዘ ፡ ሕዝበ ፡ አርዮሳውያን ፡ ዘኢገብሩ ፡ ከማሆሙ ፡ ሕዝበ ፡ ሐንፋውያን ፡ ወበርበር ፡ ወመነንዎ ፡ ለክርስቶስ ፡ ወለአግብርቲሁ ፨ ወኢረከብነ ፡ ከመዝ ፡ ዘይገብር ፡ እምእለ ፡ ያመልኩ ፡ ጣዖታተ ፡ ሐሳውያነ ። ወእግዚአብሔርሰ ፡ ተዐገሦሙ ፡ ለከሓድያን ፡[5] ወለሐራ ፡ ጥቃ ፡ እለ ፡ ተጠምቁ ፡ ምዕረ ፡ ዳግመ ፡ በእንተ ፡ ተቀንዮተ ፡[6] ነገሥተ ፡ ኀያላን ። ወውእቱ ፡ እግዚአብሔር ፡ ዘይፈድዮ ፡ ለኵሉ ፡ ለለ፩ ፡ በከመ ፡ ምግባሩ ፡ ወይሁብ ፡ ፍትሐ ፡ ለዘተገፍትአ ፨[7] እፎ ፡ እንከ ፡ ፈድፋደ ፡ ይኄይሰነ ፡[8] ንትዔገሥ ፡ ላዕለ ፡ መከራ ፡ ወ

[1] Mss. ወኢተሠሃሎሙ ፡

[2] A ወፄውውዋ ፡

[3] Mss. ፻፰ወ፩ ፡

[4] Mss. ለሙቁሐን ፡

[5] A ለባሕታውያን ፡, B ለባሕታውን ፡

[6] A ተቅንዮተ ፡

[7] Mss. ለዘገፍትዓ ፡

[8] Mss. ይኄይሰኒ ፡

ኵነኔ ፡ ዘይገብሩ ፡ ብነ ። ወእሙንቱስ ፡ ከኑ ፡ ይኄልዩ ፡ ከመ ፡ ያከብርዎ ፡ ለእግዚእነ ፡ ክርስቶስ ፡ በዝንቱ ፡ ግብሮሙ ፡ ወእሙንቱ ፡ ተረክቡ ፡ ጠዋያን ፡[1] በሃይማኖቶሙ ፤ መኢከኑ ፡ ከሓድያን ፡[2] ለርእሶሙ ፡ ወባሕቱ ፡ ከኑ ፡ ይኴንንዎሙ ፡ ለእለ ፡ ኢገብሩ ፡ ምስሌሆሙ ፡ በሃይማኖት ፤ ሐሰ ፡ ለእግዚአብሔር ፤ እስመ ፡ ኢከኑ ፡ አግብርቲሁ ፡ ለክርስቶስ ፤ ዳእሙ ፡ ከኑ ፡ ይኄልዩ ፡[3] በኀሊናሆሙ ፡ ከመዝ ።

ክፍል ፡ ፻፲ወ፰ ።[4] ወእስላምሰ ፡ ሰበ ፡ ነሥእዋ ፡ ለቅጽረ ፡ ባቢሎን ፡ ወለንቅዩስኒ ፡ ወከነ ፡ ኀዘን ፡[5] ብዙኀ ፡ በኀበ ፡ ሮም ። ወእመርሰ ፡ ሰበ ፡ ወድአ ፡ ግብረ ፡ ፀብእ ፡ በአ ፡ ውስተ ፡ ቅጽረ ፡ ባቢሎን ፡ ወአስተጋብአሙ ፡ ለብዙኃን ፡ አሕማር ፡ ዐቢያን ፡ ወንኡሳን ፡ ወአሰሮሙ ፡ በኀበ ፡ ቅጽር ፡ ዘሀሎ ፡ በቱ ። ወሚናስሰ ፡ ዘከነ ፡ ርእሰ ፡ መስተገብራን ፡ ወቀስማ ፡ ወልደ ፡ ሳሙኤል ፡ መልእከ ፡ እልዋንጥስ ፡ ዐገትዋ ፡ ለሀገረ ፡ ምስር ፡ ወአመንደብዎሙ ፡ ለሮማውያን ፡ በመዋዕለ ፡ እስላም ፤ ወዐርጉ ፡ በአሕማር ፡ መስተፃብኣን ፡ እመንገለ ፡ ምዕራብ ፡ ፈለግ ፡ በትዕቢት ፡ ወግርማ ፡ ወከኑ ፡ ያንሶስዉ ፡ በሌሊት ። እመርሰ ፡ ወፀባኢተ ፡ እስላም ፡ መስተዕዕናን ፡ አፍራስ ፡ ከኑ ፡ የሐውሩ ፡ በየብስ ፡ እስከ ፡ በጽሑ ፡ ኀበ ፡ ሀገረ ፡ ክብርያስ ፡ ዘአባድያ ፤ ወበዝንቱ ፡ ምክንያት ፡ ተፃብእዎ ፡ ለድምንድዮስ ፡ መኰንን ። ወሰበ ፡ አእመረ ፡ ከመ ፡ ቀርቡ ፡ ኀቤሁ ፡ ፀባኢተ ፡ እስላም ፡ ዐርገ ፡[6] ዲበ ፡ ሐመር ፡ ወጐየ ፡ ውስተ ፡ ሐመር ፡ ወኀደጎሙ ፡ ለሐራ ፡ ምስለ ፡ አሕማሪሆሙ ። ወከነ ፡ ይፈቅድ ፡ ከመ ፡ ይዕዱ ፡ ውስተ ፡ ባሕር ፡ ንኡስ ፡ ዘከረዮ ፡ ሕርቃል ፡ በመዋዕሊሁ ፤ ወሰበ ፡ ረከበ ፡ ተዐጺዎ ፡ ሐረ ፡ ወበአ ፡ ሀገረ ፡ እስክንድርያ ። ወሰበ ፡ ርእዩ ፡ ሐራ ፡ ከመ ፡ ጐየ ፡ መኰንኖሙ ፡ ኀደጉ ፡ ንዋየ ፡ ሐቅሎሙ ፡ ወድቁ ፡ ውስተ ፡ ባሕር ፡ በቅድመ ፡ አጽራሪሆሙ ፤ ወሐራ ፡ እስላምሰ ፡ ቀተልዎሙ ፡[7] በሰይፍ ፡ ውስተ ፡ ባሕር ፡ ወኢድኅነ ፡[8] እምኔሆሙ ፡ ዘእንበለ ፡ ፩ ፡ ብእሲ ፡ ባሕቲቱ ፡ ዘስሙ ፡ ዘካርያስ ፡ ውእቱ ፡ ኀያል ፡ ወመስተፃብእ ። ወሰበ ፡ ርእዩ ፡ ሰብአ ፡ አሕማር ፡ ጐይዮቶሙ ፡ ለሐራ ፡ ወእሙንቱ ፡ ጐዩ ፡ ወበኡ ፡ ሀገሮሙ ። ወእምዝ ፡ በኡ ፡ እስላም ፡ ውስተ ፡ ንቅዩስ ፡ ወአኀዝዋ ፡ ወኢረከቡ ፡ መነሂ ፡ መስተፃብኣነ ፤ ወከኑ ፡ ይቀትሉ ፡

[1] A ጠዋዕያነ ፡

[2] Mss. ከሐድያነ ፡

[3] A ይሕልዩ ፡

[4] Mss. ፻፳፯ ፡

[5] A ኀዘነ ፡

[6] A ወዓርገ ፡

[7] A ወቀተልዎሙ ፡

[8] A ወኢድኅኑ ፡

ኵሎ ፡ ዘረከቡ ፡ ውስተ ፡ ፍኖት ፡ ወአብያተ ፡ ክርስቲያናት ፡ ዕደ ፡ ወአንስተ ፡ ወሕፃናተ ፡ ወኢተራኀርኅ ፡ ላዕለ ፡ መኑሂ ። ወእምድኅረ ፡ አኀዝዋ ፡ ለሀገር ፡ ሖሩ ፡[1] ኀበ ፡ ካልአት ፡[2] መካናት ፡ ወበርበርዎሙ ፡ ወቀተሉ ፡ ኵሎ ፡ ዘረከቡ ። ወበጽሑ ፡ ዓዲ ፡ ኀበ ፡ ሀገረ ፡ ፃእ ፡ ወረከብዎ ፡ ለእስቁጣውስ ፡ ወእለ ፡ ምስሌሁ ፡ እንዘ ፡ ይሄልዉ ፡ ውስተ ፡ ዐጸደ ፡ ወይን ፡ ወእምዝ ፡ አኀዝዎሙ ፡ እስላም ፡ ወቀተልዎሙ ፤ ወውእቶሙ ፡ ከኑ ፡ እምዘመደ ፡ ቴዎድሮስ ፡ መስፍን ። ናርምም ፡ ይእዜ ፡ እስመ ፡ ኢይክል ፡ ተናግሮ ፡ እከያት ፡ ዘገብሩ ፡ እስላም ፡ ሰበ ፡ አኀዝዋ ፡ ለደሴተ ፡ ንቅዩስ ፡ በዕለተ ፡ እሑድ ፡ አመ ፡ ፲ወ፰ ፡ ለወርኃ ፡ ግንቦት ፡ በ፲ወ፰ ፡ እምዑደት ፤ ወዓዲ ፡ ዘየአኪ ፡ ኮነ ፡ በሀገረ ፡ ቂሳርያ ፡ ዘፍልስጥኤም ። ወቴዎድሮስሰ ፡ መኰንን ፡ ሥዩመ ፡ ሀገር ፡ ዘሀገረ ፡[3] ኪሉናስ ፡ ወፅአ ፡ እምይእቲ ፡ ሀገር ፡ ወሖረ ፡ ኀበ ፡ ምስር ፡ ወኀደጎ ፡ ለእስጢፋኖስ ፡ ምስለ ፡ ሐራ ፡ ይዕቀብዋ ፡ ለሀገር ፡ ወይጻብኡ ፡ ምስለ ፡ እስላም ። ወኮነ ፡ ፩ ፡ አይሁዳዊ ፡ ምስለ ፡ እስላም ፡ ወሖረ ፡ ኀበ ፡ ሀገረ ፡ ምስር ። ወበብዙኅ ፡ ፃማ ፡ ወድካም ፡ አንሐሉ ፡[4] አረፍተ ፡ ሀገር ፡ ወነሥእዋ ፡ በጊዜሃ ፡ ወቀተሉ ፡ አእላፈ ፡ እምሰብአ ፡ ሀገር ፡ ወሐራ ፡ ወማህረኩ ፡ ብዙኀ ፡ ምህርካ ፡ ወፄወዉ ፡ አንስተ ፡[5] ወደቂቀ ፡ ወተካፈሉ ፡ በበይናቲሆሙ ፡ ወረሰይዋ ፡ ለይእቲ ፡ ሀገር ፡ ንዳይተ ። ወእምድኅረ ፡ ኀዳጥ ፡ ሖሩ ፡ እስላም ፡ ኀበ ፡ ሀገረ ፡ ቆጵሮስ ፡ ወቀተልዎ ፡ ለእስጢፋኖስ ፡ ወለእለ ፡ ምስሌሁ ።

ክፍል ፡ ፻፲ወ፱ ።[6] ወምስር ፡ ዓዲ ፡ ኮነ ፡ በግብረ ፡ ሰይጣን ፤ ጋእዝ ፡ ብዙኅ ፡[7] ኮነ ፡ በበይናቲሆሙ ፡ ለሰብአ ፡ ባሕርይ ፡ ወተከፍሉ ፡ ኀበ ፡ ፪ ፤ ፩ ፡[8] ክፍል ፡ ኀብረ ፡[9] ምስለ ፡ ቴዎድሮስ ፡ ወካልእ ፡ ክፍል ፡ ፈቀደ ፡ ይኀበር ፡ ምስለ ፡ እስላም ። ወእምዝ ፡ ተንሥአ ፡ ፩ ፡ ክፍል ፡ ላዕለ ፡ ካልኡ ፡ ወማህረኩ ፡ ንዋዮሙ ፡ ወአውዐዩ ፡ ሀገሮሙ ፡ በእሳት ፤ ወእስላምሰ ፡ ኮኑ ፡ ይፈርሆሙ ። ወእመርሰ ፡ ፈነወ ፡ ብዙኀ ፡ እስላመ ፡ ኀበ ፡ እለ ፡ እስክንድርያ ፡ ወአኀዝዋ ፡ ለከርዩን ፡[10] እንተ ፡ ይእቲ ፡ አፍአ ፡ ሀገር ፤ ወቴዎድሮስሰ ፡ ምስለ ፡ ሐራሁ ፡ ዘሀለወ ፡ ውስተ ፡ ውእቱ ፡ መካን ፡ ጐየ ፡ ወቦአ ፡ ው

[1] B ሑሩ ።
[2] Mss. ካልአት ።
[3] Mss. ሀገረ ፡
[4] Mss. ወአንሐሉ ፡
[5] B ብዙኅ ፡ አንስተ ።
[6] A ፻፳ወ፯ ፡, B ፻፳፯ ፡
[7] Mss. ጋእዘ ፡ ብዙኃ ፡
[8] Mss. ፪፩ ፡
[9] A ኀበረ ፡
[10] B ለከርዩን ፡

ስተ ፡ ሀገረ ፡ እስክንድርያ ። ወእስላምሰ ፡ አኀዘ ፡ ይፃብእሙ ፡ ወኢክህለ ፡ ቀሪበ ፡ ቅጽረ ፡ ሀገር ፡ እስመ ፡ ከኑ ፡ ይወግርዎሙ ፡[1] በአእባን ፡ እመልዕልተ ፡ ቅጽር ፡ ወሰደድዎሙ ፡ እስከ ፡ አፍአ ፡ ሀገር ። ወሰብአ ፡ ምስርሰ ፡ ከኑ ፡ ይፃብኡ ፡ ምስለ ፡ ሰብአ ፡ ባሕርይ ፡ ወይትጋአዙ ፡[2] ብዙኀ ፤ ወእምድኅረ ፡ ኀዳጥ ፡ ገብሩ ፡ ሰላመ ። ወሰበ ፡ ኀልቀ ፡ ጽልአሙ ፡ አስተናሥአ ፡ ሰይጣን ፡ ጽልአ ፡ ካልአ ፡ በሀገረ ፡ እስክንድርያ ፤ እስመ ፡ ድምንድያኖስ ፡ ሥዩም ፡ ወሚናስ ፡ መኰንን ፡ ተጻልኡ ፡ በበይናቲሆሙ ፡ በእንተ ፡ ፍቅረ ፡ ሢመት ፡ ወምክንያት ፡ ካልአት ።[3] ወቴዎድሮስሰ ፡ መኰንን ፡ ከነ ፡ የኀብር ፡ ምስለ ፡ ሚናስ ፡ ወይጸልእ ፡ ለድምንድያኖስ ፡ በእንተ ፡ ጐይዮቱ ፡ እምኒቅዩስ ፡ ወኀዲኀቱ ፡ ሐራ ፤ ወአውደክያኖስሰ ፡ እኁሁ ፡ ለድምንድዮስ ፡ ዘየዐቢ ፡ ሰበ ፡ አበሰ ፡ ላዕለ ፡ ሕዝብ ፡ መሲሓውያን ፡[4] በሕማማት ፡ ቅድስት ፡ በእንተ ፡ ሃይማኖት ፡ ወሚናስሰ ፡ ተምዕዐ ፡ ጥቀ ፡ በዝንቱ ፡ ምክንያት ። ወድምንድያኖስ ፡ አስተጋብአ ፡ ብዙኀ ፡ ሰብአ ፡ እልዋኑጥስ ፤ ወሰበ ፡ ሰምዐ ፡ ሚናስ ፡ ዘንተ ፡ ውእቱኒ ፡ አስተጋብአ ፡ ብዙኃነ ፡ መስተገብራነ ፡ ወሐራ ፡ እለ ፡ ሀለዉ ፡ ውስተ ፡ ሀገር ፤ ወነበሩ ፡ በጽልእ ፡ ክልኤሆሙ ። ወእምዝ ፡ መጽአ ፡ አብልያስ ፡ ሥዩመ ፡ ሀገረ ፡ አርቃድያ ። ወድምንድያኖስሰ ፡ ከነ ፡ ዘይትቃወሞ ፡ ለኪርስ ፡ ባባ ፡ ወኢይገብር ፡ ሎቱ ፡ ሠናያተ ፤ እስመ ፡ ውእቱ ፡ ሐሙሁ ፡ ወከኑ ፡ ይትፋቀሩ ፡ ቅድመ ፡ ወእምዝ ፡ ጸልአ ፡ በከንቱ ። ወከነ ፡ ሚናስ ፡ ዓዲ ፡ የዐቅበ ፡ ለአብልያስ ፡ ወኢይትሄየዮ ፡ ለፍቅር ፡ መንፈሳዊ ፡ ወይጼውዖ ፡ ኀቤሁ ፡ ኵሎ ፡ ጊዜ ፡ በእንተ ፡ ክብረ ፡ ክህነት ፤ እስመ ፡ ከነ ፡ እኁሁ ፡ ለጊዮርጊስ ፡ ሊቀ ፡ ጳጳሳት ፡ ወከነ ፡ መሐሬ ፡ ወፈራሄ ፡ እግዚአብሔር ፡ ወይቴክዝ ፡ በእንተ ፡ ግፉዓን ። ወፍልያድስሰ ፡ ኢዐቀበ ፡ ፍቅረ ፡ ዳእሙ ፡ ከነ ፡ ይዔምፅ ፡ በኀቡእ ፡ የዐቅብ ፡ እከያተ ።[5] ወበመዋዕለ ፡ ቴዎድሮስ ፡ መኰንን ፡ አንሥኡ ፡ ነገረ ፡ በእንተ ፡ ሀገር ፡ ዘስማ ፡ ማሙና ፡ ወበእንተ ፡ ዠምክዮተ ፡[6] ሐራ ፡ ወምድርሂ ፡[7] ዘተሠርዐ ፡ በቱ ፤ ወበጊዜሃ ፡ ተናገረ ፡ ውእቱ ፡ እኩይ ፡ ወይቤ ፤ ሀየንተ ፡ ፲ወ፪ ፡ ሰብእ ፡ ይኄይስ ፡ ፩ ፤ እስመ ፡ ሀሎ ፡ ፩ ፡ ብእሲ ፡ ዘይነሥእ ፡ ዠምክዮተ ፡[8] ፲ወ፪ ፡ ወተሐዕፁ ፡[9] ግብረ ፡ እክል ፡ ወዠምክዮተ ፡ ሐራ ። ወበዝንቱ ፡

1 A ይውግርዎሙ ፡
2 Mss. ወይትገዓዙ ፡
3 Mss. ካልእት ፡
4 Mss. መሲሐውያን ፡
5 A እኩያተ ፡
6 Mss. ዠምክዮተ ፡
7 Mss. ወምድረሂ ፡
8 B ዠምክያተ ፡
9 A ወተሐዕፅ ፡

ሚናስ ፡ ረከበ ፡ ምክንያተ ፡ ላዕለ ፡ ዱምንድዮስ ፤ ወኮኑ ፡ ኵሉ ፡ ሐራ ፡ ያ
ፈቅርዎ ፡ ወይትአመንዎ ። ወሚናስሰ ፡ ኮነ ፡ ያፈቅር ፡ ክብረ ፡ ኵሉ ፡ ሰብ
እ ፡ አኮ ፡ ለተወክፎ ፡ ስብሐተ ፡ ብጡል ፡ ዳእሙ ፡ በእንተ ፡ ጥበቡ ፡ ወት
ሕትናሁ ። እስመ ፡ ሀሎ ፡ ውእቱ ፡ በቤተ ፡[1] ክርስቲያን ፡ ዐባይ ፡ ዘቂሳርዩ
ን ፡ ምስለ ፡ ኵሎሙ ፡ አሕዛብ ፤ ወኵሎሙ ፡ ሰብአ ፡ ሀገር ፡ ተጋብኡ ፡ ላዕ
ለ ፡ ፊልድያስ ፡ ወፈቀዱ ፡ ይቅትልዎ ፤ ወውእቱ ፡ ጐየ ፡ ወተኀብአ ፡ ውስ
ተ ፡ ፩ ፡ ቤት ፤ ወበጊዜሃ ፡ ሐሩ ፡ ውስተ ፡ ማኅደሩ ፡ ወአውዐይዎ ፡ በእሳ
ት ፡ ወበርበሩ ፡ ኵሎ ፡ ንዋዮ ፤ ወተራኀርጉ ፡ ላዕለ ፡ ነፍሳት ፡ ዘረከብዎ
ሙ ፡ ውስተ ፡ ውእቱ ፡ ቤት ፡ ወኢቀተልዎሙ ። ወሰበ ፡ አእመረ ፡ ድምን
ድያኖስ ፡ ፈነዎሙ ፡ ለሰብአ ፡ እልዋንጥስ ፡ ከመ ፡ ይፅብእዎሙ ፤ ወኮነ ፡
ማእከሌሆሙ ፡ ቀትል ፡ ዐቢይ ፡ ወሞቱ ፡ ፯ ፡ ዕደው ፡ እምኔሆሙ ፡ ወብዙ
ኃን ፡ እለ ፡ ቈስሉ ። ወበብዙኅ ፡ ፃማ ፡ ወድካም ፡ ገብረ ፡ ቴዎድሮስ ፡ ሰላ
መ ፡ ማእከሌሆሙ ፤ ወሠዐሮ ፡ ለዱምንድዮስ ፡[2] መኰንን ፡ ወሜሞ ፡ ለአር
ጣና ፡ በዓለ ፡ ፲ ፡ መዓርጋት ፡ ዘይሰመይ ፡ ፉርያንስ ። ወሜጡ ፡ ኵሎ ፡
ንዋያቲሁ ፡ ለፊልያድስ ፡[3] ዘበርበሩ ፡ እምቤቱ ። ተብህለ ፡[4] እስመ ፡ ዝን
ቱ ፡ ቀትል ፡ ወሀከክ ፡ ኮነ ፡[5] በእንተ ፡ ሃይማኖት ። ወሰበ ፡ ሞተ ፡ ቈስጠ
ንጥንዩስ ፡ ወልደ ፡ ሕርቃል ፡ አምጽእዎ ፡ ለሕርቃል ፡ እኁሁ ፡ እምአቡሁ ፡
እንዘ ፡ ውእቱ ፡ ሕፃን ፡ ወነሥአ ፡ ለመንግሥት ፡ በከንቱ ፡ ከመ ፡ እኁሁ ፡
ዘሞተ ። ወኪርስሰ ፡ ባባ ፡ ሰበ ፡ ርእዮ ፡ ለሕርቃል ፡ እንዘ ፡ ንኡስ ፡ ውእቱ ፡
ዘነግሠ ፡ በምክረ ፡ መርቲና ፡ እሙ ፡ እንዘ ፡ ሀሎ ፡ ኪርስ ፡ በስደት ፤ ወእ
ምድኅረ ፡ ነግሠ ፡ ሜጠ ፡ ለኪርስ ፡ እምስደት ፡ በምክረ ፡ ሠራዊት ፡ ወመ
ተረ ፡ መጽሐፈ ፡ ዕዳሁ ፡ ዘተጽሕፈ ፡ እምኅበ ፡[6] እኁሁ ፡ ቍስጥንጥንዩስ ፡
ወእምኅበ ፡ ነገሥት ፡ እለ ፡ ቀደምዎ ፤ እስመ ፡ መተርዎ ፡ በዐመፃ ፡ ውዱ
ተ ፡ ፊርክልዩስ ፡ ናይብ ፤ ወበምክንያተ ፡ ዚአሁ ፡ ሐሙ ፡ ቤተ ፡ ክርስቲያ
ናት ፡ ወበጠለ ፡ ምጽዋተ ፡ ነገሥት ፡ ዘኮኑ ፡ ይሁቡ ፡ ወአጽንዖን ፡ ለምግ
ባራት ፡ ክቡዳት ። ወእምዝ ፡ ሜሞ ፡ [ለኪርስ ፡ ወፈነዎ ፡][7] ምዕረ ፡ ዳግመ ፡
ኅበ ፡ ሀገረ ፡ እስክንድርያ ፡ ወለቀሳውስት ፡ እለ ፡ ምስሌሁ ፡ ወሀበ ፡ ሥል
ጣነ ፡ ወፍትሐ ፡ ከመ ፡[8] ይግበር ፡ ሰላመ ፡ ምስለ ፡ እስላም ፡ ወኢይትቃወ
ሞሙ ፡ ወይሥራዕ ፡ ሕገ ፡ ሢመት ፡ በከመ ፡ ይደሉ ፡ ለሢመት ፡ ዘሀገረ ፡ ም

[1] A ቤት ፡
[2] Mss. ለኑምንድዮስ ፡
[3] A ለፊልድዮስ ፡
[4] A ተብህሉ ፡
[5] Mss. ዘኮነ ፡
[6] Mss. በኅበ ፡
[7] Ces mots manquent dans les deux mss.
[8] Mss. ወከመ ፡

ስር ። ወሖረ ፡ ምስሌሁ ፡ ቍስጥንጥንዩስ ፡ መልአከ ፡ ኀይሉ ፡ ዘኮነ ፡ ርእሰ ፡ አሕዛብ ። ወአስተጋብአሙ ፡ ለሐራ ፡ ዘሀገረ ፡ አትራኪ ፡ ኀበ ፡ ሀገረ ፡ ቍስጥንጥንያ ፡ ወሰደዶ ፡ ለፊርክርዩስ ፡ ናይብ ፡ ሀገረ ፡ አፍራቅያ ፡ ኀበ ፡ ተሰደ ፡ ኪርስ ፡ ቅድመ ። ወኮነ ፡ ጽልእ ፡ ዐቢይ ፡ ወተንሥኡ ፡ ሰብአ ፡ ሀገር ፡ ላዕለ ፡ መርቲና ፡ ወደቂቃ ፡ በእንተ ፡ ስደቱ ፡ ለፊርክርዩስ ፡[1] ናይብ ፡ እስመ ፡ ኮኑ ፡ ያፈቅርዎ ፡ ጥቀ ።

ክፍል ፡ ፻ወ፳ ።[2] ወኪርስ ፡ ሊቀ ፡ ጳጳሳት ፡ ኬልቄዶናዊ ፡[3] ኢኮነ ፡[4] ባሕቲቱ ፡ ዘያፈቅር ፡ ዕርቀ ፡[5] ምስለ ፡ እስላም ፤ ዳእሙ ፡ ኵሎሙ ፡ ሰብእ ፡ ወበጣርቃት ፡ ወድምያኖስ ፡ ዘከነት ፡ ታፈቅሮ ፡ መርቲና ፡ ንግሥት ፡ ኵሎሙ ፡ ተጋብኡ ፡ ወተማከሩ ፡ ምስለ ፡ ኪርስ ፡ ባባ ፡ ከመ ፡ ይግበሩ ፡ ዕርቀ ፡ ምስለ ፡ እስላም ። ወአኀዙ ፡ ኵሉ ፡ ሰብእ ፡ ሥዩማን ፡ ይጽልእዋ ፡[6] ለመንግሥት ፡ ሕርቃል ፡ ዘይንእስ ፡ ወይብሉ ፤ ኢይደሉ ፡ ከመ ፡ ይንበር ፡ ንጉሥ ፡ ዘእምዘርእ ፡ ምኑን ፤ ዳእሙ ፡ ደቂቀ ፡ ቍስጥንጥንዩስ ፡[7] ወልደ ፡ አውጣኪያ ፡ ውእቶሙ ፡ ዘይሠለጡ ፡ ላዕለ ፡ መንግሥት ፤ ወመንኑ ፡ ኪዳኖ ፡ ለሕርቃል ፡ ዘየዐቢ ። ወሰበ ፡ አእመረ ፡ ውለንድዮስ ፡[8] ዘንተ ፡ ከመ ፡ ኵሉ ፡ ሰብእ ፡ ኀብረ ፡ ላዕለ ፡ መርቲና ፡[9] ወደቂቃ ፡ ነሥአ ፡ ብዙኀ ፡ ንዋየ ፡ እመዛግብተ ፡ መንግሥት ፡ ዘፊርክርዩስ ፡ ወወሀብዎሙ ፡ ለሐራ ፡ ወለሠራዊት ፡[10] ወአሠነዩ ፡ ልበሙ ፡ ላዕለ ፡ መርቲና ፡ ወደቂቃ ። ወኀደጉ ፡ እምኔሆሙ ፡ ፀብአ ፡ እስላም ፡ ወተመይጡ ፡ ለገቢረ ፡ እኪይ ፡ ላዕለ ፡ አብያጺሆሙ ፤ ወእምዝ ፡ ፈነዉ ፡ በኀቡእ ፡ ኀበ ፡ ደሴተ ፡ ሩጥስ ፡ እንዘ ፡ ይብልዎሙ ፡ ለሐራ ፡ ዘሖሩ ፡ ምስለ ፡ ኪርስ ፡ ባባ ፤ ተመየጡ ፡ ኀበ ፡ ሀገረ ፡ መንግሥት ፡ ወኢትሑሩ ፡ ምስሌሁ ። ወዓዲ ፡ ፈነዉ ፡ ኀበ ፡ ቴዎድሮስ ፡ ሥዩመ ፡ እለእስክንድርያ ፡ እንዘ ፡ ይብሉ ፤ ኢትስምዖ ፡ ቃላ ፡ ለመርቲና ፡ ወኢትትአዘዙ ፡ ለደቂቃ ። ወፈነዉ ፡ ዓዲ ፡ ኀበ ፡ አፍራቅያ ፡[11] ወውስተ ፡ ኵሉ ፡ መካን ፡ ዘታሕተ ፡ ሥልጣነ ፡ ሮም ። ወቴዎድሮስሰ ፡ መኰንን ፡ ሶበ ፡ ሰምዐ ፡ ዘንተ ፡ ተፈሥሐ ፡ ወኀብአ ፡ ነገረ ፡ ውስተ ፡ ልቡ ፤ ወሖረ ፡

[1] A ለፊርክዩስ ፡
[2] A ፻፳፫ ፡, B ፻፳፯ ፡
[3] A ኬልቄዶናዌ ፡
[4] Mss. ዘኮነ ፡
[5] A ዕርቀ ፡
[6] A ይጸልእዋ ፡
[7] A "ጥዩስ ፡
[8] Mss. ለውንድዮስ ፡
[9] A መርቴና ፡
[10] A ወሠራዊት ፡
[11] B አፍራቂያ ፡

በሌሊት ፡ እንዘ ፡ ኢያአምሮ ፡[1] መኑሂ ፡ ወኀለየ ፡ ከመ ፡ ይሑር ፡ ኀበ ፡ ፳ ፡
አህጉራት ፡ እምደሴተ ፡ ሩድስ ፡[2] ወነገሮ ፡ ለሊቀ ፡ ሐመር ፡ ባሕቲቱ ፤ ወ
ሊቀ ፡ ሐመርሰ ፡ አመክነየ ፡ እንዘ ፡ ይብል ፤ ነፋስ ፡ ሀሎ ፡ ይትቃረነነ ።
ወበአ ፡ ሀገረ ፡ እስክንድርያ ፡ በሌሊት ፡ አመ ፡ ፲ወ፯ ፡ ለመስከረም ፡ በዕለ
ተ ፡ በዓለ ፡ መስቀል ፡ ቅዱስ ። ወኮኑ ፡ ኵሎሙ ፡ ሰብአ ፡ እስክንድርያ ፡
ተጋቢአሙ ፡ ዕድ ፡ ወአንስት ፡ አእሩግ ፡ ወሕፃናት ፡ በኀበ ፡ ኪርስ ፡ ባባ ፡
እንዘ ፡ ይትፌሥሑ ፡ ወይሴብሑ ፡ በእንተ ፡ ተመይጦቱ ፡ ለባባ ፡ ሀገረ ፡
እስክንድርያ ። ወቴዎድሮስሰ ፡ ወፅአ ፡ በኅቡእ ፡ ወሖረ ፡ ውስተ ፡ ቤተ ፡
ክርስቲያኖሙ ፡ ለታአዶሳውያን ፡ ምስለ ፡ ባባ ፡ ወዐፀወ ፡ ላዕሌሁ ፡ አንቀጸ ፤
ወፈነወ ፡ ወአምጽአ ፡ ለሚናስ ፡ ኀቤሁ ፡ ወሤሞ ፡ መኰንነ ፡ ወሰደዶ ፡ ለ
ዱምንድዮስ ፡ እምሀገር ፤ ወኮኑ ፡ ኵሉ ፡ ሰብእ ፡ ይጸርኁ ፤ እምሀገር ። ወ
እምቅድመ ፡ ምጽአቱ ፡ ለኪርስ ፡ ባባ ፡ ኮነ ፡ ጊዮርጊስ ፡ ክቡረ ፡ በኀበ ፡ አን
ስጣስዮስ ፡ እግዚእ ፤ እስመ ፡ ውእቱ ፡ ነሥአ ፡ ሢመተ ፡ እምሕርቃል ፡
ሐዲስ ፡ ወሰበ ፡ ልህቀ ፡ ኮነ ፡ ብውሐ ፡ ሥልጣን ፡ ላዕለ ፡ ኵሉ ፤ ወሊቀ ፡
ጳጳሳትኒ ፡ ያበውሐ ፡[3] ዓዲ ። ወሰበ ፡ መጽአ ፡ ኪርስ ፡ ባባ ፡ ኀበ ፡ ቤተ ፡ ክ
ርስቲያን ፡ ዐባይ ፡ ቂሳርዮን ፡ ነጸፉ ፡ ሎቱ ፡ ኵላ ፡ ምድረ ፡ ወዘመሩ ፡ ሎቱ ፡
እስከ ፡ ኬድዎ ፡ ሰብእ ፡ ለሰብእ ፤ ወእምድኅረ ፡ ብዙኅ ፡ ፃማ ፡ አብጽሕዎ ፡
ኀበ ፡ ቤተ ፡ ክርስቲያን ። ወውእቱ ፡ አዕበያ ፡ ለዐዘቅት ፡ ዘሀሎ ፡ ውስቴ
ታ ፡ መስቀል ፡ ቅዱስ ፡[4] ዘነሥአ ፡ እምዮሐንስ ፡ መስፍን ፡ እምቅድመ ፡
ስደቱ ፤ ወዓዲ ፡ ነሥአ ፡ መስቀለ ፡ ክቡረ ፡ እምደብረ ፡ ታአዶሳውያን ።
ወሰበ ፡ አኀዙ ፡ ይግበሩ ፡ ቅዳሴ ፡ በዕለተ ፡ ትንሣኤ ፡ ቅድስት ፡ ወዲያቆ
ንሰ ፡ ኀደገ ፡ ዘምሮ ፡ መዝሙር ፡ ዘዕለተ ፡ ትንሣኤ ፡ ዘውእቱ ፤ ዛቲ ፡ ዕለ
ት ፡ እንተ ፡ ገብረ ፡ እግዚአብሔር ፡ ንትፈሣሕ ፡ ወንትኀሠይ ፡ ባቲ ፤ ይ
ፈቅድ ፡ በዝንቱ ፡ ከመ ፡ ያእኵቶ ፡ ለባባ ፡ ወይወድሶ ፡ በእንተ ፡ ተመይጦ
ቱ ፡ ወአምጽአ ፡ ዝማሬ ፡ ካልአ ፡ ዘኢይደሉ ። ወሰበ ፡ ሰምዑ ፡ ሕዝብ ፡ ይ
ቤሉ ፤ ዝንቱ ፡ ዝማሬ ፡ ዘኢይደሉ ፡ አኮ ፡ ትእምርተ ፡ ሠናየ ፡ ለኪርስ ፡ ባባ ፡
ወኢይሬኢ ፡ ዳግመ ፡ በዓለ ፡ ትንሣኤ ፡ በሀገረ ፡ እስክንድርያ ፤ ወኵሎሙ ፡
ማኅበረ ፡ ቤተ ፡ ክርስቲያን ፡ ወመነከሳት ፡ ተነበዩ ፡ ከመዝ ፡ ገሃደ ፤ ውእ
ቱ ፡ ገብረ ፡ ዘኢተሠርዐ ፡ በቀኖና ፤ ወኵሉ ፡ ዘሰምዐ ፡ እምቃሎሙ ፡ ኢአ
ምንዎሙ ። ወእምድኅረዝ ፡ ተንሥአ ፡ ኪርስ ፡ ባባ ፡ ወሖረ ፡ ባቢሎን ፡
ኀበ ፡ እስላም ፡ ፈቂዶ ፡ ከመ ፡ ይግበሩ ፡ ሰላመ ፡ ወየሀበሙ ፡ ጸባሕተ ፡ ከመ ፡

[1] Mss. ኢየአምሮ ፡
[2] Mss. ሩጽስ ፡
[3] Mss. አበውሐ ፡
[4] A, manque ቅዱስ ፡

ይኅድጉ ፡ ፀብአ ፡ እምሀገረ ፡ ምስር ። ወእመርሰ ፡ ተወክፎ ፡ በምጽአቱ ፡
ወይቤሎ ፤ ሠናየ ፡ ገበርከ ፡ ዘመጻእከ ፡ ኀቤነ ። ወአውሥአ ፡ ኪርስ ፡ ወይ
ቤሎ ፤ እግዚአብሔር ፡ ወሀበክሙ ፡ ዘንተ ፡ ምድረ ፤ እምይእዜ ፡ ኢይኩን ፡
ማእከሌክሙ ፡ ወማእከለ ፡ ሮም ፡ ጽልእ ፤ እምቅድመ ፡ ዝኒ ፡ ኢነበረ ፡ ብ
ክሙ ፡[1] ጋእዝ ። ወወሰኑ ፡ ግብረ ፡ ጸባሕት ፡ ዘይሁብ ፤[2] ወእሙንቱሰ ፡
እስማኤላውያን ፡ ኢተናገሩ ፡ ምንተኒ ፡ ወነበሩ ፡ በባሕቲቶሙ ፡ ፲ወ፩ ፡
ወርኀ ። ወሐራ ፡ ሮምሰ ፡ ዘሀለዉ ፡ በእስክንድርያ ፡ ነሥኡ ፡ ንዋያቲሆሙ ፡
ወመዛግብቲሆሙ ፡ ወሐሩ ፡ ውስተ ፡ ባሕር ፤ ወአልቦ ፡ ዘተመይጠ ፡ ዳግ
መ ፡ እምሐራ ፡ ሮም ፤ ወእለ ፡ ከኑ ፡ ይፈቅዱ ፡ ሐዊረ ፡ በየብስ ፡ ከኑ ፡ ይ
ሁቡ ፡ ጸባሕተ ፡ ለለወርኅ ። ወእስላምሰ ፡ አኀዙ ፡ በኀቤሆሙ ፡ ፻ወ፺ ፡ እ
ምሐራ ፡ ወ፺ ፡ እምሰብአ ፡ ሀገር ፡ አኀዘ ፡ ወገብሩ ፡[3] ሰላመ ፤ ወሮምሰ ፡
ኀደጉ ፡ ፀቢአ ፡ እስላም ፡ ወእስላምሰ ፡ ነሢአ ፡ አብያተ ፡ ክርስቲያናት ፡
ወኢቀርቡ ፡[4] ኀበ ፡ ምንትኒ ፡ እምግብሮሙ ፡ ለክርስቲያን ፤ ወለዕብራው
ያንሂ ፡ ኀደግዎሙ ፡ ይንበሩ ፡ በሀገረ ፡ እስክንድርያ ። ወሰበ ፡ ፈጸመ ፡ ባባ ፡
ሐረ ፡ ሀገሮ ፡ እስክንድርያ ፡ ወነገሮሙ ፡ ለቴዎድሮስ ፡ ወለቍስጥንጥንዩስ ፡
መስፍን ፡ ከመ ፡ ይንግርዎ ፡ ለንጉሥ ፡ ሕርቃል ፡ ዘንተ ፡ ወያጽንዕዎ ፡ በ
ኀቤሁ ። ወእምዝ ፡ ተጋብኡ ፡ ኀቤሁ ፡ ኵሎሙ ፡ ሐራ ፡ ወእስክንድራው
ያን ፡ ወቴዎድሮስ ፡ መስፍን ፡ ወሰገዱ ፡ ለኪርስ ፡ ባባ ። ውእቱ ፡ ነገሮሙ ፡
ኵሎ ፡ ከመ ፡ ተካየደ ፡ ምስለ ፡ እስላም ፡ ወአሠነየ ፡ ልቦሙ ፡ ለኵሎሙ ፡
በዝ ፡ ግብር ። ወእንዘ ፡ ሀሎ ፡ ከመዝ ፡ መጽኡ ፡ እስላም ፡ ለነሢአ ፡ ጸባሕ
ት ፡ እንዘ ፡ ኢያአምሩ ፡[5] ሰብአ ፡ እስክንድርያ ፤ ወሰበ ፡ ርእይዎሙ ፡ እስክ
ንድራውያን ፡ ተደለዉ ፡ ለፀብእ ። ሐራሰ ፡ ወመኳንንት ፡ ነበሩ ፡ ለምክር ፡
ወይብሉ ፤ ኢንክል ፡ ንሕነ ፡ ተፃብኦተ ፡ እስላም ፡ ዳእሙ ፡ ይኩን ፡ በከ
መ ፡ ይቤ ፡ ኪርስ ፡ ባባ ። ወሕዝበ ፡ ሀገርሰ ፡[6] ተንሥኡ ፡ ላዕለ ፡ ባባ ፡ ወፈ
ቀዱ ፡ ይውግርዎ ፡ በአእባን ። ውእቱሰ ፡ ይቤሎሙ ፤ አንሰ ፡ ገበርኩ ፡ ዘን
ተ ፡ ለአድኅኖትክሙ ፡ ምስለ ፡ ደቂቅክሙ ፤ ወሰአሎሙ ፡ በብዙኅ ፡ ብካይ ፡
ወኀዘን ። ወእምዝ ፡ ኀፈሩ ፡ እምኔሁ ፡ እስክንድራውያን ፡ ወወሀብዎ ፡ ብ
ዙኀ ፡ ወርቀ ፡ ከመ ፡ የሀቦሙ ፡ ለእስማኤላውያን ፡ ምስለ ፡ ጸባሕት ፡ ዘወ
ሰኑ ፡ ላዕሌሆሙ ። ወሰብአ ፡ ምስርሰ ፡ እለ ፡ ጐዩ ፡ ወበኡ ፡[7] ሀገረ ፡ እለእ

[1] A በክሙ ፡
[2] A ዘይሀብ ፡
[3] Mss. ወገብረ ፡
[4] Mss. ወኢይቀርቡ ፡
[5] Mss. ኢየአምሩ ፡
[6] A ሀገር ፡
[7] Mss. በኡ ፡

ስከንድርያ ፡ ፈሪሆሙ ፡ እምእስላም ፡ ሰአልዎ ፡ ለባባ ፡ ወይቤልዎ ፤ ንሣእ ፡ ለነ ፡ ቃለ ፡ እምእስላም ፡ ከመ ፡ ንትመየጥ ፡ ሀገረነ ፡ ወንትቀነይ ፡ ሎሙ ። ወገብረ ፡ ሎሙ ፡ በከመ ፡ ይቤሉ ። ወእስላምሰ ፡ አኀዝዋ ፡ ለኵላ ፡ ሀገረ ፡ ምስር ፡ ሰሜና ፡ ወደቡባ ፡ ወአመክዐቡ ፡[1] ላዕሌሆሙ ፡ ግብረ ፡ ጸባሕት ፡ ፫ ፡ እደ ። ወከነ ፡ ፩ ፡ ብእሲ ፡ ዘስሙ ፡ ሚናስ ፡ ዘተሠይመ ፡ እምኀበ ፡ ሕርቃል ፡ ንጉሥ ፡ ለሀገረ ፡ ባሕርይ ፤ ውእቱ ፡ ከነ ፡ ዕቡየ ፡ ልብ ፡ በኢያእምሮ ፡ መጻሕፍት ፡ ወይጸልአሙ ፡ ጥቀ ፡ ለምስራውያን ፤ ወእምድኅረ ፡ አኀዝዋ ፡ እስላም ፡ ለኵላ ፡ ሀገር ፡ አንበርዎ ፡ በሢመቱ ። ወለ፩ሰ ፡ ብእሲ ፡ ዘስሙ ፡ ሲኖዳ ፡ ሤምዎ ፡ በሀገረ ፡ ሪፍ ፤ ወለ፩ኒ ፡ ዘስሙ ፡ ፊሉክሳኖስ ፡ ሤምዎ ፡ በሀገረ ፡ አርጋድያ ፡ እንተ ፡ ይእቲ ፡ ፈዩም ። ወእሉ ፡ ሠለስቲሆሙ ፡ ያፈቅርዎሙ ፡ ለሐነፋውያን ፡ ወይጸልእዎሙ ፡ ለክርስቲያን ፡ ወያጌብርዎሙ ፡ ለመሲሓውያን ፡[2] ከመ ፡ ይጹሩ ፡ ማዕረ ፡ ለእንስሳ ፡ ወየዐብጥዎሙ ፡ ለጸዊረ ፡ ሐሊብ ፡ ወመዓር ፡ ወቀምሕ ፡ ወስርጐድ ፡ ወብዙኅ ፡[3] ግብራት ፡ ካልአት ፤[4] ወዝኵሉ ፡ ከነ ፡ ውሱከ ፡[5] ላዕለ ፡ እክል ። ውእቶሙ ፡ ይገብሩ ፡ ዘንተ ፡ በፍርሃት ፡ ዘእንበለ ፡ ጽርዐት ። ወፈለገ ፡ እድርያኖስኒ ፡ ዘጠፍአ ፡ እምብዙኅ ፡ ዘመን ፡ ረሰይዎሙ ፡ ይክርይዎ ፡ ከመ ፡ ያውሕዙ ፡[6] ቦቱ ፡ ማየ ፡ እምባቢሎን ፡ ዘምስር ፡ እስከ ፡ ባሕረ ፡ ኤርትራ ። ወአክበዱ ፡ አርዑተ ፡ ላዕለ ፡ ምስራውያን ፡ እምአርዑተ ፡ ፈርዖን ፡ ዘአክበደ ፡ ላዕለ ፡ እስራኤል ፡ ዘፈትሐ ፡ ላዕሌሁ ፡ እግዚአብሔር ፡ ፍትሐ ፡ ጽድቅ ፡ ወአስጠሞ ፡ ውስተ ፡ ባሕረ ፡ ኤርትራ ፡ ውእቱኒ ፡ ምስለ ፡ ኵሉ ፡ ኀይሉ ፡ እምድኅረ ፡ ብዙኅ ፡ መቅሠፍታት ፡ ዘቀሠፎሙ ፡ እምሰብእ ፡ እስከ ፡ እንስሳ ። ሶበሰ ፡ ከነ ፡ ፍትሐ ፡ እግዚአብሔር ፡ ላዕለ ፡ እልክቱ ፡ እስማኤላውያን ፡ እምገብረ ፡ ቦሙ ፡ በከመ ፡ ገብረ ፡ በፈርዖን ፡[7] ቀዳሚ ። ዳእሙ ፡ በእንተ ፡ ኀጢአትነ ፡ ተዐገሦሙ ፡ ከመ ፡ ይግበሩ ፡ ብነ ፡ ከመዝ ። ወበኑኅ ፡ መንፈሱ ፡ ለአምላክነ ፡ ወመድኅኒነ ፡ ኢየሱስ ፡ ክርስቶስ ፡ ይሬእየነ ፡ ወየዐቅበነ ፤ ወነአምን ፡ ዓዲ ፡ ከመ ፡ ውእቱ ፡ የሀጕሎሙ ፡ ለአጽራረ ፡ መስቀል ፡ በከመ ፡ ይቤ ፡ መጽሐፍ ፡ ዘኢይሔሱ ። ወእመርሰ ፡ አኅሠራ ፡ ለሀገረ ፡ ምስር ፡ ወፈነዎሙ ፡ ለሰብአ ፡ ዚአሃ ፡ ይፃብኡ ፡ ምስለ ፡ ሰብአ ፡ ፳ ፡ አህጉራት ፤[8] ወእምድኅረ ፡ ሞአሙ ፡ ወኢኀደጎሙ ፡ ይንበሩ ፡ በህየ ፤ ወውእቱሰ ፡ ነሥአ ፡ ብዙኀ ፡ ም

[1] Mss. ወአመክዓበ ፡
[2] Mss. ለመሲሐውያን ፡
[3] Mss. ወበብዙኅ ፡
[4] Mss. ካልአት ፡
A ውዕከ ፡
[6] Mss. ያውሕዝ ፡
[7] A ለፈርዖን ፡
[8] A አኅጉራት ፡ ፳ ፡

ህርካ ፡ ወዼዋዼ ፡ እምህየ ። ወአቡልያኖስሰ ፡ ሥዩመ ፡ ፳ ፡ አህጉራት ፡ ወ
ሐራ ፡ እለ ፡ ምስሌሁ ፡ ወአብዕልተ ፡ ሀገር ፡ በኡ ፡ ውስተ ፡ ሀገረ ፡ ዱሽራ ፡
እስመ ፡ ይእቲ ፡ ጽንዕት ፡ ቅጽረ ፡ ወዐጸዊ ፡ አናቅጸ ፡ ላዕሌሆሙ ፤ ወእስ
ላምሰ ፡ ነሢእሙ ፡ ምህርካ ፡ ወዼዋዼ ፡ ሖሩ ፡ ሀገሮሙ ። ወኪርስሰ ፡ ባባ ፡
ኮነ ፡ ትኩዘ ፡ ልብ ፡ ፈድፋደ ፡ በእንተ ፡ ምንዳቤ ፡ ዘኮነ ፡ በሀገረ ፡ ምስር ።
ወእመርሰ ፡ ኢተራኀርኀ ፡ ላዕለ ፡ ምስራውያን ፡ ወኢገብረ ፡ በከመ ፡ ተከየ
ዱ ፡[1] ምስሌሁ ፡ እስመ ፡ ውእቱ ፡ ኮነ ፡ እምዘመደ ፡ በርበር ። ወሶበ ፡ ኮነ ፡
ዕለተ ፡ በዓለ ፡ ሆሳዕና ፡ ሐመ ፡ ኪርስ ፡ ባባ ፡ በሕማመ ፡ ፈጸንት ፡ በእንተ ፡
ብዝኀ ፡ ኀዘን ፡ ልብ ፡ ወሞተ ፡ በዕለተ ፡ ሐሙስ ፡ ዘፍሥሕ ፡ አመ ፲ወ፲ ፡
ለወርኀ ፡ መጋቢት ፤ ወኢርእየ ፡[2] በዓለ ፡ ትንሣኤሁ ፡[3] ቅድስት ፡ ዘእግዚ
እን ፡ ኢየሱስ ፡ ክርስቶስ ፡ በከመ ፡ ተንበዩ ፡ መሲሓውያን ፡[4] በእንቲአሁ ።
ወዝንቱ ፡ ኮነ ፡ በመዋዕለ ፡ ቍስጥንጥንዩስ ፡ ንጉሥ ፡ ወልደ ፡ ሕርቃል ።
ወእምድኅረ ፡ ሞቱ ፡ ተጻብኡ ፡ ሮም ፡ በእንተ ፡ ደቂቀ ፡ መርቲና ፡ ንግሥ
ት ፡ እስመ ፡ አኀደግዎሙ ፡ ነጊሠ ፡ ወከኑ ፡ ይፈቅዱ ፡ ያንግሥዎሙ ፡ ለደ
ቂቀ ፡ ቍስጥንጥንዮስ ።[5] ወተራድእሙ ፡ ለንድያኖስ ፡ ዘኮነ ፡ የኀብር ፡ ም
ስለ ፡ ፊልክርዩስ ፤ ወሰሐበሙ ፡ ለኵሎሙ ፡ ሠራዊት ፡ ወመጽአ ፡ ኀበ ፡ ሀ
ገረ ፡ ኬልቄዶንያ ፡ እንዘ ፡ ይጌሊ ፡ ወይብል ፤ ጽንዐታ ፡ ለመርቲና ፡ ኮነ ፡
በሕዝበ ፡ መስተቃትላን ፡ ዘሀለዉ ፡ ምስለ ፡ ደቂቃ ፤ ወኮነ ፡ ይስሕበሙ ፡
ለኵሎሙ ፡ በተሰናእዎ ፡ ከመ ፡ ይሚጥዎ ፡ ለፊልክርዩስ ፡ እምስደት ። ወ
ሶበ ፡ ኮነ ፡ ዘንተ ፡ ዐርገ ፡ ሕርቃል ፡ ሐዲስ ፡ ውስተ ፡ አሕማር ፡ ዘንጉሥ ፡
ወምስሌሁ ፡ ብዙኃን ፡ ካህናት ፡ ወመነኮሳት ፡ ወኤጲስ ፡ ቆጶሳት ፡ ክቡራን ፡
ወዐደወ ፡ ኬልቄዶንያ ፤ ወሰአሎሙ ፡ ለኵሎሙ ፡ ሐራ ፡ ወይቤሎሙ ፤ ኢ
ትኅድጉ ፡ የውሃተ ፡ መሲሓውያን ፡[6] በእንተ ፡ ጸሊአትክሙ ፡[7] ኪያየ ፤ ዳ
እሙ ፡ ግበሩ ፡ ሰላመ ፡ ምስለ ፡ እግዚአብሔር ፡ ወግርሩ ፡ ለኪዳነ ፡ አቡየ ፡
ሕርቃል ፤ እስመ ፡ ውእቱ ፡ ጻመወ ፡ ብዙኀ ፡ በእንተ ፡ ዛቲ ፡ ሀገር ። ወከ
ነ ፡ ይትሜሰሎሙ ፡ ለሰብእ ፡ ከመ ፡ ይትወከፎ ፡ ኀቤሁ ፡ ለወልደ ፡ እኁሁ ፡
ወይረስዮ ፡ ሱቱፈ ፡ ምስሌሁ ፡ በመንግሥት ፡ ወኢይኩን ፡ ማእከሌሆሙ ፡
ፀብእ ፡ ወቀትል ፤ ወነሥአ ፡ ቃለ ፡ እምኵሎሙ ፡ በጣርቃት ፡ ወይቤሎ
ሙ ፡ አነ ፡ አገብአ ፡[8] ለፊልክርዩስ ፡ እምስደቱ ። ወሶበ ፡ አእመረ ፡ ለንዶን

[1] A ተከየዱ ፡
[2] A ወኢርአየ ፡
[3] A ትንሤኤሁ ፡
[4] Mss. መሲሐ" ፡
[5] A "ጥንያ ፡, B "ጥያ ፡
[6] Mss. መሲሐ" ፡
[7] Mss. ጸሊኦተክሙ ፡
[8] Mss. አገብአ ፡

ዮስ ፡ ከመ ፡ ኵሎሙ ፡ ሕዝብ ፡ ገረሩ ፡ ሎቱ ፡ ወተወከፉ ፡ ቃሎ ፡ በሰላም ፡ ወነሥአ ፡ ለድምንድያኖስ ፡ ወለካልአን ፡[1] በጣርቃት ፡ ምስሌሁ ፡ ወረሰዩ ፡ አክሊለ ፡ መንግሥት ፡ ላዕለ ፡ ቍስጥንጥንዩስ ፡ ንኡስ ፤ ወኮነ ፡ ውእቱ ፡ እምደቂቀ ፡ ቍስጥንጥንዩስ ፡ ወልደ ፡ ሕርቃል ፡ ዘየዐቢ ፡ ዘተወክፎ ፡ ኀቤሁ ፡ ሕርቱልናስ ።[2] ወሖሩ ፡ ኵሎሙ ፡ አሕዛብ ፡ ዘእንበለ ፡ ጋእዝ ፤ ዳእሙ ፡ ኢያጽንዕዋ ፡ ለዛቲ ፡ ሰላም ፤ እምድኅረ ፡ አንገሥዎ ፡ ለቍስጥንጥንዩስ ፡ በኀዳጥ ፡ ዘመን ፡ ጸንዐት ፡ ጽልአሙ ፡ ለክልኤ ፡ ነገሥት ፡ ዘውእቶሙ ፡ ሕርቃል ፡ ሐዲስ ፡ ወቍስጥንጥንዩስ ፡ ንኡስ ፤ እስመ ፡ ሰይጣን ፡ ፈለጠ ፡ ማእከለ ፡ ሕርቃል ፡ ሐዲስ ፡[3] ወማእከለ ፡ ሐራ ፤ ወፀብአት ፡ ሀገረ ፡ ቀጸዶቅያስ ፡[4] በጊዜሃ ፡ አኀዙ ፡ ይግበሩ ፡ እከየ ፡ ወአምጽኡ ፡ መጽሐፈ ፡ መልእክት ፡ እንዘ ፡ ይብሉ ፤ ዛቲ ፡ መልእክት ፡ እምኀበ ፡ መርቲና ፡ ወቢርስ ፡ ሊቀ ፡ ጳጳሳት ፡ ዘቍስጥንጥንያ ፡ ፈነውዋ ፡ ኀበ ፡ ዳዊት ፡ መተርጉም ፡ ከመ ፡ ይግበር ፡ ፀብአ ፡ በኀይል ፡ ወይንሥአ ፡[5] ለመርቲና ፡ ትኩኖ ፡ ብእሲተ ፡ ወለደቂቀ ፡ ቍስጥንጥንዩስ ፡ [ዘውእቶሙ ፡ ቍስጥንጥንዩስ ፡] ዘነግሠ ፡ ምስለ ፡ ሕርቃል ፡ ወእኁሁ ፡ ከመ ፡ ያኅሥሮሙ ።[6] ወሰበ ፡ ተሰምዐ ፡ ዝንቱ ፡ ነገር ፡ በኀበ ፡ ሰብአ ፡ በራንጥያ ፡ ኮኑ ፡ ይብሉ ፤ ዝንቱ ፡ ነገር ፡ በእንተ ፡ ቅጥራድስ ፡ ርእሰ ፡ ሕዝበ ፡ ሙጣንስ ፡ ወልደ ፡ እኁሁ ፡ ለኵርናከ ፡ ዘአጥመቅዎ ፡ በሀገረ ፡ ቍስጥንጥንያ ፡ ወረሰይዎ ፡ መሲሓዌ ፡[7] እመ ፡ ንእሱ ፡ ወልህቀ ፡ በቤተ ፡ መንግሥት ፤ ወኮነ ፡ ማእከሌሁ ፡ ወማእከለ ፡ ሕርቃል ፡ ዘየዐቢ ፡ ፍቅር ፡ ወሰላም ፡ ብዙኅ ፡ ወእምድኅረ ፡ ሞቱ ፡ ለሕርቃል ፡ ኮነ ፡ ያፈቅሮሙ ፡ ለደቂቁ ፡ ወለብእሲቱ ፡ መርቲና ፡ በእንተ ፡ ሠናያት ፡ ዘገብረ ፡ ምስሌሁ ። ወሰበ ፡ ተጠምቀ ፡ ጥምቀተ ፡ ማሕየዊተ ፡ ሞአሙ ፡ ለኵሎሙ ፡ በርበር ፡ ወሐነፋውያን ፡ በኀይለ ፡ ጥምቀት ፡ ቅድስት ። ተብህለ ፡ በእንቲአሁ ፡ ከመ ፡ ውእቱ ፡ ይትራድአሙ ፡ ለመክፈልተ ፡ ደቂቀ ፡ ሕርቃል ፡ ወይፀብአሙ ፡ ለመክፈልተ ፡ ቍስጥንጥንዩስ ። ወበእንተ ፡ ዝንቱ ፡ ዜና ፡ እኩይ ፡ ተንሥኡ ፡ ኵሉ ፡ ሠራዊተ ፡ በራንጥያ ፡ ወሕዝብ ፡ ወኮነ ፡ መልአከ ፡ ኀይሎሙ ፡ ዩታሊዮስ ፡ ወልደ ፡ ቍስጥንጥንዩስ ፡[8] ዘተሰምየ ፡ ቴዎድሮስ ፤ ወኮነ ፡ ኀያለ ፡ ወመስተፃብአ ፡ ከመ ፡ አቡሁ ። ወሰበ ፡ አስተዳለዉ ፡

1 Mss. ወለካልአት ፡
2 Mss. ወተወከፎ ፡ ኀቤሁ ፡ ለኵርልናስ ፡
3 Mss. ዘየዓቢ ፡
4 A ″ስ ፡
5 Mss. ወይንሥአ ፡
6 Mss. ወለደቂቀ ፡ ቍስ″ ፡ ዘነግሠ ፡ ምስለ ፡ ኒኪጣን ፡ እኁሁ ፡ ከመ ፡ ያኅሥርዎሙ ፡
7 Mss. መሲሐዌ ፡
8 A ″ዮስ ፡

ለተፃብኦ ፡ ምስለ ፡ ዳዊት ፡ መተርጕም ፡ ወውእቱ ፡ ጕየ ፡ ወተፀወነ ፡
ኀበ ፡ ቅጽረ ፡ አርማንያ ፤ ወሐረ ፡ ኀቤሁ ፡ ወመተረ ፡ ርእሶ ፡ ወኢክህለ ፡
መኑሂ ፡ ተራድኦቶ ፡ ወአዖዳ ፡ ውስተ ፡ ኵሉ ፡ ሀገረ ፡ ምሥራቅ ። ወእም
ድኅረዝ ፡ ሐረ ፡ ሀገረ ፡ በራንጥያ ፡ ምስለ ፡ ብዙኃ ፡ ኀይል ፡ ወነሥአ ፡[1] ለቅ
ድር ፡ ወአውፅአ ፡[2] ለመርቲና ፡ በድፍረት ፡ ምስለ ፡ ፲ ፡ ደቂቃ ፡ ዘውእቶ
ሙ ፡ ሕርቃል ፡ ወደዊት ፡ ወመርዲቆስ ፡ ወነሥአ ፡ አክሊለ ፡ መንግሥት ፡
እምላዕሌሆሙ ፡ ወመተረ ፡ አዕናፊሆሙ ፡ ወሰደዶሙ ፡ ውስተ ፡ ሮድስ ።
ወቤርስስ ፡ ሊቀ ፡ ጳጳሳት ፡ መተርዎ ፡ ዘእንበለ ፡ ጉባኤ ፡ ወአውፅእዎ ፡ እ
ምቤተ ፡ ክርስቲያን ፡ ኀበ ፡ ሀገረ ፡ አጥራብሉስ ፡ ወሰደድዎ ፡ ህየ ፡ ኀበ ፡
ሀሎ ፡ ፊልክርዩስ ፤ ወለፊልክርዩስኒ ፡ ሜጥዎ ፡ እምስደቱ ። ወለወልደ ፡
መርቲናስ ፡[3] ዘይንእስ ፡ አኅጸውዎ ፡ ፈሪሆሙ ፡ እንዘ ፡ ይብሉ ፤ እመ ፡ ል
ህቀ ፡ ይከውን ፡ ንጉሠ ፤ ወውእቱ ፡ ሕፃን ፡ ኢክህለ ፡ ጸዊረ ፡ ቍስል ፡ ዐ
ቢይ ፡ ወበጊዜሃ ፡ ሞተ ። ወካልኡሰ ፡ እምደቂቃ ፡ ኮነ ፡ በሓመ ፡[4] ወጽሙ
መ ፡ ወኢይበቍዕ ፡ ለመንግሥት ፤ በእንተዝ ፡ ኢንከይዎ ፡[5] ምንትኒ ። ወአ
ርኰሱ ፡ ኪዳኖ ፡ ለሕርቃል ፡ ዘየዐቢ ፡ ወአንገሥዎ ፡ ለፉስጣ ፡ ወልደ ፡
ቍስጥንጥንዩስ ። ወህየንተ ፡ ቤርስ ፡ ሊቀ ፡ ጳጳሳት ፡ ሤምዎ ፡ ለጳውሎስ ፡
ዘእምሀገረ ፡ ቍስጥንጥንያ ። [ወዝንቱ ፡ ኵሉ ፡][6] ወተፈልጠሰ ፡ ዘኮነ ፡ በም
ስር ፡ ወበእስክንድርያ ፡ በመዋዕለ ፡ ሕርቃል ፡ ንጉሥ ፡ ዘኬልቄዶናውያን ፡
በከመ ፡ አዘከሩ ፡ መጻሕፍቲሁ ፡[7] ለዐቢይ ፡ ሳዊሮስ ፡ ሊቀ ፡ ጳጳሳት ፡ ዘአን
ጾኪያ ፡ ዘጸሐፈ ፡ ኀበ ፡ በጥሪቃ ፡ በመዋዕለ ፡ አንስጣስዮስ ፡ ንጉሥ ፡ እን
ዘ ፡ ይትኔበይ ፡ ላዕለ ፡ መንግሥተ ፡ ሮም ፡ ወይብል ፤ ኢይነብር ፡ ወልድ ፡
በመንበረ ፡ አቡሁ ፡ እምጣነ ፡ ሀሎ ፡ ሃይማኖተ ፡ ኬልቄዶናውያን ፡ ሀላዊ
ተ ፡ እንዘ ፡ ይብሉ ፡ ክልኤ ፡ ጠባይዐ ፡ ክርስቶስ ፡ ድኅረ ፡ ተዋሕዶ ፡ ዘኢ
ንክል ፡ ነቢቦታ ፡ ንሕነ ፤ እስመ ፡ ይብሉ ፡ ትስብእት ፡ ወመለኮት ፡ ክልኤ ፡
እሙንቱ ፡ እምድኅረ ፡ ተዋሕዶ ፡ ኢንምህር ፡ ንሕነ ፡ ምእመናን ፤ ኢይ
ደልወነ ፡ ንበል ፡ ከመ ፡ ዐላውያን ። በከመ ፡ ይቤ ፡ ጎርጎርዮስ ፤[8] ንሕነሰ ፡
አእመርናሁ ፡ ለእግዚአብሔር ፡ ቃል ፡ ውእቱ ፡ ፩ ፡ እም፪ ፤ እስመ ፡ እም
ላክ ፡ ተዋሐደ ፡ በሥጋ ፡ ወኮነ ፡ ፩ ፡ አካለ ፤ መለኮትሰ ፡ ኢተፈልጠ ፡ ኀበ ፡

[1] Mss. ወነሥኦ ፡

[2] Mss. ወአውፅኦ ፡

[3] A መርቲናስ ፡

[4] Mss. በሐመ ፡

[5] Mss. ኢንከይዎ ፡

[6] Ces mots manquent dans les deux manuscrits.

[7] A መጽሕፍቲሁ ፡

[8] A ጎርጎዮስ ፡

ትስብእት ፡ ወትስብእትኒ ፡ ኢትፈልስ ፡ ኀበ ፡ ካልእ ፡ ጠባይዕ ፤ ዳእሙ ፡
ቃል ፡ ዘተሠገወ ፡ ኮነ ፡ ዘእንበለ ፡ ውላጤ ፡ ወኢይረከቦ ፡ ለቃል ፡ ምክን
ያተ ፡ ተዋልጦ ፤ ዳእሙ ፡ ፩ ፡ አካል ፡ ዘአምላክ ፡ ቃል ፡ ዘተሠገወ ። አለ
ዝንቱ ፡ ተዋሕዶ ፡ መንክር ፤ ዘኢተርእየ ፡ ተርእየ ፡ ወፈጣሪ ፡ ተወልደ ፡
ወርኢናሁ ፤ ውእቱ ፡ ፈወሰነ ፡ በቍስላቲሁ ። ወዓዲ ፡ የአክለነ ፡ ናርምም ፡
እምቃለ ፡ አበው ፡ ክቡራን ፡ ዘቤተ ፡ ክርስቲያን ፡ እንተ ፡ ኮኑ ፡ መምህራ
ነ ፡ በፈቲን ፤ እስመ ፡ ሮማውያን ፡ ኢተአመኑ ፡ ይእዜ ፡ ዘእንበለ ፡ በሕማ
ም ። ወአንሰ ፡ ክንኩ ፡ እክሥት ፡[1] በአኀፅሮ ፡ ለእለ ፡ ይትዌከፉ ፡ በኀቤሆ
ሙ ፡ ጥዒመ ፡ አእምሮ ፡ ጽድቅ ፤ ወሰበ ፡ ገደፉ ፡ ሃይማኖተ ፡[2] ርትዕተ ፡
እንተ ፡ ለሃይማኖትነ ፡ ከመዝ ፡ ተገደፉ ፡ እመንግሥቶሙ ፤ ወኮነ ፡ ሀጕ
ለ ፡ ለኵሎሙ ፡ መሲሓውያን ፡[3] እለ ፡ ሀለዉ ፡ ውስተ ፡ ዓለም ፡ ወኢረከበ
ነ ፡ ሣህሉ ፡ ወምሕረቱ ፡ ለእግዚእነ ፡ ኢየሱስ ፡ ክርስቶስ ። ወበውእቱ ፡
መዋዕል ፡ ዓዲ ፡ ኮነ ፡ ሀከክ ፡ ዐቢይ ፡ በእንተ ፡ ዋልንድያኖስ ፤ እስመ ፡ ው
እቱ ፡ ለብሰ ፡ ልብሰ ፡ መንግሥት ፡ ወፈቀደ ፡ ከመ ፡ ይንግሥ ። ወሰበ ፡ ሰ
ምዑ ፡ ሰብአ ፡ ሀገረ ፡ ቍስጥንጥንያ ፡ ተንሥኡ ፡ ላዕሌሁ ፤ ወእምዝ ፡ አው
ፅእ ፡[4] ለይእቲ ፡ ልብስ ። ወሰቤሃ ፡ አኀዝዎ ፡ ወወሰድዎ ፡ ኀበ ፡ ንጉሥ ፡ ፉ
ስጣ ። ወውእቱኒ ፡ መሐለ ፡ በግሩም ፡ መሐላ ፡ እንዘ ፡ ይብል ፤ ወአንሰ ፡
ኢገበርኩ ፡ ዘንተ ፡ በእከይ ፡ ዳእሙ ፡ ከመ ፡ እፃብአሙ ፡ ለእስላም ። ወሰበ ፡
ሰምዑ ፡ ዘንተ ፡ ፈትሕዎ ፡ ወረሰይዎ ፡ ርእሰ ፡ ሐራ ፡ ወተከየዱ ፡ ምስሌሁ ፡
ከመ ፡ የሀብ ፡[5] ወለቶ ፡ ለንጉሥ ፡ ትኩኖ ፡ ብእሲተ ፡ ወበውእቱ ፡ ጊዜ ፡
አንገሩ ፡ ላቲ ፡ ቃለ ፡ ዐዋዲ ፡ ወሰመይዋ ፡[6] ስመ ፡ መንግሥታ ፡ አውግሥታ ።
ወለውንድዮስሰ ፡ ገባሬ ፡ እከይ ፡ አስተዋደዮ ፡ ለአርክድዮስ ፡ ርእሰ ፡ ኤጲስ ፡
ቆጶሳት ፡ ዘደሴተ ፡ ቆጵሮስ ፤ ወዝንቱ ፡ ብእሲ ፡ ኮነ ፡ መስተጋድለ ፡ በንጽ
ሕ ፡ ወዕውቅ ፡ በኀበ ፡ ኵሉ ፤ ወይቤ ፡ በእንቲአሁ ፤ ወውእቱ ፡ ኮነ ፡ የኀ
ብር ፡ ምስለ ፡ መርቲና ፡ ወቤርስ ፡ ሊቀ ፡ ጳጳሳት ፡ ወይትቃወሞ ፡ ለፉስጣ ፡
ንጉሥ ፡ ሐዲስ ። ወበምክር ፡ እኩይ ፡ ፈነወ ፡ [እም ፡] ቍስጥንጥንያ ፡[7] ብ
ዙኀ ፡ ሐራ ፡ ከመ ፡ ያምጽእዎ ፡ ለአርጋድዮስ ፡ ርእሰ ፡ ኤጲስ ፡ ቆጳሳት ፡ በ
ኀሣር ፡ ዐቢይ ። ወበትእዛዘ ፡ እግዚአብሔር ፡ ረከበ ፡ ፍጻሜ ፡ ወአዕረፈ ፡
በከመ ፡ ኵሎሙ ፡ ሰብእ ። ወሰበ ፡ አእመረ ፡ ኪርስ ፡ ባባ ፡ ኬልቄዶናዊ ፡

[1] Mss. እክሥታ ፡

[2] A ሃይማተ ፡

[3] Mss. መሲሐውያን ፡

[4] Mss. አውጽአ ፡

[5] Mss. የሀብዎ ፡

[6] Mss. ዓዋዲ ፡ (B አዋዲ ፡) ወሰመያ ፡

[7] Mss. ፈነወት ፡ ቍስጥንጥንያ ፡

በእስክንድርያ ፡ ተከዘ ፡ ፈድፋደ ፡ በእንተ ፡ ስደታ ፡ ለመርቲና ፡ ወለደቂቃ ፡ እለ ፡ ሜጥዎ ፡ እምስደት ፤ ወበእንተ ፡ ምትረቱ ፡ ለቢርስ ፡ ሊቀ ፡ ጳጳሳት ፡ ዘቍስጥንጥንያ ፡ ወተመይጠቱ ፡ ለፊርክርዩስ ፡ ዘከነ ፡ ጸላኢሁ ፡[1] ወሞተ ፡ አርጋድዮስ ፡ ሔጺስ ፡ ቆጳስ ፡ ወመዊአቱ ፡ ለለውንድዮስ ፡ ወተሠልጠቱ ። ወበዝንቱ ፡ ምክንያት ፡ ከነ ፡ ይበኪ ፡ እንበለ ፡ ዕረፍት ፡ ፈሪሆ ፡ ከመ ፡ ኢይርከቦ ፡ በከመ ፡ ረከቦ ፡ ቀዳሚ ፤ ወበዝንቱ ፡ ኀዘን ፡ አዕረፈ ፡ በከመ ፡ ሕግ ፡ ጠባይዓዊ ፤ ወመብዝኀተ ፡[2] ኀዘኑሰ ፡ ከነ ፡ በእንተ ፡ እስላም ፡ እለ ፡ ኢተወከፉ ፡ ስእለቶ ፡ በእንተ ፡ ምስራውያን ። ወእምቅድመ ፡ ይሙት ፡ ከነ ፡ ይገብር ፡ ግብረ ፡ ዐላውያን ፡[3] ወይሰድዶሙ ፡ ለመሲሓውያን ፤[4] ወበእንተዝ ፡ ፈደዮ ፡ እግዚአብሔር ፡ መኰንን ፡ ጽድቅ ፡ በእንተ ፡ እኩያት ፡ ዘገብረ ። ወለውንድዮስሰ ፡ መስፍን ፡ ወሐራ ፡ እለ ፡ ምስሌሁ ፡ ኢክህለ ፡[5] ተራድአቶሙ ፡ ለምስራውያን ፤ ዳእሙ ፡ ከኑ ፡ ይትመነደቡ ፡ እምእስላም ፡ ወእስክንድርያኒ ፡ ዓዲ ፡ ተመንደበት ፡ ጥቀ ፤ ወኢክህሉ ፡ ጸዊረ ፡ ጸባሕት ፡ ዘከኑ ፡ ይነሥእዎሙ ፤[6] ወአብዕልተ ፡ ሀገርኒ ፡ ከኑ ፡ ይትኀብኡ ፡ ውስተ ፡ ደሰያት ፡ በበ፲ ፡ አውራኅ ። ወእምድኅረዝ ፡ ተንሥአ ፡ ቴዎድሮስ ፡ መኰንን ፡ ወቍስጥንጥንዩስ ፡ ርእሰ ፡ ሠራዊት ፡ ወሐራ ፡ እለ ፡ ተርፉ ፡ ወዓዲ ፡ ሐራ ፡ እለ ፡ ከኑ ፡ እኀዘ ፡ በእደ ፡ እስላም ፡ ወዐርጉ ፡ ውስተ ፡ ሐመር ፡ ወመጽኡ ፡[7] ኀበ ፡ ሀገረ ፡ እለእስክንድርያ ። ወእምድኅረ ፡ በዓለ ፡ መስቀል ፡ ሜምዎ ፡ ለጴጥሮስ ፡ ዲያቆን ፡ ሊቀ ፡ ጳጳሳት ፡ አመ ፡ ፳ሁ ፡ ለሐምሌ ፡ አመ ፡ በዓሉ ፡ ለቅዱስ ፡ ቴዎድሮስ ፡ ሰማዕት ፡ ወአንበርዎ ፡ ዲበ ፡ መንበረ ፡ ሊቀ ፡ ጵጵስና ። አመ ፡ ፳ሁ ፡ ለመስከረም ፡ ተንሥአ ፡ ቴዎድሮስ ፡ ምስለ ፡ ኵሎሙ ፡ ሐራ ፡ ወሊቃውንት ፡ ወሐረ ፡ ኀበ ፡ ደሴተ ፡ ቆጵሮስ ፡ ወኀደጋ ፡ ለሀገረ ፡ እስክንድርያ ። ወእምዝ ፡ ቦአ ፡ እመር ፡ ሊቀ ፡ እስላም ፡ ዘእንበለ ፡ ፃማ ፡ ውስተ ፡ ሀገረ ፡ እለእስክንድርያ ፤ ወሰብአ ፡ ሀገርኒ ፡ ተወከፍዎ ፡ በክብር ፡ እስመ ፡ ሀለዉ ፡ ውስተ ፡ ምንዳቤ ፡ ወሕማም ፡ ዐቢይ ።

ክፍል ፡ ፻፳ወ፩ ።[8] ወአባ ፡ ብንያሚስ ፡ ሊቀ ፡ ጳጳሳት ፡ ዘምስራውያን ፡ በአ ፡ ውስተ ፡ ሀገረ ፡ እለእስክንድርያ ፡ እምድኅረ ፡ ጕይዮቱ ፡ እምሮም ፡

[1] Mss. ጸላእቱ ፡
[2] Mss. ወብዝኀተ ፡
[3] Mss. ዓለማውያን ፡
[4] Mss. ለመሲሐውያን ፡
[5] Mss. ወኢክህለ ፡
[6] A ይነሥእሙ ፡
[7] Mss. ወመጽአ ፡
[8] A ፻፳ወ፱ ፡, B ፻፳፰ ፡

በ፲ወ፫ ፡ ዓመት ፤ ወሖረ ፡ ኀበ ፡ አብያተ ፡ ክርስቲያናቲሁ ፡ ወሐወጾሙ ፡[1]
ለኵሎሙ ። ወኮኑ ፡ ኵሉ ፡ ሰብእ ፡ ይቤሉ ፤ ዝንቱ ፡ ስደት ፡ ወመዊአተ ፡
እስላም ፡ ኮነ ፡ በእንተ ፡ ዐመፃሁ ፡ ለሕርቃል ፡ ንጉሥ ፡ ወበእንተ ፡ ዘአመ
ንደበሙ ፡ ለኦርቶዶክሳውያን ፡ በእደ ፡ ኪርስ ፡ ባባ ፤ ወኀልቁ ፡ ሮም ፡ በዝ
ንቱ ፡ ምክንያት ፡ ወተሠለጡ ፡ እስላም ፡ ላዕለ ፡ ምስር ። ወኮነ ፡ እመር ፡
ይትኄየል ፡ ለለዕለቱ ፡ በኵሉ ፡ ግብሩ ፤ ወይነሥእ ፡ ግብረ ፡ ጸባሕት ፡ ዘወ
ሰኑ ፡ ወኢይነሥእ ፡ ምንተኒ ፡ እምንዋየ ፡ ቤተ ፡ ክርስቲያናት ፡ ወኢይገ
ብር ፡ ምንተሂ ፡ በርበሮ ፡ ወግብረ ፡ ምህርካ ፤ ወዐቀቦሙ ፡ በኵሉ ፡ ኑኀ ፡
መዋዕል ። ወሰበ ፡ አኀዛ ፡ ለሀገረ ፡ እስክንድርያ ፡ ረሰያ ፡ ለፈለገ ፡ ሀገር ፡
ይቡስ ፡ በከመ ፡ ተምህረ ፡ እምቴዎድሮስ ፡ ዐላዊ ። ወወሰከ ፡ ግብረ ፡ ጸባሕ
ት ፡ መጠነ ፡ ፳ወ፪ ፡ በትረ ፡ ወርቅ ፡ እስከ ፡ ተኀብኡ ፡ ኵሉ ፡ ሰብእ ፡ እም
ብዝኀ ፡[2] ምንዳቤ ፡ ወኀጥኡ ፡ ዘይሁቡ ። ወበዳግሚት ፡ ዓመት ፡ እምዑደ
ተ ፡ ቀመር ፡ መጽአ ፡ ዮሐንስ ፡ ዘእምሀገረ ፡ ጥምያጥ ፤ ውእቱ ፡ ተሠይመ ፡
እምኀበ ፡ ቴዎድሮስ ፡ መስፍን ፡ ወተራድአሙ ፡ ለእስላም ፡ ከመ ፡ ኢያጥ
ፍእዋ ፡[3] ለሀገር ፤ ወተሠይመ ፡ በሀገረ ፡ እስክንድርያ ፡ በጊዜ ፡ ቦአ ፡ እመር ፡
ኀቤሃ ። ወዝንቱ ፡ ዮሐንስ ፡ ተራኀርኀ ፡ ላዕለ ፡ ነዳያን ፡ ወወሀቦሙ ፡ ብዙ
ኀ ፡ ንዋየ ፡ እምንዋዩ ፤ ወሰበ ፡ ርእየ ፡ ምንዳቤሆሙ ፡ ተሣሀሎሙ ፡[4] ወከ
ነ ፡ ይበኪ ፡ በእንተ ፡ ዘረከቦሙ ። እመርሰ ፡ ሠዐሮ ፡ ለሚናስ ፡ ወሤሞ ፡ ለዮ
ሐንስ ፡ ህየንቴሁ ። ወዝንቱ ፡ ሚናስ ፡ ወሰከ ፡ ላዕለ ፡ ሀገር ፡ ግብረ ፡ ጸባሕ
ት ፡ ዘወሰነ ፡ እመር ፡ ፪፼ወ፳፪ ፡ ዲናረ ፡ ወርቅ ፤ ወዘገብረሰ ፡ ዐላዊ ፡ ሚ
ናስ ፡ ኮነ ፡ ፫፼ወ፳፪፻ወ፳ ፡ ዲናረ ፡ ወርቅ ፡ ረሰዮሙ ፡ ለእስማኤላውያን ።
ወአልቦ ፡ ዘይክል ፡ ተናግሮ ፡ በእንተ ፡ ብካይ ፡ ወላህ ፡ ዘኮነ ፡ ውስተ ፡ ይእ
ቲ ፡ ሀገር ፡ እስከ ፡ ወሀቡ ፡ ደቂቆሙ ፡ ህየንተ ፡ አእላፍት ፡ ዘኮኑ ፡ ይሁቡ ፡
ለለወርኀ ፤[5] ወኀጥኡ ፡ ዘይረድአሙ ፡ ወመተረ ፡ እግዚአብሔር ፡ ተስፋሆ
ሙ ፡ ወአግብአሙ ፡ ለመሲሓውያን ፡[6] ውስተ ፡ እደ ፡ አፅራሪሆሙ ። ዳእ
ሙ ፡ ኂርውናሁ ፡ ለእግዚአብሔር ፡ ከሃሊት ፡[7] ታኀሥሮሙ ፡ ለእለ ፡ ያሐ
ዝኑነ ፡ ወይሬሲ ፡[8] ፍቅሮ ፡ ለሰብእ ፡ መዋኢተ ፡[9] ለኀጣውኢነ ፡ ወያበጥል ፡[10]
ምክንያቶሙ ፡ እኪተ ፡ ለእለ ፡ ያመነድቡነ ፡ ዘኢፈቀዱ ፡ ይንግሥ ፡ ላዕሌ
ሆሙ ፡ ንጉሠ ፡ ነገሥት ፡ ወእግዚአ ፡ አጋእዝት ፡ ኢየሱስ ፡ ክርስቶስ ፡ አ

[1] B ወሐውጾሙ ፡
[2] A እምዝኃ ፡
[3] A ያጥፍእዋ ፡
[4] Mss. ተሠሃሎሙ ፡
[5] A ለለወርኁ ፡
[6] Mss. ለመሲሐ″ ፡
[7] Mss. ከሀሊት ፡
[8] Mss. ወይረሲ ፡
[9] Mss. መዋኢት ፡
[10] B ወያብጥል ፡

ምላክነ ፡ ዘበአማን ። ለእሉንቱ ፡ አግብርት ፡ እኩያን ፡ የሀጕሎሙ ፡ በእ
ኩይ ፤[1] በከመ ፡ ይቤ ፡ ወንጌል ፡ ቅዱስ ፤ አዕራርየሰ ፡ እለ ፡ ኢፈቀዱ ፡ እን
ግሥ ፡ላዕሌሆሙ ፡ አምጽእዎሙ ፡ ኀቤየ ። ወይእዜኒ ፡ ብዙኃን ፡ እምስራ
ውያን ፡ ዘከኑ ፡ መሲሓውያነ ፡[2] ሐሳውያነ ፡ ክሕድዋ ፡[3] ለሃይማኖት ፡ ቅድ
ስት ፡ አርቶዶክሳዊት ፡ ወለጥምቀት ፡ ማሕየዊት ፡ ወከኑ ፡ ውስተ ፡ ሃይማ
ኖተ ፡ እስላም ፡ አፅራረ ፡ እግዚአብሔር ፡ ወተወከፉ ፡ ትምህርተ ፡ ርኩሰ ፡
ዘአርዌ ፡ ዘውእቱ ፡ መሐመድ ፡ ወስሕቱ ፡ ምስለ ፡ እልኩ ፡ መጣዓውያን ፡[4]
ወአኀዙ ፡ በእደዊሆሙ ፡ ንዋየ ፡ ሐቅል ፡ ወፀብእዎሙ ፡ ለመሲሓውያን ።[5]
ወከነ ፡ ፩ ፡ እምኔሆሙ ፡ ዘስሙ ፡ ዮሐንስ ፡ ኬልቄዶናዊ ፡ ዘእምደብረ ፡ ሲ
ና ፡ ኀብረ ፡ በሃይማኖተ ፡ እስላም ፡ ወኀደገ ፡ እስኬማሁ ፡ ወነሥአ ፡ ሎቱ ፡
ሰይፈ ፡ ወይሰድዶሙ ፡ ለመሲሓውያን ፡[6] ምእመናን ፡ በእግዚእነ ፡ ኢየሱ
ስ ፡ ክርስቶስ ።

ክፍል ፡ ፻፳ወ፪ ።[7] ወእምዝ ፡ ንሰብሖ ፡ ለእግዚእነ ፡ ኢየሱስ ፡ ክርስቶስ ፡
ወንባርኮ ፡ ለስሙ ፡ ቅዱስ ፡ በኵሉ ፡ ጊዜ ፤ እስመ ፡ ውእቱ ፡ አድኀነነ ፡ ለነ ፡
ለመሲሓውያን ፡[8] እምስሕተተ ፡ ሐንፋውያን ፡ መስሕታን ፡ ወእምድኅፀተ ፡
ሐራ ፡ ጥቃ ፡ ዐላውያን ፡ እስከ ፡ ዛቲ ፡ ሰዓት ። ወዓዲ ፡ ያድኅነነ ፡ ወይርድ
እነ ፡ ለጸዊረ ፡ ምንዳቤያት ፡ በተስፋ ፡ መለኮቱ ፤ ወይረስየነ ፡ ድልዋነ ፡ በገ
ጽ ፡ ዘኢየኀፍር ፡ ለነሚእ ፡ ርስተ ፡ መንግሥቱ ፡ ዘለዓለም ፡ ሰማያዊት ፡
ዘኢትማስን ። ወአቡሁ ፡ ኄር ፡ ወመንፈሱ ፡ ቅዱስ ፡ ማሕየዊ ፡ ለዓለመ ፡
ዓለም ፡ አሜን ።

ተፈጸመ ፡ ዝንቱ ፡ መጽሐፍ ፡ ቡሩክ ፡ ዘአስተናበሮ ፡ ዮሐንስ ፡ መደብር ፡
ጳጳስ ፡ ዘሀገረ ፡ ንቅዩስ ፡ በእንተ ፡ በቍዔተ ፡ ነፍስ ፤ ወሀለዉ ፡ ቦቱ ፡ ምሥ
ጢራት ፡ እምላካውያት ፡[9] ወመንክራት ፡ ሉዐላውያት ፡[10] ዘከኑ ፡ በዐላው
ያን ፡ ሃይማኖት ። በጊዜ ፡ አድለቅለቀት ፡ ምድር ፡ በእንተ ፡ ምክንያተ ፡ ክ
ሕደቱ ፡ ወማሰነት ፡ ኒቅያ ፡ ሀገር ፡ ዐባይ ፤ ወበጊዜ ፡ ዘንመ ፡ እሳት ፡ እም
ሰማይ ፤ ወበጊዜ ፡ ጸልመ ፡ ፀሓይ ፡ እምሰዓተ ፡ ጽባሕ ፡ እስከ ፡ ምሴት ።

[1] B በእከይ ፡
[2] Mss. መሲሐ" ፡
[3] Mss. ወክህድዋ ፡
[4] Mss. መጣዐውያን ፡
[5] Mss. ለመሲሐ" ፡
[6] Mss. ለመሲሐ" ፡
[7] A ፻፴ ፡, B ፻፳፱ ፡
[8] Mss. ለመሲሐውያን ፡
[9] A እምላካውያን ፡
[10] A ሉዓለውያት ፡

በጊዜ ፡ ዐርጉ ፡ አፍላጋት ፡ ወአስጠሙ ፡ ብዙኃተ ፡ አህጉራተ ፤ ወበ ፡ ጊዜ ፡ ንህሉ ፡ አብያት ፡ ወኀልቁ ፡ ብዙኃን ፡ ሰብእ ፡ ወወረዱ ፡ ውስተ ፡ ዕመቀ ፡ ምድር ። ወዝኵሉ ፡ ኮነ ፡ በእንተ ፡ ዘከፈልዎ ፡ ለክርስቶስ ፡ ኀበ ፡ ፪ ፡ ጠባይዕ ፤ ወመንፈቆሙ ፡ ረሰይዎ ፡ ፍጡረ ። ወእምንገሥታተ ፡ ሮምሂ ፡ ተአተተ ፡ አክሊለ ፡ መንግሥት ፡ ወተሠለጡ ፡[1] ላዕሌሆሙ ፡ እስማኤላውያን ፡ ወቍዛውያን ፡ በእንተ ፡ ዘኢሐሩ ፡ በሃይማኖት ፡ ርትዕት ፡ ዘለእግዚእነ ፡ ኢየሱስ ፡ ክርስቶስ ፡ ወከፈልዎ ፡ ለዘኢይትከፈል ። ወኮነ ፡ ጥንተ ፡ ጽሒፈቱ ፡ ለዝንቱ ፡ መጽሐፍ ፡ እመ ፡ ፳ወ፰ ፡[2] ለሐምሌ ፡ ወፍጻሜሁ ፡ እመ ፡ ፳ወ፱ ፡ ለጥቅምት ፡ በዕለተ ፡ ሰኑይ ፡ በጊዜ ፡ ፮ ፡ ሰዓት ፡ መዓልት ፡ እንዘ ፡ ሀሎ ፡ ፀሓይ ፡ በማኅፈደ ፡ አቅራብ ፡ ወወርኅኒ ፡ በማኅፈደ ፡ ደሉ ፤ ወሑረተ ፡ ፀሓይኒ ፡ ኮነ ፡ አሜሃ ፡ ፲፫ወ፳ ፡ መዓርግ ፤ ወመንፈቀ ፡ መዓልቱኒ ፡ ይከውን ፡ ፹ወ፯ ፡ ማዕርግ ፡ ወ፴ ፡ ደቃይቅ ። ወሰዓተ ፡ መዓልቱኒ ፡ ፲ወ፩ ፡ ወሰዓተ ፡ ሌሊትኒ ፡ ፲ወ፫ ፤ ወኮነ ፡ ይነሥእ ፡ መዓልት ፡ እምነ ፡ ሌሊት ፡ ለለኵሉ ፡ ዕለት ፡ ፳ ፡ ደቃይቅ ። ወምልክና ፡ እልጕፍርኒ ፡ እምነ ፡ መናዝል ፡ ኮነ ፡ አሜሃ ። በ፸፻ወ፳፻፺ወ፱ ፡ ዓመተ ፡ ዓለም ፤ በ፲፻ወ፱፻፵ወ፯ ፡ ዓመተ ፡ እስክንድር ፤ በ፲፻ወ፳፻፺ወ፱ ፡ ዓመተ ፡ ሥጋዌሁ ፡ ለእግዚእነ ፡ ኢየሱስ ፡ ክርስቶስ ፤ በ፲፻ወ፫፻፲ወ፰ ፡ ዓመታተ ፡ ሰማዕታት ፤ በ፱፻ወ፹ ፡ ዓመተ ፡ አጋር ፡ በዓመተ ፡ ፀሓይ ፤ ወበዓመተ ፡ ወርኅኒ ፡ ፲፻ወ፲ ፡ ዓመት ። በ፴ ፡ ዓመት ፡ ወ፯ ፡ አውራኅ ፡ ወ፳ ፡ ዕለታት ፡ እመንግሥተ ፡ መለክ ፡ ሰገድ ፡ ዘይንእስ ፡ ወልደ ፡ መለክ ፡ ሰገድ ፡ ዘየዐቢ ፡ ወበጸጋ ፡ ጥምቀት ፡ ዘተሰምየ ፡ ያዕቆብ ። በ፳ ፡ ዓመት ፡ ወ፫ ፡ አውራኅ ፡ ወ፰ ፡ ዕለታት ፡ እምዘ ፡ ነግሠት ፡[3] ንግሥት ፡ መለክ ፡ ሞገሳ ፡ መፍቀሬተ ፡ እግዚአብሔር ፡ ወበጸጋ ፡ ጥምቀት ፡ ዘተሰምየት ፡ ማርያም ፡ ስና ። ወተርጐምናሁ ፡ በአስተሓምሞ ፡[4] ብዙኅ ፡ ለዝንቱ ፡ መጽሐፍ ፡ እምዓረቢ ፡ ለግዕዝ ፡ አነ ፡ ምስኪን ፡ ምኑን ፡ በኀበ ፡ ሰብእ ፡ ወትሑት ፡ በውስተ ፡ ሕዝብ ፡ ወዲያቆን ፡ ቅብርያል ፡ ግብጻዊ ፡ ወልደ ፡ ሰማዕት ፡ ዮሐንስ ፡ ዘቀልዩቢ ፡ በትእዛዘ ፡ አትናቴዎስ ፡ ሊቀ ፡ ሠራዊት ፡ ዘኢትዮጵያ ፡ ወበትእዛዘ ፡ ንግሥት ፡ ማርያም ፡ ስና ። ባሕቱ ፡ ይረስዮ ፡ እግዚአብሔር ፡ ለመድኀኒተ ፡ ነፍስ ፡ ወለዕቅበተ ፡ ሥጋ ። ወስብሐት ፡ ለዘወሀበነ ፡ ክሂለ ፡ ለወጢን ፡ ወፍጻሜ ፡ ለዓለመ ፡ ዓለመ ፡ አሜን ፡ ወአሜን ፡ ለይኩን ፡ ለይኩን ።

[1] A ወተሠልጡ ፡
[2] B ፳ወ፲ ፡
[3] Mss. ነገሥት ፡
[4] Mss. ወተርጐምኖ ፡ በአስተሐምሞ ፡

CHRONIQUE

DE

JEAN, ÉVÊQUE DE NIKIOU.

(TRADUCTION.)

Au nom du Père, du Fils et du Saint-Esprit, Dieu un. Préface de cet ouvrage qui se compose de cent vingt-deux chapitres. Ces récits, en ce qui concerne les événements anciens des temps primitifs, l'auteur les a recueillis dans les anciennes chroniques, à savoir : les événements survenus depuis Adam jusqu'à Tîw (Didon), qui régna sur les Grecs et sur l'Afrique; et depuis l'époque de Romulus et de Rémus, d'heureuse mémoire, qui régnèrent sur Rome, jusqu'à la fin du règne de saint Constantin, premier empereur chrétien de Rome; et depuis l'avènement des fils du grand et pieux empereur chrétien Constantin jusqu'à la fin du règne de l'empereur Jovien, l'ami de Dieu; et depuis l'avènement de Valentinien jusqu'à la fin du règne de Théodose, le grand empereur bienheureux; et depuis le temps d'Arcadius et d'Honorius, les fils de l'empereur Théodose, l'ami de Dieu, jusqu'à la fin du règne d'Anastase, l'empereur bienheureux; et depuis le règne de l'empereur Justin jusqu'à la fin du règne d'Héraclius; et depuis le temps de Théodore, préfet augustal d'Égypte, jusqu'à Jean, moine du couvent de Sinaï, partisan de la foi des Chalcédoniens. Or ces récits ont été rédigés, du commencement à la fin, par le pieux Jean *Modabbir*, c'est-à-dire le *recteur*, qui était évêque dans la ville de

Nikious ou Absây, en Égypte; il les a tirés d'histoires plus étendues; ils sont disposés en chapitres, au nombre de cent vingt-deux, qui forment une chronographie commençant par la génération des hommes primitifs.

Chapitre I. Des noms d'Adam et d'Ève et de leurs enfants, et des noms de toutes les créatures.

Chapitre II. Des noms des étoiles[1], du soleil et de la lune, et comment ils furent trouvés dans les livres hébreux.

Chapitre III. Des premiers qui se livrèrent à la navigation et qui naviguèrent sur mer.

Chapitre IV. Des premiers qui gravèrent des astrolabes et de ceux qui les gravaient dans la suite.

Chapitre V. De la fondation de Babylone; de ceux qui adorèrent l'image du cheval[2]; de l'origine de la chasse[3] et de l'usage de manger (la chair) des animaux.

Chapitre VI. Des premiers qui mangèrent de la chair humaine. De celui qui avait tué ses fils et de celui qui, ensuite, tua son père.

Chapitre VII. Du premier qui prit pour femme sa propre sœur.

Chapitre VIII. De celui qui fonda la ville de Ninive et qui, le premier, prit pour femme sa mère.

Chapitre IX. Du premier qui travailla l'or et qui le chercha dans les mines[4].

Chapitre X. Du premier qui fabriqua des armes de guerre.

Chapitre XI. Du premier qui construisit un four et qui épousa deux femmes.

Chapitre XII. De celui qui fonda une ville nommée Ville du Soleil (Héliopolis).

Chapitre XIII. De celui qui fonda les deux villes (nommées) Abousir, l'une dans l'Égypte supérieure, l'autre dans l'Égypte septentrionale.

[1] C'est-à-dire, des planètes.

[2] Il n'est pas question, dans le texte du chapitre, de l'origine du culte du cheval.

[3] Au lieu de ንጺወ ፡ du texte, lisez ንጺዎ ፡, leçon des mss. que j'ai corrigée par erreur.

[4] ማዕድን ፡ est le mot arabe معدن.

Chapitre xiv. De la fondation de la ville de Semnoud et de l'*Albarâbî*[1], qui est un temple d'idoles.

Chapitre xv. Des Grecs[2] qui, les premiers, ont proclamé la majesté de la Trinité consubstantielle.

Chapitre xvi. De l'introduction de la culture de la terre dans les provinces d'Égypte. Dans quelle situation se trouvait l'Égypte, à l'origine.

Chapitre xvii. De celui qui, le premier, leva l'impôt en Égypte, arpenta la terre et força les habitants à donner (une redevance) au roi. Qui a creusé la terre pour faire écouler l'eau, et creusé le canal appelé *Dîk*.

Chapitre xviii. De celui qui fit disparaître les eaux et dessécha les marais, en Égypte, de sorte que l'on pût y bâtir des villes et des villages et établir des plantations.

Chapitre xix. De la construction de trois pyramides[3] dans la ville de Memphis.

Chapitre xx. De celui qui, le premier, fit des vêtements de couleur.

Chapitre xxi. De celui qui fit de belles statues, et qui les adorait. De celui qui fonda les villes d'Icone et de Tarse. Qui a donné à l'Assyrie le nom de Perse; qui a planté des arbres[4] en Égypte; et qui, le premier, a adoré le soleil, la lune, le feu et l'eau.

Chapitre xxii. De celui qui a rendu un culte particulier à la lune et lui éleva un autel comme à une divinité.

Chapitre xxiii. De celui qui donna son nom à la Libye[5]. Qui a fondé la ville de Tyr et qui a donné leurs noms à Canaan, à la Syrie et à la Cilicie.

[1] **እልበራቢ** ፡ est la forme arabe البرابى, transcription du copte ⲉⲣⲡⲉ, ou du pluriel ⲉⲣⲡⲏⲩⲉ.

[2] **ሐንፋውያን** ፡ est la traduction de Ἕλληνες, dans le sens de *païens*.

[3] **ምስጋዳት** ፡, *temples*, est probablement la traduction inexacte du mot arabe اهرام, que le traducteur éthiopien aura confondu avec احرام.

[4] **አዕፃው** ፡. Cette forme de pluriel de **ዕፅ** ፡ se trouve aussi plus loin, dans le texte du chapitre.

[5] J'ai rétabli **ለሉንያ** ፡, d'après la leçon du texte du chapitre.

Chapitre XXIV. De celui qui donna des noms aux villes d'Europe et fonda la ville de Gortyna[1].

Chapitre XXV. De celui qui, le premier, mit des ais de bois aux pieds d'un homme.

Chapitre XXVI. De celui qui, le premier, construisit un autel aux idoles et qui les adora.

Chapitre XXVII. De Melchisédec le prêtre et de son origine; de la fondation de Sidon et de Sion appelé Salem. De la dénomination des Juifs ou Hébreux.

Chapitre XXVIII. De l'invention de l'écriture des Grecs et de l'art d'écrire les lettres grecques.

Chapitre XXIX. Du déluge dans l'Attique[2], comment les eaux y séjournèrent longtemps, et comment le pays devint désert.

Chapitre XXX. Du pharaon qui était l'adversaire de Moïse et comment il périt avec les siens au fond de la mer Rouge.

Chapitre XXXI. De celui qui changea le nom de la ville d'Absây en Nikious. Comment, par la volonté de Dieu, le fleuve qui coulait près d'elle, changea son cours de l'orient vers l'occident de la ville.

Chapitre XXXII. De la fondation de Jérusalem, du changement de son nom en Néapolis, et de la construction, dans cette ville, de la maison de Dieu.

Chapitre XXXIII. De celui qui, parmi les anciens, commença à exercer une industrie manuelle.

Chapitre XXXIV. Qui a trouvé une inscription et l'a communiquée aux hommes. Qui a inventé l'enseignement et qui a expliqué des vers gravés sur une table de pierre.

Chapitre XXXV. Qui a établi la loi du mariage, prescrivant que les hommes prissent pour femmes des jeunes filles vierges et les appelassent épouses; et qui a introduit l'usage des repas.

[1] አርያ ፡ et ቆርጣግና ፡ sont des transcriptions fautives des formes arabes اوربا et قرطنا.

[2] Dans le texte du chapitre, ce nom est écrit plus correctement አንዲክ ፡.

Chapitre XXXVI. Qui, le premier parmi les Grecs, a cru en quelque sorte à la sainte Trinité ne formant qu'une seule divinité.

Chapitre XXXVII. Des premiers qui, dans le monde, pratiquèrent la médecine.

Chapitre XXXVIII. Qui, le premier dans le monde, a construit un bain.

Chapitre XXXIX. Qui, le premier, a joué de la flûte[1] et d'instruments semblables, comme le cor et la trompette.

Chapitre XL. De la fondation de Cyzique. Comment l'oracle proclama l'unité de la Sainte Trinité et annonça aux gens[2] que Dieu naîtrait d'une vierge.

Chapitre XLI. Qui a établi le sanctuaire du Sosthenium. De la fondation (à sa place) d'une église, sur l'ordre de l'empereur Constantin, l'ami de Dieu.

Chapitre XLII. Des clous (de la croix) de Notre-Seigneur Jésus-Christ, et comment, par eux, les empereurs remportaient la victoire.

Chapitre XLIII. Qui a donné leurs noms aux deux provinces d'Achaïe et de Laconie.

Chapitre XLIV. Qui a donné son nom au Péloponnèse et y a fondé une ville appelée Péloponnésos[3].

Chapitre XLV. Qui a fondé les villes de[4] . . . .

Chapitre XLVI. Qui, le premier, a enseigné le jeu des instruments de musique.

Chapitre XLVII. De celui qui donna son nom à l'île d'Éphèse qui est l'Asie, auparavant appelée . . . ., nom que l'on a changé en Icone[5].

Chapitre XLVIII. Qui a fondé la ville appelée Palmyre, près laquelle le roi David avait vaincu le Philistéen.

[1] እንዚር ፡ ou እንዜር ፡, forme vulgaire et moderne de ዕንዚራ ፡.

[2] Le mot ሰብእ ፡, ici et dans un grand nombre de passages de notre texte (ainsi, d'ailleurs, que dans d'autres ouvrages) représente l'article défini.

[3] ሎኖንያ ፡ et ሎበሊዮን ፡ sont les transcriptions fautives des formes arabes بلوبانسا et بلوبانسون. Sur ደሴት ፡ voyez, ci-après, p. 266.

[4] Voyez, sur ces noms altérés, ci-après, p. 266, note 5.

[5] Voyez, ci-après, p. 266, note 7.

Chapitre XLIX. Comment Nabuchodonosor triompha de la ville de Tyr qui est une île.

Chapitre L. Par qui l'arche de Dieu, les tables (de la loi), la verge fleurie d'Aaron, la mesure contenant la manne, et le morceau du roc, ont été cachés (et rendus inaccessibles) aux hommes.

Chapitre LI. Du règne du roi Cyrus et de la permission qu'il donna aux captifs des fils d'Israël[1] de partir. Comment Cambyse leur défendit de bâtir le temple. Comment Cambyse, provoqué par Yasîd, général des troupes égyptiennes, tua les officiers égyptiens et emmena des captifs d'Égypte dans son pays, et comment les Égyptiens revinrent dans leur pays. Comment, quarante et un ans après, Alexandre le Macédonien, appelé le conquérant du monde, obtint l'empire.

Chapitre LII. De la fondation de la ville appelée Albanie.

Chapitre LIII. Qui, le premier, construisit une maison qu'il appela *palais*.

Chapitre LIV. Qui a fondé la ville appelée Lavinia.

Chapitre LV. Qui a fondé la ville de Carthage.

Chapitre LVI. De celui qui fonda la ville de Rome, et comment les Romains en tirent leur nom. Origine des formules de demande et de décret; de[2] . . . . ; comment l'armée alla combattre à cheval[3]; de l'établissement d'un lieu de combat pour les femmes; du règlement des ordres de l'armée; des messagers et de ceux vers qui ils furent envoyés (?). Pour quelle raison nos Pères les moines égyptiens célèbrent la messe le premier jour de chaque mois.

Chapitre LVII. Qui a été l'inventeur des monnaies, ce qui fut l'origine de la vente et de l'achat. De l'institution des préfets, des magistrats et des juges.

Chapitre LVIII. Qui a fondé la ville de Thessalonique.

Chapitre LIX. Qui a fondé les villes d'Alexandrie et de Chrysopolis

[1] Au lieu de ለደቂቀ ፡ lisez ዘደቂቀ ፡.

[2] Les mots ወዑደት ፡ ሂመታት ፡, qui ne se rapportent à aucun passage du texte du chapitre, sont inintelligibles pour moi.

[3] Il s'agit des luttes équestres.

de Byzance[1], à savoir Alexandre. Comment il triompha de Darius et fit sa fille captive. Comment il fut fait prisonnier par la reine Candace, lorsqu'il vint auprès d'elle avec les espions, déclarant par qui ils avaient été envoyés, et comment il la prit pour épouse.

Chapitre LX. A quelle époque furent traduites les Écritures inspirées par Dieu, et combien il y avait d'interprètes.

Chapitre LXI. Qui a fondé les villes célèbres d'Antigonia, d'Antioche, de Laodicée et d'Apamée[2].

Chapitre LXII. Qui, le premier, a écrit une chronique[3]. . . . .

Chapitre LXIII. Qui a fait torturer les saints Machabées.

Chapitre LXIV. De la naissance du César Jules (Jules-César), roi de Rome; du règne de Cléopâtre et de la construction de la grande église appelée Césarion, à Alexandrie.

Chapitre LXV (LXVI)[4]. Qui a fondé Césarée en Palestine.

Chapitre LXVI (LXVII). Qui a construit le phare d'Alexandrie et creusé la terre pour établir le canal de Kérioun, nom qui signifie « fossé, » de sorte que l'eau arriva du grand fleuve Gehon à la grande ville d'Alexandrie; comment l'eau fut conduite à un grand bassin, construit avec art. A quelle époque naquit Notre-Seigneur Jésus-Christ en chair. Pourquoi les Romains mirent en tête de leurs mois le sixième mois de l'année.

Chapitre LXVII (LXVIII). Qui a fixé l'un des jours types au sixième jour du mois de ṭer. Comment Esdras, le saint homme, fut injustement écarté[5].

Chapitre LXVIII (LXIX). Sous le règne de quel empereur Notre-

[1] Les mots ወልእኽርሳ ፡ ሀገረ ፡ ብሬንጥያ ፡ sont la traduction inexacte de Χρυσόπολιν Βυζαντίου.

[2] አያምያ ፡ est la transcription fautive de l'arabe افاميا.

[3] Voyez, sur le malentendu que renferme la rubrique, ainsi que le texte du chapitre, ci-après, p. 284, note 6.

[4] Le traducteur arabe, auteur de cette table des chapitres, ou les copistes ayant passé la rubrique mentionnant la fondation de Césarée de Cappadoce, les numéros des rubriques suivantes ne correspondent pas à ceux du texte. J'ai placé les chiffres exacts entre parenthèses.

[5] Voyez, ci-après, p. 289. እስትድራሲ ፡ paraît être la transcription fautive de la forme arabe استدراس.

Seigneur Jésus-Christ a été crucifié. Qui a fondé la ville de Tibériade.

Chapitre LXIX (LXX). De ce qui arriva à l'empereur Néron, et de sa triste mort.

Chapitre LXX (LXXI). De l'empereur Domitien; comment saint Jean l'évangéliste a été deux fois exilé par lui; mort de saint Jean. Comment Domitien fonda la ville de Domitiopolis, et comment il fut assassiné. Abolition des combats et de l'usage de se battre[1].

Chapitre LXXI (LXXII). De la mort d'Ignace le Théophore et des femmes qui subirent le martyre avec lui. Construction d'une citadelle à Babylone d'Égypte. Qui a donné à la ville le nom de Babylone. Qui a creusé le canal appelé canal de Trajan, qui aboutit à la mer Rouge, et construit la citadelle de Memphis.

Chapitre LXXII (LXXIII). Qui a fondé Antinôou dans la province du Rîf.

Chapitre LXXIII (LXXIV). Qui a établi l'obligation pour les pères de faire des testaments en faveur de leurs enfants. Construction de deux portes à Alexandrie, à l'occident et à l'orient de la ville.

Chapitre LXXIV (LXXV). Qui a introduit des lions en Égypte et en Palestine.

Chapitre LXXV (LXXVI). Qui a établi l'usage d'écrire les comptes et les cautions, pour que ce fût une garantie pour les hommes[2].

Chapitre LXXVI (LXXVII). Du règne de Dioclétien l'Égyptien. Comment il perdit la raison et fut exilé. Qui furent ses fils qui faisaient le mal. La peste que Dieu amena sur les idolâtres, de sorte qu'ils n'avaient pas d'hommes pour enterrer les morts. Règne de Constantin, l'ami de Dieu; les belles actions accomplies par lui et la magnificence des églises, sous son règne. Qui, le premier, a construit un pont[3]. De l'invention de la Croix. De la fondation de la ville de Con-

[1] Au lieu des mots du texte በአዕርዮተ ፡ ጸብእ ፡ ወበጽፍዐተ ፡ ሰብእ ። lisez ወአዕርዮተ ፡ ጸብእ ፡ ወጽፍዐተ ፡ ሰብእ ። Ces mots ne se rapportent pas à Domitien et font une phrase à part. Il s'agit de l'abolition du combat des gladiateurs par Nerva.

[2] Voyez, ci-après, p. 296.

[3] ቀናጥሬ ፡, accusatif de ቀናጥር ፡, qui est la transcription de la forme arabe قناطر, pluriel de قنطرة, expliqué par l'amharique ድልድይ ፡.

stantinople et comment elle reçut ce nom, tandis qu'antérieurement elle s'appelait Byzance. Comment Gelasinus devint croyant en voyant un prodige, c'est-à-dire le saint baptême, et sa mort extraordinaire. Comment les Indiens connurent Notre-Seigneur Jésus-Christ, notre Dieu : ce fut saint Athanase l'Apostolique qui, le premier, donna un évêque à l'Inde et au Yémen. Constantin avait, pendant toute sa vie, devant ses yeux un ange de Dieu, qui le réveillait pour la prière.

Chapitre LXXVII (LXXVIII). De la construction d'un pont sur le fleuve appelé Pyrame. Ruine de Nicée. Apparition, au milieu du jour, de la sainte Croix sur Golgotha, sur le lieu où avait été crucifié Notre-Seigneur. Des tribulations[1] que saint Athanase l'Apostolique eut à subir de la part des Ariens. De l'exil de Liberius et des saints évêques, ses compagnons, sur l'instigation des Ariens. De l'empereur Julien l'Apostat. Comment il quitta les rangs du clergé de l'Église, devint général de l'armée et arriva enfin au trône, à la place de son frère Gallus. Comment il persécutait saint Athanase, cherchant, à l'instigation des païens, à le tuer. Comment la ville d'Alexandrie fut jugée digne de recevoir le corps de saint Jean-Baptiste, de sorte qu'il y demeura et qu'un magnifique édifice lui fut construit sur l'ordre du patriarche Théophile.

Chapitre LXXVIII (LXXIX). Par qui nous savons de quelle ville et de quelle famille était Théophile, patriarche d'Alexandrie, et où était né saint Cyrille, le fils de sa sœur.

Chapitre LXXIX (LXXX). Du trépas du saint martyr Domèce. Du châtiment que Dieu infligea à Julien l'Apostat; comment il le frappa par la main du saint martyr Mercurius, et comment il mourut d'une mort terrible.

[1] La leçon des manuscrits ወሕማም ፡ ዘተወክፈ ፡ et les constructions analogues que l'on trouve fréquemment dans cette table des chapitres (voyez à cette même page, dernière ligne; p. 21, l. 15; p. 23, l. 11, 17 et 18; p. 24, l. 14, etc.) doivent être corrigées, parce que, dans tous ces passages, le substantif est régi par la préposition በእንተ ፡ sous-entendue.

Chapitre LXXX (LXXXI). Du règne de Jovien et comment l'Église devint florissante. Comment saint Athanase retourna à son siège avec grand honneur. Comment l'Église s'épanouit partout dans la foi orthodoxe.

Chapitre LXXXI (LXXXII). Du règne de [Valentinien][1]. Comment il détestait l'injustice, et la juste et équitable sentence qu'il prononça. Des immenses portes de pierre qu'il fit construire, c'est-à-dire. . . . l'*Héracléotique,* pour servir de passage au grand fleuve d'Égypte. Comment les flots de l'Océan inondèrent Alexandrie et menaçaient d'engloutir la ville, si le patriarche saint Athanase ne les avait arrêtés par ses prières.

Chapitre LXXXII (LXXXIII). Du règne de Théodose l'Ancien, l'ami de Dieu. De l'apologue[2] que prononça devant lui Amphiloque, évêque d'Icone, sur la consubstantialité de la Sainte Trinité. Du concile que l'empereur convoqua à Constantinople et de l'affermissement de l'Église; de Timothée, patriarche d'Alexandrie, qui avait nommé patriarche de Constantinople un homme nommé Maxime et qui exhorta Grégoire, évêque de Nazianze[3], à quitter la ville impériale de Constantinople et à retourner dans sa ville. De la construction de l'église de Théodosie, à Alexandrie, et de l'église des saints martyrs Cosme et Damien et de leurs compagnons. De l'ordre de l'empereur de détruire la ville d'Antioche par le feu; exhortation que lui envoya, à ce sujet, un saint moine du désert de Scété; affliction qu'en éprouva l'empereur. Des marchands de vin, et du lieu de débauche qui fut supprimé sous son règne. Comment son gouvernement s'épanouissait partout.

Chapitre LXXXIII (LXXXIV). De l'avènement d'Arcadius et d'Honorius : Arcadius comme empereur de Constantinople, Honorius comme

[1] Il s'agit évidemment de Valentinien. La forme ሳሙስቲዩስ ፡ ne paraît pas représenter une corruption de ce nom, mais plutôt la transcription fautive du nom de Salluste, dont il est question dans ce chapitre.

[2] Au lieu de ወአምሳለ ፡ des mss., lisez ወአምሳሌ ፡.

[3] ብርያሱስ ፡, transcription fautive de l'arabe نرنابسوس (نزيانسوس).

empereur de Rome. Comment Arcadius aimait Dieu, et de la dévotion d'Honorius. Comment Alaric souleva une révolte dans la ville de Rome; comment la sœur de l'empereur Honorius fut emmenée captive; pillage de tous les trésors qui se trouvaient dans le palais. Comment Honorius quitta la ville de Rome, se rendit à Constantinople et devint le collègue de l'empereur Théodose le jeune, fils de son frère Arcadius, jusqu'au jour de sa mort. De l'impératrice Eudocie, épouse de l'empereur Théodose le jeune; quelle était sa famille et comment l'empereur fut mis en rapport avec elle et l'épousa. A quelle époque on inscrivit le nom de saint Jean Chrysostome dans les diptyques, après qu'il fut allé auprès de Notre-Seigneur. De l'anathème de Nestorius et du triomphe de Cyrille. D'une femme païenne d'Alexandrie, et des troubles qu'elle excita à Alexandrie entre les juifs et les chrétiens. Comment saint Cyrille prit[1] la synagogue des juifs et la transforma en église, à cause de l'avertissement qu'il avait donné aux juifs. Comment on traîna par les rues la femme païenne, jusqu'à ce qu'elle mourût, et comment on brûla son corps, sur l'ordre du patriarche Abbâ Cyrille.

Chapitre LXXXIV (LXXXV). Du massacre que les juifs commirent à Inmestar(?)[2], après avoir outragé la croix de Notre-Seigneur Jésus-Christ en crucifiant par dérision un jeune enfant[3] et en le faisant mourir.

Chapitre LXXXV (LXXXVI). De Phînekeser(?)[4] le juif, qui se présenta aux juifs, disant qu'il était Moïse, le prince des prophètes.

Chapitre LXXXVI (LXXXVII). De la pomme que l'on apporta comme présent à l'empereur Théodose. Comment sa sœur Pulchérie fut ordonnée. De l'obscurité qui régnait sur toute la terre depuis le matin jusqu'au soir, le jour de l'avènement de Marcien l'hérétique.

Chapitre LXXXVII (LXXXVIII). De la pluie de...., c'est-à-dire

[1] Au lieu de ኀሥአ ፡ lisez ነሥአ ፡.

[2] ቀሚጢትራ ፡ paraît être une transcription fautive de l'arabe مستار.

[3] Au lieu de ሕፃን ፡ ንኡስ ፡ lisez ሕፃነ ፡ ንኡሰ ፡.

[4] ፊንክስር ፡ et, dans le texte du chapitre, ፊሰኩስ ፡, فسكسر et فسكس.

d'éclairs[1] que le ciel fit tomber sur la ville de Constantinople et du feu qui s'étendait[2] d'une rive à l'autre. De la conversion du philosophe païen Isocase à la foi orthodoxe. De quelle ville était le patriarche Timothée. De la terrible mortalité qui régnait à Constantinople. De la chute d'une montagne en Syrie. De l'apostasie de Basilisque, à l'exemple des Chalcédoniens, pour des biens périssables. Comment l'empereur Zénon établit son autorité sur la ville impériale de Constantinople, et comment Basilisque fut exilé jusqu'à sa mort. De la mise à mort des juges qui avaient fait preuve de négligence dans l'administration de la justice. Du règne de Zénon et de l'ordre donné par lui de promulguer la *Lettre* en tout lieu. De Vérine, sa belle-mère, et de la guerre qu'elle soutenait contre lui, jusqu'à ce que la mort vint l'enlever, ainsi que ses partisans.

Chapitre LXXXVIII (LXXXIX). Du règne d'Anastase, l'ami de Dieu, à la suite de la prophétie d'Abbâ Jérémie l'anachorète du couvent de Menouf. De la construction des portes de pierre d'*Almawrad* (?) et d'un fossé pour l'établissement d'un grand pont reliant Babylone au fleuve. De la dénomination de *Philalètès*[3]. Du triomphe du grand patriarche Sévère, de l'expulsion de Macedonius et de l'abrogation du concile chalcédonien.

Chapitre LXXXIX (XC). De l'expulsion de saint Sévère de son siège d'Antioche, à cause des hérétiques. De la prière qu'il adressa à Dieu au sujet des habitants de Constantinople, pour le mal que faisait l'empereur Justin. De l'avertissement que (Justin) entendit de Dieu. Du feu qui sévissait à Antioche et dans les villes d'Orient; de la ruine d'un grand nombre d'oratoires de martyrs, et de toutes sortes de phénomènes. Du baptême du peuple des [Lazes][4] et des rois des Indiens et des Homérites, c'est-à-dire des Nubiens. De quelle religion

[1] በረቅ ፡ est le mot arabe برق. Le mot ጺሬን ፡ m'est inconnu.

[2] Au lieu de ነደ ፡ lisez ዘነደ ፡.

[3] ፊላሌትያስ ፡ est la transcription fautive de l'arabe فلالتس.

[4] Comme il s'agit, non des Ariens, mais des Lazes, je pense que le mot አርዮሳውያን ፡ doit son origine à la forme corrompue du nom de Tzathius, ራንዮስ ፡, que l'on trouve dans le texte du chapitre.

ceux-ci étaient auparavant. Du tremblement de terre en Égypte. Des [Huns] extérieurs[1]. Les Indiens ou Homérites étaient auparavant juifs.

Chapitre xc (xci). Apparition de la ceinture et du portrait de Notre-Seigneur Jésus-Christ qui furent trouvés chez un juif habitant Alexandrie.

Chapitre xci (xcii). Comment nous autres chrétiens, nous avons été nommés du nom de Théodose (Théodosiens), et de l'apparition des Gaïnaïtes et de leur doctrine[2]. . . . .

Chapitre xcii (xciii). De l'ancienne fondation de la ville de Rome.

Chapitre xciii (xciv). Dissensions qui eurent lieu à Constantinople au sujet du saint corps de Notre-Seigneur et Sauveur Jésus-Christ.

Chapitre xciv (xcv). D'Aristomaque, fils de Théodose, de la ville d'Absây, et de l'accusation que l'on porta contre lui auprès de l'empereur, qui le fit arrêter. Comment Chosroès, roi des Perses, fut croyant et devint chrétien.

Chapitre xcv (xcvi). De Galandouh la patricienne (ce qui est le nom d'une dignité) et de l'apparition qu'elle eut dans la prison, pendant sa persécution.

Chapitre xcvi (xcvii). De ceux qui étaient assemblés dans un quartier écarté de la ville de *Mausal*. De l'animal ressemblant à une femme qui parut dans le fleuve d'Égypte.

Chapitre xcvii (xcviii). De Paulin[3] le magicien qui sacrifiait aux fausses divinités en se servant d'un vase d'argent.

Chapitre xcviii (xcix). Qui a commencé à écrire : Au nom de Notre-Seigneur Jésus-Christ.

Chapitre xcix (c). De l'inondation de la ville d'Antinôou et de la ville de Tarse, capitale de la Cilicie, dans la même nuit.

[1] Les mots **ወኍጱ ፡ እንተ ፡ ይእቲ ፡ በአፍአ ፡ ሀገር ፡**, malgré la forme étrange du premier mot, paraissent être la rubrique du récit relatif aux Huns extérieurs.

[2] **አቴናውያን ፡** paraît être la transcription fautive de l'arabe عيساويون. Le sens de la phrase suivante m'échappe. Je pense que c'est la rubrique du paragraphe qui mentionne la rédaction du Code.

[3] **ጳሊይንስ ፡** est la transcription fautive de la forme arabe بولينس.

Chapitre c (ci). De la disparition du soleil, au milieu du jour, de l'apparition des étoiles et du grand tremblement de terre.

Chapitre ci (cii). De *Soûrîkoûs* le préfet qui pratiquait les exercices de la piété, et de sa mort violente. Comment les habitants de Constantinople chassèrent l'empereur Maurice.

Chapitre cii (ciii). Comment les capitaines de vaisseaux furent déclarés libres, lorsque leur chargement s'était perdu dans la mer. Du règne de Phocas et de ses meurtres.

Chapitre ciii (civ). Comment il fut défendu de nommer un patriarche ou tout autre dignitaire de l'Église sans le consentement de Phocas. Ce qu'en conséquence firent les gens d'Orient, et ceux de Palestine, de sorte que les caveaux funéraires des églises furent remplis de sang, lorsque les gens se réfugiaient dans les baptistères.

Chapitre civ (cv). De Théophile, de la ville de Mawrad. Du massacre que Phocas, à cause de sa mort, fit exécuter à Antioche et en Palestine.

Chapitre cv (cvi). De la femme d'Heraclius l'aîné, de la femme d'Heraclius le jeune, et de Fabia, sa fille, qui était vierge. Comment Crispe, le magistrat, les sauva des attentats de Phocas.

Chapitre cvi (cvii). De la révolte contre Phocas en Égypte, à Maréotis et à Alexandrie, et des nombreuses victimes que l'on faisait dans cette circonstance. Comment on jeta à terre la statue de Phocas.

Chapitre cvii (cviii). De Théophile le stylite et de la prophétie qu'il donna à Nicétas[1] en lui disant : Tu le vaincras[2] et tu détruiras bientôt le gouvernement[3] de Phocas, et alors régnera Heraclius.

Chapitre cviii (cix). Du pont qui existait dans la ville de Defâschîr, près de l'église de Saint-Ménas.

Chapitre cix (cx). De la mort de Phocas et de la dispersion des trésors du palais. Du terrible châtiment qu'Heraclius infligea à Phocas, parce qu'il avait déshonoré sa femme et sa fille.

[1] ይፍትጣስ ። est la transcription fautive de la forme arabe دمعطاس.

[2] C'est-à-dire Bonose.

[3] Au lieu de መንግሥቱ ። lisez መንግሥ-ቶ ።, ou plutôt መንግሥተ ። ፎቃ ።.

Chapitre cx (cxi). De l'apparition des musulmans sur le territoire de Fayyoûm et de la défaite des Romains qui s'y trouvaient.

Chapitre cxi (cxii). De la première rencontre d'Amr avec les Romains à 'Aoun (Héliopolis).

Chapitre cxii (cxiii). Comment les juifs, craignant les musulmans, la cruauté d'Amr et le pillage de leurs biens, se retirèrent dans la ville de Menouf et finirent par s'enfuir par les portes ouvertes de Miṣr[1] et se réfugièrent à Alexandrie. Comment des hommes pervers en grand nombre commencèrent à aider ('Amr) à réduire les Égyptiens.

Chapitre cxiii (cxiv). Comment les habitants de Semnoud tinrent tête à 'Amr et refusèrent de le recevoir. Du retour de Kalâdjî dans les rangs des Romains. Comment on s'était saisi des personnes de sa mère et de sa femme que l'on tenait cachées à Alexandrie, parce qu'il s'était joint aux musulmans et qu'il leur prêtait son concours.

Chapitre cxiv (cxv). Comment les musulmans s'emparèrent de Miṣr, dans la quatorzième année du cycle lunaire, et prirent la citadelle de Babylone, dans la quinzième année.

Chapitre cxv (cxvi). De la mort de l'empereur Heraclius; du retour du patriarche Cyrus de l'exil et son départ pour Miṣr, afin de payer tribut aux musulmans.

Chapitre cxvi (cxvii). Comment Dieu livra les Romains entre les mains des musulmans et les répudia à cause de leur incrédulité, de leur hérésie et de la persécution qu'ils avaient exercée contre les chrétiens d'Égypte.

Chapitre cxvii (cxviii). Comment 'Amr se rendit maître d'Abschâdî ou Nikious. De la fuite du général Domitianus et comment son armée périt dans le fleuve. Du grand massacre qui eut lieu à Abschâdî et dans toutes les autres villes de la dépendance d'Absây et de son île, le dix-huitième jour du mois de guenbôt dans la quinzième année du cycle lunaire, jusqu'à ce qu'Amr allât à Sawnâ.

---

[1] Sur la dénomination de cette ville, voyez ci-après, au chapitre cxiii.

Chapitre cxviii[1]. Comment les musulmans se rendirent maîtres de Césarée en Palestine et le sort que subit la ville.

Chapitre cxix. Du grand bouleversement et des nombreuses victimes des habitants de Crète (?), dans leur île et les villes de leur territoire.

Chapitre cxx. De Cyrus, patriarche des Chalcédoniens, le même qui s'était rendu à Babylone, auprès d'Amr, le chef des musulmans, et avait amené par bateau et avait remis entre ses mains le tribut. Comment 'Amr augmenta l'impôt des Égyptiens. De la mort de Cyrus le Chalcédonien, avec le remords d'avoir livré la ville d'Alexandrie entre les mains des musulmans.

Chapitre cxxi. Du retour d'Abbâ Benjamin, patriarche d'Égypte, de son exil dans la province du Rîf, où il était resté pendant quatorze ans, exilé pendant dix ans par les empereurs romains, et quatre ans sous la domination des musulmans. Derniers récits et conclusion de l'ouvrage.

Chapitre cxxii. Suite et autre épilogue.

---

[1] Cette rubrique et la suivante correspondent au paragraphe qui, dans le texte, termine le chapitre précédent.

AU NOM DU DIEU CLÉMENT ET MISÉRICORDIEUX.

. . . . [1]

Chapitre I. Nous commençons par les premiers qui furent créés; or il est écrit, au sujet d'Adam et d'Ève, que ce fut Dieu qui leur donna leurs noms; mais ce fut Adam qui donna des noms à ses enfants et à toutes les créatures [2].

Chapitre II. Seth, fils d'Adam, qui reçut de Dieu le don de la science, donna des noms aux cinq planètes; il appela la première Saturne, la seconde Jupiter, la troisième Mars, la quatrième Vénus, la cinquième Mercure [3]. D'autre part, il donna des noms au Soleil et à la Lune; et le nombre des planètes fut de sept. Il fut aussi le premier

[1] Cette courte préface qui, ce me semble, commence par une citation, est fort obscure, et le sens de quelques phrases m'échappe complètement. Quelques mots, soit par la faute des traducteurs, soit par celle des copistes, paraissent avoir été omis. J'ai renoncé à traduire ce passage.

[2] Je suppose que la seconde particule **እስመ ፡** représente l'arabe أَنَّ, le grec ὅτι, que l'interprète éthiopien aurait ainsi rendue dans ce passage comme dans plusieurs autres. Mais il est possible aussi qu'il y ait une lacune avant **እስመ ፡**. Comparez *Joannis Antiocheni fragmenta* dans Müller, *Fragmenta Historicorum græcorum*, t. IV, p. 450, fragm. 2, § 3. — Cramer, *Anecdota græca*, t. II, p. 232 (Extrait du ms. grec n° 1336 de la Bibliothèque nationale). — *Georgii Hamartoli chronicon*, dans Migne, *Patrologia græca*, t. CX, col. 48 C. — Voyez aussi l'extrait anonyme qui précède le texte imprimé de Jean Malala, *Patrol. græca*, t. XCVII, col. 65. Dans toutes ces chroniques, excepté la dernière, on lit qu'Adam et Ève reçurent leurs noms d'un ange du Seigneur.

[3] Les mots **ዙሐል ፡** etc. sont les noms arabes des planètes : زحل, مشترى, مرّيخ, زهرة, عطارد.

qui écrivit les lettres en la langue des Hébreux, ayant reçu le don de la science de Dieu[1].....

CHAPITRE III. Les fils de Noé, qui étaient grands et puissants, commencèrent à construire des navires et à naviguer sur mer[2].

CHAPITRE IV. On rapporte, au sujet de Caïnan[3], fils d'Arphaxad, qui était né de Sem, fils de Noé, qu'il était un homme savant, un pâtre. Lui, le premier, composa des astrolabes, après le Déluge. Après lui, ce furent les Indiens qui les composaient[4].

[1] Les mots : *Il fut aussi le premier qui écrivit les lettres en la langue des Hébreux*, sont la traduction du grec ἐξέθετο δὲ καὶ γράμματα ἑβραϊκά· Πρῶτος γὰρ ταῦτα ἐξεῦρεν καὶ ταῦτα συνεγράψατο. Dans les autres chroniques grecques, on lit que le soleil et la lune reçurent leurs noms de Dieu. Voyez *Joann. Antioch. fragm.*, *l. c.*, p. 540, fragm. 2, § 4. — Cramer, *l. c.*, p. 232. — *Georg. Hamart. chron.*, col. 52 C. — Les mots du texte que j'ai remplacés par des points sont la traduction tronquée d'un passage grec analogue à un texte de Jean d'Antioche ainsi conçu : Ἐν τοῖς χρόνοις τούτοις σφαῖραν πυρὸς ἔπεμψεν ὁ Θεὸς ἐκ τοῦ οὐρανοῦ κατὰ τῶν ὄντων ἐν τῇ Κελτικῇ χώρᾳ γιγάντων, καὶ ἔκαυσεν αὐτὴν καὶ αὐτούς..... Τοῦτο ἱστοροῦσι τὸ πῦρ (οἱ Ἕλληνες) καὶ λέγουσι τὸν υἱὸν τοῦ Ἡλίου εἶναι, ὃν Φαέθοντα εἶπον, πεπτωκότα ἐκ τοῦ ἅρματος εἰς τὴν γῆν. Καὶ ποιητικῶς μὲν οὕτω τὴν ἱστορίαν συνεγράψατο Ὀβίδιος, ἀληθέστερον δὲ εἶπεν ὁ Χαιρωνεὺς Πλούταρχος. C'est ce texte, et non le passage parallèle de la chronique du ms. grec de la Bibliothèque nationale n° 1336 (Voy. Cramer, *l. c.*, p. 232 et suiv.), qu'a dû avoir sous les yeux le traducteur arabe.

[2] Comp. *Joann. Antioch. fragm.*, p. 541, fragm. 2, § 15. — Cramer, *l. c.*, p. 233.

[3] La forme ቅይቅን ፡, au lieu de ቅይናን ፡, s'explique par une fausse transcription de l'arabe قينان.

[4] Comp. *Joann. Antioch. fragm.*, p. 541, fragm. 2, § 16. — Cramer, *l. c.*, p. 233. — *Chronicon Paschale*, dans Migne, *Patr. græca*, t. XCII, col. 145 A. — *Georg. Hamart. chron.*, col. 52 C. — *Georg. Cedreni compend.*, dans la *Patrol. græca*, t. CXXI, col. 53 C. — Comme le traducteur s'est trompé en rendant ἀστρονομία par አስጠርላብ ፡, il est probable que la dernière phrase, relative aux Indiens, n'est qu'un malentendu; car rien de pareil ne se trouve dans les autres chroniques. Voici comment on peut expliquer cette erreur : Andubarius, dont il est question dans le chapitre suivant, passait pour avoir enseigné l'astronomie aux Indiens et avoir écrit des livres sur l'astronomie : Ἀνδουβάριος, ὃς καὶ συνεγράψατο πρῶτος Ἰνδοῖς ἀστρονομίαν (*Chron. Pasch.*, col. 145 A. — Comparez Cramer, *l. c.*, p. 234). Cette phrase, mal comprise, a été combinée avec la précédente.

Chapitre V. Il fut un homme de l'Inde, nommé Canturius[1], Éthiopien de la race de Cham, appelé Cousch. Il engendra Afroûd, qui est Nemrod le géant. Celui-ci fonda la ville de Babylone. Les Perses se soumirent à lui et l'élevèrent au rang des dieux, lui donnèrent le nom d'une étoile du ciel et l'appelèrent Orion[2]. Il fut le premier qui se livra à la chasse des animaux et en mangea la chair[3].

Chapitre VI. Kronos[4] était également un géant de la race de Cham, premier-né de Noé. On l'appelait ainsi du nom de la première planète, qui est Saturne. Son fils, nommé Domnos[5], était un homme belliqueux, redoutable et un meurtrier. Il fut le premier qui exerça la royauté en Perse et en Assyrie. Il épousa une femme assyrienne, nommée

[1] **ቀንጡርዩስ ፡** représente la forme Γανδουβάριος que l'on trouve dans la chronique du ms. grec n° 1336 (Cramer, *l. c.*, p. 234).

[2] Le texte ajoute : *qui est Dabarâh*. Ces mots sont une glose du traducteur arabe. **ደበራህ ፡** pour **ጀበራህ ፡**, est la transcription de جبّارة « Orion. »

[3] La première phrase de la première partie de ce chapitre est la suite du malentendu dont nous avons parlé dans la note 4 de la page précédente. La seconde partie de la même phrase, abstraction faite de la combinaison avec Andubarius, renferme une autre erreur. Dans la chronique du manuscrit grec 1336 (Cramer, *l. c.*, p. 233 et suiv.), on lit : Ὁ δὲ Χοῦς ὁ Αἰθίοψ ἐκ τῆς φυλῆς τοῦ Σὴμ ἐγέννησε τὸν Νεβρὼδ τὸν γίγαντα, τὸν τὴν Βαβυλῶνα κτίσαντα, ὃν λέγουσιν οἱ Πέρσαι, ἀποθεωθέντα καὶ γενόμενον ἐν τοῖς ἄστροις τοῦ οὐρανοῦ· τοῦτον καλοῦσιν Ὠρίωνα· αὐτὸς γὰρ πρῶτος κατέδειξε τὸ κυνηγεῖν καὶ ἐχορήγει αὐτοῖς τὰ θηρία εἰς βρῶσιν, ὅθεν καὶ ἐπρώτευσεν. Il est possible que, dans notre texte, la mention de Cham, au lieu de Sem, soit le fait, non des traducteurs, mais de l'auteur. Comparez *Chron. Pasch.*, col. 124 C. — Jean d'Antioche, d'après les extraits contenus dans le ms. grec 1630 de la Bibliothèque nationale, s'exprime ainsi : Ἐκ τῆς φυλῆς Σὴμ τοῦ υἱοῦ Νῶε ἐγένετό τις Νεβρὼδ κυνηγὸς πρῶτος ὃν οἱ Ἀσσύριοι ἀποθεώσαντες ἔταξαν ἐν τοῖς ἄστροις. . . (*Joann. Antioch. fragm.*, dans Müller, *l. c.*, p. 541, fragm. 3. — Le fragment 4 de la même édition, tirée du même ms., n'est qu'une reproduction du passage de la chronique du ms. n° 1336). Enfin le nom d'Afroûd, transcription défigurée du grec Νεβρώδ (l'erreur a été amenée par le ν de l'article τόν qui précédait ce nom), rendait nécessaire la glose que le traducteur arabe a ajoutée.

[4] **እሮኅስስ ፡** est la transcription fautive de l'arabe اكرونس.

[5] On remarquera d'abord le nom altéré de **ዶሞዮስ ፡**, qui est la transcription fautive de دمنوس, Δόμνος ou Δάμνος; ensuite l'erreur qui consiste à faire de Domnos, nom du père de Kronos (ou l'un des noms de Kronos), un fils de Kronos.

Rhéa[1], qui lui donna deux fils : Picus, que l'on appelait Zeus[2], et Ninus[3], qui fonda en Assyrie une ville royale qui est Ninive. Quant à Kronos, laissant son fils dans son royaume, il se rendit en Occident, où les habitants étaient sans roi, et régna sur eux. Son fils Picus, appelé Zeus[4], se révolta contre Kronos, son père, et le tua, parce qu'il avait dévoré ses enfants. Il rendit mère la fille de[5] . . ., appelée Rhea, sa propre mère[6].

Chapitre VII. Le même Picus, qui est Zeus[7], fut le premier qui prit pour femme sa sœur. Il en eut un fils nommé Belus[8], qui res-

[1] አራውን ፡, transcription de اراون, Ῥαίαν.

[2] ራእን ፡, transcription fautive de زاوس, Ζεύς.

[3] ኒንዩስ ፡ est la transcription de ننيوس, pour نينوس. Plus loin, au chapitre VIII, le traducteur éthiopien a lu نينونس.

[4] ቢፉስ ፡. Cette forme étrange s'explique, si l'on suppose dans l'arabe الذى يسمّى بزيوس.

[5] Les mots ለወለቱ ፡ ኒኮስ ፡ sont une erreur de traduction à laquelle, probablement, ont donné lieu les mots ὁ υἱὸς αὐτοῦ Πῖκος.....

[6] Voici, pour ce chapitre, le texte parallèle de la chronique du ms. n° 1336 (Cramer, *l. c.*, p. 234 et suiv.) : Ἐκ δὲ τῆς αὐτῆς φυλῆς τοῦ Σὴμ τῆς κρατησάσης τὴν Ἀσσυρίαν καὶ τὴν Περσίδα καὶ τὰ μέρη τῆς ἀνατολῆς, ἀνεφάνη ἄνθρωπος γίγας τὸ γένος ὀνόματι Κρόνος ἐπικληθεὶς ὑπὸ τοῦ ἰδίου πατρὸς Δόμνος εἰς τὴν ἐπωνυμίαν τοῦ πλανήτου ἀσΊέρος Κρόνου· ἐγένετο δὲ δυνατὸς ὅσΊις πρῶτος κατέδειξε τὸ βασιλεύειν καὶ ἄρχειν καὶ κρατεῖν τῶν πολλῶν ἀνθρώπων. Καὶ ἐβασίλευσεν αὐτὸς τῶν Ἀσσυρίων ἔτη πολλὰ καὶ ὑπέταξε πᾶσαν τὴν γῆν Περσίδος· ἦν δὲ φοβερὸς πρὸς πάντας, εἶχε δὲ γυναῖκα τὴν Σεμίραμιν τὴν καὶ Ῥαίαν καλουμένην παρὰ Ἀσσυρίοις... Ἔσχε δὲ υἱὸν ὁ Κρόνος Πῖκον ὅσΊις ἐκλήθη ὑπὸ τοῦ ἰδίου πατρὸς Ζεὺς, εἰς ὄνομα καὶ αὐτὸς τῆς ἐπωνυμίας τοῦ πλανήτου ἀσΊέρος. Ἔσχε δὲ καὶ ἄλλον υἱὸν ὁ αὐτὸς Κρόνος ὀνόματι Νῖνον καὶ θυγατέρα ὀνόματι Ἥραν· ἔλαβε δὲ Πῖκος ὁ καὶ Ζεὺς γυναῖκα τὴν ἰδίαν αὐτοῦ ἀδελφὴν Ἥραν, ἐξ ἧς ἔσχεν υἱὸν ὀνόματι Σένβελον. Ὁ δὲ προπάτωρ Κρόνος, ἐάσας τὸν ἑαυτοῦ υἱὸν Πῖκον ἐν τῇ Ἀσσυρίᾳ, καὶ τὴν ἑαυτοῦ γυναῖκα Ῥαίαν, τὴν καὶ Σεμίραμιν, μετὰ τοῦ υἱοῦ αὐτοῦ Πίκου βασιλεύειν τῶν Ἀσσυρίων, ... κατῆλθεν εἰς δύσιν μὴ κρατουμένην παρά τινος, καὶ ἐβασίλευσε... Comparez *Joann. Antioch. fragm.*, *l. c.*, p. 541-542, fragm. 3 et 4. — *Chron. Pasch.*, col. 145. Ces auteurs ne mentionnent ni la révolte de Zeus ni le meurtre de Kronos.

[7] ኒፉስ ፡ Cette forme s'explique de la même manière que ቢፉስ ፡. Voyez ci-dessus, note 4.

[8] Les formes ወይልልዩስ ፡, ወይሉልዩስ ፡ et ወልልዩስ ፡ représentent une forme arabe ويلليوس, transcription de Βῆλος. Je ne m'explique pas le redoublement de la lettre *l*. Mais il ne s'agit pas, dans ce passage,

semblait à son grand-père Kronos et qui régnait en Assyrie, après la disparition de son père et de Kronos, son grand-père. Et lorsque lui aussi fut mort, les Perses l'élevèrent au rang des dieux [1].

CHAPITRE VIII. Après la mort de Belus régna, en Assyrie, Ninus, son oncle paternel. Il épousa sa mère Sémiramis [2] et établit cette détestable coutume en la transmettant à ses successeurs, qui sont appelés de ce nom infâme jusqu'à présent. Cette manière d'agir n'est pas, en Perse, une chose honteuse; car les Perses prennent pour femmes leurs mères, leurs sœurs et leurs filles [3].

CHAPITRE IX. Après la mort de Picus régna en Occident, pendant trente-cinq ans [4], Faunus, appelé Hermès. Il était orfèvre. Celui-ci, le premier en Occident, commença à travailler l'or et à le fondre. Lorsqu'il sut que ses frères, jaloux de lui, voulaient le tuer, il eut peur et s'enfuit, emportant une grande quantité d'or, et se rendit en Égypte. Il y demeura et il portait un beau vêtement d'or. Il connaissait l'avenir [5], distribuait beaucoup d'argent aux hommes et faisait de nom-

d'un autre personnage que Belus : Ἔσχε δὲ ἐξ αὐτῆς ὁ Πῖκος Ζεὺς υἱὸν ὃν ὠνόμασε Βῆλον (*Joann. Antioch. fragm.*, *l. c.*, p. 542, fragm. 4, § 4. — Comparez *Chron. Pasch.*, col. 145 C. — La chronique publiée par Cramer (*l. c.*, p. 234) porte: ..... *ἐξ ἧς ἔσχεν υἱὸν ὀνόματι Σένβελον*. Le ms. donne, en effet, cette leçon (fol. 195 v°), mais elle est incorrecte; il faut lire : *υἱὸν [ὃν] ὠνομάτισεν* Βέλον. — Quant aux mots **እምድኅረ ፡ ረእየ ፡**... ils représentent les mots grecs *ἀφανὴς γενόμενος ἐκ τῆς Ἀσσυρίας*.

[1] Comparez *Chron. Pasch.*, col. 148 B. — *Joann. Antioch. fragm.*, *l. c.*, p. 542, fragm. 4, § 5. — Cramer, *l. c.*, p. 235.

[2] Dans la note 6 de la p. 29, au lieu de *mss.* lisez *B*.

[3] Comparez *Chron. Pasch.*, col. 148 C. — *Joann. Antioch. fragm.*, p. 542, frag. 4, § 6. — Cramer, *l. c.*, p. 235, l. 10-13. — *Georg. Hamart. Chron.*, col. 53 D. — Les mots *et ils sont appelés de ce nom infâme jusqu'à présent* proviennent, je suppose, d'une erreur du traducteur arabe qui, au lieu des mots du texte original *ἐξ οὗ νόμος Πέρσαις γαμεῖν τὰς ἑαυτῶν μητέρας*..., a lu *ἐξ οὗ ὄνομα* ... La chronique du ms. 1336 porte *ἐξ οὗ μόνοις τοῖς Πέρσαις γαμεῖν τὰς ἑαυτῶν μητέρας*, ce qui également est une faute de transcription.

[4] Au lieu de **ዓመቶ ፡**, leçon des mss., lisez **ዓመተ ፡**.

[5] Au lieu de **ዘየአምር ፡**, leçon des mss., lisez **ዘያአምር ፡**.

breux dons aux Égyptiens. C'est pourquoi ceux-ci l'accueillirent avec honneur et l'appelèrent le *Seigneur de l'or*. Il était honoré par eux comme un dieu, et les pauvres l'adorèrent[1].

Chapitre X. Il fut un homme nommé Héphæstos qui régna en Égypte et qu'on éleva au rang des dieux. C'était un homme belliqueux et plein de fureur[2]. Les hommes croyaient qu'il savait découvrir les choses cachées et faire sortir du néant des armes de guerre; car il était forgeron et fut le premier qui fabriqua des armes pour le combat, et des pierres avec lesquelles les hommes combattaient. Or il était boiteux : en allant à la guerre, il était tombé de cheval et s'était blessé; et il resta boiteux toute sa vie[3].

[1] Comp. *Chron. Pasch.*, col. 164 CD, 165 A. — *Joann. Antioch. fragm.*, p. 542, fragm. 6, § 5. — Cramer, *l. c.*, p. 236. — *Anon. chronol. ante Malalam, l. c.*, col. 85 C. — Les mots ውእቱ ፡ ቀደመ ፡ ወጠነ ፡ ገቢረ ፡ ..... sont plutôt une interprétation qu'une traduction du texte original qui, probablement, portait, comme les autres chroniques, ... *ὅσʇις ἐξεῦρε τὸν μέταλλον τὸ χρυσοῦν ἐν τῇ δύσει πρῶτος.* C'est, je suppose, la concision du grec *ἐξεῦρε τὸν μέταλλον* qui a donné lieu aussi à l'introduction du mot *mine*, معدن, qu'on lit dans la rubrique de ce chapitre. — Les mots ወረሰዮ ፡ ከመ ፡ ውኂዝ ፡ ne rendent pas non plus exactement le sens du grec *χωνεύειν*. Les différences que l'on remarque dans la suite du chapitre, entre les données de notre texte et celles des autres chroniques, peuvent provenir du texte original.

[2] Les mots ምሉእ ፡ እበድ ፡ sont l'interprétation du grec *μυσʇικός* ou de *μαντικός*, ainsi qu'on lit dans la chronique du ms. 1336 de la Bibliothèque nationale (Cramer, *l. c.*, p. 237).

[3] Je ne saurais dire si la phrase : *Les hommes croyaient*, etc., a été ainsi rédigée par l'auteur ou altérée par le traducteur arabe; car les autres chroniques s'accordent à dire qu'Héphæstos reçut du ciel ou de l'air, au moyen d'une prière mystique, les tenailles avec lesquelles il fabriqua des armes : ... *ἀπὸ δὲ μυσʇικῶν εὐχῶν τὴν ὀξυλάβην ἐδέξατο ἐκ τοῦ ἀέρος εἰς τὸ κατασκευάζειν ἐκ σιδήρου ὅπλα.* (Voyez *Chron. Pasch.*, col. 165 ABC. — *Joann. Antioch. fragm.*, *l. c.*, p. 543, fragm. 6, § 7. — *Anon. chronol. ante Malalam*, *l. c.*, col. 85 CD, 88 A.) Dans la chronique du ms. 1336, on lit cette phrase avec une variante, qui explique peut-être notre texte : *ἐδέξατο δὲ, ὥς φασιν, ἐκ μαντείας τινὸς, τουτέσʇιν ἐκ τοῦ ἰδίου νοὸς ἐκ τοῦ ἀσʇέρος τὴν ὀξυλάβην εἰς τὸ κατασκευάζειν...* Les mots በዘመነ ፡ ጸብእ ፡.... renferment une méprise plus grave, due probablement au traducteur arabe lui-même, qui a rapporté les mots du texte grec *πρὸ γὰρ τούτου* à la *guerre*, au lieu de les rapporter au *temps*.

Chapitre XI. Méthusalem engendra Lamech, qui épousa deux femmes : l'une appelée Ada[1], l'autre Sella. Ada enfanta Qâbêl, et, après quelque temps, Tôbêl, qui travailla, avec le marteau, l'airain et le fer. Or Tôbêl, fils de Lamech, était, avant le déluge, forgeron en airain et en fer; car il avait reçu de Dieu (qu'il soit loué!) le don de la science[2].

Chapitre XII. Après Héphæstos, appelé Soleil, régna, en Égypte, son fils, nommé Soleil, comme son père, qui fonda la ville du Soleil (Héliopolis), en l'appelant de son nom. Dans cette ville se trouvaient les temples des dieux suprêmes, et elle renfermait les tombeaux des rois[3].

Chapitre XIII. Il fut un homme nommé *Mâṭoûndâwîs,* lequel succéda à *Ayqâsbêrâ,* qui est le même que Dionysos. Il fonda dans la haute Égypte une ville, nommée Bousiris, et une autre Bousiris dans le nord de l'Égypte[4].

Chapitre XIV. Osiris, qui est le même qu'Apollon, ainsi nommé

[1] ስማ ፡ አሐቲ ፡ pour አሐቲ ፡ ስማ ፡ ou ስመ ፡ አሐቲ ፡.

[2] Comparez *Anon. ante Malalam, l. c.,* col. 68 A.

[3] Comp. *Joann. Malalæ chronogr.,* dans Migne, *Patrol. græca,* t. XCVII, col. 88 C.

[4] Je ne puis indiquer, d'une manière certaine, les équivalents grecs des deux noms ማጡንዳዊስ ፡ et አይቃስቤራ ፡, qui sont entièrement défigurés. Aucun des noms mythologiques tels qu'Agathodæmon, Typhon, etc., qui seraient ici à peu près à leur place, ne saurait être identifié avec Dionysos. Je suis porté à croire que nous sommes encore en présence d'une erreur de traduction et que le chapitre tout entier n'est qu'un malentendu et le résumé inexact d'un passage de Diodore de Sicile (lib. I, cap. xvii et xviii) reproduit par Eusèbe (*Præpar. evang.* lib. II, cap. i). Dans ce passage, Diodore et Eusèbe rapportent un mythe égyptien, d'après lequel Osiris, que quelques-uns disent être le même que Dionysos (*καὶ τὸν μὲν Ὄσιριν εἶναι τὸν Διόνυσον*), en parcourant le monde avec son frère Apollon et ses fils Anubis et Macedo (le ማጡንዳዊስ ፡ de notre texte, de l'arabe ماكدون ou ماكدونا, transcription de l'accusatif Μακεδόνα), avait donné le gouvernement de la Phénicie à Bousiris, et celui de l'Éthiopie et de la Libye à Antæus.

par les Grecs, fonda la ville de Semnoud et y éleva un grand temple. Cette même ville est nommée *Belphégor*[1].

Chapitre XV. Il est dit dans les écrits des savants égyptiens . . . . : A cette époque . . . . . . , qui est Hermès, homme extraordinaire, crut au canon proclamé parmi les païens, à savoir : Trois puissances suprêmes constituent le créateur (*δημιουργός*) et une seule divinité. Or ce même Hermès, qui était un grand sage parmi les païens, proclama que la majesté de la Sainte Trinité consubstantielle était la source de la vie et la dominatrice de l'univers[2].

Chapitre XVI. Il fut une ville qui, la première, connut l'usage de cultiver la terre et de semer du froment et toutes sortes de graines. Ce fut la ville la plus élevée de l'Égypte; car, à cause des quantités considérables d'eau amenées par le Gehon, l'Égypte était couverte de lacs et de marais.

Chapitre XVII. Sésostris, qui régnait sur toute l'Égypte et sur les contrées voisines, fut le premier qui leva l'impôt et arpenta la terre. Ayant réuni un grand butin et beaucoup de captifs de tous les pays,

[1] Il est probable que la dernière phrase renferme quelque erreur (peut-être ቤልፌ ጎር ፡ est-il une corruption de ኤልበሬቤ ፡). Ce mythe est d'ailleurs inconnu.

[2] Le commencement de ce chapitre est un fragment d'une phrase mal comprise de l'original grec. Dans la chronique de Jean Malala et dans la Chronique pascale, le chapitre relatif à Hermès Trismégiste est précédé du récit des expéditions de Sésostris et de l'origine des Parthes, se terminant par une citation d'Hérodote (c'est le mot ኸብሬጡስ ፡ de notre texte). Le traducteur arabe a mal à propos rattaché la fin de ce paragraphe au paragraphe suivant. Voici, d'ailleurs, le passage correspondant de la Chronique pascale (*l. c.*, col. 169 B), qui explique le texte éthiopien : . . . . *καθὼς Ἡρόδοτος ὁ σοφώτατος ταῦτα συνεγράψατο. Ἐν τοῖς χρόνοις τῆς βασιλείας Σεσώστριος ἦν Ἑρμῆς ὁ Τρισμέγιστος ὁ Αἰγύπτιος, ἀνὴρ φοβερὸς ἐν σοφίᾳ· ὅστις ἔφρασεν τρεῖς μεγίστας δυνάμεις εἶναι τὸ τοῦ ἀῤῥήτου καὶ δημιουργοῦ θεοῦ ὄνομα, μίαν δὲ θεότητα εἶπεν εἶναι. Διὸ καὶ ἐκλήθη ἀπὸ τῶν Αἰγυπτίων Τρισμέγιστος Ἑρμῆς* . . . (Comp. *Joann. Mal. chronogr.*, col. 92. BC. — *Joann. Antioch. fragm.*, p. 543, fragm. 6, § 10. — Cramer, *l. c.*, p. 238.)

il emmena ces captifs en Égypte et les employa, ainsi que ses sujets astreints à payer l'impôt, à creuser la terre et à combler tous les marais d'Égypte, de sorte que les habitants furent à même de faire des plantations et de cultiver des terres arables, telles que le Saïd, la première province qui connut la culture. Puis il ordonna que l'on payât au roi un impôt et une redevance proportionnée en fruits de la terre. Il creusa aussi un canal, qui porte le nom de *Dîk* jusqu'à ce jour[1].

Chapitre XVIII. Après Sésostris régna sur l'Égypte Sabacon, roi de l'Inde (d'Éthiopie), pendant cinquante ans. Il aimait les hommes et ne voulait pas verser du sang injustement. Il établit en Égypte une loi, d'après laquelle aucun criminel ne serait mis à mort, ni ne devait subir aucune torture; il aurait la vie sauve. Mais les coupables, chacun suivant son crime, devaient nettoyer le sol et combler les marais avec de la terre. Et, après que ces hommes eurent longtemps continué ces travaux forcés, les eaux du fleuve se retirèrent du sol. Alors les habitants construisirent leurs villes sur des hauteurs pour être à l'abri des inondations. En effet, auparavant, sous le règne de Sésostris, il y avait eu des inondations[2], avant que l'on eût creusé un lit au fleuve, et, en comblant les marais, ils n'atteignirent pas leur but, à cause de la grande quantité d'eau amenée par le fleuve. Or Sabacon, le roi de l'Inde (d'Éthiopie), par ses efforts généreux, procura aux habitants des demeures sur des hauteurs[3].

Chapitre XIX. Il fut un homme nommé Chéops[4] le pharaon, qui régnait en Égypte, lequel ferma les temples des dieux et des autres idoles que les Égyptiens adoraient tout en sacrifiant aux démons.

[1] Comparez, Hérod. lib. II, cap. cviii et cix; — Diodore de Sicile, lib. I, cap. lvi et lvii. Ce récit ne se trouve dans aucune des autres chroniques byzantines.

[2] Au lieu de ይስጥሙ ። lisez ይሰጥሙ ።.

[3] Comparez Hérod., lib. II, c. cxxxvii. — Diod. de Sicile, l. I, cap. lxv, 2-4.

[4] ፊክውንጂዮስ ። est la transcription fautive de la forme arabe فاوكيبوس.

Il construisit trois sanctuaires (pyramides)[1] dans la ville de Memphis et amena les Égyptiens à adorer le soleil. Il paya aux ouvriers seize cents talents d'argent, sans compter le poireau et les légumes : car ainsi fut-il trouvé écrit dans les inscriptions, dans la langue des Égyptiens, gravées sur les murs, où il fait connaître ces circonstances aux lecteurs[2]. Il dépensa ainsi, à cause du grand nombre de maçons, tout le produit de l'impôt et engloutit les trésors du royaume, sans atteindre son but. Étant tombé dans une grande détresse et dans la pauvreté, le malheureux, qui avait une fille, belle de figure, en proie aux excitations et aux séductions de Satan, la plaça dans le lieu où se rendaient les débauchés. La jeune fille se tenait là, triste, dans l'obscurité, et se prostituait. Quiconque voulait jouir de ses faveurs devait porter une grande pierre et l'ajouter à la construction. On dit qu'une telle pierre ne mesurait pas moins de trente pieds ou vingt coudées. Les gens finirent par construire l'une de ces trois pyramides, prix de la honteuse passion de cette misérable fille[3].

Chapitre XX. Héraclès, philosophe de la ville de Tyr, inventa le moyen de fabriquer la soie et il s'en revêtit. Phœnix[4], roi de Tyr, le Cananéen, et ses successeurs, ainsi que les rois de tous les pays, l'imitèrent, et ils se distinguèrent ainsi de la foule[5]; car les anciens portaient tous un vêtement de laine. Ce fut alors que les rois et les hauts magistrats abandonnèrent ce vêtement et adoptèrent le vêtement de soie[6].

Chapitre XXI. Il fut un homme nommé Persée[7], qui aspirait au

[1] Il est possible que le traducteur éthiopien ait confondu اهرام avec احرام.

[2] Ces derniers mots sont un malentendu de la version, à moins que አርአየሙ፡ ne soit une faute des copistes, au lieu de አርአይዎሙ፡.

[3] Comparez Hérod. l. II, c. cxxiv-cxxvi.

[4] ኮንስ፡ est la transcription fautive de l'arabe جونس.

[5] አሽከር፡ est le mot arabe عسكر.

[6] Comparez *Chron. Pasch.*, col. 161 CD. — *Joann. Mal. chronogr.*, col. 100 C, 101, 104 A. — *Joann. Ant. fragm. l. c.*, p. 544, fragm. 6, § 16. — *Georg. Hamart. chron.*, col. 60. — Cramer, *l. c.*, p. 239. Tous ces textes parlent de l'invention, non de la soie, mais de la couleur de pourpre.

[7] ቤሩስ፡ est la transcription fautive d'une forme arabe بيروس, qui elle-même est une corruption de برسوس.

trône d'Assyrie; mais les fils de Ninus, frère de son père Zeus[1], étaient ses compétiteurs. Se rendant alors à[2] . . . . . ., une jeune fille, marchant seule, se présenta à lui sur la route. Il la saisit par les cheveux et, avec son glaive, lui trancha la tête. Ayant fixé cette tête sur son bouclier[3], selon le procédé magique[4] que lui avait enseigné son père Zeus, il la portait avec lui dans toutes ses expéditions de guerre. Continuant sa route, pour se rendre en Éthiopie[5], il se dirigea vers l'Assyrie. Attaqué par les Lycaoniens, il les vainquit en leur montrant la tête de Gorgone, la jeune fille magicienne. Puis il fonda la ville d'Icone, qui auparavant avait été un petit bourg nommé Amandra, [et il l'appela Icone] parce qu'il y avait placé son image (*εἰκών*) avec celle de l'exécrable Gorgone[6]. Étant allé ensuite en Isaurie et en Cilicie, et ayant été également attaqué par les habitants, il les vainquit par la force magique attachée à la tête de la Gorgone. Quant au bourg de Cilicie, qui était appelé Andrasus, il en fit une ville qu'il appela Tarse. De Cilicie il alla en Syrie (Assyrie)[7] et là aussi il tua Sardanapale, qui est le nom d'une dignité[8]; et, sans égard pour la parenté

[1] ዚፉስ ፡, pour Zeus, comme ci-dessus, chap. VII.

[2] ቆሮንቶስ ፡ paraît être la transcription bizarre des deux mots grecs réunis *χώρᾳ τῆς*, que le traducteur arabe a pris pour un nom propre, car le texte grec portait probablement : *ἀπῆλθεν ἐν τῇ χώρᾳ τῆς Λιβύης*.

[3] ሰንቲሬ ፡, de l'arabe سُتْر, *σκύφος*.

[4] ዕበድ ፡, de même que ci-dessus, chap. X, a le sens de *μυστικός* ou *μαντικός*.

[5] እልባውኖ ፡, transcription d'*Αἰθιοπία*, est l'une des plus étranges altérations que l'on trouve dans notre texte. Elle s'explique cependant par les formes des lettres arabes dépourvues de points diacritiques : اسوبيا. Mais on peut supposer aussi que le traducteur arabe ait rendu *Αἰθιοπία* par النوبا, et que ce mot, écrit sans points diacritiques, soit devenu, sous la plume du traducteur éthiopien, እልባውኖ ፡.

[6] . . . ቅድመ ፡ በእንተ ፡ ዘእንበረ ፡ ቅድመ ፡. Le second ቅድመ ፡, qui se trouve dans les deux mss., est une fausse traduction du grec *διότι πρὸ τῆς νίκης* ou *διότι πρώτης νίκης εἰκόνα*.

[7] ሻም ፡, qui est l'arabe شام, provient d'un malentendu. Le traducteur arabe a lu dans le texte grec *Συρίων* au lieu d'*Ἀσσυρίων* (*χώραν*).

[8] ለስርማ ፡ ባብልሉን ፡ ዘውእቱ ፡ ስመ ፡ ሢመት ፡. Dans les deux premiers groupes de lettres, on reconnaît facilement la transcription arabe du nom de Sardanapale, à l'accusatif : سرطنابالون, *Σαρδανάπαλον*. Mais les mots ዘውእቱ ፡ ስመ ፡ ሢመት ፡ sont plus difficiles à expliquer. Le traducteur arabe ou le traducteur éthiopien,

qui existait entre lui et ces gens, il s'empara de son royaume, changea le nom du pays et l'appela Assyrie[1], dont les habitants sont les Perses, ainsi nommés d'après son propre nom, et donna un autre nom à leur empire. Ayant enlevé au pays son nom[2], il y planta des arbres appelés *persea,* c'est-à-dire des pêchers[3], que l'on cultive, en souvenir de son nom, jusqu'à présent. Et il régna sur les Perses, alors Assyriens, pendant cinquante-trois ans. Or il arriva qu'une commotion s'étant fait sentir accompagnée d'un bruit et d'une grande quantité de pluie, de sorte que le fleuve appelé Orontes[4], qui traverse la Syrie[5], en fut rempli, un globe de feu sous forme d'un éclair se précipita du ciel. Le peuple fut rassuré et se calma et l'inondation du fleuve s'arrêta. Persée, étonné de cet événement, disait que les .... qui produisaient cela étaient des imposteurs démoniaques[6], et aussitôt le feu s'alluma. Il conservait ce feu et c'est pourquoi[7] il l'emporta en retournant chez les Perses et l'introduisit dans l'empire d'Assyrie. Les Perses en firent une divinité, lui rendirent un culte, lui élevèrent un temple et l'appelèrent *Feu immortel.* Or ils disent que le feu est fils du soleil enveloppé de cristal, qui ressemble au coton (?), (et) dont la couleur est comme celle de l'eau; car il est né de l'eau et son intérieur est comme de l'eau[8].

ayant cru voir deux mots dans Σαρδανάπαλον, a voulu interpréter le second, qui, en effet, est le nom d'une dignité, comme il paraît plus loin au chapitre CVII.

[1] Dans le texte original il était dit, sans doute, que Persée abolit le nom d'Assyrie.

[2] Tout ce passage a été mal interprété par les traducteurs. Voici, d'après les autres chroniques, ce qui a dû se trouver dans le texte original : *Καὶ ἐπ' ὀνόματι αὐτοῦ ἐκάλεσεν αὐτοὺς Πέρσας, ἀφελόμενος ἀπὸ Ἀσσυρίων τὴν βασιλείαν καὶ τὸ ὄνομα.*

[3] **ኰኸኳ ፡** ou **ኸኸኳ ፡** est l'arabe خَوْخَة, nom d'unité de خوخ. Mais ce mot n'est pas l'équivalent exact du grec *πέρσεα*. Sur le perséa et son nom arabe, voyez S. de Sacy, *Relation de l'Égypte par Abd-Allatif,* p. 47 et suiv.

[4] **ሰዩሬጥስ ፡** est la transcription fautive de la forme arabe سوريطس.

[5] **ሶርያ ፡**, par exception, a ici le sens de *Syrie.*

[6] Ce passage a été mal interprété par le traducteur, si, comme il est probable, il avait sous les yeux un texte analogue à celui des autres chroniques. Le mot **እስሌናጥስ ፡** (العساطس) est sans doute une transcription altérée d'*Ἰωνίτας.*

[7] **ወበእንተ ፡ ዝንቱ ፡**, traduction erronée du grec *ὅπερ πῦρ ἐβάσταξεν.*

[8] Comparez *Chron. Pasch.*, col. 152 à 156. — *Joann. Mal. chronogr.*, col. 105,

Chapitre XXII. Inachus[1], de la race de Japhet, fils de Noé, qui régnait du côté de l'Occident, dans le pays des Argiviens, fut le premier roi de ce pays; il rendait un culte à la lune, et il en fit une divinité. Il fonda dans le pays des Argiviens une ville[2] appelée, du nom de la lune, Iopolis[3]; car les Argiviens, dans les mystères, appellent la lune Io encore aujourd'hui. Il éleva un temple, y érigea un autel et représenta la lune par une image d'airain sur laquelle il grava (ces mots) : Ἰῶ μάκαιρα [λαμπαδηφόρε], c'est-à-dire « pleine de lumière[4]. »

Chapitre XXIII. Libya, qui était fille de Picus et qui avait pour mère[5] . . . . . ., était la femme de Poseidon, qui régnait dans le Midi et qui donna au pays sur lequel il régnait le nom de sa femme, Libya. Poseidon eut d'elle [trois fils :] Poseidon, Belus et Agénor[6], qui se rendit en Canaan. Celui-ci ayant pris une femme nommée Dîroû[7], fonda aussi une ville, qu'il appela du nom de sa femme, Daïroûs, c'est-à-dire Tyrus (Tyr). Pendant qu'il y régnait, il eut de sa femme trois fils qui furent des chefs célèbres, à savoir : Syrus, Cilix et Phœnix[8], lequel fut le premier qui portait des vêtements de soie. En mourant,

108, 109 A. — *Joann. Ant. fragm.*, p. 544, fragm. 6, § 18. — La dernière phrase ne se trouve pas dans les autres chroniques.

[1] እንያኹስ ፡, transcription fautive de la forme arabe اساخوس.

[2] መዲና ፡ est le mot arabe مدينة.

[3] ናቡሊስ ፡, transcription fautive de l'arabe نابوليس.

[4] Comparez *Chron. Pasch.*, col. 157 AB. — *Joann. Mal. chron.*, col. 96-97. — *Joann. Antioch. fragm.*, p. 544, fragm. 6, § 14. — Cramer, *l. c.*, p. 238.

[5] ቀሉንያ ፡. Cette forme étrange pourrait s'expliquer ainsi : Le texte grec portait probablement : ἡ θυγατὴρ τῆς Ἰῶ καὶ τοῦ Πίκου τοῦ καὶ Διός..... En réunissant les deux mots καὶ Διός en un seul et en lisant Λιός au lieu de Διός, le traducteur arabe aurait écrit قلوس, qui serait devenu قلوسا. Si l'on voulait supposer une corruption du grec καὶ τῆς Ἰῶ, on ne s'expliquerait pas la présence de la lettre *l* dans ቀሉንያ ፡.

[6] Le premier de ces trois noms provient d'une inadvertance du traducteur; le second est le nom défiguré de Βῆλος.

[7] ዲሩ ፡ et ደይሩስ ፡, transcriptions de ديرو et ديروس. Les mots እንተ ፡ ይእቲ ፡ ጢሮስ ፡ sont une glose du traducteur arabe ou du traducteur éthiopien.

[8] Les trois noms እሶሩን ፡ ቂልቅያ ፡ et ቀብኒክስ ፡ représentent les formes arabes اورون (Σύρον), قيلقيا (Κίλικα) et فنكس (Φοίνιξ). On ne voit pas pourquoi ce dernier nom est au nominatif, tandis que les deux premiers sont à l'accusatif.

Agénor partagea son empire entre ses trois fils et y établit leur autorité. Phœnix prit Canaan et les contrées adjacentes et appela la contrée, d'après son nom, Phénicie[1]. Le second fils prit la Syrie, à laquelle il donna son nom. Le troisième, Cilix, prit sa province et l'appela de son nom, Cilicie[2].

Chapitre XXIV. Un homme, nommé Taurus, qui régnait en Crète, fit une expédition contre Tyr; il y arriva au moment du coucher du soleil, attaqua la ville, s'en empara, enleva ses richesses, et emmena captifs les habitants de plusieurs villes; alors il prit aussi Europe, dont il fit sa femme. S'étant embarqué[3] pendant la nuit, il retourna dans son pays[4], . . . la Crète, emmenant sa femme Europe avec lui, et appela ce pays du nom de sa femme. Il y fonda une ville qu'il nomma Gortyna, du nom de sa mère. Il[5] était de la famille de Picus ou Zeus[6].

Chapitre XXV. Un homme nommé Laïus[7], père d'Iokka[8], voyant que son fils avait commerce avec sa mère, ordonna à ses soldats de le suspendre à un arbre dont ils auraient coupé les branches, pour que les pieds de l'homme suspendu y fussent attachés[9].

Chapitre XXVI. Un homme nommé Saruch, de la race de Japhet,

[1] ፋትኒኪ ፡ transcription fautive de فوسكى.

[2] Comparez *Chron. Pasch.*, col. 160 BC, 161 B. — *Joann. Mal. chronogr.*, col. 97 B. — *Joann. Ant. fragm.*, p. 544, fragm. 6, § 15. — Cramer, *l. c.*, p. 238.

[3] እምባሕር ፡ est une traduction inexacte de *δία θαλάσσης*.

[4] Le mot ጠርሱስ ፡ est probablement le résultat d'une inadvertance du traducteur qui a mal lu le nom de *Ταῦρος*.

[5] Traduction inexacte du grec *τῆς ἐκ γένους Πίκου Διός*.

[6] ቢፋስ ፡, transcription fautive de l'arabe بيقوس. — Comparez, pour ce chapitre, *Chron. Pasch.*, col. 160 CD, 161 A. — *Joann. Mal. chron.*, col. 97 C, 100 A.

[7] ላዩን ፡, transcription inexacte de لايوس.

[8] ወይክ ፡, transcription inexacte de يوكا, *Ἰώκκα* (pour *Ἰώκκας*), c'est-à-dire *Ἰόκαστος*. Au lieu de እሱ ፡ lisez እስ ፡.

[9] Comparez *Joann. Mal. chron.*, col. 124 AB. — *Joann. Ant. fragm.*, p. 545, fr. 8. — On voit que, dans notre texte, le récit primitif est entièrement défiguré.

fils de Noé, fut[1] le premier de ceux qui adoraient des idoles, par l'influence de Satan. Il érigea des autels aux idoles et leur rendait un culte[2].

Chapitre XXVII. Or Melchisédec[3] le juste qui, étant parmi les gentils, adorait Dieu, était chaste et sans péché. Il est appelé, dans l'Écriture sainte, *sans père ni mère,* parce qu'il n'était pas de la famille d'Abraham. Il méprisait les dieux de son père et se fit prêtre du Dieu vivant. Il descendait de la famille de Sidus, fils du roi d'Égypte et de Nubie, dont les Égyptiens tirent leur nom. Melchisédec signifie *roi juste.* Or Sidon qui régnait sur Canaan, descendait d'une famille puissante : les Égyptiens l'appellent ainsi à cause du pays des Cananéens, qui est la Palestine, ainsi appelée encore aujourd'hui, qu'il avait attaqués et qui s'étaient soumis à lui; puis, les ayant pris en amitié, il s'établit dans le pays, et y fonda une ville qu'il appela de son nom, Sidon, qui, jusqu'à présent, fait partie de Canaan. Le père de Melchisédec étant sorti de Sidon, nous savons que telle était son origine[4]. Or son père était idolâtre, ainsi que sa mère. Ce saint homme reprochait à ses parents leur idolâtrie; puis il s'enfuit et devint prêtre du Dieu vivant, comme il a été dit. Il régna sur Canaan et con-

[1] **እስተርእየ ፡** est la traduction d'*ἐγεννήθη* ou de *καταγόμενος.*

[2] Comparez *Chron. Pasch.*, col. 172 C. *Joann. Mal. chron.*, 128 C. — *Joann. Ant. fragm.*, p. 545, fragm. 8, § 1, p. 546, fragm. 9.

[3] Le mot **ወእስተርእዮቱ ፡** est la traduction d'un participe grec *καταγόμενος* ou *ἀπέγονος* (*ἐκ τοῦ γένους Σίδου*), qui se trouve répétée plus loin, dans la leçon des mss. **ወሰበ ፡ ወፅእ ፡**. Mais, pour rendre la phrase intelligible, il faut supprimer **ወሰበ ፡**.

[4] La paraphrase éthiopienne de ce passage a complètement altéré le sens du texte original. Voici le passage parallèle de la chronique de Jean Malala : *Καταγόμενος ἐκ τοῦ γένους Σίδου, υἱοῦ Αἰγύπτου, βασιλέως τῆς Λιβύης χώρας, ἐξ οὗ Αἰγύπτιοι κέκληνται. Ὅστις Σίδος ἐκ τῆς Αἰγύπτου ἐπελθὼν παρέλαβε τὴν χώραν τῶν λεγομένων Χαναναίων ἐθνικῶν, τοῦτ' ἔστι τὴν νῦν λεγομένην Παλαιστίνην. Καὶ ὑποτάξας αὐτὴν ᾤκησεν ἐκεῖ ἐν αὐτῇ· καὶ κτίζει πόλιν, ἣν ἐκάλησε Σιδόνα εἰς ὄνομα ἴδιον, ἥτις νῦν ἐστιν ὑπὸ τὴν Φοινίκην χώραν. Καὶ λοιπὸν ἐκ τοῦ γένους τοῦ Σίδου καθήχθη ὁ Μέλχι, ὁ πατὴρ τοῦ Σεδὲκ, γενόμενος ἱερεὺς καὶ βασιλεὺς ἐπεκλήθη Μελχισεδέκ...*

struisit sur le Golgotha une ville nommée Sion ou Salem, nom qui signifie, dans la langue des Hébreux, *ville de la paix.* Il y régna cent treize ans et mourut, étant toujours demeuré chaste et juste, ainsi que l'a écrit le savant Josèphe, l'historien, au commencement de son livre de l'histoire des Juifs. Il fut le premier qui offrit au Dieu du ciel des sacrifices non sanglants de pain et de vin, à l'image des saints mystères de Notre-Seigneur Jésus-Christ, comme le dit David dans ses psaumes : « Tu es son prêtre éternellement, remplissant le ministère de Melchisédec[1]. » Et ailleurs : « Dieu s'est fait reconnaître à Sion, grand est son nom en Israël. Son séjour est dans la paix, sa demeure à Sion[2]. » Or les Juifs ont reçu d'Abraham la connaissance de Dieu. Salem qui est la même que Jérusalem, est appelée ainsi, parce que la paix demeurait à Sion, c'est-à-dire Melchisédec. Quant au nom d'Hébreux donné aux Juifs, il provient d'Héber dont descendait Abraham, l'instrument choisi. En effet, comme Héber, lorsque les impies bâtirent la tour et qu'ils cherchèrent en vain à accomplir leur mauvais dessein, ne se joignit pas à eux, et qu'il demeurait fidèlement attaché à Dieu, lors de la confusion de leurs langues, le langage d'Héber fut le seul dont l'intégrité et la perfection ne subissent aucune altération. En conséquence, ses successeurs (descendants) gardèrent le langage des anges, ce langage qu'avait parlé Adam, et ils sont appelés *Hébreux,* et leur langue s'appelle l'*hébreu*[3].

[1] Ps. cix, vers. 5.

[2] Ps. lxxv, vers. 2 et 3. — On ne saurait dire si le premier ጽዮን ፡ est une faute des manuscrits, ou s'il a été employé, soit par l'auteur, soit par les traducteurs, à la place de *Juda* du texte de la Bible. Le mot በሰላም ፡ (ἐν εἰρήνῃ) au lieu de *à Salem*, provient du texte des Septante. Il est à remarquer que la traduction de ces deux passages s'accorde, sauf le mot አስተርአየ ፡ (au lieu de ተዐውቀ ፡) avec le texte de la version reçue en Abyssinie. ግሒሮ ፡ n'est sans doute qu'une faute des copistes pour ግሒሩ ፡.

[3] ዕብራዊ ፡ est le mot arabe عبرانى. — Comparez, pour ce chapitre, *Chron. Pasch.*, col. 177. — *Joann. Mal. chron.*, col. 133 AB. — *Joann. Antioch. fragm.*, p. 546, fragment 11. — *Georg. Hamart. chron.*, col. 145 et suiv., 93 et suiv. — Cramer, *l. c.*, p. 240. — *Chron. ante Malal.*, col. 76 AB. — Le dernier paragraphe ne se trouve pas dans ces chroniques.

Chapitre XXVIII. Il fut un homme nommé Hésiode[1], de la race de Japhet, fils de Noé, qui inventa l'écriture des Grecs, et ce fut lui qui enseigna l'écriture[2]. On raconte que, du temps des rois du pays[3] . . . . ., il y avait, en Lydie[4], un philosophe, descendant des géants de la race de Japhet, nommé Endymion, qui, ayant adressé des prières à la lune, mystérieusement[5], apprit d'elle, dit-on, dans une vision, le nom de Dieu. S'étant rendu, un jour[6] . . ., il entendit le nom sacré; aussitôt il expira et demeura mort, et ne se releva plus. Son corps est conservé en Lydie, où on le voit chaque année, lorsque l'on ouvre le cercueil dans lequel il repose[7].

Chapitre XXIX. On raconte que, du temps de Josué, fils de Navé, régna sur l'Attique[8] un roi nommé Ogygès[9], sous le règne duquel il y eut un grand déluge, dans ce pays seulement. Le roi et les habitants périrent, et le pays fut changé en désert et resta inhabité pendant deux cent six ans, ainsi que l'a écrit Africanus, dans la Chronique[10].

[1] እንስጥርማስ ፡, transcription fautive de l'arabe اسسودس.

[2] Comparez *Joann. Mal. chron.*, col. 136. — *Joann. Antioch. fragm.*, p. 546, fragm. 11, § 4. — Cramer, *l. c.*, p. 241. — Le mot ቀዲሙ ፡ qui forme un pléonasme avec ረከበ ፡, aurait dû être rattaché à መሀረ ፡.

[3] Il y a ici dans le texte une lacune et une erreur. Le texte original portait probablement : *Ἐν δὲ τοῖς χρόνοις τῶν βασιλέων τῶν προγεγραμμένων* (c'est-à-dire des rois d'Égypte, dont le traducteur a supprimé l'histoire) *ἀνεφάνη τὶς ἐν τῇ χώρᾳ* . . . . .

[4] Je ne saurais dire de quelle source vient, dans ce mythe, le nom de *Lydie;* car les autres chronographes donnent *Καρία*.

[5] C'est-à-dire, des *prières mystiques.*

[6] Les mots ወሶበ ፡ ሖረ ፡ ፩ ፡ ዕለተ ፡ sont une erreur de la traduction amenée, sans doute, par l'expression vulgaire de l'original grec, *ἦλθεν εἰς ὕπνον*. Les mots እስከ ፡ ዮም ፡ devraient plutôt figurer dans la phrase suivante.

[7] Comparez *Joann. Mal. chron.*, col. 136 B, 137 BC. — *Joann. Antioch. fragm.*, p. 546, fragm. 11, § 4. — Cramer, *l. c.*, p. 241.

[8] እንዲክ ፡, transcription de l'arabe اتديكا.

[9] እውጂክሙን ፡ pour እውጀክሙን ፡, transcription fautive de l'arabe اوجيكس.

[10] Comparez *Joann. Mal. chron.*, col. 140 A. — *Joann. Antioch. fragm.*, p. 547, fragm. 13, § 1. — Le nombre 206 n'est pas celui qui est donné par Jules l'Africain; mais il s'accorde avec la leçon de Jean d'Antioche. Jean Malala présente la leçon *σο'*.

Chapitre XXX. Du temps de Moïse le législateur, le serviteur de Dieu, qui conduisit les enfants d'Israël hors d'Égypte, il régnait en Égypte Pétissonios, qui est le pharaon Amosios[1]. Il régnait à l'aide du livre[2] des magiciens Ianès et Iambrès qui montrèrent leur impudence devant le grand Moïse, l'interlocuteur de Dieu; c'est pourquoi on dit : ils ne voulaient pas laisser partir les enfants d'Israël après les miracles et les prodiges qu'il accomplit avec sa verge. Or Pétissonios se rendit auprès des augures qui se trouvaient à Memphis, auprès du célèbre oracle et y offrit un sacrifice. L'un des Hébreux ayant interrogé l'augure *Taninus* (la Pythie), il lui répondit : « Il (Dieu) est celui qui est dans le ciel, immortel, primordial; les cieux tremblent devant lui, ainsi que la terre; les mers le craignent; les démons sont dans la terreur. Un petit nombre d'anges soutiennent sa présence; car c'est lui qui crée la force et la puissance[3]. » Pétissonios inscrivit cet oracle sur une stèle qu'il plaça dans le temple, près du

[1] Dans la chronique de Jean Malala (col. 140 C.), on lit : *Πετισσώνιος ὁ κωμῳδὸς Φαραώ*. Dans Cedrenus (col. 112) : *Πετισσώνιος ὁ καὶ Φαραώ*. Ce sont de fausses leçons, que l'on peut corriger à l'aide de notre texte.

[2] Il n'est pas probable que l'auteur ait voulu parler ici du livre apocryphe qui porte les noms d'Ianès et d'Iambrès. Je suppose que l'original grec contenait le mot *ἱερογραμματεῖς*, que le traducteur aura mal compris et traduit par መጽሐፈ ፡ መሠርያን ፡.

[3] Tout ce passage est corrompu dans notre texte; le sens du récit relatif à l'oracle de Memphis a été entièrement méconnu par le traducteur arabe. La phrase du texte grec était probablement analogue ou identique au texte de Jean Malala (col. 144. — Comparez Cramer, *l. c.*, p. 241, ou le nom du roi est écrit Περσώνιος) : ..... *ἀπῆλθεν ἐν τῇ Μέμφῃ, εἰς τὸ μαντεῖον τὸ περιβόητον· καὶ ποιήσας θυσίαν ἐπηρώτα τὴν Πυθίαν, λέγων· Σαφήνισόν μοι τίς ἐστιν πρῶτος ὑμῶν καὶ μέγας θεὸς τοῦ Ἰσραήλ. Καὶ ἐδόθη αὐτῷ χρησμὸς οὗτος*. C'est principalement le mot *μαντεῖον*, dont il ignorait le sens, qui a embarrassé le traducteur arabe. ተኒኖስ ፡ est la transcription fautive de la forme arabe بسنى. (La lettre ن a souvent été confondue avec la lettre س.) Les vers de l'oracle qui se trouvent aussi reproduits par Cedrenus (éd. de Paris, p. 41) et dans la Chronique anonyme contenue dans le ms. de la Bibliothèque nationale, ancien fonds grec n° 1336 (voyez Cramer, *l. c.*, p. 241), sont abrégés dans notre texte; mais les derniers mots de la paraphrase éthiopienne ne se lisent, ni dans Malala, ni dans la chronique anonyme, ni dans Cedrenus.

Nilomètre[1]. Nous devons dire que, lors de la ruine du temple, cette stèle existait encore, c'était la seule, en Égypte, qui ne fût pas brisée, et qu'elle existait même jusqu'à la destruction complète des temples des idoles, alors qu'il ne fut plus au pouvoir de personne de maintenir le temple de Memphis. C'est par la puissance de Notre-Seigneur Jésus-Christ, que tous les temples furent détruits. Or cet insensé Pétissonios, qui est le pharaon Amosios, fut précipité, avec ses chevaux et ses cavaliers, dans la mer Rouge. En effet, lorsque, après la sortie des enfants d'Israël d'Égypte, il apprit qu'ils avaient emporté les richesses des Égyptiens; — ils avaient ainsi agi avec l'approbation de Dieu et d'après sa loi; car, en emportant les richesses des Égyptiens, les enfants d'Israël les considéraient comme la rétribution des travaux pénibles qu'ils leur avaient imposés sans relâche; — le pharaon, transporté de colère, se mit aussitôt en route, avec son armée, pour les poursuivre. Il fut précipité dans la mer, avec tous les siens, et il n'en resta pas un seul. Les enfants d'Israël marchèrent dans la mer, comme sur la terre ferme, et arrivèrent là où Dieu voulut; car il est supérieur à toute la création, gloire à lui! Ceux des Égyptiens qui n'avaient pas péri, rendirent un culte aux démons et abandonnèrent Dieu. Ces malheureux se perdirent eux-mêmes et devinrent comme les anges qui s'étaient révoltés contre Dieu et ils adoraient l'œuvre de leurs mains. Les uns adoraient le bœuf, d'autres la vache, le chien et le mulet, l'âne, le lion, le poisson, le crocodile, ou le poireau, et beaucoup d'autres créatures semblables. Ils donnaient aux villes d'Égypte le nom de leur divinité. C'est ainsi qu'ils adoraient les villes bâties de Bousir, de Menouf, de Semnoud, de Sahrascht, d'Esné, et (la ville) de l'Arbre et (la ville) du Crocodile[2]. Ils divinisaient beaucoup d'autres villes, ainsi que l'ouragan[3].

[1] Au lieu de ዘየእምሩ ፡ lisez ዘያእምሩ ፡. On lit dans Jean Malala : ἐν τῷ ἱερῷ Μέμφης ὅθεν ὁ Νεῖλος ποταμὸς πορεύεται, ce qui est moins exact que la leçon de notre texte.

[2] Je suppose que les mots ወለዕፅ ፡ ወለሐርገጽ ፡ représentent des noms de villes. J'ignore le nom grec ou égyptien de la première; il n'est, ce me semble, que le nom de Chenoboscia qui puisse à peu près convenir.

[3] C'est-à-dire Typhon?

Chapitre XXXI. A cette époque, sous le règne du roi précédent, en Égypte[1], alors que les habitants adoraient les idoles et les autres divinités ci-dessus nommées, ainsi que la célèbre ville d'Absây ou Nikious, le roi de cette ville s'appelait Prosopis, nom qui signifie « celui qui aime les divinités à trois figures. » Ce roi résidait sur la rive occidentale du fleuve et guerroyait toujours contre les barbares appelés Mauritaniens, qui venaient de la Pentapolis. Or, ceux-ci ayant fait une terrible attaque, les habitants de la ville les combattirent avec vigueur et en tuèrent un grand nombre. A la suite de cette heureuse victoire, les barbares ne revinrent plus pendant longtemps, attaquer la ville, grâce à Dieu qui, par l'effet de sa divinité toute-puissante, a fait sortir du néant à l'existence toutes choses[2].

[1] Il y avait probablement dans le texte original : Ἐν δὲ τοῖς χρόνοις τῆς βασιλείας τῆς προειρημένης, ou τῶν βασιλέων τῶν προειρημένων. Si l'on voulait supposer que l'auteur est revenu en arrière et qu'il y eût dans l'original : Ἐν δὲ τοῖς χρόνοις τούτοις Αἰγυπτίων ἐβασίλευσε πρῶτος..., il faudrait admettre une lacune après በም ስር ፡. Mais cette dernière conjecture ne s'accorde pas bien avec le contenu du chapitre.

[2] Ce récit est une traduction locale touchant un événement célèbre dans les annales de l'Égypte, à savoir l'invasion des Libyens et de la confédération des peuples méditerranéens, sous le règne de Ménephtah Ier. L'histoire de la défaite des Libyens près de la ville de Nikiou ou Prosopis, forme le sujet de la grande inscription du temple de Karnak (voyez E. de Rougé, dans la *Revue archéologique*, année 1867, tome II, p. 38 et suiv. — Chabas, *Études historiques*, p. 230 et suiv. — *Recherches sur la XIXe dynastie*, p. 51 et suiv. — Brugsch, *Dictionnaire géographique de l'ancienne Égypte*, p. 66 et 439). — Le mot አብሩሶቢዳ ፡ est la transcription du grec Προσωπίδα, accusatif de Προσωπίς, nom de la capitale du nome prosopotite, c'est-à-dire de la ville de Nikiou ou Nikioupolis. L'explication de ce nom, dans notre texte, est un jeu de mots sans fondement; car Προσωπίς n'est pas la traduction, mais la transcription du nom égyptien de la ville, à savoir : πι — ÂPI — ϣωπ. Peut-être y a-t-il là quelque allusion au nom du roi Ménephtah ou Merenptah (composé de Phtah, nom du démiourgue trinitaire). On voit par la rubrique que, dans le texte original, il y avait aussi une explication analogue du nom de Nikiou que l'auteur avait probablement dérivé de νίκη. — Quant au mot ፊግናውያን ፡, qui me paraît être une transcription altérée de l'arabe مورطانيون, Mauritaniens, c'est-à-dire Libyens, on pourrait hésiter à admettre cette interprétation; car la forme Μαυριτάνοι se rencontre rarement dans les auteurs grecs, et, au temps où écrivait Jean de Nikiou, les habitants du nord de l'Afrique étaient communément appelé Μαυρούσιοι ou Μαῦροι. Mais, dans un autre chapitre de notre ouvrage,

Le grand fleuve d'Égypte que les Grecs appellent Chrysorroas[1] et qui, dans le livre inspiré par Dieu, est appelé Gehon, coulait (primitivement) à l'orient de la ville; puis il changea son cours et coula vers l'occident, et la ville devint comme une île au milieu du fleuve, comme un bosquet d'arbres appelés *Akreyâs*, qui est le myrte[2].

Chapitre XXXII. Jérusalem, qui avait été fondée par Melchisédec, était sous la domination des Cananéens ou Philistéens. Josué, fils de Navé, en ayant fait la conquête, l'appela Jébus. Il résida à Sichem, après avoir conquis tout ce territoire, et cette ville est appelée Néapolis, jusqu'à ce jour[3]. Puis, au temps des rois pleins de sagesse, David et Salomon, à la suite de la construction du saint temple de Dieu, dont David avait fait tous les préparatifs et qui fut élevé, à Jérusalem, par Salomon, celui-ci nomma la ville, « ville du sanctuaire, » à cause de la consécration, du sacrifice légal et du salut abondant, et parce que Notre-Seigneur et Sauveur Jésus-Christ (qu'il soit loué!) y a subi la passion.

Chapitre XXXIII. Du temps des Juges, il y avait un juge parmi les Grecs, nommé Πανόπτης[4], c'est-à-dire doué de cent regards perçants, voyant de loin et apercevant mieux que tous les hommes. Celui-ci inventa, dans l'occident, toute sorte de travail manuel[5].

Chapitre XXXIV. Prométhée et Épiméthée trouvèrent une table

(voyez ci-après, chap. xcv), on trouve, pour le nom des mêmes peuplades, la forme ሙርጣንስ ።, également dérivée de Μαυριτανία.

[1] አክሬሱሩ ።, transcription de l'arabe اكريبسورو (Χρυσορρόας).

[2] አልአስ ። est le mot arabe الآس ; je ne connais pas l'équivalent grec ou égyptien de አክርያስ ።.

[3] Comparez *Joann. Mal. chron.*, col. 148 AB. — La Chronique pascale (col. 241) donne une relation différente de l'origine du nom de Jébus. — Le mot ሕያኑስ ። est la transcription fautive de ايابوس.

[4] ባይኑድስ ። est la transcription de l'arabe بينودس.

[5] C'est le mot τεχνική que le traducteur a rendu par ገቢረ ፡ ግብረ ፡ እድ ፡ ዙሉ ።.

de pierre contenant une inscription qui avait été écrite et gravée aux temps anciens. Élie, le prophète, expliqua ces vers, comme le rapportent les Grecs, disant que c'est ainsi qu'il monta au ciel, et ce qui était dans le ciel fut dans son cœur. Deucalion, de son côté, écrivit les particularités et l'histoire de ce qui était arrivé au temps du déluge, et les événements extraordinaires[1].

Chapitre XXXV. Après le déluge, dans l'Attique, la domination passa aux Athéniens. Il y avait alors un roi nommé *Elwâṭes*[2], qui établit le repas comme institution légale. Il fut aussi le premier qui ordonna aux hommes de prendre pour femmes des jeunes filles vierges qu'ils appelleraient épouses. Et il leur ordonna de creuser une fontaine, dans un lieu caché, afin qu'il pût y verser une grande quantité de lait, qui paraîtrait une source sortant de terre. Avant son règne, les femmes de l'Attique et des Athéniens vivaient dans une abominable promiscuité : une femme passait d'un homme à un autre; à la manière des animaux, chacun suivait son inclination; aucun d'eux n'avait une femme, et ils se disputaient les femmes par la violence,

[1] Voici, pour ces deux chapitres, le passage correspondant de la chronographie de Jean Malala (*l. c.*, col. 148) : Ἐν δὲ τοῖς τούτων χρόνοις ἦν παρ' Ἕλλησιν ὁ Προμηθεὺς καὶ ὁ Ἐπιμηθεὺς καὶ ὁ Ἄτλας καὶ ὁ πανόπτης Ἄργος, ὃν ἑκατοντόφθαλμον ἐκάλουν διὰ τὸ περίβλεπτον εἶναι τὸν ἄνδρα καὶ γοργὸν, καὶ Δευκαλίων, ὁ υἱὸς Ἕλληνος τοῦ Πίκου. Ὁ δὲ Ἄργος αὐτὸς εὗρε τὴν τεχνικὴν ἐπὶ τὰ δυτικὰ μέρη· ὁ δὲ Ἄτλας ἡρμήνευσε τὴν ἀστρονομίαν· διὰ τοῦτο λέγουσιν ὅτι τὸν οὐρανὸν βαστάζει, διότι τὰ οὐρανοῦ ἔχει ἐν τῇ καρδίᾳ αὐτοῦ. Ὁ δὲ Προμηθεὺς τὴν γραμματικὴν ἐξεῦρε φιλοσοφίαν· περὶ οὗ λέγουσιν ὅτι ἀνθρώπους ἔπλαττε, καθ' ὃ ἰδιώτας ὄντας ἐποίησεν ἐπιγινώσκειν διὰ φιλοσοφίας καὶ τῷ πρώην χρόνῳ εἰδένει τὰ συμβάντα· ὁ δὲ Ἐπιμηθεὺς τὴν μουσικὴν ἐξεῦρεν· ὁ δὲ Δευκαλίων τὰ τοῦ κατακλυσμοῦ τοῦ μερικοῦ ἐξέθετο..... (Comparez *Joann. Antioch. frag.*, p. 547, fragm. 13, § 4.) Il est probable que le texte original de Jean de Nikiou contenait, en termes identiques ou analogues, le même récit que le traducteur a altéré comme on vient de le voir ci-dessus. Ayant confondu *Atlas* (اطلس) avec *Élie*, il a composé sa narration en combinant les mots Προμηθεύς, Ἐπιμηθεύς, Ἄτλας, εὗρε, ἡρμήνευσε, οὐρανον, qui en forment le canevas. Il paraît évident que le rapprochement de Prométhée et d'Élie est entièrement fortuit.

[2] Le mot **እልዋጤስ ፡** ne saurait s'expliquer par une altération du nom de Cécrops. J'en ignore l'origine.

ainsi que nous venons de le dire. Ils ne connaissaient point leur progéniture, ni les enfants mâles ni les filles. Et qui aurait pu les connaître, puisque aucun enfant n'avait un père et que tous ceux que (les femmes) mettaient au monde étaient engendrés par tous? Ils ne connaissaient donc, à cause de la promiscuité dans laquelle ils vivaient, ni leurs enfants mâles ni leurs filles; et tous étaient contents de cette abominable façon d'agir. Aussi Cécrops, auteur du livre, dans sa loi, disait que cette province d'Attique devait être détruite par le déluge de Dieu. Or, après ce temps, ils vivaient avec sagesse et se conformaient à la loi du mariage : un homme avec une femme. Cécrops était, pendant toute sa vie, honoré et respecté, car il avait fait que les enfants connussent leurs pères, comme il convient[1].

Chapitre XXXVI. En ce temps vécut Orphée, de Thrace, le lyrique d'Odrysæ[2], qui était appelé, chez les Grecs, le grand sage. Il leur donna (le livre) appelé *Théogonie*[3], ce qui, dans leur langue, signifie « Combattant pour Dieu. » . . . . ., selon ce que rapporte[4] Timothée le chronographe. Il disait : Avant tous les temps[5] fut la Sainte Trinité formant une seule divinité, créatrice de toutes choses[6].

[1] Comparez *Joann. Mal. chron.*, col. 149 BC, 152 A. — *Joann. Antioch. fragm.*, p. 547, fragm. 13, § 5. Plusieurs passages du texte original, qui, sans doute, était conforme au récit de Jean Malala, ont été altérés par la traduction, notamment dans le passage relatif aux nymphes : *ἅστινας ἐκάλεσε νύμφας ἐν τῇ νομοθεσίᾳ αὐτοῦ διὰ τὸ πηγαῖς ἐοικέναι τὰς παρθένους κόρας, αἳ τίκτουσι καὶ ἀπὸ ἀδήλων πόρων πηγάζουσι γάλα*, ainsi que les phrases suivantes..... *αἱ γυναῖκες τῶν Ἀττικῶν καὶ τῶν Ἀθηναίων, — οὐδεὶς οὖν ᾔδει κτλ. — καὶ ἔχαιρον δεχόμενοι; — ὁ δὲ Κέκροψ ...ἐξεφώνησε τὸν νόμον τοῦτον εἰρηκὼς κτλ.*

[2] Les mots **አርፋስ ፡ ቤት ፡ ሬዎስ ፡ እንላሬኩስ ፡ በትርሲስ ፡** sont la transcription des mots grecs *Ὀρφεὺς ὁ Θρᾲξ ὁ λυρικὸς Ὀδρυσαῖος*, que le traducteur n'avait pas compris et auxquels il a joint le verbe au pluriel. Les formes **ቤት ፡ ሬዎስ ፡** et **በትርሲስ ፡** paraissent renfermer l'article copte ⲡⲓ.

[3] **እውጋንያ ፡**, transcription fautive de l'arabe تاوغانيا.

[4] Le suffixe au pluriel se rapporte à l'énumération des théories orphiques que le traducteur a supprimée.

[5] Traduction inexacte de *πρὸ τοσούτων χρόνων εἰπόντα...*

[6] Comp. *Joann. Mal. chron.*, col. 152 BC, 156 CD. — *Joann. Antioch. fragm.*,

Chapitre XXXVII. On rapporte que les savants athéniens furent les premiers qui pratiquaient l'art de guérir les hommes. En effet ce furent les philosophes qui d'abord avaient fait cette belle découverte d'employer des remèdes qui conviennent aux entrailles. Beaucoup de gens vont encore à Athènes pour ce motif; car (l'art de guérir) y fleurit encore à présent.

Chapitre XXXVIII. Le roi Salomon, fils de David, fut le premier qui construisit des bains et des académies dans tout lieu qui était sous sa domination; car il avait à son service les démons. Or il avait ce privilège, avant qu'il eût offensé Dieu, le maître de l'univers, par les femmes étrangères[1] qui demeuraient avec lui, lesquelles profanèrent Jérusalem par leurs divinités.

Chapitre XXXIX. Du temps des Juges également vécut, en Phrygie[2], un philosophe nommé Marsyas[3]. Celui-ci, le premier, jouait de la flûte[4], du cor et de la trompette[5]. Il boucha aux hommes les oreilles et il prétendait être Dieu, disant qu'il avait produit la nourriture pour les hommes, d'un petit membre[6]. Dieu fut irrité et le punit : il tomba en démence, se jeta dans un fleuve et périt[7].

Chapitre XL. En ce temps vécut Hercule le héros[8]; les gens de Jason[9] prêtèrent aide aux navigateurs qui l'accompagnaient et qui se

p. 547, fragm. 13, § 7; p. 548, fragm. 14. — Cramer, *l. c.*, p. 241 et suiv.

[1] አሕዛበውያን ።, ainsi qu'il faut lire au lieu de አሕገዘበውያን ። des manuscrits, est un adjectif dérivé du pluriel አሕዛብ ።.

[2] አፍሬቅያ ። pour Phrygie, est peut-être, non une transcription inexacte, mais un changement introduit de propos délibéré par les traducteurs.

[3] La forme መርስያሲሱስ ።, au lieu de መርስያስ ።, paraît due à la fantaisie du traducteur éthiopien.

[4] እንድር ።, forme vulgaire de ዕንዚራ ።.

[5] ጡበልቃና ። = طبلخانه.

[6] Le texte original portait *διὰ τοῦ μέλους*. Le traducteur a confondu les deux acceptions différentes du mot *μέλος*.

[7] Comp. *Joann. Mal. chron.*, col. 156 D, 157 A. — *Georg. Cedren. compend.*, col. 181 A.

[8] Le mot ኤሮትር ። paraît être une corruption de *ὁ ἥρως*.

[9] Le texte original portait probablement : *οἱ περὶ τὸν Ἰάσωνα*. Il paraît que

rendirent à l'Hellespont[1]. Des habitants de ce pays avaient un roi nommé Cyzique; ils attaquèrent et tuèrent ce roi, sans savoir (qui il était); puis, l'ayant appris, ils eurent des regrets; car ils étaient tous ses parents; il était originaire de leur pays. Après avoir attaqué les gens de Cyzique, appelé *le seigneur des sept images*[2], et, après avoir remporté la victoire, ils construisirent un temple qu'ils appelèrent *Rhea*, c'est-à-dire, *mère des dieux*. On rapporte qu'ils se rendirent à la résidence des devins et au siège des prêtres, et qu'ils interrogèrent l'un d'eux en disant : « Fais-nous connaître, ô prophète, ministre d'Apollon, quel sera cet édifice et à qui il appartiendra. » Et ils offrirent des présents à celui qui leur parlait, et celui-ci leur dit : « Il n'y a qu'un Dieu en trois personnes. Or une vierge concevra son Verbe, à qui cette maison appartiendra et dont le nom sera répandu sur des milliers. » Les païens écrivirent cette prophétie avec un style d'airain sur une pierre de cristal[3] qu'ils placèrent sur l'un des temples. Plus tard, du temps de l'empereur Zénon, l'ami de Dieu, ce temple fut converti en une église dédiée à la sainte Vierge Marie, la mère de Dieu. C'est l'empereur Zénon qui fit exécuter cette transformation à ses frais. Ainsi fut accomplie la prophétie énoncée par les fausses divinités, au sujet de la venue de Notre-Seigneur Jésus-Christ[4].

Chapitre XLI. Les Argonautes, quittant l'Hellespont, se dirigèrent vers une île nommée *île du Prince*[5]. De là ils se tournèrent vers Chal-

le traducteur, trompé par une mauvaise leçon, a réuni l'article *τόν* et la syllabe *lα* en un seul mot, تونيا, qui, par une nouvelle erreur, soit d'un scribe, soit du traducteur éthiopien, est devenu لونيا, ሎንያ ፡. Mais il est possible que ሎንያ ፡ soit une faute du copiste, au lieu de ያሎን ፡.

[1] ጰንጠን ፡, de l'arabe السبنطون. Le traducteur éthiopien a pris ال pour l'article.

[2] Ce jeu de mots, Κυ (*ριος*) — ζ — *ικων* = *εἰκών*, est peut-être dû au traducteur arabe.

[3] Il est possible que ውስተ ፡ እብን ፡ በረድ ፡ soit, au moins d'après l'intention du traducteur, l'équivalent du grec *ἐν λίθῳ μαρμάρῳ* ou *μαρμαρίνῳ*.

[4] Comp. *Joann. Mal. chron.*, col. 157 BC. — *Joann. Antioch. fragm.*, p. 548, fragm. 15, § 1. — *Georg. Cedren. compend.*, col. 241 D, 244 AB.

[5] ቆስክሬኪጦስ ፡ est l'équivalent du grec *τὰς Πριγκιπίους*. Le traducteur arabe, croyant que l'article faisait partie du nom, avait transcrit ces mots ainsi : باسعرنكسوس,

cédoine et voulurent passer dans la mer du Pont. Ils furent attaqués par les habitants qui mirent en avant un homme puissant, qui les repoussa victorieusement. Comme ils craignaient le ressentiment de cet homme, ils s'enfuirent jusqu'à l'extrémité d'un rivage[1] désolé. Alors ils virent une apparition surnaturelle venant du ciel, qui ressemblait à un homme ayant sur les épaules deux grandes ailes comme celles d'un aigle, d'un aspect terrible, qui leur parla ainsi : « Quand vous combattrez contre Amycus, vous en triompherez. » Ayant entendu cette parole de l'apparition qu'ils venaient de contempler, ils se sentirent encouragés; ils attaquèrent et ils vainquirent et tuèrent Amycus. Ils honorèrent le lieu où ils avaient vu la figure surnaturelle et y construisirent un temple, dans lequel ils placèrent une statue représentant cette apparition. Ils appelèrent le temple *Sosthenium,* parce qu'ils y avaient été protégés et sauvés; et on le nomme ainsi jusqu'à ce jour. Du temps de Constantin, le plus grand et le plus illustre des empereurs chrétiens, le serviteur de Jésus-Christ, après avoir établi le siège du gouvernement à Byzance, dans l'empire romain, Constantin vint au *Sosthenium,* afin de fermer les temples des idoles qui s'y trouvaient. En y voyant la statue, il reconnut sur-le-champ qu'elle représentait un ange. Mais, ayant l'esprit tourmenté par le doute, il adressa à Notre-Seigneur Jésus-Christ, en qui il mettait sa confiance, cette prière : « Fais-moi connaître, ô Seigneur, quelle est cette image. » Puis, lorsqu'il dormait, il entendit dans une révélation que cette statue était celle de l'archange saint Michel. Ayant appris que c'était lui qui avait envoyé les gens combattre Amycus, l'empereur fit orner ce temple, ordonna de lui donner la direction vers l'Orient et de le consacrer au nom de l'archange Michel. Et il y eut, dans ce sanctuaire, de nombreux miracles, en fait de guérisons de malades. Les chrétiens commencèrent alors à construire des

et cette forme a été de nouveau défigurée par un scribe qui a lu فاسقريكينوس. Sur les *νῆσοι Πριγκίπιοι*, voyez Ducange, *Gloss. s. v.* *Πρίγκιπος*.

[1] ሐይቅ ፡ est probablement l'interprétation du grec *κόλπος*.

églises dédiées à saint Michel l'archange, et ils y offraient des saints sacrifices à Dieu[1].

Chapitre XLII. On rapporte au sujet des saints clous qui avaient été trouvés avec la croix de Notre Sauveur Jésus-Christ et avec lesquels son saint corps avait été cloué, que saint Constantin, l'ami de Dieu, en prit un et l'attacha à la selle[2] de son cheval; de l'autre il fit le mors du cheval; il jeta le troisième dans le détroit de Chalcédoine, où l'on avait été exposé à de grands dangers, jusqu'à ce que, par la vertu de ce clou[3] sacré, les flots de cette mer, ainsi que tous les flots de l'océan, furent apaisés; et l'empire se consolidait dans la ville de Constantinople. Du temps de Zénon, le siège de l'empire fut à Rome; alors, d'après une décision du Sénat, on réunit les (deux) empires en un seul. L'un (de ces deux empires) avait été établi, à cause des soulèvements continuels des barbares, et l'autre, sur l'avis des généraux, afin qu'il y eût un autre chef en Asie[4].

Chapitre XLIII. Du temps de Samson, le dernier des Juges, régna dans le pays de . . . . ., Lapathus[5] qui avait deux fils : Achæus et

[1] Comparez *Joann. Mal. chron.*, col. 160. — *Joann. Antioch. fragm.*, p. 548, fragm. 15, § 2. — *Georg. Cedr. comp.*, col. 244 BC.

[2] ሰርጅ ፡ et ከር ፡ sont des mots arabes. Le traducteur éthiopien a conservé le terme arabe, en l'expliquant par un autre du même idiome plus connu en Abyssinie.

[3] ምስማር ፡ est le mot arabe مسمار. On ne voit pas pourquoi le traducteur éthiopien a conservé ici le mot arabe.

[4] Voyez Sozomène, *Hist. eccles.*, l. II, c. I. — Il paraît qu'avant les mots ወበመዋዕለ ፡ ዘይኖን ፡ un passage a été supprimé par le traducteur. Je ne saurais dire de quel récit légendaire l'auteur a tiré la donnée relative à l'empire de Zénon à Rome. On verra ci-après (chap. LXXXVIII) que cette singulière erreur est devenue la base d'un autre récit imaginaire. ሠራዊት ፡, ici comme dans un grand nombre d'autres passages de notre texte, est la traduction du mot *σύγκλητος*, le sénat, que le traducteur arabe n'avait pas compris.

[5] ኦውሊብጦስ ፡ est la transcription de l'arabe اولبطوس (*ὁ Λάπαθος*). Le traducteur, encore ici, a cru que l'article faisait partie du nom. Quant à ኢጂይስት ፡, je ne devine pas la leçon du texte original. Dans le passage parallèle de Jean Malala on lit (*l. c.*, col. 164 AB) : *Ἐν οἷς χρόνοις ἐβασίλευσε τῆς Αἰγύπτου χώρας*... Cette leçon est évidemment inexacte. Mais ኢጂይስት ፡ se rapproche de la forme *Αἰγύπτου*. Jean d'An-

Lacon[1]. Il divisa les provinces de son royaume en deux parts, conservant l'une pour lui-même, et donnant l'autre à ses fils. Après sa mort, on appela l'une de ces provinces du nom de son fils aîné, Achaïe; l'autre du nom de son fils cadet, Laconie; et on les appelle ainsi jusqu'à ce jour[2].

Chapitre XLIV. A cette époque régna, en Hellade[3], un roi nommé Pélops . . . . .[4]. Il fonda une ville que l'on appela Péloponnèse, d'après son nom. Le nom de son royaume est Hellas jusqu'à présent.

Chapitre XLV[5]. . . . .

Chapitre XLVI. Il fut un homme nommé Palamédès, plein de sagesse et de science, qui, le premier, enseigna l'art de la musique, la viole, la lyre[6], la cithare et tous les instruments de musique.

Chapitre XLVII[7]. . . . .

tioche (p. 549, fragm. 20) écrit: Ἐν δὲ τῇ τῶν Ἑλλήνων χώρᾳ... Georges Cedrenus (col. 245 D) : τῆς Εὐρώπης χώρας. La rectification de la leçon des manuscrits ሰመቀዐለ ፡ en ሰእድቀለ ፡ m'a été communiquée par M. A. Dillmann.

[1] ኩቁና ፡ ou ኩቱና ፡, transcription fautive de l'arabe لقونا, le traducteur ayant reproduit les deux noms à l'accusatif.

[2] Comparez *Joann. Mal. chron.*, col. 164 AB. — *Joann. Antioch. fragm.*, p. 549, fragm. 20. — *Georg. Cedr.*, col. 245 A.

[3] ኤይላለስ ፡ transcription fautive de l'arabe ايللاس.

[4] Tout ce paragraphe a été mal compris par le traducteur. Voici le texte de Jean Malala (col. 168 A. — Comp. *Georg. Cedren.*, col. 245 D) : ..... ἐβασίλευσεν ὁ Πέλοψ ἔτη λϐ', ἐξ οὗ καὶ Πελοποννήσιοι ἐκλήθησαν οἱ Ἑλλαδικοί. Ἔκτισε δὲ καὶ πόλιν ἥντινα καὶ Πελοπόννησον ἐκάλεσεν · ἔκτοτε καὶ Πελοποννήσιον ἐκλήθη τὸ βασίλειον Ἑλλάδος. Le traducteur, trompé par les syllabes *νησον* et *νησιοι*, qu'il a confondues avec *νῆσος* et *νῆσοι* (ደሴት ፡), a écrit ces phrases pleines de contresens.

[5] Il est impossible de trouver dans ce texte corrompu une narration raisonnable. Dans les noms propres, également fort altérés, on croit reconnaître les noms d'Ilion, de Priam, de la Phrygie, de Sparte.

[6] Sur l'instrument appelé በገና ፡, voyez *Description de l'Égypte*, 2e édition, t. XIII, p. 536.

[7] Ce chapitre, plein de contresens, est un fragment de l'histoire de la guerre de Troie. Je ne saurais dire quel est le nom

CHAPITRE XLVIII. Salomon, fils de David, roi d'Israël, construisit une grande construction à . . . . ., pour perpétuer sa mémoire, afin que son nom et le nom de son père ne fussent pas oubliés. Il la donna à un homme nommé *Aywanî*, ce qui signifie, en Canaan, « lumière; » et il nomma la construction Palmyre. En effet, c'est en cet endroit que son père David, le héros, le vaillant, avait triomphé, lorsqu'il vainquit et tua Goliath le Philistéen. C'est pourquoi il donna à la ville le nom de Mêzâd, afin que des peuples (*azmâd*) étrangers y demeurassent. Il y demeurait un grand nombre de soldats juifs. Cette ville fut prise, après de grands efforts et des combats opiniâtres, par Nabuchodonosor, roi des Perses, qui enfin la détruisit et la livra aux flammes, et qui fit disparaître sa mémoire jusqu'à ce jour[1].

grec que représente le nom ኦትሩስ ፡ (il n'est pas probable que ce soit Atreus). Dans la première phrase on reconnaît facilement la traduction altérée et tronquée d'un passage grec qu'on lit dans la Chronique de Jean Malala (col. 200 A) et qui est ainsi conçu : ... *ἐπισῖάντες τῇ χώρᾳ τῶν Φρυγῶν ἐξεπόρθησαν τὰ αὐτῶν βασίλεια... παραλαβόντες Πρίαμον βασιλέα καὶ φονεύσαντες αὐτὸν καὶ Ἑκάβην βασιλίδα· τοὺς δὲ αὐτῶν παῖδας αἰχμαλώτους εἰληφότες καὶ πάντα τὰ βασίλεια διαρπασάμενοι ὑπέσῖρεψαν εἰς τὰς ἰδίας χώρας. Κατέσχεν οὖν ἡ βασιλεία Ἐφέσου τῆς Ἀσίας πάσης καὶ Τροίης τῆς Φρυγίας*... Les derniers mots de la première phrase et la seconde phrase sont un fragment de l'histoire du Palladium (*ibid.*, col. 200 B) : ... *Καὶ ὑπὲρ εὐχαρισῖίας ὁ Τρῶος βασιλεὺς εἰς μνήμην αὐτοῦ τὴν ὑπ' αὐτοῦ οὖσαν χώραν πᾶσαν τὴν πρώην λεγομένην Ἐπίτροπον ἣν μετεκάλεσεν Ἀσίαν*. Enfin la dernière phrase et les deux derniers mots de l'avant-dernière proviennent du récit des aventures d'Ulysse en Sicile. Je pense que ቆበበ ፡ représente le mot grec *Κυκλώπεια*.

[1] Le texte éthiopien de cet étrange récit renferme plusieurs erreurs. La légende qui attribue à Salomon la fondation de Palmyre, à l'endroit même où David avait lutté contre Goliath, est rapportée par Jean Malala en deux endroits de sa chronique : *Ἔκτισε δὲ καὶ ἐν τῷ λιμίτῳ πόλιν ἣν ἐκάλεσε Παλμοῖραν, διὰ τὸ πάλαι μοῖραν γένεσθαι τὴν κώμην τῷ Γολιάθ, τῷ παρὰ τοῦ πατρὸς αὐτοῦ φονευθέντι* (col. 241 B). Puis, au commencement du livre XVIII (col. 628 et suiv.) en ces termes : *Διὰ τοῦτο Σολομὼν ὁ βασιλεὺς ὑπὲρ τῆς νίκης τοῦ αὐτοῦ πατρὸς Δαβὶδ ἐποίησεν αὐτὴν πόλιν μεγάλην, ἐπιθεὶς αὐτῇ τὸ ὄνομα Παλμύραν, ὡς γενομένην μοῖραν τῷ Γολιάθ... ὅθεν καὶ Ναβουχοδονόσορ ὁ βασιλεὺς Περσῶν δι' αὐτῆς παρελθὼν πρώτην αὐτὴν παρέλαβε πολλῷ κόπῳ· ἐφοβεῖτο γὰρ ὄπισθεν αὐτὴν ἐᾶσαι, πλῆθος γὰρ σῖρατιωτῶν Ἰουδαίων ἐκάθητο ἐκεῖ· ἥντινα παραλαβὼν, καύσας ἔσῖρεψε*... C'est un texte à peu près pareil qu'a eu sous les yeux le traducteur arabe de notre chronique. Je ne vois pas pourquoi le mot *πόλιν* est rendu

Chapitre XLIX. Nabuchodonosor prit aussi la ville de Tyr, qui était une île entourée d'eau. Après avoir fait de grands efforts pour s'en emparer, il ordonna à ses soldats, cavaliers et fantassins, et à tous les Perses de jeter du sable dans le bras de mer qui entourait la ville. Ils jetèrent ainsi du sable jusqu'à ce que le bras de mer fût comblé et qu'il devînt comme une route de terre. C'est de cette manière que Nabuchodonosor, le roi de Perse, réussit à s'emparer de la ville.

Chapitre L. A cette époque, lorsque (les enfants d'Israël) furent emmenés dans la captivité par Nabuchodonosor, agissant sur l'ordre de Dieu et ayant reçu l'assistance des anges, avant que celui-ci fût arrivé et qu'il eût brûlé le sanctuaire de Dieu, Jérémie, illustre parmi les prophètes et plein de zèle pour le bien, entra dans le second parvis, appelé le Saint des Saints, et y prit l'arche du Seigneur qui était couverte d'or, à l'extérieur et à l'intérieur, avec les objets sacrés qu'elle contenait, à savoir les tables de la loi, l'urne d'or renfermant la manne, la verge fleurie d'Aaron portant des amandes [1], et la pierre du roc dont Moïse avait fait sortir de l'eau pour le peuple, lorsqu'il avait soif. Ce fut cette pierre que Moïse le prophète portait avec lui, en marchant devant le peuple, lors de la traversée du désert, sur l'ordre de Dieu, et, chaque fois que le peuple avait soif, il jeta cette pierre sur le sol et la frappa de sa verge; alors il en sortait de l'eau, et les hommes et tout le bétail buvaient. Donc Jérémie prit ces objets, ainsi que la pierre, courut à un rocher et les y cacha; et ils y sont jusqu'à présent. Lors du second avènement de Notre-Seigneur et Sauveur Jésus-Christ,

par ሐንየ ፡. Je crois que les mots ቢሊሚ ከጡን ፡ ማእከለ ፡ ሀገር ፡ expriment les mots grecs *ἐν τῷ λιμίτῳ πόλιν*, le traducteur arabe ayant pris *λιμίτῳ* pour un nom propre, et le traducteur éthiopien ayant considéré la préposition ب comme faisant partie de ce nom. በልሚዘ ፡ et ሜዘድ ፡ sont des transcriptions fautives de بلميرا (*Παλμοῖραν*) et ميران (*μοῖραν*). C'est cette forme ሜዘድ ፡ qui a inspiré, paraît-il, au traducteur éthiopien la fantaisie d'ajouter une explication étymologique de son propre fonds. La phrase « il le donna à un homme nommé Aywanî » est peut-être le résultat d'un malentendu du même genre.

[1] Comp. *Épître aux Hébreux*, chap. ix, vers. 3 et 4.

qui sera précédé par le signe de la croix, l'arche, portée par des anges, reparaîtra; et Moïse qui l'avait faite et Jérémie qui l'avait cachée dans le rocher, viendront (avec elle). Au moment de la résurrection des morts apparaîtra le signe de la croix, et, après lui, Notre-Seigneur Jésus-Christ qui a été crucifié (qu'il soit loué !). Ces paroles se trouvent dans l'enseignement de saint Épiphane, notre Père lumineux, évêque de Chypre, qui, dans son ouvrage, a écrit toute l'histoire des Prophètes, après la destruction de Jérusalem et la fin du royaume des Juifs[1].

Chapitre LI. Cyrus le Perse, après avoir vaincu Astyages[2], devint roi. . . . . qui est Cambyse[3]. Or Crésus était un homme dur et orgueilleux. Tous les États, situés de près ou de loin, étaient dans sa dépendance. Ceux (des rois) qui acceptaient sa domination lui payaient tribut et demeuraient en paix; quant à ceux qui lui résistaient, il les emmenait captifs, leur enlevait leurs richesses et s'emparait de leurs territoires; car il était puissant et fort redoutable et maître de la victoire[4]. Or Cyrus fut dans une grande inquiétude. Il avait[5] une femme nommée Tertânâ[6], qui avait été l'épouse de Darius, successeur de Balthazar. Celle-ci lui parla ainsi : Il y a parmi nous un prophète d'entre les Hébreux, nommé Daniel, en qui est la sagesse de Dieu; il est du nombre des captifs des enfants d'Israël. Darius n'entreprenait rien sans son conseil, et tout ce que ce prophète lui annonçait s'ac-

[1] Voyez *Patrol. gr.*, t. XLIII, col. 400 et 421. — *Chron. Pasch.*, col. 385 B, 388 A, et le traité apocryphe attribué à Dorothée, évêque de Tyr (*Selecta quædam ad illustr. Chron. Pasch.*, *ib.* col. 1073). — *Georg. Hamart. chron.*, col. 297 CD. — *Georg. Cedr. comp.*, col. 233 D. — Ces derniers textes, très différents de notre récit, ne contiennent pas la donnée relative à la pierre du roc, ni celle de la réapparition de Jérémie avec l'arche.

[2] እንስጥያስ ። est la transcription fautive de la forme arabe استياس.

[3] Entre les mots ንጉሥ ። et ዘውእቱ ። du texte, il y a évidemment une lacune.

[4] Comparez *Joann. Mal. chron.*, col. 253 B. — *Georg. Hamart. chron.*, col. 328, 339. — *Georg. Cedren. comp.*, col. 273 C.

[5] Au lieu de ሎተ ። lisez ሎቱ ።.

[6] ጥርጣና ። est probablement la transcription fautive de l'arabe برتانا, Βαρδάνη.

complissait. Ayant entendu ces paroles, Cyrus envoya auprès du prophète Daniel, le fit amener avec honneur et lui adressa cette question : Remporterai-je ou ne remporterai-je pas la victoire sur Crésus[1] ? Le prophète Daniel, après avoir gardé le silence pendant une heure[2], répondit : Qui peut connaître la sagesse de Dieu ? Puis il se mit à prier et demanda au Seigneur son Dieu de lui révéler si Cyrus serait à même de résister à ce conquérant rapace, à l'orgueilleux Crésus. Dieu lui répondit : S'il donne la liberté de partir aux captifs des enfants d'Israël, il vaincra Crésus et fera la conquête de son empire. Daniel, ayant entendu ces paroles de Dieu, annonça à Cyrus qu'il triompherait de Crésus, s'il voulait laisser partir les enfants d'Israël. A ces paroles, Cyrus tomba aux pieds de Daniel et jura en disant : « Vive le Seigneur ton Dieu ! Je renverrai les Israélites à Jérusalem, leur ville, afin qu'ils servent le Seigneur leur Dieu ! » Et Cyrus, selon son devoir envers Dieu, combla de bienfaits les Israélites et leur permit de partir[3].

Or Crésus se mit en campagne avec une immense armée, pour envahir les États de Cyrus. Ayant traversé le fleuve de Cappadoce, pour combattre Cyrus et pour le réduire à un état misérable, il fut lui-même vaincu par Cyrus. Il lui fut impossible de se dérober par la fuite, parce que le fleuve se trouvait devant lui. En effet, en arrivant à ce fleuve, un grand nombre de ses soldats y furent précipités et noyés et quant à lui-même, il fut empêché de le traverser, parce que Dieu avait décidé de le faire tomber, en cette occasion, entre les mains de Cyrus. Les soldats de Cyrus l'ayant poursuivi l'atteignirent, le prirent vivant et lui mirent des chaînes, et ils tuèrent quarante mille hommes de son armée. Cyrus fit pendre son ennemi Crésus à un arbre et fit subir au reste de ses troupes l'humiliation et l'outrage. Quant

[1] Comparez *Joann. Mal. chron.*, col. 256 A. — *Georg. Hamart.*, col. 61 A.

[2] C'est-à-dire « un certain temps » (ساعة زمانية) ; comparez le livre de Daniel, chap. IV, vers. 16.

[3] Comparez *Joann. Mal. chron.*, col. 257. — *Georg. Hamart. chron.*, col. 61 CD. — *Georg. Cedr. comp.*, col. 273 C, 276.

aux Juifs et à leur roi, il leur permit de retourner dans leur pays, ainsi qu'il avait promis au prophète Daniel [1].

Lorsqu'il fut de retour en Perse, Cyrus distribua toutes ses possessions et [2] donna l'empire de Perse et de Babylone à son fils Cambyse. Celui-ci était un homme méchant; il abandonna la sagesse de son père et le culte de Dieu, le Seigneur. A cette époque régnait, en Égypte, le roi Apriès, dans la ville de Thèbes, à Memphis et dans deux autres villes, à savoir Moûhîb et Soûfîroû. Ce fut alors qu'à la suite des intrigues des peuples voisins (des Juifs), Cambyse envoya à Jérusalem l'ordre de les empêcher de reconstruire le sanctuaire de Dieu. Ensuite il se mit en campagne avec une armée innombrable, avec des cavaliers et fantassins de la Médie [3], pour attaquer l'Égypte. Les habitants de la Syrie et ceux de la Palestine cherchèrent (en vain) à s'opposer à sa marche, et il dévasta, non quelques-unes, mais un grand nombre des villes des Juifs; car il était le conquérant du monde entier. Dans son orgueil, il changea son nom et s'appela Nabuchodonosor. Ses dispositions étaient celles d'un barbare et, inclinant vers le mal, il haïssait les hommes.

Son père Cyrus avait été grand et honoré devant le Dieu vivant; il avait ordonné la construction du temple de Dieu à Jérusalem, avec zèle et piété, alors qu'il renvoya le grand prêtre Josué, fils de Josédec, et Zérubabel, qui est Esdras, et tous les captifs juifs, et leur permit de se rendre dans le pays des Hébreux et en Palestine. Au contraire, Cambyse [4], qui est Nabuchodonosor le second, et Balthazar, brûlèrent

[1] Comp. *Joann. Mal. chron.*, col. 257 D, 260 AB. — *Georg. Hamart. chron.*, col. 61 D, 64 A. — *Georg. Cedren. comp.*, col. 276, 277 A.

[2] J'ai substitué au mot du texte ወቀተለ ፡, qui, sans doute, est une leçon corrompue, le mot ከፈለ ፡, sans être certain que ce soit la leçon authentique.

[3] ደማዲያ ፡ Cette même forme se rencontre encore plus loin.

[4] Je crois que la leçon des mss. በኪሉስ ፡, qui, d'après l'ensemble du récit, désigne évidemment Cambyse, n'est qu'une erreur de copiste, au lieu de ከሚሰ ፡ ou እከሚሰ ፡. Cependant il est possible que le texte original mentionnât en cet endroit, Βαγώσης, général d'Artaxerxès II, d'après Josèphe, *Antiq.* lib. XI, cap. VII, 1.

la ville sainte de Jérusalem et le temple, ainsi que l'avaient prédit les saints prophètes Jérémie et Daniel. Après qu'ils eurent brûlé la ville, Cambyse vint à Gaza, rassembla des troupes et tout le matériel de guerre et descendit vers l'Égypte pour y porter la guerre. Ayant envahi le pays, il remporta la victoire et s'empara des villes égyptiennes de Farmâ, Schanhoûr, Sân et Basṭâh. Il prit vivant Apriès, le pharaon, dans la ville de Thèbes, et le tua de sa propre main.

Or il y avait, en Égypte, un guerrier nommé Phoûsîd[1], qui pratiquait la vertu et haïssait le mal. Lors d'une guerre entre les Perses et les Égyptiens, il avait envahi la Syrie et l'Assyrie, et avait fait prisonniers quatre fils de Cambyse, ainsi que ses femmes, au nombre de quarante personnes, avait brûlé leurs demeures, pillé leurs richesses, et les avait emmenées dans la ville de Memphis, où il les fit enfermer dans le palais du roi[2]. Lorsqu'il y eut la nouvelle guerre entre les Égyptiens et les Assyriens, ceux-ci reprirent l'avantage, triomphèrent des Égyptiens et conquirent le royaume de Thèbes. (Lors d'un engagement,) comme les soldats assyriens lançaient des traits, Phoûsîd fut frappé par une flèche, au côté droit[3]. Les soldats égyptiens l'emportèrent, avant qu'il expirât, hors des atteintes des Assyriens; mais il ne survécut qu'une heure et laissa, en mourant, une mémoire illustre à la postérité. Alors les Égyptiens, n'ayant plus de capitaine comme Phoûsîd, étaient découragés, et ils se retirèrent dans la ville de Saïs, dont les fortifications et les remparts étaient plus solides que ceux des autres villes. Cambyse, de nouveau, attaqua cette ville, s'en rendit maître et la détruisit. Il conquit toutes les villes de la basse Égypte, dans le nord, jusqu'au bord de la mer; il enleva aux habitants toutes leurs richesses, détruisit leurs villes et leurs villages, livra aux flammes leurs maisons et n'y laissa pas un être vivant, ni hommes ni bêtes; il fit couper les arbres, détruire les plantations, et fit de l'Égypte un désert. Puis, se dirigeant vers le Rîf, il attaqua la

[1] Dans la rubrique ce nom est écrit ዮሲድ ፡.

[2] Peut-être la leçon du ms. B : ቤት ፡ ንጉሥ ፡ ት ፡ renferme-t-elle la trace d'un nom propre.

[3] ቀኖጽ ፡ est le mot arabe قنص.

ville de Memphis et vainquit le roi qui s'y trouvait. Il saccagea et détruisit aussi la ville de Bousir, qui est située en deçà de Memphis, en enleva toutes les richesses, la livra aux flammes et la rendit complètement déserte. Les fils des rois qui avaient survécu se réfugièrent dans une autre ville rapprochée, se retirèrent dans la citadelle et en fermèrent les portes. Les Assyriens assiégèrent cette citadelle, la prirent d'assaut pendant la nuit et détruisirent la ville de Memphis la grande. L'un des rois d'Égypte, nommé Moûdjab [1], avait fait prévenir en secret son fils nommé Elkâd, afin qu'il lui amenât ses richesses, et celles de tous ses officiers et les quarante femmes de Cambyse ou Nabuchodonosor, qui avaient été amenées par Phoûsîd le capitaine. En conséquence on avait, pendant la nuit, ouvert les portes de la citadelle, fait sortir ces personnes, et on les avait conduites par une route qui n'était pas la route ordinaire, et que les gens ne connaissaient pas, dans le désert. Quant aux quatre fils de Cambyse, les habitants de la ville de Memphis les amenèrent, les firent monter au haut du mur et les égorgèrent, les coupèrent en morceaux et jetèrent les membres en bas, là où se trouvait Cambyse. Lorsque l'armée de Cambyse vit cette abominable action des habitants de Memphis, les soldats, transportés de fureur, donnèrent l'assaut et traitèrent la ville sans miséricorde. Ils établirent des machines de guerre, détruisirent les palais des rois et mirent à mort les fils des rois Moûdjab et Soûfîr, ainsi que tous les chefs de l'armée qui se trouvaient dans la ville, sans faire grâce à aucun.

En apprenant la mort de son père, Elkâd s'enfuit et se rendit en Nubie. Alors Cambyse saccagea la ville d'Aoun (Héliopolis) et la haute Égypte, jusqu'à la ville d'Eschmoûn. Les habitants de cette ville, prévenus (de son approche) et cédant à la crainte, se réfugièrent dans

[1] ሙጕብ፡ (au lieu de መጕብ፡ des mss.) ainsi que les deux noms de ሙጕብ፡ ወሱፊር፡, qu'on lit quelques lignes plus loin, sont à rapprocher des deux noms de villes ou de nomes ሙጒብ፡ ወሱፊሩ፡, mentionnés plus haut. Dans le premier de ces trois passages, le traducteur éthiopien avait lu نحب ou موحب, dans les deux autres نجب ou موجب.

la ville d'Eschmoûnaïn; puis ils envoyèrent à Elkâd, fils de Moûdjab, en Nubie, un message et l'invitèrent à se rendre auprès d'eux, parce qu'ils voulaient le reconnaître comme roi, à la place de son père; car il avait, autrefois, fait la guerre dans les provinces de l'Assyrie. Elkâd rassembla aussitôt une nombreuse armée d'Éthiopiens et de Nubiens et marcha contre l'armée de Cambyse, en suivant la rive orientale du fleuve Gehon. Les Éthiopiens n'étaient pas à même de traverser le fleuve. Alors les Perses, pleins de ruse, s'éloignèrent d'eux et se mirent en mouvement, comme s'ils voulaient s'enfuir; puis, à l'entrée de la nuit, ils traversèrent le fleuve avec précaution, s'emparèrent de la ville d'Eschmoûnaïn et la saccagèrent, sans que l'armée d'Elkâd s'en aperçût. Après en avoir fini avec la ville d'Eschmoûnaïn, ils s'avancèrent dans l'Égypte supérieure, détruisirent la ville d'Asouân, traversèrent le fleuve en face de la ville d'Ahîf et saccagèrent Philé, comme ils avaient fait des autres villes. Ils se tournèrent ensuite contre les villes et les bourgs qui restaient encore, les pillèrent et les brûlèrent, de telle sorte que toute l'Égypte devint un désert et que l'on n'y trouva plus un être vivant, ni un homme, ni même un oiseau du ciel. Alors Elkâd, le roi d'Égypte, prit un autre parti, lui et les hommes qui n'avaient pas été anéantis par les Perses. Ils allèrent au-devant de Cambyse, portant des présents, au son des lyres, des timbales et des tambourins[1] et, s'arrêtant à distance, se prosternèrent devant lui et lui demandèrent grâce. Cambyse accorda la grâce à ces Égyptiens survivants qui venaient lui offrir leur soumission; il les traita avec bienveillance, les emmena en Médie[2] et à Babylone, et leur donna un gouverneur choisi dans leurs rangs. Quant à Elkâd, il ne lui ôta pas la couronne royale; au contraire, il le rétablit sur le trône, et il ne l'emmena pas[3] avec lui. Le nombre des Égyptiens que Cambyse emmena avec lui fut de cinquante mille, sans les femmes et les enfants. Ils demeurèrent dans la captivité, en Perse, pendant quarante ans, et l'Égypte restait déserte. Cambyse, après avoir dévasté

[1] ጥብል ። est l'arabe طبل.

[2] ድማድያ ።.

[3] Le changement de ወሰዶ ። en ኢወሰዶ ። me semble indiqué par le contexte.

l'Égypte, mourut dans la ville de Damas. Artaxerxès, le grand sage, régna ensuite pendant vingt ans, ne cessant jamais d'aimer Dieu et d'aimer les hommes. Il ordonna à Néhémie, l'échanson[1], de construire les murs de Jérusalem, et il traitait avec bonté le peuple juif, parce que Cyrus et Darius avaient honoré le Dieu du ciel et l'avaient servi; c'est pourquoi il favorisait toutes les entreprises des Juifs. Quant aux Égyptiens, il les traitait (également) avec bienveillance et bonté; il choisissait parmi eux des fonctionnaires, pour délibérer avec ses propres officiers. Enfin il les renvoya dans leur pays, dans la quarante et unième année de leur captivité depuis la catastrophe de leur patrie. Après leur retour, les Égyptiens se mirent à construire, dans leurs différentes villes, des maisons, non de grandes maisons, comme autrefois, mais de petites maisons d'habitation, et ils plantèrent une grande quantité d'arbres et de vignes. Ils se donnèrent un roi, nommé Phiwâtoûrôs, sur l'ordre d'Artaxerxès, le philanthrope.

Il y avait un Égyptien, un consolateur dévoué, sage et vertueux, nommé Schenoûfi, nom qui signifie « bonne nouvelle, » lequel s'appliqua avec ardeur à reconstruire les villes et les bourgs, et à rétablir la culture de la terre, de telle sorte qu'en peu de temps il avait reconstruit tous les bourgs de l'Égypte; et il reconstitua ce pays tel qu'il avait été auparavant. L'Égypte jouissait, de son temps, d'une grande prospérité, le nombre des habitants augmenta de beaucoup, et leur bétail se multiplia également. Schenoûfi régna pendant quarante-huit ans, dans le contentement et la paix, heureux du retour des captifs égyptiens, et il mourut entouré de vénération. Il avait, avant de mourir, fait recenser les Égyptiens, dont le nombre se trouva être de cinq cent mille hommes. Après la mort de Schenoûfi, les Égyptiens demeurèrent pendant longtemps sans roi; mais ils payaient l'impôt aux Perses et aux Assyriens ensemble. Ils furent en paix, jusqu'à ce qu'ils se donnassent un autre pharaon comme roi, auquel ils payèrent l'impôt.

[1] Je pense que ዮስ፡, leçon des mss., au lieu de ንኤምያስ፡ ou ንእምያስ፡, n'est qu'une faute de copiste; ብእሲ፡ ሰቃዪ፡ est la traduction incorrecte du grec *οἰνοχόος*.

Mais les Perses ne voulaient pas admettre que les Égyptiens payassent l'impôt à leur propre roi. Les Perses également étaient restés sans roi après la mort du grand Artaxerxès, qui s'était montré clément envers les Égyptiens. Celui qui régnait après Artaxerxès fit d'abord la guerre aux Juifs, qui se soumirent. Il attaqua ensuite les Égyptiens, les vainquit et leur enleva leurs richesses; car le pays d'Égypte, grâce à Dieu, est extrêmement fertile.

Lorsque Nectanébo[1], le dernier des pharaons, eut appris des grands thaumaturges, par une déclaration positive des démons, qu'il ne régnerait pas sur les Égyptiens (car il était lui-même magicien, et il avait interrogé les démons impurs, pour savoir s'il régnerait ou s'il ne régnerait pas sur les Égyptiens), il se rasa la tête, rendit sa figure méconnaissable et prit la fuite. Il se rendit d'abord à Farmâ, puis en Macédoine, où il demeura[2]. Les Égyptiens restèrent soumis à Ioulianos jusqu'à l'arrivée d'Alexandre ὁ πάνταρχος, c'est-à-dire le conquérant du monde, qui tua *Ḥesṭâṭès*[3], le roi des Perses. Après un court espace de temps (depuis la mort d'Artaxerxès), régna sur les Perses Ochus, pendant douze ans; après lui, Artaxerxès, pendant vingt-trois ans; puis Darius, surnommé *Akreyoûs* (?)[4], pendant six ans. C'est alors qu'Alexandre attaqua celui-ci, le tua et lui enleva l'empire de Babylone; car Alexandre, fils de Philippe, le Macédonien, fut le conquérant du monde[5].

Chapitre LII. Il fut un homme, nommé Énée, qui épousa la fille

[1] ሰከጣናፉስ ፡, transcription fautive de l'arabe نكطانا فوس.

[2] Comp. *Joann. Mal. chron.*, col. 300 B. — *Chron. Pasch.*, col. 417.

[3] Je ne saurais dire quel peut être le nom que représente ce mot. M. Th. Nœldeke, dans les *Goettingische gelehrte Anzeigen* (année 1881, p. 594) le considère comme une transcription de mot grec ὕστατος.

[4] La forme correcte de ce nom m'est inconnue.

[5] Au sujet du récit légendaire contenu dans ce chapitre, qui résume, en confondant les personnages et les époques, l'histoire des invasions des Assyriens et des Perses et celle des insurrections des Égyptiens contre la domination persane, voyez mon mémoire inséré dans le *Journal asiatique*, septième série, t. X (1877), p. 512.

de Latinus, nommée Lavinia. Il fonda une grande ville qu'il appela du nom de Lavinia et y établit son pouvoir[1].

Chapitre LIII. Il fut, en Italie, un homme nommé Pallas[2], qui y vivait avec son fils. C'était un homme éminent et belliqueux. Il s'empara, par la force, de plusieurs villes soumises à Énée. Ayant attaqué..., il lui enleva sa ville et y construisit une grande maison, qu'il embellit d'ornements, de sorte qu'il n'y en eut de pareille dans aucune autre ville. Il construisit aussi un château qu'il appela, d'après son nom Pallas, *Pallantium*[3], c'est-à-dire « palais[4]. »

Chapitre LIV. Creusès, étant monté sur le trône, fonda une ville appelée Alba; puis, ayant quitté Elbânyâ (Lavinium), il vint à Elwânyâ (Albanie), qui est Alba et dont le nom signifie « éclat[5]. »

Chapitre LV. Il fut une femme cananéenne, nommée Didon, mariée à un homme nommé Sichæus[6]. Elle était originaire d'une petite ville appelée Chartimas, située au bord de la mer, entre Tyr et Sidon. Elle était très riche[7]. Elle avait un frère nommé Pygmalion[8], qui, dési-

[1] Comparez *Joann. Mal. chron.*, col. 272 C. — *Georg. Cedren.*, col. 273.

[2] የላልስ ፡, et plus bas : ይላልስ ፡, sont des transcriptions fautives de l'arabe بلاس.

[3] በይልላይዮን ፡ Παλλάδιον, au lieu de Παλλάντιον, est une erreur du traducteur.

[4] Tout ce passage a été mal compris par le traducteur. Voici le texte grec de Jean Malala (col. 272 B) : Καὶ ἀπῆλθεν ὁ Αἰνείας πρὸς τὸν Εὔανδρον καὶ τὸν υἱὸν αὐτοῦ Πάλλαντα, ἄνδρας πολεμικωτάτους· οἵτινες διῆγον εἰς τὴν Ἰταλίαν, οἰκοῦντες κώμην λεγομένην Βαλεντίαν (ce nom, que le traducteur arabe a pris pour le nom d'un roi, est écrit, dans notre texte, ዩስፕ ን ፡), ἰθύνοντες ἐπαρχίαν μίαν. Ἐν ᾗ κώμῃ καὶ ἔκτισεν ὁ Πάλλας οἶκον μέγαν πάνυ, οἷον οὐκ εἶχεν ἡ περίχωρος ἐκείνη· ὅστις οἶκος ἐκλήθη τὸ Παλλάντι(ο)ν, καὶ ἀπὸ τότε ἐκλήθη τὰ βασιλικὰ κατοικητήρια Παλλάντιον ἐκ τοῦ Πάλλαντος.

[5] Comparez *Joann. Mal. chron.*, col. 273 C, 273 A. — ክስፋሲስ ፡ est une erreur de la traduction; le texte grec portait : Ἀσκάνιος ὁ υἱὸς τοῦ Αἰνείου ἀπὸ τῆς Κρεούσης. Dans le texte de Jean Malala, les noms de Lavinium, Alba et Albania, sont également confondus. Mais l'explication d'*Alba* ne se trouve pas dans Jean Malala.

[6] ሰንሐውስ ፡, transcription fautive de l'arabe سيخاوس.

[7] ባዕል ፡ pour ባዕለ ፡.

[8] ገግልዮን ፡, de l'arabe بغماليون.

rant s'emparer de ses biens et de ses trésors, s'éleva contre son mari et le tua. Alors elle réunit en toute hâte tous ses biens et les trésors de sa maison, s'embarqua et prit la fuite; et elle alla de Canaan en Libye[1], contrée d'Afrique; elle fonda, dans cette contrée, une grande ville, qu'elle appela Carthage, nom qui, dans la langue des Barbares, signifie « Ville neuve[2]. » Elle y régna, avec sagesse, jusqu'à sa mort[3].

Chapitre LVI. Il y avait, du temps d'Ézéchias[4] roi de Juda, deux frères, nommés Romulus et Romanus[5], qui fondèrent une grande ville près de la petite ville de Valentia, située en Italie, pays de Latinus, où auparavant était le palais royal nommé Pallantium, qu'ils restaurèrent. Ils construisirent aussi à leur dieu Zeus[6] un temple qu'ils appelèrent, dans leur langue, *Capitole,* ainsi qu'un palais royal, admirable à voir[7]. Ils appelèrent le Capitole, dans la langue latine, *tête de la ville*[8]. Ils prirent alors le nom de *Romains* et appelèrent leur ville *Rome;* et les deux frères y régnèrent en commun. Puis l'inimitié s'étant déclarée entre eux, Romulus tua son frère Romanus et garda seul le pouvoir; aussitôt la ville fut ébranlée par des secousses[9]. Tout

[1] ቶና ፡, transcription fautive de l'arabe لوبيا.

[2] Littéralement : « et dans la langue des Barbares elle est appelée Ville neuve. »

[3] Comparez *Joann. Mal. chron.*, col. 265 BC. — *Georg. Cedren. comp.*, col. 281. — L'explication du nom de Carthage se trouve dans Cedrenus; elle manque dans Malala.

[4] La Chronique Pascale (col. 289) indique le roi Achaz comme contemporain de la fondation de Rome.

[5] Il n'est pas probable que la forme ሮማኖስ ፡ soit une altération du nom de Ῥῆμος. Je pense que l'auteur lui-même a écrit ainsi ce nom.

[6] Le traducteur arabe a pris Διί pour le datif d'un nominatif Διός.

[7] Les mots ወለጅሰ ፡ ሕንፃ ፡ sont un malentendu de la traduction.

[8] Le traducteur arabe ayant mal rendu le sens du grec ἐκάλεσεν αὐτὸν Καπετώλιον Ῥωμαϊστί· ὅ ἐστιν ἡ κεφαλὴ τῆς πόλεως, le traducteur éthiopien a reproduit ce non-sens, en laissant aux deux noms propres l'article arabe ال.

[9] Il y avait probablement dans le texte original : ἐσείετο ἡ πόλις Ῥώμη καὶ οἱ δῆμοι αὐτῆς ἐστασίαζον (comparez *Chron. Pasch.*, col. 289). Le traducteur arabe a pris ces *commotions* pour un tremblement de terre.

le peuple fut épouvanté de la grande commotion que l'on éprouvait. Romulus, lui aussi, était effrayé et découragé, et, dans sa grande frayeur, ayant consulté les devins et les démons impurs, il lui fut répondu que son règne ne serait pas assuré à Rome, sans son frère Romanus. Alors il chercha en vain des moyens pour ressusciter son frère; une (nouvelle) commotion violente se fit sentir, pendant laquelle il vit l'image absolument ressemblante de son frère, depuis la tête jusqu'à la poitrine. En conséquence, il fit, conformément à l'apparition de l'image de son frère qu'il venait d'avoir, une statue d'or représentant son frère depuis la tête jusqu'à la poitrine, la plaça près de son trône et la couvrit de toutes sortes d'ornements. Et, dans ses missives, il écrivait ainsi: Lettres, émanant de moi et de mon frère; nous disons, nous ordonnons, nous exécutons, etc. Et cette coutume venant des Romains s'est maintenue jusqu'à présent: leurs rois et leurs magistrats ont conservé cette formule dans leurs tribunaux que l'on appelle *prétoires*, c'est-à-dire cours de justice[1].

Romulus fut aussi le premier qui introduisit à Rome la coutume de monter à cheval, de lutter de vitesse dans la course et de chercher à vaincre un autre. Il inventa ces pratiques diaboliques, sources de tout vice et de tout péché, afin que les cavaliers du monde entier fussent plus forts. Il établit aussi une place de combat pour les femmes appelée[2]..., afin que les soldats s'y rendissent pour demeurer avec

[1] Comparez *Joann. Mal. chron.*, col. 276 et suiv. — *Chron. Pasch.*, col. 289 et suiv. — *Georg. Hamart. chron.*, col. 64 B. — *Joann. Antioch. fragm.*, p. 552, fragm. 29; p. 553, fragm. 32. — *Georg. Cedren. comp.*, col. 292 et suiv. — Dans la dernière phrase, qui ne se trouve pas dans les autres chroniques byzantines, le mot ኣብ ፕጦርዮስ፡ est la transcription fautive de ابرطوريون.

[2] Je ne puis indiquer le mot grec que représente la forme ኢሌመንግጡን፡ (المنطلون). Comme le traducteur a mal compris tout ce passage, il est possible qu'il ait transcrit ainsi le mot στρατόν, qui se rencontre plusieurs fois dans le récit parallèle des autres chroniques. (Voyez *Joann. Mal. chron.*, col. 284. — *Chron. Pasch.*, col. 296 et 297.) — *La place du combat*, መክን፡ ጸብእ፡, est la traduction de ἱππικόν (course de chevaux), mot qui, un peu plus loin, est traduit deux fois par መስተጽዕኖን፡ አፍራስ፡. Le traducteur s'est figuré que c'étaient les femmes qui, dans cette occasion, remplissaient le rôle d'écuyères.

elles; car auparavant ils avaient violé toutes les femmes, mariées, vierges ou veuves. C'est pourquoi, mécontent (de cet état des choses) et craignant (des désordres), Romulus organisa cette course de chevaux pour les femmes; il les réunit seules, sans les hommes, en un seul endroit, les divisant en deux groupes, les jeunes filles d'un côté, et les femmes mariées de l'autre. Il convoqua donc de toutes les villes, voisines et éloignées, une foule innombrable de femmes écuyères. Quant aux femmes étrangères, celles qui n'étaient pas de Rome, elles étaient là, afin que (les soldats) pussent assouvir leur passion sur elles, et il mettait la main sur toutes celles qu'il put trouver[1]. Il convia aussi les jeunes filles de la ville des Sabins, ville voisine de Rome, qui étaient fort belles, et les réunit auprès de lui. Après avoir ainsi rassemblé ces femmes, il les donna aux soldats qui n'en avaient pas; et il appela ces soldats *σlρατιωτάς*[2], c'est-à-dire *guerriers*. Puis il ordonna que chacun cherchât à enlever l'une des autres. Plus tard, à la suite de cette ordonnance, (les Romains) prenaient des femmes, chacun selon sa disposition, mais sans enlèvement. Il établit ensuite des prêtres des idoles et les appela *prêtres d'Apollon*[3].... Puis il construisit et termina les murs de la ville de Rome[4]. Il construisit ensuite un temple dans la ville d'*Arès*, au mois de *mars*, qui est le magâbît. *Mars* signifie le premier des mois. Au commencement du

[1] ይኄልዉ ፡ est pour ይጼልዉ ፡. Peut-être, au lieu de ዘረከበን ፡ ይግሥሥን ፡, leçon des mss., faudrait-il lire ዘረከብዎን ፡ ይግሥሥዎን ፡, sous-entendu እዘዘ ፡.

[2] መንግጥስ ፡.

[3] Comparez *Joann. Mal. chron.*, col. 284. — *Chron. Pasch.*, col. 296 et 297. — Après ce passage si complètement défiguré de la narration, il a paru inutile de reproduire le non-sens que renferment les deux phrases suivantes, dont la première résume le récit du texte original sur l'institution des *Brumalia* (comparez *Joann. Mal. chron.*, col. 285 et 288; — *Chron. Pasch.*, col. 300 A; — *Georg. Hamart. chron.*, col. 65); la seconde paraît être un fragment de la narration touchant l'origine des quatre factions et représente probablement la phrase qu'on lit dans la Chronique Pascale : Ἐκάλεσε δὲ τὸ Πράσινον μέρος Πραίσεντον... διότι ἡ χλοώδης γῆ διὰ παντὸς ἵσlαται σὺν τοῖς ἄλσεσι, combinée avec une explication de l'origine des gardes prétoriennes, appelés *Præsentes*. (Comparez *Joann. Mal. chron.*, col. 281.)

[4] Traduction inexacte du grec *μετὰ τὸ πληρῶσαι τὰ τείχη*...

mois on célèbre toujours une fête appelée *Primus*. Après cette fête, Romulus commanda aux soldats de combattre. Et l'on appela ce mois *Mars*, selon la coutume des païens qui pratiquaient les oracles et selon ce que les anciens, dans leur ignorance, avaient prescrit. Et les Romains ont conservé cette coutume[1]. C'est pourquoi nos saints Pères, les moines égyptiens, les théophores, offrent, au commencement de chaque mois, un sacrifice non sanglant à la Sainte Trinité consubstantielle et communient des saints mystères vivifiants, en chantant les paroles du psaume LXXX : « Sonnez du cor au jour de la nouvelle lune, au jour solennel de notre fête[2]. »

CHAPITRE LVII. Romulus eut pour successeur Numa. C'était un homme sage et fort avisé, qui dirigeait la ville de Rome dans une bonne voie au moyen d'excellents règlements. Cet homme éminent fut le premier qui fit des monnaies de cuivre[3] pour servir à la vente et à l'achat et à l'échange de l'argent. C'est pourquoi on appelle le cuivre monnayé *feloûs* jusqu'à ce jour[4]. Il établit aussi deux endroits, l'un pour les patriciens (?), l'autre pour les magistrats, qui devaient donner des ordres aux officiers et à toute l'armée[5]......

[1] Voici le texte grec du passage que le traducteur a défiguré d'une si étrange façon (*Chron. Pasch.*, col. 292 AB) : Ὁ δὲ αὐτὸς βασιλεὺς Ῥῶμος μετὰ τὸ πληρῶσαι αὐτὸν τὰ τείχη καὶ κοσμῆσαι τὴν πόλιν ἔκτισε καὶ τῷ Ἄρει ναὸν, καὶ ἐν αὐτῷ τῷ μηνὶ ἐποίησεν ἑορτὴν μεγάλην, θύσας τῷ Ἄρει, καλέσας καὶ τὸν μῆνα Μάρτιον πρώην λεγόμενον Πρῖμον, ὅπερ ἑρμηνεύεται Ἄρεως· ἥνπερ ἑορτὴν κατ' ἔτος οἱ Ῥωμαῖοι πάντες ἐπιτελοῦσιν ἕως νῦν, καλοῦντες τὴν ἡμέραν τῆς πανηγύρεως Μάρτις ἐν κάμπῳ. Καὶ εὐθέως πάλιν ἀρξάμενος ἔκτισε Κερκέσιον ἐν τῇ Ῥώμῃ, ὅπερ Ἱππικὸν ὠνόμασεν, θέλων διασκεδάσαι τὸ πλῆθος τοῦ δήμου Ῥώμης... (Comparez *Joann. Mal.*, col. 277.)

[2] Le texte de ce verset est conforme au texte vulgaire de la version éthiopienne des Psaumes.

[3] Le premier ፈሉስ ፡ est le mot فلوس (φόλλεις), le second, le mot éthiopien. C'est le traducteur éthiopien qui a ajouté cette étymologie.

[4] Comp. *Joann. Antioch.* p. 553, fragm. 33, § 2. — *Georg. Cedr.*, col. 296.

[5] Ces phrases sont inintelligibles. Il ne serait pas impossible que le traducteur eût reproduit et défiguré ainsi le récit qu'on lit dans la Chronique Pascale (col. 304 et 305; — comp. *Joann. Antioch. fragm.*, *l. c.*, fragm. 33, § 1) relatif à l'introduction de l'usage des toges bordées de pourpre.

Chapitre LVIII. Au temps où, à Jérusalem, le grand prêtre était un homme nommé Judas, régna en Macédoine, Philippe. Après son avènement au trône, il attaqua la Thessalie[1] et remporta la victoire. L'ayant soumise, il fonda, en Macédoine, une ville qu'il nomma Thessalonique[2].

Chapitre LIX. Alexandre, fils de Philippe le Macédonien, étant monté sur le trône, fonda en Égypte la grande ville d'Alexandrie, qu'il nomma ainsi d'après son propre nom et qui, auparavant, dans la langue des Égyptiens, était appelée *Racotis*. Il porta ensuite la guerre en Perse. Arrivé à la limite de l'Europe[3], il y construisit un lieu où se réunirent ses soldats et toute son armée; il y distribua une grande quantité d'or à ses généraux, à tous les officiers et à sa nombreuse armée, et appela ce lieu Chrysopolis; et c'est ainsi que l'appellent les habitants de Byzance[4]. En envahissant la Perse, Alexandre tua un grand nombre de soldats de Darius et finit par anéantir toute son armée. Il se rendit maître de tout l'empire de Darius et le soumit à son pouvoir. Il fit captive la fille de Darius, une vierge nommée Roxane; il n'en abusa point et en fit sa femme[5].

La reine d'Abyssinie, nommée Candace, fut également respectée par Alexandre, en considération de sa haute intelligence. Cette reine avait appris les hauts faits d'Alexandre et savait qu'il avait l'habitude, lorsqu'il voulait attaquer l'un des rois du monde, de se joindre aux explorateurs. L'ayant reconnu lors de son arrivée avec les explorateurs, la reine Candace le fit arrêter et lui dit : « Tu es le roi Alexandre;

[1] ናውሳልባጥ ፡ est la transcription fautive de l'arabe باوسالسان, Θεσσαλίαν.

[2] Comp. *Joann. Mal. chron.*, col. 301 AB. — Le mot በመቄዶንያ ፡ a été ajouté par le traducteur qui, ayant défiguré le nom de Thessalie, ne voyait pas la relation de ce nom avec celui de Thessalonique.

[3] አውዚጊ ፡ est la transcription fautive de l'arabe اورويس ou اوربيس.

[4] Comp. *Joann. Mal. chron.*, col. 304. — ቢርንጥያ ፡ est la transcription fautive de l'arabe بزنطيا, Byzance. Cette forme (souvent aussi ቢሬንጥያ ፡) se rencontre fréquemment dans notre texte.

[5] Au lieu de *mss.*, dans la note 4 du texte, lisez A.

tu as pris le monde entier, et maintenant tu es pris toi-même par une femme. » Il lui répondit : « C'est par ton esprit, ton intelligence subtile et ta sagesse, que tu m'as pris. Dorénavant, je te garantis contre toute injure, toi et tes enfants, et je te prends pour épouse. » A ces paroles, Candace se jeta à ses pieds, fit alliance avec lui, et il l'épousa. Après cela, les Abyssins se soumirent à lui[1].

Alexandre, en mourant, partagea son empire entre ses quatre compagnons qui l'avaient assisté dans la guerre. Philippe, son frère aîné, prit la Macédoine et y régna, ainsi que sur toute l'Europe[2]. Alexandre donna la royauté d'Égypte au Ptolémée nommé Lagus[3].

Chapitre LX. Sous le règne du Ptolémée Philadelphe, dont le nom signifie « aimant les frères, » qui était un homme bien doué et sage, fils de Lagus[4], (ce roi) traduisit les saintes Écritures de Dieu, de la langue hébraïque en langue grecque, avec l'assistance des vieillards, dans l'espace de soixante-douze jours; car il y avait soixante-douze interprètes; mais deux moururent avant d'avoir interprété[5].

Chapitre LXI. Antigonus[6] régna en Asie, en Cilicie et sur (la région traversée par) le fleuve appelé le Dragon, qui coule dans la province

[1] Comp. *Joann. Mal. chron.*, col. 305 C, 308 A. — *Joann. Ant. fragm.*, p. 555, fragm. 41. — *Georg. Cedren. comp.*, col. 301. — Suidas, *s. v.* Ἀλέξανδρος.

[2] አውርያ ፡, transcription fautive de l'arabe اوربا.

[3] Comp. *Joann. Mal. chron.*, col. 308 B. — ብይላጎስ ፡, au lieu de ላጎስ ፡, pourrait, à la rigueur, être considéré comme la transcription de l'arabe بلاغوس, si l'on suppose que le traducteur éthiopien a pris la préposition (المسمّى بلاغوس) pour la première lettre du nom. Mais, dans ce cas, on ne saurait expliquer la provenance de la lettre ይ. Il paraît plus probable que la syllabe ብይ est l'article copte. Le nom de Ptolémée a été considéré par le traducteur comme un titre analogue à Pharaon.

[4] አግላዮስ ፡ est la transcription fautive de Λάγος. Ce résumé de l'histoire des Soixante-dix interprètes de la Bible ne s'accorde entièrement avec aucune des autres versions.

[5] Comparez *Joann. Mal. Chron.*, col. 309 A. — *Chron. Pasch.*, col. 425. — *Georg. Cedren.*, col. 325 A.

[6] አንጺጎስ ፡ et, plus loin, አንጺክስ ፡, sont les transcriptions des formes arabes انديغونس et انديكنس.

d'Oronte[1]. En Syrie, en Babylonie et en Palestine régnait un homme nommé Seleucus Nicanor[2]. Celui-ci ayant attaqué Antigonus, roi d'Asie, le tua, parce qu'il avait fondé, près du fleuve du Dragon, une ville qu'il avait appelée Antigonia. Il enleva tous les biens de la région d'Iopolis et d'une forteresse située au pied du mont Silpion...; cette ville était auparavant appelée Bottia; il y fonda la grande ville d'Antioche, qu'il nomma ainsi du nom de son fils Antiochus[3]. Il fonda ensuite une autre ville en l'honneur de sa fille, et il la nomma Laodicée, du nom de sa fille Laodicé. Le nom [primitif] de la ville était Mazabdan[4]. Puis il fonda une ville, qu'il nomma Apamée, laquelle était auparavant appelée Pharnacé[5].

Chapitre LXII. Seleucus, qui est Pausanias, fut le premier qui écrivit des chroniques et des annales et qui les nomma[6]...

Chapitre LXIII. Antiochus, surnommé Épiphane, fit torturer les Machabées[7].

[1] **ፒየውርንድስ ፡** est le nom de l'Oronte avec l'article copte πι, forme que le traducteur arabe avait transcrite بياورندس. Dans cette phrase, qui renferme encore d'autres erreurs, ce nom est présenté comme celui d'une ville ou d'une province.

[2] **ሴሉኪ.ስቃኖር ፡**, transcription fautive de l'arabe سلوكسقانور.

[3] Le commencement de cette phrase renferme un malentendu; car il était dit, sans doute, dans le texte original, que Seleucus enleva les biens d'Antigonus. Le reste n'est qu'un résumé tronqué du récit légendaire de la fondation d'Antioche qu'on lit dans la chronographie de Jean Malala (col. 312 et suiv.). Les formes **ሴስሌዮስ ፡** et **ፋዱድያ ፡** représentent les noms du mont Silpion et de la ville de Bottia.

[4] **ባርንማን ፡**, transcription fautive de l'arabe ماربسان. (Comparez *Joann. Mal. chron.*, col. 317 A.)

[5] Comparez *Joann. Mal. chron.*, col. 317 B. — *Georg. Cedren. compend.*, col. 328. — **እባሚያስ ፡** ne représente pas le nom de la ville Ἀπάμεια, mais le génitif d'Ἀπάμα, nom de la (belle-) fille de Seleucus. — **ፋሬክ ፡** est la transcription fautive de l'arabe فارنكا.

[6] Cette phrase est la corruption d'un passage grec qu'on lit ainsi dans la chronique de Jean Malala (col. 317 C.): Ἔκτισε δὲ καὶ ἄλλας διαφόρους πόλεις.... ὁ αὐτὸς Σέλευκος..... καθὼς ὁ σοφὸς Παυσανίας ὁ χρονογράφος συνεγράψατο· ὧντινῶν πόλεων καὶ τὰ ὀνόματα ἐξέθετο.....

[7] Comparez *Joann. Mal. chron.*, col. 321.

Chapitre LXIV. Histoire des consuls des anciens Romains[1]. Jules César le dictateur occupa le pouvoir suprême chez les Romains, antérieurement à l'incarnation de Notre-Seigneur et Sauveur Jésus-Christ. La naissance de Jules ne fut pas comme celle de tous les humains que les femmes mettent au monde au neuvième mois. En effet, sa mère étant morte pendant sa grossesse, l'enfant remua dans son sein. Les médecins, voyant que l'enfant remuait, ouvrirent le ventre de la mère, retirèrent l'enfant vivant, eurent soin de lui et lui donnèrent le nom de *César,* nom qui signifie « arraché, tranché, séparé. » Lorsqu'il fut grand, on l'appelait aussi *Triumvir*[2], et, d'après une décision du Sénat de Rome, il fut élevé au pouvoir et devint roi. Lorsque son autorité fut solidement établie, les Perses et les barbares étaient dans la terreur[3]. Ce même César fit du mois dans lequel il avait été élevé à la royauté, le premier mois de l'année, et il édicta des instructions, selon leurs fonctions, pour les commandants et préfets qui exerçaient le pouvoir dans chaque province de son empire[4]. Il quitta ensuite l'Orient et vint à Alexandrie, la grande ville d'Égypte. Il rencontra la reine Cléopâtre, fille du Ptolémée, nommé Dionysos, roi d'Égypte. C'était une jeune fille fort belle. César l'aima et l'épousa et lui donna le royaume d'Égypte. Il eut d'elle un fils qu'il nomma Jules César; on l'appelait aussi Césarion[5]. Il construisit un superbe palais et un beau et magnifique édifice qu'il nomma de son nom et du nom de son fils [Césarion]. Lorsque le grand Constantin, l'empereur des chrétiens, monta sur le trône de l'empire romain, il con-

[1] Le traducteur, dans cette première phrase du chapitre, a altéré le sens de l'original.

[2] እድርዩፋጡን ፡ est la transcription fautive du mot barbare Τριομβυράτωρ ou Τριομβιράτωρ qu'on lit dans la Chronique de Jean Malala et dans la Chronique Pascale.

[3] Comparez *Joann. Mal. chron.*, col. 332 et suiv. — *Chron. Pasch.*, col. 457 B. — *Georg. Cedren. comp.*, col. 325 A, 336 C.

[4] Comparez *Joann. Mal. chron.*, col. 336 AB. — Tout ce passage a été mal compris par le traducteur.

[5] La forme ቄሣር ፡ ዮና ፡ est la transcription de l'accusatif Καισαρίονα. Le texte de Jean Malala (col. 337) porte Καισάριον.

vertit cet édifice en une église sous le vocable de saint Michel, laquelle, encore aujourd'hui, est appelée *église de Césarion*, parce qu'elle avait été construite par Jules César le jeune et par César l'ancien [1].

Chapitre LXV. On raconte, au sujet d'Archélaüs [2], gouverneur de Cappadoce, et d'Hérode [3], le scélérat, le meurtrier de son père (le premier qui mangeait la viande crue et saignante et qui n'était pas du nombre des fidèles de la religion), lequel Hérode régnait en Judée, qu'ils se soumirent au premier César et qu'ils le reconnurent comme souverain de leurs territoires, pendant toute leur vie. Archélaüs fonda, en Cappadoce, une ville qu'il nomma Césarée de Cappadoce, pour perpétuer la mémoire de César. Cette ville était auparavant appelée Mazaca [4].

Chapitre LXVI. Hérode, lui aussi, fonda en Palestine une ville qu'il appela Césarée, en l'honneur de l'empereur; cette ville, qui était fort belle, portait primitivement le nom de *Tour de Straton* [5]. Il construisit aussi une route conduisant à la ville d'Antioche, qu'il agrandit, et la couvrit de larges pierres blanches, à ses propres frais; il fit de cette route, auparavant complètement impraticable, une voie pour le passage des rois [6]. Il envoya ensuite une armée de juifs en Égypte et força toutes les villes de ce pays à se soumettre à l'empereur. Il rendit également tributaires à César les habitants de l'Orient.

[1] Comparez *Joann. Mal. chron.*, col. 337 A.

[2] La transcription du nom d'Ἀρχέλαος par አርኬላዎስ ፡ vient du copte.

[3] La leçon des manuscrits ወኄሮን ፡, au lieu de ወኄሮድስ ፡ ou ወሄሮድስ ፡ n'est qu'une faute des copistes.

[4] Comparez *Joann. Mal. chron.*, col. 348. — On voit que le traducteur a commis plusieurs erreurs. Le passage concernant Hérode ne se trouve pas dans Jean Malala. — ማራክ ፡ est la transcription fautive de l'arabe ماراكا.

[5] እስጥራጡንሲርጎስ ፡ est la transcription fautive de l'arabe اسطراطونسيرغوس, Στράτωνος πύργος.

[6] Comparez *Joann. Mal. chron.*, col. 348 AB. Il n'est pas question dans Jean Malala de l'agrandissement de la ville d'Antioche.

Chapitre LXVII. La reine Cléopâtre descendit de la Palestine en Égypte, pour y établir sa résidence. Arrivée à Farmâ, elle livra bataille aux Égyptiens et les vainquit. Elle vint ensuite à Alexandrie et y régna. C'était une femme éminente par ses qualités personnelles et par ses actes empreints de virilité et de force; aucun des rois ses prédécesseurs n'avait accompli d'aussi grandes choses qu'elle. Elle construisit à Alexandrie un grand et magnifique palais[1], qui fut un sujet d'admiration pour tous ceux qui le voyaient; car il n'y en avait pas de pareil dans le monde entier. Elle construisit ce palais dans une île située au nord, à l'ouest de la ville d'Alexandrie, en dehors de la ville, à une distance de quatre milles; au moyen de pierres et de sable elle éleva une digue contre l'eau de la mer et créa une terre ferme, où l'on allait à pied, là où auparavant passaient des navires. Dans les immenses et étonnants travaux qu'elle exécutait ainsi, elle était aidée par le génie d'un savant homme, nommé Dexiphanès[2], qui, refoulant l'eau, construisit dans la mer une terre ferme pour le passage à pied[3]. Ensuite Cléopâtre creusa un canal jusqu'à la mer et amena l'eau du Gehon dans la ville, de sorte que les bateaux pussent arriver dans la ville, et il y eut alors grande abondance. Auparavant, la ville s'était trouvée sans eau. Cléopâtre y amena de l'eau à profusion, des vaisseaux pouvaient la traverser, et la ville fut ainsi largement approvisionnée de poissons[4]. Elle exécutait tout cela par générosité, pour le bien de la ville, et jusqu'à sa mort elle accomplissait de belles actions en grand nombre et créait des institutions importantes. Cette femme, la plus illustre et la plus sage d'entre les femmes, mourut dans la quatorzième année du règne du César Auguste. Ensuite les habitants d'Alexandrie et de l'Égypte, ainsi que ceux de la haute Égypte, furent soumis aux empereurs romains, qui les firent gouverner

[1] On ne voit pas pour quelle raison le traducteur a changé le Phare en un palais ou une citadelle.

[2] ክክስፋኖስ est la transcription fautive du grec Δεξιφάνης, au génitif.

[3] Comparez *Joann. Mal. chron.*, col. 337 C, 340 A. — *Chron. Pasch.*, col. 472.

[4] Cette information, relative au canal d'Alexandrie, ne vient pas d'une source byzantine.

par des préfets et des généraux. Auguste régna pendant cinquante-six ans et six mois. Dans la quarante-deuxième année de son règne, naquit, en chair, à Béthléem de Juda, Notre-Seigneur et Sauveur Jésus-Christ, vrai Dieu, dans le ciel ainsi que sur la terre; qu'il soit loué! Il naquit à l'époque où fut publié l'édit qui ordonnait que tout le monde fût inscrit et toute personne dénombrée, pour la levée de l'impôt, mesure dont les auteurs étaient Euménès et Attale, qui occupaient une position éminente à Rome [1].

Auguste avait trouvé le nom du mois de février inscrit au milieu de l'année. A partir de *Primus*, c'est-à-dire mars, le premier des mois de l'année romaine, ce mois de février occupait le sixième rang. Auguste ordonnait alors d'en faire le dernier mois de l'année. Il avait blâmé le consul, nommé Manlius de Cappadoce (Capitolinus), qui alors exerçait le pouvoir et avait établi l'ordre des mois et qui était très honoré et respecté chez les Romains. On remplaça le mois de février, qu'il mit à la fin comme étant le plus court de tous, par le mois plein, appelé comme lui-même, Auguste, et qui devint ainsi le sixième. Le mois qui précède ce sixième mois, le cinquième, reçut de lui le nom de Julius, ainsi qu'était appelé l'empereur, l'oncle paternel d'Auguste. Les Romains ont adopté et conservé cet arrangement jusqu'à présent : le sixième mois et le cinquième sont précédés par mars [2].

Chapitre LXVIII. Or les chrétiens orthodoxes n'acceptent d'autre règle que celle qu'ils ont reçue et qui émane d'Esdras le prophète, le flambeau de l'intelligence, pour connaître la concordance des

[1] Comparez *Joann. Mal. chron.*, col. 352 A. — አውሜኖስ ፡ est la transcription du génitif Εὐμενοῦς, et አይሉጦስ ፡, la transcription fautive de l'arabe اطلوس, Ἄτταλος.

[2] Comparez *Joann. Mal. chron.*, col. 297. — *Georg. Cedren. comp.*, col. 273, 329, 341. — Les formes ቁርዋርዮስ ፡ et ቁራርዮስ ፡ sont les transcriptions fautives de l'arabe قرواردوس. Au lieu de la phrase : « Il avait blâmé le consul, » etc., il y avait probablement dans l'original : *Il blâmait le consul Manlius Capitolinus, qui, alors qu'il exerçait le pouvoir*, etc. La dernière phrase renferme également une erreur de traduction.

mois, par exemple sur quel jour tombe le 6 du mois de Ṭoûbâ ou Ṭer, qui est le premier mois des *Francs* (Occidentaux), et sur lequel des sept jours de la semaine, le dimanche, le lundi, le mardi, etc., tombe le commencement de ce mois. (Mais les Romains) se servent aussi du commencement du mois pour savoir si les jours (du mois) seront heureux ou malheureux. C'est Socrate le sage, le philosophe et astronome, qui a introduit ce procédé chez les Romains. Socrate, le législateur[1], avait altéré, chez les païens, les écrits d'Esdras le prophète, le saint; il avait trompé, par son invention détestable, ceux qui lisaient son livre[2].

Chapitre LXIX. Après la mort de l'empereur Auguste régna son fils Tibère, qui soumit aux lois de Rome la province de Cappadoce, après la mort d'Archélaüs, gouverneur en chef de la Cappadoce. Il fonda aussi, dans la province de Thrace, une ville qu'il nomma Tiberia. C'est sous le règne de l'empereur Tibère que Notre-Seigneur Jésus-Christ a été crucifié à Jérusalem[3].

[1] Au lieu de ሠሬጌ ፡ lisez ሠሬጊ ፡.

[2] Nous ne savons pas exactement à quelle époque on a commencé à attribuer à Esdras les *βροντολόγια* ou *καλανδολόγια* dont il est question dans ce chapitre. Deux rédactions de ce livre, portant le nom d'Esdras, se trouvent à la Bibliothèque nationale (mss. grecs de l'ancien fonds n° 22, fol. 277, et n° 2286, fol. 110-111). Celle qui est contenue dans le manuscrit 2286 est très analogue au texte publié par Ducange (Gloss. *s. v.* Καλανδολόγια, t. I, col 548). Elle commence ainsi : Τοῦ *προφήτου* Ἔσδρας *διάγνωσις περὶ τῶν ζ' ἡμέρων. Ἡμέρᾳ πρώτῃ τῆς ἑβδομάδος ἤτοι κυριακῇ, ἐὰν γένωνται κάλανδαι ἰαννουαρίων ἔσται χειμὼν χρήσιμος*... Ce texte a été publié par Boissonade (*Not. et Extr.*, t. XI, 2ᵉ partie, p. 186 et suiv.). Le texte du ms. 22 est entièrement différent. Il commence ainsi : *Ἡμέρων προσοχὴ περὶ διαφορᾶς πραγμάτων.* Ταῦτα τὰ *σημεῖα ἐφανέρωσεν ὁ* Θεὸς Ἔσδρᾳ *τῷ ἱερεῖ τὸ κατάδηλα αὐτὰ ποιῆσαι τοῖς υἱοῖς Ἰσραήλ· εἰσὶν ἡμέραι ἃς ὀφείλει ἄνθρωπος φυλάξαι ἀπὸ πάντος μηνὸς*... (Voyez, sur une autre rédaction, Lambecii *Comment. de Augustiss. Biblioth. Cæsarea Vindob.*, éd. Kollar, t. VI, p. 270. — Comparez Fabricius, *Cod. pseudepigr. Vet. Testam.*, p. 1162; — *Cod. apocr. Novi Testam.*, t. II, p. 952.) — Du reste, ce chapitre paraît être une interpolation du traducteur arabe.

[3] Comparez *Joann. Mal. chron.*, col. 361 et suiv. — Comme ci-dessus, au chapitre LXV, le traducteur a fait du roi Archélaüs un ሊቀ ፡ መኳንንት ፡. L'erreur, que j'ai fait disparaître du texte en déplaçant la conjonction ወ, provient peut-être du traducteur lui-même.

Chapitre LXX. Après la mort de Claude[1] régna, à Rome, l'abominable Néron, qui était païen et idolâtre. Il comblait la série de ses crimes par le vice de la sodomie, et il se donna en mariage comme une femme. Les Romains, en apprenant cette odieuse action, ne voulurent plus supporter son gouvernement; notamment les prêtres des idoles prononcèrent contre lui des malédictions et les Anciens du peuple résolurent de le tuer. Lorsqu'il connut le projet des Anciens, cet homme criminel quitta sa résidence et se cacha ; mais il ne put échapper à la main de Dieu tout-puissant. En effet, comme son esprit était en proie à la mélancolie, car, à la suite des débauches auxquelles il s'était livré, à la manière d'une femme, son ventre était enflé, comme celui d'une femme enceinte, on le déposa, et dans sa triste maladie, il souffrait de terribles douleurs. Alors il manda aux médecins de venir le visiter dans le lieu où il se trouvait et de lui porter secours. Les médecins se rendirent auprès de lui, et, croyant qu'il portait un enfant, ils lui ouvrirent le ventre pour le retirer. C'est de cette triste manière qu'il mourut.

Chapitre LXXI. Après la mort de Titus régna son frère Domitien, qui était un grand philosophe chez les païens. Il souleva une persécution[2] contre les chrétiens et leur infligea des tourments nombreux par la main de Dèce, à la suggestion de ses tribuns. Il fit amener à Rome Jean le (disciple) bien-aimé, l'évangéliste, et l'exila avec tous ceux qui étaient fidèles à Dieu dans la vraie et indubitable foi. Puis, frappé de son immense sagesse, il le rendit à la liberté, en secret, à l'insu de son armée[3] et des prêtres des idoles, et le fit ramener au lieu de sa résidence. Mais, cédant aux suggestions des ministres des démons[4], il exila Jean le Théologien une seconde fois, dans une île appe-

[1] እቅሎንድዮስ ፡ est la transcription fautive de l'arabe اقلوديوس.

[2] ሁከከ ፡ est la traduction du mot grec *διωγμός*.

[3] Quoique le texte grec portât, sans doute, *σύγκλητος*, *le sénat*, il est certain que le traducteur éthiopien, ici et plus loin, dans le même chapitre, a voulu exprimer l'idée d'*armée* par ሠራዊት ፡.

[4] C'est-à-dire, des oracles.

lée « Soleil[1]. » Ensuite Domitien fonda, dans la province d'Isaurie, une ville qu'il nomma, d'après son nom, Domitianos[2]. Lorsque la fin[3] de ses crimes fut proche, ayant exilé les saints martyrs, il se rendit au temple de Titus, afin d'offrir un sacrifice aux dieux; car il appelait sauveur un objet inanimé. Alors ses soldats résolurent de le tuer; car, dans son opiniâtreté et son grand orgueil, il les avait toujours humiliés, et, tout en étant philosophe, il ne s'était pas appliqué à faire ce qui est juste. C'est pourquoi ils se révoltèrent contre lui et le tuèrent secrètement; mais le peuple ne connut pas sa mort. Ils prirent ensuite ses vêtements de soie et les suspendirent aux chaînes des lampes du temple, afin de tromper le peuple, en disant que l'empereur avait été enlevé de la terre et élevé en l'air, par la main des prêtres des dieux, parce qu'il était philosophe. Ils tenaient ainsi les gens dans l'erreur pendant quelque temps; puis on connut la mort de ce misérable, et il y eut une émeute, parce qu'ils l'avaient tué dans le temple, qu'ils avaient profané dans leur furie, tout en disant qu'ils étaient innocents et que leur temple était resté pur[4]. L'émeute s'étant apaisée, on convint d'élever au trône Nerva[5], qui était le chef de l'armée, un vieillard, homme de hautes vertus, ami de l'humanité et sage. Celui-ci fit immédiatement ramener saint Jean, la parole suave, du lieu de son exil et conduire à Éphèse, où il mourut en paix. L'endroit où son saint corps est enterré n'est connu que de Notre-Seigneur Jésus-Christ, qu'il soit loué! Cet empereur (Nerva) était un bon souverain, et il établit d'excellentes institutions. Il abolit aussi la coutume qui existait parmi le peuple de rendre soufflet pour soufflet et coup pour coup[6]. C'est en accomplissant ces réformes que l'empereur mou-

[1] Le mot ፀሐይ ። « Soleil » est un malentendu imputable au traducteur éthiopien, qui, au lieu de بتمس, transcription arabe de Πάτμον, a lu شمس.

[2] Domitianopolis.

[3] C'est-à-dire, le châtiment.

[4] Comparez *Joann. Mal. chron.*, col. 405 et suiv. — *Chron. Pasch.*, col. 604 et suiv.

[5] ኔሬዎስ ።, transcription fautive de Νερβᾶς.

[6] C'est l'abolition des combats des gladiateurs qui est ainsi travestie par notre texte.

rut, à l'âge de quatre-vingt-quatre ans, après avoir gouverné un an[1].

Chapitre LXXII. Nerva, l'excellent empereur, eut pour successeur Trajan, qui était très attaché au culte des idoles. Il est le troisième de ceux qui persécutèrent les chrétiens. Il y eut partout de nombreux martyrs, auxquels on fit subir de grands tourments. Il fit conduire à Rome, chargé de chaînes, le saint de Dieu, Ignace, patriarche d'Antioche, successeur de Pierre, le prince des apôtres, et le fit livrer à un lion. Il fit aussi arrêter cinq femmes chrétiennes d'Antioche et les interrogea en ces termes : « Qui adorez-vous et en qui espérez-vous, pour vous précipiter dans la mort ? » Elles répondirent : « Nous mourons pour le Christ, qui nous donnera la vie éternelle, en nous délivrant de ce corps périssable. » Alors il entra dans une grande colère ; car, étant païen, il ne voulait pas voir proclamer la doctrine de la résurrection, et il ordonna de jeter dans le feu les corps de ces saintes femmes. Puis il fit recueillir la terre sur laquelle étaient tombés les corps des saintes femmes et la fit introduire dans l'airain de la chaudière du bain public qu'il avait construit en l'honneur de son nom. Il arriva ensuite que, lorsque quelqu'un venait se baigner dans ce bain, il en sortait de la vapeur, l'homme saisi par cette vapeur tombait et on était obligé de l'emporter en toute hâte. Tous ceux qui voyaient cela étaient étonnés. Alors les chrétiens se moquaient des païens ; ils se glorifiaient en Jésus-Christ et le louaient avec ses saints. Lorsque Trajan connut ce phénomène, il fit changer les chaudières du bain, enlever les tuyaux d'airain dans lequel étaient mêlées les cendres des saintes femmes et déposer leurs cendres dans cinq monuments d'airain qu'il fit ériger dans ce même bain. Et il ne cessait de parler avec mépris des martyres et disait : « Elles ne sont ni à moi ni à leur Dieu ; elles sont mortes sans raison[2]. » C'est à cette époque que subirent le martyre[3] sa

---

[1] Comparez *Joann. Mal. chron.*, col. 405 et suiv. — *Chron. Pasch.*, col. 605 B.

[2] Compar. *Joann. Mal. chron.*, col. 417.

[3] Sur les différentes versions du martyre de Drosis, fille de Trajan, et de ses compagnes, voyez *Acta Sanct.*, sept. t. VI,

fille Drosis, ainsi que Junie, fille de *Phîlâsanroûn* le patrice; et beaucoup d'autres vierges subirent le martyre par le feu, sur l'ordre de cet impie. Lors du séjour de Trajan à Antioche, la terre, qui avait été polluée déjà trois fois [1], éprouva la colère de Dieu et fut ébranlée par un tremblement pendant la nuit; non seulement la ville d'Antioche, mais aussi l'île de Rhodes subit des secousses après le chant du coq [2].

Les Juifs qui habitaient la ville d'Alexandrie se rassemblèrent, ainsi que ceux de la province de Cyrène, et choisirent un chef, nommé Loukouas [3] pour être leur roi. Trajan, informé de cet événement, envoya contre eux un officier, nommé Marcius Turbo [4], avec une forte armée, un grand nombre de cavaliers et fantassins, ainsi que beaucoup de troupes dans des vaisseaux. Il se rendit lui-même en Égypte et y construisit une forteresse avec une puissante et imprenable citadelle, y amena de l'eau en abondance, et il la nomma Babylone d'Égypte. Les fondements de cette forteresse avaient été construits antérieurement par Nabuchodonosor, roi des Mages [5] et des Perses, qui l'avait appelée Forteresse de Babylone. Ce fut à l'époque où il était devenu roi en Égypte, d'après la volonté de Dieu, alors qu'après la destruction de Jérusalem il eut exilé les Juifs, et que ceux-ci avaient lapidé, à Thèbes en Égypte, le prophète de Dieu et avaient commis péché sur péché. Nabuchodonosor était donc venu en Égypte avec une nombreuse armée, avait fait la conquête du pays, parce que les Juifs s'étaient révoltés contre lui, et avait appelé la forteresse du nom

p. 300 et suiv. Le synaxare jacobite rapporte cette légende au 18e jour du mois de hatour. (Ms. arabe de la Bibliothèque nationale, supplém. n° 90, fol. 55 v°. — Wüstenfeld, *Synaxarion*, p. 121. — Ms. éthiopien de la Bibliothèque nationale, n° 126, fol. 78.) Dans le texte arabe, les noms sont écrits اطراسيس ابنة الملك تادريانوس et يونا ابنة فيلاصغران. Le texte éthiopien du synaxare présente la transcription exacte de ces mots, sauf celui de Trajan, qui a été changé en እስክንድርያኖስ ፡.

[1] C'est-à-dire, qui avait vu trois persécutions des chrétiens; car la persécution de Trajan était considérée comme la troisième.

[2] Comparez *Joann. Mal. chron.*, col. 416.

[3] Eusèbe, *Hist. Eccles.*, IV, II : Λούκουα.

[4] Comparez Eusèbe, *l. c.*

[5] ማጊ ፡ est la transcription fautive de l'arabe ماجى.

de sa propre ville, Babylone. Quant à Trajan, il exhaussa l'enceinte et augmenta les autres constructions de la forteresse. Il fit aussi creuser un canal de petite largeur, pour amener jusqu'à la ville de Clysma l'eau du Gehon, qu'il mit en communication avec la mer Rouge, et il appela ce canal de son nom, (canal de) Trajan. Puis il construisit une citadelle à Menouf. Après tous ces travaux, il tomba malade et mourut dans la vingtième année de son règne.

Chapitre LXXIII. Après sa mort, régna, à Rome, le cousin de Trajan premier [1], Hadrien. Celui-ci fonda, dans la haute Égypte, une ville splendide, qu'il nomma Antinoé, qui est Enṣînâ [2]. Ensuite des hommes égarés l'élevèrent au rang des dieux, car il était très riche [3]. Il mourut d'une mort violente [4].

Chapitre LXXIV. Il eut pour successeur Ælius Antoninus Pius [5]. Celui-ci était bienveillant, humain et vertueux; les Romains l'appelaient d'abord *César, le serviteur de Dieu*, et il se montra, pendant son règne, un homme de bien. Les historiens rapportent qu'il fut le premier qui accomplissait ce qui était juste et qu'il abolit les coutumes injustes qui, avant son règne, existaient chez les Romains. Auparavant on commettait l'injustice de confisquer au profit de l'État la moitié de la fortune des gens riches, lorsqu'ils venaient à mourir, en profitant de la stipulation que les pères faisaient avec leurs enfants [6]. Les prédécesseurs d'Antonin n'avaient pu détruire cette coutume. C'est lui qui la fit abolir, et il décida que chacun eût la libre disposition

[1] La traducteur ayant confondu les noms de Trajan et d'Hadrien, en écrivant l'un et l'autre እንድርያኖስ ፡, a ajouté le mot *le premier* pour distinguer les deux règnes.

[2] Enṣînâ, انصنا, est le nom arabe de la ville d'Antinôou ou Antinoé.

[3] Au lieu de ብዑል ፡ lisez ብዕል ፡.

[4] Comparez *Joann. Mal. chron.*, col. 424 A. — *Chron. Pasch.*, col. 616.

[5] ጲርስ ፡ paraît une transcription fautive de l'arabe بيوس. Cependant il est possible que l'auteur ou le traducteur ait confondu le nom de Verus avec Pius.

[6] Le traducteur éthiopien s'est figuré l'acte testamentaire comme un pacte contractuel.

de sa fortune et la donnât à qui il voudrait[1]. Il prit encore beaucoup d'autres mesures équitables et établit des lois conformes à la justice. Ensuite il descendit en Égypte et vint à Alexandrie, où il châtia ceux qui avaient fait le mal et se montra gracieux envers ceux qui avaient bien agi; car l'indulgence, la bienveillance et la longanimité étaient enracinées en lui. Il construisit à Alexandrie deux portes, à l'orient et à l'occident de la ville, et nomma la porte orientale Ἡλιακή[2], et la porte occidentale, Σεληνιακή. Dans la ville d'Antioche, il construisit avec des plaques de pierre blanche, qu'il fit apporter de la haute Égypte, un théâtre qu'il nomma[3].... Il construisit des bains et des académies dans toutes les villes de son empire. Étant retourné avec une nombreuse armée à Rome, et après y être demeuré quelque temps, il mourut à l'âge de soixante-dix-sept ans, dans la vingt-troisième année de son règne, laissant sa fortune à son fils Marc. Celui-ci ressemblait à son père par sa bienveillance et ses vertus; il accomplissait tout ce qui était équitable et juste, et il mourut dans la religion de son père[4].

Chapitre LXXV. Il eut pour successeur Dèce l'impie, l'ennemi de Dieu, qui organisa une terrible persécution contre les chrétiens et mit en exécution la loi des païens impurs, afin de rechercher les chrétiens. En conséquence, il versa le sang d'un grand nombre de saints, recherchant partout ceux qui adoraient le vrai Dieu. Cet homme abominable, Dèce, fit venir d'Afrique beaucoup de bêtes féroces, mâles et femelles, et du désert beaucoup de serpents et

[1] Comparez *Joann. Mal. chron.*, col. 425 A.

[2] ኢሊልዩ፡ est la transcription fautive et tronquée de la forme arabe ايلياكي.

[3] እሙሎን፡ représente le mot grec ἐμβόλων. Le traducteur, dans cette phrase, a complètement altéré le sens de l'original grec. Jean Malala (col. 424) raconte qu'Antonin, outre les deux portes, construisit à Alexandrie un hippodrome, et fit paver la ville d'Antioche, notamment la place entre les deux portiques construits par Tibère (*ἐποίησε τὴν πλάκωσιν τῆς πλατείας τῶν μεγάλων ἐμβόλων.....*).

[4] Dans le texte original, probablement, il était question de la consécration d'Antonin et de l'empereur son prédécesseur.

autres reptiles venimeux, mâles et femelles, et les envoya vers l'Orient[1], ... depuis l'Arabie et la Palestine jusqu'à la forteresse de Circésium, pour se jeter sur les barbares et les rebelles[2].

CHAPITRE LXXVI. Dèce eut pour successeur un homme nommé Aurélien. Celui-ci, après son avènement au trône, restaura l'enceinte de Rome qui était tombée en ruines, et la termina en peu de temps, faisant travailler à l'achèvement de cette construction tous les habitants de Rome et assistant lui-même au travail avec zèle et sans orgueil. Il établit alors[3] une loi ordonnant que tous les ouvriers fussent inscrits, afin de leur conférer des dignités, et il les éleva au premier rang dans l'empire pour honorer les empereurs. Et cela fut ordonné ainsi à cause de la peine qu'il avait eue à achever la construction de l'enceinte de la ville. Et il est devenu de coutume chez les Romains que tous les paysans et artisans, et les matelots qui naviguent sur mer fussent inscrits. L'empereur Aurélien nomma les ouvriers de son propre nom, *Auréliens,* et les fit inscrire dans un registre[4]. Cette institution existe encore à présent[5].

CHAPITRE LXXVII. Lorsque Dioclétien l'Égyptien eut pris le gouvernement, l'armée se déclara en sa faveur, disposée à prêter son concours à cet impie, le persécuteur des croyants, le plus terrible tyran qui eût existé. Mais la ville d'Alexandrie et l'Égypte ayant refusé de le reconnaître et de se soumettre à son autorité, Dioclétien se mit

[1] Les mots du texte ሀገር ፡ ዘፊሊሙንጢ ፡ sont un malentendu. Le texte original portait, sans doute, *εἰς τὸ λίμιτον Ἀνατολῆς, ἀπὸ Ἀραβίας*. . . Le traducteur arabe, ayant pris *λίμιτον* pour un nom propre, avait écrit dans sa traduction : ق ليطن, mots que le traducteur éthiopien, à son tour, a altérés en les réunissant en un seul mot et en lisant فليطى au lieu de ليطن.

[2] Comparez *Chron. Pasch.*, col. 669.

[3] Au lieu de ወውእቱ ፡ ዘመን ፡, leçon des mss., lisez ወበውእቱ ፡ ዘመን ፡.

[4] Le mot ደብዳቤ ፡, qui est une glose du traducteur éthiopien pour expliquer le mot étranger ዲዋን ፡, est lui-même étranger à l'ancienne langue éthiopienne. Il ne se rencontre que dans l'idiome vulgaire.

[5] Comparez *Joann. Mal. chron.*, col. 452 et suiv.

en mesure de les attaquer avec une nombreuse armée et avec le concours de ses trois collègues dans le gouvernement de l'empire, à savoir Maximien, qui était de race maudite, Constance et Maximien (Galère)[1]. Il descendit en Égypte et soumit le pays; et quant à la ville d'Alexandrie, il la détruisit. Il ne réussit à s'en rendre maître qu'après avoir construit une citadelle[2] à l'orient de la ville et y être demeuré longtemps. Enfin les gens de la ville vinrent lui montrer un endroit favorable pour y pénétrer. C'est avec grande peine et à l'aide d'une armée innombrable qu'il vainquit la résistance de la ville, où étaient réunis, à cause de la guerre civile, plusieurs milliers de soldats. Dioclétien la livra aux flammes entièrement et y rétablit son autorité[3]. Il était adonné au culte des idoles, sacrifiait aux démons impurs, persécutait les chrétiens et ressemblait à une bête féroce. Il haïssait toutes les vertus et provoquait Dieu; car il était le maître de tout l'empire romain. Il tua tous les pasteurs, prêtres et moines, des hommes, des femmes et des petits enfants, et par la main de ses agents anthropophages qu'il avait établis partout, il versa le sang d'un nombre infini de saints, sans miséricorde, n'épargnant personne. Il détruisit les églises et brûla les Écritures inspirées par Dieu. Ce fut une persécution générale des chrétiens, qui avait commencé au moment où Dioclétien s'était rendu maître de l'Égypte, et qui dura pendant dix-neuf ans. En ces temps, il envoya à Alexandrie l'ordre de trancher la tête au saint Père le patriarche Pierre, le sceau des martyrs[4]. Il fit mettre à mort tous les évêques d'Égypte qu'il voyait attachés à la foi orthodoxe et menant une sainte vie, de telle sorte que tout le monde

[1] ፊርንስጣ ፡ est la transcription fautive de la forme arabe فرنسطا. Le nom de መክሰሚሬቶስ ፡, au lieu de መክሰምያኖስ ፡, est un changement introduit de propos délibéré par le traducteur.

[2] Au sujet de cette citadelle, voyez Victor Tununensis ep., *Chron. ad ann.* 555 (*Patrol. lat.*, t. LXVIII, col. 960). — Gisb. Cuperi *Notæ in lib.* (*Lactantii*) *De mortibus persecutorum*, ad cap. XLII.

[3] Ce récit de la prise d'Alexandrie diffère, ainsi que le reste de l'histoire de Dioclétien et de ses collègues, de la narration de Jean Malala.

[4] Sur cette expression, voyez Combefis, *SS. Eustathii Petri... acta græca*, p. 211; — Tillemont, *Mémoires pour servir à l'histoire ecclésiastique des six premiers siècles*, t. V, p. 465.

finit par croire qu'il était l'antéchrist venu pour détruire le monde entier; car il était une demeure du mal et un réceptacle de crimes. Et ses collègues agissaient de la même manière et avaient le même esprit. Ainsi Maximien commettait beaucoup de crimes, car il tenait son gouvernement de Dioclétien, et Maximien le second, dont le gouvernement était en Orient, ressemblait à une bête féroce et perfide; il était ennemi de Dieu et se livrait à des pratiques abominables. Constance, qui était son collègue dans le gouvernement, en Asie, ne commettait aucune action répréhensible; au contraire, il aimait les hommes et les traitait avec bonté. Il fit annoncer aux chrétiens dans toutes les parties de sa province, par la voix du hérault, qu'ils devaient suivre les ordres du Seigneur, le vrai et unique Dieu. Il défendit de leur faire subir aucune violence, de les persécuter, de leur enlever leurs biens, ni de les inquiéter en aucune manière. Il défendit également de les empêcher de célébrer leur culte dans les saintes églises, afin qu'ils pussent prier pour lui et pour son gouvernement. Sur ces entrefaites, trois ans après la fin de la persécution qu'il avait organisée contre les chrétiens, Dioclétien le tyran tomba gravement malade et il perdit la raison. En conséquence, on le déposa, et, à la suite d'une résolution du sénat romain[1], on l'exila dans une île couverte de forêts, appelée Wârôs, située en Occident, où il demeura dans la solitude. Dans cette île se trouvaient quelques croyants, qui avaient échappé (à la persécution), lesquels lui donnaient sa nourriture journalière, avec laquelle il pouvait sustenter son corps. Vivant dans ces conditions et dans la solitude, il recouvra la raison et, ambitieux du pouvoir, il demanda à l'armée et au Sénat de le faire sortir du château où il demeurait, de le recevoir et de le reconnaître comme empereur, comme auparavant. Mais les officiers, l'armée et le Sénat repoussèrent sa demande, en disant : Cet homme qui a perdu la raison et qui est tombé en démence et que nous avons déposé[2], nous

[1] Voyez ci-après, p. 303, note 1.

[2] ዘአውፃእኖ ፡ pour ዘአውፃእናሁ ፡. Cette forme contractée du suffixe de la troisième personne à la première personne du pluriel du prétérit, se rencontre plusieurs fois dans notre texte.

ne voulons pas le reprendre. En conséquence, sa mélancolie augmenta, et cet ennemi de Dieu et de ses saints martyrs ne put réaliser son désir; il versait des torrents de larmes, lorsque les malheurs l'entouraient de tous côtés; sa raison s'obscurcit de plus en plus, il devint aveugle, sa vie se consuma et il mourut.

Maximien, endurci dans les crimes, opérait de nombreux enchantements sur Dioclétien; il était adonné à des pratiques abominables et aux invocations des démons[1]; il ouvrait le ventre aux femmes enceintes et sacrifiait aux démons impurs des hommes et des animaux. Au milieu de ces actes, deux ans après la mort de son père, il s'étrangla et mourut de mort violente, non de la main d'un autre, mais de sa propre main. Le tyran Maximien (Galère), de son côté, ne laissait pas de commettre les mêmes crimes que Dioclétien, en Orient, en Afrique[2], dans la grande ville d'Alexandrie, en Égypte et dans la Pentapolis; il était sans miséricorde pour les saints martyrs, faisant noyer les uns, exposant d'autres aux bêtes féroces, ou les faisant mourir par le glaive ou les livrant aux flammes. Il détruisait les églises, brûlait les saintes Écritures et relevait les temples des dieux qui étaient en ruines. Il n'épargnait pas même les femmes enceintes, auxquelles il ouvrait le ventre et en arrachait les enfants qu'il sacrifiait aux démons impurs. Enfin il forçait beaucoup de gens à adorer les idoles. Mais lui-même non plus n'échappa pas au châtiment de Dieu. Par la volonté de Dieu, une toux opiniâtre se déclara dans sa poitrine, il dépérissait, ses intestins se tuméfièrent, des vers dangereux s'y produisirent et son haleine devint fétide, de sorte que l'on ne pouvait s'approcher de lui. Dans cette grave situation et dans ses tourments, il désespérait de la vie et ne trouvait aucun soulagement à ses maux. Alors il reconnut que la maladie qui l'avait frappé venait du Christ, le vrai Dieu, parce qu'il avait fait souffrir les chrétiens. Après avoir pris une ferme résolution, il ordonna à ses tribuns de faire cesser la persécution des chrétiens. Après cet acte d'humanité, la maladie que Dieu

[1] C'est-à-dire qu'il consultait les oracles et les augures.

[2] ፌርንቄ ፡ ou ፌርኔቄ ፡ est la transcription fautive de l'arabe افريقى.

lui avait infligée le quitta et il recouvra la santé. Mais, six mois après sa repentance, il songea de nouveau à organiser une persécution des chrétiens, et il oublia celui qui l'avait guéri d'une grave maladie, c'est-à-dire Jésus-Christ Notre-Seigneur et Sauveur; il recommença à faire mourir les chrétiens, éleva de nouvelles idoles dans la grande ville d'Antioche et s'adonna aux pratiques des démons et aux augures qu'il cultivait. Mais sur-le-champ le châtiment le frappa : une guerre, du côté de l'Arménie, et une terrible famine dans tout son empire; les champs ne donnaient pas de fruits et l'on ne trouvait rien dans les greniers; les habitants manquant de nourriture mouraient d'inanition, et les riches devinrent pauvres, parce que les gens[1] . . . les eurent bientôt dépouillés. Tous les hommes se lamentaient et gémissaient; ils ne pouvaient plus vivre, et l'on ne trouvait pas assez de personnes pour enterrer les morts. Les païens de l'Occident étaient dans l'affliction et dans le deuil, car ils regrettaient Dioclétien et son fils Maximien. Alors (Maximien) leur envoya son fils Maxence qui s'y créa une bonne réputation. En effet, le fils du tyran, hypocrite dès l'origine, s'appliquant à tromper les gens, cherchait à plaire à tous les Romains; il honorait notre religion, il ordonna de suspendre la persécution des chrétiens et paraissait être l'un des serviteurs du Christ. Il commença par manifester un plus grand amour pour les hommes que tous ses semblables qui l'avaient précédé. Mais, après peu de temps, sa perfidie se révéla et il devint, ainsi que ses ancêtres, comme un loup dans son repaire; il surpassa même la perfidie de ses ancêtres et montra les vices de sa nature; il devint féroce et ne laissait de commettre aucune sorte de licence et de débauche. Il épuisa tous les genres de volupté, abusa des hommes, et quant aux femmes, il prenait ouvertement celles qui étaient légitimement mariées; il avait commerce avec elles, non en secret, mais en public, et les renvoyait ensuite à leurs maris. Il ne voulait pas, non plus, faire cesser l'oppres-

[1] Je crois que les mots **ሰብእ ፡ እግብሬ ኪሲ ፡** proviennent d'un malentendu. Le texte original portait probablement *χρημάτων εἰσπρακτῆς ἦν*. . . (comparez Nicéphore Calliste, *Hist. eccles.*, lib. VII, cap. XXI, *Patrol. gr.*, t. CXLV, col. 1252 C).

sion que les habitants subissaient d'après ses ordres. Il extorquait, sous beaucoup de prétextes, la fortune des riches, et quant à ceux qui n'avaient rien à donner, il prenait ce qu'il trouvait chez eux. Il fit mettre à mort plusieurs milliers de personnes pour (s'emparer de) leur fortune. On ne finirait pas de raconter les actes commis par ce tyran. Les habitants de la ville de Rome étaient réduits à l'impuissance; car il les traitait d'une manière qui n'était pas conforme aux coutumes de leur ville.

Constance, au contraire, était un serviteur de Dieu, de bonne renommée, dont la conduite était sage et prudente, qui était aimé et vertueux; tous les hommes priaient et faisaient des vœux pour lui, les magistrats, le peuple et l'armée[1]. C'est lui qui fonda la ville de Byzance, et il suivait honnêtement la bonne direction; puis il mourut et alla vers Dieu, en laissant son illustre fils, c'est-à-dire Constantin, aimé de Dieu, glorieux et resplendissant de vertu, le nommant empereur et son successeur comme souverain. Ce glorieux et bienheureux serviteur de la Trinité, accomplissait la volonté de Dieu en tout temps; il aimait tous les sujets de son empire[2], traitait chacun avec bonté, gouvernait pendant tout son règne avec dignité, fermeté et piété, et devint grand devant le Dieu éternel. L'armée et le peuple l'honoraient, car il était animé d'un zèle louable pour Dieu. De son temps se révélèrent, dans leur puissance et leur vérité, la lumière et la sagesse chrétiennes, la charité et la tolérance. Il repoussait d'une manière absolue toute dénonciation; mais il amena sans employer aucune violence, tous ses sujets à servir Dieu. Il ne laissait pas non plus d'ordonner que l'on reconstruisît les églises qui avaient été détruites, et il ne permettait point de faire obstacle à la sainte religion chrétienne de Dieu, par laquelle il avait été consacré, afin d'être un vertueux et digne souverain. Il prit pour collègue dans le gouvernement de Rome le mari de sa sœur Constantia, Licinius, auquel il ne manquait aucune des qualités de Constantin, l'empereur intègre; car

[1] Voyez ci-après, p. 331, note 2. — [2] Lisez መንግሥቱ ።.

celui-ci, par un solennel et terrible serment, lui avait fait prendre l'engagement de faire le bien et de ne pas se montrer hostile à Notre-Seigneur Jésus-Christ ni à ses serviteurs. C'est alors que Maximin[1] le tyran, dominé par Satan, l'ennemi de Dieu, vint de l'Orient, dont il avait usurpé le gouvernement pour lui seul, avec l'intention de tuer Constantin, l'empereur intègre, et refusait d'exécuter l'édit émanant de Constantin et portant son sceau[2]. En effet, il portait la guerre dans toutes les villes et les provinces du gouvernement de Licinius, jusqu'à la ville de Constantinople, sans réussir à s'en rendre maître. Le pieux Constantin et Licinius, mari de sa sœur, se préparèrent l'un et l'autre à combattre les oppresseurs : Constantin se mit en marche contre Maxence, qui résidait dans la ville de Rome, et Licinius contre Maximin, le tyran de l'Orient. En apprenant la marche de Constantin, le serviteur de Dieu, Maxence vint par bateaux dans le fleuve d'Italie qui coule près de la ville de Rome, et établit un pont solide pour le passage des combattants, de ses adhérents et des augures qui lui annonçaient les oracles diaboliques; car il ignorait que l'assistance du Christ était avec le pieux Constantin. Lorsque Maxence le tyran et tous les siens, ainsi que ses cavaliers, eurent traversé le fleuve d'Italie par le pont, ils marchèrent, avant l'arrivée du pieux Constantin, à sa rencontre. Celui-ci, en s'approchant, s'arrêta à distance, sans engager la bataille; il attendait afin de voir se manifester le secours de Dieu, tandis que les ennemis se prévalaient de leur grande force. Étant dans cette situation, Constantin s'endormit plein d'appréhension et de tristesse. Alors il vit en songe, au ciel, l'image de la sainte croix portant cette inscription ; « C'est par ce signe de la croix que tu le vaincras. » Il se leva aussitôt et engagea la bataille; il triompha de ses adversaires, qu'il extermina tous jusqu'au dernier. Ceux qui se trouvaient avec Maxence, le chef de l'armée, voulaient s'enfuir et gagner la ville de Rome; mais, par la volonté de Dieu, le pont qu'ils traversaient s'étant rompu, ils furent tous précipités dans l'abîme, et

[1] Le traducteur a confondu Maximin avec Maximien.

[2] Entre መልእክት ፡ et ኀበ ፡ il faut suppléer le mot ዘተጽሐፈ ፡

l'on se réjouissait à Rome de la disparition des oppresseurs. Le sénat de Maxence[1], ses officiers, ses soldats, tout le peuple et les paysans avec leurs enfants, vêtus de leurs plus beaux habits et portant des cierges allumés, allèrent, accompagnés de musiciens, au-devant du serviteur de Dieu, l'empereur Constantin. Et non seulement la ville de Rome se réjouissait, mais toutes les villes et provinces se réjouissaient également, ainsi que la ville de Constantinople. Cependant Constantin ne s'enorgueillissait, ni ne se vantait de sa grandeur et de son triomphe, comme font les autres rois. Au contraire, il était humble et modeste; il remerciait Dieu et glorifiait son Seigneur, le maître de l'Univers, Jésus-Christ, Roi des rois et Seigneur des seigneurs. Lors de son entrée triomphale à Rome, tous les habitants l'acclamèrent et les hommes qui avaient échappé à la mort dans la bataille se soumirent à lui. Constantin se rendit ensuite au palais portant la couronne de la victoire, et fit connaître à tous les habitants le miracle dont il avait été favorisé et la victoire qu'il avait remportée par le signe qu'il avait vu au ciel sous la forme de la sainte croix. En entendant ce récit tous s'écrièrent : « Grand est le Dieu des chrétiens qui nous a délivrés, nous et notre ville, de la main des oppresseurs! » Constantin ordonna sur-le-champ de fermer les temples des idoles et fit ouvrir les portes des églises, non seulement à Rome, mais dans toutes les villes. Saint Sylvestre, le patriarche de Rome, lui prodiguait de sages enseignements et l'instruisait dans la vraie religion. Constantin alla ensuite attaquer les provinces de la Perse et, après avoir vaincu les Perses, il leur accorda la paix et les combla de présents, parmi lesquels était un cor dont on fait usage pour sonner devant le roi. Il traita avec bonté les chrétiens qui s'y trouvaient, remplaça les magistrats de la province et tous les agents par des fonctionnaires chrétiens, et construisit de belles églises dans toutes les villes et villages. Il envoya ensuite sa mère, l'impératrice Hélène, qui aimait

---

[1] ሠራዊት ፡ comme plus haut (voyez, ci-dessus, p. 298), est la traduction de σύγκλητος. C'est par une erreur des copistes que le nom de Constantin a été introduit dans la première partie de la phrase.

Dieu, chercher, dans la sainte ville de Jérusalem, le bois de la glorieuse croix à laquelle avait été attaché Notre-Seigneur et Sauveur Jésus-Christ (qu'il soit loué !). Ce fut du temps du bienheureux Abbâ[1] . . . . . , évêque de Jérusalem. Hélène éleva alors le magnifique édifice de la sainte Résurrection et reconstruisit la ville de Jérusalem plus belle qu'elle n'avait été auparavant, et elle est demeurée ainsi jusqu'à ce jour. L'empereur Constantin, de son côté, construisit dans la ville de Byzance une magnifique église d'une beauté admirable, une église, non de proportions modestes, mais très grande. Après avoir terminé la reconstruction de la ville de Constantinople, il l'appela de son nom, tandis qu'auparavant elle avait porté le nom de Byzance. Il aimait à y résider et il en fit une demeure du Christ. Il rassembla aussi les saintes Écritures et les déposa dans les églises. Ensuite il assembla les trois cent dix-huit saints dans la ville de Nicée et fixa la foi orthodoxe. Il est impossible d'énumérer toutes les belles actions accomplies par lui. Un fonctionnaire d'entre les plus distingués, nommé. . . . , qui était chrétien, s'appliquait avec zèle à faire reparaître la glorieuse croix à laquelle avait été attaché Notre-Seigneur et Sauveur Jésus-Christ (qu'il soit loué !). Les trois cent dix-huit réunis à Nicée honorèrent l'empereur Constantin, le serviteur de Dieu, et sa mère, la pieuse impératrice Hélène, leur consacrèrent un monument digne de leur mérite et écrivirent leur gloire du commencement à la fin.

Licinius, qui avait en partage le gouvernement de l'Orient, s'étant mis en marche contre Maximin le tyran, cet homme pervers et criminel, se voyant sur le point d'être attaqué, et connaissant l'issue malheureuse de la guerre de Maxence et sa défaite par l'empereur Constantin, le serviteur de Dieu, demanda la paix à Licinius. Celui-ci manda à Constantin que Maximin demandait la paix, qu'il acceptait la glorieuse et sainte religion des chrétiens, en abandonnant sa propre

[1] Le nom de **እይሌቆን ፡** et, quelques lignes plus loin, celui de **እክለቋዩስ ፡**, paraissent être des noms fictifs, provenant d'une fausse lecture, le premier, de *Ἱεροσολύμων*, le second, d'*Αἰλιος* ou de (*τῆς*) *Αἰλίας* (*πατριάρχης*).

erreur, et qu'il avait conclu une convention avec lui. Constantin, dans un message, répondit que l'on devait accepter ses propositions. Alors Maximin, dissimulant sa perversité et sa perfidie, adressa une lettre à tous les agents sous ses ordres, leur défendant d'inquiéter les chrétiens. Cependant ses agents, en recevant cette lettre, reconnurent qu'il n'avait pas agi spontanément, mais en se conformant à la religion de ceux qui étaient ses maîtres. En conséquence, personne n'avait plus aucune considération pour lui, parce qu'auparavant il avait sévi contre les saints.

L'empereur Constantin, non seulement n'empêchait jamais les vénérables chrétiens de tenir des assemblées et de construire des églises, mais il observait fidèlement la religion chrétienne et fuyait l'idolâtrie; c'est pourquoi il recommandait à tous que l'Église fût laissée en paix et qu'il combattait pour la vraie religion.

Il y avait un homme nommé Gelasinus, de la ville de Mériammé[1], située près de Damas, à la distance d'un mille. Il se trouvait au milieu d'une foule de gens adonnés au culte des idoles, habitants de la ville d'Héliopolis[2] du Liban. Or ils s'étaient réunis au théâtre et y avaient amené des acteurs. Ceux-ci versèrent de l'eau froide dans un grand bassin d'airain et se mirent à mimer ceux qui allaient au saint baptême des chrétiens. L'un de ces acteurs s'était plongé dans l'eau et avait été baptisé; et, lorsqu'il en sortit, on le revêtit d'un vêtement blanc; car il avait été jusqu'alors acteur; mais, après être sorti de l'eau, il refusa de jouer et de mimer de nouveau. Il déclara qu'il voulait mourir dans son état de chrétien, pour le Christ, et ajouta que, pendant que l'on tournait en dérision le saint baptême, il avait vu un grand miracle. Puis, comme il s'était un peu éloigné de cette eau, tous les assistants, mécontents et remplis de colère, car ils étaient païens, descendirent du théâtre, saisirent ce saint homme et le lapidèrent; il reçut ainsi la couronne impérissable du martyre et il est compté parmi

[1] Le mot ማርሬማስ ፡ est la transcription fautive de la forme arabe ماريامين (Μαριάμμην).

[2] እንጦኑልዮስ ፡ est la transcription fautive de l'arabe الليوبولس (Ἡλιούπολις).

les saints martyrs. Ses parents et un grand nombre de chrétiens vinrent prendre son corps, l'enterrèrent dans la ville et construisirent une église sur l'endroit où son corps avait été déposé. Cet homme se nommait Gelasinus. Que Dieu ait pitié de nous par sa prière[1]!

Maximin, le criminel, n'abandonna pas ses abominables erreurs[2]; il ne fut pas embrasé par l'esprit de piété qu'avaient obtenu de Dieu les pieux empereurs qui vivaient saintement, éclairés par la science et l'intelligence. Or ce tyran, qui était possédé par un démon qui l'égarait, méditait d'attaquer les empereurs, amis du Christ; car il ne jouissait plus, comme autrefois, d'une autorité sans limite, et il n'était pas libre de choisir ce qui lui convenait et ce qui lui plaisait. Orgueilleux et opiniâtre, il commença à violer le traité qu'il avait conclu avec Licinius et s'efforça d'amener sa perte par la terreur[3]. . . . ., il changea d'idée, il excita les habitants et souleva les provinces et les agents[4] de son empire. Il réunit des milliers d'hommes pour combattre les pieux empereurs, en se fiant aux démons par lesquels il était dirigé. Mais, dès qu'il eut commencé la guerre, le secours de Dieu lui faisant défaut, Licinius le vainquit, tua tous les guerriers sur lesquels il avait compté et les officiers; les troupes qui restaient se rendirent à Licinius et se jetèrent à ses pieds. Voyant cela, Maximin, plein de terreur, car il était lâche, prit la fuite; il quitta honteusement le champ de bataille et retourna dans sa province. Plein de colère et de fureur contre les prêtres des idoles, contre les devins et les augures, qui l'avaient persuadé par des sentences favorables, il les fit mettre à mort; c'étaient ceux-là dont il s'était glorifié et dont il avait fait des divinités; car alors il vit clairement que c'étaient des imposteurs qui ne pouvaient être d'aucun secours dans la guerre; il

[1] Comparez *Joann. Mal. chron.*, col. 472 et suiv. — *Chron. Pasch.*, col. 684 et suiv.

[2] እኩያት ፡ pour እኩያቲ ፡.

[3] Il manque évidemment ici, dans le texte, quelques mots, et, de plus, le sens du texte original a été mal rendu par les traducteurs (compar. Eusèbe, *Hist. eccl*, lib. IX, cap. x : . . . *εἶτ' ἐν βραχεῖ τὰ πάντα κυκήσας πᾶσάν τε πόλιν ἐκταράξας* . . .).

[4] Ou *les sujets?* Le mot ሥዩማን ፡, dans le sens de « sujets, » se rencontre encore plus loin. (Voy. ci-après, p. 362, note 1.)

renia les démons dont les sentences le dirigeaient, et il tua les magiciens qui accomplissaient des choses abominables. Cependant il ne s'occupait point du salut de son âme; il était trop faible pour glorifier le Dieu des chrétiens et il repoussait[1] sa loi et ses bienfaits. Licinius donna des ordres afin que l'on combattît les adversaires qui demeuraient; et cela eut lieu dans la dixième année après la persécution des chrétiens dirigée par le père de Maximin, Dioclétien, l'ennemi de Dieu. Pendant tout ce temps, Maximin n'avait pas manifesté un repentir sincère, ni désiré obtenir son salut. Après sa fuite du champ de bataille, il fut en proie à une profonde affliction; il fut frappé par Dieu d'une grave maladie, son corps était dévoré par le feu de cette maladie, qui brûlait dans son ventre, il devint méconnaissable, ses membres dépérirent, ses intestins se consumèrent, ses os furent mis à découvert, enfin ses yeux se détachèrent; et, au milieu de ces tourments, son âme quitta son corps. C'est ainsi que les trois ennemis de Dieu, c'est-à-dire Dioclétien et ses deux fils avaient disparu. Mais, avant de mourir, le tyran Maximin reconnut que tout ce qui lui arrivait était la conséquence de sa rébellion contre le Christ et des violences qu'il avait exercées contre ses saints, les chrétiens. Licinius prit alors possession de l'Orient et y exerça le pouvoir, ainsi que dans les provinces adjacentes, et l'Église demeura tranquille et en paix. Il rétablit les édifices du culte, et l'Église brilla de la lumière du Christ. Ensuite Satan, le malfaiteur, qui cherche constamment à séduire les fidèles, comme un lion dévorant qui procède avec ruse, égara aussi Licinius et lui fit oublier ses actions louables d'auparavant; il inclina à commettre les actions de ceux qui s'étaient aveuglés, il était jaloux de suivre leur mauvaise voie et n'avait pas le cœur satisfait comme antérieurement. Cependant, auparavant il n'était pas hostile à l'empereur Constantin; mais ensuite, oubliant le traité et le pacte juré qu'ils avaient conclus, il conçut le dessein criminel de tuer Constantin, le grand empereur. Mais le Christ, le Dieu véritable, mit à néant le

[1] Au lieu de **መኢተወከፎ ፡**, ainsi imprimé dans la note, lisez **ወኢተወከፎ ፡**.

dessein de Licinius qui, autrefois, avait célébré et honoré Jésus-Christ; puis, lorsqu'il le renia, Jésus-Christ le livra à une mort cruelle, sans lui faire grâce, parce qu'il avait commis des crimes. Licinius se mit à persécuter les chrétiens et à attaquer le pieux Constantin, ainsi qu'avaient fait les tyrans, ses prédécesseurs, dont Dieu avait anéanti la mémoire. Il commença aussi à démolir et à fermer les églises, et à faire mourir les saints croyants. Il dégrada ceux d'entre ses soldats qui étaient des fidèles chrétiens et il sévit contre les riches. Il établit, dans toutes les villes et dans les villages, des agents qui devaient empêcher les habitants de pratiquer le saint culte de Dieu, celui des chrétiens, afin que l'on ne priât point pour Constantin, l'empereur fidèle. Il les força à abandonner le culte de Dieu pour celui des fausses divinités et commit de nombreux actes criminels. Mais Constantin ne cessa pas de glorifier et d'adorer le Seigneur, le Dieu véritable. Il rassembla une nombreuse armée sous les ordres de Crispe[1] César, qu'il avait proclamé, qui était brave, bienveillant envers les hommes et un pieux serviteur de Dieu. Ils se mirent en marche contre les ennemis de Dieu, guidés par Notre-Seigneur et Sauveur Jésus-Christ et ses légions inébranlables. Bien que Licinius fût son beau-frère, Constantin, prêt à défendre la sainte religion que ce tyran avait abandonnée, afin de servir les fausses divinités, accourut pour le châtier, le jeta à terre et détruisit toute son armée par un carnage terrible. Tous ces malheurs venaient de frapper Licinius, parce qu'il avait renié le Christ et qu'il avait violé la foi jurée et le pacte qu'il avait conclu avec Constantin. Celui-ci s'empara de son empire et le réunit à son propre empire; il prit possession de l'Orient et de l'Occident et de toutes les provinces, à droite et à gauche. Tous reconnurent son autorité et il rétablit la paix partout; il vivait en paix avec tout le monde et était béni de chacun; il défendait, comme il convenait, les frontières de son empire, de sorte que ses ennemis se soumirent et le reconnurent, par la puissance de Notre-Seigneur Jésus-Christ, le fils de Dieu, le Dieu véritable. Il éleva au rang d'empereurs ses deux fils,

[1] ክሬስስ ፡, transcription fautive de l'arabe كريسس.

Constance et Constant, avec honneur et majesté, puis il mourut sans regret ni trouble; car Notre-Seigneur Jésus-Christ, vrai Dieu, protégeait son empire jusqu'à la troisième génération. Le bienheureux Constant resssemblait à son père : il suivait la bonne voie et, jusqu'à la fin de ses jours, pratiquait la vertu.

Après sa mort, les habitants du Yémen apprirent à connaître Dieu et furent illuminés par l'éclat de la gloire de Notre-Seigneur Jésus-Christ (qu'il soit loué!), par le fait d'une sainte femme nommée Théognoste. C'était une vierge, une religieuse, qui avait été enlevée de son couvent situé sur le territoire romain, emmenée comme captive et donnée au roi du Yémen. Cette femme chrétienne était douée à un haut degré de la grâce du Seigneur et elle accomplissait de nombreuses guérisons, et quant au roi de l'Inde, elle le convertit à la vraie foi : il devint chrétien par son influence, ainsi que tous les habitants de l'Inde. Puis le roi de l'Inde et ses sujets demandèrent au pieux empereur Honorius de leur donner un évêque. En apprenant qu'ils avaient embrassé la vraie religion et qu'ils s'étaient convertis à Dieu, l'empereur éprouva une grande joie et leur donna un saint évêque, nommé Théonios, qui les exhortait, les instruisait et les fortifiait dans la foi du Christ notre Dieu, jusqu'à ce qu'ils fussent dignes de recevoir le baptême qui est la seconde naissance: tout cela par l'effet de la prière de la sainte vierge Théognoste. Gloire à Notre-Seigneur Jésus-Christ, qui seul accomplit des miracles et confère des bienfaits à ceux qui espèrent en lui! Il en fut également ainsi dans l'*Inde* qui est la grande Inde. En effet, les habitants de ce pays avaient autrefois accueilli un homme de noble naissance nommé Afroûdît, originaire de l'Inde, et l'avaient choisi pour évêque; il fut institué et ordonné par Athanase l'apostolique, patriarche d'Alexandrie, à qui il avait raconté comment ses gens avaient acquis la grâce du Saint-Esprit et comment ils avaient obtenu le salut de leur âme par le mérite du saint baptême et étaient devenus dignes de ce bienfait[1].

[1] La première partie de cette histoire est un résumé du récit de Rufin (*Hist. eccles.*, lib. I, cap. x), reproduit par Socrate (*Hist. eccles.*, lib. I, cap. xx), par

Quant à l'empereur Constantin, l'ami du Christ, il avait toujours auprès de lui un ange lumineux du Seigneur, qui le dirigeait et lui faisait connaître la volonté de Dieu, qui ne le quittait jamais jusqu'au jour de sa mort de perpétuelle mémoire, et qui aussi le réveillait chaque jour et le faisait lever pour prier. (Dieu) ne s'est manifesté ainsi à aucun autre empereur. C'est en voyant les merveilles du ciel que Constantin mourut pieusement, une oblation au Seigneur, et entra dans le repos, au ciel.

Chapitre LXXVIII. Les fils du grand empereur Constantin s'appelaient Constance, Constant et Constantin. Ils divisèrent l'empire de leur père en trois parts qu'ils se partagèrent par le sort. A Constance échut l'Asie et il en prit le gouvernement. Constantin eut pour sa part Constantinople et il s'établit dans la résidence de son père. Constant régna à Rome, la capitale de l'empire romain. Mais l'hostilité éclata entre Constant et Constantin à cause (du partage) de l'empire et de leurs sujets. Quand ils en vinrent aux armes, Constantin trouva la mort dans la bataille. Alors Constant, qui était le plus jeune des deux, n'eut pour résidence que Rome, tandis que Constance régnait à Byzance qui est Constantinople. Sous son règne apparut Arius; il s'attacha à sa doctrine et devint Arien. Alors (à la suite de son hérésie), Sapor-Arsakios, roi de Perse, attaqua l'empire romain, et la guerre dura longtemps entre eux. Enfin ils conclurent la paix, et il y eut paix et amitié entre l'empire romain et la Perse. En retournant à Byzance, Constance construisit un pont, prodigieux ouvrage, sur le fleuve nommé Pyrame en Cilicie[1]. Il arriva aussi, sous son règne, que la

Sozomène (*Hist. eccles.*, lib. II, cap. vii) et par d'autres, relatif à la conversion des Ibères du Pont-Euxin. C'est par erreur que l'auteur ou le traducteur a introduit dans cette narration les noms de l'*Inde* et du *Yémen*. Mais notre texte n'a pas été emprunté directement à ces auteurs, qui ne mentionnent pas le nom de sainte Théognoste. Il vient de la même source que l'histoire de sainte Théognoste insérée dans le Synaxare jacobite, au dix-septième jour du mois de septembre. (Ms. arabe de la Bibliothèque nationale, supplément n° 90, fol. 14 v°. — Ms. éthiopien de la Bibliothèque nationale, n° 126, fol. 20.)

[1] Comparez *Joann. Mal.*, col. 488.

ville de Nicée, l'illustre ville des trois cent dix-huit Pères, éprouva un terrible tremblement de terre; par la volonté de Dieu, afin que les Ariens ne pussent pas s'y réunir et corrompre la sainte foi orthodoxe établie par nos saints Pères, les trois cent dix-huit évêques, qui y étaient assemblés autrefois, du temps de Constantin de bienheureuse mémoire. C'est la colère de Dieu qui les en empêcha.

Ensuite il parut au ciel un signe, c'est-à-dire la sainte croix, qui se montra au milieu du jour, au-dessus du saint lieu où avait été crucifié Notre Sauveur Jésus-Christ, avant l'arrivée (?)[1] de Cyrille, évêque de Jérusalem, et des autres évêques qui l'accompagnaient. Alors Cyrille et les évêques qui étaient avec lui adressèrent à l'empereur Constance une lettre au sujet de ce phénomène extraordinaire et du grand miracle qui venait de se manifester.

L'empereur Constant était plein de zèle pour la foi de son père et sincèrement attaché à la religion de Dieu. Il ressemblait à celui de ses frères qui était mort dans la guerre, et il blâmait et détestait son frère qui régnait en Asie, parce qu'il n'avait pas gardé la foi du pieux Constantin, son père, et parce qu'il avait promulgué plusieurs décrets contre Athanase l'apostolique, patriarche d'Alexandrie, et l'avait chassé de son siège, pour plaire aux hérétiques, c'est-à-dire aux Ariens. La haine et l'hostilité qui divisaient les deux frères, les empereurs Constance et Constant, étaient des plus violentes; elles avaient pour motif, non seulement la mort de leur frère, mais aussi la personne de saint Athanase, patriarche d'Alexandrie, et la conduite de Constance, qui ne suivait pas la voie de son père et qui mécontentait Notre-Seigneur Jésus-Christ. Voilà pourquoi Constant nourrissait contre son frère une grande haine. Sur ces entrefaites, Constant, ayant vécu selon le cœur de Dieu, mourut en maudissant son frère Constance à cause de ses actions coupables. Après sa mort, l'empereur Constance envoya un officier avec l'ordre de tuer Athanase, l'illustre Père, le prince de l'Église. Celui-ci, jusqu'alors, avait été protégé par Constant contre

---

[1] Je crois que les mots እምቅድመ ፡ ምጽአቱ ፡ viennent d'une erreur, soit du traducteur, soit des copistes. Il faut probablement lire : በቅድመ ፡.

les mauvais desseins de son frère qui, craignant son frère, avait dissimulé ses intentions criminelles; après la mort de Constant, il dévoila ses pensées intimes et voulut le tuer. Mais la droite du Seigneur Très-Haut protégea Athanase, qui prit la fuite et se cacha et demeura sauf. L'officier envoyé pour saisir Athanase l'apostolique sévit contre les chrétiens; car il était de la secte de Mani. A cette époque, les Ariens n'étaient pas les seuls à troubler l'Église; les Manichéens, de leur côté, s'étaient mis à persécuter les chrétiens, et se livraient contre eux à toutes sortes d'excès et à des massacres.

Ensuite il s'éleva contre la ville de Rome un puissant général, nommé Magnence, qui s'empara du gouvernement au moment du coucher du soleil[1], sans autorisation de Constance. Il alla en Europe et livra bataille à Constance, et il y eut un grand nombre de morts des deux côtés; enfin, Magnence l'usurpateur tomba lui-même, Constance fut vainqueur et s'empara de toutes ses possessions. Mais, après avoir remporté la victoire, il ne rendait pas grâces à Dieu, ainsi qu'avaient fait les empereurs chrétiens, qui l'avaient précédé; au contraire, il s'attachait entièrement aux Ariens. Il réunit ensuite un concile d'évêques hérétiques à Milan c'est-à-dire en Italie[2], sur l'instigation de ces hérétiques, qui avaient rejeté la foi orthodoxe et renié la religion de la Sainte-Trinité, et il les força d'écrire une sentence d'excommunication contre Athanase l'apostolique, patriarche d'Alexandrie, et les évêques, ses adhérents. Voici les noms de ceux qui furent exilés avec Athanase l'apostolique : Libère, patriarche de Rome, successeur de Jules; Paulin, métropolitain des Gaules[3]; Denys, métropolitain d'Italie; Lucifer, métropolitain de l'île de Sardaigne[4]. On nomma Auxen-

[1] Ces mots sont une traduction inexacte du texte original qui, sans doute, portait que Magnence s'empara de l'empire d'Occident, ou, comme on lit dans l'Histoire ecclésiastique de Socrate (lib. II, cap. XXV), περὶ τὰ ἑσπέρια μέρη ἐπεφύη τύραννος.

[2] Le traducteur a réellement pris ኦሚልያ ፡ pour un autre nom de Milan, erreur qui se rencontre encore quelques lignes plus bas.

[3] ዮልዮስ ፡ et ገላትያ ፡ sont des transcriptions fautives des formes arabes ديلسوس et غلليا.

[4] ኦውኪፋር ፡ et ሰድራንያ ፡ sont des transcriptions fautives de لوكيار et de سردانيا.

tius l'Arien évêque de la province d'Italie. Constance exila[1] aussi le vénérable vieillard et confesseur[2]..., évêque d'Occident, et il chassa également de leurs sièges et exila les saints (Pères) qui avaient assisté au concile de Nicée. Ensuite, lorsque l'empereur Constance se trouvait à Rome, les femmes nobles étant venues le prier de rappeler Libère de l'exil, il le fit revenir à Rome. Mais, après le retour du patriarche Libère, Félix, son auxiliaire, qui avait communiqué avec les Ariens et que l'on avait proclamé patriarche, après l'expulsion de son maître, mécontent de sa réinstallation, le traita avec hauteur et devint son ennemi. Alors on le chassa lui-même de Rome et on l'exila en Occident.

En ce temps, Constance envoya Gallus, le fils de son frère, de l'Orient, pendant la nuit[3]. Gallus, qui était un parfait chrétien, avait auparavant lutté contre Magnence, l'avait tué et était ensuite retourné à Constantinople. Constance l'ayant nommé empereur de Rome, l'envoya pour y résider. Après son arrivée à Rome, son frère Julien, de triste renommée, quitta la province de Bithynie et se rendit à Constantinople, auprès de l'empereur Constance. Celui-ci avait fait mettre à mort plusieurs de ses parents, et Julien craignait d'être calomnié auprès de l'empereur. Or Julien était un vaillant guerrier. Auparavant il avait demeuré, en qualité de lecteur, dans l'église de Nicomédie; mais il était agité par le doute au sujet de la religion chrétienne. Gallus régnant à Rome, par la volonté de l'empereur Constance, qui était son beau-frère et qui l'aimait, n'y resta que peu de temps et mourut. Alors Julien cessa de lire les saintes Écritures, se rendit au milieu des troupes et des officiers romains, laissa pousser ses cheveux et devint un grand capitaine. Ensuite il fut proclamé empereur en Europe, selon la coutume chrétienne, par la volonté de l'empereur Constance. Mais il n'attendit pas qu'on eût placé sur sa tête la cou-

[1] Au lieu de ወ[ሰደደ ፡ ዓዲ ፡] lisez ወ[ሰደዶ ፡ ዓዲ ፡].

[2] Il s'agit probablement d'Osius le confesseur. ኬርጦስ ፡ paraît être une transcription altérée de Κορδούβης, de Cordoue, siège épiscopal d'Osius.

[3] Ce récit a été entièrement défiguré par le traducteur.

ronne impériale, selon la coutume; égaré par les devins et les augures, il devint un serviteur des fausses divinités, aspira au rang suprême et ouvrit les hostilités contre l'empereur Constance. Celui-ci, informé de ces faits, rassembla une nombreuse armée dans les villes de Syrie, et vint en Cilicie, pour livrer bataille à Julien; car il comptait le faire périr. Étant dans ces dispositions, Constance tomba malade et mourut, avant d'avoir achevé sa carrière[1]; car Dieu l'accabla de malheurs, afin qu'il retournât à la terre dont il était sorti. Lorsque Julien eut connaissance de la mort de Constance, il prit possession de son empire; il se montra plein de fermeté et de vigueur et rendit à leurs sièges les évêques qui avaient été exilés : il ramena de l'exil Athanase l'apostolique et le renvoya à Alexandrie, sa ville épiscopale; il renvoya Mélèce à Antioche, Cyrille, l'auteur des homélies, à Jérusalem; Eusèbe, Lucifer et Hilaire[2], en Occident, et de même les autres chacun dans son église. Mais peu de temps après, il dévoila son incrédulité et son apostasie, à l'instigation des philosophes, dont l'un s'appelait Libanius, de la ville d'Antioche, l'autre Maxime, augure; soutenu et encouragé par eux, il ferma les églises et ouvrit les temples, enleva les précieux vases de la maison du Seigneur et les donna ouvertement aux imposteurs. Ensuite il se déclara l'ennemi des serviteurs de Jésus-Christ et se proclama le restaurateur des temples; il offrait des sacrifices abominables aux idoles, allumait le feu devant l'autel des faux dieux, souillait la terre du sang du sacrifice impur, et corrompait l'air de la fumée de la graisse. A l'instigation des païens, il envoya des gens, pour tuer le grand Athanase l'apostolique. Mais Athanase quitta son siège, s'enfuit et se cacha, et Julien ne put l'atteindre. Semblable à Satan, son père, cet empereur tyrannique détruisait les édifices sacrés fondés par l'empereur Constantin, l'ami de Dieu, et transformait les édifices sacrés en demeures de démons et en temples d'idoles. (Les païens) opprimaient les pauvres chrétiens

[1] Peut-être, au lieu de ሀልዎቶ ።, faut-il lire ሀልዮቶ ።.

[2] አሰንዮስ ። et አብሊያኖስ ። sont des transcriptions fautives des formes arabes اوسابيوس et ابلادوس (pour ابلاريوس).

et se mirent à les accabler de railleries, à les dépouiller de leurs biens, à les tuer, et à leur faire subir toutes sortes de mauvais traitements, non pendant un court espace de temps, mais pendant très longtemps; ils poussaient contre les chrétiens des rugissements comme des animaux féroces, et les terrifiaient.

A cette époque, des malfaiteurs et des idolâtres allumèrent un bûcher, afin de brûler le corps de saint Jean-Baptiste. Mais l'intervention de Notre-Seigneur Jésus-Christ mit à néant leur dessein : effrayés par une terrible apparition, ces gens pervers prirent la fuite. Quelques habitants d'Alexandrie, qui avaient assisté à cette scène, prirent le corps de saint Jean, le transportèrent à Alexandrie et le remirent secrètement à saint Athanase le patriarche, avant sa fuite. Celui-ci le déposa dans la maison d'un magistrat, l'un des principaux habitants de la ville, auquel il le confia. Ce secret n'était connu que de quelques prêtres et de Théophile, troisième patriarche (après Athanase), qui, au moment où l'on apportait ainsi à Alexandrie le corps de saint Jean, était lecteur et psalmiste. En effet, Athanase eut pour successeur le patriarche Pierre, auquel succéda son frère Timothée Actémôn, c'est-à-dire le Pauvre, et à celui-ci Théophile, qui détruisit le temple appelé . . .[1] et le convertit en une église. C'est cette église, grand et superbe édifice, d'une magnificence extraordinaire, que Théophile consacra avec pompe pour être la demeure du corps de saint Jean-Baptiste[2]. On rapporte encore qu'après un long espace de temps, Théophile fit déposer le corps de saint Jean, avec le chef, dans le tombeau qui avait été construit au milieu de l'église. Et à cette occasion il organisa de grandes réjouissances et une fête sollennelle, et les habitants de la ville, glorieux de leur patriarche, le comblèrent d'éloges.

Chapitre LXXIX. On rapporte au sujet de saint Théophile, patriarche d'Alexandrie, qu'il était né de parents chrétiens, à Memphis,

[1] አክሬሞን ፡ est une fausse transcription d'Ἀκτήμων; mais on hésite à reconnaître dans አሬሙ ፡ une corruption de *Sérapis*.

[2] Comparez Rufin, *Hist. eccles.*, lib. II, cap. xxviii.

la ville du Pharaon, autrefois appelée Arcadia. Étant resté orphelin dans sa tendre enfance, avec une petite sœur, il avait une esclave éthiopienne, qui avait appartenu à ses parents. Or, une nuit, à la pointe du jour, cette esclave prit les deux enfants par la main et les conduisit au temple des abominables divinités, le temple d'Artémis et Apollon, afin d'y prier, selon l'erreur des païens. Lorsque ces enfants entrèrent dans le temple, les idoles tombèrent à terre et se brisèrent. Alors l'esclave, redoutant la vengeance des prêtres des détestables idoles prit la fuite et emmena les enfants à Nikious. Puis, craignant que les gens de Nikious ne la livrassent aux prêtres des idoles, elle emmena les enfants et vint à Alexandrie. Poussée par une inspiration divine, la grâce du Seigneur s'étant fixée sur elle, elle prit les enfants et les conduisit à l'église, afin de connaître exactement les saintes pratiques des chrétiens. Dieu révéla immédiatement au saint Père Athanase, patriarche d'Alexandrie, la situation de ces enfants, lors de leur entrée dans l'église, et l'endroit où ils étaient placés, près de la chaire. Athanase donna l'ordre de garder ces trois assistants jusqu'à ce que l'on eût terminé la messe. On lui amena ensuite les enfants et l'esclave, et il interrogea cette dernière en ces termes : « Pourquoi as-tu agi ainsi, et pourquoi les dieux privés de raison ne t'ont-ils pas assistée, et au contraire, voyant des enfants de l'Église, sont-ils tombés à terre et se sont-ils brisés? Or, à partir d'à présent, c'est à moi que ces enfants appartiennent. » L'esclave, étonnée des paroles du saint, voyant qu'il connaissait le secret de ce qui s'était passé dans le temple, sentit alors l'impossibilité de nier ce qu'elle avait fait; elle se jeta à ses pieds et lui demanda le baptême de la religion chrétienne. Athanase les baptisa et en fit des chrétiens; ils furent illuminés de la grâce et devinrent des hommes nouveaux. Quant à la petite fille, il l'envoya dans un couvent de vierges, pour qu'elle y demeurât jusqu'au moment de son mariage; puis elle fut mariée à un habitant de Maḥallê, ville du nord de l'Égypte, autrefois appelée Dîdoûseyâ. C'est là que naquit saint Cyrille, l'astre sublime qui brillait en tout lieu par son enseignement, celui qui, revêtu du

Saint-Esprit, fut patriarche après saint Théophile, son oncle maternel. Quant à saint Théophile, après l'avoir baptisé, on rasa à l'enfant la tête, on l'adjoignit au nombre des lecteurs et on le fit *anagnostès*. Il fut élevé avec soin, ainsi qu'on élève les saints; il grandit et devint un adolescent selon le cœur de Dieu; il apprenait toutes les Écritures de l'Église inspirées par Dieu et observait leurs prescriptions. Ensuite il fut élevé au rang de diacre, et il était plein d'ardeur pour la religion de Notre-Seigneur Jésus-Christ, en pureté et en sainteté. Enfin il revêtit la dignité sacerdotale; il devint le premier et s'assit sur la chaire de Saint-Marc l'évangéliste dans la ville d'Alexandrie. Et, lorsqu'il fut patriarche, il illuminait toute la ville du flambeau de sa sainte foi; il parvint à soustraire toutes les villes d'Égypte au culte des idoles et ne laissa subsister aucun adorateur des ouvrages de sculpture, ainsi que l'avait prédit de lui saint Athanase l'apostolique.

CHAPITRE LXXX. Or le misérable Julien se mit à construire le temple des Juifs à Jérusalem qui avait été détruit par les Romains, et y offrait des sacrifices; car il aimait à répandre le sang. Mais Notre-Seigneur Jésus-Christ (qu'il soit loué!) fit échouer tout ce qu'il entreprenait et ce qu'il ordonnait. Sapor Arsacès, le roi des Perses, qui était pacifique et qui avait payé tribut à l'empereur Constantin, l'ami de Dieu, se mit en campagne pour attaquer les Romains. C'est à cette époque que le saint martyr Domèce termina sa sainte vie. Lorsque, après avoir offert des sacrifices aux dieux, dans une ville appelée Casius, située sur le territoire d'Antioche, à une distance de six milles, où se trouvait l'idole d'Apollon, l'empereur Julien, l'ennemi de Dieu, accompagné des aruspices et des augures imposteurs, se fût mis en marche avec l'armée romaine contre les Perses, il vint à passer près d'un endroit isolé, où il voyait réunis beaucoup de gens, hommes, femmes et enfants; car beaucoup de malades trouvaient leur guérison par la prière de saint Domèce, le serviteur de Dieu. Il demanda quelle était cette foule. On lui répondit : « Un moine fait des miracles et guérit des malades; la foule que tu vois, ce sont des chrétiens qui reçoivent sa bénédiction et qui sont guéris par lui. » Alors Julien, plein de colère, envoyant vers saint Domèce un soldat, lui dit insidieusement d'un ton menaçant : « Si tu demeures dans cette caverne pour plaire à ton Dieu, pour quelle raison cherches-tu à plaire aux hommes, et pourquoi ne te dérobes-tu pas? » Saint Domèce répondit : « J'ai fait abandon de mon âme et de mon corps entre les mains du Dieu du ciel, le Dieu véritable, Jésus-Christ. Voilà bien des années que je me suis enfermé dans cette caverne. Quant à cette foule qui vient me trouver avec foi, je ne puis la chasser. En entendant ces paroles, l'empereur donna à ses soldats l'ordre de fermer sur lui l'entrée de la caverne, de sorte que le saint vieillard mourut [1]. C'est ainsi qu'il acheva sa sainte vie, le vingt troisième jour du mois de *ḥamlê* [2], et qu'il reçut la couronne du martyre qui est impérissable.

Mais ce tyran, Julien, ne tarda pas à être atteint par le châtiment de Dieu. Il marcha vers les idolâtres, ses pareils, c'est-à-dire les Perses; il se précipita en avant et ne revit plus jamais l'empire romain, contrairement à ce que lui avaient annoncé les imposteurs, en disant : « Nous sommes réunis, nous, les dieux, au moment de ton entrée dans le fleuve, pour t'assister. » Ce malheureux fut trompé par leur langage; il ne put ouvrir la bouche au milieu du flux de leurs paroles. On avait nommé ce fleuve, fleuve de feu, à cause des bêtes féroces qui s'y trouvaient, et ce nom lui est resté [3]. Or Julien était obstinément attaché à l'erreur, et il s'appelait lui-même contempteur de la parole de Dieu; car il avait placé son espoir dans les fausses divinités et consultait les démons (les oracles) qui, impuissants pour le sauver, l'égaraient par leurs vaines manifestations; ils troublaient

[1] Comparez *Joann. Mal. chron.*, col. 489. — *Chron. Pasch.*, col. 745.

[2] Dans les martyrologes grecs, la mémoire du martyre de saint Domèce figure au 23 mars. Le nom du mois éthiopien donné par notre texte est une erreur de la traduction.

[3] Ces phrases si mal traduites correspondent à un passage de l'Histoire ecclésiastique de Théodoret, dans lequel cet auteur rapporte un oracle donné à Julien et l'explication des mots de cet oracle παρὰ Θηρὶ ποταμῷ, appliqué au Tigris. (Voy. Théod., lib. III, cap. XVI. — Comparez *Georg. Hamart. chron.*, *l. c.*, col. 669.)

son esprit, et il devint l'ennemi de Dieu, le créateur plein de gloire, et de notre sauveur Jésus-Christ, qui a répandu son sang pour une multitude d'hommes et est devenu le fondement de vérité pour les croyants, lui qui venge ses serviteurs chrétiens (de leurs ennemis). Julien versa le sang d'un grand nombre de chrétiens; beaucoup de fidèles furent tués, sous son règne, et il avait organisé une violente persécution contre tous ceux qui invoquaient le nom du Christ. Pendant que cet impie se disposait à attaquer les Perses, le châtiment envoyé par Notre-Seigneur Jésus-Christ vint l'atteindre, et il fut tué par la main de son serviteur Mercurius, le martyr. Dans la nuit où cet abominable tyran fut tué, saint Basile, le Théophore, évêque de Césarée de Cappadoce, eut un songe. Il voyait les cieux ouverts et Notre-Seigneur Jésus-Christ, assis sur son trône de gloire, disant à haute voix : Mercurius, va tuer Julien, l'ennemi de mes oints ! Saint Mercurius, qui se tenait devant lui, revêtu d'une cuirasse brillante et ornée de fleurs[1], en entendant l'ordre de Notre-Seigneur Jésus-Christ, disparaît un instant, puis il reparaît un instant, et, après avoir disparu de nouveau, il reparaît pour la troisième fois et dit à haute voix : J'ai tué l'empereur Julien, comme tu l'as ordonné, ô Seigneur, et il est mort ! L'évêque se réveilla plein de terreur. Or Julien tenait en grand honneur saint Basile, car ils étaient liés d'amitié dès leur enfance, ayant étudié ensemble, et Basile lui avait souvent adressé des lettres, pour l'engager à abandonner son erreur; mais Julien n'avait pas accueilli ses conseils. S'étant levé, l'évêque Basile appela les vénérables prêtres et les fidèles pour la prière de nuit, dans l'église. Après l'office, il leur raconta le rêve qu'il venait d'avoir, en ajoutant : Julien serait-il vraiment mort ? Le clergé et le peuple, effrayés de ces paroles, le prièrent de garder le silence, jusqu'à ce que l'événement fût certain. Mais l'homme de Dieu ne voulait pas se taire; au contraire, il en parlait ouvertement et sans crainte; car il avait confiance

---

[1] *Chron. Pasch.*, φορῶν θώρακα σιδηροῦν (col. 749). — *Joann. Mal.*, ... σιδηροῦν ἀποστίλβοντα. Le traducteur aurait-il ainsi rendu σιδηροῦν ?

en Dieu et en Notre-Seigneur Jésus-Christ [1]. Et bientôt la vision de saint Basile fut une réalité : dans toutes les provinces on annonça la mort de Julien, le tyran, que Dieu avait fait exterminer par la main de son saint martyr Mercurius. Or ce tyran conduisait l'armée à sa perte et l'exposait à toutes sortes de maux. Il fit couper le nez à deux hommes de Perse, qui, lui servant de guides, l'avaient conduit dans des montagnes désertes sans issue, où il n'y avait point d'eau, alors qu'il voulait marcher contre les Perses : les soldats romains périrent, en cet endroit, de faim, de soif et de fatigue; car ces hommes de Perse avaient usé de ruse contre les Romains et les avaient conduits à leur perte; mais Julien, le tyran, ne reconnut pas dans cet événement l'évident châtiment de Dieu [2]. Ses crimes avaient rempli toute sa vie, qui était de quatre-vingt-quatre ans [3].

Après la mort de Julien, les troupes romaines s'assemblèrent pour proclamer un empereur et, avec le secours de Dieu, ils tombèrent tous d'accord, pendant qu'ils étaient en Perse, à choisir Jovien, car celui-ci était chrétien orthodoxe, et un pieux serviteur de Dieu. Il ne désirait pas être empereur; il le devint malgré lui; c'est parce qu'il avait été auparavant le général en chef, qu'il obtint la couronne de l'empire. Après avoir été proclamé, il monta sur un endroit élevé et, d'une voix forte, adressa au peuple et à l'armée ces paroles : Si vous voulez que je sois votre empereur, soyez chrétiens comme moi, croyez en Jésus-Christ et soyez ennemis des faux dieux ! Le peuple et l'armée s'écrièrent immédiatement, d'une voix unanime : Nous sommes chrétiens ! Dorénavant notre souverain sera le Christ et sa vénérable croix! En conséquence, ils acclamèrent l'empereur et le comblèrent d'éloges [4].

[1] *Joann. Mal. chron.*, col. 497 et suiv. — *Chron. Pasch.*, col. 748 et suiv. — *Vita S. Basil. Amphilochio adscripta*, p. 181 ed. Combef. — *Eutychii annales*, t. I, p. 485. — Comp. Renaudot, *Hist. Patriarch. Alex.*, p. 93.

[2] Comparez, *Joann. Mal.*, col. 493.

[3] Ce chiffre corrompu ne s'explique pas par une erreur des copistes. Il vient peut-être d'une confusion avec la date de 364 de J.-C., année de la mort de Julien, d'après le calcul d'Eusèbe.

[4] Comparez *Chron. Pasch.*, col. 749.

Lorsque les Perses eurent appris la mort de Julien, ils envoyèrent des ambassadeurs au pieux empereur Jovien, pour traiter de la suspension des hostilités et de la paix. L'empereur Jovien les accueillit avec joie, et il y eut désormais paix et amitié entre les Romains et les Perses. Ceux-ci consentirent à lui payer tribut, et Jovien leur fit remise du tribut d'une année, parce que Julien, le tyran, avait détruit et complètement rasé la ville de[1].... Mais il leur ordonna de construire, en dehors des frontières de leur empire, une ville qui leur appartiendrait. Il nomma cette ville Amide, l'entoura de murs solides et de fortifications, la peupla d'une population nombreuse et la fit semblable à l'ancienne ville, à celle qu'avait détruite Julien, le tyran. Le gouverneur de la ville insista beaucoup auprès de l'empereur Jovien, pour qu'il lui donnât le nom de Rome; mais Jovien refusa de le faire, à cause de la paix et de l'amitié qui existaient entre les Romains et les Perses[2].

Chapitre LXXXI. Lorsque la guerre fut terminée, Jovien, l'empereur chrétien, quitta la Perse et ramena sains et saufs les soldats qui avaient échappé à la mort. Mais tous ceux qu'il voyait dans les mauvais sentiments de Julien, le tyran, il les extermina et les fit disparaître. Il ouvrit, sans retard, les églises de Constantinople et ferma les temples. Il restitua aux chrétiens les villes que Julien leur avait enlevées et établit dans toutes ses provinces des gouverneurs chrétiens; il détruisit les temples jusqu'à leurs fondements, et le nombre des païens diminua. Il prohiba aussi la religion des Ariens, qui étaient hostiles au Christ; car il était orthodoxe[3], sans fléchir, et adorait sincèrement la sainte Trinité, qui donne la vie à tous. L'éclat qu'il répandait par ses actions, ainsi que par sa foi orthodoxe et ferme, était comme la lumière du soleil; il était plein de vertus et il prodiguait ses

[1] እንድርቀን ፡ paraît être la corruption du nom du patrice Arinthée, chargé de négocier la paix avec les Perses.

[2] C'est l'épisode de Nisibe qui est ainsi travesti. — Comparez *Joann. Mal.*, col. 501. — *Chron. Pasch.*, col. 749.

[3] Lisez ኦርቶዶክሳዊ ፡.

bienfaits à tous les hommes de son temps. Il adressa à toutes les provinces de l'empire romain une ordonnance ainsi conçue : Jovien, Pieux, Auguste, souverain empereur, maître de l'univers, à tous les chrétiens de mon empire. Je vous recommande à Dieu et me réjouis avec vous au sujet de la sainte église qui est au milieu de la cité comme le nombril au milieu du ventre. Elle a triomphé d'une manière éclatante de tous ceux qui l'avaient combattue. Elle a été l'objet du ressentiment de l'empereur Julien, qui l'a fait fermer. J'en ordonne la réouverture; qu'elle soit rendue à sa paisible existence, afin que le pur et saint sacerdoce y puisse être conféré et que l'on y fasse monter au ciel des prières, que Dieu voudra exaucer avec faveur. Empressons-nous donc de l'ouvrir, accomplissons ses offices, honorons ses ministres, afin que tout le peuple et l'armée de Rome y accourent; car elle leur a été donnée par le Seigneur clément et miséricordieux, pour qu'ils s'y livrassent à la prière et à des supplications avec une ferveur parfaite.

Jovien adressa aussi une lettre à saint Athanase l'apostolique, patriarche d'Alexandrie, pour qu'il revînt dans sa ville avec honneur. Cette lettre était conçue en ces termes : De la part de Jovien, empereur, à saint Athanase, l'ami de Dieu. Nous admirons ta personne, ta sage conduite, tes relations avec les empereurs, tes vertus chrétiennes et tes nobles efforts pour la cause de Notre-Seigneur Jésus-Christ (qu'il soit loué !). Nous te demandons, ô maître vénérable, qui as supporté tant de peines; qui n'as pas cédé à ceux qui t'ont persécuté, ni reculé devant les périls qui ont fondu sur toi; qui as réduit à néant la haine et la colère et qui ne t'en es pas plus soucié que d'un fétu de paille, en suivant les traces de la foi orthodoxe jusqu'au bout, laissant l'exemple de ta vie héroïque à tes successeurs que tu as liés par une foi parfaite et par la vertu ; nous te demandons de revenir à présent, dans nos États, de reprendre ton enseignement salutaire, de garder l'Église, de gouverner le peuple du Christ et d'adresser tes ferventes prières à Dieu, pour nous et notre empire, afin que par ta prière nous trouvions le salut. Car nous croyons que nous obtiendrons l'assistance de Dieu Très-Haut, lorsqu'elle sera demandée par ta pure et sainte bouche, dont les paroles sont inspirées par le Saint-Esprit. Nous t'adressons cette lettre, pour t'engager à éclairer le peuple de la lumière du Christ, à abolir les idoles que Dieu déteste, et à abolir aussi l'hérésie des Ariens, que nous avons chassés, pour que nous obtenions notre salut par ta prière[1]. » Saint Athanase, l'apostolique, lumière du monde, après avoir lu cette lettre, convoqua les saints évêques et les vénérables docteurs, et composa deux traités : l'un sur le Verbe de Dieu qui est l'une des trois personnes de la sainte Trinité; l'autre sur les préceptes du Christ. Puis il adressa à saint Basile, qui méditait constamment sur les œuvres de Dieu et cherchait à les comprendre, une lettre ainsi conçue : Le pieux empereur Jovien, adhère complètement et avec empressement à la foi orthodoxe du concile de Nicée. Réjouis-toi donc : il est orthodoxe et il a rétabli la foi véritable de la sainte Trinité.

L'empereur Jovien acheva sa carrière paisiblement et pieusement, faisant ce qui est agréable à Dieu. Alors, s'étant mis en route pour se rendre à Byzance, il contracta une maladie; il traversa la Cilicie et la Galatie et vint dans une ville nommée Didastana[2], où il mourut. Le monde ne méritait pas de posséder un empereur tel que lui, qui était bon, pieux, clément, modeste, chrétien et orthodoxe.

Chapitre LXXXII. Après la mort de Jovien, l'ami de Dieu, régna Valentinien. Comme il y avait une grande affliction parmi les officiers, à cause de la mort de l'empereur Jovien, il était venu pour pleurer avec les autres. Et comme, tout en se lamentant, ils se préoccupaient de choisir un empereur, alors Salluste, le tribun, qui était chef de l'armée (préfet du prétoire) et qui jouissait d'une grande autorité parmi les officiers, s'approcha et leur donna son avis en disant : C'est Valentinien qui nous convient le mieux comme empereur, car il a été autre-

[1] Le texte de cette lettre ne s'accorde pas entièrement avec celui que nous possédons en grec. (*S. Athan. opera, Patrol. gr.*, t. XXVI, col. 813.)

[2] ዲዳስውጣና ፡ est la transcription fautive du nom de *Διδάσταvα*, ainsi qu'écrit Jean Malala. Les autres historiens donnent la forme *Δαδάσταvα* ou *Δαδαστάvη*.

fois général et il a été exilé par Julien, le tyran, à cause de sa foi orthodoxe. Sur cet avis de Salluste, les officiers de l'armée et les troupes le proclamèrent empereur et l'on fit annoncer, dans toutes les provinces, par la voix du crieur public, que Valentinien, homme juste, chrétien, dont le langage est véridique et les paroles sincères, était monté sur le trône. Après avoir pris le gouvernement, Valentinien nomma Salluste, qui ne faisait nulle acception de personne, premier ministre, chef de l'armée. Salluste, dans l'exercice de ses fonctions de premier ministre, faisait régner le droit et la justice dans toutes les provinces; il était homme d'expérience et ne se laissait pas corrompre par des dons. L'empereur voyait avec joie qu'il appliquait la justice. Puis Valentinien nomma son frère Valens[1] empereur et l'envoya à Constantinople, tandis que lui-même se rendit à Rome et prit le gouvernement de l'Occident. Il condamna plusieurs magistrats qui commettaient des actes de prévarication et acceptaient des dons. Un homme, nommé Rhodane, officier du palais, avait commis un acte de concussion à l'égard d'une veuve et s'était emparé de ses biens. Cette femme alla en informer l'empereur qui ordonna à Rhodane de lui restituer tous ses biens. A partir de ce jour, il fut respecté par les officiers, l'armée, et par tout le peuple; car cet empereur honnête et juste haïssait les actes de prévarication; il jugeait selon la justice et observait le droit[2]. Ce grand empereur n'épargnait pas même sa femme, l'impératrice Marina, qui avait acheté un jardin d'une jardinière à laquelle elle n'avait pas payé le prix qu'il valait, parce que les estimateurs en avaient fait l'estimation, ayant égard à la personne de l'impératrice et qu'ils avaient incliné en sa faveur. Le pieux Valentinien ayant appris ce que venait de faire sa femme, envoya des hommes craignant Dieu, afin d'évaluer avec soin ce jardin, et il les fit jurer solennellement de procéder à cette estimation avec une rigoureuse justice. Lorsque les estimateurs se furent transportés dans le jardin, ils trouvèrent que l'impératrice avait fait subir à la jardinière un préjudice

[1] ኢዩሌሌስ፡ est la transcription fautive de l'arabe بالنس ou ابالنس.

[2] Comparez *Joann. Mal.*, col. 505 et 508. — *Chron. Pasch.*, col. 757.

considérable, et qu'elle ne lui avait payé qu'une faible partie du prix. L'empereur, très irrité contre l'impératrice, l'éloigna de sa présence, la fit sortir du palais et prit une femme nommée Justine, avec laquelle il vécut jusqu'à la fin de ses jours. Quant à sa première femme, il la chassa et l'exila de la ville, et il restitua le jardin à la femme qui l'avait vendu[1].

L'empereur Valentinien éleva au rang d'empereur son fils Gratien, qu'il avait eu de cette femme qu'il avait chassée. Et, après avoir accompli des actions louables en grand nombre, il tomba malade et mourut, fidèle à la foi de la sainte Trinité, dans un château appelé *Wâtân*[2]. Il eut pour successeur son frère Valens, qui auparavant avait été chrétien et, dès lors, suivait la voie des Ariens et s'attacha à leur croyance réprouvée. Il persécutait les orthodoxes, et leurs églises furent ouvertement données aux hérétiques impies; il confisquait injustement les biens des habitants de Byzance et des autres villes[3]. Sous le règne de ce méchant homme, il y eut un cataclysme dans la ville de Nicée[4], où s'était assemblé le saint concile : la mer monta et couvrit la ville. A cette époque était préfet, à Alexandrie, la capitale de l'Égypte, un homme nommé Tatien[5], qui construisit, à l'endroit appelé Bruchium, deux énormes portes de pierre, par lesquelles il faisait passer le grand fleuve, et qui munit l'Égypte de fortifications.

En ces temps, il arriva un miracle par l'intervention de saint Athanase, l'apostolique, le père de la foi, patriarche d'Alexandrie. En effet les flots de la mer avaient envahi Alexandrie, menaçaient de submerger entièrement la ville et avaient déjà pénétré jusqu'à l'endroit appelé Heptastadion[6]. Alors le vénérable Père, accompagné de tout le clergé, se rendit au bord de la mer, et tenant dans sa main le livre de la sainte Loi, il éleva sa main au ciel et s'écria : Ô Seigneur, Dieu qui ne faillis point à tes promesses, c'est toi qui as promis à Noé,

[1] *Joann. Mal.*, col. 508 et 509. — *Chron. Pasch.*, col. 760.

[2] ዋታን ፡?

[3] *Joann. Mal.*, col. 509.

[4] *Joann. Mal.*, col. 512 A.

[5] ጥጸድያኖስ ፡, transcription de باديانوس.

[6] እንጣንስጣድዩን ፡ est la transcription fautive de la forme arabe اسطاسطاديون.

après le déluge, en disant : Je ne veux pas amener une autre fois un déluge sur la terre! A la suite de cette invocation du saint, la mer se retira dans ses limites et la colère de Dieu s'apaisa. C'est ainsi que la ville fut sauvée par la prière de saint Athanase, l'apostolique, l'astre sublime [1].

CHAPITRE LXXXIII. Mais voici les illustres empereurs, Gratien et Théodose, les serviteurs de Dieu, qui étaient pleins de zèle pour le bien. L'un délivra les saints croyants des chaînes dont les avait chargés l'empereur Valens, et il fit cesser la persécution des chrétiens. Quant à l'autre, il aimait Dieu avec ardeur, rendit aux fidèles leurs églises et détruisit l'idolâtrie. Il prohiba aussi la doctrine des méchants Ariens et établit la vraie religion, exempte de toute erreur. Grégoire, le théologien, qui auparavant avait été obligé de se cacher et de fuir d'une maison à l'autre et de ville en ville, parut à Constantinople et affermit l'Église. (Théodose) construisit aussi une sainte église, monument magnifique. Il chassa de la ville Eudoxe, l'hérétique, le contempteur du Saint-Esprit, et, après avoir chassé ce misérable, il envoya un message à Basile, évêque de Césarée de Cappadoce, à Grégoire de Nysse et à Amphiloque d'Icone, les théosophes, et leur recommanda d'édifier l'Église par la vérité et le Saint-Esprit. Ceux-ci disputaient contre les hérétiques, les réduisaient au silence et les confondaient, et proclamaient, en tout lieu, la vraie foi des orthodoxes. Pour en revenir à l'histoire de l'empereur Théodose, l'ami de Dieu, il arriva, lorsqu'il se rendit à Byzance, auprès de Gratien, l'empereur bienheureux, qu'il eut un songe. Il voyait comme Mélèce, patriarche d'Antioche, lui posa sur la tête la couronne impériale, par la volonté des princes [2].

---

[1] Comp. Sozomène, *Hist. eccl.*, lib. VI, cap. II. Cette inondation est probablement celle qui eut lieu sous le règne de Julien (Voyez *Juliani imperat. quæ supersunt*, éd. Hertlein, Leipzig, 1875, t. I, p. 555. — Comparez *Eutychii Annales*, t. I, p. 481. — Chronique de Georges Ibn al-ʿAmîd, ms. arabe de la Bibliothèque nationale, supplément n° 751, fol. 218.

[2] Comparez Théodoret, *Hist. eccles.*,

Il y avait un Arien, demeurant hors de la ville[1]. Lorsque Amphiloque vint à la cour impériale, il trouva, assis sur des trônes, l'empereur Théodose et ses deux fils, Arcadius et Honorius, que Théodose avait créés empereurs, de son vivant. L'évêque, en se présentant devant eux, salua Théodose, mais ne salua point ses fils. Or Théodose était blessé parce qu'il n'avait pas salué ses fils. Puis, l'évêque, voyant que l'empereur était mécontent de lui, lui dit : « Sache, ô empereur, que c'est ainsi qu'agissent ceux qui ne saluent pas le Fils et le Saint-Esprit, consubstantiels avec le Père, c'est-à-dire les hérétiques blasphémateurs. Toi, tu ne les as pas expulsés de tes États. » L'empereur, en entendant ce langage, reconnut que cet évêque était l'un des meilleurs d'entre les fidèles, et il garda le silence. Et immédiatement, il manifesta son zèle pour la cause de la religion orthodoxe, en promulguant une loi, sous son règne, par laquelle il défendait de laisser demeurer aucun hérétique dans les villes romaines, ni dans les clos, ni dans les champs, ni dans les villages[2].

Pendant que l'empereur Théodose séjournait en Asie, il surgit un usurpateur nommé Maxime, originaire de la province de Britannia, qui tua Gratien, le bienheureux empereur, par un guet-apens, s'empara de ses États par la force et établit sa résidence à Rome. Valentinien, frère puîné de Gratien, se réfugia à Thessalonique. Quant à Maxime, le tyran, il ne se souciait pas de Dieu, car il était Arien. Il surgit encore un autre, nommé Eugène[3], qui avait été auparavant un docteur parmi les païens, qui persécutait les serviteurs du Christ, et qui aimait à pratiquer des sortilèges et les pratiquait habituellement[4]. Cet homme, avec le consentement de l'armée, qui était d'accord avec lui, s'empara des États de Valentinien et fit mourir ce prince traî-

lib. V, cap. vi. — Georg. Hamart., *l. c.*, col. 692 B. — መኳንንት ፡ a ici le sens de *princes*. Il s'agit de l'empereur Gratien et de son collègue.

[1] Il s'agit, non d'un seul Arien, mais d'une communauté d'Ariens, de ceux qui étaient appelés *Exocionites.*

[2] Comparez Sozomène, *Hist. eccles.*, lib. VII, cap. vi. — Théodoret, *Hist. eccl.*, lib. V, cap. xvi.

[3] ኦውግሊዮስ ፡, transcription fautive de la forme arabe اوجانوس.

[4] Il y a peut-être une lacune dans cette phrase.

treusement. Lorsque Théodose apprit ces événements, il rassembla une nombreuse armée, marcha contre les deux usurpateurs, Maxime et Eugène, et les tua avec l'assistance de Notre-Seigneur Jésus-Christ, dont il était le serviteur; il vengea ainsi les deux empereurs, Gratien et Valentinien, et prit possession de l'empire romain tout entier et le soumit à son autorité. Il donna aux croyants orthodoxes toutes les églises, dans tout son empire, et il expulsa les Ariens blasphémateurs. Ensuite il convoqua, à Constantinople, un synode d'évêques, cent cinquante saints pères. Il extirpa toute incrédulité et toute hérésie de toutes les provinces de son empire, y introduisit le culte du Dieu un en trois personnes, et fit régner la foi orthodoxe. Le clergé était rempli du Saint-Esprit et parfait dans ses actions, ses paroles et dans toutes ses pensées, et la paix régnait dans l'Église, parce que les évêques étaient réunis dans la concorde et dans l'union. Alors, voyant cette situation, Satan fut jaloux et se mit à déchirer et à disperser les membres de ce corps intact, c'est-à-dire la sainte Église. En effet, Grégoire le théologien, étant venu assister au concile des chefs du clergé de l'Église, édifiait et illuminait par son enseignement la ville de Constantinople. Timothée, patriarche d'Alexandrie[1], l'exhorta dans un langage angélique à abandonner Constantinople, la ville impériale, et à se rendre à son siège et à son ancienne église, c'est-à-dire à Nazianze (?)[2], pour la gouverner et la garder, parce qu'il n'était pas permis qu'il quittât une église pauvre, pour occuper une église riche; que c'était là, en quelque sorte, un acte de fornication, un acte contraire aux canons des Pères. Mais, en cela, les évêques d'Orient et les autres évêques présents, qui entendaient ces discours, n'étaient pas d'accord avec lui. Ils étaient encore divisés sur un autre sujet. En effet, le patriarche Timothée s'était arrogé le droit de nommer patriarche de Constantinople Maxime, qui était un homme éminent et qui avait beaucoup souffert des persécutions des Ariens. Il y avait donc désaccord entre les Orientaux et les Égyptiens. Mais

---

[1] Il faut rétablir la leçon des manuscrits, ዘለእስክንድርያ ፡, que j'ai changée par erreur.

[2] አትራስዩስ ፡ ዘኑሲዩስ ፡?

Grégoire fut le médiateur et il rétablit l'union parmi eux. Maxime, qui avait été nommé à Constantinople, sans le consentement des évêques, demeurait dans la ville. Alors on fit sortir Grégoire de la ville impériale, sur l'avis de tous les évêques, et il se rendit dans son ancienne église. Grégoire, dont le cœur était ferme comme le roc, n'avait nul souci des choses de ce monde. Tous les habitants le regrettaient; car il avait sauvé la ville impériale de Constantinople de la prostitution des Ariens. On fit aussi sortir de la ville Maxime, ainsi que tous les évêques qui avaient été ordonnés par lui, et on le renvoya au couvent qu'il avait dirigé auparavant. Ensuite on élut comme patriarche, du consentement des cent cinquante évêques, un homme de grande naissance de la ville de Constantinople, nommé Nectaire, homme sage et prudent, dont la vertu et la piété étaient admirées de tout le monde : on le nomma malgré sa résistance; puis il s'appliquait à combattre la doctrine des Ariens et défendait avec ardeur la foi orthodoxe. L'union ayant été ainsi rétablie au sein du concile, les évêques s'en retournèrent contents dans leurs provinces. Mais Satan, l'ennemi de notre race, ne manqua pas de susciter des troubles contre le patriarche Nectaire. Alors que Théodose, l'empereur ami de Dieu, s'était mis en marche, à la tête d'une nombreuse armée, pour combattre l'usurpateur Maxime, l'Arien, et que, dans un lieu appelé Milan [1], où se trouvait cet Arien usurpateur, les deux armées étaient en présence l'une de l'autre, sans en être encore venues aux mains, certains Ariens répandirent, par toute la ville de Byzance, la nouvelle mensongère que l'empereur Théodose avait été vaincu dans la bataille et toute son armée détruite. Tous les chrétiens furent dans la crainte et dans la terreur, et les orthodoxes, cédant à leur crainte, se tournèrent vers les Ariens. Ceux-ci, dans leur fureur, allèrent mettre le feu à la maison du patriarche Nectaire [2]. Aussitôt après que l'empereur Théodose, l'ami de

[1] Quoique le renseignement soit erroné, je ne pense pas que ሚሎዲያኖስ ፡ représente un autre nom que *Milan*.

[2] Comparez Socrate, *Hist. ecclesiast.*, lib. V, cap. XIV. — Sozomène, *Hist. eccl.*, lib. VII, cap. XIV.—Théophane, *Chronogr.*, *ad ann.* 5877.

Dieu, eut été informé de leurs méfaits, il attaqua l'usurpateur Maxime et le tua.

En ces temps, le saint patriarche Théophile construisit à Alexandrie une magnifique église, à laquelle il donna le nom de l'empereur Théodose[1], et une autre église, qu'il appela, du nom de son fils, Arcadia[2]. Il y avait un temple dans la ville de Sérapis[3], que Théophile convertit en une église qui fut consacrée par lui au nom d'Honorius, le second fils de Théodose. Mais cette dernière, située en face de l'église du patriarche saint Pierre, le sceau et le dernier des martyrs, était aussi appelée église des saints martyrs Cosme et Damien.

Les chrétiens demeuraient alors, sous le règne de l'empereur Théodose, dans une paix parfaite.

Ensuite, Théodose fit exécuter, aux faubourgs de la ville d'Antioche, des constructions considérables. Il fit un nouveau mur, reliant la montagne à la tour[4] de l'empereur Tibère Ier, et il fit élever des murs autour des champs et des clos qui en étaient dépourvus[5].

Il arriva ensuite de grands désordres et des actes de révolte, dont les auteurs étaient les Ariens, dans la ville de Thessalonique. Une querelle s'étant élevée entre les habitants et des officiers[6], les Ariens se mirent à lancer des pierres à ces officiers, en outrageant ainsi l'empereur. Celui-ci, informé du crime des Ariens, faisant semblant de se rendre à Rome, vint à Thessalonique avec toute son armée, et, usant de ruse, envoya au milieu de la population les soldats qui exterminèrent les Ariens. Le nombre des morts fut de quinze mille.

[1] D'après Jean Malala, l'église de Théodose à Alexandrie aurait été construite par Théodose le jeune. (Voy. *Joann. Mal. chron.*, col. 533.)

[2] Comparez *Eutychii Annales*, t. I, p. 529 et 549.

[3] Les mots በሀገረ ፡ እስሬቢስ ፡ sont probablement une erreur de la version. Mais, peut-être, dans le texte original, était-il question du « quartier de la ville » que formaient les constructions du temple de Sérapis.

[4] D'après les autres chroniques, Théodose fit relier le nouveau mur au *mur* construit par Tibère. Quoique ማኅፈድ ፡ ait souvent le sens de *mur*, il n'est pas probable que le traducteur éthiopien l'ait employé ici dans ce sens, à côté de ቅጽር ፡.

[5] *Joann. Mal.*, col. 517.

[6] *ἀρχόντων τινές* (Théodoret).

L'empereur, ayant été réprimandé à cause de ce grand massacre d'Ariens, par le patriarche Mélèce[1], qui était ému de pitié pour des chrétiens, avait manifesté une grande colère contre le patriarche; puis il regretta de s'être emporté contre lui; il fit pénitence en jeûnant, en distribuant des aumônes et en versant d'abondantes larmes, et en priant pour obtenir le pardon et la rémission de son péché.

En ces temps, il survint dans la ville d'Antioche une sédition et des événements funestes. En effet, l'empereur, pressé par les nécessités de la guerre qu'il avait à soutenir dans cette province, ainsi que partout ailleurs, ordonna la levée d'un impôt extraordinaire, dans toutes les provinces de son empire; et l'on arrêtait les habitants et on les maltraitait. Les troupes[2], qui se trouvaient à Antioche, voyant que l'on pendait, sans miséricorde, leurs frères, manifestèrent leur mécontentement, et les habitants de la ville précipitèrent du haut du mur le cercueil de bronze qui renfermait le corps de la bienheureuse Flaccille[3], épouse de l'empereur Théodose, et le traînèrent dans les rues. Lorsque l'empereur fut informé de ces faits, il fut extrêmement irrité. Il révoqua les magistrats de la ville et les exila à Laodicée. Quant aux officiers d'Antioche, qui avaient gravement offensé l'empereur, il ordonna, pour les punir, de livrer aux flammes la ville avec tout ce qui y existait. Ceux qui furent chargés de brûler la ville étaient Césaire, préfet (maître des offices) et Hellébique[4], le général. Alors, un moine du désert, un saint de Dieu, se présenta devant les officiers

[1] Mélèce, au lieu d'Ambroise, erreur qui probablement a été amenée par le mot du texte original (*ὁ ἐπίσκοπος*) Με-*διολάνων*.

[2] ተዐይንት ፡ et ሠራዊት ፡ sont des traductions inexactes des mots *δῆμος* et *ὄχλος* qu'on lit dans le récit parallèle de Théodoret (*Hist. eccles.*, lib. V, cap. XIX). Le mot መኰንንት ፡, dans la phrase suivante, est une suite de cette erreur, et il est évident que le traducteur a voulu parler de l'armée. Mais, parmi les différentes acceptions de ሠራዊት ፡, on rencontre aussi celle de « peuple. » (Voy., ci-dessus, p. 301.)

[3] ፍይላክላ ፡, transcription fautive de l'arabe افلاكلا. Il n'est pas douteux que les mots እስከሬን ፡ ብርት ፡ ዘሀሎ ፡ ውስቴታ ሥጋሃ ፡ ... « le cercueil de bronze qui renfermait le corps... » ne soient un malentendu de la traduction, au lieu de *statue de bronze*. D'ailleurs, un peu plus loin, እስከሬን ፡ a évidemment le sens de *statue*.

[4] ለቢናኪ ፡, transcription fautive de البلاك.

chargés de brûler la ville et leur parla ainsi : « Écrivez à l'empereur Théodose et dites-lui de ma part ceci : Tu n'es pas seulement empereur, mais tu es homme comme nous, quoique tu sois le premier. Tu es sujet aux mêmes misères que toute créature qui est l'image de Dieu. Or, quand tu condamnes l'image de Dieu, tu offenses Dieu qui a créé l'homme à son image. Tu es irrité au sujet d'une statue de bronze muette; combien plus Dieu sera-t-il irrité contre toi et ton gouvernement, quand il s'agit de son image vivante, pourvue d'une âme ! Car c'est lui, lui seul, le Seigneur et roi de l'univers, qui t'a donné le pouvoir. Puisque tu es en colère à cause d'une statue de bronze qui a été détruite, sache que nous pourrons en faire une pareille; mais toi, tu ne pourras pas faire un cheveu de la tête d'une seule des personnes que tu veux tuer. » A cette époque vivait un prêtre, nommé Jean et surnommé Chrysostome, qui, avant d'être élu patriarche, enseignait pieusement et qui, alors, enseignait et prêchait dans toute la ville. Or, craignant d'être tué par les Ariens, il avait pris la fuite et avait laissé la ville privée de son enseignement salutaire[1]. Lorsque l'empereur Théodose connut ce fait, il éprouva des regrets et revint de sa colère. Il rétablit dans leurs fonctions, à Antioche, les magistrats de la ville qu'il avait exilés et rendit la liberté à ceux qui étaient en prison. Il adressa à ses agents la réponse suivante : « J'ai été irrité à cause de ma femme morte, Flaccille, qui aimait Dieu, et qu'ils ont outragée, sans qu'elle l'ait mérité d'eux. C'est pourquoi j'ai voulu les punir. Mais, à présent, pour plaire à Dieu qui aime les hommes, afin qu'il soit satisfait de moi, qu'il me donne son aide et qu'il me fasse triompher des incrédules, des barbares et de tous mes ennemis, je leur pardonne; que la ville d'Antioche soit sauve et que les habitants demeurent en paix, sans agitation ! »

L'empereur Théodose, après avoir vaincu les usurpateurs, demeura dans la ville de Rome et fit mourir beaucoup d'hérétiques. En ces temps, les boulangers ayant établi des souterrains et des basses-fosses

---

[1] Je ne saurais expliquer l'origine de ce renseignement erroné.

et élevé des constructions dans lesquelles ils préparaient la pâte, y commettaient des actes abominables contre des hommes, notamment des étrangers, des clients et beaucoup de gens qui y venaient soit pour manger et boire, soit dans une intention de libertinage. Les marchands de vin faisaient passer subrepticement ceux qui se présentaient, chez les boulangers, et ceux-ci les saisissaient et les retenaient de force : ces captifs ne pouvaient plus se sauver, et, s'ils criaient, personne ne pouvait les entendre. Ils employaient les uns à tourner la meule pendant toute leur vie, et faisaient demeurer d'autres dans le lieu de débauche, jusqu'à leur vieillesse, et ne les en laissaient pas sortir. Or un soldat de l'empereur que l'on avait poussé par un guet-apens dans ce lieu où se trouvait la meule, et que l'on y avait torturé pendant longtemps, las de supporter son sort, fit un effort énergique, tira son sabre et tua plusieurs de ceux qui cherchaient à le retenir; les autres, effrayés, le laissèrent sortir, et il alla dénoncer cette affaire à l'empereur. Celui-ci fit amener les boulangers, les punit sévèrement et fit détruire leurs repaires. Quant aux femmes prostituées, il les fit promener publiquement, avec accompagnement de sons de cloche, dans la ville de Rome, afin que leur crime fût connu de tous. Il fit aussi exposer publiquement les boulangers. C'est ainsi que Théodose extirpa complètement ces crimes[1].

Théodose acheva sa vie vertueuse, laissa une mémoire illustre à ses successeurs et mourut en paix. Il termina sa sainte vie, pieusement et sans péché, et passa de ce monde périssable à la vie éternelle.

Chapitre LXXXIV. Après la mort de l'empereur Théodose, l'ami de Dieu, son empire passa à ses deux fils, Arcadius et Honorius, qui lui étaient nés de la bienheureuse Flaccille, sa femme. Il les avait

[1] Telle est la vraie version de cet événement qui a été défigurée dans *l'Histoire ecclésiastique* de Socrate, dont le récit a été reproduit par différents auteurs. (Comp. Socrate, *Hist. eccles.*, lib. V, cap. xviii. — Théophane, *Chronogr.*, *ad ann.* 5885. — *Hist. miscella* [*Patrol. lat.*, t. XCV], col. 939 et suiv. — Cedrenus, *Hist. comp.*, col. 617 D. — Barhebræus, *Chron. eccl.*, ed. Abbeloos et Lamy, t. 1, p. 115.)

nommés empereurs de son vivant : Arcadius, pour régner à Constantinople, et Honorius, à Rome. Le corps de l'empereur Théodose fut déposé dans l'église des saints apôtres, à Constantinople.

Arcadius et Honorius étaient parfaitement fidèles à la religion chrétienne. Le pieux Honorius étant tombé malade, son frère Arcadius, en recevant cette nouvelle, partit pour Rome, afin de le visiter. Or Honorius était, par sa sainteté et sa chasteté, un ascète, et il pratiquait, tout en demeurant dans le palais impérial, la vie des anachorètes. Il cultivait la vertu, suivait une discipline sévère et se mortifiait beaucoup; il portait le cilice sous la tunique de soie qui était le vêtement impérial; il couchait sur la terre, jeûnait tous les jours de sa vie, priait et chantait des psaumes, et, d'une manière permanente, couronnait ses exercices de piété par ses vertus; il méprisait profondément le royaume terrestre et aspirait au royaume céleste, et il était tel que Dieu fut content de lui. Il exécuta toutes les mesures louables qui n'avaient pas encore été exécutées par son père, et abolit tous les abus qui étaient une offense à Dieu. Une coutume de ses contemporains était que, dans les arènes, deux hommes luttaient ensemble, et que celui qui avait vaincu l'autre, le tuait, sans être coupable de meurtre. Ce fut alors qu'un moine, nommé Télémaque, dont la vie était comme celle des anges du ciel et qui était venu de l'Orient à Rome, voyant pratiquer cet abominable et sanglant spectacle, adjura les combattants et leur ordonna solennellement au nom de Jésus-Christ de cesser la lutte, et de renoncer à cette action diabolique de tuer un frère. Les combattants, en entendant ces paroles, déposèrent leurs armes, lancèrent des pierres contre lui, et répandirent le sang de ce pieux ascète, Télémaque, l'homme de Dieu[1]. Lorsque le saint empereur Honorius apprit l'événement, il fit cesser cette coutume dans la ville de Rome et l'abolit définitivement; et il y régnait ensuite la paix du Seigneur plein de gloire, le maître suprême. Il détruisit aussi les abominables temples d'idoles et les convertit en édifices consacrés aux saints martyrs.

---

[1] Comparez Théodoret, *Hist. eccles.*, lib. V, cap. XXVI.

Pendant le séjour de l'empereur Arcadius à Rome, un officier de l'armée, d'origine barbare[1], nommé Gaïnas, se révolta contre l'empereur et prit les armes contre lui; il enrôla un grand nombre de barbares et excita de grands troubles. L'empereur Arcadius quitta Rome immédiatement, retourna à Byzance, plein de zèle pour la religion orthodoxe de son père, et tua l'usurpateur Gaïnas, l'apostat, qui appartenait à la secte des misérables Ariens[2]. Il demeura ensuite en paix. Puis l'empereur ami de Dieu, Arcadius, tomba malade et mourut, au temps du pontificat de saint Jean Chrysostome. Son fils, Théodose le jeune, avait été proclamé empereur avant la mort de son père.

Après l'avènement de Théodose le jeune, il y eut une grave sédition à Rome. En effet, l'empereur Honorius (comme beaucoup de sénateurs[3] étaient hostiles à ce saint de Dieu, à cause de sa belle vie, car il craignait Dieu et accomplissait toutes ses prescriptions), avait abandonné, par dépit, ses États et s'était rendu dans la ville de Ravenne[4]. Alors un capitaine de la province de la Gaule[5], nommé Athalaric, partit à la tête d'une nombreuse troupe, pour s'emparer de la ville de Rome. Lorsqu'il parut (devant la ville), il s'allia avec les ennemis de l'empereur, qui lui offrirent le tribut de la ville; mais il le refusa, se rendit au palais et prit tous les trésors de l'empire. Il enleva aussi la sœur de l'empereur Honorius, nommée Placidie[6], qui était vierge; puis ce conquérant retourna en Gaule. Il avait un agent, nommé Constance[7], lequel ramena, à l'insu de ce conquérant, la jeune fille à son frère, l'empereur Honorius. L'empereur le combla d'honneurs et le nomma premier ministre; plus tard il l'éleva à la dignité d'empereur et lui donna la jeune fille, sa sœur, en mariage. En-

[1] አጀም ፡ est le mot arabe عجم.

[2] Comp. *Joann. Mal. chron.*, col. 520.

[3] *συγκλητικοί*.

[4] ቀቀንኒ ፡ et plus loin ራቀቢ ፡ sont des transcriptions fautives de l'arabe راوابى ou راوان.

[5] ገላትያ ፡, transcription fautive de l'arabe غلاطيا.

[6] አይላኪድያ ፡, transcription fautive de l'arabe ابلاكيديا.

[7] Cette même erreur se trouve dans Théophane (*Chronogr. ad ann.* 5895). ቀስጠንጢን ፡, ቈስጠንጢን ፡ ou ቈስጠንጢኖስ ፡, comme ce nom est écrit plus loin. sont des transcriptions fautives de l'arabe قسطنطينوس.

suite ils partirent tous deux, l'empereur Honorius et Constance, de Ravenne, prirent la ville de Rome et firent mettre à mort les hommes, au nombre de quatre[1], qui avaient été les auteurs de la sédition contre leur maître, l'empereur Honorius. Celui-ci confisqua leurs biens et brisa le pouvoir du rebelle. Ensuite l'empereur Honorius, l'ami de Dieu, remit son empire à Constance, l'époux de sa sœur, et se rendit à Constantinople, où il fut le collègue de son neveu, Théodose le jeune, en partageant son gouvernement. Mais peu de temps après, il retourna à Rome, étant tombé gravement malade, à la suite de ses exercices multipliés d'ascétisme et de mortification, par le jeûne et la prière; ses membres se tuméfièrent et il mourut, quittant ce monde périssable, dans sa virginité et sans laisser de fils. Constance, empereur de Rome, eut de Placidie, sœur de l'empereur Honorius, un fils à qui il donna le nom de Valentinien. Mais il surgit un usurpateur, nommé Jean, qui s'empara de ses États par la force[2].

Théodose le jeune, après la mort de son oncle Honorius, régna seul à Constantinople. Lorsqu'il fut parvenu à l'âge de virilité, comme il n'était pas encore marié, il était en butte aux obsessions de ses sœurs, Arcadia, Marina et Pulchérie, qui l'engageaient à prendre une épouse et à se donner des enfants. Mais il leur répondait qu'il n'épouserait qu'une jeune fille distinguée, belle, aimant Dieu, intelligente et instruite. Sur cette déclaration, on chercha pour lui, dans toute la ville impériale, et il n'y avait pas (une telle femme) ni parmi les filles de sang royal, ni parmi celles de parents illustres, et l'on parcourut toutes les contrées[3]. Enfin on rencontra une femme qui était arrivée à Constantinople, et qui surpassait par sa beauté toutes les femmes

[1] Les mss. portent ወ፬ ፡ et l'on pourrait croire qu'il manque un chiffre. Mais il est possible aussi qu'il s'agisse des quatre usurpateurs de la Gaule, Constantin, Julien, Jovin et Maxime.

[2] Comp. *Joann. Mal.*, col. 521 et suiv.

[3] Dans la Chronique pascale on lit un texte probablement plus authentique : Καὶ εἶπεν αὐτῇ Θεοδόσιος ὅτι Ἐγὼ θέλω εὑρεῖν νεωτέραν εὔμορφον πάνυ, ἵνα τοιοῦτον κάλλος μὴ ἔχῃ ἄλλη γυνὴ ἐν Κωνσταντινουπόλει, καὶ ἐξ αἵματος βασιλικοῦ. Εἰ δὲ μὴ ἔστιν καλὴ εἰς ὑπερβολήν, οὐ χρείαν ἔχω οὔτε ἀξιωματικοῦ οὔτε βασιλικοῦ αἵματος....

de l'époque. Elle avait une contestation avec ses frères au sujet de l'héritage de son père et elle était venue pour se plaindre à l'empereur de l'injustice qu'elle avait subie. Le nom de la jeune fille était Athénaïs ou Eudocie[1]. Son père, nommé Héraclite[2], avait deux fils, dont l'un s'appelait Valérien[3], l'autre Genesius, et une fille, celle dont nous venons de parler. Leur père, en mourant, ayant recommandé à ses deux fils, de remettre, comme sa part de l'héritage, cent livres[4] d'or à sa fille, celle-ci, mécontente, refusa d'accepter cet argent, disant : « Ne mérité-je pas d'être l'égale de mes frères dans l'héritage ? » Mais les frères refusèrent de lui accorder ce droit et la chassèrent de la maison de son père. Alors la sœur de sa mère la prit, et la conduisit de la province d'Hellade dans la ville de . . . chez un frère de son père. Là se trouvait la sœur d'un nommé[5] . . ., le philosophe, et cette femme, qui résidait habituellement à Byzance, par des démarches habiles, mit la jeune fille en présence des sœurs de l'empereur. Celles-ci, ayant su qu'elle était vierge, la firent venir auprès d'elles, au palais, et en parlèrent à l'empereur. Théodose se rendit auprès elle, la regarda sans se cacher[6] et elle lui plut. Alors il la convertit au christianisme, et elle reçut le nom d'Eudocie; car elle était païenne, de la secte des philosophes; puis il l'épousa selon la loi des chrétiens, célébra des fêtes de noces en son honneur, et la proclama impératrice. Lorsque ses frères apprirent qu'elle était devenue la femme de l'empereur Théodose et qu'elle avait été proclamée impératrice, ils eurent peur et s'enfuirent, se cachant dans l'intérieur de l'Hellade[7]. Elle leur adressa une lettre les engageant à venir

[1] አጢናንጣ ፡ est la transcription fautive de l'arabe اسناسدا (Ἀθηναΐδα). Le mot ዘበትርጓሜሁ ፡ est une interprétation erronée du grec ἡ καὶ Εὐδοκία.

[2] አብርለክልስ ፡, transcription fautive de l'arabe ايركلسس.

[3] አውላንድያኖስ ፡ est la transcription fautive de l'arabe اولسرىانوس (ou de اولاندىانوس Λεόντιος, ainsi qu'est appelé, par les autres historiens, le père d'Athénaïs ?).

[4] Le mot ምትቃል ፡ est l'arabe مثقال.

[5] Je ne connais pas les formes authentiques des deux noms évidemment corrompus አውጣሞን ፡ et ላፍርልስ ፡.

[6] Au contraire, dans la Chronique pascale (*l. c.*, col. 796 A), on lit : *ἵνα διὰ τοῦ βήλου θεωρήσῃ αὐτήν*.

[7] ፊላልስ ፡, transcription fautive de l'arabe هللاس.

Jean de Nikiou. 43

d'Athènes à Constantinople, et elle leur donna de hautes positions auprès de l'empereur : elle nomma Genesius préfet de l'Illyrie, et Valérien général de l'armée. Et elle leur dit : « Si vous n'aviez pas mal agi envers moi, je ne serais pas venue dans la capitale et je ne serais pas devenue impératrice; c'est par la volonté de Dieu que je suis venue ici. Or je n'agirai pas avec vous comme vous avez agi envers moi. » Alors ils s'inclinèrent vers la terre et lui rendirent hommage. Ensuite elle mit au monde une fille qu'elle appela, du nom de la mère de Théodose, Eudoxie[1].

Sous le gouvernement de l'empereur Théodose, il y eut des dissensions dans l'Église de Constantinople, à cause de l'exil du bienheureux patriarche Jean Chrysostome, qui avait été exilé du temps d'Arcadius, père de Théodose, parce que l'impératrice Eudoxie avait été irritée contre lui, au sujet de l'affaire de la vigne d'une veuve[2].

Il y eut ensuite un grand tremblement de terre dans la capitale : l'empereur manifestait une profonde douleur, ainsi que tous les sénateurs, le clergé et le peuple, et ils marchaient pendant plusieurs jours les pieds nus[3].

Les Isaures s'emparèrent inopinément et par surprise, de la ville de Séleucie[4] de Syrie, ainsi que de la ville de Tibériade, et, après avoir complètement pillé la contrée, ils s'en retournèrent en Isaurie, leur pays, en passant par la montagne appelée Amanus (?).

Toute la population (de Constantinople) ignorait pour quelle cause saint Jean Chrysostome avait été exilé pendant si longtemps et jusqu'à la mort de l'impératrice Eudoxie. A cette époque, il y avait à Constantinople un patriarche nommé Atticus, qui, par sa conduite pleine de sagesse et de prudence, réussit à persuader à l'empereur Théodose d'écrire au saint et sage patriarche d'Alexandrie, Cyrille,

[1] *Joann. Mal. chron.*, col. 525 et suiv. — *Chron. Pasch.*, col. 792 et suiv.

[2] D'après une certaine tradition, S. Jean Chrysostome, dans un sermon, aurait comparé l'impératrice Eudoxie à Jésabel, parce qu'elle s'était approprié la vigne d'une veuve.

[3] Comparez *Joann. Mal.*, col. 541.

[4] ተሰሉቄ ፡, transcription fautive de l'arabe سلوق.

successeur de Théophile, pour qu'il consentît à ce que le nom de saint Jean Chrysostome fût inscrit dans les diptyques[1] de l'Église avec ceux de tous les patriarches morts avant lui. Saint Cyrille accueillit cette proposition avec une grande joie; car il aimait l'ami de Dieu, saint Jean Chrysostome, l'orthodoxe, et le vénérait comme un grand docteur. Et dans cette circonstance, il y eut une grande joie dans l'Église, l'empereur Théodose fit de nombreuses libéralités aux églises et fit reconstruire dignement celles qui avaient été détruites.

A cette époque, les habitants orthodoxes d'Alexandrie, remplis d'un saint zèle, rassemblèrent une grande quantité de bois et brûlèrent le lieu des philosophes païens[2].

L'empereur Théodose n'oublia pas non plus, ni n'abandonna la ville de Rome. Il y envoya un officier, nommé Aspare, avec une nombreuse armée, afin de combattre l'usurpateur Jean. Il vainquit ce rebelle, et délivra Valentinien, le fils de sa tante Placidie et de Constance, le fit demeurer auprès de lui et le maria avec sa fille, celle qui lui était née de l'impératrice Eudocie. Valentinien eut d'elle deux filles; il nomma l'une Eudocie, et l'autre Placidie[3].

Théodose choisit un homme d'entre les philosophes nommé Cyrus et le nomma préfet. C'était un homme sage, de mœurs austères, incorruptible, attaché à la probité et à la justice. De plus, il aimait à élever des constructions nouvelles. Les murs (de Constantinople) étant en ruines depuis longtemps, il les releva en peu de temps. Il n'était point orgueilleux et il était très aimé de tous les habitants de

[1] ዲፕቲክት ፡. Je suppose que ce mot est la transcription inexacte de l'arabe دفتخات.

[2] Voyez, en ce qui concerne ce paragraphe, mon mémoire sur la Chronique de Jean, évêque de Nikiou, *Journal asiatique*, 7e série, t. XII, p. 275. Comme c'est précisément vers cette époque que paraît avoir disparu d'Alexandrie la grande collection de livres du Musée, le renseignement de notre texte serait un témoignage très important, s'il n'était pas sujet à caution. On peut se demander s'il n'y a pas quelque relation entre ce passage et le passage suivant de la chronographie de Jean Malala (*l. c.*, col. 536 A) : Κατ' ἐκεῖνον δὲ τὸν καιρὸν παρρησίαν λαβόντες ὑπὸ τοῦ ἐπισκόπου οἱ Ἀλεξανδρεῖς ἔκαυσαν φρυγάνοις αὐθεντήσαντες Ὑπατίαν τὴν περιβόητον φιλόσοφον περὶ ἧς μεγάλα ἐφέρετο.

[3] Compar. *Joann. Mal. chr.*, col. 532 A.

Constantinople. Lors d'une famine, l'empereur Théodose fut témoin comme toute la population acclamait et honorait Cyrus, le préfet. Alors certaines gens furent jaloux de lui et l'accusaient auprès de l'empereur Théodose, disant qu'il avait l'intention de se révolter pour usurper son trône. L'empereur ayant accueilli leurs calomnies, fit arrêter cet homme, l'accabla de mauvais traitements et confisqua tous ses biens. Ces accusations n'étaient pas le seul motif qui le firent agir ainsi. Il était irrité contre lui et voulait le tuer, parce qu'on avait crié : « Il est comme un autre empereur Constantin l'ancien ! » Cyrus ayant été prévenu, se réfugia dans une église, et là on le fit métropolitain de la ville de Smyrne, dans la province d'Asie, où les habitants venaient de tuer leur évêque. Lorsqu'il eut pris possession de son siège de métropolitain de Smyrne, il adressa une longue et ardente prière au Dieu du ciel, pour lui rendre grâces de l'avoir sauvé d'une mort imméritée. Sur ces entrefaites, le jour solennel de la Nativité de Notre-Seigneur Jésus-Christ étant arrivé, le peuple et le clergé l'engagèrent à monter en chaire, selon la coutume des évêques, et lui demandèrent de leur parler de la grandeur, de la majesté et de la gloire du maître de l'univers et de sa sainte Nativité. Cyrus leur parla d'abord du péril de mort auquel il venait d'échapper, puis il continua son sermon ainsi : Sachez, mes frères, qu'aujourd'hui est le jour de la Nativité de Notre-Seigneur et Sauveur Jésus-Christ. Nous l'honorons comme il convient parce qu'en vertu de sa seule volonté, il a été conçu dans le sein de la sainte Vierge Marie, lui qui est le Verbe primordial, créateur; qu'il soit glorifié avec son Père éminemment bon et son Saint-Esprit qui donne la vie, Trinité consubstantielle, éternellement! Tous les habitants de la ville vénéraient Cyrus, qui s'appliquait sans relâche à accomplir les devoirs du ministère et les fonctions sacrées; il remplit sa fonction sacerdotale d'une façon parfaite jusqu'à ce qu'il mourût, entouré de vénération[1].

[1] Comparez *Joann. Mal.*, col. 537 et suiv. — *Chron. Pasch.*, col. 809. — Théophane, *Chronogr.* ad ann. 5937. — *Georg. Cedren. comp.*, col. 652. — Suidas, *s. v.* *Θεοδόσιος* et *Κῦρος*.

Il arriva encore, sous le règne de l'empereur Théodose, qu'après la mort des patriarches de Constantinople, Atticus et Sisinnius[1], on fit venir, d'Antioche à Constantinople, pour y enseigner, Nestorius, qui se donnait pour un ascète et docteur versé dans les Écritures; on le nomma patriarche et il devint un fléau pour les chrétiens dans tous les pays. Aussitôt[2] il se mit à enseigner et à blasphémer contre Dieu, et il refusait de croire que la sainte Vierge Marie eût enfanté Dieu : il l'appelait *mère du Christ*, disant que le Christ avait deux natures. Il y avait à ce sujet, à Constantinople, de graves dissensions et de grands troubles. On détermina l'empereur Théodose à convoquer à Éphèse, un concile composé d'évêques du monde entier[3]. Deux cents évêques s'étant réunis, ils excommunièrent et déposèrent Nestorius et ses adhérents. Ceux-ci, avec lesquels était d'accord Jean, patriarche d'Antioche, revinrent ensuite à notre sainte religion. Ils communiquèrent avec les deux cents évêques et avec notre saint Père Cyrille, patriarche d'Alexandrie; ils confirmèrent la (profession de) foi et rejetèrent Nestorius, parce qu'il enseignait la même fausse doctrine qu'Apollinaire[4]. Il ne restait qu'un petit nombre de ceux qui avaient soulevé ces querelles et qui avaient suivi Nestorius, tandis que les croyants orthodoxes gagnèrent en force et devinrent de plus en plus nombreux, sous le règne de l'empereur Théodose; enfin, Archélaüs[5], comte d'Orient, se joignit à eux, et devint l'un des nôtres dans la foi orthodoxe, de sorte qu'il n'y eut plus que quelques personnes qui persévéraient dans l'erreur de Nestorius. L'Église demeura ensuite en paix et dans la concorde, pendant tout le règne de l'empereur Théodose, l'ami de Dieu[6].

Les patriarches qui occupaient (ensuite) le siège de Constantinople, du temps de Théodose, furent les sages patriarches Maximien et Pro-

[1] ሲስዩስ ፣, transcription fautive de l'arabe سيسنيوس.

[2] Au lieu de ወበጊዜ ፣, leçon des mss., lisez ወበጊዜሃ ፣.

[3] Comparez *Joann. Mal.*, col. 545 A.

[4] ዩሊባናዶዩስ ፣ est la transcription fautive de l'arabe ابولساردوس.

[5] አርኬላኦስ ፣ au lieu d'Aristolaüs.

[6] Comp. Socrate, *Hist. eccles.*, lib. VII, cap. XLI.

clus. Le sage Proclus avait, dans son enfance, étudié avec une grande application, et, lorsqu'il était plus âgé, il eut le privilège de demeurer dans la ville (impériale) en se vouant au service de Dieu. Alors il fréquentait assidûment le patriarche Atticus, et écrivait et apprenait tous les enseignements de Dieu. Puis il fut ordonné diacre et, lorsqu'il eut atteint l'âge, on le fit prêtre. Le patriarche Sisinnius, successeur d'Atticus, le nomma évêque au siège de Cyzique; mais les habitants de cette ville refusèrent le précieux don dont il les favorisait ainsi, car ils n'étaient pas dignes de recevoir cet instrument choisi de Dieu. En conséquence, Proclus demeura dans la retraite, à Byzance, à l'époque où Nestorius, étant patriarche, troublait l'Église, en manifestant sa haine contre Notre-Dame la sainte Vierge Marie, mère de Dieu. Or saint Proclus composa une homélie sur Notre-Dame la sainte Vierge Marie, mère de Dieu, qu'il prononça dans l'église de Constantinople, devant le peuple assemblé, et dans laquelle il attaquait vivement Nestorius, parce que son esprit allait à la perdition. Son homélie commençait ainsi : Nous célébrons la fête de la Vierge et nous proclamons avec notre langue ces paroles : Aujourd'hui, louons Marie, la mère de Dieu[1] ! En entendant ces paroles, tout le peuple glorifiait Notre-Dame, lui adressait des louanges et manifestait un grand enthousiasme. Quant à Proclus, comme il avait touché le cœur de l'empereur Théodose et de tout le peuple, ils voulaient, après l'exil et la déposition de Nestorius, l'élever au siège patriarcal de Constantinople. Mais certains habitants d'entre les principaux de la ville s'y opposaient, en disant dans leur zèle : Cet homme a été évêque d'une petite ville; comment pourrait-il être le pasteur de cette grande ville? En conséquence, on nomma patriarche de Constantinople, Maximien, qui, lui aussi, était un prêtre craignant Dieu, mais qui n'était pas pareil à Proclus en sagesse et en science. Il occupa le siège patriarcal pendant deux ans et six mois, vivant dans la retraite et dans la dévo-

[1] C'est l'homélie qui, dans les collections de conciles, a été placée en tête des actes du concile d'Éphèse : Παρθενικὴ πανήγυρις σήμερον τὴν γλῶτταν ἡμῶν, ἀδελφοί, πρὸς εὐφημίαν καλεῖ.

tion, puis il mourut en paix. Alors l'empereur Théodose fit venir Proclus, avant que l'on eût enterré Maximien, et ordonna de le nommer au siège de Constantinople. Célestin[1], patriarche de Rome, écrivit, au sujet de Proclus, au patriarche d'Alexandrie et aux autres évêques. Ceux-ci lui répondirent en ces termes : La loi de l'Église ne s'y oppose pas; que Proclus occupe le siège patriarcal, à Byzance; car c'est la volonté de Dieu ! En conséquence Proclus occupait le siège patriarcal avec honneur et dignité, dirigeant avec sagesse les intérêts de son troupeau, dans la capitale de l'empire, et combattait les partisans de l'erreur de Nestorius. Il adressa une lettre à l'illustre Armenius, dans laquelle il réfutait Théodore de Mopsueste et Nestorius l'hérétique, et il les excommunia et les rejeta[2]. Déjà du temps du bienheureux Maximien, l'Orient avait été délivré de la souillure de Nestorius l'hérétique, et la paix régnait désormais dans l'Église.

Proclus ramena aussi le corps de saint Jean Chrysostome à Constantinople : il y avait quarante-cinq ans depuis que ce patriarche avait été exilé dans une île appelée Thrace, sous le gouvernement de l'empereur Théodose l'ancien, l'ami du Christ. Proclus fit placer le corps du saint dans l'église des saints Apôtres où reposaient les corps de nos saints Pères les patriarches, qui avaient terminé leur carrière dans la piété et dans la foi orthodoxe, à Constantinople. Il ramena également les (corps des) autres évêques, qui avaient été injustement exilés avec lui et que l'on n'avait pas pu ramener, du temps du bienheureux Atticus[3]. C'est ainsi que la discorde disparut de l'Église, les membres séparés se joignirent, et Proclus les réunit ensemble. Il composa une homélie, digne de la gloire de saint Jean Chrysostome, dans laquelle il demandait à Dieu de pardonner aux parents de l'empereur Théo-

[1] ከለሲንዮስ ፡ est la transcription fautive de l'arabe كلستينوس.

[2] C'est la lettre aux Arméniens, περὶ πίστεως, voyez Labbe, *Collect. concil.*, t. III, col. 1737 et suiv.

[3] La version exacte est qu'à la suite de cette translation, les fidèles partisans de S. Jean Chrysostome, qui s'étaient séparés de l'Église, rentrèrent dans son sein. (Voy. Socrate, *Hist. eccles.*, lib. VII, cap. XLV.)

dose le jeune, le péché qu'ils avaient commis envers saint Jean Chrysostome[1].

Il arriva aussi, sous le règne de cet empereur, que les barbares qui avaient échappé à la défaite de Jean l'usurpateur, se réunirent et envahirent le territoire de Rome. Lorsque l'empereur ami de Dieu en fut informé, il méditait, selon son habitude, et sa pensée se tourna vers Notre-Seigneur, Dieu et Sauveur Jésus-Christ (qu'il soit loué!), et il jeûnait et priait; il se montrait plein de pitié pour les pauvres, était charitable envers les malheureux, accomplissait assidûment et avec piété des œuvres agréables à Dieu et pratiquait beaucoup d'autres exercices semblables. Il recommanda à Proclus, aux prêtres et aux moines de prier Dieu pour lui, afin qu'il lui donnât la victoire sur ses ennemis et pour que ses peines et ses œuvres ne fussent pas vaines. Dieu exauça sa supplication, et le capitaine barbare nommé Rhoïlos mourut. En effet, Dieu le frappa d'un coup de foudre, et il fut anéanti; et un grand nombre de barbares moururent de cette mort envoyée par Dieu. Puis un feu descendit du ciel et consuma ceux qui étaient restés. Tous les peuples de la terre reconnurent par cet événement, la puissance du Dieu des chrétiens, et l'on constata la piété et la foi de Théodose, le pieux empereur[2].

En ces temps il y avait à Alexandrie une femme païenne, philosophe, nommée Hypathie, qui, constamment occupée de magie, d'astrologie et de musique, séduisait beaucoup de gens par les artifices de Satan. Le préfet de la province l'honorait particulièrement, car elle l'avait séduit par son art magique : il cessait de fréquenter l'église, comme il en avait l'habitude; il y venait à peine une fois par hasard. Et non seulement, il agissait ainsi en ce qui le concernait personnellement, mais il attirait auprès d'Hypathie beaucoup de fidèles et lui-même faisait bon accueil aux mécréants. Or, un certain jour, alors que, sur l'ordre d'Oreste, le préfet, qui suivait la coutume

[1] Voyez la traduction latine de cette homélie dans Baronius, *Annal.*, t. VII, ad ann. 438, § 3.

[2] Comparez Socrate, *Hist. eccl.*, lib. VII, cap. XLIII. — Théodoret, *Hist. eccles.*, lib. V, cap. XXXVII.

des juifs habitant Alexandrie[1], l'on donnait un spectacle, et que tous les habitants de la ville étaient assemblés au théâtre, Cyrille, qui avait succédé comme patriarche à Théophile, cherchait à être exactement renseigné à ce sujet. Un chrétien, nommé Hiérax[2], homme instruit et capable, qui avait l'habitude de railler les païens, qui était dévoué au vénérable patriarche et recevait ses avis, et qui était versé dans la science de la religion chrétienne, ayant été aperçu au théâtre par les juifs, ceux-ci s'écrièrent : Cet homme ne vient pas ici dans une bonne intention, mais pour apporter du trouble ! Oreste, le préfet, qui haïssait les enfants de la sainte Église, fit saisir Hiérax et le fit battre publiquement au théâtre, quoique cet homme n'eût commis aucun crime. Cyrille fut très irrité contre le préfet non seulement à cause de ce fait, mais aussi parce qu'il avait fait mettre à mort un vénérable moine du couvent de Pernôdj[3], nommé Ammonius, et d'autres moines. Le gouverneur de la province[4], ayant été informé de cet événement, fit dire aux juifs : Cessez vos hostilités contre l'Église ! Mais les juifs, qui se prévalaient de l'appui de cet autre magistrat qui était d'accord avec eux, ne tinrent aucun compte de cet avertissement; puis, accumulant crime sur crime, ils complotèrent un massacre au moyen d'un guet-apens. Ils prirent avec eux des hommes et les postèrent pendant la nuit, dans toutes les rues de la ville, tandis que certains d'entre eux criaient : L'église de Saint-Athanase l'apostolique est en feu ! Chrétiens, au secours ! Les chrétiens, ne se doutant point du piège, sortirent à leur appel, et aussitôt les juifs tombèrent sur eux, les massacrèrent et firent un grand nombre de victimes. Au matin, les autres chrétiens, en apprenant le crime commis par les juifs, se rendirent auprès du patriarche, et tous les fidèles réunis se portèrent, pleins de colère, vers les synagogues des juifs, s'en emparèrent, les sanctifièrent et les transformèrent en églises, l'une desquelles reçut le

[1] Voyez, sur ce passage, *Journ. asiat.*, *l. c.*, p. 278. — አሕዛብ ፡ *les tribus* (juives).

[2] ብራክስ ፡, de l'arabe ابراكس.

[3] Nom copte du désert de Nitrie.

[4] C'est-à-dire, le gouverneur militaire (*dux Ægypti*). D'après le récit de Socrate, cet avertissement aurait été donné aux juifs par le patriarche Cyrille.

vocable de saint Georges. Quant aux assassins juifs, ils les chassèrent de la ville, pillèrent leurs propriétés et les firent partir dans le plus grand dénûment, sans que le préfet Oreste pût les protéger. Ensuite la foule des fidèles du Seigneur, sous la conduite de Pierre le magistrat, qui était un parfait serviteur de Jésus-Christ, se mit à la recherche de cette femme païenne qui, par ses artifices de magie, avait séduit les gens de la ville et le préfet. Ayant découvert l'endroit où elle se trouvait, les fidèles, en y arrivant, la trouvèrent assise en chaire. Ils l'en firent descendre et la traînèrent à la grande église, nommée Cæsaria[1]. Cela se passait pendant le carême. Puis, l'ayant dépouillée de ses vêtements, ils la firent sortir, la traînèrent dans les rues de la ville jusqu'à ce qu'elle mourût et la portèrent à un lieu appelé Cinaron[2], où ils brûlèrent son corps. Tout le peuple entourait le patriarche Cyrille et le nommait le *nouveau Théophile*, parce qu'il avait délivré la ville des derniers restes de l'idolâtrie[3].

Chapitre LXXXV. Peu de temps après cet événement, les juifs d'un endroit nommé *Cimétéria*, situé entre Chalcédon[4] et Antioche de Syrie, alors que, suivant leur habitude, occupés à se divertir, à s'enivrer et à se livrer au libertinage, ils jouaient des jeux de théâtre, prirent l'un d'entre eux, l'appelèrent le Christ et l'adorèrent, par dérision, et ils blasphémèrent contre la croix et contre ceux qui donnent leur foi au crucifié. Après avoir audacieusement commis un tel sacrilège, ils prirent un enfant, l'attachèrent à une croix et s'en amusèrent; puis, comme ils étaient lâches, ils tuèrent cet enfant, qui mourut courageusement. Les chrétiens en apprenant les crimes que venaient de commettre les juifs, se précipitèrent sur eux avec fureur, et il y eut beaucoup de morts des deux côtés. Lorsqu'il fut rendu compte à l'empereur Théodose de ces crimes commis par les juifs, il ordonna aux magistrats de la ville de punir les coupables. En conséquence, on

[1] L'église de *Césarion*.

[2] ኢኪ.ንያሮን፡, transcription de l'arabe بكينارون.

[3] Comp. Socrate, *Hist. eccles.*, lib. VII, cap. XIII-XV. — *Joann. Mal.*, col. 536 A.

[4] *Chalcis*.

prit des mesures sévères contre les juifs qui demeuraient en Orient, et l'on punit tous ceux qui avaient outragé le Christ et ses fidèles[1].

A cette époque, beaucoup de juifs de Crète devinrent croyants et se firent chrétiens, à la suite d'une grande calamité qui les avait frappés.

CHAPITRE LXXXVI. Un juif, nommé *Phîskîs*[2], s'attribua par imposture le rôle suivant. Il disait : Je suis Moïse, le prince des prophètes; je suis envoyé du ciel par Dieu, et viens pour conduire les juifs qui habitent cette île, à travers la mer, et veux vous établir dans la terre de promission. Il séduisit ainsi les juifs, en leur disant : C'est moi qui ai délivré vos pères de la main du Pharaon, alors qu'ils étaient esclaves des Égyptiens. Il passa une année entière à parcourir la Crète, à leur annoncer cet événement et à les séduire, dans toutes les villes et dans tous les villages; il les détermina à abandonner leurs industries et à mépriser les propriétés et les biens; et, en conséquence, ils dissipèrent leurs fortunes. Lorsque le jour qu'il leur avait fixé pour les emmener fut proche, il leur ordonna de le suivre avec leurs femmes et leurs enfants au bord de la mer, puis il leur donna l'ordre de se précipiter dans la mer. Beaucoup d'entre eux périrent, les uns dans leur chute, les autres engloutis au fond de la mer. Cependant Dieu, qui aime les hommes, eut pitié de ses créatures et ne permit pas qu'ils mourussent tous de cette façon terrible. Plusieurs chrétiens qui se trouvaient là, en ce moment, pour regarder, en sauvèrent un grand nombre des flots de la mer; les autres, qui ne s'étaient pas précipités dans la mer, furent préservés par cette circonstance. Les juifs, voyant que le faux prophète avait péri dans les flots, reconnurent que

[1] Comp. Socrate, *Hist. eccl.*, lib. VII, cap. XVI. — Théophane, *Chronogr.* ad annum 5908. — Georg. Cedren., *Hist. comp.*, col. 641. — Je ne saurais dire si les formes ቆሚጢሬ ፡ (dans la rubrique) et ከምትርያ ፡ sont des altérations du nom de la ville Ἰνμεσγάρ ou des transcriptions du mot Κοιμητήριον. — Georges Ibn al-ʿAmîd, dans sa chronique (ms. arabe de la Bibliothèque nationale, suppl. n° 751, fol. 230 v°) rapporte un fait analogue dont il place la scène à Alexandrie.

[2] Voyez ci-dessus, p. 233, note 3.

c'était un imposteur, et, sur-le-champ, ils abandonnèrent leur croyance erronée. A cette occasion un grand nombre de juifs vinrent à Notre-Seigneur Jésus-Christ, reçurent la lumière du saint baptême qui procure le salut, et crurent en Notre-Seigneur Jésus-Christ. Cet événement eut lieu sous le règne de l'empereur Théodose le jeune, l'ami de Dieu, et sous le pontificat d'Atticus, patriarche de la grande ville de Constantinople [1].

Chapitre LXXXVII. L'empereur Théodose, lorsque, dans son enfance, il apprenait les saintes Écritures inspirées par Dieu, avait eu pour compagnon d'études un enfant, nommé Paulin, fils d'un ministre, et les deux enfants avaient grandi ensemble. L'empereur Théodose aimait Paulin, et il lui avait conféré le troisième rang après l'empereur, c'est-à-dire la dignité de *domesticus* [2]. Paulin était maintes fois couché à table avec l'empereur et l'impératrice, tant était grande l'intimité qui existait entre eux. Puis il arriva qu'il tomba malade, et, pendant sa maladie, on apporta à l'empereur, de la part d'un fonctionnaire qu'il estimait, une pomme, bien que ce ne fût pas la saison des fruits, dont l'empereur et les officiers de la cour [3] admiraient la beauté. L'empereur donna cent pièces d'or à celui qui l'avait apportée, et l'envoya à sa femme. Celle-ci l'envoya à Paulin, parce qu'il était souffrant et qu'elle avait une grande affection pour lui. Paulin ignorait que ce fruit avait été donné à l'impératrice par l'empereur. Celui-ci, étant venu bientôt après pour lui rendre visite, vit chez lui la pomme. Il rentra aussitôt au palais, fit appeler l'impératrice et lui dit : Où donc est la pomme que je t'ai donnée ? L'impératrice, craignant que l'empereur ne fût mécontent d'elle, ne voulut pas avouer et

[1] Comparez Socrate, *Hist. eccl.*, lib. VII, cap. XXXVIII. — *Historia miscella*, col. 958 et suiv. — Georges Ibn al-ʿAmid, ms. arabe de la Bibliothèque nationale, suppl. n° 751, col. 229.

[2] ዶሜስቲቆስ ፡ paraît être la transcription fautive de δομέσ7ικος. Mais le renseignement n'est pas exact. Paulin avait la dignité de *maître des offices*. C'est son père qui avait été κόμης δομεσ7ίκων.

[3] Tel paraît être ici le sens du mot ሠራዊት ፡. Jean Malala et la Chronique pascale portent καὶ πᾶσα ἡ σύγκλητος αὐτοῦ.

dit : Je l'ai mangée, ne croyant pas que tu m'en demanderais compte. — Ne l'as-tu pas envoyée à quelqu'un? demanda l'empereur. Elle nia de nouveau. Alors il fit chercher la pomme, et l'impératrice Eudocie fut couverte de confusion. Les deux époux vécurent pendant longtemps dans le chagrin et la discorde, puis, l'impératrice exposa à l'empereur ce qui s'était passé, en appuyant ses paroles par un terrible serment, et elle sut le convaincre que c'était par crainte qu'elle ne lui avait pas d'abord dit la vérité, parce qu'elle avait redouté son mécontentement[1].

Paulin, de son côté, fut très inquiet et il dit en lui-même : Il vaut mieux pour le malade de demeurer en sa maladie. Lorsqu'il fut rétabli, il conçut de mauvais desseins, et il maltraita Mar-Basilios, l'un des solitaires du désert, que les hérétiques avaient rejeté[2]. Quelque temps après, l'empereur fut averti que Paulin formait des projets coupables, qu'il aspirait au trône et qu'il préparait une révolte. En conséquence il lui fit trancher la tête, ainsi que Paulin avait voulu agir lui-même avec l'empereur, l'ami de Dieu. L'impératrice Eudocie et l'empereur Théodose l'avaient affectionné et l'avaient honoré d'une manière extraordinaire[3]. Des historiens qui altèrent les faits, des hérétiques, qui ne se tiennent pas à la vérité, ont prétendu que Paulin a été mis à mort, à cause de l'impératrice Eudocie. Mais l'impératrice Eudocie était sage et chaste, sans tache et parfaite en toutes ses actions.

L'empereur Théodose envoya une lettre au désert de Scété, en Égypte, pour consulter les saints, parce qu'il n'avait pas d'enfant mâle qui pût lui succéder sur le trône. Les saints lui répondirent : Lorsque tu auras quitté ce monde, la foi de tes pères sera changée. Or, comme Dieu t'aime, il ne te donne pas d'enfant mâle, afin qu'il

[1] Le mot ረከበ፡, qui termine cette phrase du texte, et qui n'a pas de sens, à cette place, est peut-être le reste d'une phrase construite différemment.

[2] Je ne suis pas certain du sens de cette phrase, qui ne serait pas plus clair, si l'on traduisait : « car il avait maltraité Mar... »

[3] Comparez *Joann. Mal. chron.*, col. 532. — *Chron. Pasch.*, col. 801 et suiv. — Théophane, *chron.* ad ann. 5940.

ne soit pas dans le péché. En conséquence, l'empereur Théodose et sa femme, très affligés de cette prophétie, cessèrent tout commerce conjugal, et vécurent, d'un commun accord, dans une parfaite chasteté[1]. Ensuite, après qu'ils eurent marié leur fille aînée Eudoxie avec Valentinien, empereur d'Occident, ainsi que nous l'avons rapporté précédemment, et qu'ils eurent achevé de célébrer le mariage à Constantinople, les deux époux étant partis pour Rome, l'impératrice Eudocie demanda au pieux empereur Théodose l'autorisation de visiter les lieux saints de Jérusalem et d'y adorer pieusement; car elle avait fait un vœu en ces termes : Quand j'aurai mené à bonne fin le mariage de ma fille, je visiterai les lieux saints. J'accomplirai, disait-elle, mon vœu envers Dieu dans le parvis de la maison de Dieu, en présence de tout le peuple, au milieu de Jérusalem; et j'implorerai Dieu pour qu'il conserve ton gouvernement, pendant longtemps, en paix. L'empereur, lui ayant donné son consentement, écrivit aux gouverneurs de toute la province, leur ordonnant de recevoir l'impératrice d'une manière digne d'elle, et il la fit accompagner à Jérusalem par Cyrille, patriarche d'Alexandrie, pour qu'il la bénît et la dirigeât dans l'accomplissement des bonnes œuvres. C'est ainsi que se réalisa pour elle tout ce qu'elle avait demandé à Dieu : elle arriva à Jérusalem, restaura les églises et les habitations, et fit construire un couvent pour les vierges et un hospice pour les pèlerins, et leur attribua de grands biens. Elle fit aussi relever les murs de Jérusalem qui étaient tombés en ruines depuis longtemps. Tout ce qu'elle entreprenait, elle l'exécutait avec autorité. Ensuite l'impératrice se retira du monde et elle vivait dans la solitude[2]. L'empereur, de son côté, se livrait au jeûne et à la prière, chantant des cantiques et des hymnes et menait une vie

---

[1] Cette tradition a été recueillie par le synaxare jacobite (au 26ᵉ jour du mois de touba; ms. arabe de la Bibliothèque nationale, suppl. n° 90, fol. 122 v°; — ms. éthiopien de la Bibliothèque nationale, n° 126, fol. 160 et suiv.) Le même fait est rapporté de l'impératrice Théodora, à qui S. Sabas aurait fait une réponse analogue. (Voy. Cyrill. Scythopol., *Vita Sabæ*, dans Cotelier, *Eccles. Græcæ monum.*, t. III, p. 342.)

[2] Joann. Mal., col. 532 et suiv. — Chron. Pasch., col. 804 et suiv. — Socrate, *Hist. eccles.*, lib. VII, cap. XLVII.

pieuse. Ses sœurs non mariées, plus âgées que lui, les bienheureuses Arcadia et Marina, étaient mortes et étaient allées auprès de Jésus-Christ qu'elles aimaient, avant que l'impératrice eût quitté le palais.

Pendant le séjour de l'impératrice à Jérusalem, mourut saint Cyrille, patriarche d'Alexandrie, ainsi que Jean, patriarche d'Antioche. Alors reparurent les hérétiques nestoriens, les douze évêques d'Orient, qui s'étaient cachés devant le saint patriarche Cyrille, ceux qui reniaient la sainte Trinité et qui divisaient le Christ en deux natures[1]. Les évêques hérétiques de Constantinople et d'autres provinces se réunirent aussi à part et à l'insu de tout le monde, et ils disaient que la séparation de l'empereur et de l'impératrice n'avait pas Dieu pour motif, mais qu'ils s'étaient séparés à cause de Paulin et en inimitié. C'est pourquoi l'empereur fut très mécontent du patriarche Flavien et de ses partisans et il leur dit : Le feu allumé par les nestoriens qui était éteint, vous l'avez rallumé de nouveau. En effet, ils avaient suscité de grands troubles dans l'Église. Pulchérie, sœur de l'empereur Théodose, protégeait le patriarche Flavien. Mais elle ne pouvait pas le protéger ouvertement, parce qu'elle craignait la ferme autorité de l'empereur Théodose, qui haïssait ceux qui prétendaient que le Christ avait deux natures, après avoir été un; et ceux qui avaient formé cette conception coupable travaillaient en vain.

La sœur de l'empereur, Pulchérie, dans sa perversité, lui demanda un jardin, et l'empereur lui accorda l'objet de son désir. Alors elle écrivit un acte frauduleux en ces termes : Le palais de l'impératrice, ses clos et ses jardins, tout cela m'est donné par l'empereur. Et elle remit ce document à l'empereur pour qu'il le signât. Lorsqu'on en fit la lecture devant le Sénat assemblé, Pulchérie se leva,

---

Théophane, ad ann. 5927 et 5942. — Evagrius, *Hist. eccles.*, lib. I, cap. xx-xxii. — Cedrenus, col. 653.

[1] Il est probable que les « douze évêques » mentionnés dans cette phrase, et la phrase tout entière, sont la reproduction inexacte d'un passage du texte original, dans lequel il était question des *douze Chapitres* de Cyrille d'Alexandrie qui étaient le sujet de nombreuses controverses parmi les évêques d'Orient. Cependant il est possible que ces « douze évêques » soient les mêmes que ceux dont il est fait mention dans la quatrième action du concile de Chalcédoine.

et, se tenant au milieu des hommes, sans pudeur, reprocha d'une manière insolente à l'empereur d'accomplir avec négligence les actes du gouvernement. Puis, lorsqu'il prit le document pour le lire et le signer, il y trouva écrits ces mots : En ce qui concerne l'impératrice Eudocie, elle devient mon esclave[1]. L'empereur très irrité, à cause de ce qu'il venait de lire, et aussi[2] parce que Pulchérie était insolente et qu'elle manquait de pudeur, la fit transporter dans un local et donna au patriarche l'ordre de lui imposer la main et de la consacrer diaconesse. A la suite de cet événement, il y eut une grande inimitié et une grande haine entre l'impératrice Eudocie et Pulchérie, et l'empereur se sépara de sa sœur Pulchérie[3].

Ensuite l'empereur donna l'ordre de convoquer un autre concile dans la ville d'Éphèse et il y fit venir Dioscore, qui avait été nommé patriarche d'Alexandrie après Cyrille. Flavien, patriarche de Constantinople; Eusèbe, évêque de Dorylée[4]; Domnus, patriarche d'Antioche; Ibas, Jean, Théodoret et[5] . . ., évêques d'Orient, furent déposés.

Après cet événement, l'excellent empereur Théodose tomba malade et mourut : il quitta cette vie pour aller auprès de Dieu. Tandis que l'impératrice Eudocie vivait dans la retraite, aux saints lieux de Jérusalem, Pulchérie, audacieusement, sans avoir pris l'avis de Valentinien, empereur de Rome, ni celui des magistrats et du Sénat, publia un décret impérial, épousa Marcien général de l'armée (le tribun), plaça sur sa tête la couronne impériale et le fit empereur; elle devint sa femme et sacrifia sa virginité[6]. L'empereur, de son vivant, l'a-

[1] Comparez Georg. Hamart., *Chron.*, col. 748. — Suidas, *s. v.* Πουλχερία. — Georges Cedrenus, col. 653 A. — (Voyez, sur ce passage, le mémoire inséré dans le *Journal asiatique, l. c.*, p. 289.)

[2] Au lieu de በእንተ ፡ lisez ወበእንተ ፡, en rétablissant la leçon des manuscrits.

[3] Comparez Théophane, *Chronogr., ad. ann.* 5940. — Georg. Cedrenus, col. 653 C. — *Joann. Zonar.*, éd. de Paris, t. II, p. 44.

[4] ዶርሌ ፡, transcription fautive de l'arabe درلى.

[5] ዮሐስ ፡ est la transcription fautive de l'arabe ايواس. Je ne connais pas la forme authentique du nom de ማዶዶስ ፡.

[6] Comp. Grégoire Barhebræus, *Chron. Syr.*, ed. Bruns et Kirsch, p. 77.

vait surveillée, malgré elle, afin d'empêcher que quelqu'un n'eût commerce avec elle et n'usurpât ensuite sa couronne.

Le jour de l'avènement de Marcien, il y eut, sur toute la terre, une obscurité, depuis la première heure du jour jusqu'au soir, pareille à l'obscurité qui était tombée sur l'Égypte, du temps de Moïse, le prince des prophètes. Les habitants de Constantinople, saisis d'une immense frayeur, étaient consternés; ils pleuraient, se lamentaient, et manifestaient leur affliction par des cris et des gémissements extraordinaires; il leur semblait que la fin du monde était proche. Le Sénat, les magistrats, l'armée[1], et toute la population, grands et petits, qui étaient dans la ville, en plein désordre, s'écriaient : Jamais, sous les règnes précédents, dans l'empire romain, nous n'avons entendu ni vu un événement pareil! Et ils murmuraient beaucoup, sans parler ouvertement. Le lendemain, Dieu, dans son amour pour les hommes, eut pitié d'eux : le soleil se leva et la lumière du jour reparut[2].

L'empereur Marcien convoqua dans la ville de Chalcédoine, un concile, composé de six cent trente-six évêques. Ceux-ci déposèrent Dioscore, patriarche d'Alexandrie, et décidèrent que Flavien, qui avait été déposé autrefois et qui était mort dans l'exil, du temps de Théodose, l'empereur bienheureux, fût mentionné dans les diptyques; et l'on inscrivit son nom, comme patriarche orthodoxe, dans les diptyques de l'Église. Puis, lorsque des troubles éclatèrent à Constantinople et parmi toutes les populations, Marcien tomba gravement malade; il resta malade pendant cinq mois, ses pieds se tuméfièrent et il mourut. La durée de son règne avait été de six ans. Pulchérie était morte avant Marcien.

A cette époque s'endormit, dans la sainte ville de Jérusalem, l'impératrice Eudocie, pleine du mérite des bonnes œuvres et de la foi pure. Elle avait refusé de communiquer avec Juvénal[3], évêque de Jérusalem, et avec les hommes qui avaient été assemblés à Chalcédoine; car

[1] ዐስከር ፡ est le mot arabe عسكر.

[2] Ce récit a probablement été imaginé par quelque auteur monophysite. »

[3] ዩቬናልዮስ ፡, transcription fautive de l'arabe يوبناليوس.

elle savait qu'ils avaient altéré la vraie religion de nos saints Pères et des empereurs orthodoxes. Au contraire, elle demandait la bénédiction aux moines-prêtres qui étaient en communion avec Théodose, patriarche d'Alexandrie[1]. Après avoir ainsi accompli ces choses, elle mourut, et l'on déposa son corps, avec honneur et avec des panégyriques, dans le tombeau qu'elle avait construit de son vivant. C'est ainsi qu'elle alla vers Dieu le très glorieux.

Chapitre LXXXVIII. Après la mort de Marcien, régna l'empereur Léon l'ancien. Sous son règne, la ville d'Antioche fut profanée [et couverte de ruines] à la suite d'un tremblement de terre[2]. Il tomba du ciel, dans la ville de Constantinople, au lieu d'eau, une pluie d'éclairs[3], et (les flammes) s'élevaient au-dessus des toits. Les habitants, consternés, vinrent à Dieu avec des prières et des supplications. Or ces éclairs avaient été du feu ardent, que Dieu, à cause de son amour pour les hommes, avait éteint et changé en éclairs[4]. Après cette pluie d'éclairs, il y eut de nouveau, à Constantinople, un feu, tombé du ciel, comme il n'y en avait jamais eu auparavant : il s'étendait d'une mer à l'autre. L'empereur, craignant d'être atteint par les flammes, quitta le palais et demeura dans une église, consacrée à saint Mammès, pendant six mois, se livrant à des prières et à des supplications, ainsi que l'on avait fait du temps de Marcien[5].

L'empereur Léon défendit, le saint jour du dimanche, pour la sanctification du sabbat, tous les jeux de théâtre et des musiciens. Il

[1] Il s'agit de Théodose, moine d'Alexandrie, qui avait chassé de Jérusalem l'évêque Juvénal.

[2] Comparez *Joann. Mal.*, col. 549. — Evagrius, *Hist. eccles.*, lib. II, cap. XII. — Théophane, *Chronogr.*, *ad ann.* 5950. — Georg. Cedrenus, col. 661. — Le mot ፈተበት ፡ s'explique par la relation que donne de cet événement Evagrius (comparez ci-dessus, p. 293, note 1).

[3] ብርቅ ፡ est la forme arabe برق.

[4] Comparez *Joann. Mal.*, col. 553. — *Chron. Pasch.*, col. 828. — Theodorus Lector (*Patrologia græca*, t. LXXXVI), col. 177. Evagrius, lib. II, cap. XIII. — Théophane, *ad ann.* 5966. — Georg. Cedrenus, col. 664.

[5] Comparez Evagrius, *Hist. eccles.*, lib. II, cap. XIII. — Cedrenus, col. 664. — *Joann. Mal.*, col. 553. — *Chron. Pasch.*, col. 829.

expulsa aussi les Ariens de toutes les provinces de son empire et défendit à tous ses sujets de les laisser entrer dans les églises[1].

Il arriva aussi, sous le règne de cet empereur, que l'on accusa un philosophe, nommé Isocase, fils de[2] .... C'était un homme d'une haute sagesse et un juge intègre; comme il était païen, il favorisait les gens de Cilicie, alors qu'il remplissait les fonctions d'*Interprète*[3] à Antioche. L'empereur le livra entre les mains de Pusæus[4], le préfet, général en chef (préfet de prétoire), pour l'expulser. Mais on l'arracha d'entre les mains du préfet, et on le conduisit, nu et les mains attachées au dos, à la porte appelée Zeuxippe[5], où il y avait une foule de gens assemblés. Le préfet, se tenant sur le tribunal, lui adressa la parole en ces termes : Vois-tu bien quel triste spectacle tu offres au milieu de cette assemblée? Il répondit : Je le vois et ne m'en étonne pas; car je suis homme et suis tombé dans la souffrance du corps; ainsi que je jugeais les hommes, je me juge maintenant moi-même. En entendant cette fière réponse, les gens du peuple qui assistaient (au jugement), l'arrachèrent d'entre les mains du préfet et le conduisirent dans une église et, sans qu'on lui fît subir aucune violence, il crut en Jésus-Christ, disant : Mes pères étaient des idolâtres, me voilà devenu chrétien! On l'instruisit dans la religion chrétienne et on le baptisa et il devint chrétien; puis on le mit en

[1] *Joann. Mal.*, col. 552 C, 553 B. — *Chron. Pasch.*, col. 825 et 828. — Théod. le Lecteur, *l. c.*, col. 173. — *Cod. Just.*, C. L. III, tit. XII, 9. *De diebus festis.*

[2] እንጦኛስዮስ ፡ est la transcription fautive de l'arabe ايسوكاسوس, et ወልደ ፡ ኪስ ጡር ፡, la traduction inexacte de κυεσ7ώριος du texte original que le traducteur a pris pour un nom propre, pour le nom du père d'Isocase.

[3] Le traducteur arabe a ignoré le sens du mot κ7ήτωρ, qu'on lit dans le récit parallèle des autres historiens, et il paraît l'avoir rendu, au hasard, par مترجم. Il est possible, cependant, que ce dernier mot soit employé pour désigner le *questeur* ou πάρεδρος (qui, à une certaine époque, remplissait les fonctions de *greffier*). Je ne crois pas qu'il y ait lieu de chercher une analogie dans l'emploi du mot مترجم, comme équivalent de λογοθέτης, dans Biroûni (voy. éd. de Sachau, p. 289). Plus loin (chap. XCII), le traducteur a exprimé par መተርጕም ፡ le mot grec σχολασ7ικός.

[4] ዮስጠስ ፡ est la transcription fautive de l'arabe بوسيوس.

[5] አሬሬክቢስ ፡ est la transcription fautive de l'arabe ازاوكسيبس.

liberté, il reprit ses fonctions et retourna dans sa province, avec l'amitié de l'empereur[1].

Lorsque l'empereur Léon fut instruit des troubles qui avaient eu lieu à Alexandrie, du temps de Marcien, et des meurtres qui avaient été commis à cause du concile de Chalcédoine, et qu'il apprit que les habitants avaient rétabli la vraie foi en une seule nature de Jésus-Christ et qu'ils avaient tué Protérius, l'évêque des Chalcédoniens, qui avait donné prise contre lui (cet évêque avait d'abord été archiprêtre à Alexandrie; puis, lorsqu'il eut signé le rescrit impérial, les Chalcédoniens l'avaient nommé évêque, mais la population orthodoxe s'était soulevée contre lui, l'avait tué et avait brûlé son corps); lorsque l'empereur Léon eut appris tout cela, il nomma patriarche d'Alexandrie, Timothée, disciple du patriarche Dioscore. Timothée, auparavant, avait vécu pieusement comme moine au couvent de Calmôn et il était prêtre; il fut nommé patriarche après la mort de Dioscore, qui avait été déposé illégalement par l'empereur Marcien et son concile. Or Timothée refusa d'adhérer au concile des Chalcédoniens qui troublait le monde entier[2].

L'empereur Léon adressa ensuite à tous les évêques une lettre, les adjurant de lui faire connaître exactement leur opinion au sujet de ce qui s'était passé au concile de Chalcédoine. Mais, comme les évêques craignaient l'empereur, il se dérobèrent et ne se prononcèrent point vis-à-vis de lui, au sujet du concile. Il n'y eut que deux évêques qui lui exprimèrent leur sentiment : l'un, nommé Eustathe, de Béryte[3], homme plein de savoir et d'expérience, et versé dans les Écri-

[1] Comparez *Joann. Mal.*, col. 549 et suiv. — *Chron. Pasch.*, col. 821 et suiv. — Théophane, *Chronogr.*, *ad ann.* 5960. — Georg. Hamart., col. 757. — Georg. Cedrenus, col. 665.

[2] Comparez Theod. Lector, *Patrol. gr.*, t. LXXXVI, pars. 1, col. 169. — Zacharias Rhetor, ap. Land. *Anecd. syriaca*, t. III, p. 134 et suiv. — Victor Tununens., *Chron.*, col. 943. — Liberatus Diac., *Breviarium*, cap. XV et XVI. — Evagrius, *Hist. eccles.*, lib. II, cap. V et VIII. — *Chron. Pasch.*, col. 833 et suiv. — Théophane, *Chronogr.*, *ad ann.* 5950.

[3] Je pense que le mot **ቀፕስ ፡** du texte est une transcription fautive de l'arabe واريطس, Béryte.

tures saintes, déclara à l'empereur que ce fut par crainte de Marcien que (les évêques de Chalcédoine) avaient altéré la foi, de sorte que le monde entier a été troublé, ainsi que toute l'Église. Le second (qui répondait de cette manière), était un évêque nommé Amphiloque, de la ville de[1]... Les autres évêques, ses sujets, s'abstinrent de parler ouvertement à l'empereur de la tyrannie de l'empereur Marcien, et de lui dire que ce que l'on avait fait à Chalcédoine avait été fait par crainte de l'autorité impériale et du pouvoir[2].

En ce temps se fit connaître Eutychès le Nestorien, qui recherchait la perdition; c'était un homme qui ignorait les saintes Écritures, parce qu'il ne s'appliquait pas à les apprendre.

Or le patriarche Timothée, à son arrivée à Alexandrie, fut enlevé et conduit dans un lieu appelé Chersonèse (?)[3], où on le fit demeurer. Il y eut du mécontentement et des émeutes à Alexandrie. Le préfet de la ville qui avait usé de violence envers le saint patriarche Timothée, tomba en pourriture et mourut[4]. Alors les habitants disaient entre eux que tout ce malheur qui l'avait frappé était un châtiment de Dieu glorieux et très haut, à cause du traitement que l'on avait infligé au serviteur de Dieu, le patriarche Timothée, afin que tout le monde reconnût que Dieu veille sur ses élus et qu'il rend justice aux opprimés.

Après l'empereur Léon et les empereurs ses successeurs, régna Basilisque, lequel proclama Auguste son fils Marc et le prit pour collègue, pendant peu de temps[5]. Comme sa sœur Vérine avait agi d'accord avec lui, elle lui demanda (de proclamer Auguste) le chef des magistrats (le maître des offices) de l'empereur, et elle obtint pour lui la dignité de Patrice[6].

[1] Il s'agit probablement d'Amphiloque, évêque de Sidon. Les deux formes ፊልኖስ ፡ et መፍልዮስ ፡ paraissent être, l'une et l'autre, des altérations du seul nom d'Amphiloque.

[2] Comparez Zacharias Rhetor, *l. c.*, p. 138 et suiv., 142 et suiv. — Evagrius, *Hist. eccles.*, lib. II, cap. IX et X. — Liberatus, *Breviar.*, col. 1018.

[3] ጊርጊስማንስ ፡?

[4] C'était, d'après Liberatus et Zacharie le Rhéteur (*l. c.*, p. 144), Stilas, commandant de l'armée.

[5] *Joann. Mal.*, col. 561 et suiv.

[6] Nous savons par un extrait de l'Histoire de Candidus conservé par la Biblio-

Or l'empereur fit chercher le saint patriarche Timothée, dans le lieu d'exil où l'avait envoyé Léon l'ancien, et l'appela auprès de sa personne. Lorsqu'il fut amené à Constantinople avec les honneurs et les égards dus à sa dignité sacerdotale, le Sénat et le peuple lui firent grand accueil. Une lettre fut envoyée dans toutes les provinces et à tous les évêques avec l'ordre d'expulser tous ceux qui professaient la foi des Chalcédoniens, de les excommunier et de les rejeter. De son côté, saint Timothée, ainsi que ses pieux compagnons firent à l'empereur Basilisque cette déclaration prophétique : Du jour où tu auras renié la profession de foi contenue dans cet écrit, ton gouvernement ne subsistera plus et ton règne déclinera rapidement. Il répondit : Je ne renierai jamais cette profession de foi; au contraire, je réunirai un concile dans la ville de Jérusalem, afin que la foi orthodoxe soit définitivement établie. Le saint patriarche Timothée, ayant entendu ces paroles, se rendit à Alexandrie, portant avec lui la profession de foi écrite au nom de l'empereur, et occupa son siège. Mais l'empereur Basilisque, s'étant laissé séduire par des dons, manqua à sa parole, détruisit ce qu'il avait précédemment établi, et ne convoqua point de concile dans la ville de Jérusalem, ainsi qu'il l'avait promis au patriarche Timothée; au contraire, il écrivit une autre lettre, par laquelle il ordonna de laisser les Chalcédoniens dans leur foi et de les respecter. En conséquence, la prophétie du vénérable Père Timothée et des religieux, ses compagnons, s'accomplit; il y eut, à Constantinople, une peste (si meurtrière) qu'il manquait de gens pour enterrer les cadavres qui pourrissaient; puis la ville de Gabala, en Syrie, fut détruite par un tremblement de terre. Enfin Zénon, empereur de Rome, se mit en campagne et souleva la province d'Isau-

thèque de Photius (voyez *Patrol. græca*, t. LXXXV, col. 1749) que Vérine, lors de sa conspiration contre le gouvernement de Zénon, avait voulu mettre sur le trône Patrice, son amant. Il parait, d'après notre texte, qu'elle avait demandé ensuite à Basilisque, pour Patrice, le titre d'Auguste. Mais le traducteur a pris le titre d'Auguste pour un nom propre (ታእው፡ግስጦስ ፡?) et il a confondu le nom de Patrice avec la dignité (ዜሪመት ፡) de patrice.

rie, et, ayant rassemblé une nombreuse armée, il marcha sur Constantinople[1]. En arrivant dans la ville d'Antioche, il fit arrêter le patriarche Pierre, qui devait le renseigner sur les desseins de l'empereur Basilisque à son égard. Basilisque apprenant la marche de Zénon, envoya pour le combattre les généraux Armatius et Serbâtôs (?)[2] avec un grand nombre de soldats qu'il avait au palais, à Byzance. Lorsque ces officiers s'étaient présentés, il les avait adjurés par le saint baptême de ne pas le trahir, ni de mal agir envers lui. Mais ils s'abstinrent de combattre l'empereur Zénon et lui firent dire secrètement : « Nous nous retirerons vers un endroit, rends-toi complètement maître de la ville. De plus, ils avaient donné à Basilisque un conseil insidieux en lui disant : Prends une route différente et livre bataille à Zénon, à la porte de Constantinople. Puis, au moment où Zénon approcha des murs, tous les sénateurs allèrent au-devant de lui, et il fut très heureux d'être ainsi accueilli par eux. La belle-mère de Zénon, nommée Vérine, fit jeter son frère Basilisque dans une citerne. Comme il y était en danger, ainsi que sa femme Zénonide[3] et ses enfants, ils se réfugièrent auprès du baptistère d'(une) église. Tous les sénateurs rendirent hommage à l'empereur Zénon et le proclamèrent leur empereur. Celui-ci envoya à l'église (dans laquelle s'était réfugié Basilisque), lui enleva les attributs de l'empire qu'il portait sur lui, l'attira par une fallacieuse promesse, lui et ses enfants, puis il chassa les malheureux du palais et les fit transporter dans la province de Cappadoce, dans un château nommé Limnès. Le préfet de la province, lorsqu'ils lui furent amenés, les enferma dans une tour, suivant l'ordre de l'empereur, et les y laissa sans nourriture et sans eau; on les laissa mourir sans pitié et on les enterra au même endroit[4]. Quant au patriarche Pierre, on le transporta, chargé de chaînes, dans la ville d'Euchaïtès du Pont, parce qu'il avait été dans les bonnes grâces de l'empereur Basilisque,

[1] Comparez ci-dessus, p. 265, note 4.

[2] Le nom du second officier, qui n'est mentionné par aucun autre document, est évidemment corrompu.

[3] ሲዋንስስ ፡ transcription fautive de l'arabe زينونسس.

[4] *Joann. Mal.*, col. 564 et suiv. — *Chron. Pasch.*, col. 833 et suiv.

et l'avait soutenu; c'est lui aussi qui l'avait couronné; c'est pourquoi Basilisque l'avait nommé patriarche. [On nomma ensuite patriarche d'Antioche Étienne[1],] qui proscrivait la secte de Nestorius. En conséquence tous les habitants de la ville le détestaient, et il fut massacré par la population d'Antioche et le clergé, dans un endroit appelé[2]. . ., le jour de la commémoration des Quarante martyrs; après l'avoir tué, on jeta son corps dans le fleuve appelé Oronte[3]. L'empereur Zénon désigna, à sa place, un autre patriarche nommé Calandion, en le distinguant d'une manière particulière[4]. Lorsque l'empereur retourna dans sa ville, il distribua beaucoup d'aumônes aux pauvres et établit en ce lieu comme son lieutenant, Armace ainsi que son fils, César, conformément à la promesse qu'il leur avait donnée. Cet Armace, étant maître du gouvernement, adopta des allures tyranniques et devint très puissant; personne n'osa lui résister et il forma de coupables projets. L'empereur, informé de ses actions criminelles, le fit tuer dans la galerie du palais. Puis, comme il se proposait de marcher contre la Perse, considérant la jeunesse du césar Basilisque, fils d'Armace, il lui ôta la couronne d'investiture, ordonna de le créer métropolitain de Cyzique et distribua ses biens au peuple[5].

Voyant toutes ces choses, Théodoric[6], l'un des patrices[7], ... craignant de subir, de la part de l'empereur Zénon, le même sort qu'Armace, se mit à la tête de ses guerriers, qui étaient des Goths de la province de Mésie[8]. Théodoric avait été élevé dans la capitale,

[1] La phrase que j'ai suppléée, pour rendre la narration intelligible, ne suffit pas pour en rétablir l'entière exactitude; car la lacune est plus considérable.

[2] በርጠሳሌስ ፡. Étienne fut massacré dans l'église de S. Barlaam.

[3] በዮሬጤስ ፡, transcription fautive de l'arabe ناورنطس ou سورنطس.

[4] Comparez *Joann. Mal. chron.*, col. 565. — Théophane, *l. c.*, *ad annum* 5969 suiv. — Cedrenus, col. 672.

[5] Evagrius, *Hist. eccles.*, lib. III, cap. XXIV. — *Chron. Pasch.*, col. 837 et suiv. — *Joann. Mal.*, col. 565 et suiv.

[6] ትሬክውስ ፡, transcription fautive de تودريكوس.

[7] Les mots ፍቁሩ ፡ ለእብራብስንጦስ ፡ መስፍን ፡ sont un malentendu de la traduction. Théodoric était maître de la garde (Πραισέντου) et *ami de l'empereur*.

[8] ሚሬና ፡ est la transcription fautive de l'arabe مسرا.

et connaissait la science profane. Il marcha sur la ville de Sélymbrie[1], soumit les habitants et s'empara de toute la province de Thrace. Il vint ensuite avec une force formidable, de la ville de Sycène, et demeura longtemps sans pouvoir rien entreprendre contre la ville de Byzance ni contre l'empereur Zénon. Alors il marcha sur la ville de Rome, se fit amener le chef des barbares, qui portait le titre de *rex*, nommé Odoacre, sur l'avis du Sénat, s'empara de la ville de Rome par la force, tua tous les barbares et y résida pendant quarante-sept ans à titre de roi : il n'admit aucun autre roi à côté de lui et y fit reconnaître la souveraineté de l'empereur Zénon; il ne prenait aucune mesure sans l'avis de l'empereur, et était respecté par les magistrats et par le Sénat.

Une femme patricienne de Rome, nommée Juvenalia, qui avait été l'épouse de[2] . . . , vint trouver Théodoric et lui dit : Voilà trois ans que je suis sous le coup d'une injustice et que j'ai un procès avec le patrice Firmus, et l'on ne m'a pas rendu justice. Théodoric fit appeler les juges et leur dit : Je vous avertis que si, dans deux jours, vous n'avez pas terminé le procès de cette femme avec ses adversaires, et si vous ne rendez pas justice aux deux parties avec équité et selon la loi, je vous fais trancher la tête. Les juges se retirèrent immédiatement, et demeurèrent deux jours à terminer selon la justice le procès de cette femme. Alors celle-ci alluma un cierge et (tenant ce cierge), vint trouver le roi pour lui rendre grâces et lui dit : Voici mon procès qui est demeuré si longtemps en suspens terminé grâce à tes ordres. Le roi fit alors appeler les juges et leur parla ainsi : Hommes pervers, qui venez de terminer en deux jours une affaire que vous n'avez pu terminer en trois ans ! Puis il donna l'ordre de leur trancher la tête. La crainte se répandit dans la ville, et Théo-

[1] **ጸሊመርብእ** ፡ représente la forme Σηλυμβρία ou Σαλαμβρία, tandis que Jean Malala donne la forme Σαλαβρία.

[2] **ማኑዲለሬክስ** ፡ est la transcription altérée du nom de Théodoric, et les mots **ብእሲት ፡ ቀዳሚት ፡ ለመኑ"** ፡ sont la traduction inexacte d'un passage analogue à celui qu'on lit dans la Chronique pascale : Θεοδορίχῳ τῷ γενομένῳ Ῥηγὶ Ῥώμης προσῆλθεν....

doric délivra les citoyens[1] de Rome de toute injustice. Ensuite, après la mort de Théodoric, régna Athalaric, qui était de la secte des Ariens[2].

L'empereur Zénon envoya ensuite un officier, appelé *Quæstor*[3], à Alexandrie, afin de lui amener le patriarche Timothée, l'homme de Dieu. Lorsque le questeur se présenta devant le patriarche Timothée et lui dit que l'empereur l'appelait auprès de lui, le patriarche lui répondit : L'empereur ne me verra pas. Et aussitôt il tomba malade et mourut, ainsi qu'il avait dit[4]. Alors la population orthodoxe se leva et élut comme patriarche l'archidiacre Pierre, surnommé Mongus[5]. Les magistrats de la ville voulurent l'arrêter, mais il s'échappa d'entre les mains des soldats et se réfugia dans la maison (de l'un) des fidèles; et il y eut des troubles dans la ville. Les partisans de Protérius le chalcédonien, de leur côté, élurent un patriarche, nommé *Ayes*[6], qui mourut peu de temps après, tandis que les fidèles... [puis les Chalcédoniens élurent un patriarche][7] nommé Jean, l'un des Tabionnésiotes[8]. Celui-ci, également, s'était emparé du siège d'*Ayes*, en corrompant les magistrats par des dons. Il déclarait avoir pris l'engagement solennel de ne point rechercher l'agrément de l'em-

---

[1] ሥይጋን ። Voyez ci-dessus, p. 306, note 4.

[2] Comp. Evagrius, *Hist. eccles.*, lib. III, cap. XXVII. — *Chron. Pasch.*, col. 844. — Théophane, *ad ann.* 5977. — *Joann. Mal.*, col. 569 et suiv.

[3] Je suppose que ከስተር ። et ኬስጥር ። sont des transcriptions du mot Κοιαίστωρ, que le traducteur a pris pour un nom propre.

[4] Comp. Liberatus, *Breviarum*, cap. XVI. — *Journ. asiat.*, 7ᵉ série, t. XII (1878), p. 303 et suiv.

[5] በመርከስ ። est le Μογγός des auteurs grecs, avec l'article copte.

[6] አየስ ።, transcription altérée du surnom de Timothée Salofaciole que l'on trouve sous les formes les plus variées dans les différents auteurs : Zacharie le Rhéteur (Land, *l. c.*, p. 145 et 199) écrit ܨܐܝܣܐ ܘܣܐܦ et ܦܨܐܦܣܝܣ; Evagrius (lib. II, cap. XL), Σαλοφακίαλος et Βασιλικός; Théophane (ad ann. 5952) ὁ Λευκός; Liberatus (*Brev.*, cap. XVI), *Salophaciolus sive Asbus* (*Albus*); Al-Makin (ms. ar. de la Biblioth. nat., suppl. n° 751, fol. 233) et Eutychius, (*Ann.*, t. II, p. 103), سورس.

[7] Ces mots ne remplissent qu'en partie la lacune qui se trouve ici dans le texte.

[8] እምደርናሰውያን ። est une erreur de transcription qui se rencontre encore plusieurs fois dans notre texte. Il s'agit du couvent des Tabionnésiotes à Alexandrie.

pereur Zénon pour sa nomination au gouvernement de l'Église. Lorsque l'empereur Zénon fut informé de ce propos, il fut très mécontent et donna l'ordre de l'expulser. Jean, en apprenant que l'empereur avait ordonné de l'expulser, prit la fuite et se rendit dans la ville de Rome. A cette époque, Acacius, patriarche de Constantinople, étant en faveur auprès de Zénon, détermina l'empereur à faire écrire l'Hénotique[1], c'est-à-dire la profession de foi des trois conciles de Nicée, de Constantinople et d'Éphèse, et à faire rejeter les autres conciles. C'est pourquoi il fit revenir, de la ville de . . . à Antioche, le patriarche Pierre, qui autrefois avait pris la fuite[2]. Calandion, patriarche d'Antioche, dans la crainte d'être tué parce qu'il était chalcédonien, s'enfuit; car les habitants avaient déjà tué le patriarche Étienne, son prédécesseur. Le clergé et le peuple priaient pour l'empereur Zénon, et le patriarche Pierre accepta l'Hénotique de l'empereur. Cependant il y eut, sous son pontificat, des troubles dans la ville au sujet de la profession de foi écrite par l'empereur, parce que nous maudissons le concile de Chalcédoine et la profession de foi répouvée de (ses évêques) qui proclame que le Christ a deux natures, tandis que l'écrit de Zénon déclare (seulement) que le verbe de Dieu qui a été fait chair est d'une seule nature et que l'on devait mentionner (dans les diptyques) les évêques qui avaient été expulsés.

L'empereur Zénon, lorsqu'il eut reçu en grâce Armace, père du César, avait fait un pacte avec Illus[3] et était d'accord avec lui. Puis

[1] ባሉኒቆን ፡, transcription fautive de l'arabe بالونيقون pour هانوتيقون.

[2] Il s'agit du patriarche d'Antioche, Pierre Foulon qui, exilé à Pityonte, avait quitté cette ville et s'était réfugié dans l'église de S. Théodore (c'est ce nom qui a donné naissance à la forme ዲዮፋርዮ ፡ de notre texte) d'Euchaïtès. On voit que le traducteur a complètement dénaturé le sens du texte original.

[3] Les diverses manières dont ce nom est écrit dans notre texte sont toutes des transcriptions plus ou moins fautives de la forme arabe اللوس. Toute la première partie de ce récit, dans notre texte, n'est qu'un tissu d'erreurs : le pacte conclu entre Zénon et Armace est confondu avec l'accommodement de Zénon et d'Illus; le refus d'Illus de consentir au séjour de Vérine dans le palais impérial à Constantinople, est confondu avec la détention de Vérine en Isaurie, etc.

l'armée d'Illus avait combattu contre l'empereur Zénon. Illus, voyant qu'Armace qui aimait l'empereur Zénon, avait été mis à mort, et craignant le même sort, se réfugia en Isaurie. Il avait fait demander à l'impératrice Vérine, belle-mère de Zénon, de fléchir l'esprit de l'empereur en faveur d'Armace; mais Vérine n'y avait pas réussi. L'empereur Zénon avait caché à son frère Longin les mauvais desseins qu'il nourrissait contre celle-ci, pour qu'il n'y eût pas de mécontentement et une cause de troubles à Byzance, car elle avait été autrefois impératrice; dans le plan qu'il avait ourdi, il était convenu avec Illus qu'il l'éloignerait et l'enverrait en Isaurie, et l'y ferait mourir. Lorsque Vérine se rendit dans ce lieu, Illus vint et s'enferma dans le château, plaça un grand nombre de soldats pour le garder et prit avec lui Longin, le frère de l'empereur. Lorsqu'elle sut ces circonstances, elle envoya un message à sa fille, l'épouse de l'empereur, et celle-ci demanda à l'empereur de permettre à Vérine de demeurer dans le château d'Isaurie. L'empereur lui répondit: Je ne puis mécontenter Illus le patrice; mais adresse-toi toi-même à lui, et, s'il consent, je le lui permettrai. Alors l'impératrice lui envoya un message et le pria avec des larmes de pardonner à sa mère, et de la laisser demeurer dans ce lieu. Mais Illus refusa de lui accorder sa demande et lui dit : Sans doute, tu veux que j'élève un autre empereur pour remplacer ton mari! L'impératrice extrêmement irritée contre lui, alla trouver l'empereur et lui dit : Est-il possible que je demeure dans le palais en même temps qu'Illus ? L'empereur lui répondit : Fais ce que tu voudras; car je t'aime bien plus qu'Illus et que beaucoup d'autres. L'impératrice, encouragée par cette parole de l'empereur, ordonna à *Adrianus*[1] de le tuer. *Adrianus*, le chef des eunuques, en chargea un homme appelé *Scholarius*[2], qui, étant général de l'armée, avait avec ses gens libre accès à la résidence de l'empereur. Il arriva et tira son sabre

---

[1] አድርያኖስ » est un malentendu. Le traducteur a confondu le nom de l'impératrice Ἀριάδνη avec le nom du chambellan Urbice.

[2] Le nom de ce scolaire, mot que le traducteur a pris pour un nom propre, était Sporacius.

pour frapper Illus et lui trancher la tête, dans la galerie du palais. L'un des officiers, voyant cela, accourut et lui arracha le sabre, après qu'il eut, au lieu d'atteindre la tête, coupé l'oreille droite d'Illus. L'eunuque *Scholarius* qui avait frappé Illus fut tué, et Illus emporté par ses gens dans sa maison. L'empereur Zénon, informé de cet événement, déclara par serment qu'il avait ignoré cet attentat de l'eunuque contre Illus. Lorsque Illus fut guéri, il demanda à l'empereur Zénon de lui permettre de se rendre en Orient, pour changer d'air, afin d'éviter un retour de sa maladie. Dissimulant ses desseins perfides, il lui parla avec humilité, pour qu'il le laissât partir, et Zénon, sans reconnaître la ruse, lui en donna l'autorisation. Il nomma à sa place un homme nommé[1] . . . et lui donna le pouvoir. Or, Illus désirait emmener avec lui Léonce et Pamprepius[2], sous le prétexte qu'ils négocieraient la conciliation entre Vérine, mère de l'impératrice, et l'empereur Zénon, pour qu'elle revînt auprès de lui honorablement. L'empereur agréa cet arrangement et laissa partir ces trois personnes, ainsi que (deux) autres personnages illustres, nommés Marsos et Valianos (?)[3], magistrats de l'Isaurie, et plusieurs préfets et beaucoup de troupes. Lorsqu'ils furent arrivés à Antioche la grande, Illus y demeura pendant une année, et les habitants de la ville le comblèrent d'honneurs. Puis, s'étant rendu en Isaurie, il fit descendre Vérine du château et ils se lièrent par des serments réciproques. D'accord avec Pamprepius qui était adonné à la magie et au mensonge des démons[4], il détermina les officiers à créer empereur Léonce, et ils le proclamèrent dans l'oratoire de Saint-Pierre, hors des murs de Tarse, capitale de la Cilicie. Or Vérine adressa une lettre à toutes les villes, aux préfets et aux troupes d'Orient, ainsi qu'aux

[1] Je suppose que cette phrase n'est qu'un malentendu, et que le nom de ዮያልያ ፡ représente le mot *ἀνατολῆς* d'une phrase grecque à peu près ainsi conçue : *Καὶ ἐποίησεν αὐτὸν* (c'est-à-dire Illus lui-même) *σ7ρατηλάτην ἀνατολῆς*.

[2] ፓሚሬንዮስ ፡, et plus loin, ኦሚ" ፡ et ቡሚ" ፡ sont des transcriptions fautives de l'arabe بامبرابوس.

[3] መርቆስ ፡ ወዋልያኖስ ፡. Le premier de ces deux noms est la transcription fautive de *Μάρσος*; le second n'est pas mentionné ailleurs.

[4] C'est-à-dire, aux oracles.

villes d'Égypte, pour les engager à reconnaître le gouvernement de Léonce sans opposition. Puis l'impératrice Vérine, Auguste, écrivit une lettre ainsi conçue : Je vous fais savoir, au sujet de notre empire, qu'à la mort de l'empereur Léon, d'heureuse mémoire, nous avons nommé empereur Trascalissée, qui est Zénon, pour être l'exécuteur fidèle de notre autorité et pour qu'il gouvernât bien le peuple. Voyant à présent qu'il a abandonné la probité, et reconnaissant qu'il est insatiable, nous le considérons comme un tyran et (nous le déclarons) usurpateur et rebelle. Maintenant nous avons nommé un autre empereur, chrétien, aimant Dieu, distingué par la piété et la justice, afin qu'il relève le pays par sa bonne conduite, qu'il mette fin à la guerre, et pour qu'il protège ses sujets, selon la loi établie. Nous avons donc couronné de la couronne impériale, Léonce, pour être empereur de l'empire romain, lequel s'appliquera à faire le bien. Lorsque cette lettre eut été lue dans la ville d'Antioche, toute la population s'écria : Agis avec bonté envers nous, ô Seigneur ; fais ce qui est pour notre bien ! On envoya aussi la lettre à Alexandrie. Léonce vint ensuite à Antioche, résida dans le palais et nomma Lilianus[1] préfet et juge (préfet du prétoire). Après y être resté quinze jours, il se rendit à Chalcis, ville de l'Isaurie[2], pour attaquer les habitants de cette ville qui refusaient de le reconnaître et l'appelaient rebelle à l'empereur. Quand il eut lutté un mois et demi contre les habitants de la ville sans réussir à s'en emparer, l'empereur Zénon, ayant connu la situation, envoya contre ces conjurés[3] un officier scythe, nommé Jean, vaillant homme de guerre, avec de nombreuses troupes. Illus, qui se trouvait en Cilicie, en apprenant que Léonce n'était pas en mesure de résister au général Jean, se transporta auprès de Léonce et de Vérine, et ils résolurent de fuir ensemble et de s'enfermer dans un château d'Isaurie appelé Papyris[4]. En conséquence, Léonce

[1] **ኢርያኖስ** ፡, transcription fautive de Λιλιανὸς (voy. Théophane, *ad ann.* 5976).

[2] Au lieu de *Syrie*.

[3] **ኀባእያን ፡ ነገር** ፡, expression qu'on rencontre encore plus loin, dans le même sens, au chapitre XCVII.

[4] **ቶያርያ** ፡, transcription fautive de l'arabe بابريا.

quitta, dans une fuite précipitée, la province d'Orient, et ces trois personnages, c'est-à-dire Léonce, Illus et Pamprepius, accompagnés de Vérine, se retirèrent dans ce château, auquel les troupes de l'empereur Zénon vinrent mettre le siège. Vérine mourut dans ses murs. Les gens du château ayant su que Pamprepius avait l'intention de se tourner contre eux, le tuèrent et jetèrent son corps du haut des murs. Les troupes, après de grands efforts, s'emparèrent enfin du château, et en firent sortir ces rebelles, c'est-à-dire Léonce, qui s'était perdu lui-même, et Illus qui était cause de tout le mal. On les plaça sur le tribunal, au milieu de la foule, on les condamna à mort, on les décapita et on porta leurs têtes à l'empereur Zénon, à Constantinople [1].

On rapporte encore de l'empereur Zénon que, causant (un jour) avec Maurianus [2] l'astrologue, avec lequel il était lié d'amitié et qui lui prédisait tout ce qui arrivait, il lui demanda qui obtiendrait l'empire après lui. Maurianus lui répondit : C'est *Silentiaire* [3] qui prendra ton empire ainsi que ton épouse. En conséquence, il croyait que c'était un homme illustre nommé Pélage [4], qui avait été autrefois patrice et que l'on avait injustement déposé. L'empereur, ayant confié *Silentiaire* à la garde de six hommes dévoués, leur donna l'ordre d'étrangler cet homme innocent pendant la nuit. Après l'avoir étranglé, ils jetèrent son corps dans la mer. Lorsque cet affreux meurtre fut connu, personne ne sut garder le silence sur cette affaire; notamment Arcadius, magistrat très honoré, fidèle à la justice, qui était un juge intègre et haïssait la violence, blâmait l'empereur à cause du crime qu'il venait de commettre avec cruauté, en faisant mourir le patrice *Silentiaire*. L'empereur Zénon, informé de ces propos, fut très

[1] Comparez Cand. Isaur., dans Müller, *Fragm. Hist. græc.*, t. IV, p. 136 et suiv. — Eustathe, *ib.*, p. 140 et suiv. — Jean d'Antioche, *ib.*, 618 et suiv. — Evagrius, *Hist. eccles.*, lib. III, cap. XXIV et XXVII. — Théophane, *ad ann.* 5972-5980. — *Joann. Mal.*, col. 572 et suiv.

[2] መርቆንግዮሥ ፡ paraît être une transcription fautive de la forme arabe موريسس.

[3] Le traducteur a pris ce mot pour un nom propre.

[4] ጘበላልስ ፡, transcription fautive de l'arabe بلاكس.

irrité contre Arcadius et donna l'ordre (de l'arrêter et) de le tuer, lorsqu'il entrerait au palais. (Les gardes) firent comme l'empereur l'avait ordonné, mais Arcadius s'échappa d'entre leurs mains[1].

L'empereur Zénon, en se rendant à l'église pour prier et implorer Dieu, tomba (subitement) malade d'une dysenterie et il mourut.

Chapitre LXXXIX. Le pieux empereur Zénon étant mort, Anastase, l'empereur chrétien, qui vivait dans la crainte de Dieu, lui succéda sur le trône; c'était l'un des chambellans de l'empereur, qui, par la grâce de Dieu et par l'effet des prières de nos Pères égyptiens, devint empereur. En effet, l'empereur Zénon l'avait exilé dans l'île de Saint-Iraï, située dans le fleuve de Menouf. Les habitants de la ville de Menouf, par humanité, le traitaient avec bonté. Amonios, de la ville de Ḥezênâ, dans la province d'Alexandrie, et les habitants de cette ville se liaient d'amitié avec lui, l'honoraient et lui témoignaient une grande affection. Or, un jour, les gens de Menouf et ceux de Ḥezênâ convinrent, comme Anastase était en disgrâce auprès de l'empereur Zénon, de monter à son intention sur la hauteur, au couvent du saint Ṭhéophore Abbâ Jérémie d'Alexandrie. En effet, sur le territoire de ces deux villes demeurait un homme qui avait été favorisé par Dieu de la connaissance de toutes choses. Ils parlaient de la sainte vie de cet homme de Dieu; ils voulaient être bénis par lui et désiraient qu'il priât pour eux le Christ son maître. Ils se rendirent donc à la demeure d'Abbâ Jérémie, l'homme de Dieu, qui les bénit tous, mais n'adressa aucune parole à Anastase. Celui-ci, au moment où tous partirent, fut très affligé; il pleurait amèrement, disant en lui-même : C'est à cause de mes nombreux péchés que l'homme de Dieu, en bénissant tous, m'a refusé sa bénédiction. Les gens de Menouf et Amonios de la ville de Ḥezênâ retournèrent auprès du saint homme de Dieu et lui firent part du chagrin d'Anastase. Abbâ Jérémie l'appela, le prit à part avec ses amis fidèles et avec Amonios, et lui dit : Ne t'afflige pas, en croyant et disant : C'est à cause de mes

[1] *Joann. Mal. chron.*, col. 577 et suiv. — *Chron. Pasch.*, col. 845 et suiv.

péchés que ce vieillard ne m'a pas béni. Il n'en est pas ainsi; au contraire, je me suis abstenu de te bénir, parce que j'ai vu la main de Dieu sur toi. Comment oserais-je, moi qui commets tant de péchés, bénir celui qui est béni et honoré par Dieu? Dieu t'a choisi entre des milliers pour être son oint; car la main de Dieu, le Seigneur, est marquée sur la tête des rois; et il a mis sa confiance en toi pour que tu sois son lieutenant sur la terre, afin que tu protèges son peuple. Seulement, quand tu te rappelleras mes paroles et que tu auras réalisé la prophétie, exécute fidèlement le mandat que je te donne aujourd'hui, afin que Dieu te sauve de tes ennemis, à savoir : Ne commets aucun péché, n'entreprends rien contre la religion chrétienne, la religion de Jésus-Christ, et n'adopte point la foi chalcédonienne, qui offense Dieu. Or ces recommandations qu'Abbâ Jérémie donna à Anastase, celui-ci les reçut et les grava sur les parois de son cœur, ainsi que Moïse, le prophète, reçut de Dieu les tables de l'alliance sur lesquelles étaient gravés les commandements de la loi. Quelque temps après, Anastase fut rappelé de l'exil auquel l'avait condamné l'empereur de cette terre en vertu de son pouvoir, puis il fut nommé empereur. Lorsqu'il fut sur le trône, il envoya un message aux disciples du saint Abbâ Jérémie et les fit venir auprès de lui. Parmi eux se trouvait Abbâ Vâryânôs, qui était parent d'Abbâ Jérémie. Or l'empereur leur demanda avec instance d'accepter de lui des provisions pour la route et pour le monastère; mais ils refusèrent, leur père, saint Jérémie, leur ayant défendu d'accepter aucun objet, si ce n'est de l'encens pour célébrer la messe et pour offrir le sacrifice, et quelques objets sacrés. Anastase envoya aussi des gens dans l'île dans laquelle il avait été autrefois exilé et fit construire par eux une grande et superbe église consacrée à saint Iraï; c'était auparavant une petite église. Il y fit porter beaucoup de vases d'or et d'argent et des étoffes précieuses. Il envoya aussi beaucoup d'or et d'argent à ses amis de Menouf et de Ḥezênâ, leur conféra des magistratures et fit entrer quelques-uns d'entre eux dans le clergé[1].

[1] Voyez *Journal asiat.*, 7ᵉ série, t. XII (1878), p. 308 et suiv. — Le couvent de

Cet ami de Dieu, Anastase, envoya à Antioche et dans toutes les autres villes des ordres, et fit cesser la guerre civile qui existait entre les habitants et les amena à respecter l'autorité, ainsi qu'il convient à des chrétiens. Il écrivit à tous les magistrats de son empire d'exécuter cette ordonnance et de veiller à ce que les habitants respectassent l'autorité, comme il convient à des chrétiens.

Il y eut ensuite, par l'effet de l'inimitié de Satan, des troubles dans sa résidence[1]. Le peuple demanda tumultueusement que l'on ne mît pas en prison les émeutiers et les factieux; car le préfet en avait livré un grand nombre pour les faire lapider. L'empereur refusa de les faire relâcher; il fut très irrité et les fit charger par des cavaliers[2]. Lorsque ceux-ci descendirent pour charger (les émeutiers), un esclave eut l'audace de s'approcher du siège de l'empereur et lança contre lui une pierre, pour le tuer; puis il reprit sa place, pensant que personne ne l'aurait reconnu. L'assistance de Dieu avait protégé l'empereur; la pierre était tombée sur l'enceinte du siège[3] et l'avait brisée. Ayant remarqué cet esclave qui avait lancé la pierre contre l'empereur, (les gardes) se précipitèrent sur lui, le saisirent et le coupèrent en morceaux. La sédition devint très grave et les émeutiers brûlèrent le cirque de bronze[4], où se trouvaient les sièges des soldats, des cavaliers et de la foule, jusqu'au siège de l'empereur et jusqu'au portique de l'Hexaïppion[5], qui se trouvait à côté du siège construit par saint Constantin. Après de grands efforts, on devint maître des émeutiers par la force : un grand nombre d'entre eux furent punis, et le calme et la tranquillité furent rétablis dans toute la ville[6].

S. Jérémie, à Memphis (Menouf), est mentionné par un auteur occidental du commencement du VIe siècle. (Voyez Theodosius, *De situ terræ sanctæ*, ed. Gildemeister, p. 22 et suiv.)

[1] መንግሥት ፡, pour በሀገረ ፡ መንግሥት ፡, comme ci-dessus, p. 107, l. 3.

[2] Tout ce passage a été mal compris par le traducteur, notamment les mots *ἀπολυθῆναί τινας συσχεθέντας λιθοβόλους*, le mot *ἱππικόν*, etc.

[3] ሐጀር ፡ est le mot arabe حجر.

[4] Le traducteur a confondu *χαλκῆ* (*χαλκῆ τοῦ ἱππικοῦ*) avec *χαλκός*.

[5] ሬውክዮስ ፡ est la transcription fautive de la forme arabe [اكا]راوفيون.

[6] Comparez *Joann. Mal. chron.*, col. 584. — *Chron. Pasch.*, col. 849 et suiv.

Les habitants d'Antioche agirent comme ceux de Constantinople. Ils mirent le feu à la synagogue des Juifs qui se trouvait à Daphné[1], y plantèrent la croix vénérée de Notre-Seigneur Jésus-Christ, transformèrent la synagogue en une église, consacrée à saint Léonce, et tuèrent un grand nombre d'entre les Juifs. En apprenant ces faits, l'empereur envoya Procope[2], comte d'Orient, pour agir contre les factions séditieuses. Lorsque ce dernier arriva à Antioche[3]. . ., les chefs des factions s'enfuirent de la ville et se retirèrent dans le sanctuaire de Saint-Jean. Ménas, le préfet, s'y rendit pendant la nuit, à la tête d'une nombreuse troupe; il y eut une grande résistance et il tua l'un d'entre eux, nommé Éleuthère, dont la tête fut portée à Procope, le gouverneur; les factions furent vaincues et l'on brûla le lieu de leur réunion, c'est-à-dire le prétoire. Alors il y eut une lutte terrible, le peuple tua le préfet Ménas et brûla son corps. Procope prit aussitôt la fuite, et ne s'arrêta qu'à Constantinople. L'empereur, ayant appris sa fuite, le remplaça par un homme nommé Irénée[4], auquel il ordonna de se rendre à Antioche. Lorsque celui-ci arriva, il punit un grand nombre d'émeutiers et leur inspira une grande terreur, de sorte que les factions cessèrent de lutter les unes contre les autres, et il rétablit la paix parmi les habitants d'Antioche[5]. L'empereur, de son côté, fit restaurer les édifices qui avaient été brûlés et construire plusieurs beaux portiques[6]; car il aimait, dans sa générosité, construire des édifices : il fit élever un grand nombre de constructions en Égypte, ainsi qu'une citadelle, au bord de la mer Rouge. Il s'appliquait à exécuter toutes sortes d'œuvres utiles, afin de demeurer en paix. Aux habi-

[1] ጠበቃ ፡ est probablement la transcription fautive de la forme arabe طفنا ou دفنا.

[2] አብሮኮርንዮስ ፡, transcription fautive de l'arabe ابروكوسوس.

[3] Les mots ወእድያመ ፡ በራንጥያ ፡ sont le résultat d un malentendu. Procope, qui était citoyen d'Antioche, emmena avec lui, comme préfet des vigiles, Ménas, natif de Byzance, Μηνᾶν Βυζάντιον. Ce sont ces mots qui ont donné lieu à l'erreur du traducteur.

[4] ያኑርዮስ ፡, transcription fautive de Ἰρηναῖος.

[5] Comparez *Joann. Mal. chronogr.*, col. 585 et suiv.

[6] Ἔμβολοι. Cependant il est possible que ፍናዋት ፡ soit synonyme de ምክናት ፡.

tants de Daras[1], il fit construire un mur et pratiquer dans ce mur des ouvertures, semblables à des ponts, pour empêcher l'eau du fleuve de se répandre dans leurs champs[2].

Il arriva aussi, sous le règne de cet ami de Dieu, que des barbares impies, anthropophages et sanguinaires, vinrent du côté de l'Arabie vers les bords de la mer Rouge, (puis) se jetèrent sur les moines de la région de l'Euphrate[3], massacrèrent ou emmenèrent en esclavage les uns, et enlevèrent aux autres ce qu'ils possédaient, car ils haïssaient les saints et avaient les mêmes sentiments que les idolâtres et les païens; et, après avoir fait un butin considérable, ils retournèrent dans leur pays. En apprenant ces faits, l'empereur fit construire de fortes tours pour protéger les demeures des moines, qu'il combla de bienfaits, ainsi que tous les moines de l'empire romain[4].

Certaines gens de la ville d'Alexandrie s'étant audacieusement révoltés, tuèrent le préfet de la ville nommé Théodose, qui avait été élevé dans la maison du patriarche d'Antioche. L'empereur, en apprenant cet événement, fut très irrité et punit plusieurs habitants de la ville[5].

Les belles actions de cet empereur sont innombrables; car il était un croyant orthodoxe, il était fidèle à Notre-Seigneur et sauveur Jésus-Christ, et il abolit la doctrine des Chalcédoniens, ainsi que le lui avait recommandé saint Jérémie, le serviteur de Dieu. Les gens de l'Illyrie avaient refusé de recevoir la lettre que Léon avait envoyée de Rome. Mais, comme la tyrannie de Marcien et de ses magistrats

[1] መውሬዳ ፡ paraît être la transcription fautive de l'arabe دوردا, qui est le grec Δοράδα, accusatif de Δοράς (pour Δαράς). Mais les détails des constructions donnés par notre texte s'accordent si peu avec ceux des constructions de Daras, énumérées dans les autres chroniques, que l'on peut se demander s'il s'agit bien ici du même fait.

[2] Compar. *Joann. Mal. chron.*, col. 592. — *Chron. Pasch.*, col. 852. — Théophane, *ad ann.* 6000.

[3] ኤፌሬጤ ፡, Εὐφρατησία.

[4] Comparez Eustathe, dans *Hist. gr. fragm.*, t. IV, p. 142. — Evagrius, *Hist. eccles.*, lib. III, cap. XXXVI. — Théophane, *ad ann.* 5990. — Cyrill. Scythopol., *Vita S. Sabæ*, dans Cotelier, *Eccl. græc. monum.*, t. III, p. 343.

[5] *Joann. Mal.*, col. 593 et suiv.

pesait sur eux, ils avaient craint de subir la même violence que Dioscore, patriarche d'Alexandrie[1].... Or l'empereur Anastase, le serviteur de Dieu, approuvait l'édit de l'empereur Zénon. En conséquence il ordonna de tenir pour établie la profession de foi des trois conciles qui avaient eu lieu à Nicée, à Constantinople et à Éphèse, la première fois. Mais Euphemius, patriarche de Constantinople, à cette époque, était un chalcédonien qui séparait la nature du Christ qui est une en deux natures distinctes dans ses manifestations, disant que c'est le Verbe de Dieu qui opérait les miracles et que la misérable nature humaine subissait la passion. Il changea aussi le trisagion, que nous récitons ainsi : Saint Dieu, saint fort, saint immortel, qui as été crucifié pour nous, aie pitié de nous ! Euphemius ne le récitait pas comme nous, mais il le récitait ainsi : Saint Dieu, saint fort, saint immortel, aie pitié de nous ! En effet, il disait : Je ne le récite pas comme vous, pour éviter que (cette formule) ne s'applique à la sainte Trinité en trois personnes; celui qui a été crucifié, nous l'adorons avec le Père et avec le Saint-Esprit. Car celui qui est devenu chair, sans se séparer (de la Trinité) est impassible en tant que Père, Fils et Saint-Esprit; celui qui est consubstantiel au Père et au Saint-Esprit a souffert, mais non en sa qualité divine, et nul autre que lui, à Dieu ne plaise ! C'est bien l'une des personnes de la sainte Trinité, en son corps qui est uni avec elle et qui a une âme rationnelle, constituant une seule personne, qui est passible, mais elle est impassible dans sa divinité, qui est consubstantielle avec le Père et le Saint-Esprit, ainsi que nos saints Pères nous l'ont enseigné. Le savant Proclus s'était joint aux Nestoriens en disant : Si le Christ était complètement impassible après son incarnation, il n'a pas plus souffert en son corps que n'a souffert la divinité du Fils. Or, en disant ainsi, il enseigne une erreur, et le Fils de Dieu n'aurait pas souffert en réalité.

---

[1] Il manque le passage essentiel, et nous ne savons pas ce que le texte original a pu contenir en cet endroit. Il n'est pas probable qu'il y fût question du retour des évêques d'Illyrie à la communion avec l'Église romaine, qui eut lieu vers cette époque.

Voilà la proposition absurde de ceux qui proclament quatre personnes, au lieu de trois, comme ces imposteurs qui ont enseigné, au sujet du Fils, que c'est un autre qui a été crucifié, opinion abominable qui a été produite par des hérétiques. En conséquence, l'empereur Anastase destitua Euphemius de sa dignité, l'expulsa de Constantinople et l'exila à Euchaïtès du Pont. Il nomma à sa place Macedonius, qui accepta de sa main l'édit de l'empereur Zénon et qui n'admettait pas le concile de Chalcédoine; il réussit à endormir l'esprit de l'empereur Anastase, en renfermant dans son cœur ses pensées perfides au sujet de la foi. L'empereur le força d'employer dans le trisagion la formule : Ô toi, qui as été crucifié pour nous, aie pitié de nous! C'est ainsi qu'il établit cette règle.

Or les moines orthodoxes de Palestine avaient abandonné l'étude des Écritures, et il s'éleva un schisme parmi eux; car ils déclaraient qu'ils refusaient de recevoir l'édit de l'empereur. Alors, comme ils eurent à subir des persécutions, à l'instigation d'un moine, grand fauteur de troubles, nommé Néphalios[1], ils députèrent à Constantinople des moines du désert, de vénérables anachorètes, et parmi eux Sévère, l'archimandrite[2], homme savant, versé dans les Écritures et prêtre parfait, afin de demander à l'empereur qu'il ordonnât aux moines de rester en paix dans leurs demeures et leurs cloîtres et de prier pour lui. Lorsqu'ils vinrent pour parler à l'empereur, ils furent reconnus par les officiers, qui les conduisirent auprès du patriarche Macedonius, et ils eurent avec lui un entretien au sujet de la foi. Aussitôt il confessa ouvertement ce qui était renfermé dans son cœur, relativement à la doctrine corrompue qu'il suivait; car il n'était pas possible qu'il la dissimulât toujours et qu'elle restât ignorée de tous. Il y avait un habitant d'Alexandrie nommé Dorothée qui possédait le traité sur la foi de saint Cyrille; il s'était entretenu avec Sévère et l'avait trouvé imbu de la doctrine de saint Cyrille; alors ils exhortèrent, l'un et l'autre, Macedonius et les Chalcédoniens, qui attribuaient à Jésus-

[1] ኔቃልዮስ ።, transcription fautive de l'arabe نيعاليوس.

[2] Sévère n'était que simple moine, remplissant les fonctions d'apocrisiaire.

Christ, le fils de Dieu, qui est un, deux natures; et le livre leur ayant paru admirable, ils l'appelèrent *Philalétès*[1]. Mais Macedonius et ceux qui étaient avec lui, ainsi que les partisans des Nestoriens, disaient avec emportement : Le trisagion (que nous récitons) est celui que les anges prononcent dans leur sanctification. Sévère leur répondit : Les anges disent : Dieu saint, saint fort, saint immortel, aie pitié de nous! En effet, les anges ne sont pas obligés de dire : qui as été crucifié pour nous; car le crucifiement de Notre-Seigneur n'a pas eu lieu pour les anges; c'est pour nous, pour les hommes, que Jésus-Christ, Notre-Seigneur et Sauveur, a été crucifié. C'est pour notre rédemption qu'il est descendu du ciel, qu'il est devenu chair, et qu'il a revêtu l'humanité; c'est pour nous qu'il a été crucifié, du temps de Ponce-Pilate, et qu'il est ressuscité des morts, le troisième jour, ainsi qu'on lit dans les écrits sacrés rédigés par nos saints Pères de Nicée, de Constantinople et d'Éphèse, qui nous ont donné une parfaite définition de sa divinité. C'est pourquoi, nous autres chrétiens, nous sommes obligés de dire : Ô toi, qui as été crucifié pour nous, aie pitié de nous! Nous croyons aussi que c'est Dieu, le saint, le fort, l'immortel, qui a été crucifié pour nous. De même, nous croyons en vérité que la sainte Vierge Marie a enfanté Dieu lui-même; que ce n'est pas un autre que la Vierge a enfanté et un autre que les Juifs ont crucifié; mais qu'il est le même dans la naissance, dans le crucifiement et dans la résurrection. Beaucoup d'autres (arguments) semblables furent adressés par écrit à l'empereur et aux magistrats, et (les moines) détruisirent jusqu'à leur base les opinions des impies Nestoriens. Comme ils avaient, par leur argumentation orthodoxe, réduit Macedonius au silence, et que son opinion s'était évanouie devant le langage de la vérité, il cherchait à circonvenir l'empereur et les magistrats en leur disant qu'il avait la même croyance que les orientaux et que, dans l'Église, il employait la formule : Ô toi qui as été crucifié pour nous, aie pitié de nous! Mais en secret il excitait les héré-

---

[1] Voyez, sur ce passage, *Journal asiat., l. c.,* p. 313.

tiques contre l'empereur et leur disait : On a apporté un changement à la religion de nos pères, les chrétiens. Alors les hérétiques se rassemblèrent et se rendirent au palais de l'empereur, afin de soulever une révolte avec l'intention de chasser Platon, qui dirigeait toutes les affaires de son empire et qui jouissait d'une grande et universelle considération. Cédant à la crainte, Platon s'enfuit et se cacha. Les hérétiques et les soldats qui étaient avec eux poussaient des cris et acclamaient le nom d'un autre empereur des Romains. Ils coururent à la maison de Marin le syrien, qui était l'un des Illustres, et brûlèrent sa maison et ses biens; ils voulurent le tuer lui-même, mais ils ne le trouvèrent pas, car il avait pris la fuite et fut sauvé par l'assistance de Notre-Seigneur Jésus-Christ. Cet homme pieux avait été calomnié auprès du peuple par le patriarche Macedonius, l'imposteur, qui disait : C'est Marin qui détourne l'esprit de l'empereur de la vraie religion. Poussés par une haine féroce les gens du peuple le cherchaient pour le tuer sans qu'il s'y attendît. Or, au moment de pénétrer dans la maison de cet illustre magistrat, qu'ils saccageaient et dont ils enlevaient, en les partageant entre eux, tous les objets en argent qu'il possédait, les gens du peuple y trouvèrent un moine d'Orient. Ils le firent sortir et le tuèrent, croyant que c'était Sévère, l'ami de Dieu. Ils prirent sa tête et ils la promenaient dans toute la ville en criant : Voici l'ennemi de la sainte Trinité! Ils se rendirent ensuite à la maison de Julienne qui était de la famille de l'empereur Léon, afin de proclamer empereur son mari, nommé Ariobinde [1]. Celui-ci, en apprenant qu'ils venaient chez lui, s'enfuit. Le peuple continua à se livrer sans frein à ces excès. L'empereur Anastase, l'ami de Dieu, qui était guidé par la vraie religion, celle du Christ, se décida à agir : il convoqua le Sénat et vint occuper le trône, revêtu des vêtements impériaux. Le peuple, en le voyant, ressentit une grande douleur; tous, pleins de tristesse et de repentir, et craignant la colère de l'empereur, lui demandèrent pardon, en confessant leur faute. L'empereur, élevant

[1] **አውሬውስ ፡** est la transcription fautive de l'arabe ارسدوس.

la voix, leur dit : Soyez sans crainte, je vous pardonne ! Aussitôt tous les gens du peuple se dispersèrent, chacun regagna sa demeure et l'ordre était rétabli. Après quelques jours, ces mêmes gens s'insurgèrent de nouveau. Alors l'empereur Anastase réunit un grand nombre de soldats et fit arrêter ces émeutiers. Ayant été amenés devant l'empereur, certains d'entre eux furent condamnés à avoir tous leurs membres brisés, d'autres furent décapités, d'autres encore exilés. L'ordre régna désormais, et les habitants de la ville apprirent à craindre l'empereur [1]. C'est alors que l'on exila Macedonius, qui avait été une cause de perdition pour beaucoup de gens; il fut dépouillé de sa dignité épiscopale, considéré comme un meurtrier et expulsé de la communauté (des fidèles).

Les évêques d'Orient arrivèrent à Byzance et portèrent plainte auprès de l'empereur Anastase contre Flavien, patriarche d'Antioche. Ils l'accusaient d'être nestorien après avoir accepté l'Hénotique de l'empereur Zénon, et, en outre, de s'être uni aux chalcédoniens et d'avoir accepté la lettre détestable de Léon qui, dans cet écrit, attribue deux natures et deux opérations à celui qui est un et indivisible, à Jésus-Christ, vrai Dieu. Le pieux empereur Anastase l'exila également, et le fit conduire à Pétra [2] en Palestine, parce qu'il maudissait les orthodoxes et avait embrassé la foi des misérables hérétiques [3].

Or Vitalien [4], commandant des troupes de la province de Thrace [5], homme d'un mauvais cœur, haïssait Sévère, le saint de Dieu, que l'empereur Anastase, alors que les évêques orthodoxes d'Orient avaient porté témoignage en sa faveur, avait nommé patriarche d'Antioche,

[1] Comp. *Joann. Mal.* col. 601 et suiv. — *Chron. Pasch.*, col. 853 et suiv. — Evagrius, *Hist. eccles.*, lib. III, cap. XXXII, XXXIII et XLIV. — Théophane, *Chronogr.*, *ad ann.* 5002-5004. — Grégoire Barhebræus, *Chron. eccles.*, ed. Abbeloos et Lamy, t. I, p. 185 et suiv.

[2] ደብረ ፡ ኰኵሕ ፡. Le traducteur a pris ce nom propre pour un nom appellatif.

[3] Comparez *Joann. Mal. chronogr.*, col. 596 et suiv.

[4] ወይጣሉስ ፡. Ce nom est transcrit et altéré de différentes manières dans notre texte. On le trouve écrit plus loin ኢጼጣልዮስ ፡, ዊጣልዮስ ፡, በይጣሉስ ፡, etc.

[5] አብሬኪ ፡, transcription fautive de l'arabe اٮراكى.

à la place de Flavien l'hérétique, qu'il avait exilé. Vitalien, que nous venons de nommer, se révolta contre l'empereur Anastase, s'empara de la province de Thrace, de la Scythie et de la Mésie [1], et rassembla une nombreuse armée. L'empereur envoya contre lui un général, nommé Hypatius, qui, dans une bataille, fut vaincu par Vitalien et pris vivant. On paya une grande somme pour sa rançon et Vitalien le renvoya. Lorsqu'il revint auprès de l'empereur Anastase, celui-ci le destitua et nomma à sa place un autre général nommé Cyrille, qui était de la province d'Illyrie [2]. Lui aussi livra bataille à Vitalien, et il y eut un grand nombre de morts des deux côtés. Le général Cyrille se rendit dans une ville appelée Odyssus, et y demeura, et Vitalien dans la province de *Bulgarie* [3]. Il donna beaucoup d'argent aux hommes qui gardaient les portes d'Odyssus, puis il alla pendant la nuit, tua le général Cyrille et s'empara de cette ville [4]. Il envahit aussi la province de Thrace, qu'il pilla, et les villes d'Europe [5], ainsi que Syques, le détroit de Constantinople et le Sosthenium, et il s'établit dans l'église de l'archange Saint-Michel, en réfléchissant par quel moyen il pourrait se rendre maître de la ville impériale [6] de Byzance [7].

L'empereur Anastase manda le philosophe Proclus, afin qu'il prêtât son concours à Marin. Lorsqu'il lui fit part des entreprises audacieuses du rebelle Vitalien, Marin tranquillisa l'empereur en lui disant : Je vaincrai ce rebelle avec l'aide de Dieu; donne-moi seulement des combattants et que Proclus le philosophe vienne avec moi; et fais-moi apporter du soufre brut vif, pareil à de la poudre d'antimoine. L'empereur le lui fit donner. Marin broya ce soufre et le réduisit en poudre,

[1] መሲሳ ፡ est la transcription fautive de l'arabe مسيسا. Le mot አክራድ ፡ est l'arabe اكراد, « les Curdes, » c'est-à-dire les Scythes qui, plus haut, sont appelés عجم.

[2] ቀሬቆን ፡ représente l'arabe الواريقون. Le traducteur éthiopien a pris la première syllabe pour l'article ال.

[3] Il est au moins douteux que ce nom se trouvât dans le texte original. Mais l'armée de Vitalien était composée en grande partie de Huns et de Bulgares.

[4] Au lieu de ወነሥእ ፡ lisez ወነሥአ ፡.

[5] ኤውሮያ ፡, transcription fautive de l'arabe اوربا.

[6] ለመንግሥት ፡. (Comparez, ci-dessus, p. 107 et 370).

[7] Comparez *Joann. Antioch. fragmenta*, *l. c.*, t. V, p. 32 et suiv.

puis il dit avec assurance: Si tu jettes cela sur un édifice ou sur un vaisseau, il sera embrasé, lorsque le soleil se lève, et le feu le fera fondre comme de la cire. Marin prépara un grand nombre de vaisseaux, rassembla toutes les troupes[1] qu'il put trouver à Constantinople, et partit pour aller attaquer Vitalien, selon l'ordre de l'empereur. En voyant approcher Marin, le rebelle prit tous les vaisseaux qu'il put trouver, embarqua un grand nombres d'archers, scythes et goths, et se dirigea vers Byzance, croyant pouvoir vaincre ses adversaires. Mais Marin et ses compagnons, avec l'aide de Dieu, vainquirent cet ennemi, le dessein de l'audacieux rebelle ne se réalisa point, et Vitalien, le fauteur de guerres civiles, dut s'enfuir. En effet, Marin remit le soufre brut aux matelots, et leur ordonna de le jeter sur les vaisseaux de l'ennemi, pour qu'ils fussent consumés par les flammes. Lorsque les vaisseaux de Marin et ceux du rebelle se trouvaient en présence, les matelots, vers la troisième heure du jour, jetèrent le soufre sur les vaisseaux de Vitalien, qui immédiatement prirent feu et coulèrent au fond. En voyant cela, Vitalien fut stupéfait, et les troupes qui lui restaient se mirent à fuir. Le général Marin poursuivit les rebelles, tuant tous ceux qu'il put atteindre, jusqu'à l'église de Saint-Mammès, et, comme la nuit approchait, il s'y arrêta, en en gardant la route. Vitalien, après sa défaite, marcha pendant toute la nuit, et, en proie à une grande terreur, se réfugia avec ses gens dans un lieu appelé Anchiale. Il avait parcouru, cette nuit, un espace de soixante milles, dans la crainte d'être poursuivi par Marin et de tomber entre ses mains. Le lendemain, il était complètement abandonné, ses gens l'avaient quitté et il demeura seul.

L'empereur Anastase distribua, dans le faubourg du Sosthenium, de nombreuses aumônes aux pauvres et aux malheureux. Il sortit de la capitale et vint demeurer dans l'église Saint-Michel, rendant grâces à Dieu pour tous les bienfaits dont il l'avait comblé et pour la victoire qu'il venait de lui accorder sur ses ennemis, et manifestant une foi

[1] ኢስክር ፣, voyez, ci-dessus, p. 353, note 1.

strictement orthodoxe. Il ordonna ensuite de remettre une grande somme d'argent au philosophe Proclus. Mais celui-ci refusa de recevoir de l'argent, salua respectueusement l'empereur, et s'excusa en disant : Celui qui aime les richesses n'est pas digne d'être philosophe, et le mépris des richesses est l'honneur de ceux qui cultivent la philosophie. L'empereur le congédia et le tint en grand honneur [1].

Tous les croyants orthodoxes qui avaient accepté l'hénotique du pieux empereur Zénon, étaient en grande estime auprès de l'empereur. A cette époque se signalait Jean, prêtre et moine, de la ville de Nikious; car le patriarche (d'Alexandrie) avait refusé de recevoir (l'hénotique); et ce prêtre Jean, qui était savant, qui aimait Dieu et était très versé dans les Écritures, demeurait dans le couvent de Fâr [2].

Les gens de la ville de Ṣâ et ceux d'Aqêlâ étaient en désaccord. Alors les évêques des deux villes se mirent en route, se rendirent auprès de l'empereur Anastase et lui demandèrent de leur donner des règles convenables, de tenir un concile, de chasser les Chalcédoniens et d'effacer de l'Église leur mémoire, et d'éloigner tous les évêques qui s'étaient unis à Léon l'hérétique, lequel proclamait deux natures. Mais l'empereur, par bonté, n'employait contre les hérétiques aucune contrainte; chacun pouvait suivre son inclination. Cependant il traitait avec beaucoup d'honneur ceux qui étaient d'accord avec lui dans la foi orthodoxe, distribuait de nombreuses aumônes et il atteignit à la vertu parfaite.

Ensuite l'empereur tomba malade, étant parvenu à une haute vieillesse; il mourut entouré d'une grande vénération, à l'âge de quatre-

---

[1] Comparez *Joann. Mal. chron.*, col. 596 et suiv. — Zonaras, *Annales*, lib. XIV, cap. III. — Cramer, *Anecdota paris.*, t. II, p. 316. — Georg. Hamart., *Chron.*, col. 764.

[2] Il est probable que le texte original contenait d'autres renseignements sur la personne de ce moine, connu sous le nom de Jean Nicéote, qui, plus tard, fut nommé patriarche d'Alexandrie et qui se signalait par son zèle contre les adhérents du concile de Chalcédoine. D'après Sévère d'Aschmoûnaïn (Hist. des patriarches jacobites d'Alexandrie, ms. arabe de la Bibliothèque nationale, n° 139, p. 73) et le Synaxare éthiopien (ms. éthiop. de la Bibliothèque nationale, n° 128, fol. 103), il a composé plusieurs ouvrages et homélies.

vingt-dix ans, ainsi que dit l'Écriture : « Toute la beauté de l'homme est comme l'herbe; dès que le soleil se lève, l'herbe se sèche, sa fleur tombe et la beauté de son aspect se perd; mais la parole de Dieu demeure éternellement[1]. »

Chapitre XC. Après la mort du bienheureux Anastase, l'ami de Dieu, l'empereur orthodoxe, régna Justin le terrible, qui était l'époux de l'impératrice Euphémie; il fut couronné de la couronne impériale d'après la décision des conseillers intimes de l'empereur. Certains disent qu'il avait été le chef de la septième assemblée (?) de Byzance[2]. Il n'avait pas été accepté par tous les officiers (de la cour)[3]; car il était illettré; il n'était qu'un homme de guerre et un vaillant capitaine. C'était un homme, nommé Amantius, que les officiers (de la cour) voulaient pour régner sur eux, après l'empereur Anastase, et les conseillers avaient remis de grandes sommes d'argent à Justin, pour les distribuer au peuple et à l'armée, qui devaient acclamer le nom d'Amantius et proclamer qu'il était choisi par Dieu. Mais ceux-ci ne consentirent pas à faire ainsi. Alors les conseillers se virent forcés de nommer Justin empereur[4].

Après être monté sur le trône, Justin fit mettre à mort sans qu'ils fussent coupables d'aucun crime, tous les eunuques (chambellans), parce qu'ils n'avaient pas approuvé son élévation au trône; car il pensait qu'ils conspireraient contre lui.

Au commencement du règne de Justin, un capitaine[5] qui inspirait la terreur et l'épouvante se souleva en Orient. C'est pourquoi l'empereur Justin rappela Vitalien, qui avait été l'ennemi de l'empereur

[1] Deux passages combinés : ép. de S. Jacques, chap. I, vers. 11 et 1re ép. de S. Pierre, chap. I, vers. 24.

[2] On ne voit pas par quel genre d'erreur le traducteur a été amené à rendre ainsi les mots du texte original qui ont dû exprimer que Justin était maître de la garde.

[3] ተዓይን ። est la traduction de l'arabe اعيان (ἄρχοντες). Mais il est possible que le traducteur éthiopien ait confondu اعيُن (σωματοφύλακες) avec اعيان.

[4] Comparez *Joann. Mal.*, col. 605 et 608. — *Chron. Pasch.*, col. 857 et suiv.

[5] መኰንን ። est un malentendu de la traduction. Κομήτης a été confondu avec κόμης.

Anastase, et le nomma général en chef[1]. Il changea la foi orthodoxe de l'empereur Anastase : on rejeta l'hénotique de l'empereur Zénon, on communiquait avec les Chalcédoniens et on accepta la lettre de Léon, qui fut insérée dans les écrits de l'Église d'Orient. Dans la première année de son règne s'éleva le grand Sévère, patriarche de la grande ville d'Antioche. Voyant le changement de la foi, le retour de Vitalien et sa rentrée en grâce auprès de l'empereur Justin, il éprouva de la crainte et se réfugia en Égypte, en abandonnant son siège. En effet, Vitalien le haïssait et avait l'intention de lui couper la langue, parce qu'il avait écrit (et prononcé) dans les églises des homélies, longues et brèves, pleines de science, contre l'empereur Léon[2], au sujet de sa doctrine perverse. Paul, qui fut nommé patriarche à Antioche, à la place de Sévère, se rallia aux Chalcédoniens[3], et il y eut alors un schisme : seuls les magistrats de l'empereur communiquaient avec lui; le peuple se détournait de lui, parce qu'il était nestorien, et ne voulait recevoir la bénédiction et le baptême que des prêtres institués en secret par le grand Sévère. Celui qui avait voulu couper la langue au grand Sévère, mourut bientôt de mort violente. La cause de la mort de Vitalien fut, lorsque l'empereur Justin l'eut investi de sa charge, qu'il songea à se révolter contre lui, ainsi qu'il avait fait contre l'empereur son prédécesseur; alors Justin lui fit trancher la tête; car Dieu ne tarda pas à le frapper, conformément à la parole de Sévère qui avait prédit de lui qu'il mourrait d'une mort violente.

Le patriarche Sévère composa un savant et pieux traité qu'il adressa à Cæsaria la patricienne, sainte femme, instrument choisi, de la famille impériale de Rome, qui était fermement attachée à la foi orthodoxe dans laquelle elle avait été instruite par le saint patriarche Sévère. Et cet enseignement se trouve encore à présent entre les mains

---

[1] Comp. *Joann. Mal.*, col. 609. — *Chron. Pasch.*, col. 860. — Jean d'Éphèse, dans Land, *Anecd. syr.*, t. II, p. 298. — Zacharias Rhetor, *ib.*, t. III, p. 232 et suiv. — Evagrius, *Hist. eccl.*, lib. IV, cap. I et II.

[2] C'est une erreur. Il faut lire « le pape Léon. »

[3] Comparez *Joann. Mal. Chron.*, col. 609. — Evagrius, *Hist. eccles.*, lib. IV, cap. IV.

des moines égyptiens. Ensuite Paul le chalcédonien, (patriarche) d'Antioche, qui avait succédé à Sévère, mourut; on nomma à sa place un autre, nommé Euphrasius, de Jérusalem. Cet homme haïssait les chrétiens attachés à la doctrine de Sévère, et beaucoup d'orthodoxes moururent pour sa doctrine[1]. (Justin) amena la guerre civile dans tout l'empire romain, et l'on versa beaucoup de sang; à Antioche, il y eut de grands troubles pendant cinq ans[2], et personne n'osa se plaindre, car on craignait l'empereur. Plusieurs habitants notables commencèrent à élever la voix à Constantinople, en accusant Justinien le patrice[3] . . ., le fils de son frère, qui aidait la faction Bleue[4] à commettre des meurtres et des vols parmi le peuple. L'empereur fit choix d'un préfet nommé Théodote de l'Orient[5], qui devait sévir contre les malfaiteurs; et il le fit jurer de ne point les épargner. Lorsque celui-ci commença à agir à Constantinople, et qu'il punit un grand nombre de malfaiteurs, alors il fit arrêter et mettre à mort Théodose, qui était un homme fort riche; il fit aussi arrêter Justinien le patrice et voulut le mettre à mort; mais, comme il était tombé malade, il le relâcha[6]. L'empereur, en apprenant ces faits, fut très irrité contre le préfet; il le destitua, le chassa de Constantinople et l'exila en Orient. Théodote, craignant d'y être tué, se rendit aux lieux saints de Jérusalem et y vécut dans la retraite[7].

Ensuite, l'armée et le peuple[8] de Byzance s'assemblèrent et renoncèrent à l'obéissance de l'empereur. Ils adressèrent à Dieu cette prière : « Donne-nous donc un bon empereur, comme fut Anastase, sinon enlève cet empereur Justin que tu nous as donné ! » Alors l'un d'entre

[1] Comparez *Joann. Mal.*, col. 616.

[2] Comp. Théophane, *ad ann.* 6012.

[3] Les deux mots ወአህጉረ ፡ አይይለዋስ ፡ renferment un malentendu que l'on pourrait expliquer en supposant que le texte original contenait, comme celui de Jean Malala, les mots : . . . *καὶ ἐτάρασσον τὰς πόλεις λιθασμοῖς*. . . . Au lieu de ዩስንያ ዋስ ፡, lisez ዩስትያዋስ ፡

[4] ቡታጥስ ፡ est la transcription fautive de l'arabe البوناطس, *τὸ Βένετον μέρος*.

[5] ታውጥርጥስ ፡ est la transcription fautive de l'arabe تاوطوطس. Théodote avait été comte d'Orient.

[6] Comparez Procope, *Hist. arc.*, cap. IX.

[7] Comp. *Joann. Mal.*, col. 616 et suiv.

[8] Ou « les factions, » *ὁ σΊρατὸς καὶ οἱ δῆμοι*.

eux, nommé Qâmôs, se leva aux regards de tous et leur parla ainsi : Voici la parole de Dieu : Voyez, je vous aime ; pourquoi m'implorez-vous? Voici celui que je vous ai donné et je ne vous donnerai point un autre ; car, s'il agissait selon ce qui est écrit, ce serait au tour des ennemis de l'empereur de m'implorer. C'est à cause des péchés de cette ville que j'ai choisi cet empereur, ennemi du bien. Ainsi parle Dieu : Je vous donne des chefs selon votre cœur. L'empereur, en entendant ces paroles, fut très affligé ; cependant il cherchait à gagner la sympathie des hommes, craignant que les hauts dignitaires[1] ne l'exhortassent à observer les lois de ce monde[2]. Il choisit donc, de son propre mouvement, et nomma, à la place de Théodote et de Théodore, préfets dans sa capitale, Théodore et Éphrem d'Amid[3]. Ceux-ci, par de grands efforts et une grande rigueur, firent cesser la guerre civile entre les citoyens, mirent fin aux hostilités et firent régner la paix[4].

Mais cela ne suffisait pas encore pour que la colère de Dieu, qui avait pour cause la défaillance de l'empereur, fût détournée de la terre. Dieu envoya un cataclysme, le feu tomba du ciel sur la ville d'Antioche et s'étendait de l'église de Saint-Étienne jusqu'à la maison du maître de la milice, en long et en large, jusqu'au bain appelé[5].... et jusqu'au bain de la nation des Syriens. Et en même temps les flammes surgissaient dans les contrées d'Orient et sur toutes les routes pendant six mois, et personne ne pouvait passer d'un côté à l'autre. Le feu exerçait ses ravages dans la ville (d'Antioche), et beaucoup de

[1] ጠቢባን ፡. Le même mot, dans la même acception, se rencontre plus loin, au chap. cx.

[2] Le traducteur a négligé d'ajouter que cet épisode est le récit d'une scène du Cirque.

[3] La forme de ces deux noms montre qu'ils ont passé par une transcription copte. Le renseignement, d'ailleurs, n'est pas exact. Le mot ሀገሬዊ ፡ qui représente le nom d'Ἀμιδηνός est le résultat d'un autre malentendu, le traducteur éthiopien ayant pris la forme arabe امدينس (ou الامديني ?) pour un dérivé de مدينة.

[4] Comparez *Joann. Mal.*, col. 617.

[5] ጣይፍዶንቅስ ፡. Je ne connais pas l'équivalent grec de ce nom corrompu. On pourrait penser à *δαφνικός*, qui était le nom d'un bain, ou, en supposant qu'il y a une erreur dans la traduction, à *ξενοδόχιον*. Cette dernière conjecture s'accorderait mieux avec les données topographiques; car le Xénodochion se trouvait près de la grande église.

personnes périrent; il prenait toujours au faîte d'une maison et la détruisait de haut en bas jusqu'aux fondements[1]. Puis, sous le règne de ce même empereur, la grande ville d'Antioche de Syrie subit une (nouvelle) calamité et fut ébranlée à six reprises. Les hommes qui restaient se consumaient dans les maisons et devinrent comme des corps sans âme. Des charbons ardents tombaient de l'air, pareils à la foudre, et embrasaient tout ce qu'ils rencontraient, et la ville d'Antioche fut détruite jusqu'à ses fondements; le feu suivait ceux qui voulaient fuir, et ceux qui étaient dans les maisons furent consumés; personne ne put échapper au feu, et la splendeur de la ville d'Antioche fut anéantie. Les maisons qui se trouvaient sur les hauteurs n'échappèrent pas non plus à cette catastrophe. Beaucoup d'oratoires de martyrs furent renversés, quelques-uns se séparèrent en deux, de haut en bas; la grande église qui avait été construite sous le règne de l'empereur Constantin s'écroula. La désolation et le deuil remplissaient la ville; le nombre d'hommes, de femmes, d'adolescents et de petits enfants, qui trouvèrent la mort, fut de deux cent cinquante mille âmes. Le jour de la fête de l'ascension de Notre-Seigneur et Sauveur Jésus-Christ, une grande foule s'assembla dans l'église appelée[2] . . ., pour célébrer une messe, à l'occasion de ce terrible événement. Beaucoup de gens qui avaient échappé à la catastrophe sortirent (de leurs refuges) pour enterrer leurs morts, et certaines femmes firent paraître leurs enfants qui étaient restés saufs. Le malheureux Euphrasius qui n'était pas digne du siège pontifical, avait péri, lui aussi, dans les flammes; on mit à sa place, par la voie du sort, un homme, nommé Éphrem d'Amid, ville située en Mésopotamie. Lui aussi était un chalcédonien qui, comme ses prédécesseurs, persécutait les orthodoxes. La ville de Séleucie et Daphné[3], et toutes les villes des alentours, jusqu'à une distance de vingt milles, furent renversées. Quiconque fut témoin de ces événements disait : Tous ces malheurs sont arrivés parce

[1] Comparez *Joann. Mal.*, col. 617.

[2] ክሬዳውን ፡. La forme correcte de ce nom m'est inconnue.

[3] ሀሌቅያ ፡ paraît être la transcription fautive de la forme arabe دافنا.

que l'on a abandonné la foi orthodoxe, et à cause de l'injuste expulsion du patriarche Sévère, à cause des actions tyranniques de l'empereur Justin et à cause de sa renonciation à la foi orthodoxe des pieux empereurs ses prédécesseurs; voilà les causes de cette catastrophe et de cette calamité. En apprenant ces événements, l'empereur Justin déposa la couronne ainsi que la robe impériale; il versa des larmes et gémit, et il cessa de se rendre au théâtre. Le jeudi de Pâques il alla en grand deuil, du palais impérial à l'église, marchant sur le sol, les pieds nus. Le peuple et le Sénat se lamentaient et gémissaient en versant d'abondantes larmes. L'empereur donna beaucoup d'or, pour reconstruire les églises et les villes qui avaient été détruites; aucun empereur, avant lui, n'en avait donné autant que lui [1].

Il arriva encore sous son règne que les Lazes, qui étaient sous la domination des Perses et qui avaient embrassé la religion de leurs idoles, vinrent trouver Justin et devinrent chrétiens. C'est à la mort du roi de Perse [2] qu'ils reçurent la grâce du ciel, la croyance dans le fils de Dieu, Notre-Seigneur Jésus-Christ. Alors [3] ils s'étaient rendus à Constantinople, auprès de l'empereur Justin, et lui avaient dit : Nous désirons que tu nous fasses chrétiens, comme tu l'es toi-même, et nous deviendrons les sujets de l'empire romain. Justin les accueillit avec joie et les fit baptiser au nom du Père, du Fils et du Saint-Esprit, Trinité consubstantielle. Il distingua particulièrement leur chef, le revêtit, après qu'il eut été baptisé, d'une robe d'honneur, lui rendit des honneurs royaux et lui donna pour épouse la fille d'un grand dignitaire, nommé Ionios; puis il le renvoya dans son pays avec de grands égards. Lorsque Cabadès, roi de Perse, connut ces circonstances, il en éprouva un grand chagrin, députa à l'empereur Justin des ambassadeurs et lui fit dire : « Il y avait entre

[1] Compar. Jean, évêque d'Éphèse, dans Land, *Anecdota syr.*, t. II, p. 299 et suiv. — Evagrius, *Hist. eccles.*, lib. IV, cap. v. — *Joann. Mal.*, col. 620 et suiv. — Théophane, *ad ann.* 6018 et 6019.

[2] C'est après la mort, non du roi des Perses, mais du roi des Huns, son prédécesseur, que Tzathius vint à Constantinople.

[3] Au lieu de ወሶበ ።, il faut probablement lire ወሶቤሃ ።.

nous paix et amitié; voilà que maintenant tu viens de faire acte d'hostilité en détournant le roi des Lazes qui, de tout temps, a été sous notre domination, et non sous la domination romaine. » L'empereur Justin, ayant pris connaissance de ce message, lui écrivit une réponse en ces termes : « Nous n'avons détourné personne de ta domination. Mais, comme un homme, nommé Tzathius[1], est venu humblement nous prier de le délivrer de l'erreur qu'il suivait, c'est-à-dire l'erreur des démons, de la religion des païens et des sacrifices impurs, et qu'il a demandé de devenir chrétien, pouvais-je, moi, repousser quelqu'un qui veut venir au vrai Dieu, le créateur de l'univers? Lorsqu'il fut devenu chrétien et digne de recevoir les saints mystères, nous l'avons laissé partir pour son pays[2]. »

A la suite de cet événement, il y eut des hostilités entre les Romains et les Perses. L'empereur Justin demanda à [Ziligdès], roi des Huns[3], d'être son allié dans la guerre; il lui fit des dons nombreux et lui fit promettre par un serment solennel de l'assister fidèlement; mais ce roi, infidèle à son serment, alla rejoindre Cabadès, le roi de Perse, avec vingt mille guerriers, conclut une alliance avec lui et se joignit à lui. Cependant les chrétiens avaient l'assistance divine, qui les défend toujours contre leurs ennemis. Lorsque les Perses se préparaient à livrer bataille, l'empereur Justin envoya au roi des Perses le message suivant : « Certes il conviendrait que nous fussions frères amicalement et que nos ennemis ne pussent pas se railler de nous. Or nous voulons t'avertir que Ziligdès, le Hun[4], a reçu de nous de grandes sommes pour nous prêter aide pendant la bataille; et voici maintenant qu'il s'est joint à toi, ayant l'intention de te trahir; pendant la bataille il passera de notre côté et tournera ses armes contre les Perses. A présent, qu'il en soit comme tu dis : qu'entre nous, il n'y ait plus d'hostilités, mais

[1] ራንዮስ ፡, transcription fautive de l'arabe رانسوس.

[2] Comparez *Joann. Mal. chron.*, col. 609 et suiv. — *Chron. Pasch.*, col. 860 et suiv. — Théophane, *ad* ann. 6015.

[3] ገዛቃ ፡ et plus loin ዜቃ ፡ sont des transcriptions de l'arabe ريغا, ῥῆγα, accusatif de ῥήξ, mot que le traducteur arabe a pris pour un nom propre. ቱንስ ፡ représente le nom du *pays des Huns*.

[4] Au lieu de ቱግሰዊ ፡, il faut peut-être lire ቱንሰዊ ፡.

la paix. » Cabadès, le roi des Perses, ayant reçu ce message, interrogea Ziligdès et lui dit : Est-il vrai que tu aies reçu de l'argent des Romains pour les aider contre les Perses? Ziligdès l'avoua. Alors Cabadès, fort irrité, ordonna sur-le-champ de lui trancher la tête; car il croyait qu'il avait agi ainsi dans une intention de trahison. Puis il envoya des soldats contre les vingt mille hommes qui étaient venus avec lui; ces hommes furent massacrés et il n'en échappa qu'un petit nombre, qui retournèrent honteusement dans leur pays. A partir de ce jour, l'accord régna entre Cabadès, roi de Perse, et Justin, empereur de Rome[1].

Mais le règne de Justin ne dura pas longtemps après la conclusion de cet accord. Dans la neuvième année de son règne, il tomba gravement malade : une blessure à la tête[2], produite par une flèche, qu'il avait reçue dans la guerre, se rouvrit et il en demeura pendant longtemps malade sans pouvoir être guéri. Pendant sa maladie, il nomma empereur le fils de son frère, le couronna de la couronne impériale et le chargea de toutes les affaires de l'État; puis il mourut[3].

Justinien, après avoir pris le gouvernement, résida à Constantinople avec sa femme Théodora. Il prit d'excellentes mesures, et les gens turbulents se cachèrent devant lui. Il éleva partout des églises, des hospices pour les voyageurs, des maisons pour l'entretien des vieillards, des hôpitaux pour les malades, des maisons pour les orphelins, et beaucoup d'autres établissements du même genre; il restaura plusieurs villes qui avaient été détruites, et distribua de grandes sommes d'argent, toutes choses qu'aucun des empereurs, ses prédécesseurs, n'avait faites comme lui[4].

Cabadès, le roi de Perse, se disposait à attaquer le roi des Lazes, parce que celui-ci avait prêté son concours aux Romains et qu'il avait embrassé leur religion et était devenu chrétien. (Le roi des Lazes)

---

[1] Compar. *Joann. Mal. chron.*, col. 613 et suiv. — *Chron. Pasch.*, col. 864 et suiv. — Théophane, *ad ann.* 6013.

[2] Les autres chroniques parlent d'une blessure au pied.

[3] Comparez *Joann. Mal.*, col. 625. — *Chron. Pasch.*, col. 865.

[4] Comparez *Chron. Pasch.*, col. 865 et 868.

écrivit à l'empereur Justinien et lui demanda aide, en faisant valoir sa croyance en Jésus-Christ. Justinien lui expédia immédiatement de nombreuses troupes commandées par trois généraux, à savoir : Bélisaire, Cérycus et Irénée, qui devaient lui prêter aide. Lorsqu'on livra bataille, beaucoup de Romains furent tués ; car (les généraux) étaient en désaccord entre eux. L'empereur, à cette nouvelle, fut très irrité, et fit partir le général Pierre avec un grand nombre d'archers. Pierre, placé à la tête des généraux romains, se joignit aux Lazes. Ils livrèrent bataille aux Perses et en tuèrent alors un grand nombre [1].

L'empereur Justinien aimait Dieu de tout son cœur et de toute son âme. Il y avait un magicien nommé Masédès, qui demeurait dans la ville de Byzance, entouré d'une bande de démons qui étaient ses ministres. Tous les fidèles le fuyaient et évitaient tout contact avec lui. Ce magicien ordonna aux démons d'infliger aux hommes des fléaux. Ceux qui vivaient sans remède de l'âme et qui ne s'occupaient que de théâtre et de courses, et surtout certains notables de la ville, à savoir Addæus et Ætherius [2], les patrices, tenaient cet ennemi de Dieu en grande estime. Ces mêmes patrices parlaient de ce magicien à l'empereur en lui disant : Cet homme, après avoir amené la ruine des Perses, donnera la victoire aux Romains ; il sera utile, par ses pratiques, à l'empire romain, maintiendra le peuple et fera rentrer facilement l'impôt ; il enverra chez les Perses des démons, ôtera la force à leurs hommes de guerre, par des fléaux de toutes sortes, et fera triompher les Romains sans combat. L'empereur, demeurant inébranlable, se moquait de ces serviteurs de démons ; cependant il désirait connaître leurs manœuvres, et Masédès exécutait les maléfices, ainsi que lui avaient dit ces patrices. Lorsque l'empereur les connut, il les railla et leur parla ainsi : Je ne veux pas de la magie et des sor-

---

[1] Comp. *Joann. Mal. chron.*, col. 629. — *Chron. Pasch.*, col. 868 et suiv. — Théophane, *ad ann.* 6020.

[2] Ce sont ces patrices qui, soupçonnés de pratiquer les arts magiques furent accusés, plus tard, d'un complot contre la vie de Justin et condamnés à mort. (Voy. Evagrius, *Hist. eccl.*, lib. V, cap. III. — Théophane, *chron. ad ann.* 6059.)

tilèges que tu pratiques et par lesquels tu crois être utile à l'État. Moi, Justinien, empereur chrétien, je triompherais avec l'aide des démons! Non, mon secours vient de Dieu et de mon Seigneur Jésus-Christ, créateur des cieux et de la terre! En conséquence, il chassa ce magicien et ses amis; car sa confiance était toujours en Dieu. Quelque temps après, l'empereur obtint de Dieu la victoire : alors il ordonna de brûler ce magicien.

Les Perses, renouvelant les hostilités contre les Romains, demandèrent aux Huns d'envoyer contre eux vingt mille guerriers. Il y avait, dans le pays des Huns extérieurs[1], une femme vaillante, nommée, dans la langue des barbares, Boarex. Cette femme, qui était veuve, était douée d'une grande sagesse; elle avait deux jeunes fils, et des milliers de guerriers Huns lui obéissaient; elle exerçait le pouvoir depuis la mort de son mari, nommé Balach. Elle vint trouver Justinien, l'empereur chrétien, et lui offrit une grande quantité d'or, de l'argent et des pierres précieuses. L'empereur lui ordonna de s'opposer à deux chefs, qui avaient l'intention de s'allier aux Perses, pour attaquer les Romains. Ces chefs s'appelaient Styrax et Glonès. Cette femme les ayant rencontrés, alors qu'ils allaient rejoindre les Perses, les attaqua, les vainquit, et tua Glonès sur le champ de bataille, ainsi que ses gens. Quant à Styrax, elle le prit vivant, le fit enchaîner et l'envoya à Constantinople, où il fut attaché au gibet et crucifié[2].

Ensuite un homme du pays des Huns, nommé Gordas[3], vint trouver l'empereur Justinien, reçut le baptême et devint chrétien. L'empereur Justinien fut son parrain, le combla d'honneurs et le renvoya dans son pays; cet homme devint vassal de l'empire romain. De retour dans son pays, il parla à son frère des dons qu'il avait reçus de l'empereur, et alors son frère devint également chrétien. Puis Gordas

[1] Littéralement : dans le pays de *Toûnes extérieure.*

[2] Comp. *Joann. Mal. chron.*, col. 636. — Théophane, *ad ann.* 6020. — *Hist. miscella*, col. 979.

[3] La forme ዶርሞክስ፡ (et plus loin ዶርክስ፡) est la corruption de عوردس, ou peut-être la transcription fautive du mot ῥήξ, que le traducteur, comme plus haut, aurait pris pour un nom propre.

prit toutes les idoles que les Huns adoraient, les brisa en morceaux, en enleva l'argent dont elles étaient recouvertes, et les brûla. Les habitants du pays des Huns, qui étaient des barbares, très mécontents, se soulevèrent contre lui et le tuèrent. En recevant cette nouvelle, l'empereur Justinien se mit en route pour leur porter la guerre. Il envoya un grand nombre de vaisseaux par la mer du Pont avec beaucoup de guerriers scythes et goths, donnant le commandement de ces vaisseaux à un vaillant général nommé Godilas[1]; quant aux cavaliers, il les fit partir par la voie de terre, ainsi qu'une nombreuse armée, sous le commandement de Baduarius. Les habitants du pays des Huns, en apprenant cette expédition, s'enfuirent et se cachèrent. L'empereur occupa leur pays et renouvela la paix avec eux[2].

En ces temps régna, dans le pays des Huns, un homme nommé Grætis[3], qui vint trouver l'empereur Justinien et devint chrétien, lui et tous ses parents et ses officiers. L'empereur le combla de présents et le renvoya dans son pays avec honneur, comme vassal de l'empire romain.

Sous le règne de l'empereur Justinien, il y eut une guerre entre les Indiens et les Éthiopiens. Le roi des Indiens se nommait Endâs; il adorait l'étoile appelée Saturne. Le pays des Éthiopiens n'était pas éloigné de l'Égypte; il comprenait trois États d'Indiens et quatre États d'Abyssins, situés au bord de l'Océan, vers l'Orient. Les marchands chrétiens qui traversaient le pays des adorateurs des astres et (le pays) des Juifs[4] que nous avons précédemment mentionnés, avaient à subir de grandes vexations. Damnus, le roi des Juifs, quand les marchands chrétiens pénétraient chez lui, les tuait et s'emparait de leurs biens, disant : Puisque les Romains oppriment et tuent les Juifs, je tuerai,

[1] ጕዲላን ፡, transcription fautive de عودلان.

[2] Comparez Evagrius, *Hist. eccles.*, lib. IV, cap. xx. — *Joann. Mal. chron.*, col. 636 et suiv. — Théophane, *Chronogr.*, *ad ann.* 6020.

[3] Grætis était roi des Hérules. (Voyez Jean Malala, col. 629. — Théophane, *ad ann.* 6020.)

[4] አሕዛብ ፡, *les juifs* (*les tribus*), comme ci-dessus, p. 345. Cependant, il est possible que le traducteur éthiopien, trompé par une transcription incorrecte du nom des Homérites (اميرا ?), ait lu امم.

moi aussi, tous les chrétiens qui me tomberont entre les mains. En conséquence, tout commerce cessa et disparut de l'Inde intérieure. Le roi des Nubiens[1], ayant eu connaissance de ces faits, envoya au roi des Juifs le message suivant : « Tu as mal agi en tuant les marchands chrétiens, et tu as porté préjudice à mon État et aux États d'autres (rois), soit voisins, soit éloignés de moi. » Ayant reçu ce message (le roi des Juifs) se mit en campagne contre lui. Lorsque les deux adversaires furent en présence, le roi des Nubiens s'écria : « Si Dieu me donne la victoire sur ce Juif Damnus, je deviendrai chrétien ! » Puis, en livrant bataille au Juif, il le vainquit et le tua, et il s'empara de son État et de ses villes. Alors il envoya des messagers à Alexandrie, auprès des Juifs et des païens[2], faisant demander, en même temps, aux gouverneurs romains de lui envoyer, de l'empire romain, un évêque qui donnerait le baptême et enseignerait les saints mystères chrétiens à tous les Nubiens et à ceux d'entre les Juifs qui avaient survécu. L'empereur Justinien, informé de cette demande, ordonna de lui accorder tout ce qu'il demandait et de lui envoyer des prêtres et un évêque d'entre les clercs du saint patriarche Jean[3]. C'était un homme chaste et pieux. Telle fut l'origine de la conversion des Éthiopiens, sous le règne de l'empereur Justinien[4].

Il arriva encore sous son règne que le roi du Ḥedjâz, nommé Almondar se mit en campagne, envahit la Perse et la Syrie, y commit de grandes déprédations, s'avança jusqu'à la ville d'Antioche, tua beaucoup d'habitants et brûla la ville nommée Chalcis et d'autres villes du canton de Sirmium et du canton de Cynegia. L'armée d'Orient

[1] Il est probable que c'est le traducteur éthiopien qui a changé *Axumites* en *Nubiens*, parce qu'il considérait ce récit incompatible avec l'ancienne tradition relative à la conversion de l'Abyssinie par Frumentius.

[2] Les mots ኀበ ፡ አይሁድ ፡ ወሐንፋውያን ፡ renferment probablement quelque erreur.

[3] C'est une erreur de la traduction. L'évêque que les envoyés du roi d'Axum choisirent était le paramonaire de l'église de S. Jean d'Alexandrie.

[4] Comparez Jean d'Éphèse, dans Assemani, *Bibl. orient.*, t. I, p. 359 et suiv. — *Joann. Mal. chron.*, col. 640 et suiv. — Théophane, *ad ann.* 6035. — *Hist. miscella*, col. 990. — Cedrenus, col. 716.

marcha immédiatement contre les envahisseurs, qui ne tinrent pas devant elle; ils rentrèrent dans leur pays, en emportant un nombreux butin[1].

Sous le règne de l'empereur Justinien, il y eut aussi un grand tremblement de terre en Égypte. Beaucoup de villes et de villages furent engloutis dans l'abîme. Ceux qui habitaient le désert[2] priaient et imploraient Dieu, dans les larmes et dans le deuil, à cause de ce grand désastre. Après un an, le fléau cessa et les secousses, qui s'étaient fait sentir partout, s'arrêtèrent. Les Égyptiens célèbrent la mémoire de ce jour chaque année, le dix-septième jour de ṭeqemt. Le souvenir de cette calamité nous a été conservé par nos pères, les moines égyptiens, les théophores; car ce cataclysme avait pour cause le changement de la foi orthodoxe par l'empereur Justinien, qui était encore plus tyrannique que le frère de son père, son prédécesseur[3].

Justinien ordonna aux Orientaux d'inscrire les noms (des évêques) du concile de Chalcédoine, alors qu'on avait exilé le patriarche Sévère, dans les diptyques de l'Église : usage qui n'existait pas et dont il n'est question ni dans les canons des apôtres ni dans les conciles des Pères subséquents; on ne devait mentionner aucun concile dans la messe. Justinien seul établit cette coutume dans tout son empire, et il fit inscrire les noms des évêques du concile de Chalcédoine[4]. Anthime, patriarche de Constantinople, Acacius[5], qui fut patriarche au temps de l'empereur

[1] Comp. *Joann. Mal. chron.*, col. 641, 653 et suiv. — Théophane, *ad ann.* 6021. — *Hist. miscella*, col. 981.

[2] C'est-à-dire les moines du désert.

[3] Un tel événement n'est pas mentionné à cette date dans les calendriers égyptiens, et aucun autre historien ne parle d'un tremblement de terre qui aurait eu lieu vers cette époque. Mais, comme, le 17ᵉ jour de ṭeqemt ou paophi, on célèbre, dans l'Église monophysite, la mémoire de la mort du patriarche Dioscore II, il est possible que le traducteur ait mal compris le texte original qui, sans doute, parlait des troubles qui avaient eu lieu, en Égypte, pendant le pontificat de ce patriarche. (Voyez, pour une erreur analogue, ci-dessus, p. 278 et 279.)

[4] Voy. Session II du 5ᵉ synode de Constantinople (de l'an 553), dans Labbe, *Sacro-Sancta Concilia*, t. V, col. 432. — Compar. *Cod. Just.* Lib. I, *De summa Trinitate*, tit. 1, 7, § 5.

[5] **እናናምዮስ ፡** et **አክላዮስ ፡** sont des transcriptions fautives des formes arabes انسميوس et اككيوس.

Zénon, et Pierre, patriarche d'Alexandrie, furent excommuniés, et il fit effacer leurs noms des diptyques; il abolit l'hénotique de l'empereur Zénon, proscrivit le nom du patriarche Abbâ-Sévère dans toute la province d'Antioche et dans toutes les provinces adjacentes, défendant de le mentionner dans les diptyques de l'Église et ordonnant de le maudire, et empêcha les habitants d'Alexandrie de se désaltérer à la source de la doctrine de Dioscure. A Dioscure avait succédé le patriarche Timothée. L'empereur Justinien avait donné le siège pontifical[1] aux Chalcédoniens; mais l'impératrice Théodora, sa femme, l'ayant sollicité en faveur de Timothée, patriarche d'Alexandrie, il le laissa à cause d'elle sur son siège. Elle l'appelait « Père spirituel. »

Du temps de ce saint père, l'empereur Justinien envoya à Alexandrie des troupes nombreuses, qui bloquèrent la ville et voulurent y faire un grand massacre. Le patriarche Timothée députa plusieurs anachorètes et ascètes, afin d'intercéder auprès de l'empereur en faveur de l'Église, et afin de le prier pour qu'il n'y eût pas de massacre dans la ville, que l'on ne répandît pas le sang innocent et que les habitants pussent demeurer dans la foi de leurs pères. L'empereur, en recevant ce message, accorda la requête sur l'intercession de l'impératrice Théodora, qui lui était chère, et il envoya à l'armée l'ordre de retourner dans la province d'Afrique. Le patriarche Timothée continuait à demeurer dans son palais, fidèle à sa foi orthodoxe. L'empereur envoya ensuite à Alexandrie, un cubiculaire nommé Calotychius[2]. En cette année l'empire romain avait mille deux cent quatre-vingt-sept ans d'existence. La ville fut tranquille pendant quelque temps. Puis le vénérable père Timothée mourut entouré de vénération[3].

Chapitre XCI. Il était encore arrivé, du temps de ce patriarche

[1] Au lieu de መንበረ ፡, il faut peut-être lire መኳብርት ፡.

[2] ከለሬደንግስ ፡ est la transcription fautive de la forme arabe كلوذكس.

[3] Compar. Liberatus, *Breviarium*, *l. c.*, col. 1033. — *Eutychii Annales*, t. II, p. 153. — Al-Makîn, ms. arabe de la Bibliothèque nationale, supplément n° 751, fol. 242 v°.

Timothée, dans la ville d'Alexandrie, un fait important, entouré de prodiges et tout à fait extraordinaire. Il y avait, dans la partie orientale de la ville, dans l'endroit appelé *Aroûtîyoû*, à droite de l'église de Saint-Athanase, une maison habitée par un juif appelé *Aubaroûnes*[1], qui avait chez lui un coffre qu'il avait reçu de ses parents juifs, contenant le *Mandilion*[2] et le linge dont Notre-Seigneur Jésus-Christ s'était ceint, lorsqu'il lava les pieds de ses disciples. Cet homme avait tenté plusieurs fois en vain de l'ouvrir; quand il le touchait, une flamme descendait menaçant de consumer celui qui voudrait l'ouvrir, et il entendait la voix des anges chantant les louanges de Celui qui a été cloué sur la croix, Dieu, le roi glorieux! Le juif, très effrayé, alla avec sa mère, sa femme et ses enfants, trouver le patriarche Timothée, et ils lui firent part de ces circonstances. Aussitôt le patriarche, accompagné de personnes portant des croix, des évangiles, des encensoirs et des cierges allumés, se rendit à l'endroit où se trouvait le coffre, et le couvercle de la caisse s'ouvrit immédiatement; le patriarche prit respectueusement le mandilion et le linge sacrés et les porta dans son palais épiscopal, puis il les déposa dans l'église des Tabenniosites[3], dans un lieu saint. Un ange descendit du ciel et ferma le couvercle de la caisse de bronze qui contenait le mandilion et le linge, et elle est restée fermée jusqu'à ce jour. Les habitants d'Alexandrie en furent mécontents et allèrent trouver les Perses (?)[4], leur demandant d'ouvrir cette caisse, mais ils n'y réussirent pas. Quant au juif, ainsi qu'il convenait, il embrassait alors le christianisme, avec tous les gens de sa maison.

Chapitre XCII. Après la mort du vénérable père Timothée, on nomma à sa place le diacre Théodose, qui était secrétaire[5] (de Timothée). Lorsqu'il allait pour occuper son siège pontifical, un Éthio-

[1] J'ignore les formes exactes de ces deux noms.

[2] C'est-à-dire l'image de Jésus-Christ (image d'Édesse).

[3] Voyez ci-dessus, p. 362, note 8.

[4] Il est probable que cette phrase renferme quelque erreur.

[5] Λογογράφος, voyez Léonce le Scholastique, *De sectis, Actio V* (Patrol. gr., t. LXXXVI, *pars prior*, col. 1232 A).

pien voulut le tuer; il prit la fuite et se rendit dans la ville de[1]... et y vécut dans la retraite. Alors la populace prit Gaïnas et le proclama patriarche à la place de Théodose, contrairement aux saints canons. La ville était divisée; les uns se déclaraient partisans de Théodose, les autres, partisans de Gaïnas; et cette division s'est perpétuée jusqu'à ce jour. Il y avait alors, dans la ville, un préfet nommé Dioscore, tandis qu'Aristomaque était commandant de l'armée. En apprenant ces événements, l'empereur Justinien ordonna au gouverneur militaire de se rendre à Alexandrie et de ramener le saint père Théodose de son exil. Ce général rétablit donc Théodose sur son siège et chassa Gaïnas[2]... Lorsqu'il prit possession de l'église, il la donna à Paul le chalcédonien, qui était un moine d'entre les Tabenniosites, et le proclama patriarche. Celui-ci déclara par écrit qu'il était rallié à la foi des Chalcédoniens, et il envoya (cette déclaration) à toutes les églises. Il y eut aussitôt des troubles parmi les habitants d'Alexandrie, qui luttaient les uns contre les autres à main armée; car il n'y avait personne qui voulût communiquer avec Paul, qui était un apostat et un nestorien. Et cela fut ainsi non seulement à Alexandrie; aucune ville ne voulait le reconnaître, parce qu'il exerçait des persécutions et qu'il aimait à répandre du sang. Ce même Paul, lorsqu'on l'eut trouvé dans un bain commettant avec un diacre le crime infâme de sodomie, fut déposé par l'empereur Justinien, qui nomma à sa place un moine nommé Zoïle[3] de la ville de[4] .... Les habitants de la ville refusaient également de l'accepter, et Zoïle, voyant que les habitants lui étaient hostiles, adressa une lettre à l'empereur Justinien, se démettant de sa dignité pontificale. Alors l'empereur choisit un lecteur du couvent de Salâmâ, d'Alexandrie, nommé Apollinaire[5], qui était un homme doux

[1] Je ne connais pas le nom exact de cette ville. Il est possible que Théodose se soit retiré d'abord au couvent de Canope.

[2] Les traducteurs ont omis ici une ou plusieurs phrases. Au reste, on voit combien toute cette relation diffère des renseignements donnés par les autres historiens.

[3] **ወይሎስ ፡**, transcription fautive de l'arabe زويلوس.

[4] Nom corrompu, dont je ne connais pas la véritable forme.

[5] **ዩሊናርዮስ ፡**, transcription fautive de l'arabe ابولينا ريوس.

et pieux du parti des Théodosiens. On le décida par la persuasion à être patriarche à la place de Zoïle, et on lui promit de grandes faveurs, pour qu'il cherchât à rétablir la foi de l'Église. Gaïnas mourut en exil avant Théodose.

L'empereur Justinien assembla un grand nombre d'évêques de tous les pays avec Vigile, patriarche de Rome. A la suite de laborieux efforts, beaucoup de gens avaient accepté la foi orthodoxe, tandis que d'autres suivaient la doctrine perverse nestorienne et chalcédonienne[1].......

.... Or Justinien tenait pour vraie la doctrine des Chalcédoniens et acceptait la lettre de Léon qui déclarait que le Christ avait deux natures absolument distinctes, ainsi que l'avaient enseigné les deux évêques, Théodoret, évêque de Cyr[2], et Théodore, évêque de Mopsueste, les nestoriens.

Justinien, après la calamité que Dieu avait fait descendre sur le pays, conclut la paix avec les Perses et vainquit les Vandales. Ces grandes victoires ont été exactement racontées par Agathias[3], l'un des *scholastiques*[4] renommés de Constantinople, ainsi que par un savant nommé Procope[5], le patrice, qui était un homme d'une haute intelligence, grand dignitaire, dont l'œuvre est célèbre. C'est lui (Justinien) qui prit tous les édits des empereurs ses prédécesseurs, les mit dans un ordre convenable, les remit en vigueur, et les déposa dans les prétoires dont l'origine remonte aux anciens Romains qui ont laissé (cette institution) comme un monument pour la postérité[6].

Chapitre XCIII. Il fut un homme nommé Romulus, qui avait fondé

[1] Le texte de ce passage est trop corrompu pour qu'il soit possible de le traduire. C'est un résumé, au point de vue des monophysites, des actes du cinquième concile de Constantinople.

[2] ቂጽሮስ ። est la transcription fautive de la forme arabe قورس.

[3] አጋብያስ ። transcription fautive de l'arabe اغابياس.

[4] መተርጕም ።, paraît être la traduction de σχολαστικός.

[5] አብሮኮኒዮስ ።, transcription de l'arabe ابروكوبيوس. Mais le traducteur a réuni mal à propos en un seul paragraphe ce qui était dit, dans l'original, de Procope et de la rédaction du Code par Tribonien.

[6] Le sens de cette phrase reste douteux.

la grande ville de Rome; puis un autre, son successeur, nommé Numantius, qui prodigua à la ville de Rome des institutions et des lois et qui ensuite établit les trois ordres du royaume; ainsi faisaient encore César l'ancien et Auguste, son successeur. C'est par ces institutions que s'est manifestée la supériorité des Romains, et ces institutions se sont maintenues parmi eux jusqu'à ce jour[1]. A son tour l'impératrice Théodora, épouse de l'empereur Justinien, fit cesser la prostitution, et elle ordonna d'expulser les femmes prostituées de tout lieu.

Un chef de brigands samaritain réunit autour de lui tous les Samaritains et souleva une grande guerre; il se fit couronner dans la ville de Néapolis, et se proclama roi. Il égara un grand nombre de gens de sa nation, en affirmant mensongèrement qu'il était envoyé de Dieu pour rétablir le royaume des Samaritains, ainsi qu'avait fait Roboam, fils de Nabot, qui régnait après Salomon le sage, fils de David, et qui avait séduit le peuple d'Israël, et l'avait conduit à l'idolâtrie. Pendant qu'il était à Néapolis, trois écuyers[2], un chrétien, un juif et un samaritain, luttaient dans les courses. Le chrétien, ayant vaincu, descendit aussitôt de son cheval et inclina la tête pour recevoir le prix. (L'usurpateur) demanda qui était celui qui avait vaincu dans la course. On lui répondit que c'était le chrétien. Sur-le-champ on lui trancha la tête. C'est pourquoi on appela les soldats (des Samaritains), soldats de Philistéens[3]. Les troupes de Phénicie, de Canaan, d'Arabie et beaucoup d'autres chrétiens accoururent, attaquèrent ce misérable Samaritain et le tuèrent, ainsi que ses compagnons et ses officiers. On lui trancha la tête, que l'on envoya à Constantinople, à l'empereur Justinien (pour servir d'exemple), afin de fortifier son gouvernement. L'empereur distribua alors des aumônes aux pauvres et aux malheureux[4].

Chapitre XCIV. Il y avait de l'incertitude au sujet du corps de

[1] Il est possible que ces phrases, dans le texte original, aient été rattachées au chapitre précédent.

[2] Au lieu de : *trois cochers.*

[3] C'est de cette façon si étrange que le traducteur a rendu le sens du passage mentionnant la mise en campagne des troupes de la Palestine.

[4] *Joann. Mal.*, col. 656 et suiv.

Notre-Seigneur Jésus-Christ, et l'on discutait beaucoup à Constantinople sur la question de savoir s'il était corruptible ou incorruptible. Il y eut beaucoup de mouvement, à Alexandrie, à cause de la discussion qui existait à ce sujet entre les partisans de Théodose et ceux de Gaïnas. L'empereur Justinien fit demander sur cette matière l'avis d'Eutychius[1], qui était alors patriarche de Constantinople, et qui partageait, quant à la doctrine, les sentiments de Sévère et de Théodose. Eutychius lui répondit ainsi : « Le corps de Notre-Seigneur qui s'est soumis à la souffrance pour notre salut, est vivant, impérissable, incorruptible, inaltérable ; nous croyons qu'il a souffert par sa propre volonté et qu'après la résurrection il a été incorruptible et inaltérable, sous tous les rapports et d'une manière absolue. » L'empereur ne fut pas satisfait de cette déclaration. La vraie solution de cette difficulté se trouve dans la lettre adressée par saint Cyrille à Succensus. L'empereur inclinait vers l'opinion de Julien, évêque des partisans de Gaïnas qui avaient la même doctrine et qui disaient : Jésus-Christ a été homme comme nous ; les saintes Écritures affirment qu'il a souffert pour nous en son corps. L'empereur Justinien fut donc très irrité contre le patriarche Eutychius, parce qu'il ne lui avait pas répondu comme il l'avait désiré, qu'au contraire il s'était prononcé comme Sévère et Anthime[2]. Ceux-ci, disait-il, avaient trompé les habitants de Constantinople, et (Eutychius) les trompe également. Justinien adressa ensuite une lettre à Agathon[3], préfet d'Alexandrie, et ordonna qu'Apollinaire[4], *comes* du couvent de *Bânṭôn* (?), fût établi patriarche des Chalcédoniens dans Alexandrie et dans les autres villes d'Égypte. Mais les habitants de cette province étaient fortement attachés à la doctrine de l'incorruptibilité ; ils suivaient l'enseignement de nos pères, consigné dans les livres, d'après lequel le saint corps de

[1] አውቶንግስ ፡, transcription de اوتيخس.

[2] ብጤሙስ ፡ est la transcription fautive de la forme arabe انسيموس.

[3] Nous ne connaissons pas de gouverneur d'Égypte du nom d'Agathon. Il y a probablement confusion avec Agathon, frère d'Apollinaire, et sa mission à Alexandrie, dans la 2ᵉ année du règne de Justin. (Voyez Théophane, *ad ann.* 6059.)

[4] ዩሊናርዮስ ፡, transcript. de ابولينا ريوس.

Notre-Seigneur a été incorruptible avant la résurrection ; il a souffert la passion par sa propre volonté jusqu'à la mort, et, après la résurrection, il est devenu immortel et impassible ; telle est la formule de Grégoire le théologien. C'est pourquoi nous devons, dans la question de l'incorruptibilité, écarter la passion salutaire qu'il a subie en son corps, par sa propre volonté et par sa libre détermination, et qu'il a préparée pour notre rédemption. Or l'empereur Justinien, ayant déposé et exilé Eutychius, patriarche de Constantinople, nomma à sa place Jean, de la ville de[1] . . ., qui lui promit de déclarer par écrit qu'il était d'accord avec lui dans la foi, et d'écrire une lettre synodale. Mais, après avoir pris possession de son siège, Jean ne tint pas compte de la volonté de l'empereur et refusa d'écrire comme il lui avait dit. En effet il avait été d'abord laïque ; il ne connaissait pas les Écritures et n'avait pas étudié à fond la sainte religion ; mais, lorsqu'il fut prêtre, il s'appliqua à étudier les saintes Écritures, et il sut les peines et les afflictions que nos saints Pères ont supportées à cause du Christ ; il apprit ainsi la doctrine orthodoxe et abandonna la doctrine corrompue de l'empereur. Ce même patriarche Jean composa (le livre intitulé) *Mystagogia*[2], traitant de la nature unique du Christ, le Verbe de Dieu devenu chair, dont il affirma, d'accord avec le témoignage d'Athanase l'apostolique, l'essence unique, divine et humaine.

Un homme nommé Ménas, qui avait été auparavant patriarche de Constantinople, adressa à Vigile, patriarche de Rome, un écrit dans lequel il s'exprimait ainsi : « Il n'y a qu'un seul arbitre et une seule volonté dans Notre-Seigneur et sauveur Jésus-Christ ; nous croyons en Dieu dans la crainte parfaite du cœur et en nous pénétrant de l'enseignement de nos pères ». Tout ce discours était conforme aux idées de Jean, patriarche de Constantinople. Or l'empereur voulait déposer Jean ; mais, pendant qu'il y songeait, craignant qu'il n'y eût

[1] Jean était originaire de Sirmium, ville de la province d'Antioche. (Voy. Jean d'Éphèse, liv. I, chap. XLII, édition de Cureton, p. 59. — Evagrius, *Hist. eccles.*, lib. IV, cap. XXXVIII.) La forme ሶርሚስ est sans doute corrompue ou provient de quelque erreur.

[2] Voy. *Journal asiatique*, *l. c.*, p. 344.

des troubles, parce qu'il avait déjà exilé Eutychius, sans jugement légal, Justinien mourut, dans une vieillesse avancée, dans la trente-neuvième année de son règne. Sa femme, l'impératrice Théodora, était morte avant lui.

Les Romains déposaient tous les évêques. Puis ils abandonnèrent leurs anciennes institutions, à cause des païens qui demeuraient parmi eux; ces païens, s'étant concertés, tuèrent les Romains, au milieu du jour, s'emparèrent des villes et firent beaucoup de captifs [1].

Les Samaritains habitant la Palestine s'étant révoltés et ayant pris les armes, l'empereur Justinien, avant de mourir [2], avait envoyé contre eux un moine de condition illustre, nommé Photion [3], avec une nombreuse armée. Celui-ci les attaqua et les vainquit; il infligea un châtiment sévère à un grand nombre d'entre eux, en exila plusieurs autres, et leur inspira (ainsi) une grande terreur [4].

A cette époque, il régna dans toutes les contrées une peste et une grande famine. L'empereur (Justin), voyant que le peuple s'agitait, lorsqu'il eut fait promulguer son édit sur la religion dans toute la province d'Alexandrie, et qu'il eut inauguré une grande persécution dans toute l'Égypte, tomba dans une profonde mélancolie, son esprit se troubla et, dans sa folie, il se promenait dans les appartements du palais. Il désirait la mort, mais il ne la trouva point, parce que Dieu était irrité contre lui. Enfin, comme il montrait sa démence devant le peuple, on lui ôta la couronne impériale, que l'on mit sur la tête de Tibère, qui fut proclamé empereur à sa place, et à qui Notre-Seigneur Jésus-Christ donna la force et le pouvoir. Tibère était un jeune homme très beau, aimant le bien, généreux, d'un cœur ferme. Lorsqu'il eut pris le gouvernement, il fit cesser la persécution, et il honorait les prêtres et les moines. On l'accusait d'être nestorien; mais

[1] Je ne saurais dire à quels faits se rapportent ces renseignements confus. Peut-être, au lieu de አረማውያን ።, faut-il lire አርዮሳውያን ።, les Ariens.

[2] Les mots *avant de mourir* ont été ajoutés par le traducteur, qui a confondu le nom de Justinien avec celui de Justin, son successeur.

[3] Il s'agit de Photin, beau-fils de Bélisaire.

[4] Comparez Jean d'Éphèse, lib. I, cap. XXXII, éd. de Cureton, p. 47 et suiv.

cette accusation était fausse. Au contraire, il était d'une grande bonté et ne cessait de favoriser les orthodoxes et ceux qui croyaient en une seule nature du Christ qui est vraiment Dieu et vraiment homme, d'essence unique, Verbe devenu chair. Adorons-le et célébrons Celui qui donne aide et force aux rois ! Cet empereur, pendant son règne, ne permettait à personne de persécuter (les croyants). Il faisait des dons nombreux à tous ses sujets, fondait beaucoup d'oratoires en l'honneur des martyrs, des laures pour les moines, des cloîtres[1] et des couvents pour les vierges, et distribuait libéralement des aumônes aux pauvres et aux malheureux. En récompense de ses belles actions, Dieu faisait régner la paix pendant son gouvernement, et préservait, par une grâce spéciale, sa capitale (de troubles). Jean, patriarche de Constantinople, qui avait été comblé de faveurs, mourut sous son règne, et, après sa mort, l'empereur ramena de l'exil Eutychius et le rétablit sur son siège, à la place de Jean. Apollinaire, évêque des Chalcédoniens, étant mort à Alexandrie, on le remplaça par un homme nommé Jean, ancien chef militaire. C'était un homme de belle figure, qui ne forçait personne à abandonner sa croyance. Il se contentait de glorifier Dieu dans son église, au milieu de son peuple, et ils célébraient les belles actions de l'empereur.

Le Christ était avec l'empereur, qui vainquit les Perses et les barbares par la force de ses armes, et accorda la paix à tous les peuples, sujets de son empire. Il mourut en paix, dans la troisième année de son règne. C'est à cause des péchés des hommes que son règne fut si court; car ils n'étaient pas dignes d'un tel empereur si pieux, et ils furent privés de cet homme bon et honnête. Avant de mourir, il recommanda[2] que l'on mît sur le trône son gendre, nommé Germain, qui avait été patrice. Mais celui-ci, par modestie, refusa le pouvoir.

[1] Je pense que መኸኒ ፡ ምንባባት ፡, en cet endroit, est la traduction de φροντιστήρια.

[2] La répétition du mot ከመ ፡ ne parait être qu'une inadvertance des copistes; car il n'y a pas lieu de supposer que l'auteur ait voulu parler d'une recommandation particulièrement pressante de l'empereur Tibère.

Alors on éleva sur le trône Maurice, qui était originaire de la province de Cappadoce.

Chapitre XCV. Maurice, successeur de Tibère, qui aimait Dieu, aimait beaucoup l'argent. Il avait auparavant commandé en Orient, puis il avait épousé la fille de Domentiole, nommée Constantine. Il fit immédiatement, à Constantinople, l'appel de tous les cavaliers et les fit partir, avec Domentiole, vers l'Orient[1]. Il envoya aussi un message à Aristomaque, d'Égypte, qui était un citoyen de Nikious et fils du gouverneur Théodose. C'était un homme orgueilleux et puissant. Son père, avant de mourir, l'avait exhorté en lui disant : « Demeure dans ta condition et n'ambitionne pas une autre carrière; contente-toi de ton rang, afin que ton âme soit en repos; car tu as une grande fortune qui pourra te suffire. » Mais, lorsqu'il fut sorti de l'enfance, Aristomaque, oubliant les recommandations de son père, chercha à jouer un rôle dans ce monde, et il se créa une nombreuse suite de gens armés; il se procura aussi des bateaux pour parcourir joyeusement toutes les villes d'Égypte. Il devint ainsi extrêmement orgueilleux et fit respecter par tous les chefs l'autorité de l'empereur[2]; car, sous le règne de l'empereur Tibère, il avait obtenu le commandement. En raison de ce commandement, il devint de plus en plus présomptueux; il tenait toutes les troupes sous ses ordres, ne craignant personne; il plaça des cavaliers dans la ville de Nikious, sans autorisation de l'empereur. Tous les militaires qu'il commandait étaient dans le dénûment, et il prenait les maisons de ceux qui étaient plus riches que lui, en les traitant avec une entière indifférence; et, quand des personnes, haut placées ou d'un rang inférieur, venaient le trouver de la part de l'empereur, il ne leur donnait accès auprès de lui qu'après les avoir fait longtemps attendre à la porte.

[1] እልቀንጥስ ፡ paraît être la corruption du mot *ἀνατολῆς* (comp. ci-après, chap. CIV et CV). Du reste, ce paragraphe est plein d'erreurs : Constantine, fille de Tibère, appelée fille de Domentiole; Commentiole confondu avec Domentiole, etc.

[2] Il s'agit, paraît-il, des troupes et des officiers de la milice.

Lorsque l'empereur Tibère, avant sa mort, fut informé des menées d'Aristomaque, il envoya à Alexandrie un officier, nommé André [1], pour l'arrêter, en procédant avec prudence et en évitant de verser du sang, pour qu'il lui fût amené vivant. L'empereur Tibère adressa aussi un message à tous les guerriers d'Égypte pour les engager à lui prêter leur concours contre les barbares. Aristomaque, en recevant le message de l'empereur, se rendit à Alexandrie, accompagné seulement d'un petit nombre de serviteurs; car il ignorait le guet-apens qu'on lui avait préparé. Le patriarche et André, heureux de le voir arriver, firent tenir prêt un vaisseau léger, dans la mer, près de l'église de saint Marc l'évangéliste. Alors on célébra la messe, le 30 du mois de Mîyâzyâ, fête de saint Marc l'évangéliste. La messe terminée, André sortit de l'église et, accompagné d'Aristomaque, dirigea ses pas vers le rivage. Puis il fit signe aux hommes de sa suite et aux soldats de saisir Aristomaque et de le jeter dans le vaisseau. Aussitôt ils le saisirent, le portèrent sur leurs épaules, le jetèrent dans le vaisseau, sans qu'il comprît (ce qui lui arrivait), et l'on fit voile vers la résidence de l'empereur. Le gracieux empereur, en le voyant, dit : « Cette figure n'est pas celle d'un criminel; ne le maltraitons point. » Et il donna l'ordre de le garder à Byzance, jusqu'à ce qu'il eût examiné son affaire. Peu de temps après, n'ayant trouvé aucune charge contre lui, il lui rendit le commandement et l'envoya à Alexandrie, où il se fit aimer de tous. Il vainquit les barbares de la province de Nubie et de l'Afrique appelés Mauritaniens et d'autres barbares appelés *Mârîkôs* [2]; il les tailla en pièces, dévasta leur pays, leur enleva leurs biens et les ramena tous enchaînés en Égypte par le Gehon; car la rencontre avait eu lieu au bord du fleuve. Les chroniqueurs ont parlé de sa victoire. Pensant que quelque ennemi jaloux pourrait aller trouver l'empe-

[1] C'est ce même officier, commandant de la garde impériale, qui fut chargé d'une mission analogue, en 589, lors de la révolte des troupes d'Orient. (Voy. Evagr., *Hist. eccles.*, lib. VI, cap. x.) — Théophane (*Chronogr.*, *ad ann.* 6079) nomme, à sa place, le curopalate Aristobule.

[2] Les Μαυρῖκοι? Mais au lieu de ማሪኮስ ፡, il faut peut-être lire, ማኮሪስ ፡, les Macorites?

reur et porter une accusation contre lui, il voulait le prévenir en envoyant immédiatement un message à l'empereur, lui demandant s'il pouvait avoir une entrevue avec lui. L'empereur Maurice ayant répondu affirmativement, Aristomaque se mit aussitôt en route, et se rendit auprès de l'empereur, en lui offrant de nombreux présents. L'empereur accepta tous ses dons et le nomma sur-le-champ préfet de la ville impériale. L'impératrice Constantine le fit intendant de toute sa maison et le combla d'honneurs, de sorte qu'il obtint le premier rang après l'empereur, et il devint un très grand personnage dans la ville de Byzance. Il fit construire des aqueducs dans toute la ville, car les habitants se plaignaient beaucoup du manque d'eau; puis il leur fit construire, par un savant ingénieur, un réservoir en bronze, comme on n'en avait jamais fait avant lui, dans lequel l'eau coulait et se renouvelait; la ville fut ainsi abondamment pourvue d'eau, et, quand il y avait un incendie, on allait à ce réservoir d'eau et l'on éteignait le feu. Aristomaque était aimé et honoré de toute la population; car il aimait les constructions et se distinguait par ses belles actions. Alors il lui surgit des envieux, des gens sots qui songeaient à le faire périr par quelque machination. Tandis qu'ils étaient dans ces dispositions, il arriva qu'un magistrat qui connaissait l'astrologie, et un autre, nommé Léon le logothète, ayant observé une étoile qui avait paru au ciel, affirmaient que cette étoile indiquait l'assassinat de l'empereur. Ils allèrent trouver l'impératrice Constantine, lui firent part de leur observation et lui dirent : « Sache ce que tu dois faire, et cherche à te sauver, toi et tes enfants; car cette étoile qui vient de paraître est le présage d'une révolte contre l'empereur. » Ils se répandirent en accusations contre Aristomaque, tout en la conjurant de n'en rien dire[1] à l'empereur. Mais elle vint immédiatement en donner communication à l'empereur, qui fut persuadé qu'Aristomaque allait le tuer et prendre sa femme. Alors il conçut de la haine contre lui, le destitua définitivement, lui fit subir de nom-

[1] Peut-être, au lieu de ኢትንግሮ ፡ des mss., faut-il lire ትንግሮ ፡.

breuses humiliations, et l'exila dans une île de la Gaule jusqu'à sa mort[1].

Or l'empereur Maurice accueillait beaucoup de faux accusateurs, auteurs de discorde, à cause de son amour de l'argent. Il vendait et convertissait en or tout le grain d'Égypte, de même que le grain (destiné à la ville) de Byzance. Tout le monde le détestait et l'on disait : « Comment la ville de Constantinople peut-elle supporter un si mauvais empereur ? Et est-il possible qu'il soit père de cinq fils et de deux filles, celui qui exerce une telle tyrannie jusqu'à la fin de son règne ? »

Hormisdas, appelé Kesrî, le roi de Perse à cette époque, était fils du grand Cabadès[2]. On raconte que son père avait été chrétien, qu'il croyait au Christ, notre vrai Dieu, mais que, craignant le mécontentement des Perses, il cachait sa croyance. Vers la fin de son règne, il entra dans un bain, accompagné de sa suite de personnes dévouées, et, après avoir été exhorté et instruit par un évêque chrétien dans la religion qu'il professait en secret, il renia Satan qu'il adorait, et l'évêque le baptisa, dans une piscine du bain, au nom de la sainte Trinité. Il donna ensuite l'ordre de détruire la piscine dans laquelle il avait été baptisé. Puis il prit son fils Hormisdas[3] et l'établit roi à sa place. Ce malheureux était adonné au culte des fausses divinités et forçait les chrétiens d'adorer le feu et le soleil. Il adorait aussi les chevaux qui mangent de l'herbe[4].

Chapitre XCVI. Une femme noble, nommée, dans la langue de la Perse, Golendouh[5], qui était nestorienne, faisant un voyage par mer, fut capturée par les Perses, mise en prison, et, selon la coutume des

[1] Voyez, au sujet de ce récit (sauf en ce qui concerne ኢሌቆንጦስ ፡ dont j'ai donné l'explication dans la note 1 de la page 403), *Journal asiatique, l. c.*, p. 352 et suiv.

[2] ዲቆርስ ፡ (ou d'après le manuscrit B ዲራቆርስ ፡) paraît être une corruption de قوادس.

[3] አርስንጣስ ፡ est la transcription erronée de la forme ارمسطاس.

[4] Comp. Evagrius, *Hist. eccles.*, lib. IV, cap. XXVIII.

[5] ኩሌዶርስ ፡ est une transcription fautive de l'arabe كولندوخ (Γολινδούχ, pers. گل اندوخته). Plus loin le nom est transcrit plus correctement ክሊንዱክ ፡.

Assyriens, on lui mit au cou une chaîne ; quand (une prisonnière) venait à mourir, on montrait au roi cette chaîne encore fermée et attachée à son cou. Golendouh étant dans cette situation, un ange lui apparut, lui parla et lui ôta la chaîne qui enfermait sou cou, sans qu'elle fût ouverte, en la remettant aux gardiens, afin que ceux-ci ne fussent pas punis par leurs chefs. Elle entendit une voix céleste qui lui dit : « C'est pour la foi orthodoxe de Notre-Seigneur Jésus-Christ que tu viens d'être délivrée. » Elle s'enfuit, gagna le territoire romain et s'arrêta dans la ville d'Hiérapolis[1], sur l'Euphrate; elle alla raconter au métropolitain Domitien tout ce qui lui était arrivé. Celui-ci, fils de l'oncle paternel de l'empereur Maurice, se rendit auprès de l'empereur et lui fit part de l'aventure de la femme dont nous venons de parler. L'empereur la fit amener en sa présence et la détermina à abandonner la croyance des Nestoriens et à embrasser la croyance orthodoxe de l'Église. Elle écouta ses paroles et devint croyante[2].

Cependant Notre-Seigneur Jésus-Christ, qui est patient et qui aime à répandre des grâces, ne demeurait pas indifférent et impassible à la persécution que faisait subir à ses saints Hormisdas, roi de Perse. Dieu fut irrité contre lui, et la maison du nouveau Chosroès[3] fut bouleversée de fond en comble; son fils se révolta contre lui et le tua; et, à l'occasion de la mort du roi, il y eut de graves dissensions parmi les grands[4], et il se forma deux partis. Voyant cet état des choses, Chosroès l'aîné[5] prit la fuite et gagna le territoire romain. En se présentant aux officiers romains, il envoya des ambassadeurs à l'empereur Maurice, et lui fit demander l'autorisation de demeurer sous la domination romaine, en s'engageant à faire la guerre aux Perses, à conquérir leur pays et à le livrer aux Romains. L'empereur

[1] ያሩጉሊስ ፡, transcription fautive de l'arabe يارويوليس.

[2] Comp. Evagrius, *Hist. eccles.*, lib. VI, cap. xx. — Nicéphore Calliste, *Eccl. hist.*, lib. XVIII, cap. xxv. — *Menol. Græcorum*, 12 juillet (éd. d'Albani, t. III, p. 164).

[3] Il est possible que les mots ክስሬ ፡ ሐዲስ ፡, au lieu d'être rattachés à ወልዱ ፡, aient été déplacés par une inadvertance des scribes.

[4] ትዐይንት ፡, traduction de l'arabe اعيان (ἄρχοντες).

[5] ዘየዐቢ ፡ est probablement une faute et écrit pour ሐዲስ ፡.

Maurice se rendit auprès de Jean, patriarche de Constantinople, pour délibérer avec lui. Ce Jean était un ascète; il ne mangeait d'aucun aliment préparé, et il ne buvait pas de vin; il se nourrissait avec sobriété de fruits des champs et de légumes verts. Les magistrats et les officiers se réunirent chez lui, pour délibérer avec lui au sujet de Chosroès[1], le roi de Perse, qui venait d'arriver dans leur pays. Jean leur parla avec force, en disant: « Cet homme, qui a tué son père, ne peut être utile à l'empire. C'est le Christ, notre vrai Dieu, qui combattra pour nous en tout temps contre tous les peuples qui nous attaqueront. Et celui-ci qui n'a pas été fidèle à son père, sera-t-il fidèle à l'empire romain? » Mais l'empereur Maurice n'agréa pas l'avis émis par le patriarche, ainsi que par les officiers; il écrivit sur-le-champ à Domitien, évêque de Mélitène, qui était le fils du frère de son père, et à Narsès[2], commandant de l'armée d'Orient, auquel il ordonna de se mettre en marche avec toutes les troupes romaines, d'établir Chosroès comme roi, en Perse, et de faire périr ses adversaires. Il donna à Chosroès les insignes[3] royaux et de magnifiques vêtements dignes de son rang. Chosroès allait souvent trouver Golendouh, pour l'interroger s'il régnerait ou ne régnerait pas en Perse. Elle lui dit: « Certes toi, tu triompheras et tu régneras définitivement sur les Perses et les Mages[4]; l'empire romain (seul) a été donné à l'empereur Maurice. »

Narsès exécuta les ordres de l'empereur; il ramena Chosroès, le maudit, chez les Perses, les attaqua et les vainquit, et remit le royaume des Mages à ce misérable. Après être monté sur le trône, il se montra ingrat envers les Romains qui l'avaient comblé de bienfaits, et complota leur perte. Pendant la nuit, les Mages se réunirent chez lui pour préparer un poison qu'ils voulaient mêler à la nourriture des soldats romains et à la nourriture de leurs chevaux, afin de les faire périr tous avec Narsès, leur général. Mais Notre-Seigneur Jésus-Christ inspira de la pitié aux gens du palais, qui vinrent en avertir

[1] Au lieu de ዠርስ ፡ des mss. lisez ከስራ ፡.

[2] አርሲስ ፡ est la transcription fautive de نارسيس.

[3] ሥርዐታት ፡, τὰ δέοντα.

[4] ማጊ ፡, transcription fautive de l'arabe ماجى.

Narsès, le général de l'armée romaine. Celui-ci, en apprenant ce dessein, recommanda aux soldats de ne point manger la nourriture qu'on leur présenterait, mais de la donner aux chiens, et, quant au fourrage, de le donner aux autres animaux. Lorsque les chiens en eurent mangé, ils crevèrent et les autres bêtes moururent. Alors Narsès, très irrité contre Chosroès, se mit immédiatement en route et ramena les soldats romains à leurs chefs[1].

Tous les Romains détestaient l'empereur Maurice, à cause des calamités qui arrivaient sous son règne.

Chapitre XCVII. Il y avait, dans une ville du nord de l'Égypte, appelée Aykelâh[2], qui est (appelée aujourd'hui) Zâwiya, trois frères: Abaskîrôn, Ménas et Jacques. Abaskîrôn, l'aîné, qui était scribe[3], avait un fils nommé Isaac. Jean, préfet d'Alexandrie, leur avait donné le commandement de plusieurs villes d'Égypte. Leur propre ville d'Aykelâh était proche d'Alexandrie. Ces quatre hommes, ne sachant supporter leur grande fortune, se mirent à attaquer les gens de la faction bleue[4], et ils saccagèrent les deux villes de Bana et de Bousir, sans y avoir été autorisés par le préfet du canton, qui était un homme excellent et d'une conduite irréprochable. Les quatre hommes que nous venons de nommer y firent un grand massacre, mirent le feu à la ville de Bousir et brûlèrent le bain public. Le préfet de la ville de Bousir, que les gens d'Aykelâh voulaient tuer, s'enfuit pendant la nuit, et, ayant réussi à se sauver d'entre leurs mains, il se rendit à Byzance, et se présenta devant l'empereur Maurice en versant des larmes, et lui fit connaître l'attentat dont il venait d'être l'objet de la part de ces quatre hommes. Un message lui ayant été adressé aussi par le préfet

[1] Il est probable qu'au lieu de አጋእዝቲሆሙ ፡ il faut lire ግዕዛቲሆሙ ፡, en supposant que le traducteur aurait lu *τρόπος* au lieu de *τόπος*.

[2] J'ignore le nom exact de cette ville orthographié de différentes manières (እይክላሁ ፡, በይክላሁ ፡, ወይክላ ፡, etc.).

[3] ንሳሕ ፡. Ce mot paraît être la transcription de l'arabe نساخ.

[4] እልዋኑጥስ ፡, transcription de la forme arabe الوانوطس, *οἱ Βένετοι*.

d'Alexandrie, pour annoncer ces événements, l'empereur Maurice fut très irrité et ordonna à Jean, préfet d'Alexandrie, de destituer ces hommes. Alors ceux-ci réunirent un grand nombre d'aventuriers, avec des chevaux, des sabres et toutes sortes d'armes, et ils saisirent quantité de bateaux dans lesquels on portait des grains à Alexandrie, de sorte qu'il y eut une grande famine dans la ville, et les habitants, en proie aux souffrances de la faim, voulaient tuer le préfet Jean. Mais celui-ci, ayant toujours bien gouverné, fut défendu par les fidèles aimant le Christ.

Les habitants écrivirent une lettre qu'ils envoyèrent à l'empereur, et lui firent connaître la triste situation de la ville. L'empereur destitua le préfet Jean et nomma à sa place Paul, de la ville d'Alexandrie. Jean, qui, en partant, reçut des habitants des témoignages de haute estime, se rendit auprès de l'empereur et lui raconta les actes de violence commis par les gens d'Aykelâh, et il resta quelque temps avec l'empereur. Puis celui-ci le rétablit dans ses fonctions et lui donna plein pouvoir sur la ville d'Aykelâh. Les habitants de cette ville, en apprenant ce résultat et le (prochain) retour de Jean à Alexandrie, répandirent l'agitation et la révolte dans toute la province d'Égypte, soit en se servant de bateaux, soit par la voie de terre. Ils envoyèrent l'un d'entre eux, Isaac le corsaire, avec les brigands[1], qui descendirent en mer, saisirent un grand nombre de vaisseaux naviguant en mer et les brisèrent. Ils se transportèrent en Chypre et y commirent de grandes déprédations.

Plusieurs personnes, à savoir[2]..., les Bleus et les Verts et l'ennemi de Dieu de Bousir, se réunirent dans la ville d'Aykelâh, et y délibé-

---

[1] ምስለ ፡ ውእቱ ፡ ፈያት ፡. Le pronom ውእቱ ፡ exprime l'article défini, comme plus loin, ligne 16 du texte.

[2] Les mots ተናኴሁን ፡ ወለእኩራን ፡ ወ ኢልመጥራዺን ፡, dont j'ignore le sens et les formes exactes, paraissent représenter des pluriels arabes. እልዋጦቢስ ፡ ወመስተ ገብራን ፡ sont les factions bleue et verte. Il ne s'agit probablement que de leurs représentants ou de leurs chefs. መስተገብራን ፡ est un malentendu, le traducteur arabe ayant toujours confondu πράσινοι avec quelque dérivé de πράσσειν. L'«ennemi de Dieu de Bousir» est probablement l'évêque chalcédonien de cette ville.

rèrent avec Euloge, patriarche chalcédonien d'Alexandrie; Aïlas, diacre; Ménas, coadjuteur, et Ptolémée, commandant des barbares, à l'insu des habitants de la ville; ils voulaient nommer un préfet à la place de Jean; mais ils disaient: « Ce Jean ne craint personne, il est ennemi de l'arbitraire et nous traite comme nous voulons être traités. »

Cependant les gens d'Aykelâh commettaient toujours de nouveaux méfaits. Ils saisissaient des bateaux chargés de grains, s'emparaient de l'impôt impérial et forçaient le préfet du canton de leur remettre les livraisons de l'impôt.

Jean, ayant quitté l'empereur en recevant des témoignages d'honneur, et s'étant rendu à Alexandrie (le chef de brigands d'Aykelâh ayant appris son arrivée), il réunit les troupes d'Alexandrie, d'Égypte et de Nubie, qui devaient marcher contre les gens d'Aykelâh. Aussitôt un général qui avait été avec Aristomaque, Théodore, fils du général Zacharie, se mit en campagne. Il adressa, en secret, une lettre à Jean, l'engageant à lui expédier des troupes exercées, sachant tirer de l'arc, et à rendre la liberté à deux hommes qui étaient en prison, à savoir Cosmas, fils de Samuel, et Bânôn, fils d'Ammôn. Il recommanda à Cosmas de prendre la route de terre, et à Bânôn d'aller par bateau. Ce Zacharie[1] était lieutenant[2] de Jean à Bousir, et avait un rang illustre. Jean se trouva en présence de beaucoup de dévastations à Alexandrie. Il fit arrêter un grand nombre de perturbateurs et les punit; il saisit beaucoup de vaisseaux et inspira aux rebelles, dès son arrivée à Alexandrie, une grande terreur. Plus tard, il fit exécuter beaucoup de grands travaux dans la mer. Il demeura à Alexandrie jusqu'à sa mort et ne retourna jamais à Byzance.

Lorsque le général Théodore et ses soldats se furent mis en marche, ils brûlèrent le camp des rebelles, et s'avancèrent jusqu'à Alexandrie, hommes et jeunes gens, des archers et un certain nombre de frondeurs. Théodore emmena avec lui les cinq hommes qu'il avait délivrés de la prison, Cosmas, fils de Samuel, Bânôn, fils d'Ammôn, et leurs

[1] C'est-à-dire le père de Théodore dont il est question.

[2] ናይብ፡ est le mot arabe نائب.

compagnons, afin de montrer (aux insurgés) les Égyptiens qu'il avait mis en liberté. Arrivés au bord du fleuve, ils placèrent les soldats dans des bateaux et les cavaliers sur terre. Le général se transporta avec les soldats sur la rive orientale du fleuve; Cosmas et Bânôn demeurèrent, avec une nombreuse troupe, sur la rive occidentale, et ils crièrent aux conjurés[1] qui étaient à l'Orient[2] du fleuve : « Allons, vous autres, qui êtes dans les rangs de ces rebelles, ne combattez pas contre le général! L'empire romain n'est encore ni vaincu ni affaibli! C'est par pitié pour vous que nous vous avons épargnés jusqu'à présent! » Aussitôt les gens qui étaient dans les rangs des rebelles s'en séparèrent, traversèrent le fleuve et se joignirent à l'armée romaine. On attaqua les hommes d'Aykelâh, qui furent vaincus; ils s'enfuirent pendant la nuit et gagnèrent un petit bourg nommé Aboûsân; puis, ne pouvant y demeurer, ils se transportèrent dans la grande ville (d'Alexandrie); poursuivis par les troupes romaines, les quatre hommes : Abaskîrôn, Ménas, Jacques et Isaac, furent pris, placés sur un chameau et promenés par toute la ville d'Alexandrie, aux regards de toute la population. On les mit ensuite en prison, les mains et les pieds chargés de chaînes. Lorsque, longtemps après, le patrice Constantin, nommé préfet d'Alexandrie par l'empereur, examina l'affaire de ces prisonniers, et qu'il connut les charges qui pesaient sur eux, il fit trancher la tête aux trois frères; quant à Isaac, il le maintint en captivité et le fit transporter dans l'île d'Atrôkoû (?) pour le reste de ses jours. En ce qui concerne leurs complices, les uns furent condamnés à des peines corporelles, les autres eurent leurs biens confisqués. Les villes d'Aykelâh et d'Aboûsân furent livrées aux flammes. Toute la province d'Égypte fut dans la terreur, et les habitants demeuraient tranquilles et en paix.

Vers ce même temps surgit, dans le canton d'Akhmîm, un chef de partisans nommé Azarias, qui, ayant réuni autour de lui un grand nombre d'esclaves éthiopiens et de brigands, leva l'impôt public, à

[1] Voyez, pour un autre exemple de cette expression, ci-dessus, p. 366, note 3.

[2] Peut-être faut-il lire በምዕራብ ፡, au lieu de በምሥራቅ ፡.

l'insu des préposés du canton. Les habitants, terrifiés par les actes de violence de ces esclaves et de ces barbares, en informèrent l'empereur par un message. L'empereur envoya contre Azarias un officier d'un rang élevé avec un nombreux corps de soldats égyptiens et nubiens. Azarias prit la fuite sans attendre d'être attaqué, et se réfugia sur une montagne aride (et escarpée)[1], pareille à une citadelle. Les troupes assiégèrent cette montagne pendant longtemps, jusqu'à ce que le rebelle et ses compagnons, n'ayant plus d'eau ni de vivres, moururent de faim et de soif, après avoir abandonné leurs chevaux.

Sous le règne de ce même empereur, alors qu'à Alexandrie il y avait un préfet et chef militaire nommé Ménas, fils de Ma'în, il apparut [deux] créatures à figure humaine, dont l'une ressemblait à un homme, l'autre à une femme. Tous ceux qui naviguaient dans le fleuve, en s'arrêtant près du bord, les voyaient distinctement et avec un grand étonnement. Ménas, lui aussi, entouré de tous les magistrats et des principaux de la ville, était témoin de ce spectacle; et tous ceux qui les voyaient, leur adressèrent la parole, disant : « Nous vous adjurons au nom du Dieu qui vous a créés, apparaissez une seconde fois à nos yeux. » En entendant cette adjuration, ils montraient leur face, leurs mains et leur poitrine. Quiconque les voyait, disait : « C'est une production des démons qui habitent les eaux. » D'autres disaient : « Le fleuve a deux sexes; car il vient de se montrer des êtres comme on n'en avait jamais vu auparavant[2]. » D'autres : « C'est un événement malheureux pour notre pays; » d'autres : « C'est un signe de bon augure que l'apparition de ces êtres. » Tous émettaient des opinions fausses, et leurs propos n'avaient pas de fondement[3].

Chapitre XCVIII. Il arriva encore sous le règne de l'empereur

[1] L'expression ደብር ፡ ምውቅ ፡ parait être la traduction de l'arabe جبل الحرّك, nom arabe de la montagne de Quesquam ou Kosgam, qui se trouve à peu de distance d'Ikhmîm.

[2] C'est-à-dire : les deux sexes ont engendré ces animaux.

[3] Comparez Théophane, *Chronogr.* ad ann. 6092. — *Historia miscella*, col. 1015, — Nicéphore Calliste, col. 397.

Maurice qu'un homme de Byzance, nommé Paulin [1], adorait les fausses divinités, prétendant que l'empereur Maurice tolérait ces pratiques; mais Dieu punit ce magicien qui tomba en démence. Il avait chez lui un vase dans lequel il mettait le sang du sacrifice impur [2] des fausses divinités; il porta ce vase à un orfèvre et le lui vendit. L'abbé d'un couvent, l'ayant vu chez l'orfèvre qui l'avait acheté, et le trouvant très beau, l'acheta et l'emporta à son couvent. Il le plaça à côté de l'autel, à part, en le remplissant d'eau, et ordonna aux frères chaque fois qu'ils prendraient les saints mystères, de puiser de cette eau, pour refroidir l'eucharistie destinée à être le corps et le sang du Christ, notre Dieu. Mais le grand roi glorieux, Notre-Seigneur Jésus-Christ, ne voulait pas qu'un objet du culte des fausses divinités fût mêlé aux vases non sanglants, ainsi qu'il est dit dans les Épîtres, du saint autel de notre Dieu. Et aussitôt cette eau fut changée en sang. Lorsque les frères, ayant pris la sainte eucharistie, sortirent du sanctuaire, afin de prendre de cette eau pour la refroidir selon la coutume, et qu'ils virent le miracle survenu dans le vase d'argent, ils furent saisis de terreur, eux et leur supérieur, et se mirent à pleurer. Ils scrutèrent leur conscience, mais ne se trouvèrent coupables d'aucune faute. Ils portèrent immédiatement le vase d'argent rempli de sang à Jean, patriarche de Constantinople, et lui firent part de ce qui était arrivé. Jean fit chercher l'homme qui l'avait vendu et lui demanda d'où il tenait ce vase, de qui il l'avait acheté. Cet homme répondit qu'il l'avait acheté de Paulin. Alors le patriarche, le clergé et les fidèles de l'Église reconnurent que cet événement venait de Dieu. Le patriarche, désirant dévoiler l'apostasie de Paulin le magicien et son infamie, tous, saisis par le zèle de Dieu, coururent aussitôt et amenèrent Paulin au palais de l'empereur Maurice. Le principal officier (le maître des offices) l'ayant interrogé sur cette affaire, en présence de tous les magistrats et des sénateurs, il avoua devant tout le monde en disant : « J'avais l'habitude de mettre dans ce vase le sang du sacrifice que j'offrais aux divinités. » Les assis-

[1] ጳሊኖስ ፡, transcription fautive de l'arabe بولينوس.

[2] Au lieu de ርኩሰ ፡, leçon des mss., lisez ርኩስ ፡.

tants, d'une voix unanime, le condamnèrent à être brûlé vif. On fit proclamer sa condamnation par la voix du héraut, à trois reprises ; d'abord en ces termes : « Pourquoi Paulin, l'ennemi de Dieu, serait-il sauvé, lui qui adressait des prières à Apollon, pour sa perte ? » Ensuite en ces termes : « Tu t'es adonné avec volupté à un péché étrange ; il s'est donné beaucoup de mal pour ce qui ne profite pas à son âme. » La troisième annonce fut : « Paulin a cherché volontairement sa propre perte, il est devenu l'ennemi de la sainte Trinité, et il n'est pas demeuré dans la vraie religion orthodoxe ! » Mais ceux qui le suivaient dans toutes ses détestables pratiques cherchaient à le sauver. Le patriarche Jean l'ayant appris, se rendit au palais et ôta la robe sacerdotale qu'il portait ; et, tandis que tout le peuple criait : « Que la religion orthodoxe soit prospère et florissante ! » le patriarche dit : « Si l'on ne brûle pas immédiatement Paulin le magicien, j'abandonne mon siège et fais fermer toutes les églises, et je ne laisserai personne participer aux saints mystères, et le Christ ne manquera pas de punir ceux qui ont blasphémé son nom ! » Alors l'empereur craignait qu'il n'y eût une émeute à cette occasion ; et le patriarche ne rentra pas chez lui avant qu'il n'eût fait brûler Paulin. Or l'empereur était, dans toute sa conduite, comme un païen. En apprenant qu'on le blâmait, il fut très affligé [1].

CHAPITRE XCIX. Au commencement de son règne, il avait ordonné par une loi d'inscrire en tête de tous les actes la formule : « Au nom de Notre-Seigneur Jésus-Christ, notre Dieu et notre Sauveur. » Il voulait ainsi manifester sa foi en Jésus-Christ, le sauveur du monde entier. Ensuite Domitien, le fils du frère de son père, ordonna que l'on forçât, par contrainte, les Juifs et les Samaritains à recevoir le baptême et à devenir chrétiens. Mais ce furent de faux chrétiens. Il força aussi les hérétiques de les admettre aux fonctions ecclésiastiques, car il était un ardent chalcédonien.

[1] Comparez *Théophylacte Simocatta*, lib. I, cap. XI (édit. de Paris, p. 21 et suiv.) — Nicéph. Calliste, *l. c.*, col. 392 et suiv.

Chapitre C. Il arriva aussi, sous le règne de Maurice, qu'à l'orient de la ville d'Esnâ, qui est la principale ville du Rîf, les eaux débordèrent pendant la nuit, alors que les habitants étaient plongés dans le sommeil, et renversèrent beaucoup de maisons avec leurs habitants; les flots les entraînèrent et les submergèrent dans le fleuve; il y eut de nombreuses ruines dans la ville et beaucoup de gens périrent. Et de même dans la ville de Tarse en Cilicie; le fleuve appelé Euphrate, qui la traversait, déborda au milieu de la nuit, couvrit une partie de la ville, appelée Antinoæa, et détruisit beaucoup de maisons. On trouva dans le fleuve une table de pierre portant l'inscription suivante : « Ce fleuve détruira beaucoup de maisons de cette ville[1]. »

Chapitre CI. Sous le règne du même Maurice, la ville d'Antioche fut désolée par un grand tremblement de terre et ruinée pour la septième fois. Beaucoup de lieux en Orient furent bouleversés, ainsi que les îles[2], et un nombre immense d'hommes trouvèrent la mort. En même temps, le soleil s'obscurcit, à la cinquième heure du jour, et l'on vit briller les étoiles. Il y eut une vive agitation parmi les habitants, qui croyaient que la fin de la terre était proche. Tous pleuraient et imploraient le Christ, notre Dieu, d'avoir pitié d'eux et de leur faire grâce. Alors la lumière reparut et le soleil sortit des ténèbres. Ceux qui étaient réunis disaient : « L'événement qui vient de se passer a lieu à la fin du cycle de 532 ans. » Ils se mirent à calculer et trouvèrent, en effet, que c'était la fin du douzième cycle. Mais les personnes saintes et pieuses disaient que ce châtiment avait frappé la terre à cause de l'hérésie de l'empereur Maurice[3].

Chapitre CII. Il arriva qu'un certain magistrat nommé Eutocius (?)[4],

[1] Voy. *Journ. asiat.*, 1879, t. I, p. 318.

[2] Le texte original, je suppose, mentionnait la destruction des bains et autres édifices d'Antioche.

[3] Comparez Evagrius, *Hist. eccles.*, lib. VI, cap. VIII. — Nicéphore Calliste, *Eccles. hist.*, lib. XVIII, cap. XIII. — En ce qui concerne la donnée chronologique, voyez *Journ. asiat.*, *l. c.*, p. 318.

[4] Transcription de l'arabe اويكسوس ou اوكتسوس. Dans la rubrique, le nom est écrit ኡጤክስ ፡.

qui devait partir pour un pays habité par des peuplades barbares, s'étant fait apporter par son intendant une étoffe de soie, sous forme de tunique, qu'il possédait, trouva que ce vêtement avait été mangé et abîmé par les rats. Très irrité contre l'intendant, il le jeta dans une cave remplie de rats dont il ferma la porte, et l'y laissa longtemps; cet homme y mourut, dévoré par les rats. Lorsque, longtemps après, il vint le chercher, il le trouva mort et pourri. Alors, se repentant d'avoir causé la mort d'un homme pour un vêtement, et plein de tristesse, il pratiqua de bonnes œuvres; il distribuait beaucoup d'argent aux pauvres et implorait en même temps Notre-Dame la sainte Vierge Marie. Il visita aussi les lieux saints et alla voir les saints qui y demeuraient, leur confessant son péché, afin d'entendre des paroles de consolation. Mais ceux-ci lui parlaient avec rigueur, de façon à le faire renoncer à sauver son âme. Alors il alla au couvent du mont Sinaï. (Les moines) lui dirent : « Il n'y a pas de grâce pour toi; » et ils lui ôtèrent tout espoir. Ils se trompaient sur le sens de la parole : « Il n'y a pas de grâce après le baptême. » Ils oubliaient ce qui est écrit au sujet de David. Lorsqu'il eut tué Urie, (Dieu) agréa son repentir et le rendit à son premier état. La réhabilitation de Manassé était (également) due au repentir; après qu'il eut sacrifié aux idoles, tué le prophète Isaïe et commis mille iniquités, lorsqu'il se repentit, Dieu le reçut en grâce. Ce malheureux, ayant perdu tout espoir, monta sur une terrasse élevée, se précipita en bas et mourut d'une mort violente.

Peu de temps après, les gens de la Thrace se révoltèrent contre l'empereur Maurice, et quatre généraux s'élevèrent contre lui. En recevant cette nouvelle, Maurice se mit à distribuer de l'argent au peuple de Constantinople, qui l'appelait païen et magicien et le déclarait indigne de régner. Lorsque les troupes apprirent ces faits, elles se concertèrent pour élever contre lui des griefs au sujet de leur solde [1] et de leurs vivres, c'est-à-dire la solde des officiers et des chefs [2]. Puis, ayant

[1] ጋምከያት፡ est le mot جامكية (جامكى).

[2] Ces derniers mots renferment sans doute quelque erreur. Aucune autre source ne mentionne cette circonstance à l'occasion de la révolte des troupes de Thrace. La diminution de la solde et des rations

changé d'avis, elles jetèrent le sort, et le sort tomba sur Phocas, pour être empereur. Phocas était l'un des quatre commandants de la province de Thrace. Les habitants de Constantinople criaient d'une voix unanime : « Il nous faut un empereur chrétien dans cette ville ! » Maurice, ayant appris qu'ils voulaient attenter à sa personne, rentra au palais, fit porter ses trésors dans un vaisseau, prit la fuite avec ses enfants et avec sa femme, et ils se rendirent en Bithynie.

Chapitre CIII. Maurice avait accompli, pendant son règne, un acte louable et fait cesser certaines injustices des empereurs qui l'avaient précédé. Un capitaine de vaisseau, qui avait quitté Alexandrie avec un chargement considérable de grains du fisc, avait fait naufrage, et son chargement de grains s'était perdu dans la mer. Le préfet de la province avait fait arrêter ce capitaine et l'avait fait soumettre à une bastonnade prolongée, mais on n'avait point trouvé d'argent sur lui [1]. L'empereur Maurice donna l'ordre de relâcher ce capitaine de vaisseau, et c'est alors qu'il promulgua un décret qui défendait de punir et de poursuivre en restitution un capitaine qui aurait fait naufrage, et ordonnait que la perte fût mise au compte du fisc.

Après la fuite de l'empereur Maurice, toute la population s'assembla auprès du patriarche, et du consentement de tous les habitants on couronna Phocas dans l'église de Saint-Jean-Baptiste. Phocas se rendit au palais, choisit des généraux, des officiers et des chars, et les envoya à la poursuite de Maurice. Celui-ci, le vaisseau qui le conduisait ayant été renversé par une tempête, se rendit seul avec ses fils, dans une petite île située à proximité de Chalcédoine. Les soldats ayant appris où il se trouvait, l'y poursuivirent conformément à l'ordre de Phocas, et le tuèrent avec ses cinq fils, après qu'il eut régné vingt-deux

fut l'une des causes de la révolte des troupes d'Orient, en 588 de J.-C. (Voyez Evagrius, *Hist. eccles.*, lib. VI, cap. IV. — Théophylacte Simocatta, *Histor.*, lib. III, cap. I. — Théophane, *ad ann.* 6079. — Nicéph. Calliste, *Eccles. hist.*, lib. XVIII, cap. XI.)

[1] Souvent les capitaines faisaient échouer leurs bateaux et vendaient le chargement à leur profit.

ans. Quant à l'impératrice Constantine et ses deux filles et la femme de son fils Théodose, ils les dépouillèrent de leurs vêtements royaux, les revêtirent d'habits de servantes et les reléguèrent dans un couvent de religieuses.

Lorsque Phocas fut définitivement établi dans le gouvernement, il envoya des ambassadeurs auprès de Chosroès, roi de Perse. Mais celui-ci refusa de les recevoir, et se montra, au contraire, très irrité du meurtre de Maurice.

Certaines personnes accusèrent Alexandre[1], l'un des patrices, homme sage et aimé de tous les habitants de Constantinople, auprès de Phocas, et affirmèrent qu'il avait l'intention de le tuer pour régner à sa place. Car ce même Alexandre avait épousé une fille de Maurice. Aussitôt Phocas le fit charger de chaînes, lui, ainsi que Goudoïs et d'autres eunuques (chambellans) et les fit conduire à Alexandrie, pour y être détenus en prison. Quelque temps après, il envoya à Justinas, gouverneur d'Alexandrie, l'ordre de trancher la tête à Alexandre et à ses compagnons.

Chapitre CIV. A cause des nombreux meurtres que commettait Phocas, il régnait une grande terreur parmi tout le clergé de la province d'Orient[2]. A cette époque, il n'était permis aux habitants d'au-

[1] L'auteur ou le traducteur a confondu Alexandre avec Germain, dont Théodose, fils aîné de Maurice, avait épousé la fille. (Voyez *Chron. Pasch.*, col. 976. — Théophane, *ad ann.* 6099.)

[2] Le mot አልዋጥስ ፡ (au chapitre suivant, አልዋንጥስ ፡) est la corruption du grec ἀνατολῆς. — Le mot ሠዩማን ፡, ici et plusieurs fois dans les chapitres suivants, désigne les ecclésiastiques, les clercs. Les renseignements de notre chronique sont en désaccord avec le témoignage de Théophane (*ad annum* 6101), de Cedrenus (*l. c.*, col. 780), et de Nicéphore Calliste (lib. XVIII, cap. XLIV), d'après lequel les Juifs seuls s'étaient révoltés à Antioche, avaient commis toutes sortes d'excès contre les chrétiens, et avaient brûlé les maisons de plusieurs citoyens notables (κτητόρων). C'est seulement pour châtier les Juifs que Phocas aurait envoyé Bonose et Cotton à Antioche. (Il paraît peu probable que le traducteur ait employé, ici et dans les phrases suivantes, le mot ሠዩማን ፡, non plus que le mot አሕዛብ ፡, comme ci-dessus, aux chapitres LXXXIV et XC, pour désigner les Juifs). Mais les données de notre texte confirment et complètent celles de la Chronique pascale (*l. c.*, col. 977 et 980); car les révoltes de cette époque étaient plus générales, et il y avait de grands troubles dans l'Église.

cune province d'élire un patriarche ou un autre dignitaire ecclésiastique sans son autorisation. Les (ecclésiastiques) orientaux s'assemblèrent dans la grande ville d'Antioche. En apprenant ce fait, les soldats, furieux, sortirent avec leurs chevaux, s'armèrent pour le combat, et tuèrent un grand nombre des gens des factions[1] dans l'église, de façon à remplir de sang tous les édifices. Cet affreux massacre s'étendait jusqu'en Palestine et en Égypte.

Chapitre. CV. Il y avait un homme, nommé Théophile, de la ville de Meradâ[2], en Égypte, qui était commandant de cinq villes, sous le règne de Phocas. Les clercs de la province s'insurgèrent contre lui, et, avec un grand nombre de partisans, l'attaquèrent et le tuèrent, ainsi que ses gens, et s'emparèrent des cinq villes, c'est-à-dire de Kharbetâ, Sân, Bastâ, Balqâ et Sanhoûr. Phocas, informé de cet événement par David et Aboûnâkî, qui avaient été envoyés par le patriarche, manifesta une grande colère, et fit partir un général extrêmement cruel, nommé Bonose[3], de la province d'Orient[4], qui était comme une hyène féroce. Il lui donna plein pouvoir sur les clercs, lui ordonnant d'agir avec eux, comme ils avaient agi eux-mêmes. Arrivé en Cilicie, ce général rassembla un grand nombre d'hommes, marcha contre les clercs de la ville d'Antioche et les soumit; car il leur inspira une telle terreur, qu'ils étaient devant lui comme des femmes. Il sévit contre eux d'une façon impitoyable. Il fit étrangler les uns, brûler ou noyer les autres; d'autres encore furent livrés aux bêtes féroces; il fit passer au fil de l'épée les gens des factions; enfin ceux envers lesquels il voulait montrer de la clémence furent exilés pour la durée de leur vie. Il fit (aussi) subir de mauvais traitements aux moines et aux religieuses.

Chapitre CVI. Voici quelle était la manière d'agir du féroce Pho-

[1] Comparez, ci-dessus, chap. LXXXIX, 139 du texte (371 de la traduction).

[2] Je ne connais pas le nom authentique de cette ville.

[3] ቀብዙን ፡ est la transcription fautive de la forme arabe بسوزون.

[4] Au lieu de : « il le nomma comte d'Orient. »

cas. Il envoya chercher, dans la province de Cappadoce, la femme d'Heraclius l'aîné, qui était la mère de Théodore, le général, et la femme d'Heraclius le jeune avec sa fille Fabia, qui était vierge, et les fit demeurer dans la maison de Théodore, en les traitant avec égards. Théodore était de la famille de l'empereur Justinien. C'était sur le conseil de Crispe et d'Elpidius (?)[1]... Phocas chercha à déshonorer Fabia. Celle-ci, usant d'une ruse de femme, lui dit qu'elle était dans sa période mensuelle, et elle lui montra un linge taché de sang, et Phocas l'abandonna. Lorsque [plus tard] Heraclius l'aîné apprit ces circonstances, il remercia Crispe et ne fit aucun mal à Théodore, ni aux siens.

Chapitre CVII[2]..... Et ils se rendirent à Constantinople et informèrent Phocas de tout ce qui se passait. En ce temps, Heraclius leva l'étendard de la révolte; il distribua beaucoup d'argent aux barbares de la Tripolitaine et de la Pentapolis et les détermina à l'aider dans la guerre. Puis il appela auprès de lui son lieutenant nommé Bônâkîs[3], avec trois mille hommes et un grand nombre de barbares, et les fit partir pour la Pentapolis, où ils devaient l'attendre. Il envoya aussi Nicétas[4], fils de Grégoire, avec des subsides considérables vers Léonce, préfet de Phocas à Maréotis, en lui recommandant de rendre hommage à Phocas et de l'appeler, en lui écrivant : « Monseigneur. » En

[1] Je pense que ክስሬሲስ ፡ et ሬብዋን ፡ sont des transcriptions altérées des noms de Crispe et d'Elpidius, chefs de la conspiration contre Phocas à Constantinople, dont faisait partie, également, Théodore le Cappadocien. Phocas avait fait placer la mère et la fiancée d'Heraclius au couvent des Pénitentes fondé par Théodora, femme de Justinien. Les traducteurs ont confondu les noms de Théodora et de Théodore et complétement méconnu le sens du passage. Les mots ተርጓሚያን ፡ ክሕላም ፡ paraissent être une glose du traducteur éthiopien, qui, peut-être, a interprété ainsi l'arabe مترجان.

[2] Suite d'un récit dont le traducteur a omis le commencement. Cependant il est possible que cette phrase se rattache au premier paragraphe du chapitre précédent, dont le récit est interrompu par les deux épisodes qu'on vient de lire.

[3] Ce nom est probablement corrompu. Il se trouve transcrit de différentes manières : ፎታኪስ ፡, ቡቲያኪስ ፡, ቦላታኪስ ፡.

[4] ንሬጣ ፡ est la transcription fautive de نيقطا.

effet, Tenkerâ (?)[1] et Théodore, fils de Ménas, qui avait été préfet d'Alexandrie, sous le règne de Maurice, s'étaient secrètement conjurés avec Heraclius, et lui avaient promis de tuer Phocas, de lui remettre le gouvernement de Constantinople, et de le faire reconnaître par les légions de Constantinople. Théodore, le patriarche des Chalcédoniens d'Alexandrie qui avait été nommé par Phocas, ignorait ce complot; mais Jean, le gouverneur de la province, qui était préfet du palais (préfet augustal) et commandant militaire à Alexandrie, le connaissait, ainsi que Théodore, qui était préposé (à la perception) des grains (intendant des finances). Ces trois personnages adressèrent à Phocas une lettre et l'informèrent de tous ces faits. Or Phocas traitait Heraclius avec dédain. Alors il envoya, par l'entremise du préfet de Constantinople, qu'il fit partir pour l'Égypte avec une nombreuse armée, après l'avoir fait solennellement jurer qu'il défendrait fidèlement son gouvernement et qu'il combattrait Heraclius en Égypte, des subsides considérables à l'*Apellôn*[2] de Menouf, et aussi à Ptolémée, l'*Apellôn* d'Athrib, qui était préfet de cette ville. Ensuite, adressant un message à Cotton[3], il lui ordonna de quitter Antioche et de se rendre à Alexandrie. Il avait auparavant expédié Bonose[4], par mer, avec des lions, des léopards et d'autres bêtes féroces, que l'on devait conduire à Alexandrie. Tandis que les empereurs avaient autrefois fait détruire les bêtes féroces, il rétablit l'ancienne coutume. Il y envoya aussi des instruments de torture de différentes sortes, des chaînes et des carcans, et (d'autre part), de grandes sommes d'argent et des vêtements d'honneur.

Bônâkîs, général d'Heraclius l'aîné, attendait Nicétas dans la Pentapolis, suivant l'ordre donné par Heraclius. Ayant reçu des renforts du général Léonce, préfet de Maréotis, qui était d'accord avec eux,

[1] Il est possible que ce nom soit la corruption du nom de Crispe.

[2] Le mot አጵሎን ፡, écrit plus loin ብለሎን ፡, et aussi አይፋሌላን ፡, አይፋይሌላን ፡ et አይሌሎስ ፡, dont j'ignore la forme authentique, désigne le commandant militaire d'une province.

[3] ቆሱን ፡, transcription fautive de قوسون.

[4] ቆንስ ፡, transcription fautive de بونس.

(Nicétas) s'était dirigé vers la Nubie d'Afrique. En se présentant devant la garnison de la ville de Kabsèn[1], (les insurgés) n'inquiétèrent pas la garnison, mais ils mirent en liberté tous les prisonniers, pour qu'ils marchassent avec eux. Avant d'y arriver, ils avaient fait inviter les habitants de la ville à se porter en avant et à propager la révolte dans le (territoire du) canal appelé *Pidrâkôn*, c'est-à-dire le *Dragon*, qui se trouve près de la grande ville d'Alexandrie, à l'Ouest. Ils y rencontrèrent l'*Apellôn* d'Alexandrie, avec un grand nombre d'Égyptiens bien armés. Ils lui dirent : « Écoute-nous, ne résiste pas et éloigne-toi de nous ; garde ton rang et reste neutre, jusqu'à ce que tu voies qui sera vainqueur ; il ne te doit arriver aucun mal, et tu seras ensuite gouverneur d'Égypte ; car le règne de Phocas est fini ! » Mais il repoussa leur proposition et répondit : « Nous combattrons pour l'empereur jusqu'à la mort. » Le combat s'étant engagé, cet insensé fut tué ; on lui coupa la tête, qui fut attachée à une pique et portée à la ville. Personne ne fut en état de leur résister ; et, au contraire, un grand nombre de gens embrassèrent leur parti. Le préfet du palais et Théodore, l'intendant des grains, se retirèrent dans l'église de Saint-Théodore, située dans la partie orientale de la ville, et Théodore, le patriarche chalcédonien, dans l'église de Saint-Athanase, qui se trouvait au bord de la mer. Car ils craignaient non seulement l'ennemi, mais aussi les habitants de la ville, parce qu'ils gardaient le coadjuteur Ménas, fils de Théodore le vicaire, c'est-à-dire l'*ethidjn*[2], pour le livrer à Bonose, lorsqu'il viendrait.

Lorsque le clergé et le peuple de la ville se réunirent, ils se trouvaient entièrement d'accord dans un même sentiment de haine contre Bonose, qui déjà avait envoyé les bêtes féroces et les instruments de torture ; ils enlevèrent le produit de l'impôt du fisc d'entre les mains des intendants et ils se trouvaient en révolte ouverte contre Phocas ; ils accueillirent avec grand honneur Heraclius, prirent possession du palais du gouvernement et s'y établirent ; ils attachèrent à la porte de la ville, afin de l'exposer aux regards de ceux qui entraient

[1] Ce bourg, d'après l'ensemble du récit, était situé à l'ouest d'Alexandrie.

[2] ⲉⲧϩⲓϫⲛ̄.

et de ceux qui sortaient, la tête de l'*Apellôn*, et s'emparèrent de toutes les richesses en or, en argent et en vêtements d'honneur que Phocas avait expédiées à ce dernier. Puis (Bônâkîs) se fit amener les guerriers et les soldats qui avaient été avec lui ; il fit aussi arrêter, à Pharos, les soldats qui se trouvaient dans les vaisseaux et les fit étroitement garder.

C'est à Césarée, en Palestine, que Bonose apprit que (les insurgés) avaient tué l'*Apellôn*, qu'ils avaient pris Alexandrie, et que les habitants de cette ville lui étaient hostiles et sympathisaient avec Heraclius. Jusqu'à ce que Bonose arrivât en Égypte, Bônâkîs ne cessa de faire des progrès et parvint à soumettre tous les préfets d'Égypte à son autorité. Les gens de la faction bleue confisquèrent les biens d'Aristomaque, l'ami de l'empereur, et les biens des principaux habitants de Menouf, et les mirent ainsi dans l'impossibilité de payer l'impôt.

Tout le monde se réjouissait de la révolte contre Phocas. Les habitants de Nikious, ainsi que l'évêque Théodore, et toutes les villes d'Égypte, firent cause commune avec les insurgés, à l'exception de Paul, préfet de la ville de Semnoud, qui avait été investi par Phocas et qui était aimé de tous les habitants de la ville, tandis qu'on avait nommé le commandant militaire *Lîwnâkîs* (?), parce qu'il était méchant et brutal et « une tête de chien. » Cosmas, fils de Samuel, ami de Paul, l'un de ceux qui avaient été délivrés de la prison, était également avec ceux-ci ; il était impotent et toujours porté par deux hommes; mais, plein d'ardeur[1], il entraînait tous les généraux et se faisait obéir d'eux. Paul fut le premier qui résistait, refusant de se joindre au parti d'Heraclius, et qui restait hésitant. Car toute la province d'Égypte était divisée à cause du meurtre d'*Aysâyllôn*[2]. Marcien, préfet d'Athrib, qui avait été lié d'amitié avec lui, refusa également de faire cause commune avec les insurgés.

[1] Peut-être, au lieu de ዐቢይ ፡, faut-il lire ዕቡይ ፡ ነፍስ ፡, *hautain.*

[2] አይሳይሊሉን ፡ et አይሳሌሉን ፡ paraissent être d'autres transcriptions du mot qui, ci-dessus, est écrit አጵሎን ፡ et በለሉን ፡.

Bonose quitta la maison de Ptolémée(?)[1] et envoya ses vaisseaux à Athrib. Christodora, sœur d'Aysâllôn, observait et espionnait ceux qui rejetaient le gouvernement de Phocas, et elle repoussa la demande qu'Heraclius lui avait adressée. Les troupes d'Égypte et d'Orient[2] attendaient les secours venant par terre et par bateaux. Ces secours arrivaient en bateaux, par les deux branches du fleuve, pour débarquer, comme nous l'avons dit; tandis que ceux[3] qui venaient à cheval, de l'Orient, étaient observés par Platon et Théodore, lesquels se trouvaient près d'Athrib et qui craignaient leur arrivée. Paul et Cosmas, fils de Samuel, les avaient précédés[4]. L'évêque Théodore et Ménas, chancelier de la ville de Nikious, avaient envoyé un message au préfet Marcien et à la dame Christodora, sœur d'Aysâllôn, pour les engager à abattre les statues[5] de Phocas et à reconnaître Heraclius. Mais Marcien et Christodora s'y étaient refusés; car ils avaient appris que Bonose était arrivé à Pikoûrân[6]. Lorsque les gens de Platon reçurent cette nouvelle, ils adressèrent à Bônâkîs, à Alexandrie, une lettre dans laquelle ils lui disaient : « Arrive vite avec tes troupes, car Bonose est arrivé à Fermâ. » Au moment où Bônâkîs entrait dans Nikious, Bonose[7] avait gagné Athrib, où il trouva les soldats de Marcien prêts à combattre; Christodora, sœur d'Aysâllôn, et les gens de Cosmas, fils de Samuel, y étaient également, à terre. Il se rendit dans la petite branche, qui se détache de la grande branche du fleuve, et y rencontra Paul, le général, avec ses troupes. Alors Bônâkîs vint pour attaquer Bonose, et l'engagement eut lieu à l'est de la ville de Menouf. Les gens de Cosmas, fils de Samuel, eurent le dessus et jetèrent ceux de Bônâkîs dans le fleuve; Bônâkîs lui-même fut pris et massacré. Ils tuèrent aussi le

[1] Ce n'est pas de Ptolémée, l'*Apellôn* d'Athrib, qu'il peut être question ici, à moins qu'il n'y ait quelque erreur dans le texte. Il est possible que le traducteur ait transcrit ainsi le nom de la ville de Ptolémaïs de Syrie.

[2] **ወእሌናፖስ ፡** est une corruption d'*ἀνατολῆς*. Il s'agit des troupes impériales.

[3] Lisez **ወለእለ ፡**.

[4] Lisez, dans le texte, **ቀሙኦሙ ።**.

[5] **ዐላማት ፡** est le mot arabe علامات.

[6] Le nom de cette ville m'est inconnu (Rhinocorura ?).

[7] **ቶንስ ፡** est la transcription fautive de بونس.

général Léonce et Koûdîs (Goudoïs) et prirent vivants un grand nombre de soldats, qu'ils enchaînèrent. Platon et Théodore, voyant que Bônâkîs et ses compagnons avaient été tués, s'enfuirent et se cachèrent dans un couvent.

Théodore, l'évêque de Nikious, et Ménas, le chancelier, portant des évangiles, allèrent au-devant de Bonose, espérant qu'il leur ferait grâce. Bonose, en les apercevant, emmena l'évêque Théodore avec lui, à Nikious, et fit mettre Ménas en prison. Christodora et Marcien, préfet d'Athrib, lui ayant dit que c'était cet évêque qui avait fait abattre les statues de Phocas, aux portes de la ville, et ayant vu lui-même ces statues par terre, il ordonna de trancher la tête à l'évêque. Quant à Ménas, il le fit soumettre à une bastonnade prolongée et lui imposa une amende de trois mille pièces d'or, puis il le mit en liberté. Mais, à la suite du châtiment rigoureux qu'il avait subi, Ménas tomba malade d'une dysenterie et mourut peu de temps après. Ce fut à l'instigation de Cosmas, fils de Samuel (qu'il avait été traité ainsi).

Les trois Anciens de Menouf, à savoir Isidore, Jean et Julien, et ceux qui s'étaient cachés au couvent d'Atrîs[1], c'est-à-dire Platon, l'ami de l'empereur, et Théodore le vicaire, furent amenés par les moines auprès de Bonose, qui les fit conduire, chargés de chaînés, à Nikious, et, après les avoir fait battre, leur fit trancher la tête sur la même place où l'on avait mis à mort l'évêque. Il fit ensuite une enquête au sujet des soldats qui avaient combattu dans les rangs de Bônâkîs : il exila ceux qui avaient été soldats de Maurice, et mit en jugement et condamna à mort ceux qui avaient servi sous les drapeaux de Phocas. Les combattants qui restaient, voyant ces choses, se réfugièrent dans la ville d'Alexandrie. Les principaux habitants d'Égypte se réunirent auprès de Nicétas, le général d'Heraclius, et lui prêtèrent aide et assistance, car ils détestaient Bonose, et ils dirent à Nicétas tout ce qu'il avait fait. Nicétas rassembla une nombreuse armée, composée de soldats réguliers, de barbares, de citoyens d'Alexandrie, de la faction des

[1] ኢትሪስ ፡ est peut-être une erreur des scribes pour ኢትሪብ ፡.

suite des armées d'Occident se tournèrent contre Rome et firent prisonniers les Égyptiens qui s'y trouvaient et qui avaient quitté l'Égypte, à cause de Bonose, à savoir Serge l'Apostat et Cosmas qui avait livré sa ville; ces hommes avaient renié la religion chrétienne, abandonné le saint baptême et avaient suivi la voie des païens et des idolâtres[1]. Les Perses se rendirent maîtres du fleuve Euphrate et de toutes les villes de la province d'Antioche et les ravagèrent; ils ne laissèrent subsister, à cette époque, aucun soldat (romain). Les habitants de la Tripolitaine d'Afrique qui sympathisaient avec Heraclius firent venir (dans le pays) des barbares sanguinaires; car ils haïssaient Phocas et ils attaquèrent le général Mardios, et ils voulaient le tuer, ainsi que deux autres généraux, nommés Ecclesiarius et Isidore. Lorsque ces barbares vinrent, ils tournèrent leurs armes contre la province d'Afrique, puis ils s'enrôlèrent sous les drapeaux d'Heraclius l'aîné. Le gouverneur de la Tripolitaine, nommé Kîsîl, alla rejoindre Nicétas avec des renforts considérables pour combattre avec lui contre Bonose.

Heraclius l'aîné fit partir Heraclius le jeune, son fils, pour Byzance, avec des vaisseaux et un grand nombre de barbares, afin d'attaquer Phocas. Aux îles et aux différentes stations du bord de la mer, beaucoup de gens, notamment de la faction verte, s'embarquaient avec lui. Théodore l'Illustre[2], accompagné d'un grand nombre de sénateurs éminents, quitta Phocas, et reconnut Heraclius, et les personnes de l'ordre civil et de l'armée qui étaient avec lui imitèrent son exemple et se soumirent à Heraclius le Cappadocien. Tout le peuple accablait Phocas de furieuses invectives, et personne ne s'y opposait. Telle fut la situation à Constantinople. Lorsque Phocas en fut informé et qu'il sut que tout le monde acclamait Heraclius, il envoya les chars impériaux à Bonose, qui (avec ses troupes) devait marcher contre lui. Les autres officiers impériaux armèrent les vaisseaux des gens d'Alexandrie par lesquels on avait amené les grains d'Égypte à Constantinople et que Phocas avait fait saisir, à cause de la révolte des habitants d'Alexandrie.

[1] J'ignore à quels faits et à quels personnages se rapporte ce récit.

[2] Comparez Théophane, *ad ann.* 6102.

Chapitre CX. Lorsque, à la suggestion de Nicétas [1] le Patrice, les habitants accueillirent Heraclius pour être leur empereur, les gens d'Afrique proclamaient ses mérites en disant : « Cet empereur Heraclius sera comme Auguste ! » Et les gens d'Alexandrie, au château [2], disaient comme eux. Ensuite un combat s'engagea au bord de la mer, et les gens des chars tuèrent Bonose. On proclamait les mérites d'Heraclius le jeune, fils d'Heraclius l'aîné, on l'acclamait d'une voix unanime, en langue grecque, et l'on chargeait d'imprécations Phocas et Bonose. En entendant ces cris, les partisans de la faction verte et les gens de Constantinople qui se trouvaient en mer assemblèrent leurs bateaux et donnèrent la chasse aux partisans de la faction bleue qui, fort inquiets à cause des charges qui pesaient sur eux [3], se réfugièrent dans l'église de Hagia-Sophia. Les magistrats et les sénateurs se tenaient près du château et attendaient Phocas.

Phocas et le chambellan Léonce [4], sachant qu'on voulait les massacrer, comme on avait massacré le scélérat Bonose, prirent toutes les richesses du trésor impérial, celles qui avaient été amassées par Maurice, et celles que Phocas lui-même avait accumulées en confisquant les biens des principaux d'entre les Romains qu'il faisait mettre à mort, ainsi que les richesses de Bonose, et les jetèrent dans les flots de la mer, et ils appauvrirent ainsi l'empire romain. Les sénateurs, les officiers et les soldats accoururent aussitôt, saisirent Phocas, lui ôtèrent la couronne de la tête, le conduisirent avec le chambellan Léonce, tous les deux enchaînés, à l'église de Saint-Thomas-l'Apôtre, auprès d'Heraclius, et les tuèrent devant lui. On coupa à Phocas les parties sexuelles et on lui arracha la peau jusqu'aux jambes, parce qu'il avait déshonoré la femme de Photius, qui était consacrée à Dieu; il l'avait prise de force et violée [5], bien qu'elle fût de naissance illustre.

[1] Au lieu de *Nicétas*, il faut probablement lire *Crispe*.

[2] C'est-à-dire au *Château des sept tours*, où étaient enfermés, je suppose, les hommes de la flotte d'Alexandrie qui avaient été arrêtés par Phocas.

[3] La faction bleue était inféodée à Phocas.

[4] Léonce le Syrien, trésorier de Phocas.

[5] La leçon des mss., ቶዕደንቶ ፡, n'est qu'une faute des copistes. La leçon exacte se trouve dans la rubrique.

On porta ensuite les corps de Phocas, de Léonce et de Bonose, à Constantinople, on les brûla et on jeta leurs cendres au vent; car tout le monde les haïssait [1]. C'est ainsi que se réalisa la révélation qu'avait reçue de Dieu Benjamin de la ville d'Antinoé, et les habitants de Byzance n'en négligèrent aucun point; on conduisit Heraclius, malgré lui, à l'église de Saint-Thomas-l'Apôtre, et on lui mit la couronne impériale sur la tête. Après avoir accompli sa prière, il vint au palais, où tous les dignitaires [2] lui rendirent hommage.

Heraclius, après son avènement, écrivit une lettre à Heraclius, son père, lui rendant compte de tout ce qui était arrivé et comment il avait été proclamé empereur. Heraclius le père, qui avait pris possession [3] de Carthage, la capitale de l'Afrique, et qui était inquiet au sujet de son fils, après son départ pour Byzance, fut très heureux en recevant ces nouvelles. Il régnait, dans les églises, une grande incertitude, à cause de la longue durée de cette guerre; tout le monde était plein d'appréhensions, à la suite de la défaite de Bônâkîs [4], et à cause de l'inquiétude qu'Heraclius éprouvait pour son fils. Ensuite Heraclius tomba malade et quitta ce monde. Il mourut au siège même de son gouvernement. Dieu seul sait qui il élève. Gloire à Dieu éternellement!

Chapitre CXI [5]. Or Théodore, qui était commandant en chef en

[1] Comparez *Chron. Pasch.*, col. 980-981. — Nicéphore de Constantinople, *Breviarium histor. de rebus post Mauricium gestis*, éd. de Paris, p. 4.

[2] Voyez, ci-dessus, p. 384, note 1.

[3] Ou *qui occupait*.

[4] ሙናኪስ ፡ est une des nombreuses transcriptions fautives du nom du général d'Heraclius, tué en Égypte.

[5] Il n'est pas probable que la lacune considérable que l'on constate en cet endroit du récit ait existé dans le texte original, et que l'auteur, s'il avait négligé la plus grande partie des événements du règne d'Heraclius et les premières conquêtes des musulmans, se fût dispensé d'expliquer cette omission. Cependant on ne peut attribuer exclusivement au procédé du traducteur l'état fragmentaire et la rédaction confuse des derniers chapitres de l'ouvrage. Mais, telle qu'elle est, cette relation de la conquête de l'Égypte, par les dates et les renseignements authentiques qu'elle nous fournit, conserve toute son importance. Elle est encore digne d'attention à un point de

Égypte, après avoir été informé par les messagers de Théodose, préfet d'Arcadie, de la mort de Jean, général des milices[1], ramena toutes les troupes d'Égypte et les troupes auxiliaires, et se rendit à Lôqyôn, qui est une île. Car il craignait qu'à la suite du soulèvement des habitants de ce canton, les musulmans ne vinssent s'emparer du littoral de Lôkyôn[2] et chasser la communauté de serviteurs de Dieu qui étaient (des fidèles) sujets de l'empire romain. Ses plaintes étaient plus tristes que l'élégie de David sur la mort de Saül, qui disait : « Comment les héros sont-ils tombés ? Comment les armes de guerre ont-elles été détruites ! » Car Jean, général des milices, n'était pas le seul qui eût été tué. Jean, de la ville de Mârôs, le général, avait également trouvé la mort dans le combat, ainsi que cinquante soldats qui l'accompagnaient à cheval. Mais je vais vous faire connaître brièvement ce qui arriva d'abord aux habitants du Faiyoûm.

Jean[3] et ses compagnons, les guerriers que nous venons de mentionner, auxquels les Romains avaient confié la garde du canton, avaient placé d'autres gardiens près de la pierre de la ville de Lâhoûn,

vue plus général; elle nous montre que les anciennes traditions et légendes recueillies par les premiers chronographes musulmans ne doivent être acceptées qu'avec la plus grande réserve.

[1] Il s'agit de Jean, duc de Barca. Au témoignage de Nicéphore, patriarche de Constantinople (*Brev. Hist.*, éd. de Paris, p. 17), Jean de Barca aurait été envoyé contre les musulmans qui avaient envahi l'Égypte, alors que l'empereur Heraclius était encore en Orient. Bien que nous ne connaissions pas la date exacte du retour d'Heraclius dans sa capitale, après la conquête de la Syrie par les Arabes, nous savons qu'il se trouvait à Constantinople en 638, alors qu'il fit proclamer empereur son fils Héracléonas. Les mots *καὶ πέμπει κατὰ Σαρακηνῶν τῶν ἐν Αἰγύπτῳ*, dont se sert Nicéphore, paraissent exclure l'hypothèse suivant laquelle Jean de Barca serait venu en Égypte avant l'arrivée des Arabes. Théophane fixe l'invasion de l'Égypte à l'an 634 (636). Les écrivains musulmans, généralement, font coïncider l'expédition d'ʿAmr ibn-al-ʿÂṣ avec le voyage du calife ʿOmar en Syrie, en l'an 18 de l'hégire (639 de J.-C.). Mais il y a de grandes divergences dans leur chronologie. (Voyez Ibn al-Athîr, éd. de Tornberg, t. II, p. 440; — Maqrîzî, *Khiṭaṭ*, éd. de Boûlâq, t. I, p. 288.)

[2] Une île de ce nom m'est inconnue. Les deux formes de ሎቅዮን ፡ et ሎክዮን ፡ sont sans doute des transcriptions d'un seul et même nom.

[3] C'est-à-dire Jean de Mârôs.

pour y rester constamment en observation et pour avertir le commandant des milices des mouvements des ennemis; ils avaient ensuite pris quelques chevaux et une troupe de soldats et de tireurs d'arc, et avaient marché contre les musulmans, se proposant de les arrêter. Les musulmans s'étant dirigés vers le désert, enlevèrent un grand nombre de moutons et de chèvres de la montagne, sans que les Égyptiens en eussent connaissance. Puis, lorsqu'ils parurent devant Behnesâ, toutes les troupes qui se trouvaient avec Jean au bord du fleuve accoururent, et ils furent empêchés, pour cette fois, de pénétrer dans le Faiyoûm.

Le général Théodose, en apprenant l'arrivée des Ismaélites, se transportait d'un lieu à l'autre, afin d'observer les mouvements de ces ennemis. Les Ismaélites vinrent, massacrèrent le chef de l'armée et tous ses compagnons et se rendirent maîtres de la ville[1]. Quiconque se rendait auprès d'eux fut massacré; ils n'épargnèrent personne, ni vieillards, ni femmes, ni enfants. Ils se tournèrent ensuite contre le général Jean. Celui-ci et ses compagnons prirent leurs chevaux et se cachèrent dans les clos et les plantations, pour se dérober aux ennemis; puis ils marchèrent, pendant la nuit, vers le grand fleuve d'Égypte, vers Aboïṭ[2], où ils espéraient être en sûreté. Or tout cela venait de Dieu. Le chef de partisans qui était avec Jérémie, renseigna l'armée musulmane sur les Romains qui étaient cachés; les musulmans les atteignirent et les massacrèrent. Lorsque cette nouvelle parvint au général Théodose, et à Anastase, qui alors se trouvaient à une distance de 12 milles de la ville de Nikious, ils se rendirent immédiatement à la citadelle de Babylone et y demeurèrent, envoyant à Aboïṭ le général Léonce. Celui-ci était un homme obèse, sans vigueur, ignorant la pratique de la guerre. Voyant que l'armée égyptienne et Théodore combattaient les musulmans et qu'ils sortaient fréquemment de la ville de Faiyoûm, pour prendre la ville[3], il retourna

[1] De Behnesâ?

[2] Aboïṭ (le بُوِيْط ou أَبُوِيْط des géographes arabes) était située dans le canton de Lycopolis ou Osyoûṭ, à l'Orient du Nil.

[3] Pour reprendre la ville de Behnesâ?

avec la moitié des troupes à Babylone, pour rendre compte de la situation aux gouverneurs[1], tandis que l'autre moitié resta avec Théodore.

Théodore ayant, après de longues recherches, retrouvé le corps de Jean qui avait été jeté dans le fleuve, l'en fit retirer au moyen d'un filet, en manifestant une grande douleur, le fit placer dans une bière, et le fit conduire auprès des gouverneurs, qui l'envoyèrent à Heraclius.

Ceux (d'entre les Romains) qui se trouvaient en Égypte cherchaient un refuge dans la citadelle de Babylone. Ils attendaient Théodore le général, afin d'attaquer les Ismaélites avec leurs forces réunies, avant la crue du fleuve et la période des semailles, alors que l'on ne pourrait pas faire la guerre, de crainte que les semailles ne fussent détruites, et les habitants exposés à mourir de faim avec leurs enfants et leur bétail[2].

Chapitre CXII. Or il régnait, à cause du mécontentement manifesté par l'empereur, une grande hostilité entre Théodore le général en chef et les gouverneurs. Théodose et Anastase, à cheval, se rendirent ensemble à 'Aoun avec un grand nombre de fantassins, pour

---

[1] C'est-à-dire Théodose et Anastase, le duc d'Égypte et le préfet augustal. (Dans un passage du *Breviarium* du diacre Liberatus [cap. xx] ces deux fonctionnaires sont appelés *Judices*), et il faut supposer que la charge de duc d'Égypte, supprimée par un édit de Justinien (*C. J. C. Edict. XIII, Lex de Alexandrinis et Ægyptiacis provinciis*, cap. 1), avait été rétablie plus tard. Le général Théodore paraît avoir été envoyé en Égypte, après les premières défaites des Romains, pour prendre le commandement en chef.

[2] D'après Ibn 'Abd-el-Ḥakam (mss. arabes de la Bibliothèque nationale, ancien fonds, n° 785, fol. 35 v° et 38 v° et ancien fonds, n° 655, p. 79 et 85), 'Amr se trouvait à 'Arîsch, près de la frontière d'Égypte, le *jour du Sacrifice* (le 10 dsoû 'l-ḥiddja de l'an 18 de l'hégire), c'est-à-dire au mois de décembre 639. L'inondation d'Égypte commence au mois d'août. Par conséquent ce serait vers le mois de juin ou de juillet que les généraux romains auraient livré bataille à 'Amr, six ou sept mois après son entrée en Égypte. Suivant un auteur chrétien, Sévère, évêque d'Aschmoûnaïn, en son histoire des patriarches d'Alexandrie, les Arabes seraient entrés en Égypte, le 12 du mois de payni de l'an 357 des martyrs. (Ms. arabe de la Bibliothèque nationale, ancien fonds n° 139, page 91.) Le 12 du mois de payni correspond au 18 juin.

livrer bataille à ʿAmr, fils d'Al-ʿÂṣ. Les musulmans ne connaissaient pas auparavant la ville de Miṣr[1]. Laissant de côté les villes fortifiées, ils s'étaient dirigés vers une localité nommée Ṭendoûnyas[2] et s'étaient embarqués sur le fleuve. ʿAmr faisait preuve, dans la prise de Miṣr, d'une grande énergie et d'une perspicacité extraordinaire. Il était inquiet d'être séparé (d'une partie) de l'armée musulmane qui, divisée en deux corps, se dirigeait, sur la rive orientale du fleuve, vers une ville, située sur une hauteur, appelée ʿAïn-Schams ou ʿAoun. ʿAmr, fils d'Al-ʿÂṣ, écrivit à ʿOmar, fils d'Al-Khaṭṭâb, qui était en Palestine, une lettre dans laquelle il lui disait : « Si tu n'envoies pas des renforts musulmans, je ne pourrai pas me rendre maître de Miṣr. » ʿOmar lui envoya quatre mille guerriers musulmans, commandés par un général nommé Walwâryâ[3], qui était de race barbare[4]. Alors (ʿAmr) divisa ces troupes en trois corps : il plaça l'un d'eux près de Ṭendoûnyâs, un autre au nord de Babylone d'Égypte, et il prit position lui-même, avec le troisième corps, près de la ville d'ʿAoun. Il donna aux deux autres corps l'ordre suivant : « Faites attention, lorsque l'armée romaine sortira pour nous attaquer, tombez sur elle par derrière, tandis que nous serons devant elle; nous l'entourerons et

[1] ምስር ፡ ici et plusieurs fois dans la suite, désigne la ville de Miṣr ou Babylone. C'est la transcription de l'arabe مصر qui lui même est l'équivalent de ⲬⲎⲘⲒ, abréviation de ⲐⲂⲀⲂⲨⲖⲰⲚ ⲚⲬⲎⲘⲒ.

[2] Cette localité était située, d'après notre texte, au bord du fleuve, au sud de la citadelle de Babylone.

[3] Ce nom est évidemment corrompu. La première syllabe est peut-être écrite pour ወልድ ፡ (ابن عوّام ?).

[4] Le souvenir de ce fait a été également conservé par les traditions musulmanes, dont la plupart s'accordent même avec notre texte quant au nombre des renforts envoyés par ʿOmar (Ibn ʿAbd al-Ḥakam, ms. arabe de la Bibliothèque nationale, ancien fonds, nº 785, fol. 40 vº; ancien fonds, nº 655, p. 89); mais toutes affirment que c'est de Médine que le calife avait expédié ce corps de troupes. Si la version de notre texte se trouvait être exacte, comme nous savons qu'ʿOmar était de retour à Médine de son voyage en Syrie, au mois de dsoû ʾl-ḥiddja de l'an 18 de l'hégire et qu'il présidait au pèlerinage de cette année, la date de l'entrée des musulmans en Égypte devrait être fixée antérieurement au mois de dsoû ʾl-ḥiddja. Au témoignage de Ṭabarî, ʿOmar serait resté en Syrie trois ou quatre mois (schaʿbân, ramadhân, schawwâl et dsoû ʾl-qaʿda).

l'exterminerons. » Lorsque l'armée romaine, ignorant (ce stratagème) sortit de la forteresse[1] pour attaquer les musulmans, ceux-ci tombèrent sur ses derrières, comme ils l'avaient concerté, et une bataille terrible s'engagea. Écrasées par les musulmans, les troupes romaines s'enfuirent sur des bateaux. L'armée musulmane occupa la ville de Ṭendoûnyâs, dont la garnison avait péri et dont il n'était resté que trois cents hommes qui s'étaient retirés dans la forteresse et avaient fermé les portes; puis, terrifiés par le grand massacre qui venait d'avoir lieu, ils s'enfuirent, et, pleins de découragement et de tristesse, ils se rendirent, par bateaux, à Nikious[2].

[1] C'est-à-dire de la forteresse de Babylone. Les Romains quittaient l'enceinte de Babylone, se dirigeant vers Héliopolis, comme il est dit au commencement du chapitre.

[2] On lit dans la rubrique de ce chapitre (il faut se rappeler que les rubriques ont été ajoutées par le traducteur arabe) que la bataille d'Héliopolis était la première rencontre entre ʿAmr et les Romains, ce qui est une erreur; car non seulement les chroniques arabes parlent de quelques combats pendant la marche de l'armée musulmane sur Babylone, mais il ressort aussi de notre texte que les troupes romaines avaient déjà subi plus d'une défaite. En ce qui concerne la bataille d'Héliopolis, telle qu'elle est présentée ci-dessus, il semble que la distance entre Héliopolis et Babylone est trop grande pour que le champ de bataille ait pu embrasser toute la surface du triangle formé par les positions des musulmans. Le plan du général arabe était une manœuvre de marche qui lui avait été rendue possible par l'occupation d'une partie du Rif. La ville d'Héliopolis, déchue de son ancienne grandeur, ne paraît avoir eu, à cette époque, aucune importance stratégique, quoiqu'elle fût située sur une hauteur. Dans le récit qui précède, il est question, après la bataille d'Héliopolis, non de la prise de Babylone, mais de l'occupation de Ṭendoûnyâs. Comme, dans les chapitres suivants, nous voyons les musulmans maîtres de Babylone, il faut supposer que le nom de Ṭendoûnyâs, si ce n'est pas un autre nom de la ville de Babylone elle-même, désigne le quartier méridional de la ville qui était indépendant de la citadelle. Dans notre texte, aussi bien que dans d'autres ouvrages, la ville et la citadelle de Babylone ont été souvent confondues. D'ailleurs, on lit dans la rubrique du chapitre cxv : « Comment les musulmans s'emparèrent de Miṣr dans la quatorzième année du cycle et prirent la citadelle de Babylone, dans la quinzième année. » Ce que le traducteur a rendu par ዑደት ፡ ou par ዑደት ፡ ቀመር ፡, n'est pas le cycle lunaire, ni le cycle de 19 ans, qui n'étaient pas employés dans la vie civile pour le comput des années, mais l'*Indiction*. Babylone aurait donc été occupée par les musulmans en 641 de J.-C., Indiction XIV.

En apprenant ces événements, Domentianus[1], (gouverneur) de la ville de Faiyoûm, partit pendant la nuit, sans avertir les gens d'Aboïṭ qu'il allait abandonner la ville aux musulmans, et se rendit (avec ses troupes) par bateau, à Nikious. Les musulmans, informés de la fuite de Domentianus, accoururent allègrement, s'emparèrent du canton de Faiyoûm et d'Aboïṭ et y firent un grand massacre[2].

Chapitre CXIII. Après la prise de Faiyoûm et de son territoire par les musulmans, ʿAmr fit demander à *Abâkîrî*[3] de la ville de Delâṣ[4] d'amener les bateaux du Rîf, afin de transporter sur la rive orientale les Ismaélites qui se trouvaient à l'occident du fleuve. Il réunissait auprès de lui toutes ses troupes, pour exécuter de nombreuses expéditions. Il envoya à Georges le préfet, l'ordre de lui construire un pont sur le canal de la ville de Qalyoûb, pour qu'il pût faire la conquête de toutes les villes de la province de Miṣr, ainsi que des villes d'Athrib et de Kuerdîs[5]. C'est alors que l'on commença à prêter aide aux musulmans. Ceux-ci s'emparèrent d'Athrib et de Menouf[6] et de leurs territoires. (ʿAmr) fit également établir un grand pont près de Babylone d'Égypte, pour empêcher le passage des bateaux se rendant

[1] Au lieu de ሎምንድዮስ ።, il faut lire ድምንድዮስ ።. Le traducteur a lu *Λομεντιος* pour *Δομεντιος*.

[2] Il ressort de la relation qui précède que les Arabes, avant la bataille d'Héliopolis et la prise de Babylone, avaient fait des incursions dans le Rîf et dans le Faiyoûm et ont occupé ce dernier canton immédiatement après la bataille d'Héliopolis. D'après les auteurs musulmans, au contraire, ils n'auraient eu connaissance de cette contrée qu'un an après la conquête du reste de l'Égypte et l'auraient alors occupé pacifiquement (Ibn ʿAbd al Ḥakam, ms. 655, p. 230; — Maqrîzî, t. I, p. 249).

[3] Il n'est pas certain que ce mot soit un nom propre.

[4] Cette ville était située dans la province de Behnesâ, à sept lieues au sud de Memphis.

[5] Le nom exact de cette ville m'est inconnu.

[6] On peut se demander s'il n'y a pas, dans cette phrase, quelque erreur et si le traducteur n'a pas confondu le nom de la ville de Πⲁⲛⲁϩⲟ, située près d'Athrib, avec Πⲁⲛⲟⲩϥ, Menouf supérieure, située dans le Delta. Le canal de Qalyoûb est le canal d'Aboû-Mouneddja. Le nom de Qalyoûb paraît-être une corruption du nom d'Héliopolis, quoique le bourg de Qalyoûb soit à une assez grande distance des ruines de cette dernière ville.

à Nikious, à Alexandrie et dans la haute Égypte, et pour que les chevaux pussent venir, sans difficulté, de la rive occidentale du fleuve sur la rive orientale. Et ils soumirent ainsi toute la province de Miṣr. Mais ʿAmr ne se contenta pas de cela : il fit arrêter les magistrats romains et leur fit attacher les mains et les pieds avec des chaînes et des ais de bois; il extorqua beaucoup d'argent, doubla l'impôt des paysans et les forçait de porter le fourrage des chevaux; et il exerça d'innombrables actes de violence.

Ceux des gouverneurs [1] qui se trouvaient à Nikious y laissèrent Domentianus avec un petit nombre de troupes pour garder la ville, et se retirèrent à Alexandrie, en envoyant à Dâres, commandant supérieur de la ville de Semnoud, l'ordre de garder les deux fleuves [2]. Alors il y eut une panique dans toutes les villes d'Égypte; les habitants prenaient la fuite et venaient à Alexandrie, en abandonnant leurs propriétés, leurs biens et leur bétail.

Chapitre CXIV. Lorsque les musulmans, accompagnés des Égyptiens, qui avaient renié le christianisme et avaient embrassé la religion de cette créature exécrable, arrivaient (dans les villes), ils s'emparaient des biens de tous ceux d'entre les chrétiens qui s'étaient enfuis, et et ils appelaient les serviteurs du Christ « ennemis de Dieu. »

ʿAmr, laissant un nombreux détachement de son armée dans la citadelle de Babylone d'Égypte [3], se mit en marche, en suivant la rive orientale, vers les deux fleuves, pour attaquer le général Théodore. (Celui-ci) fit partir Yekbarî et Satfârî, pour occuper la ville de Semnoud, afin de s'opposer aux musulmans. Lorsqu'ils rejoignirent le corps des milices, celles-ci refusèrent toutes de combattre les musul-

[1] D'après cette phrase, il paraîtrait que ሐምኣዝት ne désignait pas exclusivement les deux chefs supérieurs d'Égypte, mais, en général, les officiers exerçant un commandement. Cependant il est possible que le traducteur ait mal interprété le passage.

[2] C'est-à-dire le Delta, dont la partie supérieure seule paraît, à ce moment, avoir été envahie par les musulmans, si réellement ils avaient occupé Menouf.

[3] Au lieu de « la citadelle de Babylone d'Égypte, » il faut lire « Babylone d'Égypte. » (Voyez ci-dessus, p. 438, note 2.)

mans. Ils engagèrent la bataille et tuèrent un grand nombre de musulmans et de ceux qui étaient avec eux[1]. Les musulmans, ne pouvant inquiéter les villes situées sur le territoire des deux fleuves, parce que l'eau qui les entourait et qui leur servait de rempart empêchait les chevaux d'en approcher, les abandonnèrent, se dirigèrent vers le Rîf et arrivèrent à Bousir. Ils fortifièrent la ville, ainsi que les lieux qu'ils avaient pris précédemment.

A cette époque, le général Théodore se rendit auprès de Kalâdjî, et lui dit en le priant avec instance : « Reviens vers nous; reviens dans les rangs des Romains. » Kalâdjî, qui craignait que l'on ne fît mourir sa mère et sa femme qui vivaient cachées à Alexandrie, donna à Théodore une grande somme d'argent. Le général Théodore le rassura. Alors Kalâdjî, partit, la nuit, pendant que les musulmans dormaient, et vint à pied, avec ses hommes, au camp du général Théodore; puis il alla rejoindre, dans la ville de Nikious, Domentianus, pour combattre contre les musulmans.

Il arriva ensuite que Sabendîs eut la bonne idée de s'enfuir d'entre les mains des musulmans, pendant la nuit; il se rendit à Damiette, auprès du général Jean, qui l'envoya à Alexandrie avec une lettre. Il se présenta en confessant sa faute devant les gouverneurs, en versant d'abondantes larmes et en disant : « J'ai agi ainsi, parce que j'avais été humilié par Jean qui, sans égard pour mon âge, m'avait souffleté; c'est alors que moi, qui auparavant avais servi les Romains avec dévouement, je me suis joint aux musulmans ».

Chapitre CXV. 'Amr, le chef des musulmans, lutta pendant douze ans[2] contre les chrétiens du nord de l'Égypte, sans réussir à conquérir leur province. Dans la quinzième année du cycle[3], pendant l'été, il marcha sur Sakhâ et sur Toukhô-Damsîs[4], impatient de réduire

[1] Au lieu de እለ ፡, il faut lire ወእለ ፡. Ce sont les transfuges égyptiens.

[2] Au lieu de ፲ወ፪ ፡, il faut probablement lire ፪ ፡ « pendant deux ans. »

[3] L'an 642 de J. C., indiction XV.

[4] ጡኹ ፡ est la transcription fautive de توخو.

les Égyptiens avant la crue du fleuve. Mais il lui fut impossible de rien entreprendre contre eux. Il fut également repoussé à Damiette, où il voulait brûler les fruits des champs. Alors il alla rejoindre ses troupes établies dans la citadelle de Babylone d'Égypte et leur remit tout le butin qu'il avait fait à Alexandrie[1]. Il fit détruire les maisons des habitants d'Alexandrie qui avaient pris la fuite, et avec le bois et le fer qui en provenaient, il fit construire un passage reliant la citadelle de Babylone à la ville des deux fleuves[2], et donna l'ordre de la brûler. Les habitants, avertis du danger, sauvèrent leurs biens et abandonnèrent leur ville, et les musulmans y mirent le feu. Mais les habitants allèrent, pendant la nuit, éteindre l'incendie. Les musulmans se tournèrent (ensuite) contre d'autres villes, dépouillèrent les Égyptiens de leurs biens et exercèrent sur eux des actes de violence. Le général Théodore et Domentianus ne pouvaient pas molester les habitants de la ville (?), à cause des musulmans qui se trouvaient au milieu d'eux[3].

ʿAmr, en quittant la basse Égypte[4] et allant porter la guerre au Rîf, avait envoyé un petit corps de troupes à Antinoé. Voyant la faiblesse des Romains et l'hostilité des habitants envers l'empereur Heraclius, à cause de la persécution qu'il avait exercée dans toute l'Égypte, contre la religion orthodoxe, à l'instigation de Cyrus, patriarche chalcédonien, les musulmans devinrent plus hardis et plus forts dans la lutte. Les habitants de la ville (d'Antinoé) délibérèrent avec Jean, leur préfet, et voulurent résister aux musulmans.

[1] Encore ici, il faut lire « Babylone » au lieu de « la citadelle de Babylone. » « Le butin fait à Alexandrie » et « les habitants d'Alexandrie » sont deux autres erreurs de la traduction. On vient de lire dans les phrases précédentes que les musulmans ne pouvaient rien entreprendre contre les villes de la basse Égypte. Je crois que, dans le texte original, il était question du pillage et de la destruction des maisons des habitants qui s'étaient réfugiés à Alexandrie.

[2] Il serait étrange que l'auteur eût désigné ainsi l'île de Raudhâ qui, d'après les auteurs musulmans, jouait un si grand rôle lors du siège de la forteresse de Babylone. (Voyez le résumé du récit d'Ibn ʿAbd al-Ḥakam, par Ewald, dans la *Zeitschrift für die Kunde des Morgenlandes*, t. III, p. 329 et suiv.; comparez Maqrîzî, *Khiṭaṭ*, t. I, p. 290 et suiv.)

[3] Il s'agit peut-être des habitants de Babylone qui s'étaient soumis aux Arabes.

[4] ባሕርይ ፡ est le mot arabe بحرى.

Mais Jean s'y refusa, quitta la ville en toute hâte, avec ses troupes, emportant tout l'impôt de la ville qu'il avait recueilli, et se rendit à Alexandrie; car il savait qu'il ne serait pas en état de lutter contre les musulmans, et il craignait qu'il ne lui arrivât ce qui était arrivé à la garnison de Faiyoûm. En effet, tous les habitants de cette province s'étaient soumis aux musulmans, et leur avaient payé tribut, et ils tuaient tous les soldats romains qu'ils rencontraient. Des soldats romains se trouvaient dans une forteresse; les musulmans les assiégèrent, s'emparèrent de leurs machines, détruisirent les murs et les forcèrent de quitter la forteresse. Ils fortifièrent la citadelle de Babylone, prirent la ville de Nikious et s'y établirent.

Chapitre CXVI. Heraclius était très affligé de la mort de Jean, chef des milices, et de Jean le général, tués par les musulmans, ainsi que de la défaite des Romains en Égypte. Puis, suivant le décret de Dieu, qui enlève les chefs et les généraux et les hommes de guerre, aussi bien que les rois, Heraclius tomba malade d'une inflammation et mourut dans la trente et unième année de son règne, au mois de yakâtît[1] des Égyptiens, qui correspond au mois de février des Romains; dans la quatorzième année du cycle, l'an 357 de Dioclétien[2]. On disait alors qu'il était mort, parce qu'il avait fait frapper une monnaie d'or portant les figures des trois empereurs, c'est-à-dire la sienne et celles de ses deux fils, l'une à sa droite, l'autre à sa gauche, de sorte qu'on ne trouvait point de place pour inscrire le nom de l'empire romain. Après sa mort, on détruisit ces trois figures[3].

---

[1] *Yakâtît* est le nom éthiopien du mois égyptien *mekhir*.

[2] Comme cette date, que nous sommes à même de contrôler (Heraclius est mort le 11 février 641, Indiction XIV, 357 des martyrs), se trouve être exacte, on incline à accepter avec plus de confiance les autres données chronologiques de cette relation.

[3] Il existe des médailles sur lesquelles figurent Heraclius et ses deux fils, sans légende sur l'avers, frappées entre les années 638 et 641 (c'est en 638 qu'Héracléonas avait été proclamé empereur). Mais il y avait eu antérieurement des monnaies d'Heraclius avec trois figures et sans légende sur l'avers. (Voy. Sabatier, *Description générale des monnaies byzantines*, t. I, p. 285.)

Après la mort d'Heraclius l'aîné, Pyrrhus[1], patriarche de Constantinople, écartant Martine, la fille de la sœur de l'empereur, et ses enfants, proclama Constantin, fils de l'impératrice Eudocie, empereur et successeur de son père. Les deux Césars furent traités avec respect et honneur. Alors David et Marin[2] arrêtèrent Pyrrhus, le patriarche romain chalcédonien, et le firent transporter dans une île de l'Afrique occidentale, sans que personne comprît que ce fût l'accomplissement d'une prophétie; car aucune parole des saints ne se perd. Il arriva ce que le grand Sévère, patriarche d'Antioche, avait écrit à Cæsaria la patricienne, à savoir : « Aucun fils d'un empereur romain n'occupera le trône de son père, aussi longtemps que la secte des Chalcédoniens régnera dans le monde[3]. »

Constantin, fils d'Heraclius, après son avènement, fit réunir un grand nombre de vaisseaux, qu'il confia à *Kîrioûs* et à *Salâkrioûs*[4], et les envoya auprès du patriarche Cyrus pour le lui amener, afin qu'il pût conférer avec lui. [Il recommanda au général?] de payer tribut aux musulmans et de lutter s'il le pouvait, sinon, de revenir à la capitale, à la fête de la Sainte-Résurrection, et qu'alors tous les habitants de Constantinople devaient concourir à cette entreprise. Il manda aussi à Anastase de revenir, en laissant Théodore pour garder la ville

[1] **ኪሮስ ።** est la transcription fautive du nom de Pyrrhus, que le traducteur ou les copistes ont presque toujours confondu avec le nom de Cyrus, patriarche d'Alexandrie.

[2] **መርዲዮስ ።** est la transcription fautive de مردنوس.

[3] Heraclius, par son testament, avait décidé que Constantin, son fils aîné, devait régner conjointement avec Héracléonas, fils de Martine. Le patriarche Pyrrhus favorisait les intérêts de l'impératrice et de ses enfants. (Voy. Théophane, *Chronogr. ad ann.* 6132 et 6133. — Nicéphore de Constantinople, *Breviar. histor.*, p. 18 et suiv.) Je crois qu'une partie au moins des erreurs que renferme notre texte doivent être attribuées au traducteur arabe, notamment le passage concernant David et Marin, les deux jeunes fils de Martine, qui avaient la dignité des césars. Quant à la dernière partie du paragraphe, l'auteur veut dire, je suppose, que Pyrrhus fut puni parce qu'il avait tenté d'agir contrairement à la prophétie de Sévère.

[4] Ces noms sont, sans doute, fort altérés. Il ne serait pas impossible que ce fussent des corruptions du seul nom de Marianus le cubiculaire.

d'Alexandrie et les villes de la côte, et il fit espérer à Théodore qu'il lui enverrait, en été, beaucoup de troupes, afin de combattre les musulmans[1]. Puis, lorsque, suivant l'ordre de l'empereur, on eut préparé les vaisseaux pour partir, Constantin tomba gravement malade; il vomit du sang, et, quand il eut perdu tout son sang, il mourut. Il

[1] Nicéphore de Constantinople (*loc. cit.*, p. 17-18) raconte qu'après la mort de Jean de Barca et la défaite de Marinus, commandant des troupes de Thrace, Heraclius envoya en Égypte le cubiculaire Marianus... *παραγγείλας ὡς ἀνακοινοῦσθαι Κύρῳ τῷ Ἀλεξανδρείας ἱεράρχῃ καὶ ὡς ἂν κοινῇ βουλεύσοιντο τὰ πρὸς τοὺς Σαρακηνοὺς διάθοιντο.* Car Cyrus avait annoncé à l'empereur que l'on pourrait obtenir la paix en payant tribut à 'Amr, *Ἄμβρῳ τῷ τῶν Σαρακηνῶν φυλάρχῳ*... (C'est évidemment d''Amr que l'auteur veut parler, et non d''Omar, quoique le terme de *φύλαρχος* paraisse désigner ce dernier.) *Ἐπείθετο γὰρ Ἄμβρος τῷ Κύρῳ καὶ ὁ τούτου στρατός· καὶ γὰρ ἠγάπων αὐτὸν λίαν.* Puis, quelque temps avant la mort de Sergius, patriarche de Constantinople (Sergius mourut au commencement de l'an 639, Indiction XII), Cyrus fut appelé à Constantinople et vivement blâmé par l'empereur, parce qu'il avait livré aux Sarrasins les trésors de l'Égypte (*ὡς τὰ τῆς Αἰγύπτου πάσης Σαρακηνοῖς προέμενον πράγματα*). Plus tard, il fut renvoyé à Alexandrie par Héracléonas, après la mort de Constantin. Théophane (*ad. ann.* 6126) rapporte que Cyrus, patriarche d'Alexandrie, ayant été accusé auprès de l'empereur Heraclius d'avoir promis aux Sarrazins les trésors de l'Égypte, l'empereur fut très irrité contre le patriarche, le fit venir à Constantinople, et envoya comme Augustal, un Arménien nommé Manuel. Quelque temps après, les Arabes s'étant présentés pour recevoir l'argent promis, Manuel refusa d'exécuter l'engagement de Cyrus. Il fut attaqué et vaincu et se retira avec quelques hommes à Alexandrie. Alors Heraclius se décida à renvoyer Cyrus à Alexandrie, pour déterminer les Sarrasins à quitter l'Égypte, en exécutant les conditions stipulées. (Le nom de Manuel est également mentionné par les auteurs arabes. En l'an 25 de l'hégire, après la complète soumission de l'Égypte, les Grecs, sous le commandement de Manuel, auraient repris Alexandrie et repoussé les musulmans jusqu'à Nikious, où eut lieu une sanglante bataille dans laquelle les Grecs furent vaincus : Ibn 'Abd al-Ḥakam, ms. ar. de la Biblioth. nationale, ancien fonds, n°, 785 fol. 110, et ancien fonds n° 655, p. 237. — Comparez Balâdsori, p. 221; — Ibn al-Athîr, t. III, p. 62; — Maqrîzî, t. I, p. 167). De ces témoignages on peut retenir au moins comme certain que Cyrus avait été appelé à Constantinople par l'empereur Heraclius et qu'il y était resté quelque temps en exil. Mais, comme on verra plus loin, il n'est pas aussi certain que le patriarche ait été renvoyé à Alexandrie par Heraclius lui-même, et il est tout à fait invraisemblable que Constantin ait voulu le faire venir de nouveau à Constantinople. Je ne doute pas que les mots de notre texte ወፈነዎሙ ፡ ለኪሮስ ፡ በበ ፡ ከመ ፡ ያምጽእዎ ፡ ኀቤሁ ፡ ne renferment quelque malentendu.

avait été malade pendant cent jours, c'est-à-dire pendant tout le temps de son règne, depuis la mort de son père Heraclius. On se moquait de l'empereur Heraclius et de son fils Constantin.

Les gens de la secte de Gaïnas[1], s'étant réunis dans leur église, située dans la ville de Defâschir[2], près du pont de Saint-Pierre-l'Apôtre, voulaient attenter à la personne du patriarche Cyrus, qui, du temps de la persécution, avait enlevé des églises beaucoup de richesses, sans l'autorisation des magistrats. Aussitôt qu'Eudocianus, frère du préfet Domentianus, fut informé de ce rassemblement, il y envoya des troupes en leur donnant l'ordre de tirer sur les émeutiers avec des flèches et de les empêcher d'exécuter leur dessein. Quelques-uns de ces gens furent si cruellement frappés qu'ils moururent sous les coups; deux autres eurent les mains coupées, sans jugement. Et l'on proclama dans la ville, par la voix du hérault : « Que chacun d'entre vous se rende à son église et que personne ne commette aucun acte de violence envers un autre! » Mais Dieu, gardien de la justice, n'abandonna pas le monde, et vengea les opprimés; il ne fit pas grâce à ceux qui l'avaient provoqué, et les livra aux Ismaélites : les musulmans se mirent en campagne et firent la conquête de toute l'Égypte. Après la mort d'Heraclius, lorsque le patriarche Cyrus revint, loin de renoncer à sévir contre le troupeau de Dieu et à le persécuter, il multipliait ses actes de violence[3].

Chapitre CXVII. ʿAmr, chef de l'armée musulmane, ayant établi son camp devant la citadelle de Babylone, assiégeait les troupes qui y étaient enfermées. Celles-ci, ayant obtenu de lui la promesse d'avoir la vie sauve, et s'étant engagées, de leur côté, à lui abandonner tout le matériel de guerre, qui était considérable[4], il leur ordonna de sortir de la citadelle. Elles emportèrent une petite quantité d'or et partirent. C'est de cette manière que la citadelle de Babylone d'Égypte

[1] ሰብአ ፡ ገናንያ ፡ est la traduction incorrecte de غينانيون.

[2] L'ancien Taposiris.

[3] Cet épisode paraît avoir été intercalé ici par erreur.

[4] Au lieu de ብዝኅ ፡, lisez በዝኅ ፡.

fut prise, le lendemain de la fête de la Résurrection[1]. Dieu châtia ainsi ces hommes qui n'avaient pas respecté la Passion rédemptrice de Notre-Seigneur et sauveur Jésus-Christ, qui donne la vie à ceux qui croient en lui, et il les fit fuir devant leurs ennemis. Le jour même de la fête de la Sainte-Résurrection, en rendant la liberté aux prisonniers orthodoxes, ces ennemis du Christ ne les avaient pas laissés partir sans les maltraiter : ils les avaient flagellés et leur avaient coupé les mains ; et en ce jour, ces malheureux gémissaient, les larmes inondaient leurs visages, et ils furent repoussés avec mépris. En effet il est écrit, au sujet de ces misérables : ils ont profané l'Église par une croyance corrompue ; ils ont commis tous les crimes et les violences de la secte des Ariens, tels que n'en avaient pas commis les païens ni les barbares ; ils ont méprisé le Christ et ses serviteurs ; et nous n'avions pas trouvé de pareils malfaiteurs parmi les adorateurs des fausses divinités. Et Dieu, dans sa longanimité, tolérait les apostats et les hérétiques qui, par soumission envers les puissants empereurs, avaient été baptisés une seconde fois. Mais ce même Dieu rétribue chacun selon ses œuvres et fait réparation à ceux qui ont subi l'injustice. Alors n'est-il pas préférable de supporter avec patience les épreuves et les tourments qu'ils nous infligent ! Ils croyaient, par cette manière d'agir, honorer le Christ Notre-Seigneur, mais ils se trouvaient être des mécréants. Ils ne se croyaient pas hérétiques et persécutaient, au contraire, ceux qui n'étaient pas d'accord avec eux dans la foi. Que Dieu nous préserve d'un tel accord ! Car ils n'étaient pas des serviteurs du Christ ; ils s'imaginaient seulement qu'ils l'étaient.

CHAPITRE CXVIII. La prise de la citadelle de Babylone et de la ville de Nikious par les musulmans[2] affligea beaucoup les Romains.

[1] On verra, ci-après, que cet événement eut lieu, en l'an 642 de J.-C., Indiction XV. En cette année, la fête de Pâques était le 24 mars. La citadelle de Babylone aurait donc résisté aux musulmans plus de deux ans. Mais, pendant ce temps, 'Amr avait continué la conquête des villes situées en dehors du Delta. Toutes ces données contredisent d'une manière absolue les traditions musulmanes.

[2] On voit que la rédaction confuse de ces chapitres peut être, dans une certaine

ʿAmr, après avoir terminé la lutte, fit son entrée dans la citadelle de Babylone, réunit un grand nombre de bâteaux, grands et petits, et les fit attacher près du fort qu'il occupait[1].

Ménas, chef des Verts, et Cosmas, fils de Samuel[2], capitaine des Bleus, avaient bloqué la ville de Miṣr et avaient harcelé les Romains, du temps des musulmans; des guerriers, pleins d'audace, venaient en bateaux de la rive occidentale du fleuve, et le parcouraient pendant la nuit.

ʿAmr et l'armée musulmane, allant par terre, à cheval, arrivèrent à la ville de Kebryâs d'Abâdyâ[3]. A cette occasion, ils attaquèrent le général Domentianus. Celui-ci, en apprenant l'arrivée de l'armée musulmane, monta sur un bateau et prit la fuite, abandonnant l'armée et la flotte. Il voulait entrer dans le petit canal qu'Heraclius avait fait creuser pendant son règne; mais, le trouvant fermé, il se rendit à Alexandrie. Les soldats, voyant que leur général avait pris la fuite, jetèrent leurs armes, et se précipitèrent dans le fleuve, en présence de l'ennemi. Les musulmans les massacrèrent au milieu du fleuve, et il n'en échappa qu'un seul homme, nommé Zacharie, qui était un vaillant guerrier. Les bateliers, après la fuite de l'armée, s'enfuirent également et retournèrent dans leur province. Les musulmans vinrent ensuite à Nikious et s'emparèrent de la ville, n'y trouvant pas un soldat pour leur résister. Ils massacraient tous ceux qu'ils rencontraient, dans la rue et dans les églises, hommes, femmes et enfants, sans épargner personne. Puis ils allèrent dans d'autres localités, les saccagèrent et tuèrent tous ceux qu'ils trouvaient. Dans la ville de Ṣâ, ils rencontrèrent Esqoûṭâọs et ses gens, qui étaient de la famille de Théo-

mesure, attribuée à l'auteur lui-même. La prise de Nikious, mentionnée déjà à la fin du chapitre xv, sera racontée quelques lignes plus loin.

[1] Ou « près du palais? » — On sait, par Strabon, que la citadelle s'étendait jusqu'au fleuve. (Comparez Maqrîzî, t. I, p. 290; — Yaqoût, s. v. فسطاط.)

[2] Il est peu probable que ce personnage soit le même que celui qui, portant le même nom, avait joué un rôle si important, trente ans auparavant, comme adversaire d'Heraclius. (Voyez ci-dessus, p. 424.)

[3] Le nom de cette ville, située près de Nikious, n'est pas mentionné ailleurs.

dore le général, dans un clos de vignes, et ils les massacrèrent. Mais taisons-nous maintenant; car il est impossible de raconter les horreurs commises par les musulmans, lorsqu'ils occupèrent l'île de Nikious, le dimanche, dix-huitième jour du mois de guenbôt, dans la quinzième année du cycle, ainsi que les scènes terribles qui se passèrent à Césarée en Palestine [1].

Théodore, commandant de la ville de Kîloûnâs [2], avait quitté cette ville, en y laissant, pour la garder et pour repousser les musulmans, une garnison sous le commandement d'Étienne, et s'était rendu en Égypte. Il y avait avec les musulmans un juif qui se rendit en Égypte [3]. Lorsque, après de longs efforts, les musulmans eurent fait tomber les murs de la ville, ils s'en emparèrent sur-le-champ, tuèrent des milliers d'habitants et de soldats, firent un énorme butin, emmenèrent en esclavage les femmes et les enfants, qu'ils se partagèrent, et laissèrent la ville complètement vide. Peu de temps après, ils allèrent en Chypre [4] et tuèrent Étienne et ses gens.

Chapitre CXIX. L'Égypte, de son côté, était en proie à Satan. Une grande discorde régnait parmi les habitants de la basse Égypte

[1] Le 18 du mois de guenbôt de l'Indiction XV correspond au 25 mai de l'an 642 de J.-C. (22 de l'hégire). Mais la férie n'est pas exacte. On voit que la prise de Nikious eut lieu deux mois après l'occupation de la citadelle de Babylone et qu'elle coïncidait avec la prise de Césarée en Palestine. On lit dans Théophane (*ad ann.* 6133) que, sous le règne d'Héracléonas (entre les mois de mai et d'août 641), Moawia s'empara de Césarée, après sept ans de siège et y tua sept mille Romains. D'après Denys de Telmaḥar (ms. syr. de la Bibl. nat., n° 285, fol. 5) Césarée fut prise en 953 des Séleucides; d'après Ibn 'Abd al-Ḥakam (ms. ar. n° 655, p. 111), dans l'année où mourut Heraclius (en l'an 19 ou 20 de l'hégire), et d'après Balâdsorî (éd. de Goeje, p. 141 et suiv.), au mois de Schawwâl de l'an 19 (ou 20) de l'hégire.

[2] Ce nom paraît être corrompu, et ce paragraphe renferme, sans doute, d'autres erreurs. Il semble que, dans le texte original, il était question des circonstances de la prise de Césarée et de la trahison d'un juif (comp. Balâdsorî, p. 141).

[3] Cette phrase, également, paraît renfermer quelque malentendu. Les mots ወሖረ ፡ ኀበ ፡ ሀገረ ፡ ምስር ፡ sont peut-être une erreur de transcription.

[4] Les mots ሀገረ ፡ ቆጵሮስ ፡ paraissent être une leçon inexacte. Dans la rubrique on lit : በቀርጤሴዋውያን ፡ ወበደሴቶሙ ፡.

qui étaient divisés en deux partis, dont l'un était avec Théodore, tandis que l'autre voulait se joindre aux musulmans. Alors les partisans de l'un de ces partis se jetèrent sur ceux de l'autre, pillèrent leurs biens et brûlèrent leur ville. Les musulmans redoutaient ces gens.

ʿAmr dirigea sur Alexandrie un grand nombre de musulmans, qui s'emparèrent du faubourg de Kérioun, dont la garnison, commandée par Théodore, se retira à Alexandrie. Les musulmans se mirent à attaquer les habitants de la ville, mais ils ne purent en approcher, parce qu'on lançait sur eux des pierres du haut des murs, et on les repoussa loin de la ville[1].

Les habitants de (la province de) Miṣr étaient en guerre avec ceux de la basse Égypte, et il y eut entre eux de nombreux actes d'hostilité. Peu de temps après, ils firent la paix. Cette discorde ayant cessé, Satan souleva une autre discorde, dans la ville d'Alexandrie. Domentianus le préfet et Ménas le général étaient ennemis par ambition du commandement et pour d'autres motifs. Le général Théodore prenait parti pour Ménas; il était mécontent de Domentianus, parce que celui-ci s'était enfui de Nikious et avait abandonné l'armée. Ménas était aussi très irrité contre Eudocianus, frère aîné de Domentianus, qui avait exercé des violences sur des chrétiens, pour la foi, pendant le temps de la sainte Passion[2], au grand mécontentement de Ménas. Domentianus ayant rassemblé une nombreuse troupe de partisans de la faction bleue, Ménas enrôla beaucoup de gens de la faction verte et de soldats qui se trouvaient dans la ville, et ils demeurèrent ainsi en hostilité. Ce fut alors que Philiadès[3], préfet d'Arcadie, arriva (à Alexandrie). Or Domentianus était l'adversaire du patriarche Cyrus, auquel il ne témoignait aucune sorte d'égards et qu'il détestait sans motif,

[1] C'est à cette attaque que se réduit, d'après notre texte, le siège d'Alexandrie, que quelques auteurs arabes font durer quatorze mois. Cependant on peut croire que les musulmans ont bloqué la ville pendant un certain temps.

[2] Il faut supposer qu'Eudocianus avait été l'un des commandants de la citadelle de Babylone; car ce passage se rapporte, sans doute, aux faits mentionnés ci-dessus (p. 447), qui se passèrent lors de la reddition de la citadelle.

[3] Plus loin, ce nom est toujours écrit ፊልያድስ ። ou ፈልያድስ ።.

quoiqu'il fût son beau-frère et qu'auparavant il eût été lié d'amitié avec lui. Ménas, de son côté, protégeait Philiadès, voulant faire acte de charité, et, plein de respect pour la dignité sacerdotale, comme Philiadès était frère du patriarche Georges, il l'invitait souvent; car Ménas était charitable et pieux et avait pitié des opprimés[1]. Mais Philiadès ne fut pas fidèle à l'amitié; il était d'une nature perverse, nourrissant, en secret, de mauvais desseins. Lorsque, au temps du commandement du général Théodore, on discutait la question d'un bourg nommé Mâmoûnâ, de la solde des troupes et des terres sur lesquelles elle était assignée, ce méchant homme prit la parole et dit : « Au lieu de douze hommes, il vaudrait mieux en avoir un, qui recevrait la solde de douze, et les dépenses en vivres et en solde[2] seraient moindres. » Ménas trouva dans cet incident un prétexte contre Domentianus. Il était aimé des soldats, qui avaient confiance en lui; car il cherchait à être estimé de tout le monde, non par le désir d'une vaine gloire, mais par sagesse et modestie. Or, pendant qu'il se trouvait dans la grande église du Césarion, avec l'assemblée des fidèles, les habitants de la ville s'ameutèrent contre Philiadès, et voulurent le tuer. Philiadès prit la fuite et se cacha dans une maison. Alors les émeutiers se dirigèrent vers sa demeure, y mirent le feu et pillèrent tous ses biens, tout en épargnant les personnes qu'ils y rencontraient. A cette nouvelle, Domentianus envoya contre eux les partisans de la faction bleue. Une lutte acharnée s'engagea entre les deux partis, six hommes furent tués, et il y eut un grand nombre de blessés. C'est par de grands efforts que Théodore réussit à rétablir la paix entre eux. Il destitua le général Domentianus et nomma Arṭânâ *décurion*[3], c'est-à-dire chef de dix ordres[4]. On rendit à Philiadès tout ce qui avait été enlevé dans sa maison. On dit (aussi)

[1] Le patriarche Georges avait été le prédécesseur de Cyrus.

[2] Le second ዘምክዮት ፡ est probablement répété par erreur ou il y a une lacune dans la phrase.

[3] ፋርዮናክ ፡ est la transcription fautive du mot دعوريانوس.

[4] Cette phrase renferme probablement quelque erreur. Je doute que ኦርጣና ፡ soit un nom propre.

que cette émeute sanglante avait eu pour cause des dissensions religieuses.

Après la mort de Constantin, fils d'Heraclius, on fit monter sur le trône Heraclius, son frère d'un autre lit, qui était encore enfant et qui, comme Constantin, ne parvint pas à exercer le pouvoir. Le patriarche Pyrrhus, voyant qu'Heraclius, qui était encore enfant, avait obtenu la couronne à l'instigation de sa mère Martine, pendant que lui-même était en exil[1].... Après son avènement, sur l'avis du sénat, il rappela Pyrrhus de l'exil et abolit le décret écrit par son frère Constantin et par les empereurs ses prédécesseurs. On l'abolit à cause de l'injuste accusation de Philagrius le trésorier. C'est par son fait que les églises furent dans le dénûment; il suspendit les libéralités que les empereurs avaient coutume de faire, et il augmenta les charges[2].

Ensuite l'empereur rétablit Cyrus et le renvoya à Alexandrie, ainsi que les prêtres qui l'accompagnaient, et lui donna plein pouvoir de conclure la paix avec les musulmans, de ne pas leur résister et de constituer une administration convenable pour l'Égypte[3]. Le général de l'armée, Constantin, qui était maître de la milice, partit avec lui[4].

---

[1] Le complément de la phrase est omis, soit par la faute du traducteur, soit par celle des copistes.

[2] J'ai relevé, ci-dessus, l'erreur qui consiste à représenter le patriarche Pyrrhus comme l'adversaire de l'impératrice Martine et de ses enfants. Tout ce qui concerne l'exil de Pyrrhus est également erroné. Le reste du paragraphe est la reproduction entièrement altérée des faits rapportés par S. Nicéphore, de Constantinople, touchant les recommandations adressées par Constantin aux troupes en faveur de ses fils, le testament d'Heraclius, les trésors que Constantin réclama à Pyrrhus, à la suite de la dénonciation de Philagrius, etc. (Voy. Nicéphore, *Brev. hist.*, p. 19 et suiv.)

[3] J'ai rapporté plus haut les témoignages de Théophane et de Nicéphore relatifs à l'exil de Cyrus et à son renvoi à Alexandrie. Quoique l'un des deux auteurs grecs affirme expressément que Cyrus fut renvoyé à Alexandrie par Heraclius, il semble que les circonstances relatées dans notre texte, confirmées par celles que nous trouvons dans la suite du récit, portent tous les caractères de l'authenticité et ne permettent guère de douter de la date qui est assignée, ici et dans Nicéphore, au retour du patriarche.

[4] On verra plus loin que le général Théodore qui, paraît-il, avait été lui aussi appelé à Constantinople et investi des pouvoirs du préfet augustal, partit également avec lui.

L'empereur fit venir l'armée de Thrace à Constantinople et exila Philagrius le trésorier en Afrique, là où avait été exilé précédemment Pyrrhus. Alors il y eut un grand mécontentement et une émeute, dans la ville, contre Martine et ses enfants, à cause de l'exil de Philagrius le trésorier, qui était très aimé.

CHAPITRE CXX. Cyrus, le patriarche chalcédonien, n'était pas seul à désirer la paix : les habitants, les gouverneurs et Domentianus, qui était en faveur auprès de l'impératrice Martine, se réunirent et délibérèrent avec le patriarche Cyrus, pour conclure la paix avec les musulmans.

Tout le clergé se prononçait contre le gouvernement d'Heraclius le jeune, disant qu'il était injuste que le trône fût occupé par un empereur issu d'une union réprouvée[1], et que l'empire devait revenir aux fils de Constantin, qui était né d'Eudocie. Et on rejeta le testament d'Heraclius l'ancien. Valentin, voyant que tout le monde était hostile à Martine et à ses enfants, prit de grandes sommes d'argent provenant du trésor impérial de Philagrius et les distribua à l'armée et l'excita contre Martine et ses enfants. Alors les troupes cessèrent de combattre les musulmans et se tournèrent contre leurs concitoyens. Puis on envoya, en secret, un messager à l'île de Rhodes pour engager les troupes qui étaient parties avec le patriarche Cyrus, à revenir dans la capitale, et l'on fit dire à Théodore, préfet d'Alexandrie : « N'écoutez pas Martine et n'obéissez pas aux ordres de ses fils. » Des messages pareils furent envoyés en Afrique et dans toutes les provinces soumises à l'empire romain. Le général Théodore, très satisfait de ces nouvelles, les tint secrètes et partit pendant la nuit, en se cachant de tout le monde, pour se rendre de l'île de Rhodes à la Pentapolis. Mais le capitaine de vaisseau, le seul à qui il communiqua son dessein (refusa de le conduire), prétendant que le vent leur était contraire. Il arriva donc à Alexandrie, dans la nuit du

---

[1] L'« union réprouvée » était celle d'Heraclius et de Martine, sa nièce.

dix-septième jour du mois de maskaram, fête de la Sainte-Croix[1]. Tous les habitants de la ville, hommes et femmes, jeunes et vieux, accoururent auprès du patriarche Cyrus, et manifestèrent leur joie de son retour. Théodore se rendit, en secret, avec le patriarche, à l'église des Tabionnésiotes[2], dont il fit fermer la porte, envoya chercher Ménas, le nomma général, et chassa Domentianus de la ville. Tous les habitants criaient : « Hors de la ville ! »

Avant l'arrivée du patriarche Cyrus, Georges, qui avait été nommé par Heraclius le jeune, avait été traité avec déférence par le gouverneur Anastase; lorsqu'il fut vieux, son autorité s'étendit sur toutes les affaires. Le patriarche lui-même lui laissait son autorité[3].

Lorsque le patriarche Cyrus se rendit à la grande église du Césarion, on couvrit tout le chemin de tapis, on chanta des hymnes en son honneur, et (la foule fut si grande) que l'on s'écrasait; c'est avec grand'peine qu'on put le faire arriver à l'église. Il fit ouvrir (?)[4] la citerne dans laquelle se trouvait la Sainte-Croix qu'il avait reçue, avant son exil, du général Jean. Il avait aussi pris la vénérable croix du couvent des Tabionnésiotes. Lorsque, le jour de la Sainte-Résurrection[5], on commença à célébrer la messe, au lieu de chanter le psaume du jour : « Voici le jour que Dieu a fait, réjouissons-nous et

[1] Cette date (le 17 septembre) se trouve corroborée par les autres circonstances mentionnées dans le récit. En effet, Heraclius étant mort le 11 février 641, et Constantin n'ayant régné que trois mois, Heraclius II fut seul empereur à partir du mois de juin; et, comme toute la durée du règne de ce dernier ne fut que de six mois, les troubles de Constantinople qui y mirent fin, se produisirent au mois d'août, au moment même où Cyrus et les généraux étaient en mer, se rendant à Alexandrie.

[2] Voyez ci-dessus, p. 362, note 8.

[3] On peut croire que ce personnage était un vicaire qui administrait l'Église d'Alexandrie pendant l'absence de Cyrus. Au lieu des mots « Heraclius le jeune, » il faut peut-être lire « Heraclius l'ancien. »

[4] አዕበዩ ፡ ?

[5] La scène précédente se place immédiatement après le retour de Cyrus, c'est-à-dire au mois de septembre 641. On peut s'étonner de voir célébrer de nouveau ce retour, après un intervalle de sept mois. Il faut supposer que l'on rendait ces actions de grâces à cause de la solennité particulière de la fête de Pâques, la première à laquelle le patriarche assistait, à Alexandrie, après son exil.

soyons pleins d'allégresse ! » le diacre, pour célébrer le patriarche et pour le féliciter de son retour, choisit un autre chant qui n'était pas prescrit. Le peuple, en l'entendant, disait : « Ce chant, en dehors des règles, n'est pas de bon augure pour le patriarche Cyrus; il ne verra pas une autre fois la fête de la Résurrection à Alexandrie. Toute l'assistance des fidèles et les moines répétaient publiquement cette prédiction, (disant) qu'il avait agi contrairement aux prescriptions canoniques, et ceux qui les entendaient ne voulaient pas les croire.

Le patriarche Cyrus se rendit ensuite à Babylone, auprès des musulmans, pour leur demander la paix, en offrant de leur payer tribut, afin qu'ils fissent cesser la guerre en Égypte. 'Amr l'accueillit avec bienveillance et lui dit : « Tu as bien fait de venir vers nous. » Cyrus lui répondit : « Dieu vous a donné ce pays. Que dorénavant il n'y ait plus d'hostilité entre vous et les Romains. Autrefois nous n'avons jamais eu d'hostilités prolongées avec vous. » On stipula, en fixant le tribut qu'il payerait, que les Ismaélites n'interviendraient en aucune façon et qu'ils demeureraient isolés pendant onze mois; que les soldats romains à Alexandrie s'embarqueraient en emportant leurs biens et leurs objets précieux; qu'aucune autre armée romaine n'y reviendrait; que ceux qui voudraient partir par la voie de terre payeraient un tribut mensuel; que les musulmans prendraient comme otages cent cinquante militaires et cinquante habitants, et qu'ils feraient la paix; que les Romains cesseraient de combattre les musulmans; et ceux-ci ne prendraient plus les églises et ne se mêleraient point des affaires des chrétiens; enfin qu'ils laisseraient les juifs demeurer à Alexandrie[1].

Après avoir terminé cette négociation, le patriarche retourna à

---

[1] On verra plus loin que les Grecs quittèrent l'Égypte au mois de septembre de l'an 643, conformément aux stipulations de ce traité qui, par conséquent, a dû être conclu au mois d'octobre 642. On doit convenir que les termes du traité portent les caractères de l'authenticité à un plus haut degré que ceux de la charte qui nous a été transmise par Ibn al-Kathîr. (Voy. le mémoire de M. de Sacy, dans les *Mémoires de l'Institut*, t. V, p. 35.)

Alexandrie et en fit part à Théodore et au général Constantin, en les invitant à communiquer ces conditions à l'empereur Heraclius et à les appuyer auprès de lui. Ensuite (les chefs de) l'armée et des citoyens d'Alexandrie, ainsi que Théodore l'Augustal, se rendirent chez le patriarche Cyrus et lui présentèrent leurs hommages. Il leur exposa l'arrangement qu'il avait conclu avec les musulmans et les engagea tous à l'accepter. Sur ces entrefaites, les musulmans arrivèrent pour recevoir le tribut, tandis que les habitants d'Alexandrie ignoraient encore (le traité). Voyant paraître l'ennemi, les habitants se préparèrent à la résistance. Mais l'armée et les généraux, persistant dans la résolution prise[1], déclaraient qu'il leur était impossible de lutter contre les musulmans et qu'il fallait suivre l'avis du patriarche Cyrus. Alors la population se souleva contre le patriarche et voulut le lapider. Cyrus parla aux émeutiers et leur dit : « J'ai fait cet arrangement afin de vous sauver, vous et vos enfants. » Et il les implora, en versant des larmes, et en manifestant une grande douleur. Les gens d'Alexandrie eurent honte et lui offrirent beaucoup d'or, pour le remettre aux Ismaélites avec le tribut qui leur avait été imposé[2].

---

[1] Au lieu de ለምክር ፧, lisez በምክር ፧.

[2] Si l'on considère que l'auteur du récit qui précède est un adversaire du patriarche Cyrus, on trouvera que la conduite de ce dernier dans les négociations avec les musulmans paraît avoir été assez correcte. Les accusations dirigées contre lui par les auteurs byzantins, accusations qui paraissent confirmées, dans une certaine mesure, par son exil à Constantinople, se rapporteraient, par conséquent, à des négociations antérieures, soit qu'il eût traité avec les Arabes de sa propre initiative, soit qu'il eût dépassé les instructions de l'empereur. D'un autre côté, la grande analogie que l'on remarque entre les faits rapportés par Théophane et Nicéphore et ceux qu'on lit dans notre texte, ainsi que le silence de notre auteur sur ces menées coupables (ce qu'on lit, ci-dessus, dans la rubrique du chapitre CXX, n'est que l'une des nombreuses erreurs du traducteur arabe), font naître un certain doute au sujet du rôle attribué à Cyrus par les chroniques grecques. A cette époque de continuelles défaites, les suspicions de trahison n'étaient pas rares à Constantinople, et l'on sait que la même accusation fut dirigée plus tard contre le pape Martin. On remarquera aussi que les principales circonstances de l'action de Cyrus, c'est-à-dire les relations empreintes de bienveillance réciproque entre le patriarche et les musulmans, et la conclusion du

Les Égyptiens qui, par crainte des musulmans, étaient venus se réfugier à Alexandrie, demandèrent au patriarche d'obtenir des musulmans qu'ils pussent, en se soumettant à leur domination, retourner dans leur province. Cyrus négocia pour eux, selon leur demande. Et les musulmans prirent possession de toute l'Égypte, du midi et du nord, et triplèrent l'impôt.

Un homme, nommé Ménas, qui avait été nommé par l'empereur Heraclius préfet de la basse Égypte, homme présomptueux tout en étant illettré, qui détestait profondément les Égyptiens, fut, après la prise de possession du pays par les musulmans, maintenu par eux à son poste. Ils en choisirent un autre, nommé Sînôdâ, comme préfet de la province du Rîf, et un nommé Philoxenos, comme préfet d'Arcadie ou Faiyoûm. Ces trois hommes aimaient les païens et détestaient les chrétiens; ils forçaient ceux-ci de porter (aux musulmans) du fourrage pour les bêtes, et exigeaient d'eux de fournir du lait, du miel, des fruits, du poireau[1] et beaucoup d'autres objets, en dehors des rations ordinaires. Les Égyptiens exécutaient ces ordres, étant sous le coup d'une terreur incessante. (Les musulmans) les forcèrent de creuser le canal de Trajan qui était détruit depuis longtemps, afin de conduire l'eau depuis Babylone d'Égypte jusqu'à la mer Rouge. Le joug qu'ils faisaient peser sur les Égyptiens était plus lourd que celui qui avait été imposé à Israël par Pharaon, que Dieu punit d'un juste châtiment en le précipitant dans les flots de la

traité de paix, se retrouvent dans les traditions arabes relatives à un soi-disant chef de la nation copte appelé Moqauqes. La légende, comme il arrive souvent, a concentré sur ce nom les faits et gestes de plusieurs personnages. Cependant il est un fait, dans ces traditions, qui me paraît reposer sur une donnée historique. Ibn 'Abd al-Ḥakam (ms. n° 785, fol. 47 v° et n° 655, p. 104 et suiv.) rapporte que le traité de paix qui avait été conclu, soumis à la ratification de l'empereur, n'avait pas été approuvé par lui. En ce qui concerne particulièrement Alexandrie, il ne ressort pas clairement de notre texte que les musulmans, en se présentant pour recevoir le tribut stipulé, aient occupé la ville. Cependant il est dit plus loin, en termes précis, qu''Amr lui-même ne fit son entrée dans Alexandrie qu'après le départ de l'armée grecque.

[1] ሰርጕድ ፡ pour ሰጕርድ ፡.

mer Rouge, lui et son armée, après avoir infligé aux Égyptiens beaucoup de plaies, tant aux hommes qu'au bétail. Que le châtiment de Dieu frappe ces Ismaélites et qu'il leur fasse comme il a fait à l'ancien Pharaon! C'est à cause de nos péchés qu'il permet qu'ils nous traitent ainsi. Mais dans sa longanimité, Notre-Seigneur et Sauveur Jésus-Christ nous regardera et nous sauvera; et, de plus, nous espérons qu'il anéantira les ennemis de la Croix, comme il est écrit dans le livre véridique.

ʿAmr, après avoir réduit l'Égypte, envoya les troupes de ce pays[1] contre les habitants de la Pentapolis, et, après avoir vaincu ces derniers, il ne les y laissa pas demeurer; il enleva seulement de ce pays un immense butin et un grand nombre de captifs. *Aboûlyânôs*[2], gouverneur de la Pentapolis, ses troupes et les principaux de la province s'étaient retirés dans la ville de Teucheira, qui était solidement fortifiée et s'y étaient enfermés. Les musulmans s'en retournèrent dans leur pays avec le butin et les captifs[3].

Le patriarche Cyrus était profondément affligé des calamités de l'Égypte. En effet, ʿAmr traitait les Égyptiens sans pitié et n'exécutait pas les conventions qui avaient été stipulées avec lui; car il était de race barbare. Le jour de la fête des Palmiers, Cyrus, accablé par le chagrin, tomba malade d'une dysenterie, et mourut le jeudi de Pâques, le vingt-cinquième jour du mois de magâbît. Ainsi que les chrétiens l'avaient prédit, il ne vit plus la fête de la Sainte-Résurrection de Notre-Seigneur Jésus-Christ. Cet événement eut lieu sous le règne de Constantin, fils d'Heraclius[4].

[1] C'est-à-dire les Arabes qui étaient en Égypte. Il n'est pas probable que l'auteur ait voulu parler des Égyptiens.

[2] አቡሊያኖስ ፡? (ابوليانوس ou ابليانوس).

[3] Les auteurs arabes placent en l'an 21 ou 22 de l'hégire la première expédition musulmane dans les provinces situées à l'ouest de l'Égypte. (Voyez sur les différentes traditions relatives à la conquête des provinces d'Afrique, *Journal Asiatique*, nov. 1844, p. 335 et suiv.)

[4] Le 25e jour du mois de magâbît correspond au 2 avril. Cyrus était revenu à Alexandrie au mois de septembre de l'année où mourut Heraclius, c'est-à-dire de l'an 641. Il y avait célébré les Pâques en 642, et il mourut en 643. En l'an 643, Pâques tombait au 13 avril, et le jeudi de Pâques

Après sa mort, les Romains avaient la guerre civile, à cause des fils de l'impératrice Martine qu'ils déclaraient exclus du trône, pour y faire monter les fils de Constantin. (Les rebelles) étaient soutenus par Valentin, qui avait fait cause commune avec Philagrius, et qui attira à lui toute l'armée et se transporta à Chalcédoine; car il pensait et disait : « La force de Martine est (seulement) dans la troupe de guerriers de ses fils. » Il obtint le consentement de toutes les troupes pour le rappel de Philagrius de l'exil. Alors Heraclius le jeune, accompagné d'un grand nombre de prêtres, de moines et de vénérables évêques, monta sur les vaisseaux impériaux et traversa (le détroit), se rendant à Chalcédoine. Il harangua les troupes en les suppliant et leur dit : « N'abandonnez pas la probité chrétienne, en vous déclarant contre moi. Faites la paix avec Dieu et soumettez-vous au testament de mon père Heraclius, qui a tant souffert pour ce pays. » Il leur faisait croire qu'il adopterait le fils de son frère, qu'il l'associerait à l'empire, et qu'il n'y aurait entre eux ni guerre ni sang. Il reçut l'assentiment de tous les patrices et leur dit qu'il ferait revenir Philagrius de son exil. Valentin, voyant que tout le peuple le reconnaissait et lui prêtait tranquillement obéissance, alla avec Domentianus et les autres patrices, et ils couronnèrent Constantin le jeune, l'un des fils de Constantin, fils d'Heraclius l'aîné, qu'Héracléonas avait levé des fonts baptismaux. Puis tout le monde se sépara en paix. Mais (les rebelles) ne laissèrent pas durer cette paix. Peu de temps après avoir élevé Constantin sur e trône, ils manifestèrent une hostilité plus grande contre les deux empereurs, c'est-à-dire contre Heraclius II et le jeune Constantin; Satan jeta la discorde entre Heraclius II et l'armée, et bientôt les troupes de la province de Cappadoce se mirent à commettre des excès et produisirent une lettre que l'on disait avoir été adressée par Martine et Pyrrhus, patriarche de Constantinople, à David le logothète (?)[1], pour l'engager à faire une guerre vigoureuse (aux rebelles),

(de la semaine sainte) était le 10 avril. Au lieu de Constantin, fils d'Heraclius, il faudrait lire Constant, fils de Constantin, si les mots « après sa mort » de la phrase suivante ne se rapportaient au premier.

[1] On a vu plus haut (p. 397) que le tra-

à prendre Martine pour femme, et à déposséder les fils de Constantin c'est-à-dire Constantin (le jeune), qui gouvernait avec Heraclius, et son frère. Lorsque les habitants de Byzance apprirent cette nouvelle, ils disaient que l'auteur de ce projet était Koubratos, chef des Huns, neveu d'Organâ. Cet homme avait été baptisé dans son enfance et reçu dans le sein du christianisme, à Constantinople, et avait grandi dans le palais impérial. Il avait été lié d'une étroite amitié avec Heraclius Ier, et, après la mort de celui-ci, qui l'avait comblé de bienfaits, il était resté attaché par reconnaissance à ses enfants et à sa femme Martine. Par la vertu du saint baptême vivifiant qu'il avait reçu, il avait vaincu tous les barbares et les païens[1]. On disait donc que c'était lui qui favorisait les intérêts des enfants d'Heraclius et était hostile à ceux de Constantin. A la suite de ce bruit calomnieux, les troupes de Byzance et le peuple se soulevèrent, ayant à leur tête *Ioûṭâlios* (?), appelé Théodore, fils de Constantin[2], qui était un vaillant guerrier, comme son père. Comme on se préparait à attaquer David le logothète, celui-ci prit la fuite et s'enferma dans le château d'Arménie[3]. *Ioûṭâlios* le suivit et, sans que personne pût venir à son secours, lui fit trancher la tête, qu'il fit promener dans tout l'Orient. Il se rendit ensuite à Byzance avec une armée considérable, s'empara du palais, en arracha Martine et ses trois fils, Heraclius, David et Marin, les dépouilla du diadème impérial et leur coupa le nez, puis il les fit transporter à Rhodes. Le patriarche Pyrrhus fut déposé, sans le concours d'un synode, enlevé de l'église et transporté à Tripolis; on l'exila au lieu où se trouvait Philagrius, que l'on fit revenir. Quant au plus jeune fils de Martine, comme on exprimait la crainte que, lorsqu'il serait grand, il ne de-

ducteur a rendu par መተርጕም፡ le mot Σχολάστικος. Dans un autre passage (ci-dessus, p. 355), ce terme paraît être la traduction de Κτήτωρ ou de Κυαιστόριος. Il semble qu'ici le mot ne peut exprimer qu'une charge militaire.

[1] Comparez Nicéphore de Constantinople, *loc. cit.*, p. 16.

[2] *Ioûtâliôs* paraît être un nom de dignité.

[3] Une forteresse d'Arménie?

vînt empereur, on le châtra; mais cet enfant mourut bientôt de sa terrible blessure. On ne fit aucun mal à un autre de ses fils qui, étant sourd-muet, n'était pas apte au trône. On déclara aboli le testament d'Heraclius l'ancien, et l'on proclama empereur Constant[1], fils de Constantin. Puis on remplaça le patriarche Pyrrhus par Paul, de Constantinople[2].

Tous ces événements, ainsi que la séparation de l'Égypte et d'Alexandrie, sous le gouvernement d'Heraclius, l'empereur des Chalcédoniens, sont mentionnés dans la lettre adressée par le grand Sévère, patriarche d'Antioche, à la Patricienne, du temps de l'empereur Anastase, où il prédit les malheurs de l'empire romain en ces termes : « Aucun fils n'occupera le trône de son père, aussi longtemps que subsistera la croyance des Chalcédoniens, qui disent que le Christ est de deux natures, après avoir été un, croyance que nous ne pouvons pas professer. Leur doctrine, qui consiste à dire que la nature humaine et la nature divine étaient séparées, après avoir été unies, nous autres croyants nous ne pouvons pas l'enseigner. Nous ne devons pas parler comme les hérétiques. Voici comment s'exprime Grégoire : Nous comprenons Dieu, le Verbe, comme une unité sortie d'une dualité; car Dieu s'est uni à la chair et est devenu une seule substance; la nature divine ne se transporte pas vers la nature humaine, ni la nature humaine vers l'autre nature; mais le Verbe devenu chair n'a plus changé, et ne peut subir aucun changement; le Verbe devenu chair est d'une seule nature divine. Ô admirable union! Celui qui est invisible est devenu visible; le Créateur a été engendré et nous l'avons vu; il nous a guéris par ses blessures! Du reste, nous pouvons nous dispenser de citer les paroles des illustres Pères de l'Église, qui étaient des docteurs d'une profonde science; car les Romains ne croient maintenant qu'à la Passion. Quant à moi, voici ce que je déclare, en résumé, à ceux qui aiment à entendre la vérité :

[1] ቈስጣ ፡ est la transcription fautive de قوسطا.

[2] Comparez Nicéphore, *loc. cit.*, p. 20 et suiv. Mais notre texte ne vient pas de la même source que la relation du patriarche de Constantinople.

Comme ils ont rejeté la vraie foi, qui est la nôtre, ainsi ils seront rejetés de leur empire. Le malheur atteindra tous les chrétiens du monde; et la clémence et la miséricorde de Notre-Seigneur Jésus-Christ nous feront défaut! »

En ces temps, il y eut aussi de grands troubles provoqués par Valentin, qui avait pris la pourpre et voulait usurper le trône. A cette nouvelle, les habitants de Constantinople se tournèrent contre lui, et il quitta la pourpre. Il fut immédiatement saisi et conduit devant l'empereur Constant. Alors il affirma par un terrible serment qu'il n'avait pas agi avec un mauvais dessein, mais pour combattre les musulmans. Sur cette déclaration, on le mit en liberté et on le plaça à la tête de l'armée. On conclut avec lui un arrangement, suivant lequel il devait donner à l'empereur en mariage sa fille, que l'on fit alors proclamer Auguste, par la voix du héraut [1].

Valentin le malfaiteur accusa Arcadius, archevêque de l'île de Chypre, dont la pieuse et sainte vie était universellement connue, d'être l'allié de Martine et du patriarche Pyrrhus et d'être hostile à Constant, le nouvel empereur. (L'empereur,) mal avisé, envoya de Constantinople plusieurs soldats, pour amener ignominieusement l'archevêque Arcadius. Mais celui-ci, par la volonté de Dieu, ayant atteint le terme de sa vie, mourut comme tous les mortels [2].

Cyrus, le patriarche chalcédonien d'Alexandrie, fut profondément affligé en apprenant ces événements : l'exil de Martine et de ses enfants, qui l'avaient ramené lui-même de l'exil; la déposition de Pyrrhus, patriarche de Constantinople et le retour de Philagrius, qui était son ennemi; la mort de l'évêque Arcadius et le triomphe et la puissance de Valentin. Il pleurait sans cesse; car il craignait qu'il ne lui arrivât ce qui lui était déjà arrivé précédemment, et, dans cette affliction, il mourut selon la loi naturelle. Mais son plus grand chagrin

[1] Cette nouvelle révolte de Valentin eut lieu en 644 (comp. Théophane, *ad ann.* 6136). Denys de Telmaḥar (*l. c.*, fol. 5) parle d'une défaite infligée par les musulmans au «patrice Valentin,» en l'an 955 des Séleucides.

[2] Il y a deux archevêques de Chypre du nom d'Arcadius. Il s'agit du premier.

avait été de voir les musulmans ne point accueillir ses demandes en faveur des Égyptiens. Avant sa mort, il faisait œuvre d'hérétique et persécutait les chrétiens; et Dieu, le juste juge, le punit pour le mal qu'il avait fait [1].

Le général Valentin et ses troupes ne pouvaient porter aucun secours aux Égyptiens. Ceux-ci, au contraire, notamment la ville d'Alexandrie, continuaient à être en butte aux sévices des musulmans, et ils succombaient sous la charge des contributions qu'ils exigeaient. Les riches de la ville se cachèrent pendant dix mois dans les îles.

Ensuite, Théodore l'Augustal, et Constantin, général de l'armée, et les soldats qui restaient, ainsi que ceux qui avaient été entre les mains des musulmans comme otages, s'embarquèrent et vinrent à Alexandrie [2]. Après la fête de la Croix, le 20 du mois de ḥamlê, fête de saint Théodore, martyr [3], ils nommèrent le diacre Pierre, patriarche, et l'installèrent sur le siège pontifical. Le 20 du mois de maskaram [4], Théodore quitta la ville d'Alexandrie, avec toutes les troupes et les officiers, et se rendit à l'île de Chypre. ʿAmr, le chef des musulmans, entra dans la ville d'Alexandrie sans coup férir. Les habitants, dans leur malheur et dans leur affliction, l'accueillirent avec respect [5].

---

[1] On voit que l'auteur, en transcrivant des documents divers, a négligé de les coordonner. Ce nouveau récit de la mort de Cyrus vient évidemment d'une autre source que celui qu'on a lu plus haut, probablement d'une source grecque, la même dont est tiré le récit sur la révolution de Constantinople.

[2] Si les généraux, à cette époque où les musulmans étaient déjà maîtres de toute l'Égypte, se trouvaient à l'intérieur de la province, il faut supposer que ce fut en vertu de la trêve conclue par Cyrus, à moins d'admettre avec les auteurs musulmans un retour offensif des Romains qui, cependant, serait antérieur à l'an 25 de l'hégire.

[3] Le 20 du mois de ḥamlê correspond au 26 juillet. La fête de la Croix, dont l'auteur parle en cet endroit, est, je suppose, celle de l'apparition de la Croix sur le Golgotha, fête que l'on célèbre dans l'Église jacobite le 19 mai.

[4] Le 29 septembre (643 de J.-C.)

[5] On a vu plus haut que les Arabes s'étaient présentés une première fois devant Alexandrie, et, après avoir pris le faubourg de Kérioun, avaient été obligés de se retirer. Ils y étaient revenus ensuite en 642, pour recevoir le tribut stipulé par le traité conclu à Babylone. Il est possible que, plus tard, ils aient pris prétexte de la tentative de résistance qui se produisit alors (peut-être aussi l'empereur Constant

Chapitre CXXI. Abbâ Benjamin, patriarche des Égyptiens, revint à Alexandrie, treize ans après qu'il eut pris la fuite pour échapper aux Romains, et il visita toutes ses églises[1]. Tout le monde disait que l'expulsion (des Romains) et la victoire des musulmans avaient été amenées par la tyrannie de l'empereur Heraclius et par les vexations qu'il avait fait subir aux orthodoxes et dont l'instrument avait été le patriarche Cyrus; voilà, disait-on, les causes de la ruine des Romains et voilà pourquoi les musulmans devinrent les maîtres de l'Égypte.

La situation d'ʿAmr devenait de jour en jour plus forte. Il levait l'impôt qui avait été stipulé; mais il ne prenait rien des biens des églises et ne commettait aucun acte de spoliation ni de pillage, et les protégea pendant toute la durée de son gouvernement[2]. Après avoir pris possession d'Alexandrie, il fit dessécher le canal de la ville, suivant l'exemple donné par Théodore l'hérétique. Il porta le tribut à la somme de vingt-deux *batr*[3] d'or, de sorte que les habitants, pliant sous la charge et hors d'état de payer, se cachèrent. Dans la deuxième année du cycle[4], arriva Jean, de Damiette, qui, au moment où ʿAmr fit son entrée dans la ville, avait été nommé préfet d'Alexandrie par Théodore l'Augustal, et prêta son concours aux musulmans, afin

avait-il refusé de ratifier le traité de Cyrus), pour imposer aux vaincus des charges nouvelles. Mais il n'est pas question, après la capitulation, d'un retour offensif des Romains.

[1] D'après Sévère d'Aschmoûnaïn, Benjamin se serait éloigné aussitôt après l'élection de Cyrus, c'est-à-dire en 630, et il serait revenu à Alexandrie, rappelé par ʿAmr, après treize ans d'exil (voyez Renaudot, *Hist. patriarch. Jacobit. Alex.*, p. 161). Dans la rubrique de notre texte, il est dit qu'il était resté en exil pendant dix ans, sous la domination romaine, et quatre ans sous la domination arabe.

[2] መቅዐል ፡, pour መቅዐሊሁ ፡. Sévère d'Aschmoûnaïn, au contraire, rapporte qu'après la prise d'Alexandrie, en 360 des martyrs, les musulmans démolirent les murs et brûlèrent la plupart des églises, entre autres celle de Saint-Marc-l'Évangéliste. (Ms. arabe de la Bibliothèque nationale, ancien fonds, n° 139, p. 92; comparez Balâdsorî, *loc. cit.*, p. 222.)

[3] Le mot በትር ፡ m'est inconnu. On voit qu'il désigne une valeur égale à une somme de mille pièces d'or. Cette somme, paraît-il, représentait une contribution mensuelle.

[4] L'an 644 de J.-C., Indiction II.

qu'ils ne détruisissent pas la ville. Jean, plein de pitié pour les pauvres, leur donnait largement de son propre bien, et voyant la triste situation des habitants, il les consolait et plaignait leur sort.

'Amr destitua Ménas et le remplaça par Jean[1]. En effet, Ménas avait augmenté la contribution de la ville, fixée par 'Amr à la somme de vingt-deux mille pièces d'or ; au lieu de cette somme, Ménas l'hérétique avait réuni et remis aux Ismaélites trente-deux mille cinquante-sept pièces d'or. Il est impossible de raconter le deuil et les gémissements qui remplissaient la ville ; les habitants arrivèrent à offrir leurs enfants en échange des sommes énormes qu'ils avaient à payer chaque mois. Personne n'était là pour les secourir, Dieu les abandonna et livra les chrétiens entre les mains de leurs ennemis. Toutefois la bonté puissante de Dieu confondra ceux qui nous font souffrir, fera triompher son amour pour les hommes sur nos péchés et mettra à néant les mauvais desseins de nos oppresseurs, qui n'ont pas voulu accepter le règne du Roi des Rois, du Seigneur des Seigneurs, Jésus-Christ, notre Dieu véritable. Et ces vils esclaves, il les fera périr d'une façon terrible, ainsi qu'il est dit dans le saint Évangile : « Mes ennemis, ceux qui n'ont pas voulu accepter mon règne, amenez-les devant moi. »

Or beaucoup d'Égyptiens, qui étaient de faux chrétiens, renièrent la sainte religion orthodoxe et le baptême qui donne la vie, embrassèrent la religion des musulmans, les ennemis de Dieu, et acceptèrent la détestable doctrine de ce monstre, c'est-à-dire de Mahomet ; ils partagèrent l'égarement de ces idolâtres et prirent les armes contre les chrétiens. L'un d'eux, nommé Jean, un Chalcédonien du couvent de Sinaï, ayant quitté son habit monacal et embrassé l'islamisme, et s'étant armé d'un sabre, persécutait les chrétiens demeurés fidèles à Notre-Seigneur Jésus-Christ.

---

[1] Il est difficile d'admettre qu''Amr ait confié à Jean les fonctions de préfet, même avec des pouvoirs très limités, sur la désignation de l'ancien préfet augustal. Peut-être ce paragraphe n'est-il qu'une autre version des faits rapportés dans le paragraphe précédent.

Chapitre CXXII. Maintenant glorifions Notre-Seigneur Jésus-Christ, et célébrons son saint nom en tout temps; car il nous a préservés, nous autres chrétiens, jusqu'à cette heure, de l'égarement des païens imposteurs et de la chute des hérétiques perfides. Qu'il nous donne aussi la force et qu'il nous aide, par l'espérance en sa divine promesse, à supporter ces calamités. Qu'il nous rende dignes de recevoir, exempts de confusion, l'héritage de son royaume céleste, éternel et impérissable. Louons aussi son Père, éminemment bon, et son Saint-Esprit qui donne la vie éternellement, *amen!*

Est terminé cet ouvrage béni, qui a été composé par Jean le recteur, évêque de la ville de Nikious, pour le profit de l'âme, et qui renferme (l'exposé de plusieurs) mystères divins et (le récit) des phénomènes célestes qui ont frappé les hérétiques. Tantôt la terre, à cause de son impiété, fut ébranlée et la grande ville de Nicée détruite. Tantôt une pluie de feu tomba du ciel. Tantôt le soleil disparut depuis le matin jusqu'au soir. En un certain temps, les fleuves débordèrent et engloutirent plusieurs villes; et, à une autre époque, des maisons s'écroulèrent et un grand nombre d'hommes périrent et descendirent au fond de la terre. Tout cela est arrivé parce que l'on avait divisé le Christ en deux natures, tandis que certains en avaient fait une créature. Les empereurs romains perdirent la couronne, et les Ismaélites et les Chuzéens[1] devinrent leurs maîtres, parce qu'ils n'avaient pas suivi la vraie religion de Notre-Seigneur Jésus-Christ et qu'ils avaient divisé Celui qui est indivisible.

---

[1] C'est-à-dire les Turcs. Le traducteur éthiopien, auteur de cette note, s'est figuré que, comme de son temps, les Arabes et les Turcs, dès l'origine de l'islamisme, ne formaient qu'une seule nation.

La transcription[1] de cet ouvrage a été commencée le vingt-huitième jour (du mois) de ḥamlê et terminée le vingt-deuxième jour du ṭeqemt, le lundi, à la sixième heure du jour, le soleil étant dans le signe[2] du Scorpion, et la lune dans le signe du Verseau; le soleil étant dans le 195ᵉ degré de sa course, et son zénith de quatre-vingt-sept degrés, trente minutes; la durée du jour étant de onze heures et celle de la nuit de treize heures; le jour augmentant et la nuit diminuant de vingt minutes; sous la mansion *Alghafr*[3]; en l'an du monde 7594, l'an 1947 d'Alexandre, 1594 de l'incarnation de Notre-Seigneur Jésus-Christ; 1318 des Martyrs, en l'an d'Hagar 980, selon le comput solaire, et 1010, selon le comput lunaire; quatre ans, sept mois et huit jours depuis l'avènement de Malak-Sagad II, fils de Malak-Sagad Iᵉʳ, qui, au baptême, avait reçu le nom de Yaʿqôb; huit ans, trois mois et cinq jours depuis le règne de la reine Malak-Môgasâ, qui aime Dieu et qui, au baptême, avait été nommée Mâryâm-Senâ. Nous avons traduit cet ouvrage, avec grand soin, de l'arabe en gheez, moi le pauvre, le plus vil parmi les hommes et le plus humble du peuple, et le diacre Gabriel l'Égyptien, moine de l'ordre de Saint-Jean Colobos[4], sur l'ordre d'Athanase, général de l'armée d'Éthiopie, et de la reine Mâryâm-Senâ. Fasse Dieu qu'il serve au salut de l'âme et à la conservation du corps! Loué soit Celui qui nous a donné la force de le commencer et de le terminer, en toute éternité, *amen*, *amen!* ainsi soit-il!

[1] Cette note est celle de l'exemplaire original de la traduction.

[2] ማኅፈድ ፡, traduction littérale de برج.

[3] አልገፍር ፡ est le mot arabe الغَفر

[4] S. Jean le Petit. Le traducteur éthiopien a pris le mot Κολοβός pour le nom d'une ville.

TABLE ALPHABÉTIQUE.

(Les chiffres se rapportent aux pages de la traduction.)

A

Aaron, 228, 268.
Abâkîri (?), gouverneur de Delâṣ, 439.
Abaskirôn, chef de partisans, 409 et suiv.
Abôïṭ, ville d'Égypte, 435, 439.
Aboûlyânôs (?), gouverneur de la Pentapolis, 458.
Aboûnâkî, 420.
Abraïs, 430.
Abyssinie, Abyssins, 282 et suiv., 391.
Abraham, 253 et suiv.
Absây, Abschâdî. *Voyez* Nikious.
Aboûsîr. *Voyez* Bousir.
Acacius, patriarche de Constantinople, 363, 493 et suiv.
Achæus, 265.
Achaïe, 227, 266.
Ada, 245.
Adam, 223 et suiv., 239, 254.
Addæus, patrice, 389 et suiv.
Aetherius, patrice, 389 et suiv.
Africanus (Chronique d'), citée, 255.
Afrique, 223, 295, 299, 431, 433, 444, 453.
Afroûd. *Voyez* Nemrod.
Afroûdît, évêque de l'Inde (Yémen ou Éthiopie), 309.
Agathias, le scholastique, auteur de l'*Histoire des guerres des Vandales*, 397.
Agathon, préfet d'Alexandrie (?), 399.
Agénor, 251 et suiv.
Aḥîf, ville d'Égypte, 274.
Aïlas, diacre, 411.
'Aïn-Schams. *Voyez* Héliopolis.
Akhmîm (Ikhmîm), ville d'Égypte, 412 et suiv.
Akreyoùs. *Voyez* Darius.
Alaric. *Voyez* Athalaric.
Alba, ville d'Italie, 277.
Albanie, ville d'Italie, 228, 277.
Alexandre (Le Grand), 228 et suiv., 276, 282 et suiv.
Alexandre, patrice, 419.
Alexandrie, 228 et suiv., 235 et suiv., 285, 287, 293, 295 et suiv., 299, 314 et suiv., 325 et suiv., 339, 344 et suiv., 356 et suiv., 362, 372, 394 et suiv., 399, 401, 404, 409 et suiv., 419, 422 et suiv., 440 et suiv., 448, 450, 452 et suiv., 455 et suiv., 463 et suiv. — Églises d'Alexandrie : d'Arcadia, 330; de S. Athanase, 345, 423; du Césarion, 229, 285 et suiv., 346, 451, 454; des SS. Cosme et Damien, 232, 330; de S. Georges, 346; d'Honorius, 330; de S. Marc l'évangéliste, 404, 428; de S. Pierre, 330; de S.

Théodore, 423; de Théodosie, 232, 330. — *Voyez* Aroûtîyoû, Bruchium, Cinaron, Heptastadion, Phare, Salâma, Tabionnésiotes. — Canal d'Alexandrie, 427 et suiv., 464. *Voyez* Kérioun et Pidrakôn.

Almawrad (Daras?), 234.

Almondar, roi du Ḥedjâz, 392 et suiv.

Amandra, ancien nom d'Icone, 249.

Amantius (officier de la cour d'Anastase), 381.

Amanus (montagne), 338.

Amide, 321.

Ammonios, moine, 345.

Ammonios, 368 et suiv.

Amosios, roi d'Égypte, 256 et suiv.

Amphiloque, évêque d'Icone, 232, 326 et suiv.

Amphiloque, évêque de Sidon, 357.

'Amr, fils d'Al-'Âṣ, 237 et suiv., 437 et suiv., 446 et suiv., 455, 458, 463 et suiv.

Amycus, roi du Pont, 264.

Anastase, empereur, 223, 234, 368 et suiv., 383.

Anastase, préfet d'Alexandrie sous le règne d'Heraclius, 435 et suiv., 444, 454.

Anchiale, 379.

Andrasus, ancien nom de Tarse, 249.

André, officier de Tibère II, 404.

Anthime, patriarche de Constantinople, 393 et suiv., 399.

Antigonia, 229, 284.

Antigonus, 283 et suiv.

Antinoœa (quartier de la ville de Tarse), 416.

Antinoé, ville d'Égypte, 210, 235, 294, 442 et suiv.

Antioche, 229, 232, 234, 236, 284, 286, 292 et suiv., 295, 300, 314, 317, 330 et suiv., 341, 346, 354, 360, 363, 365 et suiv., 370 et suiv., 383 et suiv., 392, 416, 420, 431.

Antiochus, fils d'Antigonus, 284.

Antiochus Épiphane, 284.

Antonin, empereur, 294 et suiv.

'Aoun. *Voyez* Héliopolis.

Apamée, 229, 284.

Apollinaire (Hérésie d'), 341.

Apollinaire, patriarche d'Alexandrie, 399, 402.

Apollon, 245, 263, 280, 316 et suiv., 415.

Apriès, roi d'Égypte, 271 et suiv.

Aqèlâ (?), ville d'Égypte, 380.

Arabes, Arabie, 296, 372. *Voyez* Musulmans.

Arbre (Ville de l'), en Égypte, 257.

Arcadia (?), ville d'Égypte, 316.

Arcadia, sœur de Théodose II, 336 et suiv., 351.

Arcadie. *Voyez* Faiyoûm.

Arcadius, empereur, 223, 232 et suiv., 327, 333 et suiv., 338.

Arcadius, archevêque de Chypre, 462.

Arcadius, magistrat, 367 et suiv.

Archélaüs, roi de Cappadoce, 286, 289.

Archélaüs, comte d'Orient, sous le règne de Théodose II, 341.

Arès, 280.

Argiviens, 251.

Argonautes, 262 et suiv.

Ariadné, impératrice, 364.

Ariens, 231, 310 et suiv., 321, 323, 325 et suiv., 330 et suiv., 335.

Ariobinde, 376.

Aristomaque, duc d'Égypte, 396.

Aristomaque, de Nikious, 235, 403 et suiv., 411.

Aristomaque, 424.

Arius, 310.

Armace, général d'armée, 359 et suiv., 363 et suiv.

Arménie, Arméniens, 300, 343.
Arménie (Château d' [?]), 460.
Aroûtîyoû quartier d'Alexandrie, 395.
Arphaxad, 240.
Artémis, 316.
Arṭânâ (?), 451.
Artaxerxès, roi de Perse, 275 et suiv.
Artaxerxès (II), roi de Perse, 276.
Asie, 227, 265, 283, 298, 311, 327, 340.
Asouân, ville d'Égypte, 274.
Aspare, général d'armée, 339.
Assyrie, Assyriens, 225, 241, 249 et suiv., 272 et suiv., 407.
Astyages, 269.
Athalaric, conquérant, 235, 335.
Athalaric, roi d'Italie, 362.
Athanase, patriarche d'Alexandrie, 231 et suiv., 309, 311 et suiv., 314 et suiv., 322 et suiv., 325 et suiv., 400.
Athanase, général de l'armée d'Éthiopie, 467.
Athénaïs. *Voyez* Eudocie.
Athènes, Athéniens, 260, 262, 338.
Athrib, ville d'Égypte, 422, 424 et suiv., 439.
Atris (?) (Couvent d'), 426.
Attale, 288.
Atticus, patriarche de Constantinople, 338, 341 et suiv., 348.
Attique, 226, 255, 260 et suiv.
Atrôkoû (?) (Île d'), 412.
Aubâroûnes (?), 395.
Auguste, empereur, 287 et suiv., 398.
Aurélien, empereur, 296.
Auréliens, 296.
Auxentius, évêque arien, 312 et suiv.
Aykelâh, ville d'Égypte, 409 et suiv.
Ayqasbèrâ (?), 245.
Aysâyllôn (?), 424 et suiv.
Ayès, patriarche d'Alexandrie, 362.
Aywanî (?), 267.
Azarias, chef de partisans, 412 et suiv.

B

Babylone, Babylonie, 224, 238, 241, 271, 274, 284, 294.
Babylone d'Égypte, 230, 234, 237, 293, 435 et suiv., 442 et suiv., 446 et suiv., 455, 457.
Baduarius, général d'armée, 391.
Bagosès (?), général d'Artaxerxès II, 271, note.
Balach, roi des Huns, 390.
Balqâ, ville d'Égypte, 420.
Balthazar, roi de Babylone, 269, 271.
Banâ, ville d'Égypte, 409.
Bânôn, chef de partisans, 411 et suiv.
Bântôn (Couvent de) (?), 399.
Bardané, femme de Cyrus, 269.
Basile, évêque de Césarée, 319 et suiv., 323, 326.
Basilios (Mar-), 349.
Basilisque, empereur, 234, 357 et suiv.
Basilisque, fils d'Armace, César, 360.
Basṭâ, ville d'Égypte, 272, 420.
Behnesâ, ville d'Égypte, 435.
Bélisaire, général de Justinien, 389.
Belphégor (?), 246.
Bélus, roi d'Assyrie, 242.
Bélus, fils de Poseidon, 251.
Benjamin, patriarche d'Alexandrie, 238, 464.
Benjamin d'Antinoé, 433.
Béthléem, 288.
Bithynie, 313, 418.
Boarex, reine des Huns, 390.
Bônâkîs, général d'Heraclius en Égypte, 421 et suiv., 433.

Bonose, comte d'Orient, 420, 422 et suiv.
Bottia, 284.
Bousir, ville de la haute Égypte, 224, 245, 273, 441.
Bousir, ville de la basse Égypte, 224, 245, 409 et suiv.
Britannia, 327.
Bruchium (Quartier de), à Alexandrie, 325.
Bulgarie (?), 378.
Byzance. *Voyez* Constantinople.

C

Cabadès, roi de Perse, 235, 386 et suiv., 406 et suiv.
Cæsaria la patricienne. *Voyez* Sévère.
Caïnan, 240.
Calandion, patriarche d'Antioche, 360, 363.
Calmôn (Couvent de), 356.
Calotychius, cubiculaire, 394.
Cambyse, 269.
Cambyse, roi de Perse, 228, 271 et suiv.
Canaan, Cananéens, 225, 248, 251 et suiv., 259, 278.
Candace, reine d'Abyssinie, 229, 282 et suiv.
Canturius, 241.
Capitole, 278.
Cappadoce, 270, 286, 289, 421, 459.
Carthage, 228, 278, 333.
Casius, 317.
Cécrops, 261.
Célestin, patriarche de Rome, 343.
Cérycus, général d'armée, 389.
Césaire, maître des offices, 331.
César. *Voyez* Jules-César.
Césarée de Cappadoce, 286.
Césarée de Palestine, 229, 238, 286, 424, 449.
Césarion, fils de César, 285 et suiv.
Césarion (Église du). *Voyez* Alexandrie.
Chalcédoine, 263 et suiv., 346, 353, 356, 459.
Chalcis, 366, 392.
Cham, fils de Noé, 241.
Chartimas, ville de la Phénicie, 277.
Chéops, roi d'Égypte, 247 et suiv.
Chersonèse, 357.
Chosroès, roi de Perse. *Voyez* Cabadès.
Chosroès, roi de Perse, 419.
Christodora, 425 et suiv.
Chrysopolis, 228, 282.
Chrysorroas (nom grec du Nil), 259.
Chuzéens, 466.
Chypre, 410, 449, 463.
Cilicie, 225, 249, 252, 283, 310, 314, 323, 420.
Cilix, roi de Cilicie, 251 et suiv.
Cimeteria (Inmestar?), 346.
Cinaron (Quartier de), à Alexandrie, 346.
Circésium, 296.
Claude, empereur, 290.
Cléopâtre, reine d'Égypte, 229, 285, 287 et suiv.
Clysma, ville d'Égypte, 294.
Commentiole, général d'armée, 403, note.
Constance (Chlore), 297 et suiv., 301.
Constance, empereur, 309 et suiv.
Constance, empereur, époux de Placidie, 335 et suiv.
Constant, empereur, 309 et suiv.
Constant (petit-fils d'Heraclius), empereur, 459 et suiv.
Constantia, sœur de Constantin, 301.
Constantin, empereur, 223, 227, 230 et suiv., 264 et suiv., 285, 301 et suiv., 314, 317, 340.

Constantin, fils de Constantin, empereur, 223, 310.
Constantin, fils d'Heraclius, empereur, 444 et suiv., 452 et suiv., 458 et suiv.
Constantin, préfet d'Alexandrie, 412.
Constantin, maître de la milice, 452, 456, 463.
Constantine, impératrice, 403, 405, 419.
Constantinople, 229 et suiv., 234 et suiv., 264 et suiv., 282, 301 et suiv., 310, 321, 323 et suiv., 334 et suiv., 339 et suiv., 342 et suiv., 350 et suiv., 353 et suiv., 358, 361, 370, 376 et suiv., 383, 389, 399, 405, 417 et suiv., 430 et suiv., 453, 459 et suiv. — Églises de Constantinople : de S. Jean-Baptiste, 418; de S. Mammès, 354, 379; de Ste Sophie, 432; de S. Thomas l'apôtre, 432 et suiv.
Cosmas, chef de partisans, 411 et suiv., 424 et suiv., 430.
Cosmas, capitaine des Bleus, en Égypte, 448.
Cosmas, Égyptien, 431.
Cotton, général d'armée, 422 et suiv.
Cousch, 241.
Crésus, 269 et suiv.
Crète, 238, 252, 347.
Creusès, 277.
Crispe, fils de Constantin, 308.
Crispe, patrice, 236, 421, 432.
Crocodilopolis, ville d'Égypte, 257.
Cynégia, ville de la province d'Antioche, 392.
Cyrène, 293.
Cyrille, patriarche d'Alexandrie, 231, 233, 316 et suiv., 338 et suiv., 341, 345 et suiv., 350 et suiv., 374, 399.
Cyrille, patriarche de Jérusalem, 311, 314.
Cyrille, général d'armée, 378.
Cyrus, roi de Perse, 228, 269 et suiv., 275.
Cyrus, préfet de Constantinople, 339 et suiv.
Cyrus, patriarche d'Alexandrie, 237 et suiv., 442, 444 et suiv., 450, 452 et suiv., 462 et suiv.
Cyzique, roi de l'Hellespont, 263.
Cyzique, ville, 227, [263], 342, 360.

D

Daïroûs. *Voyez* Tyr.
Damas, 275, 305.
Damiette, ville d'Égypte, 441 et suiv.
Damnus, roi des Himyarites, 391 et suiv.
Daniel le prophète, 269 et suiv.
Daphné, 371, 385.
Daras, 372. *Voyez* Almawrad.
Dâres, gouverneur de Semnoud, 440.
Darius, roi de Perse, 269, 275.
Darius (Akreyoûs?), roi de Perse, 229, 276, 282.
David, roi d'Israël, 227, 259, 267, 417, 434.
David, fils d'Heraclius, 444, 460.
David le logothète (?), 459 et suiv.
Dèce, empereur, 290, 295 et suiv.
Defâschir, ville d'Égypte, 236, 429, 446.
Delâș, ville d'Égypte, 439.
Delta, 440 et suiv.
Demqaroûnî, ville d'Égypte, 427.
Denys, métropolitain d'Italie, 312.
Deucalion, 260.
Dexiphanès, 287.
Didastana, 323.
Didon, reine de Carthage, 223, 277 et suiv.

Didoûsyâ, ville d'Égypte, 316.
Dîk, canal de, 225, 247.
Dioclétien, empereur, 230, 296 et suiv.
Dionysos, 245.
Dioscure, patriarche d'Alexandrie, 352 et suiv., 356, 373, 394.
Dioscure, préfet d'Alexandrie, 396.
Dîroû, femme d'Agénor, 251.
Domèce, martyr, 231, 317 et suiv.
Domentianus, gouverneur du Faiyoûm, puis de Nikious, d'Alexandrie, etc., 237, 439 et suiv., 446, 448, 450 et suiv., 453 et suiv., 459.
Domentiole. *Voyez* Commentiole.
Domitianopolis, 230, 291.
Domitien, empereur, 230, 290 et suiv.
Domitien, métropolitain de Mélitène, 407 et suiv., 415.
Domitiopolis. *Voyez* Domitianopolis.
Domnos, premier roi de Perse et d'Assyrie, 241.
Domnus, patriarche d'Antioche, 352.
Dorothée, 374.
Dragon, fleuve. *Voyez* Oronte.
Dragon, canal. *Voyez* Pidrâkôn.
Drosis, martyre, 293.

E

Ecclesiarius, général d'armée, 431.
Égypte, Égyptiens, 224 et suiv., 228, 230, 235 et suiv., 243 et suiv., 253, 256 et suiv., 271 et suiv., 282 et suiv., 285 et suiv., 293 et suiv., 316 et suiv., 325, 349, 353, 366, 371, 391, 393, 396, 399, 401, 403 et suiv., 409 et suiv., 416, 420 et suiv., 433 et suiv.
Éleuthère, 371.
Élie, 260.
Elkâd, roi d'Égypte, 273 et suiv.
Elpidius, 421.
Elwânyâ. *Voyez* Albanie.
Elwâtes (Cécrops?), roi de l'Attique, 260 et suiv.
Endâs, roi des Indiens, 391 et suiv.
Endymion, 255.
Énée, 276 et suiv.
Éphèse, 227, 291, 341, 352.
Éphrem, préfet, puis patriarche d'Antioche, 384 et suiv.
Épiméthée, 259.
Épiphane, auteur de l'*Histoire des prophètes*, cité, 269.
Eschmoûn, ville d'Égypte, 273.
Eschmoûnaïn, ville d'Égypte, 274.
Esdras, 229, 271, 288 et suiv.
Esné, ville d'Égypte, 257, 416.
Esqoûṭâos, 448.
Éthiopie, Éthiopiens, 249, 274, 391 et suiv.
Étienne, patriarche d'Antioche, 360, 363.
Étienne, général d'armée, 449.
Euchaïtès, ville du Pont, 359, 374.
Eudocianus, général d'armée, 446, 450.
Eudocie (femme d'Arcadius), impératrice, 233, 337 et suiv., 348 et suiv., 353 et suiv.
Eudocie (femme d'Heraclius), impératrice, 444, 453.
Eudocie, fille de l'empereur Valentinien, 339.
Eudoxe, évêque arien, 326.
Eudoxie, impératrice, 338.
Eudoxie, fille de Théodose le jeune, 350.
Eugène, usurpateur, 327 et suiv.
Euloge, patriarche d'Alexandrie, 411.
Eumenès, 288.
Euphémie, impératrice, 381.
Euphemius, patriarche de Constantinople, 373.
Euphrasius, patriarche d'Antioche, 383, 385.

Euphrate, 416, 431.
Euphratésie, 372.
Europe, femme de Taurus, 252.
Europe, 226, 252, 282 et suiv., 312 et suiv., 378.
Eusèbe, évêque (de Vercelli), 314.
Eusèbe, évêque de Dorylée, 352.
Eusèbe, général d'armée, 428.
Eustathe, évêque de Béryte, 356 et suiv.
Eutocius (ou Soûrikoûs?), 416 et suiv.
Eutychès, patriarche de Constantinople, 357.
Eutychius, patriarche de Constantinople, 399 et suiv.
Ève, 224, 239.
Ézéchias, roi de Juda, 278.

F

Fabia, 236, 421.
Faiyoûm, ville et canton d'Égypte, 237, 434 et suiv., 439, 443
Fâr, couvent de, 380.
Farmâ, ville d'Égypte, 272, 276, 287, 425.
Faunus, roi d'Occident, 243.
Félix, patriarche de Rome 313.
Firmus, patrice, 361.
Flaccille, impératrice, 331 et suiv.
Flavien, patriarche d'Antioche, 377 et suiv.
Flavien, patriarche de Constantinople, 351 et suiv.
Fleuve du feu (le Tigris), 318.
Foûsîd. *Voyez* Phoûsîd.
Francs (Occidentaux), 289.

G

Gabala, ville de Syrie, 358.
Gabriel, moine, traducteur de cet ouvrage, 467.
Gaïnaïtes, 235, 399, 446.
Gaïnas, usurpateur, 335.
Gaïnas, patriarche d'Alexandrie, 396 et suiv.
Galatie, 323.
Gallus, neveu de Constance, 231, 313.
Gandubarius. *Voyez* Canturius.
Gaule, 335, 406.
Gaza, ville de Syrie, 272.
Gehon, 229, 246, 259, 274, 287, 294.
Gelasinus, martyr, 231, 305 et suiv.
Genesius, 337 et suiv.
Georges, patriarche d'Alexandrie, 451.
Georges (vicaire du patriarche d'Alexandrie?), 454.
Georges (préfet de Qalyoûb), 439.
Germain, patrice 402.
Glonès, chef des Huns, 390.
Godilas, général d'armée, 391.
Golgotha, 231, 254.
Goliath [227], 267.
Golendouh, femme nestorienne, 235, 406 et suiv.
Gordas, chef des Huns, 390 et suiv.
Gorgone, 249.
Gortyna, 226, 252.
Goths, 360.
Goudoïs, chambellan, 419.
Goudoïs, général d'armée, 426.
Grætis (roi des Hérules), 391.
Gratien, empereur, 325 et suiv.
Grecs, 223, 225 et suiv., 246, 255, 259, 261.
Grégoire, évêque de Nazianze, 232, 326, 328 et suiv., 400.
Grégoire, évêque de Nysse, 326.

60.

H

Hadrien, empereur, 294.
Hagia Sophia. *Voyez* Constantinople.
Héber, 254.
Hébreux, 226, 254, 256, 271. *Voyez* Juifs.
Ḥedjâz, 392.
Hélène, impératrice, 303 et suiv.
Héliopolis, ville du Liban, 305.
Héliopolis, ville d'Égypte, 224, 237, 245, 273, 436 et suiv.
Hellade, 266, 337.
Hellébique, général d'armée, 331.
Hellespont, 263.
Héphæstos, roi d'Égypte, 244 et suiv.
Heptastadion, à Alexandrie, 325.
Héracléonas. *Voyez* Heraclius II.
Héracléotique (?), 232.
Héraclès, 248.
Héraclite, père de l'impératrice Eudocie, 337.
Heraclius, gouverneur d'Afrique, 236, 421, 431 et suiv.
Heraclius, empereur, 223, 236 et suiv., 421 et suiv., 431 et suiv., 453, 459 et suiv., 464.
Heraclius (II), empereur, 452 et suiv.
Hercule, 262 et suiv.
Hermès, 243 et suiv.
Hermès (Trismégiste), 246.
Hérode, 286.
Hésiode, 255.
Hesṭâṭes (Darius ὁ ὕσλατος?), 276.
Hexaïppion, portique à Constantinople, 370.
Hezênâ, ville d'Égypte, 368 et suiv.
Hiérapolis, 407.
Hierax, 345.
Hilaire, évêque (de Poitiers), 314.
Homérites, 234 et suiv.
Honorius, empereur, 223, 232 et suiv., 309, 327, 330, 333 et suiv.
Hormisdas, roi de Perse, 406 et suiv.
Huns, 235, 387 et suiv., 390 et suiv.
Hypathie, 233, 344 et suiv.
Hypatius, général d'armée, 378.

I

Iambrès, magicien, 256.
Ianès, magicien, 256.
Ibas, évêque (d'Édesse), 352.
Icone, 225, 227, 232, 249.
Ignace, patriarche d'Antioche, martyr, 230, 292.
Ikhmîm. *Voyez* Akhmîm.
Île du Prince, 263.
Illus, général d'armée, 363 et suiv.
Illyrie, Illyriens, 338, 372 et suiv., 378, 430.
Inachus, roi des Argiviens, 251.
Inde, Indiens, 231, 234 et suiv., 240, 309, 391 et suiv.
Inmestar, ville de Syrie, 233. *Voyez* Cimeteria.
Io, 251.
Iokka (Iocaste), 252.
Ionios, 386.
Iopolis, 251, 284.
Ioulianos, 276.
Iraï (Île de Saint-), en Égypte, 368 et suiv.
Irénée, comte d'Orient, 371, 389.
Isaac, chef de partisans, 409 et suiv.
Isaurie, Isaures, 249, 291, 338, 364 et suiv.
Isidore, ancien de la ville de Menouf, 426.
Isidore, général d'armée, 431.

Ismaélites. *Voyez* Musulmans.
Isocase, 234, 355.
Italie, 277 et suiv., 302, 312.
Ioûṭâlos (?), 460.

J

Jacques, chef de partisans, 409 et suiv.
Japhet, 251 et suiv., 255.
Jason, 262.
Jean-Baptiste (Corps de S.), 231, 315.
Jean l'Évangéliste, 230, 290 et suiv.
Jean, patriarche d'Alexandrie, 362 et suiv.
Jean (Talaïa), patriarche d'Alexandrie, 402.
Jean, préfet d'Alexandrie (sous le règne de Maurice), 409 et suiv.
Jean, préfet d'Alexandrie (sous le règne de Phocas), 422 et suiv.
Jean, préfet d'Antinoé, 442 et suiv.
Jean, patriarche d'Antioche, 341, 351.
Jean-Chrysostome, S., 233, 332, 335, 338 et suiv., 343 et suiv.
Jean, patriarche de Constantinople, 400, 402, 408, 414 et suiv.
Jean, préfet de Damiette, puis d'Alexandrie, 464 et suiv.
Jean, évêque, 352.
Jean, général d'armée (Jean de Barca), 434 et suiv., 441 (?), 443, 454.
Jean, de Mârôs, général d'armée, 434 et suiv., 443.
Jean, ancien de la ville de Menouf, 426.
Jean, moine du couvent de Sinaï, 223, 465.
Jean Nicéote, 380.
Jean, évêque de Nikious, auteur de cet ouvrage, 223, 466.
Jean le Scythe, général d'armée, 434 et suiv., 443.
Jean l'usurpateur, 336, 339, 344.
Jean, officier de Bonose, 429.
Jébus (Jérusalem), 259.
Jérémie le prophète, 268 et suiv., 272.
Jérémie, Abbâ, 234, 368 et suiv., 372.
Jérémie, chef de partisans, 435.
Jérusalem, 226, 254, 259, 262, 270 et suiv., 275, 282, 289, 304, 314, 317, 350.
Josèphe, auteur de l'*Histoire des Juifs*, cité, 254.
Josué, fils de Navé, 255, 259.
Josué, fils de Josédec, 271.
Jovien, empereur, 223, 232, 320 et suiv.
Judas, grand prêtre, 282.
Judée, 278, 286.
Juifs, 226, 228, 233, 235, 237, 254, 257, 259, 262, 265, 269 et suiv., 275, 286, 293, 317, 345 et suiv., 371, 391 et suiv., 415, 455.
Jules, patriarche de Rome, 312.
Jules-César, 229, 285 et suiv., 288, 398. *Voyez* Césarion.
Julien, empereur, 231, 313 et suiv., 317 et suiv., 324.
Julien, évêque des Gaïnaïtes, à Alexandrie, 399.
Julien, ancien de la ville de Menouf, 426.
Julienne, 376.
Junie, martyre, 293.
Justin, empereur, 223, 234, 381 et suiv
Justin (II), empereur, 401.
Justinas, préfet d'Alexandrie, 419.
Justine, impératrice, 325.
Justinien, empereur, 383, 388 et suiv.
Juvénal, évêque de Jérusalem, 353.
Juvenalia, femme patricienne de Rome, 361.

K

Kabsên, ville d'Égypte, 423.
Kalâdji, chef de partisans, 237, 441.
Kebryâs d'Abâdyâ (?), ville d'Égypte, 448.
Kérioun, faubourg d'Alexandrie, 428, 450.
Kérioun, canal de, 229.
Kesrî. *Voyez* Cabadès.
Kherbetâ, ville d'Égypte, 420.
Kîloûnâs (?), ville de Syrie, 449.
Kîrîoûs (?), 444.
Kîsil, gouverneur de la Tripolitaine, 431.
Kosgam, montagne de, 413, note.
Koubratos, chef des Huns, 460.
Koûdîs. *Voyez* Goudoïs.
Kronos, roi d'Occident, 241 et suiv.
Kuerdîs, ville d'Égypte, 439.

L

Lacon, Laconie, 227, 266.
Lâhoûn, pierre de, 434.
Laïus, 252.
Lamech, 245.
Laodicée, fille d'Antigonus, 284.
Laodicée, ville, 229, 284, 331.
Lapathus, 265.
Latinus, 277 et suiv.
Lavinia, 228, 277.
Lavinium, 277.
Lazes, 234, 386 et suiv.
Léon, empereur, 354 et suiv., 366.
Léon, lettre du pape, 372, 377, 380, 382, 397.
Léon, logothète, 405.
Léonce, usurpateur, 365 et suiv.
Léonce, général d'armée, 428.
Léonce, général d'armée, 435 et suiv.
Léonce, préfet de Maréotis, 421 et suiv., 426.
Léonce, trésorier de Phocas, 432 et suiv.
Libanius (le rhéteur), 314.
Libère, patriarche de Rome, 231, 312 et suiv.
Libya, femme de Poseidon, 251.
Libye, 225, 251, 278.
Licinius, 301 et suiv.
Lilianus, préfet du prétoire de l'usurpateur Léonce, 366.
Limnès, en Cappadoce, 359.
Lîwnâkîs, commandant militaire à Semnoud, 424.
Lôkyôn ou Lôqyôn, canton d'Égypte, 434.
Longin, frère de Zénon, 364.
Lôqyôn. *Voyez* Lôkyôn.
Loukouas, chef des Juifs d'Alexandrie et de Cyrène, 293.
Lucifer, métropolitain de Sardaigne, 312, 314.
Lycaoniens, 249.
Lydie, 255.

M

Macédoine, 276, 282 et suiv.
Macedonius, patriarche de Constantinople, 234, 374 et suiv., 377.
Machabées, 229, 284.
Macorites (?), 404, note.
Mages, 293, 408.

Magnence, usurpateur, 312 et suiv.
Maḥallê, ville d'Égypte, 316.
Mahomet, 465.
Mâlak-Môgasâ, reine d'Abyssinie, 467.
Mâlak-Sagad, roi d'Abyssinie, 467.
Mâmoùnâ, bourg d'Égypte, 451.
Manassé, roi de Juda, 417.
Mandilion, 395.
Manichéens, 312.
Manlius Capitolinus, 288.
Marc, fils de Basilisque, 357.
Marc-Aurèle, empereur, 295.
Marcien, empereur, 233, 352 et suiv., 372.
Marcien, préfet d'Athrib, 424 et suiv., 428.
Marcius Turbo, général romain, 293.
Mardios, général d'armée, 431.
Maréotis, 236, 421, 429.
Mârikôs (Maures ou Macorites?), 404.
Marin, fils d'Heraclius, 444, 460.
Marin le Syrien, ministre d'Anastase, 476, 478 et suiv.
Marina, impératrice, 324 et suiv.
Marina, sœur de Théodose le jeune, 336 et suiv., 351.
Mârôs, ville d'Égypte, 434.
Marsos, 365.
Marsyas, 262.
Martine, impératrice, 444, 452 et suiv., 459 et suiv.
Mâryam Senâ. *Voyez* Mâlak-Môgasâ.
Masèdès, magicien, 389 et suiv.
Mâṭoûnâwîs (?), 245.
Maurianus, astrologue, 367.
Maurice, empereur, 236, 403 et suiv., 432.
Mauritaniens, 258, 404.
Mausal (?), ville d'Égypte, 235.
Mauwrad ou Meradâ (?), ville d'Égypte, 236.
Maxence, empereur, 300 et suiv.

Maxime, patriarche de Constantinople, 232, 328 et suiv.
Maxime, philosophe et augure, 314.
Maxime, usurpateur, 327 et suiv.
Maximien (Galère), 297 et suiv.
Maximien (Hercule), 297 et suiv.
Maximien, patriarche de Constantinople, 341 et suiv.
Mazabdan, nom ancien de Laodicée, 284.
Mazaca, nom ancien de Césarée de Cappadoce, 286.
Médie, 271, 274.
Melchisédec, 226, 253 et suiv., 259.
Mélèce, patriarche d'Antioche, 314, 326, 331.
Mélitène, 408.
Memphis, 225, 248, 256 et suiv., 271 et suiv., 315.
Ménas, préfet d'Alexandrie, 413.
Ménas, coadjuteur à Alexandrie, 411, 423, 427.
Ménas, général d'armée, 450 et suiv., 454.
Ménas, préfet des vigiles, à Antioche, 371.
Ménas, patriarche de Constantinople, 400.
Ménas, chef de partisans, 409 et suiv.
Ménas, préfet de la basse Égypte, 457, 465.
Ménas, chancelier de la ville de Nikious, 425 et suiv.
Menouf supérieure, ville d'Égypte, 230, 234, 237, 257, 294, 368 et suiv., 422, 424 et suiv., 429 et suiv., 439.
Menouf inférieure, ville d'Égypte, 430, note.
Meradâ (?), ville d'Égypte, 236, 420.
Mercurius, martyr, 231, 319 et suiv.
Mériammé, ville de Syrie, 305.
Mésie, 360, 378.
Methusalem, 245.
Mêzâd (Μοῖραν), 267.

Michel, archange, 264 et suiv.
Milan, 312, 329.
Mîphâmonîs, ville d'Égypte, 427.
Miṣr, 237, 439 et suiv., 450. *Voyez* Babylone d'Égypte.
Moïse, 226, 233, 256, 268, 347.
Moûdjab ou Moûḥib, ville et roi d'Égypte, 271, 273 et suiv.
Musulmans, 237 et suiv., 433 et suiv.
Mystagogia, livre intitulé, 400.

N

Nabuchodonosor, roi d'Assyrie, 228, 267, 268, 293.
Nabuchodonosor (Cambyse), 271 et suiv.
Narsès, général d'armée, 408 et suiv.
Néapolis (Jérusalem), 226.
Néapolis (Sichem), 259, 398.
Nectaire, patriarche de Constantinople, 329.
Nectanébo, roi d'Égypte, 276.
Néhémie, 275.
Nemrod, 241.
Néphalios, moine, 374.
Néron, empereur, 230, 290.
Nerva, empereur, 291 et suiv.
Nestorius, patriarche de Constantinople, 233, 341 et suiv.
Nicée, 231, 304, 311, 323, 325, 466.
Nicétas, fils de Grégoire, 236, 421 et suiv., 426 et suiv.
Nicomédie, 313.
Nikious, ville d'Égypte, 224, 226, 235, 237, 258 et suiv., 316, 403, 424 et suiv., 429 et suiv., 435, 438 et suiv., 443, 447 et suiv., 450.
Ninive, 224, 242.
Ninus, 242 et suiv., 249.
Noé, 240, 325.
Nubie, Nubiens, 234, 253, 273 et suiv., 392, 404, 423.
Numa, roi de Rome, 281, 398.
Numantius. *Voyez* Numa.

O

Occident, 300, 324, 350, 431.
Ochus, roi de Perse, 276.
Odoacre (roi d'Italie), 361.
Odrysæ, ville de Thrace, 261.
Odyssus, ville de Thrace, 378.
Ogygès, roi de l'Attique, 255.
'Omar, fils d'Al-Khattâb, 437.
Oreste, préfet d'Alexandrie, 344 et suiv.
Organâ, chef des Huns, 460.
Orion, 241.
Oronte, 250, 283 et suiv., 360.
Orphée, 261.
Osiris, 245 et suiv.

P

Palamédès, 266.
Palatium, 228.
Palestine, 230, 236, 253, 271, 284, 286 et suiv., 296, 374, 420, 430, 437.
Pallantium, 277 et suiv.
Pallas, 277.
Palmyre, 227, 267.
Pamprepius, 365 et suiv.
Panoptès (Argos), 259.
Papyris, château en Isaurie, 366 et suiv.

Patmos, 291.
Paul, patriarche d'Alexandrie, 396.
Paul, préfet d'Alexandrie, 410.
Paul, patriarche d'Antioche, 382 et suiv.
Paul, patriarche de Constantinople, 461.
Paul, préfet de Semnoud, 424 et suiv., 427 et suiv., 430.
Paulin, domesticos, 351.
Paulin, métropolitain des Gaules, 312.
Paulin, 235, 414 et suiv.
Pausanias, 284.
Pélage, silentiaire, 367.
Péloponnèse, 227, 266.
Péloponnésos, 227.
Pélops, 266.
Pentapolis, 258, 299, 421, 453, 458.
Pernôdj (Nitrie), 345.
Perse, Perses, 225, 241, 243, 250, 267 et suiv., 274, 282, 285, 293, 303, 310, 317 et suiv., 386 et suiv., 397, 402, 406 et suiv., 431.
Perséa, arbre de, 225, 250.
Persée, 248 et suiv.
Pétissonios, roi d'Égypte, 256 et suiv.
Pétra, 377.
Phare d'Alexandrie, 229.
Pharnacé, 284.
Pharos, 424.
Phénicie, 252.
Philagrius, trésorier d'Heraclius, 452 et suiv., 459 et suiv.
Philalétès, livre intitulé, 234, 375.
Philé, ville d'Égypte, 274.
Philiadès, préfet du Faiyoûm, 450 et suiv.
Philippe, roi de Macédoine, 282.
Philippe, frère d'Alexandre, 283.
Philistéens, 227, 259, 398.
Philoxénos, préfet du Faiyoûm, 457.
Phinekser (ou Phiskis?), faux prophète juif, 233, 347 et suiv.
Phiwâtoûrôs, roi d'Égypte, 275.
Phocas, empereur, 236, 418 et suiv.

Phœnix, roi de Tyr, 248, 251 et suiv.
Photion, moine, 401.
Photius, 432.
Phoûsîd, capitaine égyptien, 228, 272 et suiv.
Phrygie, 262.
Picoûrân, ville d'Égypte, 425.
Picus, 242 et suiv., 251 et suiv.
Pidrakôn (Canal de), 423, 429.
Pierre, S., l'apôtre, 292.
Pierre, S., patriarche d'Alexandrie, 297.
Pierre, patriarche d'Alexandrie, 315.
Pierre Mongus, patriarche d'Alexandrie, 362.
Pierre, patriarche d'Alexandrie, 463.
Pierre, magistrat à Alexandrie, 346.
Pierre, patriarche d'Antioche, 359, 363, 394.
Pierre, général d'armée, 389.
Placidie, fille de Théodose, 335 et suiv.
Placidie, fille de Valentinien, 339.
Platon, ministre d'Anastase, 376.
Platon, général d'armée, 425 et suiv.
Pont (Mer du), 264, 391.
Poseidon, 251.
Poseidon, fils de Poseidon, 251.
Proclus, patriarche de Constantinople, 341 et suiv., 373.
Proclus, philosophe, 378 et suiv.
Procope, comte d'Orient, 371.
Procope, auteur de l'*Histoire des guerres des Vandales*, 397.
Prométhée, 259.
Prosopis, ancien roi de Nikious, 258.
Proterius, patriarche d'Alexandrie, 356, 362.
Ptolémaïs, 425, note.
Ptolémée, gouverneur d'Athrib, 422, 428.
Ptolémée, préfet des barbares, 411.
Ptolémée Dionysos, roi d'Égypte, 285.
Ptolémée Lagus, roi d'Égypte, 283.
Ptolémée Philadelphe, roi d'Égypte, 283.

Jean de Nikiou.

Pulchérie, 233, 336 et suiv., 351 et suiv.
Pusæus, préfet du prétoire, 355.
Pygmalion, 277.
Pyrame, fleuve, 231, 310.
Pyramides, 225, 248.
Pyrrhus, patriarche de Constantinople, 444, 452 et suiv., 459 et suiv.
Pythie, 256.

Q

Qâbèl, 245.
Qalyoûb, ville d'Égypte, 439.
Quæstor (?), 362.
Qâmôs, 384.

R

Racotis (Alexandrie), 282.
Ravenne, 335 et suiv.
Remus, 223.
Rhea, 242, 263.
Rhodane, officier de Valentinien, 324.
Rhodes, 293, 453, 460.
Rhoïlos, chef barbare, 344.
Rîf, province d'Égypte, 230, 238, 272, 439, 441 et suiv.
Roboam, roi d'Israël, 398.
Romanus, 278 et suiv.
Rome, Romains, 223, 228 et suiv., 233, 235, 265, 278 et suiv., 285, 289 et suiv., 296, 301 et suiv., 310, 312 et suiv., 324, 327, 330, 332 et suiv., 335 et suiv., 339, 344, 350, 361, 398, 431.
Romulus, roi de Rome, 223, 278 et suiv., 397 et suiv.
Roxane, fille de Darius, 282.

S

Ṣâ. *Voyez* Saïs.
Sabacon, roi de l'Inde (Éthiopie) et d'Égypte, 247.
Sabendîs, chef de partisans, 441.
Sabins, 280.
Sahrascht, ville d'Égypte, 257.
Sa'îd, province d'Égypte, 247.
Saïs, ville d'Égypte, 272, 380, 448 et suiv.
Sakhâ, ville d'Égypte, 441.
Salâkrioûs (?), 444.
Salâma (Couvent de), à Alexandrie, 396.
Salem (Jérusalem), 226, 254.
Salluste, préfet du prétoire, 323 et suiv.
Salomon, roi d'Israël, 259, 262, 267.
Samaritains, 398, 401, 415.
Samson, 265.
Sân, ville d'Égypte, 272, 420.
Sanhour, ville d'Égypte, 272, 420.
Sapor-Arsacès, roi de Perse, 310, 317.
Sardanapale, 249.
Saruch, 252 et suiv.
Satfari, général d'armée, 440.
Saturne, 239, 241.
Sawnâ, ville d'Égypte, 237.
Scété, 349.
Schanhoûr. *Voyez* Sanhour.
Schenoûfi, gouverneur d'Égypte, 275.
Schobrâ, la nouvelle, ville d'Égypte, 427.
Scythie, 378.
Séleucie, 338, 385.
Seleucus, 284.
Seleucus Nicanor, 284.
Sella, 245.

Sélymbrie, 361.
Sem, fils de Noé, 240.
Sémiramis, 243.
Semnoud, ville d'Égypte, 225, 237, 246, 257, 424, 440.
Sérapis, 330.
Serbâtôs (?), général d'armée, 359.
Serge, Égyptien, 431.
Sésostris, roi d'Égypte, 246 et suiv.
Seth, 239 et suiv.
Sévère, patriarche d'Antioche, 234, 374 et suiv., 377 et suiv., 394, 399. — Sa lettre à Cæsaria, citée, 382 et suiv., 444, 461.
Sichæus, 277.
Sichem, 259. *Voyez* Néapolis.
Sidon, roi de Canaan, 253.
Sidon, ville, 226, 253, 277.
Sidus, roi d'Égypte, 253.
Silpion, 284.
Sinaï (Couvent de), 417, 465.
Sinôdâ, préfet du Rîf, 457.
Sion, 226, 254.
Sirmium, ville de la province d'Antioche, 392.
Sisinnius, patriarche de Constantinople, 341 et suiv.
Smyrne, 340.
Socrate, 289.
Soleil (Héphæstos), 245.
Soleil, fils de Soleil, 245.
Soleil, ville du, 245.
Sosthenium, 227, 264, 378 et suiv.
Soûfir ou Soûfîroû, ville et roi d'Égypte, 271, 273.
Soûrîkoûs (?), 236. *Voyez* Eutocius.
Sporacius, scolaire, 364 et suiv.
Styrax, chef des Huns, 390.
Succensus, sa lettre à S. Cyrille, citée, 399.
Sycène. *Voyez* Syques.
Sylvestre, patriarche de Rome, 303.
Syques, faubourg de Constantinople, 361, 378.
Syrie, 225, 234, 250, 252, 271 et suiv., 284, 314.
Syrus, roi de Syrie, 251 et suiv.

T

Tabionnésiotes (Couvent de), à Alexandrie, 362, 395 et suiv., 454.
Tarse, 225, 235, 249, 365, 416.
Tatien, préfet d'Alexandrie, 325.
Taurus, roi de Crète, 252.
Télémaque, moine, martyr, 334.
Ṭendoûnyâs, ville d'Égypte, 437 et suiv.
Tenkerâ (?), 422.
Tertânâ (Bardané), 269.
Teucheira, ville de la Pentapolis, 458.
Thèbes, 271 et suiv., 293.
Théodora, impératrice, 388, 394, 398, 401.
Théodore, patriarche d'Alexandrie, 422 et suiv.
Théodore, général en chef en Égypte, 223, 433 et suiv., 440 et suiv., 444 et suiv., 448 et suiv., 453 et suiv., 456, 463 et suiv.
Théodore, intendant des finances à Alexandrie, 422 et suiv.
Théodore, préfet de Constantinople, 384.
Théodore, Illustre, 431.
Théodore, général d'armée, 411 et suiv.
Théodore, général d'armée, 421, 425 et suiv.
Théodore, fils du général Constantin, 460.
Théodore, évêque de Mopsueste, 343, 397.
Théodore, évêque de Nikious, 424 et suiv.

61.

Théodore, fils de Ménas, 422.
Théodoret, évêque de Cyr, 352, 397.
Théodoric (roi des Goths), 360 et suiv.
Théodose, empereur, 223, 232, 235, 326 et suiv., 343, 383.
Théodose le jeune, empereur, 233, 335 et suiv.
Théodose, patriarche d'Alexandrie, 235, 395 et suiv., 397.
Théodose, préfet d'Alexandrie, 372.
Théodose, gouverneur d'Égypte, 403.
Théodose, fils de l'empereur Maurice, 419.
Théodose, général d'armée, 435 et suiv.
Théodose, préfet du Faiyoûm, 434.
Théodose, moine, 354.
Théodose, 427.
Théodosiens, 235, 397, 399.
Théodote, préfet de Constantinople, 383 et suiv.
Théognoste (Ste), 309.
Théogonie, 261.
Théonios, évêque du Yémen, 309.
Théophile, patriarche d'Alexandrie, 231, 236, 315 et suiv., 330, 339, 345.
Théophile le Stylite, 236, 427, 430.
Théophile, général d'armée, 236, 420.
Thessalie, 282.

Thessalonique, 228, 282, 327, 330, 430.
Thrace, 261, 289, 343, 361, 377 et suiv., 417 et suiv., 453.
Tibère, empereur, 289, 330.
Tibère (II), empereur, 401 et suiv.
Tiberia, ville de Thrace, 289.
Tibériade, 230, 338.
Timothée (Aktémon), patriarche d'Alexandrie, 315.
Timothée, patriarche d'Alexandrie, 232, 328.
Timothée (Élure), patriarche d'Alexandrie, 234, 356 et suiv., 362.
Timothée, patriarche d'Alexandrie, 394.
Timothée Salofaciole. *Voyez* Ayès.
Timothée le chronographe, cité, 261.
Titus, empereur, 290 et suiv.
Tîw. *Voyez* Didon.
Tôbêl, 245.
Toûkhô-Damsîs, ville d'Égypte, 441.
Tour de Straton, 286.
Trajan, empereur, 230, 292 et suiv.
Trajan (Canal de), 230, 294, 457.
Trascalissée (Zénon), 366.
Tripolitaine, 421, 431, 460.
Triumvir, 285.
Tyr, 225, 228, 248, 251 et suiv., 268, 277.
Tzathius, chef des Lazes, 386 et suiv.

V

Valens, empereur, 324 et suiv.
Valens, général d'armée, 428.
Valentia, 238.
Valentin, 453, 459 et suiv., 462 et suiv.
Valentinien, empereur, 223, 232, 323 et suiv.
Valentinien, fils de Valentinien, 327 et suiv.
Valentinien, fils de Constance et de Placidie, 336, 339, 350, 352.
Valérien, 337 et suiv.

Valianos (?), 365.
Vandales, 397.
Vâryânôs, moine, 369.
Vérine, impératrice, 234, 357 et suiv., 364 et suiv.
Vigile, patriarche de Rome, 397, 400.
Ville des deux fleuves, en Égypte, 442.
Ville du Sanctuaire (Jérusalem), 259.
Vitalien, général d'armée, 377 et suiv., 381 et suiv.

W

â (?), général musulman, 437.
) (Île de), 298.
Wâtân (?) (Château de), 325.

Y

Voyez Mâlak-Sagad.
pitaine égyptien. *Voyez* Phoûsîd.
Yekbarî, général d'armée, 440.
Yémen, 231, 309.

Z

général d'armée, 411.
, guerrier, 448.
ville d'Égypte, 409 et suiv.
empereur, 234, 263, 265, 358
.
, impératrice, 359.
Zérubabel, 271.
Zeus, 242, 249, 252, 278.
Zeuxippe (Porte de), à Const
355.
Ziligdès, roi des Huns, 387 et
Zoïle, patriarche d'Alexandrie,

ADDITIONS ET CORRECTIONS.

Page 12, ligne 15, *au lieu de* ንጺወ ፡, *lisez* ንጺው ፡ *et supprimez la note* 7.

16, ligne 4, *au lieu de* ለደቂቀ ፡, *lisez* ዘደቂቀ ፡.

18, ligne 6, *au lieu de* በአዕርዮተ ፡ ጸብእ ፡ ወበጽፍዐተ ፡ ሰብእ ፡, *lisez* ወአዕርዮተ ፡ ጸብእ ፡ ወጽፍዐተ ፡ ሰብእ ፡.

20, ligne 14, *au lieu de* ወአምሳለ ፡, *lisez* ወአምሳሊ ፡.

21, ligne 17, *au lieu de* ነሥአ ፡, *lisez* ነሥኣ ፡.

ligne 23, *au lieu de* ሕፃን ፡ ንኡሰ ፡, *lisez* ሕፃኒ ፡ ንኡሳ ፡.

22, ligne 4, *au lieu de* ነደ ፡, *lisez* ዘነደ ፡.

25, ligne 2, *au lieu de* መንግሥቱ ፡, *lisez* መንግሥቶ ፡.

29, ligne 19, *au lieu de* ዓመት ፡, *lisez* ዓመተ ፡.

ligne 24, *au lieu de* ዘየአምር ፡, *lisez* ዘያአምር ፡.

30, ligne 11, *au lieu de* ሰማ ፡, *lisez* ሰመ ፡.

32, ligne 7, *au lieu de* ያሰጥሙ ፡, *lisez* ያሴጥሙ ፡.

35, ligne 15, *au lieu de* አቡ ፡, *lisez* አበ ፡.

36, ligne 26, *au lieu de* ብሔር ፡, *lisez* ብሔሩ ፡.

38, ligne 15, *au lieu de* ዘየአምሩ ፡, *lisez* ዘያአምሩ ፡.

47, ligne 23, *au lieu de* ሎተ ፡, *lisez* ሎቱ ፡.

58, ligne 11, *au lieu de* ብእሲቶ ፡, *lisez* ብእሲተ ፡, et, dans la note 4, *lisez* B ብእሲቶ ፡.

63, ligne 12, *au lieu de* ሥራዔ ፡, *lisez* ሥራዒ ፡.

67, ligne 17, *au lieu de* ባዕሊ ፡, *lisez* ባዕለ ፡.

69, ligne 3, *au lieu de* ወውእቱ ፡, *lisez* ወበውእቱ ፡.

73, avant-dernière ligne, *au lieu de* ወንግሥቱ ፡, *lisez* መንግሥቱ ፡.

79, note 4, *lisez* ወኢተወከፎ ፡.

85, ligne 13, *au lieu de* ወ[ሰደደ ፡ ዓዲ ፡], *lisez* ወ[ሰደዶ ፡ ዓዲ ፡].

94, ligne 6, *au lieu de* አርቶዶክሳዌ ፡, *lisez* አርቶዶክሳዊ ፡.

100, ligne 22, *lisez* ዘለእስክንድርያ ፡ et supprimez la note 6.

11, ligne 24, *au lieu de* በጊዜ ፡, *lisez* በጊዜሃ ፡.

22, ligne 10, *au lieu de* በእንተ ፡, *lisez* ወበእንተ ፡ et supp

45, ligne 25, *au lieu de* ወነሥአ, *lisez* ወነሥኣ ፡.

53, ligne 6, *au lieu de* ወሶበ ፡, *lisez* ወሶቤሃ ፡.

73, ligne 20, *au lieu de* ዡርስ ፡, *lisez* ክሶሬ ፡.

79, ligne 14, *au lieu de* ርኵሱ ፡, *lisez* ርኵስ ፡.

89, ligne 21, *au lieu de* ወለእሉ ፡, *lisez* ወለእለ ፡.

02, ligne 11, *au lieu de* እለ ፡, *lisez* ወእለ ፡.

06, ligne 9, *au lieu de* ብዙኃ ፡, *lisez* በጋዜት ፡.

37, ligne 17, supprimez le mot *lunaire*.